1. 1886年，戴高乐的父亲亨利

2. 1920年，戴高乐的母亲让娜

3. 1900年，戴高乐（中间）10岁时与兄弟姐妹们的合影。从左到右依次为：沙维尔（生于1887年）、玛丽－阿涅斯（生于1889年）、夏尔（生于1890年）、雅克（生于1893年）、皮埃尔（生于1897年）

4. 1904年，戴高乐（第二排左数第三位）14岁时在圣灵感孕学院的修辞学课上，他的父亲（第一排中间位置）是这个班的老师

5. （上图）戴高乐17岁时在斯坦尼斯拉斯学院（Stanislas College），准备圣西尔军事学院的升学考试

6. （右图）《旅行日记》（Journal des Voyages）刊登了戴高乐20岁的短篇小说《阿加的女儿》（La Fille de l'Agha），图为该小说的封面插图

7. （上图）1911年，勒布尔歇纪念碑

8. （右图）1915年2月，逐渐康复中的戴高乐上尉

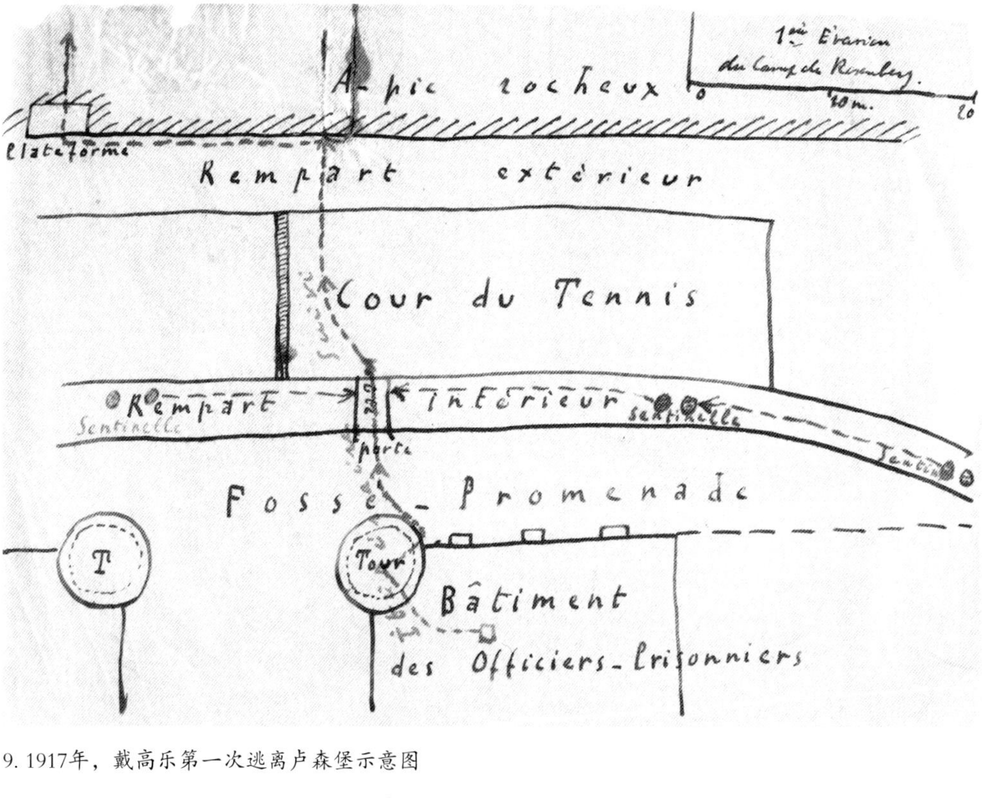

9. 1917年，戴高乐第一次逃离卢森堡示意图

10. 1921年4月6日，夏尔·戴高乐和伊冯娜·旺德鲁在加来

11. 1921年，《凯旋门》（Triomphe）杂志里出现了戴高乐上尉在圣西尔军事学院教书的漫画

12. 约1933年，戴高乐和安妮在贝诺代（Bénodet）的海滩

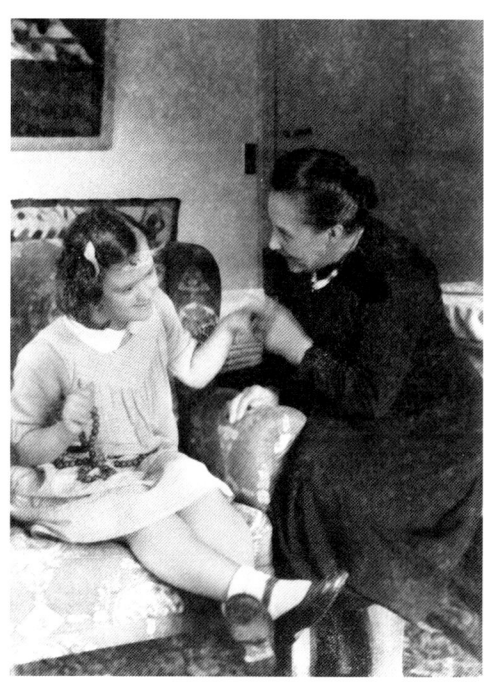
13. 1943年，安妮·戴高乐和她的全职保姆玛格丽特·波泰尔在阿尔及尔的奥利维耶别墅

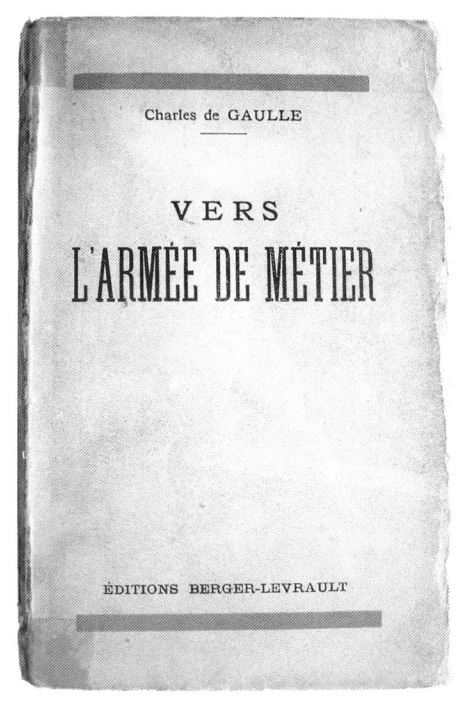
14. 1934年，《建立职业军》的封面（法语第一版）

15. 1935年，埃米尔·梅耶上校

16. 1939年，戴高乐与阿尔伯特·勒布伦总统

17. 1940年5月，保罗·雷诺的内阁

18. 1940年，戴高乐在英国广播公司（BBC）

19.（上图）1941年，戴高乐在伦敦卡尔顿花园

20.（左图）1940年7月，出现在伦敦的自由法国的海报

21. 1940年夏天，戴高乐与爱德华·路易·斯皮尔斯少将在伦敦共进晚餐

22. 1940年7月14日，戴高乐在伦敦视察白厅的法国军队

23. （左图）1941年，戴高乐和伊冯娜在伯克姆斯特德附近小加德斯登（Little Gaddesden）的罗丁黑德府（Rodinghead House）的图书馆里

24. （下图）1941年，戴高乐在罗丁黑德府的花园里为媒体摆姿势

25. 1941年，让·穆兰到达伦敦时的假身份证件

26. 1942年6月，自由法国军团攻击位于利比亚的比尔哈肯姆的德军防线

27. 1943年1月25日，戴高乐与盟国领导人在摩洛哥的安法

28. 1943年5月，法国民族委员会成员在伦敦卡尔顿花园

29.（上图）1944年6月14日，戴高乐出发前往贝叶

30.（右图）1944年6月14日，戴高乐在贝叶与人们握手

31. 1944年6月14日，戴高乐在贝叶发表演讲

32. 1944年8月26日，在香榭丽舍大街上庆祝巴黎解放的游行人群

33. 1944年8月26日，香榭丽舍大街上的戴高乐与民众

34. （上图）1944年11月11日，戴高乐与英国首相温斯顿·丘吉尔和英国外交大臣安东尼·艾登

35. （右图）1944年11月11日，戴高乐与丘吉尔

36. 1944年12月，戴高乐抵达莫斯科火车站

37. 1944年12月11日，苏联外交部长莫洛托夫在法苏条约上签字

38. 1946年1月,戴高乐在昂蒂布

戴高乐将军

（上册）

［英］朱利安·杰克逊　著
朱明　徐海冰　译

文汇出版社

上册目录

图片列表   I
引 言   III

第一章
"戴高乐"之前的戴高乐（1890—1940年）

一 开端（1890—1908年）   003

二 "一个绝不会离开我的遗憾"（1908—1918年）   033

三 重新开始一份职业（1919—1932年）   054

四 扬名立万（1932—1939年）   081

五 法兰西战役（1939年9月—1940年6月）   110

第二章

流亡（1940—1944年）

六　反抗（1940年）　　　　　　　　　　　　　　　139

七　生存（1941年）　　　　　　　　　　　　　　　177

八　发明戴高乐主义　　　　　　　　　　　　　　　205

九　在世界舞台上（1941年9月—1942年6月）　　　222

十　战斗法国（1942年7—10月）　　　　　　　　　248

十一　权力斗争（1942年11月—1943年11月）　　　270

十二　建立流亡政府（1943年7月—1944年5月）　　308

十三　解放（1944年6—8月）　　　　　　　　　　343

第三章

执政与下野（1944—1958年）

十四　执政（1944年8月—1945年5月）　　　　　　369

十五　从解放者到救世主（1945年5月—1946年12月）　405

图片列表

以下巴黎戴高乐档案馆的资料经戴高乐家人许可后使用。

图版目录

1. Henri de Gaulle, 1886. *Archives de Gaulle, Paris/Bridgeman Images*
2. Jeanne Maillot, holding a photograph of her four sons, c.1920. *Archives de Gaulle, Paris/ Bridgeman Images*
3. Charles de Gaulle with his siblings, Lille, c.1889–1900. *Archives de Gaulle, Paris /Bridgeman Images*
4. Charles de Gaulle and his father in the Rhetoric class at the Immaculée Conception school, rue Vaugirard, 1904–05. *Archives de Gaulle, Paris/Bridgeman Images*
5. De Gaulle as a student of Stanilas College, 1909. *Archives de Gaulle, Paris/Bridgeman Images*
6. Cover of Journal des Voyages featuring an illustration for de Gaulle's short story, *La Fille de l'Agha,* 6 February 1910
7. Monument at Le Bourget, 1911, postcard. *Private Collection*
8. Captain de Gaulle convalescing, after January 1915. *Archives de Gaulle, Paris/Bridgeman Images*
9. De Gaulle's sketch map of his first escape from Rosenberg, 1917. *Archives de Gaulle, Paris/ Bridgeman Images*
10. Marriage of Charles de Gaulle and Yvonne Vendroux, Calais, 6 April 1921. *Archives de Gaulle, Paris/Bridgeman Images*
11. Capitain de Gaulle teaching at Saint-Cyr, caricature from Triomphe, 1921. *Archives de Gaulle, Paris/Bridgeman Images*
12. De Gaulle with Anne on the beach at Bénodet, c.1933. *Archives de Gaulle, Paris/Bridgeman Images*
13. Anne de Gaulle with her governess Marguerite Potel, at Villa 'Les Oliviers', Algiers, 1943. *Archives de Gaulle, Paris/Bridgeman*
14. Cover of Vers l'Armée de Metier, 1st French edition, 1934. *Private Collection*
15. Colonel Emile Mayer, 1935. *Collection familiale*
16. De Gaulle with President Albert Lebrun, 1939. *Photo12/Alamy*
17. The cabinet of Paul Reynaud, May 1940. *Roger-Viollet Collection/Getty Images*
18. De Gaulle at the BBC, 1940. *Musée Nicéphore Niépce, Ville de Chalonsur-Saône/adoc-photos*
19. Free French poster, London, July 1940. *Roger-Viollet Collection/ TopFoto*
20. De Gaulle at Carlton Gardens, London 1941. *Photo12/Alamy*

21. De Gaulle dining with Major-General Sir Edward Spears, London, Summer 1940. *Hulton Archive/Getty Images*
22. De Gaulle inspecting French troops in Whitehall, London, 14 July 1940. *Topical Press/Getty Images*
23. De Gaulle and Yvonne in their library at Rodinghead House, Little Gaddesden, near Berkhamsted, 1941. *Bettmann/Getty Images*
24. Posing for the press in the garden at Rodinghead, 1941. *Pictorial Press/Alamy*
25. False ID papers of Jean Moulin on his arrival in London, 1941. © *Mémorial Leclerc-Musée Jean Moulin/Roger-Viollet/TopFoto*
26. Legionnaires of the Free French Forces attack the German lines at Bir Hakeim, Libya, June. *Imperial War Museum, London.* © IWM (E 13313)
27. De Gaulle with Allied leaders at Anfa, Morocco, 25 January 1943. *FDR Presidential Library & Museum (61-465/22)*
28. The French National Committee, Carlton Gardens, London, May 1943. *Apic/Getty Images*
29. De Gaulle setting off for Bayeux, 14 June 1944. *adoc-photos/Getty Images*
30. De Gaulle shaking hands with civilians in Bayeux, 14 June 1944. *Imperial War Museum, London.* © IWM (B 5382)
31. De Gaulle's speech at Bayeux, 14 June 1944. *Lt. S J Beadell IWM/Getty Images*
32. Parade on the Champs-Elysées celebrating the liberation of Paris, 26th August 1944. *Robert Doisneau/Gamma-Rapho/Getty Images*
33. De Gaulle with crowds on the Champs-Elysées, 26 August 1944. © Robert Capa © *International Center of Photography/Magnum Photos*
34. De Gaulle with Prime Minister Winston Churchill and British Foreign Minister Anthony Eden, Paris, 11 November 1944. *AP Photo/Rex Shutterstock*
35. De Gaulle and Churchill, 11 November 1944. *Camera Press, London*
36. De Gaulle arriving at Moscow station, December 1944. *Roger-Viollet/ TopFoto*
37. Molotov signing the Franco-Soviet Treaty, 11 December 1944. *Apic/ Getty Images*
38. De Gaulle, Antibes, January 1946. *The LIFE Images Collection/Getty Images*

插图目录

第002页　De Gaulle, 1927. *Archives de Gaulle, Paris/Bridgeman Images*
第138页　De Gaulle, 1942. *Rex Shutterstock*
第160页　Charles de Gaulle, *The Army of the Future*, English edition, 1941. *Private collection*
第176页　*Avec ce De Gaulle la, vous ne prendrez rien,* poster published by the French Anti-British League, 1940. *Bibliothèque Nationale, Paris/ Bridgeman Images*
第176页　*Le vrai visage de la France libre: Le général Micro, fourrier des juifs!*, poster, 1941. *Rex Shutterstock*
第363页　'Mon Grand!', cartoon by Jean Effel (François Lejeune) in France Soir, 30 December 1944. *Collection Jonas/Kharbine-Tapabor, Paris.* © *ADAGP, Paris and DACS, London 2018*
第368页　De Gaulle, 1956. *ullsteinbild/Getty Images*

引 言

无处不在的戴高乐

放眼今天的法国,夏尔·戴高乐无处不在:在人们的记忆中,在街道的名称中,在纪念碑上,在书店里。最近(2018年)的统计数据表明,有超过3600处公共场所以他的名字命名,包括街道、大道、广场和环道等。这使得戴高乐超过了巴斯德(Pasteur)和维克多·雨果——有3001处地方以前者的名字命名,有2258处地方以后者的名字命名。[1]拿破仑建造的凯旋门是巴黎最壮观的地方,其坐落之处在戴高乐去世后改名为夏尔·戴高乐广场。沿着香榭丽舍大道直走,不久就会看到一座踏着坚定步伐向前走去的戴高乐雕像;接着向右转,越过塞纳河就到了荣军院,即法国的军事博物馆,其中有一座展馆专门为戴高乐而设。走进这座戴高乐历史博物馆,就像跨入了神圣的戴高乐主义空间。

2010年,在一项由法国人列举本国历史上最重要人物的民意调查中,44%的人将戴高乐排在首位(70%的人在投票中提到了他),远远超过了拿破仑——仅有14%的人将他排在第二位(38%的人在投票中提到了他)。[2]今天所有的政治家,不管左翼还是右翼,都在打着戴高乐的名义进行政治活动。在2012年的总统大选中,左翼社会党的奥朗德和右翼(一般是戴高乐主义者)反对派的尼古拉·萨科齐都将戴高乐作为榜样。其他人也都是如此。即使是极右翼政党国民阵线(Front National)的创始人让-马里·勒庞（Jean-Marie Le Pen），一个曾经发自内心反对戴高乐的人，如今也在称赞戴高乐的遗产。但是，没有哪个当代的法国政治家能比埃马纽埃尔·马克龙更主动地从戴高乐那里寻找灵感。在他的办公室里，其身为总统的官方相片正对着一张桌子，桌子上摊开了一本书：戴高乐的《战争回忆录》（七星文库版）。

戴高乐越来越游离于他主导的历史。有一段戏谑的讽刺短文描绘了戴高乐与让–保罗·萨特（Jean-Paul Sartre）在爱尔兰的一次会面（事实上，两人从未谋面）；有一则故事假想戴高乐为了拯救法国传统的蛋黄酱以及捍卫同性恋的权利而起死回生；有一个连环漫画描绘了海滩上的戴高乐；有一部书名叫《戴高乐爱戴者词典》，作者遍访戴高乐去过的地方，就如同追寻一个圣人的脚步。[3]

当戴高乐于1969年退出政坛时，没有人能预料到，法国人对他会取得如此一致的看法。在整个政治生涯中，戴高乐都是一个残酷而分裂的人。他既是法国现代史当中最受尊敬的人物，同时也是最被憎恨的人物。他受到的辱骂与赞美、憎恶与崇拜，几乎是同等的。20世纪的其他法国政治人物也被憎恨过，但从未达到戴高乐那样的程度。对于一些人而言，憎恨他可以使自己的生活获得意义；对另外一些人而言，憎恨他则会被逼疯。保守派政治家亨利·德·克里利斯（Henri de Kérillis）就是这样：他最初是戴高乐的狂热支持者，1942年与戴高乐决裂之后，他在美国过着每况愈下、碌碌无为的生活，令人同情，却坚信戴高乐派人躲在每个街道角落中伺机对自己施行暴力。前戴派抵抗战士、后来站到其前偶像对立面的安德烈·菲格拉斯（André Figueras）于1964—1970年期间出版了几本书，通过这些书名，就可以明显看出反戴高乐主义病理学的奇怪特征：《卑鄙的夏尔》（*Charles the Contemptible*）、《将军必死》（*The General will Die*）、《戴高乐主义者必下地狱》（*The Gaullists will Go to Hell*）和《无能的戴高乐》（*De Gaulle the Impotent*）。菲格拉斯的书里还写了很多这方面的内容。当戴高乐于1969年辞职时，一份极右翼的报纸打出了这样的标题："野兽已死，毒药还在"。

仇恨不仅仅停留在纸上。戴高乐曾经遭受过30次严重的暗杀，其中有两次差点成功：一次是在1961年9月，另一次是在1962年8月。对于一些反对戴高乐的人而言，将目标锁定在戴高乐身上已经成为他们的信条，以至于他们对戴高乐的仇恨已经掩盖了他们想要刺杀戴高乐的最初原因。安德烈·罗斯菲尔德（André Rossfelder）就是如此，他在1964年策划了针对戴高乐的最后一次重大暗杀活动。就像许多反对戴高乐的狂热者一样，他憎恨戴高乐是因为戴高乐在1962年允许了阿尔及利亚的独立。但是那次暗杀失败后，罗斯菲尔德仍然计划除掉戴高乐。当被问及为何时，他回答道："因为他仍旧在那里。只有干掉他，我才能不再想到那个暴君。"[4]那些拥护戴高乐的人则位于另一个极端，他们对待戴高乐的方式就像效忠一个封建领主，或信仰一个宗教领袖。一个戴高乐主义者在谈及小说家安德烈·马尔罗（André Malraux）时写道："就像我们所有人一样，他对待戴高乐的事业就像宗教信仰一般。"[5]

如果说法国人的生活与戴高乐息息相关，那是因为他是20世纪法国两场内战中的关键人物。第一次内战源于1940年法国败给德国，贝当元帅政府与希特勒签订了停战协议。戴高乐拒绝接受这个决定，于是他前往伦敦继续开展斗争。他的反抗行为使他成为一个反叛者，他反对的是由法国最受尊敬的人物组成的合法政府。戴高乐召集的士兵射出的第一批子弹朝向的是其他法国士兵，而不是德国人。在接下来的四年中，戴高乐在伦敦宣称，是他而非贝当代表了"真正的"法国。他于1944年返回法国，被当作一个民族英雄而接受欢呼，并且还组建了一个临时政府，直到1946年1月放弃权力。

另一个冲突爆发于1954年11月，那时阿尔及利亚的民族主义者正在为脱离法国获得独立而战斗。长达八年的阿尔及利亚战争使戴高乐在1958年重获权力，并于1962年阿尔及利亚独立时达到巅峰。尽管表面上看是一场去殖民化的战争，这场冲突却有着内战的性质。从行政上说，阿尔及利亚是法国的一部分，从1830年开始就已经成为"法国"，甚至比尼斯城还悠久（尼斯从1859年开始被并入法国）。那些想要留住阿尔及利亚的人吹嘘地中海流经法国就像塞纳河流经巴黎。生活在阿尔及利亚的100万欧洲人当中，有许多人已经在那里居住了好几代，那里就是他们的家。对于他们而言，如果失去了阿尔及利亚，将会造成比1940年法国败给德国更加严重的创伤。

除了在这两场冲突中起到关键作用外，戴高乐还动摇了法国人思考法国历史和政治的方式。在1958年重获权力后，他彻底改造了法国的政治体制，与1789年大革命起就延续下来的共和传统分道扬镳。有关法国在世界上的地位，对戴高乐而言可以用一个很难捉摸的概念来概括——"伟大"。这种看法被一些人欣赏，但也被其他人视作民族主义的立场。最后，1968年5月，在他的职业生涯末期，戴高乐成为20世纪法国历史上最激烈的革命性反抗的目标。

一些人在所有的冲突中都反对他；一些人在所有的冲突中都支持他；一些人在1940—1944年期间崇敬戴高乐，却在阿尔及利亚事件上反对他；还有其他一些人在1940—1944年期间反对他，却在戴高乐1958年重获权力时支持他，并在之后再次反对他。他为了法国的伟大而施行的外交政策中的反美主义吸引了一批左翼，这些人却同时反对他那威权主义风格的政府。戴高乐说的那句俏皮话不无道理："每个人或现在、或过去、或将来都是个'戴高乐主义者'。"[6]1965年前夕的总统选举中，一个观察者的评价也不无道理："除了极端的忠诚分子，每个人或过去、或现在、或将来都是个反戴高乐主义者。最糟糕的是，我们每个人既是戴高乐的拥护者，也是他的反对者，这种对立贯穿于我们每个人的心中。"[7]

戴高乐的崇拜者中，既包括亨利·基辛格，也包括奥萨马·本·拉登。崇拜他和贬低他的人将他比作法国历史上的各种人物，如查理曼、圣女贞德、黎塞留、亨利四世、路易十四、丹东、圣茹斯特、拿破仑一世、夏多布里昂、拿破仑三世、布朗热将军、莱昂·甘必大和乔治·克列孟梭；他们也将他比作那些法国人以外的人物，如俾斯麦、佛朗哥、克伦斯基、墨索里尼、萨拉查、玻利瓦尔、卡斯特罗和耶稣基督。这些类比的范围之广，体现了戴高乐有着极强的矛盾性：他是一个在职业生涯大部分时候都在作战的战士，也是一个像革命者那样高谈阔论的保守主义者，还是一个充满激情却发现自己几乎不能表达情感的人。

"太初有道？"

戴高乐曾经激起的仇恨和今天人们对他的吹捧，给传记作者们制造了麻烦。他留下的是一则"黑色神话"：半真半假的叙述和诽谤附着在关于他的记忆中，就像附在船底的藤壶。但是，避免像现在这样的圣徒传记同样也是一个问题。系统的"去神话化"会丢掉很多关于戴高乐的真实，正如20世纪60年代戴高乐的新闻部长阿兰·佩雷菲特（Alain Peyrefitte）所写的那样："将军的真实之处就在他的传说中。"[8]他这句话的意思是，戴高乐（拿破仑也是如此）最伟大的成就之一就是他在自己身上建构的神话。历史学家皮埃尔·诺拉（Pierre Nora）以更有诗意的形式将这句话表达出来，他指出，那些仔细观察和书写戴高乐的人，无法脱离戴高乐本人强加于他们头脑中的参照框架——"就像维米尔（Vermeer）的画作，那些看上去似乎照亮了画作的光线实际上来自画作本身"[9]。

在戴高乐这里，"那束光"就来自他自己的话。在他出版于1932年的一本书的题词中，他引用了歌德《浮士德》中的话："太初有道？不，太初有为。"对戴高乐而言，"道"和"为"是不可分的。促使他于1940年上台欲有所"为"的，是一篇实际上几乎没有人听过的讲话；之后的讲话则更加著名，数以百万的法国人在1940年和1944年感受到的"戴高乐"就是来自收音机中的那个声音。在20世纪50年代，戴高乐在他的《战争回忆录》中编造了他自己的传说。在60年代，当戴高乐成为法国总统以后，他经常通过雄辩的魔力和对电视的控制来进行统治。

任何为戴高乐作传的人都像一只苍蝇那样被困在他的语词网络中。在1966年与一个记者的谈话中，戴高乐说道：

> 对于那些我想要了解的和我认为重要的事情，我已经思考它们很长时间了。我把它们写下来，在心里记住它们……这花费了我最多的心血……在我眼中，它们是唯一值得的事情。还有一些其他的事情，但我想都没想就弃之不顾，不会去了解它们，也不

会特意跟任何人提到……它们在我眼里没有任何的重要性，毫无价值。但是你们这些记者还是报道了这些话。[10]

戴高乐警觉地监督着那些包含"重要事情"的官方记载。除了他的四卷本回忆录（三卷本的《战争回忆录》出版于20世纪50年代，涵盖1958—1962年的另一卷《希望回忆录》出版于1970年），他还批准了五卷本演讲录的出版，其中他几乎做到了要纠正每一个逗号的程度。然而，这部演讲录需要批判地对待——我们只需查看前六页就能发现问题。它开始于最著名的一段讲话：1940年6月18日的讲话。我们阅读到的肯定是戴高乐想要发表的讲话，但迫于英国人的压力，他实际发表的讲话中前两句与演讲录中记载的并不一致。演讲录中下一篇演讲的日期是1940年6月19日。然而事实上，戴高乐在6月19日这一天并没有发表任何讲话，因为英国人不允许他这么做。标记了"6月19日"的讲话涉及的其实是6月19日之后发生的事件。因此，它一定是在后来写的，但是从未被发表过。接下来，这部演讲录记录了戴高乐在6月22日和6月24日的确发表过的两次演讲，但是遗失了发表于6月23日的一次简短讲话，这是戴高乐事后想要掩饰的，因为他在其中宣布要组成一个以他为首的委员会，但由于英国人的反对而从未实现。因此，在戴高乐正式的演讲录的前六页中，有一篇讲话的确发表过，但并不是我们读到的那个样子；有一篇讲话则从未发表过（甚至不是在人们所认为它被发表的那一天写下来的）；还有一篇讲话虽然发表过，却不为我们所知。

在戴高乐去世后，他的儿子开始按照事件顺序出版十卷的信件、笔记和备忘录，这些来自他的办公档案和家庭文件。这套文献对于研究戴高乐非常关键，我们也可以将它们归类为"写下来的"档案，戴高乐本人也将它们视作"有价值的"。但是这些资料也有问题。例如，其中有一篇戴高乐发表于1958年6月6日的著名演讲，却遗失了最后一句"'法国的阿尔及利亚'万岁"。不管他是否写了这些话，都没有人怀疑是他说出来的。

除了那些已经出版了的大量文字，还有很多被报道的谈话。戴高乐会与他喜爱的记者进行不被记录的谈话。第一批被用于研究戴高乐的资料（今天仍被使用），就是由和戴高乐关系很好的记者让-雷蒙·图尔努（Jean-Raymond Tournoux）在戴高乐生前制作的一套书。图尔努深得戴高乐信任，采访到了不少妙语（bons mots）。戴高乐的儿子菲利普后来宣称，图尔努是在门缝偷听到的。但事实上他并不需要这么做，因为当戴高乐发现这些不被记录的交谈有助于自己的目标时，就会将大门完全向他人敞开。[11]正是图尔努第一个记下了戴高乐的那个著名的怪念头（boutade）："一个人如何才能统治好拥有258种奶酪的国家？"这句话非常流行，很快就流传出去了，人们从未确定过原话内容，或者这句话究竟有没有被说过。（例如，奶酪的准确数量在不同的版本中是不一样的。）在阿尔及利亚的问题上，这种情况更多。在20世纪50年代，戴高乐私下里对不同的采访者发表过许多格言般的有关阿尔及利亚问题的评论，以至于人们很难弄清楚他的真实想法。

戴高乐去世以后，大多数不知出处的评论都变得"有据可证"，因为它们重新出现在另一类重要的"戴高乐相关"资料——那些在他周围工作的人留下来的大量的回忆录、日记和日志里。在这些资料中，卷帙最为浩繁的是由阿兰·佩雷菲特出版的2000页的谈话内容（更准确地说是独白），以及由戴高乐的非洲事务顾问雅克·福卡尔（Jacques Foccart）出版的1500页的谈话内容。在20世纪60年代，福卡尔几乎每天都会与戴高乐见面。我们应当给予这类材料什么样的地位呢？这些相对于官方资料的纸质文献或对记者所说的轻率评论并不一定具有更大的"真实性"。戴高乐的谈话通常是一种表演，正如他的一个助手所说的那样，"他的演技很好"。但是如果因为戴高乐并没有在书里"写下"它们而贬低这类材料，则将走向另一个极端，这也是不对的。所有这些资料都可以使我们获得关于他的声音的不同记载。

戴高乐在1932年出版的一本论领导力的书中写道，伟大的领袖需要运用神秘、策略和伪善。另一方面，斯大林曾对丘吉尔说戴高乐是个率真的人——以一种严格的标准来评判，的确是这样。戴高乐将神秘上升到一种统治艺术，却经常比他伪装的或希望的更为坦率。令人惊讶的是，虽然戴高乐以善于伪装而著称，但是他公开宣称的和私下表达的非常一致，尽管语气上有所不同。在过去的几年，历史学家们首次得以看到戴高乐的档案，但是这些资料并没有从根本上改变我们的认识。他的儿子已经做了一个很好的工作，那就是将最重要的文件出版。我们还缺失的是戴高乐与其家人全部的私下谈话。其中一些已经被出版了，但是可能还有更多的内容，或许会有助于澄清关于戴高乐的晦暗不明的地方：作为普通人的戴高乐是一个什么样的人？为了理解戴高乐的政治生涯，我们不应当指望未来能有一些意外的发现。我们面对的挑战在于：如何用已有的材料来解释戴高乐。

戴高乐和他的传记作者们

戴高乐的传记作者们是如何处理这些问题的呢？有关戴高乐的作品数量，在法国历史上除了拿破仑恐怕没有谁能比得上。戴高乐基金会这个机构就是专门致力于研究他的。这个基金会成立于戴高乐去世后不久，到2011年已经出版了超过40部会议记录，这些会议都是围绕他而召开的。其中一些研究的是他政治生涯当中的某些时刻，其他的则冠以诸如此类的题目："戴高乐与医学""戴高乐与科学""戴高乐与媒体""戴高乐与法律""戴高乐与宗教""戴高乐与青年"等。戴高乐既是一个人、一个传说、一个符号，如今也是一个学术产业。

在众多戴高乐的传记中，有三部非常优秀。第一部是由让·拉库蒂尔（Jean Lacouture）在1985—1988年期间出版的三卷本巨著。拉库蒂尔是一个杰出的左翼记者，在职业生涯的30年间，他花费了大量的时间报道第三世界，也不遗余力地支持去殖民化。1965年，在戴高乐担任总统期间，他写了一本简短的传记，对1940年拒绝失败的戴高乐和1962年接受阿尔及利亚独立的戴高乐表达了自己的"敬意"，但这种敬意由于他反对20世纪60

年代中期"反动的"戴高乐的"民族主义鼓吹"而受限。在三年后的第二版中,他调整了自己的批评,将戴高乐描述为"受制于仇外幻觉的人"。戴高乐的秘书断定这本书过于"不招人喜欢"而不能给戴高乐看,而戴高乐本人的态度更加严厉。在阅读这本书时,他作了一个重要的评价:"作者的确没有抓住这个人物的全部维度。"[12]

20年后,为了弥补先前对于戴高乐的不敬,拉库蒂尔用了3000页篇幅的文章重新描述戴高乐。那时,他已经成为一个多产的传记作家,一开始写的是纳赛尔和胡志明,然后写的是像莱昂·布鲁姆(Léon Blum)和皮埃尔·孟戴斯·弗朗斯(Pierre Mendès France)这样的左翼法国人物。这样选择主题会让人感觉拉库蒂尔是在建立一个左翼的万神殿,因此,他努力做的就是将戴高乐挤进去。拉库蒂尔对于不得不歌颂传记主人公的行为从不辩解,但由于戴高乐并不完全适合,因此他的书读起来就像作者与主角之间的冗长对话。戴高乐的传记作者都必然会讨论青年戴高乐受到极右翼作家夏尔·莫拉斯(Charles Maurras)思想影响的程度,后者创办的报纸《法兰西行动报》致力于反对法国的议会共和国。不管戴高乐对莫拉斯的态度如何,需要讨论的问题是:他何时成为一个"共和派",而且是哪种类型的共和派?拉库蒂尔解决了这个困难。例如,在讨论20世纪30年代戴高乐对纳粹德国的态度时,他告诉我们,"在专制和民主之间的大辩论中,戴高乐毫不犹豫地作出了决定";他是一个"坚决的反法西斯者"。虽然戴高乐肯定不是一个"法西斯主义者"——事实上在这一时期,他没有特别担心法西斯——但他对民主也不感兴趣。他自始至终都是德国的反对者。[13]

当拉库蒂尔发现自己被贴上了"戴高乐主义者"的标签时,他恼怒地回应道,自己"既不是戴高乐主义的中坚分子,也不是一个温和的戴高乐主义者……而是一个非戴高乐主义者(a-Gaullist)"。他这样总结道:"蒙田崇尚罗马人,但远远不是,也肯定不是有意将加图(Cato)作为他同胞们的偶像。"[14]不管是否为"非戴高乐主义者",拉库蒂尔都没法掩饰自己对笔下主角的极大赞赏和直觉"感受"。他的赞赏通常会沦为编造出来的神话——就像他描述戴高乐与丘吉尔于1940年6月17日在唐宁街10号的关键会面时那样：

> 丘吉尔如鹰隼般的眼睛从这个一直沉默寡言的大个子身上识别出了"命运之子"和法国统帅的影子。在布里亚尔〔（Briare）他们几天前见过面〕时，丘吉尔已经仔细观察过这张脸，当时他的视线从一部金雀花王朝的编年体史书移开，看到一张戴着头盔的脸……他将戴高乐带到一个圆桌子旁。在那里，马尔伯勒家族（Marlboroughs）的后代迎来一批被挑选出来的骑士。[15]

这是一篇精彩的散文，但不是历史。我们不知道丘吉尔是否有这样的幻觉，因为他在自己的回忆录中并没有屈尊记下与戴高乐的这次会面。真实的情况很可能是丘吉尔乐于欢迎任何想要继续战斗的法国人，心不在焉地对戴高乐作了一个不确定的承诺，那就是允许他利用广播尽可能快地发出声音，从而能够转向更加重要的事务。

另外就是拉库蒂尔所叙述的戴高乐于1944年8月25日发表的一次讲话，这一天巴黎获得解放：

> 这个人高高在上，面对着下面诸多仰望着的脸，就像埃尔·格列柯（El Greco）的《耶稣升天》（Ascension）中那样，他的胳膊弯成一个竖琴的形状，巨人般的脸庞猛转回来，就像一次献祭……戴高乐在这里真正地代表国家发言；他就像一位伟大的基督徒演说家，说话掷地有声，并且号召人们进行一次大规模的起义。[16]

这篇讲话着实令人感动，但是它也是被精心设计过的，当时的许多听众其实非常失望，并不认为戴高乐的讲话是为了他们或者祖国。尽管这样的内容读起来很流畅，但拉库蒂尔为了令人满意而在叙述戴高乐时编造了太多的神话。

第二部关于戴高乐的主要传记由历史学家兼记者保罗-玛丽·德拉戈尔斯（Paul-Marie de La Gorce）所写。不像拉库蒂尔，德拉戈尔斯非常乐意称自己为戴高乐主义者，但是属于一个奇怪的分支，即"左派戴高乐主义者"（left Gaullists）。[17]1965年，当戴高乐还是总统时，他写了第一部传记。戴高乐读了样本，提供了一些建议和评价。1999年，在戴高乐去世近30年后，德拉戈尔斯推出了另一个版本，多达1500页。[18]当拉库蒂尔还在为"为何推崇戴高乐"这个问题感到头疼时，德拉戈尔斯毫不犹豫地挑明了他的理由："在戴高乐将军完成的任务中，去殖民化将毫无疑问是他带给这个世纪的历史的最不能抹掉的印记。"[19]他经常将戴高乐神奇的雄辩能力与其政治现实混淆起来。1945年，法国差点对英国宣战，因为这个人想要保卫法国在叙利亚的帝国统治；塞提夫（Sétif）在1945年实施了对阿尔及利亚民族主义者的屠杀之后，这个人将法国又拖入了一场不可能胜利的战争——1946年法属印度支那战争；当法国放弃其非洲帝国时，还是这个人设计出了独创的新方式，对非洲继续产生影响。这个先知般的去殖民化形象需要加以严格限定。

第三部关于戴高乐的传记是最近（2002年）才面世的，非常与众不同，依然有1000页的篇幅。它的作者是埃里克·鲁塞尔（Eric Roussel），他以其所撰写的让·莫内（Jean Monnet）的传记而知名，后者正是欧洲共同体的设计师，是个坚定的大西洋主义者，坚信欧洲超国家主义——这些都是戴高乐所憎恶的。鲁塞尔之后又写了一本很不错的传记，主人公是戴高乐的第二任总理和他的继承者，务实的保守主义者乔治·蓬皮杜（Georges Pompidou）。但是在戴高乐生命的最后，蓬皮杜已经开始脱离戴高乐，以至于一些戴高乐主义者给他贴上"反戴高乐主义者"的标签。[20]因此，鲁塞尔先前的传记主题的选择告诉了人们他的出发点和他的类同倾向：一个自由的保守主义者、欧洲联邦主义者和大西洋主义者的人物。鲁塞尔的书所作的贡献在于他广泛使用美国、英国和加拿大的档案，还使用了一批法国的新档案。相较于拉库蒂尔和德拉戈尔斯，他眼中的戴高乐没有那么倚重法国视角。这是一部对戴高乐进行了最认真的研究后写出来的传记，并且充分意识到该人物性格的"维度"。但是，通过大量的细微描写,他描绘出一幅微妙的负面的肖像。戴高乐于1946年1月辞职,关于戴高乐为何辞职以及他有多期待重返权力核心有大量的猜测。在鲁塞尔提供给我们的关于这个部分的两页纸中,写满了热情的戴高乐主义者安德烈·马尔罗对英国大使的一贯混乱的话语。马尔罗预测会有街垒战,并宣称戴高乐会以一个独裁者的身份回归来拯救西方。由于这是鲁塞尔所提供的关于戴高乐辞职的唯一的同时代评价,读者会倾向于着相信这反映了戴高乐的想法:"人们可以怀疑马尔罗会用这样的方式表达自己……而无须将军的同意,至少是默许。"[21]或者再举一个例子:当戴高乐于1940年被推选为将军时,鲁塞尔连篇累牍地引用《法兰西行动报》上的赞扬文章——《联想到罪恶?》(guilt by association?)——并且进而指出这篇文章狂热的语调使人相信起一个谣言,即戴高乐曾经化名为这份君主制主义者报纸写过军事通讯。这个说法并没有依据。[22]通过这样的微妙影射,鲁塞尔下意识地将戴高乐的形象建构成一个落后于时代的右翼民族主义者。因此,即便这是有关戴高乐的最好的传记,它也悄然地敌视着这个人物。

戴高乐战场

所有的传记作者必须避免过分追求主题一致性的诱惑。[23]戴高乐的传记尤其会显现这种诱惑,因为他的人格和信念似乎有着花岗岩般的一致性。他写过的最著名的一句话出现在《战争回忆录》的开篇:"我一生中一直对法国有一种想法。"一位历史学家提出过一个有趣的阐释,他将1958年的《法兰西第五共和国宪法》视作戴高乐所持有的自由天主教想法的化身,这是在19世纪90年代末期从他的家族流传下来的——隐含的假设就是戴高乐的政治想法从未改变过。[24]但是这个令人感兴趣的理论并没有太坚实的事实基础。在20世纪60年代,当外国的外交官和法国政治家们急切想要了解戴高乐不可预测的政策时,就会从他40年前出版的关于领导力的小书中寻求线索。但是这本书在政治方面并没有提供任何教条,也没有任何直接的观点。它描述了一个领袖应该是什么样的，甚至应该被看作一本对自我形象预测的书来阅读——但是它没有告诉我们任何关于领袖应该做什么的具体内容。诚然，它传达的一个关键信息是政治连续性的重要性。因此，戴高乐的一个机敏（并且赞赏他）的评论者这样评价"戴高乐主义的意识形态空白：这是一种姿态，而不是教条；是一种态度，而不是一套连续的信条；是一种没有太多实质内容的风格"[25]。

戴高乐的模棱两可使人们不确定如何看待他在其职业生涯中的不同阶段，也导致关于他的信仰的太多猜测。这也适用于一批战时身在伦敦的法国社会党人。他们像戴高乐那样反对贝当元帅，但是他们中许多人也怀疑戴高乐，因为他们认识到，不管他们喜欢与否，他都最有望成为法国抵抗法西斯的标志。他们不停地争论该对他持有何种立场，经历了很多次令人痛苦的讨论，其中有一个人不无怀疑地决定支持他，理由是："即使你不信任戴高乐，我们也需要努力改变一些事实上的确存在的事物（指戴高乐），不管你喜欢这样与否，这都将代表法国人民抵抗法西斯的事实。"[26]当然，戴高乐并不是一张白纸，那些认为能够"改造"他的人通常极度失望，尽管也有证明他们是对的的时候。戴高乐可能"在其整个生命历程中"对法国有一种特定的想法，但是这个想法并非从来就没有变化过。

当戴高乐在1958年重获权力时，没有人了解他关于阿尔及利亚的意图，甚至有评论家诉诸笔墨试图辨别他的"真实"想法。历史学家和传记作者也是如此。事实上，尽管对那些不想在阿尔及利亚做的事情，他有过一些想法，但对其余的事情他则持开放态度。正如在1940年，他可以根据形势而改变想法。在1958年激荡的5月，当阿尔及利亚的法国军队爆发反抗巴黎政府的叛乱时，伞兵看起来有可能在任何时候降落到法国本土，让·拉库蒂尔那时候是《世界报》的一名记者，他打电话给自己的一个记者朋友，《精神》（*Esprit*）杂志的主编让–马里·多梅纳克（Jean-Marie Domenach）。多梅纳克那时正担心戴高乐如果获得军队的支持夺权后会怎样做。有必要针对戴高乐进行一次新的抵抗运动吗？拉库蒂尔那时保证道："戴高乐不是一个将军，他就是战场。"[27]他这样说是指，结果不仅仅

XV

取决于戴高乐采取的决定，还取决于他所控制的有限的政治力量。

在戴高乐掌权，以及阿尔及利亚独立之后，戴高乐主义的新风格在20世纪60年代浮现了，这样的结果不仅源自总统本人作出的决定，也源自经济学家、公务员和其他的专家。其中许多人都曾反对他重新掌权，而现在却认为可以利用他。正如其中一人所说："如果不利用这次机会解决（特定的）……问题，哪还会有像戴高乐在位这样的好运气？"[28]在整个政治生涯中，戴高乐都在积极扮演一个克里斯玛式[1]的领袖角色（charismatic leader），这样的肖像他曾在20世纪20年代描绘过，并且他对这个世界怀有不变的看法，终其一生都未曾抛弃。但他同时也是这样一个人物——法国人利用他解决他们的历史和政治矛盾，他们塑造了他，正如他塑造了他们。[29]

---

[1] 克里斯玛（charisma）原指某些人所拥有的某种特殊的超自然的人格特质，通常用来形容诸如摩西、耶稣之类具有非凡号召力的天才人物，后来被德国著名社会学家马克思·韦伯引入政治学领域，特指"神奇的近乎天赋的领袖魅力"。——编者注

第一章

"戴高乐"之前的戴高乐（1890—1940年）

> 在我的一生中，我从未怀疑过有一天我会成为法国的领袖……但是事情以我不能预测的方式发展。我总是认为我会成为军政部长，所有一切都会从这开始……
>
> ——戴高乐，1946年5月

摘自克劳德·莫里亚克：《另一个戴高乐》，第99页

一 开端（1890—1908年）

来自伦敦的一个声音

在戴高乐本人出场之前，他是一个声音。1940年6月18日的晚上，他通过一段来自英国广播公司电台的简短广播进入历史。六周之前，德国军队发动了对法国的袭击。法国以超乎寻常的速度沦陷，6月17日，法国政府的首脑菲利普·贝当（Philippe Pétain）元帅在法国广播中宣布他会请求与德国停战。戴高乐在次日的演讲里表达了对贝当的投降主义的反对：

> 那些身居军界要职多年的将领已经组成了一个政府。
> 这个政府以我们的军队吃了败仗为由，同敌人接触，意在谋取停战。
> 毫无疑问，我们确实吃了败仗，陷入敌人陆、空军的机械化部队的围困之中。
> 我们之所以受挫，不仅是因德军人数众多，更重要的是他们的飞机、坦克和战略。正是德军的坦克、飞机和战略使我们的将领们不知所措，置他们于今天的境地。
> 但是难道已一锤定音，胜利无望，败局已定了吗？不，绝非如此！
> 请相信我，因为我对自己说的话胸有成竹。我告诉你们，法

兰西并没有失败。我们将以其人之道还治其人之身，并有朝一日逆转乾坤，取得胜利。

因为法兰西并不孤立，她不是在孤军作战！她绝不孤立！她有一个幅员辽阔的帝国作后盾。她可以同控制着海域并继续在战斗着的不列颠帝国结盟。同英国一样，她可以得到美国雄厚工业力量取之不尽、用之不竭的资源。

这场战争不仅限于在我们这块不幸的土地上，战争的胜败也不取决于法国战场的局势。这是一场世界大战。所有的过失、延误和磨难都不会改变一个事实，即世界上仍有种种锦囊妙计，能够最终置我们的敌人于死地。我们今天虽然受挫于机械化部队，将来，我们却可用更高级的机械化部队制胜。世界的命运正系于此。

我，戴高乐将军，此刻在伦敦向法国的官兵发出请求，不管你们已踏上或是在将来踏上英国的国土，不管是否持有武器，都同我联系。我请求具有制造武器技能的工程师和技术工人，不管你们已踏上或是在将来踏上英国的国土，都同我联系。

不管风云如何变幻，法兰西的抗战烽火都不会被扑灭，法兰西的抗战烽火也绝不可能被扑灭。

明天，我还会像今天一样继续在伦敦发表广播讲话。[1]

很少有人听到了戴高乐的广播讲话。如今我们也无法听到，因为英国广播公司认为这段录音并不重要，所以没有保存。在接下来的几周里，戴高乐发表了更多次的讲话，而且越来越多的人开始关注他的讲话。后来他们的头脑也模糊了，不确定是否真的听到了戴高乐在6月18日的第一次广播讲话，虽然他们以为自己听到了。一个在1940年还是孩子的戴高乐主义者在自己的回忆录中这样写道："6月18日。晚上，在一个被花园环绕的度假小屋间的廊道里，我认为自己听到了6月18日的讲话。别墅的窗户是打开的，一个收音机正在转播一段似乎有些出乎我意料的演讲。"[2]

作家莱昂·沃斯（Léon Werth）知道他当时没有听到广播。在法国被德国占领期间，他生活在法国偏僻的乡间。他的日记记录了他对戴高乐日益高涨的兴趣，但是他并不知道戴高乐在第一次广播讲话中究竟说了什么，直到四年后诺曼底登陆那天，他才从英国广播公司电台听到这篇演讲（不是由戴高乐演讲）。如果要问沃斯为什么没有听到戴高乐的第一次演讲，那是因为在那一天，德国人正在进攻法国，当时的他和几百万其他法国人一样，正在向南方逃跑："我接近卢瓦尔河了，在沿途只能听到一些传言。从一个插在汽车蓄电池上工作的破收音机里，我还能听到一些不连贯的错误信息。因此，在6月18日那天，我并没有听到戴高乐的广播讲话。"³40年后，法国总统瓦莱里·吉斯卡尔·德斯坦（Valéry Giscard d'Estaing）却给出了一个矛盾的回忆：

> 作为一个14岁的小男孩，我记得在奥弗涅的房屋里，我们听到了戴高乐将军的声音。6月18日的下午，我的叔叔来找我们："过来！有些重要的事情要发生。他们正在播放戴高乐将军的一个公告。"我们围着收音机坐成了半圆形……我们预感到事情要发生变化了。对于我们每个人而言，遮盖法国形象的黑色幕布正是在那一天被扯开了。⁴

吉斯卡尔并不是戴高乐主义者，但这段"回忆"恰好写于他迫切需要戴派政治家支持的时候，因而肯定有一些东西被加了进去。

很少有同时代的人在日记中提到"6·18"讲话。一个记下来的人是巴黎警察局局长罗歇·朗热隆（Roger Langeron），他在那天的日记中写道："今天是个大日子。一个声音从伦敦传来。"但是他所摘录的戴高乐的名言"法国输掉了一场战役，但是她并没有输掉这场战争"并非来自6月18日的演讲，即使它传达了演讲的核心内容。这句话以宣言的形式出现在7月由"自由法国"（Free French）在伦敦制作的海报中。很可能是朗热隆在战争结束之后出版的日记中作了修改，使之看上去似乎是他听到了这段广播。⁵艺术史家和后来的抵抗者阿涅斯·洪伯特（Agnès Humbert）是为数不多真

第一章 "戴高乐"之前的戴高乐

正提到"6·18"讲话的日记作者,和莱昂·沃斯一样,当时她也置身于正在逃离巴黎的难民中。6月18日,她到达巴黎南部的一个小村庄。她急切地寻找新闻,并且比沃斯更加幸运,听到了一段广播:"巧的是,当时我调到伦敦的频道时,刚好听到了一段法语广播。他们在播出一位法国将军的一段演讲。我没有记住他的名字。他的语速很快,语气不容置疑,不太适合广播。他号召法国人聚集在他身边,继续战斗。我感到自己重新拥有了生命。一种我曾以为已经永远消失的感觉再次被激起:希望。"[6]对她来说这已经足够了,即使别人告诉了她这位"法国将军"的名字,她觉得也无关紧要。几个月以后,当洪伯特成为法国第一批抵抗运动团体当中的成员时,她发现自己正在成为戴高乐的支持者,虽然她还是不知道戴高乐究竟是谁:

> 这是多么奇怪的事啊!这就是我们,大部分都已经年过四十,却像学生一样被激情燃烧,追随着一个我们一点儿都不了解的领袖,我们甚至谁都没看到过他的照片。在人类的整个进程中,有任何跟这类似的情况吗?成千上万的人被盲目的信仰点燃热情,跟随一个不知名的人物。或许这种奇怪的匿名就是有价值的:一种不知名的神秘![7]

对于绝大多数法国人而言,戴高乐的确是不知名的。他来自哪里?他的信仰是什么?他长什么样子?很少有人知道这些问题的答案。直到1942年10月,当莱昂·沃斯定时收听戴高乐的广播讲话时,还曾经尝试着将他描绘出来:"我试图从戴高乐的声音中找到他。这个声音第一次打动我时有些苍白。如果我恨他,我或许会说我只听到了这个声音的一个方面。"[8]当戴高乐在1944年法国解放后返回法国时,人们有时会拥上前去欢迎一个在他身旁的军衔更高的将军。他们错误地以为戴高乐一定是一位五星上将。[9]

当"戴高乐"这个神秘的名字开始在整个法国的被占领区更广泛地流传时,它经常被视作一个化名。声称自己就是法国救星的这位将军以法国的古代名字"高卢"来为自己命名,这个名字好得让人无法相信。[10]这个看法来自小说家罗曼·加里(Romain Gary)的异想天开的自传。加里的原名是罗曼·卡丘(Roman Kacew)。1928年,当加里还是个小男孩的时候,他从维尔纽斯来到了法国。由于他的志向是成为一名"法国"作家,他决定采用一个听起来更像法国人的名字,因而有不同的化名被印在他大量的作品里,但似乎没有一个能比得上"戴高乐"这个名字。"1940年,我首次从收音机上听到戴高乐将军的名字,我的第一反应是气愤,因为我从未想到过创造这么一个杰出的名字……生活充满了错过的机会。"[11]加里原谅了这样打击自己的戴高乐,并前往伦敦,成为自由法国的一名飞行员。在占领时期的前几个月,戴高乐的名字经常被不同的方式拼错:"德高乐"(Degaule)、"杜高乐"(Dugaul),或者就是简单的"高卢"(Gaul)。[12]即使是成功到能够认识所有法国精英人士的巴黎律师莫里斯·加尔松(Maurice Garçon),也对戴高乐的身份一无所知。在1940年6月29日的日记中,他记下自己听了"德·高卢(de Gaule)[我没有见过他的名字的拼写,就是这样拼写的吧?]的一场演讲"[13]。

家庭出身

"戴高乐"这个名字,以及掩藏在它背后的神秘色彩,使这个来自伦敦的不见其人的声音充满了传奇色彩。实际上,这个名字完全可靠,尽管从词源上来说与高卢没有任何关系。它可能源于一个古弗莱芒语的词汇,意思是"墙"(de walle)。如果是这样的话,相当于英语中的定冠词"the"的"德"(de)在根源上并不是出自贵族的谱系。

"戴高乐"(de Gaulle,经常被拼写成de Gaule)一词曾出现于13世纪的诺曼底。一位名为让·戴高乐的人曾于1415年在阿金库尔抵抗英国人,而夏尔·戴高乐的家族将他视作祖先。[14]事实上,直到1604年勃艮第的某个名为弗朗索瓦·戴高乐的人被封为贵族,才能够找到其直接的家族谱系。18世纪，这个家族从勃艮第迁往巴黎，在那里作为国家律师和行政官为旧制度（ancien régime）时期的君主服务。这给予了他们底层穿袍贵族（nobles de robe）的地位，这种贵族是通过官职而非出身获得的。戴高乐的曾祖父在大革命中被逮捕，由于1794年罗伯斯庇尔的失败才免于被送上断头台。他保住了自己的脑袋，但是这个家族失去了它的地位和财富。[15]

夏尔·戴高乐的祖父是朱利安·戴高乐（Julien de Gaulle），1801年生于巴黎，1883年死于那里，七年之后，他那著名的孙子就诞生了。朱利安在北方城市里尔教书，并于1835年在那里结婚，之后返回巴黎，通过辛勤的劳动成为一名古董商和学者。他写过博学的作品，纪念大革命之前的法国天主教和君主的历史，其中有法国中世纪国王圣路易的传记和一部五卷本的巴黎史。朱利安·戴高乐的妻子若泽菲娜·马约（Joséphine Maillot，1806—1886）是一个比她的丈夫更多产的作家，写过80本以上的著作，其中包括使人愉悦的小说、传记作品和历史作品，而且很多都不断再版。这位充满了令人惊讶的能量的女性还主编过一份天主教报纸《家庭通讯》（Le Correspondant des familles）。

写作并没有使这对夫妇变得富有。他们过着不稳定的生活，有记载说他们在巴黎曾经住过27处不同的地方。他们有三个孩子，其中两个继承了朱利安·戴高乐的衣钵，成为古董商和有些古怪的学者：一个成为凯尔特诗歌的专家（他在英国以"法兰西诗人"而闻名），另一个成为昆虫学者（蜜蜂专家）。他们都没有孩子，只有第三个孩子亨利——夏尔·戴高乐的父亲——保持了家族的名字。亨利·戴高乐（1848—1932）的职业比他的兄长和父亲更传统。他通过了久负盛名的巴黎综合理工学院（Ecole Polytechnique）的考试，但是并没有入学。他的哥哥夏尔，即那位不列颠诗人，得了一种令他越来越虚弱的疾病，不能再在经济上自立。他们的父亲也年事已高，缺乏经济收入支持他的儿子。亨利·戴高乐因此被迫中断学业，找到了一份工作支撑家庭。在内政部作为一名管理者工作了几年之后，他成为一名拉丁语、哲学和文学教师，在巴黎一所知名度甚高的耶稣会学校——圣灵感孕学院（College of the Immaculate Conception）工作，后来他自己创办了一所天主教私立学校。

正是亨利·戴高乐创建了前面提到的粗略的家族谱系。[16]他的儿子夏尔对此很了解,成名后,他一丝不苟地回答了来信者的问题以纠正某些内容。[17]戴高乐有着很强的荣誉感,他相信这是祖先的馈赠。在1942年7月的一次晚宴上,一位发现戴高乐的情绪异常高涨的英国外交部的官员记下了这段话:

> (戴高乐说)法国有两种类型的权利:乡绅(petite noblesse de campagne)和有钱阶级。前一个阶级(他说自己就来自这个阶级)有着最强的爱国热情,为了法国的荣誉或为了祖国的利益能牺牲一切,许多教士都属于这个群体。后一个阶级由非常富有的人构成,非常自私……他认为,热衷于赛马的巴黎贵族和那些向她们钟爱的征服者投怀送抱的有爵位的贵妇人,与富有的工业家属于同等层次:因财富而堕落。[18]

戴高乐晚年在回望敌占期时经常会再现这个想法。他于1962年评价道:"对于那些不得不在他们的物质财富和法国的灵魂之间作出选择的人而言,他们的物质财富为他们作出了选择。那些拥有财富的人被他们的拥有品所占有。"[19]

尽管戴高乐在战时的谈话中指出他出身外省,但是他父亲的家族成为巴黎人已经超过一个世纪。在其他回忆的时刻,戴高乐倾向于谈论他所继承的这个方面。他会回忆他的祖父是在大革命时期出生于巴黎的:

> 你可以相信一个老巴黎:没有哪个巴黎家族能够接连延续三代人而不出现"断裂"……在地狱般的巴黎生活中:一些人变疯了,其他人则被摧毁了。当然,如果这个家族同来自外省的一个家族结盟的话,就可以持续得更长久:外省的基因给巴黎人带来了稳定和金钱。[20]

戴高乐可能还记得他的母系方面的祖先——马约家族（the Maillots），这是一个来自法国北部的富裕的中产阶级家族，他们的财富来自贸易和生产纺织品。戴高乐的外祖母朱莉·玛丽·马约（Julie Marie Maillot, 1835—1912）有部分爱尔兰血统。她的母亲［娘家姓为麦卡坦（MacCartan）］出身于一个爱尔兰家族，其族人被称作"野鹅"[1]。这个家族起初在路易十四的军队中为了詹姆士二世党人的事业而与英国新教徒斗争，后来定居在瓦朗谢讷（Valenciennes）。朱莉的外祖父安德洛尼克·麦卡坦是路易十八的医生。马约家族的另一个分支与德国有关系。他们在19世纪之初就与另一个工业家的家族，即18世纪60年代来到法国巴登的科尔伯家族联姻。（里尔的）马约家族和（巴黎的）戴高乐家族的命运交织了两代人。就像我们知道的那样，戴高乐的祖父（朱利安）与一个名叫若泽菲娜·马约的女性结合；而戴高乐的父亲亨利与他自己的表妹让娜·马约（Jeanne Maillot）结合，后者的父亲是一个纺织品生产商。夏尔·戴高乐因此是一个双重的马约家族的人。

从他父亲那边看，戴高乐来自在艰难时世中衰落的巴黎穿袍贵族；从他母亲那边看，戴高乐来自富裕的外省中产阶级。这个家族的两边有着类似的保守的天主教和爱国主义价值观。1970年11月9日，在他生命的最后时刻，戴高乐写信感谢一个家族朋友寄给他一套马约家族的族谱："很高兴看到他们所有人——去世的和在世的——有着如此大的勇气……对宗教和对祖国的虔诚。"[21]诸如马约家族的工业家都有着天主教爱国主义的传统，这在法国北部尤其强烈。雇主将关照他们的雇员道德上的安宁和物质上的繁荣视作自己的义务。戴高乐的祖母、娘家姓为马约的若泽菲娜·戴高乐的大量作品都受到了这种价值观的影响。在她的一部小说中，一个工业家被处以枷刑，因为他"是个肥胖的富有的剥削者，也是个以自我为中心的人，将他的工人当作驮货的牲口对待"；在另一部小说中，巴黎的证券交易所被描写成一个"不道德的投机"中心。尽管是一个虔诚的和保守

---

[1] 指17世纪末至20世纪初为天主教政权当职业士兵的爱尔兰侨民。——译者注

的天主教徒，但她还为法国社会主义者蒲鲁东（Proudhon）、法国革命家朱尔·瓦莱斯（Jules Vallès）和爱尔兰民族主义领袖达丹尼尔·奥康内尔（Daniel O'Connell）写下了充满同情的传记。[22]

这个阶层相信财富引起社会责任感。戴高乐母亲的家族史中最杰出的成员之一是戴高乐的曾外叔公夏尔·科尔布-贝尔纳（Charles Kolb-Bernard），他是一个糖业生产商，也是里尔的天主教中产阶级当中的主要人物。科尔布-贝尔纳同样致力于在法律和天主教方面有所贡献，他在里尔设立了圣樊尚·德·保罗学会（Societé de Saint-Vincent-de-Paul）的分支，这个学会是一个创建于1833年的天主教志愿者组织，为城市贫民带来救助和道德规范。他还帮助资助建设特雷耶圣母院（今天的里尔天主教堂）。戴高乐的外祖父朱尔-埃米尔·马约（Jules-Emile Maillot，1819—1891）在生意中没有那么成功，但是他的家族同样虔诚。戴高乐的母亲让娜在一个有着天主教信仰的家庭中成长起来，教育严格，没有娱乐活动。她的两个姐妹都是修女。

家族的价值观

夏尔·戴高乐于1890年11月22日出生在位于里尔的外祖父母的家中，这是当时法国中产阶级的一个风俗。他在四男一女五个孩子中排行第三。外祖父母的家位于公主路（Rue Princesse）9号，是一个朴素但舒适的中产阶级家族住宅，至今还存在。两尊圣母像立在街角，俯瞰着街道。这幢住宅的一边住着戴高乐的外祖父母朱尔-埃米尔·马约和朱莉，另一边住着戴高乐的姨妈诺埃米耶（Noémie），她嫁给了里尔天主教法学院的教授古斯塔夫·德·科尔比。隔壁是马约家族的纺织作坊。这是一个节制、宗教和工作的世界。三个月以后，戴高乐的父母带着婴儿回到巴黎，但是戴高乐与法国北部的联系在他整个童年时期都很重要。他在巴黎的祖父母已不在世，戴高乐也没有堂兄弟姐妹，因为他的叔叔都没有后代。另一方面，在北方的表亲中有一支生活在里尔城及附近。遵循北方的风俗，圣诞节是在12月6日圣尼古拉斯节（fête of St. Nicholas）庆祝的。家族的节日经常在这个地区举行，有时是在距离加来不远的维姆勒（Wimereux）的海边胜地一处租来的别墅中。尽管他的外祖父朱尔–埃米尔在戴高乐一岁时就去世了，但他的马约家族的外祖母，一个可怕的天主教女家长，依然领导着里尔的全家人。当18岁的夏尔给里尔的表亲写信提到自己要在喜剧院听《卡门》时，他警告说："当然，这些话千万不要让外祖母知道。"[23]

戴高乐的儿子后来评价了这种里尔血统，认为它不仅代表了"一处出生地，还代表了一种伦理，一种教育，一种看世界的方式"：朴素、传统、不爱炫耀。[24]戴高乐后来对政治家的蔑视，就包含了北方人对南方人成天坐在咖啡馆里喝茴香酒（pastis），既话多又爱做手势的蔑视，而政治家群体这种被讽刺的形象在他成长时期很常见。1914年，由于在一场战争中负伤，戴高乐在法国西南部科尼亚克（Cognac）地区的医院休养，就算这样他也仍旧戴着北方人循规蹈矩的有色眼镜评论道："与西南部地区的大多数城镇不同，（科尼亚克）既富裕又干净。"[25]在儿童时期，戴高乐唯一接触"南方"的机会，是他的父母于1900年在多尔多涅（Dordogne）地区的拉里格里（La Ligerie）买下了一幢普通房屋。从夏尔10岁起，暑假的一部分时光就要在那里度过。[26]这使他能够从北方表亲们的频繁拜访中解脱片刻，但是戴高乐后来说他对这幢房屋的回忆是黯淡的（maussade），不像在维姆勒度假休闲时那样，在那里他能欣赏到"广阔无限的"大海。[27]这幢房屋给他父母增加了不少经济负担，因此他们在1924年将它卖掉了。

但是，巴黎才是戴高乐父母居住的地方。他在回忆录中准确地描述自己是一个"在巴黎的里尔小男孩"。当他出生时，一家人是在今天第七区的布勒特伊大道上居住的。[28]他们后来搬到了其他一些地方，但是总是会在这座城市的同一片区域。住所是为了方便亨利·戴高乐到达他教书的天主教学校，但所在的巴黎街区也能够反映这个家庭的价值观和情感。它包含这个城市在旧制度时期最伟大的两处建筑：路易十四建造的荣军院和路易十五建造的军事学院。这个街区位于曾经时尚但逐渐衰落的圣日耳曼郊区,有天主教学校、宗教机构、大使馆,以及曾经是贵族豪宅(hôtels)但现在被政府部门占有的建筑物。这个地方缺乏生气,没有剧院,只有很少的餐馆或咖啡馆。戴高乐是一个"老巴黎",但是从精神上来说,他的巴黎不同于巴士底地区的革命的巴黎、蒙马特地区的波希米亚的巴黎、第十六区的有钱人的巴黎,也不同于拉丁区的大学生的巴黎。在他于20世纪20年代写给法国的一战领导者福煦(Foch)将军的颂词中,戴高乐表达了他对这片历史悠久、高贵但稍显冷漠的街区的感受:

> 福煦努力工作的时间大部分是花在巴黎的一个街区,即荣军院和军事学院所在地。这里的宏伟庄严不可能不对他的灵魂产生影响。在这个拥有荣军院和军事学院的街区,有着宏伟的建筑物,对称和立面体现了它们作为军事秩序、简朴和忧郁的象征……这个街区有着关于我们的胜利和泪水的数以千计的证明,伟大的博物馆藏有应征入伍者的梦想,汇集了市民的思考和退伍老兵的记忆,在这里的神圣穹顶下,安放着我们曾经手握的旗帜,蒂雷纳(Turenne)和拿破仑安息的地方也是这里……在这个街区,巴黎保存着过去的伟大的军事记忆,并怀有对未来的辉煌的期望。[29]

在回忆录中,戴高乐仔细地用两句话写他的父亲:"我的父亲是一个有见解、有学问、尊重传统的人,对法兰西的尊严充满感情,他使我探寻其历史。"[30]在他之后的生活中,当被问起谁对他影响最大时,他总是会毫不犹豫地指出是他的父亲。亨利·戴高乐的许多学生在回忆中,将他视为一个有魅力的老派(vieille)法国人,是另一个时代活下来的绅士;他杰出而刻板,低调而博学。在这样一个家庭里,戴高乐后来回忆道:"智识工作是最重要的。"[31]亨利传给儿子的,是对作家的尊重和智慧的生活。在战时伦敦的一天,戴高乐认真思考了另一种有可能的人生:

> 世界上最奇妙的工作就是图书管理员……在一个外省小城，或者在英国的一个社区图书馆……多么安静！多么奇妙的生活！……突然，当60岁时，开始写一部80页的专著，题目是"塞维涅夫人曾经访问过蓬蒂维吗？"……开始变得越来越狂热，给因一个日期而吹毛求疵的教会长老写言辞激烈的信件。[32]

以戴高乐极度活跃的性格，他可绝不会满足于这样的人生，但可以想象到，这种想法源自他的父亲、书呆子般古怪的叔叔或从未见过面的祖父。

关于他母亲，戴高乐写道："她对祖国充满感情，跟她对宗教的虔诚一样强烈。"而戴高乐的妻子（可能是由于痛苦的经历）就没有那么委婉了，她认为戴高乐正是从他的母亲那里遗传了其人格中"好斗的方面"："她是一个专制的女人，经常会给出狂热的、要人无条件服从的意见。"[33]

生活在第七区"充满军事色彩，又显得阴郁"（military melancholy，戴高乐最喜欢用的词）的环境中，戴高乐的家庭与那个时代流行的政治价值观格格不入。1871年，普法战争和拿破仑三世的第二帝国失败之后，有一阵子法国似乎有可能再次成为一个君主国，这种势头在1848年之后首次出现，虽然似乎并不大可能。波旁王朝的合法继承人尚博尔（Chambord）伯爵在1873年拒绝了接受王位，因为这同时意味着他要接受革命的三色旗，即复辟的可能性也失去了。从那时起，保皇主义在法国就注定要失败。对于保皇主义者而言，尚博尔伯爵永远都是他们失去的世界凄凉的象征。1876年，戴高乐那多产的祖母将她关于玛丽亚朝圣的历史书献给了尚博尔伯爵的夫人。由于要与尚博尔伯爵划清界限，戴高乐在他自己1970年去世前几个月写的一封信中说，那是"我们历史上的一个重大的糟糕事件。说重大，是因为使我们祖国制度化的一切可能都没有了；说糟糕，是因为像其他所有事情那样，过去将一去不返"[34]。

更加温和的保皇派由于事业的失败而退出。1870年，法国第三次正式成为一个共和国。由于法国前两个共和国（1792—1804年，1848—1852年）的短命的伤痕，第三共和国的领袖开始给法国人民的头脑注入这样的思想:他们的祖国的身份是与共和主义不可分离的。1879年,革命歌曲《马赛曲》成为法国的国歌;1881年,攻占巴士底狱的纪念日7月14日成为一个国家节日;象征着共和国的女性形象"玛丽安"(Marianne)的雕像在全国竖立起来。1880年,就在戴高乐出生10年前,一尊巨大的玛丽安雕像被竖立在巴黎的共和广场;9年后,另一尊雕像被竖立在民族广场上。这两个广场位于跨过塞纳河的巴黎东北部,这里属于左翼势力区域,与辉煌不再的第七区相差甚远。戴高乐关于其家庭所在街区没有提及的,是1889年共和国为庆祝法国大革命胜利一百周年而建造的埃菲尔铁塔。这些并不是像戴高乐这样的传统派家庭所认知的法国的象征。戴高乐并没有加入那些积极反对共和国的保皇派,他是这个派别的内部流亡者。

20世纪头10年,新成立的政治组织"法兰西行动"(Action Française)给法国保皇主义带来了一线生机,其名称取自发行的同名报纸。"法兰西运动"的领袖夏尔·莫拉斯是一个来自外省的年轻辩论家,这个组织试图将保皇主义落实到纲领上,而非诉诸对王朝的怀旧之情。莫拉斯提出"重建民族主义"理论,从基本原理出发,推导出君主国家存在的必要性。他认为法国作为一个大国,面临着德国和英国这样的外部敌人,必须放弃共和民主。他反对19世纪的浪漫主义,在他看来这是一种破坏力量,倾向于回归旧制度的古典秩序。莫拉斯的另一个信条是将天主教会作为稳定的基石(尽管他本人并不信仰)进行保卫,把犹太人和新教徒从一切有影响的位置驱逐出去。

对于许多保守派而言,莫拉斯将一种垂死的传统重新振作起来。戴高乐家族也这么认为吗?这个问题一直以来都困扰着夏尔·戴高乐的传记作者们。从戴高乐成为一个政治人物开始,他就一直遭到影射,被认为莫拉斯反动的民族主义给他留下了印记。判断这种说法是否正确的一个问题就是搞清楚"莫拉斯主义"指的是什么。他有可能是接受了莫拉斯对国际关系的消极视角,即认为法国陷入与它的世仇英国和德国的持续斗争,但是并没有认同莫拉斯的信念,即对这种挑战的唯一充分的回应就是恢复君主制;他有可能同意莫拉斯恢复君主制的观点,但是并不接受他的暴力的排犹主义。亨利·戴高乐会读《法兰西行动报》，但那个时代的大多数保守派知识分子同样都在读。至于夏尔·戴高乐，在他的稿件和信件中虽然没有提到莫拉斯，但他的姐姐在1945年承认道："夏尔是个君主派，他在一次同他的哥哥皮埃尔的谈话中曾非常激烈地捍卫莫拉斯，以至于眼中充满泪水。"[35]不幸的是，我们不知道她提到的是戴高乐人生中的哪个阶段。

历史学家最近倾向于将戴高乐思想遗产中的这方面轻描淡写，认为戴高乐的家庭更多是受到报纸《通信》（*Le Correspondant*）的影响。这代表了一种不同于《法兰西行动报》的保皇主义传统。它充满怀旧地回望1789—1791年，那时法国正处于一种立宪君主制，试图调和大革命的原则和王权。莫拉斯在另一方面将1789年视作法国问题的根源。[36]比较合理的说法是，相比于莫拉斯顽固的、反动的保皇主义，《通信》的自由君主派立场与戴高乐家庭的价值观立场更一致，但是现有的证据是零散拼凑的，并不足以证明这个说法。

许多历史学家也注意到戴高乐思想遗产中的社会天主教主义的重要性。社会天主教者尝试通过在资本主义和社会主义之间找到一个中间路线以克服阶级斗争。在像戴高乐母亲家族那样的法国北部天主教工业家当中，这种传统非常强。我们将会看到，在1944年之后，戴高乐间歇性地迷恋于这种思想，认为他的使命就是推动工人阶级和他们的雇主"联合"。这种迷恋背后的一个灵感就是社会天主教主义的信条，这使他的许多追随者都感到愤怒和困惑。这是莫拉斯所鄙视的另一种政治传统，他坚信政治——就是指绝对君主制——应该被置于社会和解的乌托邦之前。另一方面，许多社会天主教者过去是极端保守主义者，他们对政治的看法与《通信》的自由主义传统差别很大：他们的社会家长式制度经常与保皇派的正统主义携手共进。[37]

简而言之，对于理解戴高乐来说并没有一把简单的"钥匙"——不管是莫拉斯的民族主义、自由天主教主义、立宪君主制还是社会天主教主义，所有这些都通过戴高乐的家庭对他有所影响。尽管我们对亨利·戴高乐的政治观点所知甚少，但可以肯定的是，保皇派的主张对于戴高乐这

一 开端（1890—1908年）

样的家庭而言，更多是一种情感和文化而非政治责任，它代表着忠实于家庭传统，反感大革命的暴力，反对宗教迫害。戴高乐家族是另一个时代的温和的幸存者，他们的脑海中保留着一段很长的法国史，可以向前追溯至1789年。然而，对于夏尔·戴高乐成长时期最激烈的政治冲突——德雷福斯事件，有人认为他的父亲亨利所持有的观点是，人们无法对他所处的那个政治环境中的人抱有任何期望。

阿尔弗雷德·德雷福斯是军队里的犹太军官，1894年被错误地指控犯有叛国罪。德雷福斯的支持者坚信他是教会、军队和反犹主义者为了颠覆共和国而设下的阴谋的无辜牺牲者；德雷福斯的反对者相信他是个叛徒，并且犹太人、共和主义者和社会主义者正在创造误判，是为了颠覆将社会结合在一起的体制。正是德雷福斯事件推动了莫拉斯成名，他于1898年写了一篇文章，为军队的一个军官辩护，这个军官被揭露其伪造了使德雷福斯获罪的档案。当莫拉斯将这个伪造罪当作一种爱国主义行为歌颂时，小说家埃米尔·左拉（Emile Zola）却写了一篇感情强烈的文章抨击军队，文章开头就是"我控诉"。

亨利相信德雷福斯是无辜的，这已成为戴高乐传记作家们的信条，这一说法将戴高乐从他的家庭背景是"莫拉斯派"的暗示中解救了出来。随着时间的流逝，在不同的传记作者笔下，亨利·戴高乐相信德雷福斯是无辜的这一信条被极度放大，几乎把他变成了右翼的埃米尔·左拉。一个作者宣称，亨利·戴高乐从德雷福斯获罪之日就坚信他是无辜的，这是不可信的，因为即使是最强烈的德雷福斯保卫者也不会如此。另一种说法认为亨利的这种信念导致他失去了他的教师职位，但这也不可信。[38]就算亨利·戴高乐是一个德雷福斯保卫者，那么他也是很谨慎的那种。他的名字没有出现在自由天主教主义者保罗·维奥莱（亨利·戴高乐认识他）建立的支持者的委员会当中，后者想要减少反对德雷福斯的反犹主义者和捍卫德雷福斯的反教权主义者之间的分歧。并没有证据证明亨利·戴高乐相信德雷福斯是无辜的，但是这正好符合人们对他温和而不教条的性格的猜测。[39]

夏尔·戴高乐在其所有著作中只有两次提到德雷福斯事件。一次是他

第一章 "戴高乐"之前的戴高乐

在1938年出版的关于法国军队史的书中,他哀叹在这个事件之后,"受和平主义愿景的压力和对军队的不信任",军队已经"失去了它的团结和它的力量"。他是这样描述德雷福斯事件的:

> 在这场令人惋惜的审判中,扼杀热情的因素一个都没缺失:法庭因为检方伪造证据,提供前后矛盾的证词,以及滥用职权而出现误判,这不是没有可能,那些对国家持有坚定信念的人却惊恐地反对它,并决心捍卫等级制度的绝对正确,致力于为祖国服务;一种使人恼怒的费解来自数以千计的混乱的事件、阴谋、自首、撤回、决斗、自杀、审判,它激怒了两拨对立的人,并转移了他们本来的关注点;报纸、小册子、演讲中充满了含有诽谤中伤的论点的声音。[40]

在其回忆录中,戴高乐在提到德雷福斯事件时指出这是使他"感到悲哀的"诸多冲突中的一个,因为它们削弱了法兰西。这些未经审判的判决——前面提到的"两副相反的牌"——表明伤害戴高乐的与其说是不公正的事实,不如说是它造成分裂的后果。或许这也是他父亲的观点。

如果认为戴高乐的家庭背景是自由主义和开放的,那就错了。在为其家族传记所作的笔记中,亨利写道:"就像新教徒的宗教改革一样,大革命用梅斯特的话来说,本质上就是撒旦般的。喜欢它就是偏离上帝……我希望这些情感将会被我的后代永远记住。"[41]戴高乐的弟弟雅克在1917年从前线写给他们父亲的信中体现了类似的情感。雅克表达了他对于沙皇的失败和美国以自由的名义参战所感到的"惊呆的感觉",他写道:"是否可以说,这场战争不仅是一场欲望的斗争,还是民主对(王室)王位的斗争……是完成法国革命事业的最后的和可怕的剧变?因此,在这场名义上为人类自由,但在我看来骇人愚蠢的战争中,我就只是一名士兵吗?"[42]当然,雅克并不是夏尔,但是这些话提供了一种视角,让我们可以看到将这个家庭紧密联系在一起的价值观。

一 开端（1890—1908年）

戴高乐家族显然会毫不妥协地反对共和国与天主教会的战争。天主教徒和共和派之间的仇恨是19世纪法国历史的主题之一。戴高乐家族以一种直接的和个人的方式感受着此种氛围。亨利本人是在耶稣会学校里受的教育，这也是他后来执教的地方。他特别尊崇教师奥利凡神父，但后者在1871年巴黎公社革命中被枪杀。1880年的一道法令将耶稣会从法国驱逐出去，这使亨利决定在一所天主教学校中成为一名世俗教师。难以想象亨利·戴高乐会让他的孩子在世俗的和反教权的共和国的国家学校里受教育。戴高乐的初级教育是1896—1900年期间在"基督教兄弟会"（Christian Brothers）开设的圣托马斯·阿奎那学校（Ecole Saint Thomas d'Aquin）中接受的。之后，他前往他父亲任教的耶稣会学院中学习。在德雷福斯事件之后，共和国又对耶稣会教士进行了一次攻击。戴高乐花费了一年的时间背井离乡去位于比利时昂图万（Antoing）的另一所耶稣会学校读书。

根据戴高乐姐姐的回忆，他"不是一个简单的孩子"——极度活跃而且不守规矩。跟他的出色的弟弟雅克相比，他也不是一个勤奋的男学生。成年后他愉快地回忆起自己收集的大量玩具战士（就像丘吉尔一样），当年与他的兄弟们一起玩这些时，他总是要扮演法国的角色。[43]比起学习，他花在阅读和写作诗歌上的时间更多，他会与里尔的一个表兄让·德·科尔比（Jean de Corbie）交换诗作。年轻的戴高乐读的是什么？他显然沉醉于17世纪的法国经典文学，也如饥似渴地阅读19世纪后期的象征主义诗歌，尤其是魏尔伦（Verlaine）的，还有一些不太出名的人物的，如阿尔贝·萨曼（Albert Samain，他跟戴高乐一样来自里尔）和比利时诗人埃米尔·维尔哈文（Emile Verhaeven）。后面两个名字为戴高乐的情感中又增加了一些"北方"的成分。从戴高乐大量的阅读中，可以（多少有些武断）挑出两个他认为比较重要的诗人。一个是埃德蒙·德·罗斯唐（Edmond de Rostand，1868—1918），戴高乐可以将他的诗歌剧作《大鼻子情圣》（*Cyrano de Bergerac*）几乎从头背到尾。10岁的时候，戴高乐就被带到剧场去看罗斯唐的新剧作《小鹰》（*L'aiglon*），这部剧讲的是关于皇帝拿破仑和奥地利女大公玛丽-路易斯两人的儿子的短暂人生。故事背景是奥地利的宫廷，虚弱

第一章 "戴高乐"之前的戴高乐

的小男孩逃亡到这里,他在拿破仑失败之后实际上成了囚犯。尽管母亲举止轻挑,并且梅特涅[1]擅施阴谋诡计,但年轻的拿破仑二世仍继续梦想着回到法国,传承他父亲的传奇事业,直到21岁死于肺结核。戴高乐终其一生都对拿破仑有着复杂的感情,他家庭的保皇派传统并没有使他们成为波拿巴传统的同情者。但是他容易受到拿破仑传奇的伟大浪漫主义的影响,就像任何一个19世纪的法国少年一样。

与罗斯唐感人的浪漫主义风格完全不同,戴高乐的文学想象深受他年轻时大量阅读的17世纪法国戏剧作家皮埃尔·高乃依(Pierre Corneille)的作品的影响。高乃依的戏剧是道德剧,将个人的幸福设定为与英雄主义的职责相反。在他的整个人生中,戴高乐能够凭记忆引用高乃依的哪怕是很冷僻的作品的长段落,尽管在他的作品和演讲中他只引用过两次。第一次是在1942年的伦敦演讲中,他哀叹"未经战斗就死去的耻辱"(honte de mourir sans avoir combattu),这段引自高乃依最著名的戏剧《熙德》(Le Cid)。第二次出现在他的《战争回忆录》的最后一卷,在提到他从政治家和新闻记者那里不断遇到的敌意时,戴高乐引用了高乃依的《西拿》(Cinna):"什么!你想要饶恕但你什么都没饶恕。"[2]这些句子来自皇帝奥古斯都的著名独白,他当时听说西拿设计了一个杀掉他的诡计,而这个人是他很信任的。这段演讲是对强大统治者的凄凉孤独的命运的一个长久的冥想:"天哪!我能信任谁/我灵魂的秘密和生命的关照?把您赐我的权力收回去吧/如果这种恩赐将剥夺我的朋友时。"[3]尽管没有直接引用,高乃依笔下的奥古斯都所带有的禁欲的斯多噶主义却充满了戴高乐在20世纪30年代写的书《剑锋》(Le fil de

---

[1] 克莱门斯·梅特涅(Klemens von Metternich,1773—1859),19世纪著名奥地利外交家,保守主义的巨擘。拿破仑战败后,为了重新划定欧洲的政治地图,梅特涅组织召开了维也纳会议,随后的30多年被称为"梅特涅时代"。——编者注

[2] 这句话的原文是:Quoi! Tu veux qu'on t'épargne et n'as rien épargné.

[3] 这句话的原文是:Ciel! A qui voulez-vous désormais que je fie / Les secrets de mon âme et le soin de ma vie?/ Reprenez le pouvoir que vous m'avez commis/ Si donnat des sujets il ôte les amis.

l'épee）中对"领袖"的著名肖像描述，在这里，他理想的英雄主义领袖在实质上就是高乃依式的：

> 领袖被剥夺了享有消遣、亲近和友情带来的愉悦的权利。他献身给孤独，这就是超人的悲惨命运……满足、内心的平和、适当的愉悦，这些被人们称为幸福的状态与领导是不相容的。[44]

正如戴高乐有一次对法国一个主要抵抗运动的领导人埃马纽埃尔·达斯捷·德·拉·维热里（Emmanuel d'Astier de la Vigerie）所说："那么，你相信幸福了吧？"[45]

在戴高乐17岁时从昂图万的学校给他父亲写的一封长信中，我们已经看不到那个不守规矩的少年沉湎于文学而忽略学业的迹象了。他为自己没有在代数考试中考得更好而感到羞愧，并表示将竭尽全力弥补这次"巨大的不幸"（grand malheur）。[46]在15岁生日前后，戴高乐的人生发生了变化，那就是他决定进入军营。如果不通过圣西尔军事学院（Saint-Cyr military academy）的竞争性考试，就没有成功的机会。戴高乐第一次全力以赴地认真对待他的学习——不仅是历史和文学，他在这些方面已经很优秀了，他还用功地学习数学和科学。

1905年的那代人

尽管戴高乐家庭之前没有从军传统，但天主教学校的许多保守派学生却都将军队视作一种既能为法国服务，又不同于令人憎恶的共和派妥协的途径。从这个意义上来说，戴高乐的选择完全是很自然的，但是很可能也受到国际形势的影响。

1905年3月，在15岁的戴高乐决定参军的那一年，德国皇帝威廉二世在丹吉尔（Tangier）登岸，宣称德国对摩洛哥拥有主权。这次蓄意的挑

第一章 "戴高乐"之前的戴高乐

衅开启了一段国际紧张局势的新时期,同时也引发了法国的政治危机,并在三个月后达到了顶峰,法国外交部长泰奥菲勒·德尔卡塞(Théophile Delcassé)辞职,此人是英法友好协议(Entente Cordiale)的缔造者。德尔卡塞宁愿辞职,也不愿向德国让步。作家夏尔·贝玑(Charles Péguy)如此表达这一事件在法国的影响:"11月30日的早晨,在短暂的两个小时里,我意识到一个新的时期即将在我人生的历史、这个国家的历史,也必然在世界历史中开始。在这片刻时间里,每个人都了解到……法国处于德国入侵的阴影当中。"[47]对于贝玑而言,这是一种顿悟。五年前,作为一个热情而坚定的社会党人,他曾是德雷福斯最强烈的捍卫者之一;1905年的震荡使他先后转向了爱国主义和天主教。

我们从夏尔·戴高乐那里获得的第一份作品也是在1905年写成的:那是一个学生的论文,想象1930年"欧洲如何向法国宣战"。这里的"欧洲"指的是德国。在戴高乐的论文里,法国由德·布瓦岱弗尔(de Boisdeffre)将军(这是一个有趣的英雄人物选择:戴高乐要从所谓的反对德雷福斯捍卫者的群体里选择,而现实中德·布瓦岱弗尔将军就是一个反对德雷福斯捍卫者的人)和"戴高乐将军"保卫。戴高乐描述了这场战争的大量细节。最后,"戴高乐将军"拯救了局势:"在最后一次热情的带领下,我们勇敢的小士兵们带着他们准备好的刺刀向前冲去。噢!这是多么美妙的一次进攻啊。他们的心在他们的胸膛里骄傲地跳跃着!"[48]

对这个少年读物的背景我们一无所知。戴高乐一定没有经历贝玑式的顿悟,他对法国所抱有的激情继承自其家庭价值观。1870—1871年法国在普法战争中的失败,使法国产生了一种以"失去的省份"阿尔萨斯-洛林为中心的哀悼文化。几代男青年是读着诗人保罗·德鲁莱德(Paul Déroulède)的爱国主义诗歌成长起来的,这维持着他们复仇的念头。在巴黎协和广场,象征梅斯(Metz)和斯特拉斯堡(Strasbourg)的雕像被蒙上一层黑色的绸缎。尽管随着时间的流逝,战败的痛苦逐渐没有先前那么强烈了,但是在戴高乐的家庭里不是如此。戴高乐家的男孩们经常被他们的父母带去看竖立在勒布尔歇(Le Bourget)的战争纪念碑,戴高乐的父亲曾

一 开端（1890—1908年）

在1870—1871年的战役中作战。浮雕上刻着一把断剑，铭文写道："法兰西之剑，折断在骁勇的法国人手中，将由他们的子孙后代再次锻造出来。"[1] 这句话一直萦绕在戴高乐心中。1940年7月13日，他在英国广播公司电台宣布："那些有责任挥舞法兰西之剑的人已经将它脱离了自己的手心，而且毁坏了。我将再次拾起这把剑的碎片（le tronçon du glaive）。"

如果戴高乐的爱国主义情感是被他父母塑造的，那么1905年的阴影，以及他那一代人的经历，则给他烙下了不可磨灭的印记。1913年出版并受到广泛讨论的《今日青年》一书分析了"1905年一代"的价值观，这本书的作者是两个记者（亨利·马希斯和阿尔弗雷德·德·塔尔德），他们用了"阿卡同"（Agathon）的笔名。他们的书声称，年轻一代正在摒弃对"世纪末"（fin de siècle）[2]的病态反省和德雷福斯捍卫者的反军事主义。根据阿卡同的说法，新的一代表现了一种"对行动的热爱"，是以"爱国主义的信念"为核心的，并且是对宗教价值观的一种回归。这本书其实是一本宣言，而不是一个社会学调查，它描述了作者想要青年所成为的样子。⁴⁹大量同一主题的书和文章出现在这个时期，它们指出青年知识分子当中弥漫着某种气氛。"阿卡同宣言"发表的同一年，小说家罗歇·马丁·杜加尔（Roger Martin du Gard）发表了小说《让·巴卢瓦》（*Jean Barois*），主人公就是之前的德雷福斯捍卫者的积极分子，他发现自己得不到更年轻一代人的同情，这些青年回到了天主教和民族主义。

这种时代精神的一个标志性人物就是小说家厄内斯特·普什卡里（Ernest Psichari，1883—1914），尽管他比"1905年一代"略微年长。通过他的反对教权的祖父厄内斯特·勒南（Ernest Renan），普什卡里与法国最著名的共和王朝之一有了联系。他是一个坚定的德雷福斯捍卫者，经历了一段存在主义式的危机后，决定加入殖民炮兵军队。他的自传式传记小

---

[1] 这句铭文的原文是：L'épée de la France, brisée dans leurs vaillantes mains, sera forgée à nouveau par leurs descendants.

[2] 这里的"世纪末"特指19世纪末的法国社会。当时法国社会一方面技术迅速进步；另一方面各种矛盾日益尖锐，社会剧烈动荡，潜伏着危机。——编者注

说《举起武器》（L'appel aux armes）讲述了一个年轻人拒绝和平主义并加入军队的故事。1913年，普什卡里皈依天主教，并经过考虑后加入了多明我会。他在1914年8月的战役中死去，随后成了当时爱国主义者心目中的英雄。1936年，戴高乐写信给一个记者，称普什卡里是"对我们这个时代动荡的精神和道德的猛烈抨击"；1940年2月，在前线的戴高乐仍不忘让人寄来两本普什卡里的书。[50]

夏尔·贝玑是阿卡同所描述的思想演进的一个更加著名的代表。贝玑有一本书专门写普什卡里，其中引用了其他对1905年发生的那些事件的反应。贝玑值得被特别关注，因为他是一个对戴高乐而言具有重要意义的作者。20世纪60年代，戴高乐对他的一个部长说："没有哪个作家比贝玑对我的影响更大。在战前的几年中，我读了所有他写的作品，在我青少年时，然后在圣西尔和作为一个年轻军官时……我感觉自己与他非常接近……他对事情的感知与我的感知完全一致。"[51]如果将贝玑描述为一个从左翼转移到右翼的人，那就过于简单了。即使在拥抱爱国主义和天主教以后，他都没有放弃曾经追求过的社会主义和共和主义，并依然反对反犹主义。贝玑奇怪的魔咒般的重复性诗句跟其他任何法语作品都不一样，追求的是所有法国传统的一种综合——他挥之不去的格言"整个的不可分割的共和国，就是我们的法兰西王国"就是一个例子。[52]他的民族主义与莫拉斯的非常不同，这两个人相互厌恶。莫拉斯的作品围绕着排斥和厌恶，这是为了净化1789年之后削弱了法国的那些污秽，而贝玑的作品则围绕着积累和增加。贝玑并没有激烈地转向反对那些与他在德雷福斯事件中一起斗争的人，但这是因为他相信他们是出于党派性而背叛了这一高贵的事业。因此他最著名的格言是："一切都源于神秘，终于政治。"到1914年，贝玑变得对议会政治愈来愈厌恶——这是他的作品对戴高乐产生的另一方面的影响。贝玑对圣女贞德的崇拜也使他写了两部很长的剧作。他的普世爱国主义囊括了法国历史上的所有时刻，他写道："瓦尔密和热马普（Valmy and Jemappes，法国大革命中两场著名战役的所在地）是与帕泰（Patay，圣女贞德反对英国人并取得胜利的战役的所在地）一脉相承的！……那里的人们是同一种族,也源自同样的精神家族。"[53]将早期社会主义和共和主义的贝玑与后来的民族主义和天主教的贝玑连在一起的是一种意识,即在整个历史中法国有一种将启蒙带给人类的神秘使命。《战争回忆录》著名的开篇之语就是将法国比作"一个神话故事中的公主或壁画墙上的圣母,注定拥有卓越而特殊的命运",这回应了贝玑的评论,即他视法国为"众国当中的王后;王后,按照法国对世界的传统认知,掺杂着认真、神秘,既是一种纹章,也是一种神话"。[54]

在出版于1938年的《法国和她的军队》(France and her Army)一书中,戴高乐用一句意味深长的话提到了他自己那代人的精神导师:"像布特鲁(Boutroux)和柏格森(Bergson)这样赋予了法国思想精神层面新生命的人,受到贝玑的秘密影响……在文学方面则受到了一个叫巴雷斯(Barrès)的人的影响。"[55]这三个名字中含有"B"的人——巴雷斯、布特鲁、柏格森——中的每一个都对戴高乐产生了影响,其中程度最大的要数莫里斯·巴雷斯(1862—1923)。尽管巴雷斯的风格已经过时了,但是他对于几代有抱负的法国作家来说是一个偶像人物。巴雷斯在阿卡同的作品中被提到的次数之多无人能及,在那里他被视作1905年那代人的监护者。他由于在1888—1891年期间出版了三卷本的小说而声名鹊起,这三部小说有一个总题目——《自我崇拜》(Le culte de moi),激起了它们的读者抛掉社会风俗的束缚,并且坚持自我的个人主义的原则。但是由于他对法国的衰落一直很担忧,故而他的关注重点从个人主义转移到了民族主义。他的下一部三部曲的名字是《民族能量的小说》(Le roman de l'énergie nationale),讲述了一组六个年轻人的冒险故事。他们来自洛林,悲剧在于这些年轻人失去了与其家乡地区的传统的联系,因为他们的学校老师在他们心中根植了共和主义的抽象价值观。他们前往巴黎去实现他们的雄心——他们逃离家园的行程中的另一步〔三部曲中的一部小说题目是《连根拔起》(Les déracinés)〕——他们都经历了不同的悲惨命运,直到其中一人重新发现了地区依恋的重要性,才得以解脱——这就是巴雷斯所说的对"土地与死人"的崇拜。巴雷斯来自洛林,他也孕育了一种对1871年被德国占领的土地崇拜。戴高乐在《法国和她的军队》里作了总结:"(巴雷斯)通过将民族与其祖先连在一起,还给了精英阶层一种民族永恒性的意识。"[56]

尽管巴雷斯像莫拉斯一样,是狂热的反德雷福斯捍卫者和反犹主义者,他的民族主义与莫拉斯对法国过去的教条般的解读是不同的。巴雷斯要寻求的并不是将时钟调回至君主制,而是要用活力论的价值观重振共和。他在情感上是浪漫主义的,这与莫拉斯的古典主义正好相反。这使一些人将巴雷斯的民族主义解读成一种原始法西斯主义,但是他的作品被个人主义者尊敬,后者遵循许多不同的政治道路。在他活跃的时期,他作为一个作家与巅峰时期的安德烈·纪德(André Gide)和让-保罗·萨特一样有影响。那些受到巴雷斯深刻影响的有小说家安德烈·马尔罗和弗朗索瓦·莫里亚克(François Mauriac,他和马尔罗后来都成了狂热的戴高乐主义者),也有信仰共产主义的小说家和诗人路易·阿拉贡(Louis Aragon)及法西斯小说家皮埃尔·德里奥·拉罗谢尔(Pierre Drieu La Rouchelle)。或许巴雷斯散文中的音乐性和他的爱国主义的情感也对戴高乐产生了深刻的影响。戴高乐的笔记本中满是对他的语录的摘抄。甚至戴高乐的《战争回忆录》著名的开篇——"我一生中一直对法国有一种想法"——可能也是对巴雷斯的下意识回应:"对法国有一个特定的想法,就是允许我们扮演一个特定的角色。"[57]1954年,在感谢一位作家寄给他关于巴雷斯的一本书时,戴高乐说:"他对我的吸引从未停止。"他说,他响应了巴雷斯的"受折磨的灵魂……甚至可能是人们所谓的他的绝望的意识",即使这被隐藏在一种"巨大的临时性"当中。[58]戴高乐在其《战争回忆录》的第一页中说,作为一个年轻人,他对法国感到一种"焦虑的骄傲",这是一种典型的巴雷斯式的说法。

戴高乐所列举的另外两个名字中含有"B"的人——埃米尔·布特鲁(1845—1921)和亨利·柏格森(1859—1941)——都是读者众多的哲学家,他们攻击19世纪中叶的实证主义观点,即这个世界的所有现象都可以由科学决定论和理性主义来解释。布特鲁强调偶然性和不确定性的重要性,他反对那些相信抽象、封闭体系和先验推理的人。[59]我们不知道戴高乐对布特鲁的作品有多么了解和熟悉,但是可以确定在他的成长过程中,他们都是知识界的时代精神的一部分,而且戴高乐作为战俘时保留的笔记本也包括从布特鲁那里摘抄的关于偶然性主题的一段很长的引文。在同一本笔记本中他用以下方式总结了布特鲁的一部作品:"他反对机械论的思想。他不接受科学定律就是一切,也不认为所有现象都必然依附于这些科学定律。他认为帕斯卡尔所说的判断有一定的作用,就是说在思考这个世界时,心和灵魂都很重要。"[60]当戴高乐的行动哲学在20世纪20年代发展起来时,这种视角是非常关键的。

布特鲁的名声被亨利·柏格森超越,后者成为他那个时代最著名的哲学家。柏格森在今天被铭记更多是因为他的论点,即理性的理智不能像意识对时间流逝的把握那样进行表达——这对马塞尔·普鲁斯特(Marcel Proust)产生了重要的影响。但这只是部分地反映出柏格森哲学坚持认为直觉比分析的理智更重要,他认为生命冲力(élan vital)[1]反对的是冰冻不变的教条。戴高乐经常引用柏格森的话,我们可以发现,后者的思想深刻地影响了戴高乐关于领袖的概念。在20世纪60年代,他在与一个美国记者的谈话中详细解释了柏格森对于他的重要性:

> 我深受柏格森的影响,特别是因为他使我理解了行动哲学。柏格森解释了理智和真理的角色。他认为为了追寻真理有必要分析问题,但是仅仅凭借理智是无法行动的。一个理智的人并不会自动成为一个行动的人。直觉也非常重要。直觉加上冲动。但是仅仅凭借冲动也不足以成为行动的基础。这两种,即理智和冲动,必须一道行动……伟大的人都是既有智力,也有冲动。大脑会对纯粹的情感冲动起到刹车的作用。大脑会战胜冲动;但是也必须有冲动和行动的能力,才能不因大脑的刹车而遭致瘫痪。我是从柏格森那里获知这些的,他对我的整个人生都起到了指引作用。[61]

---

[1] 伯格森于1907年在其哲学著作《创造进化论》中提出的一种对生物进化和发展的假说。"生命冲力"不是狭义的生物个体活动,而是一种广义的生命原始冲动,从而使生命在个体与代际之间得以延续。——编者注

第一章 "戴高乐"之前的戴高乐

上帝和祖国

　　1907年夏，戴高乐16岁，他志愿成为卢尔德（Lourdes）的担架手。他在那里给他的母亲写信："昨天下午，我看到一个年轻的意大利女孩，由于肺结核而瘫痪并受到折磨，并在这个过程中被治疗。"[62]1907和1908年，在比利时的昂图万耶稣会学校学习期间，他是一个虔诚的天主教徒，也是少有的加入到圣母集会——这个宗教团体致力于祈祷和宗教冥想——的学生之一。1908年5月，他陪伴他的弟弟雅克到一处由耶稣会管理的宗教静修处。这年夏天稍晚时，他留在德国以便提高他的语言能力，他提供给他的弟弟关于他的宗教责任的一份很详细的记叙："我通常在7点参加牧师的弥撒，周日的大弥撒是在8点30分；晚祷是在1点30分，赐福仪式是在8点。"[63]

　　信中，这个18岁男孩所说的话可能是为了使他的父母放心，但是在他整个人生当中，都保持了准时参加宗教仪式的习惯。[64]当他于1958年成为法国总统时，他在爱丽舍宫重置了一座礼拜堂，以便他如果周末在巴黎的话可以私下里进行弥撒。但是戴高乐在昂图万所表现出来的青少年炫耀般的虔诚，当他成年后却不再很明显。除了他对天主教仪式的外在尊重，他与宗教的关系是很神秘的。那些在弥撒上看到他的人会因他看上去很不认真的态度而惊讶，他左顾右盼看谁在场，朝窗外看去，如果仪式延迟的话会表现出很无聊的样子。[65]小说家安德烈·马尔罗说："他经常提到的是法国，绝不是上帝。"他的助手有时会相互争论他是否真的是一个信徒，以及他可能是哪种信徒。[66]一些人认为他是一个"天主教徒"而不是一个"基督教徒"，这意味着，就像不可知论者夏尔·莫拉斯一样，他相信天主教会是个能够代表法国及其历史的机构。有一天当他与一个外甥谈论时，对这样一个想法给予了一些确认："在历史和地理上，我是一个基督教徒和天主教徒。"但是其他见过戴高乐的人则能感到一种深刻且审慎的基督教信仰。[67]他在整个人生中都展现了对神学非凡的信心。他的侄女热纳维耶芙（Geneviève）曾回忆起，当鲁昂大主教表达了在圣餐仪式时弄碎圣饼的遗憾时，戴高乐回应说，基督就体现在圣饼所有的碎片中。[68]1946年12月的一天，在从一次弥撒返回的路上，戴高乐向其副官长篇大论地述说了基督的牺牲对基督教意义的重要性："他打开了宗教的视野，超越了人心，朝向广阔的地区，为人类的苦难、伤心和尊严都留下了一席之地。"[69]他的这个开启宗教性冥想的说法因其独特性而引人注目。在前面提到的文章中，当他写到福煦元帅时或许也想到了自己："他极其有信仰（croyant）。即使没有将宗教与职业混在一起，他的内心生活中还是为宗教保留了一个关键的位置……他的性格就像从中孕育出来的一样。"[70]

如果说戴高乐曾经对宗教产生过怀疑，我们并没有关于它们的记载——尽管有时他表达了近乎虚无主义的消极情感。他经常重复斯大林在1944年对他的评论："最终只有死亡能够获胜。"他也喜欢引用尼采的一句格言："什么都不值得，什么都没发生，一切又都已出现，但这无关紧要。"在戴高乐年轻时，法国的知识界弥漫着一种强烈的尼采主义，但是一个作家想要将戴高乐列为一个"尼采式的基督徒"（不管这是指什么）并不能令人信服。[71]

可以确定的是，戴高乐的天主教信仰和他的爱国主义及他对法国的认知是不可分割的。他会经常提到法国历史的"1500年"。[72]当被问及数字的重要性时，他告诉一个传记作家：

> 对于我而言，法国的历史开始于克洛维，他被法兰克人部落推选为法国的国王，也将他的名字给了法国。在克洛维之前，我们有高卢–罗马和高卢人的历史。对于我而言，关键性的时刻是克洛维成为第一个受洗礼成为基督徒的国王。我们是一个基督教国家，我将法国的历史从一个有着法兰克人名字的基督徒国王的登基开始算起。[73]

在19世纪，弄清法国"起源"的日期是一个很重大的政治问题：保守派将其向前追溯至公元496年（1500年前）克洛维受洗时，共和派认为是公元前52年（2000年前）维钦托利（Vercingetorix）领导高卢人反抗罗马人时。戴高乐有时使用后一个数字[74]——尤其是在高卢人所进行的与反抗斗争类似的战争时——但是他更多的时候还是提到法国的"1500年"。[75]在法国的历史中，戴高乐最不赞成的时期是反宗教和思想自由的启蒙运动时期，他在20世纪30年代写道，那时"怀疑论和腐败……消除了忠诚，破坏了权威"[76]。对于伏尔泰这位作家，戴高乐尤其反对其辛辣的讽刺，他经常引用其诗文作为"法国知识分子总是背叛法国"的证据。[77]在19世纪的法国作家中，戴高乐最尊敬的是浪漫主义的勒内·德·夏多布里昂（René de Chateaubriand），他的《基督教真谛》（Génie du christianisme）在大革命之后对法国中产阶级重新回归天主教信仰起到了作用——包括同他自己家族相似的那些家族。

戴高乐的演讲偶尔会直接提到法国的天主教根源。在他于1947年创建的政治组织法兰西人民联盟（Rassemblement du Peuple Français）的一次集会上，他宣称："加入我们！基督教的火焰激励了你们，它为人类的苦难之谷点亮了爱与兄弟之情的光芒，也鼓舞了启迪法国数世纪的精神和伦理价值。"[78]在1958年再次获取权力后，作为一个正式的世俗国家的总统，他避免公开使用宗教语言。即使如此，他那半神秘的民族主义仍然充满了他的宗教情感。对于他而言，宗教和爱国主义，为祖国服务和为上帝服务是分不开的。就像我们所看到的那样，他在《战争回忆录》的第一页就将法国类比为壁画里的圣母在回忆录中的那些战争演讲里，他常常以"一种教士般的职责"提到"我们的法国圣母"：

> 对我们而言，没有什么比服务她更重要、更能使我们全神贯注的事了。我们对她的职责就像一个儿子对他被压迫的母亲那样简单而基本……我们能够向她请求的，或许只是在胜利那天，她向我们张开怀抱，使我们能够喜悦地哭泣，以及在死亡到来的那天，她能够用她美好而神圣的土壤温柔地将我们抱紧。[79]

一 开端（1890—1908年）

在回忆录中，戴高乐写到了1940年7月他母亲的逝世，说她"献给了上帝她的苦难，为了祖国的拯救和她儿子的使命"[80]。

20世纪头10年，青少年时期的戴高乐想象着为法国和上帝而牺牲的渴望，就像贝玑写于1913年大战前夕的著名诗歌《夏娃》描述的那样："为了温暖的土地而死去的人是幸福的/假如这正好发生在一场正义的战争中……/那些在伟大的战斗中死去的人是幸福的/躺在土地上，面向上帝……谷物成熟和获得丰收是幸福的。"

当戴高乐18岁时，怀着同样的精神，他创作了一首诗，并且在77岁时的最后一本笔记本中凭借记忆再次写了出来（有两处错误）。它的开头是：

> 当我必须死去时，我希望会是
> 在战场上；那时
> 人的灵魂依然还在体内
> 通过战斗的任性的喧闹
> 通过给予那些斗争着的人一个猛烈的颤动
> 通过勇猛的干净的一剑。

> Quand je devais mourir, j'aimerais que ce soit
> Sur un champ de bataille; alors qu'on porte en soi
> L'âme encore tout enveloppée
> Du tumulte enivrant que souffle le combat,
> Du rude frisson que donne à qui se bat
> Le choc mâle et clair de l'épée...

它的结尾是：

> 死而无憾，这是我想要的
> 那个夜晚我可以在我的灵床上看到荣耀

第一章 "戴高乐"之前的戴高乐

向我显示祖国的喜悦

那个夜晚被我的努力压碎

我可以感到在死亡的颤抖之下

她在我前额的燃烧着的吻。[81]

J'aimerais que ce soit, pour mourir sans regret,

Un soir où je verrais la Gloire à mon chevet

Me montrer la Patrie en fête

Un soir où je pourrais, écrasé sous l'effort,

Sentir passer avec le frisson de la Mort

Son baiser brûlant sur ma tête.

二 "一个绝不会离开我的遗憾"（1908—1918年）

年轻的大个子

1908年，也就是报考圣西尔的前一年，戴高乐在巴登的一个乡村度过了暑假，以提高"敌国"语言的能力。传记作者们时不时会发现：终其一生，戴高乐都被德国吸引着。德语的确是他掌握得最好的语言，他也比较熟悉德国文学；他经常引用德国作家的话，尤其是歌德。¹但是他在德国期间所写的家书中并没有流露出对德国的"迷恋"。他似乎对周围环境很不以为意——乡村、建筑和文化。他唯一的迷恋就是战争：上一次战争和下一次战争。在一封信中，他说当地的报纸非常敌视法国："很清楚，在过去三年中（再次提到了1905年的重要性）欧洲已经发生了变化，考虑到这个，我想到了大战之前，尤其是1870年之前普遍存在的不安。我希望这一次情况会发生反转。"他对1870—1871年那场战争的一切迹象都特别感兴趣，他发现每一个村庄都有一个牌子，记载着冲突中被杀死的战士的名字。将他的行李运到村庄里的搬运工回忆起1870年的斯特拉斯堡围困战："他带着狂热的兴趣谈起斯特拉斯堡的轰炸。但我跟他说话的那天，他确实喝了太多的杜松子酒。"戴高乐也希望与村子里的一位年老的巴伐利亚战士交谈，这个人据说参加过1866年与奥地利的战争和1870年与法国的战争。²

1909年9月，戴高乐通过了圣西尔的入学考试。在221位被录取者当中，虽然他只排在第119名，却已经很值得称赞了，毕竟第一次考试就能够

第一章 "戴高乐"之前的戴高乐

被录取是非常罕见的。由于德雷福斯事件,未来的军官在进入圣西尔之前必须服役一年,目的是防止他们脱离普通士兵的生活。戴高乐选择在第33步兵团服役。这支部队有着辉煌的历史,但是他这么选择很可能是考虑到这支部队曾经在法国东北部的阿拉斯驻扎过,他对这个地方很熟悉。这支部队的指挥官菲利普·贝当上校显然不是影响戴高乐选择的因素。贝当那时还不是很有名。他的职业生涯受到阻碍,因为他反对当时流行的观点,即进攻性战争优先于防御性战争。

1912年夏天,22岁的戴高乐从圣西尔毕业。排名的提升表明他是一个模范学生。否则,我们没有证据认为他在任何方面都能脱颖而出——除了他的身高。他在当时就是个大个子,身高6英尺4英寸(1.93米),而当时法国的平均身高是5英尺3英寸(1.60米),即使放在今天也会被认为很高。他的体格特征方面还有许多其他奇怪的地方——他的头很小,眼皮非常肿,脖子很长,没有下巴——但是他的身高是所有人第一眼就会注意到的。当年轻的外交官弗朗索瓦·库莱(François Coulet)于1940年加入自由法国时,试图想知道戴高乐长什么样,他得到的唯一答案就是"非常高"。[3]尽管戴高乐并不喜欢表露自己的情感,但他偶尔也会发表一些言论——虽然很隐晦——暗示他看上去很冰冷很内敛,源自他外表和体形很笨拙。1943年他对一个同样身材高大的助手评价道:"我们这些大个子从不能与他人很好地相处……扶手椅总是太小,桌子太低,给人的印象太深刻。"[4]在回忆录中,戴高乐描述了1944年8月26日巴黎解放后在香榭丽舍大街上的游行,当时他说了一句奇怪的话:"我没有一个讨人喜欢的体格。"[5]在关于那个活动的新闻短片中,他的举止看起来的确很笨拙,好像不知道他的长胳膊该如何摆好。一个新闻记者写道:"他看上去就像一个被操纵的木偶……受到恐吓并令人生畏。操纵木偶的人看上去好像把线缠绕在一起了,因为将军只是移动他的下臂,就像在向站立着的人们致意时,说'起立,我的孩子们'。"[6]戴高乐最终学会了利用他不占优势的体形。身体僵硬变得没那么明显了,他会将两个胳膊都高高举过头顶,做出象征胜利的"V"字形的手势。然而,他在年轻时并没有驯服自己奇怪的身体。

二 "一个绝不会离开我的遗憾"（1908—1918年）

戴高乐从圣西尔毕业时成绩优异，这使他能够选择去任何一个想去的部队服役。他选择加入步兵。传记作家们经常评论说这是戴高乐思想自由的一个早期迹象，因为步兵缺少骑兵那样的荣誉。但是，与他同年排名最靠前的毕业生阿尔方斯·朱安（Alphonse Juin）也加入了步兵——他加入的朱阿夫义勇军（zouaves）驻扎在殖民地。[7]如果能从戴高乐的选择中推断出什么的话，那就是在倾向于"殖民的"和倾向于"宗主国的"两支军队之间，他会坚定地选择后者。他选择返回他服役过的第33步兵团。

戴高乐后来在回忆录中写道："当我加入陆军时，它是世界上最庞大的队伍之一。虽然受到了各方的批评和苛责，军队却仍然镇定自若，甚至在暗中满怀希望地期待着能主宰一切的日子的到来。"[8]在他的想象中这或许是真实的，但是事实却不同——他明白这一点。在20世纪20年代初期，他在笔记本中潦草地写道：

> 1870年后的30年，军旅生涯对于年轻的中产阶层产生了很大的吸引力。军官们梦想着复仇和荣耀。结果，他们并不担心自己的平庸。他们也会被尊重。但是在德雷福斯事件以后，军事理想有所削弱。一个所谓的社会理想取代了它，人们能感到和平主义的破坏。[9]

军队的名誉的确被德雷福斯事件所玷污。圣西尔的申请者数量从1900年的2000人减少至戴高乐进入那年的800人。阿卡同觉察到的"民族主义复兴"只影响到知识分子精英，在民众中，反战主义情绪依然很浓。1913年议会选举的主要议题为是否将军队服役从两年增至三年。三年服役的支持者们占上风，但是这个争论带动起来的热情使得法国领导人非常担心应征入伍士兵的可靠性，因此制订了在发生战争时逮捕和平主义活动人士的应急计划。正是在这种情况下，人们应当阅读戴高乐在1913年对他的部下发表的演讲，他引用了1870年后复仇派（revanche）诗人保罗·德鲁莱德（Paul Déroulède）的话："如果一个人爱自己的母亲不能超过爱其他人的母亲，爱自己的祖国不能超过爱其他人的祖国，那么他既不爱自己的母亲，也不爱自己的祖国。"戴高乐接着说：

> 亲爱的战友们，不能否认如果真的有无私的和慷慨的感情存在于世间，主要的一个就是爱国主义。我并不认为任何人类之爱曾经激发过更深厚更纯粹的奉献……如果有一个绝对必要的责任，其对立面也导致了爱国主义的对立面，即军队服役……战争当然是一种罪恶，我第一个承认，但是这是一种必要的罪恶……没有什么比祖国处在危险中的感觉更能激发起一个人的男性美德和高贵热情了……看到他的祖国受到有野心的敌人威胁，公民理解为什么需要留下来更好地保卫它。而持久的和平会激起贪得无厌和堕落的欲望……战争的念头在人们心里滋长得越多越好；和平会让坏的东西茁壮成长。[10]

"我曾经梦想的热忱"

在一个月紧张的外交危机之后，法国和德国之间的战争于1914年8月2日爆发了。戴高乐后来在回忆录中写道："在我年轻的时候，我无所畏惧地想象着这一未知的冒险，并把它提前放大。"[11]他随即开始在日记中记下他的感受。为应付这种局面，他使用了一种有意识的严肃口吻："别了，我的宿舍，我的书籍，我熟悉的事物。生命变得多么紧凑，微小的事物变得多么重要，或许一切不久就都结束了。"他注意到"现在军官们在城里有了一定的地位"，这暴露出一种令人沮丧的满足感：在这个受人鄙视的共和国，政客们现在意识到他们多么需要他们的士兵。[12]

人们普遍预想宣战会导致大量的逃兵出现，这被证明是错的。戴高乐写道："没有很多人为我们送别。但是人们变得坚决，止住了他们的眼泪……这就是同仇敌忾，是我曾经梦想的而又被禁锢的那种热忱。"[13]历史

二 "一个绝不会离开我的遗憾"（1908—1918年）

学家认为法国人在1914年进入战争状态时是怀着兴奋和激动的心情的，但是戴高乐所说的"被禁锢的热忱"似乎更接近事实。他的整个人生，都被法国的政治分裂所困扰，他担心的正是这种民族团结脆弱的时刻。

戴高乐中尉作为一个排（section）的指挥官，手下大约有65个人。[14]隶属第五军的第33步兵团被派往比利时小城迪南（Dinant），这是默兹河上的一个关键十字路口，他们的使命是阻挡正在穿过比利时的德军左翼。1914年，这条河东岸的大部分城市都处在一座陡峭山峰的阴影之下，上面建有一座堡垒。在一整夜劳累的急行军后，戴高乐的部队于8月15日凌晨抵达迪南。他的队伍驻扎在默兹河西岸的一个平交路口的战壕里。在德国人进攻之前，这些人只能够眯眼睡几个小时。几周以后，戴高乐由于负伤在医院里休养，他写下了自己对他们抵达迪南的第一个早晨的印象，这在他脑海中依然清晰：

> 早晨6点，随着隆隆声，舞蹈开始了，敌人开始疯狂地进攻迪南：这是战役的第一枪。它给我的印象是什么呢？为什么不承认呢？两秒钟后，身体就起了反应：喉咙打结。这就是所有。我甚至可以说一种满足感在我身上油然而生："至少我们正在攻打他们"……我坐在街上的一个长凳上，正是在平交路口的地方，为了故作勇敢，我一直坐在那里。事实上，这没有什么值得夸耀的，因为我没有产生任何情感。每隔一刻钟，我就去和那些留在战壕里很安全的人开玩笑。[15]

当戴高乐的连队待命时，其他两个连队已经过桥了，他们并不知道德国人已经占领了堡垒。法国人被打得措手不及，慌乱中往大桥方向撤退。法国的炮兵似乎都没做好准备：

> 并不是恐惧，而是愤怒控制了我们。上帝使我处在距离火力线很近的待命地点。太可怕了！一个人实际上还没有做任何事就遭受了战争所有的不幸。一个人的战友濒临死亡时，他却不能动

弹。我们只能眼睁睁看着一队悲惨的负伤者!

当法国人努力穿过大桥时,戴高乐的连队被命令前去阻挡德国人过河:

> 我大声喊叫:"第一队,跟我前进!"我向前冲去,认识到取胜的唯一希望就是抢在正在后退的敌人之前快速移动,争取时间以再次扭转局面。那时候我印象中的自己变成了两个(dédoubler),其中一个像一个机器人那样向前跑去,另一个则焦急地注视着这一切。朝向大桥入口处,我几乎也就跑了20米,就觉得膝盖上像被鞭子抽打了一下,使我跌跌撞撞。其他四个跟我一起的人也在同一时间倒下了。我倒下了,德布中士在我前面也倒下了,他即刻就被杀死了!之后的半分钟,在我周围出现了一阵可怕的枪林弹雨。我能听到它们撞击到石头上和桥的护墙上的声音……也能听到它们被打进散落在地上的死伤者身体里发出的沉闷声……我的腿完全麻木和瘫痪了,我推开旁边的尸体,在不间断的枪林弹雨下沿着街爬行前进,拖着依然附在腰间皮带上的剑。为何我没有被子弹打成一个筛子?这是我生命中一直存在的一个大问题。

戴高乐努力拖着身躯回到他用来掩护的一间屋子里。他在这里发现还有一个年长的军官,他头部负伤,处在恐慌之中,"他开始高喊'为我的朋友们做祷告吧!现在就祈祷……'听他用这种方式喊叫真的是一种折磨,我不太客气地告诉他保持安静。对于军队而言,没有什么比听到他们的指挥者说他们就要完蛋了能产生更坏的影响"。

令法国防守者惊讶的是,德国人并没有立刻向大桥猛烈进攻,或许是没有意识到他们会遇到多少抵抗。最后,一直沉默的法国炮兵终于行动了。另一个步兵团移动到桥下。到这一天结束时,法国人成功地穿过了默兹河,并且暂时再次控制了堡垒。这两个事件戴高乐都没有看到。他与其

二 "一个绝不会离开我的遗憾"（1908—1918年）

他负伤的士兵一道被送往迪南以北的布维涅（Bouvignes），当地市长的夫人已经将其城堡的一部分改成了一个临时医院。次日早晨，他被当地红十字会的领导开车送往夏勒罗伊（Charleroi），在那里他短暂地见到了他住在那座城市里的姐姐玛丽-阿涅斯（Marie-Agnès），之后便被放到了一列火车上到了巴黎。8月20日，德国人攻占了夏勒罗伊，他恰好躲过了一劫。他的两个文学偶像厄内斯特·普什卡里和夏尔·贝玑就没这么幸运了：就在戴高乐接受战火洗礼的七天后，普什卡里在罗西诺尔（Rossignol）战役中死去，贝玑则在9月5日的马恩河（Marne）战役中死去。

戴高乐在巴黎接受了手术。在医院休养时，他写了一则短篇故事，描写了一个名叫"朗杰尔"（Langel）的军官，几乎是根据他自己的名字打乱了字母顺序后取的。这篇故事包含了他自己经历中的部分，使他可以幻想一场他从未经历过的战役："这场战争——首先是在他儿童时期的想象中，之后是在年轻时的冒险的野心中，最后是在一个职业士兵的焦躁的渴望中。"蜷伏在树丛中等待进攻，朗杰尔第一次看到了"其他的种族"，感到"祖先遗传下来的愤怒的血液在沸腾"。一旦战争结束，他便与他的情妇分手了，这是出于对她被杀的丈夫的尊重。当朗杰尔放弃了爱，他听到这个国家被拯救了：士兵们之间的团结超越了爱，男性的英雄主义超越了情感上的脆弱。这就是戴高乐如何在他的想象中重新在战场上进行了一次战斗，尽管他自己的经历较为乏味。[16]

在这场20秒的战斗中，戴高乐得到了两个教训：一个关于他自己，另一个关于现代战争。第一个教训是，他对身体上的危险是漠不关心的。在他的整个人生中，他都展现了在迪南的平交路口显示出来的勇气——这让那些负责他安全的人感到绝望。关于第二个教训，戴高乐在1938年出版的一本关于法国军队的书中作了总结："一眨眼间，世界上的所有美德都无力面对火力。"[17]对于这位曾在1913年给下属讲课的年轻军官来说，这是一件发人深省的事情，当时他说："人们一定要有进攻的精神……人们在战斗中的目标是什么？那就是迫使德国人逃跑。做到这个只有一个办法，那就是勇敢地朝他们前进。"[18]事实证明，这并不简单。

第一章 "戴高乐"之前的戴高乐

"我们不是这么幻想战争的"

戴高乐于10月17日重新加入他的部队。他非常急切地想要参加战斗，以至于他在伤口还没有完全愈合时就离开了医院。[19]他发现战争已经表现出一种与他在迪南的桥上所经历的不同特征。

战争之初，法国最高指挥部在战术和战略上均有失误，迪南的战斗只是这些悲剧当中的一小部分。战术错误就是相信法国步兵的进攻可以克服障碍。这导致最高指挥部没有给予炮兵支援的重要性以足够的重视。戴高乐在从医院给他母亲的信中清楚地分析了这一点。战略上的错误就是没能预见德国的主要进攻将横扫比利时。没人相信德国人有足够多的士兵展开这样的行动，而且同时避开了法国在更南边的阿尔萨斯布置的攻势。德国人之所以能够成功，是因为他们将守军投放到最初的战斗中，从而在法国从震惊中恢复过来之前就给予致命的打击。

德国的赌注几乎成功了。到9月最初的几天，德国军队到达巴黎周围。这一局势在绝境中被挽救，因为法国在巴黎东边的马恩河上发起了反攻。现在德国人被迫朝北撤退，后面被法国人追赶着，每一方都想从侧翼包围另一方。到这一年年底，两支军队到达了英吉利海峡，没有任何地方可以去了。他们只能挖壕沟相互对阵了，不久便形成了两条壕沟阵线，从英吉利海峡一直延伸到瑞士边境。

这就是戴高乐在重返部队时面临的局面。他所处前线相对安静，激烈的战斗发生在更北边。他在日记中表达了他对于这种"包围战"的挫败感，正如他所说："堑壕战有很大的不利之处，那就是使每个人都强化了一种在战争中难以抵抗的感觉。如果我和平地离开敌人，他也会同样对待我。这是可悲的。"[20]1914年12月，他冷静地向母亲作了富有洞察力的预言，但似乎并无遗憾："如果不是灭绝战，那么这场战争又能是什么？谁第一个耗尽了所有的精神和物质资源，谁就失败了。"[21]

对于法国军队而言，1915年是一战中最黯淡的一年。在今天人们的记忆中，相较于1914年令人激动的进攻和1916年凡尔登防守中消极的英雄主

二 "一个绝不会离开我的遗憾"（1908—1918年）

义，那一年黯然失色。然而，1915年死去的法国士兵比其他任何年份都要多。法国最高指挥部着迷于打破堑壕战的僵局，突破德军的防线。经过在东边的香槟地区和更北边的阿图瓦地区进行的一系列猛烈的进攻，这种本来难以完成的突破才得以实现。难题就在于，只有通过密集的炮兵轰炸，才能为一次成功的进攻做好准备，但不利之处就是会牺牲作战速度。结果，任何突破都会很快筋疲力尽，因为防守者会准备第二道防线。每次都只是用大量的伤亡作为代价以赢取几米长的阵地。沉着镇定的总指挥约瑟夫·霞飞（Joseph Joffre）将军开始使用这个针对敌人的蚕食（grignotage）战略。对此，英国军事史家巴希尔·利德尔·哈特（Basil Liddell Hart）打了个可怕的比方：这就像一个人用牙齿一点一点啃咬带刺的钢丝。

如果1915年阿图瓦和香槟的攻势在法国人的记忆中没留下什么痕迹，那么更没人记得梅斯尼尔-雷斯依尔吕斯（Mesnil-lès-Hurlus）这个名字令人难忘的村庄。作为1914年12月和1915年3月之间第一次香槟战役的几个地方之一，这个村庄在战斗中完全被摧毁，已经不复存在。它在地图上已经找不到了，名字后来被并入附近的一个村庄的名字中。戴高乐在1915年1月被派到梅斯尼尔-雷斯依尔吕斯，参加即将开始的攻势。他当时已经被任命为其部队的上校副官，这意味着，他不是以一个普通的连队指挥者的视角看待这些战斗，他现在对战斗的准备已有更广阔的概观。同时，他活下来的机会也有所增加。担负更大的责任显示出戴高乐已经迅速受到他的上级的关注。由于死亡人数激增，最高指挥部急切想要找到有能力的年轻军官。戴高乐在1914年底写信回家说："部队只剩下很少的军官，除了众多在战斗中牺牲的人，越来越多的军官患病，他们无法支撑这种生存状态，在身体上和精神上都真的非常艰难。"出于同样的原因，他对于能迅速晋升为上尉很有信心："如果我能活下去，那些还年轻的人肯定会得到晋升，因为这里的老人撑不下去了。"[22]次年2月，他就晋升了。

1915年1月9日爆发了第一次香槟战役。在两天的时间里，第33步兵团遭受了非常严重的人员损失，以至于它不得不从前线撤回以便补充兵力，同时准备另一场战斗。2月16日，战斗再次开始。人员伤亡还是多得惊人，

第一章 "戴高乐"之前的戴高乐

但是这一次"不惜任何代价"保持进攻态势。三个星期的浴血进攻和反攻之后，攻势被取消了。前线几乎没有移动，第33步兵团遭受了700人的损失（其中127人死亡、220人失踪）——对于一个只有约1550人的部队来说，这个数量相当之高。[23]戴高乐当然还没有资格对此战略表达任何疑惑，他的职责就是执行。第二次攻势的第四天，他起草了一个命令，不允许士兵表达任何异议：

> 第33步兵团被要求付出很大的努力……计划是不惜任何代价吸引敌人的注意，从而迫使它用尽所有储备，以便牵制其对我们的进攻，使其他连队的战友可以占领德国人的重要位置。每个人必须理解，我们伟大而光荣的牺牲绝非可有可无。[24]

这是这位年轻军官的公开发言。18个月之后，当他被俘虏监禁时，他将自己对所目睹的攻势的感受写了下来：

> 参战并存活下来的步兵，满是痛苦和悲伤地回忆那些可怕的进攻，每一天都会有新的尸体，堆放在肮脏的泥土里；在嘲弄人的和水平很差的炮兵准备好之后，那些要求进攻的命令就在电话中从遥远的最高指挥部传来；那些毫无希望的攻击是迎向完整的带刺铁丝网进行的，在那里，最好的指挥官和最好的士兵被送去接受屠戮，就像苍蝇在一张蜘蛛网上挣扎。[25]

3月10日，在他的部队从前线撤回那天，戴高乐被一颗子弹伤到了手。由于伤口严重感染，他第二次被送进医院治疗（这次负伤导致了一个永久性的后果：当他后来结婚时，他的婚戒是戴在他的右手上的）。当戴高乐在6月重返部队时，他的部队已经转移到埃纳河（River Aisne）。他再次成为一名普通的军队指挥官，并在秋季担任了两个月的副官。尽管他的部队在前线，但在这段时间，他所在的部门只经历了很少的战斗。很多天他都

二 "一个绝不会离开我的遗憾"（1908—1918年）

只是在日记本中写道："没有什么可汇报的。"敌人令人厌倦，而天气则令人萎靡不振。当冬天临近时，埃纳河发洪水淹没了壕沟。当年年底，戴高乐报告说他的人"就像青蛙一样生活在水里"，"带着17个月来一直在前线的人们的那种从容、坚忍的精神"，等待水位下降。[26]不管他个人对于这场战争进行的方式有什么意见，他对于胜利的信念都从未动摇过。他在1914年12月写道："我们必须取胜。胜利者就是那些用最大的力气希望成功的人。"[27]一年以后，他的看法依然是法国能接受的只有"我军绝对的和确定的胜利，和平必须由我们来决定：我们必须坚定内心，把我们的能量都集中到驱除狡猾的敌人所给予我们的各种诱惑上"[28]。

整个1915年，开始于无效的攻势，结束于消极的气馁，戴高乐的信件就像许多其他士兵的一样，充满了暴怒和愤慨。一个右翼士兵针对无能的公民议会派的愤慨是这样的："议会正在变得越来越令人讨厌和愚蠢……一旦我们扫除这帮乌合之众（racaille），就会取得胜利了。"[29]关注"我们在莱茵河的天然边界"的巴雷斯的读者非常愤慨，他们反对在希腊的萨洛尼卡和土耳其的达达尼尔采取牵制行动来改变西边的态势。[30]达达尼尔行动刚遭到惨败，戴高乐就立即继续反对发动对萨洛尼卡的"荒唐政府的……可悲的远征"[31]：

> 今天，以免承认自己是蠢货，他们在萨洛尼卡留下了2万人的优良军队和数以百万计的弹药，我坚持认为这不会起到任何作用，也不会杀死一个德国人……因为没有可靠的战略使用如此多的人力和弹药，他们只是安慰自己说这至少会给敌人造成一些麻烦！我一点都不相信这话！

最终，这位激烈的天主教徒很愤慨，因为尽管德国与奥斯曼土耳其联盟，教皇却拒绝在冲突中表明立场，他为此感到震惊：

> 教宗为何会喜欢异教徒而牺牲十字军战士的利益，或者说至少在他们之间犹豫了？我很容易就承认派遣我们的军队前往君士

> 坦丁堡几乎不是出于基督教的动机；但是毫无疑问我们的胜利将首先是一个基督教的胜利，而且土耳其帝国的灭亡对伊斯兰将是一个打击……影响将会是很深远的……首先是在非洲，穆罕默德的教条在那里传播得非常快，阻碍了我们的传教士获得成功……还有我们文明的进步。[32]

1916年2月14日，戴高乐向他的母亲汇报说他的部队被放了几天的假——这种放松非常有必要，因为他的人"被长时间的壕沟生活搞得有些失魂落魄了（un peu abrutis）"[33]。这段休息非常短暂。一周以后，德国军队发起了他们对凡尔登的攻势，戴高乐最后一次回到前线。

凡尔登市有一个潜在的易受攻击的突出位置，位于在德国的战线延长线上。位于默兹河畔的凡尔登周围有一个由堡垒构成的复杂系统，在法国的东部前线起到战略上非常关键的防守作用。德国的指挥官埃里希·冯·法金汉（Erich von Falkenhayn）后来声称，迫使法国防守这处有着重要标志性意义的地方是为了将法国军队一举消灭。由于这一说法没有当时的证据，它有可能是一种事后的（post hoc）看法。虽然对凡尔登的防守的确考验了法国军队，几乎让法军覆灭，不过它带给德国的伤亡几乎也一样可怕。

2月21日，德国炮兵开始朝凡尔登开炮，轰炸的强度是战争史上最大的一次。两天以后，德国步兵开始进攻，三天后他们攻占了关键的要塞杜奥蒙（Douaumont）。法国陷入恐慌。戴高乐先前的部队长官贝当——如今已是将军——匆忙命人来挽救这个局面。2月25日，戴高乐的部队抵达凡尔登。3月1日，他们被派去救援驻扎在杜奥蒙村的另一支部队，这里位于要塞的西边，还在法国手里。炮兵的轰炸使得前线呈现出末日般的景象，意味着这里作为前线只能防守几天。戴高乐的任务是侦察他的部队所要被派往的地方。他发现那里和部队目前的所在地之间有一个容易受到攻击的缺口。尽管收到了警告，第33步兵团还是被命令于3月1日夜里出发。

凌晨，当第33步兵团进入壕沟时，德国人从杜奥蒙的要塞开始进

二 "一个绝不会离开我的遗憾"（1908—1918年）

攻。在戴高乐的部队的前面，有一个很陡的斜坡，因此他们很难看到对面的敌人；同时，德国人利用戴高乐发现的那个缺口出现在侧面。到这一天结束时，他的部队几乎被彻底摧毁。人们相信他已经战死了，贝当事后也签署了一份嘉奖状，赞赏他在战场上的勇敢无畏。几天之后，人们才知道他当时是被俘虏了。当他于1918年从战俘营返回后，戴高乐给其部队的上校写了一封详细的信解释情况。他的信既有真相，也有一些自我辩护。

那一天，从一开始就是密集的炮兵轰炸：

> 我无须向您描述，上校，您和我一样都在精神上和肉体上经历了这场轰炸。事实上，它给我们带来的损失比我们认为的在飓风当中受到的损失要少得多。但是每一个寸步难行或者得不到一点点消息的人，都有着同样的感觉："除了我，任何其他人都不可能活着离开。"

这场惨绝人寰的轰炸逐渐减轻，德国军队开始投掷手榴弹继续进攻，其中一些出现在右边的缺口那里："接着就是令人糊涂的短暂的战斗，就在壕沟里，从三个方向爬进了德国鬼子（Boches），我们的人被轰炸和包围住他们的人搞蒙了，他们的枪也不管用了，因为枪管里塞满了泥土。"

戴高乐担心他的部队很快就会被全部消灭，于是决定和几个幸存者一道沿着壕沟移动，以便跟他们右边的另一支部队联系上：

> 我开始跟我的司务长一起沿着壕沟爬行，还有另外两三个士兵。但是我还没走10米，就在与我垂直的壕沟里看到一些德国鬼子正蜷曲着躲避子弹。他们同时也看到了我。其中一个刺了我一刀，穿过我的地图盒，伤到了我的大腿。另一个近距离地射杀了我的司务长。几秒钟后，一个手榴弹就径直在我鼻子下爆炸了，我失去了知觉。[34]

第一章 "戴高乐"之前的戴高乐

被刺刀伤到并不常见，因此在投降之前，戴高乐显然进行了肉搏战。[35] 令人惊讶的是，他在爆炸中活了下来。3月6日，距凡尔登战役结束不到一周之后，第33步兵团被调离战场，它损失了1000人，其中有336人死亡或失踪。杜奥蒙的要塞最终于10月被法国人重新夺回。到这时，戴高乐已经在一个战俘营里挣扎了六个月。这场他积极参加的战争结束了。

就像许多曾参战的人一样，戴高乐很少回忆他在前线的经历。有一次在1945年，他的侄女热纳维耶芙·戴高乐向他描述了她在拉文斯布吕克（Ravensbrück）集中营的生活后，戴高乐向她吐露了一些情况。他倾听着她对自己说的话，然后谈到了他自己的经历："它碾碎（laminé）了灵魂。"[36] 被俘一年后，他反思了他曾期待的战争和他实际参加的战争之间的差别："那不是我们曾经幻想的战斗的样子，军队现在成为了庞大的碾轧机器，以至于有很多人拒绝用我们曾经用过的那种忧郁之美描述战争。"[37] 当戴高乐在战俘营里开始反思他过去18个月的生活时，没有哪个反战主义者比他更严厉指责1915年的攻势："想象一下，他们走到这个断头台上，在离开战壕之前，他们看到战友们躺在敌人完好无损的带刺铁丝网前的地面上，他们想的会是什么呢？"[38]

"那不是我曾经想象的它的样子"这样的语句重现在许多其他的声明中。[39] 某种单纯的英雄主义理想死在了1915年战争的泥淖和血泊中。这种经历并没有让戴高乐成为一个反战主义者。但是他在战争期间写的大多数作品，都是关于在一个似乎被工业化的大规模战争抹去了英雄主义和个人主义的世界中，找到一种重新赋予士兵这个职业"忧郁之美"的方法。

战俘

在作为战俘的32个月中，戴高乐被监禁在六个不同的战俘营，[40]其中关押时间最长的是在巴伐利亚英戈尔斯塔德（Ingolstadt）附近的一处堡垒——9号要塞，一个严防惯犯逃跑的监狱。戴高乐从1916年9月到1917年7月被

二 "一个绝不会离开我的遗憾"(1908—1918年)

关押在这里,第二次是从1917年12月到1918年5月。由于9号要塞将那些最想要逃跑的人集中关押在一起,它变成了臭名昭著的"逃犯学院"。一个英国囚犯写了一本关于这个战俘营的书——《逃犯俱乐部》(*The Escaping Club*)。由于这个原因,德国人最终关闭了这里。戴高乐在巴伐利亚的维尔茨堡的战俘营度过了他的囚禁生涯的最后五个月。

对于那些想要逃跑的人来说,主要的挑战与其说是找到一条逃离战俘营的道路,不如说是在他们到达安全的边界之前不被发现。戴高乐第一次想要逃跑是1916年11月,那是在他到达9号要塞不久之后。由于吞下大量苦味酸,他有了急性肝炎的症状,于是被转移到了一处疗养院,这里比主要的监狱都更宽松。他曾设法逃跑,在被抓住之前逃了125千米,离瑞士边境只有一半的距离。后来戴高乐又逃跑了四次,但是每次都没超过10天就会被发现。他不是那种容易被忽视的人。

有逃跑企图的人都会被关上一段时间的禁闭,而其他时候,被囚禁的军官的物质条件并没有那么差。他们每个人与另外五个人共处一室,能收到从家里寄来的食物包裹,能够进行锻炼和体育娱乐。戴高乐给家里写的信很少提到他在战俘营里生活的逸事。人们甚至会发现当他的母亲想要询问一些关于他日常生活的信息时,他会有一些愤怒,好像关注这样的问题意味着开始接受自己的命运了。戴高乐在1917年3月写道:"我再说一遍,不要为我的健康有任何担心,我很好。无论如何,我对自己的命运会变得如何没有任何兴趣,因为这对我毫无用处。"[41]一个月以后,就能感受到他的愤怒了:"既然你一直不停地问我要消息,那我就一劳永逸地告诉您吧:都很好。"[42]

戴高乐偶尔也会向他母亲给予的压力作出让步:"您经常问我是否可以散步。是的,每天在战俘营至少会散步两小时。我们的处境最令人欣慰的就是有很好的战友情谊,使我们不会感到一丁点儿精神上的孤独。"[43]这种虔诚而平和的话语并没有透露多少信息。戴高乐的大多数亲密同伴在回忆时都认为他实际上冷漠而严肃。军官们通常相互用"你"称呼,但是戴高乐不是。维尔茨堡战俘营的条件非常一般,一个战俘同伴回忆道:"我认识了所有的同伴，从最高级的……一直到随军神父——米歇尔神父。但只有一个不认识：戴高乐。他选择什么时间独自去洗澡？我从没想过这个，但是事实就是：我从未见过戴高乐裸体。"[44]这可能是一个对身体感到尴尬的害羞的年轻人的讲究和保守，也可能是一种自我强加的意志和纪律。在战俘营里记下来的笔记中，戴高乐的描述读起来既像是自画像，也像是他想要成为的领袖的肖像：

> 必须成为一个有性格的人。在行动上成功的最好方式就是知道如何不断地主宰自己……主宰自己应该成为一种习惯，特别是在最细小的事情上坚持锻炼自己的意志，从而获得一种精神反射：穿着、谈话、思考的方式……必须少说……成为一个优秀的谈话者的好处，丝毫比不上掌握倾听自己的能力……对于一个有价值的人而言，只有集中精力才能反思……在行动方面，什么都不要说。领袖就是不出声的那个人。[45]

对于一个26岁的人来说，这些都是很奇怪的话。实际上，许多战俘都记得戴高乐并不是保持沉默，而是不断在说话——预测战争的走向、分析国际形势、反思历史。在给他母亲的信里，戴高乐即使忽略了她对自己生活细节的询问，但还是吐露了内心的感觉。他不断地提到作为一个战俘的羞辱导致的"无法表达的忧伤"[46]。在第三次逃跑失败以后，他写道："这时候，我心中满是痛苦和深刻的悲伤，以至于我不认为我还会有类似这样的经历，只有当我的生命终止，这才会结束。"[47]他努力拒绝他母亲想要他寄一张照片的请求，因为他不希望任何人看到他作为囚犯的样子。他母亲的爱国情操并不亚于她儿子，因此能理解他的感觉：

> 这里的房子空了，壁炉也荒废了……我日夜思念着你；在我所有的孩子里，我大部分的祈祷都是为了你，因为你受的苦最多。我们再次见面的好日子什么时候才能到来啊！让它快些来

二 "一个绝不会离开我的遗憾"（1908—1918年）

吧。但是上帝的想法难以揣测。对于能够预见所有一切的永恒的他而言，世人度过的少数几年真的不算什么。[48]

戴高乐的"令人讨厌的流放"给他留下了很多的时间。战俘营的生活可能并不艰苦，但是很枯燥。他花几个小时俯身读德语报纸，手里握着笔，想从宣传文字的表象中找出战争中真实发生的事情。他在翻译的同时将最近的事件总结出来并手写下来，还将它们钉在墙上。[49]他还花费几个小时阅读在监狱图书馆里能够找到的任何书，大都是历史书和小说。他在某一天阅读了瓦格纳的文章，另一天则在读罗丹的文章（这会使他就柏格森的哲学如何帮助理解艺术史的发展随便写一些感想）。他记下哲学家和伦理学家们［赫拉克利特、尚福（Chamfort）、托克维尔等］的格言警句，并对古希腊的历史做一些笔记。他记的最广泛的笔记是关于《德国和即将到来的战争》一书的，这本书由德国军事作家弗里德里希·冯·伯恩哈迪（Friedrich von Bernhardi）于1911年出版。

这时候我们看到的戴高乐是一个诚挚的、爱阅读的人，同时也更是一个传统的、自命不凡的年轻人。他对左拉的小说《家常事》（Pot-Bouille）有一个简洁的评价："这人真的有制造垃圾的天赋。"（德雷福斯事件中的英雄左拉不能刺激他的想象力。）关于司汤达的《红与黑》，他评论道："17岁到22岁之间的神学院学生，花费了大量的时间用于分析自己。"关于福楼拜的《情感教育》，他认为它向我们展示了1848年的共和派是"各种不满的失败者"。至于他对德国的想法，戴高乐告诉他的母亲他在战俘营中遇到一些德国人"有胆量不时地过来跟我们说话，谈战后他们的种族与我们的种族之间结盟！我们对此毫不理睬，只是耸耸肩"[50]。但是，由监禁而被迫带来的休闲显然可以使他有大量的时间思考，可以看到一个更有思想的人开始出现了。他可能从1917年就开始给他的同伴们上课了，我们可以从这一系列的课程中看出他的变化。

组织课程和娱乐是军官们在战俘营里进行的主要消遣之一。戴高乐的课程是一种关于战争的即时历史，是他从自己的经历，以及所能够找到的德

第一章 "戴高乐"之前的戴高乐

国报纸中寻到的素材。正是在这些课程中,他对法国最高指挥部犯的错误作了严厉的批评,这个我们已经引用过了。他认为问题的根源在于没能考虑到偶然性,未能摆脱对战争本质的先验假设。之所以有这种想法,不仅因为他从1915年的攻势中感受到了屠杀般的后果,也归因于他对柏格森和布特鲁两位哲学家著作的阅读。他在被囚禁时所写的笔记中有一段摘自布特鲁的话:"偶然性就是本不可能或本可以有所不同的事物的特征。"[51]这使年轻的讲课者反思了成为一名成功的军事领袖所需要的素质:"能够综合的头脑,就是说能够概括,能够将关键因素从辅助因素中区分出来。"戴高乐将他自己视作这一类型,在给他母亲的一封信中评论他自己"对概括很着迷"。[52]

当戴高乐从纯粹的军事问题转向对战争的整体性分析,讨论经济规划、外交和政治时,他总结归纳的能力凸显了出来。他将到目前为止的战争的历史分为三个阶段。在第一个阶段,即1914年8月到1915年年中,议会政府被暂停,霞飞将军施行一种实际上的独裁统治。戴高乐的观点是,这种情况在最初被视为一种短暂的战争初级阶段中是可以接受的,但很快就体现了它的弊端。它使同盟之间没法进行协调,也不能理性地组织一种战时经济。在第二阶段,即从1915年年中到1916年年中,议会开始重新树立其权威,施行一种"极端有效的"监视和控制,"防止出现大量错误"。在第三阶段,即从1916年年中开始,议会的干预开始起到反作用,这时,军政部长在议会的命令到达之前被迫浪费时间进行自我防御。但是戴高乐无疑认为议会起到过它的作用:"抑制议会活动对于这样旷日持久的战争是不可能的,它非常深刻地影响到了现在和将来的经济。我们不能允许任何政府不经授权和监督就干预它的人民的未来。"这一慎重的判定与他先前对于被称为"乌合之众"的政治家产生的极度愤怒又是矛盾的。

戴高乐的课程分析了法国历史上那些在他看来政府与军队的关系运行良好的时期。他对1793年由拉扎尔·卡诺(Lazare Carnot)和公共安全委员会组织的革命军队特别给予赞赏;他赞扬了19世纪的共和派领袖莱昂·甘必大(Léon Gambetta)和夏尔·德·弗雷西内(Charles de Freycinet)为了缓解1870年普法战争失败后的法国局势而作出的努力。这些人物不太可能会受到

二 "一个绝不会离开我的遗憾"（1908—1918年）

他的家族的欣赏，但是戴高乐在这种情况下似乎已经与他所受的家庭影响渐行渐远了。在被囚禁时，他阅读了弗雷西内的回忆录并评论道："他的很多思想都与我的不一样，但是这个人的杰出智力和政治感觉是毋庸置疑的。"[53]同样，当戴高乐谈到在萨洛尼卡和在东线的攻势时——他在1915年对削弱西线作战力量的行为都严厉谴责——准备采取一种更宏阔的视角："人们可以批准或不批准这些措施，即使人们能够认识到政府已经寻求并正在采取行动。"选择行动场所正是各国政府在充分了解所有因素的情况下应该做的事情，即使"大家都看得很清楚，人们仍然可能会怀疑，我们的总参谋部对分兵行动或多或少公开表示的敌意"[54]。戴高乐关于在内政和军事权威之间需要寻求平衡的原则在历史上有一个例外，那就是拿破仑，他将这两者都集于自己一身。但对于戴高乐而言，拿破仑正是证明了这种规律的特例：

> 他获得的这些结果是由于他拥有个人天才，而不是他综合而成的组织：他个人的天分在10个世纪中只会出现这么一次。无论如何，是否正是由于他一切亲力亲为，法国才没有完全失败？……他所留下的法国比他创建法国时更小。[55]

戴高乐在其一生中花费了大量时间思考拿破仑的例子，他的崇拜总是控制在这类限制条件之内。

戴高乐在这些课程中描绘出来的想法——领袖的性质、战争和政治中偶然性的重要性、内政和军事权力之间的关系——在他写于战争岁月的四本书中被用以更长的篇幅进行了展开。在这个意义上，戴高乐的狱中岁月在他思想的形成中具有极其重要的作用。但是什么都不能阻挡他逃跑的执念，这样他才能返回战场。1918年7月，他最后一次逃跑，藏在一个洗衣用的篮子里。逃跑仅仅三天之后，他就被警察发现了。1918年春季，一个能被释放的新机会出现了，这时候德国和法国政府通过瑞士政府签订了交换战俘的协定。但是这只适用于那些许诺返回后不再加入战争的士兵。戴高乐不能接受这个条件，因为他确信这场战争还将持续很多年："留在瑞士什

第一章 "戴高乐"之前的戴高乐

么都不干,而我的兄弟们和战友们却在为了胜利而战斗,如果不能回到前线,这种前景令我作呕。而且如果回到法国后隐藏在一个官员的职位上,这彻底让我感到厌恶。"[56]更好的办法是继续被关押,等待时机逃跑。

1918年8月,戴高乐相信这场战争还将持续"更多年"[57],但这被证实是无法实现的。10月初,德国总司令兴登堡(Hindenburg)和鲁登道夫(Ludendorff)告知他们的政府采取停战是不可避免的了。戴高乐在最近一次试图逃跑后,由于侮辱一名德国军官而遭到惩罚,在从这座监狱被送回维尔茨堡时,他目睹了德国士气崩溃的场面。他写信给他的母亲:"尽管这次旅行是由种种情况引起的,但我并没有因为走到了这一步而感到不快。旅行使一个囚犯看到并判断一些事情。"[58]他在战后写了一本小书,关于德国的失败,他对瞥到的情况有一些感想:

> 在许多地方,人们都阻止士兵们开往前线。逃兵在大城市的街道上漫游,丝毫不想隐藏自己,他们嘲笑权威也不会受惩罚……大量的战俘不再被监管,溜到农村去碰碰运气,或者甚至前往城市,增加那里的混乱。[59]

戴高乐从战俘营获释到12月初返回法国期间的确切行动尚不清楚。[60]我们知道的是11月28日,他在瑞士的罗曼斯霍恩(Romanshorn)坐上一列火车的三等车厢前往日内瓦。考虑到这有辱一名军官的身份,于是他从他的同行伙伴第吉尔(Digier)中尉那里借了钱升级到二等车厢。12月1日,第吉尔收到一张明信片:"来自法国的土地,怀念并感谢。"戴高乐到家了。[61]

两天之后,他同他的家人回到多尔多涅。他的三个表兄死在战争中,包括亨利·德·科尔比(Henri de Corbie),戴高乐在年轻时正是跟他交换过诗歌,但值得注意的是,戴高乐兄弟四人都活下来了。1918年12月在与父母和兄弟们的合影中,戴高乐站得稍微靠后,好像他两年半的战俘生活使他拒绝站在前面。[62]这样的反应是正常的。许多战俘返国后都被抱以怀疑的态度,他们都要努力获取跟其他退伍军人一样的待遇。直到1922年,

二 "一个绝不会离开我的遗憾"（1908—1918年）

那些死于战俘营的人才被授予"为法国而死"的称号。1927年，政府勉强答应设立一枚勋章，奖励给那些通过逃跑完成他们职责的战俘。为了获得这枚勋章，要提供大量的证明文件，50万名战俘中只有1.6万人获得这一勋章。戴高乐也在其中。[63]我们之所以知道他试图逃跑的所有细节（后来也被德国的档案所证实），就是因为他不得不准备一份很详细的报告，并附有草图和支撑证据的陈述。[64]

戴高乐与他之前的一些战俘囚友还保持联系。其中一个是雷米·鲁尔（Rémy Roure），他是个记者，后来成了抵抗战士，他为戴高乐出版于1924年的第一本书写了篇评论；另一个因友是后来的卡特鲁（Catroux）将军，于1940年在伦敦追随戴高乐。然而，在很大程度上，戴高乐并不喜欢回忆他在狱中的经历。1940年法国战败后，德国抓获了大量的俘虏。他们英雄般的遭遇成为维希政权大量使用的一个主题。一些逃跑的俘虏组织了他们自己的抵抗运动，戴高乐却对此给予蔑视的评论："战俘的抵抗运动？为什么不说是理发师的抵抗运动呢？"这种刻薄玩笑是他的典型幽默，但是他最不能容忍的就是将战俘的经历作为一种身份。因此，对他而言，1918年11月是一个苦乐参半的时刻，就像他在返回法国后给其部队的上校的信中写的那样：

> 我与您分享的巨大快乐对我而言是复杂的，比以往的都更苦涩，由于未能在战场上起到更大的作用，我有着难以言说的遗憾。我想在我的余生中——不管是长是短——那种遗憾永远都不会离开我。就让它起到刺激我思考和更好地行动的作用吧，以及为了弥补我将错过的那些少数决定性的和胜利的时刻，我将努力度过这些无名的服役时光。[65]

三 重新开始一份职业（1919—1932年）

重获自信

戴高乐成名后，他的助手们会对他所谓的"循环絮乱"（cyclothymic）的气质感到绝望：反复无常、难以预料的情绪波动，就像丘吉尔的"黑狗"[1]般突然陷入最晦暗的悲观情绪。这些绝望时刻融入了他的神话：这个应运而生的人战胜了放弃的诱惑，从逆境中振作起来拯救他的国家。

在战争结束时，戴高乐就已经表现出"循环絮乱"气质。1918年9月，他给母亲写信说：

> 我就是一个活死人。有一天我在报纸上读到将返回法国的战俘称作"幽灵"的说法，我认为这种描述太合适了。你提到要寄给我书！……这是为了什么？为了工作人们一定要有一个目标。我能有什么样的目标呢？我的职业？但是如果我不能在战争结束之前重回战场，我还要继续留在军队里吗？未来会有什么样的平庸生活等着我呢？……对于跟我一样大的军官们，如果有雄心想要一份职业，首先责无旁贷的就是在战场上……从军事的视角来看，我没有幻想，我就只是个幽灵。[1]

---

[1] 丘吉尔长期罹患忧郁症，他称忧郁症为"黑狗"。——译者注

三 重新开始一份职业（1919—1932年）

在写完这封绝望的信四个月之后，戴高乐回到法国，在圣马克兴（Saint-Maxient）的一所步兵学校里接受康复课程，这是为回来的战俘军官准备的。很快他的精神就有所好转——"从精神的角度来说，我获得了重生"——他受到鼓舞，因为他发现自己并没有像他担心的那样与世隔绝。[2] 他对在圣马克兴的同伴军官没什么好感，他们似乎非常乐意过和平时期的生活。戴高乐急切地希望行动，以挽回他浪费的时光。最好的前景似乎是加入法国的军事代表团，成为新独立的波兰政府的军队参谋。不久之后，戴高乐再次陷入绝望，他对"大量愚蠢、懒惰和行政上的傲慢"的猛烈批评阻碍了他去波兰任职。[3] 最终他于1919年4月离开法国，作为400个军官的一员，为新成立的波兰军队的军官提供培训。向东穿过被踩躏了的欧洲，他很高兴地对母亲说："德国鬼子——尤其是在普鲁士——用充满愤怒和仇恨的眼光注视着我们，但是他们很谨慎，什么也不说，陷入了深深的失败感和恐惧感。"[4] 在他们的"卑鄙的奴性"之下，他注意到"隐藏着终有一日会复仇的决心"。[5]

抵达华沙时，戴高乐很快再次感受到了失望，因为在他还没开始教课就出现了不少延迟。他所在生活区的物资非常匮乏："在我们前面走过了俄国人、德国鬼子和犹太人，一切都破旧失修，连家具都没有。"[6] 他也对自己获得荣誉军团勋章——以表彰他在凡尔登所作的贡献——的机会感到悲观。负责颁发奖章的部门询问他是否有类似失去一条腿这样的负伤经历，他给了否定的回答。1919年5月《凡尔赛和约》的签订也没有给他带来好心情。尽管法国收回了1871年失去的阿尔萨斯-洛林，但法国保守派的更大野心没有实现，诸如从德国割占莱茵地区，在法国东部边境上创建一个缓冲国。法国只是实现了莱茵地区的非军事化，并且由盟国军队占领15年。在这个和约签订后，戴高乐写信给他的母亲："过了这些年，当德国一旦恢复，它将变得更加傲慢，最终也不会偿还欠我们的钱。人们应当担心我们的盟友立马会变成我们的敌人，并对我们的命运漠然不顾。莱茵河左岸必须一直由我们控制。"[7] 在课程开始之前，戴高乐在华沙消磨时间，他遇到了法国在战争中的盟友国家的代表，他对看到的并不满意：

第一章 "戴高乐"之前的戴高乐

当1500个法国军官正准备与波兰军队一起奋斗时,美国人、英国人和意大利人跑来华沙展示他们的傲慢和无用。他们的任务模糊不清,其中主要的目标就是进行各种生意交易,尽管不被承认……就像我的大多数同胞一样,我在完成战争后开始变得仇视外国人。[8]

两个月以后,戴高乐的情绪再次好转。他开始了他的工作,并听说自己获得了荣誉军团勋章。他本来对这件事不抱希望。在华沙附近的伦贝托夫(Rembertów)的军官学校教授了几周之后,他写信回家说:"最终,我一点一点地恢复,回到了我在被俘之前所能感受到的那种状态。我对自己和对我的将来重新获得了自信。"[9]戴高乐就像他在战俘营里做的那样进行教课。多年后,他的波兰翻译官证实了戴高乐的演讲《失败:士气问题》的影响。唯一留下来的演讲与他对波兰六个多世纪历史的调查相关,这篇演讲是向他在法国军事代表团中的军官同伴们发表的。这是一篇历史综合的杰作,也是在提醒大家波兰这个同盟对于法国为何很重要:"波兰在18世纪被毁,是因为缺少必需的盟友,法国也没能看清楚一个强大的波兰的极端重要性,因为它可以在法国东部边疆起到平衡作用,日耳曼人在数个世纪中都不断威胁着古老的高卢人的土地。"[10]

我们对戴高乐在波兰的生活所知甚少。他的翻译官后来回忆说他与其他法国军官保持距离,并且不参加他们在华沙的社交活动:"他们发现很难理解他为何从不加入他们,从不开玩笑,不说话,只是反复思考,人们只能猜测他的想法。"[11]到这一年年末,他准备返回法国。正如他在一封信里跟他母亲说的:"(波兰)已经让我做了想要做的事情:使我得以从战争中恢复过来……以后我将开始独自工作。"[12]他现在想在法国找一个要求不那么高的职位,以便为法国军事学院(Ecole de Guerre),即高级军官培训学院的入学考试进行准备。于是,戴高乐对继续从军的所有疑虑都得到了消除。

回到法国后,戴高乐先做了一份临时的行政工作,这对他躁动不安的性格来说太枯燥了。一个月后，他回到波兰，那里的事情变得更加令人激动。当时这个国家正在与俄国进行全面的战争。这两个国家之间的冲突酝酿了18个月，而新独立的波兰政府利用俄国革命动乱，试图将其边界向东推移。1920年4月，波兰将军约瑟夫·毕苏斯基（Józef Pilsudski）对乌克兰发动了一次成功的攻势，夺取了基辅。但是苏维埃红军在最终推翻国内的革命反对派后，于7月发动了对波兰的反攻。当苏维埃军队不停地向华沙逼近时，英国和法国政府派使团去为双方做居间调停。

由于同盟国代表团严格来说立场是中立的，戴高乐发现自己变成了一个重要的旁观者："我们满怀激情地关注着决定性的事件，我们的心被无法直接发挥作用的事实所吞噬……我不能停止怀念那些勇敢的、曾经参加我们在伦贝托夫军事学院开授课程的军官，他们中许多人都已经死掉了。"[13]7月15日，当波兰军队的形势变得绝望时，比英国政府更亲波兰的法国政府授权其军事代表发挥更加积极的作用，为波兰军队提供技术建议。戴高乐隶属于南部波兰军队的总参谋部。他亲眼见证了事态的惊人逆转，即所谓的维斯瓦河（Vistula）奇迹——当时，一次勇敢的波兰反攻遏止了苏维埃的进攻。这项计划最初是毕苏斯基不顾法国代表团团长的建议而制订的，而这位团长正是后来被视为功臣的马克西姆·魏刚（Maxime Weygand）将军。到8月底，红军向东撤退，速度之快与其数月前向西进攻时一样。华沙得救了，战争于次年结束。

戴高乐于1920年底永远地离开了波兰，他在那里服役的时间几乎已经与他在西线参加所有战斗的总时间一样长。他从波兰的经历中收获了什么呢？在离开时，他向上级提交了一篇关于波兰军队情况的报告，毫不留情地指出波兰军队缺乏组织性，拒绝听从法国人的建议，以及毕苏斯基干预军事行动导致的混乱。[14]他是那些相信魏刚拯救了局势这个神话的人之一。[15]他在私底下比在报告中更蔑视波兰人："波兰是一个统治很差的国家，没有适当的管理，对工作没有兴趣……我们很难从这里获得任何东西。"[16]在波兰，他见证了行动迅速的战斗，与西线的缓慢截然不同。一些作家猜测这段经历使戴高乐后来考虑如何利用坦克加快战争的速度。他的最后的报告确实包含两句话，大意是说，坦克应该集结在一起，而"不应分散"，但是他接着说，坦克在那里是用来"支援步兵的，没有其他用途"，这是一种完全正统的立场。戴高乐后来偶尔提及过他在波兰的经历，但从未表示它影响了他关于坦克的思考。47年后，当回首往事时，他说，俄国与波兰的冲突是一次奇怪的战斗，无法从中学到任何经验：

> 有几伙人前后移动，好像他们没有收到命令……并没有真正的前线。我们都习惯了严格地遵守命令，无法习惯这个。我们也不能把方法和组织教给即将进入战斗的军官们。他们什么都不知道。对他们而言幸运的是，布尔什维克知道的也不会更多。[17]

在戴高乐第二次待在波兰期间，令他印象最深的是战争中士气和自信的重要性，这证实了他对德国崩溃的看法。1920年7月当他返回波兰时，一切似乎都失败了，他写道："最令人担忧的与其说是波兰队伍的撤退，不如说是公共舆论的混乱。直到危机结束，政客们非但不同意支持任何政府，反而加剧了他们的分裂和阴谋。"[18] 在他看来，一个月后局势的反转与其说是由于毕苏斯基的军事技巧，不如说是由于爱国主义热情的一次爆发。他从波兰的胜利中得到了一个教训，那就是一个国家只有在丧失斗争意志时才会失败——这个教训影响了他对于1940年法国所陷入的困境的看法。

安顿下来

戴高乐在1920年底时急切想要返回法国，不只是为了准备他的军事学院的入学考试，还因为他早前订婚了。戴高乐第一次到波兰后，在他跟母亲的通信中有一个主题不断出现：婚姻。他的长兄沙维尔（Xavier）于1919年9月结婚，戴高乐的母亲也催促他结婚。他不需要劝说："当我发誓要在波兰度过的这一年结束后……我没有什么想要的了。"[19]

三 重新开始一份职业（1919—1932年）

我们难得一见这位质朴而年轻的知识分子军官在战前的社会生活。1947年1月，两位年事已高的女士——维杰里的阿斯蒂耶男爵夫人（Baronne d'Astier de la Vigerie）和生于维耶拉尔的萨利尼亚克-菲内隆子爵夫人（Vicomtesse Salignac-Fénelon née Viellard）——拜访了他在科隆贝（Colombey）的住所。事后，他跟助手克劳德·居伊（Claude Guy）开玩笑说，他的心跳得很快，因为"我年轻时在舞场上遇到过她们很多次。再次见到她们时我心里想：'她们是我的女舞伴'"[20]。但是没有任何关于他结婚前的感情生活，或者对于他这一阶层和这一代年轻人而言正常的性冒险的证据。在他监狱日记上随手写的内容里我们找到一句格言："既然我们认为爱情说到底是苦涩而不是甜蜜的，那就不要把它作为我们关心的首要问题，而只是作为生活的调剂品。"[21]这些话是基于经验还是仅仅作为厌世的犬儒主义的一种姿态？在他在迪南桥边受伤恢复时写的短篇故事中，戴高乐谈到了他的英雄朗杰尔"尽情享受爱情所带来的感官和理智的欢乐"。朗杰尔享受的这些，戴高乐也欣赏吗？我们不知道。一个传记作家曾经问戴高乐：中尉和上校的军衔差别是否意味着1913年当他在贝当手下服役时，贝当几乎不认识他？戴高乐回答道："一点也不！那时候我关注女性，贝当也是；这使我们碰到一起！"[22]而另一个场合，他说：

> 贝当喜欢女人，就像一个人在50岁时喜欢女人一样；我鄙视她们，就像一个人在20岁时鄙视她们一样。这就是说，我们一直都在谈论她们。每周我们去巴黎都会坐火车结伴而行。简而言之，在巴黎，我们会不时地"偶然碰上对方"。[23]

有一些流言说戴高乐在波兰时与一个女伯爵有关系，但是由于他几乎从不参加华沙的社交活动，这似乎不太可能。最让人好奇的是他于1942年在伦敦给一个法国人写的一封信，后者请求他抗议英国对法国的轰炸。戴高乐对此表示理解，但他说为了解放法国的更广大利益，必须像上次战争那样接受这一点："我甚至可以私下告诉你，这是我生命中最大的悲伤之一。1917年,一个几乎成为我的未婚妻的年轻女孩被一枚英国的炮弹杀死。"[24]这位"未婚妻"是不是他在1917年寄给他母亲的一张简短的明信片中提到的"M-L"?里面提到一些难以理解的话,如"三年都不足以向您保证吗?"是否就是指某种关系?[25]

这是我们对戴高乐结婚之前的感情和两性生活所能够猜测的全部。在戴高乐的生活环境中,即使婚姻不是由家庭安排的,也会受到严密的审查,这很正常。对于职业军官来说,还有一个更大的限制,即配偶必须经过正式调查以获得军方的批准,确定她在品性方面没有问题。[26]戴高乐的母亲最初建议的是里尔的一个外甥女特雷萨·科布(Thérèse Kolb)。戴高乐的回答闪烁其词:"以前她给我的印象很深,但是我已经很多年没有见过她了,我相信她对我这个谦虚的人只有非常模糊的印象。"[27]他的母亲写信说她有另一个想法,戴高乐向她保证说他当前不会想任何其他人。一旦休假回家,他就准备"去看和被看,判断和被判断。直到那时,我的宗旨就是不反对任何事也不反对任何人"[28]。

事情进展得很快。当戴高乐休假回到巴黎时,他被安排与他母亲看中的一个候选人见面,这个年轻女性与戴高乐家庭的朋友认识,她就是伊冯娜·旺德鲁(Yvonne Vendroux),来自加来的一个富裕工业家家庭。她的父亲拥有一个饼干工厂,并且是城市里的重要人物,负责管理当地的商业会议厅。旺德鲁家没有像戴高乐家那样严肃的家教和高尚的思想,他们的孩子成长于一个不那么严格但更富裕的环境。但是两个家庭有类似的天主教信仰和保守的价值观。伊冯娜受到的教育符合人们对一个受过良好教育的中产阶级天主教女孩的期待:不用学得太多,但是足以掌管一个家庭,在社会交往方面辅助她的丈夫。他们的长子菲利普·戴高乐后来如此描述他的母亲:"她用一种机械的方式弹钢琴,这是一种绝对必要的技能……但是没有旋律。她知道如何欣赏一件家具或一幅画,而且……不会因为品味上的错误而产生困扰。"[29]对绘画没有兴趣的戴高乐很快就能够见证这一点。第一次见面聊天,话题就转向了关于流行画家凡·东根(Van Dongen)在秋季沙龙(Salon d'Automne)展出的一幅被广泛讨论的画作。

在伊冯娜父母的监护之下,两人之后再次见面,一道去看画作。几天之后,戴高乐邀请伊冯娜和她的哥哥去即将到来的圣西尔舞会,这个邀请被接受了。这是一个绝对传统的追求——除了它飞快的速度。戴高乐于1920年10月20日休假归来,11月11日他们就订婚了。

仓促订婚的原因是戴高乐要在这个月的月底返回波兰。次年2月,他回来了,无须再去波兰;两个月后他与伊冯娜结婚。他们的婚礼于1921年4月6日在加来举行,但在加来这个天主教氛围浓厚的地方,第二天在圣母院举行的宗教仪式才算得上重要。随后的宴会由加来市长的冗长演讲作为总结——这表现出这座城市对旺德鲁家的尊重——在这之后,一对新人开始了他们去意大利湖区的蜜月之旅。他们返回巴黎时,搬到了第七区的格勒纳勒街(Rue de Grenelle)的一处公寓。这是一处很普通的房子,只有三个房间,还有一间给女仆用的。窗外能听到轻轨的行驶声,乘客们能够看到戴高乐经常工作到深夜的小书房。但是他所住的地方至少还是巴黎的"贵族"区,这给了他"宾至如归"的感觉。[30]

尽管伊冯娜·戴高乐后来以严厉、羞涩且拘谨而闻名,但在这个阶段,她是活泼和外向的。[31]她和她的丈夫逐渐发展出爱情和伴侣的亲密纽带。从一开始,他们就因互相理解对方的世界而结合,在社会关系方面非常适合。这两个家庭在法国北部的天主教资产者当中有共同的圈子和熟人。伊冯娜很高兴地向她的哥哥说:"你能想象出来吗,他在维姆勒度过许多家庭节日……巧的是他经常前往福克通城堡(Chateau of Fouquetone)与我们家的朋友勒葛朗家见面!"[32]通过与法国东北部的一个天主教工业家家庭联姻,戴高乐重复了父亲的模式。戴高乐家虽然出身贵族,却较为贫穷,不如旺德鲁家富有。据说,戴高乐曾经告诉一个朋友:"我与旺德鲁家的甜心结婚了。"除了在加来有一幢很大的家族宅邸,他们在阿登地区还拥有一幢壮观的七泉城堡(Château de Sept-Fontaines)。但是戴高乐也很有潜力。尽管两年的囚禁影响了他的晋升,他还是有着非常好的前景。他因在凡尔登的勇敢而闻名,不久便获邀进入军事学院,法国的军官精英都是在这里受到训练的。

树立声望

1921年2月，戴高乐在圣西尔获得了一个教授军事史的职位，同时准备通过考试进入军事学院。安定下来之后，他便开始着手树立作为一个作家和军事思想家的名声。其成果是1924年3月出版的《敌人内部的倾轧》（*Discorde chez l'ennemi*）一书。[33]在戴高乐写于战争期间的四本书中，这是最不为人所知的一本，但并不乏味。这本书的独创性之一是其主题。许多关于战争根源的历史研究著作都是在这一时期出现的。由于作者的政治观点，这些书都将战争爆发的责任归结于法国或者德国。戴高乐的书提出了一个不同的问题：重点并不是谁引发了战争，而是为何德国失败了。在这本书中，对"勇敢的敌人"的尊重取代了他在过去书信中充斥着的那些针对德国的挖苦。他在前言中提到了德国人的尼采式精神是"不惜任何代价扩张个人权力的一种激情……蔑视那些由人类经验、常识和法律所设定的界限"，认为这与法国人的精神是对立的，后者"尽可能地遵循平衡适中的感觉，仅靠这就可以使活力维持得更久，更有创新力"。因此，戴高乐歌颂法国古典花园里"高贵的忧郁"和"伟大的和谐"，"在那里树木都不会遮盖住并阻止其他树木生长，各种植物都适应了按照对称排列的方式生存"。[34]

该书的五章是围绕着战争史的五个转折点分析展开的。戴高乐所用到的资料源于他对德国军事领导人所有已经发表了的回忆录的深入研究。他避开了无聊的逸闻，利用每个片段说明关于领导力、政治和战争的总体宗旨。他曾经向他母亲提到过的"对总结的热情"，在这里随处可见。三个关键的主题贯穿整本书。第一个论点是德国输掉战争是因为它没有在政府和军队的权力之间达到正确的平衡。在戴高乐看来，形势恶化是因为德国政府屈从于提尔皮茨（Tirpitz）上将的压力，决定采取无限制的潜艇战。对于戴高乐而言，这是一个关键的转折点，因为它最终导致了美国人参战。文职官员权威的丧失在1917年达到顶峰，当时，鲁登道夫将军和兴登堡将军实际上从政府总理贝特曼-霍尔维格（Bethmann-Hollweg）手中夺取并完全控制了战争的主导权:"得益于其权威的孱弱,并且滥用其声望,军事领导人从政府手中获得了权威和信任。德国惊恐地发现这个国家合乎情理的和必要的平衡已经被打破了。"[35]

戴高乐的第二个论点也是他在战时课程中非常熟悉的:"在战争中,除了一些基本原则外,没有普遍的制度,只有环境和个性。"[36]他在说明1914年德国进攻失败原因的一章中阐述了这一点。德国军队在1866和1870年正是因为遵循了允诺下级司令官享有高度自主权的原则而获得了成功,然而1914年9月冯克鲁克(von Kluck)将军没有服从上级命令,擅自采取行动的行为证明了这项原则的失效。他将其军队向南移动,越过马恩河,从而暴露了德国军队的右翼,使法国能够成功地在马恩河进行了防御。

戴高乐的第三个论点集中讨论了战争中自信和士气的重要性,他用关于1918年德国在抵抗时突然失败的一章对其进行说明。吸引他的事实是,尽管德国人依然有大量的军事资源,但他们的战斗意志突然没有了:"就像被一根魔杖点中了一般,一种士气上的无力感摧毁了德国人的战斗精神。"[37]或者正如他在一篇未发表的关于战时伦理的文章中所写的那样:"德国军队仍然在敌人的土地上。(德国的)工厂仍然未受影响,它的土地仍然肥沃。然而,它投降了……它拒绝作出更多的牺牲,希望结束它所承受的苦难。"[38]

戴高乐的书出版的时候,他是军事学院的一个学生。这是令人不开心的一年,他重建职业生涯的计划遭受了第一个挫折。戴高乐这帮人并不好教,因为他们都有自己对战争的个人经验,以此对抗教师所确定的标准。戴高乐的一个同学,乔治·鲁斯特纳-拉考(Georges Loustaunau-Lacau)与他有着很好的友谊关系,直到20世纪30年代他们因政治立场的不同而分道扬镳。这位学员在其回忆录中写道,学生们都想向他们的教师起哄:"第三空间如何?出其不意如何?速度如何?……他们向我们展示胜利,就如同展示已经烘烤好了的面包一样……听他们讲,我们会有一种印象,认为战争的艺术已经永远被冻结了。"[39]鲁斯特纳-拉考虽然心怀不满,但是这并不妨碍他在那一年拿到很好的成绩。令戴高乐与众不同的不是他对老师们的蔑视,而是他不愿掩饰这种蔑视。他特别讨厌的人(bête noire)[这也是相互的]是负责教授通用战术的穆瓦朗上校(Colonel Moyrand)。根据他对戴高乐的学期报告,穆瓦朗认为他"聪明、有修养和严肃,卓越而有能力",但是"品质有损,因为他过分自以为是,对其他人的观点批评尖锐,态度就像一个流亡中的国王"。另一位教师写道:"如果他能接受讨论,那么他会获得极好的结果。"所有其他的评论都是类似的。[40]这一年年末,在他写给一个同学的信中,可以看出戴高乐与其上司的关系有多么恶劣。他说,如果与他通信的同学因为"在我学习通用战术时与我关系过于密切"而遇到麻烦,那么他会为此道歉。他如此评价在那门课上遇到的麻烦:"一种看待事物的方式与另一种看待事物的方式发生冲突,一种解决方案与另一种解决方案发生冲突,谁知道呢?也许一种命运与另一种命运发生了冲突。"[41]这位34岁的上尉所具有的这种非凡的自信,说明了为什么戴高乐的态度在其上司看来相当令人难以忍受。最终,戴高乐没有进入"非常好"(très bien)的一流行列,而是进入了"较好"(bien)的二流行列(位于129人当中的第52位)。

毕业时,戴高乐被分配到了美因茨的莱茵军团总部。他于1925年3月在军事杂志上发表了一篇文章,系统地批驳了官方教学的教条主义,他称之为"先验"主义,以此报复学校。这篇文章中,他罕见地大力赞扬了拿破仑:"在第一帝国的军队中,从未有某一套一成不变的教条。了解情况,适应它们,利用它们,这就是拿破仑指挥艺术的基础。"但是,戴高乐的论证中也指出,在19世纪,尤其是1870年之后,法国的军事思想"从抽象走向了抽象",不惜一切代价将进攻的原则上升到一种"形而上学的原则",这在1914年遭遇了可怕的结果。他得出的教益是:"在每一种行动中,不管是军事、政治还是生产……作为领导,最关键的作用就是在每一种特定的情况中觉察境况的特点。必须根据实际情况采取行动。"1914—1918年,法国的处境正是被这种"头脑中尤其具备现实感的人"拯救了。这个人指的是贝当,对进攻至上的怀疑几乎毁掉了他在1914年以前的职业生涯。戴高乐的文章因此也就达到了两个目标:一个是表达自己的想法,

三 重新开始一份职业（1919—1932年）

另一个就是向贝当致敬。1925年7月，即他的文章发表五个月之后，戴高乐从他在美因茨一成不变的生活中解放出来，被调进贝当的私人秘书处（cabinet），这并非巧合。[42]

贝当的庇护

当戴高乐后来思索贝当的职业生涯时，他总会评价说这位元帅是一个已经"死于"1925年的伟大人物。这个评价让人奇怪，因为1925年恰好是戴高乐开始直接为他工作的时间。这两个人保持密切的接触长达10年时间。作为一个"已死"的人，贝当在戴高乐对军事学院感到失望时成为他实际的庇护者。戴高乐对贝当的评价涉及一段特殊的经历。1925年，政府派元帅前往法国属地摩洛哥，法国人在那里与一个反抗其统治的部落斗争了数年。被视为传奇的法国总督利奥泰（Lyautey）元帅对于贝当的任命表示蔑视，并且通过辞职以示抗议。和其他许多人一样，戴高乐认为，政客们利用对北非了解不多的贝当来报复利奥泰，是不光彩的行为。他把这作为贝当被其自己的传奇所囚禁的一种迹象。

20世纪20年代的法国有两个传奇军人：贝当和福煦。两人意味着对待战争的两种路径。费尔迪南·福煦大力鼓吹进攻，相信意志是通往胜利的钥匙；贝当因其强调有必要小心翼翼地准备而被熟知。由于1916年在凡尔登的殊死抵抗，以及1917年在军队爆发反抗时所起到的作用，贝当成了国家英雄。一些人认为他的谨慎近乎失败主义，1917年，正是福煦被任命为盟军统帅，带来了1918年夏天进攻的胜利。1918年之后，这两个人相互厌恶，各自领导着一个相互竞争的庇护圈。为了能够晋升，人们要么投靠福煦，要么投靠贝当。戴高乐的唯意志论的性情可能使其与福煦有更明显的亲近性，福煦也的确是他崇拜的人。但是，作为一个经历过1914—1915年仓促的进攻所导致的严重后果的人，他也意识到贝当在1916—1917年所带来的有益影响。他的观点是，这两个人的品质是互补的：贝当是个谨慎的谋略家，而福煦是个大胆的战略家。

如果戴高乐批评先验信条的文章部分是为了吸引贝当的注意力，这位元帅是唯一一位被他点名表扬的一战指挥官，那么它也意味着一个隐含的告诫，那就是贝当从上一次战争得来的教训一定不能成为下一次战争的普遍准则。然而，贝当很可能对恭维更感兴趣，而不是告诫。作为指挥第33步兵团的上校，他在1913年就认识戴高乐。但是，如果贝当于1925年决定选择戴高乐进入他的私人秘书处，那首先是因为这个年轻人表现得像个新潮的作家。贝当渴望进入法兰西学术院（Académie française），计划写一部法国军队的历史。由于他没有文学天赋，戴高乐是一个成为他的影子作家的理想候选人。贝当选择戴高乐有可能也是为了嘲讽军事学院，其在1914年以前的教学与他自己的观点完全相左。如果没有贝当的介入，戴高乐从军事学院毕业时的成绩可能还会更糟。贝当也在1927年邀请戴高乐给军事学院讲授了三次课，并亲自参加了第一次课，将这次授课变成了一个重要的时机。这在戴高乐的大多数传记中都是一个经典的时刻：一个不遵从传统的年轻人站在军事学院的主演讲大厅的讲台上，对曾经鄙夷过他的体制进行了报复。事实上，很可能许多在场的学生都对过去的历史毫无所知，戴高乐以前的一些老师也都离开了。只有通过最拐弯抹角的方式，戴高乐的三堂高度概括领导力的课才被认为是对军事学院教学的一次攻击。不管事实是什么，戴高乐肯定想以这种方式看待这些事情。他写给他的父亲："我的支持者们欢呼雀跃，那些中立的人则微笑着，而那些环绕在船周围等着我落到水里的鲨鱼则保持着很远的距离。"[43]

戴高乐与贝当之间的亲密关系绝不能被夸大。戴高乐用贝当的名字为他的长子菲利普命名的说法纯属虚构：菲利普这个名字指的是家族的前辈让-巴蒂斯塔·菲利普·戴高乐。贝当成为菲利普·戴高乐教父的说法也不是真的。菲利普·戴高乐的教父是他的伯父沙维尔。戴高乐夫妇不时地被邀请参加贝当在大剧院广场的大咖啡馆（Grande Café）举办的晚宴，贝当的夫人也在场，她是个离异的女人，贝当与她最终在1920年结婚。正是他们的离异使得贝当无法成为菲利普的教父。伊冯娜·戴高乐不认可贝当不寻常的私人生活,因此这两对夫妇的关系始终无法得到促进。贝当的妻子,即元帅夫人敏锐地评价伊冯娜·戴高乐:"当我接待她时,她很不情愿来参加。我们彼此之间没有什么共同语言。谈话常常中断。她是一个杰出的女性,谦逊而谨慎。她喜欢制作果酱。"[44]

在为贝当工作同时,戴高乐也开始频繁出入比他年长40岁的埃米尔·梅耶(Emile Mayer)上校的圈子。[45]梅耶是一个不遵从传统的军事思想家,他卓越的军事生涯结束于1898年,那一年他由于发表文章保护德雷福斯而成为右翼势力攻击的目标。在被迫离开军队后,他成为军事问题领域的多产作家,对未来战争的性质表达了非正统的、独创的(并且通常是有预见性的)想法。梅耶曾经帮助社会党人领袖让·饶勒斯在20世纪头10年发展出他的军事思想。通过自己的女婿——同时他也是社会党政治家莱昂·布鲁姆的朋友,梅耶与一批左翼共和派知识分子和政治家产生了联系。每个周日的早晨,他都会在其位于巴黎的寓所举办一场沙龙,有来自新闻界、文学界、出版界和政界的各色人物参加。梅耶曾注意到戴高乐关于"先验信条"的文章。他写信祝贺戴高乐,戴高乐也逐渐成为周日聚会的一位常客。戴高乐开始将其文章在发表之前寄给梅耶。他们并没有在所有事情上都达成一致,但是在梅耶的沙龙上各种观点都可以被自由、公开地争论,这与贝当的私人秘书处肃穆的敬畏氛围构成了反差。梅耶圈子的氛围由定期参加的律师和记者让·奥伯丁(Jean Auburtin)很好地表达了出来:"这并不是一个十足的政治圈子,也不是一个完全的文学圈子……(梅耶)每个周日都举办沙龙,充满了雪茄烟的味道,这里有一个虔诚的群体,学生……与法国的和外国的人物及部长大臣一道……在一种充满兄弟之情的氛围中。"[46]那些1945年以后认识戴高乐的人注意到,梅耶是他战前生活中为数不多的几个对其充满感情和敬意的人之一。梅耶的沙龙开启了新的知识范围,将戴高乐介绍到军队以外的世界,拓展了他的人际圈,包括像丹尼尔·哈勒维(Daniel Halévy)这样的记者和知识分子,他的沙龙戴高乐也参加过至少一次。[47]在梅耶的圈子中,与戴高乐关系最亲密的两个人是奥伯丁和吕西安·纳钦(Lucien Nachin),前者在政界有很广泛的关系,后者为出版商贝尔热-莱沃若（Berger-Levrault）编辑了一系列经典的军事著作。他们成为围绕在戴高乐本人身边的崇拜者小圈子的一部分。

1927年，戴高乐被借调到贝当私人秘书处的日子结束了。他与贝当的关系开始恶化。为元帅的军队史写作了两年后，他开始担心贝当对出版失去兴趣，或者不认可他的贡献。他在给梅耶的信件中不尊敬地称贝当为"大庇护人"和"皇帝"。就在这时，贝当的私人秘书处出乎意料地来了另一个成员——奥德（Audet）上校。奥德写信告诉戴高乐说，贝当要求让他来编撰涉及第一次世界大战的那本书的几个章节。戴高乐愤怒的回应体现了他高度的自信：

> 一部书就是一个人……迄今为止那个人就是我。如果任何其他人，不管是孟德斯鸠还是你这位上校开始参与其中，只有两件事会发生：要么是他会写另一部书，或者是他毁掉我的书……如果元帅想要你写另一部书，我不反对。我只会把我的书取回。但是如果这是在批评我的哲学和我的风格，我抗议……即使我是在跟保罗·布尔热（Paul Bourget）和安德烈·纪德打交道，我也会用同样的话。[48]

几天之后，戴高乐加剧了他的傲慢，他写信给贝当本人，用极其不同寻常的口吻对这位最受法国人崇敬的军人说话。带着"尊敬的坚持"，他"提醒"贝当不要改变任何他们之间的协定：他不能够允许其他人参加这部书的写作。他表示，希望贝当仍然计划出版它，并要求在序言中承认自己的作用。他知道贝当对写作"强烈厌恶"，人们会承认他是无法独自写作这部书的。[49]任何人都可以用这种方式给贝当写信，这激怒了奥德："只要我们是在为一位伟大的领袖服务，我们的价值就只能通过他并且由他确定。"贝当本人则较为平静地接受了戴高乐"充满敬意的"傲慢。他向戴高乐保证没有其他人会参与写作，而且一旦这本书出版，戴高乐的贡献会被承认。[50]这个保证使争论暂时告一段落，但也只是就这本书而言。

三 重新开始一份职业（1919—1932年）

戴高乐将这个问题归结于贝当周围那些阿谀奉承的人的影响，他们嫉妒他所受到的青睐。但是问题或许还在于戴高乐所写的这部书。由于贝当对于"风格"的看法是消除所有形容词（他的格言是：一句话只需要一个主体、动词和客体），他也许得再过一段时间才会认识到，戴高乐精雕细琢的散文绝不可能成为他自己的作品。戴高乐不时地尝试重新激发贝当对于出版这部书的兴趣，但都没有成功。他对与贝当彻底决裂也没有兴趣，并且仍然努力使自己保持着一定的用处。1929年，贝当的私人秘书处忙于准备元帅在法兰西学术院（他是刚被选入的）招待会上的演讲。贝当被迫需要对之前占据他所当选席位的学者发表习惯性颂词——这恰好是他的对手福煦，他死于这一年的早些时候。戴高乐起草了一份发言稿，但他对纳钦说，这是一项微妙的任务，因为"他们谁都无法忍受谁，这是相互的"。[51]戴高乐的建议都没能体现在贝当最终在1931年发表的颂词中。它们没有足够地批评福煦，因此不符合要求。

上帝的垂青

军队对于一个官员可以在某个岗位上待多久有着严格的规定，戴高乐于1927年回到部队，指挥驻扎在特里尔的一个营，这是莱茵兰的法国占领军的一部分。他的下属非常不安，因为他要求严格。他给下级军官讲话时，那种高高在上的知识分子腔调是他们不习惯的。在某次演讲中，戴高乐引用了易卜生，导致他被嘲笑演讲里满是"易卜生们"。那次演讲的文稿没有保存下来，但是据戴高乐称，另一次演讲的一节中，他稍微错误地引用了莎士比亚，即"就像哈姆雷特，我们将在沉默中掀起一场伟大的争论，从而变得伟大"，这可能使他的听众们感到困惑。[52]戴高乐从特里尔给梅耶充满感伤地写信说："我经常怀念您组织过的那些有趣的辩论和苏格拉底式的讨论。如今在莱茵军团，没有什么思想文化。也许这是好事，因为一个有知识的人能'做'些什么……战神很帅气、英勇、强壮，但是没有一个聪明的大脑。"[53]

比起他的"易卜生式"演讲，更严重的是因一个士兵抱怨戴高乐对待他的方式而引起的一件事。在戴高乐看来，在莱茵军团服役是一件光荣的事情，但是许多应征入伍的士兵不喜欢远离法国，他们渴望被调回祖国。戴高乐高调地宣称任何有这种请求的士兵都将被捕入狱。当一个士兵由于议会议员的介入而获得调令时，他将这个威胁付诸实施。之后，戴高乐本人也受到了军务部的制裁威胁，但此事由于贝当的介入而草草了结。[54]

这一时期真正的重大变化出现在戴高乐的个人生活中。他结婚的最初几年，过得非常平静。第一个儿子菲利普诞生于1922年12月。整个家庭迁到了靠近军事学院的德赛广场（Desaix）的一处更大的公寓。他们在这里生活了五年，对于戴高乐戎马倥偬的军事生涯而言这算是很长的时间了。第二个孩子伊丽莎白诞生于1924年。戴高乐夫妇在大多数的周日晚上都会在伊冯娜父母位于十五区的维克多大道上的住宅吃晚饭。8月，两个家庭会在北部海岸维桑（Wissant）的海边租下一栋靠近彼此住宅的别墅。这个月还有一部分时候会在旺德鲁的七泉城堡度过。

戴高乐以前从未打过猎，现在则会和家人一起参加每年在七泉城堡举行的秋季狩猎集会，尽管据他的妻舅的说法，戴高乐总是想着别的事情，从而无法集中精力完成这项活动。[55]他有时候也被劝去参加家庭的桥牌游戏，他惊人的过目不忘的本领使他成为一个危险的对手。旺德鲁家的生活层次要高于并不富裕的戴高乐家。戴高乐家在巴黎的住宅都没有一个女佣房（chambre de bonne），伊冯娜·戴高乐似乎从未长久地拥有一个女佣。在国外服役期间，他们有了工资补贴，在特里尔时，戴高乐买了他们的第一部车，一辆雪铁龙B14，在回法国时卖掉了。伊冯娜和夏尔利用各种方式过着那个时代一个法国中产家庭完美节制的生活。[56]唯一的阴霾是两次家庭悲剧：1925年，戴高乐的哥哥沙维尔的妻子因为难产去世；第二年，戴高乐的弟弟雅克患了脑炎，并逐渐残疾。

1927年夏天，戴高乐全家，包括他的父母和他们的所有五个孩子，都踏上了前往卢尔德的朝圣之旅。这是为了兑现他母亲的誓言：如果所有

三 重新开始一份职业（1919—1932年）

四个儿子都能活着从战场上返回的话，就要还愿。伊冯娜·戴高乐没有随全家一起去，因为她第三次怀孕了。她的第三个孩子出生于1928年的第一天。戴高乐在写给吕西安·纳钦的信中宣布了孩子诞生的消息：

> 我们将给她起名叫安妮。或许她能够活到公元2000年，毫无疑问那时世界上将会爆发大规模的恐惧。她将看到新富人变得贫穷，旧富人由于政治的动荡重新收回他们的财富。她将会看到社会党人悄悄地转变成为反动分子。她会看到再次赢得胜利的法国如何错失夺取莱茵河左岸的机会。[57]

回想起来，这位骄傲的年轻父亲尽管语气轻松愉快，却带有一种悲剧性的色彩。安妮没能看到这些情况中的任何一幕。几个月之后，问题出现了。当安妮一岁大的时候，伊冯娜·戴高乐写信给一个朋友："我们愿放弃所有，理想、财富等，只为改善我们的小安妮的健康状况。"[58]事实证明，安妮生下来就患有唐氏综合征，或者按照当时大家的称呼，叫作"先天性愚型"（Mongolism）。尽管我们今天知道这种残疾是由一种染色体畸变导致的，但在20世纪20年代，这是一种骇人听闻的疾病，笼罩在关于堕胎、血液遗传缺陷，甚至对母方道德的可怕幻想之中。戴高乐夫妻为他们女儿的残疾而感到悲伤，竭尽全力地试图理解病因，担心这是他们自己导致的。伊冯娜·戴高乐认为，原因有可能是怀孕时在特里尔的大街上看到她丈夫的军队和一组德国老兵的对垒战而受到了惊吓。

头部患有不可逆残疾的儿童通常被送往精神病院或医院。但是伊冯娜和夏尔决定让这个小女孩待在家里。她一直都跟他们在一起，直到1948年去世。我们并不知道戴高乐夫妇之间讨论了什么，很有可能是深厚的天主教信仰导致他们作出这个决定。戴高乐在他家庭之外很少谈到"可怜的小安妮"，他正是这么称呼她的。1940年，他向军团的神父倾诉道："她的诞生对妻子和我来说是一个审判。但是相信我，安妮是我的快乐和力量之源。她是上帝给我的恩赐……她一直使我保证遵从上帝至高无上的旨意。"[59]在安妮去世之后,他写信给她的姐姐:"她的灵魂终于解放了。"[60]

安妮出生两年以后,残疾才变得很明显。3岁那年,她既不能走路,也不能自己吃饭,时常会有无法控制的焦虑。安妮的残疾使这对本来就已经很封闭的夫妇变得比以前更加封闭。1928年夏,戴高乐一家没有跟旺德鲁家一起去维桑,而是住到了布列塔尼的一个别墅中,他的儿子菲利普说,他们想要重新获得"一点家庭的自主权"。[61]"可怜的小安妮"的困难不时地出现在信件中——例如,伊冯娜虽然接受了她兄长的邀请,但"前提是安妮现在和到时候一切都好"。[62]安妮只能发出少数几个表达得不清楚的声音;她的视力很差,但是又不能戴眼镜。直到10岁的时候,她才能首次蹒跚地走出几步路。那个时候,戴高乐正驻扎在梅斯。植物园的园长会在一天结束时为戴高乐打开大门,好让父亲和女儿手牵着手沿着荒废的小径行走。[63]戴高乐和他的小女儿之间的温情关系体现在一张照片中,女儿或许是唯一不敬畏他的人,戴高乐在照片中穿着深色的正装,坐在布列塔尼的沙滩上的帆布折叠椅中,小女孩坐在他的膝盖上,她的手指与他的缠在一起。这个不太会表达感情、庄重到甚至有些奇怪的人,却花费好几个小时与他的孩子一起玩,唱她的歌曲,给她讲她还不能理解的故事,陪着她玩小玩具,或者拍她的手——用他儿子菲利普的话来说,几乎就像他"顽固地想要否认一直折磨着他的悲惨现实"。[64]

安妮的出生也可以解释为何戴高乐夫妇不再要孩子了。他们那个时代将生孩子视作一种爱国主义和宗教责任的体现。在得知他的姐姐生孩子的消息时,戴高乐于1916年写信给他的母亲说:"漂亮的法国小男孩将有必要取代那些为了祖国牺牲的人。"[65]当多少有些枯燥的政治家保罗·德沙内尔(Paul Deschanel)而非战争英雄乔治·克莱蒙梭(Georges Clemenceau)当选共和国总统时,戴高乐写信给他的母亲说他虽然很惊讶,但并没有过于不开心:"我认为他有足够的才能胜任这个角色。首先是因为他结婚并有孩子。"[66]戴高乐的兄弟皮埃尔和沙维尔每个人都有五个孩子,他的姐姐玛丽-阿涅斯有七个孩子。但是夏尔和伊冯娜·戴高乐在安妮之后就再也没有生孩子——这也是他们悲伤的源头。

三 重新开始一份职业（1919—1932年）

安妮的出生对这对夫妇来说既是一个考验，也增进了他们的关系。安妮出生两年后，戴高乐被派往贝鲁特（Beirut）。全家都随他前去。抵达后不久，戴高乐就被派往城外执行一项任务。当他离开后，这个不擅表达的男人写信给他的妻子："我全心全意地爱着你。这里每个人都在问我：'戴高乐夫人有没有认为这个变故太难应付？'我回答了事实，那就是说'不'，但我想，也许她会觉得很难应对，毕竟她是如此勇敢，如此有胆识，以至于她假装很快乐。"[67]

帝国的插曲

戴高乐在黎凡特[1]（Levant）的两年是他二战前唯一的"帝国"时刻。[68]1918年奥斯曼帝国崩溃后，黎凡特进入法国的殖民势力范围。胜利的盟军分割中东，英国占领了伊拉克和巴勒斯坦，法国占领了叙利亚和黎巴嫩。所有这些领土都被以"托管"的方式统治，这种方式也被认为是为其走向独立做准备。戴高乐之前的战俘同伴乔治·卡特鲁将军在黎凡特担任了四年总督，对调解不同的族群和宗教群体之间的矛盾，他有很高超的外交手腕。法国在20世纪20年代镇压了他们的多次暴动。当戴高乐到达时，冲突已经得到平息，在他待在这个地区的两年里，并没有大规模的军事行动。

由于戴高乐的职业生涯大部分都是与非殖民化绑在一起的，在他待在贝鲁特的18个月中，传记作者们发现了他未来政策的苗头。在这几年，殖民地在法国民众的想象中占有很重要的位置。在小说和电影中，这是冒险活动的背景，主人公们要么是屈服于异国情调的诱惑，要么是通过英雄式的牺牲证明他们的男性气质。当戴高乐还是个青少年时，就按照这个模式写了两则短篇小说。一个是设定在新喀里多尼亚，故事讲的是一个军官被

---

[1] 黎凡特是历史上一个模糊的地理名称，广义指的是中东托鲁斯山脉以南、地中海东岸、阿拉伯沙漠以北和上美索不达米亚以西的一大片地区，包括叙利亚、黎巴嫩、约旦、以色列、巴勒斯坦等国家。——编者注

一个波利尼西亚女孩的"野性之美"吸引。她试图用一束有毒的花杀死他们俩,为的是他们能够在死亡中永远在一起。第二个故事讲的是阿尔及利亚的一个军官与一个部落酋长的女儿陷入爱河。她杀了他,从而为她的父亲报仇。15岁的戴高乐〔笔名为卢伽尔(Lugal)〕试图将这个故事发表在一个杂志上。

  除了这些青春时代的东方主义传奇,戴高乐之前从未对殖民地表现出什么兴趣。在到达贝鲁特不久之后,他就写信给梅耶:"当人们看到军队成就了帝国,又如何能够不相信军队呢?成为一个帝国是一件好事吗?这是另一回事。"[69] 关于戴高乐于1929年选择黎凡特的原因,我们还不清楚。大多数军官都会在殖民地服务一段时间,或许他觉得这是一个必须经历的成长仪式。他写信给他的岳母:"这是一个必须经历一次的努力,如果现在不做的话,以后就不再有机会。"[70] 伊冯娜·戴高乐的传记作者指出这个选择有可能是与早先安妮的诞生有关。但相反,人们可能认为戴高乐会再三考虑是否要带着一个严重残疾的女孩举家搬迁数千千米。这个决定似乎是突然作出的,他一开始并没有计划待很久,因为在抵达后两个月内,他还与贝当联系讨论过是否可以为其在军事学院保留一个教授职位。我们可以猜测,对于戴高乐而言,在他能够返回巴黎这个中心之前,黎凡特只是一个插曲。

  这一家人于1929年12月到达了贝鲁特。这座城市还不像在20世纪30年代时那样优雅。戴高乐对这里的第一印象是负面的。他给家里写的信显示,对于来自阴郁的北方人而言,东方的异国情调并没有诱惑力:

> 抵达这里时,对于总是生活在干净整洁国家的我们来说,第一印象就是混乱。在街道上、房间里、店铺里,有着不可思议的拥挤着的人流……他们唯一关注的就是尽可能快地凑在一起,不管用什么方式,用几个苏购买一份格雷派饼、一些橄榄油和一杯咖啡。在这之后,就没有什么要做的了,无非就是闲逛直到第二天……最终,我特别清晰地看到这里没有哪处比法国的好。[71]

三 重新开始一份职业（1919—1932年）

一年后，他的看法并没有变好：

> 考虑到东方思想永恒的激荡状态，黎凡特仍然是平静的——如果能够用这样一个词形容的话……这里的人们对任何事或任何人都不满意，但如果最高统治者的法律将表达自己的意愿，那么他们就会服从它，服从一个尚未真正弄清如何行使权力的强制性权力。[72]

这里并没有什么能够激发戴高乐的想象，除了他正身处十字军东征的土地上。一次远征将他带到了底格里斯河，他写信给他的父亲说"我们带着一定的情感将我们的手浸入这条河里"——这是十字军之后第一次有法国士兵这么做。[73]

戴高乐住在一处舒适的现代公寓，位于城市新建的住宅区。他写信给他的岳母："我觉得人们能够以相当舒服的方式在这里居住，前提是不能住得太久。"[74]他们两个大一些的孩子上了最好的天主教学校，而戴高乐夫人则全身心投入到对安妮的照顾中。通常只有在周日的弥撒才能看到她和她的丈夫。戴高乐在军队的第二和第三部门工作，分别负责情报和行动。第二部门负责分析驻扎在这个地区的60个左右的情报人员的报告。这些报告涉及许多问题：基督徒少数派的处境、库尔德人的活动、阿拉伯民族主义的煽动，以及英国在这个地区的政策等。闲暇时间里，戴高乐并不会去赛马场、俱乐部或桥牌俱乐部，而正是这些构成了法国人社区的日常生活。他的闲暇时间都用在了阅读、写作和思考上。

让戴高乐的传记作者最为兴奋的事件是他在贝鲁特圣约瑟夫大学颁奖典礼上的演讲，这表明戴高乐在黎巴嫩的那段时间，我们所能搜集到的关于他的资料是多么少。在这篇演讲中，戴高乐邀请黎巴嫩青年为建设他们国家的未来做好准备。这篇演讲中使用了激动人心的修辞，非常适合用于学校的颁奖，其中也传达了戴高乐作为教员已经表达过的神气。但若像一些作者那样将它看作是对黎巴嫩独立的一个预言，又未免过于轻率。我们

第一章 "戴高乐"之前的戴高乐

对戴高乐最终如何看待"托管"的未来所知甚少。他最详细的思考体现在给梅耶的一封信中：

> 黎凡特是一个十字路口，一切都从这里经过……但什么都没有改变。我们如今在这里已经10年了。我的印象就是我们几乎没能深入此地，这里的人对我们一直很陌生，反之亦然。事实是，我们对这样一个国家采用了最差的体制，也就是说，我们鼓励并邀请人们站起来，按照他们自己的意愿做事情，然而事实上什么都没有在这里建立起来，尼罗河的运河和帕尔米拉的高架水渠都没有，甚至连一片橄榄树林都没有，只有强制。在我看来，我们的命运或者是这样做，或者是离开。愤世嫉俗的人会增加第三个办法：持续我们当下的行为，就像在黑暗中探路，因为这里不看时间，诸如桥梁和房屋等这类的体制会以一种并不稳当的方式始终存在下去。唯一一个充分理解叙利亚并知道如何做的人就是卡特鲁将军。这也是他离开的原因。[75]

这封信的观点可以被解读为应当采取更加积极的殖民地政策，也可以被解读为应该离开。如果黎巴嫩的经历给戴高乐留下任何印记的话，可能就是加强了他对英国人的不信任，在他那一代法国人中始终有这种情绪。尽管英国和法国在1904年签署了友好关系协定，并且在1914—1918年的战争中作为盟友并肩作战，但是它们作为敌人要远远多于作为朋友。19世纪末，它们在非洲建立各自的帝国时发生了冲突。一个著名的例子发生在1898年上尼罗河的法绍达（Fashoda），由法国政府派遣的一小队军事力量企图确保法国对苏丹的控制，却被基奇纳（Kitchener）将军率领下的英国军队打退。这激起了法国的愤怒。在《战争回忆录》的前几页，戴高乐将法绍达视为法兰西民族耻辱的时刻之一，这也构成了他童年时代的背景。

在两次世界大战之间，黎凡特是英法帝国之间唯一一个角逐依然尖锐的地区，因为这两个大国正在竞相对从奥斯曼帝国掠夺而来的地区施加影响。这也是两次世界大战之间卖得最火的一本小说——1924年出版的皮埃尔·伯努瓦（Pierre Benoit）的《黎巴嫩的城堡夫人》（*La Châtelaine du Liban*）——的主题，五年后戴高乐才到达贝鲁特。这本小说将英国描述成一个邪恶的存在，企图将法国从这一地区排挤出去，从而实现T. E. 劳伦斯在英国支持下建立一个统一的阿拉伯王国的梦想。它的主角是一个法国情报军官，他陷入了与一个出身俄国的神秘女伯爵的致命爱情。女伯爵将自己视作19世纪英国女探险家赫斯特·斯坦霍普（Hester Stanhope）的化身，她有许多情人，包括一个诡计多端的英国情报军官，此人是这本小说的法国男主人公的对手。戴高乐没有被什么女伯爵吸引过，但是他在第二部门的工作将会使他对这本书中描述的英国情报军官的活动充满警惕。1940年戴高乐与英国人在1940年就黎凡特产生的激烈冲突的根源就是在这一时期形成的。在这个地区每一个英国军官的背后，他都试图找出充满恶意的劳伦斯的影子。

"军队的忧郁"

在黎巴嫩的两年，戴高乐利用闲暇时间将他于1927年在军事学院教授的课程写成了一本书。这本书出版于1932年，书名是《剑锋》。这本书高屋建瓴，用极富论战性的五章充分展现了他的博学。在这本很薄的教材中，他引用了大量作家的作品，包括歌德、柏格森、弗朗西斯·培根、福楼拜、苏格拉底、托尔斯泰、阿纳托尔·弗朗士、贾里（Jarry）、莎士比亚、西塞罗、维利耶·德·伊斯勒-阿达姆（Villiers de l'Isle-Adam）、巴雷斯、梅特林克（Maeterlinck）、海涅、缪塞。这份名单远非详尽无遗，尽管令人好奇的是，这本书经常让人想到的两位作家却并没有被提到：托马斯·卡莱尔和马基雅维利。

实质上，这是一本关于领导力的小册子。戴高乐重新开始思考先验思维的危险。在他看来，成功的领导者必须将两种能力结合起来：一种是戴高乐用柏格森的术语所称的"创造性的灵感",另一种是概括和批判思考的能力。领导者也必须营造神秘感,保持距离,同时还需要"大量的利己主义、骄傲、坚强和狡猾"。领导力是一种对意志的独自行使,是一种半禁欲的使命:"一种私下里的斗争,不同的人有不同的强度,但每时每刻都在撕扯他的灵魂,就像燧石划破悔过的罪人的双脚一样。"[76]

《剑锋》不仅仅是对领导力本质的思考,它还有当下的目的,表明戴高乐对20世纪20年代中叶起法国的政治和外交潮流不再抱有希望。在这10年的前半段,法国政府竭尽所能地索取《凡尔赛条约》许诺给他们的赔偿。1923年,总理雷蒙·普恩加莱(Raymond Poincaré)甚至派军队进入鲁尔,强迫德国服从。但是这个政策失败了,因为英国人开始觉得德国在凡尔赛受到的惩罚过于严苛。因此,法国政府被迫降低它的高要求。在这10年的后半段,法国开始采取与德国讲和的政策,其设计者是地位几乎不可动摇的外交部长阿里斯蒂德·白里安(Aristide Briand)。这一政策的背景是体现在当时电影和小说中的追求和平的公众情绪。1928年,军事服役的长度从18个月缩短到一年。

就像许多保守主义者那样,戴高乐被所有这些发展震惊了。在1929年驶往黎凡特的船上,他听到政府倒台的消息。在第三共和国时期这不是什么新鲜的事儿,但这次的新总理是安德烈·塔尔迪厄(André Tardieu),他过去与乔治·克莱蒙梭走得很近。戴高乐一度找到一个理由乐观起来:"让他努力做起来!……让他将白里安和他那些懦弱的崇拜者们恬不知耻的去国家化政策彻底推翻。"[77]如果说戴高乐不赞成"白里安主义",那是因为他认为这是一种违背历史规律的幻想。正如他于1917年在囚牢中讲授的那些课程中所说的:

> 这场战争并不是最后一次。不管这场战争会带来什么样的恐惧、牺牲、难过、伤心,人们并没有被它改变。开始的几年人们充满惋惜和恐惧;然后血腥味消散,每个人将会歌颂它的光荣;长达一个世纪之久的仇恨将会以更加极端的方式复苏,总有一

天，人们会再次相互扑上去，决意摧毁对方，但是在上帝和人类面前则宣誓他们是被对方进攻的。[78]

在1918年讲授的另一节课中，他没有那么悲观："旧欧洲人最终将会达到和平，他们的政治家将会呼吁和解！但是每个人都知道实际上这将是一种筋疲力尽的和平。每个人都知道这种和平只是掩盖了没有满足的野心和更加严重的仇恨。"[79]这是他在1916年和1918年时所持有的观点，10年后，他的观点依然如此。1928年，戴高乐写信给梅耶感谢他寄来其最新的书，在信中他说道："对于是否还会有战争我们没有达成统一意见；莱茵军团不会存在太久；很快就会出现德奥合并（Anschluss），那时候德国会要回它失去的波兰和阿尔萨斯……在我看来这是肯定会出现的。"[80]

在《剑锋》中，戴高乐反对当下的潮流；反对这个摒弃军事价值而推崇和平主义，摒弃爱国主义而推崇国际主义的世界；反对那些只想着上一次战争的恐怖而不考虑戴高乐所谓的战争的"有效和伟大"的政治家。他的儿子菲利普还记得1928年自己还是个小男孩时被他父亲带去看电影《凡尔登，历史的梦幻》（*Verdun, visions d'histoire*）的情形，这部电影将新闻短片和戏剧性的重建（有真正的老兵扮演主要角色）结合了起来。20分钟后，戴高乐愤怒地冲了出去，因为这部电影传达的是和平主义的信息。[81]他写作《剑锋》是为了提醒法国人，战争永远都是历史的动力——"人们怎么可以想象没有动力的生活？"——对于人类的生存而言，战争就像生和死一样是必不可少的，是衰落与复兴这个无尽循环的一部分。戴高乐并没有把这看作是对战争的颂扬，而是一种对事实的陈述："人们如何能想象希腊没有萨拉米，罗马没有它的军团，基督教没有刀剑，伊斯兰没有短弯刀，革命没有瓦尔密？"[82]

戴高乐在1929年以这种心情给他的朋友纳钦写了一封被广泛引用的信："如今当个军人真是活受罪！但是我们别无选择。过不了几年，他们将紧拽我们的军服后摆，央求我们拯救国家……到那时，首先出来央求的是那些群氓。"[83]戴高乐的笔迹通常很难辨读，这封信中的"我们的"通常被读成"我的"——这被视作一种个人雄心的反映。事实上，这是一个选择在一个不重视军队的社会里当兵的人的痛苦。《剑锋》充满了戴高乐所说的军队的"忧郁"感，带着一种对士兵命运的郁郁寡欢之情——这些士兵不被人热爱，得不到赏识，为了祖国的责任而牺牲个人的幸福。

在戴高乐的感觉中，"军队的忧郁"被增加了一种更加个人化的伤感，因为他最亲爱的父亲在1932年5月去世了。两周以后，他怀着一种不同寻常的感情写了一封信给他的哥哥沙维尔：

> 昨天我在查找文件时碰巧发现了父亲写来的一封信。再次听到他的话所带来的喜悦，并没有被两周以来他离开我所带来的悲伤减轻。是的，我的哥哥，我使用了"喜悦"这个词。这个词并没有吓到我，我对使用它并不感到羞愧。喜悦的是能够与你分享被这个人抚养成人的幸福。这就是我喜悦的原因。这是多么奇怪啊，在埋葬我的父亲时，我自己也已经过了40岁，我又回忆起我的童年，对幸福时光的怀念使我得以估量失去这个人意味着什么，我们五个人怀着畏惧的情感称之为"爸爸"的人正是他……他在我们的生命中是一个多么重要的人、多么重要的父亲、多么重要的角色啊！我不知道未来我会怎样，但是如果命运能够给我带来任何荣誉的话，那都是因为我以我的父亲，亨利·戴高乐作为榜样。[84]

四 扬名立万（1932—1939年）

军事官僚

1927年12月，戴高乐给祝贺自己最近被提升为营长的梅耶写信说："'晋升'固然可喜，但真正的问题是'扬名立万'。"[1]对于士兵而言，这个雄心壮志在和平时期很难实现。

戴高乐在前往贝鲁特之前的期望是返回贝当的私人秘书处，或者在军事学院得到教授职位，[2]但两个期望都没能实现。贝当不再想让戴高乐留在他的私人秘书处，但是他的确许诺过要帮助戴高乐进入军事学院任教。或许因为戴高乐从1927年在那里教书起就一直不受学校欢迎，又或许因为贝当并不倾向于将他安排到难以驾驭的范围以外，况且军事学院也没有现成的职位，这件事最终泡汤。贝当建议戴高乐申请国防高级委员会（Conseil Supérieur de la Défense Nationa）秘书处的一个职位。[3]事实证明这是一个好的建议。不管戴高乐如何私下里嘲笑他，但是贝当仍然是一个有用的庇护者。

国防高级委员会是军队和政府之间的连接点，是最高级别的讨论国防规划的论坛。戴高乐所加入的秘书处的作用就是为委员会全体大会的讨论准备政策文件。大部分工作都是高度技术性的。例如，起草委员会的一份会议记录，内容是准备政府在日内瓦裁军大会上对法国代表团的指示。这是个他并不喜欢的工作。[4]尽管工作枯燥乏味，但戴高乐的新岗位使他能够

第一章 "戴高乐"之前的戴高乐

在场边的位置，观察当预算困难严重到政府不得不强制要求削减军费时，军队和政府当局之间紧张并常常失调的关系。新岗位也使他能够洞察国防计划的神秘部门，以及在政府更替频繁的情况下规划出有连贯性的防务政策的问题。他后来以一种毫不夸张的口吻写道："从1932到1937年，经历了14个部门后，我发现自己参与了……涉及国家防务的所有政治、技术和管理的活动。"[5]

戴高乐的主要职责之一是制定《国家战争组织法》。对"珀涅罗珀的织物"[1]（戴高乐语）进行无休无止的重新修改持续了10年之久后，这个法律最终于1938年被采纳。它涵盖了军事计划的所有方面，从军队的调动到战时经济的组织。[6]戴高乐对这份文件的起草使他对战时民政和军队当局之间关系的想法进行了完善：

> 我们的关注点并不是宪法对两院立法功能的规定，而是它们如何控制权力的行使。上一次战争显示，随着战争的推进，这种控制变得越来越急迫。它也表明议会的调查和施压并非没有价值，尽管它们的本质通常是混乱且狂热的。因此这使它看上去很有必要……勇敢面对困境，在法律计划中精确议会在战时进行控制的条件和限度。[7]

由于戴高乐在国防高级委员会的工作成果是集体努力的一部分，因此并不容易指出他自己的具体贡献，但我们可以从他在一份内部文件上所作的注释中管窥一斑。这份文件反对为负责国防部的三个部门建立一个总参谋部，并指出现有的结构足以应付军事和政治需要。对此，戴高乐在页脚写下了讽刺的话语："噢，政治啊！我们的确需要外交部和内务部，但是经

---

[1] 珀涅罗珀（Penelope），古罗马神话中战神奥德修斯的妻子。在等候丈夫凯旋期间，她被无数求婚者纠缠，为了摆脱他们，她宣称等织完一匹布料后就改嫁。结果她白天织这匹布，夜晚又在火炬光下把它拆掉，以此拖延时间，等待丈夫归来。因此"珀涅罗珀的织物"含有"永远做不完的工作"的意思。——编者注

济不也在起作用吗？还有金融状况呢？等等，简言之，政府是一个整体而不只是三个不可靠的部门。"[8]

军队的圣战斗士

戴高乐作为一个军事官僚的经历开阔了他的眼界，加深了他对防卫策略的了解，但是并没有帮助他"扬名立万"。20世纪20年代，他的策略是通过写作来实现这一点，但到目前为止，他的著作仅为他赢得了一小部分仰慕者的尊重。通过写于在国防高级委员会工作期间、出版于1934年第三本书《建立职业军》（*Vers l'armée de métier*），戴高乐获得了更广泛的读者群。他从1932年末开始写作这本书，[9]在该书出版之前，他向一个通信者描述其为他的"公告书"。[10]他没有曲高和寡地从知识上思考领导力，而是为法国军队的现代化提供了一个宣言。

这本书有两个核心论点。[11]第一个论点是机械化，尤其是坦克的发明，给战争带来了革命性的变化，使法国最高统帅部在1914—1918年期间获得的主要经验——火力使防御者能够胜过进攻者——变得过时。在这个官方的观点中，坦克的作用是协助和支持步兵。但戴高乐坚持认为，如果自主部署坦克，它们的速度和火力的结合将使发动进攻性战争成为可能，而不必冒1914—1917年那场可怕屠杀的风险。为了达到这个目标，他建议成立六个重型坦克支队，共同构成一个单独的军队。本书的第二个论点是操作这些坦克需要经过大量训练的专业的士兵，它超过了应征入伍者的能力范围，尤其是1928年军队服役时间减少到只有一年。戴高乐的方法是在应征入伍者之外建立一个10万人的专业化军队。这些专业化士兵具备技术能力，他们需要被激发出一种目标感、团队精神和荣誉感。这就是戴高乐在20世纪20年代对"军队的忧郁"所提出的解决方案。这样看来，这本书可以被看作《剑锋》的延续，或者第二部。在之前的书中，他分析了一个领导者所需要的能力；在这本书中，他描述了领导者要领导的军队的特质。新式军队的精神要"与我们的骑兵类似",其士兵要为已经失去方向的社会提供"精神和伦理上的路基"。[12]这两种论点使戴高乐的书有一种奇怪的混合意味。关于坦克师组织的技术建议伴随着对崇高的军事使命的反思。事实上,戴高乐的出发点是什么我们并不完全清楚。当他于1933年5月在一篇文章中首次提出《建立职业军》中的想法时,坦克几乎都还没有被提到。[13]在211页的《建立职业军》中,坦克只被提到了29次。在提倡创造一支"现代"军队的同时,他还提出了一种重建英雄美德的方法,这些英雄美德曾被视作军队职业的核心。

书中论点的这种张力将被证明是赢得赞同的一个障碍。但是,戴高乐的文采——他文中章节前华丽的引语出自黑格尔、爱比克泰德(Epictetus)、拉罗什福科(La Rochefoucauld)、梅特林克(Maeterlinck)等作家——与有效的宣传活动相结合,确保了这本书获得了极大的关注。戴高乐动用了他在过去数年建立起来的所有与出版界的关系,并且在出版前一年发表了四篇文章,将他的思想在非专业的杂志上进行宣传。[14]这本书卖出了1500册,在一年之内被翻译成了俄语和德语。当戴高乐在1940年法国失败后抵达伦敦时,这本书被迅速翻译成英语,题目为《未来的军队》(*The Army of the Future*)。封皮上写的是:"一位1934年的先知!法国不理会它!德国致力于此。"出版于1942年的第一本戴高乐传记(由他伟大的文学偶像巴雷斯的儿子撰写)将他描绘成一位先知,预见到了现代战争的本质,但不幸的是,采纳他的想法的是德国人而非法国人。1945年法国军队在贝希特斯加登(Berchtesgaden)发现了一本此书的德语译本,其中有希特勒本人所作的表示赞成的评注。尽管这本书对德国军事思想的影响不应当被夸大,但是德国将军古德里安(Guderian)的确阅读过它,并于1937年发表了他自己对坦克战的宣言。[15]

历史学家们推翻了关于戴高乐著作过于夸张的说法。他们指出,关于现代战争中空军的关键作用,他并不是先知(当这本书1943年重印时,通过插入在原版中没有的关于空军的一句话,强调了这一点);他关于坦克战的大部分想法其他作家都已经提到过;他对技术性细节含糊其词,让人失望。所有这些批评都是对的,除了他们将这本书视作它本无意成为的那种书外。在战争期间有许多国家的军事作家撰写的技术著作,会猜想

四 扬名立万（1932—1939年）

未来的战争中军事技术会发生什么样的变化。与戴高乐的书同一时间发表的其他著作中，人们会提到两本英国人的著作——巴希尔·利德尔·哈特的《步兵的未来》（*The Future of Infantry*，1933）和J. F. C. 富勒（J. F. C. Fuller）的《论未来战争》（*On Future Warfare*，1933）。除此之外，还有弗拉迪斯拉夫·西科尔斯基（Wladyslaw Sikorski）的从波兰语翻译成法语的《现代战争》（*La guerre moderne*，1935）和法国理论家埃米尔·阿莱奥（Emile Alléhaut）的《摩托化与明日的军队》（*Motorisation and the Army of Tomorrow*，1929）。尽管巴黎的美国军事专员将戴高乐的书看得很重要，在写给华盛顿的一封信中评论它"在法国吸引了大量的关注"，但是戴高乐从未被视作像利德尔·哈特和富勒那样的坦克战权威。[16]

戴高乐借鉴了这本专业文献——他写信给阿莱奥，承认他对自己的影响[17]——但是与他这本书的目的并不相同。他并不是要为其他的军事规划家提供一种技术性的研究，而是要将军队现代化的问题与更广泛的地理、政治和外交议题联系在一起。他的出发点是法国东北部与比利时和卢森堡的边疆的地理脆弱性："正如一幅肖像向观察者展现了一种命运的印记，法国的地图也展现了我们的命运。"由于现代战争的速度，一个世纪以来法国边疆的脆弱性变得更加严重了：巴黎距离边疆只有一个小时的飞行距离。法国的军事专家显然应当意识到这一点。1928年，法国政府开始修建所谓的马其诺防线，这个防御性的网络涵盖了法国的东部边疆，直到卢森堡。由于一系列技术性的和财政性的原因，马其诺防线停在比利时的边界，但是它的存在可以解放一批军力去保护那些暴露在外的边疆部分。戴高乐自己于1925年发表了一篇关于法国历史上防务重要性的短篇文章。[18]他绝不是在反对马其诺防线，尽管他相信如果认为这样就保证了法国安全的话，未免太过自满："堡垒有其自己的价值，但是并不是一剂万灵药。"[19]

但是，戴高乐讨论的不仅仅是法国的军事脆弱性。他著作的要点是论证如果没有开展进攻性行动的能力，法国就不得不缩减其国际事务上的雄心。这是该书的潜台词：他论证的并不只是坦克，而是一种关于希望法国在世界上扮演某种角色的想法。他虽然没有为新组建的军队提出任何一项任务,但指出可以通过各种方式完成:保卫帝国,使国际联盟的集体防御的想法变得真正有力,先发制人地干涉德国。另一种可能性就是使法国的军事能力与其外交使命相协调。为了填补沙皇盟友的缺失,法国政府已与1919年出现的继承国(捷克斯洛伐克、波兰、南斯拉夫)建立了若干防御性联盟。如果没有一支军队能够迅速地介入以保护这些国家免受德国侵袭,法国就必须放弃任何抑制德国扩张的希望。

戴高乐的书令其上司尤其感到恼火的是,他暗示在法国没有其他人意识到军队现代化的必要性。实际上,现代化是激烈的政策辩论的主题,没有哪个军事规划家相信马其诺防线解决了法国所有的问题。1930年,新任总参谋长魏刚将军开启了一个项目,即通过配备坦克使装甲兵现代化。1933年,法国拥有了第一支使用轻型坦克的装甲师。但是,这类部队不适合重型装甲部队的支持者所提倡的那种自主行动。反对这一解决方案的人指出,要制造出速度、火力和装甲防护都达到适当平衡的坦克存在技术上的困难。但戴高乐并没有停留在这些细节上。

戴高乐的书面世时的国际时局可能会为他赢得拥护者。希特勒于1933年1月获得了权力。10月,德国退出了前一年在日内瓦召开的世界裁军大会。作为回应,1934年4月17日,法国外交部长宣布法国将会采取必要的措施保障自己的安全:重整军备和尝试重新激活法国在东欧的盟友体系。戴高乐的书恰好在这个时候出版。但是令他的上司头疼的是,戴高乐认为创建坦克师需要一支专业的军队。恪守"全民皆兵"的理念在法国是很神圣的,因为这是一种将国民与其军队联系起来的途径。尽管戴高乐并不主张取缔征兵制,但在由征兵入伍者构成军队的同时建立起一支专业化的军队可能会涉及大规模的重组。事实上,军队的领导人并不反对将专业化视作缩减兵役的一种必要补充,但尚不清楚是否有可能为专业部队和必须完成的其他任务招募足够的专业士兵。所有这些要点都被戴高乐在军队中的对手抓住了。法国一些最有名的军事人物,如贝当元帅(匿名)、魏刚将军和甘末林(Gamelin),都在读者群体广泛的非专业期刊上发表了文章批评戴高乐的思想。"对两支军队说不"是他们反对的主题之一。戴高乐的书可能帮助他获得了名声,但对于军中那些赞同他关于坦克师必要性观点的人来说,这并没有帮助到他们的事业。

由于戴高乐的书是面向大众读者的,因此如果他的观点经过精心调整后能够迎合法国政客的口味,那么军方高层的反对或许就无关紧要了。尽管专业化军队的概念让法国左派想起了历史上所有关于军事冒险家的恶魔,但左派在思想上并不完全反对专业化的想法,特别是如果这有助于缩短义务兵的兵役服务时间的话。但是相比戴高乐对军事精神的赞扬,这种思想需要被更有效地推销。当他写道"一名成功的士兵是要适应在社会以外的生活的"或者有必要"将士兵与一个和平社会之间的纽带割裂,在他们的灵魂中创造一种本能的纪律、团结和勇气"时,他的这些话是不可能为他赢得大量的左派拥护者的。[20]社会党的领袖莱昂·布鲁姆在社会党的日报上发表了很长的系列文章驳斥戴高乐的书。因此,尽管戴高乐赢得了一定程度的声誉,但这无助于推进他的思想。如果读了这本书的结论部分,人们就将明白为何一些政治家会感到恐慌了:

> 如果职业军队要在未来诞生,它必须拥有新的资源和精神,而不仅仅是一个模糊的希望,那么一个主宰者就必须出现……一个强大到能够推行自己想法,有足够的技巧去引诱别人,有足够的伟大去完成伟大的事情的人……没有哪个群体、哪个党派、哪个政治人物不谈论复兴、新秩序、权威(这个煽动性的论断没有出现在1940年的英国译本中)……如果重建国家一定要从军队开始,那么这就完全吻合事物的自然顺序了。军事是一个社会的精神最完整的表达。在重建法国的任务中,新的军队将会既是一种关键的途径,也是一种变化的发酵剂。[21]

在任何时候,这些话都有可能敲响警钟;在20世纪30年代紧张的政治危机中,它们听起来几乎就是造反。

第一章 "戴高乐"之前的戴高乐

戴高乐与20世纪30年代的政治危机

　　1934年是戴高乐的职业生涯中非常重要的一年，因为该年出版了《建立职业军》；对于法国的历史来说，1934年同样很重要，因为该年发生了政治危机。这次危机的导火索是2月6日在巴黎举行的游行。老兵联盟和反议会的右翼组织在协和广场上举行集会游行，反对爱德华·达拉第（Edouard Daladier）的中左派政府。这次游行的借口是一起财政腐败案件，它涉及一个叫作亚历山大·斯塔维斯奇（Alexandre Stavisky）的骗子，据称他受到了腐败政客的保护。但是使民众不满的更深层次原因是政府应对经济危机的无能。法国遭受世界经济衰退打击的时间是1931年，比世界其他国家稍晚一些。税收的减少和支出的增加，加上失业问题，导致法国政府出现了严重的预算困难。在1932—1934年期间，法国前后出现了至少九届政府，它们提出了不同的计划，通过进一步削减开支来消除预算赤字，但唯一的结果是将经济进一步推向萧条。当整个欧洲的自由民主似乎都处于危机之中时，民众中产生了一种危险的反议会情绪。

　　1934年2月6日的游行演变成暴力事件。当游行者似乎计划要穿过隔开协和广场和议会大厦之间的塞纳河上的桥梁时，守卫桥梁的军队开火了。15名游行者被杀死。左派认为，秩序力量挫败了法西斯分子夺取议会的阴谋；右派认为，诚实的爱国者被枪杀是为了保护腐败的政客。中左派政府引咎辞职，保守派政治家加斯东·杜梅格（Gaston Doumergue）从退休状态中复出，组成了一个"国家统一"的政府，实际上，这是一个右翼政府。这并没有解决法国体制中的信任危机。保守派认为有必要改革国家，加强行政管理。其中一人就是著名的右翼政治家安德烈·塔尔迪厄（André Tardieu），他从政府辞职，发起了一场改革共和国、强化总统权力、削弱议会权力的斗争。相对于受2月6日事件激励的一些右翼的反议会联盟，塔尔迪厄的想法还是温和的。这些联盟包括主张君主政体的法兰西行动，它从本世纪初就存在了，但是也有其他一些新的派别，如"火十字团"（Croix de Feu），其军事风格的示威活动模仿了20世纪20年代在整个欧洲

四 扬名立万（1932—1939年）

兴起的法西斯组织。

希特勒于1933年1月掌权，可以理解，法国左翼认为法国也存在法西斯的危险。之前分裂的左翼各政党，从极左的法国共产党到中左的激进党再到中间的社会党，也采取行动组成了一个名为"人民阵线"（Popular Front）的联盟。在1936年6月的大选中，人民阵线获胜。法国共产党之前只有少数一些议员，现在成为法国政界的一支主要力量。社会党领袖莱昂·布鲁姆成为法国历史上第一个社会党领导下的政府的总理。不久之后，同样选举出一个人民阵线政府的西班牙发生了军事暴动，这是长达三年内战的前奏。所有这些只会使法国保守派更加激进。法国政界在言论和行为上的暴力达到了前所未有的水平。尽管法国军队传统上都被排除在政治之外，但是一些军官非常害怕共产主义，他们建立了秘密的网络，准备一旦发生革命就介入政治。贝当周围的人也参与了这些阴谋。

戴高乐对这个危机的态度是什么呢？尽管他相信法国社会需要承认士兵的价值，但是军队应当介入政治的想法在他看来是绝对危险的，他坚信军队应当服务于政府。当法国的政治危机变得更加严重时，他在一封私人信件中承认一支专业化的军队在维持公共秩序时比义务兵或殖民地军队更加可靠。但可以明显看出的是，他认为秩序的敌人来自极左派或极右联盟。[22]他在另一封信中写道："西班牙不是法国……西班牙是暴动（pronunciamentos）之乡。"但是，他以发人深省的语气继续写道："当民意倾向于推翻一个既有秩序时，当时的军队组织是无法阻止它灭亡的……制度的终结是源于自身的错误而不是通过它的士兵。"[23]他那时相信崩溃的时刻就要临近法国了吗？

一个了解戴高乐在这个时期的政治信仰的方法是通过他与他父亲的交流。戴高乐的父亲在去世之前一直在读戴高乐为贝当写的关于法国军队史的书稿。在其文中的一处，戴高乐写了一些欣赏奥什（Hoche）的话。奥什是法国大革命中最著名的将军之一，在1793年的旺代叛乱（Vendée uprising）中屠杀了保皇党人。戴高乐的父亲却说："奥什在我看来似乎不值得这么毫无保留地赞美。"他很遗憾自己的儿子"在受害者们的喉咙正被

第一章 "戴高乐"之前的戴高乐

割断的时候,却对那些保卫屠宰场大门的人显示出过多的同情"。在另一处,戴高乐提到了迪穆里埃(Dumouriez),即1792年热马普战役(Battle of Jemappes)中帮助共和派军队获胜的一个将军,之后又转到了反革命的阵营。戴高乐将迪穆里埃的行为写成是"叛国",而他父亲将这里修改为"背叛"(这是戴高乐保留的),这意味着他有些同情迪穆里埃的行为。要在这些基础上建立对戴高乐政治观点的解释,似乎是站不住脚的,但是在法国,人们看待过去的方式被认为是政治认同的核心。他父亲指责他过于同情革命,这是戴高乐与其保守派的双亲保持距离的又一个证明。[24]

考虑到戴高乐钦佩贝玑,他对法国历史的包容态度与莫拉斯更为教条主义的立场截然不同,也就不足为奇了。另一方面,这并没有阻碍戴高乐将他的第一本书寄给莫拉斯本人,以表达他对莫拉斯的"敬意"。他也寄给莫拉斯一本《建立职业军》,几周之后又写了一封信给《法兰西行动报》的军事记者,说他希望"莫拉斯先生将会为专业化军队带来他强有力的支持。事实上,他早就已经在这样做了,至少是通过他的著作"[25]。然而,戴高乐同时还是思想自由的梅耶圈子的成员,其主持者是一个犹太人和前德雷福斯拥护者,他代表了法兰西行动派憎恶的一切。

在梅耶的圈子里,戴高乐遇到了一些年轻的知识分子,他们大多数出生于1905年前后,历史学家们由于找不到一个更好的标签,将他们都称为20世纪30年代的"不墨守成规者"。[26]他们是一个混杂的群体,除了深信现有的政治标签对当代问题毫无意义之外,他们几乎没有什么共同点。出于对当代政治的不满和幻灭,这些人团结在一起,用其中一人于1926年出版的一本书的书名《不安》(*Inquiétude*)可以表现他们,这个人是天主教知识分子丹尼尔–罗普〔Daniel-Rops,又称亨利·佩提奥(Henri Petiot)〕,此人是戴高乐在梅耶的圈子里遇到的。他也认识了年轻的知识分子罗贝尔·阿隆(Robert Aron),阿隆和朋友阿尔诺·丹迪厄(Arnaud Dandieu)创办了一份名为《新秩序》(*Ordre nouveau*)的小型评论杂志,它的主题是政治,并认为无论是左派还是右派,都陷入了唯物主义的陷阱——自由资本主义和马克思社会主义都只是两者各自的镜像。[27]这使《新秩序》接近了天主教"个人主义"

四 扬名立万（1932—1939年）

哲学家埃马纽埃尔·穆尼耶（Emmanuel Mounier）的思想，他认为解决文明的危机的办法就是宣扬社群主义形式的社会组织，从而摆脱自由的个人主义所陷入的死胡同。穆尼耶有一句格言：至少在法国实践着的自由的民主是一种"制度化的失序"。恢复"秩序"的愿望尽管不一定是在威权主义意义上的，却在这些圈子中极为流行。所谓的不墨守成规者的未来轨迹会将他们带上非常不同的政治方向，但是他们都有相同的感觉，正如戴高乐在1935年的一封信中所写的那样，"世界正在我们目前已知的基础上摇晃"[28]。

如果说，戴高乐通过其父母与19世纪70年代的一代人联系起来，由于其出生而与1905年一代人联系起来，那么20世纪30年代的一代人也对他的思想产生了持久的影响。我们之后将会看到，戴高乐的社会思想将在资本主义和社会主义之间寻找一条中间道路，即第三条道路。但是由于这些不墨守成规者未来有着非常不同的政治轨迹，因此我们在回答有关戴高乐在20世纪30年代中期的政治信仰是什么这一具体问题上没有取得进展。他如何思考墨索里尼、人民阵线、法国的法西斯联盟和西班牙内战？他的信件中对这些问题都没有提到。在某种程度上，这种沉默本身也能说明问题。他的信件中没有任何极右派常见的担忧，如关于犹太人颠覆法国的阴谋（他从未提到犹太人）、人民阵线正引领法国走向革命，以及西班牙的共和派正在强奸修女等内容，也没有任何对那些联盟的谴责或对1934年2月6日暴乱威胁民主的关切。戴高乐对那些暴乱的回应似乎完全是正面的：

> 如今，我们脚下的土地正在塌陷。从2月起，当火山爆发时，所有一切都陷入动荡。事实上，这简直就是革命的开始。它将引领到什么地方？在我看来，要加强甚至更好地恢复秩序，但这并不意味着不再有更多的动乱。无论如何，由委员会、选举和个人喜好组成的旧共和国正处于垂死挣扎之中。它正在让位于完全不同的思想。我们正在反向地进入1848年。在我看来，问题是：这种变化是否可以在没有很多牺牲者和不导致侵略的情况下发生。[29]

第一章 "戴高乐"之前的戴高乐

这一让人激动的话语使戴高乐直截了当地被置于右翼阵营,他们认为2月6日事件是对议会民主制的有益挑战,但是还不清楚他支持什么样的有建设性的替代物。

如果试图将戴高乐的政治观放在更广的视野中,会出现两个主题。第一个是对"理性的"社会组织的关注,"理性的"这个词经常出现在他的作品中。在战前,对议会制共和国的运行不足之处感到不满的人普遍认为有必要建立一个组织更合理的国家。这种批评构成了罗贝尔·德·茹弗内尔（Robert de Jouvenel）的经典作品《同志共和国》（*La République des camarades*）或中右翼政治理论家夏尔·伯努瓦（Charles Benoist）的作品的基础。所有这些作家的话在戴高乐的笔记中都被引用过。[30]德·茹弗内尔的书出版于1914年,他猛烈抨击议会共和制的政治家,将其视作一种孤立的种姓,应当从国家的现实中清除掉。他最著名的观点是：不同党派的两个议员总是彼此之间比他们的选举人有更多的相同之处。伯努瓦是一个保守的共和派,他对民主的幻灭使他越来越偏向法兰西行动。

在战争期间,人们对理性组织的思考增加了一种新的想法。这种想法认为国家的组织能够通过采用现代工业的方法得到改进。在这方面经常被引用的两个名字是亨利·法约尔（Henri Fayol）和美国人F. W. 泰勒（F. W. Taylor）,他们都是管理科学理论的推广者。[31]梅耶对法约尔非常欣赏。尽管戴高乐在作品中没有直接提起过法约尔,但他的确表现出对他命名为"泰勒主义式"社会——大众生产、大众观赏性体育、现代广告——的痴迷,既因为它带来的威胁,也因为它提供的教训。"玩吧,我们的欲望被机器控制",他在《建立职业军》中写道：

> 社会的期待和社会体系的硬化症之间的差距变得如此骇人听闻,它不久就需要被克服。我们这一代痴迷于效率,如马力、记录、系列（大规模生产）、专家、成本价格。我们这个时代如此希望获得清晰感,对明火、流线型船、卫生、穿泳装女性的推崇。我们这个世纪为力量的展现奠定了基石,竞争、卡特尔、精

英、宣传、民族主义。这将不再能容忍慢速度，以及以前的时代所能接受的混乱和虚弱。[32]

戴高乐关于理性组织者的典范是路易十四的战争大臣卢瓦侯爵（Marquis de Louvois），他负责旧制度时期军队的现代化。戴高乐于1919年写给他母亲的信中说："我们急切地需要一位卢瓦或黎塞留。"[33]值得一提的是，在戴高乐写给贝当的关于法国军队史的书中，提到了关于卢瓦的肖像的描写：

> 他瞧不起理论，小心翼翼地避免破坏或摧毁；但是作为一个现实主义者，他从不停止尝试改革和改进。尽管很固执地追求结果，但他能够做到灵活。他对规划很感兴趣，也知道如何等待时机。他毫无顾忌地使用看似最简单的和最可取的任何方式。他在用人方面非常严苛，却并不鄙视他们。他目光敏锐却并不怀疑，不抱幻想却不差信念，他不能够容忍的是不称职……他保持高傲的姿态，却实际上平易近人；他愿意阅读报告，却在最后作出自己的判断；他欢迎建议，却只允许由自己作出最后的决定；他有敌人和盟友，却没有朋友。[34]

卢瓦在结构化和等级化的旧制度社会中工作，那个时代永远过去了，除了在莫拉斯的脑海中。但是当戴高乐像莫拉斯一样认为当时的社会组织是可耻的精英主义时，诸如自由、民主之类的词汇就没有出现在这一时期他的作品中，他知道他所生活的世界中，对权威"自古以来的顺从"已经荡然无存了。

戴高乐思想的第二个方面是大众政治的社会对领导力的需求，这是一个工业化和标准化的社会，对个人主义不信任，他将其称作"白蚁堆的文明"。[35]戴高乐也受到社会理论家古斯塔夫·勒庞（Gustave Le Bon）作品的影响，后者对大众心理的分析影响了很多人，如西奥多·罗斯福、墨索里尼、西格蒙德·弗洛伊德和希特勒。[36]对勒庞而言，现代城市社会中的群体是非理性和易受影响的，他们的情感需要被知道如何利用他们的非理性的领袖驾驭和利用。戴高乐在他的笔记中引用过勒庞的作品。1916年在读过他关于革命的一篇文章后写道："（勒庞）驳斥了神圣的人的传说，其愚蠢和罪行中总是神圣不容置疑的，并且认为革命中的人群被有效地和持续地'领导'。"[37] 戴高乐在《剑锋》中关于"威望"（他可能将其翻译成"克里斯玛型领袖"）的思考读起来就像对勒庞的直接引用（还掺入了一点柏格森的）："除了基本的情感、暴力的形象、野蛮的号召，一个人很难激发起大众的情感"；"如果不被领导，人们就很难活下去，就像没有吃喝睡觉"；领袖必须能够激发起想象和刺激"大众潜在的信念"；领袖的权威不能够被用于理性分析，就像"爱只能用一种无法形容的魅力来解释"。简言之，领袖就是"能够调动人们信念和梦想的大师"。[38]

在一则写于1927年的关于法国政治家雷蒙·普恩加莱的回忆录的笔记中，戴高乐描述了他对于一个政治领袖不应该是什么样的感想。普恩加莱是一个冷静的、工作努力的保守派，在战争时期是法国的总统，然而从1917年起，他被更具克里斯玛魅力的乔治·克莱蒙梭掩盖了光芒，后者曾经做过法国总理。关于普恩加莱，戴高乐回忆道：

> 这是个很好的运用，来自一个对自己不很自信、混淆历史和政治的……政治人物，他有智慧和能力，但人们更追求伟大和晋升，以及克莱蒙梭很多时候达到巅峰的勇气……普恩加莱是一个教科书般的人，有着精密系统的智慧……在他的书中看不到他对1914年的法国有任何直觉的洞察（这里都是来自柏格森）。他只是对我们讲起大臣、外交官、参议院和众议院，那时这些无足轻重的地方起不到什么作用。他相信电报、信息、公告……但是只有一个残忍的物种法则，一种无法避免的命运推动这个世界走向战争。他忽略了最关键的，也就是任何一个农民从7月20日，甚至更早的时候就能清楚感觉到发生了什么。他甚至——他自己坦率地说道——与人民没有接触……普恩加莱是第一等级的一个执

行者。如果有一个伟大的法国人能发挥他的才能,想想他在路易十四统治下可能会作出什么贡献!但是作为一个统治者,他只有一半的伟大、诚实和理解力。简言之,他是一位符合共和国要求的政治家。[39]

如果我们将所有这些都集中起来,戴高乐在20世纪30年代中叶的政治理念似乎就是结合了精英主义和带有克里斯玛型领袖风格的管理型权威主义。在实践中,这本可以引领他走向与议会民主制不一样的方向。但是他走的道路是由另外两个因素决定的:他找到了一个新的庇护人,碰巧是既有的政治体系的一个关键成员;他对许多保守派在德国复苏之际所采取的立场感到厌恶。

新的庇护人

1934年12月,让·奥伯丁为戴高乐和中右翼政治领袖保罗·雷诺(Paul Reynaud)安排了一次会面。雷诺曾担任过几个重要的部长职位,是他那一代人中最有能力的政治家之一。但是当他遇见戴高乐时,他的事业正在遭遇挫折。1934年,他与掌权派决裂,因为他认为只有法郎贬值,法国才能从萧条中恢复。美元和英镑分别于1931和1933年被迫与金本位脱节后,法国的出口商品因价格过高而被挤出了世界市场。但是对于当时的大多数政治家而言,坚挺的法郎被视作民族自豪的象征,贬值是不道德的。由于挑战这个共识,雷诺将自己置于政治同僚之外,尽管他打赌自己坚持的很快就成为现实。由于他过于自以为是,并且绝不隐藏自己的信念,表现得好像他比周围大多数人更聪明,但这对于他的事业而言毫无裨益。

对于首次与雷诺见面,戴高乐在回忆录中说:"我见到他并说服他,从那时起我就与他一起共事。"[40]无论事情是否真的那么简单,雷诺都不会因为挑战主流正统学说而失去任何东西。在所有对戴高乐的军队改革思想显示出重大兴趣的人当中,他是最重要的政治家。从这一点上看,无论戴高乐对议会制共和国的运作有何切身想法,他正在赌的是让自己的想法被接受的最好办法——通过雷诺打入这个体系内部。20世纪20年代与戴高乐关系密切的卢斯特瑙-拉考(Loustaunau-Lacau)后来回忆了这一时期他与戴高乐的一次谈话。戴高乐告诉他:"任何人都无法改变这个国家的现状,它就是它。"[41]卢斯特瑙-拉考作出了不同的选择,参加了针对共和国的颠覆性军事阴谋,并最终支持了维希政权。

雷诺第一次公开支持戴高乐的提议是在1935年3月的一次议会辩论上,当时议会正在讨论一份关于将服兵役时间延长为两年的政府议案。雷诺发表了一次演讲,解释建立职业军队的必要性,并且提交了一份戴高乐为他草拟的议案,主旨就是目前的法国军队组织使其无法采取进攻行动。戴高乐坐在听众席中听了他的演讲。雷诺并没有怎么提到坦克。[42]尽管他在演讲中没有提到戴高乐,但他的名字在随后的辩论中被两个反对雷诺议案的左翼人士——莱昂·布鲁姆和法国共产党领袖莫里斯·多列士(Maurice Thorez)——明确提到了两次。他们强烈反对回到进攻论,认为这在1914年付出的代价非常大:"丢失的全都是红裤子。"多列士提到的"红裤子"指的是1914年法国士兵在向死亡进军时穿的裤子。[43]自诩为推动军队现代化的戴高乐,反而被描述成了回归过去的倒推。

尽管雷诺的议案遭到否决,但戴高乐已经使自己牢牢攀附上了雷诺。在辩论发生两个月后,戴高乐给他写信说,雷诺有一个"伟大的民族任务需要完成",而且他已准备好"在这种情况下成为'你的人'"。[44]在一封接一封的信件中,戴高乐毫无羞愧地奉承着他的新庇护人——"在如今我们生活的真空当中,您是有思想、计划和勇气的政治家"[45]。但是他真诚地认为雷诺是一个"真正的政治家",正如他告诉梅耶的那样。[46]从表面看,当1936年左翼的人民阵线赢得选举时,雷诺的前景似乎变得黯淡了。新的国防部长是中左翼的极端分子爱德华·达拉第,他坚定支持陆军参谋长甘末林将军。两人都坚定地反对专业化军队。但是戴高乐显然认为,这个新的联盟不会持久。他告诉雷诺,当政治家们开始意识到德国的威

四 扬名立万（1932—1939年）

胁时，"可能很快"就会出现"一个政权的重组"。[47]作为军人的戴高乐对自己与作为政治家的雷诺的关系如此自信，以至于开始为其庇护人提供政治事务上的策略建议。1935年，他使雷诺注意到其他政治家也改变了看法。在1936年的选举之后，他会见了激进党政治家卡米耶·肖当（Camille Chautemps）。尽管肖当在法国政界是个臭名昭著的投机钻营之人，但是戴高乐告诉雷诺，他可能会成为一个盟友，因为众所周知，他是达拉第的对手。[48]对于一个假装鄙视第三共和国肮脏的政治世界的人来说，戴高乐非常善于利用政治。这种对政治的爱恨交加关系贯穿了他的整个职业生涯。

如果要问为什么戴高乐一直对雷诺的机遇有信心，那是因为促使人民阵线在1936年5月获胜的环境在选举之后就迅速变化了。左翼胜出是因为经济危机，也因为人们恐惧反议会的联盟代表着对民主的威胁。外交政策在选举中几乎没有起作用。就人民阵线在外交事务中的立场而言，这是一种充满希望的世界主义和理想化的和平主义的混合体。在1936年的选举活动中，当希特勒在3月派兵进入莱茵兰时，支撑这一政策的虔诚已经受到了挑战。来自德国的威胁不能被忽略，左翼的一些人开始痛苦地改变他们在外交事务上的世界主义与和平主义立场。

当左翼猛然在纳粹的威胁下觉醒时，戴高乐只是将这视作法德之间永恒斗争的一种新版本。他看不出纳粹有什么特别值得注意的地方，在《建立职业军》中它从未被提及。戴高乐在1938年的一封信中说道："希特勒不是拿破仑。他从未赢得过一场战争。他军队中的人都是来自其他地方的胆小鬼。"[49]对于戴高乐而言，希特勒的到来在某种程度上是积极的发展，因为这有助于驱散对于德国的任何幻想，他自己从未有过这种幻想。

当1936年3月政府咨询甘末林法国该如何应对莱茵兰重新被占领时，除了笨拙的总动员，他没有别的办法。希特勒大胆地占领莱茵兰只是虚张声势，因为他还没有做好战争的准备，但是法国对这个虚张声势的做法都招架不住，因为它的军队还没有按照能够进行快速行动的方式组织起来。所有这些使戴高乐的论点变得比1934年时更加有现实性了。莱昂·布鲁姆还记得这个，他在两年前强有力地反对戴高乐的想法。1936年10月，布鲁姆答应会见戴高乐。戴高乐在这件事发生多年之后叙述了当时会面的情形（布鲁姆并没有提起过这次会面），他强调的是议会政府的运转——但听起来是真实的：

> 在我们的谈话中，电话响了十次，使莱昂·布鲁姆的注意力转移到了议会或行政的小问题上。当我起身告辞时，电话铃再次响起，他作出了一个奇怪的姿势："你看，政府首脑将精力集中在你草拟的规划上会有多难，他连在同一件事上保持五分钟的注意力都没有。"[50]

尽管这次会面没有任何收获，被选出来实施社会改革的布鲁姆新政府还是在1936年9月宣布了一个雄心勃勃的重整军备计划，包括生产坦克。同时，政府决定建立两个戴高乐主张的那种重型装甲师。所有这些都激励了戴高乐，尽管他担心德国进展得更快："的确，如果防御性堡垒的组织得以拥有一种全世界范围的竞争，我们肯定能赢。"[51]戴高乐继续为雷诺的演讲和公共干预提供大量信息。

像布鲁姆这样的社会党人如今都转向重整军备。事实表明，戴高乐向雷诺所作的在德国威胁面前法国政治将会发生重组的预言是对的。这样的重组的确即将发生，但是并不是按照戴高乐希望的方式。一些左翼人士此时似乎准备放弃和平主义和世界主义，这可能会与保守主义的民族主义者（如戴高乐）达成共识，后者相信法国的安全通过重整军备和强化盟友关系能够得到最好的保障。正是靠这种精神，杜美格的保守派政府于1934年开始与法国东部包括苏联在内的盟友建立关系，从而在一年后与莫斯科签署了一份安全协议。但是，当这份协议在1936年2月需要议会认可时，约有150名保守派议员反对，因为他们担心共产主义在法国的影响越来越大。这是新的政治结盟即将到来的迹象。

人民阵线当选后，共产主义在法国被大肆鼓吹，一些保守派降低了对希特勒德国的危害的判断。如果希特勒希望针对苏联进行东扩，法国有什

四 扬名立万（1932—1939年）

么需要畏惧的呢？戴高乐认为这种绥靖非常可憎。他在1936年12月写信给他的母亲：

> 亲爱的妈妈，您问我是如何看待"法俄协议"的。我的答案很简单。我们正在迅速朝向与德国的战争，如果形势对我们不利，意大利将不会坐失良机，在我们陷入困境时踢我们一脚。最重要的是生存，剩余的就只是话语。因此我问您，我们能够依靠谁给予军事援助？波兰什么都没有，而且它两面三刀。英国有自己的舰队，但是它的军队和空军不会立即来帮我们。我们没有能力拒绝俄国的帮助，不管我们对他们的体制有多恐惧。这与弗朗索瓦一世与穆斯林结盟反对卡尔五世是一回事。我知道希特勒不遗余力的、狡诈的宣传成功地使法国许多诚实的人相信他丝毫不是针对我们，而且赎买和平就足够了，让他放心去征服中欧和乌克兰。但是，就个人而言，我坚信这很虚伪，而且他的主要目标就是孤立法国，然后再碾压它。[52]

其他人看到的是"苏联"，戴高乐看到的是"俄国"；其他人通过意识形态的眼镜看待这个世界，戴高乐是通过地理的镜片来看待它的。他在1919年就写道："布尔什维克在俄国不会一直持续下去。那一天总会不可避免地到来，秩序将会恢复，俄国重整它的力量，将会重新环视它的四周。"[53]

在之后两年里，戴高乐对于德国扩张最大的担心首先在1938年3月它与奥地利的合并得到确认。之后，1938年9月希特勒要求占领捷克斯洛伐克的德语区——苏台德（Sudetenland），这使法国和英国濒临与德国开战的边缘。局面在最后一分钟被《慕尼黑协定》所扭转，这个协定给了希特勒大部分他想要得到的。戴高乐陷入绝望和愤慨：

> 当德国军队胜利地进入一个我们曾经帮助建设过的国家——

第一章 "戴高乐"之前的戴高乐

这个国家的边疆是受到我们保障的,它还是我们的盟友——的领土时,法国就像受惊的鸡群一样,发出快乐的叫声。我们一步一步地接受了屈辱的习惯,并且不断后退,因此这变成了第二天性。我们将这杯酒一饮而尽。[54]

戴高乐尤其被他描述的慕尼黑"令人恐惧的堕落"震惊到了,指出"法国停止了作为一个大国应有的作为",[55]他也对"法国意见的一部分,通常也是最好的部分的反常状态"感到震惊。这句话是针对法国保守派右翼的。而在政界的左翼,莱昂·布鲁姆承认,他认为避免了战争是一种"懦弱的解脱",许多保守派都不假思索地欢迎《慕尼黑协定》,其中就有莫拉斯领导的法兰西行动。莫拉斯原本和戴高乐有一定的共识——对国际关系持冷冷的悲观态度,对德国的敌视——但现在,两人开始分道扬镳。但有人可能会说,在这件事上,是莫拉斯放弃了莫拉斯主义,戴高乐则不然。对于莫拉斯而言,像犹太社会党人布鲁姆这样的内部敌人取代了德国这个外部敌人成为对法国最大的威胁。而戴高乐优先考虑的则恰恰相反。尽管他没能说服布鲁姆接受他的思想,但他的信件显示出对布鲁姆的一种失望的尊重,这种尊重是其他许多和布鲁姆背景相同的人所得不到的。他给梅耶写信说:"像布鲁姆这样有声望的人怎么会看不出导致我们倒退的主要原因之一,是我们被一种荒谬的军事组织置于军事无能的境地呢?"[56]20世纪50年代戴高乐与其妻舅谈到莫拉斯时说了一些有趣的话——莫拉斯在1940年后通敌卖国,这使他脱离了体面的政治圈子。戴高乐说:"的确,我欣赏他热衷于维护生活和国家的秩序,以及艺术上的古典主义。"但是他继续说,他无法接受"他政治观点上的某些夸大之处",这导致莫拉斯在1940年可耻地为独裁政权"张目":"他为自己创造了一个世界,他的失聪把他囚禁在这个世界里。也许这就是这个孤独的人最后失常的原因,他与世界隔绝,因此精神错乱。"[57]这与据称是戴高乐所说的、不足为凭的话有点相似:"莫拉斯过于正确,以至于这把他逼疯了。"

莫拉斯始终仇视英国,就像他仇视德国一样。戴高乐先前对英国作出的少量评论通常也是负面的。在黎凡特，他将英国视作世仇。如今来自德国的威胁使他改变了这个观点。他告诉雷诺要使法国应对好即将到来的战争，需要的不仅是法国军队的重组，还有与英国进行真正的配合，用他的话来说，就是"民主国家间的友好关系"[58]。1938年，戴高乐订阅了新近创刊的基督教民族派报纸《现时代》（*Temps présent*）。自19世纪以来，基督教民主主义一直寻求调和民主和天主教价值观，但这并不是戴高乐思想遗产的一部分——不像北方的社会天主教传统。这时期吸引他靠近基督教民主派的原因可能是他们的反纳粹思想导致他们反对向德国绥靖。对戴高乐来说，这是当时的热点问题，把他引向了可能的新的政治方向。

戴高乐的法国史

到《慕尼黑协定》签订时，戴高乐已经不再为国防高级委员会服务了。1937年9月，他被派往梅茨指挥一个坦克团，在这之前他已被提拔为上校。他公开推广其思想的胆识并没有妨碍他的晋升。他总是孜孜不倦地将可能对他有用的人培养成为政治庇护人。1925年，在为贝当工作时，他与中间派政治家约瑟夫·保罗-彭库（Joseph Paul-Boncour）开始有了接触，后者对他早期的一篇文章很感兴趣。[59]10年后，他游说保罗-彭库和雷诺使自己晋升为上校。[60]在这件事上戴高乐并没有成功，但是他在一年后继续努力，并告诉雷诺他由于异端思想而被排挤："一些人很想通过扼死这些思想的倡导者来压制它们。"[61]

事实上，戴高乐根本就没有被"扼死"。军队最高司令部对其桀骜不驯的下属非常宽容。戴高乐与两个杰出的同时代人阿尔方斯·朱安和让·德·拉特·德·塔西尼（Jean de Lattre de Tassigny）相比晋升得丝毫不慢，并且两人都是非常传统的人。朱安和德·拉特都在28岁时成为上尉（戴高乐是在25岁时），在38岁时成为少校（戴高乐是在37岁时），44岁时成为中校（戴高乐是在43岁时），47岁时成为上校（戴高乐也是这时候），50岁时成为准将（戴高乐也是这时候）。考虑到戴高乐在一战中一半时间都在监狱中，其实他的仕途非常成功。[62]

晋升对经济和地位都有很重要的意义。一战之后，士兵的薪水实际上降低了。尽管戴高乐的生活并不奢华，但作为一名已婚军官，该有的生活开销还是需要的。戴高乐一家还因为需要照顾安妮，增加了不少经济负担。1932年，他们雇了一个全职保姆波泰尔女士（Mlle Potel）。她将在此后的12年里作为这个家庭的成员一直跟随他们。在戴高乐从黎巴嫩返回后，他们搬到了拉斯帕伊路上的一处更大的公寓。戴高乐经济拮据的状况可以从在父亲去世后，他写给妹夫阿尔弗雷德·卡约（Alfred Caillau）的一封信中看出来："在报纸上发表一则声明需要950法郎！我付了这钱，并且把收据寄给你。你答应过会协调这些令人伤神的花费，而且我发现各种各样的花费已成为我的负担，我现在告诉你这些数字。"[63]

伊冯娜·戴高乐的父亲于1932年去世，她的母亲于1933年去世。作为四个兄弟姐妹中的一员，她继承了很小一笔遗产，加上戴高乐从他去世的父亲那里继承的遗产，这使他们考虑在乡下购买一处房产。在寻找了两年之后，他们看中了拉布瓦瑟里（La Boisserie），这是位于法国东部的一个偏远地方的房产，在香槟地区一个叫作科隆贝双教堂村（Colombey-les-deux-Eglises）的小村子里（320个住户）。由于这里不像布列塔尼或诺曼底那样是第二套住房的流行地区，所以这所房子的价格是可以承受的。它的价格是4.5万法郎，相当于一个中校一年的收入（5.1万法郎）。卖房子的是个很难找到买家的寡妇。因此，戴高乐一家能够通过养老金（viager）体系购买这套房产：首付1.7万法郎，然后在卖主有生之年每年支付6000法郎。这是笔很好的生意，因为卖主在两年后淹死在家里的浴池中。这套房子的另一个好处是它位于巴黎和法国东部边境中间的地方，这里有守备部队驻扎。由于戴高乐不再能够买一辆汽车，因此他们要花五个小时乘火车从巴黎到最近的巴勒迪克（Bar-le-Duc）火车站。从那里，他们再由村子里唯一拥有摩托车的人——科隆贝的汽车修理工——接走。

这座房屋比较简陋，不够舒适：在前两年没有自来水，没有中央供暖,只有几个房间通电。它有一座两公顷的花园,安妮可以在里面漫步而不被陌生人看到。戴高乐一家于1934年7月拥有了这栋房子,但它最初只在夏天适合居住。1936年8月,戴高乐在假期之前给梅耶写信说:"我希望你那里有个好天气,而不像我这边的天气,使得我只能待在上马恩省的小屋(bicoque)里,面对着我下一本书最后的(也是最难的)章节。"[64]

这本书是丹尼尔–罗普(Daniel-Rops)委托他写作的,戴高乐通过梅耶认识了他。由于没有时间写新书,戴高乐决定重写法国军队史,自从贝当10年前决定把它束之高阁以来,这本书一直未能完成。他所需要写的"最难的一章"是关于第一次世界大战的内容,涉及处理福煦和贝当之间的微妙关系。

1938年8月,当这本书的样稿一完成,戴高乐就告知贝当他要发表。他问能否加进来一个前言,让读者知道是贝当最初启发了这本书的写作。贝当认为这个书稿是属于自己的,他对这种傲慢行为感到吃惊,因而不允许戴高乐发表。这使戴高乐花了很长时间为自己辩护,他向元帅保证他已经删除了所有他的修改——"没有这些,这本书就更糟了",他又假惺惺地奉承了一句——这意味着,人们可以"绝对肯定地说它的所有内容都是戴高乐写的"。他继续说:

> 我那时37岁,如今我已经48岁了。道德上我已经遭受了打击——甚至包括从元帅先生您那里——失去了幻想,放弃了雄心。那时,我的风格和我的思想还没有为人所知,因为它们现在刚刚成型。简言之,不管我在文学和历史领域有什么样的才华,我都不再为了获得其他人的认可而必须"隐姓埋名"。[65]

贝当同意和戴高乐私下讨论这个问题。8月的一个周日的下午,两个人在贝当的巴黎寓所见了面。这次会面很糟糕,尽管他们对于当时说了什么话有不同的版本。许多年以后,戴高乐告诉一个记者,贝当当时很生气地向他索要样稿,戴高乐拒绝了他:"你可以在军事问题上给我下命令,但是在写作方面不行。"戴高乐敢做出这种无礼的举动。最终，贝当没有办法阻挡它的出版，只好同意草拟一份写给自己的献词并插在扉页。戴高乐最后的挑衅之举是抛弃了贝当乏味的草稿——"致元帅先生，这个乐于给我提意见的人"——换成了他自己的："致元帅先生，这个希望这本书写成的人。"贝当当然感到愤愤不平，他在一封信中生气地提醒戴高乐，他并没有希望这本书写成。当出版商感到担心时，戴高乐告诉他们在答复时做到"表面上讨好，内容上含糊其词"。[66]

戴高乐对于烧毁了他与贝当之间的桥梁并没有感到不安，是因为他在雷诺那里找到了强大的新庇护人。贝当和戴高乐之间在作品方面的矛盾对后来的事情颇有影响。1940年时，只有戴高乐对贝当这位在法国政界影响甚大的人物缺乏尊重。不管贝当在1925年对他而言是否真的"死了"，就像他后来声称的那样，实际上他在1939年时对戴高乐而言已经"死了"，这在智识上是一种解放。至于这本出版在1938年9月的著作，卖得相当好——到这一年年底卖出了超过6000册——但是，戴高乐想要这本书有更广泛好评的希望却破灭了，因为魏刚将军几乎也在此时发表了他自己写的法国军队史。戴高乐的书是一部更完整的著作，但是魏刚作为军队里级别最高的将军，得到了所有的关注。

《法国和她的军队》的风格毫无疑问属于戴高乐，以至于我们可以理解为何20世纪20年代末贝当决定放弃以他的名义出版这本书的计划。这本书是戴高乐在战争期间所有写作的主题的升华——关于领导力、国家和军队的关系、教条式思考的危险等——正如在法国史中描述的那样，从高卢战士布伦努斯（Brennus）和韦辛杰托里克斯（Vercingétorix），再到第一次世界大战的那些英雄，如贝当和福煦。开篇就是："法国是由刀剑铸就的。我们的父辈随着布伦努斯的双刃剑进入历史。"这本写得很紧凑的书并不是通过持续的叙事构筑起来的。七个按时间顺序排列的章节中，每一章都选择了法国历史上的一个时代来吸取教训。关于百年战争，戴高乐写道："在克莱西，普瓦提埃及后来的阿金库尔，我们能够看到一个时代的开始。在这个时代，如果没有战争的艺术，激情和数量都不再管用……

因此，由于法国并没有根据时代的要求改造她的军队，她被扔进了历史上最严重的危机。"戴高乐的书与其说是军事史，不如说是不同时期政府塑造军队以使法国配得上在世界上注定要承担的角色的历史。戴高乐强调了国家在反对和规训法国人民分裂和个人主义倾向中起到的作用，他是本着法兰西行动的保皇派历史学派的精神写作的，尤其是像通俗历史学家雅克·班维尔（Jacques Bainville）所写的关于两次世界大战之间的法国历史畅销书。同样本着法兰西行动的精神，戴高乐观察到，法国历史的逻辑"总是把条顿人带入到与高卢人的斗争之中"。但是，戴高乐不同于法兰西行动的世界观之处在于，他会从实用主义和非意识形态的角度来判断法国历史的不同时期。他随时准备在任何成功捍卫法国伟大的政权或个人身上发现美德。由于这个原因，他亲切地描写了拉扎尔·卡诺，这个人是大革命的领袖和著名的公共安全委员会的成员，在1793—1794年重组了法国军队。戴高乐写道，感谢卡诺，革命的共和国"放弃了两次几乎使其走上绝境的幻想，理解了秩序和纪律是力量的必要条件"。戴高乐对共和派的莱昂·甘必大（Léon Gambetta）也大加赞赏，这个人在1870—1871年徒劳地尝试组织法国军队以扭转普法战争中的失败。

但是能让戴高乐最本能地表现出同情的体制还是17和18世纪的旧制度。他的关于这一时期的章节是如此开篇的："旧制度的政策是一种状况，避免了抽象却坚持现实，倾向于实用而非崇高、适当而非壮观，对每一个特定的问题寻找的都是理想的而非实际的解决办法，对于达成的方式显示出有所顾忌，但是在追求的目标和国家可以获得的力量之间显示了伟大的平衡。"这正是先前引用过的他对路易十四的战争大臣卢瓦侯爵所作的欣赏性描述的背景。由于这些原因，戴高乐无法毫无保留地欣赏拿破仑，并为他写了整整一章："对于这样一个天才的人物，我们的判断只能处于谴责和欣赏之间。"在他看来，直到1807年都可以是欣赏，那时"他的政策不管多有雄心和严格，都会有一种相对的适度"，但是在这以后，他开始"无视限度"。关于拿破仑的结束，他写道："他的陨落是惊人的，与他的荣耀相匹配……这是限度的悲惨复仇，正是理性的狂怒……但也是天才的非凡声望,以及英勇的战斗精神。"这个"但"很重要。由于他崇尚现实主义和秩序,戴高乐同样相信民族情感和冲动(élan)的重要性。"激情"这个词在书中出现的频率丝毫不亚于"秩序"这个词。因此,戴高乐的笛卡儿主义总是被他的柏格森主义调和,他的古典主义被他的浪漫主义调和。在他的分析中,如果不与民族情感连在一起,组织、方法和秩序就不重要了;但是没有秩序的民族情感和冲动只能引向混乱。[67]因此,尽管戴高乐的书挑选出了少数一些个人英雄(卢瓦、卡诺、拿破仑),但大多数章节都是围绕着某两个人,他们的品质可以互补,因为在一个人身上很难有完美的平衡:旧制度时的蒂雷纳和孔代(Condé)、大革命时的迪穆里埃和奥什、战争时期的普恩加莱和克雷蒙梭。"普恩加莱代表了法国的理性,克雷蒙梭代表了她的愤怒"。最终,这本书以贝当和福煦结尾,前者有种"对现实和可能性的艺术"的感觉,后者代表了能量和激情——"如果没有贝当制定的策略,很难想象福煦的计划和他的冲动能够实现什么"。[68]

"大半个身子都在坦克里"

戴高乐于1937年9月在梅斯担任507坦克团团长一职。[69]这个职位的另一个候选人是中校让-保罗·佩雷(Jean-Paul Perré),他比戴高乐小三岁,被认为是军队里的坦克专家之一。关于坦克,相比于戴高乐的文章,他发表的文章虽然内容更多元,但坚持坦克是步兵的辅助工具。戴高乐得到了这个职位,意味着他不仅没有因为公开发表意见而损害他的职业,军队改革的辩论正朝着他设想的方向发展。即使如此,事情也发展缓慢。尽管1936年甘末林已经命令创建两个重型坦克旅,但最早也得要在1936年9月以后才能够实现。戴高乐的新团是11个配备了轻型和中等坦克的步兵坦克团之一。这并不是戴高乐在过去三年中一直呼吁的,但至少他如今有了学习坦克如何在实践中运行的机会,而不是纸上谈兵。在履新之前,他被派去参加一个短期的培训。上级对他的观察是这样的:"天生的才智,少

四 扬名立万（1932—1939年）

有的品质，尤其对展示很有天赋……但是这常常地被一种冷淡高傲的态度所隐藏，看上去又像是一种伪装。他表现出很多怀疑，却很少会站出来发言。"[70]

戴高乐完全投入到了新工作中去。1919年以来他首次没有空余时间用于写作，甚至也没有时间陪家人。尽管他通常对待家庭责任一丝不苟，他们到达梅斯几周以后，他的妻子就不得不就她的丈夫不能参加每年一度在七泉举行的狩猎而写信向她的兄弟致歉："夏尔非常忙，以至于他请我回复你的邀请……夏尔睡觉都是站着的，他刚刚从军事演习回来，明天早晨4点30分又要出发。"[71]正如他给他的朋友纳钦信中写的那样，戴高乐"大半个身子都在坦克里"[72]。尽管在1938年11月，埃米尔·梅耶去世的消息令戴高乐感到"无限伤感"，但是他并不能去参加葬礼。他向他的妻子抱歉夏天在科隆贝只能待很短的时间；对他的朋友奥伯丁也很抱歉，因为他只有很少的机会能到巴黎。[73]

在到达梅斯六周以后写给雷诺的信中，透露着戴高乐对他的新职位的兴奋之情：

> 现在从下往上看事情，我已经能够得出结论：现代坦克是个非常重要的问题。不管步行、骑在马上还是开车，都会看到它在移动、开火、碾压所有在它脚下的东西，就会理解它的出现在形式上和在战争艺术方面是一场革命。所有的策略、所有的战略、所有的武器从此都将围绕着它。

通过"从下而上"的观察，戴高乐验证了自己在过去三年中所写的内容，只是此时他不再坚持强调坦克军团需要一支专业的军队。它需要一支"稳固而坚实的专家骨干部队"，但是如果没有的话，使用应征入伍者的想法就不能被排除出去。[74]如果戴高乐早一些得出这个结论，这很可能会有助于他的事业。

在抵达梅斯两个月以后，戴高乐为停战纪念日在梅斯的街道上组织了

第一章 "戴高乐"之前的戴高乐

一场超过60辆坦克的特殊游行。两周以后,他在外交部长达拉第到访时也重新组织了这种游行。戴高乐天生喜爱表现,他借助这些机会宣传坦克,反对时下对马其诺防线防御功能的吹捧。坦克需要被"售卖"给大众和到访的政治家——甚至他自己的上司。在梅斯的两个月里,戴高乐多次同他的上司亨利·吉罗(Henri Giraud)将军产生冲突,后者指挥着驻扎在梅斯的军队。在一次如何应对马其诺防线可能被突破的训练中,戴高乐计划用一天时间抵达小镇蓬阿穆松(Pont-à-Mousson)。吉罗回应道:"只要我还掌握着军区,你的坦克就要保持着步兵的速度。"像这样的事情有很多。然而,戴高乐并非没有盟友,他与掌控着第三坦克旅的夏尔·德莱斯特兰(Charles Delestraint)将军相处得很好。吉罗和德莱斯特兰在二战期间还会与戴高乐再次相遇——后者作为盟友,前者作为敌人。戴高乐通过不停地研究坦克,从而将事实展现给批评他的人,以至于两次表达出对装备退化率的埋怨。那时,法国工业已经提高了坦克的产量,但是其余部件的供给却跟不上。[75]

即使不能随心所欲地前往巴黎,戴高乐仍然与雷诺保持着定期的交流。他不想在雷诺的黄金时代行将到来之时被遗忘。1938年4月,人民阵线最终倒台。一个"国家团结"的政府由达拉第组织起来。雷诺自1932年以来首次返回岗位——尽管他刚开始只是担任司法部长,接着是财政部长,并不会给予他任何关于防御政策的影响。与戴高乐一样,雷诺公开谴责《慕尼黑协定》,但是并不决定从政府辞职,因为这将有利于绥靖者。不仅仅他自己,在许多人看来,他就要成功了。

戴高乐这时超越了他在《建立职业军》中表达的思想。或者说,他已经相信——部分通过他自己作为法国军事官员的经验——他的关于军队现代化的计划需要彻底的政治上的解决办法。他不久就在遇到雷诺时告诉了他:"不要对政治有所期待——不能超过任何其他的——让它自我进行改造。技术人员也有很多任务,也开始研究他们的理论、他们的行动和他们的对手,这是不可避免的。"[76]两年以后,他解决这个问题的办法就是为雷诺草拟了一份关于将三个部门适当整合在一起,建立重组的国防部的计划。他很清楚将由谁来负责这事。[77]

20世纪30年代实际上有两个戴高乐：公众的圣斗士和匿名的军事官僚；以神秘的术语颂扬士兵职业高贵性的戴高乐和努力解决军事组织技术问题的戴高乐；对克里斯玛型领袖感兴趣的戴高乐和希望国家机器理性化的戴高乐。到20世纪30年代，这些不同逐渐合流，戴高乐关于自己未来的想法也在他头脑中成型。"谁将给共和国一个卢瓦？"他在1927年询问梅耶。[78]如今他有了答案。一旦雷诺成为政府首领，这就成为他的任务；雷诺的卢瓦其实就是戴高乐。《慕尼黑协定》签署之后，他写信给雷诺："您作为一个政治家的使命就是使法国在各方面都回到它的位置。困难与任务是相称的，都同样伟大。不管发生什么，请不要忘记我都将全身心为您服务。"[79]

五 法兰西战役（1939年9月—1940年6月）

等候召唤

当《慕尼黑协定》于1938年9月签署时，戴高乐写信给他的妻子：

> 像往常一样，面对德国的无礼索取，我们没有斗争就把盟友捷克拱手相让给共同的敌人了。德国和意大利的金钱流向了所谓的"国家级"报纸……系列的屈辱还将继续。接下来将会是放弃我们的殖民地，然后是阿尔萨斯等等，只有荣誉感的突然恢复才能唤醒国家……如今的投降会给我们一次短暂的喘息，就像年迈的杜巴瑞（du Barry）夫人在革命断头台上的乞告："再给我一点时间，刽子手先生。"[1]

这种暂缓持续得并不久。1939年3月，希特勒就将军队开进了布拉格，违背了他在慕尼黑所作的承诺。为了显示他们将不愿在退让的道路上走得更远，英国和法国政府一致同意保证波兰、希腊和罗马尼亚的安全。夏天过后，为了使这些承诺更加有力，两国政府首次开始认真地探讨与苏联全面结盟的可能性，并且超越了1936年生效但效力有限的《法苏互助条约》。但是，由于俄国与德国没有共同边界，对法国的任何军事援助都将会穿过波兰，而波兰人对俄国人的怀疑不亚于对德国人，因此不太可能同意这种结

五 法兰西战役（1939年9月—1940年6月）

盟。做到这件事似乎是不可能的。同时，德国政府正秘密地接近与苏联政府签署它们自己的条约。8月23日，当法国和英国的谈判人员还在莫斯科谈判的时候，德国和苏联政府发布了震惊全世界的宣告，宣布它们已经签署了《苏德互不侵犯条约》。尽管这个宣言令西方完全惊愕，但是如果法国最高指挥部门被迫要在苏联和波兰之间进行选择的话，它很可能会选择后者。斯大林的一系列行为动摇了人们对苏联红军的信任[1]，而波兰军队作为欧洲第四强的力量可以让人信任。政治上对共产主义的怀疑强化了这种偏见。

戴高乐对德苏条约的反应不得而知。由于他在1936年强烈支持《法苏互助条约》，并且由于他在20世纪20年代对波兰军队印象并不好，可以猜测他对波兰军队的防御能力没抱多少幻想。他还不失时机地向记者指出，如果他的意见被听取的话，法国在这样一种没有希望的条件下本来是可以不被拖进战争的。而且1936年3月希特勒占领莱茵兰地区其实本来也就是一种虚张声势。²但是对于戴高乐而言，最重要的事实是：同盟国放弃了它们对希特勒的幻想。在他看来，法国能否作为一个大国而继续存在取决于其能否遏止德国向东欧或巴尔干的进一步扩张。

9月1日，德国军队入侵波兰；两天以后，法国和英国对德国宣战。盟国的计划是进行持久战。它们的策略是进行封锁，意图是使德国的经济窒息，激发德国国内对希特勒的反抗，并且使更加温和的力量上台以实现和平。如果这不奏效的话，盟国至少可以赢得必要的时间，并利用它们略胜一筹的经济资源，准备在三年以内打赢这场仗。但德国需要赢得短期战争。结果是让人失望的。甘末林本来指望波兰坚持大约六个月，但是不到一周的时间他就发现自己过于乐观了。

在当时的情况下，法国无法向波兰立即提供援助。9月7日，法国军队越过马其诺防线进入德国境内几千米，"收复"了少数几个被遗弃的村庄。但这只是一个象征性的示威，并没有带起来一场全面进攻。10月4日，在波兰战败后，法国退回到马其诺防线后方。尽管盟军计划的实质是进行观望，不排

---

[1] 原文如此。实际上，西方对苏联的不信任和敌意是根深蒂固的。——译者注

除在边界进行军事行动的可能性，但是避免对德国的正面进攻。有许多讨论是关于采取行动以切断德国在斯堪的纳维亚的铁矿石供应。但是由于对这一计划并没有就相关细节达成一致，因此这一时期什么都没有做。

对于这场虚假的战争——法国人称之作"奇怪战争"（drôle de guerre）——没有人比戴高乐更感到懊恼了。战争爆发时，他晋升为驻扎在阿尔萨斯的第五军的坦克指挥官。然而，这些都只是轻型坦克，分布在五支队伍中，与他1934年起宣扬的装甲师相去甚远。[3]

在战争爆发六个月之后，戴高乐写给雷诺的一封有预见性的信，明确指出了盟军等待战略的隐患：

> 我们的军事体系是完全建立在防御基础上的。如果敌人明天进攻我们，我确信我们将坚决抵抗。但是如果它不进攻，我们就将陷入几乎彻底的无能为力。在我看来，敌人很久之后才会进攻。它的意图是让我们自食其果……那么当它认为我们已经倦于等待，并且对于我们自己的惰性感到迷惘和不悦时，它就将展开攻势了，从心理的和客观的视角来看，它打的牌将比它今天持有的牌好得多……在我看来，谦逊地讲，没有什么比使法国人民振奋起来而不是让他们满足于荒谬的防御性安全的幻想更迫切、更必需的了。[4]

尽管希望改变战略时，但此时没有什么事能让戴高乐在万根伯格（Wangenbourg）村的指挥岗位上分心——除了接待访问他所在的前线阵地的贵客们：1939年10月23日的共和国总统阿尔伯特·勒布伦（Albert Lebrun）、在此一周之后的温莎公爵（Duke of Windsor）、1940年1月3日的保罗·雷诺、1月9日的甘末林和英国的艾恩赛德（Ironside）将军。他有足够的时间写信给一个朋友请求寄给他厄内斯特·普斯卡里（Ernest Psichari）的两本书和吉·德·布塔莱斯（Guy de Pourtalès）关于作曲家（"瓦格纳、贝多芬、莫扎特、舒伯特等"）生平的几本书。[5]同时，他还担心他在科隆贝的妻子以及他们的女儿。他让他的姐姐经常写信给伊冯娜："她非常孤独，也充满忧虑，你也知道她不轻易表露感情，因此会愈加忧虑。"[6]

由于迫于不能行动而感到焦躁，戴高乐花了这几个月的时间来思考从波兰战败中能够学到什么。他为上司草拟了许多份文件，用波兰的迅速失败证明他关于坦克师的观点是正确的。[7]一个变化是，他比以前更加注重飞机的作用："德国军队的力量和速度由于与拥有数量和大气层条件优势的空中力量相配合而倍增。"[8]一个月后，戴高乐的一篇文章被总司令部讨论，反应并不完全负面。像迪菲厄（Duffieux）将军的一些人否认波兰的情况和法国相同的说法，其他像比约特（Billotte）将军的人支持戴高乐。首批两支重型装甲师即将开始服役，并且，军方决定另外两支也将在未来几个月组建完成。[9]装甲部队的支持者开始占上风，但过程非常缓慢。由于这个原因，戴高乐在1940年1月采取了大胆的步骤，他寄了一篇很长的"建议书"，将他的想法告诉80位政界和军界的重要人物：

> 如此多的战争从一开始就让至少一个交战国感到意外……敌人在波兰取得的令人惊讶的胜利是拜机动化战争所赐，这只会鼓励它在这条道路上继续前进……为了打败这支机械化军队，只有机械化军队才确定有效……即使只是将我们的军事行动局限在我们的边界以内，建立起一支冲击力强、机动性强、速度快的队伍对于我们而言也是绝对必要的……
>
> 最近的冲突可能是有史以来范围最广、最复杂、最暴力的冲突……造成这场冲突的政治、社会和道德危机非常深刻和广泛，以至于它将不可避免地引发民族和国家的彻底动乱。在机械化军队中产生了一种与这场惊人的革命正好适应的军事手段，其源自主宰重大事件的神秘的和谐。现在正是时候使法国也得出这个必要的结论。[10]

在寄送这个文件时，戴高乐再次向军方高层以外的政治阶层发出呼吁。和过去一样，这一不寻常的步骤没有给他带来任何好处。

戴高乐影响军事政策的机会存在于他与雷诺的关系当中。1月，他在巴

第一章 "戴高乐"之前的戴高乐

黎待了两天,与雷诺共进了晚餐,莱昂·布鲁姆也在场。达拉第政府就要下台了,这是个公开的秘密。和英国的尼维尔·张伯伦一样,达拉第被视为慕尼黑阴谋的主导者,他缺乏战时领导人应有的品质。那些想要更积极备战的人反对他——主战派认为他没有全力以赴地行动——那些认为战争应当停止的绥靖主义者也反对他。雷诺振翅欲飞,他是主战派的代表。戴高乐感觉到雷诺的机会就要到了,于是给了他另一份计划,即建立一个战时内阁,由他自己担任秘书。他这样写:"在全面战争中,国家策略由政治领域决定。"[11]一个月以后他又尝试了一次:

> 人们可以说战争失败了,但是还有时间赢得另一场来夺回敌人在第一次战争中赢得的东西。必要条件就是下很大的功夫,以……一种积极的政策……替代我们的消极政策。如果我们没能这么做,从我们国家开始,各国都将逐渐易主,让位给希特勒的新秩序,这种情况在欧洲大部分地区都正在进行中。[12]

这时候,当看到丹尼尔·罗普时,戴高乐告诉他:"我们需要准备在1945年取得胜利。"[13]

3月21日,达拉第政府倒台。共和国总统阿尔伯特·勒布伦宣布由雷诺接替前者。戴高乐赶往巴黎,帮助雷诺起草他在授权仪式上向议会宣读的演讲稿。就像在其回忆录中描述的那样,他见证了这场"令人惋惜的"争论。左翼的和平主义者和右翼反共产主义的亲德国分子一道攻击雷诺,使其政府只获得极少数人的支持。雷诺上台后让戴高乐感到很沮丧——戴高乐把赌注押在他身上已达五年之久,当权后他却不如在野时那么果断和有决心。由于他在议会中的微弱地位,雷诺被迫给予他的政敌一些席位。曾经反对戴高乐关于坦克战想法的达拉第依然担任国防部长。雷诺的确设立了戴高乐几个月之前向他建议的战时内阁,但是任命了银行家保罗·博杜安(Paul Baudouin)担任秘书,这是个对战争不感兴趣的人。雷诺选择了保罗·德·维勒卢姆(Paul de Villelume)上校担任他最重要的军事顾问,他曾经也在达拉第身边担任过同样的职务。维勒卢姆是窒息德国经济的等待策略支持者，像博杜安一样，他不认为这场战争能赢。这些用人的选择也受到其他人的反对，如雷诺的私人秘书处主任、外交家罗兰·德·马尔热里（Roland de Margerie），他在20世纪30年代反对绥靖政策。但是，由于戴高乐是个太容易引起分歧的人物，因此没有被授予重要职务，雷诺也没能够组成一个团结一致的团队致力于战争。在这种环境下，戴高乐返回岗位之前，在甘末林将军位于文森的总部拜访了他。

戴高乐带着破碎的希望返回前线。他写信给他的母亲说巴黎的环境"太糟糕了"，雷诺和达拉第之间的关系过于紧张，所以他不能为任何一个目标效劳。但是，由于雷诺许诺不久就召他回来，"我就不着急地等待着"——对于这个出了名的容易着急的人而言，这个声明不太可能是真的。[14]戴高乐告诉他的朋友纳钦："我暂时回到我的岗位；当政治局势稳定下来，等到他的地位更稳固，能够发号施令的时候，就会与保罗·雷诺达成协议。这周将会变得更加明朗。如果他成功，我一定会在'总理'那里效劳。"[15]但是这个时刻没有到来。戴高乐于4月末在巴黎待了两日，但是什么都没等到。[16]关于他的坦克，戴高乐再次向雷诺请求："在法国，这场战争的主角将会是卡诺，而不是旁人。"他催促雷诺抓住机会摆脱达拉第对国防政策的控制，并再一次提出为他效劳。[17]

尽管雷诺并不如某些人所愿是一个非常坚定的战时领袖，但是他的政府风格比达拉第的更积极。他的首批决定之一就是前往伦敦，于3月28日与伦敦政府签署了一份协议，承诺法国不经英国同意不得签署和约，这是法国致力于战争的一个象征。除此之外，雷诺延续了他前任的策略，尽管方式略显强硬。达拉第政府花了三个月的时间讨论在斯堪的纳维亚采取行动以切断德国的钢铁供应。但是这没有任何结果，因为政府内部对这个问题有分歧。在伦敦也有类似的犹豫，在那里，丘吉尔作为第一海军大臣进入政府，他是这种想法最热心的支持者。4月一开始，雷诺就劝说英国接受在挪威的纳尔维克（Narvik）港口埋水雷的计划。但是4月9日，在埋水雷开始五天后，德国军队出乎所有人的意料，入侵了挪威和丹麦。法国和英国赶忙派遣军队进入纳尔维克和另一处挪威港口特隆赫姆（Trondheim）。尽管雷诺于4月12日向议会大肆宣布德国的钢铁供应已经被"彻底切断了"，但盟军的行动（主要由英国负责）规划得很糟糕，执行得也一塌糊涂。

我们不清楚戴高乐这时期是否真的有任何现实的选择。如果没有短时间的军队重组，他设想的进攻是不可能的，但重组无法立刻实现。重型坦克旅只能逐渐地投入使用。英国档案中首次提到戴高乐是一个英国联络军官在1940年4月4日的报告（他的信息来自马尔热里），他说戴高乐是"一个坚定主张进攻的人。在战争一开始的时候，他就积极要求进攻西格弗里德线（这是德国人为了保卫西部边境而建造的防线）"。[18]但是当他4月到巴黎时，戴高乐帮助雷诺起草了一封给达拉第的信，强烈要求更加有效地在斯堪的纳维亚进行行动。[19]事实是，尽管1939年在西线对德国采取行动是有可能的——虽然有风险——但在1940年，没有戴高乐数年以来呼吁组建的进攻性军队，这是不可行的。对于政府所追求的战略，目前没有快速的替代方案。

尽管对雷诺掌权很失望，戴高乐还是得到了一丝安慰：即将有三支重型装甲师投入使用，最高指挥官正在准备成立第四支。戴高乐于5月初被正式通知他将要指挥它。他在5月8日写信给妻子说：

> 我想我正在目前这个岗位上做最后一段时间的工作……我希望5月13日能够经过科隆贝。挪威发生的事件的结果毫无疑问将会给保罗·雷诺带来一些问题，尽管这不是他的错，完全不是。我们曾指望英国舰队，但是它最终没做什么，这是因为伦敦的老人（像张伯伦）阻止丘吉尔冒险。然而，我想雷诺不会下台。[20]

这是戴高乐笔下第一次提到丘吉尔。他对雷诺的乐观被证明是对的，事实上，这正是张伯伦遭受了挪威失败的后果。5月9日，他的首相职位被丘吉尔取代。戴高乐计划前往科隆贝，却一直没成行。在5月10日凌晨，他刚收到对他的新职位的官方确认书，德国军队就进攻了比利时、荷兰和卢森堡。西线的战争开始了。

五 法兰西战役（1939年9月—1940年6月）

不可能的任务

甘末林将军曾经预见德国人会从比利时和荷兰发动进攻。在英国远征军10个师的协助下，法国军队被派往了比利时。尽管甘末林是个很谨慎的人，但是他很确定德国人的意图，所以也赶忙派遣他最好的后备军队——吉罗将军率领下的第七军，经由比利时边境深入荷兰，与荷兰军队联合起来。这是个毁灭性的决定。甘末林没有认识到，德国进攻的重心是往更南边穿过阿登高地（Ardennes）的地方。法国最高指挥部相信阿登森林的丘陵地形，加上默兹河的自然阻碍，将会使任何通过坦克进行的迅速推进行动变得不可能。由于这个原因，这个地区只有后备军队防守，结果它们遭到了重创，10支德国装甲师在猛烈的空中轰炸的支援下，于5月10日和13日期间迅速辗过阿登高地。当甘末林意识到发生了什么时，第一批德国坦克已经越过了默兹河。而法国的后备军队大部分都还滞留在比利时，最高指挥部的反应是使新组的第六军在马其诺防线集合，切断德国的西线攻势。

5月14日，戴高乐被召集到甘末林的总部去接受他的命令。他的坦克师，即第四重型坦克旅，被授予任务进攻德国装甲师的侧翼，以减缓他们的进攻，并为第六军进入指定地点赢得时间。[21]戴高乐于5月15日写信给他的妻子："昨天在极度危急中被命令组建一个师……他们将能够给我的都给了我。我们将看到会发生什么。这些事件会非常严重。"尽管他坚持认为科隆贝并不处于急迫的危险当中，他还是建议她"确保自己足够谨慎，可能会被运送到其他地方。但是我向你保证，我的潜意识认为事态发展不会走向这一步"。[22]他的信处在两难中：一方面并不想不适时地吓到他的妻子，另一方面又想警示她局势的危险。

戴高乐的重型装甲师最初只是计划在几周内集结，但是德国的突然袭击使这个时间表需要调整。5月15日接受指挥时，戴高乐写信给他之前的一个参谋："考虑到这支大的部队在忙乱中组建，我不希望我只有几天时间做好这件事。但是谁都不知道会怎样。"[23]最终，即使这"几天时间"都显得太晚了。当他首次见到法国军队从默兹河仓皇撤退的景象，戴高乐后来在回忆录中写道:"这些手忙脚乱的人和这次军事失利,以及我听说我们的敌人对我们轻蔑地侮辱的故事,使我陷入无尽的愤怒当中。这是多么愚蠢的损失啊!(Ah! C'est trop bête)……不管之后我能实现什么,就在那个时候我的决心已经定下了。"[24]

5月17日凌晨4点15分,戴高乐的装甲师在拉昂(Laon)以西20千米处的蒙科尔内(Montcornet)村全力以赴地投入到战斗中。德国装甲师的第一批坦克已经在夜间抵达了那里。[25]德国人对法国的反击感到惊讶,而且这次反击在最初也成功了。但是,由于法国重型坦克的技术缺陷,不久又失利了。因为之前没有考虑到以这样的速度作战,而且坦克需要每20千米就加一次油;他们也缺乏足够的通信设备(戴高乐在"静坐战"时期就已经看到这个问题)。另一个问题是由于戴高乐的装甲师并没有充足的步兵力量,他缺乏地面部队来控制他已经占领的阵地。轰炸机的轰炸使戴高乐的部队撤退了。德方的伤亡率很高——大约200个人战死或被俘——法方要低一些,但是法国也失去了1/3的坦克(总共85辆)。两天以后(5月19日),在蒙科尔内以西30千米处的克莱西村,戴高乐的装甲师再次发动进攻。德国人这时力量更强,戴高乐的步兵支援力量还没有抵达,他的进攻比第一次更容易地被击退。在这两次战斗之后,戴高乐写信给他的妻子:

> 我在一场漫长的攻坚战之后写信给你,对我来说进展得很好。我的部队在斗争中发展壮大,我需要的都不会被拒绝,因为如果整体环境很差,那么对你的丈夫而言则是很好的。我不知道事态会朝什么方向发展。但我对我们的最高指挥部的印象稍好一些了,它正在自我恢复。不过,你要准备在必要的时候离开。[26]

戴高乐的部队在直到能够恢复之前都无法行动。当他于5月24日再次写信给他的妻子时,怀有非常乐观的情绪,此时她几乎已经确定准备离开科隆贝了:"我的印象是我们已经克服了出人意料的事情,而且我们正在逐渐恢复。但是我们已经失去了许多人,而且还将失去更多的人。"[27]还不清楚

五 法兰西战役（1939年9月—1940年6月）

是什么鼓舞着戴高乐短暂的乐观情绪，或许可能是因为前一天他得知自己将晋升为准将，他因此将成为法国军队中最年轻的将军。5月27日，他在给妻子的信中没有那么乐观了："目前我认为你最好不要再留在拉布瓦瑟里。但是你应当把银器带上，因为无人居住的房屋很可能会被逃难的人而不是士兵劫掠，我在这里就看到了这些。"[28]

一个星期的休整之后，戴高乐的部队回到索姆河口的城市阿布维尔进行战斗。[29]尽管甘末林最初比较担心，但是德国人在突破默兹河之后并没有向巴黎推进。他们转向东北方的海峡，于5月20日抵达阿布维尔，在索姆河的南边建立了一个据点。德国的下一步计划就是向北推进，将从比利时撤退的英法军队切断并消灭。盟军最高指挥部的一个主要战略目标就是在德国人准备再次转向南边之前将他们从阿布维尔驱逐出去。5月27日，英国人对阿布维尔的进攻被击退。次日，戴高乐的部队被命令进入战斗。5月28和29日，他的坦克部队成功地将德国人击退，占领了阿布维尔据点的一半，并使德国人出现了严重的伤亡。（继续挺进的话有机会实现预定目标，但戴高乐与其坦克之间的通信设备很差，这意味着他并不知道这一点。）但是在5月29日下午，由于过于疲惫，约100辆坦克的损失，以及缺少足够的步兵，进攻已经乏力。

到5月30日，德国在阿布维尔的防守恢复了。那天晚上，戴高乐接到命令停止进攻。尽管他没有成功，但是，在阿布维尔的行动还是为他在最高指挥部赢得了称赞，那时候很少能听到什么好消息。他写信给他的妻子说这次战斗是"一场伟大的胜利……你一定已经看到了关于它的战报（400名俘虏，夺取了很多物资）"。但是关于未来他没有给予妻子任何慰藉。伊冯娜根据他的建议已经离开了科隆贝，来到这个村庄以西260千米的地方，与她姐姐待在卢瓦雷。戴高乐建议她继续向南或者向西，前往多尔多涅或布列塔尼。[30]至于戴高乐本人，他被召回巴黎。作为一个活跃的坦克指挥官，他为期三周的指挥生涯行将结束。

我们不能夸大戴高乐的坦克师发动的三次袭击的重要性。他毕竟经历了三次失败。但它们确实显示出，像戴高乐这样具有进攻性思维的指挥官，如果拥有一支全力作战的坦克师，并配备更适合运动战的坦克，可

第一章 "戴高乐"之前的戴高乐

能会取得什么样的成就。大家都一致认为他足智多谋、精力十足、不畏危险。他在6月2日给妻子写了封信——自5月15日起他只睡了三个晚上。部队的神父在跟他见面之后不久就在其日记中说:

> 他会花时间吃饭吗?除了和他一起匆忙而又混乱地用餐的参谋长肖梅尔(Chaumel)少校之外,没有人知道。他会睡觉吗?早晨在他的房间里发现的香烟头可以让人看出他只睡了极短的时间。弥撒、休息……所有这些对戴高乐而言都没什么重要性。只有地图,一幅平整地展开的地图,一幅不断准确更新的地图……这才是他的指挥岗位的关键。[31]

在平静的面具下,唯一体现出他紧张的迹象是他不停地抽烟。他把自己逼到了极限,并且希望手下的人同样如此。神父继续写道:

> 戴高乐总是独自一人,当他吃饭的时候,当他喝咖啡的时候,当他在指挥岗周围闲逛的时候,当他到访前线的时候,都是独自一人。他用树篱或木头将他的车和他的司机掩护起来,然后继续前行,非常显眼,甚至太显眼了,但是他对任何危险都毫不介意,来到一处高地,用双筒望远镜观察敌人的状态及分析发起进攻的可能性。我问:"上校,您为何总是独自一人?会有人想见您或跟您谈话的。"他抑制了想要问更多问题的愿望回答道:"你说什么,奥莫尼耶先生?"他想使粗暴的回应变得温柔一些,但是可以让人觉察到他的意思是"你就不能让我安静一会儿吗"……戴高乐又加了一句以表达对我作为神职人员地位的尊重,这对我也是一种仁爱:"人们在观赏歌剧或驾驶船只时不说话……我要说的是,作为领导,我将自己的人和自己的坦克投入战场,需要的是冷静和思考。正如你比我更了解的,没有独处、沉默和思考……上帝的话会是什么呢?所有那些做出有价值的和

永恒的事情的人都是独自在沉默中完成的。"[32]

他的一个参谋保罗·于阿尔（Paul Huard）上尉（后来成为将军）写下了关于拉昂周围两次战役的翔实记录。他对戴高乐作为指挥官的印象与神父的印象是一致的：

> 他发布命令时是独立的、排外的、权威的和以自我为中心的，这是基于这样一个信念，即他的判断在无论什么情况下都是最好的……他在任何情形中都坚持纪律需要的尊重姿态，他让他的军官们保持六步的距离围绕在他周围，留出一片空地，他就站在最中央，希望远方的人也能看到他，他会站在一个小土丘上，或者在一堆石块上等待一个没他个子高的军官，他想要的是凸显出自己；他接到报告时从不说一句话；总是用他讽刺的俏皮话让人们困惑……在非常简短的对话中，不允许出现反驳，他实施威吓，提高他缓慢的声音，立刻变得让人不容分辨，同时他栗色的眼睛像起了火，似乎能够看穿与他说话的人，甚至能够看到他背后的东西。

对于他手下的人在这种情况下的反应，于阿尔的看法似乎是一分为二的："戴高乐上校的权威是有条理的，对于那些完全理解其职责的有经验的军队指挥官则并不是必然的。"从积极的角度看，他不断出现在战场上，与他的手下"发展和推广了一种信任感，这也是他为何在战场上能够使拼凑起来的力量迅速凝聚起来"。[33]

经常有评论说戴高乐指挥下的人没有一个跟他去了伦敦。这其实似乎并不重要，因为任何人要逃离法国都很困难，除非极其足智多谋。即使如此，戴高乐在指挥坦克师的三周时间里并没有表明他具备在战场上成为一名鼓舞人心的军事领袖的所有资质。对此，我们永远不会知道，因为政治将吞噬他此后的人生。

第一章 "戴高乐"之前的戴高乐

"在深渊的边缘"

戴高乐于6月1日抵达巴黎，那里的局势与六周之前他见雷诺的时候已发生翻天覆地的变化。在法国最初遭遇失败后，雷诺对政府和最高指挥部作了重大调整。两个决定尤其致命。5月16日，他以72岁的马克西姆·魏刚将军取代了最高指挥官甘末林，魏刚赶忙从贝鲁特飞回来，他在那里负责指挥法国驻中东部队。尽管年纪很大，但是魏刚很有活力，且在前一次大战中作为福煦的总参谋长而享有盛誉，但是他不久就认识到自己是在被要求纠正一种不可能实现的局面。尽管他尽最大努力挽救军队的荣誉，但是很快就得出结论：不久之后，停战将不可避免。在这个信念背后有着不可告人的动机。魏刚是一个观点保守的人，他指责政客们将法国拖进了一场不可能赢的战争。在最后一场决战之后，他希望迫使政客们为这场灾难承担责任（就像鲁登道夫将军在1918年德国做的那样）。由于法兰西战役很明显已经失败了，这个问题主要变成了政治的：政府会签署停战协议结束敌对，还是离开法国的土地到北非或其他地方继续斗争？

雷诺的第二个致命决定是在其政府中为德高望重的贝当元帅提供了一个荣誉职位。他希望贝当的出现能够鼓舞士气，但是，像魏刚一样，贝当的内在悲观主义使得他认为停战是不可避免的。他和魏刚都谴责英国没能尽力帮助法国。魏刚不断抱怨的一件事是，英国拒绝将其所有空军投入战斗。毫无疑问，英国希望保留飞机以在必要时保卫本土。由于需要为法国的失败寻找替罪羊，因而仇英心理在法国领导人中蔓延开来。丘吉尔派来作为与法国政府协商的联络人路易·斯皮尔斯（Louis Spears）将军对这种状况也无能为力。从表面上看，将要在戴高乐的职业生涯中起到关键作用的斯皮尔斯非常适合充当英法之间的中间人。尽管父母都生于英国，但斯皮尔斯是在巴黎长大的，能够完美地说两种语言。他在一战时就在法国和英国军队之间担任联络人。在这之后，他辞职进入了政界。他效力于丘吉尔，并像他一样在20世纪30年代反对绥靖。在英国，斯皮尔斯被视作一个亲法派——他被戏称为巴黎的议会议员——但是许多法国人不信任他，认为他是那种只因为法国的贵族住宅和鹅肝酱而热爱法国的亲法派。1940年，斯皮尔斯发现自己处于一个困难的境地，既要反驳魏刚的指控，又要为英国辩护，同时又要防止盟国之间出现裂痕。由于斯皮尔斯跟魏刚一样都是暴脾气，尽管他的法语很流利，但是无法成为执行这个微妙任务的理想候选人。

雷诺天生是个亲英派，并且由衷地想要继续斗争，不退出战争。但是除了错误地任命魏刚和贝当，他延续了他的错误，组成了一个继续战争——如果必要的话就在国外进行——的联合政府。起初的时候这样做可能有其政治合理性——基于这样的原则：让失败主义者进入政府，总比让他们在政府之外攻击它要好——但是这意味着雷诺周围的许多人，像维勒卢姆和博杜安，都侵蚀了他继续战斗的决心。他们找到了雷诺的情妇波尔特（Portes）夫人作为盟友，此人坚信有必要寻求停战。波尔特夫人几乎出现在1940年的所有回忆录中。在斯皮尔斯的叙述中，她是一个邪恶而无处不在的存在。即使她的影响被夸大了，但她肯定削弱了雷诺的决心。[34]这是戴高乐在6月1日抵达巴黎后遇到的混乱局面。

他先去找到裁缝，15分钟后穿着准将的制服出来了，这是他10天前被提升的军衔。尽管他是被魏刚召到巴黎的，但戴高乐很清楚自己的第一要务是要先去拜访雷诺。在这之后他去见了魏刚。这两个人相互之间还不是很熟悉。戴高乐钦佩魏刚1920年在波兰扮演的角色，以及20世纪30年代魏刚作为总司令努力使军队开支不被削减。魏刚在20世纪30年代曾经反对戴高乐关于坦克的提议，但是并没有针对他。这两个人相互之间的憎恶还要等到后来才出现。魏刚对戴高乐在阿布维尔的行动颁发了嘉奖，并询问他对于将来使用坦克的建议。尽管他已经开始在考虑停战，但是并没有对他的下属透露这一点。

戴高乐一回到总部就给魏刚写了一封信，建议将法国剩余的重型坦克师重新组成一支单一的坦克部队："在下一次大型的防守战或进攻战时，它应当起到一个锤子的作用。不谦虚地讲，我有能力做到，我建议由我来指挥这支部队。"[35]戴高乐以同样的措辞给雷诺写了一封信，但他的真实意图如今是在别处。充其量，一支新的坦克师只能够延缓一场不可避免的失败。真正的问题是政府如何应对失败的后果，这是个政治问题，而非军事问题。戴高乐和雷诺显然谈到了政府重组，以及戴高乐进入政府的可能性。这就是戴高乐想要的，但要按他的条件来。在他们会面之后，他于6月3日以一种从未用过的语气给雷诺写了封信。他不再是一个恭敬而急性子的士兵，他强硬地开出了他的条件：

> 我们处于深渊的边缘，您的肩上扛着法国。我请求您考虑一下：
>
> 我们最初的失败是由于敌人采用了我的想法，而我们的指挥官却拒绝采用同样的那些设想。
>
> 在这个骇人的教训之后，你是唯一支持我的，而现在你成为了法国的领导者，部分是由于你支持我，而人们知道这一点。
>
> 但是，在掌权后你抛弃了我们，却起用了过去的人。我并不是否认他们过去的光荣，也没有否认他们曾经有过的功绩。但是我告诉你，这些过去的人，如果只靠他们的话，将会输掉这场新的战争。
>
> 这些人害怕我，是因为他们知道我有足够的劲头迫使他们做事。他们因此而竭尽所能、日复一日地——似乎很有信心——阻止我得到能够与你一起行动的职位。
>
> 这个国家意识到有必要把复兴作为一件紧迫的事情。它将满怀希望地迎接一个新人的出现，一个能够应对新的战争的人。
>
> 摆脱因循守旧、既定立场和既得利益的影响。卡诺创造了福煦、马索（Marceau）、莫罗（Moreau）。成为卡诺那样的人，否则我们都将失败。
>
> 作为没有实权的私人秘书处主任或政策顾问加入你？不！我想要与你共事，但要得到合适的职位，否则就没有意义！我宁愿回到我的指挥岗。[36]

在等待他的命运时，他于6月5日写信给他的妻子："敌人的新一轮攻势临近了。尽管我怀有希望，这次（法国）应该不会像第一次那样不幸，但还是能预测事情会很糟糕。"他建议她去布列塔尼找一处地方"待上一个夏天"——这表明即使是他也看不出情况会变得有多严重。[37]

戴高乐给雷诺的最后通牒有了结果。6月5日，他被任命为国防部的副部长。在之后的11天里，直到雷诺6月16日辞职，戴高乐比以往任何时候都更接近权力核心——但同时又处于其边缘。作为一个低级的部长，他还无权参加全体内阁会议，在好几次关键的时刻，他都不在场，而是前往伦敦、布列塔尼或其他地方处理各种事务。斯皮尔斯在回忆录中叙述说，有一天"想要找到难以找到的戴高乐，他已经拥有了消失得无影无踪的惊人本领"[38]。因此，在法国战败的最后阶段，戴高乐都是一个恐惧的旁观者而非一个关键人物。但是，这个时期对他的未来而言非常重要。由于他曾三次见到丘吉尔，所以当他决定离开法国前往伦敦时，英国人对他并非一无所知。这也意味着他抵达伦敦时不仅仅是作为一个刚刚被提升的法国将军，而且还是第三共和国最后一届合法政府的成员，尽管他只是一个低级官员。

尽管雷诺改组政府的其他方面，如将达拉第免职，比任命戴高乐更引人注目，但新闻界还是注意到了他。《泰晤士报》（*The Times*）说他"是个激进的'右翼分子'，热衷于理论，几乎是大规模使用装甲师的狂热信徒，他头脑清醒，是个实干家，也是个梦想家和抽象概念家"。他的思想和"他表达想法的方式"在一些人看来似乎与民主不相容。在社会党的《人民报》（*Le Populaire*）上，布鲁姆对此持赞成态度，他称任命戴高乐是个"接近于革命的"举措。同样持赞成态度的还有《法兰西行动报》，它回忆说亨利·戴高乐是一个"非常杰出和有修养的人"。[39]

6月6日，戴高乐到圣多米尼克街的军务部就职，雷诺也在这里办公。找到一间空闲的办公室并不容易，但戴高乐不准备在其他任何地方工作。靠近雷诺是他发挥影响力的唯一希望。将这项任命视作一场"灾难"的维勒卢姆在日记中写道："戴高乐进入我的办公室。他的第一句话是，他很高兴我要听从他的命令。我坚决地回应说我根本不是他的下属。"[40]维勒卢姆和博杜安起草了一份政令，试图约束戴高乐的权威，但是雷诺并不像他们设想的那样接受这个东西。贝当告诉博杜安，戴高乐"虚荣、不知感恩、

第一章 "戴高乐"之前的戴高乐

容易怨恨",不应当被邀请来参加高级人物讨论政治的晨会。[41]戴高乐的少数盟友之一是罗兰·德·马尔热里,他公开谴责雷诺周围失败主义者的影响。一些持类似观点的人是年轻的外交官若弗鲁瓦·德·库赛尔(Geoffroy de Courcel),他是戴高乐私人秘书处的成员。在之后的几年里,他将成为戴高乐最亲密的助手之一。

当戴高乐加入政府时,法兰西战役正在进入最后的阶段。在此前的两周里,盟军通过疏散被包围在比利时和法国东北部的许多军队而避免了彻底的灾难。5月26日和6月4日之间,约有33万人的军队被从法国的敦刻尔克港口运往英国。这次伟大的胜利也招致了讥讽,因为法国最高指挥部怀疑英国人选择先于法国军队撤走他们自己的军队。事实上,超过10万名法国人避免了被俘虏。

如今,德国人准备继续向南推进。魏刚在索姆河和埃讷河组织了他想要进行的法国最后的抵御。在这战争的最后阶段,法国军队的抵抗比预期的要顽强得多,但现在他们在人数上不占优势。6月6日,德国人在阿布维尔取得突破,戴高乐一周之前曾在那里进行作战。索姆河和埃讷河防线在仅仅几天的时间里就彻底沦陷,通往塞纳河和巴黎的道路敞开了。

就职的第一天,戴高乐为雷诺起草了一份文件,它关注的是一旦德国人越过塞纳河应该怎么做。他确定了一些防守区域,确保最终政府和军队能够从这里撤出,并在国外继续进行斗争。布列塔尼就是其中之一。[42]关于"布列塔尼堡垒"的想法已经流传几天了,它并不是戴高乐的发明。后来他淡化了这个想法,转而支持前往北非——但在那时,这是他更倾向的选择。当这个想法在6月8日被讨论时,维勒卢姆由于不愿承认戴高乐的存在,因此而对雷诺说,这个想法不切实际——这很可能是对的。[43]

这一天晚些时候,戴高乐前往魏刚在蒙特利(Montry)的总部去拜访他,这里位于巴黎以东45千米处。这次会面是一场灾难。魏刚当时想立即实现停战,尽管他还没有正式将这个想法向雷诺提出。魏刚对未来的看法与戴高乐截然相反,除此之外,这位傲慢、自信的年轻将军还要求他解释自己的观点,而就在三天前,这位将军还是他的下属,这一定让他感到很不快。戴高乐回到巴

五 法兰西战役（1939年9月—1940年6月）

黎后，坚信魏刚必须被撤换，但是雷诺没有采取如此激进的措施。

次日（6月9日）早晨，戴高乐在马尔热里和库赛尔的陪同下飞往伦敦。在与法国和英国官员会面后，他前往唐宁街去见丘吉尔。他此行的主要目的是向英国人保证法国政府的决心。大部分讨论都是关于空军的。丘吉尔重申，他不能把所有英国飞机都派往法国。戴高乐捍卫了法国的官方路线，即它们都应该投入到法国的战斗，但是英国的记录说，"就个人而言"，戴高乐承认，他"同意我们的政策"。[44]奇怪的是，关于向北非运送军队的问题似乎只字未提——这再次表明，这不是戴高乐这一阶段主要关注的问题。尽管这次会面没有解决任何问题，但戴高乐给丘吉尔——他非常清楚影响许多法国领导人的失败主义——留下了极好的印象。他后来在内阁中形容戴高乐是一位"年轻、精力充沛的将军"，给人留下了"法国士气和决心更加良好的印象"。在给罗斯福的一份电报中，丘吉尔称他是"充满活力的、年轻的戴高乐将军"。[45]

当晚，戴高乐乘飞机返回法国，并艰难地降落在被炸弹炸毁的勒布尔热机场。回到巴黎后，戴高乐在凌晨被德国人越过塞纳河并将很快到达首都的消息惊醒。这一天（6月10日）的大部分时间，法国政府都在讨论适当的行动方针。戴高乐认为，尽管政府不得不离开巴黎以保持行动的自由，但是这座城市应当被保卫。雷诺接受了魏刚的观点，即为了拯救人民和建筑，巴黎应当被宣布为一座不设防的城市。魏刚和戴高乐又进行了一次激烈的交锋。戴高乐说，除了停战之外还有其他办法，试图以此来反驳魏刚的悲观主义，魏刚问他的建议是什么。戴高乐轻蔑地说："政府不提出建议，它只发布命令。"[46]雷诺同意戴高乐的意见，即应当试探亨茨盖（Huntziger）将军是否可以取代魏刚。然而，第一要务是在德国人到来之前疏散巴黎。

戴高乐当天晚上离开了巴黎，他与雷诺乘坐同一辆车。他们向南走得很慢，因为道路上满是逃难者的队伍。他们在凌晨1点30分抵达了奥尔良，省长被叫醒，为他们找了两个房间过夜。在之后四天里，部长和官员们被安置在了卢瓦尔地区各处的城堡里，这使混乱更加严重。雷诺位于图尔附近的池塞城堡，戴高乐在几千米之外的博韦城堡。这里的许多安置点都没有电话，从一处到另一处都很慢，因为道路上挤满了难民。

早晨（6月11日），戴高乐出发去东边160千米的奥布河畔的阿尔西见亨茨盖将军。选择亨茨盖作为魏刚的替代者让人感到很奇怪，因为他毫无斗志。虽然他曾经指挥第二军，但他在1940年5月的表现非常糟糕。后来他忠诚地为维希政府服务。然而，戴高乐确信随便什么人都比魏刚强，或许选择亨茨盖是因为他至少能够服从命令，也不会违抗政府。根据戴高乐对他们的会面的记述，亨茨盖同意指挥军队，以便从北非继续进行斗争。亨茨盖后来声称戴高乐只是提到了在布列塔尼抵抗的想法，而他对戴高乐说，这个想法很荒谬。由于戴高乐向库赛尔坦言亨茨盖并不是"我看好的人"，或许亨茨盖的记载更接近事实。[47]最终，这件事变得无关紧要，因为雷诺还不能将魏刚免职。

当戴高乐去见亨茨盖时，雷诺急迫地催促丘吉尔来法国从而能够当面向他提供最新消息。联络很困难。丘吉尔曾试图从唐宁街给雷诺打个电话，结果当地一名旅馆老板接到了电话，他的电话立即被当局没收了。戴高乐及时地来到布里亚尔附近的穆盖（Muguet）城堡参加了与丘吉尔的会面。在这次会面中，魏刚对军队所处的困境作了灾难性的描述，其间不时传来贝当的赞许声。雷诺也情绪低落。戴高乐主要是一个沉默而震惊的观察者。斯皮尔斯写道：

> 一个看上去很奇怪的人，非常高；当他走进屋子里，坐在桌子旁，靠他的身高就控制了场面。没有下巴，一个长而低垂的像大象一样的鼻子位于修剪过的小胡子上方，阴影笼罩在一张小嘴上，厚嘴唇凸出，就像说话之前噘嘴，一个往上越来越小的高额头和一个尖脑袋上，有中分向后梳的稀疏头发。他那眼皮耷拉着的双眼非常敏锐。即将发言时，他就像钟摆一样左右摇头，寻找语句……我已经注意到他不停地抽香烟，一根接着一根，他的嘴唇噘起来，然后以标志性的动作收拢，我已经提到过这一点。他的脸上没有一处肌肉在动，没有什么话能让他的表情有变化。[48]

五 法兰西战役（1939年9月—1940年6月）

戴高乐只讲了一次话，提了一个实用的建议——这是那一晚所有人之中提的唯一一个建议——那就是将英国和法国的装甲师合并。丘吉尔马上抓住这一点，认为这是需要"立即研究的问题"，但魏刚对于任何组织进一步抵抗的想法都嗤之以鼻。[49]在接下来的晚餐上，戴高乐不再努力掩饰他对魏刚的鄙视。战时秘书安东尼·艾登（Anthony Eden）记录说，当这个"有些瘦骨嶙峋的高个子从我的桌子旁边走过时……魏刚高兴地邀请他坐在他左边的位子上。在我看来，戴高乐草率地回答说，他奉命要坐在英国首相的旁边。魏刚涨红了脸，但什么都没说，然后晚餐就开始了"[50]。这是戴高乐第二次与丘吉尔见面。

次日（6月12日）上午，讨论继续进行，仍是前一天晚上讨论的问题。丘吉尔和他的代表团中午时离开，因为他们意识到法国就要放弃了。这次的会议为期两天，唯一实质性的成果是丘吉尔决定给罗斯福发一封电报以请求帮助。这是一种绝望中的举动，也是一个拖延的策略。戴高乐并没有出席第二天上午的会面，因为他驱车前往布列塔尼与阿尔特梅耶（Altmayer）将军商讨构筑布列塔尼堡垒的可能性。由于他没有在回忆录中提到这次会面，反而写的是这一天他在博韦城堡忙于运输军队前往北非的工作，因而我们可以猜测，在回首往事时，他对自己曾支持布列塔尼计划多少感到有些尴尬。

英国代表团一离开，雷诺就在圣阿韦丁的冈热（Cangé）城堡召集了一次政府会议，这里是共和国总统的住所。在这次会议上，戴高乐不在场，魏刚首次正式告诉政府他想要停战。贝当支持他。雷诺并不感到惊讶，但是之前没有意识到事态严重性的政府其他成员都惊骇不已。大家一致同意，在咨询丘吉尔之前不作任何决定。博杜安在与雷诺返回池塞城堡时，试图与他探讨进一步抵抗的想法。戴高乐当晚晚些时候抵达池塞城堡，得知了当天的事情。正如博杜安所说："在池塞城堡巨大的拱形餐厅，我们两人（他和雷诺）在波尔特夫人痛苦的注视下用着餐，这时戴高乐大踏步走进来，为他关于在布列塔尼抵抗的构想辩解。"[51]

次日（6月13日）早晨，戴高乐回到池塞城堡。他说服雷诺给魏刚写了一封语气坚决的信，命令他尽可能长时间地守住布列塔尼和中央高原，而政

第一章 "戴高乐"之前的戴高乐

府则准备迁往北非。波尔特夫人不停打断戴高乐和雷诺的谈话。这时，戴高乐大发脾气，冲雷诺吼道，在鸡棚里根本没法工作——不过他并没有把这个嘲讽写在回忆录中。[52]波尔特夫人成功地使这封信延迟地寄给了魏刚。这天上午余下的时间，雷诺与两院的主席进行了私下里的谈话。戴高乐不时地被叫进来。参议院议长朱尔·让纳内（Jules Jeanneney）第一次见到戴高乐，他如此描述戴高乐："脸色苍白，冷酷无情，回答非常简略，毫无疑问，是个能够在人们面前克制住感情的人。"[53]一个英国外交家奥利弗·哈维（Oliver Harvey）用类似的话描述了这件事："戴高乐是剩下的士兵中唯一冷静而有智慧的……城堡里的情形完全一片混乱。每个人……在同一间屋子里谈话和打电话。马尔热里正在一个角落里给罗斯福发电报；（英国）大使和斯皮尔斯以及我在另一个角落谈话；波尔特夫人顶着凌乱的头发仓促地跑来跑去。"[54]

那天下午，刚回到博韦城堡自己的住处，戴高乐立刻从马尔热里那里得知雷诺已经邀请了前一天上午刚刚离开的丘吉尔回来参加在几千米外的图尔的另一次会议。戴高乐立即意识到是雷诺有意不通知他参加这场会议。[55]这可能是真的，但是雷诺出于奇怪的原因没把这个消息告诉任何一个部长，这令他们都很恼怒。在英国一方，有八个人参加这次会议；在法国一方，只有博杜安和雷诺。雷诺询问如果法国被迫寻求单独媾和，英国会如何反应。英国代表请求休会以考虑他们的立场。戴高乐在会议刚刚重新开始时到达了，使他成为第三个在场的法国人。在狭窄的房间里，他坐在外交部常务副国务卿亚历山大·贾德干（Alexander Cadogan）爵士在休会之前坐的扶手椅上。丘吉尔的回应是他不能允许任何单独媾和，而且他催促雷诺在最终向罗斯福求助之前什么都不要做。[56]但是博杜安曲解了丘吉尔使用的词"我理解"（je comprends）——意思是"我理解你所说的"，而不是"我同意你所说的"——在会议一结束就开始说，丘吉尔曾说过，如果法国单独媾和，他将表示"理解"。

6月13日在图尔发生的事情击碎了戴高乐的信念，他觉得留在政府里已经没有什么意义了。那天晚上，他写了一封辞职信。[57]戴高乐私人秘书处的一位成员将这消息告诉了内务部长乔治·曼德尔（Georges Mandel），此人要戴高乐去见他。曼德尔在前一次战争中是克莱蒙梭的副手；在雷诺政

五 法兰西战役（1939年9月—1940年6月）

府中，他是最坚决反对停战的部长。根据戴高乐的记载，曼德尔像是在传递历史的接力棒，告诫戴高乐不要放弃，告诉他作为一个还很"完整"的人，他有重要的责任要完成。那封辞职信没有被寄出。

6月14日早晨，当德国军队临近卢瓦尔河时，法国部长们再次上路前往波尔多。到波尔多后，戴高乐来到雷诺的住处，发现这位总是动摇不定的总理有了更加坚决的态度，准备将政府移往北非。戴高乐提议再次前往伦敦商讨运输法国军队穿过地中海的事宜。由于没有飞机可以用，戴高乐决定连夜驾车前往英国，并坐船通过海峡。在出发前，他在斯普兰迪饭店很快地用了晚饭，贝当就坐在另一张桌子前："我沉默地走过去跟他打了招呼。他也没有说一句话，跟我握了握手。我再也没见到他了。"[58]在抵达布列斯特之前，戴高乐绕道看望了他的妻子和孩子，他们大概在三周前离开了科隆贝，并最终在布列塔尼西北边的卡朗泰克村和她家族的其他成员会合。他警告他们布列塔尼可能很快就变成战场，并建议他们继续向南逃。[59]

戴高乐凌晨抵达普利茅斯，于6月16日拂晓来到伦敦。当他在海德公园旅馆入住时，两个法国人来到他面前：法国大使夏尔·科尔班（Charles Corbin）和让·莫内。莫内在其职业生涯之后的30年里将与戴高乐有很多次交叉，他是一位国际公务员和金融家，在英国人脉很广。1939年，他被任命为法国驻伦敦采购委员会的负责人，他的作用就是协调法国和英国战时经济的组织。莫内和科尔班到达戴高乐的旅馆时带来了不好的消息。就在戴高乐长途跋涉到伦敦的途中，雷诺屈于贝当和魏刚的压力，正式询问英国政府如果法国向德国请求签署停战协定对方将会如何反应。英国政府在这一天早晨开会决定如何回答。莫内担心英国可能会正面回答，以此换取确保法国舰队不落入德国手中的承诺。他相信为了说服雷诺坚持战争有必要采取一种决绝的姿态。

在接下来几天，一些英国和法国官员在传递着一个信息，即英国和法国两个国家完全合并以巩固联盟。莫内对这个想法非常感兴趣，把它当作推动雷诺下定决心的方式。戴高乐尽管感到怀疑，却认为这个提议可以使雷诺有足够的力量抵抗那些停战派。在与戴高乐和莫内商讨时，英国官员准备了一份草案。当戴高乐、莫内和科尔班在午餐时见到丘吉尔时，正如

第一章 "戴高乐"之前的戴高乐

莫内所担心的,英国已经发送了一份电报,说只要法国舰队被派往英国海面,他们就不阻止法国单方签署和约。三个法国人提出联合国家的提议,希望最后努力一次从而让法国留在战争中。丘吉尔最初跟戴高乐一样怀疑,但最终同意可以试一试,英国驻法国大使被命令撤回允许法国寻求停战的电报。戴高乐同雷诺通话,告诉了他这个消息。雷诺回答说要尽快给他一份详细的提案,因为政府在几个小时后将再次开会。时间不多了。

英国战时内阁在下午3点开始讨论,戴高乐和科尔班就等在内阁会议厅外。一份最终草案被送到了戴高乐手中,根据丘吉尔的说法,戴高乐"饶有兴趣地"读着。[60]它的关键一句是:"在现代世界历史上这一最为关键的时刻,联合王国和法兰西共和国的政府决定宣布组成不可分割的联合体。"丘吉尔与戴高乐一起回到内阁会议厅。丘吉尔的私人秘书乔克·科尔维尔(Jock Colville)在其日记中记下了这难以令人置信的一幕:"所有人都在拍着戴高乐的后背,告诉戴高乐,他将成为总司令……他将会成为另一个拿破仑吗?……他把雷诺(他称雷诺为"这条冻鱼")看得一文不值,并不拘礼节地谈论着他将在法国做些什么……"[61]戴高乐再次打电话给雷诺,在电话中口述了文本内容。他们商量好丘吉尔次日将前往法国与雷诺在布列塔尼会面。丘吉尔提供给戴高乐一架英国飞机,供他返回波尔多使用。

雷诺和丘吉尔计划好的会面并未举行。当戴高乐飞回波尔多时,法国政府已经拒绝了联合的想法,贝当评论说这就像"与一个尸体融合"。雷诺辞职,共和国总统阿尔伯特·勒布伦让贝当组建政府。6月16日晚上9点30分,戴高乐抵达机场,他的私人秘书处成员正等着向他报告这个消息。他赶忙去见雷诺,在他看来这个人就像"卸去了沉重的负担",但是也像一个"走到了希望尽头"的人。斯皮尔斯在那天晚上描述雷诺的状况时也用了类似的话。[62]随后,戴高乐打电话给英国大使罗纳德·坎贝尔(Ronald Campbell),告诉他自己计划乘坐刚刚飞回来的英国飞机重返伦敦。戴高乐私人秘书处的一位成员让·洛朗(Jean Laurent)给了他自己在伦敦临时住所的钥匙。次日早晨,在出发前,戴高乐再次拜访了雷诺,后者从政府基金中提取了10万法郎给他。上午9点,载着戴高乐、库赛尔和斯皮尔斯的小飞机出发了。

五 法兰西战役（1939年9月—1940年6月）

戴高乐在回忆录中评论道："离别时没有浪漫，也没有困难。"[63]他提到这一点是因为斯皮尔斯的回忆录（出版于戴高乐的《战争回忆录》之前）对事件的描述更加多彩。斯皮尔斯回忆说当他在雷诺辞职当晚去见戴高乐时，他无意中发现"脸色苍白""非常紧张"的戴高乐藏在一根柱子后面，轻声说魏刚想要逮捕他。他问斯皮尔斯能否让他乘坐其负责的（斯皮尔斯如此说）飞机飞回英国。他们设计了一个诡计，让戴高乐假装来送别斯皮尔斯，而就在最后一刻由斯皮尔斯将他拖上飞机。[64]由于斯皮尔斯在记述此事的时候正与戴高乐闹决裂，因而我们需要谨慎看待这份记述。斯皮尔斯未发表的日记是他的回忆录的基础，日记中几乎没有这些生动的细节，而且似乎承认飞机不是他的，而是戴高乐的（因为是丘吉尔借给他的）。与其说是斯皮尔斯将戴高乐带到了伦敦，不如说是戴高乐将斯皮尔斯带到了伦敦。对戴高乐"脸色苍白"和"非常紧张"的描述也不尽属实。但即使是斯皮尔斯未篡改的日记也确实记载了戴高乐"非常害怕被魏刚逮捕或送往遥远的地方"。[65]考虑到贝当政府在组建时，另一个坚决反对停战的人——曼德尔的被捕（尽管很快就被释放了），戴高乐的担心不无道理。

据斯皮尔斯说，当他和戴高乐在早晨开车驶往机场时，他们停了两次，以便让戴高乐跟人约好下午见，从而让人们失去线索。司机被命令不要熄火，"从而在必要时迅速逃跑"。[66]库赛尔是唯一的另一个见证这些事件的人，他回忆说在机场他们遇到的两位官员似乎对戴高乐将要乘坐飞机毫不为奇。据库赛尔说，离开时的主要问题是机场太嘈杂拥挤，他们无法一开始就找到他们的飞机。由于这架飞机很小，他们需要找到一根绳索把他们的四个行李箱——库赛尔有两个，戴高乐有两个——拖到外面。斯皮尔斯说"这对戴高乐来说是个折磨，他害怕随时被拦下"[67]。关于离开时的真实情况可能介于斯皮尔斯如谍战般的叙述和戴高乐与库赛尔更为平实的叙述之间。然而，当飞机在泽西岛着陆加油时，我们可以再来看一下斯皮尔斯对旅程中另一个细节的最后描述：

> 我问戴高乐他想要什么，他说他想要一杯咖啡。我递给了他，

第一章 "戴高乐"之前的戴高乐

他呷了一口,用并不表示批评的声音说他必须说明一个事实:这是茶,而他要的是咖啡。这是他第一次接触这种不强烈的饮品,在英国,这两种饮品经常被混用。他的殉难生涯已经开始。[68]

然而并不真的如此……

决定

在回忆录中,戴高乐对他人生中的这一时刻如此记述:

> 我独自一人面对着我自己,一切都被剥夺了,就像一个人面对着一片茫茫大海,准备跳入水中游过去……我感到生命就要结束了,过去我作为一个实实在在的法国人在一个不可分割的军队中生活。在49岁时,我将进入一种冒险的生活。[69]

对于戴高乐将要采取的步骤而言,若要夸大其性质的确很难。带着两个行李箱和一小沓法郎,他正前往一个10天以前他才首次到过的国家。这个国家的语言他说得很糟糕,而且在那里他几乎不认识什么人。他就像被流放一样。

自从法国大革命以来,流放在法国的政治文化中只有负面含义。在作为战俘时记的笔记中,戴高乐引用了一句托克维尔的话:"流放的痼疾就在于学不到任何东西,大脑也停止运转。"[70]作为法国大革命领袖的乔治·丹东(Georges Danton)在1794年3月宣称:"没有谁可以把祖国放在鞋底上带走。"在伦敦度过战争岁月的哲学家雷蒙·阿隆(Raymond Aron)说:"在国外为法国抵抗的想法依然很抽象,因为没有支撑它的记忆和传统。"法国人记忆中的流放是与那些流亡贵族联系在一起的,他们切断与国家的联系,逃往德国或英国。在法国的共和妖魔论中,"科布伦茨流亡者"的术语让人联想起一个争吵不休、与故土的联系被切断的流亡者形象。戴高乐家族的君主派传统并不如此负面地看待流放。戴高乐本人被送往比利时的昂图万完成其学业时，就已经有了一年时间的"流放"。那段经历提供了一个流亡的模板，不是叛国，而是忠于自己的良心。然而，这与占主导地位的法国传统是相背离的。伦敦自由法国的最杰出成员之一在其回忆录的开篇写道："我们绝不是流亡者。对于我们而言，伦敦绝不是科布伦茨，甚至也不是一个共和派的科布伦茨……在伦敦确实有流亡者……但是他们不是跟我们在一起的：他们密谋的地点是在豪华酒店里，我们丝毫不感兴趣。"[71]

贝当在1940年向法国人民呼吁的核心是他决定留在法国的土地上保卫他的同胞，保卫法国人的生命，而戴高乐离开法国是为了保卫他后来所说的他那对"法国的想法"。这些爱国责任之间的矛盾在20世纪20年代就被明显预见到了，体现在《法国和她的军队》一书的手稿中两个人关于一段文字措辞的交流中。戴高乐写道，大革命使法国的将军们成为政治动荡的牺牲品，"剥夺了他们的声望，通常是生命，有时是荣誉"。贝当将这段话改为"剥夺了他们的声望，有时是荣誉，通常是生命"。戴高乐对贝当的修改作了评注："这是一个渐进的等级：声望、生命、荣誉。""荣誉"或"生命"——保护对法国的"想法"或保护（或相信一个人正在保护）法国人——这是贝当和戴高乐在1940年时争论的实质。[72]

戴高乐是何时作出决定要离开法国"拯救"法国的呢？在1942年，他告诉一个英国外交官，在6月13日，也就是他写辞职信的那天夜里——"他第一次感到空气中充满了背叛的味道，因此作出了他的决定。"[73]但是当戴高乐于6月15日前往英国时，他头脑中的最后目的地是法属北非，而不是伦敦。前往伦敦的目的是为雷诺政府迁往北非做准备。在离开之前他花很短的时间看望了他的妻子，他没有提到前往伦敦。[74]前往伦敦的决定是在雷诺政府倒台时作出的。

戴高乐的决定是思考和本能的结合，类似于他在《剑锋》中所作的分析（模仿柏格森）。他经常以其先知般的清晰性而受到嘉许，他预言法国的战争只是盟军最终胜利的世界大战的第一阶段。但这种分析也支持了雷诺反对停战的企图。1940年戴高乐的非凡之处，与其说是他对战争未来的理性分析，不如说是他随时准备采取行动。戴高乐对雷诺的评价总是摇摆不定,并会为他辩护使其免受诋毁:"在这些悲惨的日子中,保罗·雷诺从未停止做他自己的主人……看到这样一个伟大的人被过多的事件不公正地碾压,这真是一个悲惨的情景……所有一切都被扫除了……在这样的情况下,雷诺先生的智慧、勇气和职权在某种程度上是无效的。"[75]我们可以把这个判断与他对《剑锋》中领导力的诊断结合起来阅读:

> 人类意志的干预对一系列事件无可改变……责任如此沉重,几乎没有人能独自承担。这就是为何即便拥有最卓越的智慧也是不够的。毫无疑问智慧会起作用,而本能会推动着一个人去做事,但最后的决定还是有道德因素的。[76]

在两次世界大战之间的大部分时间都在思考领导力本质的戴高乐已写好了剧本。如今他准备将之付诸行动,即便这意味着不服从法国最受人尊重的军事领袖。在《剑锋》中,他也引用了英国海军大臣在日德兰海战后对英国海军上将杰利科(Jellicoe)勋爵的评价:"他具有纳尔逊(Nelson)的所有品质,除了一条:他不知道如何违抗命令!"[77]

这个时刻戴高乐在他脑海中想了很多年。正如他在20世纪20年代写道:"当事情变得严重时,危险迫在眉睫……海浪将品质高的人推向风口浪尖。"[78]或者引用他于1917年在战俘营上课时说的一句话:

> 没有伯罗奔尼撒战争,德摩斯梯尼就仍是一个不知名的政治家;没有英国的入侵,圣女贞德就会在多穆雷米默默无闻地死去;没有大革命,卡诺和拿破仑就会一直在社会底层;没有现在的战争,贝当将军直到职业生涯的最后都还是一个旅长。[79]

即使法国没有沦陷,戴高乐也毫无疑问地会成为法国军队中一名一流的将军,或许会成为国防部长,甚至可能成为政府首脑——但是,他也就不会成为"戴高乐"了。

第二章

流亡（1940—1944年）

　　他们说的"6·18召唤"让我发笑……每个人似乎都忽略了那个令人难以置信的由耐心……顽强的创造力……构成的混合体，忽略了一系列令人头晕目眩的谋划、谈判、冲突……为完成自身事业，我们不得不经历它们。

　　　　　　　　克劳德·居伊，《倾听戴高乐》，第85—86页。

六 反抗（1940年）

六月的两天：那篇讲话

6月17日午后不久，戴高乐和斯皮尔斯抵达伦敦。戴高乐把行李放在了西摩尔街（今天的可胜街）可俯瞰海德公园的一间小公寓中，他之前已借来了这间公寓的钥匙。同斯皮尔斯在英国皇家飞行俱乐部（RAC Club）吃过午饭后，两人来到唐宁街10号。戴高乐在回忆录中简单地记述了这次会面：

> 丘吉尔立即给我提供支持，并首先让我使用英国广播公司的电台。我们一致同意在法国政府求和后，我再进行广播。当晚消息传来，此事已发生。第二天下午6点，我在麦克风前发表了那篇人人皆知的讲话。[1]

这段叙述略过了诸多细节。戴高乐知道这四句话没有一句完全准确。即便是他也不清楚在英国人不情愿地让他发表广播讲话前的24小时所发生的波折。

在戴高乐对此事的叙述中，第一个不准确之处是贝当那篇宣布他将寻求停战的讲话的发表时间。这篇讲话发表于英国时间上午11点30分，当时斯皮尔斯和戴高乐正在飞赴英国的途中。[2] 当戴高乐见到丘吉尔时，两人肯定都知道这篇讲话已经发表。如果丘吉尔让戴高乐在进行广播之前等

第二章 流亡

一等,他要么是在搪塞他,直到形势明朗再说;要么是在拖延,直到他与内阁磋商后再说。我们对此无法确定,因为丘吉尔并未在他的回忆录中提到与戴高乐的会面,他甚至错误地把戴高乐进行广播的时间说成是当天晚上。那天,戴高乐根本不是他关注的重点。斯皮尔斯是这次会面仅剩的另一个目击者,由于之后他与戴高乐关系恶化,因而他说的任何话都并非完全可信。有时,他说丘吉尔热情地欢迎了戴高乐;有时,他说他"礼貌地欢迎了他,说很高兴看到有人加入我们,但说了几句客套话后,他就把戴高乐将军打发走了……从他的神态中可以明显看出他很不高兴"[3]。由于丘吉尔在他们之前的三次会面中对戴高乐有不错的印象,因而他没有理由不高兴,但他有可能带着某种烦乱之情同意了戴高乐要发表广播讲话的请求,因为他不知道他打算讲什么。

无论如何,丘吉尔还是同意了戴高乐的请求,但英国政府当时希望继续做贝当政府的工作,而不是反对它。它最不愿看到的情形是法国舰队落入德国人手中。从伦敦发往波尔多的电报几乎每小时就有一封,其内容都是敦促法国政府在签订任何停战协定前,把法国舰队派往英国港口。戴高乐也在避免与法国政府公开决裂。6月17日,他给法国战争秘书处写信说,他正在伦敦继续执行两天前中断的任务。他问:"我可以继续谈判吗?我服从你们的命令。"[4]考虑到他正打算发表广播讲话反抗法国政府,这是一个奇怪的举措。最有可能的解释是他是在为自己打掩护。如果他真的对法国政府抱有任何幻想的话,那么当晚在与让·莫内共进晚餐时,这种情形并不明显。莫内没有近距离目睹法国发生的事件,他对戴高乐表现出的对贝当的那种深深的敌意感到震惊。当戴高乐吼着说元帅已经"走上背叛之路"时,试图缓和气氛的莫内劝他声音小一点,因为侍者是一位参加过凡尔登战役的老兵。当莫内的妻子问戴高乐他的使命性质时,他马上回答:"我不是来履行使命的,我是来拯救法国荣誉的。"[5]当晚结束晚餐时,莫内确信戴高乐要么是个神秘的疯子,要么是个野心勃勃的冒险家。这将对两人未来的关系产生重大影响。

戴高乐在第二天(6月18日)花了一上午时间完成了他的发言稿。在

六 反抗（1940年）

劳埃德勋爵可能会受到冷遇；但法国的局势已经如此混乱，再多一点儿混乱也不会有什么害处。"[7]当戴高乐于傍晚6点来到英国广播公司录制他的讲话时，他幸运地对这些幕后磋商一无所知。在录制完这篇4分钟的广播发言后，他在英国广播公司对面的朗廷酒店用了晚餐。直到两小时后，英国广播公司才得到授权广播这篇讲话。它发布的时间是英国夏令时晚上10点（法国晚上8点），并在第二天重播了四遍。[8]

不仅戴高乐曾面临无法发表广播讲话的可能，就连他的这篇讲话从内容上看与流传到我们手中的版本也不一样，我们知道这一点是因为他的话被瑞士和法国政府的广播监听部门记录了下来。"官方"刊印版本的开头是："那些身居军界要职多年的将领已经组成了一个政府。这个政府以我们的军队吃了败仗为由，同敌人接触，意在谋取停战。"其实，戴高乐说的是："法国政府已询问敌人在什么条件下可以停战。它已宣布如果这些条件有损尊严，战斗就应该继续。"由于这个讲出来的版本对贝当政府的羞辱程度略低，因而人们可以假定戴高乐是出于对英国政府的尊重，或是迫于其压力而弱化了其锋芒。[9]

尽管存在这个不同，但这篇讲话的主旨没有变。它包含了判断、预测、召唤和信息。判断：这次失败纯粹是军事事件，它由德国的军备和战术优势造成的。预测：法军的失败不是决定性的，因为法国仍是一个帝国。它有英国这个盟友，在它们身后的则是美国。总而言之，这是一场"世界大战"，"仅是发生在法国的战斗"不起"决定作用"。召唤："我，戴高乐将军，此刻在伦敦向法国的官兵发出请求，不管你们已踏上或是在将来踏上英国的国土，不管是否持有武器，都同我联系。我请求具有制造武器技能的工程师和技术工人，不管你们已踏上或是在将来踏上英国的国土，都同我联系。"信息："法兰西的抗战烽火都不会被扑灭，法兰西的抗战烽火也绝不可能被扑灭。"

谈论"6·18"的"神话"很正常，因为很少有人听到这篇讲话，并且，少之又少的人遵照它采取了行动。但这篇讲话并不是捏造的，最重要的是它确曾发表过。戴高乐未来的所有行动——他后来所称的他的"合法性"——都源自那一刻。他是第一个公开反对法国停战的人,他不仅提出了道德上的召唤,还提出了一个论点以解释为什么一切都没有失去。

尚无定数

戴高乐在那篇讲话的结尾说,他将于第二天再次进行广播。他的演讲集包含了他打算发表的讲话。事实上他没有再发表讲话,因为英国人不让他这么做。[10]当那篇他想要发表的讲话被送到外交部时,常务副国务卿亚历山大·贾德干硬是把哈利法克斯强留下来,并对他说:"(我)告诉他不能再这么做了。唐宁街10号就像马戏团的幕后工作间,世界上的每个怪人都在联系首相,并让他作出不成熟的决定。这种情况必须停止。"[11]英国外交部官员威廉·斯特朗(William Strang)在讲到改变主意的原因时说:"在我看来,我们应该小心地避免脚踏两只船。如果我们在给当前法国政府注入活力,并取得某些成效的同时,还对伦敦的那位可能的继承人抛媚眼,可能会导致灾难性后果。"[12]

虽然向波尔多派出三个使团"以给法国政府注入活力"的举措所取得的结果并不确定,但也并非完全消极。莫内无法说服任何一位法国政界人士同他一起返回伦敦;庞德报告说,达尔朗向他保证说在任何情况下都不会交出舰队;劳埃德得到的印象是,如果无法接受停战条件,贝当政府或将前往北非。由于戴高乐似乎没有损害英国政府试图赢得法国政府好感的努力,因而英国人的当前战略是等待停战谈判的结果,并避免对法国政府的进一步挑衅。6月22日,一个由范西塔特担任主席、致力于制定对法政策的白厅委员会在会议上决定"不允许戴高乐进一步抛头露面",尽管斯皮尔斯为戴高乐进行了游说。[13]

鼓舞人心的消息传到了伦敦:法兰西帝国的多个总督倾向于反对停战。在这些人中,最重要的是法属北非总督夏尔·诺盖斯(Charles Noguès)。6月19日,戴高乐给诺盖斯发电报说,如果他站出来反对停战,他愿意在他手下做事。第二天,戴高乐与贾德干举行了会面,用后者的话说,他"向戴高乐解释了在局势明朗之前,他为什么应该保持沉默。他接受了这一点,并表示,如果他确信魏刚正在组织海外的抵抗,他将第一个为他效劳"[14]。考虑到戴高乐在私下对魏刚持有的看法,他不可能认真地看待这种前景。然而,就在同一天,他写信给魏刚和驻伦敦的法国武官并向他们保证,他已准备好服从命令返回法国。[15]似乎很难想象戴高乐真的会考虑回到波尔多。有可能的是,他仍在掩饰自己的意图,以避免在停战协定签署前被指控为是个彻头彻尾的异见分子——当他在英国没有官方地位的时候。

在所有人都在等待德国停战条件的这些天里,诸多在伦敦听到戴高乐"6·18"讲话的法国人响应了他的召唤,并准备为他效劳。由于法国大使馆并未公布有关他的行踪的任何信息,因而这件事并不容易做到,但有些人还是设法找到了他在西摩尔街的住处。戴高乐在他狭促的卧室里接待了那些在晚上来找他的人,这间卧室的四壁都贴上了报纸,因为俯瞰海德公园的客厅窗户太大无法做到不透出光亮。6月19日,左翼律师安德烈·韦伊-居里埃尔(André Weil-Curiel)来到这里,他敦促戴高乐把在伦敦的法国人组织起来。戴高乐让他面对现实:

> 英国人并不急于作出承诺。他们在等待那些似乎已经离开波尔多的法国政界人士……当下,我甚至没有地方安放办公桌。我既缺钱又缺人。我不知道我的家人在哪里。我们要从零开始。你可以先从门房干起,这样的话德·库赛尔和我就能够出去吃顿午饭,并且,当我们不在的时候,至少有人接个电话或是开个门。[16]

在6月18日发表讲话至6月22日签署停战协定之间这段充满不确定性的日子里,对于戴高乐来说,唯一的好消息是他的家人出乎意料地来到了他的身边,他最后一次见到他们是15日在布列塔尼的卡朗泰克,当时他匆匆地见了他们一面。自那时起,他们就失去了他的行踪消息,不确定他是在伦敦、波尔多还是北非。18日,丘吉尔曾派了一架飞机去接戴高乐的家人以免他们落入敌手,但飞机坠毁了,机组人员全部遇难。对此一无所知的伊冯娜·戴高乐决定主动前往英国。她和三个孩子以及安妮的护士——除了身上穿着的衣服,他们什么也没带——奋力挤上了布雷斯特的一艘满载着法国难民的船只。抵达法尔茅斯后,他们一找到旅馆就住了下来。穿着皱巴巴的衣服、没有任何行李、带着一个严重残疾孩子的他们看起来落魄不堪,因而被迫预先支付了房费。菲利普买了一份报纸后,在内页发现了一篇短小的关于在伦敦的"某个戴高乐将军"的文章。虽然他几乎不会讲英语,但他还是说服了一个警察,让他相信自己就是"这个戴高乐"的儿子——尽管鉴于这位警察最初的怀疑态度,他想知道对方是否以为戴高乐和史密斯一样是个普普通通的名字。6月20日晚,这家人来到白金汉宫附近的鲁本斯酒店,此时的戴高乐正在这里休息。菲利普在追忆他的父母重逢时的情形时说:"他们当着所有人的面亲吻了对方,这实在是少见至极。"[17]

6月21日,法国政府接受了停战条件。为了最大限度地羞辱法国人,希特勒把贡比涅森林选为谈判地点——1918年结束第一次世界大战的停战协定正是在这里签署的。事实上,根本不存在谈判,由亨茨盖将军——戴高乐在几周前曾设想让此人取代魏刚——率领的法国代表团面对这些条款,只能选择接受还是拒绝。尽管条件苛刻,但有足够多的原因促使法国人签署这项协定:巴黎将被占领,但法国的一半领土将保持"自由",并且它没有提出占领法兰西殖民地的要求。让英国人尤其感到忧虑的一个条款是:法国的所有军舰要"在德国控制下解除武装",并留在法国水域。6月22日晚,法国政府在停战协定上签字。当晚,丘吉尔向法国发表广播讲话。他猛烈地抨击贝当政府,并谴责这项使法国沦为奴隶的停战协定。斯皮尔斯连日来一直在促使丘吉尔允许戴高乐再次发表讲话,[18]如今他已没有拒绝的理由。戴高乐拟定的发言稿被送到了内阁,最终,他获允在当晚进行广播。这是戴高乐来到伦敦四天后的第二篇讲话,也是英国广播公司保存的他的第一篇讲话。其主旨与"6·18"讲话相同,但结构更为精巧。戴

六 反抗（1940年）

高乐称停战协定有悖于"良知、法国的荣誉和更高利益"。魏刚对此立即作出回应，撤销了提拔戴高乐为将军的决定。从现在起，他在法国被称作是"前戴高乐将军"。他已没有退路。

戴高乐抓住丘吉尔对停战协定的愤怒，想让自己掌握更大的优势。他在6月23日给丘吉尔写信说，鉴于"我的名字在一定程度上已为人熟知……（并且）我是最后一届独立的法国政府的成员"，他正在"同一些法国知名人士一起"建立"一个民族委员会（National Committee）以便与盟国并肩作战"。戴高乐要求英国政府承认这个委员会"有资格代表法国"。[19]令人吃惊的是，战时内阁在当天早上开会时便决定支持这个想法。内阁会议结束后，戴高乐与丘吉尔举行会面，这只是他来到伦敦后两人的第二次会面，他向丘吉尔保证，支持自己的人有身在伦敦的著名小说家安德烈·莫鲁瓦（André Maurois）及法国大使科尔班。戴高乐对如何最好地阐述自己的观点犹豫不决。他说"我的名字"可以与组建这个委员会的工作"明确地联系在一起"，但他又说，他"不希望显得这是在把自己推向前台"。最好的办法是找一个政治人物"带头"。[20]双方一致同意，他将在当晚的、迄今是第三次的广播讲话中宣布这一消息。

伦敦的三位法国重要人物在听说此事后，开始游说英国人推翻这一决定。这几个人是莫内、科尔班，以及几天之前来到这里的法国外交部前负责人亚力克西·莱热（Alexis Leger）。他们反对的理由是，戴高乐是个无名之辈，缺乏威信。谈判持续了一整天，贾德干记述道：

> 斯皮尔斯和戴（高乐）在大约7点到了，当时，哈（利法克斯）已去国王那里。经过一番争论后，戴高乐同意改变宣言的内容，去掉一些人的名字，特别是他的。8点，哈（利法克斯）回来，并在8点30分之前说服了戴高乐发表宣言……莫内声称戴（高乐）的所有想法都是错的。9点15分，范（西塔特）打来电话……说他和科尔班、莱热在一起，并且"戴（高乐）必须改变广播讲话的内容！"……我对哈（利法克斯）说，我们不能每隔5分

第二章 流亡

钟就改变一次主意。现在只有两个选择：要么让BBC拒绝戴（高乐），要么顺其自然。他倾向于后者。[21]

当晚，戴高乐发表了广播讲话。随后，英国政府发布了一份公报，宣称它"不再视波尔多政府为一个独立国家的政府"。英国将承认"临时民族委员会……只要这个委员会一直代表着所有决心同敌人作战的法国人"[22]。

丘吉尔和戴高乐对英国人的确切打算有不同的看法。戴高乐希望这个委员会能够被视作一种反政府力量；丘吉尔仅是视之为一种"旧时代奴隶制下的地下通道……类似于《腥红色的繁缕花》（*The Scarlet Pimpernel*）中的那种组织"[23]。第二天，人们发现戴高乐的"委员会"中不包含那些法国重要人物——莫鲁瓦、科尔班、莫内、莱热——于是英国政府改变了主意，就连此前已准备让戴高乐"自由地行动"的哈利法克斯如今也通知新闻媒体不要发表政府的那份公报。[24]在这件事中，戴高乐自恃过高，没有预先确定是否有人愿意加入他的行列。自此之后，这个委员会就销声匿迹了。但这个夭折的计划对戴高乐造成了相当大的危害。它显示出他的野心之大——他正在争取领导一个持不同政见的政府——并且，它引起了那些害怕军人政权的法国人对他的怀疑。

英国政府如今在探索另外两种可能性。第一种是与一些当时重要的法国议员取得联系，其中包括曼德尔和达拉第，他们在获悉停战条件前已搭乘"马西利亚"号船从波尔多奔赴北非。贝当政府同意这种行为，目的在于如果停战条件无法接受，那么这将确保一些重要的政治人物摆脱德国人的控制。但当"马西利亚"号船抵达卡萨布兰卡时，停战协定已经签署，他们发现自己成了法国政府所称的"逃亡者"，然而事实上，他们是最坚决地要同德国人继续战斗的人。在这种情况下，英国人希望他们能够同意在北非建立一个持不同政见的法国政府。英国政府派新闻大臣达夫·库珀（Duff Cooper）前往卡萨布兰卡与他们接触。与此同时，英国殖民地的官员正与法国在中东和北非殖民地的总督进行着联系，后者似乎不准备接受停战协定。英国人对诺盖斯将军寄予厚望,此人握有的武装力量使戴高乐所能提供的一切相形见绌。6月24日,戴高乐再次给诺盖斯发了封电报,他的立场发生了微妙的变化。6月19日,戴高乐在发给诺盖斯的电报中表示愿意为他效劳;6月24日,戴高乐又给诺盖斯发电报,邀请他加入自己的委员会——一个实际上不复存在的委员会。[25]

英国人已不知道该拿戴高乐怎么办。性情暴躁的贾德干在6月25日写道:

> 在我不管戴(高乐)的事之后——范(西塔特)横插一杠,我把戴高乐交给了他——如今我发现范(西塔特)越来越难和他相处,并想把他的事还给我。这绝不可能!正是因为像他这样想要直接撒手,事情才变得困难!他摇摆不定,今天支持戴(高乐),明天又反对他。我再也不会掺和此事。[26]

但戴高乐仍然获允继续发表广播讲话。随后,他和贝当通过广播电台进行了一场激烈的口水战。6月23日,贝当发表广播讲话,这表面上是对丘吉尔前一天谴责停战协定的回应,但他的讲话也是对戴高乐(没有提到他的名字)的回应,他辩称停战并没有损害法国的"荣誉"。6月24日,戴高乐在广播讲话中说他对停战协定感到"羞耻……和厌恶",并称"强大的抵抗力量正在崛起,以拯救法国的荣誉"。第二天(6月25日),贝当在仍然没有提及戴高乐名字的情况下,重申了对于法国来说战争已结束的原因,以及他不愿"让法国人流血来延续那些不了解斗争情况的法国人的迷梦"的原因。他说他将和法国人共同经历磨难,"不会把我的希望和我个人置于法国领土之外"。最后,他呼吁法国人同他一起为"道德和知识的复兴"而奋斗。戴高乐已准备好他的答复。此时,外交部的一名初级外交官、后来成为英国驻法大使的格拉德温·杰布(Gladwyn Jebb)承担了一项令他不快的任务,那就是向戴高乐转达英国政府的意见——英国政府认为他的发言稿对贝当的敌意太浓,不能在广播上发表:

第二章 流亡

当我急匆匆来到鲁本斯酒店时,戴高乐还在用晚餐。他明显很不高兴,盯着我问:"你是谁?"我解释说我只是个下属,并说亚历山大·贾德干爵士本人曾热切期望同将军讨论一下那篇广播稿,但鉴于它送达的时间稍晚,因而由我来向你提议对其作出某些"细微的改动"。他抬头看了看我,接着是可怕的沉默,然后说道:"我觉得他们很可笑,可笑至极。"[27]

我们没有这篇广播稿的初稿,但经过"可笑地"修改后的最终版本仍旧火药味十足。它的开头是:"元帅,通过横跨大海的电波,一名法国军人有话对你说……在这个为祖国感到羞耻和愤怒的时刻,必须有一种声音对你作出回应。今晚,这种声音由我发出。"在重申了法国的失败不是因为道德缺陷而是因为军事缺陷后,他责问道:"这是谁的错,元帅?"接着,他再次指出这份停战协定将使法国遭受奴役,随后他尖锐地说:"如果要接受这种奴役状态,我们不需要你,元帅,我们不需要你这个凡尔登战役的胜利者,其他任何人都能干这件事。"这是戴高乐第一次直接对贝当喊话。对于戴高乐这位法国军队中资历最浅的将军——前将军——来说,以平等的身份称呼这个在法国最受尊敬的军人是一种大不敬的行为。这是戴高乐对贝当的公开告别,但这种方式无法使他赢得那些对这个凡尔登战役的胜利者怀有深深敬意的法兰西帝国殖民地总督的支持。

戴高乐已不再指望这些人的扶助,他准备亲自扮演救世主的角色。他的机会来了,因为英国人寻找其他解决方案的所有尝试都已失败。6月27日,诺盖斯在卡萨布兰卡甚至拒绝接见达夫·库珀,并不允许他同"马西利亚"号船上的那些落入圈套的乘客会面。就在前一天,戴高乐在起草的一份备忘录中向英国人提议,尽管他未能建立"民族委员会",但至少应该给他机会让他建立一个"法国委员会"以组织一支"志愿军"。[28]第二天,他趁势给丘吉尔写了一封信,提议成立"法国军团"。他在信中痛苦地说:"时间正在流逝,无比宝贵。"[29]这一次,他成功了。诺盖斯在北非宣布他将效忠贝当,没有一个政界人士从法国来到这里,没有其他人自荐。丘吉尔私下对戴高乐说:"就剩你一人了,那么,我就只承认你一人。"[30] 6月28日,他正式同意承认"无论身处何地,戴高乐将军都将是自由法国的领袖"。

戴高乐宣布,根据这个"具有最深远意义"的举措,他正在"把英国领土上的所有法国人置于我的统治之下"。这是对丘吉尔所认为的双方已达成共识部分带有些许倾向性的解读。科尔班当即认定,在英国的法国人拥有不投奔戴高乐的自由。鉴于他只是一场抵抗德国人的军事运动的组织者,因而这不影响英国与法国政府保持正常关系的愿望。英国人没有完全放弃贝当。[31] 6月27日,波尔多的法国政府传唤戴高乐出席军事法庭对他的审判,理由是他拒绝服从命令。

在这10天里,戴高乐取得的成就比他最初希望的要少。直到最后时刻他才获允在6月18日发表广播讲话,在之后的19—22日,他不得不等待时机;他在22—24日取得了进展,但在25—27日被迫再次退让。他的期望从"民族委员会"降到"法国委员会"再降到"法国军团"。这10天是接下来的两年戴高乐与英国关系的缩影,英国人不确定是把赌注押在他身上还是合法的法国政府身上。用斯特朗的比喻来说,英国人不知道该脚踩哪条船。在这10天里,戴高乐的优势在于,他是在伦敦的唯一一个确切知道自己想做什么的政治人物。

丘吉尔对戴高乐的承认仍有待于转化为一种正式的关系。经过艰难的谈判,在8月7日双方的往来书信中,这种关系得以确立。在英国人看来,这些信件是提交给法国的一份"备忘录";戴高乐更愿意将其描述为他和英国人之间的一份"协议"。英国政府同意为戴高乐的追随者提供装备,但他不必作出最终偿还的承诺。他们将"尽可能地保持这支"由戴高乐指挥的"法国军队的性质",并且戴高乐要服从"英国最高统帅部的总指挥"。最后,它规定戴高乐的军队"绝不能拿起武器反对法国"——以避免人们最后指控自由法国是英国的雇佣军。戴高乐还获允建立一个"包括组织军队所必要的行政事务的民事组织",这似乎是个无关痛痒的条款,但戴高乐将会对其作出充分解读。在其中一封信中,丘吉尔承诺战后"要彻底恢复法国的独立和伟大（grandeur）"。但在另一封信中，他明确指出这句话与"领土边界没有确切的关系"，尽管"我们当然会尽最大的努力"。戴高乐回答说，他希望"有一天情况会允许英国政府以更少的保留态度来考虑这些问题"。[32]总之，正如戴高乐的一位传记作家所说的，对于一个"身无分文、在一片连当地语言都不会讲的土地上过着流亡生活的准将"而言，这是个相当不错的局面。[33]但一向警惕的戴高乐对丘吉尔关于边界问题的提醒感到担忧。他在《战争回忆录》中写道，法国人怎么能确定"英国既不会因为战争的危险而选择妥协的和平，又不想占有我们的某些海外财产呢"[34]？

招募

在6月28日丘吉尔承认戴高乐至8月7日签订那份备忘录之间的六个星期，法国国内局势风云突变。和巴黎一样，波尔多也沦为德国人的占领区。因此，贝当政府迁到了位于"自由区"的小镇维希。7月9—10日，部分法国议员聚集在维希赌场举行投票，授予贝当制定新宪法的全权。这次投票情况令人质疑，因为许多议员未能与会，其中包括肯定会投反对票的"马西利亚"号船上的乘客。最终，只有80人投了反对票：共和国议会寿终正寝。第二天，贝当利用新权力宣布议会无限期休会，授予自己全部行政权并称自己是国家元首。贝当任用了善于钻营的第三共和国政客皮埃尔·赖伐尔（Pierre Laval）担任总理。

许多投票支持贝当的人不知道他是一个持有明显右翼思想的人，人们只是在表达他们对这位法国最杰出的军事领袖的敬意，这并不一定是对这个逐渐变得广为人知的"维希政府"投出的赞成票。但是，新政府独裁、专断、反犹主义的特性很快就显露出来了。贝当声称，他正在开展一场"全国革命"来振兴法国并清洗内部敌人。新政权对德国的态度最初并不明朗。它的一些关键人物（如魏刚）对德国怀有敌意——即便他们曾认为

六 反抗（1940年）

停战不可避免。魏刚赞成严格遵守停战协定，同时与德国保持一定距离。但维希政府的其他圈内人物，如赖伐尔，则公开宣称法国的未来在于寻求与德国建立良好关系，即后来所谓的"通敌卖国"。没有人确切知道贝当本人的想法是什么。

理论上，维希政府是中立的，但赖伐尔毫不掩饰他的仇英心理。7月4日，仍然担心法国海军将会落入德国人手中的英国人轰炸了北非米尔斯克比尔的部分法国军舰——在此之前，英国人提议法国军舰可在他们的护卫下开赴西印度群岛——这件事几乎导致英法两国开战。约1300名法国海军将士命丧米尔斯克比尔。维希政府报复性地轰炸了直布罗陀，但没有对英宣战。从此，英法两国政府断绝了正式的外交联系，双方通过非正式的特使进行接触，同时英国对法国实行了经济封锁。

正是在这种背景下，在英国的法国人不得不对"如何回应戴高乐"这一问题作出决定。自6月23日起，戴高乐搬到了圣斯蒂芬大楼，这是一栋坐落在维多利亚堤街、隶属于苏格兰场的破旧建筑，他的阴暗肮脏的房间在四楼。这里离西摩尔街那套狭小的公寓只有一步之遥，对于那些可能又来支持他的人来说，这不是一个具有吸引力的地方。一个月后，戴高乐搬到了位于卡尔顿花园4号的一处壮观的居所，从这座宏伟建筑可以俯瞰林荫路。自由法国的约70个办公室占据了这幢7层大楼（每月租金为850英镑）。之后几年，随着自由法国人数的增多，其他地方（例如希尔街和杜克街）也有它的办公大楼，但戴高乐的办公室所在的卡尔顿花园，一直是它的运转中心。

法国沦陷后，成千上万的法国军人流落到英国，戴高乐想要招募他们的努力基本上以失败告终。这些人聚集在分布于英国各地的临时营地里：利物浦城外的安特里赛马场、纽卡斯尔城外的特伦特姆公园、伦敦的白城体育场等。特伦特姆公园约有7000名士兵，他们本是挪威纳尔维克的法国远征军，但后来撤退至英国。他们的指挥官安托万·贝图阿尔（Antoine Béthouart）和戴高乐是圣西尔军校的同一期学生。贝图阿尔对戴高乐说，他理解他渴望继续战斗，但他认为自己对属下负有责任。他让他们在投奔

第二章 流亡

戴高乐和遣送回国之间作出选择。6月30日，戴高乐来到特伦特姆公园，但包括贝图阿尔在内的大多数人选择了归国。戴高乐的白城之行同样让他失望不已。那座体育馆当时有1600名士兵，在之后的两个月中，又有一些部队往来于此，但总计只有152人追随了戴高乐。[35]

英国人对米尔斯克比尔的袭击当然无助于戴高乐的事业。法国军人对这个杀害了他们1000余名战友的国家并无好感。那天晚上，戴高乐对斯皮尔斯说，他想知道自己是否应该以一个普通公民的身份退隐加拿大。一切将取决于法国政府是否会对英国人宣战。此事并未发生，在经过四天尴尬的沉默后，他在7月8日的广播讲话中对这次袭击作出了回应。他说，尽管英国人的举动"令人憎恨、令人愤慨"，但这总比法国军舰落入德国人手中要好。斯皮尔斯（他通常不是一个慷慨的评论员）后来写道："这个决定超越了英雄主义，这是一个为了国家准备直面殉难的人的决定。"[36]戴高乐别无选择，但这一定是他一生中最艰难的演说之一。多年后，他私下说，他完全理解英国人为什么会那样做。[37]他对英国人怀有颇多怨恨——其中一些可追溯至上百年前——但米尔斯克比尔事件不在此列。

在英国人采取米尔斯克比尔行动的同时，待在英国港口的法国海军官兵被强行带离他们的船只并遭到扣押。大多数人最终被安置在了安特里。前来这座营地以助戴高乐一臂之力的斯皮尔斯发现了一份支持戴高乐的宣传单，但在这份宣传单上，任何一处提到戴高乐"将军"的地方，前面都被人加上"前"这个字，后面则潦草地写着"被英国人收买"。当提到英国对法国的封锁时，宣传单被篡改为："英国人就是以这种方式对待你们那待在法国的女人和孩子的。戴高乐先生什么也不用担心，因为他的家人在英国安然无恙。"[38]

8月底，戴高乐仅招募到了约7000名士兵。英法之间的龃龉当然对他不利，但他的性格对现状没有起到任何帮助作用。在戴高乐访问了一处营地后，斯皮尔斯说："他完全无法与他的听众进行交流。人们对他的讲话报以冰冷的沉默。当他检阅这些人时，也未能表现出某种人情味。"[39]尽管斯皮尔斯的话令人怀疑，但这与当时20岁的年轻的新招募成员达尼埃尔·科尔

六 反抗（1940年）

迪耶（Daniel Cordier）在日记中的叙述是相符的——这篇日记记述的是戴高乐，这个他所见过的第一个"真正的"将军，参观他的营地时的情形：

> 在他的绑腿之下，他那超长的双腿似乎脆弱得无法支撑如此庞大的身躯。这让我想到了苍鹭……他那怪异的外表被他怪异的话语衬托得更加突出："我不是来祝贺你们的：你们尽了自己的责任。"他的访问仅持续了几分钟……我待在原地震惊不已。这就是我的首领：冰冷、冷漠、难以理解，相当令人反感。[40]

7月8日戴高乐的广播讲话给科尔迪耶留下的印象更深刻，他发出的声音似乎比他本人更具吸引力。

戴高乐在赢取个人好感方面不如在赢取群体好感方面来得成功。有人在写给丘吉尔的信中讲述了自己在卡尔顿花园的经历："许多前来为将军效劳的法国人在受到他接见和同他交谈后，他们的信心受到严重的打击。"[41] 最为典型的例子是年轻上尉安德烈·德瓦弗兰（André Dewavrin）的遭遇，此人从挪威撤退至此后，前来为戴高乐效劳：

> 他让我再报一遍自己的名字……接着问了一些简短的问题，这些问题措辞尖锐，尖锐到近乎令人不快……
>
> 在这之后，戴高乐又问："什么学历？会说英语吗？"
>
> "我获得了法学学士学位，英语讲得很流利。"
>
> "战争期间，你在哪里？"
>
> "挪威远征军团。"
>
> "这么说，你认识蒂西耶（Tissier，来自纳尔维克部队的另一名新招募成员）？你比他大吗？"
>
> "不认识，将军。"
>
> "好吧。你将担任我的总参谋处第二、第三局（情报部门）的负责人。再见，后会有期。"

第二章 流亡

谈话结束了。我敬个礼,走了出来。他的态度很冷淡……也许是因为他那多多少少的骄傲或轻蔑之情,也或许是因为羞怯。[42]

戴高乐并未尝试利用诱导手段使他人投奔自己。在他看来,不言而喻的是,这与爱国责任息息相关。有时,在心情好的时候,他会用一篇冗长的、自己对地缘政治的研究来向那些来访者解释为什么法国将赢得战争。6月,当记者莫里斯·舒曼(Maurice Schumann)第一次与戴高乐会面时,戴高乐给他讲的是《苏德互不侵犯条约》为什么不会持久,以及苏联为什么会加入盟国。[43]另一位记者、社会党人乔治·鲍里斯(Georges Boris)——他是6月19日来到西摩尔街的第一批拜访者——回忆说:"透过凸窗,在1940年6月湛蓝的天空下,人们可以看到翠绿的海德公园一直延伸到肯辛顿。街上的喧闹声渐趋减弱。我倾听着他那缓缓的、带有轻微抑扬变化的声调,这让我清楚地意识到,里面包含着逻辑、冷静、坚定和荣誉。"[44]在这种情况下,与其说戴高乐是在说服他人,不如说是在自言自语,仿佛他的谈话对象不在场一样。

在伦敦工作的另外两名记者罗贝尔·芒然(Robert Mengin)和皮埃尔·马约(Pierre Maillaud)同鲍里斯一样,也在那天去见了戴高乐,他们对他的印象没有那么深刻。芒然回忆说:

他在和皮埃尔·马约交谈时,我只能从侧面看到他的四分之三。我只看到一只眼睛。我突然觉得这像是大象的眼睛……他没有下巴,这使我怀疑他是否在战争中受过伤,并且这没有给人留下他是个温和之人的印象,而是给人一种他是个自命不凡之人的感觉,就像他嘴唇上的小胡子一样……来到大街上后,马约问我对他有何印象……我对他说将军似乎很自负。[45]

芒然后来成了一个坚定的反戴高乐主义者。报道了这次谈话的马约同样不确定戴高乐是个什么样的人,但他描绘了一幅更为细致入微的画面:

六 反抗（1940年）

他略带沉默地握手，似乎在隐藏着什么东西，他看起来极其矜持……他的目光中既没有好奇，也没有冷冰冰的探询色彩，却带有一种讽刺意味，这一切都使他的双眼流露出一种追求长远目标的坚定的决心，因而，不像芒然所说的那样，他仅是一个"自负"的军人……我看到的这个人属于另一个时代。他个子很高，穿着制服，打着绑腿，笔挺地站着……但是，从他高昂着的头、拒人于千里之外的姿态，以及脸上的表情，人们能看出来他很不自在。乍一看，他的模样使人想到一幅中世纪的画。人们可以想象他们被头盔和锁子甲包裹着的样子……他的双眼似乎并不关注外部世界；它们闪露出的光芒似乎不会因看到不同的人而变化……而似乎在某种意义上预先决定了要露出何种光芒……我想到了学者在与人交往时的局促之情……人们完全不可能觉察到他内心有何想法，以及他对谈话对象有何反应……他的双眼中似乎有股无形的火焰，它能够瞬间变得明亮，但这更多是在表达一种思想的时候，而不是与人交流的时候……他有点喜欢教育人，还有点像个十字军战士。[46]

整个夏天，伦敦的法国人都在讨论该怎么办。他们对戴高乐的个人印象——如果他们见过他的话——以及对他所提议的行动方针的看法，促使他们作出了决定。尽管戴高乐被迫放弃了建立委员会的想法——这本是流亡政府的雏形——但显然，他的目标不仅仅是组建"法国军团"。他曾目睹雷诺政府中停战派的态度，熟知贝当对他并不抱任何幻想。这种清醒认识使他无法苟同主流看法，即贝当是个没有政治野心的、忠诚的爱国者。有人在探视了英国军队医院里的诸多法国士兵后，给斯皮尔斯写了份报告。报告中说，这些人不认为贝当是个叛国者，他们只想回家并对戴高乐"充满怀疑"。"导致这种怀疑的主要原因据说是他的身边有一个政治委员会，他们对这个委员会部分成员的看法相当于我们之中的某些人对张伯伦集团的看法……我知道，如果戴高乐宣布自己是一名纯粹的军事领导

第二章 流亡

人,从事纯粹的军事工作,与任何政治派别无涉,他将招募数千名新成员。"[47]正如马约在日记中所说的,"如果我继续作战,我反对的是英军中的亲德倾向,而不是我们自己的政府"[48]。他最终加入了一个为英国广播公司服务的法国记者团,但始终与戴高乐保持距离。

要想概括早期加入自由法国的成员的共同之处比较困难,除了这一点:他们都比较年轻,与那些有固定职业或是要承担家庭责任的人相比,他们无所牵挂。[49]纳尔维克部队有一半是外籍军人,这些外籍军人中有许多西班牙共和派人士和一些来自中欧的犹太难民。出乎意料的是,他们之中的大多数人都决定留下来,但这与其说与戴高乐有关,倒不如说与担心受到贝当政府的不公正对待有关。在追随戴高乐的那群不被看好的人中间,还有一类人拥有贵族出身,他们的数量挺大。其中一人是来自诺曼底贵族家庭的克劳德·埃捷·德·布瓦朗贝尔(Claude Hettier de Boislambert,1906年生),他是最早追随戴高乐的人之一。1940年入伍后,他发现自己在和戴高乐指挥的第四装甲师并肩作战。但当6月18日他设法乘船逃到伦敦时,他并不知道戴高乐也在这里。他刚到伦敦就听到了戴高乐的广播讲话,于是,他来到法国大使馆打听如何才能联系到他。大使馆的官员拒不提供任何信息,但门房把他拉到一边,悄悄地告诉了他这位持不同政见的将军的下落。[50]菲利普·德·奥特克洛克(Philippe de Hauteclocque,1902年生)稍晚一些到来,他来自皮卡第的一个贵族家庭,还是戴高乐父亲亨利教过的学生。身为职业军官的奥特克洛克曾在1940年的法兰西战役中被俘,在逃出监狱后,他从西班牙来到了伦敦。由于在几周前的战斗中负了伤,他的头上还裹着绷带。7月中旬,戴高乐接见了他。另一位较早追随戴高乐的有趣人物是乔治·蒂埃里·达让利厄(Georges Thierry d'Argenlieu,1889年生),他先前是一名职业的海军军官,一战结束后,他离开海军加入了一个修道会,但在1940年,他再次入伍服役。在追随戴高乐的人中,还有与上述三人有着完全不同社会背景的130个渔民——就连追随的方式也与这三人完全不同——他们在听了戴高乐6月24日的广播讲话后,从布列塔尼海岸附近的小岛森岛分乘五条船来到了英国。

六 反抗（1940年）

然而，在一开始追随戴高乐的人中，没有高级外交官、地方行政长官和高级公务员，没有知名作家和知识分子，只有两个不知名的议员。法国大使馆的几乎所有工作人员都选择了回国。在这些外交官中，让戴高乐感到失望的是罗兰·德·马尔热里，此人在雷诺政府任职时，戴高乐与他过从甚密。马尔热里在20世纪30年代时是一位反绥靖主义者，这为他博得了大名，但当时他受到了贝当政府的排挤，因为他被任命为法国驻上海领事。这年7月，他在赴任前途经伦敦时与戴高乐进行了会面，他犹豫了两周不知道该怎么办。最终，他决定接受任命。后来，他给出了很多理由来解释这个决定，因为这个决定的后果一直困扰着他，直至生命尽头。这些原因中包含着责任感（"在法国不断取得胜利、强大无比、令人艳羡时，我在海外为它效劳了20年，在我看来，当它遭遇失败、承受不幸时，放弃为它效劳，是不合适的"）和对内战的厌恶（"我一直对内战深感恐惧，在我看来，在处于失败之际，它比任何时候都更可恶"）。[51]

让·莫内的决定不那么让人感到惊讶。尽管他曾与戴高乐就6月16日的法英联盟提案问题进行过合作，但他很快对戴高乐的政治野心产生了戒心，并尽一切可能破坏他那最终流产的委员会。他在给戴高乐的长信中说，"这种复兴的努力不能"来自"伦敦"，一场以伦敦为根据地的运动将有可能"受到英国的保护，并为它的利益服务"。考虑到戴高乐未来几年与英国的紧张关系，再加上莫内是一名国际主义者，因而，他说出这句话是一种讽刺。[52]莫内最终决定为美国政府效劳。

莫内最亲密的助手勒内·普莱文（René Pleven）在犹豫着要选哪条路走。当时39岁的普莱文曾是一家美国电气公司欧洲分部的主管，后来莫内把他召入了伦敦的采购委员会。他参与了法英联盟的提议，并将6月16日英国战时内阁给出的修订稿翻译成了法语。鉴于普莱文在美国人脉很广，以及他和莫内的友谊，因而他陪着莫内一起去美国本该是顺理成章的事情。我们可以从他写给那时已在美国的妻子的信中看出他的犹豫之情：

1940年7月1日：今天我起草了莫内交给丘吉尔的辞职信（从采

购委员会辞职)……丹尼斯(莫内的另一个亲密伙伴)已加入戴高乐的组织。重要的是：我们必须团结一致，不要犯下法国人那种总是分散自身努力的错误。莫内依然坚决反对，我犹豫不决。

7月3日：我仍在思考着该怎么办。戴高乐昨天请我与他见面。他的队伍有几千人，这些人年轻而又富有热情。如今已不存在民族委员会或是其他类似机构的问题，但他想让我负责处理与英国外交部和法国海外领地的关系……我承认自己有点动心，但莫内极力反对我这么做。

7月8日：我还没作出决定。每个与大使馆有或多或少关联的人都在努力阻止我追随戴高乐，然而，在我看来，尽管他一开始犯了错，但他似乎是唯一一个能够让人们团结起来的人。

7月9日：宪法被废、赖伐尔掌权的消息让我不再犹豫，我要追随戴高乐。

7月28日：你不同意我作出追随戴高乐的决定让我很难过。但我向你保证，当人们看到所有那些逃跑(这个词用的是英语)的人时，会为自己直面危险而感到自豪。[53]

追随戴高乐的莫里斯·舒曼、勒内·普莱文与没有追随他的皮埃尔·马约、让·莫内彼此之间关系很好。他们都反对停战，都有着大致相同的价值观。他们在1940年作出不同选择的这个事实表明，人们作出追随戴高乐的决定更多是出于本能，而非出于精打细算。几乎没有人是因为对这个令人困惑的、奇怪的、害羞的、令人反感的人"一见钟情"而这么做的，这从普莱文那10天的犹豫情况就可以看出来。

面对人手短缺的情况，戴高乐尽其所能地把各项工作分配妥当。时年53岁的勒内·卡森(René Cassin)是最年长的新招募成员之一，他还是一名杰出的法律专家，他来得很及时：8月7日，戴高乐与英国签署了一份协议，在对这份协议的司法细节进行谈判时，他为戴高乐提供了帮助。[54]记者莫里斯·舒曼——戴高乐曾在某天晚上听到过他的广播讲话——成了自由法国广播电台的负责人。至于前文已述的、受到戴高乐冷淡接待的德瓦弗兰上尉则负责建立情报部门。他在这方面毫无经验,但追随戴高乐的其他人也都没有经验。战前曾是法国一家电力公司经理的朱尔·安托万(Jules Antoine)成了卡尔顿花园民政事务的负责人。正如我们将看到的那样,有些选择稍显糟糕,但可供戴高乐挑选的人实在不多。

支持戴高乐的少数几艘法国海军舰艇由6月底来到伦敦的海军上将埃米尔·米瑟利耶(Emile Muselier)指挥。米瑟利耶是追随戴高乐的人中级别最高的军官,他在法国海军部门声誉不佳,部分原因是他毫不掩饰自己的左翼观点。他是个性情多变的人,还是个瘾君子,被迫于1939年底退役,他看起来更像是个海盗,而非海军上将。几乎从一开始,英国人就发现很难同他相处。有人提醒戴高乐说,这位海军上将威胁说要把每一个想去英国海军服役的法国水兵当作逃兵枪毙掉,他必须对此予以阻止。然而,英国人最终勉强同意和他合作,因为他们别无选择,正如一名官员疲倦地说的那样,"他是唯一一名能找得到的海军上将",正如戴高乐是唯一一名将军一样。[55]

由于戴高乐是个几乎不为人知的人物,因而英国人需要把他推销给公众。贾德干在6月时轻蔑地说:"我无法告诉你关于戴高乐的任何事情,除了他有着像香蕉那样的脑袋和像女人那样的屁股之外。"[56]为进行宣传,斯皮尔斯写了一篇关于戴高乐的短文,并附了一些他的履历。这篇文章称,他对自己的私人生活"讳莫如深",他有三个孩子,"喜欢运动,尤其是骑马、打网球,他还是个桥牌高手"。我们不清楚这种混杂着真实和虚假情况的说辞出自何处。[57]英国记者里士满·坦普尔(Richmond Temple)受托写了一本关于戴高乐的名为《戴高乐的法国和即将进攻德国的关键》(*De Gaulle's France and the Key to the Coming Invasion of Germany*)的著作。它把戴高乐塑造成一个富有远见卓识的、已对未来战争的性质作出预测的军人。这本书出版于9月,当时,报刊上还发表了多篇宣传戴高乐的热情洋溢的文章。[58]

第二章 流亡

▲ 戴高乐的《建立职业军》（1934年）一书在1941年被翻译成英文，英文版本在封面把他描绘成了一个具有预见性的军人，从而向英国公众宣传戴高乐

7月17日，伦敦的法国研究所（French Institute）所长德尼·索拉（Denis Saurat）在女皇大厅组织了一场集会，以便把戴高乐介绍给英国公众，这让戴高乐有了一个向英国公众展示自己的机会。但这位贵宾并没有在这个场合发表讲话，尽管人们一直在高呼他的名字。第二天，《标准晚报》（Evening Standard）以"沉默的将军"为标题报道了这一事件。戴高乐可能受限于不太会讲英语。他曾对索拉说，他正在读他的《法国的精神》（The Spirit of France）一书，但由于自己英语水平不高，因而进度很慢（戴高乐罕见地承认自己的不足）。在戴高乐待在伦敦的第一个夏天，索拉和他差不多每天都要见面。索拉是伦敦的法国社区中为数不多的支持他的人之一。有几个月的时间，法国研究所几乎成了自由法国的第二个落脚地。除了是法国研究所所

长之外，索拉还是国王学院的法语教授，他的学术兴趣非常广泛，从弥尔顿到神秘主义都有涉猎。他在伦敦长期担任要职，是文艺协会的成员，并与英国权势阶层关系密切。这使得他对戴高乐的支持尤为有价值，不过，乐于看到有知识分子追随自己的戴高乐可能也喜欢与他们谈话。索拉在日记中记述的某些谈话内容似乎不太真实。他说戴高乐曾告诉他："现在为我们创建一套哲学已不算早了，你为我干这件事吧。是谁为希特勒干的这件事呢？"这很可能是戴高乐给这个自命不凡、爱管闲事的人找些事做，但又不让他掌握实权的一种方式。索拉意识到这一点后，两人的关系很快就破裂了。但在初期，戴高乐在四处寻找支持者。[59]

寻求非洲支持

戴高乐6月18日讲话的一个核心论点是，法国殖民地为法国提供了继续战争的资源。由于诺盖斯对贝当的效忠，戴高乐寻求北非支持的希望已经落空，但法国殖民地还有很多别的地方可资利用。第一块落入他手中的法国领地是位于太平洋的新赫布里底群岛，这一小片土地位于世界的另一端，其总督亨利·索托（Henri Sautot）于7月22日宣布支持戴高乐。法属赤道非洲（AEF）也出现了一些鼓舞人心的现象。法属赤道非洲幅员辽阔，它覆盖的区域从大西洋海岸穿过撒哈拉沙漠直抵利比亚南部边界，包括乍得、法属刚果和加蓬，并与喀麦隆接壤——喀麦隆此前是德国殖民地，自1919年起被置于法国的托管之下。乍得总督费利克斯·埃布埃（Félix Eboué）为了与尼日利亚的英国当局联合起来，曾联系过他们。在维希政府任命一位可靠的效忠者取代他之前采取行动至关重要。戴高乐派了三个特使前往此地以便抓住这个机会，这三人是菲利普·德·奥特克洛克（为保护留在法国的家人，他用的是勒克莱尔这个名字）、克劳德·埃捷·德·布瓦朗贝尔和勒内·普莱文。只有布瓦朗贝尔对非洲有些了解，因为在两次世界大战之间他喜欢在这里猎捕大型动物。8月8日，这三人分别化名"叙利旺"（Sullivan）、"道格

第二章 流亡

拉斯"和"夏尔"飞赴拉各斯。在那里，他们与法国驻中东最高司令部前参谋长德·拉米纳（de Larminat）上校取得了联系，德·拉米纳由于未能说服大马士革的法国军事当局与维希政府决裂，这时正在前往伦敦追随戴高乐的途中。这四位同谋者决定分头行动。

8月26日，普莱文飞赴乍得首都拉密堡（Fort Lamy）[1]，大感宽慰的埃布埃迎接了他。乍得在第二天正式宣布支持戴高乐。对于布瓦朗贝尔和勒克莱尔来说，这是一个信号。26日晚，他们同其他22人一起，分乘三艘机动小艇从英属喀麦隆开赴法属喀麦隆的杜阿拉港。他们在清晨抵达杜阿拉后，与当地的一群支持者取得联系，接着，他们来到主要的行政大楼，并于8月27日宣布他们以戴高乐将军的名义接管了该殖民地。勒克莱尔上尉扯下制服一只袖子上的穗带把它放在了另一只袖子上，就这样他摇身一变成了上校。与此同时，拉米纳把支持戴高乐的小册子从比属刚果的利奥波德维尔越过刚果河一直运到法属刚果的布拉柴维尔。在乍得和喀麦隆归附后，8月28日，拉米纳来到布拉柴维尔，他在当地一些殖民官员的支持下逮捕了总督，并宣布刚果已落入戴高乐之手。在这三天中，在不费一枪一弹的情况下，喀麦隆和法属赤道非洲的大部分地区都站到了戴高乐的这一边。

这个令人振奋的消息传来之际，戴高乐正搭乘一支英法联合舰队前往西非的法国殖民地以寻求它们的支持。自7月初以来，英国和自由法国一直在讨论要远征法属塞内加尔的首都达喀尔。作为非洲最西端的港口，达喀尔具有重要的战略意义：在德国人手中，它将对英国在大西洋的航运构成严重威胁。对于自由法国来说，拿下达喀尔将是控制法国位于西非的殖民地的关键，它还有可能成为未来开展北非行动的基地。达喀尔行动失败后，每个人都在竭力推卸责任。戴高乐在他的回忆录中声称，这是丘吉尔的主意。[60]事实上，两人都对此热情高涨，以至于把英国军事策划者较为谨慎的观点抛到了脑后。没有人考虑达喀尔精心修建的港口防御工事，他们对这次远征的构想是，通过展示武力，法国当局将乖乖地支持戴高乐，

---

[1] 乍得共和国首都恩贾梅纳在1973年前的旧称。——编者注

就像法属赤道非洲那样。戴高乐给受命指挥此次行动的英国海军上将安德鲁·坎宁安（Andrew Cunningham）写信说："该城局势混乱。可以肯定的是，许多人反对停战协定，视英国人为盟友。"[61]这当然是戴高乐一厢情愿的想法。关于达喀尔人持何观点的证据并不充分，但它并非完全令人沮丧。[62]法属赤道非洲传来的消息只能增强戴高乐的乐观情绪。

8月31日，英法联合舰队从利物浦出发。[63]此行的目的地属于最高机密。后来，在为这次行动的失败寻找替罪羊时，有人声称泄密情况已经出现，甚至有人说，在辛普森服装店为自己买了一套热带服装的戴高乐曾说他要前往西非。鉴于戴高乐是个严守秘密的人，因而这是种无稽之谈。但有一点是真的，当他们在利物浦往这些船只上装载货物时，一个板条箱突然破裂，里面装着的为达喀尔人准备的宣传页撒了一地。不过这些都对远征失败毫无影响，维希政府直到最后一刻才得到风声。至关重要的是，维希政府已任命皮埃尔·布瓦松（Pierre Boisson）为新总督，此人对维希政府极为忠诚，与他的那些法属赤道非洲的同僚不一样的是，不经一战，他不会放弃。

当然，当联合舰队从利物浦出发时，他们对此一无所知。由于自由法国的舰只不多，因而戴高乐和2400名法军乘坐的是荷兰军舰"威斯特兰德"号。英军由"巴勒姆"号的坎宁安上将和欧文将军指挥。陪伴戴高乐的是库赛尔和无处不在的斯皮尔斯。在航行过程中，不断有好消息传来。9月初，塔希提总督和印度的五小片法国领地（本地治里、金德讷格尔、卡莱克、马埃、亚曼）的总督宣布，他们支持戴高乐。斯皮尔斯在这段旅途中写的日记——他后来对戴高乐充满敌意，不过这些日记并未因之受影响——记述了将军情绪的变化。过去三个月戴高乐一直紧张不安，这些天他首次放松了下来。斯皮尔斯发现他"心情愉悦"，他们一起聊了几个小时，"当听到精彩的故事时，他会把头抬起来，转向一边，笑个不停，并总是把两只手扣到一起"。诸多回忆录作者都很少描述戴高乐的笑。但斯皮尔斯也发现了一些警告信号，如果怀疑有人想干涉他的私事，戴高乐会很生气。一天晚上，吃过晚饭后，他们坐在甲板上"一小时接一小时地谈论着所有能想到的话题"，

第二章 流亡

斯皮尔斯建议戴高乐应该给人们讲讲话:

> 他说了几句话,大意是:"不要告诉我该做什么,这是我的事。"我大吃一惊地说:"这么说,你根本不想听别人的建议。"他答复道:"不是的,由于这是私事,我喜欢用自己的方式行事。"这太奇怪了,因为我给他提过很多建议,他都听从了。[64]

9月13日,他们抵达达喀尔西北480千米处。这时传来消息,一支从土伦出发、由六艘维希战舰组成的舰队穿越了直布罗陀海峡,由于驻守此地的英国司令官没有收到攻击命令,他们没有对其发动攻击。这支舰队本是去收复法属赤道非洲的,但获悉附近有英国军舰后,它转而奔赴达喀尔。这是个极为不利的消息。斯皮尔斯、戴高乐、欧文、坎宁安举行了一次军事会议,斯皮尔斯回忆说:"在那昏暗、闷热、透不过气的船舱中,与会者在讨论问题时,手里握着装有温威士忌的长玻璃杯,他们蜡黄的脸上闪着汗珠,布满皱纹。英国人煞费苦心地确保戴高乐明白他们所说的一切。"[65]

9月17日,他们抵达位于塞拉利昂的由英国人控制的弗里敦港,并收到了战时内阁决定终止此次行动的消息。斯皮尔斯和戴高乐都感到震惊不已,他说:"这是迄今所遇到的最糟糕的、优柔寡断的事例。这是对戴高乐的沉重打击,他……一下子变得很消沉。"斯皮尔斯向伦敦强烈抗议道:"戴高乐来到这里的消息不可避免地会为人所知,并且,显而易见的是,如果他不能抓住这个明显在他掌握之中的、让西非归附的机会……那么,他将永远失去让这个殖民帝国其他地方归附的力量。"[66]一开始对此次行动持怀疑态度的坎宁安支持这种立场。丘吉尔本人想取消这次行动,但在他人的劝说下,他同意继续行动。陆军大臣艾登(Eden)认为,否则的话戴高乐就会"失去政治前途"。[67]戴高乐得到了继续开展行动的绿灯信号。

9月23日,当英法部队出现在达喀尔港时,一切都在预料之外。他们本希望达喀尔人醒来后看到海湾对面阳光照耀下的这支威武的海军舰队,

六 反抗（1940年）

但达喀尔人醒来后看到的却是厚重的海雾（这种情况在一年的这个时节极为罕见），透过雾气他们什么也看不到。他们一整天只能听到戴高乐呼吁他们给予支持的、怪异的广播话语声。两名试图登陆达喀尔港给布瓦松总督送信的戴高乐特使被枪弹击中，其中一人是蒂埃里·达让利厄，他受了重伤。在雾气的掩护下，一队法国士兵登上了达喀尔东南8千米处的拉斯菲克港。他们同样受到攻击并被迫撤退。这是自戴高乐来到伦敦后，第一次出现法国人向法国人开火的情况。第二天，战事又起，同时雾气只是稍稍有所消散。英国军舰攻击了港口。当天下午，戴高乐和斯皮尔斯登上坎宁安所在的军舰以决定下一步的行动。戴高乐认为，与其冒着同法国全面开战的风险，倒不如取消行动，无论这么做会导致怎样的灾难性后果，斯皮尔斯支持这种观点。[68]欧文和坎宁安似乎对此表示同意，但这遭到伦敦的否决。第二天早上，当雾气最终散去时，他们再次展开行动。英国战舰"决心"号被鱼雷击中，于是坎宁安决定停止行动。

戴高乐摆出了一副最勇敢的面孔。第二天，他把法国军官召集到身旁，向他们简要通报了情况——他们要把这种情况告知人们。其中一名军官记下了他的发言：

"我们有理由希望我们在达喀尔的朋友能够协助我们的行动。不幸的是，维希政府比我们快了一步……战争中总会发生这种事情……好运不会一直眷顾我们……我不想看到法国人之间发生战争。"显然，这个解释未能神奇地把我们的痛苦转化为热情……但是，还有什么"更好的"话吗？他那严肃的表情、平静的语调对我们很有帮助。[69]

欧文也注意到了戴高乐的平静，他说戴高乐气度"非凡，因为他勇敢地接受了深深的失望，并立即准备提出建设性的建议"[70]。

戴高乐平静的外表鼓舞了他的追随者，但在这平静的外表下，他的内心深受触动。当舰队再次停靠在弗里敦时，他把自己关在闷热的船舱中，

第二章 流亡

开始阅读源源不断的电报,其内容是世界各地报道"达喀尔惨败"的新闻提要。毫无疑问,这次严重的挫折可能对他的声望造成致命打击。戴高乐后来透露,有那么一两次他曾考虑过自杀。20世纪60年代,他在和一位部长谈论皮埃尔·科尔内耶(Pierre Corneille)时,突然说了一句令人吃惊的话:"在达喀尔时,我坐在帆布躺椅上,望着蔚蓝的天、湛蓝的海,即便舰桥上有遮阳棚,但依旧酷热难耐,我觉得一切都失去了。我可以告诉你,当时我想到了自杀。"[71]戴高乐是一名天主教徒,而对于天主教徒来说,自杀是不可饶恕的大罪,他提到这种念头,可能是为了表明自己的绝望之情有多么深。达让利厄(他也是一个虔诚的天主教徒)还记得戴高乐来到船舱中探望仍在养伤的自己时的情形:"在我的铺位上,在军舰的引擎发出的嘈杂无比的声音中,我听到了这个痛苦的呼喊:'少校,你可知道我感到多么孤独。'"[72]

斯皮尔斯很担心戴高乐的精神状态:"他备受打击,这让我忧虑不已……他很勇敢,但事实证明,与其说他是个果敢的人不如说他是个果敢的赌徒。此刻他觉得前路茫茫。"法国人向法国人开火这一幕让戴高乐受到了极大的精神创伤,他"没完没了"地对斯皮尔斯说,他要带着一些人前往埃及。在那里,他可能会与东非的意大利人作战,向世界表明他的敌人是轴心国而非法国。斯皮尔斯认为,与之相反,戴高乐应该巩固自己在那些支持他的帝国殖民地中的地位:"问题是(在埃及)他招不到更多新兵……在这里他可以很容易地扩大力量、巩固他的地位……给塞内加尔的维希势力造成威胁。去埃及的话意味着他像布朗热那样,承认自己输了。"[73]布朗热将军是19世纪法国的冒险家,从未去过埃及,但他的确"承认自己输了",因为他来到布鲁塞尔,在自己情妇的坟前选择了自杀。如此看来,这个对比稍显突兀。但斯皮尔斯确实表达出了在达喀尔之战后,戴高乐那种深深的忧郁之情。

无论戴高乐有多么绝望,这种情绪持续的时间都很短。从9月28日他给妻子写的信中,我们看不出来他是个轻言放弃的人:"此刻,一切担子都已落到我的肩上。但忠诚之人依旧忠诚如斯,我对未来充满希望……

我非常想念你,在大轰炸期间,我一直在想着你和孩子们(这个词用的是英语)。"在他离开后不久,德国人就开始对伦敦进行密集轰炸。戴高乐还向妻子保证说,德国人已经输掉了不列颠之战,轴心国如今将把注意力转向非洲,美国人很快就会参战,"这是历史上最壮观的剧目,你那可怜的丈夫被推到了最前面,不可避免的是,他面临着针对舞台上的人发起的所有攻击。我们要坚决挺住,暴风雨终将过去"[74]。与此同时,他给留在伦敦的他的部队发电报说,尽管在达喀尔遭遇了惨败,但他"已下定决心继续战斗"——这说明他至少考虑过放弃。他的打算是要在法属赤道非洲"树立自己的地位",并创建一个中枢机构把殖民地联系在一起。[75]

冲破藩篱

当戴高乐离开弗里敦,乘坐水上飞机来到尼日利亚的拉各斯时,他的心情稍好了一些。他受到了当地总督的欢迎,并被安置在总督府中。在自己的小屋孤独忧思地度过了几天后,他的自信心增强了,因为有迹象表明英国人仍在把他当作一个有前途的人来对待。不过,尽管已经决定继续战斗,在达喀尔惨败后不久的戴高乐还是对自己会在法属赤道非洲受到何种待遇感到忧虑。他十分清楚,有些地方只是因为一系列宫廷政变——这有赖于勒克莱尔和他的同谋者的凛凛威风——才支持了他。这里没有出现支持戴高乐的群众运动。促使乍得殖民者这么做的动机不是爱国主义,也不是他们要向一个自己毫不了解的人效忠,而是他们可以通过英属尼日利亚向大英帝国出口产品。印度和太平洋上的几小片法国领地也属于这种情况,因为它们在经济上严重依赖英国——而不是因为戴高乐。[76]

10月7日,戴高乐来到喀麦隆的杜阿拉,为迎接他,勒克莱尔组织了一支仪仗队。这里出现了一场壮观的游行活动,人群欢呼雀跃,旗帜随风飘

第二章 流亡

扬，还有人高呼"法兰西万岁，戴高乐万岁"。戴高乐向伦敦报告说，帝国殖民地支持他的人数达1200万；两天后，他在给丘吉尔的电报中，把这一数字提高到了1400万。[77]这两个数字完全不真实。几个月后，自由法国的一份内部文件指出，这些地方的总人口数接近600万。[78]法属赤道非洲其实一直被人视为法属非洲殖民帝国的穷亲戚。自由法国的一位成员在提到乍得首都拉密堡时说，这里"到处是用波纹铁皮作屋顶的小屋，道路是泥土路，厕所的味道和腐肉的味道竞相争臭……这个悲惨的、不通电的小地方约有2万居民"[79]。这些地方也有可取之处。事实将证明，法属赤道非洲对盟国的作用出乎意料的大，因为它使得英国人在横跨非洲运输飞机和设备时，可以利用空运而非航运——那样将绕道更远的好望角。它让戴高乐拥有了北至撒哈拉、南抵利比亚南部边界的广袤土地，这为向意大利开战创造了条件。并且，它也提供了人力资源：这一时期自由法国的大多数士兵是从这些地方招募的黑人部队。但正如让·拉库蒂尔所言，法属赤道非洲的真正重要性在于"无地的夏尔"——之前他是个泰晤士河畔的擅自占地者——如今在名义上控制着法兰西帝国的大片领土。[80]世界上第一条以戴高乐的名字命名的街道出现在喀麦隆的雅温德，时间是1940年8月。不过，写标志牌的人却漏掉了一个字母"l"，之后它被笨拙地插了进来。拥有约4万人口（1500名欧洲人）的法属刚果首都布拉柴维尔成了自由法国的首都。这里有一台无线电广播发射机，它最终使戴高乐不再完全依赖于英国广播公司。尽管由于信号太弱，直至1942年底，法国的大部分地区仍然无法收听到它的广播内容。

在10月24日抵达自由法国的新首都布拉柴维尔之前，戴高乐从杜阿拉来到了拉密堡，就像帝王在巡行。10月18日他到来时，前一天来到此地的卡特鲁将军在机场迎接了他。这是继在杜阿拉受到热烈欢迎后，另一件给他带来鼓舞的事情。有过辉煌殖民生涯的卡特鲁比戴高乐的地位高得多。尽管两人作为战俘曾被关押在英戈尔斯塔德的同一间牢房，但我们对当时他们之间的关系知之甚少。当戴高乐在思索领导力问题并四处发表演说时，为保持思维敏捷，卡特鲁在翻译歌德的《浮士德》。戴高乐非常欣赏

六 反抗（1940年）

卡特鲁在法国托管地黎巴嫩和叙利亚的领导工作。1940年，作为法属印度支那总督的他被维希政府撤职，之后，他于9月17日来到了伦敦。这时，戴高乐已动身前往非洲，但他留了一封信，内容是邀请卡特鲁担负起寻求北非支持的责任，而这正是拿下达喀尔后的下个目标。[81]卡特鲁来到伦敦是一件大事，他很快得到了丘吉尔的接见。科尔维尔说："这是戴高乐要对付的最伟大的'名字'。"他也给贾德干留下了深刻印象："我与刚来这里的……卡特鲁进行了长谈。他比戴高乐出色，似乎相当不错。"[82]卡特鲁衣冠楚楚，带着几分花花公子风度，虽然嗓音高亢得出奇，有点故作风雅，但为人"相当不错"，与脾气暴躁、不苟言笑的戴高乐截然不同。卡特鲁很享受担任帝国总督所带来的富足生活，而他那令人生畏的妻子对此更喜欢，并且，众所周知的是，她渴望自己丈夫飞黄腾达。他带着数不清的行李和一群印度仆人来到伦敦。尽管在生活上爱讲排场，但他魅力四射、彬彬有礼、易于相处，这些或许都是英国人希望出现在戴高乐身上的品质。卡特鲁在回忆录中称，当与丘吉尔第一次会面时，他建议自己接管自由法国的领导权。无论这是否是真的，卡特鲁的意图无疑让当时士气低落的伦敦的自由法国感到担忧。卡尔顿花园的这个显得业余的组织没有给卡特鲁留下深刻印象。[83]本能地提防着每个人的戴高乐给卡特鲁写信，提醒他注意米瑟利耶（"他受到过批评，他有缺点，也有好的品质"），但同时他又给米瑟利耶写信，向他打听卡特鲁的消息（"卡特鲁在伦敦干什么"）。[84]在前往达喀尔的途中，戴高乐获悉丘吉尔自作主张地派卡特鲁去开罗执行一项任务，这让他大吃一惊。他对首相的失礼行为提出了强烈抗议——尽管斯皮尔斯劝他在电报中不要使用激烈的措辞——但他同时向卡特鲁保证，他的行为"绝不是针对你个人的，我对你完全信任"[85]。

所有这一切都意味着他们在拉密堡会晤前，戴高乐有理由保持警惕。[86]当戴高乐走下飞机时，卡特鲁向他行了个礼，并称自己将"服从你的指挥，将军"。当他们走向汽车时，戴高乐示意卡特鲁先走，卡特鲁向后一缩，指着衣袖上的星徽，示意戴高乐走在前面，在场的每个人都注意到了这个举措。一位五星上将对一位二星准将的效忠具有不可估量的象征意义，它成了自由法国的一个重要神话。卡特鲁后来解释说:"他是我的领袖,因为他是法兰西,我要为法兰西效劳。"戴高乐在回忆录中极为有趣地说:"无人不知此事的重要性……我觉得他在离开时比他到来时更伟大。"[87]事实上,卡特鲁可能觉得自己不具备开展戴高乐从事的那种事业所需的品性。但在之后三年,他们之间的关系总是很紧张,因为戴高乐热衷于挑起事端,卡特鲁则处事圆滑,两人在这方面格格不入。还有一个因素是反戴高乐主义的卡特鲁夫人——某位英国官员称她是法国的阿斯特(Astor)夫人——她那想让自己丈夫飞黄腾达的渴望,在接下来的四年里一直是英国媒体报道的主题。1941年初,丘吉尔的一名顾问说:"如果仁慈的上帝能让卡特鲁夫人闭口不言,那么我们觉得卡特鲁会给我们提供更大帮助。"[88]卡特鲁有时一定会想,他屈从于戴高乐的权威是否正确。

对于戴高乐来说,已无别的好消息了。英国外交部从达喀尔惨败中得出的结论是,或许有必要在不与戴高乐分道扬镳的同时,探索与维希政府达成妥协的可能性。[89]这并不是背着戴高乐进行的,但无论如何,这把他吓坏了。在英国人看来,来自维希政府的信号依然令人困惑。10月22日,一位法国学者路易·鲁吉耶(Louis Rougier)来到伦敦,他声称自己是贝当的非官方特使。这一看似鼓舞人心的事件与同一周希特勒——他结束了对佛朗哥将军的拜访,正在归国途中——和贝当在法国中部小镇蒙特瓦尔举行会晤这个事实自相矛盾。在这次会晤后,贝当发表讲话说,他准备与德国"合作到底"。从某种程度上说,蒙特瓦尔会谈可能对戴高乐有利,因为它表明人们已不必对维希政府抱任何指望。但这也增加了维希政府中的反德分子与贝当决裂并把希望集中到了魏刚将军身上的可能性,此人刚被任命为维希政府驻北非的代表。如果能够诱使魏刚与维希政府决裂,并把北非一并带走,那么他给予英国的好处将远大于戴高乐。

为了先发制人,戴高乐在发给丘吉尔的电报中警告说,如果魏刚有意这么做,英国人应该告诉他,他需要支持自由法国。戴高乐慷慨地表示,他会"不计前嫌"地欢迎像魏刚这样的人加入他的组织。[90]英国人深知魏刚"极其不喜欢戴高乐",因而他们意识到他不太可能接受戴高乐的任何条件。[91]贾德干不屑地说,这封"来自布拉柴维尔的电报可笑至极,它表明蠢驴戴高乐想要通过'召唤'魏刚来树立自己的威望。这恰恰是此刻戴高乐不应该做的事情"[92]。如果戴高乐的目标是把维希政府的领导人争取到英国一边,那他的确是头"蠢驴";但如果他要确保自己——而不是其他任何人——被公认为那些继续战斗的法国人的领袖,那他就不是"蠢驴"。如果魏刚归附,盟国或许将获益良多,戴高乐或许将遭遇失败。

10月27日,戴高乐进一步提高赌注,他在布拉柴维尔发表宣言称,由于"位于维希的政权""有违宪法并受制于敌人",因而"严格意义上的法国政府已不存在"。其结果是,他拥有领导法国人作战的"神圣责任"。为实现这一目的,他宣布自己正在筹建帝国防卫委员会(Conseil de Défense de l'Empire)并正在"以法兰西的名义"行使权力。他承诺会"向法国人民的代表解释他的行为"——当他们能够自由地选举出这些人的时候。几天后,他还宣布,他正在为那些出于爱国心而为法国的事业效劳的人设立一个新的奖章,即解放勋章。对于自由法国来说,这是它在没有实权的情况下象征性地承担起国家职能的一种方式。获得该勋章的人将被称作"解放战友",这块勋章由一个带有两条横杆的十字架附在一块青铜盾牌上构成。这个在历史上与洛林联系在一起的十字架成了自由法国的完美象征,因为洛林是集中体现了法国爱国主义思想的圣女贞德的出生地。[93]

英国人把戴高乐最近几周的行动看作是在对维希政府宣战,因此他们指示新闻界不要发表《布拉柴维尔宣言》。[94]但戴高乐开始以帝国防卫委员会的名义签署电报。他威胁称,任何试图与维希政府的反德分子达成协议的行为都将导致"严重的分裂"。[95]戴高乐如今似乎已不受控制。英国外交部一直对丘吉尔支持他的冲动决定持怀疑态度,它希望这将提供一个重新评估英国政策的机会。丘吉尔确实对艾登说过这样的话:"毫无疑问,像魏刚和诺盖斯这种人,在反省自己的错误行为时,他们老是念叨戴高乐的不服从,因而对我们态度强硬。"但他对戴高乐的信任丝毫未减。丘吉尔迫切地"邀请"戴高乐回到伦敦,因为他希望"近距离地向他说明所有这些

第二章 流亡

事情要比当他是一个遥远地方的君主时向他说明这些事情更容易一些"[96]。戴高乐犹豫不决。留在"法国"领土上的吸引力非常大,但伦敦是一切事情的中心。为了澄清某些事情,他同意返回伦敦,在这之后,他打算再回到非洲。

戴高乐还有最后一件未竟之事:加蓬是法属赤道非洲唯一一块尚未团结在他周围的地方。一场针对加蓬的军事行动于10月底实施,11月10日,维希军队的指挥官向勒克莱尔投降,并在四天后自杀身亡。这场军事冲突造成的总的死亡人数不大——维希军队这边约35人死亡,自由法国这边8人死亡——但它正是那种戴高乐在达喀尔竭力避免的维希政府与自由法国之间自相残杀的战争。戴高乐要求英国广播公司将之描述为一场小规模的"警察行动",但当他于三周后来到加蓬首都利伯维尔时,欢迎他的人寥寥无几。他在杜阿拉受到的狂热崇拜没有在这里重演。

"戴高乐"诞生

戴高乐在非洲度过的六个星期使他突然悟出了一个道理。多年后,他追忆了在杜阿拉时前来迎接他的欢呼的人群给他带来的影响:

> 数千人在高呼着"戴高乐、戴高乐"。在这之前,我在伦敦接触的都是单个的人,有部长、士兵等。但这里出现的是人民和民众的呼喊声。我突然第一次意识到我肩负着多么沉重的负担,我对所有这些指望戴高乐来解放他们的人负有多么大的责任……我此时意识到戴高乐将军已成为一个活着的传奇,他们已经塑造了他的某种形象。现在有一个名叫戴高乐的、存在于别人心中的人,他与我自己完全不同。从那天起,我就得和这个人、这个戴高乐将军打交道……我几乎成了他的囚徒。[97]

这并不仅仅是他对自己思想感情的回顾性重建。在当时写给妻子的一封信中,他模仿勒庞的话语表达了同样的想法:"无论从物质上还是从道德上看,我的任务都很重。人们必须接受——我会接受——这出剧目的所有后果,与它有关的事件使我成了主角之一。只有拥有最坚强意志力的人才能最终在现实中,以及在像绵羊一样的人群的心中取得胜利。"[98]就是从此时起戴高乐开始在回忆录中以第三人称称呼自己。"戴高乐"成为回忆录的叙述者——"我"——关注的一个人物。

戴高乐没有提及的是,与此同时,另一个"戴高乐"开始出现在法国的大城市中。在戴高乐第一次发表广播讲话时,他的话主要是说给那些身在英国而非法国的法国人听的。他在7月23日的讲话中确实曾呼吁法国人"采取一切手段消极抵抗",同时,他还在从非洲发给伦敦的电报中强调有必要为英国广播公司的广播节目"注入更多活力",并煽动法国人抵抗。[99]但这并不是一种明确的想法,戴高乐对之后三年将会发展起来的"抵抗运动"毫无概念,其他人同样如此。戴高乐的目标是在法国之外建立一支能够与盟国共同发挥作用的军队。但值得注意的是,他的名字很快就在法国国内流传开来。

自7月中旬以来,英国广播公司开始在夜间播出一档时长半小时的节目,名为《法国人对法国人说》。它由一群直接为英国人工作的法国记者负责。他们的目标是同维希政府打宣传战,而不是专门支持戴高乐。他们之中的一些人(如皮埃尔·马约)对戴高乐持相当怀疑的态度。除了《法国人对法国人说》之外,自由法国得到了五分钟的广播时间。起初,在伦敦的任何人都不知道法国是否有人在收听。这些广播节目犹如石沉大海。但逐渐地,出现了一些从法国寄往伦敦的信件,有的仅是写着"伦敦BBC"收。[100]这些信件是通过西班牙和瑞士边境偷运而来的,并且通常是匿名信,有些写信人为掩盖自己的身份,写信时用的是大写字母。一封落款为8月4日的信件在开头写道:"8点15分,全家人安静下来,我们都沉浸在英国人以及我们自由法国的广播声中……一条看不见的线把我们和你们连接在一起。"[101]

第二章 流亡

很少有听众会注意这两个法国广播团队之间的细微差别。大多数听众仅知道"戴高乐"这个神秘的名字。由于这个原因,当早期抵抗者写下第一张反对占领者的传单时,他们就把自己与戴高乐的名字联系在了一起。11月11日,大约3000名学生在凯旋门举行示威活动,这是巴黎第一次出现公然反抗德国人的行为。他们高呼"戴高乐万岁""法兰西万岁",还有一些示威者带了两根渔竿。[1]102 12月,一份流传甚广的传单模仿着主祷文在开头写道:"我们在天上的戴高乐……愿你的旨意行在地上。"

戴高乐不是个天生的演说家,但他古怪的演讲方式和用词使他的演讲给人一种别样的感觉。他的声音忽高忽低,这种奇怪的方式让他的话语显得断断续续的。103 巴黎律师莫里斯·加尔松——尽管他强烈反对贝当——在日记中抨击了戴高乐的演讲,这篇日记准确地表现出他是如何不按照正常的修辞规则来讲话的:"这个可怜人的声音一点也不动听,他总是读错重音。"104 演讲的效果取决于所传达的信息在思想方面的清晰性,以及话语中所包含的情感力量,而不在于演讲方式。

戴高乐并非在自由法国的广播时段最经常讲话的人。最经常讲话的是莫里斯·舒曼,他在战争期间讲了上千次。戴高乐本人只发表过67次广播讲话,在前往非洲之前,他讲了20次,这是他最频繁地发表讲话的一个时间段。在11月返回伦敦至当年年底,他又发表了五次讲话。因而,从1940年6月至12月这六个月中,他总计发表过25次讲话。自此之后,他讲话的频率越来越低,并且,他只在重大时刻才发表讲话。1941年,他发表了15次广播讲话;1942年则是18次。但是,他的名声一旦树立起来,相对较少的讲话次数使得他的那些讲话显得更有分量。正是在这一时期,在法国出现任何有组织的抵抗之前,戴高乐认为自己似乎是唯一一个发出这种公众声音的人:他对未来提出了另一种看法,这种看

---

[1] 在法语中,"两根鱼竿"(deux gaules)与"戴高乐"(de Gaulle)谐音。——译者注

法与贝当的不同。如果说几乎没有人曾听过"6·18"的广播，那么不久后却变成了几乎人人都听说过它。

维希政府和巴黎卖国主义媒体的宣传，也有助于建立起戴高乐神话。[105]1940年8月，戴高乐因叛国罪被判处死刑；12月，他被剥夺国籍。除此之外，维希政府不知道该拿他怎么办。为了打压他，贝当从未在讲话中提到过他的名字，但人人都明白当元帅说到"持不同政见者"时指的是什么意思。维希警方开始称那些因从事颠覆活动而被逮捕的人为"戴高乐主义者"。从这个意义上说，"戴高乐主义"在一定程度上是由戴高乐的敌人创造出来的。身在巴黎的那些法国的极端通敌卖国分子——他们认为维希政府对德国的态度过于冷淡——在对待戴高乐时表现得不如维希政府那般克制。他们对他进行了直接的辱骂。这种宣传的总方针为他是一名目的在于摧毁法兰西帝国的英国雇佣兵。在一幅海报上：达喀尔的一名法国水兵在向一艘小船开火，船上坐着的有手握渔竿、正在钓鱼的丘吉尔和一个阴险的、把目光越过他的肩头向前看的犹太人，并且，这根渔竿的末端还挂着充当诱饵的戴高乐。

在宣传海报上，戴高乐的脸总是被广播话筒遮挡着——他常被称作"话筒将军"——对于漫画家来说，这解决了描绘一个特征未知的人的问题。有些漫画家把他画得很高，有些把他画得很矮；有些给他画了个大鼻子，有些给他画了个小鼻子；有些把他画作三星少将（这是在提拔他），有些把他画作二星准将（这是正确的）。这种反戴高乐主义宣传的一个特点是，它创造了一个完全虚幻的戴高乐形象，把他描绘成一个戴着单片眼镜、挎着一把剑、矫揉造作的旧式骑兵军官，从而暗示出他是个对法国人民真正关心的问题毫不在乎的、反动的、毕灵普上校式的（blimpish）人物。由于在法国收听英国广播公司的节目是一种应受惩罚的犯罪行为，所以收听戴高乐的讲话必须秘密进行。这让戴高乐通过电波与法国民众建立的关系更加深厚，几乎带有宗教色彩。

第二章 流亡

▲ 丘吉尔在钓鱼。上面写着:"跟着那个'戴高乐'毫无前途,先生们。""Gaule"在法语里指渔杆

▲ 维希政府的宣传机构把戴高乐描绘成了话筒将军,围在他旁边的是一群阴险的犹太人

在12月回到伦敦后,戴高乐决定检验一下自己在法国的声望。他呼吁人们在元旦那天的下午2—3点之间在家待一个小时。这是他第一次向法国人民发出让他们采取行动的正式呼吁。我们很难判断这项倡议是否成功。由于1月1日是假期,并且那天很冷,因而无人知晓如果人们待在家里的话,他们这么做的原因是什么。[106]但戴高乐凭直觉意识到,在法国,围绕他的名字正在形成一个神话——并且,他可以利用它为己谋利。

截至1940年底,戴高乐既在某些地方取得了成功,也在某些地方遭遇了失败。他获得了一片法国殖民地作为根据地,但帝国的大部分地区依然效忠于维希政府;他确保了英国政府对他的支持,但未能说服它与维希政府彻底决裂;他召集了一群追随者,但人数没有达到他的预期。神秘的"戴高乐"在法国的出现将证明是他最强有力的武器。英国人很快就会发现,像弗兰肯斯坦一样,他们创造出了一个自己无法控制的怪物。

七 生存（1941年）

伦敦的冬季

1940年11月17日，戴高乐回到伦敦，这是他第一次来这里过冬——在非洲被誉为英雄之后，这是一段令人沮丧的经历。他曾认真考虑过一直留在布拉柴维尔，但这引起了英国人的警惕，因为他们想让他待在可以监视他的地方。这种情况也引起了他的伦敦的追随者的担忧，这些人迫切需要他回来。在卡尔顿花园流传着这样一个玩笑话：戴高乐表现得像个非洲君主，特别是当从布拉柴维尔传来设立解放勋章的消息时。[1]

戴高乐不在时，尚处于萌芽阶段的伦敦的自由法国组织一团混乱。由于担心自己的权威受到威胁，戴高乐把自由法国的管理权交给了安托万、米瑟利耶、帕西（Passy），他们形成了一个非正式的三头执政局面。表面上看，安托万似乎有必要的行政经验，但事实证明，他粗暴无礼，不通世故，并不知羞耻地炫耀自己的极右翼观点。他与同样粗暴无礼的安德烈·拉巴尔特（André Labarthe）不断发生激烈的争吵。拉巴尔特受戴高乐的委派负责武器采购，由于他拥有科学背景，并在重整军备问题上担任过人民阵线的技术顾问，这似乎是一个自然的选择。但拉巴尔特既是一个聪明绝顶、玩世不恭的健谈之人，又是个幻想家——他是否真的具备他所宣称的所有科学素养仍然是个谜——还有可能是个苏联间谍。他不可避免地会同安托万发生激烈争吵。同样的情况也出现在米瑟利耶身上，作为第一个追随戴高乐的高级官员,让他感到不满的是,他并不是唯一的负责人。德瓦弗兰(化名帕西,后来人们总是用这个名字来称呼他)试图在两人之间进行调解,但由于他只是一名30岁的上尉,因而他缺乏这么做的权威。达喀尔远征失败后,米瑟利耶开始更大程度地施展自己的影响力。当戴高乐收到安托万的来信时,安托万在抱怨米瑟利耶;当收到米瑟利耶的来信时,米瑟利耶在抱怨安托万;当收到帕西的来信时,帕西在抱怨上述两人。[2]戴高乐对米瑟利耶严厉地斥责道:"你的行为让我极其不满……我命令你关注军事问题。"[3]

这些争吵加剧了英国外交部官员对以下问题的怀疑,即他们想知道支持戴高乐是否正确。有报道称,"戴高乐的总部糟糕透顶",并且,如果事情得不到解决,它将对丘吉尔造成恶劣影响。[4]对于诸多身在伦敦并与戴高乐保持距离的法国人来说,这为他们发出的那种反戴高乐的抱怨提供了论据。在这些人中,有一个名为罗歇·康邦(Roger Cambon)的法国前大使,此人在伦敦是个知名人士,深受英国人的尊敬。康邦的公寓成了伦敦的法国流亡者的聚会地,他们一直在向英国人灌输反戴高乐主义思想。

在法国战败后的几个月里,有人在伦敦创办了两份重要的法语刊:一份名为《法兰西》的日报,一份名为《自由法兰西》的期刊。《法兰西》的主编是记者夏尔·贡博(Charles Gombault),此人在与戴高乐第一次会面后就认为,他遇到的是另一个布朗热将军。尽管1940年8月第一期的《法兰西》刊登了戴高乐的一篇文章,但除此之外,它一直与戴高乐保持着距离。不过,它从未公开抨击过他。《自由法兰西》创刊于1940年11月,这是一份评论性杂志,每月出版一期,刊登的都是一些学术严谨性很强的重量级文章。它由安德烈·拉巴尔特创办,此人已停止与戴高乐进行任何正式的合作,但实际上并未与他决裂。这份杂志主要的撰稿人之一是年轻的哲学家雷蒙·阿隆,他在战后成了法国最著名的公共知识分子之一。尽管取名为"自由法兰西",但《自由法兰西》与自由法国没有正式联系,并且它与戴高乐保持着一定距离。只有熟悉内情的人才能找出这些出版物与自由法国之间的细微差别——就像只有熟悉内情的人才能找出英国广播公司中的两个法国广播团队之间的细微差别一样。然而，刚来到伦敦的法国人却陷入这种充满猜忌和流言蜚语的痛苦的移民环境中。

这种氛围给9月来到此地的卡特鲁留下了不好的印象。它给当时也在伦敦的加斯东·帕莱夫斯基（Gaston Palewski）带来了类似的影响。作为保罗·雷诺的政治助手，帕莱夫斯基在战前就认识戴高乐，并对他很尊重，很少有人在这方面有像他这样的经历。1934年，当雷诺与戴高乐首次晤面时他就在场。法国战败后，帕莱夫斯基来到伦敦为戴高乐效劳。与大多数追随戴高乐的人不同的是，他对英国非常了解，因为他在牛津大学接受过一年的教育。这段经历让他认识了很多英国人，并让他领略了英国上层社会的生活方式。帕莱夫斯基善于交际，为人势利，富有魅力，尽管他长着一张麻子脸，却是个花花公子。不过，他也非常爱国。像戴高乐一样，他在1940年对上司雷诺感到失望，并曾在波尔特夫人手中吃过苦头。仅就他在英国的人脉而言，他正是戴高乐需要的那种新成员。但卡尔顿花园表现出的"缺乏组织性和相互诋毁"的情形让他感到震惊，他怀疑自己是否作出了正确的选择。在等待将军归来，并与卡尔顿花园保持着距离的同时，他同英国人进行了多次接触。让英国外交部的奥姆·萨金特（Orme Sargent）最终感到宽慰的是，他遇到了"一个了解戴高乐的人"。[5]帕莱夫斯基对另一个英国官员说，戴高乐的帝国防卫委员会"可笑至极"，他应该"抛弃建立黑人王国的想法，并挽回他那受损的军事威望"[6]。戴高乐回来后，帕莱夫斯基很快就克服了自己的疑虑，并成为一名极为忠诚的戴高乐的支持者。一个如此支持戴高乐的人都曾在投身这项事业之前有过犹豫，这揭示出在最初的几个月里，伦敦的自由法国有着怎样的名声。[7]所有这些都无助于戴高乐赢得英国人的信任，他们发现他与那些他们之前认识的较为随和的法国人大不相同。1941年9月，一名法国公务员埃尔韦·阿尔方（Hervé Alphand）从华盛顿过来为戴高乐效劳。这时，英国财政部的一位忧心忡忡的官员立马告诉他："戴高乐不是个'圣人'，他需要有人向英国人解读他。"[8]事实上，他同样需要有人向法国人"解读"他。

戴高乐面临的部分问题是，他的身边缺乏有经验的人。在自由法国成立初期，他经常说的一句话是："我不得不用火柴棍把这一切建立起来。"[9]他对普莱文完全信任，一回到伦敦，他就把他从非洲召唤了回来。在自由法国成立初期，每当出现问题时，他总是说"找普莱文去"。[10]但普莱文不可能无处不在。

戴高乐本人对组织细节从未表现出过多兴趣。正如他在《剑锋》一书中所设想的那样，处理这些问题并不是领袖的职责所在：领袖要"志存高远，着眼大局……要表现出对偶然事件的蔑视，并让民众解决细节问题"[11]。埃捷·德·布瓦朗贝尔在谈到为戴高乐效劳时说，他在本质上是一部"思考机器……他一下达命令，就认为它们已得到执行"。同一时期，另一位顾问指出，"行政问题让他烦得要死"。当被告知他的部属中发生了争吵时，他的反应是"让他们自己解决（qu'ils s'entendent）"[12]。帕西是个很能干的组织者，但不是个知识分子，他在回忆录中遗憾地指出，戴高乐特别欣赏那些"有能力用华丽辞藻玩弄一般概念"的人。这解释了他为什么一直对拉巴尔特出奇地宽容。[13]

但无论戴高乐多么希望跻身知识分子之列，他都不可避免地要面对一些恼人的情况，如部属之间的个性冲突和组织细节问题。这使他比平时更难共事。战前曾供职于船舶工业的年轻工程师雅克·宾根（Jacques Bingen）就有过这种遭遇。[14]宾根的工作经历使他顺理成章地成为法德签署停战协定时恰巧停泊在英国的法国商船队与英国政府之间的联络人。他隶属于英国海运部，并决定不会正式加入自由法国。他与戴高乐的接触不太可能会改变他的以下看法："我对我们伟大的领袖完全不抱幻想了（要对他进行彻底的精神分析才行），他表现得像个独裁者，却是个无能的独裁者……在我看来，同他进行真诚合作似乎是不可能的。"[15]帕西对戴高乐花了很长时间才让卡尔顿花园恢复秩序也感到失望，他说："关于组织的运转，根本没有什么明智的决定。同时，别人对此难以置喙。"包括帕西在内的每个人都被他视为"白痴"和"笨蛋"。[16]

不仅戴高乐的领导风格在伦敦造成了麻烦，同时他的那种军事指挥风格也让人们感到不习惯。拉米纳从非洲写信抱怨说："你的权威毋庸置疑，

七 生存（1941年）

我们反对的是你行使权威的方式。"[17]卡特鲁对戴高乐的专横跋扈极为恼火，以至于在1941年2月递交了辞呈。英国人对此很担心，他们认为失去卡特鲁是"灾难性的"，但他们不敢插手此事。[18]戴高乐成功地说服卡特鲁收回了辞呈，但他没有表现出真正的歉意："如果你坚持拒绝为自由法国效劳，这将是一种半途而废的做法……你的伟大之处在于无条件地、坚定地作出你的贡献。"[19]

此时的戴高乐远离妻子孤身一人，这种情况难以让他的心情变得好起来。在他们来伦敦的最初几个月，在戴高乐前往非洲之前，这对夫妇在伦敦东南的佩茨伍德（布罗姆利区）租了一幢房屋。这座相当丑陋的仿都铎式乡间别墅——戴高乐对周遭环境毫不在意——的优点是价格相对便宜，家具齐全，并且交通还算便利。戴高乐每天乘火车或汽车前往卡尔顿花园，汽车是卡地亚公司的伦敦董事阿尔弗雷德-艾蒂安·贝朗热（Alfred-Etienne Bellanger）送给他的，此人（连同索拉）是伦敦的法国社区中为数不多的支持戴高乐的人。但是，由于佩茨伍德紧挨着一个重要的铁路枢纽，在德国对伦敦发起空袭后，这一地区就遭到了定期轰炸，并且它还位于德国飞机进一步向北飞行的航线上。持续不断的空袭警报和爆炸吓坏了安妮·戴高乐。当丈夫前往非洲后，伊冯娜·戴高乐在远离轰炸的什罗浦郡（Shropshire）的埃尔斯米尔（Ellesmere）找了个房子，并且，这里距离戴高乐的另一个女儿伊丽莎白就读的位于什鲁斯伯里（Shrewsbury）的修道院学校也很近。这个新居所的缺点是它离伦敦太远，戴高乐只能一个月过来一次，他在这个时候居住在格罗夫纳广场的一间公寓中。对于伊冯娜·戴高乐来说，这几个月她过的是离群索居的生活，物质上也很匮乏，由于身边都是不认识的人，再加上和丈夫的联系很少，她感到很孤独。从这个很少抛头露面的女人对米瑟利耶上将（在所有人中只对他说过）说的话中可以看出，她在这段时期过得多么煎熬："收不到信件让我很痛苦，可我又不希望我的丈夫无所事事。"[20]戴高乐绝不会向任何人吐露这种秘密——并且肯定不会对米瑟利耶说——但妻子不在身边或许也会让他感到心烦意乱。

戴高乐在过新年时来到了埃尔斯米尔，他来这里的次数屈指可数。这时，他从电话中得到了一个令人震惊的消息：米瑟利耶已被英国人逮捕。他们的情报部门从收到的文件中获悉，米瑟利耶是个叛徒，是他把攻击达喀尔的秘密泄露给了维希政府。事实上，整件事是那些在自由法国情报部门工作的无赖分子编造出来的。在搜查米瑟利耶的个人物品时，除了发现一些毒品外，根本找不到他犯罪的任何证据。[21]戴高乐回到伦敦后，为这位海军上将进行了积极的辩护，尽管私下里对他持保留意见。极其尴尬的英国人很快把米瑟利耶释放了。戴高乐的最大抱怨是，英国人在未提前通知他的情况下就插手了法国人的事务。

这次关于米瑟利耶的小危机很快就过去了，它除了激起戴高乐对英国情报部门的怀疑外，并未留下任何痕迹。导致摩擦的原因还有很多个。1941年初，英国内政部设立了一个爱国学院（Patriotic School），来自敌占区的外国人要在这里接受盘问。戴高乐正确地认为，英国人正在抓住机会为他们自己招募法国新兵。1940年7月，为了在欧洲沦陷区组织反抗德国人的破坏活动，丘吉尔设立了特种行动执行局，它的F处负责在法国采取行动。1941年3月，特种行动执行局又成立与自由法国合作的RF处。没有其他办法把特工送往法国的帕西需要与特种行动执行局建立良好的合作关系。戴高乐认为帕西过于信任英国人。他的怀疑是对的。1940年12月，特种行动执行局的一道内部指令称，F处应该了解自由法国正在做的一切事情，但自由法国不应对特种行动执行局在法国采取的行动有任何了解。正如特种行动执行局局长格宾斯（Gubbins）少将在两个月后所言："如果说英国人提供了小提琴的话，那么他们也应该选择演奏什么音乐。"[22]帕西逐渐接受了戴高乐的观点，但他仍然不得不与英国人合作。

这种与英国情报部门的紧张局势尚未给戴高乐与丘吉尔的和谐关系蒙上阴影。然而，过于依赖一个人的心血来潮——即便他是首相——也是危险的，因此，戴高乐试图同英国的其他决策者建立联系。他甚至开始学习英语。在英国广播公司工作的一个毛里求斯人德·瓦朗斯（de Valence）先生承担了这项教戴高乐学英语的不值得羡慕的任务。[23]事实上，在那个时候，大多数英国精英分子都能说一口流利的法语，戴高乐无须经常练习他那蹩脚的英语（戴高乐声称查理五世在谈到英语时曾说："人们对男人说法语，对女人说意大利语，对马说德语，对上帝说西班牙语，但谁听说过有人说英语呢？"他偶尔喜欢引用这句话）。[24]

尽管戴高乐很少光顾如蜗牛餐厅、法兰西埃酷酒店、普吕尼耶餐厅、金鸡酒店、玫瑰家园、圣詹姆斯宫的法国小俱乐部、苏活区的玫瑰之家和约克大教堂酒店（今天的法国饭店）等餐饮场所——在这些地方，自由的法国人聚集在一起，重新创造出一个他们留在法国的那个世界的微缩模型——但他经常和英国的政界人士、公务员和记者在高档酒店和饭店共进午餐，如海德公园酒店、萨沃伊饭店、里兹饭店、华尔道夫饭店、康诺特饭店等。战争期间，英国的精英分子喜欢在这些地方谈论事务。对于戴高乐来说，这些都不是社交活动——交际甚广的布瓦朗贝尔曾邀请他和他的那些身居高位的英国朋友一起去乡下度周末，但被他拒绝[25]——真正的社交活动是在威斯敏斯特宫、白厅和新闻媒体中培养支持者，从而推动自由法国事业发展的机会。1941年1月，本着同样的精神，他在福伊尔文学午餐会上发表了讲话。尽管有报道称戴高乐的午餐伙伴经常觉得他"难以相处"，但当戴高乐心情放松时，他其实是一个富有魅力的午餐或晚餐伙伴。[26]

曾于1月16日与他共进晚餐的印度事务大臣里奥·艾默里（Leo Amery）写道："乍一看，他并不引人注目，他个子很高、脑袋很小，看上去相当年轻，但他似乎有着极其准确和敏锐的判断力。"大约三周后他们再次会面，他又写道："这是个令人愉悦的夜晚。戴高乐的谦逊和良好的判断力越来越让我惊讶。"[27]很少有人说戴高乐谦逊。有一次，他邀请英国国家美术馆馆长肯尼斯·克拉克（Kenneth Clark）共进午餐。戴高乐（他对任何触及法国利益的事情都保持着警惕）曾给他写信抱怨说，自己没有获邀参加在国家美术馆举办的法国画展。令克拉克惊喜的是，他发现自己面对的是一个更愿意谈论柏格森而非政治的知识分子。[28]工党政治家、经济作战大臣休·道尔顿（Hugh Dalton）曾多次与戴高乐共进午餐。1940年7月，在他们第一次共进午餐时，道尔顿觉得他"不是个吸引人或具有浪漫色彩的人物，相当拘谨，像是个参谋而非总司令"；四个月后，在第二次共进午餐时，戴高乐（他可能说了一些迎合谈话对象的话语）谈的是"左翼的东西"，似乎"非常明智，从善如流"；在康诺特饭店第三次共进午餐时，他"有点难以相处……我觉得戴高乐希望让自己看上去像个地道的英国人，他点了一份用英国方式烹饪的煎得很熟的牛肉"。[29]

供职于新闻部的哈罗德·尼科尔森（Harold Nicolson）对他的看法也摇摆不定：

> 1941年1月20日：与戴高乐共进午餐。第一次见面。指责我所在的部门里都是贝当分子。我说我们正在为"整个法兰西"效劳。他咆哮道："整个法兰西……就是自由法国，就是我。"他流露出疲惫且并非完全善意的目光。我不喜欢他。
>
> 1941年2月27日：同戴高乐、米瑟利耶共进午餐。和戴高乐聊了很多。不那么不喜欢他了……他流露出疲惫、沉思，但并非不友善的目光。奇怪的是，他有一双柔弱的手：并不是像女人的手那样，只是看不到血管和肌肉。[30]

尼科尔森并非唯一一个评论戴高乐双手的人。

戴高乐很少有机会见到丘吉尔本人，但在这一时期，两人的关系比较和谐，3月初的一个周末，他还做客了首相别墅。在英国这一方，经常同他接触的有两个人。其中一人是丘吉尔的特别顾问德斯蒙德·莫顿（Desmond Morton）上校。20世纪30年代，莫顿在秘密情报局工作时，曾向丘吉尔提供过关于德国的情报信息（他的住处距离丘吉尔的家查特韦尔庄园非常近），丘吉尔当上首相后，马上把他招入了自己的私人秘书处。他的职责包括处理与各国流亡政府及自由法国的关系。莫顿是最早同戴高乐接触的人之一，因为他曾参与起草法英联盟计划。令人好奇的是，他在那个时候称戴高乐是个"大骗子……另一个马克斯·比弗布鲁克（Max Beaverbrook）"——这似乎是一种赞美。莫顿与丘吉尔的私人关系招致了白厅的不满，当更为传统的官僚程序取代丘吉尔的那种喜欢利用亲信行事的习惯后，他的影响力随之减弱。这给莫顿对戴高乐的看法带来了影响。当丘吉尔对将军的好感开始下降时，莫顿似乎觉得，赢得丘吉尔宠信的最好办法是激起他对戴高乐的怀疑。[31]

另一个经常同戴高乐接触的是斯皮尔斯，此人依然是派驻自由法国的官方使团，即斯皮尔斯使团的负责人。但在达喀尔之战后，斯皮尔斯和戴高乐的关系开始出现裂痕。这种情况是不可避免的，因为斯皮尔斯认为是自己创造了戴高乐，对此，即便是不如戴高乐敏感和骄傲的人也很快会表现出反感情绪——他也很快对同样自命不凡的法国研究所所长德尼·索拉心生厌恶。戴高乐一回到伦敦就给丘吉尔写信说，由于自由法国已不再"仅仅是一场'运动'"，还是一个"领土、军事和经济单元"，因而，最好让它与英国的有关部门建立起直接关系，而不是通过斯皮尔斯使团与英国交往。[32]尽管他这么做明显是要把自己从斯皮尔斯的监视下解放出来，但斯皮尔斯依然是白厅中戴高乐最坚定的支持者。1941年1月，斯皮尔斯在一份备忘录中说，英国人对戴高乐"忽冷忽热"是错误的：

> 去年6月，由于他当时还鲜为人知，许多人认为我们是在支持一个毫无希望的人，但如今他已成为世界人物。没有英国人的支持，他不可能取得这一地位，但这主要是因为他通过自身努力而得来的。他犯过错，我对此感到遗憾，但他仍是一个非常伟大的人。[33]

斯皮尔斯谴责道，任何试图拉拢维希政府的努力就像是"给一只被白鼬追赶的兔子喂生菜吃——最好的结果是浪费生菜，因为如果兔子心生感激，这似乎是不可能的，它就会任由白鼬摆布"。[34]他对戴高乐的支持并非完全出于无私。斯皮尔斯在白厅是个异类，他的影响力主要来自与丘吉尔的友谊。自由法国是他存在的理由。对权力归属有着敏锐洞察力的戴高乐可能已经意识到斯皮尔斯的支持虽有价值，但值得怀疑。

如果要问英国政府为什么对戴高乐"忽冷忽热"，那是因为戴高乐给它带来的好处太少了。英国人依然希望魏刚或维希政府的其他人能够转变阵营。预料到这种情况后,戴高乐于1941年1月在帝国防卫委员会的成员之间组织了一次磋商。由于这些成员分散在各地,因而只能通过拍发电报来进行磋商。他们需要讨论的是,在以下三种可能情况下自由法国应对贝当政府持何态度:

（1）它继续执行现有的中立路线;

（2）它迁往北非,但保持中立;

（3）它决定加入盟国。

对于第一种情况,大家一致认为:不排除同它进行非正式接触的可能（卡特鲁对此最支持,埃布埃和勒克莱尔最反对）,但不能在以下原则问题上妥协,即停战协定已使维希政府变得不合法。对于第二种情况,态度是相似的:除非维希政府重新参战,否则不要对它妥协。第三种情况最棘手:大家一致同意,如果真出现这种情况,有必要团结维希政府,但同时必须赋予戴高乐一个"重要的"（米瑟利耶的话）乃至"占支配地位的"（勒克莱尔的话）角色,或者简单来说,由他当国家元首（埃布埃的话）。[35]这在一定程度上都是戴高乐想听到的答案。但如果第三种情况真的出现,他就没有资格发号施令了。他十分了解贝当,并在1940年时密切观察过魏刚——"魏刚从来不喜欢冒险",他写道。戴高乐深信没有哪个重要的维希政府领导人打算同他联合,但他的前途取决于这个判断是否正确。[36]为了向英国表明他已采取了一切手段,他同意卡特鲁同魏刚和诺盖斯进行一些非正式的接触。魏刚对此作出了令人满意的回应（从戴高乐的角度来看）:如果戴高乐落入他的手中,他会把他枪毙掉。[37]2月24日,戴高乐亲自给魏刚写了一封短信,最后一次提议他们联合起来把帝国带入战争。他在最后写道:"如果你作出肯定答复,我保证对你充满敬意。"这种近乎侮辱的草率话语只会得到否定答复,或者根本得不到答复。让英国人感到遗憾的是,他要是能说得"更为友善和热诚一些"就好了。[38]戴高乐天生不善于表现出热诚之情,但在这件事中,这么做不利于他实现自己的目的。

戴高乐不辞辛劳地同帝国防卫委员会进行磋商的原因,不在于他想听取它的意见,而在于他需要它来巩固自己的合法性。要不然,帝国防卫委员会的成员会由于分布得太分散——勒克莱尔在利比亚沙漠、埃布埃在乍得、卡特鲁在开罗——而无法在自由法国的日常运转中发挥任何作用。为了避免去年秋季的混乱情况重演,戴高乐对卡尔顿花园进行了重组。帕西依然负责情报工作,米瑟利耶则主管海军。在戴高乐的主持下,各部门首脑一周会晤两次。当戴高乐再次离开伦敦时,这个协调角色被移交给了普莱文或卡森。卡森后来称这种早期结构是"政府的学徒期"。[39]然而,戴高乐手下的人仍然非常少。1941年2月,在卡尔顿花园工作的全部人员约有90个。[40]自由法国在很大程度上依然是在唱独角戏。戴高乐总是让人扮演私人秘书处主任、副官、总勤杂工的混合角色。最初,这个人是库赛尔,他一直干到参加自由法国在非洲开展的战斗为止;之后,这个职位交给了年轻的外交官克劳德·布奇内-塞勒尔(Claude Bouchinet-Serreulles),此人对戴高乐的崇拜夹杂着对戴高乐性格缺陷的失望。

卡尔顿花园的这个民间组织中有一个运转不良的部门,即戴高乐让帕莱夫斯基负责的政治事务部。戴高乐希望它通过与有影响力的法国人进行秘密接触,从而在法国创建一个自由法国的秘密组织。[41]这项计划的最终目的是在法国的每个地方建立秘密的自由法国委员会。在任何情况下,这都是一项极其雄心勃勃的计划。不过,考虑到戴高乐所设想的帕莱夫斯基负责的部门与帕西负责的情报机构之间的关系,它不可能实现。帕西负责的情报机构如今已被命名为法国中央情报与军事行动局(Bureau Central de Renseignements et d'Action Militaire)。戴高乐继承了军方第二局的传统,他把帕西的角色设想为收集军事情报,这一任务与帕莱夫斯基要完成的政治目标截然不同。1940年底,在英国的帮助下,帕西成功地把第一批特工送到了法国。这些特工的任务缺乏明确界定。他们不但收集"军事"情报,还在寻找反对维希政府和德国人的苗头。这意味着"政治"和"军事"目标之间的界限是模糊的,但戴高乐想要它们分割开来。

1941年2月,帕西试图说服戴高乐,让他来统领在法国开展的一切行动更合逻辑。这将使法国人与英国人的协作变得更容易,避免让英国面对两个完全独立的、都需要把人员运送到法国的组织。戴高乐不同意。帕西认为戴

第二章 流亡

高乐在实施"分而治之"的策略。这或许是事实,但从诸多方面看都像是个叛逆者的戴高乐却非常尊重政治活动和军事活动之间的传统划分,即使在这种前所未有的情况下这一划分毫无意义。这带来的结果是:帕莱夫斯基肩负着要完成的政治任务,但缺乏执行任务的特工;帕西手下有少数特工,但他们不被允许涉足戴高乐眼中的政治领域。帕莱夫斯基对这种难以忍受的处境心生沮丧,不久就要求前往国外以参加自由法国的军队。他的继任者是于1941年1月来到伦敦的外交官莫里斯·德让(Maurice Dejean)。由于完全相同的原因,和帕莱夫斯基一样,德让也没有取得成功。[42]

戴高乐在这个问题上的固执也反映出他并非真正相信在法国开展行动的重要性——除了宣传或获取情报外。这让帕西相当失望,他把办公场所从卡尔顿花园搬到了圣詹姆斯广场,后来又搬到了杜克街。布奇内-塞勒尔试图让戴高乐对帕西的活动产生兴趣,但收效甚微,"戴高乐偶尔会接见他半个小时……或者只是说一些'不错,不错,好好干吧'之类的话"[43]。从长远来看,这对帕西有利。在独自运作下,他把中央情报与军事行动局变成了自由法国的核心部门,一个将在未来成为微型国家的自由法国内部的微型国家。中央情报与军事行动局最终成为位于伦敦的自由法国与法国的抵抗组织之间的纽带。但虑事周详的戴高乐迟迟没有意识到这一点的重要性。在他看来,拯救法国这一使命将在世界舞台上完成——通过他所能组建的军事力量和他所能使之参战的法国属地。

"在我们的位置上,不进则退"

11月,在即将离开非洲前,戴高乐交给了拉米纳一系列雄心勃勃的军事指令,其中包括攻击维希政府控制的西非,以及向利比亚沙漠进军。他在最后写道:"没有商量的余地,我们必须前进。"由于大部分计划在没有英国人支持的情况下是完全不可行的,因而拉米纳对此置之不理。但对于戴高乐来说,细节并不重要,重要的是鼓舞他们的原则:"在我们的位置上，不进则退。"[44]

这与戴高乐不安分的性格，以及他那柏格森式的世界观相吻合。但他在以下问题上是正确的：如果自由法国想生存下去，他们必须表明自己"存在"于卡尔顿花园的争吵之外。鉴于他掌握的兵力很薄弱，因而这个目标不容易达到。自11月占领加蓬以后，自由法国在军事方面建树不多。当英国人在东非同意大利人鏖战时，自由法国的一支部队被派去和英国人并肩作战。1941年2月，它以阵亡16人、受伤39人为代价，占领了厄立特里亚的库布库布堡。与达喀尔和加蓬的战斗不一样的是，这是自由法国的军队首次同轴心国作战。勒克莱尔率领一支约400人的、只有极少机械化运输工具的纵队从乍得出发，穿越2000千米的沙漠进入利比亚南部——这是三个月前戴高乐给拉米纳设定的目标之一。勒克莱尔通过此次行动于3月1日占领绿洲城市库夫拉。这一事件比占领库布库布堡引起了公众更大的关注，因为这是自由法国独自开展的行动。自由法国创立初期的一个传奇故事是勒克莱尔于1941年3月3日在库夫拉立下的"誓言"：在从德国人手中夺取斯特拉斯堡之前，他不会放下武器。对自己领袖的心思逐渐有所了解的拉米纳建议戴高乐不要在库夫拉驻军问题上与英国人产生任何矛盾。他说，那里除了可以作为"我们战斗意志的象征"之外，只有"一堆毫无意义的鹅卵石"。[45]

戴高乐对象征的重要性极为敏感，但当他于3月14日再次离开伦敦、前往他的非洲领地时——陪伴他的还是斯皮尔斯——他没有把目光放在那堆鹅卵石上。他有两个目标。第一个是法国在东非的吉布提港。吉布提港位于红海入口处，具有重要的战略地位，当地总督是个效忠于维希政府的人。由于英国人正在东非与意大利人作战，戴高乐看到了一个让他们对占领吉布提的行动感兴趣的机会。他提议英国人封锁该港口，迫使法国总督投降，并让自由法国占领此地。英国驻中东部队的司令官韦维尔（Wavell）将军更愿意与那位效忠于维希政府的总督达成协议：只要他保持中立，就不会找他麻烦。戴高乐被这种他眼中的绥靖政策激怒了。他气势汹汹地给身在开罗的卡特鲁发电报说，吉布提事件将成为一个检验英国人对维希政府态度的事件。他还说："无论通过何种方式，我们都会取得那种结果。"[46]事实上，维希政府对吉布提的控制一直持续到1942年底。

法国的托管地叙利亚和黎巴嫩是自由法国的另一个、同时也更重要的目标。[47]卡特鲁在开罗的最初使命是把维希政府在中东的指挥官登茨（Dentz）将军争取过来。当意识到这种情况不可能发生时，卡尔顿花园又有了新的想法。自由法国将通过承诺当地民众得以获取独立来煽动这里的反法叛乱。一旦登茨的权威遭到削弱，英法联合发起的小规模行动就能将他推翻，从而让叙利亚和黎巴嫩加入到盟军阵营。[48]卡特鲁对此泼了一瓢冷水。他意识到，英国人并不在乎维希政府是否掌控着其在中东的领地，只要这些地方没有落入德国人手中。否则，英国人宁愿维持现状。他的结论是："自由法国必须屈从于这一政策。对自由法国来说，夺回黎凡特将遇到暂时无法克服的障碍。"[49]很难想象这种行动方案——或者说不劳而获的方案——不会吸引戴高乐。

像在吉布提事件中一样，戴高乐还需要说服韦维尔。韦维尔管辖着从埃及到巴勒斯坦和伊拉克、从波斯湾沿岸到苏丹的一大片土地，早已不堪重负。他在利比亚抗击意大利军队时取得了一些胜利，但1941年4月希特勒向北非派了两个师以支援墨索里尼。韦维尔还在东非同意大利人作战，5月，伦敦命令他向希腊派出军队，因为英国人认为德国将很快进攻这个地方。在这种情况下，他最不愿做的就是在中东开辟另一条战线。

戴高乐于4月1日从拉米堡抵达开罗后，马上就去见韦维尔，正如他所说："突然地……冒昧地、急匆匆地……闯入他那狭小而又闷热的办公室。"[50]他的目的是说服英国人，使其让叙利亚和黎巴嫩留在维希政府的手中是有风险的。韦维尔不为所动。促使他坚持己见的一个事实是，自由法国内部在如何最好地行事方面存在分歧。戴高乐倾向于让自由法国在获得英国人尽可能少的支持的情况下采取行动。勉强同意有必要在叙利亚开展行动的卡特鲁认为，任何行动都需要英国人的大力支持。[51]韦维尔的态度让斯皮尔斯和戴高乐感到担忧，他们认为坚持让英国人参与其中很有可能导致到最后一事无成。但自由法国有足够的力量单独行动吗？英国驻开罗大使迈尔斯·兰普森（Miles Lampson）在与韦维尔的一次重要会谈中指出：

"戴高乐对自由法国完全是在英国人的帮助下得以运转的任何说法都极其重视。"[52]戴高乐最具说服力的观点是，如果德国在中东获得立足点，那么英国的利益将受到威胁。尽管维希政府据称是中立的，但贝当政府可能无法抵抗德国人的压力。鉴于韦维尔已不堪重负，他宁愿冒这个险。

由于没能使韦维尔作出让步，戴高乐于4月16日携斯皮尔斯奔赴布拉柴维尔，留下卡特鲁来推动这次行动。戴高乐忧心忡忡地从布拉柴维尔给卡特鲁写信说，如果英国人不愿施以援手，自由法国人将死去，"如果他们死了，法兰西民族将不会原谅英国，并且，出于愤怒和绝望，它将被迫同德国合作"[53]。戴高乐对英国进行了一番猛烈抨击，宣称他不会允许英国飞机降落在乍得拉米堡的小型机场，这个机场对于从尼日利亚飞赴苏丹的英国飞机来说，是一个非常有用的停靠点，如此一来它们就不必绕道遥远的好望角。斯皮尔斯迫使戴高乐放弃了这种毫无意义的报复行为，但另一个类似事件的出现将最终导致两人之间彻底疏远。[54]英国驻布拉柴维尔总领事罗伯特·帕尔（Robert Parr）发现戴高乐"极度疲惫……十分沮丧"。由于英国人似乎"不重视他发起的运动在道德层面的意义"，因而他不知道自己的职责所在，"他说自己是唯一一个肩负这一责任的人，而且这种负担已经超出他的承受能力"。尽管他"极为灰心丧气"，但他不想回到伦敦，因为这将让他"陷入一大堆问题之中"。[55]以运动和行动起家的戴高乐终其一生都时不时会产生这种绝望之情。

"复杂的东方"

维希政府出现的新状况帮助戴高乐走出了这个僵局。显然，当戴高乐在推动对叙利亚采取行动时，符合他利益的做法是把维希政府的意图描绘得尽可能坏。但英国人很难判断他是否正确，因为维希政府让人捉摸不透。英国人担心1940年10月希特勒和贝当在蒙特瓦尔的会晤是法德加强合作的前奏，不过事实证明这种担心毫无根据。这并不是因为维希政府不想合作，而是因为德国人不愿作出足够让步从而让合作变得有价值。1940年12月，赖伐尔突然被贝当解雇。一开始人们并不清楚这是贝当要与通敌卖国保持距离的信号，还是仅仅是内部竞争的结果。在经历法国保守派政客皮埃尔-艾蒂安·弗朗丹（Pierre-Etienne Flandin）担任总理的短暂插曲后，接替赖伐尔的海军上将弗朗索瓦·达尔朗在之后的18个月成了维希政府中举足轻重的人物。

赖伐尔从不掩饰自己的亲德倾向，达尔朗则难以让人看透。像大多数法国海军军官一样，他本能地反对英国，但他最初并不是1940年6月停战协定最热心的支持者之一。事实上，达尔朗首先是个机会主义者。他深信德国将赢得战争，他的目标是通过合作为法国在德国主宰的欧洲获取最大的利益。4月底，英国控制下的伊拉克爆发了一场反英民族主义运动，这给了他一个重启合作政策的机会。德国人看到了这个在中东削弱英国的良机，他们向伊拉克的反叛分子提供飞机以支持其地面部队。5月15日，达尔朗与希特勒在贝希特斯加登举行会面，他同意让德国军队使用法国在叙利亚的机场，以换取德国在被占领的法国实施停战协定方面作出让步。英国人很快得知德国飞机正在叙利亚着陆。这证明戴高乐的警告是正确的，即维希政府的"中立"不值得信赖。韦维尔的主张，尽管他仍心存疑虑，但如今被丘吉尔推翻了。戴高乐用英语给丘吉尔发了封电报，这是他第一次，也是最后一次这么做——"谢谢……你定将赢得战争"[56]——之后，他再次前往开罗。

关于对叙利亚采取行动一事，丘吉尔已改变主意，因为他认为达尔朗与德国的公开合作将使登茨不大可能抵抗自由法国。这正是卡特鲁和戴高乐为引诱英国人采取行动而向他们保证的：只需英国提供最低限度的支持，自由法国的"武装政治袭击"就能把叙利亚和黎巴嫩带入盟国阵营。但卡特鲁与登茨部队的秘密接触将很快向他表明这是一种乐观的想法。用卡特鲁的话说，达尔朗与希特勒建立起的友好关系并没有"在黎凡特军队中激起人们有可能期望的那种荣誉反应"[57]。因此，正如韦维尔曾担心的那样，他被迫制订出由自由法国和英国的部队联合起来发起一场全面军事行动的计划。戴高乐成功地把英国人拖入了比他们预想的更大规模的行动。

七 生存（1941年）

这次行动对英国的战略利益来说也是不必要的，因为德国的帮助来得太晚，它无法阻止在伊拉克崛起的反英势力被成功粉碎。但是，无论是英国人还是法国人，他们都已无法后退。

叙利亚行动获得同意后，仍有待决定的问题是它该如何展开。自由法国最终保留了向叙利亚和黎巴嫩人民许诺其独立的最初想法。由于登茨本人曾就这些问题发表过一些声明，因而卡特鲁向戴高乐建议道，如果在这方面被维希政府"占据上风"，那将是"令人遗憾的"。[58]与卡特鲁想法一致的英国人提议发表一份保证独立的联合宣言，因为他们想向阿拉伯舆论表明，他们对法兰西帝国的地盘没有任何不良企图。戴高乐立即对此往最坏处作了猜测，因为在他看来，英国人不应该对法国殖民地的人民作出承诺。他在回忆录中写道："这个决定刚一作出，英国人就暴露了他们的企图。"[59]

6月8日，联合行动开始。澳大利亚和英国军队进入黎巴嫩，5400名自由法国的士兵在勒尚蒂罗姆（Legentilhomme）的率领下进入叙利亚。维希军队顽强抵抗，并且，他们对戴高乐军队的攻击力度似乎比对英国军队的更大。勒尚蒂罗姆本人也受了伤，自由法国有600余人伤亡。戴高乐在回忆录中说，他对这场"可怕而又无谓的"、自相残杀的冲突深感悲哀——尽管他此前就吉布提问题曾给卡特鲁写信说，"不打几个鸡蛋"就不可能做出"解放的煎蛋卷"。[60]但戴高乐在接下来几个月采取暴力行为的部分原因在于他特别想回击维希政府对自己的指控，即他曾支持英国人肢解法兰西帝国的事业。

6月21日，戴高乐抵达大马士革，他在这里任命卡特鲁为"驻黎凡特高级专员"。英国人对这一头衔感到忧虑，因为他们不知道保证独立的承诺被置于了何处。同登茨作战的英国军队指挥官受到了当地民众的欢呼，这些人认为他们是让自己摆脱法国统治的解放者，这让他们尴尬不已。他们之中的斯利姆（Slim）将军无法向一名叙利亚人透露自己的身份，他说这名叙利亚人"把我们当作拯救者来欢迎……并相信法国人再也不会回来"，对此，他认为"戴高乐将军可能会有不同看法"。[61]当然，他是正确的，独立问题将在之后三年不断恶化。但戴高乐和英国人之间的直接争吵发生在要向维希军队提出何种停战条件方面。戴高乐曾预计，登茨会设法让英国允许他把军队撤回法国,而急于让登茨尽快回到谈判桌的英国人会忍不住同意。另一方面,戴高乐渴望在登茨的部队投降后,从他们之中为自由法国招募兵员。经过几次激烈交锋,英国政府同意了这一提议。因此,当戴高乐听说英国对登茨要求停战的最初回应里并没有提及自由法国时,他感到愤怒是可以理解的。

戴高乐的下一步行动非常奇怪。就在停战谈判开始前,他突然飞赴布拉柴维尔,留下卡特鲁负责此事,但他没有给卡特鲁什么指示。或许他未能意识到接下来会发生什么;或许他对此非常了解,并想要避免为一份他已预料到将会是不可接受的停战协议承担责任;或许他是想制造一种戏剧性场面。或许真相就在他的回忆录中:"我没有别的办法来减少这种伤害,只能腾上云霄并从上面冲着这项不属于我的协议俯冲下来,只要有可能,我就会撕毁它。那片云就是布拉柴维尔。"[62]

负责停战谈判的英国将军亨利·梅特兰·威尔逊(Henry Maitland Wilson)对这些政治问题束手无策。他渴望尽快签署停战协定,并且,比起自由法国的起义军,他更喜欢登茨的正规军,他签署了一份没有提及自由法国的协定。由于投降的维希军队拒绝承认自由法国具有任何官方地位,因而威尔逊只是把卡特鲁作为观察员纳入他的代表团中。登茨的谈判代表除了敷衍了事地向他行礼外,甚至不承认他的存在,他们还大声地宣布对贝当的忠诚。[63]威尔逊还签署了一份秘密协议(卡特鲁并不知道),不允许自由法国与投降的军队有任何接触。由于自由法国在谈判的每一个阶段都被完全排除在外,因而当戴高乐在回忆录中说这份协定"只不过代表着叙利亚和黎巴嫩落入英国之手"[64]时,他并没有夸张。

7月14日,这份停战协定在阿克签署。卡特鲁在回忆录中为自己作了辩解。由于"缺乏指令",以及"比戴高乐将军更近地接触现实情况",他觉得自己的唯一选择应是离开房间,并冒着在维希代表面前与盟友公开决裂的风险,宣布这份停战协定他们无法接受。但"明智之举是更为谨慎地行事"——戴高乐没有这种品质。[65]停战协定的条款也让驻开罗的英国当局感到担忧,他们担心戴高乐做出最糟糕的事情。这种担心是正确的。取代

七 生存（1941年）

哈利法克斯担任外交大臣的安东尼·艾登认识到，它在"诸多重要方面"与已达成的共识"有所不同"，"我担心它将带来震动"。[66]这是一种轻描淡写的说法。

戴高乐以极其恶劣的态度给卡特鲁写信说，他本以为他不会签署这份"违背我的意图和指示"[67]的停战协定。然后，他动身去了开罗。与此同时，卡尔顿花园向英国外交部递交了一份论证严密的反驳文件，并礼貌地问"在多大程度上有可能让这份停战协定在实施时打点折扣"[68]。戴高乐本人的方法较为粗暴。7月20日，他抵达开罗，并于翌日上午冲进英国中东国务大臣奥利弗·利特尔顿（Oliver Lyttelton）的办公室。斯皮尔斯说，"在这种糟糕情况下看到戴高乐"[69]，利特尔顿感到忧虑不安。但他对接下来发生的事毫无准备。戴高乐在回忆录中对这次会面的描述是："我尽力避免发火……让自己保持冷静。"他对在伦敦的自己的团队说，他的"语气相当平静，极为明确地提到了实质问题"[70]。利特尔顿对这次会面的叙述截然不同。他报告说，戴高乐"脸色苍白、抑制着满腔怒火"闯入他的办公室，发表了一篇长达两个小时的"激烈讲话"。最后，他递交了一份文件，宣称将在三天内正式撤出在利比亚的由英国指挥的所有自由法国军队。见识过戴高乐多副面孔的斯皮尔斯从未遇到过像这样的情形："他处在我所知的最糟糕的情绪中。他看上去很可怕……他好像一个星期没有睡过觉，他丝毫不肯妥协，极为粗鲁无礼。"[71]利特尔顿拒绝接受戴高乐的文件，理由是它"只能被解读为终止联盟"。他提议吃过午饭并午睡一会儿后再开会。

利特尔顿和斯皮尔斯根本没有午睡，他们在准备该作何回应。他们非常震惊，甚至考虑要把戴高乐投入监狱，并让卡特鲁取而代之。然而，在下午的会谈中，戴高乐似乎已经平静下来，并且用斯皮尔斯的话说，"相对而言，还算顺从"。英国驻埃及大使迈尔斯·兰普森的反应表露出英国人遭遇的窘况和困境："戴高乐的行为显然非常恶劣，事实上，听起来他似乎有点失态；我敢说，如果能够让他置身局外，总的来说会是一种解脱，但我怀疑如果他愤然离去的话，可能会带来更大的麻烦。"[72]

对停战协定进行修订的谈判开始了。利特尔顿向伦敦报告说："我们根

第二章 流亡

本没有脱离险境……在昨天的第一次会谈后,我和斯皮尔斯都觉得完全决裂是不可避免的,只要戴高乐将军仍然是自由法国的领袖,我们的最低军事要求就无法得到保障。"[73]这次谈判最终达成了所谓的《利特尔顿—戴高乐协定》,它对那份停战协定作出了"解释"——实际上是对它的否定。自由法国获得了从登茨的部队中招募新兵的充分机会。正如戴高乐向伦敦报告的那样,新版本让人有理由感到"非常满意",它承认了"我们对黎凡特诸国的全部主权"。[74]

问题还没结束。来到贝鲁特的戴高乐发现英国地方官员正在竭尽全力阻挠新协定的实施。当维希政府的德·韦尔迪哈克(de Verdilhac)将军离开贝鲁特前往法国时,他获得了充足的军事荣誉,几个星期前还在同他作战的澳大利亚军队的乐队为他演奏了《马赛曲》。斯皮尔斯在贝鲁特会见戴高乐之后向利特尔顿报告说:"这次交谈时的语气就像你第一次同将军会晤时的语气。他表露出完全失去控制的迹象。"[75]最终,只有约5500名士兵加入自由法国,另有3万人更愿意回到法国。登茨军中的大多数士兵视戴高乐主义者为反叛分子。

关于叙利亚问题的争吵是戴高乐和英国人之间的第一次重大冲突。戴高乐在回忆录中谈到这次危机时,在那一章的开篇用一句有名的话说:"当我前往复杂的东方时,心中的想法很简单。"(在法语中,这是个完美的亚历山大体诗句。)他这样说并不是出于一种自我批评的精神。实际上,由于1929—1931年间在黎凡特服过役,他完全了解当地政治的复杂性。但就英国人而言,他的观点无疑展现了《黎巴嫩的城堡夫人》里的人物的简单思维。戴高乐用一句话总结了自己对英国人的看法:"一群无所顾忌而又很有办法的人……得到首相的支持……目的在于建立英国的领导权。因此,英国的政策时而明争、时而暗斗,以取代法国在大马士革和贝鲁特的地位。"至于卡特鲁,鉴于他"希望取悦于人,并想要和解",因此未能"洞悉英国计划的险恶用心"。[76]

事实更为复杂。首先,是戴高乐软硬兼施地让不情愿的英国人参加了这次行动。虽然阿克停战协定对自由法国是一种灾难,但这更多地归因于威尔逊的幼稚，而不是任何反戴高乐主义的阴谋。当然，该地区存在着一些不喜欢自由法国的英国军官，也有一些乐于终止法国委任统治的、支持阿拉伯国家的英国人。但这不是英国政府的官方政策，而是丘吉尔为了应对被戴高乐拖入泥潭的情况而临时想出来的政策，因此显得有点不连贯。一方面，他指示利特尔顿，就委任统治的未来而言，"阿拉伯人在我们心中远比自由法国重要，并且，毫无疑问，要毫不迟疑地谈判出这样的条约，即让阿拉伯人满意并相信他们并非仅是用这拨法国人换来了另一拨法国人"；另一方面，他说英国"无意取代法国在叙利亚的特权和有利地位"。[77]这两个目标之间存在着矛盾，如果不是完全对立的话。

总之，戴高乐对自己的干预结果感到满意。他向伦敦的他的团队报告说，这场危机是"有益的"，因为尽管英国人"很生气"，但他们将明白"要想依靠我们，他们必须考虑我们"。[78]他给勒尚蒂罗姆说的是："对于英国人，你只需敲敲桌子，他们就会匍匐在你面前。"[79]他极不明智地对斯皮尔斯也说了类似的话，后者向伦敦报告说，他怀疑戴高乐已精神失常。我们不清楚戴高乐在与利特尔顿交往时的行为有多少表演成分，但如果是表演，那完全符合他的性格。目睹此事的自由法国军官迭戈·布罗塞（Diego Brosset）写道，戴高乐在冒"很大的风险"，他显得"无所顾忌，无论这么做是愚蠢还是高明，如果没有这种无所顾忌，一个人不可能取得伟大成就"。[80]当然，卡特鲁做事时不会"无所顾忌"。几周前，斯皮尔斯团队中的一名成员曾这样评价他：

> 卡特鲁聪明却软弱……人们普遍喜欢他，因为他为人随和，处事圆通。他绝不会强迫别人对某事明确表态。平静的生活才是最重要的……他非常努力地忠于戴高乐……却从根本上反对他，鉴于他受到的待遇，这或许完全可以理解……至于卡特鲁夫人，她对戴高乐主义的反对几乎接近于憎恶……卡特鲁在和平时期会是一名非常优秀的大使……但自由法国的事业在他的领导下绝不会繁荣发展。[81]

第二章 流亡

戴高乐对停战协定的修正当然是一种成功,但他的方法让他付出了沉重代价。这件事导致了他和斯皮尔斯彻底决裂。斯皮尔斯称,戴高乐当时对他说了一些令他顿悟的话:"我觉得自己再也无法和英国人相处下去了。你们都是一样的,完全以你们的利益和事业为中心……你以为我对英国赢得战争感兴趣?才不是呢,我只对法国的胜利感兴趣。"当斯皮尔斯说这是一样的时,戴高乐马上反驳道:"完全不一样。"[82]据兰普森说,在关于阿克停战协定的谈判中,斯皮尔斯比任何人都"更强烈地反对"戴高乐。[83]斯皮尔斯曾是戴高乐最重要的支持者,但几乎一夜之间,他成了戴高乐最坚定的敌人——更加让他痛苦的是,因为他知道戴高乐欠他太多。

由于斯皮尔斯在伦敦一直居于权力边缘,因而失去他的支持并不严重。更具破坏性的是这场危机对丘吉尔的影响,他对戴高乐的行为大为震惊。当年6月,他最初决定支持戴高乐是一种稍显冲动的赌博行为,这种行为完全没有得到回报,因为戴高乐未能像他们两人所希望的那样吸引到足够多的支持者。但丘吉尔仍在支持他,因为他天性中浪漫和多愁善感的一面使其被这位孤军奋战的将军表现出的那种堂·吉诃德式的高贵品质所吸引。他从未想过处在完全依赖地位的戴高乐会给自己带来任何严重的问题。和斯皮尔斯一样,他不明白戴高乐的雄心壮志并非仅是带领一群法国人为盟国的利益而战。在戴高乐看来,鉴于维希政府的叛国罪行,他认为自己的使命是体现和代表法兰西民族的利益。这意味着当法国的利益似乎受到威胁时要保持警惕——即便是受到盟友的威胁。为了表明法国还有牙齿,他准备咬一口喂养他的那只手。丘吉尔对戴高乐的态度从未从1941年夏天这位将军的行为给他造成的震惊中彻底恢复过来——与戴高乐推翻阿克停战协定的短期"胜利"相比,这对自由法国的影响更大。伦敦的那个自由法国的团队对戴高乐给丘吉尔发电报时用的语气感到震惊。他们两次写信提醒他同英国结盟"至关重要"。[84]戴高乐固执己见,他坚信不能把法国的利益托付给任何其他人:"我希望你们更加坚定,不要给人留下那些代表我的人不完全遵守我的政策的印象。我们的力量和伟大只在于我们对法国利益的毫不妥协。"[85]戴高乐把自己的个性变成了一种行动哲学。

七 生存（1941年）

戴高乐带着反英狂热从贝鲁特回到布拉柴维尔。英国人收到了一份他在飞机上同一名法裔加拿大人谈话的报告："从本质上讲，正如法国人不喜欢英国人一样，英国人也不喜欢法国人。其实，没有人会喜欢别人。他们的性格和习惯迥然不同。"[86]在私下发表这样的言论是一回事，而在公开场合发表这样的言论则完全是另一回事——就像戴高乐现在做的那样。8月25日，在接受《芝加哥每日新闻》（Chicago Daily News）的一名美国记者采访时，他推测英国与希特勒就维希政府达成了某种心照不宣的约定：维希政府通过保持法国的归顺为希特勒服务，但它也通过保持法国舰队的中立为英国服务。这一分析不无道理，但在公共场合攻击为他提供资金和支持的政府是愚蠢的。不管戴高乐是失去了理智，还是他没有意识到自己的言论会被发表，他立刻发现自己做得太过了。但要阻止发表这次采访为时已晚。

"我们发现戴高乐很可能疯了"

这次采访在伦敦引起了戴高乐自己的团队和英国人的恐慌。斯皮尔斯使团中的一名成员写道，他希望斯皮尔斯和戴高乐一起回来，因为"人们不愿看到那头狮子在没有驯兽师（trainer）的情况下被放出来"[87]。这已经晚了：这头野兽早已从驯兽师的手中逃脱。卡尔顿花园也心怀恐惧地等待着戴高乐的归来。宾根在日记中写道："伟大的夏尔即将回来。新的疯狂将横扫这个家庭……他将到处搞破坏。每个人都会把他们的计划告诉他，但他谁都不会听。"[88]事实的确如此。布奇内-塞勒尔发现他的"心情极其糟糕……诅咒着每个人，尤其是英国人。他的眼中几乎没有任何人，围绕着他的是某种空虚。他整天都在声讨英国人，特别是斯皮尔斯。这种情况让他的随从难以忍受"[89]。

9月3日，戴高乐给丘吉尔写了封信，但这更多是在自我辩解，而非表达歉意。丘吉尔此时的指示是要让戴高乐"自食其果"，并且不允许他发表广播讲话。就连比自己的前任哈利法克斯对戴高乐更有好感的艾登也写

第二章 流亡

信给丘吉尔说："我们发现戴高乐很可能疯了。如果真是这样，我们必须对他采取相应的措施。"[90]同样对戴高乐抱有好感的英国驻布拉柴维尔总领事报告说："我倾向于认为戴高乐正处在精神崩溃的边缘。"[91]在这些天，唯一获允会见戴高乐的英国官员是莫顿。他向贾德干报告说：

> 在我看来，戴高乐是个极为聪明的人……他不是个外交官，但在古怪的外表下，他有着精于算计的头脑，并且，虽然他绝对真诚、诚实，但毫无疑问，他深受偏见的影响。他还是多愁善感的人……我认为他不是个会后悔的人……他没疯。如果他在某一时刻像个疯子一样狂呼乱叫，而在另一时刻又试图用平静的理性来吸引对方，那是因为他认为这种做法更有可能达到他对那个人抱有的目的。[92]

对于戴高乐来说，在这段"自食其果"并等待获允会见丘吉尔的充满紧张氛围的日子里，唯一的好消息是185名法国战俘于9月10日来到伦敦。他们经历了一场非比寻常的冒险活动。每个人都是从德国人的牢笼中逃出来的，并向东逃到了苏联，但这只是让他们再次身陷囹圄，因为苏联和德国已签订互不侵犯条约。直到1941年6月希特勒入侵苏联，他们才获释，并获允前往伦敦追随戴高乐。他们之中有一个叫皮埃尔·比约特的上尉，此人是法国沦陷时牺牲的一名将军的儿子，他很快在戴高乐的军事秘书处谋得了一个职位。他们之中的大多数人都很年轻，并都是无名之辈，但就在戴高乐迫切需要好消息的时候，这么多新成员在一天之内到来，却是绝妙的宣传素材。[93]

或许更能给英国人留下深刻印象的是当年夏天两名法国高级公务员的到来，他们都是财务督察：其中一人是抛弃了法国驻美国大使职位的埃尔韦·阿尔方，另一人是曼德尔的私人秘书处前主任安德烈·迪耶特尔姆（André Diethelm）。让阿尔方感到震惊的是，他遇到的每个英国官员及诸多身在伦敦的法国人都对戴高乐充满敌意。他自己和戴高乐的第一次会面并不成功:"我觉得我们之间并未真正建立起某种'联系'……似乎只有一个目标在鼓舞着这个人,他的使命是让法国重返战争。他没有表现出任何取悦别人的欲望,他不在乎细节,缺乏协商精神。"[94]

戴高乐与日俱增的声望意味着英国人必须认真考虑与他决裂的后果。艾登继续在向丘吉尔作出关于戴高乐有可能疯了的猜测,他说,如果这位将军表现出忏悔的迹象,那么他应该得到原谅,因为"如果说他在法国之外无足轻重的话,那么作为反对维希政府的一个集结点,如今他在法国国内却有着相当重要的地位"。斯皮尔斯使团的一名成员同样感到不知所措:"在这个国家,没有哪个指挥部比它显得更为乱七八糟。他从来没有为卓越的服务说过一句赞赏的话"——但必须承认他是"一个广播天才",他的消失将是"灾难性的"。[95]

9月12日,戴高乐终于见到了丘吉尔。他几乎没有作出任何让步,只是说,如果"在两次快速的飞机旅程之间"他说了一些无礼的话,他愿意道歉。但他辩解说,如果自由法国人不关心他们国家的利益,他们就不会成为现在的自己。科尔维尔的叙述展现了这两人之间建立起的那种奇怪的亲密关系,尽管他的叙述可能不够准确。通常情况下,丘吉尔喜欢抓住每个机会来使用他那蹩脚的法语,但这一次,科尔维尔被要求担任翻译:

> 将军在下午3点准时到达。丘吉尔从长条柜桌中间的椅子上站起来,他微微低下头,指了指对面那张摆好的椅子。戴高乐似乎毫不拘束。他走到椅子前,坐了下来,眼睛盯着首相,一句话也没说。"戴高乐将军,我让你今天下午来这里。"丘吉尔停下来,直视着我。我说:"我的将军,我邀请你今天下午来。"首相插话道:"我没有说'我的将军',我也没有说'邀请'。"

科尔维尔又狼狈地待了一会儿后,被赶出了房间,另一名翻译被召唤过来。很快,他"满脸通红地走了出来,并抗议说他们一定疯了"。这两人依旧单独地进行着秘密谈话:

第二章 流亡

一个小时过去了,我开始担心出现激烈局面。我试着偷听……但什么也听不见。我走进大厅,戴上戴高乐将军的帽子,让我感到吃惊的是他的脑袋小得出奇。我尽力把注意力集中到书桌上的文件上。我曾想我有责任冲进去,或许带着一条假消息,以防发生什么可怕的事情。也许他们已掐死了对方?就在这时铃响了,我走进去,发现两人并排坐着,脸上带着和蔼可亲的表情。戴高乐正在抽首相的雪茄,毫无疑问,他这么做是出于战术目的。他们用法语交谈着,这是丘吉尔无法抗拒的事情。[96]

虽然这次会谈在表面上友好地结束了,但双方甚至无法拿出共同认可的会议记录。戴高乐在评论英方的会议记录时说,它们"带有强烈的倾向性,不够准确";莫顿在评论法方的会议记录时说,它们"与实际所说的话一点都不一样",至少与丘吉尔向他通报的内容一点也不一样。[97]对于此次会谈达成的唯一实质性共识,双方的解读大相径庭。丘吉尔曾建议(英方记录的说法)戴高乐考虑成立一个正式的委员会,并让它在"制定这项运动的政策方面拥有有效的发言权";戴高乐欣然接受了这一点,认为这表明(法方记录的说法)英国政府非常重视自由法国,以至于他们"想要支持它的发展,甚至把自由法国视为法国本身"。丘吉尔提出的控制戴高乐的方法,戴高乐也接受了,因为他把这当作一种进一步树立自己合法性地位的途径。接下来的两周将揭晓哪一种解释会占据上风。

得知卡尔顿花园对戴高乐在叙利亚问题上的古怪行为正感到忧虑时,英国人产生了成立一个委员会的想法。最直言不讳的批评者是米瑟利耶,当戴高乐返回伦敦时,他找了个借口没有加入到欢迎人群中。但即便是像前外交官莫里斯·德让这样不那么容易动怒的人,也愿意与英国人分享他们对戴高乐的怀疑。在德让看来,"将军待在布拉柴维尔时,围在他身边的仅是些黑人和一小撮可怜的、其观点受到恶劣气候及威士忌影响的法国官员,这定会给他带来负面作用"。鉴于此,德让认为他应该留在伦敦,在这里,他"在政治意识方面的不足将由一个委员会予以弥补,该委员会将弱化将军作为法兰西的迷失灵魂唯一贮存处的重要性,并使这项艰巨的责任得到履行"[98]。英国人的计划是让戴高乐"进入委员会"(丘吉尔的话),这意味着通过将他的权力置于一个委员会的成员之间来削减其权力。

米瑟利耶看到了出击的机会。在戴高乐与丘吉尔会面一周后,这位海军上将向戴高乐提交了自己提名的一份执行委员会的人选名单。这份名单中包括如今已与戴高乐彻底决裂,并加入米瑟利耶的阵营反对他的安德烈·拉巴尔特。米瑟利耶提议由自己担任该委员会的主席,并把戴高乐安置在一个荣誉性职位上。戴高乐不知道的是,第二天,米瑟利耶同支持其提议的莫顿和贝斯伯勒(Bessborough,他是外交部负责帮助法国难民的部门的负责人)勋爵在萨沃伊饭店共进了晚餐(喝了很多白兰地)。建立委员会的想法已转变成一个反戴高乐的阴谋。米瑟利耶威胁说他将带着海军脱离自由法国,在这一点上,他做得太过火了。英国人并未打算在自由法国中间制造出一种完全的分裂,而这则是米瑟利耶呈现给他们看的情况。尽管他们对戴高乐持怀疑态度,但即便是参与这起阴谋的莫顿也对丘吉尔说,米瑟利耶是个不能让人完全信任的冒险家。[99]

9月23日,丘吉尔召见戴高乐。戴高乐很快意识到丘吉尔不会支持米瑟利耶的分裂活动,这给了他坚持下去的勇气。[100]同一天,他给米瑟利耶写信说,他接受他为该委员会提出的部分人选而不是全部人选,反对那种由除自己之外的任何人担任其主席的想法,并威胁说如果米瑟利耶不接受他提出的条件,他将对其予以公开谴责。同样是在这一天,他召开新闻发布会,宣布成立民族委员会。[101]9月24日,米瑟利耶和戴高乐都来到外交部。由于米瑟利耶拒绝直接与戴高乐对话,因而他们被安排在不同的房间,英国官员则在两人之间跑来跑去以达成某种妥协。[102]戴高乐同意让米瑟利耶加入委员会并负责掌管海军,但戴高乐本人将担任委员会主席,同时有权挑选其他成员。米瑟利耶屈服了。

除米瑟利耶外,该委员会的八名成员都是戴高乐的坚定支持者:普莱文负责经济事务和殖民地事务;卡森主管司法和教育;德让主管外交事务;新来的迪耶特尔姆负责内政和新闻工作;等等。尽管这些成员被称作委员而非部长,但该委员会显然是朝着建立以戴高乐为首的流亡政府迈出的又一步。正如历史学家弗朗索瓦·凯尔索迪(François Kersaudy)所言:"人们需要极为丰富的想象力才会把该委员会的创立视为对戴高乐权力的削弱。"[103]

英国人从未想过让这种结果出现。一直支持米瑟利耶的贝斯伯勒对丘吉尔说,这个委员会中"尽是些唯命是从的人,而担任主席的戴高乐……只不过是在实行一种披着民主外衣的独裁统治"。丘吉尔承认,这"极其令人不快",并称"在不久的将来,我们必须对戴高乐施加比我之前所希望的更大的压力"。艾登比较乐观。他认为自由法国人难以相处,"带着他们的争吵四处奔走,去寻找任何愿意倾听他们的人",但在他看来,英国人"利用本国现有资源不可能实质性地改善该委员会,即便当初由我们自己挑选其成员"。作为报复,丘吉尔发布指示:未经许可不能让戴高乐出国。但是,广播禁令已解除。戴高乐已于9月18日获准重返广播电台,在年底之前,他又发表了九次讲话。对于英国人来说,他每这么做一次,撤换他的难度就增加一些。

八 发明戴高乐主义

不热心政治的将军

当戴高乐在中东制造麻烦的时候，远非自由法国朋友的德斯蒙德·莫顿给勒内·卡森写信说：

> 你不会没有注意到，许多重要人物……指责戴高乐是个"热心政治的"将军……然而，当你审视"戴高乐将军是个热心政治的将军"这个观点时，我怀疑这项指责能否站得住脚。你和将军的少数亲密伙伴——甚至我自己——或许认为，我们私下里对将军的政治观点有所了解。事实上，我们有吗？不管怎样，他什么时候发表过通常意义上的政治演说或政治宣言？当然，一项政治政策需要一个完整的平台，就自由法国运动而言，需要这么一份声明，即阐明该运动在管理法兰西和法兰西帝国方面有着怎样的建议。有人因为戴高乐将军彻底反对维希政府而指责他是个政客，我认为这毫无道理。他和他发起的运动宣称要同德国人作战，维希政府宣称要同他们合作。这不是政治而是常识。当追求在我看来合乎逻辑的东西时，我要问，自由法国运动是应该采取强硬的反宣传路线，拒绝接受自己是个"热心政治的"运动的暗示（这是否可取？），还是应该公开宣布其政治目的，承认自己

第二章 流亡

是一场政治运动？[1]

就在同一时间，雅克·宾根——我们提到过他对将军的保留意见——在私下问了同样的问题：戴高乐对政治持何种看法？他还问道："是左派还是右派？是煽动家的行为还是独裁的法西斯主义？是回到过去还是建设一个新的乌托邦？"[2]许多人都想得到答案，但戴高乐拒绝回答。

1940年8月，当一名英国记者询问戴高乐其政治观点时，他说："我是个自由的法国人。我相信上帝，相信祖国的未来……我郑重宣布，我与任何党派无涉，也与任何类型的政治人物，无论是右派、中间派还是左派，没有关系。我只有一个目标：拯救法兰西。"[3]有一年时间，他并未偏离这个方向。由于他注意到了在自己第一次离开伦敦期间自由法国内部的争吵造成的负面影响，因而1941年3月再次离开时，他发布了一条传遍整个卡尔顿花园的命令："所有自由法国人都必须坚决抵制彼此之间的任何怀疑或偏见。不管一个人信仰和出身如何，从他为法兰西效劳的那一刻起，他就是所有人的兄弟。"[4]

他非常尊重这一原则。最初几个月里，他只拒绝了一个人的帮助，这个人就是曾在人民阵线政府中担任航空部长的左翼政治家皮埃尔·科特（Pierre Cot）。保守派憎恨科特的飞机工业国有化政策，他们把1940年法国空军遇到的问题归咎于他。因此，如果科特来到戴高乐身边，将会使一些需要招募的空军军官对戴高乐敬而远之。1940年6月，当科特面见戴高乐时，戴高乐建议他去美国。他在回忆录中解释说，由于科特"过于引人注目"，因此他不"适合"成为自由法国的一员。[5]并非只有他持此观点。一年后，当利用科特的可能性再次浮现时，即便是像勒内·卡森这样一个毋庸置疑的民主至上的人——他一直在努力推动戴高乐作出支持民主制的公开承诺——也提议说，科特的加入容易导致不和。[6]

除此之外，戴高乐不排斥任何人。他的不同寻常之举在于，他似乎对反犹主义免疫，而反犹主义是当时法国社会的一大特征，而且非常严重，以至于卡森在来到伦敦时，认为有必要告诉他自己是个犹太人。戴高乐对此只说了一句话："我知道。"⁷6月19日，第一批拜访戴高乐的两个人乔治·鲍里斯和安德烈·韦伊–居里埃尔也是犹太人。在戴高乐得到丘吉尔的认可后，他们两人再次去拜访他。鲍里斯去的那天，戴高乐外出了，他正在从待在英国人设的营地里的法国士兵中招募新成员。值班员明确地告诉鲍里斯，他不受欢迎。戴高乐得知此事后，驳斥了这种做法。据称，他说："无论他是犹太人，还是莱昂·布鲁姆的党羽，或是其他什么人，我只看到一件事：他是一名在52岁时报名参加战斗的法国人……我不知道我们之间存在着种族或政治观点的差异。我只知道有两种类型的法国人：一种是履行职责的，一种是不履行职责的。"⁸无论这是否是他的原话，它们都代表着他所持的立场。当戴高乐的一名身在非洲的代表写信抱怨说，他无法接纳所有那些似乎想要奉献自己的"没有国籍的犹太人"时，他因这封信的内容和语气而受到戴高乐的严厉批评。⁹

在戴高乐的全部书信中，几乎没有一丝反犹痕迹。唯一的例外是1919年时他在波兰写的一封信："在这一切之中，有无数的××××被社会各阶层痛恨得要死，他们都因战争而变得富有……并倾向于煽动社会革命，在革命中，他们利用见不得人的勾当定会大赚一笔。"¹⁰由于戴高乐的儿子在编辑此信的时候认为有必要巧妙地删掉戴高乐使用的这个词语，因而人们认为"××××"肯定比常用的"犹太人"更具贬义。在这件事上，戴高乐反映了当时波兰社会大多数阶层普遍存在的反犹主义思想。¹¹1920年，在谈到华沙时，他又说了一句含有某种轻蔑之情的话："剧院里人满为患，真的是这样，但里面的人都带着希伯来人的优雅。"¹²这两句话表明，戴高乐肯定存在一些他所属社会阶层的那种反犹偏见——如果他不存在的话，那会相当了不起——但更为了不起的是，这从未影响他对个体的态度。尽管如此，卡尔顿花园一直有一股反犹潜流，像鲍里斯和卡森这样的人，他们都不愿过于表现自己。1940年7月，卡森在日记中写道："因为我是犹太人，再加上我不会说英语，所以我不去插手与外交有关的事务。"¹³卡森建议韦伊–居里埃尔最好保持低调。¹⁴

对于被认定是左派的人来说，保持低调也是明智的做法。首批追随戴

第二章 流亡

高乐的人中包含许多像卡森、鲍里斯、舒曼和普莱文这样的人，他们拥有无可指责的民主声望，却感觉自己是被围攻的少数派。1941年7月，宾根在提及莫里斯·德让时写道："至少他不是个法西斯分子，这在卡尔顿花园中是很少见的。"[15]"法西斯分子"一词用得并不准确，但事实上，许多追随戴高乐的军方人士，如勒克莱尔和拉米纳，毫不掩饰他们极端保守的、通常是保皇主义的观点，他们乐于看到令人憎恨的第三共和国覆灭。[16]并非只有军方人士持此看法。在卡尔顿花园，安托万毫不隐瞒自己的极右观点，法学家皮埃尔·蒂西耶同样如此，而正是他把鲍里斯打发走的。在帕西的情报部门中，许多人也明显是保守分子。他手下最勇敢的特工之一的吉尔贝·雷诺［Gilbert Renault，别名雷米（Rémy）］于1940年在西班牙写信说，他赞成维希政府的国内改革，不会接纳"那些脏如烂泥、像老鼠一样逃到国外的犹太人和混血儿"[17]。帕西本人从未摆脱这么一个毫无根据的、由拉巴尔特恶意散布的流言的困扰，即他曾是20世纪30年代极右翼阴谋组织"蒙头斗篷"（Cagoule）的一员。尽管这有悖事实，但1941年4月，帕西在通过英国广播公司发表的一篇讲话中不经意地透露了他对世界的保守看法："人们声称自由法国是由犹太人和共济会成员构成的，并且，它会让过去的所有错误重演。这不是真的……绝大多数的自由法国人都是诚实人。"[18]在自由法国最初的广播中，开场白通常是"自由、平等、博爱"等词语，但几周后戴高乐将之弃而不用，转而采纳了法国军队的格言"荣誉和祖国"这两个词，这一做法让左派人士深感担忧。

1940年10月27日，自由法国发布了第一份官方宣言《布拉柴维尔宣言》，宣称维希政府是非法的。在这之后，1940年11月16日的《组织宣言》进一步明确地指出了这个问题。如果维希政府是非法的，那么言外之意是，戴高乐的运动代表着被维希政府推翻的第三共和国的继续存在。但当卡森建议戴高乐在这两份文件中加入对"民主"的承诺时，他没有接受。[19]事实上，在自由法国成立之初的18个月，戴高乐在讲话中从没有提到过"民主"或"共和国"这两个词。《组织宣言》是戴高乐成为自由法国领袖后发布的第一份官方"法令"，它在措辞上用的几乎是帝王的话语："本人，夏尔·戴高乐将军,自由法国的领袖,向帝国和法国人民宣布……"一名英国官员对此评论说,整篇宣言听起来"颇有法西斯主义的味道"。[20]"法西斯主义"一词用在这里也不准确,但它表明,如果戴高乐发起的运动存在共和主义的一面,这篇宣言就不会让同时代的观察家们感到震惊。

卡森并不是唯一一个试图推动戴高乐朝着更为民主的方向前进的人。还有一人是亨利·豪克(Henry Hauck),此人是一名工团主义者,在战败前一直担任法国大使馆的劳工专员。豪克没有追随大使馆的其他职员返回法国,而是选择了留在伦敦和戴高乐在一起。1940年10月,他在给戴高乐的一份长长的文件中指出,有迹象表明,法国的工人阶级已开始反对贝当政权。他从中得出的启示是,自由法国应"宣布我们的运动是一场拥护共和的运动,它反对资本主义,并致力于在法国建立一个基于民主自由原则的新政权"。他担心不这样的话,法国工人阶级中的大多数人将被推向共产主义。[21]帕西派往法国的第一批特工在回来后带来了不一样的说法:"绝大多数法国人同时是戴高乐主义者(在对外事务方面,即反对与德国合作)和贝当分子(在对内事务方面,即仇视民主和共和国)。"[22]事实上,无论是帕西还是豪克都不知道法国人在想什么,他们都是根据个人偏好来解读情况的。戴高乐没有考虑豪克的建议,尽管在1941年3月离开伦敦前,他确实支持了他的这一项提议,即派遣一名特使与法国的地下劳工组织取得联系。

戴高乐继续着他的走钢丝行为,避免作出任何政治承诺。1941年2月,拉米纳写信抱怨说,新创办的刊物《自由法兰西》在其刊头上印着"自由、平等、博爱"的格言。戴高乐回复道,这份评论期刊是完全独立的,并且,"无论一个人持何观点,他不能装出一副要禁止刊印一个在我们所有的公共纪念碑上已镌刻了150年的口号的样子"。[23]另一方面,当六个月后卡森再次试图让戴高乐公开承诺支持民主制时,他遭到了拒绝:

> 如果我们只是宣布我们正在为民主而战,我们或许会赢得美国人的暂时认可,但我们将从法国人那里失去很多,而这则是主

要问题。法国民众目前把民主这个词同战前实行的议会制度联系在一起……那种制度受到了事实和公共舆论的谴责。"[24]

这些都不能告诉我们戴高乐对政治的个人信仰——如果他有的话。1940年底,当戴高乐在和丘吉尔共进午餐时,此时两人还保持着良好的关系,他对首相的以下看法表达了怀疑之情,即他们应该强调敌人是纳粹主义而非德国人。丘吉尔说:"在上一场战争,我们与之作战的是霍亨索伦家族和德国军国主义,我们把它们都摧毁了;接着希特勒出现了——总是德国的军国主义(et toujours le militarisme allemand)。"[25]戴高乐反对维希政府的根源不在于它的对内政策,而在于它签订了一项把法国置于德国主宰之下的停战协定。戴高乐的讲话逐渐开始包含对维希政府打压政治自由的抨击,但对于他来说,这绝不是核心问题,核心问题是停战协定。

尽管从20世纪30年代中期开始,戴高乐——多亏他和雷诺的关系——一直试图通过现有的议会制度来解决问题,但1940年的惨败改变了他眼中的一切。令他震惊的是,在法国最危急的时刻,共和国却让全国人民失望了。在1941年3月1日的讲话中,他谴责了"对议会制度不可容忍的滥用",而这应对"国家权威的严重削弱"负有责任。[26]当年9月在返回伦敦后,他对一名英国官员说,伦敦的两家主要法文报纸说的是"1935年的古董政客"的话语。与此同时,尽管他承认"法国人民并没有抛弃1789年的原则",但他拒绝透露关于未来的细节。[27]这给人们留下诸多想象空间。

许多在伦敦和美国的法国流亡者对戴高乐怀有敌意的一个原因是,他不愿公开承诺支持民主制或共和国。1941年9月,如今已相信戴高乐是个法西斯分子的科特从美国寄给普莱文一份长长的文件,从而给自由法国提供政治建议。这份文件被转给了戴高乐,他那潦草的注释透露了他当时的想法。要是科特看到这些评论,它们会证实他最坏的猜测:

科特:戴高乐应从法国引进一些政治家。戴高乐:"不惜一切代价。"

科特：戴高乐应设立一个由拥有"政治能力""而非纯粹技术能力的人"构成的咨询委员会。戴高乐："我不同意。在全面战争中，不存在'纯粹技术性'的东西。"

科特：这个委员会应阻止戴高乐仅在"军事层面上"采取行动，"并与真正参加全国抵抗运动的民众取得联系"。戴高乐："笑话！谁是全国抵抗运动的鼓吹者？"

科特：自由法国为什么不愿提及共和国，并不再提"自由、平等、博爱"？戴高乐："共和国已被推翻！并非所有的自由法国人都和皮埃尔·科特先生有同样的看法。"

科特：维希政府正试图在法国建立"法西斯"统治。戴高乐："我认为这是一个有些简单化的观念。"

科特：戴高乐应组建一个尊重人民主权或议会权力的政府。戴高乐："不，在1936年或1939年时或许要这么做，但在今天行不通。议会已被推翻。"

科特：戴高乐应该让法国政治多数派的代表围绕在自己身边。戴高乐："围绕在我身边的是正在同侵略者作战的全国多数派的代表。我们绝不会重建1939年的议会。"

科特：民主人士需要知道自己正在被带往何方。戴高乐："议会议员的用语。"

科特：自由法国应该利用平民百姓的革命活动。戴高乐："利用全国人民的活动。"[28]

"自由、平等、博爱"

就在戴高乐表达其对那个已不复存在的政权的嘲讽和蔑视时，他的思想却正在发生变化。1941年9月，戴高乐与丘吉尔进行了激烈交锋。当时，后者建议戴高乐设立一个咨询委员会来驳斥外界对将军"朝着某种法西斯主义观点的方向迈进"的指责。戴高乐反驳说,鉴于"他计划要发表的声明",这种含沙射影的指控站不住脚。他紧接着发表了两篇讲话,这多多少少透露了他心中的想法。1941年11月11日,他在阿尔伯特音乐厅举行的一次集会上发表了第一篇讲话。他说,尽管战争结束后法国人民将选择自己的政治制度,但法国未来制度的基本原则应遵循"'荣誉和祖国',以及'自由、平等、博爱'"(这是他第一次说出这几个词)这两则格言,从而"忠于我们祖先确立的民主(这是他第一次说出这个词)传统"。[29]10天后,戴高乐在牛津大学发表了一篇长篇讲话,他申明,英法两国共同参与了一场"争取自由和个人发展的战争",并都反对那种"只承认民族或种族集体权利"的政权。[30]

是什么导致戴高乐的言论发生这种变化呢?尽管我们缺乏内在证据回答这个问题,但存在两种可能的解释。第一,政治上的模棱两可被证明弊大于利。戴高乐拒绝发布政治声明是为了避免疏远潜在的支持者,但这有可能无法取悦任何人。正如宾根所言(带有一定夸大成分),自由法国有"一种双重不幸形象:在法国人民眼中,它是一场犹太-共济会式的人民阵线运动;在盎格鲁-萨克逊民主国家眼中,它是一场法西斯和反犹运动"[31]。在伦敦,许多法国流亡者仍在宣扬戴高乐抱有独裁野心的思想。伦敦的一群法国社会党人组成了一个所谓的让·饶勒斯集团(Jean Jaurès Group),他们经常表达对这位令人不安的、"热心政治的"将军的担忧之情。从人数上看,这个集团不值得一提,但其成员与英国的左翼记者存在往来。这些都无助于戴高乐在英国政界的声誉——丘吉尔说戴高乐有"法西斯主义观点"就说明了这一点。

戴高乐的这种负面形象在美国更为流行,并且,他在当地的代表雅克·德·西哀士(Jacques de Sieyès)未能有效地予以反击。西哀士和戴高乐是圣西尔军校的同期毕业生,法国战败时,他在纽约的一家香水公司工作。由于戴高乐在美国几乎没有熟人,因而他热情地接受了西哀士提出的成为他在美国代表的提议。一件糟糕的事情很快就发生了。1940年7月,他给西哀士写信说,尽管由于没有政界人士愿意加入他的行列导致他未能在伦敦成立一个委员会,但"没有理由"对该政权中最声名狼藉的政客的缺席"感到遗憾"。西哀士幼稚地将这封信公布于众,并且因为有几个"声名狼藉的"政客最终在美国落脚,所以这对戴高乐的事业没有任何益处。[32]澄清事实符合他的利益。

推动戴高乐作出某种政治宣言的第二个原因是法国共产党加入到抵抗运动之中。1941年6月之前,那些反对德国占领的法国共产党人一直受制于希特勒和斯大林之间签订的《苏德互不侵犯条约》。该党将这场战争描述为两个资本主义国家(德国和英国)之间的帝国主义战争,它在官方层面拒绝偏向任何一方。当希特勒入侵苏联后,这种情况发生了变化。法国共产党人开始在法国组织对德国士兵的直接袭击,这是其他抵抗组织未曾做过的事情。[1]1941年8月22日,一名德国士兵在巴黎的一座地铁站被一名年轻的法国共产党人射杀。更多的袭击接踵而至。作为报复,希特勒下令:每死去一名德国人,就射杀50名法国人质。这正中法国共产党人的下怀,他们的目的是把法国人煽动起来,并使之反对维希政府。戴高乐一开始不知道该作何反应。当舒曼对他说这种暴力行动徒劳无益时,他立马反驳说:"有必要让鲜血流成河,通敌卖国将在其中溺亡。"[33]但经过一番思考后,他在10月23日的广播讲话中改变了观点。他提醒听众说,尽管"法国人射杀德国人天经地义",但激怒德国人进行不分青红皂白的报复毫无益处:"战争讲究策略。法国人的战争必须由那些负责此事的人来进行,即我和民族委员会……此刻,我向占领区的人们发布命令,不要公然杀害德国人。"[34]

事实上,戴高乐无权向法国的任何人发布"命令"。但法国共产党人成为反占领斗争主角的前景为豪克的以下看法提供了支持,即自由法国应与法国工人阶级接触。当1941年9月戴高乐从中东回来后,豪克再次向他提出了这个问题。尽管戴高乐已授权他与法国的工会联系,但已准备好执行任务的豪克特使仍在等待着空降到法国。豪克将这种拖延(正确地)归

---

[1] 实际情况是:法国共产党此前很早就开始反抗德国的侵略了。——译者注

答于控制着所有前往法国航班的帕西,他谴责"对极右政治势力抱有同情心"的帕西的随从切断了戴高乐同法国人民的来往。他在给戴高乐的信中写道:"'戴高乐主义'的精神不是保守的或极权主义的,也不是君主主义的,它是共和的、民主的。"[35]

如果这是"戴高乐主义的精神",那么我们不清楚戴高乐是不是一个"戴高乐主义者"。1941年秋,他的政治立场发生了初步变化。他一直在摸索前行,但他拒绝了那些敦促他更明确地支持民主和共和国理念的人。这一点体现在1942年初戴高乐与在美国过着流亡生活的天主教哲学家雅克·马利丹(Jacqnes Maritain)进行的一次发人深省的交流中。马利丹是国际上最受人尊敬的天主教自由主义的代言人,他在1940年的著作《穿越灾难》(*A travers le désastre*)中对这次战败进行了著名的分析,认为法国正在进行一场反对纳粹极权主义的精神斗争。他在书中几乎没有提到戴高乐,只是说"我们最大的希望不在于一个人,而在于我们国家的人民"。然而,1941年11月,在豪克的鼓动下,马利丹直接给戴高乐写了封信。他的观点是,由于资产阶级已背叛法国,因而这个国家需要一个"融合了基督教和自由……圣路易传统和《人权宣言》传统"的新政权。很难想象有哪种语言更容易与法国历史上的融合观点——这是戴高乐极为崇拜的贝玑的思想——产生共鸣。戴高乐很高兴收到马利丹这样一位大人物的长信,他在回信中表达了对此的认可,但并未作出承诺:"我不担心民主的未来,它的敌人无足轻重。我不担心宗教的未来,虽然主教们行为恶劣,但有好的治疗方法,谦卑的神父在拯救我们。"这种含糊其词的答复没有让马利丹感到满意,1942年3月他又写了封信,并流露出对以下问题的担忧:如果"戴高乐主义"未能吸引到更多的人,那是因为他们害怕戴高乐可能仅是想"在没有元帅的情况下继续推行元帅的政策"。这一次戴高乐没有回信,他只是发了封电报,敦促马利丹加入他的行列。[36]

当布奇内-塞勒尔试图让戴高乐对马利丹作出更积极的回应时,戴高乐坚持己见,他说五个月前在阿尔伯特音乐厅他已表明立场:"如果人们堵住耳朵不愿意听,我无能为力。"[37]至此,豪克的幻想破灭了,1942年3月他在给戴高乐的信中威胁说，要将自己的忧虑公布于众。[38]与此同时，阿尔方正鼓足勇气劝说戴高乐对共和国作出正式承诺。他认为自己成功的机会很渺茫，"对最细微的问题都固执己见是戴高乐性格的一部分"[39]。当人们试图说服戴高乐时，他总是固执己见——豪克、马利丹、布奇内-塞勒尔、阿尔方显然开展了一场协调一致的行动——在这一点上阿尔方所料不差，但他低估了戴高乐的务实性。几周后，戴高乐公开承诺支持民主，这让所有人始料不及。要理解个中原因，我们需要认识到抵抗运动开始在他的思想中所起的重要作用。

认识抵抗组织

在沦陷的第一年，抵抗组织在法国几乎不值一提，人们对它们知之甚少。帕西的特工们偶然发现了一些尚处于萌芽状态的组织，他在想这些组织是否有军事用途。专注于自己与盟友之间的关系，并视之为法国解放关键的戴高乐对此持怀疑态度。虽然他不反对在法国进行宣传，但他不认为在那里采取军事行动会有什么希望。他继续坚持在法国要对收集军事情报——这是帕西的职责——和采取政治行动这两者进行严格划分。曾先后承担后一项任务的帕莱夫斯基和德让都未能取得成功，再后来，它被交给了安德烈·迪耶特尔姆领导下的内务委员会（Commission of the Interior）。但像前任们一样，迪耶特尔姆遇到的问题是，戴高乐在这方面的抱负含糊不清，毫不现实。1941年10月，戴高乐在给特种行动执行局政治事务负责人休·道尔顿的信中询问，英国是否愿意通过建立一个"秘密的宣传网络"以支持他在法国采取政治行动的想法。几周后，艾登拒绝了他的请求，他答复道，英国人不会"让自己与那种旨在确保战后在法国建立一个由任何……特定人士组成的政府的政治宣传联系在一起"——他这么说的意思是，英国不会做任何帮助戴高乐实现个人野心的事情。[40]唯一的希望是通过帕西来做这件事，但这会打破戴高乐在军事行动和宣传工作之间设置

第二章 流亡

的界限。戴高乐依然不知道该如何应对法国可能发生的一切。

随着让·穆兰（Jean Moulin）来到伦敦，一切都发生了变化，此人是从法国来到这里的最高级别的法国官员。1940年6月，穆兰在巴黎附近的沙特尔担任省长一职。当德国人试图强迫他签署一份将德国士兵犯下的暴行归咎于法国塞内加尔军队的文件时，穆兰尝试着用一块碎玻璃割喉自杀。想要在占领初期赢得法国人好感的德国人放弃了让他签署这份有损名声的文件的企图。穆兰继续当了几个月的省长。1940年被维希政府撤职后，他隐姓埋名地在非占领区奔走了几个月，以收集有关尚处于萌芽期的抵抗运动的信息。1941年10月21日，他绕道里斯本抵达伦敦。

穆兰的到来是件大事。帕西的情报人员所收集到的关于抵抗运动的任何信息都是零散的。他们根本不确定那些抵抗者是否在夸大自身的重要性。穆兰带来了在非占领区存在的三个主要抵抗组织的信息，由于他不是它们之中任何一个组织的成员，因而他提供的信息有一定的客观性。他还提出了如何利用抵抗运动的策略。在里斯本时，他起草了一份长篇报告，他在其中宣称：一方面，各抵抗组织急需金钱、武器及同伦敦之间的无线电联络；另一方面，如果协调得当，它们可以像"一支熟悉地形的、已经就位的伞兵部队"那样行动。[41]

在抵达伦敦前，穆兰尚未决定是为英国人效劳还是为戴高乐效劳。他在起草那份报告时，把双方都考虑了进来。10月25日，他与戴高乐第一次会晤。由于穆兰在解放前不幸去世，我们不知道戴高乐给他留下了什么印象。许多人都生动地叙述了他们第一次与将军会面时的情形，穆兰未能有机会这么做。他是个左派，他的家族自19世纪中期以来一直是坚定的共和主义者。在人民阵线政府时期，他曾是皮埃尔·科特的秘书处成员，在他的安排下，武器装备被秘密地运到了西班牙共和国。这使他与戴高乐后来在伦敦的敌人安德烈·拉巴尔特有了接触，因为此人是科特随从中的一位重要人物。1940年法国战败后，穆兰依然与身在美国的科特保持着密切联系，他大概会了解到科特的以下看法：戴高乐是个"不自知的"法西斯分子。他肯定也知道拉巴尔特对戴高乐的敌意。这些都不会让穆兰对戴高乐产生好感。然而，关于他的一些间接评论——或许不真实——表明，戴高乐的性格力量、对战争的清醒认识及其对维希政府的彻底反对给他留下了深刻的印象，以至于他把戴高乐的政治观点看作是一个次要的问题。据说，他在返回法国后曾对一名抵抗战士说："他对共和国的真实看法是什么？我不知道。我知道他的官方立场，但他真的是民主主义者吗？"又据说，他给科特写信说："目前，人们必须追随戴高乐。之后，我们可以视情况而定。"[42]这些零星的评论与穆兰对特种行动执行局的官员说的话相吻合，这名官员在穆兰与戴高乐会晤两周后，向他询问了一些情况，他说："关于是否允许他……组建临时政府的任何考虑都不会使那些积极参与抵抗的人感到担心。戴高乐的去留问题可以在以后解决。无论从哪一点来看，显而易见的是，戴高乐的威望，至少作为一个模糊的概念，已经'令人敬畏'。"[43]10月30日，穆兰会见了莫顿，并向丘吉尔问好。1939年，在沙特尔担任省长的穆兰曾与前来访问法国的丘吉尔见过面，当时他对莫顿说了同样的话：

> 几个月前，戴高乐将军的名字在很大程度上仅是法国抵抗运动的象征，然而，由于贝当的声望急剧下降，如今在绝大多数法国人看来，戴高乐将军已成为真实存在……如果许许多多的法国青年人对抵抗组织的热情得不到回应，他们就将从戴高乐将军转向法国共产党人，而这则是一个巨大的危险。[44]

在与戴高乐会面几天后，穆兰作出了明确的选择。戴高乐似乎也是如此。除了穆兰在1940年6月的英雄主义行为之外，他的官衔——他是前来伦敦的第一位省长——使他成了一位重要的新成员。像其他人一样，戴高乐或许被穆兰的聪明才智、天生权威、强烈的国家意识和爱国热忱所打动。那位向他询问过一些情况的特种行动执行局的官员指出："他是我遇到的或听说过的第一个不仅有权代表上述三个（抵抗）组织谈判的人，还拥有历史赋予他的那种天然权威的人。"[45]正当戴高乐需要找到一项在法国的行动

第二章 流亡

策略时,穆兰适时到来。就在他们会面两天前,他还试图阻止法国共产党人对德国人进行不分青红皂白的攻击——他知道自己实际上没有办法阻止他们。穆兰的报告认为,如果放任抵抗运动自生自灭,它将要么分裂成一片混乱的状态,要么最终落入法国共产党的影响之下。

1941年秋,在与戴高乐的几次会晤中,穆兰的准确角色被确定下来。他被任命为戴高乐在非占领区的"代表",任务是"在这个区域内,统一各种抵抗敌人的行动"。他既要负责为抵抗运动的宣传工作提供支持,还要负责组织其开展军事行动。在关于穆兰所承担任务的最初草案上,戴高乐写下了一些发人深省的改动意见,他明确要求"(抵抗运动的)集中和协调管理要在伦敦进行",并且,"所有行动要按照戴高乐将军的个人命令展开"。这些文件被制作成了微缩胶卷。如此一来,当穆兰返回法国时,就可以把它们拿给抵抗运动的领导人们看。他还得到了资金,从而说服各抵抗组织接受他们的活动实际上归戴高乐全面领导的要求。[46] 1942年1月1日,穆兰最终飞抵法国。戴高乐依然坚持认为政治行动(内务委员会负责)和军事行动(帕西的中央情报与军事行动局负责)必须分开。这意味着,对于穆兰来说,他要根据所开展任务的不同类别,分别向内务委员会和中央情报与军事行动局报告——这既给伦敦带来了混乱,也给穆兰带来了烦恼。

戴高乐主义诞生

由于穆兰的主要任务是建立起抵抗的军事组织,因而这未必会对戴高乐的政治思想产生任何直接影响。但它肯定意味着,抵抗运动开始在他的脑海中占据比以前更重要的位置。这使得戴高乐比其他时候更容易接受于1942年3月——在穆兰离开两个月后——抵达伦敦的第一位抵抗运动领导人的观点。此人名叫克里斯蒂安·比诺(Christian Pineau),他是出现于占领区的抵抗组织"解放北方"的领导人之一。解放北方主要是从工会和社会

八 发明戴高乐主义

主义团体中招募成员,这给了它一种左翼的特性,而这种特性则是初期的所有抵抗组织都没有的。比诺前往伦敦是为了让他的成员们相信戴高乐的政治信仰。他对自己第一次与戴高乐会面情形的叙述是这方面的经典叙述之一:

> 他身材高大,身穿准将制服向我走来。我刚走到他面前,他就同我握手致意。他的姿态既显得虚情假意,又显得坚定有力,这让他看起来像个专制的高级教士。他没说一句话,把我领到一把扶手椅前让我坐下,并把一满盒香烟推到我面前,他自己则在另一把扶手椅上坐下来,然后看着我的眼睛,说出了第一句话:"现在给我讲讲法国的情况吧……"想象这一情形:你来到考官面前,他要求你回答那个你所能想到的最重大的问题,但你不知道你要说的话是否符合他的预期。当我提到抵抗战士想让他传达给他们的那条信息时,他微微皱了皱眉……但没有打断我的话。

比诺讲完后,戴高乐马上讲了一番话:

> 他的话不是对我的话的回应。他没有问关于抵抗运动的问题,也没有问关于个人的问题。问我旅途是否顺利可能显得老套,但至少对我来说,这段旅程与其他旅程都不一样。这或许不值一提……对于我所描述的我们面临的危险,以及占领和压迫带来的痛苦,他根本没有任何反应。显然,在他看来,每名战士都在冒着生命危险履行自身职责,在非洲沙漠中驾驶坦克作战的人所面临的危险与在被占领的法国携带秘密小册子的人所面临的危险没有什么不同……我们从自由的角度来解释自身行为,他从历史的角度来解释它们。[47]

比诺待在伦敦的那个月里,他会见了这座城市中的诸多其他法国社会

第二章 流亡

党人，他们警告他说戴高乐是个"法西斯分子"，他还会见了一些像豪克这样的已追随戴高乐的人——尽管他们对戴高乐持保留意见。比诺又和戴高乐见了三次面，当豪克在场时，他们对他要带回去的那条"信息"的措辞进行了反复推敲。他们研究了每一个字。比诺对那句暗示已逝的共和国和维希政府同样糟糕的话——"一个政权的道德、社会和政治制度因战败而被推翻。另一个政权是在投降中诞生的。法国人民谴责它们"——感到不满。戴高乐不肯让步。比诺在他们最后一次会面时问将军是否有一些想要传达的个人话语，"他笑着说了一句让我血液凝结的话：'告诉那些老实人（braves gens），我不会背叛他们。'"在与戴高乐分别时，比诺指出，这是"戴高乐所能做到的最热情的时刻……人们或许会认为他为表现出人性而感到羞愧"[48]。但当比诺在机场准备登机时，一辆摩托车疾驰而至，骑车人带来了一个信封，里面装着一份修订后的宣言，它对维希政府进行了更猛烈的抨击（一个因投降罪行和加强个人权力而产生的政权）。

当戴高乐不情愿地向比诺所喜欢的那种措辞缓步靠近时，他发表了两篇煽动性的演讲，其政治激进主义与他迄今发表的所有言论都形成了鲜明对比。这就像一座决堤的心理大坝，戴高乐准备充分发泄他对1940年背叛法国的精英分子的蔑视。他在1942年4月1日说：

> 我们遭遇了它的精英分子和特权阶层的背叛，正经历着法国历史上最伟大的革命……它隐秘的痛苦使人们正在创造一个将由新的面孔领导的、全新的法兰西。那些对在我们之中没有发现疲惫的政客、昏昏欲睡的院士、商人……以及被勋章所累的将军而感到惊讶的人，使人想起法国大革命期间欧洲宫廷中的保守人士，他们由于在公共安全委员会中没有发现杜尔哥（Turgot）、内克尔（Necker）等人而感到愤怒。事情就是这样。革命中的法国宁愿跟随奥什将军打胜仗，也不愿跟随苏比斯（Soubise）元帅（旧制度下的一名将军）打败仗。为弘扬和践行《人权宣言》的精神，革命中的法国宁愿听从丹东的意见，也不愿墨守成规。[49]

在这篇演讲中,"革命"一词出现了四次。4月18日,戴高乐在另一篇演讲中宣称:"民族解放与民族起义不可分割。"

这种言论让那些保守派军人,比如戴高乐的首批支持者中的勒克莱尔和拉米纳,感到震惊。1942年5月,勒克莱尔给戴高乐写信,提醒他这些变化"让绝大多数自由法国人都感到担忧"。在他看来,自由法国胜利之后,必须进行"民族革命"——贝当用这个词来形容他自己那反民主的、反动的和反犹主义的政策。[50]当勒克莱尔进一步告诉戴高乐他在重复20世纪30年代的错误时,他受到了严厉的斥责。[51]拉米纳也感到忧心忡忡。他给戴高乐写信说:"法兰西支持你是因为你在同德国佬作战,而不是因为你在捍卫某种政治理想。"[52]但最终拉米纳安慰勒克莱尔说,至少左派正在支持戴高乐,"这是对未来的宝贵保证。事情由他来办总比由其他人来办好……由谁呢?我没发现任何人"[53]。这些保守派军官或许是自由法国的军事英雄,但他们不再是戴高乐主义政治前途论的一部分。

九 在世界舞台上（1941年9月—1942年6月）

打俄国这张牌

在戴高乐担任自由法国领袖的前18个月里，他几乎都在和英国人打交道。随着战争波及全球——先是1941年6月希特勒入侵苏联，接着是1941年12月日本人轰炸珍珠港后美国参战——呈现在他面前的是一张更大的、可供他涂抹的画布。从某种意义上说，战争的全球化是一种威胁，因为它削弱了法国的相对重要性；从另一种意义上说，它提供了机会。日本加入这场战争使太平洋上自由法国的属地有了新的战略重要性，苏联和美国的参战为自由法国提供了一个通过探察盟国之间的紧张关系来施加影响的机会。戴高乐毫不掩饰地投身到了这场国际外交的伟大游戏之中。他先从苏联开始。

当德国于1941年6月21日入侵苏联时，戴高乐正在耶路撒冷。他的外交事务发言人莫里斯·德让立即在伦敦发表了一篇支持苏联的宣言。戴高乐表示同意，但他想采取更进一步的措施。他指示自己的代表与苏联驻英国大使伊万·麦斯基（Ivan Maisky）接触，以探讨苏联是否愿意同自由法国建立起直接联系。如果愿意，他们是否同意确保法国战前边界的"完整性"，丘吉尔仅是作出过保证法国在战后的"独立和伟大"的谨慎承诺。[1] 戴高乐还让自己在安卡拉的代表热拉尔·茹夫（Gérard Jouve）同苏联政府接触，但（发人深省地说）"该过程不要通过英国人"进行。[2]

九 在世界舞台上（1941年9月—1942年6月）

9月26日，苏联政府基于与英国完全相同的条件承认了自由法国。戴高乐立即拜访了麦斯基，此人被将军针对英国发表的"大量恶毒言论"震惊了。[3]这篇特别的攻击性讲话并非仅仅源于戴高乐最近与丘吉尔的紧张关系。对于曾在1936年支持《法苏互助条约》的戴高乐来说，与苏联结盟是一种符合法国国家利益的潜在的地缘政治现实。他常常提的是"俄国"而非"苏联"。正如他后来在回忆录中所言："在预测将来之前，我们必须生存，也就是说取得胜利。俄国提供了这种可能性。同时，它加入盟国阵营也为自由法国和盎格鲁-撒克逊人的关系提供了一种平衡力量，我当然想利用这种平衡力量。"[4]这不仅是一种回顾性分析，还受到了后来戴高乐与罗斯福及丘吉尔之间冲突的影响。这与他在1941年9月指示茹夫告诉苏联政府的话非常相似：

> 作为陆上大国的苏联和法国与主要是海上大国的盎格鲁-撒克逊国家有着不同的目标和关心的事务；此外，战争的胜利必然会给这两个陆上大国带来一些非盎格鲁-撒克逊国家所能理解或考虑到的问题。[5]

1941年秋季，当戴高乐正在为他的部队寻找在对抗轴心国的战争中能发挥作用的新机遇时，一个挑拨苏联与英国之间关系的机会出现了。自1941年3月勒克莱尔在利比亚沙漠发起那场小规模战斗后，自由法国一直没有找到发挥自身作用的机会；在黎凡特，法国人在自相残杀。通过招募登茨的一部分人——尽管数量令人失望——戴高乐的总兵力得到了增加，这使他得以把他们组织成两个所谓的"师"，虽然它在规模上更接近于旅。1941年10月，当得知英国人正计划对利比亚发起进攻时，戴高乐问他们自己的部队能否参战。丘吉尔的首席军事顾问伊斯梅（Ismay）将军的回答含糊不清，因为如果同意戴高乐的要求，英国人将被迫为法国军队提供武器，并在后期将其纳入他们的作战计划。作为报复，戴高乐威胁说，如果英国不需要他的部队，他将派一个师前往东线帮助苏联。[6]这个策略奏效了。经过长时间的谈判，英国同意装备和使用自由法国的两个旅。[7]

第二章 流亡

与此同时，戴高乐依然在尝试着说服苏联人支持自由法国。1942年1月，当"俄国人"已遏制住德国的进攻后，他发表了一篇向他们致敬的演说："承受苦难的法国和承受苦难的俄国是在一起的，战斗的法国和战斗的俄国是在一起的，深陷绝望的法国和已开始从深渊的黑暗中爬向伟大之光的俄国是在一起的。"尽管戴高乐付出了种种努力，但这一时期，苏联政府几乎没把他放入眼中。1942年3月，麦斯基对英国人说，戴高乐"在刻意地结交他"。他嘲讽说，自由法国民族委员会中（除普莱文之外）都是些"无足轻重的人"，并认为其前景"不是很光明"。[8]

"向池塘中扔石头"

1941年12月7日星期天，当戴高乐和妻子在家中吃午饭时，他们听到了日本人攻击珍珠港的消息。当时和他们在一起的帕西回忆说，戴高乐马上说道："这场战争如今我们赢定了！未来将出现两个阶段：第一个阶段是盟国将拯救德国，第二个阶段是俄国人与美国人之间的战争。"[9]据说，几天后他向自己的军事助手皮埃尔·比约特作出了另一个预测："从现在开始，没有罗斯福的同意，英国人什么也不会去做。"[10]如果戴高乐真的说过第二句话，那么这的确颇有预见性，但在珍珠港事件发生几周后，他还向帕莱斯基提出了完全不同但看似合理的设想，即英美两国就英国殖民地而产生的紧张关系或许可以被法国利用。[11]

戴高乐在"6·18"讲话中提出的一个重要观点是，即使美国（此刻）没有参战，美国的工业力量也将是盟军胜利的关键因素。尽管戴高乐对美国缺乏直接了解，但20世纪30年代在高级国防委员会任职期间，他曾研究过国外的——德国、意大利和美国——经济动员计划，并就这个主题发表了一篇文章。从他于1940年夏频繁地发给他在美国的代表雅克·德·西哀士的冗长电报中可以看出，他从一开始就高度重视美国。[12]

法国在西半球有一些零星的领地，如马提尼克岛、瓜德罗普岛及圣

九 在世界舞台上（1941年9月—1942年6月）

皮埃尔和密克隆群岛等，戴高乐希望把它们从维希政府的手中夺过来。在1940年10月帝国防卫委员会成立后，他的第一个正式的外交活动是通过美国驻比属刚果领事馆向美国国务院递交一份照会。戴高乐提出，作为美国人帮助他夺回这些地方的回报，他愿意为他们提供军事基地。[13]让英国人震惊不已的是，1941年戴高乐在接受《芝加哥每日新闻》的采访时发表了一番煽动性话语，公开地重申了自己的提议，并补充说他不会"要任何驱逐舰作为回报"。这是在暗暗讽刺英国人，因为他们在一年前同美国人签署了一项协议，该协议允许美国将其在西太平洋和加勒比海上的领地当作军事基地来使用，条件是美国要向英国海军提供它急需的驱逐舰。他这么做也是为了努力赢得美国人的支持，以期摆脱对英国人的完全依赖，这是戴高乐试图迅速登上世界舞台的一个很好的例子。[14]

美国人对此未作答复。事实上，对法国的失败深感震惊的罗斯福认为，法国已丧失被视为大国的任何资格。另一方面，他准备从现实出发，为了美国的利益与维希政府打交道。他派了信仰天主教的极端保守人士威廉·莱希（William Leahy）上将作为大使前往贝当那里。罗斯福的政策在原则上没有排除与自由法国接触的可能性，但他从达喀尔的惨败中得出的结论是，戴高乐没有得到多少支持，他只是由英国人创造出来的。他以一种怀疑和嘲弄的态度看待自由法国，并且莱希证实了他的怀疑，因为莱希报告说，维希政府极为反对戴高乐，任何向他靠拢的举动都将把维希政府推向德国。这与罗斯福把赌注在维希政府身上的政策完全相反。[15]

流亡美国的大量法国人——他们之中有许多人与美国的精英圈子关系密切——强化了罗斯福对戴高乐的负面看法。这些人中包括让·莫内和阿历克西·莱杰（Alexis Leger）。1940年6月当他们身在伦敦时，都曾竭力警告丘吉尔不要与戴高乐达成协议。其他一些对戴高乐持怀疑态度的知名法国流亡者还包括作家安德烈·莫鲁瓦、安托万·德·圣–埃克苏佩里（Antoine de Saint-Exupéry，《小王子》的作者）、电影制作人让·雷诺阿（Jean Renoir）、第三共和国时期政治家卡米耶·肖当等。战争爆发前，法国的许多最耀眼的天才都在美国，但在他们之中很少有人支持戴高乐。戴

第二章 流亡

高乐在1940年7月的那封信中表达了对第三共和国政客们的蔑视之情,这使人们怀疑他有政治野心。法国政治家亨利·德·克里利斯——他是雷诺的密友,也是1938年唯一反对《慕尼黑协定》的法国议会议员——向戴高乐叙述了出现在美国的令人震惊的情况:

> 几乎没有必要向你描述在此地的法国人圈子中出现的分裂状况和令人心碎的事件……无论在哪里,只要有20个法国人,他们就会内讧。有人支持戴高乐,有人反对他;有人支持他但反对英国人;有人支持贝当;有人支持魏刚……有人是傻瓜,有人是懦夫,有人是胆小鬼……那场可怕的悲剧没有教给他们任何东西,也没有改变任何东西。[16]

甚至连所谓的戴高乐主义者也在自相争斗。戴高乐在美国的官方代表是西哀士,他是个无能之辈,表现令人失望。除了西哀士之外,另一群法国流亡者创办了一份支持戴高乐主义的报纸《永恒法兰西》(*France for Ever*),但他们与西哀士的关系并不融洽。1941年春,戴高乐认为,"当务之急"是纠正这种灾难性的不和谐情形。[17]他让勒内·普莱文来完成这项任务,这是一种必然的选择,因为普莱文精通英语并对美国非常了解。当年5月,普莱文启程,并在美国度过了之后的四个月。他受到了"冷遇"——罗斯福从未抽出时间接见他,但他的确会见了几名重要的政府成员。

到他在美国所待的这五个月的时间快要结束时,普莱文已在华盛顿建立起一个运转正常的自由法国代表团,取代了做事不够老练的西哀士,不过,他未能说服雅克·马利丹加入其中。这个代表团的成员包括艾蒂安·博埃涅(Etienne Boegner)和拉乌尔·德·鲁西·德·萨勒(Raoul de Roussy de Sales)。前者是一名商人,还是法国新教教会领袖的儿子;后者是一名在美国工作多年的法国记者。戴高乐选择阿德里安·蒂克西埃(Adrien Tixier)来担任该代表团的团长,此人是设在美国的国际劳工组织的一名法国代表。尽管这一举措与1941年秋戴高乐在政治上初步向左偏的

九 在世界舞台上（1941年9月—1942年6月）

做法相一致，但蒂克西埃并非理想人选。他不具备任何外交才能，并且脾气暴躁，曾在第一次世界大战中受到过失去一只手臂的重伤经历加剧了他的坏脾气。据代表团的另一名成员说，他在同美国人交谈时，会表现出反戴高乐主义之情；而在同戴高乐交流时，则会表现出反美之情。

11月11日，就在普莱文离开不久后，罗斯福宣布，自由法国无须通过英国人就可以得到《租借法案》（Lend-Lease programme）[1]所提供的物资。这个给人以希望的信号——戴高乐过于乐观地称之为一项"对我们有利的原则性决定"[18]——出现的原因不在于普莱文的出色工作，而在于当涉及法国时罗斯福想要做到多手准备。与此同时，维希政府的价值似乎在下滑。1941年11月，为了讨好德国人，达尔朗撤销了魏刚在北非的职务。由于魏刚是维希政府中被认为是最不愿意与德国合作的领导人，因而这似乎意味着该政权正在转向更为通敌卖国的立场。

然而，如果戴高乐在珍珠港事件后曾预计美国将进一步向他靠拢，那么他很快就会感到失望。马上出现的考验是罗斯福对法国在西半球的领地的态度。12月13日，罗斯福通知贝当，如果维希政府继续其中立的正式政策，他不会挑战该地区的现状。戴高乐立即领会到了这项决定的含义：美国人并未鼓励法国的殖民地站到盟国这边参加战争，而是在"一点一点地推行让法兰西帝国保持中立的政策"[19]。为挑战这种政策，戴高乐作出了极具挑衅性的决定：占领位于纽芬兰海岸的圣皮埃尔和密克隆群岛。[20]

据说，圣皮埃尔和密克隆群岛的5000名居民支持戴高乐，但维希政府的行政官员阻止举行公民投票。使该群岛不仅仅具有象征意义的是，这里有一台无线电发报机，它可以向德国潜艇提供盟军舰队的信息。戴高乐曾于1941年两次同英国人接触，希望他们派一支小部队占领该群岛。对那台无线电发报机感到担忧的海军部支持这项提议，但外交部出于政治原

---

[1] 1941年，美国总统罗斯福签署了该法案，规定总统有权向英国、苏联等提供军用及民生物资帮助。该法案为同盟国的反法西斯战争提供了有力的帮助。——编者注

因犹豫不决。卡尔顿花园收到的一封由圣皮埃尔和密克隆群岛上的一群"爱国者"发来的电报促成了这件事的发生。1941年11月，戴高乐决定采取行动，他派米瑟利耶去视察停靠在纽芬兰的一些舰只。这项任务只是个幌子。事实上，戴高乐是派米瑟利耶去占领该群岛的。但在米瑟利耶抵达前，由于美国的参战，事态已发生变化。这位海军上将联系了戴高乐，并问到是否继续这项行动。戴高乐如今觉得有必要问问丘吉尔，看英国人是否反对这场他假惺惺地称之为"小规模突袭"的行动。[21]

丘吉尔让戴高乐等一等，在他同美国人商议后再说。12月17日，当戴高乐被告知美国人反对这项行动时，他起初似乎准备放弃此事。但几乎不久后，他就改变了主意，或许因为他听说加拿大人将去控制岛上的无线电设备。在他看来，这是别国在侵犯法国的领土主权。12月18日，戴高乐在没有征求民族委员会其他成员意见的情况下，命令不情愿的米瑟利耶继续开展行动。12月23日，军队登陆该群岛并受到了民众的热烈欢迎。一开始，罗斯福和丘吉尔都不太重视这件事，但美国国务卿科德尔·赫尔（Cordell Hull）觉得自己受到了冒犯。他发表了一份令人遗憾的公报，谴责"三艘所谓的自由法国舰只"发起的这种"鲁莽行动"。此时，刚刚抵达华盛顿、准备与罗斯福举行首次会晤的丘吉尔发现自己正处在一场国际危机之中。

在戴高乐的政治生涯中，人们常常很难将他的草率行为与深思熟虑之举区别开来。就此事而言，他反复思考——如果真是这样的话——的可能是这一点：鉴于美国人似乎决意要让法国殖民地保持中立，他这样做什么也不会失去。至少他可以通过此事表明态度以确保这项政策不会没有一点争议。他告诉米瑟利耶，他想挑起事端，"向满是青蛙的池塘中扔一块石头"。[22] 即便如此，很难相信他预测到了美国政府的愤怒。在他与美国的关系中，这是一个与1941年叙利亚危机类似的关键时刻。这显示出戴高乐在随后的场合中所称的他那"创造事件"——他的表演本能迫使自己吸引那些想要忽视他的人的注意——的能力。[23] 圣皮埃尔和密克隆事件在波澜壮阔的战争史中几乎不值一提，但他让戴高乐连着几天上了头条新闻。这当

九 在世界舞台上（1941年9月—1942年6月）

然不是一种正常的外交手段。就像戴高乐在叙利亚问题上的"强硬态度"一样，它是弱者的武器。他的挑衅往往会激怒对手，但无论是凭直觉还是靠运气，他最终都会重新夺回他本应失去的道德制高点。赫尔提到的"所谓的"自由法国让美国的公共舆论深感震惊，作为报复，有报刊嘲讽他是"所谓的"国务卿。

意识到英国舆论和内阁在这件事上同情戴高乐后，丘吉尔在渥太华发表了一篇盛赞自由法国的演讲。在赫尔看来，这进一步证明戴高乐只是英国人的傀儡。戴高乐错误地认为，他或许能够挑拨英国人和美国人之间的关系。然而，他第一次深刻地认识到公众舆论在他争取盟国政府首脑认可的斗争中所能发挥的作用。他或许曾是旧制度的那种审慎的治国方略的崇拜者，但正如他在1941年转向民主所展示的那样，他逐渐敏锐地认识到，这场战争在意识形态层面上能够为他所用。危机平息后，他给蒂克西埃写信说："如果战争只是一场象棋游戏，而棋子是没有灵魂的东西，那么我们或许能够理解美国国务院对法国的立场。但战争是一种道德现象。对于发动战争的人来说，他们需要在道义上觉得有必要这么做。"[24]

尽管丘吉尔曾公开地为戴高乐辩护，但他私下里对自己与罗斯福至关重要的第一次会晤被这场无关紧要的危机所打搅而感到愤怒。这又是一个不利于戴高乐的污点。回到伦敦后，丘吉尔同他的会面情形比戴高乐从叙利亚归来后的那次更加紧张。当戴高乐说丘吉尔似乎对1940年8月的协议表示怀疑时，丘吉尔含蓄地威胁说要重新审议这项协议，"因为戴高乐运动没有取得胜利"[25]。艾登只好收拾残局，并寻找一个保全面子的妥协方案。这并不容易，因为戴高乐——令他"苦恼的是英国政府极为重视讨好美国人"——告诉他："赫尔先生应该想办法挽回他的面子……（并且）他不准备仅仅为了取悦美国人而作出任何姿态。"[26]表现得像个大国是戴高乐让法国成为大国的方式。

艾登在这场危机中所扮演的角色揭示出过去一年英国政府对戴高乐态度的转变。起初，外交部对丘吉尔对将军的纵容持怀疑态度。一年后，当丘吉尔对戴高乐的耐心逐渐消磨殆尽时，他终于意识到戴高乐会和他们同在。正如艾登在圣皮埃尔和密克隆事件后所说的：

> 戴高乐的问题在于，他认为自己扮演的是圣女贞德的角色，他要把法国从维希政府手中解放出来。他的战争是一场反对维希政府的个人战争，在他心中与盟国的合作是次要的……他知道自己在这里有坚实的基础，知道这个国家的绝大多数人，无疑还有相当一部分美国人，都支持他。[27]

自由法国危机

圣皮埃尔和密克隆危机引发了自由法国的另一场内部危机，这场危机距1941年9月米瑟利耶挑战戴高乐只有六个月的时间。从圣皮埃尔回到伦敦的米瑟利耶对戴高乐把自己置于尴尬境地心怀怨恨，但美国人的反应又给他壮了胆。3月3日，当民族委员会开会时，米瑟利耶称自己要辞职，每个人都大吃一惊。尽管该委员会中的一些人认为戴高乐曾以非常傲慢的态度对待这位海军上将，但米瑟利耶的公开挑战迫使他们团结到了戴高乐的周围。乐于抓住这个机会消灭对手的戴高乐采取的报复措施是，他宣布如果米瑟利耶从委员会中辞职，他还将失去对法国自由海军的指挥权。

由于英国政府的介入，这场本来纯粹是自由法国内部的冲突升级成了一场重大危机。虽然英国一开始认为米瑟利耶比戴高乐更难对付，但在过去的18个月，鉴于英国在米尔斯克比尔对法国舰队的攻击所留下的不良后果，他成功地在异常困难的情况下组建了一支海军部队。自由法国海军使用的舰只和物资大部分是由英国人提供的，它在大西洋之战中为英国人提供了宝贵的支持。因此，在海军部的压力下，内阁于3月5日坚持要求戴高乐恢复米瑟利耶的职务。戴高乐拒绝了。在与艾登的一次激烈谈话中，他抨击米瑟利耶是个"疲倦的瘾君子"。3月8日，他又给艾登写了一封更理智的信，解释说法国的主权岌岌可危，但英国政府立场坚定。外交部官员查尔斯·皮克（Charles Peake）承接了充当英国与自由法国联络人这个令人头疼的职位，他被派去调停此事。他发现自由法国的成员，包括普莱文在内，在同他讲话时"情绪激动"，"仿佛是在断头台上发表告别演说"。[28]

接下来的一周的，戴高乐的暗中刺激使得米瑟利耶的行为越来越古怪。3月11日，当将军前往威斯敏斯特宫向自由法国海军军官发表演说时，米瑟利耶开始在前排起哄。这次集会在"米瑟利耶万岁，戴高乐万岁"的呼声中被取消。戴高乐随后通知英国人，米瑟利耶因为违抗命令而要被判处30天监禁。当英国人拒绝后，戴高乐进一步提高赌注说，他将回到当前位于伦敦北部伯克姆斯特德（Berkhamsted）的家中，不再过问民族委员会的事务。行前，他把一份密封的留言交给了自己最亲密的同事。他在最后夸张地写道："斯人已去，法兰西长存。"[29]第二天，戴高乐给普莱文写信说："这件事最糟糕的地方是人们认为我们在玩扑克牌游戏。"[30]显然，他这次戏剧性的退出包含着很强的虚张声势的成分，但他对米瑟利耶已是恨之入骨。他不停地痛斥英国人背信弃义："他们烧死圣女贞德还不够，他们想再干一次……他们或许认为我不是个容易共事的人。但如果我是，我今天就会在贝当的总参谋部中。"[31]听这些愤怒话语的人是布奇内-塞勒尔，他为戴高乐似乎缺乏谈判能力而感到遗憾。但如果将军发现很难控制自己的脾气，他也可以把它当作武器。他知道，无论委员会成员如何谴责其策略，他们都是支持他的。米瑟利耶唯一可打的牌是舰队，但很快情况变得明朗起来，自由法国的大多数水兵也不会支持他。到最后，米瑟利耶在英国方面的唯一支持者是海军部。

战时内阁让步了。3月23日，即危机爆发三周后，皮克被派往伯克姆斯特德，他带来了一份保全面子的协定，即让米瑟利耶请病假。戴高乐为此把民族委员会的成员召集到了一起。在对米瑟利耶抨击一番后，戴高乐接受了该协定。皮克幽默地描述了这一情形：

只要民族委员会——他提醒我说，他只是其成员，尽管他是主席——同意这一提议,他就会接受。我说我觉得他对这个机构的影响力很大,他们会听从他的意见,对此,他优雅地一笑……随后,我和将军、以亲切的方式接待我的戴高乐夫人,以及民族委员会的成员喝了茶。委员会成员呈半圆形战战兢兢地坐在桌子的另一侧,除非我或者我的主人先开个头,否则他们不敢开口讲话。[32]

米瑟利耶被授予了一份小差事,但他拒绝接受。他的自由法国生涯就此结束。

从长远来看,米瑟利耶的离去增强了自由法国的凝聚力。这是戴高乐在该运动中面临的最后一次公开挑战。但在短期内,这场危机让许多英国、美国和苏联的观察家相信,如果戴高乐的团队不进行重大改革,他就干不了多久。谣言在自由法国的队伍中传播。几个月前被戴高乐任命为自由法国驻美国代表团的团长、如今前来伦敦同他举行首次会面的阿德里安·蒂克西埃也感受到了这种气氛。蒂克西埃在同多人交谈后向皮克报告说:

> 将军做事随心所欲,除非有什么办法阻止他,否则他将变得无法控制……要有一个真正强大的委员会来挑战将军的意见,并迫使他思考他想干什么。这样的话,将军对法国和盟国的价值就会大大提高。他有着强大而富有创造力的头脑,但他在其他方面有所欠缺,或者说,他不够敏锐。[33]

英国方面有人建议劝说莱热和马利丹加入戴高乐的阵营以遏制他。丘吉尔就此问题亲自给莱热写了封信,但莱热对任何恳求都充耳不闻。[34]对戴高乐持保留意见的莫里斯·德让愤恨地对皮克说,有些法国人声称害怕将军的"法西斯主义"倾向,但"在紧要关头,却又不愿意积极地纠正他们认为错误的东西"。[35]

1942年4月,英国人开始对戴高乐的另一个可能的替代者产生了兴趣,这个人就是突然出现在公众视线中的另一位将军。这位将军叫亨利·吉

九 在世界舞台上（1941年9月—1942年6月）

罗，他曾任法国第七军司令，并在1940年被俘。1942年4月，这位63岁的将军不可思议地从国王岩堡垒（Fortress of Königstein）逃了出来，他顺着绳子下到保护着这座城堡的高达45米的悬崖的底部，然后经过一番乔装打扮乘火车来到法国边界。这次冒险经历使吉罗成了英雄，舒曼通过伦敦的广播电台称赞了他一番。4月29日，吉罗受到贝当接见。这件事让维希政府颇感尴尬，因为尽管吉罗尊敬贝当，但他拒绝了贝当让他投降德国人的请求。如果维希政府把他交出去，或者说让德国人抓住他，那么这将打碎人们对维希政府所抱有的它享有真正主权的任何幻想。吉罗似乎准备扮演反德爱国者的角色，并且，这种爱国声誉不会因为他反对贝当而受到损害，而在一些法国人看来，戴高乐对贝当的反对有损其名望。其实，吉罗是维希政府对内政策的崇拜者，但他反对通敌卖国。

4月24日，通常支持戴高乐的艾登给丘吉尔写信说，如果能够说服吉罗来英国，那么"我们就会有一位自由法国运动的真正领袖，这个人的名字和履历激发着所有法国军队和人民的献身精神。许多如今我们无法拥有的机会将向我们敞开怀抱"[36]。五天后，丘吉尔用类似的口吻给罗斯福写信说："我对吉罗将军的逃脱和他来到维希政府非常感兴趣。这个人或许会在实现你所希望的事情上起决定性的作用。"——这大概指的是找一个可靠的拥护维希政府者以取代戴高乐。[37]但吉罗对前往伦敦不感兴趣。

所有这些用莱热、米瑟利耶、吉罗或者任何人取代戴高乐的想法都是一厢情愿。米瑟利耶事件表明戴高乐在自由法国中有着稳固的地位。但这几个月的压力可能是导致戴高乐大病一场的原因之一，4月中下旬，他的体温高达40摄氏度。这种病原来是疟疾，由于他之前去过非洲两次，这极有可能是他在某一次行程期间染上的。有一次前往非洲的时候，别人建议他保护好自己免遭蚊子叮咬，但他充耳不闻，并开玩笑说："蚊子不会叮咬戴高乐将军。"不过，它们似乎叮咬了他。除了他最亲密的助手，所有人都不知道他生病的消息，但他被迫取消了所有的会见活动。[38]

第二章 流亡

与盟国的危机

戴高乐刚刚康复就发现自己同时面临着两场危机，它们分别出现在他和英国人及美国人的关系方面。这一次，这两件事都不是他自己造成的，但是他以前的行为已耗尽了他可利用的所有亲信资本。这两场接踵而至的危机加剧了他被围困的孤立感，以及他对盟友动机的怀疑。

与美国的危机和新喀里多尼亚群岛有关。[39]1940年9月，由于新赫布里底群岛总督亨利·索托的干预，这片太平洋上的土地落入戴高乐手中。由于这些岛屿很容易受到日本的攻击，索托曾和澳大利亚政府签署一项协定，让它帮助防御这片土地。戴高乐接受了这一协议，但他始终心存疑虑，他想知道索托是否会保持足够的警惕来保护法国在该地区的利益，使其免受盟友的觊觎。在他看来，索托与他的英国和澳大利亚同行之间有种不健康的友好关系。于是，戴高乐于1941年——当时他因叙利亚问题而陷入和英国的冲突——决定派遣一名太平洋地区的高级专员去监视索托。接受这项任务的是自由法国中一位非常有趣的人物，此人名叫蒂埃里·达让利厄，是一名水兵兼修士，他对戴高乐的忠诚几乎达到了宗教信仰的高度。

美国对日作战后，新喀里多尼亚的战略地位变得重要起来。戴高乐知道，没有美国人的帮助，这些岛屿无力抵御日本人的进攻，因而他同意美国人在此建一个军事基地。作为回报，他得到了美国国务院对自由法国享有这片土地控制权的公开承认。[40]由于美国人可以在没有戴高乐的允许下轻易地接管这些岛屿，并且戴高乐知道，如果没有美国的帮助他是无法保护它们的，因而这是他在弱势地位上拥有使自己获得最大利益的技巧的一个例子。他激动地给达让利厄发电报说，这是"华盛顿政策的转折点"，但他同时提醒他"要警惕地维护我们的主权"。[41]1942年3月，美军在亚历山大·帕奇（Alexander Patch）将军的指挥下登陆这些岛屿。自由法国当局对这支部队的规模感到震惊，因为其人数高达4万。达让利厄认为自己目睹了美国对该地的接管，并警告戴高乐，索托对这些美国"占领者"过于迁就。4月，戴高乐召索托来伦敦。索托反对这一决定，达让利厄于是强行把他赶走了。由于索托很受当地人欢迎,暴乱随之爆发。达让利厄确信这是美国煽动的,他们正在利用当地敌对势力削弱自由法国。这完全是幻想,尽管帕奇将军低估了他的部队规模带给法国人的震惊。达让利厄的反应——更像戴高乐主义者的反应,而不像戴高乐的反应——是自由法国人极度敏感的一个例子。戴高乐当然相信达让利厄的说法。尽管新喀里多尼亚危机在5月底结束了,但它给双方都留下了怨恨之情,并开始让罗斯福对是否应该允许法国人在战后继续统治他们的殖民地心存疑虑。

戴高乐曾对美国寄予厚望,现在却对它大发雷霆。他开始在谈话中经常提及美"帝国主义"的威胁。5月,自由法国驻美国的代表之一艾蒂安·博埃涅来到伦敦与戴高乐进行了首次会面,当他试图为美国的政策辩护时,他受到了一番斥责。博埃涅向他在美国的一名同事报告说:

> 我与戴高乐的首次接触是一场罕见的暴力事件。我受到了有生以来未曾有过的侮辱……在这场风暴中,在我看来,这个人不是士兵、政治家,也不是官员,而是个奇人,只要你触碰到与法国有关的任何东西,他立即会对你施以猛烈电击,把你电死。[42]

博埃涅在对反戴高乐主义者亚力克西·莱热的叙述中,讲得更具体。他告诉莱热,戴高乐曾冲着他吼道:"你告诉那个老傻瓜赫尔,就说我说他是个浑蛋、蠢货、白痴(un con, une ganache, un idiot)。让他们见鬼去吧。战争将消灭他们,而我,法兰西将留下来,并将审判他们。"[43]

5月5日,当新喀里多尼亚危机达到高潮时,戴高乐得到消息,英国的一支部队已登陆马达加斯加——这是一块忠于维希政府的法国殖民地。[44] 和新喀里多尼亚一样,在日本参战后,这座控制着英国与印度的主要交通路线的岛屿获得了重要的战略地位。没有谁比戴高乐更快地意识到这一点,珍珠港事件爆发一周后,他在给丘吉尔的信中提议道,由自由法国在英国空军的支持下占领该岛。他的观点同以往一样,即不要指望维希政府会阻止日本的最终入侵。尽管戴高乐又写了几封信,但都没有收到回复。

他认为，由于圣皮埃尔和密克隆事件，自己如今受到了冷落。[45]甚至他那多疑的天性也未能使他发现真正的原因：丘吉尔已决定发起一场纯粹的英国人的行动，对此，他坚持认为"应该让戴高乐的人受到误导"。在叙利亚的经历使他相信，与自由法国的联合行动更有可能增加维希政府的抵抗力度。英国人的登陆点位于马达加斯加北部的迪耶果－苏瓦雷斯（Diego Suarez），他们历时三天才击溃维希军队的顽强抵抗。但是，由于维希总督阿内（Annet）拒不投降，英国人为征服岛上的其他地区又进行了几个月的战斗。1942年法国人在马达加斯加对英国人所采取的抵抗在时间上要长于1940年其对德国人的抵抗。

戴高乐从一家通讯社打来的电话中听说英国入侵了马达加斯加。这一消息在卡尔顿花园引起了恐慌，甚至连将军最冷静的支持者也怀疑他们的运动是否还有未来。[46]英国人之前从未在法国领土上开展过独立于戴高乐或将其排除在外的行动。这表明英国人已对戴高乐失去信心，并正在与美国的政策保持一致，即与任何能找到的法国地方当局合作。5月6日，民族委员会发表了一份庄严的抗议声明，称如果以这种方式排斥自由法国，那么这场运动"已失去存在的理由"。[47]戴高乐给美国的蒂克西埃写信说，自由法国组织面临灭亡危险：

> 如果我们清算本组织，来自法国的和其他地方的法国人会认为，这相当于清算法国……维希政府将被推翻。剩下的将是一个陷入无政府状态、分裂和缺乏任何信仰的法国。至于没有戴高乐的戴高乐主义，我很愿意尝试一下。但不幸的是，我确信这将是一切的终结。[48]

5天后的5月11日，戴高乐同意了与艾登举行会晤。他表现得比预期平静。这一次他无须夸大局面。艾登很尴尬，并觉得戴高乐有理由心怀怨恨。艾登的私人秘书奥利弗·哈维在日记中写道，外交部认为这个问题是由军方造成的，"他们愚蠢的头脑无法摆脱戴高乐是'反叛者'而拥护维希政府者是'效忠派'这种想法",但还有一个事实是,丘吉尔"如今特别讨厌戴高乐,他就要喜欢上维希政府了"。[49]这是一种夸张的说法,尽管丘吉尔在5月30日的确给艾登写信说,"一旦他解开枷锁,这个人或许会做一切反对英国的事情"[50]。戴高乐和艾登在此次会晤中达成了一项协定:在将来管理该岛时,自由法国人将获邀发挥他们"应有的作用"。尽管如此,英国人也没有立即邀请任何自由法国的代表参加他们与马达加斯加的维希总督的谈判。

戴高乐喜欢用的谈判策略之一是以辞职威胁——他自信对方不敢让他摊牌——来恫吓他的对手。这一招在米瑟利耶危机中达到了效果。因此,当5月中旬他在给他的驻外代表发的一封电报中向他们保证事情并非如看起来那般糟糕时,人们可以认为他是真的很担心。他说,尽管新喀里多尼亚事件和马达加斯加事件可能给人"一种不安的感觉",但自由法国在法国的影响与日俱增,并且苏联越来越支持它。[51]这两种说法都是正确的。斯大林开始认识到,他可以利用自由法国。他如今想的是需要在西欧开辟第二战场以减轻苏军压力,但英国人认为就目前而言这么做充满危险,并且时机尚未成熟。如果无法开辟第二战场,那么符合斯大林利益的做法是,让尽可能多的德军待在西线。这是法国共产党在法国实施激烈抵抗战略的逻辑基础。戴高乐最初反对这种战略,但他在1942年4月18日的讲话中宣称,民族解放必须伴随着"民族起义",这意味着他的立场发生了变化。这篇讲话是为苏联人准备的。戴高乐还向麦斯基明确表示,他在抓住一切机会敦促英国人和美国人开辟第二战场。莫斯科注意到了戴高乐的利益和苏联的利益之间的这种客观一致性。苏联外交部长莫洛托夫(Molotov)对麦斯基说:"戴高乐在某种意义上已成为拒绝向侵略者屈服的法国的象征。"他建议苏联甚至可以承认民族委员会为临时政府。莫洛托夫在访问伦敦期间,于5月24日接受了同戴高乐的会面。当时,戴高乐对盟国非常不满,并希望苏联人能够帮助他夺回马达加斯加;作为交换,莫洛托夫希望戴高乐能够在开辟第二战场的问题上提供帮助。[52]

这是戴高乐在战争中做出的最离奇举措之一的背景。6月6日,

第二章 流亡

他拜访了苏联驻自由法国的代表亚历山大·波戈莫洛夫（Alexander Bogomolov）。在依照惯例对"美帝国主义"进行一番抨击后，戴高乐问波戈莫洛夫，如果与英国人决裂，苏联人是否会在他们的国土上欢迎他，"这是我的最后一张牌！我不能再等了。"大吃一惊的波戈莫洛夫提醒他不要贸然作出决定，但并没有表示拒绝。[53]当天戴高乐就给他在帝国各地的代表发了一封电报，警告说"盎格鲁–撒克逊人"的下一步举措很可能是对达喀尔或尼日尔（维希政府控制下的法属西非殖民地的一部分）或同时对两者发起行动——在这种行动中，自由法国将被排除在外。如果真是那样的话，继续与英国合作就将成为不可能。"同这种帝国主义作斗争"的唯一办法是退回到自由法国占领的土地上，牢牢地控制它们，"反对任何人"的侵占，并通过广播昭告世界。[54]由于对达喀尔和尼日尔的行动是戴高乐臆想出来的，那么这种想法又是从何而来呢？

自1941年9月他从叙利亚回到伦敦后，英国人已找到不允许他再次离开的理由。丘吉尔特别担心"将军可能溜到布拉柴维尔"，于是他下令"要特别留意他的电话，以便随时了解他的意图"。[55]艾登认为，阻止戴高乐离开只会加剧他的不满情绪，但丘吉尔坚持己见。4月，艾登以英国人需要戴高乐留在伦敦讨论维希政府最近的内部发展为借口，不让他离开。不管戴高乐是否识破了这一诡计，他最后以出乎意料的优雅姿态接受了。[56]6月5日，他又提出了出国的想法，艾登再次找了个借口劝阻他，但没有正式禁止他离开。戴高乐相对平静地接受了，但回到卡尔顿花园后，他开始考虑这个问题。到那天结束时，他已经让自己相信了最坏的情况：英国人正在计划另一项马达加斯加式的行动，他们想让他留在伦敦以免他惹麻烦。[57]这是他发出那封特别的电报，以及试探波戈莫洛夫的根源。

戴高乐的驻外代表都对他的电报非常吃惊。正如他希望的那样，他们拜访了当地的英国外交代表，以表达自己在这件事上对将军的全力支持（即便卡特鲁也在开罗以特有的方式向英国国务大臣保证说，"他一点也不像戴高乐那样焦虑"）。[58]同样，正如戴高乐希望的那样，他的提议在伦敦引发了恐慌。艾登开始试着安抚他。他写信给参谋长们，要求他们考虑邀请戴高乐来讨论大战略问题,以减轻"这位非常多疑的将军的疑虑"。正如他所言:"对于这个难以相处的人来说,一点关心就会大有帮助。"[59]

几天后,戴高乐的情绪似乎平静了下来。所有关于从伦敦搬到莫斯科的说法都已被抛弃。苏联人被告知,戴高乐"无意间"夸大了这个问题。他收到了一份会见丘吉尔的邀请,自1月以来,两人一直未曾见面。事实上,艾登早就在试图说服这位不情愿的首相同意这一提议,而丘吉尔则在戴高乐向波戈莫洛夫提出那个特别的建议之前就已经作出了让步。但由于将军不知道这一点,这使他坚信边缘政策的好处。每个人都在紧张地等待着他和丘吉尔之间这场定于6月10日举行的会晤。

伦敦生活

这段时期,由于觉得自己在伦敦像个囚徒,戴高乐激烈的情绪波动不断加剧。1941年9月从中东回来之后的11个月,是他连续待在这座城市中的最长一段时间。每天他都会想起自己处在完全依赖他人的屈辱地位。他的电报必须通过英国人发出;他需要使用英国人的飞机飞往国外,并且还需征得他们的同意才能离开;英国人把他的特工运进运出法国;英国人给他提供资金。对任何人来说,这都是令人沮丧的;而对戴高乐这样的人来说,这简直无法忍受。布奇内-塞勒尔把他比作一头困兽,四处攻击以发泄愤怒。[60]一直让他感到恼火的是,他必须把自己的讲话稿在广播前12小时交给英国广播公司审核。有时戴高乐对这条规定置之不理,但他总会被提醒要遵守该规定。出于报复,他威胁说要停止自由法国的广播。但正如一名英国官员所言,人们对这一前景"泰然处之",因为它对戴高乐本人的危害比对其他任何人都大。[61]舒曼在电台上发表讲话的次数比戴高乐多,为了规避审查问题,他与必须打交道的两名审查员建立了友好关系,但这不是戴高乐的作风。[62]

戴高乐的伦敦生活遵循着严格的程式。1941年9月,当他从中东归来时,他的妻子已搬离什罗浦郡,他们在伦敦北部55千米处的伯克姆斯特德租了一幢房屋。此时的戴高乐每个周末都可以回家,工作日则住在康诺特饭店。1942年9月,这对夫妇第三次搬家,他们来到了汉普斯特德(Hampstead)的弗格纳尔路,这意味此时戴高乐可以一直住在家中。尽管戴高乐有时会邀请自由法国的亲密战友如帕西、普莱文和比约特来到家中,但他小心翼翼地保护着家人的隐私,尤其是对英国人保密。偶尔也有例外。有一次,里奥·艾默里和将军及其妻子一起吃了顿饭,他评论说,她是个"相当忧郁、文静而又迷人的小妇人"。[63]伊冯娜·戴高乐唯一一次出现在公众视野中是在戴高乐允许将他们在伯克姆斯特德的家庭生活照公布于众的时候。这件事是在丘吉尔的敦促下才完成的,他认为(尽管他时不时会生戴高乐的气)戴高乐应该扩大自己的知名度。在照片中,夫妻俩摆出了各种居家姿势。戴高乐夫人在洗碗、掸灰尘、弹钢琴(还能看到一幅将军的画像)、向满脸吃惊的丈夫敬献鲜花。他们两人都很讨厌这些照片。尽管是摆拍的,但它们传达的情形与实际相差不远。戴高乐看起来僵硬、笨拙、局促不安,伊冯娜·戴高乐朴素的衣着反映出她简单的品味。[64]伦敦的法国社区中有一人曾在战争期间见过伊冯娜·戴高乐,她那寒酸的外表让他震惊不已,这与阔气、优雅的卡特鲁夫人形成了鲜明对比。[65]1942年夏,普莱文的妻子从美国来到伦敦,并第一次见到了戴高乐,她惊讶地发现,他过的是一种修士般的苦行生活:

> 没有小玩意儿(英语),没有任何东西有外部标志,没有用于摆放"……所赠"物品的陈列柜。这已超出"简单"这个范畴……它显示出这是一个投身于一项任务的人……这是我此前从未见过的。没有他的宣传画,没有纪念品,没有任何带洛林十字的东西——什么也没有……拜访他的人没人能够猜出来这是在谁的家中。我从未在任何身居要职的人身上看到过这种情况。他以一种极其平静的姿态投身于这项任务(英语)。[66]

九 在世界舞台上（1941年9月—1942年6月）

在康诺特饭店住的那些日子，戴高乐在包间中和一两个助手用餐，并很少接见别的客人。民族委员会每周三在卡尔顿花园开会。尽管自由法国的组织内部已不再是成立初期那种唱独角戏的情形，但戴高乐的风格依然是专制独裁的。会议很简短，重要的决定都是他一个人作出来的。布奇内-塞勒尔指出："将军孤独地生活在奥林匹斯山的孤寂之中。他独自思考，独自作决定……但他的确在思考，的确在作决定。"[67]1942年11月，自由法国的一名成员直言不讳地给戴高乐写信说：

> 你待人的方式……让我们感到满心痛苦，我甚至可以说这是一种真正的焦虑。在某些问题上，你不容有任何异议，甚至不容有任何讨论。此外，你在这些问题上的立场特别情绪化，也就是说，你最感兴趣的事就是用它们来测试他人的反应。在这种情况下，你的语气使你的谈话对象认为，在你的眼中，他们的异见显示出他们思想的软弱或爱国心不够强。[68]

事实更为复杂。戴高乐可能是个很好的倾听者，一位观察人士指出，戴高乐如何将他那"眼镜蛇般的目光"锁定在他的对话者身上，警惕地从眼角向外张望，随时准备出击。戴高乐对他人建议的默认反应是拒绝，但那些有足够勇气坚持立场的人往往在后来会吃惊地发现，他已采纳他们的观点。当比诺来到伦敦时，已拥有与戴高乐打交道经验的豪克对他说："同他讲话时不要犹豫。他会给人一种他没有在听的印象，好像他在想别的事情。但你会发现他已听进去了。"[69]然而，戴高乐几乎不可能承认自己错了。战争后期，他对一名抵抗战士说："我只尊重那些敢于反抗我的人，但不幸的是，我无法忍受他们。"[70]一个恰当的例子是，在比诺所乘坐的飞机再过几分钟就要起飞时，他派了一名摩托车手把那份要交给抵抗组织的修订版宣言送到了比诺的手中。

这使得戴高乐不必当面向比诺承认他是对的。在1942年7月的那场新闻发布会召开前，当戴高乐打算罗列对美国人的不满时，阿尔方同将军进行了激烈的对话。戴高乐勃然大怒,但第二天阿尔方注意到,他的所有意见都已被采纳。[71]当戴高乐不生气时,他可以做一名礼貌而专注的倾听者。安妮特·普莱文(Annette Pleven)说:

> 他给人的印象是,他在全神贯注地听你讲话,并且,他思维敏捷,记忆力超群,你会觉得任何一句假话或蠢话都会被注意到。他特别有礼貌,一点都不摆架子(pas du tout pion)……他还会问你许多问题,让你开口说话。[72]

英国人很少见过戴高乐的这一面,因为他在他们面前总是很谨慎。有一天,他对查尔斯·皮克说,他担心成为一名"移居国外的人":

> 移居国外的人最终变得和他们的主人一样,这会使他成为一个令他们感到为难的人,并且,他们自己的人民也会瞧不起他……他十分清楚,如果他变得像一个十足的英国人,他在这里的知名度将立刻提升……但他有自己的任务要完成……他深信,从长远来看,他那我行我素的作风符合我们的利益,就法国而言,因为如果法国人认为他仅是我们政策的工具,那么他们就不会再喜欢我们了。[73]

当然,不存在戴高乐变得"像一个十足的英国人"的危险,但他时刻保持着警惕。哈罗德·尼科尔森在里兹饭店同戴高乐和包括帕莱夫斯基在内的其他一些法国人共用午餐后说,尽管帕莱夫斯基"是我认识的最健谈的人之一……但在戴高乐面前,法国人一片肃静"[74]。不过,这是因为英国人在场。在其他情况下,戴高乐很健谈。同他"交谈"时,他常常独自说个不停,听众们觉得,他们仿佛正在见证在他脑海中进行的他自己和法兰西之间无休止的谈话。有时,他的这些独白以哲学和历史沉思的形式表现出来;有时,是以抨击他当前敌人——敌人总是存在的——的形式表现出

九 在世界舞台上（1941年9月—1942年6月）

来，在这种情况下，它们就像是安全阀，阻止戴高乐采取一些可能令他后悔的行为。弗朗索瓦·库莱对自己与戴高乐第一次会面情形的叙述非常有特色。库莱是驻中东的一名年轻外交官，1940年夏，他追随了戴高乐。第二年4月，当戴高乐来到开罗时，他们才第一次见面。一名英国殖民官员组织了一场正式的晚宴：

> 气氛很凝重，尽管通晓两种语言的斯皮尔斯（这是在他们闹翻之前）谈吐自如，并且卡特鲁彬彬有礼……但这是一场令人尴尬的宴会。在此期间，戴高乐，这个我特别想听他讲话以及我一直盯着看的人，始终沉默无言；即使对于一个从未见过他，并且无法与他的平常行为作任何比较的人来说，也能看出来他的心情显然特别糟糕……他五官僵硬，脸上毫无表情，只有他的头令人难以察觉地动了一下。

在这些客人当中，有一位身穿英国皇家空军制服的法国人，这或许无助于让戴高乐有个好心情。当天晚些时候，一直闷声不吭的戴高乐邀请库莱到他的房间。在之后的两个小时，他踱来踱去，几乎没有停下来喘口气——晚餐时他一直默默沉思的所有想法都冒了出来：战败和签署停战协定的原因（贝当是个叛国者，他在1925年"已死"，并被野心所毁）、法国的当前情形、达喀尔的惨败、自由法国的未来目标（战后要捍卫自己的利益，而不是英国人的利益）等。"他说话不是为了说服别人，而是差不多是在说服自己……就像是在为眼下的事情列一张资产负债表。"[75]终其余生，库莱都站到了戴高乐这一边，因为他觉得，戴高乐本不必把那么多的时间花在一个对其运动无足轻重的普通成员身上。事实上，戴高乐是在自言自语。

无论是处在倾听模式、咆哮模式还是哲学沉思模式，戴高乐总是表现出一种冷冰冰的、排斥亲密行为的拘谨。他觉得自己无法表达喜欢或感激之情，并且不会道歉。1941年底，一名设法来到伦敦的记者回忆了她第一次与戴高乐见面时的情形：她"对他说，法国人民对他满怀热情，这话听起来或许有些夸张且拥有过多的感情成分"，他回答得"非常巧妙，但用词不当，如果他有情有义的话，他就不会用这种词"。第二天再次见到他时，她提到了这么一件事：有个人也打算来伦敦，但要先等着他的女儿出狱再说，"他无情地回答道：'当法国的命运危在旦夕时，家庭无关紧要。'"[76]当宾根对布奇内-塞勒尔说，他希望戴高乐偶尔能表现得更富人情味一些时，他得到的回答是："让一个音盲去欣赏音乐是不可能的，就像突然让戴高乐培养人际交往能力也是不可能的一样。"[77]帕西有一次对戴高乐提议说，他对自己的下属或许可以表现得更热情一些。第二天，他看到戴高乐在卡尔顿花园的楼梯上停下来，向一名哨兵问了一个据说很友好的问题。他的语气和姿态令这个口齿不清的人目瞪口呆，将军只好耸耸肩走了。[78]

戴高乐真正动感情的地方是他那可怕的、不可预测的愤怒，这种愤怒通常是由想象的（或真实的）冒犯引起的。查尔斯·皮克总是对戴高乐的情绪感到忧虑不安，这让他备受折磨。在一次痛苦的会面后，他写道，他"特别想找个借口，说自己身体虚弱，无法很快再次来拜访"[79]。又有一次，他写道："我看到了之前出现过的那种我特别熟悉的不妙迹象。他的脸色越来越苍白，他的双眼在冒火。"[80]但皮克也想知道，戴高乐心情好时是否会出现更好的结果，比如说这一情形：他发现他"状态很好，并且，（他）带着傲慢的、我已经学会对其感到害怕的笑意来迎接我"[81]。戴高乐周围的人认为，他们的角色就像是他与外部世界之间的减震器。他经常命令他的助手们，再也不要邀请任何英国人到他的办公室。一天后，当他怒气已消，这个命令就被悄悄地遗忘了。玛丽·博登（Mary Borden）对戴高乐的评价很有见地，和丈夫斯皮尔斯一样，她后来也不再是戴高乐的朋友：

> 当很少有人有所感觉的时候，他感受到了祖国蒙受的耻辱，就像根据基督教的信仰，基督本人担负起世界的罪恶一样。在这些日子，我觉得他像一个被彻底打败的人，与友好、善意的人最轻微的接触都会使他感到不舒服，甚至想咬人……我确信，我在

他面前感到的不适是由于他内心沸腾的痛苦和仇恨造成的。[82]

在接下来的一年与戴高乐关系密切的哈罗德·麦克米伦（Harold Macmillan）用一种略微不同的方式表达了同样的观点：

> 他时不时会变得几乎不可能使人与之交往，但这种傲慢恰恰是极端敏感的另一面。我从未见过一个人既如此粗暴无礼又如此多愁善感。他相当聪慧并具有某种辛辣的幽默感，但我认为他从未有过真正的无忧无虑和欢快笑声……他属于拥有不快乐和受煎熬灵魂的那一类人，对于他们来说，人生永远不会是一种供人享受的乐趣，而是一片朝圣者必须竭尽全力才能穿越的干旱沙漠。[83]

博登用"被彻底打败"（écorché vif）来描述戴高乐，这个词曾被戴高乐用来概括自由法国人的心理状态。普莱文用略微不同的语言表达了同样的观点："他们都极其敏感……因为他们出于对祖国的热爱而备尝痛苦，因为他们的理想遭到践踏，因为他们与自己的挚爱远隔天涯。"他还说他们有一种"持续的屈辱感"。[84]因此，尽管许多自由法国人对戴高乐的固执感到生气、对他的愤怒感到害怕、对他的冷漠感到受伤害，但他们与戴高乐有着非比寻常的共同点。戴高乐认为自己是法兰西的真正化身，这似乎不是一种不可思议的夸张说辞，而是一种可以证明的事实。布奇内-塞勒尔在试图让马利丹克服对戴高乐的怀疑之情时，给他写信说：

> 如果我不相信戴高乐是我们人民的愿望和希望的唯一忠实诠释者，我就不会成为自由法国的一名战士……正是从这种与法兰西灵魂的密切交流中，戴高乐获得了他最真实的力量；他是圣杯的临时保管人。尽管我正在用这种语气说话，但请你不要怀疑我对戴高乐本人有任何狂热的感情，我所有的热情都倾注在他所捍卫的思想上。[85]

第二章 流亡

参加自由法国的大多是年轻人,战后,他们中的许多人会回忆起他们与戴高乐之间那种近乎父子的关系。[86]一名叫作罗歇·巴伯罗(Roger Barberot,1940年时25岁)的年轻成员后来写道:"1940年打破了我们与前一个世界的所有联系……我们感到自己脱离了过去的一切。戴高乐用他对法兰西独有的热情和迷恋填补了这一空白。"[87]让-路易·克雷米厄-布里亚克(Jean-Louis Crémieux-Brilhac,1940年时23岁)是1941年9月来到伦敦的那批战俘中的其中一员,不久之后,他写下了戴高乐主义对于他的意义:

> 我们要让人知道,我们的鲜血在血管中沸腾,我们的要求是把它奉献出来……对于我们来说,我们追随戴高乐并不是在遭受奴役。我们如今已支持戴高乐,但我们之前并不认识他。与身在法国的法国人相比,我们处在更为与世隔绝的状态中(在战俘营),我们之中甚至没有一个人听到过他的声音。我们经常互相问:"他是谁?他长什么样?"……我们从未想到,我们沉默的公民投票在一致同意之外还会有其他结果:戴高乐是我们寄予希望的那个人,我们认可他并向他效忠,因为他已担负起自身责任,因为他采取了行动,因为他在战斗……1941年9月的一天早上,在晴朗的天空下,我们发现自己有了新名字,并且从头到脚穿戴一新:这有点像受洗或结婚。我们投身于自由法国,仿佛投身于一场激情风暴。[88]

让自由法国的某些成员感到担忧的一件事是戴高乐反复出现的仇英心理。1941年9月,拉米纳和埃布埃在给戴高乐的信中提醒他,要提防那些"为了讨好你或是仅仅由于愚蠢而觉得有必要不断诋毁英国人的人。人们最终会问自己,我们在同谁作战"[89]。但这逐渐不再成为问题,部分原因是戴高乐利用其人格力量已成功地把他看待世界的方式强加于他的追随者,部分原因是客观情况使戴高乐的怀疑有了一定的可信度。一开始并没有这种偏见的帕西,后来发现自己一直在同英国的特务机关作斗争,就连自由

九 在世界舞台上（1941年9月—1942年6月）

法国中最亲英的人也对马达加斯加登陆行动震惊不已。弗朗索瓦·库莱是一位特别虔诚的法国新教徒，其性格与帕莱夫斯基截然不同，当后者指责他是个狂热分子时，他说："你给我解释一下，一个人如何做到既是戴高乐主义者又不狂热？"[90] 勒内·普莱文是个温和、冷静、亲英的法国人，正如人们能料到的那样，他在1940年7月追随戴高乐时带着相当多的保留意见，但两年后，他确信自己"必要的追逐信仰行为"是正确的：

> 在我看来，这两年出现的重要事实是，总的来说法国有了一个真正的伟人……我曾见过他在最困难的情况下开展行动，每次行动归来后，他在我眼中都变得更为强大。在过去的两年里，他从自身担负的责任中学到了很多。他依然明白什么是最重要的。他需要身边有实施管理的人……有处理杂务的人，有时不时能抚平其伤痛的人，但他是把法国从所面临的危险中拯救出来的伟大英雄之一。[91]

十 战斗法国（1942年7—10月）

会见抵抗人士

1942年6月10日，戴高乐和丘吉尔之间那场令人期待已久的会晤如期举行。他们边聊边喝威士忌，没有其他人在场。他们似乎没有讨论实质性问题，气氛亲切友好。戴高乐接受了丘吉尔的保证，即英国对法国的殖民地不抱任何企图。会谈结束后，卡尔顿花园明显感到一种宽慰，因为和平已经降临，尽管事实证明这只是短暂的和平。[1]对于缺乏戴高乐那种好斗气质的人来说，持续不断的反英"游击战"让人精疲力竭。自由法国的一名成员挖苦说，戴高乐"把争吵看作一种运动，乐此不疲"[2]。

戴高乐和丘吉尔的这次会晤是在自由法国于西部沙漠英勇奋战的背景下举行的。5月，德军指挥官隆美尔将军在利比亚发起新的攻势，将英军赶回了苏伊士运河。隆美尔没有正面攻击盟军战线，他打算从南面包抄并从后方对英国第八军发起进攻。比尔哈肯姆绿洲堡垒位于这条战线的最南端，驻守在此的是皮埃尔·柯尼希（Pierre Koenig）率领的一个自由法国旅。这是六个月前在戴高乐的苦苦劝说下由英国人武装起来的两个旅的其中之一。自6月6日起，3600名自由法国士兵同隆美尔率领的3.7万名士兵鏖战了一个星期。法军伤亡惨重，战死和被俘者达980人，但柯尼希的部队没有被摧毁。这个堡垒沦陷后，他的残余部队设法加入了英军。由于此时盟军在各条战线都罕有好消息，因而比尔哈肯姆之战具有重要的象征意义。

十 战斗法国（1942年7—10月）

这是自由法国第一次同德国人而非同意大利人（或法国人）作战。柯尼希部队的英雄行为成了世界各地的头条新闻，英国媒体将之与凡尔登战役的英勇抵抗相提并论。当戴高乐和丘吉尔会面时，战斗已经进入最后阶段。比尔哈肯姆之战引起了丘吉尔的关注，并且，戴高乐对自己部队的英雄行为感到欢欣鼓舞，这让他比平时更放松。

这是戴高乐与英国人的一个短暂蜜月期的开始，同时有证据表明，他在法国的支持率越来越高。7月14日，法国国庆节这天，英国人承认他的运动是"战斗法国"（Fighting France）——这个词戴高乐已用了几个星期。这意味着他不仅被视作法国之外的自由法国人的领袖，还被视作在法国同德国人作战的那些人的领袖。1942年8月，非占领区最重要的两个抵抗组织发布公报，承认戴高乐是"法国的首位抵抗者"。

比诺在6月从伦敦带回去的那份宣言，以及让·穆兰的耐心工作，对抵抗组织响应戴高乐起到了支持和帮助的作用。自1942年1月穆兰返回法国后，作为戴高乐的代表，他对非占领区的各抵抗组织施以威逼利诱，以使它们的行动更为协调。尽管对正式的合并犹豫不决，它们还是在1942年秋同意成立一个协调委员会，并将它们稀少的军队集中到一个名为"秘密军"（Secret Army）的组织中。穆兰还敦促它们宣布支持戴高乐。

这并非必然会发生。第一批独立于戴高乐之外的抵抗组织已在法国出现。即便知道他的存在，许多抵抗者仍觉得真正在冒风险的是他们自己。有人后来回忆说："我们采取的行动与他无关，无论他是否在6月18日讲过话，我们都会采取行动。他不在国内，所以他没有分担我们的危险。"[3]后来，当抵抗运动的历史与人们对戴高乐的记忆交织在一起时，抵抗运动领导人声称他们并不是因为戴高乐的"6·18"讲话而采取的行动，话里带有一种惯常的，甚至令人绝望的味道。[4]总体上看，抵抗者对"流亡者"持有偏见；左翼抵抗者对热衷政治的将领们持怀疑态度；戴高乐对贝当的猛烈抨击使自己疏远了保守的抵抗者。人们普遍认为贝当正在幕后尽其所能地抵抗德国。许多抵抗者希望赢得维希政府内部人士的秘密支持，尤其是停战军——根据停战协定，法国获允拥有一支10万人的武装部队——军官们的支持。亨利·弗勒

第二章 流亡

奈（Henri Frenay）所持的就是这种立场，此人之前是一名军官，他领导的抵抗组织"战斗"（Combat）是南部地区最重要的抵抗组织。另一个由记者埃马纽埃尔·达斯捷·德·拉·维热里（Emmanuel d'Astier de la Vigerie）创建的重要抵抗组织"解放南方"（Libération-Sud）对维希政府不抱任何幻想，但它不了解戴高乐的政治信仰。由于戴高乐是唯一一个为公众所知的人，因此抵抗运动的领导人越来越无法忽视他。一个记者在法国沦陷后的前两年曾在两个地区都待过，他在来到伦敦前写道："当一名工人用粉笔在墙上写下'戴高乐万岁'时，这只是在说'抵抗万岁'；他不知道谁是戴高乐，不知道自己对他有何期望，并且，他还没有开始提出关于他的问题。"[5]

1941年底，由于另一个人物的出现，抵抗者不得不把戴高乐纳入他们的考虑之中。这个人是德·拉·洛朗西（de La Laurencie）将军，他是在1940年的战役中为数不多的表现突出的法国军官之一。战斗刚结束，德·拉·洛朗西就认为停战不可避免，后来维希政府任命他为驻占领区的代表。1941年，他逐渐疏远了维希政府，并与抵抗运动的领导人取得了联系，这些领导人认为他可能会把一些维希的停战军成员带到他们那里。但是，当德·拉·洛朗西在1941年12月会见弗勒奈和其他抵抗者时，双方达成协议的希望破灭了，因为抵抗运动的领导人坚持认为他必须与戴高乐达成协议。作为判处戴高乐死刑的审判员之一，德·拉·洛朗西的态度却是"大度地"（在他看来）同意赦免他，甚至还可以给他安排一个低等职位——例如马达加斯加的军事长官。1942年1月，当穆兰返抵法国时，仍然流传着可能利用德·拉·洛朗西的说法，但穆兰向伦敦保证，自己完全可以"彻底击败"他。总之，无论他们喜欢与否，抵抗运动的领导人已将戴高乐纳入他们的世界观。[6]第一个支持戴高乐的抵抗组织是解放南方，1942年1月20日，它在自己创办的地下报纸上承认他是"法国团结和抵抗意志的象征"。弗勒奈在放弃对维希政府的幻想方面要慢一些。

至少在敌占期的前18个月，法国公众在对维希政府的反应方面存在分歧和困惑。尽管戴高乐的名声一直在稳步上升，但许多人同时还认为，贝当正在竭尽全力保护他们免受沦陷的影响。最初的时候，人们甚至普遍

十 战斗法国（1942年7—10月）

认为贝当和戴高乐之间存在某种秘密协定，但从1942年的头几个月开始，这种观点变得越来越难以置信。当德国在东线的推进陷入困境时，纳粹政权开始对所有占领区施加更大的压力。维希政府承受着不断增大的为德国工厂输送工人的压力，并且，随着法国共产党人对德国士兵的攻击愈加频繁，德国坚持要求维希政府更加警惕地镇压"恐怖主义"。为推行这些政策，德国人逼迫贝当召回赖伐尔担任总理。达尔朗并非不愿意合作，但他的动机是机会主义；赖伐尔则在思想上秉承这种政策。

1942年4月18日，赖伐尔重新执政，年迈的贝当失去了实权。两个月后，赖伐尔在一篇臭名昭著的演讲中宣称，他希望纳粹德国取得胜利，否则的话，布尔什维主义将取得胜利。这甚至让那些并非共产主义者感到震惊。赖伐尔的重新掌权摧毁了弗勒奈对贝当的最后幻想。这是他在其地下报纸《战斗》中正式谴责贝当的导火线。

这是否意味着弗勒奈像达斯捷一样准备支持戴高乐？答案就在弗勒奈对抵抗的另一位象征人物——吉罗将军——出现的反应中。我们已经知道，吉罗在1942年春引起了英国人的注意。由于他有从德国监禁中逃脱出来的引人注目的经历，因而与德·拉·洛朗西相比，他更有力地象征着对通敌卖国的反对，但与前者一样，他并非反对维希政府的所有政治价值观。总之，吉罗可能成为悔过自新的贝当分子和戴高乐之间的桥梁——或者甚至成为戴高乐的替代者。人们不清楚他会作何选择。当年夏天，中央情报与军事行动局代表戴高乐联系了吉罗，但未收到任何回应。[7]抵抗运动的其他领导人也想把吉罗争取过来，但1942年8月中旬弗勒奈在给他们的信中坚称，吉罗与戴高乐达成协议是必要的先决条件：

> 人们有必要把他们的希望和信心寄托在一个人身上。让我们失望的贝当元帅不能再扮演这个角色了。戴高乐将军的星光已在地平线上升起，与此同时，贝当元帅的星光暗淡下来了。从占领区的人民开始，全部人民已成为戴高乐主义者……他是法国人民渴求解放的真正的国家象征和明确象征。[8]

第二章 流亡

在1940年还非常怀疑戴高乐的弗勒奈却在两年后写出这样的话,表明抵抗组织的立场发生了巨大的变化。随着抵抗者开始站到戴高乐这个"象征"的一边,他们也想亲自见见他。1942年下半年,抵抗运动领导人开始陆续来到伦敦,人数已经不像3月比诺来的时候那么少。他们乘坐英国人的莱桑德飞机来到伦敦,这种小型飞机即使在晚上也能在简易跑道起降。4月28日,第一个到达的是皮埃尔·布罗索莱特(Pierre Brossolette)。作为一名强烈反对1938年《慕尼黑协定》的记者,布罗索莱特是社会党冉冉升起的新星之一。法国战败后,他加入了占领区的抵抗组织。他提供的情报补充了穆兰从非占领区带来的情报。他是个富有魅力、个性很强、举止粗鲁的人,没有人会对他漠然视之。帕西就被布罗索莱特吸引,因为他对中央情报与军事行动局应扮演的角色的看法被布罗索莱认同。帕西认为,由中央情报与军事行动局和内务委员会分开负责法国的军事和政治行动的做法毫无道理,在过去的18个月,他一直敦促戴高乐不要这么做,但未能成功。布罗索莱特在抵达伦敦后起草的报告在戴高乐听来肯定像音乐般悦耳:

> 戴高乐将军象征着没有绝望、没有屈服的法兰西。他曾孤军奋战。此时此刻,人们感觉到人格力量是一个领袖最重要的品质,戴高乐将军的名字对法国人产生了一种政治吸引力,这或许是伦敦没有意识到的……法兰西需要神话,法兰西如今已沉沦得如此之深,以至于这个神话不能用某种方案或思想来表达:它需要体现在一个人身上。不管戴高乐是个什么样的人……如果法兰西要再次重塑自我,它只能围绕着"戴高乐神话"进行。[9]

布罗索莱特开始为自由法国效劳,他作为中央情报与军事行动局的一名特工返回了法国。5月12日,紧接着来到这里的是达斯捷。作为"解放南方"的创建者和领导人,达斯捷当然无意完全听命于戴高乐。然而即使去掉讽刺和文学色彩,他后来对自己与戴高乐在康诺特饭店第一次会面情形的描述也与比诺的描述极其相似:

这个"象征"进来了。他比人们预想得还要高。他的动作迟缓、沉重,就像他的鼻子一样。他的小脑袋和蜡黄的脸被一具似乎没有形状的躯体支撑着。他最常做的动作是抬起前臂,同时肘部紧贴身体两侧。在他手臂的末端,是他那双非常苍白、相当女性化的手,他们连接着他那非常纤细的手腕,一动不动地以掌心朝下的姿势放着,似乎在提着一个由抽象的负担构成的世界。他没有问我任何问题。我们一起用了餐。他不喜欢他的同胞,但他喜欢他们的历史,尤其是法国的历史,他把其中的一章演绎了出来,并似乎同时在脑海中写着,就好像米什莱[1]一样……他说话的样子,让人觉得仿佛他承载着一千年的历史,或者说仿佛他在那段历史中注视着一百年后的自己。他画了一幅凄惨的耶稣受难像——画像中的人是法兰西。[10]

事实上,达斯捷和戴高乐相处得特别好。达斯捷带有贵族冒险家的冷静风范,他是戴高乐经常能够与之友好相处的那种智力出众的人之一。在返回法国前,将军派达斯捷到美国为自由法国寻求支持。为增加戏剧效果,他在公开露面时戴着面具,并化名迪朗(Durand),以避免归国后暴露身份。9月,达斯捷再次来到伦敦,他这一次是和他的竞争对手弗勒奈一起来的,后者对达斯捷比自己先来伦敦感到很恼火。弗勒奈之前是一名陆军上尉,他比达斯捷更顽固、更易怒、更缺乏魅力,并且,他对任何他怀疑想要破坏他的抵抗组织战斗的独立性的人都保持着警惕。然而,他给吉罗的信表明,他其实懂得(虽然有些无奈)抵抗运动的未来与戴高乐息息相关。

---

[1] 儒勒·米什莱(Jules Michelet,1798—1874),法国19世纪著名历史学家。他在近代历史研究领域中成绩卓越,被学术界称为"法国最早和最伟大的民族主义和浪漫主义历史学家"。——编者注

第二章 流亡

政界人士的支持

尽管抵抗组织的支持对戴高乐来说是一种鼓舞，但这不一定会给盟国留下深刻印象。抵抗运动的领导人来历不明，并且人们不清楚他们能否代表法兰西，他们是否比一些德高望重且都对戴高乐持强烈怀疑态度的人物，比如伦敦的保罗·康邦（Paul Cambon）和华盛顿的亚力克西·莱热更能代表法兰西发言？不过，戴高乐也开始争取已不复存在的第三共和国一些重要政治人物的支持，这些人的意见对英国人很有影响。

1942年6月，菲利普·罗克（Philippe Roques）抵达伦敦，他曾担任受人尊敬的保守主义者乔治·曼德尔的私人秘书处主任。罗克带来了雷诺和曼德尔都在口头上支持戴高乐的消息。作为雷诺政府中最坚定地反对停战的成员，曼德尔和雷诺都曾遭受过维希政府的监禁。在同罗克交谈后，艾登向内阁报告说："约有85%或90%的人在等着他（戴高乐）归国；在自由区，因为这里没有敌人并且存在大量有利于贝当元帅的宣传，这一数字略低一些，但也到达了70%或75%。"[11]罗克待在伦敦期间，莫顿同他见过两次面，在第二次会面后，莫顿说了这么一番尖酸刻薄的话：

> 这一次，R先生比我第一次见到他时，更加强调戴高乐将军这个人的重要性，此人似乎对R先生施加了我以前在法国人身上所注意到的那种不可思议的影响，这和戴高乐将军与大多数英国人的接触所产生的效果正好相反。[12]

罗克带着戴高乐请求其他政治家，如参众两院前议长爱德华·赫里欧（Edouard Herriot）和朱尔·让纳内（Jules Jeanneney）支持的信回到了法国。[13]两个月后，伦敦收到了一封曼德尔寄来的对戴高乐表示支持的热情洋溢的亲笔信。[14]

如果说曼德尔代表了政治光谱的一端，那么莱昂·布鲁姆则代表了另一端，此人是欧洲左派的标志性人物之一，受到英国工党和美国新政派中许多人的推崇。布鲁姆是个犹太人，也是个社会党人，还曾担任过人民阵线政府的总理，他集维希政府所痛恨的一切于一身。在和雷诺及其他人一起被投入监狱后，他于1942年初受到了审判，但他出色的辩护使指控他的人未能得逞，维希政府于1942年3月中止了审判，这进一步提高了他的声誉。他依然待在狱中，但获允接见访客。5月，他向伦敦发去了一条无条件支持戴高乐的消息。[15]战前，布鲁姆曾见过戴高乐，但作为他的密友、首批加入自由法国的成员之一，乔治·鲍里斯的意见对他的这个选择起到了促进作用。鲍里斯于1942年6月写给布鲁姆的关于戴高乐的信值得一读，因为它给出了一个敏锐的、自1940年6月起就在近距离观察戴高乐的观察家那种只有分毫之差的判断：

> 当我听到停战的消息后……戴高乐使我重获荣誉，使我有可能再次面对人们，使我感到自己是个法国人。多亏了他，我才不是一个纯粹的流亡者……他对事情有最深刻、最深远、最具预见性的看法……毫无疑问，他有强烈的使命感和责任感，正因为如此，人们才可以谈论荣誉。
>
> 在我看来，如果他对人的理解能与对事件和思想的理解相同，如果他能更从容地与人接触，他将成为一个伟大的人，甚至是一个非常伟大的人。无疑，正是因为他轻视他们，所以他不理解他们……这使我想到，在政治上，与其说他是个战术家，不如说他是个战略家……在很大程度上，他的不屈服、不妥协是他竭力表现出来的。尽管他很弱小，但他常说不妥协是他的唯一武器。此外，我必须指出，在那些于他最不利的情况下，他在实质上是正确的，如果不是形式上的话……如果戴高乐能得到某种程度的承认，他将变得更顺从，因为这种承认会捍卫法兰西的尊严，并且他认为自己是法兰西的容身所……他对自己的随从也毫不妥协。考虑到目前的情况，这些随从也很平庸。没有一个真正有力量的人能够以权威和权力来对抗这个孤独的人……有人说

第二章 流亡

过,他没有顺理成章地向民主思想靠拢,这是真的。他是凭借理性和经验才这么做的,因为他蔑视旧的精英阶层,因为他已认识到,法国一切最好的东西都存在于人民之中……在这种情况下,如果没有存在已久的民主倾向,就会有从一种极端跳到另一种极端的危险。作为一名军人,他非常钦佩俄国人取得的成就,并将其与法国人和英国人取得的成就进行了比较。我要补充说,俄国人一直非常狡猾,在盎格鲁–撒克逊人,尤其是美国人与自由法国保持一定距离的时候,他们在大力支持他。[16]

当年夏天,重要的社会党人安德烈·菲利普(André Philip)来到伦敦。菲利普是迄今来到伦敦的最为引人注目的政治家。菲利普在战前是一名经济学教授和社会党议员,曾与抵抗组织解放南方过从甚密。戴高乐再次利用菲利普去说服身在美国的雅克·马利丹抛开疑虑。马利丹在一步步朝戴高乐靠拢时,曾写道,戴高乐最好把自己限定在一个象征性角色上,而非渴望建立流亡政府,他说:"你能想象圣女贞德考虑行使政治权力和组建政府吗?"菲利普直面了这个挑战:

> 你引用贞德的例子来说明不要创建政府。在我看来,恰恰相反,这才是她的使命关键所在。她听到的声音召唤她让皇太子在兰斯加冕,从而把他失去的权力还给他……戴高乐将军不仅代表着圣女贞德……还代表着法国的合法政府……代表着以同样的团结精神团结所有公民的道德基础。[17]

菲利普并非一个信仰神秘主义的法国天主教徒,而是一名曾在美国待过多年的新教徒和社会党人学者。像他这样有这种知识背景的人说出这样的话,证明了"戴高乐神话"的力量。

十 战斗法国（1942年7—10月）

夏季蜜月

戴高乐任命菲利普担任内务委员会负责人。这个选择并不完全成功，因为菲利普的慢性失序症使他成了个糟糕的行政官员：他总是乱放文件，甚至有可能被他拿来点烟。戴高乐起初很喜欢他们之间的思想交流——他是另一个让将军着迷的知识分子——但最终，他对菲利普的这一面感到很失望。但是，抛开这些逐渐显露出来的缺点，对菲利普的任命还表明自由法国在组织上的一个重大变化。戴高乐最终听从了帕西的那种得到布罗索莱特鼎力支持的观点，即内务委员会和中央情报与军事行动局的工作分开的情况——一个负责在法国开展政治行动，另一个负责军事行动——是无法持续的。沟通不畅的情形总是出现，特工们在不知道彼此存在的情况下被派去执行不同的任务，他们被要求就其开展任务的不同部分而分别向中央情报与军事行动局和内务委员会报告。这种情况让穆兰深感沮丧。在重组过程中，内务委员会依然负责"政治"事务，但中央情报与军事行动局如今被指定为唯一的执行机构。为表明这一点，它去掉了后面的"M"（军事）。与此同时，戴高乐在他那成立于伦敦的民族委员会中任命了一个新成员，此人便是在战前已取得杰出学术成就的年轻人类学家雅克·苏斯戴尔（Jacques Soustelle）。1938年，年仅26岁的苏斯戴尔被任命为巴黎的民族志博物馆的副馆长，他是积极参与人民阵线运动的知识分子之一。由于他在前哥伦布文明方面的学术专长，他与中美洲接触颇多，戴高乐于1940年派他前往拉丁美洲和中美洲组织自由法国的委员会，他在这项任务上取得了辉煌的成功。现在他回到伦敦，担任了新闻委员。他的任务是优化自由法国的宣传工作。苏斯戴尔的成就之一是在伦敦创办了一份戴派报纸《马赛报》，这份报纸创刊于1942年7月14日这个具有象征意义的日子。令人颇感奇怪的是，自由法国此前在伦敦没有自己的报刊，两份在伦敦已有的法语刊物远非戴派刊物。

在过去的几个月中，布罗索莱特、菲利普和苏斯戴尔等人的出现，以及1942年夏来到伦敦的其他社会党人的出现，进一步促使戴高乐在政治上向左偏转。卡尔顿花园中穿军装的人少了，穿西装的人多了；保守分子少了，社会党人多了。与几个月前相比，战斗法国正变得更具专业性、更富实力，而就在几个月前，一些观察人士还在认真思考它能否挺过这场春季危机。在秋天时，戴高乐把加斯东·帕莱夫斯基从非洲召回到伦敦，让他执掌自己的秘书处。帕莱夫斯基通过与南希·米特福德（Nancy Mitford）充满激情的恋情（至少站在她这一边是这样的）加深了对英国上流社会的了解，但这并不妨碍他对戴高乐的狂热忠诚。

这一时期，戴高乐与英国人之间关系紧张的主要原因与抵抗组织有关。随着这些组织成为法国的一股重要力量，特种行动执行局和英国情报机构渴望与之建立独立的联系。这将导致代价高昂的错误出现。特种行动执行局发现有一个名为"卡特"（Carte）的抵抗组织，它的领导人是一个叫作安德烈·吉拉尔（André Girard）的画家，此人生活在蓝色海岸。他声称追随他的人有成千上万，并且，他还声称自己与维希政府的那些正在寻找机会改换门庭的内部人士有着秘密联系。他要求得到5万支枪来武装自己的士兵，即便以抵抗运动的标准来衡量，这也是一种虚张声势的、冒失的做法。由于吉拉尔强烈地反对戴高乐主义，因而他的出现使得特种行动执行局认为，与抵抗运动建立起独立于戴高乐的联系或许符合英国的利益。1942年8月，特种行动执行局的一名特工被派往昂蒂布，他对吉拉尔深信不疑，甚至同意为他配备一台无线电发射机，它将以祖国电台（Radio Patrie）的名义在法国进行广播。直到年底，人们才发现吉拉尔是个彻头彻尾的幻想家，尴尬不已的特种行动执行局停止了对他的支持。戴高乐对1942年夏的卡特骗局一无所知，但这表明他对英国的怀疑并非毫无根据。[18]比如，让戴高乐和帕西感到恼火的是，达斯捷第一次前来伦敦是由英国人组织的，但他们根本没有将之告诉自由法国。戴高乐很爱"吹牛"——这是特种行动执行局一名官员的用语——当年夏天，他在写给艾登的几封信中说，"抵抗运动是个密不可分的整体"（事实上这种说法与事实相去甚远），并且，战斗法国（不是英国人）要承担起组织它的角色（并非所有的抵抗者都会同意）。[19]

十 战斗法国（1942年7—10月）

尽管存在这些争执，但来自法国的关于戴高乐很受民众欢迎的证据变得如此明确，以至于它为艾登提供了理由来抗衡丘吉尔偶尔出现的仇视戴高乐心理。8月初，艾登向内阁提交了一份报告，他在报告中甚至这样说，由于戴高乐可能成为"被盟军解放的法国大都市中的主要法方当局"，因而有必要让他参与到关于解放后法国未来的讨论中。[20]戴高乐似乎正处于风口浪尖，这使得他对英国人不再那么容易动怒。有时，他展露了一些英国人很少能见识的他的品性。7月3日，在与查尔斯·皮克共进晚餐时，戴高乐"非常友好，给大家留下了深刻印象"。另一位客人也有同感："当被问及英法友谊的前景时，将军说虽然目前英国、美国、俄国都在支持法国，但他认为我们最终会成为最好的盟友，'美国人会变得令人厌烦，而俄国人会变得令人担心'（car les Américains deviendront trop fatigants et les Russes trop inquiétants）。"[21]7月14日，他在英国议会大厦向约300名议员发表演讲，他表现得如此富有魅力，以至于当演讲结束后，他们马上唱起了《马赛曲》。在随后的晚宴上，对于戴高乐的表现，莫顿——据哈维说，他的一贯做法是"煽动首相"反对戴高乐[22]——难掩赞赏之情：

尽管经过下午那件劳心费神的事情后，他显然非常疲惫……但很明显他在硬撑着，不仅是出于友好和礼貌，更是为了真诚而明智地回答诸多军事问题……他以同样深刻和富有技巧的话语，回答了也出席晚宴的某些议员向他提的非常难以回答的问题。他谈到了"第二战场"及苏联和埃及的军事局势。我自己并没有多少军事知识，但最近我从我们的高级军事专家和其他人那里听到了很多关于这方面的情况……鉴于戴高乐无法接触到这一大堆事实，因而他对这些问题的处理显示出他是一个具有卓越军事头脑的人。

颇让我感兴趣的是，戴高乐在多数时候是用明白易懂的英语来谈论这些问题的。显然，他私底下一直在学习我们的语言，并取得了相当大的进步。[23]

第二章 流亡

戴高乐与美国政府的关系也有所改善，7月9日，美国政府首次承认自由法国是这场战争中的军事伙伴。它任命了两名军事代表参加法国民族委员会。7月14日，两人之中的斯塔克（Stark）上将出席了战斗法国在伦敦举行的阅兵活动，这与几个星期前的情况形成了鲜明对比：在美国阵亡将士纪念日这天，维希政府大使馆的代表获邀参加了在华盛顿举行的纪念活动，但自由法国的代表未获邀请。[24]1942年夏，好莱坞的华纳兄弟公司甚至想要拍一部关于戴高乐的电影，这似乎是出于罗斯福本人的提议。受托撰写剧本的是小说家威廉·福克纳（William Faulkner）。他花了几个月的时间写出了一份长达1200页的脚本，把戴高乐描绘成了一个近乎基督似的人物。福克纳遇到的问题是，在征询戴高乐的美国代表对这份脚本的意见时，他们在细节方面不停地挑刺儿。福克纳气愤至极，最终撒手不干了。在这个时候，罗斯福政府已开始坚决反对戴高乐，因而它肯定不会督促福克纳继续干下去。这部电影因此未能拍成。[25]

暴风雨再次降临

美国人和戴高乐之间出现短暂蜜月的原因是，美国军方热衷于在西欧开辟第二战场，尽管英国人对此持怀疑态度。如果不久后就要登陆法国，那么抵抗组织——也就是戴高乐——或许可以发挥作用。为了碰运气，7月27日，戴高乐在给丘吉尔和斯塔克的信中暗示，他应该参与任何与登陆法国有关的讨论。[26]他让蒂克西埃在华盛顿提出同样的观点："你可以毫不含糊地补充说，我越来越坚定地要得到满意的结果……因为我对盟国的洞察力和战略技巧的信心不是无限的。在不造成非必要伤害的情况下，你无须对此隐藏。"很有可能的是，就连这个出了名的不通世故的蒂克西埃也会觉得没有必要把这条信息的每一个细节都传达出去。[27]

7月，美军参谋长乔治·马歇尔（George Marshall）将军抵达伦敦，与英国人商讨下一阶段的战争。美国人提出的在1942或1943年登陆法国的建

十 战斗法国（1942年7—10月）

议被英国人否决了，后者认为这么做非常危险，因为时机尚未成熟。美国人转而接受了英国人提出的从进攻法属北非开始的地中海战略计划。由于北非地区强烈支持维希政府，再加上那里几乎没有抵抗组织，因而戴高乐不再成为美国的考虑对象。7月23日，当戴高乐获邀与乔治·马歇尔将军和其他一些美国将军在克拉里奇酒店会谈时，他对此一无所知。戴高乐想要知道盟军是否正在计划开辟第二战场，但他的那些发誓要对北非行动计划保密的谈话对象，告诉他的信息甚至——用马克·克拉克（Mark Clark）将军的话说——"比他从早报上了解到的"还要少。这次会谈是一场灾难。美国人为了打破僵局点了一瓶香槟，不过戴高乐连一滴都不愿喝。由于美国人什么都不能说，而戴高乐又不是来这里闲聊的，会谈因此陷入了令人尴尬的沉默中。突然，戴高乐站起身简短地说，不会"再占用你们的时间了"。[28] 当时在场的戴高乐的两名助手都认为美国人被戴高乐吓坏了——这主要体现了戴高乐对他的合作者的影响，而不是他们的洞察力。[29] 戴高乐本人错误地认为美国人不愿多谈是因为他们还没决定下一步该做什么。[30] 然而，他对皮克谎称，"会谈持续了很长时间，并且很有趣"，"他们对他说的话表示出极大的兴趣"。[31]

尽管有这样的失望，但戴高乐在8月底启程前往非洲时似乎情绪很好，这是他自1941年9月从中东回来后首次离开英国。他能够获允外出表明他与英国人的关系有所改善。在出发前与艾登的会谈中，戴高乐向他保证，在自己外出期间，他"无须担心"出现任何"不友好的言论"。他说，除了在叙利亚问题上的一些摩擦之外，两国关系"现在很好"。[32] 如果戴高乐是这个意思，那么事实证明，他的保证并无诚意。

整个夏天，戴高乐都被开辟第二战场的前景所吸引，但他很快意识到，于他不利的阴谋正在再次上演。在飞赴开罗时，他发现自己和美国外交官艾夫里尔·哈里曼（Averell Harriman）乘坐着同一架飞机。哈里曼正在前往莫斯科与斯大林会晤的途中，他将和丘吉尔在莫斯科告诉斯大林，当年不会在西欧开辟第二战场，并用盟军计划进攻北非的消息来安慰他。这是一架可用于运输的轰炸机，机舱很狭窄，个头都特别高的戴高乐和哈

第二章 流亡

里曼面对面坐着,足足有20个小时的时间,他们的膝盖是夹在一起的。哈里曼后来写道:"戴高乐是个沉闷的同伴,他一直没有放松下来。我承认自己对此未作过多努力。"他对这次"谈话"的描述无疑比戴高乐的更简洁。戴高乐也回忆了此次飞行:"这位坦率、健谈的外交官似乎被一个沉重的秘密束缚住了。"事实确实如此。哈里曼不能把他的秘密告诉戴高乐,而这加剧了戴高乐对自己被排除在盟国决策之外的怨恨。戴高乐在直布罗陀短暂停留,他在那里看到人们正在为即将到来的大规模军事行动作准备:"我注意到直布罗陀总督的神情怪怪的,而通常情况下他表现得很放松。所有这些都向我表明,一场大规模行动即将在地中海展开,但我们无缘参与。"[33]

这一切都使戴高乐想对英国人发难,尽管他向艾登作出过承诺。中东出现的情况为他这么做提供了借口。1942年3月,斯皮尔斯被任命为英国驻叙利亚和黎巴嫩大臣,这加剧了此地的紧张局势。斯皮尔斯同戴高乐于1941年决裂后,中东成了他的生活重心。他把将法国人赶出该地区,以及为英国人培养出一个心怀感激的阿拉伯人群体视为自己的使命。[34]然而,这并非英国的官方政策,英国的政策仍像1941年那样含糊不明。就像丘吉尔对斯皮尔斯所言:"人们从对抗法国人中学来的东西有可能之后被用来对付我们。我们应阻止人们扔石头,因为我们有好几英亩自己的温室。"[35]与此同时,英国人急于赢得阿拉伯国家的支持,他们要求法国信守承诺,给予叙利亚和黎巴嫩独立。整个春天,斯皮尔斯同戴高乐在当地的代表卡特鲁发生过多次冲突,前者坚持要在委任统治下举行选举,以作为独立的前期准备。卡特鲁奉行自由法国的方针,强调在战争继续进行时这么做将带来危险的不稳定局面。戴高乐让卡特鲁去捍卫法国的立场,并以讥讽的语气指出英国人不急于在印度和自己的委任统治地巴勒斯坦举行选举。他颇具威胁意味地说,卡特鲁应提醒英国人,犹太复国主义者在同巴勒斯坦的英国人作斗争时一直在请求法国人给予帮助,而他们则有兴趣给予那些法国人更多的帮助。[36]

8月8日,戴高乐抵达开罗会见了英国国务大臣凯西(Casey)勋爵,后者提到了选举问题。用凯西的话说,会谈在长时间的沉默中开始,并"演变

十 战斗法国（1942年7—10月）

为一场有失尊严的争吵"。两天后——熟悉的戴派策略——他们进行了一场"更平静的、不那么令人不快的讨论"。[37]当戴高乐前往黎凡特时，什么问题都未得到解决。在接下来的几周，他对该地区的主要城市如贝鲁特、大马士革、阿勒颇等进行了某种王室般的访问。大批民众走上街头欢呼不已，这证实了戴高乐的看法，即民众没有反法情绪，唯一的问题是英国的"破坏"。这是戴高乐一厢情愿的想法，他没有试着去弄明白人群欢呼的真正原因——他们认为那个关于独立的承诺是真的——反而写道，他们在自由法国人身上看到的是"某种勇敢、不凡和骑士精神，在他们看来，这与法国的理想形象是一致的"。路过黎巴嫩时，他对自由法国战士迭戈·布罗塞说，他来是为了"让英国人不得安宁"。布罗塞评论道："他和蔼可亲、独断专横，一如既往地有一种过激成分，这使他像个神秘主义者（illuminé）。他混合了现实主义和先知先觉，翱翔于当下的现实之上。"[38]

由于受到民众崇拜的鼓舞，戴高乐的行为变得更为出格。他在发给丘吉尔、凯西和其他人的信息中坚称，如果斯皮尔斯不被召回，他将让他的部队脱离英国人的指挥。在贝鲁特，他向罗斯福在此地的代表温德尔·威尔基（Wendell Willkie）发泄了自己对英国人的不满。他给自己在伦敦的代表发去电报，指示他们联系苏联和美国大使馆，使他们相信英国人不仁不义。这一切的高潮是递交给英国人的一份长达45页的备忘录，这份备忘录谴责了他们的政策及他们对法国殖民地所谓的觊觎之心。[39]在为期四周的中东之行中，戴高乐的心情变得越来越糟糕。与他同行的布奇内-塞勒尔是他那些措辞激烈的话语的承受者：

> 法兰西明天就将陷入崩溃和力竭之中……这就是为什么战后有必要让欧洲了解自己，否则，美国官员将带着他们的原始方法和狂妄自大殖民欧洲。他们会像对待塞内加尔的黑人那样对待我们！为重建欧洲，我们需要德国，但应是一个首先被击败并与1918年的情况不同的德国。[40]

第二章 流亡

　　他还说了很多类似的话。9月14日，戴高乐离开大马士革飞赴拉密堡，此时他的心情有所好转。由于这次乘坐的不是英国人的飞机，而是一架最近从美国人那里得来的洛克希德飞机，因而他表现得几乎像个孩子一样兴奋。对于自由法国来说，最大的挫折之一——同时，对于戴高乐来说，这也是最大的耻辱之一——是他只有少数几架性能不佳的飞机，这使他没办法巡视他的"帝国"（1940年，当他乘坐其中一架前往拉密堡时，这架飞机被迫紧急降落在一片沼泽地）。美国参战后，他们特别想征用法国人位于法属刚果黑角（Pointe Porte）的空军基地。戴高乐说，他要得到七架洛克希德飞机作为交换才会同意，考虑到6个月前他对1940年英国人那笔以驱逐舰换军事基地交易所作的含蓄批评，这多少有点讽刺，更不用说虚伪了。[41]同样让戴高乐感到高兴的是，他能够从法属叙利亚的大马士革直接飞赴法属非洲的拉密堡，其间无须在英国人的土地上降落。当飞越并看到"法国的"领土时，他激动地抓住布奇内–塞勒尔的衣袖，指着他们下方稀疏的灌木丛说："看，草木长起来了……多么了不起的国家！"[42]

　　对英国人来说，兴高采烈的戴高乐比怒气冲冲的戴高乐更令人担忧。他在中东之行中的反复无常之举也让伦敦的民族委员会感到担忧，特别是对外事务专员莫里斯·德让，他认为将军的策略适得其反。在他看来，在保卫法国殖民地的问题上，试图让美国人对抗英国人注定会失败。戴高乐执迷不悟地回电说："法国过去24年的优柔寡断已带来我们所看到的后果。我不会允许这种情况继续下去。只有一件事挡住了我们愚蠢贪婪的盟友的道路，那就是他们害怕把我们逼得太远。"[43]一年前的情况再次发生，英国人迫切希望戴高乐回到伦敦。他们尝试了胡萝卜加大棒的手段。由于维希军队在马达加斯加的抵抗似乎很快就会结束，戴高乐被告知，在他按照以前得到的承诺获允对该岛行使管理权之前，他们首先需要就黎凡特问题达成一项协议。

　　此时的戴高乐已远离民族委员会的影响——它每天都要与英国人打交道——因此要求他保持克制的声音更少了。他也觉得自己没什么可失去的。他在8月底发给伦敦的一封电报中表明了自己对形势的看法。在他看来，盟国之间的关系已变得冷淡，因为他们认为自己不再需要他了。他们正计划在北非展开一场把他排除在外的行动，但与盟国期望相反的是，这并不能阻止北非的维希军队向他们开火。最终，德国人将以盟军的行动为借口向北非派兵。[44]两个月后，这些预言都完全如戴高乐所说的那样——得到了应验。戴高乐的直觉具有惊人的预见性。

在这种情况下，戴高乐不愿回到伦敦，因为在那里，盟国"与其说是想征询我的意见，不如说是想控制我"[45]。但是，正如之前在1940和1941年出现的情况那样，他悬崖勒马，勉强承认伦敦是一切的中心。他于9月25日归来，并在回忆录中记下了自己在离开法国领土时常有的沮丧感：

> 一切骤然变了样。可靠的土地，热诚的军队，昨天还围绕在我身边拥戴我的那些热情的民众，现在都已远隔千里。众所周知，如今这支力量再次被剥夺了偶尔给其带来慰藉的、与外界的联系和他人的赏识。除了棘手的问题、痛苦的谈判、艰难的选择，这里什么都没有。[46]

戴高乐在中东之行期间施展的策略产生了戏剧性的反效果：英国外交部对斯皮尔斯在中东的个人外交行为感到愤怒，曾经想要把他赶下台。一位官员说："如果戴高乐当时能控制住自己，那么鉴于我们收到的来自各方的抱怨，我们现在就能把斯皮尔斯撤职。但戴高乐干了于他有利的事情。"[47]丘吉尔把支持斯皮尔斯看成是一件私事，他在戴高乐前往中东之前对他说："斯皮尔斯有很多敌人，但他有一个朋友：首相。"如果丘吉尔能作出更准确的判断，他是不会允许戴高乐离开的。如今，他对这位将军再次利用出访的机会来煽动中东地区的反英情绪感到愤怒。9月30日，在与戴高乐的会谈中，他们发生了比以往更为严重的争执。戴高乐盛怒之下摔碎了一把椅子。这次的会谈纪要总结道："登记的是完全不一致的意见。"在戴高乐是否真正代表法兰西的问题上，两人的看法也完全不同：

> 戴高乐：这种非常严重的情况使法兰西和英国之间的合作受到了质疑。
>
> 首相：是的，戴高乐将军，不过应该说这是戴高乐将军和英国之间。
>
> 戴高乐：如果他不是法兰西，我们为什么要同他讨论这些事情？
>
> 首相：戴高乐不是法兰西，而是战斗法国。
>
> 戴高乐：那么我们为什么要同他讨论法兰西的问题……？
>
> 首相：难就难在什么是法兰西。他总是试图对什么是法兰西形成一个公正的印象。他承认戴高乐将军是法兰西非常值得尊敬的一部分，但他不是法兰西。法兰西的其他部分和方面可能会变得更卓越。[48]

鉴于盟军计划在北非展开行动，这是一种威胁性的言论。会议结束后，英国对戴高乐采取了惯常的报复行为。他被禁止发表广播讲话。与此同时，双方官员都开始在幕后收拾残局。戴高乐一贯的策略是令对手方寸大乱，他时而表现出或多或少的佯怒，时而表现出令人困惑的魅力，与之相一致的是，他在10月6日心情畅快地接见了皮克。"他十分友好地拉着我的胳膊让我坐在椅子上……说想以朋友的身份跟我说话。"戴高乐说道。然而，让他"不明白"的是，尽管在与丘吉尔"会谈时他始终态度平静，言谈举止得体，却仍有人对他说的一切都提出异议"[49]。这是戴高乐对这次会谈的解读，一向支持他的艾登对此评论道："自里宾特洛甫（Ribbentrop）之后，他从未见过如此无礼的行为"。[50]

两天后，对自己同麦斯基和波戈莫洛夫之间的良好关系念念不忘的戴高乐，以一种不怀好意的友好态度主动向皮克提出，他愿意充任英国人和苏联人之间的中间人，因为他说后者"总对我们怀有恶意"。[51]戴高乐喜欢用这种方式挑起事头，但也有可能担心自己在与丘吉尔的会谈中做得太过了。他给卡特鲁写信说，面对"丘吉尔和艾登的冷漠和暴怒"，他作出了

十 战斗法国（1942年7—10月）

"强硬而合理的回应",并警告他们,若英国人试图"通过假装难以认同我的个性而从内部对付我们",这将招致强烈反对。[52]显然,他是在预先阻止英国人利用"倾向和解的"卡特鲁来对抗他。在这件事上,戴高乐无须担心。同其他人一样,卡特鲁也被斯皮尔斯激怒了。当伦敦的莫里斯·德让似乎已经就在叙利亚和黎巴嫩举行选举的日期同英国人达成妥协时,正是卡特鲁从贝鲁特对此提出了抗议。10月18日,戴高乐抓住这个机会解雇了德让。德让痛苦地对戴高乐抱怨说,他和他一样都是爱国主义者。戴高乐答道:"也许吧,但你已不再是对外事务专员。"

尽管解雇德让纯粹是一件内部事务,它不可能成为米瑟利耶事件的重演,但与此同时,戴高乐正面临着一场并非由他造成的、令他担忧的政治纷争。在将军出国期间,在布罗索莱特的安排下,一名悔过自新的贝当分子夏尔·瓦兰（Charles Vallin）来到了伦敦,此人在战前是极右组织"火十字团"的领导人之一。这件事得到了广泛的宣传,9月17日,瓦兰在英国广播公司发表了广播讲话。布罗索莱特的想法是,来到伦敦的瓦兰刚好和安德烈·菲利普形成互补,这表明在政治光谱的两端,从社会党人到极右派别,都有人在支持戴高乐。然而,对于伦敦的诸多左派反戴分子来说,这个"法西斯分子"的到来激起了他们对戴高乐的所有怀疑。布罗索莱特在《马赛报》上发表的一篇文章加剧了这场争论。文章称,以前左派和右派之间的分歧已失去意义,现在只有戴高乐主义者和卖国贼。他主张对法国政治进行"深刻革新",让左派和右派的精华在戴高乐主义的旗帜下团结起来,但要把"今天躲在洞中的所有政治老狐狸"排除在外。[53]

让·饶勒斯的社会党人集团在集会中对瓦兰事件进行了激烈讨论。菲利普、布罗索莱特、鲍里斯和其他一些人捍卫的立场是,之前的政治标签已因法国沦陷而变得多余。菲利普对那些被他指责为生活在时间隧道中的社会党同僚大发雷霆:"你们让我心生厌恶。你们是在支持叛国,你们表现得像移居国外的人,你们已不存在任何国家意识。"另一方面,贡博等人拒绝同"法西斯分子"扯上关系,他们认为,布罗索莱特向瓦兰的靠拢程度比瓦兰向社会党人的靠拢程度还要高。[54]

第二章 流亡

曾强烈支持把瓦兰带到伦敦来的戴高乐对这场争吵置若罔闻。[55]伦敦的法国工团主义者在给他的信中表达了他们对此的关切,为此,他让菲利普和布罗索莱特对他们作出"所有必要的保证"。[56]然而,当戴高乐看到这项计划已产生事与愿违的效果后,他悄悄地放弃了让瓦兰进入民族委员会的想法,并把他派往非洲执行任务。瓦兰事件表明"戴高乐主义"的未来发展仍然是一个有争议的问题,它并未因戴高乐的民主言论而得到解决。尽管怀疑布罗索莱特所鼓吹的那种超越左派和右派的、单一的戴高乐主义政治运动是原始法西斯主义似乎有些杞人忧天,但可以理解的是,它可能让传统的议会民主的支持者感到担忧。

如果说戴高乐想把这件事抛诸脑后,那是因为布罗索莱特的批评者与英国媒体关系很好,《观察家》(*Observer*)已对此事进行了大量报道。戴高乐最不愿做的事情,就是为那些身在英国、时刻准备找出他那种据称是不民主倾向的人提供证据,并且此时,他的官员正在与英国人在叙利亚问题上讲和。最终,双方在叙利亚问题上达成妥协,确定了选举时间表。然而,戴高乐又陷入到了阴郁的反英情绪中。10月,阿尔方在同他交谈后说:"他的仇英心理……再次让我震惊不已。在他看来,英国不仁不义、自私自利,只想着剥夺我们的殖民地。它没有能力指挥这场战争,甚至没有意识到自身实力已严重衰退。他把希望寄托在了美国和苏联身上。"[57]虽然戴高乐后来因其反美主义而闻名,但在他这段时期的职业生涯中,颇为引人注目的是——尽管他偶尔对美国的"帝国主义"抨击一番——伦敦的自由法国总在担心戴高乐会利用美国人或苏联人来对抗英国人。

在意识到盟军即将在北非展开一项重大行动后,戴高乐给罗斯福写了一封长达20页的为自己的立场辩护的信件。他此前从未直接给他写过信,但他在美国的代表所做的一切努力都未能让这位总统抛开他的错觉,即维希政府能够被带入到盟国阵营。[58]为了解释自由法国人在捍卫法国利益时为何表现得如此敏感,他在开头部分讲了一节冗长的历史课,其主题是,1940年的惨败,让上一场战争后已是精疲力竭、信心不足的法兰西深感耻辱。最后,他谈到了自己的个人情况,并驳斥了以下观点,即他怀有战后

十 战斗法国（1942年7—10月）

在法国实施独裁统治的野心。他认为自己行使的是一种"在本质上属于临时性的权力，这是在对未来的全国选民负责并实施第三共和国的法律"。但他坚称自己并没有追求这样一个角色，而是被迫在1940年接受这个角色的，因为没有其他人愿意承担它：

> 有人告诉我，我们不应该玩弄政治。如果这意味着我们不能对以往党派斗争表明自己的立场，也不能在某一天决定法兰西未来的制度，那么就没有必要发出这样的警告，因为我们的原则是摒弃这种妄自尊大的姿态。然而，我们不排斥"热衷政治"这个词——如果它指的是在战争中集结各色军队和让法兰西民族团结起来；或者，如果它指的是与我们的盟友讨论法兰西的利益——当我们为了与敌作战的法兰西而去捍卫它们的时候。

华盛顿当局收到这份感人而又雄辩的陈述时，一名官员评论说："它晚到了两年，并且，人们需要看差不多10页的引言才能接触到其中仅有的一点点实质性内容。"[59]如此不屑一顾的态度足以体现美国人对戴高乐的怀疑。随着以美国为首的盟国在北非登陆，战争即将发生重大变化，但戴高乐未能成功地改变美国政府对他的态度。

十一 权力斗争（1942年11月—1943年11月）

法国悲剧

1942年11月11日，自由法国人在阿尔伯特音乐厅举行集会，聆听其领袖的发言。对于他们来说，这已成为一种仪式。一年前，戴高乐就是在这里首次提出了"自由、平等、博爱"的口号。1942年6月18日，在阿尔伯特音乐厅举行的另一场集会上，为纪念1940年"6·18"召唤发出两周年，他发表了一篇演讲，这篇演讲是他最精彩的演讲之一，其开篇引用了18世纪道德学家尚福的一句话：

尚福说："理性之人才能存活，激情之人才算活过。"自法兰西落入敌手并在波尔多遭遇背叛后，已经过去两年，然而，它仍在利用它的军队、利用它的领地、利用战斗法国的精神，从而继续着这场战争。在这两年中，由于我们满怀激情，我们过得很充实，也活了下来。啊，我们是多么有理性！

这篇演讲的其余部分围绕着理性和激情这两个主题展开。它的结尾部分是：

一旦我们完成自身任务，扮演完自身角色，追随着那些自法

十一 权力斗争（1942年11月—1943年11月）

兰西有历史以来就为其效劳的人，并为那些将在其永恒未来为它效劳的人做了榜样的我们，可以像贝玑那样对法兰西说："母亲，看看为您而战的儿子们吧。"[1]

1942年11月11日这天，阿尔伯特音乐厅笼罩在一片阴郁的氛围中。这是多年来伦敦雾霾最严重的日子之一，那些去参加会议的人简直是在人行道上摸索前行。会议从来自法国的最新消息开始。一名14岁的男孩大声地念了一篇简短的发言稿，并在最后高呼"戴高乐万岁"。当他结束后，稍显尴尬的戴高乐张开双臂拥抱了这名男孩。接着，戴高乐的开场白被听众中一名年长的反戴高乐主义将军的喊叫声所打断，人们不得不将他强行驱离。然而，真正的戏剧性事件出现在法国。四天前，美军通过"火炬行动"（Operation Torch）已在阿尔及利亚和摩洛哥登陆。作为报复，同时为了确保法国南部海岸线的安全，德军进入了先前划定的非占领区。如今整个法国都已被占领，戴高乐的许多听众肯定都在担心家乡亲人的命运。迷雾中的一线希望——法属北非的解放预示着盟军开始在西欧反攻德国——笼罩在这样的恐惧中：美国人一旦在北非站稳脚跟，他们将把戴高乐排除在下一阶段的战争之外。美国人的计划是利用吉罗将军来领导他们的行动，以期他的出现能够降低维希守军抵抗的可能性。

11月8日清晨，戴高乐被人叫醒后得知了美军的登陆行动。由于事先没有得到通知，他勃然大怒并咆哮道："我希望维希部队把他们赶到海里。"[2]整个上午，卡尔顿花园都处在不安的状态中，但这与其说是对这场军事行动本身的不安，倒不如说是对戴高乐下一步可能会做出何种疯狂举措的担心。但当忧心忡忡的查尔斯·皮克前来查看他是否打算按计划与丘吉尔共进午餐时，他发现将军的情绪"没有"他担心的"那么糟糕"。[3]吃午饭时，窘迫不安的丘吉尔真诚地解释说，是罗斯福坚持不告知自由法国此次行动。他重申，对于英国人来说，戴高乐依然是"他们认可的"组织法国人抵抗的"唯一权威"。[4]这些令人宽慰的保证奏效了。当时在场的艾登对奥利弗·哈维说："将军状态很好。他说有必要为法兰西着想，并说我们为

此而选择吉罗将军是正确的。"⁵

几位目击者称,戴高乐在午餐结束后离开时显得近乎"兴高采烈"。⁶从盟军的角度来看,他在那天晚上发表的广播讲话堪称完美。他呼吁北非的法国人不要抵抗美国人:"卖国贼们力图说服你们,我们的盟友想要占领我们的殖民地,请你们不要接受这种说法。"他之所以表现得如此乐观,不仅是因为丘吉尔的保证,还因为这次行动并没有让他感到意外(不像英国人攻击马达加斯加),尽管他一开始大吃一惊。并且,这给了他很多机会。北非有一支法国军队,一旦该地区落入盟军手中,这支法国军队将大大增强他潜在的军事力量。但事态却朝着令人担忧和意想不到的方向发展了,戴高乐的兴高采烈之情转瞬即逝。

作为一名从未公开与贝当决裂的反德法国军官,吉罗似乎是说服维希军队站到盟军这一边的最佳人选。然而,在登陆行动前夕,吉罗仍在直布罗陀与美国人谈判。他坚持要求对方任命自己为整个行动的总指挥,这已暴露出他的顽固、愚蠢和糟糕的判断力,而这正是导致他最终垮台的原因。11月9日下午,当他抵达阿尔及尔时,美国人想要开展一场不流血行动的希望已经破灭。维希守军正在进行着顽强的抵抗。出乎意料的是,维希政府领导人、海军上将达尔朗——他来探视自己生病的儿子——恰巧也在阿尔及尔,他成了那个或许可以同美国人达成一项协议的人。在美军指挥官与达尔朗谈判的那几天,混乱一直持续着。如果达尔朗适时地站在盟军这一边,他将抓住1940年魏刚拒绝的那个机会,而当时,英国人对魏刚寄予了厚望。如果后一种可能性出现,戴高乐或许就不会有今天,因为1940年时,戴高乐是个无名之辈,他唯一仰仗的是丘吉尔不久前的冲动支持。然而,到1942年11月时,他已在法国获得一定程度的支持,并在国际上享有声望,这使他的力量不容小觑。他不可能那么容易被抛弃。另一方面,这时候存在着一个1940年时不存在的因素:美国人正在发号施令,并且,他们没有对戴高乐作出任何承诺。罗斯福一直坚持把赌注押在维希政府身上,这场赌博似乎正在以一种意想不到的方式取得回报。

这就是11月11日戴高乐在阿尔伯特音乐厅向其支持者发表讲话时面临

的险境。这是又一篇激荡人心、辞藻华丽的演讲,他在其中重申了他所开展的运动的道德纯洁性:"那些决不接受停战协定的人的鲜血,那些自雷通德(停战协定的签署地)以来为了法兰西而牺牲的人的鲜血,那些不愿接受科尔内耶所说的那种'不战而亡的耻辱'的人的鲜血,巩固了法国的团结。"整篇演讲在避免对盟国提出任何直接批评的同时,颂扬了法国的团结,并对盟国发出了一个含蓄的警告,即不要让一群法国人(阿尔及尔的)去和另一群法国人(伦敦的)一争高下:"除了谋求其解放的那些人,这个国家已不再接纳领导人,就像在大革命中一样,它只接纳那些致力于公共安全事业的人。"

戴高乐与达尔朗的较量:"今天,达尔朗把阿尔及尔交给了我,我要高呼达尔朗万岁!"(罗斯福)

戴高乐的革命雄辩在罗斯福的务实犬儒主义面前一文不值。后者的当务之急是尽快结束北非的敌对行动,因为对于美国人来说,每一天都很重要。当达尔朗与美军指挥官在摩洛哥谈判时,维希政府允许了德军在突尼斯登陆——正如戴高乐两个月前预测的那样。在这混乱的两周中,对于这些不由他掌控的事件,戴高乐是一个无能为力、胆战心惊的观察者。皮克经常过来看他,一天,他带来了一沓报纸,"上面密密麻麻地画着红蓝两色线条,中间还夹着几张薄薄的电报和从自动收报机上剪取的材料,它们都摊在他的面前。由于无事可做,他一整天都在读这些东西,间或听一会儿广播"[7]。戴高乐冲着他的助手们怒吼道:"盟军打的不是希特勒,而是我。"[8]

11月22日,美军终于与达尔朗达成协定。作为下令停战的回报,达尔朗被任命为北非高级专员。第二天,戴高乐在达喀尔遇到的死敌布瓦松将军也站到了盟军一边,并加入了达尔朗设立的管理委员会。[9]听到这个消息后,勒克莱尔说:"无论怎么看他都是加略人犹大,除了他绝不会自杀之外。"[10]达尔朗的管理委员会中还包括1940年时拒绝追随戴高乐的诺盖斯将

第二章 流亡

军和曾担任贝当的内政部长的马塞尔·佩鲁东（Marcel Peyrouton）。

最担心的噩梦变成现实后，戴高乐用四个策略进行了反击。首先，他试图通过占据道德至高点来赢得公众舆论——正如他在11月11日的演讲中所讲的那样。他的话语引起了盟国公共舆论的共鸣，这迫使罗斯福改变了主意。11月17日，他宣布，任命达尔朗仅是"权宜之计"。在这篇简短的公报中，他竟然五次提到"暂时"一词，这明显表明他窘迫不安。但暂时是多久呢？戴高乐面临的危险是，达尔朗在这个位置上待的时间越长，人们对他过去与德国勾结的记忆就会被他现在为盟国提供的服务抹去得越多。戴高乐想要进一步宣扬自己观点的努力遭到了盟国的压制，两次（11月21日、12月3日）被禁止通过英国广播公司发表讲话。他的这两篇讲话是由布拉柴维尔广播电台播出的，但这座电台的辐射范围有限。在第二篇讲话中，有一段惹人不快的话语，它攻击阿尔及尔的新当局是"投降、通敌和篡权"的代表。自由法国通过在《马赛报》发表那些被禁的讲话来绕过这种审查制度，该报还刊登了一篇由布罗索莱特撰写的言辞激烈的文章，它从美国的政策中得出了一个合乎逻辑的结论："如果阿尔及尔值一个达尔朗，巴黎岂不是值一个赖伐尔？"尽管这些文章在英国媒体广为流传，但广播禁令对戴高乐来说是沉重的打击。正如奥利弗·哈维所言："可怜的将军处在狂怒之中，他现在急于通过发表广播讲话来宣传自己对达尔朗的看法，但他被阻止了。显然，我们不能在这个问题上与美国发生直接冲突；我们有更重要的事情要一起做，但这对戴高乐是不公平的，他是我们在最黑暗时期唯一的法国朋友。"[11]

戴高乐的第二个策略是游说英国和美国政府。11月，他与丘吉尔见了四次面。这位旧制度现实政治的崇拜者已经全心全意地接受了自己作为革命领袖的新角色，他提醒丘吉尔，世界已不是18世纪那种依靠雇佣军来打仗的样子，"今天的战争是由鲜血和民众的灵魂构成的……你或许能够在军事上赢得战争，但你将在道德上输掉它，并且只会有一个胜者：斯大林[12]。"戴高乐对美国的蒂克西埃说，丘吉尔每次"表面上看起来很热情，但内心却躲躲闪闪"[13]。这很有见地。尽管11月17日丘吉尔告诉罗斯福，由于达尔朗"可憎的过去"，同他签订协定"将无法得到大批普通民众的理解，而他们直率的

十一 权力斗争（1942年11月—1943年11月）

忠诚则是我们的力量源泉"，但一个月后，他在议会发表了一篇对戴高乐充满敌意的秘密演讲，这篇演讲的部分内容所表达的敌意是如此浓烈，以至于战后的版本将之删除了。在细数了戴高乐的种种劣迹后，他最后说：

> 我继续与戴高乐将军保持着友好的私人关系，并尽我所能地帮助他。我觉得有必要这样做，因为当法国的抵抗意志荡然无存时，他挺身而出，反对波尔多的那些人，反对他们卑鄙的投降。尽管如此，我不建议你们把所有的希望和信心都寄托在他身上，更不能认为只要我们大权在握，我们就有责任把法国的命运交在他手中。[14]

为说服罗斯福，戴高乐把安德烈·菲利普派到了美国。作为崇拜新政的温和社会党人，再加上能讲一口流利的英语，菲利普似乎是个理想的使者。事实上，这次会谈是一场彻头彻尾的灾难。素以处事杂乱无章而闻名的菲利普在直言不讳的蒂克西埃的陪同下迟到了，接着滔滔不绝地对罗斯福述说着他的政策的不公平和不道德之处。罗斯福听得失去了冷静："今天，达尔朗把阿尔及尔交给了我，我要高呼达尔朗万岁！要是吉斯林（Quisling）[1]把奥斯陆交给我，我将高呼吉斯林万岁！假如赖伐尔明天把巴黎交给我，我将高呼赖伐尔万岁！"美国人的会议记录如下：

> 想要报告这次会谈的后半部分内容是完全不可能的……他们两个（菲利普和蒂克西埃）同时在声嘶力竭地吼叫着，根本没有注意到总统在对他们说什么……他们都没有对美军解放北非表示丝毫的感激或赞赏之情。[15]

---

[1] 维德孔·吉斯林（1887—1945）是挪威国家统一党的元首，在二战期间曾任挪威首相。由于其与纳粹德国积极合作，吉斯林的名字成了"卖国贼"或"叛国者"的代名词。——编者注

第二章 流亡

在公开场合，罗斯福用一句古老的巴尔干格言来为自己的立场辩护："危急之时人可以与魔鬼结伴而行，但需只到走过险桥后为止。"[16]这次会晤唯一的积极成果是含糊地邀请戴高乐到华盛顿与罗斯福会面，但这次访问一直被推迟。

戴高乐的第三个策略是挑起盟国之间的不信任。12月9日，他告诉艾登，法国只有三支举足轻重的力量：维希政府、法国共产党人、戴高乐主义者。在这三者之中，只有戴高乐主义者坚定地支持与英国联盟。如果美国允许戴高乐主义消亡，共产主义将在战后法国赢得胜利，但如果英国支持戴高乐主义者，它将有机会从美国手中夺走欧洲的道义领导权。[17]两天后，戴高乐对麦斯基提出了另一种设想。他警告他，在与北非的达尔朗达成协议后，盟军可能会对意大利的法西斯主义者，甚至像戈林这样"可接受的"纳粹分子采取同样的做法。戴高乐在告别麦斯基时，看着他的眼睛说："我希望俄国人会比美国人先到柏林。"[18]这个策略未能成功。尽管北非行动不是斯大林想要的第二战场，但他不会为了戴高乐的缘故而与盟友争吵。11月27日，他告诉丘吉尔自己理解罗斯福的立场。他用了一句据说是俄国的格言——用古老的民间谚语来掩盖对戴高乐的背叛这种做法，听起来更具有传染力——来说明军事上的需要或许不仅要用到达尔朗，"甚至还要用到魔鬼本人及其祖母"。[19]

戴高乐的第四个策略是在阿尔及尔建立自己的社会关系，进而从下方向达尔朗施压。他带着一种与法国共产党相当的对政治权力的直觉告诉蒂克西埃，如果无法赢得盟国支持，就有必要在阿尔及尔的土地上"合兵一处，绝地反击"。[20]问题在于北非的公众舆论是支持贝当分子的。这里仅有一个由勒内·卡皮唐（René Capitant）领导的名为"战斗"的小规模抵抗团体，卡皮唐是一所大学里的法学家，他完全致力于戴高乐的事业。经过戴高乐的几次请求后，美国不情愿地允许他派一位代表前往北非。他选择了弗朗索瓦·达斯捷（François d'Astier）扮演这一角色，此人是那名抵抗领袖的兄弟。达斯捷在来到阿尔及利亚三天后，就遭到了达尔朗的驱逐。然而，他把一些资金交给了"战斗"，还分别会见了艾森豪威尔和吉罗，后者似乎对达尔朗把他排挤到权力中心之外感到很不满。这为吉罗与戴高乐联手对抗达尔朗创造了可能。[21]

然而，就目前而言，达尔朗得到了美国的全力支持。他的地位越来越巩固。起初感到尴尬的丘吉尔在11月底告诉艾登，达尔朗"对我们的帮助比戴高乐大"[22]。当年年底，戴高乐深陷绝望之中。他向皮克倾吐了心中的痛苦："无论盟友多么善意，也无法把法兰西的灵魂还给她。事实上，如果她不能完全参与其中的话，战争胜利后，为她做得越多，她的无力感和自卑感就越强。"他说，如果盟国已决定要把与达尔朗合作作为一种"赢得战争的手段"，那么自由法国将失去未来，他坚称自己是在"经过深思熟虑后"才说出这番话的。[23]戴高乐当然无意放弃，但目前他似乎无路可走。

安法：戴高乐与罗斯福的较量

12月8日，亚历山大·贾德干与戴高乐共进了晚餐，他写下了这样的话："戴高乐说挽救自己的一个办法是'赶走达尔朗'。我的回答是：'是的，但该怎么做呢？'没有答案。"[24]1942年平安夜，答案出现了，一名年轻的保皇党人费尔南·博尼耶·德·拉·沙佩勒（Fernand Bonnier de la Chapelle）闯入达尔朗的书房，并将其击毙。两天后，凶手被可疑地匆忙处决。阿尔及尔遍地都是阴谋，我们永远无法确定是谁组织了这次暗杀。每个人都有作案动机：美国人想消除尴尬，戴高乐主义者想清除障碍，吉罗想除掉竞争对手。戴高乐不太可能对此负责的原因是，中央情报行动局在阿尔及尔没有特工。[25]戴高乐或许曾想除掉达尔朗，但他缺乏这么做的手段。如果一项犯罪的首要嫌疑人必然是其直接受益人，那么嫌疑对象将指向吉罗，因为美国人现在按照他们最初的想法把他推上了权力的宝座。[26]

尽管戴高乐对贾德干说过赶走达尔朗的话，但在暗杀事件发生后，他打趣地说，他如今为达尔朗的死感到遗憾，因为他一直在为自由法国提供"无数的皈依者"。[27]这不是一句玩笑话。与达尔朗不同，吉罗并未因通敌而蒙羞。正直、诚实、愚钝、保守的他把自己塑造成了一个只想同德国人作战的普通士兵。尽管反对通敌，但他完全赞成维希政府的对内政策，这使他赢得了阿尔及尔军队干部的好感；并且，他保留了所有由达尔朗任命的前维希政府官员者（佩鲁东和诺盖斯）。维希政府的反犹法律依然有效，法国共产党人还被扣押着。在美军的庇护和吉罗的领导下，维希政府实际上在阿尔及利亚进行了自我重建。人们第一次见到吉罗时，总对他1942年的越狱经历津津乐道。这个保留节目很受欢迎，但当他没有其他话可说的时候——因为他脑子里没别的东西——其效果就逐渐消失了。美国人对此不感到担心，他们需要的是一个不关心政治的、能够控制住驻扎在北非的信奉贝当主义的法军的人。吉罗的弱点在于，他不了解那个正在由抵抗运动锻造的反维希政府的法国。

在梅茨时，戴高乐曾为吉罗效劳过，他对吉罗在政治上的不足有敏锐的认识，并对迅速吞并他满怀信心。他的计划是建立一个单一的委员会，把吉罗在阿尔及尔的行政当局和他在伦敦的民族委员会合并起来。吉罗将担任总司令，戴高乐将行使政治权力。在达尔朗被暗杀几天后，他向埃尔韦·阿尔方透露了他的计划：

  戴高乐：只有一个选择：贝当-维希政府或共和国……也就是说，自由法国延续着共和国的存在……吉罗不代表共和国，没有发动过民众从事抵抗运动……15天之内，美国人将回心转意。

  阿尔方：你意识到他们认为你是一个如此不妥协的人，以至于不可能与你谈判这一点了吗？

  戴高乐：我不能在法国的根本利益方面妥协。

  阿尔方：不能有一个类似于双头政治的过渡阶段吗？

  戴高乐：这是个蹩脚的方案。

  阿尔方：在能够正常走路之前，一瘸一拐地走一会儿有时候也是必要的。罗马偶尔还会出现两名执政官。

  戴高乐：但在法国出现的是第一执政官（指拿破仑）。[28]

十一 权力斗争（1942年11月—1943年11月）

阿尔方的警告是有道理的。尽管戴高乐正确地看到了吉罗在政治上的幼稚，但他低估了自己的固执和自大，以及美国人对吉罗的支持程度。从这次谈话到戴高乐于5月31日来到阿尔及尔，已经过去五个多月的时间，并且在这期间，他不是"第一"执政官，而是两名执政官中的一个。

达尔朗被暗杀后不久，戴高乐向吉罗发出信息，建议他们举行会面。在收到吉罗闪烁其词的答复后，为了对其施压，戴高乐发表了一份公报，宣称他已提出与吉罗会面以建立一种尊重"共和国法律"的"中央政治权力"。英国外交部同意发表这份公报，但它觉得戴高乐高估了自己的力量。戴高乐自信地认为他能够"提出我们的条件"。[29] 1943年1月11日，法国共产党的一名代表费尔南·格勒尼耶（Fernand Grenier）来到伦敦，这又增强了他的这种信心。几天后，格勒尼耶在英国广播公司发表讲话，称赞戴高乐是个"在一切都在崩溃时，拥有不流露出绝望之情这种美德"的人。此时，红军在斯大林格勒的英勇行为正在抹去1939年《苏德互不侵犯条约》的污点，并给共产主义带来新的光环，这大大地提高了戴高乐的声望。怪不得他信心十足。

此时，主动权已从戴高乐的手中溜走。正在摩洛哥和罗斯福开会的丘吉尔邀请戴高乐前来与吉罗会面。戴高乐的第一反应是拒绝，因为他看不出盟国有何理由去干涉这一纯粹的法国事务。这导致了一场为期四天的心理剧的上演，在这期间，英国人试图说服戴高乐放下抗拒——一名官员称其为"犟驴"的抗拒。[30] 有一次，戴高乐给自己找的不去英国外交部开会的借口是："他相信自己将说一些他之后会感到后悔的话。"对此，贾德干回应道："真是幼稚。"[31] 丘吉尔又发了一封措辞十分激烈的电报，以至于艾登在将其语气改得和缓后才敢让戴高乐看。戴高乐处在真正的两难境地：拒绝丘吉尔的邀请，事关法属北非未来的重要决定可能会在自己不在的情况下作出；接受邀请，则可能被迫批准一项对自己不利的协定。最终，他认为拒绝带来的风险太大，因此接受了邀请。

英美首脑会议是在安法举行的，这里是卡萨布兰卡的富人区，美国人在此征用了几栋别墅。这次会议的主要目的是对下一阶段的战争作出规划。罗斯福和丘吉尔同意再次推迟在法国开辟第二战场，并决定一旦德军被逐出突尼斯,他们将对意大利发动进攻。尽管一切都处在危险之中,但用一位与会者的话说,安法的氛围是"游船、暑期学校和会议的混合体",罗斯福表现得像个"度假的小学生"。[32]这就解释了罗斯福在处理法属北非问题——这不是他最迫切关心的问题——时的那种快活心情。他对丘吉尔说:"我们把吉罗称作新郎,我要让他从阿尔及尔过来,你让新娘戴高乐从伦敦过来。我们要举行一场强制婚姻。"当戴高乐似乎拒绝前来时,罗斯福给华盛顿当局发电报说:"我们的朋友请不来新娘,喜怒无常的戴高乐小姐对整个想法的态度相当傲慢……无意于与吉罗同床共枕。"[33]

所幸的是,戴高乐对这些轻浮话语一无所知,否则,他肯定不会来。1月22日,他在帕莱夫斯基、卡特鲁及其他人的陪同下抵达安法,他吃惊地看到这里只挂着美国国旗,仿佛他来到的是美国的而非法国的土地。在他与吉罗第一次共进午餐时,对方是以"你好,高乐"这句侮辱性话语作为开场白的,就好像戴高乐仍是他在梅茨时的下属一样。这并不是个良好的开始。用餐前,戴高乐直到法国士兵取代了美国哨兵才肯就座。当吉罗又向大家讲述他的越狱经历时,戴高乐挖苦道:"将军,现在你或许可以向我们讲一下你被俘时的情形。"[34]

当天下午,戴高乐与丘吉尔举行了初步会谈。尽管这次会谈未取得任何成果,但氛围相对来说比较亲切。当晚,戴高乐与罗斯福首次会晤时,帘子后面藏着全副武装的特勤人员。罗斯福的顾问哈里·L.霍普金斯(Harry L.Hopkins)后来说:"当吉罗与总统会面时,并未使用这些花招,它只是表明戴高乐来到卡萨布兰卡后的那种气氛。"[35]罗斯福展现了他传说中的魅力,甚至用法语交谈。然而,他说的话并不讨人喜欢:

> 同我们国家一样,法国的主权属于人民,但……不幸的是,法国人民现在无法行使这一主权……法国领土上的盟国军队此刻正在为法国的解放而战,他们应该为法国人民"托管"这种政治局面……法国就像一个不能自己照顾自己的小孩。[36]

十一 权力斗争（1942年11月—1943年11月）

尽管罗斯福说了这些令人沮丧的话，但素来多疑而谨慎的戴高乐对他的随从说，谈话进行得很顺利，并且罗斯福对自由法国所代表的东西印象深刻。如果戴高乐真的相信这一点，那么他是被蒙骗了。[37]亲眼见到戴高乐后，罗斯福的所有偏见都得到了证实。将军那令人吃惊的咄咄逼人气势与罗斯福那温文尔雅的贵族气质格格不入。罗斯福对丘吉尔说，他对戴高乐眼中流露出的"精神世界甚为关注"。[38]后来，他添油加醋地复述了戴高乐将自己比作圣女贞德的故事。事实更为复杂。当罗斯福告诉戴高乐，由于他不是民选之人因而不能承认他时，戴高乐回答道，圣女贞德也不是民选，但她的合法性源自拿起武器抵御侵略者。这两人说的完全不是一回事：戴高乐提出的是历史论据，罗斯福提出的是宪法论据；戴高乐讨论的是"合法性"，罗斯福讨论的是"法律性"。

第二天（1月23日），会谈依然没有出现任何进展。戴高乐与吉罗进行了第二次会晤，当后者提议由自己、戴高乐和另一位将军组成三头政治时，戴高乐嘲讽地说："你想当第一执政？你的胜利在哪里？你的公民投票在哪里？"戴高乐坚称，达成任何协定的先决条件是必须对停战协定进行正式谴责。整整一天，顾问和官员们慌慌张张地从一栋别墅跑到另一栋别墅试图促成一项协定。戴高乐觉得身处安法的自己像是监狱中的一个囚徒，他偷偷地给生活在卡萨布兰卡的一名在圣西尔军事学院上过学的人写了封危言耸听的信。他警告说，美国人正计划"在北非——如果有可能的话在整个法国殖民地，接着在法国本土建立一个完全依赖于他们的法国当局"。如果他被阻止与外界沟通，他希望人们知道他没有"背叛"法国。他在最后把安法的氛围与贝希特斯加登的氛围作了对比。他很可能指的是1938年2月希特勒在贝希特斯加登逼迫奥地利总理许士尼格（Schuschnigg）接受德奥合并时的情形，或是1938年9月他逼迫张伯伦接受《慕尼黑协定》时的情形。在这两个类比中，罗斯福就是希特勒。[39]这种比较似乎是戴高乐多疑的一个例子，只不过，就连戴高乐在英国外交部的仰慕者奥利弗·哈维都曾预测，戴高乐在安法或许会"被慕尼黑"，也就是说被迫接受美国人的命令并服从吉罗。[40]不过，戴高乐比许士尼格和张伯伦更能坚守立场。

第二章 流亡

周日（1月24日）是这次会谈的最后一天，协定仍未达成。前一天晚上，英国和美国官员为这两位将军拟定了一份联合协定，但戴高乐拒绝签字。这导致了他和丘吉尔之间爆发了一场激烈的交锋，后者后来称他对将军"相当粗暴"，前者则称这次会面"令人极度痛苦……是我们所有会面中最艰难"的一次。丘吉尔威胁说要公开谴责戴高乐，但戴高乐寸步不让。但当戴高乐中午前来与罗斯福告别时，他在最后一刻同意和吉罗握手。摄影师们像变魔术般从灌木丛中冒了出来，为后世拍下了这个瞬间——"个子瘦高、桀骜不驯的戴高乐小心翼翼地伸出手，但脸上没有一丝笑容"[41]。照片中，坐在椅子上的罗斯福面露笑容，"新郎"和"新娘"的手握在一起并互相看着对方。这次握手挽回了盟国领导人的颜面。随后发表的简短公报指出两人已经会面并都致力于民族解放和"人类自由的胜利"（吉罗更喜欢用这个词，而不是戴高乐的"民主原则"）。[42]

在安法的这三天，戴高乐的人格力量受到了前所未有的考验。他要对抗丘吉尔、罗斯福和他们众多顾问的联合攻击。丘吉尔对陪他前来此地的私人医生查尔斯·威尔逊（Charles Wilson）说：

"他的国家已放弃战斗，他自己是个难民，如果我们拒绝他，他就完蛋了。可是，你看看他……他像是身后有200个师的斯大林。我对他相当粗暴。我说得很明白，如果他无法发挥更大的作用，我们就和他一刀两断。"

"他对此怎么说？"我问。

首相回答道："他似乎没什么兴趣。我的好话和威胁都未收到回应。"

哈里·霍普金斯曾对我提过一句总统的俏皮话：戴高乐自称是圣女贞德的直系后裔。我把这句话转告了首相。他没有笑。在他看来，这一点也不荒谬。[43]

丘吉尔对戴高乐的态度总是夹杂着愤怒和不情愿的赞赏。正是由于他的干预，这次会议才没有作出对戴高乐更不利的决定。在没有通知丘吉尔的情况下，罗斯福签署了一份备忘录，该备忘录宣称盟国政府的立场是"所有与德国人作战的法国人（应该）统一在一种权威之下"，并承认吉罗就是这种权威。这与他自己的政策，即没有哪种权威具有代表法兰西的合法性，完全相悖。在会谈结束后，丘吉尔得知了此事，他让人对这份文件作了修改，添上了戴高乐的名字。尽管他总是时不时生戴高乐的气，但他觉得自己对他负有责任。或者至少，如果戴高乐将被抛弃，他不希望这个决定是在他不知情的情况下强加给他的。[44]回到伦敦后，戴高乐于2月9日召开新闻发布会，并以毫不妥协的姿态阐述了他的观点。他那颇具战斗性的语调甚至让他在阿尔及尔的少数几个忠实支持者（如勒内·卡皮唐）都感到担忧。[45]尽管戴高乐现在意识到吉罗不会优雅地退让，但他从安法归来后确信，他的对手是个"来自1939年的幽灵"，对战争如何改变世界一无所知——他的意思是，法国的抵抗组织绝不会接受这种把一个伪维希分子政府强加给法国人的企图。[46]

引导戴高乐主义

人们如今正在北非争夺法国的政治前途，因为维希政府在法国留下的一切东西已成为虚幻。起初，维希政府的辩护者可以宣称，它从惨败中拯救了三样东西：法国的非占领区、殖民地和舰队。但这三项成就在1942年秋烟消云散。首先，作为对美国人登陆北非的回应，当德国人占领整个法国后，"自由区"已不复存在。其次，维希政府已不再控制法国的任何殖民地：法属赤道非洲和黎凡特已于1940—1941年落入戴高乐主义者手中；阿尔及利亚和摩洛哥已于1942年11月被盟军占领；一个月后，法属西非总督、曾在达喀尔同戴高乐作战的皮埃尔·布瓦松倒戈，站到了盟国这一边。最后，11月27日，当德国人占领土伦港时，法国人将舰队自行凿沉。维希政府已无牌可打。另一方面，戴高乐此时在北非获得了一个前所未有

第二章 流亡

的集结一支强大部队的机会。

吉罗和戴高乐对这支军队控制权的争夺,并不像罗斯福想象的那样仅仅是两位自命不凡的将军之间的野心之争。这关系到一些基本原则。吉罗最感兴趣的是让法国军队重返战场。只要美国人准备好武装它,他就不会对在政治上制造麻烦感兴趣。这非常适合罗斯福。美国人的政策是无论出现什么样的法国地方当局,都要根据具体情况进行处理,而不承认它们之中的任何一个能够代表整个法国。在罗斯福看来,1940年法国战败意味着没有人有资格宣称自己代表法国。在戴高乐看来,政治问题至关重要,因为承认这种政治真空意味着在解放后将没有公认的权威来捍卫法国的国家利益,这样的话,法国将获得一个战败国的身份。对于他来说,就像吉罗所想的那样,作为盟军一部分的法国军队当然必须在胜利中发挥作用,但关键问题是要建立一个指挥这些军队的法国政治权威。

当戴高乐在伦敦思考下一步行动时,他已不再像1940年时那样孤立无援。这是一种优势,但也意味着他必须考虑其他意见及试图影响他的不同派别。自由法国人就如何最有效地对付吉罗展开了激烈的争论。在他们之中,持最不妥协立场的是戴高乐的军事秘书处负责人比约特。在战前就认识吉罗的比约特称,吉罗的虚荣心使他很容易成为美国人的猎物,而美国人则计划战后在法国扶植他,从而削弱法国在战后事务安排方面的影响力,比约特说:"法国舆论中健康而活跃的部分永远不会接受这种与盎格鲁-撒克逊人的结合。"[47]比约特曾反对戴高乐前往安法,他视之为"美国的蒙特瓦尔"。在他看来,罗斯福是个"带着天使笑容的强盗"。[48]同样持不妥协立场的还有苏斯戴尔和帕莱夫斯基。持和解立场的有卡特鲁和雅克·宾根,他们认为与其迫使吉罗接受自由法国的政治观点从而疏远他,不如先达成一项军事协定,然后再逐步赢得他的支持。[49]

勒内·马西格里(René Massigli)的到来强化了这些妥协的声音,此人是前来伦敦追随戴高乐的最高级别外交官。20世纪30年代,他是奥赛码头(Quai d'Orsay,法国外交部所在地)的二号人物,后来因反对绥靖政策而失宠。考虑到他的过去,他在1940年底被维希政府解雇也就不足为奇了。

十一 权力斗争（1942年11月—1943年11月）

起初，他希望贝当能够被拉入盟国阵营，并认为戴高乐对他的攻击将适得其反。但到了1942年底，马西格里已对贝当深感绝望，并准备放手一搏。1943年1月，他抵达伦敦，戴高乐当即任命他为对外事务专员。马西格里犹豫了几天后才同意接受。他眼里的这些"奉行强硬路线的"戴高乐主义者的毫不妥协和仇英心理与他作为外交官的所有直觉背道而驰。最终，他接受了任命，并给他的前上司、身在华盛顿并强烈反对戴高乐主义的莱热写信说，"得到恰当引导和改革的戴高乐主义"代表着法国生存的唯一机会。[50]但戴高乐主义能"被引导"吗？

其他刚来伦敦的人也觉得自己与最初的戴高乐主义者格格不入。4月抵达伦敦的、德高望重的第三共和国政治家亨利·克耶（Henri Queuille）就是如此。克耶对他与戴高乐的第一次会面情形印象深刻，但对他所称的那些"超级戴高乐主义者"感到很害怕。[51]高级公务员皮埃尔·拉罗克（Pierre Laroque）也是在这个时候来的，让他感到震惊的是，"最初的忠诚分子紧紧地追随着他们的首领……像是领主的附庸、酋长的部属"。其中一人对他说，解放后戴高乐主义组织必将成为一个政党，"或许戴高乐不想采取进一步行动，但这是他的职责。在任何情况下，戴高乐主义者都有义务比戴高乐更像戴高乐主义者"[52]。

人们从《马赛报》的社论中能看到极端戴高乐主义的身影。自1942年11月事件后，它的一个主题是极端反美主义——一篇社论甚至把美国对北非的"占领"比作德国对法国的占领——并伴随着一种彰显纯粹和复仇的革命话语。正如一篇文章所说：

> 戴高乐主义是由反对元帅老年政权的青年人发动的一场革命……我们曾经孤立无援，但正是这种孤独从根源上保护了这种信仰。我们像罗伯斯庇尔那样孤立无援……戴高乐主义的背后有一股超越并推动其向前发展的力量，那些认为戴高乐主义只不过是民族自豪感爆发的人将不得不与之打交道。[53]

第二章 流亡

　　这种奉行不妥协立场的戴高乐主义还有一个特点：对被指控在1940年背叛法国的政党持怀疑态度。这是1942年9月布罗索莱特在《马赛报》上发表的那篇争议性文章的主题。戴高乐在1942年向"共和"偏转后，他对法国政治的未来的看法引发了诸多争议。令一位来到法国的社会党人抵抗者深感震惊的是，戴高乐告诉他战后法国各政党的消失不可避免。[54]正是在这种背景下，1943年8月，雷蒙·阿隆在发行于伦敦的期刊《自由法兰西》上发表了一篇提到"波拿巴的阴魂"的文章，其标题取自拿破仑三世的一句警示性题词："民主的本质将化身在一个人身上。"[55]这篇文章没有提及戴高乐的名字，但毫无疑问，戴高乐是其攻击目标。

戴高乐与抵抗组织的较量

　　总的来说，有些人想要让戴高乐表现得不那么像"戴高乐主义者"，如马西格里、卡特鲁等人；有些人想让他表现得更像"戴高乐主义者"，如比约特、苏斯戴尔，以及在《马赛报》上撰文的那帮人等。戴高乐将如何在他们之间作出选择呢？事实上，戴高乐本人很少使用"戴高乐主义"一词，指引他作出选择的是实用主义，即他那"审时度势"的信条，而这总会缓和他的不妥协态度。

　　在向盟国证明自身合法性的斗争中，戴高乐逐渐认识到，被"超级戴高乐主义者"所鄙视的原有政党或许会是一种有用的武器。尽管他曾乐于寻求曼德尔和布鲁姆等德高望重的政界人士的支持，但政党之前在他眼中并不重要。如今，戴高乐正在改变他的态度，特别对于社会党。尽管社会党人在1941年秘密地重组了该党，但与拥有自己特定抵抗组织的法国共产党不同的是，他们没有属于自己的确切的抵抗组织。以个人身份加入抵抗组织的社会党人越来越担心他们作为社会党人所作的贡献没有得到认可。他们可能会被夹在非共产党人的抵抗组织和共产党人的抵抗组织之间。因此，社会党抵抗者开始到处游说，要求建立一个包含政党代表及抵抗组织代表的机构，以使

十一 权力斗争(1942年11月—1943年11月)

自己对抵抗运动的集体贡献得到认可。[56]1月,三名社会党抵抗者来到伦敦游说戴高乐。他们递交给他的文件清楚地表明了这件事:

> 战斗法国能无视各政党的存在吗,还是必须接受它们的存在?……戴高乐必然需要一个处在他自己和法国人民之间的中间人……抵抗组织不能单独扮演这个角色……直白地说,戴高乐正在寻找法兰西,法兰西正在寻找戴高乐。这种相遇的几何点只能是抵抗组织和政党的联合。[57]

戴高乐很快就明白了这一点。三周后,他给处于秘密活动状态的社会党领袖丹尼尔·马耶尔(Daniel Mayer)写了一封信——当天,他还给法国共产党的中央委员会传递了一条亲切友好的信息——他说,他认可社会党的这种"合法抱负",并且,抵抗组织应适应"多元的和传统的政治倾向"。[58]

上述话语在实践中的意义,在与戴高乐已有一年多未见的穆兰于2月14日重返伦敦后开始变得明晰。穆兰认为有必要向社会党人作出让步,并且,原有政党可以用来加强戴高乐在盟友面前的合法性。[59]他建议创立一个同时包含抵抗组织代表和政党代表的机构,甚至没有在抵抗运动中发挥作用的政党也可派出代表。最终,这个机构被命名为全国抵抗运动委员会(Conseil National de la Résistance)。在伦敦待了一个月后,3月19日,穆兰带着那些他在起草过程中曾发挥关键作用的"新指示"被送回法国。他此时是戴高乐在整个法国的唯一代表——既包括前"自由区"也包括前占领区,他原先是戴高乐在前"自由区"的代表——他的任务是建立起他所建议的抵抗委员会。然而,这却是戴高乐与穆兰的最后一面。

穆兰的任务比较棘手,因为抵抗运动的领导人鄙视那些让法国在1940年遭遇失败的旧政党。尽管他们站在戴高乐的一边,把他视作一种"象征",但他们提防着任何侵犯其自主权的行为。对此最不愿多谈的是弗勒奈。1942年9月,弗勒奈第一次来到伦敦,直到美国人登陆北非时,他还在那里。待在伦敦的三个月使他看出来,戴高乐需要抵抗组织,就像它们也

第二章 流亡

需要他一样。返回法国前，他同戴高乐、帕西和苏斯戴尔在萨沃伊饭店共进了午餐。他们讨论了戴高乐和抵抗组织之间的未来关系。弗勒奈问："若是我们无法同雷克斯（Rex，穆兰的化名）达成共识，会有什么结果？"戴高乐答复道："那么你回到这里，我们将努力找到一个解决方案。""如果找不到呢？""这样的话，法国将不得不在你和我之间作出选择。"[60]

当这段对话发生时，他们争论的焦点不是全国抵抗运动委员会，而是对秘密军的控制和指挥——穆兰曾劝说各抵抗组织把它们的军事力量合并成单一的秘密军。弗勒奈希望自己被任命为其指挥官，但其他抵抗组织的领导人不同意。他们达成的妥协方案是由不属于抵抗组织的、已退休的高级将领夏尔·德莱斯特兰（Charles Delestraint）担任这一职位。德莱斯特兰曾在20世纪30年代支持戴高乐关于坦克战的想法，但他缺乏参加抵抗运动的直接经历。这使弗勒奈感到很放心。他认为德莱斯特兰只是个有名无实的领导人，抵抗组织将掌握这支军队的控制权。戴高乐给德莱斯特兰的指示是，秘密军必须养精蓄锐，只有他发布命令才能采取行动。他担心过早的行动可能导致血流成河或混乱状态，或者两者同时发生。

当1943年3月法国爆发了一场重大危机后，这种观望立场变得难以为继。维希政府迫于为德国工厂提供劳动力的压力，制定了一份强制劳动法案（《义务劳动服务法》）。成千上万的年轻人逃离家园以避免被抓到工厂去。在这些拒绝服劳役的逃亡者中，有许多人来到农村避难，他们组成了第一批农村马基游击队员（maquisard）[1]，其名字源自法国南部山丘上的丛林（maquis）。这为现存的抵抗组织提供了大量急于采取行动的潜在新成员。但让抵抗运动的领导人担心的是，戴高乐对提前行动的反对或许会让这些人不满，并把他们推向支持立即采取行动的法国共产党人手中。戴高乐利用《义务劳动服务法》造成的危机请求丘吉尔为5万名抵抗战士提供武装。丘吉尔拒绝了，因为他既没有办法，也不愿意去鼓励这种不成熟的行动。[61]这是戴高乐早已预料到的答复，或者说是他想要的答复，但法国的

---

[1] 也称反纳粹游击队员。——译者注

十一 权力斗争（1942年11月—1943年11月）

抵抗运动领导人怀疑，戴高乐是故意让他们得不到资助的，以便通过穆兰的行动加强自由法国对他们的控制。

这些都无助于穆兰所开展的说服抵抗运动领导人和政党代表一起加入一个机构的任务。他与抵抗运动领导人的关系变得越来越紧张，有时甚至会爆发激烈的冲突。随着德国人对抵抗运动镇压力度的加强，人们的神经都绷得紧紧的，每一次会议都笼罩在与会者担心被捕或担心遭到背叛的阴影中。为了达到目的，穆兰能够做的是利用抵抗运动领导人之间的对抗。弗勒奈和达斯捷——这两人性格迥异，前者固执己见、自以为是，后者用令人讨厌的慵懒姿态掩盖着他的野心——都想成为公认的最重要的抵抗运动领袖，他们为此展开了激烈的竞争。前非占领区的另一个重要抵抗组织"自由射手"（Franc-Tireur）的领导人让-皮埃尔·莱维（Jean-Pierre Lévy）同样对政党持普遍怀疑态度，他更愿意息事宁人，没有那么自负，有时还充任诚意十足的中间人。穆兰面临的另一个问题是，皮埃尔·布罗索莱特正在开展一项与他不同的政策——据说也是以戴高乐的名义。布罗索莱特此前从伦敦被派来要和帕西共同执行一项协调北方（前占领区）抵抗组织的军事行动的任务，因为这里的抵抗组织在团结一致方面不如南方。他视自己为北方的头儿，同南方的穆兰分庭抗礼。但穆兰得到的那些在布罗索莱特离开伦敦后起草的"新指示"，已将他提拔为戴高乐在整个法国的代表。在穆兰带着越来越大的权力和"新指示"来到法国前，布罗索莱特已着手在北方的抵抗组织中打上自己的印记。他完全认可抵抗运动领导人对原有政党的怀疑态度。当穆兰返抵法国后，他与布罗索莱特在巴黎发生了激烈争吵，他指责布罗索莱特破坏了他的任务。

正当将军需要为自己争取最大限度的支持时，戴高乐和抵抗运动之间的关系却出现了重大危机。4月，莱维和达斯捷来到伦敦以共同发起一场反对抵抗运动"官僚化"的运动。[62]"官僚化"暗指穆兰企图把抵抗运动置于戴高乐主义权威之下。5月初，穆兰用一份长篇报告为自己辩护。当时的气氛非常紧张，以防万一，穆兰没有通过中央情报行动局（因为帕西与布罗索莱特关系亲密）把这份报告交给戴高乐，而是派人把它当面交给了他。

当穆兰发现弗勒奈在瑞士与美国情报机构进行接触,从而从别处为抵抗运动寻找资金来源后,他对此作了最坏的估计,暗示弗勒奈准备抛弃戴高乐转而支持吉罗。穆兰这么做符合他的利益,但这或许有悖事实。尽管弗勒奈显然试图从戴高乐手中夺回一些财政自主权,并且,他可能对与美国人进行接触的风险视而不见,但他肯定不打算投奔吉罗。[63]

我们不知道戴高乐是如何看待这些争论的。他的回忆录很少从他所关注的法兰西命运的"顶峰"转到偶然出现的个人争吵,并且我们从档案资料中也找不到更多信息。卡尔顿花园因这场危机导致的冲突而陷入分裂之中,但我们很少发现戴高乐直接干预的证据。穆兰对弗勒奈与美国人接触这件事所作的暗示似乎触动了戴高乐的心弦,而这正是他的本意。另一方面,有迹象表明戴高乐想知道穆兰对抵抗组织的态度是否过于强硬。几个月后,宾根在给安德烈·菲利普的信中回忆说,面对抵抗运动领导人的猛烈抨击,戴高乐"倾向于在雷克斯和抵抗组织之间进行仲裁",而不是直接为穆兰辩护。[64]如果说戴高乐对穆兰的支持有过短暂的动摇,那是因为他当时迫切需要抵抗运动的支持。5月10日,大概在得到将军的批准后,菲利普在给穆兰的信中暗示说,他或许"在集权化的道路上走得有点儿过了"。[65]戴高乐甚至准备在对秘密军的控制上作出让步。5月21日,他在发给德莱斯特兰的一项"私人秘密指示"中,同意了那条由抵抗组织自己来决定是否立即行动的原则——这是一种战术撤退,目的在于使抵抗运动领导人接受全国抵抗运动委员会。[66]

伦敦与阿尔及尔的较量

如果戴高乐准备作出这些战术上的让步,那是因为事实证明,他与吉罗的谈判比他最初预期的要困难得多。2月23日,即戴高乐签署了给穆兰的"新指示"的两天后,伦敦的民族委员会发表了一份备忘录,列出了与吉罗联合的条件。它的出发点是需要成立一个团结所有为法国解放而战的力

十一 权力斗争（1942年11月—1943年11月）

量的委员会，同时，要将所有对停战辩护负有"重大个人责任"的人排除在外。这些目标人物包括诺盖斯、佩鲁东、布瓦松等，他们都是吉罗团队的成员。戴高乐正在争取依照自己的条件在阿尔及尔实现联合。[67]

尽管极端戴高乐主义者不是很情愿，但卡特鲁还是设法使自己成了戴高乐在阿尔及尔的谈判代表。[68]戴高乐同意了，因为在这个阶段，他仍然相信吉罗会让步。他那"忧郁神情和正义感"让皮克想起了"一只刚饱餐一顿，嘴里还留着生肉味，并确切地知道下一餐在哪里的老虎，我承认我不喜欢他这个样子"。[69]戴高乐在等待卡特鲁的谈判结果时，希望自己能获允访问他的非洲领土，但丘吉尔不同意他离开英国。当皮克正式向戴高乐传达这一消息时，他冷冰冰地说："我就是个囚徒。"他宣布自己将不再参加民族委员会的活动，并退隐到了汉普斯特德。一年前，这个策略在对付米瑟利耶时取得了成功，但这一次它没有起到任何作用。乐于看到戴高乐走开的丘吉尔给皮克打电话说，他要负责确保这个"汉普斯特德的怪物"不会逃跑。在意识到这次"罢工"适得其反后，戴高乐于一周后回到了卡尔顿花园。为挽回颜面，他声称在法国因《义务劳动服务法》引起的危机需要他的关注。就连戴高乐也知道何时该让步。

此刻，他只能站在一边注视着阿尔及尔发生的事情。他的干预让人难以捉摸。有时，他急于去阿尔及尔，特别是当吉罗不想让他来的时候；有时，当看起来吉罗似乎想让他来的时候，他又害怕落入陷阱。他总是担心卡特鲁无法坚守立场。由于丘吉尔和罗斯福都向阿尔及尔派遣了代表，阿尔及尔的局势变得更加复杂。英国的特使是保守党议员哈罗德·麦克米伦。戴高乐根本不知道麦克米伦得到的指示是什么，他一开始对此人持怀疑态度。事实上，麦克米伦很快就发现了吉罗的不足之处，认为他是"一个老派但富有魅力的上校，会为赛马俱乐部增光添彩"。[70]美国代表有罗伯特·墨菲（Robert Murphy）——一位憎恨戴高乐的保守派外交官——和莱希（Leahy）上将。还有一位不太容易使其明确表态的美国代表是让·莫内。自1940年6月离开伦敦后，莫内在美国已成为一个非常有影响力的人物。他认识罗斯福政府中的每一位要人，并在制定《租借法案》方面发挥

第二章 流亡

了作用。罗斯福意识到了向美国公众舆论"兜售"保守分子吉罗存在困难,因而派莫内前往阿尔及尔给吉罗灌输一些政治观念。莫内对戴高乐的怀疑一如1940年时那样。如果像他这样坚定地信仰民主和自由的人准备支持吉罗而非戴高乐,那是因为吉罗声称他唯一的目标是让法国军队重新投入战争。尽管戴高乐发表过民主言论,但他显然怀有政治野心,即便他曾承诺,一旦法国获得解放,他将就人民的政治未来征求其意见。[71]然而,他真的会这么做吗?莫内不知道这个问题的答案,他打算接受的是:"不关心政治的"吉罗,虽然他是个保守分子,对民主的威胁或许要比明显"热衷政治的"、据说是倾向民主的戴高乐要小。

在莫内的影响下,3月14日,吉罗发表了后来他所称的"我人生中的第一篇民主演讲"[72]。他对抵抗运动表达了敬意,并宣布尊重共和国。然而,他拒绝了莫内的这一条建议,即他应该承诺恢复阿尔及利亚犹太人被维希政府剥夺的法国国籍。即便如此,吉罗的演讲仍旧是一件轰动一时的大事,在这之后,他邀请戴高乐前来阿尔及尔。戴高乐和卡特鲁对吉罗这篇讲话的反应截然不同。在卡特鲁看来,这是个积极信号,它表明吉罗已在"我们的方向上迈出了一大步";在戴高乐看来,吉罗企图通过这样"让自己披上民主的外衣,并将我们逼入绝境"。[73]他坚持要求吉罗应该对民族委员会的备忘录作出正式回应,而非仅仅发表一篇演讲。

与此同时,戴高乐试图对北非的公众舆论作出判断。他在写给卡特鲁谈判团队中的一名成员的信中询问,他抵达阿尔及利亚后是否会受到民众的热情欢迎。他想让人给自己准备一辆敞篷车,因为"公众游行造成的冲击至关重要"。[74]这位严肃而理智的战士每天都在磨炼自己作为民主领袖的新角色,但来自阿尔及尔的答复让人失望。它警告戴高乐不要认为他可以利用阿尔及利亚公众舆论——它绝非倾向于戴高乐主义——的压力迫使吉罗接受联合。[75]这只会激发戴高乐立即动身并展示自我的渴望。为此,他需要征得英国人的同意。

4月2日,经过马西格里数周巨大的外交努力,戴高乐和丘吉尔举行了自安法分别后的首次会晤。[76]出乎意料的是,这次会谈进行得很顺利。他们争论的焦点是,戴高乐坚称他不会加入任何一个包含有维希政府高官的委员会。当丘吉尔说他曾邀请前政治对手张伯伦和哈利法克斯加入联合政府时,戴高乐合理地答复道,情况和之前并不相同。哈利法克斯和张伯伦都不曾朝丘吉尔开过火,但布瓦松在达喀尔却对戴高乐这么做过;他们也不是某个曾审判过他的政府成员,但佩鲁东是。丘吉尔说,布瓦松曾帮助过盟军,戴高乐对此回应道:"唯一的问题是布瓦松总督是否为法国效劳过。"[77]然而,丘吉尔同意了戴高乐可以前往阿尔及尔。然而,两天后,就在戴高乐准备出发时,他得到通知说,北非的美军指挥官艾森豪威尔将军想要他推迟行程。美军在登陆阿尔及利亚和摩洛哥不久后与此前被派到突尼斯的德军展开了激烈战斗。艾森豪威尔让戴高乐推迟前来的借口是,他不希望在德军被彻底赶出北非之前出现任何政治干扰。这让戴高乐勃然大怒,因为他觉得丘吉尔是把他困在伦敦的幕后推手。即便他生性多疑,也未能猜出真相:艾森豪威尔的干预是由卡特鲁促成的,后者认为戴高乐的出现将对他与吉罗的谈判造成适得其反的影响。[78]

4月9日,卡特鲁带着吉罗对民族委员会在2月23日发表的备忘录的回应抵达伦敦。这份由莫内起草的文件作出了一些让步。它接受了成立一个统一的委员会的想法,该委员会将在一个"军政最高长官"(显然是吉罗)的领导下对法国获得解放的领土实施管理。除了由吉罗扮演这个极为重要的角色外,该提议也未能解决戴高乐最关心的问题,即需要一种政治权威——其实就是一个政府,只是名字不同而已——来捍卫法国的国家利益,而不仅仅是一个管理其获得解放的领土的机构。让身在伦敦的卡特鲁感到震惊的是,围在戴高乐身边的每个人"都完全地关注着法兰西,这就是抵抗运动",而此时他不得不面对的阿尔及尔的现实是,在这里"法兰西的意见不一定是至高无上的"。[79]待在伦敦期间,卡特鲁向艾登吐露了心声,后者发现他比任何人都更为公开地批评戴高乐。他哀叹道,那些能够影响戴高乐的人只是"一些鼓励他走自己想走的路的人"——尤其是帕莱夫斯基。卡特鲁说,由于对付戴高乐的唯一办法是威胁,因而他经常递交辞呈。如果戴高乐不缓和立场,他很想把自己的命运交付给吉罗。艾登只能附和道,令人遗憾的是戴高乐忽视了这样的事实,即他和丘吉尔"在我们的整个政治生活中,都把我们的政策建立在与法国友好的基础之上,(戴高乐)反而似乎怀疑我们一心只想着欺骗和削弱法国人"。[80]

在返回阿尔及尔前,卡特鲁说服戴高乐接受了成立一个单一委员会的想法,该委员会将在戴高乐和吉罗交替担任主席的情况下以双头政治的模式运行。在返回阿尔及尔后,他把这个想法告知了吉罗。与此同时,戴高乐在接见吉罗的特使博斯卡特(Bouscat)将军时,恢复了威胁姿态。他让博斯卡特带回阿尔及尔的信息是:"如果不能达成协定,那就太糟了!整个法兰西是站在我这一边的……吉罗要当心!即使他最终以胜利者的身份去了法国,但没有我,他们也会向他开火……法兰西属于戴高乐主义,属于猛烈的戴高乐主义。"[81]一周后,他对博斯卡特说了更狠的话:"谁是吉罗?他代表什么?没有人支持他。一切可以很简单……我乘飞机去,直奔夏宫(总督居所)。人群在沿途欢迎我……我们两人来到阳台。联合达成。一切都结束了。"[82]戴高乐还试图通过中央情报行动局派去的代表安德烈·佩拉东(André Peladon)来煽动北非的戴高乐主义信仰。这激怒了卡特鲁,他认为鉴于阿尔及利亚"只有一小撮人信奉"戴高乐主义,这只会让吉罗更加坚持自己的立场。[83]当卡特鲁得知戴高乐想要乘坐敞篷车时,他几乎要被逼疯了,而这也让莫内担心不已。[84]此时的卡特鲁是如此痛恨戴高乐,以至于英国人认为他打算出卖他,并且提议让他自己成为那两个将军之间的折中人选。有传言称,卡特鲁那十分亲英又野心勃勃的妻子在鼓动他这么做。[85]

事实上,戴高乐和卡特鲁之间的冲突本质上与策略有关:一个民粹领袖的策略与一个法国辉格党人——麦克米伦这样恰如其分地称卡特鲁——的策略之间的冲突。[86]卡特鲁当然比戴高乐更了解吉罗的心理,并且,麦克米伦还帮助他削弱了吉罗的抗拒。当敦促吉罗接受卡特鲁关于双头政治的想法时,麦克米伦发现他"固执、自负,甚至目中无人……他是如此幼稚,但又如此威严和愚蠢"。[87]但在4月底,吉罗最终屈服了。他同意了双头政治,并建议其他悬而未决的问题应由他本人和戴高乐当面解决。戴高

十一 权力斗争（1942年11月—1943年11月）

乐现在似乎可以前往阿尔及尔了。

还有一个细节问题有待解决：这两位将军应该在哪里会面呢？吉罗提议在撒哈拉沙漠地区的偏远城镇比斯克拉，因为他害怕在阿尔及尔戴高乐会受到民众的欢呼，而这恰恰是戴高乐想要的。戴高乐仍在梦想着乘坐敞篷车，他担心在比斯克拉这样的偏远地区自己很容易受到吉罗的美国支持者的压力。他以自己特有的方式向一名助手讲了这个问题："我们正在经历一场革命，在这样的时期半途而废是不可能的……你能想象克洛维、圣女贞德、丹东或克莱蒙梭前往比斯克拉吗？如果我去的话，我将被迫接受美国的条件。"[88]卡特鲁认为戴高乐不应该冒险把一切东西都押在这件微不足道的小事上。麦克米伦也有同感："麻烦在于，即便你在发牌时做做手脚发给戴高乐四张A和一张王，他仍会弃局，不下赌注。"[89]

5月4日，戴高乐在格罗夫纳酒店发表讲话，他在这篇讲话中提高了赌注。马西格里曾恳求他要展现出愿意和解的姿态："不要说任何让吉罗担心我们想先拉拢他、然后再消灭他的话。你甚至应该奉承他。不要冒着让一切都受到损害的危险过分强调会议地点的问题。"[90]戴高乐的做法与之完全相悖。他的演讲描绘了一幅阿尔及尔遭受贝当主义奴役的讽刺画面，并拒绝接受那个前往一处偏远的绿洲讨论法兰西未来的邀请。[91]伦敦的那些"奉行强硬路线的"戴高乐主义者非常高兴。苏斯戴尔在回忆录中津津有味地说："马西格里备受打击……他的脸色比以往任何时候都显得阴沉。"[92]震惊不已的卡特鲁再次站到了辞职边缘，但马西格里请求他留下，尽管他几乎不能提供什么帮助，"我在这里成了嫌疑犯……但只要存在避免破裂的机会，我就会坚持下去，无论我将承受多大的痛苦。"[93]没有人比莫内更生气："这是希特勒式演讲和处事方式的完美例证……人们肯定会得出结论，同他达成一项协定是不可能的；他是法国人民及其自由的仇敌……因此，为了法国、盟国与和平的利益，他必须被消灭"[94]。但两天后，戴高乐施展出他所喜欢的那种翻云覆雨的手段——或者，有可能他担心自己做得太过分了——给吉罗发去了一条安抚信息，他向吉罗保证，他不会允许在阿尔及尔出现任何"不恰当的游行"。吉罗要是相信这一保证，那他就太愚蠢了。[95]

第二章 流亡

有两个因素在促使戴高乐坚守立场。首先，北非的法国正规军正叛逃到勒克莱尔指挥的自由法国军队中。1942年11月，戴高乐命令勒克莱尔从乍得向北穿过利比亚南部的费赞沙漠，在北非海岸的的黎波里与英国第七军会合。勒克莱尔带领4700名士兵和780辆汽车穿越5000千米的沙漠，于1月底抵达的黎波里。英国政府对此并不热心，因为它认为自己不能充分使用勒克莱尔的部队。但它同意了这次行动，前提是在勒克莱尔向北行军的过程中，他不能试图以法国的名义占领费赞地区。戴高乐优雅地作出了让步，然后就无视了自己的承诺。勒克莱尔经过的每处绿洲最终都被置于法国人的管辖之下。戴高乐希望，一旦战争结束，他就能够把意属利比亚的一部分，即费赞地区并入到法属乍得——这个几乎连一个师都没有的人，却有如此大胆的帝国扩张之举。尽管英国人很恼火，但他们决定不在这件事上做文章。同戴高乐争吵是件累人的事，他们安慰自己说，图阿雷格人在种族上更接近乍得人而非利比亚的阿拉伯人。正如一名官员在会议记录中所说："戴高乐将军如此令人生厌，我根本不想与他打交道，先让这维持原状，即事实上由法国人占领，然后留待战后的和平协议来解决。"[96]

不管戴高乐的长期目标是什么，对于他来说，派遣勒克莱尔穿越利比亚的主要目的是确保自由法国——不仅仅是吉罗指挥的法国正规军——在同德军在突尼斯作战的过程中发挥作用，事实证明这是一场艰苦的战斗。尽管1.3万名自由法国军队在数量上远远低于"吉罗的"正规军，但由于勒克莱尔的英雄事迹，他们已获得了极好的声誉。战斗结束后的5月20日，在突尼斯举行的胜利阅兵式上，勒克莱尔不允许他的士兵同法国正规军并肩前行。他反而加入到了英军的行列之中。正是在这种背景下，正规军中开始有人向自由法国叛逃。戴高乐正式指示勒克莱尔接收这些"逃兵"（吉罗分子是这样称呼他们的），这与卡特鲁的想法相悖，因为他害怕再次对吉罗进行不必要的挑衅。戴高乐主义者委婉地将这种叛逃行为称作"自愿地变更归属"（changement volontaire d'affectation），虽然从人数上看叛逃者并不多（最多约2750人），但他们被大肆宣传，这给人的印象是吉罗的声望正在下滑。

十一 权力斗争(1942年11月—1943年11月)

第二个促使戴高乐拒绝妥协的因素是法国即将就全国抵抗运动委员会达成协定。5月14日,穆兰在发来的电报中声称,他终于从抵抗组织那里得到了一项关于全国抵抗运动委员会问题的协定。苏斯戴尔立即发布声明,谎称全国抵抗运动委员会已经召开会议,并宣布效忠戴高乐。戴高乐在回忆录中把这件事描述为制服吉罗反抗的决定性事件。时间上的巧合也许表明他是对的:5月17日,吉罗最后同意和戴高乐在阿尔及尔而非比斯克拉会晤。事实上,吉罗的最终让步更多是因为卡特鲁和麦克米伦的不懈劝说。如果还有什么要说的,那就是当吉罗似乎就要屈从于外部压力时,这则关于全国抵抗运动委员会的消息让人看起来恰恰是要加剧他的反抗;麦克米伦在日记中认为全国抵抗运动委员会不值一提;卡特鲁和马西格里都觉得这项声明毫无益处。[97]除了促使戴高乐坚守立场外,几乎没有证据表明它让情况发生了什么变化。

5月21日,戴高乐正式接受了吉罗的条件。戴高乐所不知道的是,就在他似乎已达到目标时,丘吉尔比以往任何时候都更接近与他决裂。自5月11日起,首相一直在华盛顿,罗斯福向他灌输了反戴高乐的思想。丘吉尔向伦敦报告说:"总统几乎每天都对我提起他。"丘吉尔还会见了莱热,后者警告他,"在同情共产主义的同时,(戴高乐)还有法西斯主义倾向"。丘吉尔问莱热是否准备在伦敦领导一个法国委员会,他说:"我们需要你。伦敦的所有人都特别害怕戴高乐。马西格里身体虚弱,对他心怀恐惧。"莱热答复道,有必要"在不使戴高乐成为殉道者的情况下,除去戴高乐主义的个人色彩"[98]。在听了这些毫无道理的猜测后,丘吉尔给内阁发电报说,是时候在保持与法国民族委员会关系的情况下与戴高乐决裂了(这是个不可能实现的愿望)。[99]5月23日,内阁在一次特别会议上否决了丘吉尔的想法,理由是"只有戴高乐的名字才对抵抗战士有价值",即便"他们追随的戴高乐显然是个与我们认识的戴高乐截然不同的、半神秘的人物"。[100]

如今已没有什么障碍阻止戴高乐离开了。至于全国抵抗运动委员会,5月27日,它在极为秘密的情况下在巴黎左岸第四街的一套公寓中举行了会

第二章 流亡

议。在让·穆兰的主持下,八名抵抗运动领导人和八个政党代表对那项呼吁建立一个由戴高乐领导的临时政府的提议表示支持。6月4日,当这则消息传到伦敦时,戴高乐已抵达阿尔及尔。

"被夹在了一个疯子和一个傻瓜之间"

5月30日中午,戴高乐在菲利普、马西格里、帕莱夫斯基和比约特的陪同下抵达阿尔及尔近郊。卡特鲁和吉罗前来迎接了他,站在他们身后的是英国和美国代表。尽管当时奏响了《马赛曲》,并且法国国旗随处可见,但氛围并没有六个月前在安法时那么热烈。在驱车前往夏宫的路上,在那里午宴已准备就绪,戴高乐和吉罗寒暄了一番:

"你的人中有谁在那个委员会?"戴高乐问,"我的是菲利普和马西格里。"

"让·莫内。"

"那个被英国人收买的微不足道的金融家……"

"还有乔治将军。"

"……他在战争中表现糟糕(assez moche)……我想消灭诺盖斯、佩鲁东、布瓦松。"

"走着瞧吧。但你要说'我们'而不是'我'。我猜明天你会去见艾森豪威尔吧。"

"不可能!我现在是在法国。如果他先来见我,我就会去见他。"[101]

午餐时,吉罗和戴高乐面对面坐着,他们的部属围在他们身旁。这些重要人物彼此警惕地打量着对方。关于这一刻,戴高乐写道:"所有这些形形色色而又那么相像的法国人曾被事变的浪潮卷到不同的沙滩,如今他们

十一 权力斗争（1942年11月—1943年11月）

又聚集到了一起，看起来像那场巨变发生前那样朝气蓬勃、满怀信心。"[102] 年迈的乔治将军也来到了这里，丘吉尔将此人从退休生活中拉了出来。乔治在20世纪30年代曾是戴高乐的敌人，如今，丘吉尔希望他能够对戴高乐起到制衡作用。

尽管戴高乐在回忆录中抱怨说，由于没有乘坐敞篷车，民众不知道他的到来，并且卡特鲁也曾建议他谨慎行事，但卡皮唐领导的抵抗组织战斗还是于当天下午在阿尔及尔战争纪念碑前组织了一场欢迎他的游行活动。戴高乐来到现场，高举双臂摆出"V"字形，这一姿势将成为戴高乐与民众见面时的标志性姿势。来到住所后，他发现这里布满了麦克风，于是让人把它们全部拆掉了，无论这是吉罗分子、美国人还是英国人安装的。[103]当晚，戴高乐和莫内举行了自1940年6月后的首次会面。莫内对麦克米伦说，戴高乐的情绪从"相对平静转到极度亢奋"，他大肆谴责"盎格鲁-萨克逊人"，并吼道，战后法国将不得不倒向德国和俄国。莫内无法判断戴高乐"是个危险的煽动家，还是个疯子，或者两者兼而有之"[104]。这可能使他想起了1940年6月17日他们共进晚餐时的情形，当时，戴高乐对贝当痛骂不已。不管戴高乐是不是个疯子，他那时对贝当的判断比莫内对他的判断更具洞察力。

第二天上午（5月31日），"双头"的法兰西民族解放委员会（French Committee of National Liberation）举行了首次会议。每一位联合主席都可以挑选两名成员。吉罗挑选了乔治和莫内，戴高乐挑选了菲利普和马西格里。由于卡特鲁本人也是一名成员，因而戴高乐在其中占据了多数。他本可以等待时机，逐步树立起权威，但这不是他的行事风格。会议一开始，他就要求该委员会立即接受两条原则：军事长官必须服从民政当局，换句话说就是吉罗必须服从戴高乐；并且，所有因与维希政府有牵连而蒙羞的高级官员必须被解职。莫内、卡特鲁和马西格里试图从中调解，他们建议该委员会在确立其工作程序前，先推迟讨论实质性问题。戴高乐随之起身，啪的一声合上公文包，离开了房间，并砰的一声关上了门。[105]

第二天，戴高乐向麦克米伦讲述了他对事情的看法。这是麦克米伦第一次见到他。他发现戴高乐"把自己说成是一支独立的力量"，他的别墅就像"一个来访的君主的宫廷"。将军对麦克米伦说,乔治是个完全脱离现实的"老派绅士",莫内"是个好人,但更像是个国际主义者,而非法国人"。然后,他开始谈论法国正在经历一场革命,"正如1789年后保皇派军队在冲突中陷入四分五裂并向不同的人效忠一样,法军也是如此。它必须通过革命的精神使自己面貌一新。它必须由年轻的新人来指挥,所有这些年迈的将军必须卸任"。麦克米伦的总体印象是,无论是煽动家还是疯子,戴高乐都是个比他见过的"其他法国人更为坚强有力的人物"。[106]

当晚,不管是有意还是无意,戴高乐引发了一场小危机。意识到自己的时代已经结束(或是想要制造事端)的维希政府前部长马塞尔·佩鲁东给戴高乐写信说,他要辞去阿尔及利亚总督一职。戴高乐在没有征求吉罗意见的情况下就发表公告接受了这项辞职。作为回应,吉罗给戴高乐寄去了一封措辞极其严厉的信,信中指责他想要"在法国建立一个由党卫军支持的仿纳粹主义政权"[107]。这封信是伦敦的反戴分子安德烈·拉巴尔特起草的,此人已来到阿尔及尔为吉罗效劳。在过去的五个月里,吉罗像是一块磁石,吸引着戴高乐的那些心怀愤恨、已被击败的敌人。还有一人是米瑟利耶上将,吉罗已任命他为警察局长。此时谣言四起:吉罗认为戴高乐主义者正在策划一场政变,戴高乐担心吉罗的人随时会前来他的别墅逮捕他。[108]

6月2日,卡特鲁、麦克米伦和马西格里在幕后积极工作以化解危机。卡特鲁对麦克米伦说,他发现自己"被夹在了一个疯子和一个傻瓜之间"。麦克米伦劝他不要辞职。[109]当天晚些时候,戴高乐打算缓和态度,这是他恐吓战略中一个常见的战术。他给吉罗写信,建议委员会在第二天上午重新开会。这一次(6月3日),戴高乐一直面带笑容。会议通过了第一天就已准备好的那份平淡乏味的草案。戴高乐一开始提出的争议性问题留待以后解决。最后,戴高乐绕着桌子同每个人握了手,并拥抱了吉罗。丘吉尔向罗斯福报告说,结果令人满意。如果戴高乐"表现得粗暴蛮横或失去理智",他会发现自己处在二比五的劣势中。[110]我们不清楚丘吉尔是如何得出这个与事实相反的结论的。或许,他是在故意捏造事实来让罗斯福开心。尽管丘吉尔时不时会发自内心地对戴高乐感到愤怒,但他对戴高乐的

十一 权力斗争（1942年11月—1943年11月）

态度比表面上要复杂得多。他唯一一次正式向他的部长们提出与戴高乐决裂的原因是，他想要巴结罗斯福，并且，他确信自己的建议会被推翻。同样令人吃惊的是，在安法会议后，当罗斯福试图瞒着丘吉尔在那份他打算与吉罗签署的备忘录中略掉戴高乐的名字时，丘吉尔出面对此予以阻止。从某种程度上来说，丘吉尔是个天生的亲法分子，而罗斯福则不然，丘吉尔或许认为法国的利益在一定程度上体现在戴高乐这个他在1940年冲动地支持的人身上。

6月7日，双方同意将民族解放委员会的成员增至14人。戴高乐一天天地蚕食着吉罗的权力。戴高乐新提名的人如迪耶特尔姆、蒂克西埃、普莱文等对他忠心耿耿，但吉罗新提名的人都是些很务实的人，他们并非无条件地拥护吉罗。比如说，杰出的公务员莫里斯·顾夫·德姆维尔（Maurice Couve de Murville）就是如此。顾夫曾是财政部的一名官员，当他认为维希政府可以被用来保护法国的利益不受德国侵犯时，他一直为其效劳；当对贝当失去信心后，他来到阿尔及尔为吉罗服务，但对他缺乏强烈的忠诚。就连几周前对戴高乐怀有深深敌意并显然对他政治野心依旧持怀疑态度的莫内也逐渐意识到自己与吉罗完全不同。所以，戴高乐本可以在等待他为该委员会提名的人从伦敦前来时静候时机。然而，他再次发起攻势。6月9日，他给委员会写了一封信，抨击联合主席（吉罗）同时担任军队总司令的反常现象。他宣称，若不解决这件事，他将从委员会辞职。他令人难以置信地说，他乐于退出政界去指挥一个坦克师。[111]委员会中止了运转。

这些都是戴高乐惯用的恐吓手段。麦克米伦没有被蒙骗："我的印象是他相当喜欢他引起的骚动……他身上有某种恶作剧的成分，这使他喜欢看热闹。他非常友好，甚至是个很有趣的人。"[112]在这场新危机的第四天，麦克米伦和戴高乐在海边小镇蒂巴萨（Tipasa）度过了一个下午，麦克米伦喜欢在这里游泳。当麦克米伦光着身子跳入水中时，戴高乐则穿着制服、一本正经地坐在一块岩石上。针对这天下午的情形，麦克米伦写道：

驱车三个半小时后，我们来到一片废墟上漫步，我不停地和这个奇怪的——富有魅力但又令人难以忍受的——人交谈着。我们谈论着每一个可以想到的话题,政治、宗教、哲学、经典著作、历史(古代和现代)等。所有这些都或多或少与他脑子里想的事情有关……唯一的麻烦是,当我们在废墟上散步时,我们被认出来了。消息传开后,一小群人围聚在村子里,他们疯狂地朝他欢呼并要求他讲话。这对他来说太糟糕了![113]

戴高乐当晚写给妻子的信并没有显示出他将退出政界的迹象。他对她说"我们正在前进",尽管"充斥着谎言和虚假消息",并且,她很快就能和他团聚。[114]

第二天,就像什么也不曾发生过一样,戴高乐宣布他打算重新加入民族解放委员会,因为所有成员都已从伦敦赶来。这时,罗斯福在墨菲通知下突然意识到,仅仅过了10天,戴高乐就几乎完全控制了该委员会。6月17日,罗斯福在给丘吉尔的信中再次提出,同戴高乐彻底决裂的时机已经到来,英国外交部的一名外交官称这封信中尽是"歇斯底里的谩骂"。[115]艾森豪威尔奉命告诉戴高乐,法属北非是被占领土,美国人不允许削弱吉罗的权威。这完全是错误的策略。戴高乐已经不是第一次刺激他的对手作出如此极端的反应,以至于那些对戴高乐的做法感到遗憾的人也觉得有必要团结在他周围。公然的外国干预保证了法国的团结。

不愿卷入政治的艾森豪威尔不情愿地在6月19日召见了吉罗和戴高乐。戴高乐拒绝让步,并威胁要在电台上宣布,他正受到"外国干涉"的压力。当时就在隔壁的麦克米伦说:"戴高乐先离开,显然他非常愤怒——我认为这在一定程度上是假装的……吉罗在几分钟后离开了,表情庄重但脸色通红。艾森豪威尔似乎被戴高乐坚强的个性吓了一跳(他此前并未见过戴高乐'发火')……"[116]英国官员正在幕后为了戴高乐的利益而与丘吉尔作对。6月19日,丘吉尔发布指示:只有抵抗运动不受"戴高乐及其党羽的控制",他才会继续资助它。但特种行动执行局的塞尔伯恩(Selborne)勋爵推翻了这项决定:"吉罗对法国的价值实在微乎其微。乔治的名字不值一提。1940年时的其他当权者都是粪土。"如果戴高乐离开法兰西民族解放委员会,"抵抗运动很有可能……瓦解"。[117]

6月22日,民族解放委员会接受了通过莫内的斡旋而达成的妥协。吉罗依然担任北非军队的总司令和该委员会的联合主席。戴高乐在理论上被授予了同等地位,他成了其他法国军队(自由法国)的指挥官。每支军队都将设一个单独的总参谋部。这种混合解决方案保留了吉罗和戴高乐之间现有的双头政治的模式,并将之嵌入到了两支军队中。但关键的一点是,武装力量的总体组织将由戴高乐担任主席的一个军事委员会来负责。正如戴高乐向卡尔顿花园报告的那样,这种"暂时妥协"提供了一种造成吉罗的军队"出现内部分裂"的前景,这是创建一支统一军队的第一步。[118]

如今,戴高乐对自己的地位满怀信心,6月24日,他邀请妻子前来和他团聚:"我孤身对抗美国,并且只对抗美国……所有欠美国国务院债的爬虫和可怜而又年迈的丘吉尔都在尖叫,嘴里还吐着白沫。"[119]第二天,戴高乐接见了法国最著名的作家、此时生活在北非的安德烈·纪德。纪德不是他最喜欢的作家,但接见伟大的作家是国家元首——戴高乐正在练习这种角色——的例行公事。他对作家总是毕恭毕敬。纪德后来写道:"我早已听说过他的魅力,那并没有夸张。但你感觉不到他特别想或特别在意取悦你……将军依然非常威严,甚至有点矜持,有点疏远人。"他们大部分时间都在谈论法兰西学术院,令人吃惊的是,戴高乐对此知之甚多。唯一的紧张时刻出现在纪德试图为身在美国、依然忠诚于贝当的安德烈·莫洛亚(André Maurois)辩护时:"将军微微皱了下眉,我不确定我的激烈辩护是否激怒了他。"[120]

最后阶段

戴高乐尚未同吉罗断绝关系。正如亚力克西·莱热所言:"戴高乐不仅要打败他的敌人,还要把他们粉碎。"[121]这花了几个月的时间。在《剑锋》一书中,戴高乐曾把领导人的自我控制比作赌徒的自我控制,后者的"优雅之处在于，在他赢钱的那一刻，他的外表显得更为冷静"[122]。戴高乐还需要三次赌博才能把吉罗消灭。在整个过程中，吉罗的错误判断帮了他的忙。正如麦克米伦有一次说："这个老男孩……真是已经无计可施。"[123]

戴高乐的第一次赌博出现在7月中旬，当时，吉罗已从为期三周的北美之行中归来，他是应罗斯福的邀请前往的，而罗斯福则希望通过此举提升吉罗的声望。事实上，它产生了相反的效果，丘吉尔曾提醒罗斯福："把这里留给戴高乐非常危险……猫儿不在，鼠儿自在。"[124]在华盛顿见到莱热后，这个据说不关心政治的吉罗非常清楚危险的存在。他对莱热说：

> 我对戴高乐不抱幻想……一帮匪徒，为达目的不择手段……他们的宣传策略极其巧妙……我没有低估危险……我宁愿依赖需要六个月时间的渐进方法。我将让戴高乐暴露他的立场，我要撕下他的假面具……并在公众舆论的注视下把他消灭。鉴于他的性格和气质，我相信他必然会表现得笨拙不堪。[125]

吉罗"揭露"戴高乐的策略拙劣至极。在渥太华举行的新闻发布会上，他赞扬了国家社会主义取得的一些成就。第二天的头条新闻是："吉罗歌颂纳粹。"与此同时，在阿尔及尔，民族解放委员会已开始习惯在戴高乐的单一领导下运转。戴高乐访问了拉巴特和突尼斯，在那里，大批民众第一次见识到了他言辞的威力。巴士底日这天（7月14日），他在阿尔及尔发表的讲话受到了无数民众的热烈欢迎。他说："我们的人民在团结一致地作战。也为了民族复兴……法兰西不是个沉睡的公主，她会被解放的精灵突然叫醒。法兰西是个饱受折磨的俘虏，由于它受到的打击，它已彻底看透自己遭遇不幸及暴君们声名狼藉的原因。"[126]这比吉罗颂扬国家社会主义的好处更合时宜。

吉罗归来后，戴高乐再次出击。他对委员会说，同时存在两套独立的军队结构是建立一支单一法国军队的障碍。经过一番激烈争论后，一项新的妥协方案出台。该委员会将不再有两名轮值主席，而是两人各自负责一个特定的领域：吉罗负责军事事务，戴高乐负责其余事务。但事实上，吉罗的权力进一步受到限制，因为将成立一个由戴高乐担任主席的新的防务委员会来监督武装力量的合并。戴高乐私下对这项安排的解读是，他现在拥有"政治优势"和"某种军事优势"。[127]奇怪的是，经过五天的争吵，头脑迟钝的吉罗似乎也很开心。他对墨菲说，他的军事地位得到了加强。[128]

科西嘉解放五周后，吉罗向戴高乐提供了下一个向自己发难的机会。科西嘉自1942年11月起被意大利占领。1943年7月墨索里尼下台后，意大利政府于9月初与盟国签订了停战协定，科西嘉的抵抗组织趁机发动起义。几乎就在同一时间，德军登陆该岛，科西嘉的抵抗组织联系阿尔及尔恳求军事援助。吉罗在没有通知法兰西民族解放委员会的情况下，立即请求盟国允许他派遣两艘驱逐舰到科西嘉。他随后访问了获得解放的科西嘉。所有这些都惹恼了戴高乐，他认为吉罗背着他是为了把首次解放法国一个省的功劳据为己有。戴高乐无须担心。9月22日，被派去控制科西嘉局势的忠诚戴高乐主义者弗朗索瓦·库莱报告了他所看到的情况："毫无疑问，此地只信奉戴高乐主义。当有人像我昨天那样陪同吉罗将军时，这种情形几乎令人尴尬。当他发现自己听到的是'戴高乐万岁'的欢呼声时，自始至终表现得非常得体，似乎已不再惊讶。"[129]

在戴高乐看来，吉罗受到这种羞辱还不够。他把这个问题作为一个原则性问题提了出来：军队总司令无权撇开法兰西民族解放委员会行动。他的解决方案是，应该只有一个主席，并且，军权要明确地服从于民权。9月21日，法兰西民族解放委员会开会讨论戴高乐的提议，此时吉罗正在科西嘉视察法国军队。除了最坚定的戴高乐主义者，对所有人来说，将吉罗从联合主席中除名都过于无情。戴高乐发现自己处在一种不寻常的、会被以多数票击败的境地。[130]他在回忆录中以极其虚伪的谎言描述了这一点。他声称，当"部长们向我施压要改革组织结构"以避免科西嘉事件的重演时，他更愿意"带着对这位作出过卓越贡献的伟大战士应有的敬意让其保持不变"。[131]事实恰恰相反。

接下来的几天，戴高乐一直在做准备工作。9月26日，发现戴高乐"非常开心，甚至带有顽皮之情"的麦克米伦避免了落入正在为他设下的陷阱："他在急切地寻求盟国的干预，以作为号召人们团结爱国的借口。"[132]即便没有这种干预，戴高乐还是在民族解放委员会的下次会议上取得了成功。他建议设立一个由军队总司令（吉罗）负责的新的国家防务委员会。吉罗将继续成为法兰西民族解放委员会所作决定的一个正式的联合签署人，直到他上战场从事指挥工作为止。这时，他将不再是该委员会的成员。[133]在法兰西民族解放委员会中，只有乔治将军反对这个建议。

打败吉罗的最后一击出现在11月初，当时，戴高乐打算从本土的抵抗组织中吸收一些人员以扩大法兰西民族解放委员会的基础。该委员会的全体成员都在一封辞去他们职务的信上签了名，以对改组表示同意。通常连文件内容看都不看就会签名的吉罗意识到了此举的含义，但为时已晚。他在给戴高乐的信中悲伤地写道："记者问我，我是否真的不再是委员会的成员。我不得不告诉他们，我也不知道情况会是这样。"[134]吉罗和乔治都没有被任命为改组后的委员会的成员。吉罗已没有盟友。在这次危机期间，当麦克米伦见到乔治时他发现，甚至"他对吉罗也失去了耐心，就像他不信任戴高乐一样"[135]。无论罗斯福以后会用哪些招式对付戴高乐，吉罗已不再是这些招式之一。北非的美军领导人很清楚，吉罗不仅在政治上无能，而且他的军事思想也过时得无可救药。这位"伟大的战士"又当了几个月的军队总司令，但在政治上他完蛋了。

1944年底，在回顾往事时，麦克米伦是这样描写吉罗的：

> 我觉得，在整个政治史上，从来没有一个人在这么短的时间里浪费掉这么大的一笔资本……他的失势和下台是他一手造成的……他在坐下打牌时手里攥着所有的A和K，以及几乎所有的Q……但随后出现的一些巧妙把戏从他本人手中骗走了他自己的赌注。[136]

从一开始这就不是一场势均力敌的竞争。1943年5月，埃尔韦·阿尔

十一 权力斗争（1942年11月—1943年11月）

方在戴高乐来到前访问了阿尔及尔，他在离开时对最终的结果已不存任何怀疑："吉罗给人的印象是个与时代脱节的人，他特别像1912年那个时候的人，对当代重大经济问题和社会问题一无所知（他对我说：可以用机枪粉碎公众骚乱）……根本无法和那个用不可遏制的、残暴而又迅猛的力量挣脱过去的束缚，并激烈地反对过失、错误和背叛的人相提并论，那个人就是戴高乐。"[137]吉罗唯一的资本是美国政府的支持，但这最终成了一种负担。面对戴高乐在政治上的残酷无情和光彩夺目——他还是个广受拥戴的领袖，并且十分清楚自己的目标是什么——吉罗毫无赢的希望。

十二 建立流亡政府（1943年7月—1944年5月）

1943年8月26日，当戴高乐和吉罗的冲突还要持续几周时，三个同盟国同时承认了法兰西民族解放委员会。迫于内阁的压力，丘吉尔数周以来一直在敦促罗斯福做这件事："我并不比你更喜欢戴高乐，但我宁愿让他加入委员会也不愿让他高傲得像是圣女贞德和克莱蒙梭的结合体。"[1]在魁北克时，丘吉尔和罗斯福曾在一次会谈中讨论过这个问题，据科德尔·赫尔称，"总统说他不想让戴高乐骑着白马进入法国，并成为那里政府的主人"[2]。在罗斯福同意后，剩下的问题就是找到合适的措辞。无数的草案在大西洋两岸往来穿梭。丘吉尔再次给罗斯福写信说："承认的含义是什么？人们可以承认一个人是皇帝或是杂货商。"[3]最终，每个盟国政府都选择了差不多是介于这两个极端之间的不同的方案。苏联人的方案最豪爽（承认法兰西民族解放委员会是"法兰西共和国政府利益的代表"），美国人的方案最保守（承认法兰西民族解放委员会可以"对认可其权威的领土实施管理"），英国人的措辞介于两者之间。[4]

仅仅两周后，法国人就看到了这种"承认"的含义是多么微不足道。7月，盟军在西西里登陆，当月月底，墨索里尼在国内政变中被赶下台。9月3日，盟军登陆意大利本土。接着，经过几天的法国人并不知情的秘密谈判后，盟军同意大利的新任领导人巴多格里奥（Badoglio）将军签署了停战协定。当麦克米伦和墨菲一起把这件事简要告知戴高乐，并向他保证是出于军事安全才保守这个秘密时，戴高乐的反应很不妙：

十二 建立流亡政府（1943年7月—1944年5月）

他带着某种嘲讽的口吻祝贺我们说，我们两国和意大利之间的战争已经结束。他认为法国仍在同意大利交战，因为他没有参与签署停战协定。当我注意到作为一名军人，军事秘密和军事需要应该能吸引他时，他说："我不是一名军人。"我忍不住问那他为什么要穿这种奇怪的衣服，因为除非出于军事需要，否则肯定没有人会选择这样穿。当我们离开戴高乐时，马西格里进来了，他看上去战战兢兢。[5]

事实上，马西格里和戴高乐一样愤怒。两人都担心，如果盟国乐于这么快就同巴多格里奥达成协定，就像之前对达尔朗那样，那么它们有朝一日也会对赖伐尔或贝当做出同样的事情。其他的怠慢之举将随之而来。10月底，盟国领导人在莫斯科举行会晤，成立了一个规划战后政策的欧洲咨询委员会。法国未能加入其中。戴高乐也未获邀参加11月底在德黑兰举行的峰会——这次会议作出了诺曼底登陆的决定。戴高乐在回忆录中写道："毫无疑问！我们的盟友一致同意将我们尽可能地排除在与意大利有关的决定之外。可以预见的是，在未来，他们将撇开法兰西决定欧洲的命运。但他们必须知道，法兰西不会允许这种排斥行为发生。"[6]

对于戴高乐来说，唯一的反击方式是给盟国呈现出这样一种既成事实，即把法兰西民族解放委员会建成一种在法国解放时它们将被迫与之打交道的流亡政府。为此，需要把设在伦敦的戴高乐主义者的民族委员会与以贝当主义者为主的阿尔及尔现有当局合并起来。一些戴高乐主义者对于这将在多大程度影响"戴高乐主义"的性质感到担忧。它会被"阿尔及尔"吸收，还是"阿尔及尔"会被它改变？戴高乐主义的未来仍是个悬而未决的问题。

第二章 流亡

阿尔及尔的生活

自1940年起，那些宣称代表法国的人占据着维希破败的酒店，占据着布拉柴维尔的殖民别墅，占据着伦敦中央的豪宅。如今，第四个"法国"的落脚地是弗罗芒坦中学的校舍，这是一所坐落在俯瞰阿尔及尔湾的公园里的大型女子学校。法兰西民族解放委员会的委员们（因为各部仍在筹划之中）被安置在了这所学校的宿舍、食堂和教室中。当前不是组建政府的最佳环境。大多数内阁档案都在巴黎；电话经常打不通，以至于在这座城市中派人传达信息会更快一些；纸张质量很差并且很短缺；仙人掌刺被用作回形针。[7]还有一个问题是，所有与抵抗运动的联系都要通过伦敦来进行。为此——同时也因为英国很可能是最终登陆法国的出发地——法兰西民族解放委员会的所有委员继续在伦敦设有代表。负责外交事务的马西格里在伦敦的代表是温和的社会党人皮埃尔·维耶诺（Pierre Viénot），此人在1943年4月追随了戴高乐。中央情报行动局在伦敦和阿尔及尔也都设有分部。这为人们对同一件事产生不同理解提供了充分机会。那些对这个城市所决定的政策表示反对的人可以在另一个城市找到破坏它的办法。

自5月30日抵达阿尔及尔后，戴高乐住在一栋邻近弗罗芒坦中学的狭小而又不舒适的别墅里。但在妻子到来后，他搬到了奥利维耶别墅，这是一座壮观的摩尔风格建筑，它距离市中心3千米，可以俯瞰阿尔及尔湾。尽管戴高乐对自身所处环境漠不关心，但他想要一所足够宏伟的住宅以彰显作为国家元首的地位，并与吉罗相匹敌——此人先来到这里，占据了更为壮观的、此前是总督居所的夏宫。伊冯娜·戴高乐是在7月底和丈夫团聚的。我们可以从戴高乐在来到阿尔及尔后不久的一个晚上，写给妻子的一封简短但饱含深情的信中看出，他是多么想念她：

> 他正在书桌前写信。他面前有一张爱妻的照片，他是多么欣赏她、多么爱她啊！突然，所有的爱涌进了他的心里，他赶紧告诉伊冯娜。身体上和精神上相互扶持的我们要携手天涯，同甘共苦。[8]

十二 建立流亡政府（1943年7月—1944年5月）

伊冯娜·戴高乐从伦敦来到阿尔及尔的旅途充满了风险。由于无法让安妮戴上氧气面罩，因而飞机只能低空飞行。在阿尔及尔，伊冯娜不得不在某些时候承担国家元首妻子的职责，成为"第一夫人"。对于这个羞怯的、一心只想着照顾残疾女儿的女人来说，这是一种严峻考验。在一次官方晚宴后，接替麦克米伦担任驻法兰西民族解放委员会代表的英国政治家达夫·库珀——他娶了迷人的戴安娜·库珀为妻——傲慢地说道："我坐在戴高乐夫人和卡特鲁夫人之间……戴高乐夫人是个相当可怜的女人，我觉得她的生活很艰难。她显然被禁止化妆。"[9]戴安娜·库珀称戴高乐夫妇是"苦艾夫妇"，并害怕在晚宴时坐在他们旁边，她喜欢和八卦的卡特鲁夫人闲聊。伊冯娜在大多数时间都远离公众视线。那些受邀前来戴高乐的别墅参加私人晚宴的人对他们简朴的生活感到震惊。[10]这与卡特鲁形成了鲜明对比，此人比戴高乐先来阿尔及尔，已把最豪华的别墅据为己有，并在其中摆放着奢华的家具。戴高乐夫妇过着朴素的生活，他们的儿子菲利普在多年后追忆：

> 这座房屋住着很不舒服，没什么配套设施……我母亲回忆说："我们用当地生产的黏土盘子吃饭，用玻璃瓶割成的杯子喝水。想找一盏灯泡实在太难了（la croix et la bannière）。并且，人们还必须时刻保持警惕，因为人人都在偷东西，就连门锁都不放过。我们每天都在为最简单的事情而努力。"比如，安妮不能吃硬的食物，只能吃煮烂的东西，她只有几颗不好使的乳牙，母亲不得不费尽周折去找奶粉。她带来了几条床单、毯子及几件衣服，因为我父亲对穿着根本不在意，他只需要显得得体就行。"你了解他的，只要他有两套制服和几件衬衫就足够了。"[11]

很少有人能一窥戴高乐夫妇一家在家庭生活中的亲密举止。一天，抵抗战士皮埃尔·吉兰·德·贝努维尔（Pierre Guillain de Bénouville）由于在戴高乐家开过会后把公文包落下了，于是他不请自返，并吃惊地发现戴高乐"怀里抱着他那患病的小女儿，正爱意满满地给她哼着歌"[12]。

在这一时期，戴高乐的主要助手是依然担任私人秘书处主任的加斯东·帕莱夫斯基。帕莱夫斯基一直是个迷人的健谈者、社会名流和毫不妥协的戴高乐主义者的奇妙组合体。达夫·库珀在日记中称他是"无处不在的帕莱夫斯基"，并且，库珀开始对他产生强烈的反感之情，这一方面是因为他是个顽固的戴高乐主义者，另一方面是因为他甚至是个比库珀更耽于女色的人。帕莱夫斯基小心翼翼地守护着自己作为戴高乐看门人的位置，但他不得不与戴高乐派中的一位新人展开竞争。此人便是路易·若克斯（Louis Joxe），若克斯之前是一名历史教师，还是盟军登陆北非前由戴高乐主义者在阿尔及尔组建的一个小规模抵抗组织战斗的一员。戴高乐需要一个既忠诚，又对危险而陌生的阿尔及利亚局势有具体了解的人。若克斯完全符合这一要求，他被任命为政府秘书长，负责筹备法兰西民族解放委员会会议。秘书长一职是20世纪30年代行政革新的产物，但若克斯通过以下举措提升了其地位：他对戴高乐说，如果不能出席法兰西民族解放委员会会议——像英国内阁秘书长那样出席内阁会议，他将无法有效地开展工作，戴高乐同意了他的这个请求。戴高乐开始紧密依靠若克斯，事实证明，此人是个完美的行政官员，保障了委员会的平稳运转。这不可避免地导致了他和帕莱夫斯基之间的紧张关系，后者痛恨任何削弱自己与戴高乐的那种专属接触的行为。[13]

尽管弗罗芒坦中学充满了田园风光，但阿尔及尔的政治氛围充斥着仇恨。来自伦敦的自由法国人、来自法国的抵抗战士、第三共和国时期的政客、悔过自新的贝当分子、失望的吉罗分子及持观望态度的公务员（他们脚踩两只船，想加入赢家行列）心神不宁地待在一起，他们互相猜疑地打量着对方，并竭力想博取戴高乐的欢心。虽然抵抗战士和自由法国人互相提防，但他们一致蔑视其他人。那些既未向维希政府妥协，又没有在1940年追随戴高乐的公务员和政客感觉自己被人瞧不起。正如若克斯所言："在一些自由法国人看来，履历很重要。成为首批追随戴高乐的人是一种荣誉。"一名前外交官更是语带讽刺地提出了"'6·18'俱乐部"的说法。[14]

十二 建立流亡政府（1943年7月—1944年5月）

由于需要建立一个运转良好的政府，因此它在人员构成方面不可能过于纯粹。这显然是职业外交官马西格里的观点，此人担负着重建法国外交的棘手任务。至1943年底，已有37个国家承认了法兰西民族解放委员会。这就需要向它们之中的每个国家派驻外交代表。由于在1942年底之前，法国的外交官大部分都效忠于维希政府，因而妥协在所难免。虽然遭到一些强硬分子的不满，但马西格里还是说服了戴高乐任命经验丰富的职业外交官亨利·奥普诺（Henri Hoppenot）为驻美大使。奥普诺曾担任维希政府驻乌拉圭大使，并且他一开始支持的是吉罗。如今，他热切希望通过自己的表现来重新赢得他人的认可，尽管他曾做出一种极为恶劣的失礼行为：他在结束一篇赞扬戴高乐的演说时高呼"元帅万岁"。[15]

如果恢复传统外交官的地位，那么对于早在1940年就已遍布世界各地，并反对维希政府官方代表的自由法国各色委员会来说，它们的职责是什么呢？这些"来自第五大道、布宜诺斯艾利斯和蒙得维的亚的抵抗者"——一名外交官是这样轻蔑地称呼他们的——希望他们的时刻已经到来。但马西格里认为他们在严肃的外交事务中没有用武之地。他同苏斯戴尔发生了激烈争吵，后者在1940年设立这些委员会的过程中发挥了重要作用。最终，戴高乐提出了一项妥协方案，承认这些委员会在过去发挥的作用，但并没有给予它们作为法兰西民族解放委员会代表的正式地位。苏斯戴尔的荣誉完好无损，但马西格里挫败了他所谓的将自由法国各色委员会变成纳粹褐宫[1]翻版的企图。使用这样的类比在很大程度上说明了像马西格里这样的人是如何看待奉行强硬路线的戴高乐主义者的。自此之后，马西格里和苏斯戴尔再也没有说过话。[16]

戴高乐可以表现得很务实，因为他无须去证明什么。他对乔治·鲍里斯——此人对戴高乐似乎准备同维希政府前官员达成妥协感到很担心——说："人们只能和法国人一起实施统治……他们曾经是贝当分

---

[1] 褐宫（Brown Houses）是纳粹党的全国总部，其名称来自于纳粹党员制服的颜色。——编者注

子。"¹⁷但与此同时，戴高乐又什么都没忘记。来到阿尔及尔的新人要在经历一番煎熬后才能被录用。若克斯目睹过一次他人所遭受的折磨：X将军（他未指出名字）按约定前来与戴高乐会面，但在获允进去前被要求等几分钟。戴高乐对若克斯说："我已等他两年了，他可以再等得久一点。"当这个不幸的人被领进来后，他面带微笑地把手伸了出来，戴高乐则一动不动地坐着，摆出一副无动于衷的样子。这位将军在犹豫了一会儿后戴上帽子，行了个礼。戴高乐马上站起来，并伸出手说："你好X……近来可好？很高兴见到你。"¹⁸外交部高级官员让·肖韦尔（Jean Chauvel）在马西格里的鼓动下来到了阿尔及尔，但他发现自己被戴高乐冷落了几个星期。他在回忆录中愤恨地说，在阿尔及尔存在着"特殊人士、新来者、弃儿"这种区分。直到几个星期后，用他自己的话说，他才获允"来到神的面前"。肖韦尔的事业没有受到影响，但他从未原谅戴高乐。¹⁹

在重组军队方面，戴高乐更倾向于采取务实的做法。他的当务之急是建立一支有战斗力的军队，使法国能够参与盟国的胜利。这意味着要把最初在1943年夏时人数为5万的自由法国军队和人数为70万的北非正规军合并起来。双方之间仇怨甚深。在正规军的军官看来，自由法国的"将军"如勒克莱尔、柯尼希和拉米纳等是突然发迹的上尉，戴高乐则是个叛徒。其中之一的德·蒙萨贝尔（de Monsabert）将军在5月7日的日记中写道："军队无法忍受戴高乐！因为叙利亚事件、达喀尔事件，以及最重要的因素——他代表着昔日的政治。军队不会原谅那个曾领导他们走向失败的政权。它接受了元帅，但它爱元帅是因为他把对那个使法国遭遇彻底失败的政权的所有怨恨都具体化了。"六个月后，他又写道："令人悲哀的是，像戴高乐这样的人，如果他不参与第三共和国的政治游戏，他本可以成为拯救法兰西的人……共和国和那个被打败的政权的流亡者'什么都不曾学到，什么也没有忘记'，他们甚至不能声称这场革命的流亡者是非常正直的人。"²⁰另一方面，像拉米纳这样自1940年起追随戴高乐的军人不断地谈到"革命"的必要性，他们指的是彻底清除那些曾向维希政府妥协的军官。德·蒙萨贝尔和拉米纳在1940年时有着极为相似的价值观，两人都同样致力于与德国人作战，但如今，他们因法国内讧的险恶局面和戴高乐这个风云人物而产生了分歧。

戴高乐没有把正在集结前往意大利作战的法国远征军的指挥权交给一名自由法国战士，而是把它交给了直至1942年11月仍在忠诚地为维希政府效劳的阿尔方斯·朱安（Alphonse Juin）将军。即便在美军登陆北非后，朱安还在为谁效劳的问题上犹豫了好几天。他和戴高乐在同一年进入圣西尔军校——这使得他成了少数几个戴高乐以"你"相称的人——但戴高乐选中他并非出于感情。朱安是个很有领导才能的人，深受正规军干部认可。戴高乐在抵达阿尔及尔的第二天，给他写了封热情洋溢的信，自称"备受感动"的朱安一定因为这条宽恕的橄榄枝而得到了无限宽慰。[21]当一群抵抗者代表向戴高乐抱怨朱安的晋升时，他们受到了一贯的蔑视："你们知道将军的价值吗？……你们所说的都是对的。但朱安将担任前往意大利的军队指挥官，并且，他将在你们之前获得勋章。"[22]

尽管吉罗不停地向每个愿意倾听的人说，戴高乐曾对他讲过，一旦回到法国他将在每个村庄竖起一座断头台，[23]但正是戴高乐务实克制的态度才使得像顾夫·德姆维尔这样最初是吉罗分子的人团结在了他的周围。当年7月访问阿尔及尔的德斯蒙德·莫顿报告了他和顾夫的一次谈话，对于顾夫，莫顿称他"是个有着最为客观公正品性的法国人"：

> 毋庸置疑，在顾夫·德姆维尔心中，无论他、我们还是任何人是否喜欢，戴高乐都注定要作为政治家而非军人在战后法国扮演一个最重要的角色……他完全知道，美国人的立场会加剧法国战后走向共产主义的风险。为防止这种情况出现，顾夫·德姆维尔决不会乐意把戴高乐视作唯一可见的障碍。[24]

出于同样的务实考虑，莫内此时勉强地接受了这个绕不过去的戴高乐。

第二章 流亡

政治家的养成:"喂鸭子"

在阿尔及尔,戴高乐对他在自由法国初期的领导风格进行了调整。然而,安德烈·菲利普——自1942年6月来到伦敦后,他成了最坚定的戴高乐主义者之一——对戴高乐在返回阿尔及尔后残酷地"消灭"吉罗的做法感到震惊。他给戴高乐写信说:

> 自你来到阿尔及尔后,由于采取行动过快,以及不征询他人意见,你犯下了许多错误……一个人无论多么聪明也不能独自作决定……你对人性的极度蔑视……会使你远离民主精神……还有你的骄傲。我总是对自己说,我要把我对你的性格的看法保留到你率领军队走在香榭丽舍大街上的那一天……人们会判断你是否有能力克服因胜利而产生的骄傲。不幸的是,胜利未到,但骄傲已来,这就是你在与人相处时缺乏宽容或不顾及他人心理感受的原因,它使你有时表现出不必要的严厉和伤人态度,就像在我们最近的讨论中,你一直对我们的一些同僚所做的那样……现在,如果你不养成咨询同僚和通过巧妙的说服来赢得多数支持的习惯,那么你永远也不会获得这种习惯,并且,无论你的意图是什么,一旦回到法国,你最终会表现出专制姿态,这样的话我敢保证,今天对你满怀信心的工人阶级和共和国大众将马上抛弃你。[25]

我们不知道戴高乐对这封信作何感想,他似乎也没有回信。在与吉罗的某次冲突中,有人听到戴高乐说:"我在离开房间时摔坏了太多的门,很快就将没有门留着给我进来了。"[26]但随着法兰西民族解放委员会权力的扩大及人员的增加,摔门越来越没用了。戴高乐需要拉拢政客,赢得选票。我们已经看到1943年9月他在首次试图将吉罗驱逐出法兰西民族解放委员会的投票中是如何被击败的。但矛盾的是,吉罗被驱逐后,由于抵抗者和第三共和国政治家加入到委员会中,戴高乐发现自己的手脚被绑得更紧了。

十二 建立流亡政府（1943年7月—1944年5月）

一个典型的例子出现在11月再次爆发的中东危机之中。

1943年9月终于举行了法国自1941年6月以来一直向叙利亚和黎巴嫩人民承诺的选举，选举结果是民族主义者候选人获胜。在斯皮尔斯的鼓动下，黎巴嫩新"政府"宣布打算单方面废除托管。法国总督让·埃勒（Jean Helleu）——他不如自己的前任卡特鲁老练，后者如今在阿尔及尔——解散了议会并逮捕了各个部长。尽管戴高乐私下认为埃勒的反应"有点过激"，但肯定不准备抛弃他。[27]英国人威胁说，除非埃勒释放被捕部长，否则将进行干预。戴高乐坚信英国人是在报复他对吉罗的驱逐，于是他派卡特鲁去寻找解决方案。就连不太喜欢使用激烈言辞的卡特鲁也将英国的最后通牒描述为一起新的法绍达事件，亲英分子马西格里认为法国人正面临着一个由英国人煽动的极大的"阴谋"。[28]虽然戴高乐并不是唯一一个对英国人的反应感到震惊的人，并且他对此的本能回应是不妥协，但卡特鲁还是一如既往地寻求解决方案。他恢复了被监禁的部长们的职务，并商定了一个模糊的时间表来结束托管。尽管这项协议是推迟对独立问题作出最终决定的又一个权宜之计，但即便如此，戴高乐仍无法接受。他在阿尔及尔推翻了卡特鲁的决定；皮埃尔·维耶诺则在伦敦发出了辞职威胁，而不是将戴高乐更疯狂的威胁传递给英国政府。维耶诺给马西格里写信说："我非常清楚地看到过去这些做法所造成的危害……要发动对英国的战争，你得另找别人。"[29]维耶诺无须辞职，因为与前两次黎凡特危机不同的是，戴高乐已不再是那个想做什么就可以做到什么的人了。11月23日，卡特鲁得到了法兰西民族解放委员会大多数成员的支持。戴高乐怒气冲冲地走出会场，再一次摔门而去。马西格里高兴地向麦克米伦报告说，戴高乐的那种"在几个月前近乎是独裁的权威"发生了彻底的变化，因为他再也不能无视委员会中的新成员。[30]

马西格里表现得过于乐观了，戴高乐的决定很少被人推翻。但戴高乐确实需要比过去更巧妙地实现自己的目标。这种情况被1943年11月加入法兰西民族解放委员会的第三共和国的圈内人、年迈的亨利·克耶带着愉悦和赞赏之情记录了下来。克耶的日记记述了戴高乐的领导风格逐渐发生的变化：

第二章 流亡

> 1943年10月6日：他真是一个奇怪的人，他会突然发作、爆发，然后经过片刻思考后作出让步，看起来他已改变主意，但只要时机合适，他将重回老路。
>
> 1943年11月23日：我们讨论了在抵达法国后应采取的措施……将军以一种温和姿态，满怀智慧和政治意识地参与了讨论并提出建议，这让我们感到又惊又喜。
>
> 1943年12月20日：（在戴高乐似乎接受了克耶两天前所提的建议后）这不是我第一次注意到，虽然他似乎根本没有考虑别人对他说的话，但经过思考后，这些话会来到他的头脑中，他会对此反复琢磨，并改变自己的观点。
>
> 1944年3月10日：（在法兰西民族解放委员会就是否授予阿尔及利亚的穆斯林公民权进行讨论后）戴高乐显然改变了他的政策……他巧妙、灵活、颇具艺术性地解释了这一变化，这表明，我们正在见证一位政治家的诞生。我们好久都没看到过他爆发了，而这在以往经常出现。[31]

尽管戴高乐遵守集体政府的礼节，但他还是无法抗拒偶尔的冷嘲热讽。有一天，当菲利普穿着短裤出现在他面前时，他说："你忘穿裙环了，菲利普。"还有一次，当有人对法兰西民族解放委员会的代表在抵达瓜德罗普——这片土地之前受维希政府统治——后将受到何种待遇表示担忧时，戴高乐说"人们将高呼万岁"；然后，在他意识到在座的人都在屏息凝神地听他接下来要说什么时，他克制住自己说："法兰西民族解放委员会集体而非个人权威万岁。"[32]戴高乐经常拿尽职尽责而又神经过敏的马西格里开玩笑。他对有着寻求妥协而非对抗的职业操守的外交官持本能的怀疑态度。在谈到马西格里时，他说"他是个门垫……盟国在它上面擦鞋"，而他自己对马西格里做的也是完全一样的事情。[33]

尽管戴高乐必须更加小心地去实现他的目标，但他的优越感仍然完好无损。当一名来访的加拿大外交官问及法兰西民族解放委员会的集体责任时，戴高乐答复道：

> 归根结底，责任（他用一种令人印象深刻的姿势指着自己）"在于戴高乐"。他说，法国人民关注的不是马西格里、普莱文、莫内，并且，法国人民也不会让他们对委员会的行为负责；对此负责的是戴高乐。自始至终，他总是用第三人称称呼自己……他给人的印象是，他不是一个沉迷于任何宏大幻想的神秘主义者，而是一个没有感情的实干家。[34]

戴高乐不仅遵守集体政府的准则，还修炼了身为一名议会政治家在和新成立的协商会议（Consultative Assembly）打交道时的一些技巧。这个机构成立于阿尔及尔，在缺失真正议会的情况下，它成了法国不同意见的喉舌。由于显然不可能在法国举行选举，因而协商会议的成员是由抵抗组织从其成员中提名的，并且，其中也包括在1940年7月没有投票给贝当的战前议员。戴高乐把协商会议视为提升他在盟国眼中政治合法性的另一种方式。它在11月举行的首次会议正中他的下怀。与会者攻击了吉罗，并要求让更多的抵抗组织的代表进入法兰西民族解放委员会。戴高乐以此作为重组法兰西民族解放委员会和驱逐吉罗的借口。

除此之外，戴高乐不想让协商会议扮演一种独立的角色。他希望它支持自己，而不是与自己作对。然而，将老谋深算的第三共和国政客和野心勃勃的抵抗者纳入其中后，协商会议的信心正在不断增长，并开始表现得更像一个真正的议会。该机构设立了讨论政策的委员会，从而可以传唤部长对其行为作出解释。协商会议中没有人敢当面批评戴高乐，但法兰西民族解放委员会中的其他成员发现自己遭到了指责——尤其是安德烈·菲利普，戴高乐让此人负责协商会议和法兰西民族解放委员会之间的联系。菲利普再次试着给戴高乐提供一些逆耳的忠言：

> 在《剑锋》这本书令人赞赏的一章中，你描绘了一副领袖的形

象,他冷酷、沉默、接受独处的需要并控制自己的感情……你需要建立人际关系,你的悲剧在于你没有感觉到你在才智上是个共和主义者,在天性上却不是。这个协商会议是个咨询机构,哪怕只是为了给它一种能发挥有益作用的感觉,也必须征求它的意见。[35]

戴高乐听从了建议。他在协商会议露面了20次,并发表了一些重要的政策性讲话。让·肖韦尔(一个怀有敌意的见证人)对戴高乐在接见协商会议的外交委员会的成员时的情形作了有趣的描述:

> 我带着笔记进来了。将军接过它们,将其摊在桌子上并低声说:"开始给'鸭群'喂面包。"接着,"鸭群"进来了。他们显然很害怕。戴高乐让他们围着桌子坐下,给了他们一些解释,并回答了几个问题……然后,他挺直身子,展开一幅意大利地图,并在半宗教性的无声状态中,就正在开展的军事行动透露了一些"机密"信息;接着,在轮流和每个人握手后,他让他们回去忙各自的事情。这场极为巧妙的表演引起了我的兴趣。我对他说,事情似乎进行得很顺利。他回答道:"是的,是的,给'鸭群'喂面包而已。"[36]

法兰西民族解放委员会与协商会议关系之所以紧张,一个主要原因是协商会议的成员认为法兰西民族解放委员会对解放后在法国推行的改革过于冷淡。尽管协商会议的领导人之间存在竞争并有着不同的政治出身,非共产党领导的抵抗组织却一致认为,法国在1940年时遭到了其精英分子的背叛,同时,抵抗运动的作用不仅在于驱逐德国人,还在于带头推动战后法国社会和政治的重建。安德烈·奥里乌(André Hauriou),这个在加入阿尔及尔的协商会议之前曾是抵抗组织战斗一员的律师,用一本书的标题概括了抵抗运动的思想体系:"关于抵抗运动的一则信条:人道主义的社会主义"。这种人道主义的社会主义思想是在一个重新焕发生机的共和国的框架内孕育出来的,它还蕴含着像雅克·马利丹这样的人所持的自由天主教价值观。

尽管许多抵抗运动的领导人对戴高乐试图削弱他们的独立性感到不满,但他们同时希望,他已准备好去领导一场把他们的理想带入战后世界的新运动。他曾利用过他们,如今他们在想办法利用他。一位抵抗运动领导人带着这方面的一整套方案来到阿尔及尔,把它交给了戴高乐:"正如你在1940年6月发出的召唤是抵抗运动的催化剂一样,如今你在1943年提出的计划可以成为革新的催化剂。"[37]迭戈·布罗塞是1940年首批支持戴高乐的士兵之一,他在路过阿尔及尔时也给戴高乐带来了自己的宣言,他提醒戴高乐要提防允许原有政党恢复影响力所带来的危险。[38]这一直是信奉极端戴高乐主义的《马赛报》的社论主题。在克耶这样的前议会议员看来,这带有"社会法西斯主义"的色彩,社会党人费利克斯·古安(Félix Gouin)给戴高乐写信抗议这些对第三共和国政治家的猛烈抨击。戴高乐在回信中引用了塔列朗(Talleyrand)的话——"所有的夸大其词都毫无价值"[39]——作为避免对未来作出具体承诺的方式。

戴高乐来到阿尔及尔后,他的言论最显著特点是"革命"一词的消失,并转而开始谈论"秩序"。标志着这一转变到来的是他于1943年7月14日发表的讲话,当时,吉罗还在美国。由于戴高乐仍试图把自己塑造成一个反对"反动的"吉罗的平民领袖,因而他在讲话中承诺要建立一个推翻既得利益集团的新共和国:"在人们与巴士底狱的斗争中,巴士底狱总是站在错的一方。"但紧接着下一句话他警告说,这个过程必须"有序",从而避免法国陷入"内乱"。所以巴士底狱还是要被攻占的……但要以有序的方式进行。[40]从此,戴高乐在阿尔及尔发表的讲话中,"革命"一词再也没有出现过。

对于那些读过戴高乐的《法国和她的军队》一书——围绕着秩序和活力之间的矛盾展开——的人来说,这应该不会引起他们的惊讶,但乔治·鲍里斯在战后回顾这段往事时认为,戴高乐恢复了他那信奉"社会等级制度"的价值观念,并听任"反动"势力吞并自己。[41]事实更为复杂。尽管戴高乐

第二章 流亡

在这一时期痴迷于"秩序",但与之相对的是,他不断重申"革新"(在他的修辞学词典中,它取代了"革命")的必要性。在他于1944年1月10日发表的简短讲话中,"革新"一词出现了三次。戴高乐偶尔会试着去解释它的含义。1943年11月,他宣称将来"国家财富的源泉"应掌握在国家手中,并"使全体法国人民受益";1944年3月,他说必须进行"结构性的经济和社会改革"以建立一个"社会民主主义国家"。[42]这与抵抗运动中弥漫的反资本主义情绪是一致的。戴高乐对麦克米伦说,他在读了贝弗里奇报告(Beveridge Report)后发现它"非常吸引人"。他认为法国的社会结构需要在"传统意义上的资本主义和奉行极端主义的共产主义"之间进行变革。让麦克米伦感到惊讶的是,戴高乐似乎对此很感兴趣。[43]

协商会议特别关注的一个主题是解放后需要清洗通敌卖国分子。戴高乐在这方面也比以往表现得更加谨慎。在1943年8月7日的新闻发布会上,当被问及这一清洗问题时,他回答说,任何举措都应由国家有序地开展。在这段简短发言中,"国家"一词出现了五次。[44]在接下来的一个月,法兰西民族解放委员会成立了一个清洗委员会以对此做好准备工作。它决定,"一旦条件允许",就将对那些和德国勾结的人或是参加贝当"伪政府"的人进行正式审判。还有许多问题有待回答:通敌卖国分子是由特别法庭还是普通法院审判?对于那些犯有轻微罪行而不能根据《刑法》第七十五条的规定——它适用于"勾结(intelligence)敌人"的罪名——进行处罚的人该如何处理?

1943年11月,戴高乐下令拘留布瓦松和皮埃尔-艾蒂安·弗朗丹,前者曾在达喀尔朝自由法国人开火,后者曾在1940年底担任了三个星期的贝当政府的总理。拘留这两人的决定激怒了丘吉尔和罗斯福。由于布瓦松在1942年底使西非站到了美国人这一边,罗斯福依然对他心存感激;至于弗朗丹,他在战前就是丘吉尔的老朋友(尽管他支持《慕尼黑协定》)。据麦克米伦说,丘吉尔对此事感到"震怒";罗斯福对丘吉尔说,这是"除掉"戴高乐的一个机会。[45]这种对法国内部事务的干涉,很难改变戴高乐的想法。他高兴地指出,盟国一会儿指责他独裁,一会儿又指责他采取了最接近于法国民主议会所提倡的措施,这不合逻辑。最终,戴高乐保证被拘

十二 建立流亡政府（1943年7月—1944年5月）

留者将得到善待并且在法国解放后才对他们进行审判，这才平息了局面。对于他来说，拘留这些人主要是象征性的。

更麻烦的是皮埃尔·皮舍（Pierre Pucheu）事件，此人曾担任贝当的内政部长。皮舍与1941年夏法国共产党人首次袭击德国人后维希政府实施的镇压政策密切相关。当德国人为了报复而开始挑选法国人质进行射杀时，皮舍被指控向他们提供了关押在法国监狱中的法国共产党人的名单——尽管这些人在袭击发生时已被监禁，他们根本没有参与袭击活动。因此，抵抗组织普遍对皮舍恨之入骨，尤其是法国共产党。1942年11月后，皮舍改换门庭为吉罗效劳，次年5月，他来到阿尔及尔。尽管吉罗给他提供了安全通行保证，但他还是很快就被逮捕了。由于皮舍是个颇具争议性的人物，因而人们认为不应等到解放后才对他进行审判。之后，他被军事法庭判处死刑，在戴高乐决定不对其减刑后，他于1944年3月22日遭到枪决。这场草率的审判甚至令那些不关心皮舍命运的人都感到震惊。尽管毋庸置疑的是他对维希政府的镇压活动负有责任，但检方没有发现任何他曾向德国人提供人质名单的证据。达夫·库珀对艾登说："对于这场可悲的、糟糕的审判，最一针见血的评论或许是我的苏联同僚所作的评论……'你本应咨询一下维辛斯基（苏联公审中臭名昭著的检察官）。'"[46]在法国的保守分子看来，对皮舍的处决是一种残酷而专横的暴力行为，其目的在于安抚法国共产党人。事实上，从法国收到的报告表明，整个抵抗运动都希望对其执行死刑。[47]

即便如此，不赦免皮舍的决定似乎令戴高乐感到良心不安。他冷酷无情，但并非嗜血成性。他向司法委员、信奉天主教的抵抗者弗朗索瓦·德·芒东（François de Menthon）解释了自己这么做的原因：

> 这是个严肃的决定。为了祖国的缘故，这是我从灵魂深处并凭良心作出的决定……他是个政府官员。一个人或当官，或不当官，没有人强迫你这么做。公务员则不同。他们是执行命令的工具……如果一个人宽恕那些与敌人勾结，并让法国人穿上德国制服的人，那么法兰西将对此无法理解。我对共产党人在这件事上

发出的咆哮（élucubrations）不感兴趣。我对个人的意图不感兴趣……我无法判断意图。只有事实及其结果才是重要的。[48]

尽管戴高乐不接受处决皮舍是为了讨好法国共产党人的非难，但他肯定意识到了法国共产党的威胁。在来到阿尔及尔仅仅几天后，他对麦克米伦说自己不愿成为又一个克伦斯基（Kerensky）。[49]这是他开始谈论"秩序"而非"革命"的另一个原因。

自1943年1月费尔南·格勒尼耶来到伦敦宣布法国共产党中央委员会支持戴高乐后，法国共产党一直在玩一场狡猾的游戏。在戴高乐和吉罗发生冲突期间，该党没有在这两位将军之间作出选择。在全国抵抗运动委员会的首次会议上，法国共产党代表企图提出一项对这两位将军都表示支持的动议，穆兰对此予以了制止。当吉罗最终被驱逐出法兰西民族解放委员会后，法国共产党召集了一批示威者在阿尔及尔街头举行抗议活动。尽管从表面上看，法国共产党支持一个在思想上比戴高乐更保守的人显得很荒谬，但是，当他们在增强自身对法国抵抗运动的影响力时，让法兰西民族解放委员会陷入分裂符合其利益。

1943年11月，在法兰西民族解放委员会改组期间，戴高乐试图通过给法国共产党人提供两个位置以使其保持中立。但他只愿按照自己的条件去做这件事。他挑选了两名在抵抗运动中曾发挥无可争议作用的法国共产党人，并给他们提供了相对较低的职位。[50]除了觊觎更重要的职位外，法国共产党人还想抓住这个机会恢复那些在1939年欣然接受《苏德互不侵犯条约》的党员的声誉，比如说该党领袖莫里斯·多列士，此人已出逃，并且在战争期间一直待在苏联。在1940年时甚至还发生过一件不光彩的事，当时，巴黎的一些法国共产党人和德国人就允许该党报纸《人道报》复刊举行过谈判。这并未带来任何结果，但它提醒了人们，在1941年6月希特勒入侵苏联之前，法国共产党所处的尴尬地位。

1943年11月，法国共产党中央委员会在与戴高乐谈判期间问道，为什么他不允许多列士从莫斯科来阿尔及尔。如果谴责多列士的原因是他曾在

1939年出逃,那么这与戴高乐在1940年"出逃"又有什么区别呢?戴高乐拒绝在这些问题上作出让步,最终,法国共产党人没有加入法兰西民族解放委员会。这并未使他们过分担心。由于已无须承当任何集体责任,因而他们继续猛烈抨击戴高乐对维希政府前官员的宽大处理。法国共产党的策略是增强它在法国的影响力以应对解放时的最后审判;戴高乐的策略是准备好行政架构,从而使法兰西民族解放委员会能够在解放后应对对其权力的任何威胁。

"秩序和革新":筹划掌权

为了在解放后掌权,法兰西民族解放委员会花了大量时间进行筹划,并表现得就好像它已经是法国政府了。它在1944年2月颁布的一项法令对学士学位考试作出了安排,并具体规定了英语文学考试的考试内容。当年春季,马德里法国中学的学生可以从两种相互竞争的学士学位考试——维希政府的和阿尔及尔的——中选择他们想参加的那一种。[51]戴高乐当然不会参与这些琐事,但是,在盟军登陆至法兰西民族解放委员会从阿尔及尔迁到法国期间,该委员会的确是在他的主持下承担了管理过渡期安排的责任。它创造了超级地方行政长官——共和国专员——这种新官职,此人将在该地区代表戴高乐政府,一旦维希政府垮台,他要维护秩序,避免在解放时出现可能被盟军或法国共产党利用的权力真空。在挑选这类专员的名单时,抵抗组织和戴高乐发生了冲突,前者希望注入新鲜血液,后者倾向于选择有行政经验的人。戴高乐对一项规定如何挑选这类专员的法令所作的诠释就能说明问题。最初的草案规定,提名要在抵抗组织"同意的情况下"产生,戴高乐将其改为"协商后"产生。[52]

然而,戴高乐对抵抗组织的权威在他来到阿尔及尔后不久就遭受了重大打击。几个月来,穆兰一直在抱怨说他在超负荷地干着危险的事情。1943年6月15日,他给戴高乐写了最后一封信,这个预感到自己时日不多的人,在信中发出了内心的呼喊。从1942年1月最初作为戴高乐在法国的代表

第二章 流亡

开始,他多数时间待在里昂,这里是前非占领区抵抗组织的大本营。1943年2月,穆兰第二次来到伦敦,紧接着他被任命为北方和南方地区的负责人,在这之后,穆兰经常往返于巴黎和里昂之间。每一次乘火车出行他都要被人频繁地检查身份证件,因而总是处在被发现和逮捕的危险之中。穆兰在给戴高乐的最后一封信中报告了一个令人震惊的消息:受命指挥抵抗组织秘密军的德莱斯特兰将军已于6月9日在巴黎被捕。这封信指出,弗勒奈对此负有间接责任,因为他在抵抗组织中发起的反对德莱斯特兰的"激烈运动""让我们被注意到了"。他在信的最后发出了一个寻求帮助的热切请求:"我们现在必须拯救秘密军。我恳请你,将军,按照我有幸向你提出的要求去做。"

6月21日,在身处阿尔及尔的戴高乐收到这封信前,穆兰已经在里昂郊区的卡鲁伊尔被捕,当时,他正在和抵抗运动的领导人们开会挑选德莱斯特兰的继任者。几天后,他死于盖世太保头子克劳斯·巴比(Klaus Barbie)的酷刑之下。6月28日,当戴高乐从帕西那里得知穆兰被捕的消息时,他一如既往地隐藏了内心最深处的感情,只是说了句使人悲伤的话:"唉!……我们得继续。"然而,后来在他的回忆录中,他对穆兰的描写最富深情,并且,所用的文字带有自画像的意味:

> 这个人虽然还年轻,可是已具有被所从事事业磨炼出的丰富经验,他和我最能干的伙伴们是属于同一类型的。他对法兰西满怀热情,坚信"戴高乐主义"不应仅仅与为解放而开展的斗争相关联,还应激发一种彻底的革新,他深信自由法国是法国的具体体现,并且,他渴望取得伟大的成就。但是,作为一个有判断力和能看清事物本来面目的人,当走在一条布满由敌人设置的陷阱和由朋友设置的障碍的道路时,他小心谨慎地迈出每一步。穆兰是个忠实而机警的人,不多疑也不轻信,他是使徒,同时也是牧师,他要在18个月的时间里完成一项艰巨的任务。

十二 建立流亡政府（1943年7月—1944年5月）

在穆兰被捕的前几天，戴高乐的前助手布奇内-塞勒尔已被派往法国帮助他，如今，在找到穆兰的永久继任者之前，布奇内-塞勒尔成了主持局面的人。皮埃尔·布罗索莱特或许是取代穆兰的最佳人选，他的声望和资历绝对够格，但他那强势的性格给他在伦敦招致了许多反对者。三个月后，在相互妥协的情况下，人们找来了埃米尔·博拉尔（Emile Bollaert），此人是一名遭到维希政府撤职的前省长。戴高乐对这个人选感到满意，因为这符合他的等级观念，即政府在法国的代表——也是他的代表——应该像穆兰一样是个省长。布罗索莱特对这个人选也感到满意，因为博拉尔之前没有参与抵抗运动，这使他有理由期待自己可能会成为幕后的实权人物。但1944年2月，布罗索莱特和博拉尔双双被捕。布罗索莱特自杀身亡，博拉尔被遣送到德国。结果，在穆兰牺牲八个月后，戴高乐仍未找到他的永久继任者。

这使得抵抗组织夺回了部分此前被穆兰剥夺的自主权。他们挑选了一个名为乔治·比多（Georges Bidault）的本土抵抗者来接替他担任全国抵抗运动委员会的主席。由于比多曾与穆兰密切合作过，因而这个人选未必会让阿尔及尔感到担忧。但是，原先由穆兰一人担任的全国抵抗运动委员会主席和戴高乐代表的这两个职位，如今却被分开了。全国抵抗运动委员会最初是由穆兰强加给抵抗运动以支持戴高乐的，现在，它摆脱了他。在进一步谋求独立的过程中，全国抵抗运动委员会提出了在法国全境设立省解放委员会的想法。戴高乐面临的危险是，这些委员会或许会认为自己的角色是与法兰西民族解放委员会任命的专员展开竞争，而非支持他们。

穆兰之死留下的空白加剧了这种危险。法兰西民族解放委员会和中央情报行动局确实有几位在法国开展行动的代表，比如说被派去指导抵抗组织挑选委员的弗朗西斯-路易·克洛森（Francis-Louis Closon），但这些代表都肩负着具体的任务，他们在其他问题上得不到来自阿尔及尔或是伦敦的清晰指示。面对全国抵抗运动委员会想要设立省解放委员会的计划，克洛森不得不临时作出回应。1944年1月，他在给阿尔及尔的信中绝望地说，由于数周来未收到一条信息，他不知道自己的政策是否得到了戴高乐的认同,并且,他想知道人们是否已经忘了他还待在法国。[53]

与三个月前相比,戴高乐似乎不那么关注法国所发生的事情了,当时,他对抵抗运动特别关注,希望利用它解决自己和吉罗的冲突。或许,他不确定接下来要走哪条路。他对任何其他人都没有对穆兰那么信任,并且,还有那么多别的事情向他涌来,这让他很难形成一种观点。[54]1943年11月,中央情报行动局的一名特工向帕西报告说:

> 戴高乐将军对当前来自法国的信件所起到的作用感到不满意。他认为自己对一些重大问题缺乏了解。在这些问题上,他要么没收到任何信息,要么就像之前那样没时间翻阅成堆的文件。我再说一遍,他没时间翻阅文件。[55]

戴高乐也因与吉罗的权力斗争而分心。1943年9月,路过阿尔及尔的布罗索莱特发现他"90%的注意力都集中在这里的政府问题上……只是偶尔地想到法国"。他觉得与阿尔及尔的"狂躁不安"和"持久危机"相比,卡尔顿花园的阴谋显得无足轻重。[56]戴高乐在最后或许认为,他已制伏了抵抗运动中最敢讲话的两个"大佬":弗勒奈和达斯捷。1943年5月,弗勒奈曾前往伦敦开展反对穆兰的活动。穆兰死后,弗勒奈把攻击从穆兰身上转移到了戴高乐和抵抗运动之间的整体关系上。他认为,抵抗组织也应在伦敦或阿尔及尔设立自己的代表机构,从而与戴高乐设在法国的代表机构相匹配。[57]戴高乐对此坚决反对。他在10月初写的一封信表露出他对抵抗组织所持的轻蔑态度和工具主义观点:"我不会让沙尔韦(Charvet,弗勒奈的化名)的阴谋得逞……他要是给我添麻烦,我就公开揭穿他的把戏。让我们拭目以待这会带来什么结果。"[58]1943年11月,戴高乐搞定"沙尔韦"和达斯捷的办法是邀请他们加入法兰西民族解放委员会。这两人带着一丝疑虑之情接受了。他们知道戴高乐想要监视自己,但他们觉得机会不容错过。如今,戴高乐或许自信地认为他已彻底驯服了抵抗运动。如果是这样的话,那么他还没有完全明白法国共产党人是如何迅速地扩大自身对抵抗运

十二 建立流亡政府（1943年7月—1944年5月）

动的影响的。

尽管戴高乐从未错过任何一个机会向盟国发出共产主义威胁的警告，但他并没有像表面看上去的那样认真地看待这种威胁。对于解放后可能发生的事情，科西嘉提供了一个可供参考的案例。正如我们所见，当地的抵抗组织在法兰西民族解放委员会的代表抵达之前，并且在阿尔及尔事先不知情的情况下发动了起义。在许多地区，当地的解放委员会夺取了权力，而这些解放委员会通常由法国共产党的先锋组织"国民阵线"（Front National）控制。自诩为抵抗运动领导者的人是在城镇广场的公开集会上"选举"出来的。对于将在法国发生的事情来说，这或许是个令人担忧的先例，但阿尔及尔迅速派出代表控制了局势。他们之中的弗朗索瓦·库莱在报告中向戴高乐保证说：

> 科西嘉是戴高乐主义者的天下，这里的人支持抵抗、团结一致、不惧牺牲……我真心认为国民阵线是由正派人组成的，他们在不久前属于各个抵抗组织，并全都是纯粹的戴高乐主义者，直到最近才被吸收到国民阵线中来。这些都是老实人，他们有被蒙骗的风险。解决之道是首先要宣扬"戴高乐主义"和"权力"（省长对那个擅自建立起来的小型苏维埃政权的管辖权），接着要吹捧共和党人，并且，还要温柔地把那些已经慷慨地分发给12岁孩子们的机枪收回来。[59]

尽管事实证明这并不容易办到，[60]但戴高乐很有可能得出结论：只要法兰西民族解放委员会在解放时建立起组织架构，法国共产党就可以被遏制住。不过这引发了另一个问题：盟国是否准备在解放后认可法兰西民族解放委员会在法国事实上的统治权？

第二章 流亡

与盟国的冲突

1943年9月7日，法兰西民族解放委员会向盟国政府提交了一份备忘录，提出在解放期间它将如何与盟军指挥官开展合作。[61]1943年冬德军在斯大林格勒遭遇失败后，显而易见，这场战争已决定性地朝着于盟国有利的方向发展。在这种情况下，盟军试图登陆法国。戴高乐派了两名代表前往伦敦，开始培训联络官，为盟军在法国发起军事行动时与其合作做准备。法兰西民族解放委员会的备忘录意在先发制人，从而阻止盟国仿照意大利模式——它受到占领区盟国军政府（Allied Military Government of Occupied Territories）的管理——把解放后的法国作为战败国对待。考虑到这一时期罗斯福私下所说的话，法国人对占领区盟国军政府的恐惧并不可笑，即使法国人对他那些更为荒诞的想法一无所知。1943年11月，罗斯福对他的幕僚长若有所思地说，战后，美国可能需要在法国永久性地驻扎两个师，并在法德两国之间新建一个从英吉利海峡延伸到瑞士边境的缓冲国。[62]这并不是他第一次设想在法国领土上建立一个新的瓦隆尼亚国（state of Wallonia）。即使这种想法不是美国的官方政策，但它揭示了罗斯福的意图，即法国在战后将被视作战败国，而非战胜国之一。一个令人担忧的迹象是，美国人已明确表示，他们打算向自己的部队提供由"盟军司令部"正式发行的钞票——就像在意大利所做的那样。

据说，法兰西民族解放委员会的备忘录每一次出现在罗斯福桌面上那堆文件的最顶层时，他都会把它压到最底层。他总能找到反戴高乐主义的新借口。有时，他视戴高乐为原始共产主义者；有时，他视戴高乐为原始法西斯主义者。他对戴高乐的态度，一度可以用实用主义来解释，现在却越来越难以从理性的角度来理解。法兰西民族解放委员会所掌握的行政和领土资源超过其他任何流亡政府，但只有法兰西民族解放委员会没有被承认为政府。总统的大多数顾问（甚至包括科德尔·赫尔）如今都认为有必要与戴高乐打交道，但罗斯福不为所动。他那反戴高乐主义情结背后仅有的逻辑与他对战后世界秩序的看法有关。自1942年起他就认为，为做好非殖民化的准备，法国

十二 建立流亡政府（1943年7月—1944年5月）

的部分殖民地应成为托管地。法国在解放后拥有一个完善的政府——特别是戴高乐领导下的政府——将成为开展这个计划的障碍。

驻华盛顿和伦敦的法国代表承担了这项为法兰西民族解放委员会说情的出力不讨好的任务。在华盛顿，这落到了驻美大使奥普诺和让·莫内的肩上，后者已于1943年9月离开阿尔及尔去谈判一项解放后对法国的救济方案。莫内希望通过这种方式悄悄地获得美国对法兰西民族解放委员会事实上的承认。此刻，他利用自己在美国无与伦比的关系网来为美国有必要与法兰西民族解放委员会合作辩护，尽管几个月前他曾把戴高乐描绘成一个原始法西斯主义者。[63]1944年初，莫内不断地给戴高乐写信向他保证很快就会达成协议——然而，罗斯福仍不肯让步。[64]与此同时，马西格里在伦敦的代表维耶诺在设法说服英国人。艾登经常对他说，他们对美国人"在政治上的无知"感到无比沮丧，但这并未导致什么结果，因为丘吉尔无意于和罗斯福作对。[65]

10月底，马西格里深陷绝望。当时的形势非常糟糕，甚至连这位亲英派人士都担心，美国人正在暗中酝酿利用维希政府与德国人媾和的想法。他一直担心，戴高乐将忍不住倒向苏联作为报复。他向维耶诺吐露了自己的"厌恶"之心，即"不断地同一'帮'正试图把我打倒的少壮派作斗争，因为我不赞成贸然对华盛顿发动某种战争，并对只与俄国结盟毫无兴趣"[66]。9月下旬，当马西格里听说戴高乐背着他给斯大林写了一封私人信件时，他感到又惊又怒。[67]

戴高乐周围的确有一些人，如莫里斯·德让，主张实施一种更为亲苏的政策。[68]并且，戴高乐偶尔确实会给马西格里的担心提供一些证据。10月11日，前往莫斯科的艾登路过阿尔及尔，他后来报告说，戴高乐对他"郑重声明，将来法国必须和俄国联手"。在戴高乐看来，苏联"在战后将开展大规模重建工作，并将寻求战略和政治安全"，其中包括"吞并波罗的海诸国，满足波兰、罗马尼亚和芬兰的领土要求，并在它的西部边界建立国家"，所有这些可以"被认为是没有敌意的"。但他们"会对建立起来的真正的民选政府感到满意，这些国家没有必要建立共产主义政权"。艾登只能回答说，他希望"法国总能首先考虑我们",不要想着"挑动苏联和我们自己彼此相斗",马西格里对此表示强烈赞同。[69]10天后,一名荷兰特使得知戴高乐"不认为苏联有什么好害怕的。这个国家将忙于重建和内部事务,无暇在其他国家发动革命。事实上,苏联这瓶红葡萄酒已变成玫瑰红葡萄酒"[70]。美国外交官艾夫里尔·哈里曼报告了类似的观点:"他说在德国崩溃后,法国和苏联是欧洲仅有的两个大国。英国人最终会退回到他们的岛上,美国人则要穿越大西洋回家……因此,法国的政策应该和苏联挂钩。"[71]

这些言论出现在戴高乐还为自己被排除在关于意大利停战协定的讨论之外而感到难受的时候,显然,他要利用它们来吓唬英国人和美国人,以使其更加重视法兰西民族解放委员会。11月,当法国共产党人明确表示除非依照他们所提条件,否则不会加入法兰西民族解放委员会时,他不再说这样的话了。由于法国共产党人所做的一切都要征得莫斯科的同意,因此苏联对与戴高乐建立亲密关系并不感兴趣。尽管戴高乐明目张胆地企图利用苏联向英国人和美国人施压——他喜欢玩这种大国政治游戏——但总的来说,他当时对英国人和美国人的态度是,他是他们对抗法国共产主义最可靠的堡垒。正如他对麦克米伦所言,他无意于成为法国的克伦斯基。

戴高乐试着向盟国所作的保证,即戴高乐是个值得信赖之人,的确为他赢得了艾森豪威尔的一些信任,艾森豪威尔此前怀疑他只对玩弄政治感兴趣。1943年底,两人举行会面,以解决将法军部署在意大利时所遇到的一个棘手难题。11月,一支由法国两个师组成的法国远征军在朱安的指挥下被派往意大利加入美国第五军。[72]这支法国军队由驻扎在北非的法国正规军组成,并由美国人武装起来。这给了法国人在战争中首次扮演重要角色的机会。法兰西民族解放委员会提议,下一个前往意大利的师应该是迭戈·布罗塞所指挥的原自由法国师,但由于他的部队是由英国人装备的,因而很难并入美军。吉罗没有采取任何措施用美国的物资来重新装备它,因为他不愿从他认为属于"他的"资源中拿出一部分来。当美国最高指挥部拒绝接受"布罗塞师"后,吉罗提出再派一个师的正规军。戴高乐对此表示反对。这不仅仅是戴高乐与吉罗的冲突:若不能参加在意大利的战斗，这将是对自由法国官兵士气的可怕打击。[73]由于这不是艾森豪威尔考虑的问题，他拒绝了戴高乐的意见，并威胁要暂停所有的法国重整军备方案。一场重大危机的全部要素都已到位。

戴高乐提议召开高层会议来解决这一问题。他的目的是抓住这个机会讨论战争的下一个阶段在所有战区都部署法国军队的问题。他担心如果把所有法军都放在意大利，法国人将最终无法在解放法国时发挥作用。12月27日，在与艾森豪威尔的参谋长贝德尔·史密斯（Bedell Smith）将军的会谈中，戴高乐在部署布罗塞师这个问题上得到了满意的答复，并且还得到保证：将来盟军在其他战线部署法军时，将会征求他的意见。12月30日，在艾森豪威尔前往英国接受对盟军的指挥，为那场计划于1944年开展的跨英吉利海峡的军事行动做好准备之前，他对戴高乐进行了告别访问。这次会面的氛围极其亲切友好。艾森豪威尔对戴高乐坦言，他之前对他的判断是错误的；戴高乐用英语回答说："你是个人物。"（这句话是1808年拿破仑在和歌德见面时对歌德说的话。）艾森豪威尔继续说："如若有机会，我准备发布一项声明，表达我从我们的接触中得到的信心，承认我对你犯下的不公，并补充说站在你这一边，你愿意和我们通力合作。"戴高乐在回忆录中对这次会面作了长篇描述，而艾森豪威尔则认为它无足轻重，以至于在他的回忆录中根本没有提及此事。但戴高乐并未夸大那种亲切友好的氛围，艾森豪威尔的一名助手称这次会面是一场"爱的盛宴"。[74]

戴高乐与丘吉尔的关系就没有那么融洽了。1944年1月，当丘吉尔来到马拉喀什疗养时，他邀请戴高乐前来会面。让戴高乐觉得受辱的是，丘吉尔竟擅自在法国领土上向法国的领袖发出邀请；让丘吉尔觉得受辱的是，戴高乐竟不愿来见他。他们各自的顾问为会面是否会举行而提心吊胆了一个星期。事情遵照着熟悉的轨迹在发展。戴高乐找到了一个可以让自己在不失面子的情况下去见丘吉尔的办法，但这次会面毫无成果。在英国这一方，库珀说戴高乐"难以相处，不肯合作"，表现得"像是斯大林和罗斯福的结合体"；在法国这一方，"直到最后一刻还在发抖"的马西格里觉得"气氛不错"。[75]"气氛不错"指的是两人实际上并未朝对方吼叫。丘吉尔对罗斯福说,他们的谈话内容"主要是我以得体的举止和蹩脚的法语对他的许多愚蠢行为进行的长时间的抗议和训斥"。两个星期后,他在伦敦对一些议员讲了他对戴高乐说的话:

> 听着!我是一个强大且未被打败的国家的领袖。然而,每天早上醒来后,我首先想的是该如何取悦罗斯福总统,其次想的是该如何安抚斯大林元帅。你则完全不同。你每天醒来后为什么首先想的是该如何对英国人和美国人发号施令呢?[76]

尽管这是一次不愉快的会面,但在这几个月的期待期间,除了去年11月在叙利亚问题上的爆发之外,视冲突为政治氧气的戴高乐保持着惊人的平和。去年10月,麦克米伦发现他比以往"更为平静""有着更强的责任感和更弱的自卑感";阿尔方说,他假装对承认问题"完全不关心";1944年5月,贾德干在伦敦坦言:"我们必须承认,几个月来他对我们受制于白宫的、相当奇怪的政策取向表现出了极大的耐心。"[77]戴高乐的判断是,权力现实将最终如他所愿地解决承认法兰西民族解放委员会的问题。他对克耶说,如果盟国不承认法兰西民族解放委员会,情况甚至会更好:"我们以后可以对他们说:你们错了,我们什么也不欠你们。"[78]

戴高乐表面的平静需要强大的意志力。他的内心深处不停地翻腾着怒火。我们从去年11月来到阿尔及尔的一名抵抗运动领导人雅克·勒孔特-布瓦内(Jacques Lecompte-Boinet)那里,得到了一幅这一时期关于他的极为生动的画像。勒孔特-布瓦内领导的抵抗组织是占领区最重要的抵抗组织之一,但他是个谦逊之人,没有像弗勒奈、达斯捷等抵抗运动领导人那种敏感的自尊心。一天晚上,他获邀与戴高乐共进晚餐,之后他马上写下了自己的感受。餐前,勒孔特-布瓦内递给了戴高乐一支高卢牌香烟,但戴高乐告诉他,自己现在只抽英国香烟。餐毕,当伊冯娜·戴高乐在场时,他们没有谈论政治。等她上床睡觉后,戴高乐开始畅所欲言:

十二 建立流亡政府（1943年7月—1944年5月）

他对我讲了三个小时，中间没有歇一口气或提一个问题……他不是那种让你感到自在的人，他不问任何个人问题，他的谈话对象只是一种无生命的物体……然而，他非常放松，似乎乐于看到我待在这里，并乐于和我讲话……当他讲话时，我在想他与我的那些抵抗同志们和我自己对他的看法是如此不同。多么坚强的意志！多么睿智！多么蔑视人性！……他说，法国将不得不独自完成复苏。它只能指望自己……一个疑神疑鬼的人在统治英国，他不够聪明，轻视和害怕聪明人……当前及解放后唯一的问题是法国共产党人：他们肯定会是用最大的声音高呼"戴高乐万岁"的人，但他们将暗中竭尽所能地破坏他所有的计划。战争结束后，就不用担心武装抵抗组织这个问题了。它的作用是确保秩序，防止英美干涉我们的事务……英国人将武装吉罗分子和法国共产党人压制戴高乐（他没有用第一人称）……根本没有提及我们这些抵抗者。没说一句感谢的话。我们的问题已成为过去，他假装不需要我们。他只字未提法国发生的事情，他滔滔不绝地讲着，充满激情，引人入胜，当谈到阿尔及尔的那些人时，他用了一些粗俗的绰号。但他对我说的话，他或许对任何人都说过。我是不存在的……他给人的印象是他没有在听，但似乎他记住了对他说的话。问题在于，任何胆小和客气的人将得不到让他听自己讲话的机会；你需要马上阐明你的观点……他把自己与大多数人隔绝了开来，他对人性的极度蔑视有可能歪曲他对别人的判断……他是个极其孤独的人，没有融入我们的世界……我说了两次我要离开，夜已很深了；他挽留了我两次，后来，他把我送到门口……他笑着和我握了握手。"我累了。"他说，当我回答道，他身为法国的领袖，一定要为了法国照顾好自己时，他说："可怜的领袖……"一道博爱的闪光使我深深感动。[79]

第二章 流亡

诺曼底登陆之前

1944年2月,戴高乐再次罹患疟疾。大约有10天的时间,他完全不能起身,3月中旬之前,他还是很虚弱。在他康复后,接下来的三个月事务繁杂,因为法兰西民族解放委员会正在积极地为计划中的盟军登陆行动做准备——虽然仍不确定它将获允扮演什么角色。

为加强对抵抗组织军事活动的控制,1943年底,中央情报行动局将法国划分为12个区,并在每个区派了一名军事代表(Délégué Militaire Régional)以协调抵抗活动和盟军的军事行动。居于这一结构顶端的是巴黎的一名国家军事代表。与此同时,抵抗运动的部队——穆兰煞费苦心创建的秘密军——和法国共产党的"自由射手和游击队"(Francs-Tireurs et Partisans)合并,组建成所谓的法国内地军(Forces Françaises de l'Intérieur)。维希政府的前停战军独立于法国内地军,是一支拥有相当规模的部队,它如今已转入地下,取名为"抵抗军队组织"(Résistance de l'Armée)。由于抵抗军队组织中的许多军官依然信奉吉罗主义,因而戴高乐加强了对法国情报机构的控制来防止他们图谋不轨。在传统上,法国的情报部门——开展反间谍活动、间谍活动等——一直是军队的一个专门分支机构。然而,中央情报行动局所扮演的角色更为广泛。它是流亡的戴高乐主义政权的重要部门,旨在确保法兰西民族解放委员会在法国的胜利,并由一个完全忠于戴高乐的人执掌。但在吉罗来到阿尔及尔后,他控制了正规军中传统的情报部门。这个部门由职业军人构成,他们不仅对中央情报行动局的非常规做法——他们是这样认为的——和业余性持怀疑态度,还对它对戴高乐的政治忠诚持怀疑态度。在科西嘉解放期间,两个平行的情报机构相互竞争的危险暴露出来了,当时,吉罗利用自己的情报网来避开戴高乐采取行动。戴高乐必须避免这种情况在本土重演。得到军中情报部门支持的抵抗军队组织可能是吉罗主义最后的堡垒。

戴高乐的初步解决方案是妥协。他打算由科歇(Cochet)将军从伦敦对该情报部门实施领导,此人自1940年就反对贝当,但从未完全站在戴高

十二 建立流亡政府（1943年7月—1944年5月）

乐这一边。帕西、鲍里斯、菲利普以及其他人用危言耸听的话语警告戴高乐，称科歇周围尽是些顽固不化的维希分子，并且，他正在创建一个独立的吉罗主义者的情报机构。[80]因此，戴高乐决定下令让这两个情报机构在极端忠诚分子苏斯戴尔的领导下完全合并。当吉罗反对由一个平民担任这个职务时，戴高乐以嘲讽的口吻回答道："你要是担心这个的话，我就把他装扮成一名将军。"[81]1944年4月，戴高乐对吉罗发起最后一击。他撤掉了他的军队总司令一职，取而代之的是授予他一个荣誉职位——军队监察长。但吉罗拒绝接受。吉罗主义已寿终正寝。

在法国解放时，对戴高乐的权威构成真正威胁的不是吉罗主义，而是抵抗组织——特别是法国共产党的抵抗组织——和法兰西民族解放委员会共享权力的可能性。1944年2月，全国抵抗运动委员会设立了军事行动委员会（Comité d'Action Militaire），该委员会由法国共产党人控制，并宣称有权管理法国内地军。作为报复，阿尔及尔的法兰西民族解放委员发布命令，否认军事行动委员会对法国内地军的控制权。随后，戴高乐任命柯尼希将军为他在伦敦的军事代表及法国内地军的指挥官。选择柯尼希是一个精明之举，因为作为比尔哈肯姆之战的英雄，他为盟军所敬重。但是，柯尼希、军事行动委员会、区域军事代表、中央情报行动局或是其他任何人能否控制这支成分混杂的抵抗部队则是另外一回事。

在理论上宣称对抵抗运动的军事力量拥有管理权后，法兰西民族解放委员会将注意力转向了盟军登陆后法国将发生的事情。这是它在3月14日颁布的一项法令的主题。该法令规定，在战斗地区，法兰西民族解放委员会的地方军事代表将负责与盟军联络。在其他地区，法兰西民族解放委员会的共和国专员将行使统治权，省解放委员会则扮演纯粹的咨询角色。法国共产党谴责这项法令是在建立一个"法国的占领区盟国军政府"以压制抵抗运动。并且，作为反击，3月23日，全国抵抗运动委员会重申了省解放委员会的角色。它还投票决定在每个地区设立地方解放委员会——这恰恰是戴高乐力图避免的分散权力的做法。对戴高乐来说，更为令人鼓舞的是，法国共产党人认为加入法兰西民族解放委员会比不加入更符合其利益。当戴高乐再次邀请他们加入他的政府时,他们准备降低自己的条件。4月4日,两名法国共产党人依照戴高乐所提条件加入了法兰西民族解放委员会。这把最低限度维护政府团结的压力施加到了法国共产党人身上,虽然这并不妨碍他们在法国本土追求自己的目标:渗透到省解放委员会中,并将其变成一种制衡戴高乐计划通过法兰西民族解放委员会行使的中央权力的力量。

为进一步巩固他在法国的权威,戴高乐如今迅速任命了一位新的代表来填补穆兰之死和之后博拉尔被捕所留下的空白。他选择了亚历山大·帕罗蒂(Alexandre Parodi),此人是一位40多岁、经验丰富的公务员,曾积极参加抵抗运动。过去的几个月,戴高乐似乎对法国出奇地漠不关心,现在他对它极其关注。任命帕罗蒂的命令是由中央情报行动局的一名特工直接带到法国的,这是戴高乐给他指派的一项任务的一部分,并且,它"与其他所有事情相比都享有优先权"[82]。3月18日,戴高乐在向协商会议发表的讲话中再次强调了他过去六个月来反复说的话:"除非以一种有序的方式,否则什么也做不了……除了来自中央政权(法兰西民族解放委员会)的权威之外,绝不能存在,我再大声重复一遍,绝不能存在其他权威。"[83]这是向共产党人发出的信息——也是向盟国发出的信息,警告它们不要在最后时刻与维希政府达成协定。

戴高乐担心的另一个问题是,盟国将违背艾森豪威尔的以下承诺:把法国人纳入准备解放法国的军队中。事实上,艾森豪威尔无权作出这样的保证。正如戴高乐驻华盛顿的军事代表在2月报告说:"艾森豪威尔无权决定我们能否参加在法国北部实施的登陆行动,这项决定完全取决于华盛顿。"[84]由于在意大利的战斗依然十分激烈,因而盟军最高统帅部可能会认为,法军留在这里比去解放法国更有用。当地中海地区盟军最高司令官、英国的梅特兰·威尔逊将军召集戴高乐和吉罗开会"以公开"——这似乎是个预示着不祥的词语——他对使用法军的最新想法时,情况变得令人担忧。戴高乐派吉罗代表自己参会,并给了他一些模糊的指示:"你不要对任何事情作出承诺,我们会看到整件事是怎么回事。其实我有个好主意……

十二 建立流亡政府（1943年7月—1944年5月）

政府（法兰西民族解放委员会）将不得不作出决定，我暂时还是不露面为好。"[85]这似乎让人想起1941年戴高乐派卡特鲁谈判叙利亚停战协定，而他则准备在必要时从云端愤怒地俯冲下来的情形。最终，让法兰西民族解放委员会感到满意的是，法军可以参加解放法国的行动，不过不能保证它在此类问题上拥有被咨询权。问题在于，在其他盟国中，这类决定是在政府层面作出的，但法兰西民族解放委员会只能与盟军参谋长进行正式沟通，因为它被认为不具备政府的性质。[86]

关于承认法兰西民族解放委员会的问题似乎毫无进展，货币问题同样悬而未决。美国财政部长亨利·摩根索（Henry Morgenthau）曾提出一项妥协方案：把美国发行的纸币贴上法兰西共和国的标签。但甚至连这罗斯福都拒绝接受，他秉持的原则荒谬到了这种程度，即任何人都无权预先判断法国在战后将采取何种政体。然而，罗斯福于3月15日最终同意，艾森豪威尔抵达法国后，可以"与法兰西民族解放委员会进行磋商"，但他也可以与任何事实上的法国当局打交道，不过"不是像维希政府那样的"。在这段时期表现得有些偏执的自由法国人没有得到安慰。身在伦敦的、通常得到戴高乐信任的维耶诺担心，美国人对维希政府的定义存在着一种危险的弹性观点："依靠海军上将达尔朗是摧毁那时以赖伐尔为代表的维希政府权力的一种方式。在反对将来以多里奥（Doriot，一名极端通敌叛国者）为代表的维希政府时，依靠赖伐尔可以成为让维希政府走向毁灭的新方法。"[87]就连贾德干在5月时也想知道罗斯福是否仍"钟情于维希政府"。[88]

没有人比艾森豪威尔更沮丧了，4月底，他开始主动与柯尼希谈判。罗斯福明确地告诉他，任何讨论都必须是"试探性的"，并且，他应该自由地同法兰西民族解放委员会以外的其他人进行磋商。[89]英国官员和部长迫切希望看到罗斯福的政策被推翻，但丘吉尔仍不愿做任何损害他和美国总统关系的事情。4月4日，丘吉尔在接见维耶诺时建议他告诉戴高乐，不要"以错误的方式激怒罗斯福"，但他没有指出正确的做法是什么。丘吉尔借此机会重述了他对戴高乐的所有不满："他一生都是法国的朋友。他仍在寻找他熟悉的那个法国。他没有在戴高乐将军身上发现这一点。"马西格

339

里认为这些话过于令人不安,因而他把它们藏到了心底。[90]这并不是马西格里出于担心戴高乐爆发而向他隐瞒的唯一信息。随着在华盛顿的法国谈判代表脾气变得越来越暴躁,奥普诺在给阿尔及尔的信中谴责莫内的非正式外交没有取得进展。马西格里没有把这封信呈上去,他的理由是,一名前吉罗分子试图通过指责另一名前吉罗分子来博取戴高乐欢心的做法并不"高明"。[91]奥普诺刚开始履行使命时,曾表现得"充满耐心……并面带微笑,不失尊严地忍受了诸多冒犯";如今,他沮丧至极,已不再担心"将军爆发(英语)"。[92]

4月17日,随着诺曼底登陆的临近,当英国人出于安全原因宣布禁止与法国进行任何通信时,戴高乐的那种怪异的平静终于被打破,他"爆发"了。这个决定切断了阿尔及尔的法兰西民族解放委员会与其在伦敦的代表的联系。马西格里对此正式提出抗议,但戴高乐的做法更甚。他立即拒绝在阿尔及尔接待盟国的任何代表,并指示伦敦的柯尼希和维耶诺中断他们与艾森豪威尔和英国人的非正式谈判。他还决定要比以往更公开地打苏联这张牌。5月9日,他在突尼斯发表讲话,谴责盟国拒绝和法兰西民族解放委员会对话,并对"可亲而又强大的俄国"致以热诚的敬意,他希望它能够成为一个"永久的盟友"。

两周后,他会见了波戈莫洛夫,并对丘吉尔发了一个小时的脾气:"我们对英国人没有信心,即便是在他们说要和法国结盟的时候……丘吉尔对我的使命一无所知……他没有从戴高乐主义中看到一个新的法国。在他看来法国完蛋了……他想把我变成他政策的工具。"至于美国,它想要一个"温顺的法国,从而使其成为他们欧洲政策的根据地"。[93]这种言论吓坏了马西格里,但波戈莫洛夫没有把它当回事。

在伦敦,柯尼希完全无视戴高乐关于停止与艾森豪威尔接触的指示,而急于邀请戴高乐前来伦敦的艾森豪威尔则把罗斯福所允许的东西推到了极限。罗斯福似乎快要承认,戴高乐可以被纳入有关解放法国人的技术性军事讨论中,只要这种讨论不涉及"政治"。他对艾森豪威尔说,法国人"吓昏了头"(这是他为戴高乐备受欢迎的那种无可辩驳的证据所作的辩解)。艾

十二 建立流亡政府（1943年7月—1944年5月）

森豪威尔说，法国似乎只有两个派别："维希派和未加思量就崇拜戴高乐的另一派"（"未加思量"一词似乎是为了投罗斯福所好而加上去的）。[94]就连丘吉尔也以同样的论调给罗斯福发电报说："把法国人排除在解放法国之外非常困难。"[95]关于把戴高乐纳入解放法国的讨论中这件事，罗斯福承受着来自英国公众舆论、议会和本国政府的越来越大的压力。

5月25日，达夫·库珀向戴高乐递交了英国政府邀请他前往英国的请柬。一星期后，将军才决定接受邀请。由于未被告知是否将有美国政府的代表到场，因而他担心自己会被诱使作出法兰西民族解放委员会的代表将协助盟军在法国获得解放的领土上建立起其权威的保证，但反过来他得不到对法兰西民族解放委员会政治权威的承认。如果在会谈时没有美国人在场，那么如何才能通过给予合作来换取承认呢？马西格里威胁说，如果戴高乐不去他就辞职。丘吉尔又发来了一条催促信息："请你现在尽快带上你的同僚在最保密的情况下前来。我个人向你保证，这于法国有利。"[96]6月2日晚，法兰西民族解放委员会开了五个小时的会来讨论戴高乐是否应该前往伦敦，尽管不能保证美国人肯定将参与会谈。只有包括菲利普、普莱文在内的四名成员对此表示反对。在这次会议上，法兰西民族解放委员会宣布自己是"法兰西共和国临时政府"（Gouvernement Provisoire de la République Française）。

6月3日上午，戴高乐以颇具政治家风范的姿态告别了法兰西民族解放委员会："对于法英关系，我们需要放眼未来……绝不能让人说，当向欧洲发起进攻时，法国没有出现在盟军司令部。"[97]正如戴高乐所希望的那样，达夫·库珀直到最后一刻还坐立不安：

> 今天早上我感到非常焦虑，当帕莱夫斯基带着戴高乐同意前往的信出现时，我才松了一口气……接着，我们必须尽快作出必要的安排……我们在大约下午3点时到达机场……大多数人都已围聚在一起。戴高乐本人是最后一个到的，当我看到他走上飞机时，我才放下心来。[98]

同一天,艾森豪威尔给华盛顿当局写信说:

> 我们有与法国抵抗组织进行直接沟通的方式,但我们得到的所有信息使我们相信,这些抵抗组织愿意承认的唯一权威是戴高乐及其委员会的权威……戴高乐现在控制着唯一能够参与这次行动的法国军队。因此,从纯军事的观点来看,我们必须……单独同他打交道。然而,他认为军事和政治事务密不可分,除非得到某种政治承认,否则他不会在军事上进行合作。[99]

艾森豪威尔想得出什么结论显而易见。当戴高乐动身前往英国时,他觉得自己的地位很稳固。

十三 解放（1944年6—8月）

最漫长的日子，6月4—9日

6月4日上午，戴高乐乘坐的飞机降落在伦敦附近的诺斯霍尔特空军基地。英国人做足了一切工作来讨好他，一支军乐队更是做好了随时演奏《马赛曲》的准备。他还收到了一封来自丘吉尔的热情洋溢的信，其开头写道："欢迎来到我们的国家。"[1]一辆汽车在等着载他去见丘吉尔，为了近距离见证这一时刻，后者特地来到朴次茅斯附近一座小型支线车站的一节火车车厢中。艾登回忆说："被自己的历史感所感动的首相准备张开双臂迎接将军，不幸的是，戴高乐并没有从容地回应这种情绪。"[2]就在戴高乐抵达英国前，丘吉尔给罗斯福发电报说，他相信"戴高乐能够被说服讲正确的话"[3]。这种信心一定建立在希望而非经验的基础上的。

戴高乐表现得既紧张又谨慎，丘吉尔表面热情但内心不安。丘吉尔还相当不明智地将南非总理简·史末资（Jan Smuts）安排在英方人员名单中。史末资是战时内阁成员，但1943年12月，他在一次演讲中宣称法国已不再是一个大国，这使法国人大为恼火。当丘吉尔说讨论"政治问题"或许是可取的时候，第一个难题就出现了。戴高乐答复道，除非美国人也参与其中，否则这毫无意义。艾登插话说，有理由相信，如果戴高乐同意去美国，就有可能立即与美国大使展开初步会谈。劳工大臣欧内斯特·贝文（Ernest Bevin）也插话说，如果戴高乐未能抓住这个机会，那将是"令人遗憾的"。这时，戴高乐爆发了：

> 为什么你们似乎认为我这个法国领导人的候选人需要向罗斯福低头？法国政府是存在的。在这方面，我对美国人和英国人没有什么可问的。话虽如此，对所有盟国来说，重要的是我们要组织好法国行政管理和军事指挥之间的关系。九个月前我们就提出要这么做。由于你们的军队即将登陆，我对你们急于解决这个问题表示理解。我们乐意做这件事。但美国代表在哪里？没有他什么也做不成。去吧，带着你们伪造的货币孤军奋战吧！

这次轮到丘吉尔爆发了："你要知道，当我们必须在欧洲和外海（the open seas）之间作出选择时，我们将永远与外海同在。每次必须在你和罗斯福之间作出选择时，我都会选择罗斯福。"这是戴高乐对丘吉尔的话的诠释。终其余生，这些话一直让他感到非常不快，并且，他常常会想起它们。英国的会议记录显示，丘吉尔所说的话与之略有出入，但意思差不多。[4]

所有这些，让戴高乐在下午晚些时候访问艾森豪威尔的司令部时难以有个好心情。艾森豪威尔只想与戴高乐达成一项协定，但他的手脚依然被罗斯福束缚着。艾森豪威尔讨好地问戴高乐，如果一直都是糟糕的天气，他是否应该冒险推迟登陆行动，直到潮水再次上涨时再说。戴高乐的建议是不要等待。当他离开时，艾森豪威尔"带着明显的尴尬之情"——用戴高乐的话说——把自己打算在盟军登陆时发表的那篇讲话的文稿交给了他。[5]戴高乐对这些内容无法接受，因为它呼吁法国人民服从美国军事当局，并且，它没有提及法兰西民族解放委员会。艾森豪威尔的参谋长贝德尔·史密斯对戴高乐说，他可以提出修改意见，戴高乐这才平静下来。关于是否有可能在这么晚的时候对讲话稿作出改动的问题，此次会谈最后形成了一份模棱两可的文件。戴高乐回到伦敦，住在了康诺特饭店。什么问题都未解决。

第二天（6月5日），艾森豪威尔决定在6月6日凌晨发起行动。皮克被

十三 解放（1944年6—8月）

派去问戴高乐，他是否准备在艾森豪威尔之后发表广播讲话。由于艾森豪威尔的话无法更改——因为这篇讲话稿的复印件已准备在法国空投——因而戴高乐答复道，他不会在艾森豪威尔之后立即发表讲话。除此之外，他似乎赞同艾森豪威尔所说的话，并且不允许法国联络官和盟军一起行动。由于翻译的原因，戴高乐对皮克说的原话已无从得知。在接下里的几个小时，大西洋对岸传来了相互矛盾的信息："将军不会发表讲话""将军会发表讲话""将军已改变主意"。[6]

丘吉尔错误地认为戴高乐已彻底拒绝发表讲话，因此勃然大怒。贾德干说，当晚，内阁"忍受了首相惯常的、激烈的反戴高乐言论……这是一所女子学校。毋庸讳言，罗（斯福）、首（相）、戴（高乐）都表现得像是临近青春期的女孩"[7]。6月5日晚上10点半，当登陆舰只即将开赴法国时，维耶诺来到外交部以澄清人们对戴高乐讲话的误解。他同意设法说服将军在联络官问题上作出让步。维耶诺回到康诺特饭店后，戴高乐朝着他怒吼了一个小时。6月6日凌晨，当第一批伞兵降落在法国时，维耶诺返回外交部，这一次，朝着他怒吼的是丘吉尔。维耶诺离开后，丘吉尔派人去找莫顿，以便命令他把戴高乐强行送回阿尔及尔——"必要的话，戴着镣铐"。哈维说："首相有时对戴高乐恨得近乎发疯，只是其程度不及总统而已。"[8]

收拾残局的重任落到了艾登的肩上。他不顾丘吉尔要求驱逐戴高乐的指示，派皮克去敦促戴高乐尽快发表讲话。在艾森豪威尔发表讲话之后，戴高乐长时间保持沉默，这将是令人尴尬的。戴高乐同意在6月6日中午前后发表讲话。由于维耶诺"太害怕了"而不敢索要一份发言稿副本，因而用贾德干的话说，英国人所能做的是"在录音时审核戴高乐的发言，要是太糟糕的话，就停止录制"。[9]但是，他们有机会提前听到录音吗？在英国广播公司接待戴高乐的一名英国官员描述了当时的情形：

在他约定的时间前五分钟，身形高大的将军堵住了大门。他板着脸。我一眼就能看出他的心情非常差。他的问候……克制但友好。我把他介绍给那三个美国人。他的身子完全呈僵直状态,当他草草地同每个人握手时,转了三个半弯,之后,他挺直腰板,沿着石头走廊大步向前走去。

真正的问题是戴高乐没有稿子,只有一些潦草的笔记,并且,他坚持要求现场广播。如果告诉他要提前提交一份他的讲话录音来对其进行审批的话,他有可能就不发表讲话了。在场的一名英国广播公司的工作人员突然灵机一动,奉承戴高乐说,这篇广播讲话十分重要,英国广播公司想让人将其翻译成24种其他语言,以便面向世界别的地区播出。因此,他们需要一份录音稿。[10]不管戴高乐是否识破了这个诡计,他同意了。这篇讲话的录音被录制出来后,于下午6点进行了广播。这次讲话是戴高乐伟大的修辞表演之一:

> 终极之战已经开始……这当然是法兰西战役,也是为法兰西而战!……对于法兰西儿女来说,无论他们身在何处,无论他们是谁,他们简单而神圣的职责是用一切可能的手段同敌人作战。法国政府的指示……必须得到严格遵守……在我们鲜血和眼泪的阴云背后,绚丽的阳光正在重现。[11]

正如丘吉尔第二天在写给罗斯福的信中所说,这篇讲话"很了不起,尽管在这场正在进行的战斗中,他没有一个士兵"[12]。事实的确如此,因为虽然戴高乐已得到保证,法国可以参加解放法国的战斗,但他们尚未被部署到法国领土上。在英国人看来,最具挑衅性的是"法国政府"这种提法——甚至都不加上"临时的"(人们想知道,这篇讲话的目标人群法国人对"政府"指的是什么是否有些许头绪)。艾登决定不理此事,留待以后和丘吉尔谈。

联络官问题依然悬而未决。6月7日下午,库珀和艾登前去做戴高乐的工作。他勉强同意在第一批计划派遣的120名联络官中派出20人。当晚,艾

十三 解放（1944年6—8月）

登再次会见戴高乐，以讨论解放地区的民政管理问题："我觉得，他本人是在努力地让自己变得讨人喜欢，但他在政治上很固执。他坚信这是唯一能从美国人和我们自己身上得到某些东西的方法，然而就丘吉尔而言，这种策略再糟糕不过了。"戴高乐对自己正遭受着多么不公的对待发表了一番"冗长的抱怨"，"我反驳说，在制定国家政策时，表现得过于傲慢是一个致命错误。我们每个人都会发现，遵循'委曲求全'[1]的处事方式有时很有用"。翻译人员想了一会儿才找到对这句习语的恰当译法，因为它远不属于戴高乐的涉猎范围——不仅是在语言学方面。[13]最终，戴高乐作出让步，他将不反对维耶诺就联络安排问题与英国人举行谈判。

两天后（6月9日），当艾森豪威尔宣布他将发行美国人所准备的货币时，戴高乐再一次大发雷霆。他发表了一份措辞严厉的新闻稿，首次将这些争吵公布于众。[14]罗斯福给丘吉尔写信说："看来，那种自命不凡的人没有改正自身缺点。"[15]身在阿尔及尔的马西格里听说戴高乐在伦敦的所作所为后大为不悦。他向一名英国外交官展示了戴高乐从伦敦发来的电报，此举反映出他支持的是谁。[16]但法兰西民族解放委员会的所有成员在货币问题上团结一致地拥护戴高乐。最重要的是，戴高乐已允许维耶诺可以同英国就与盟军的联络安排问题举行非正式会谈。6月9日，他在一封发回给阿尔及尔的稍稍不那么充满怒气的电报中证实了这一点。虽然在美国人加入进来之前，他拒绝签订任何正式协议，但这"当然并不意味着我们应该拒绝与英国人谈判"[17]。换句话说，这是一种退却——或许是委曲求全。

这值得吗？戴高乐已于三天后同意了他在6月6日那天拒绝的一切东西。在冲突最激烈的时候，贾德干说："我们总是一开始把自己置于错误的境地，接着，戴高乐错得更甚。他活该输掉系列赛。"[18]这取决于所进行的比赛。战后，比约特公布了戴高乐曾向他透露的谈判策略：

---

[1] 原文为"She stoops to conquer"，这是18世纪中叶英国剧作家奥利弗·戈德史密斯的一部喜剧作品的名称，又译作《屈身求爱》。——译者注

第二章 流亡

> 开始时要说"不"！接下来会发生两件事。或者你的"不"注定一直是"不"，而你则展示了自己的个性。或者最终你会说"是"。但这时（a）你已给了自己时间去思考；（b）人们将对你最终说"是"而心存感激。[19]

在这六天期间，这两种情形都有出现。在前四天，戴高乐通过说"不"使自己处在了一切事情的中心，他要证明"法兰西"是存在的，不能对其不予重视。他后来在回忆录中加入了一些精彩的叙述，但他知道自己当时未曾冒任何重大风险，因为英国人是在求他，而不是相反。另一方面，在展示了"个性"后，经过几天的思考，他发现情况与他刚到来时所认为的并不相同。正如维耶诺向马西格里报告的那样：

> 法兰西民族解放委员会所采取的立场存在着明显的缺陷，即其过分简单化的不妥协态度，这使我们无法利用英国内阁内部的分歧：反戴高乐主义和亲美倾向正日益减弱……将军花了几天时间才意识到这种情况……通过接触现实，将军的立场已逐渐发生变化。[20]

6月14日，贝叶

6月14日，戴高乐对诺曼底的成功访问强化了他那种较为温顺的立场。尽管盟军并未实现诺曼底登陆的所有初定目标——需要尽早拿下的目标城市卡昂在7月21日之前仍在德国人手中——但一周之内，他们已建立起一个长约100千米、纵深达25千米的桥头堡。可以理解，戴高乐渴望尽快访问这片获得解放的领土。丘吉尔勉强同意了。他提醒当地的英军司令蒙哥马利将军说，必须"让戴高乐将军去拜访你"，而不应该不辞辛劳地在海滩上迎接他。他指示，可以允许戴高乐访问贝叶，但不要举行集会，"然而，

十三 解放（1944年6—8月）

如果人们在他经过时热切地欢迎他，我们不能对此制止"。丘吉尔打的如意算盘是戴高乐"驱车慢慢地穿过该市，同少数人握个手，然后回来"。[21] 戴高乐另有打算。

在戴高乐争取盟国承认的斗争中，最大的考验将是法国人民的反应。戴高乐访问法国国土的那一天，曾在与将军有关的问题上犯过错的罗斯福私下对美国陆军部长亨利·L.史汀生（Henry L.Stimson）说："戴高乐将失势，英国人对戴高乐的支持将会因为事态的发展而被证明是错误的……随着解放运动的继续，其他党派将崛起，戴高乐将成为一个无足轻重的人物。"[22] 毫无疑问，戴高乐将受到怎样的接待是个未知数。尽管维希政府早已在法国人民心中声名扫地，但贝当仍有一定的威望。1944年4月，他在整个敌占期唯一一次访问了巴黎。大量民众出来迎接他。在这次出访中，贝当参观了被盟军轰炸所摧毁的城市，并且，他最后一次摆出保护法国人民免受战争践踏的姿态。这个国家几乎没有哪个地方比诺曼底遭受的轰炸更严重。这个地区不存在大规模的抵抗运动。诺曼底人以保守和谨慎而闻名。因此，出于多种原因，戴高乐不指望自己受到狂热欢迎。

贝叶有1.5万人，是迄今获得解放的最大城市。它显然没有受到战争或轰炸的伤害。[23] 当战争在几千米外肆虐时，这里的生活相对正常地继续着。这座城市由一群盟国的民政官员管理，他们不参与政治，并且，他们没有理会这里的维希当局：一个渴望赢得好感的维希政府的专区区长、一个帮助那些因战争而成为无家可归之人信奉贝当主义的主教。但是，这里也有一个当地的抵抗运动的解放委员会，它贴出海报，呼吁进行清洗。因此，贝叶处在一种奇怪的行政管理之中，在这里，维希当局、抵抗组织和盟国的势力共存。法兰西民族解放委员会的势力没有出现在这里，因为受命接管该地区的专员被困在了敌后，无法到达这片解放区。在前往法国的两天前，戴高乐告诉已在科西嘉展现了自身才干的弗朗索瓦·库莱，他将陪同他一起去贝叶，并作为临时专员留在那里。丘吉尔对此一无所知。

第二章 流亡

出发前的那天晚上，戴高乐和英国外交部的一些官员共进了晚餐。他们之中的哈维写道："晚餐的氛围很糟糕。我从未见过戴高乐如此疲惫，如此'憔悴'。"[24]戴高乐带着他的大批随从于清晨从朴次茅斯出发了。海面波涛汹涌，每个人都服用了大量的镇静剂诺他明（Nautamine）。据随行人员之一的布瓦朗贝尔说，这引起了轻微的欣快效应。戴高乐似乎未受影响，他自始至终表现得紧张而又沉默。当维耶诺试图打破沉默，说德国人已占领巴黎四年时，他得到的简短答复是："这是个错误。"[25]他们登上海岸后，一部分人被派往贝叶为戴高乐的到来做准备，戴高乐和贝图阿尔将军则乘吉普车直奔蒙哥马利的司令部。

戴高乐草草地向蒙哥马利致以敬意后，便与贝图阿尔一道前往贝叶。他们在几乎是空荡荡的道路上遇到的那几个人似乎对看到法军制服感到很惊讶。中途，当吉普车停下时，一群人激动地围拢过来，他们把佩戴着四星勋章的贝图阿尔当成了戴高乐将军，因为他们不知道他长什么样。[26]这辆吉普车上的人还遇到了两名宪兵，当这两人被告知出现在面前的是戴高乐时，他们敬了个礼，然后踩着自行车去宣布戴高乐即将来到贝叶。戴高乐转身对他的同伴说："认可的情形已经出现。"意即他已被默认为政府首脑。

在贝叶，人们通过高音喇叭得知戴高乐快要来了。库莱已在戴高乐之前来到市政府，他在这里受到了维希政府的那位专区区长——在毕恭毕敬地迎接戴高乐前，他爬上一把椅子取下了贝当的画像——的欢迎。戴高乐拒绝喝香槟，他会见了包括那名主教在内的当地政要。从一个政权到另一个政权的过渡在几分钟内就完成了。然后，戴高乐步行来到中央广场，他在这里发表了讲话。温顺的诺曼底农民在最近遭受盟军的轰炸之前，并未在敌占期遭受重大苦难，戴高乐命令他们"今天要继续战斗下去，就像你们自这场战争开始以来，以及自1940年6月以来未曾停止战斗那样"[27]。听闻此言，他们或是困惑不解，或是受宠若惊。

戴高乐的一位随行人员说，人们似乎"自私、拘谨，事实上不那么拥护戴高乐主义"，表现得"热情十足，但在我看来缺乏真情"。[28]在维

十三 解放（1944年6—8月）

耶诺看来，他们似乎对这个新政权一无所知。库莱对此的印象没有那么糟："热情拥戴，但绝非狂热亢奋，而是令人惊奇地出乎自然。男人穿着中产阶级的衣服，女人身着夏装，只有几个宪兵，没有士兵。这倒像是和平时期的某个星期天，一位颇受尊敬和欢迎的共和国政要来到这里，为当地的一场展销会举行开幕典礼。"[29]如果这是一种准确的描述，那么这对戴高乐来说再合适不过了，因为它表明把权力移交给他是完全正常的。然而，戴高乐后来在回忆录中以他独特的叙述风格篡改了那种实际上热情不足的情形：

> 居民们看到戴高乐将军时惊呆了，他们随后欢呼不已、泪流不止……女人们满面笑容，男人们则向我伸出手。我们心潮难平、亲如手足地走在一起，感觉到从苦难深渊中涌起爱国的喜悦、自豪和希望。[30]

在访问了另外两个小地方后，戴高乐回到了海岸。法兰西民族解放委员会的宣传部门迅速制作了一部关于这次出访的短片。我们看到戴高乐抵达海岸，同几个人握手，与此同时，他带着一种异乎寻常的怀疑之情四处扫视，似乎觉得随时会有某个英国官员过来破坏他的出访；他乘坐的吉普车出发了，在空荡荡的道路上，一位身着长袍的神父愉快地向他脱帽致敬；吉普车经过一个小村庄时，那里的人们从窗口朝他挥手并欢呼；走在贝叶拥挤的街道上，将军不时停下来与人生硬地握手；有一刻，他的嘴角甚至掠过一丝微笑；一个女孩递给他一束花，一秒钟后，这束花奇迹般地从他手中消失了（也许他把它交给了身边的莫里斯·舒曼）；在城堡广场，他对着一大群热情的民众发表讲话，面前是一面三色的洛林十字旗；最后，他自信地和蒙哥马利握手，看上去几乎像是在给他下命令。[31]

无论民众对戴高乐短暂的露面有何感受，英国和美国媒体都将其描述为一场胜利。蒙哥马利向丘吉尔报告的情况略有不同，他说，接待

第二章 流亡

"极其冷淡,缺乏真正的热情"。但他没有提到这次访问最重要的结果。在告别蒙哥马利时,戴高乐漫不经心地对他说,库莱和另外三个人将留在贝叶。蒙哥马利未能领会到这一信息的重要性——"我不知道把他们留下有何用"——他对此没有反对。[32]他们的作用是代表戴高乐掌权。戴高乐在即将离开前对库莱说:"不要向他们宣扬任何政治观点,那不是他们想要的。"库莱听从了这条建议。他发现自己面对的大多数市民对贝当没有不满情绪,就连当地解放委员会的领导人家里也有一幅贝当的画像。那名主教是个热诚的贝当分子,最使他担心的是库莱是个新教徒。当库莱想组织一次纪念"6·18"讲话的活动时,他发现这个日子对所有人都没有什么意义。虽然他确实取代了维希政府的那位专区区长,但他主要关心的是确保社会秩序井然和人们有饭吃。[33]这正是盟国的民政官员想要的。在没有任何相反命令的情况下,他们接受了这场悄然进行的戴高乐主义政变,并准备接受法兰西民族解放委员会的权威。对于那些试图迫使罗斯福放弃那项因实际发生的事情而变得多余的政策的人来说,所有这一切为其提供了更多的论据。

插曲

戴高乐心情愉悦地回到了阿尔及尔。6月26日,他在协商会议上的讲话很有政治家风度,以至于英国外交部的一名官员评论说,它"就像是国务大臣在下议院所发表的讲话,与我们自己对局势的看法非常一致"。[34] 6月27—30日,戴高乐来到意大利,他向法国军队在意大利战役中发挥的作用表达了敬意。意大利战场由于诺曼底登陆而黯然失色,但西线最艰苦的几场战斗发生在这里。人们普遍认为,四个法国师以伤亡3.2万人为代价,在战场上发挥了决定性作用。面对德军的顽强抵抗,虽然朱安在亚平宁半岛的缓慢推进没有勒克莱尔的沙漠行军,或柯尼希与隆美尔在比尔哈肯姆的鏖战中所展现出的如同大卫大战歌利亚般的那

十三 解放（1944年6—8月）

种宏伟气势，但使得戴高乐第一次可以理直气壮地宣称，他的军队在盟军的胜利中功不可没。这次战役预示着法军作为一支重要军事力量的回归。在诺曼底登陆前夕，当戴高乐和丘吉尔激烈交锋时，朱安的军队正在进驻罗马。

戴高乐向法军表示祝贺后，受到了对法西斯主义不抱好感的教皇庇护十二世的接见。正如一位早期传记作家所指出的，戴高乐在回忆录中对这次会面的描述是"恶作剧的杰作"。将军认为，教皇是以"超脱人类及其俗务和纷争的眼光"来看待事物的。尽管"圣座以其一贯的审慎态度，迄今无视自由法国"，并与维希政府保持着联系，但"教皇希望希特勒战败，不过，他对德国的未来心存忧虑"。戴高乐总结道，庇护十二世具有"最高意义上的虔诚、慈悲和政治意识"。他没有提及的是：表达了对战后世界共产主义势力的恐惧的教皇担心，自始至终支持维希政府的天主教高层人士可能会遭到报复。[35]

7月5—12日，在经历无数次的讨论和无数次的推迟后，戴高乐访问了美国。他与罗斯福进行了几次会晤。有一件事很可能是杜撰的：在一次午宴上，罗斯福转身对曾被他派到贝当政府那儿担任大使的莱希上将说，他要喝维希矿泉水。一位美国观察家讲述的另一件事似乎也不太可能：为了打破晚餐后的僵局，众议院外交事务委员会主席（同时他也是一位专业艺人）给了一脸困惑的戴高乐一支假雪茄。[36]戴高乐在回忆录中对这次访问虽然没有提及此类琐事，但充满了讽刺的味道。他回忆说，科德尔·赫尔展现了"崇高的灵魂"，但这"受到了他对美国以外的一切事情所知不多的限制"。他告诉我们，在离开之前，他送给了罗斯福一件礼物：一个由比塞大兵工厂工人制作的小巧的机械潜艇。作为回报，罗斯福送给他了一张上面写着致"我的朋友戴高乐将军"的照片[37]（戴高乐不知道的是，罗斯福在圣诞节把这个潜艇送给了他最小的孙子柯蒂斯。当他妻子指出，以这样的方式处理一位国家元首送来的礼物不够恰当时，罗斯福说，戴高乐只是"某个法国委员会"的主席）。[38]

戴高乐会见了诸多政治人物，甚至还拜访了第一次世界大战时的美军司令、当时已经84岁高龄的潘兴（Pershing）将军。住在一所军事医院的潘兴让戴高乐替他向老朋友贝当问好。作为一种公关措施，戴高乐的美国之行堪称完美。在离开华盛顿之前，他举行了一场新闻发布会，他精湛的表演给记者们留下了深刻的印象，而对这些记者来说，他之前被塑造成了一个怪物。一名记者指出，他似乎"出奇地温文尔雅"[39]。

在华盛顿待了四天后，戴高乐对纽约进行了短暂的访问。市长拉瓜迪亚（La Guardia）举行了一场令他满意的招待会。戴高乐谈到了欢呼的人群，这与华盛顿沉闷的气氛差异巨大，以至于有人说他受到了"犹太人、黑人、残疾人和被戴绿帽子的人"的欢呼。[40]他在华尔道夫饭店接见了一些法国人。他事先要求，要送出"尽可能多的"邀请函，仅把"那些最激烈而又公开的反对者"排除在外。莱热就属于后一类人，他绝不会接受戴高乐——他称其为"那个人"——发出的邀请。在纽约，戴高乐对美国的力量和财富明显地感到震惊不已。他从酒店窗口望着公园大道上川流不息的车辆，若有所思地说："太多了……这个国家已经三年没有生产汽车了，但你看它们还是这么多……它们反映了这个国家是多么有钱……多么强大的工业生产能力。"[41]

这种力量令人印象深刻，但也令人感到担忧——这种感受从戴高乐与罗斯福的谈话中可以看出来。奇怪的是，美国方面没有关于他们会谈的记录，我们只有戴高乐的叙述："罗斯福轻描淡写地勾勒出了他的愿景，它是如此美好，以至于难以反驳这位艺术家和诱惑者。"这幅愿景指的是由美苏中英四大国主导的战后世界秩序，而美国将在其中扮演关键角色。我们没有理由不相信这一说法，因为这与我们所知道的罗斯福的观点相符，但这或许可以解释，为什么罗斯福对丘吉尔只说访问"进行得很顺利"，而对其他事情只字不提。不放过任何机会挑拨美英关系的戴高乐一回到阿尔及尔，就把此事对库珀全盘托出了。他说，罗斯福计划在法英两国在亚洲和非洲殖民地建立军事基地。丘吉尔对此非常恼火，他提议把戴高乐对库珀说过的话抄送一份，以使"罗斯福有机会对其予以否认"。但艾登劝他不要这么做，从而避免对他们与戴高乐之间已获得改善的脆弱关系构成威胁。丘吉尔一反常态地想要阻止总统"与戴高乐的蜜月",并提醒他"戴高乐诠释友好的方式"。[42]所有这些都本该会让这次交流的双方感到愉悦。

这次访问最积极的成果是罗斯福最终承认戴高乐的委员会拥有在法国实施行政管理的事实上的权威。英国人想要更进一步地承认它为法国临时政府,但罗斯福予以了制止。加拿大大使乔治·瓦尼埃(Georges Vanier)发现戴高乐在回到阿尔及尔后比他之前见到的任何时候都要放松:"将军极其不诚实地向我保证,罗斯福先生对委员会的承认让英国政府大为恼火。"戴高乐把他6月郁积的怨气一吐为快:

> 我经历了罗斯福总统的热情欢迎和首相待我无情无义之间的反差……我只在到达的那天(6月4日)见过丘吉尔先生一次。史末资将军也在场,我对此永远不会忘记。[43]

这在一定程度上是戴高乐主义搬弄是非,部分反映出戴高乐对自己在6月4日受到的对待真的感到非常生气。

巴黎

7月底,法国国内形势开始发生急剧变化。自诺曼底登陆后,盟军被围困在诺曼底桥头堡,无法突破德军的防御工事。库莱继续管理着那一小片获得解放的地区,与盟国相处和谐。阿尔及尔的共产党人不时写信给戴高乐,批评库莱没有对维希当局进行适当的清洗,也没有利用当地的"爱国者"——他们的意思是法国共产党人。7月19日,弗朗索瓦·比尤(Francois Billoux)给戴高乐写信说:"政府支持民族起义吗,是或否?……随着解放的进行,最重要的是,法兰西共和国临时政府必须建立在人民和代表它的组织的基础之上。"——他的意思是法国共产党人。[44]

法国共产党人绝不允许戴高乐忘记他在1942年4月18日发出的著名宣

第二章 流亡

言："民族解放"与"民族起义"不可分割。这是他急于赢得苏联支持时所说的话。戴高乐在其他场合重复过这一观点，但1943年7月之后，"起义"一词在他的讲话中消失了（同时还有"革命"一词）。在诺曼底登陆前，中央情报行动局花了大量时间来为抵抗运动的武装力量制定战略。到1944年3月，它已经为法兰西民族解放委员会在法国的军事代表准备好了详细的指示。戴高乐对这份文件极为重视，他亲自接见了将其带到法国的特工拉扎尔·拉什利纳（Lazare Rachline）。戴高乐对拉什利纳强调："除非奉我之命，否则不得发动民族起义。"拉什利纳对这项指示并未特别留意，直到抵达法国后，他发现抵抗人士不断地提醒他，戴高乐两年前曾发表过一篇关于有必要发动一场民族起义的演讲。[45] 5月16日，即诺曼底登陆几周前，在给抵抗运动草拟的另一系列指示中，戴高乐删去了"起义"一词，代之以含义较为模糊的"广泛的武力行动"。[46]

中央情报行动局为抵抗运动制订的计划包含有一些配套的破坏方案，如针对铁路的绿色方案、针对通信的紫色方案、在交通上拖延德军行动的乌龟方案等，这些方案将配合盟军登陆。在诺曼底登陆时，它们得到了执行。法兰西民族解放委员会和中央情报行动局后来宣称，它们为盟军的成功登陆作出了重要贡献，同时表明中央情报行动局对抵抗运动的完美控制。根据英国人之后进行的分析，绿色方案是最成功的，但人们不清楚破坏行动是筹划的结果还是当地的自发行为。无论真相如何，伴随破坏行动的还有一些零星的、自发的当地起义，但德军对其实施了残酷镇压。比如，6月7日，抵抗战士"解放了"科雷兹省的小城镇蒂勒；两天后，德国人卷土重来，并把100人吊死在城镇广场。随着盟军困守诺曼底，更多的此类行动无异于自杀。但这并没有阻止法国共产党人推行他们的起义战略。

历史学家们早就驳斥了这样一种观点，即法国共产党计划在解放时"夺取"权力。只有一个人有这种计划，那就是戴高乐。但事实上，法国共产党的目标是在省和地方解放委员会的支持下，通过煽动地方起义使权力碎片化，这样一来，等戴高乐政府在法国建立后，它将有机会挑战其

十三 解放（1944年6—8月）

权威。戴高乐正是因为害怕出现这样的结果才放弃了民族起义的想法。但是，他能阻止它吗？这个问题在巴黎最为严峻，因为这里是全国抵抗运动委员会及其由法国共产党主宰的军事委员会的大本营。此地还有一个由法国共产党人安德烈·托莱（André Tollet）担任主席的巴黎解放委员会，巴黎地区的内地军指挥官罗尔-唐吉（Rol-Tanguy）也是一名法国共产党人。如果法国共产党想夺取权力，巴黎是个绝佳之地。

7月31日，美军终于在阿夫朗什突破德军防线；两周后，他们已推进到距巴黎还剩一半路程的地方。戴高乐为确保法国军队能够参与祖国解放所作的努力现在即将取得成果。一支由六个师组成的法军——被称作法国第一军——将与美军一起登陆法国南部海岸。这支军队的指挥官不是在意大利表现优异的朱安将军，而是德·拉特·德·塔西尼将军，此人最初曾忠诚地为维希政府效劳过，但后来在1942年11月曾竭力反对德国占领自由区。因此，他被认为在1942年11月表现得比朱安稍稍更体面，因为朱安在北非迟迟没有和美国人站在一起。因此，尽管德·拉特是个令人厌恶的自吹自擂、自命不凡之人，但他被认为更容易为国内的抵抗组织所接受。正是通过这种审慎辨别，我们才能读懂1940年以来法国的苦难历史。[47]

盟军还同意让一支法国师参与解放巴黎的行动。获此殊荣的是勒克莱尔将军指挥的第二装甲师，该师已于3月从北非被运送到英国。8月1日，勒克莱尔指挥的师在诺曼底登陆。两周后，即8月15日，包括德·拉特指挥的法国第一军在内的盟军在法国南部海登陆，并在摧毁德军日益瓦解的抵抗方面取得了惊人的进展。

这一消息提升了巴黎的政治温度，自7月中旬以来，该地爆发了零星的罢工运动。8月1日华沙爆发的起义极大地说明了过早起义的危险。尽管最初取得了成功，但由于苏联军队在维斯瓦河对岸袖手旁观，它变成了一场血腥屠杀。这起恐怖事件的严重程度并没有立即显现出来，戴高乐真正担心的是，过早在巴黎采取行动，或将使法国共产党人获益，或将给盟军提供由自己控制巴黎的借口。

第二章 流亡

戴高乐在巴黎有两个最重要的代表：一个是他的代表亚历山大·帕罗蒂，此人扮演的角色原本可能会由穆兰扮演；另一个是法兰西民族解放委员会的军事代表、20多岁的抵抗战士雅克·沙邦–戴尔马（Jacques Chaban-Delmas）。7月31日，戴高乐给帕罗蒂写信说："一定要以国家的名义大声而又清晰地讲话。我们光荣抵抗的无数行动是这个国家争取自身拯救的手段。国家高于所有这些示威活动和行动。"[48]由于在此混乱时期很难向巴黎传递任何信息，因此帕罗蒂并未收到这封信。即便他收到这封信，也不会有什么不同，因为他正失去对首都局势的控制。[49]随着法国共产党控制的巴黎解放委员会越来越坚决地要求立即采取行动，帕罗蒂通过谈判与其达成了一项协定，该协定赋予了它"领导民族起义"的权力。出乎意料的是，这条消息竟然传到了阿尔及尔。它立即遭到了谴责，谴责内容中传达了戴高乐的"吃惊"，并重申"我们不可能放弃任何权力"。[50]这一信息没有传到巴黎。在与巴黎解放委员会达成协定的过程中，帕罗蒂或许会对8月7日戴高乐在阿尔及尔发表的讲话感到困惑："人人都可以战斗，人人都必须战斗……在农村、在工厂、在车间、在办公楼、在街道……你总能削弱敌人。"这番讲话似乎有悖于戴高乐此前发出的其他信号，它表明他正在走钢丝。他一方面想避免过早采取行动，一方面又害怕被法国共产党人占得先机并使自己遭到畏葸观望的指责。戴高乐还想让法国人在自身解放事业中作出贡献，前提是这个过程要受到控制。正如他在1943年7月所言，巴士底狱应该被攻取……但要有序进行。

8月10日，巴黎铁路工人举行罢工；五天后，警察如法炮制。19日，帕罗蒂在巴黎解放委员会和全国抵抗运动委员会的压力下，对发动起义的号召表示赞同。这是他保持对局势一定控制的唯一希望。抵抗战士和德军之间爆发了零星的冲突，抵抗组织接管了警察局。帕罗蒂向伦敦发出信息，敦促盟军尽快抵达巴黎以避免一场大屠杀。

戴高乐认为返回法国的时机已到。为此，他需要征得盟国的同意。仅仅几天前，他拒绝了会见途经阿尔及尔的丘吉尔。这种冷落之举毫无理由，因为丘吉尔在8月3日异常热烈地公开赞扬了他，并把法国列为战后处理欧洲事务的四大国之一。马西格里对戴高乐的做法极为恼火,他满怀希望地对库珀说,他确信戴高乐回到法国后掌权的时间不会超过一年。尽管如此,英国人并没有反对戴高乐返回法国,但是,正如库珀所言,他随后开始"在这方面制造麻烦,就像他做其他任何事情时一样"。他坚持乘坐法国飞机,并且,只有美国飞机涂上法国国徽,他才肯乘坐。[51]

8月20日上午,戴高乐乘坐的飞机降落在诺曼底的圣洛附近,之后,他立即前往艾森豪威尔在雷恩的司令部。他的目的是敦促艾森豪威尔同意勒克莱尔——他的部队已抵达巴黎以西约150千米的阿尔让唐——直奔首都。他未能意识到艾森豪威尔已决定绕过首都,因为艾森豪威尔担心对这座城市的进攻将阻碍他向东推进。因此,他含糊其词地对戴高乐说,勒克莱尔指挥的师"很快"就会被派到巴黎。

戴高乐在回忆录中所作的典型的、充满猜疑的解释是,美国人是在孤注一掷,他们试图通过支持一个由赖伐尔组织的过渡政府将他排除在权力之外。[52]赖伐尔无疑一直在谋划这样的结果。8月13日,德国大使奥托·阿贝兹(Otto Abetz)允许赖伐尔接走了软禁在南锡的第三共和国德高望重的政治家爱德华·赫里欧——此人在1940年6月时担任国民议会议长。1942年,赫里欧曾承诺支持戴高乐,但赖伐尔希望他能够参加这个在某种程度上介于维希政府和已不复存在的共和国之间的过渡政府,从而使戴高乐靠边站。也许,就连赫里欧也没有虚荣到被这个不可能的计划所诱惑的地步,但我们对此永远也无法知道,因为德国人拒绝支持该计划,并重新监禁了赫里欧。赖伐尔和贝当被强行转移到了德国南部的锡格马林根(Sigmaringen)城堡。在这里,和他们在一起的是顽固不化的极端卖国分子,此外还有这些人的情妇、妻子,以及狂热分子、骗子、马屁精。在这种虚假的环境中,维希政府在德国人的完全控制下,作为一个无用而又无能的流亡政权度过了最后的八个月。留在巴黎的只剩下了德国人和包括法国共产党在内的各种抵抗组织。美国人没有卷入到那个要使戴高乐靠边站的、流产的阴谋中。达尔朗式和巴多格里奥式解决方案已不再是他们的选择。

第二章 流亡

艾森豪威尔想要绕过巴黎完全是出于军事考虑，但戴高乐考虑的是政治：先于任何人控制巴黎。8月21日，他再次以更加紧迫的措辞给艾森豪威尔写信说，为避免出现"严重问题"和"混乱局面"，盟军的干预很有必要。[53]巴黎的局势已经升级。经过一天的街头冲突后，8月20日，在瑞典领事拉乌尔·诺丁（Raoul Nordling）的斡旋下，一项停火协议得以签署：德国人同意让抵抗部队安全地留在他们已占领的建筑中，抵抗部队同意不去攻击从首都撤退的德军。法国共产党反对这项停火协议，它只维持了一天。8月21日，战事再起。8月23日，戴高乐得知了这项停火协议，他后来在回忆录中说，这给他留下了一种"不愉快的印象"——尽管它完全符合他避免过早行动的战略逻辑——或许，个中原因是当他得知此事时，艾森豪威尔终于向勒克莱尔下达了进军巴黎的命令。戴高乐当然希望看到巴黎获得解放——但只有当盟军抵达时。

艾森豪威尔于8月22日收到了戴高乐的信，那时他已决定进军巴黎。戴高乐此举是多余的。艾森豪威尔得到的大量信息都表明，巴黎正处于爆发的边缘，同时德军士气极其低落。他还担心，如果德国人继续留在巴黎，他们将对盟军侧翼构成威胁。8月23日早上6点，勒克莱尔装甲师的400辆战车驶向巴黎。第二天晚上，第一批坦克抵达市政厅。25日，勒克莱尔亲自率领大部分军队来到巴黎。他把司令部设在了蒙帕纳斯火车站，德军指挥官就是在此签署投降书的。戴高乐本人于下午5点抵达该车站。这天剩下的时间里，他做的每件事都是经过仔细考虑的。

在蒙帕纳斯火车站，戴高乐训斥勒克莱尔让内地军的法国共产党指挥官罗尔-唐吉在投降书上署了名。他在此首次见到了自己的军事代表沙邦-戴尔马，让他感到惊讶的是，对方竟是如此年轻。接着，他驱车来到圣多米尼克街的军务部，1940年，他曾在这里担任过五天的国防部副部长。他把这里作为自己的落脚之地。这不是一种谦虚行为，而是一项深思熟虑的政治声明，从而象征性地表明：维希政府四年的统治期只是个插曲，在此期间，他是伦敦的法国政府持续存在的化身。为了给这个虚构的故事增加分量，他在回忆录中对来到圣多米尼克街时的情形叙述道："没有一件家

十三 解放（1944年6—8月）

具、一条地毯、一幅窗帘被人动过。除了政府之外，什么都在。把它重建起来是我的责任：我安顿好下属，开始工作。"[54]

帕罗蒂随后拜访了戴高乐，并建议他前往市政厅与在那里等着迎接他的全国抵抗运动委员会会面。戴高乐不情愿地答应了。晚上7点，他乘坐敞篷车穿过塞纳河，前往警察局与夏尔·吕泽（Charles Luizet）会面，此人已被法兰西民族解放委员会任命为警察局长。在访问了军务部和警察局这两个国家机构后，他来到附近的市政厅与抵抗运动（全国抵抗运动委员会）的代表会面。第二、第三共和国就是分别于1848年、1870年在市政厅宣布成立的。如今，戴高乐要在此宣布第四共和国的成立吗？市政厅二楼人头攒动。大多数在场的人此前从未见过戴高乐。巴黎解放委员会副主席、法国共产党人乔治·马拉内（Georges Maranne）和全国抵抗运动委员会主席乔治·比多发表了热情洋溢的讲话，向他表示欢迎。随后，戴高乐发表了一番讲话，他在回忆录中称这是一番即兴讲话，但事实上这是他事先精心准备的。它的开篇是20世纪法国政治演说中最伟大的篇章之一，时至今日听起来依旧让人深受触动：

> 在这里的、在我们国家的、在巴黎的我们所有人怎能够隐藏内心那种喷涌而出的情感？不！我们不会隐藏这种神圣的、深刻的情感。有些时刻超越了我们每个人可怜的生命。
>
> 巴黎！巴黎愤怒不已！巴黎满目疮痍！巴黎饱尝痛苦！（长时间的停顿）——但巴黎已获解放！在法国军队的帮助下，在整个法国的帮助和支持下，在那个战斗的法国、唯一的法国、真正的法国、永恒的法国的帮助和支持下，它由自己解放、由其人民解放。[55]

在这番激动人心的开场白后，这篇讲话的其余部分让人感到吃惊，因为它刻意没有提及盟军和那些为这一刻的到来而将生死置之度外的抵抗者（他们之中的一些人就在现场）。讲话结束后，比多问戴高乐，如今他是否会宣布共和国已经恢复。戴高乐简短地回答道:"共和国从未停止存在过……维希政府从始至终都是无效的、非法的。我就是共和国总统。为什么我还要宣布它成立呢?"这个回答表明了他抵达巴黎后所采取的每一个行动背后的想法。接着,他短暂地来到二楼打开着的窗户前,下面的人群欢呼起来,他跳上窗台向他们挥手致意。几分钟后,他大步走向汽车,返回了军务部,人们无不愣住了。

抵抗者勒孔特-布瓦内是这些事件的目击者,此人是全国抵抗运动委员会的一员,但对戴高乐毫无敌意。他注意到,就连法国共产党人似乎也一时被引诱了:"他们陶醉在将军的话语中,就像聆听福音书一样。这是我第一次看到这些法国共产党人被感动。"但当戴高乐拒绝宣布恢复共和国时,他们的情绪很快发生了变化。勒孔特-布瓦内本人对此"震惊不已"。[56]全国抵抗运动委员会马上召开会议,并一致同意,比多应该让戴高乐重新考虑他的决定。另一位同样对戴高乐不怀敌意的目击者说:

> 首次接触的情形有点令人失望……在市政厅的那篇演讲——简短、专断……非常棒,堪称完美,但即便如此,他本应向全国抵抗运动委员会和为他奔波效劳的亚历山大·帕罗蒂说句感谢的话……身材高大、盛气凌人、面无表情……没有勒克莱尔那种笑盈盈的魅力,而是一个急于产生某种效果的人。人们或许希望他表现出一点感情,而不是说:"警察局长先生,请把你这里主要的通敌卖国分子交给我。"[57]

在离开军务部去见全国抵抗运动委员会之前,戴高乐曾指示,第二天他将在香榭丽舍大街发起游行活动。他的计划不是举行阅兵式,而是沿着香榭丽舍大街慢慢地走,向人们、向"他的"子民展示自己。在一个到处都是狙击手的城市里,没有人举行过这样的"徒步巡游",但这种想法是戴高乐拥有本能的引起公众注意的技巧的最佳例证。[58]即便如此,谁都不曾预料到这次游行会取得如此巨大的成功。参加的人不计其数,这可能是法

十三 解放（1944年6—8月）

国历史上同类集会中规模最大的一次。印有"法兰西万岁"和"戴高乐万岁"字样的三色横幅已提前分发给人群。[59]这使得军事行动委员会的主席、法国共产党人莫里斯·克里格尔−瓦尔里蒙（Maurice Kriegel-Valrimont）痛苦地承认："自由法国代表团所做的工作太好了。"

25 AOÛT 1944

— Mon grand !

▲ 8月25日：戴高乐返回巴黎

此言不虚，但人群的狂热之情却纯粹是自发的。戴高乐后来在回忆录中写道：

> 前面就是香榭丽舍大街。它看起来更像是一片海洋。无数人聚集在街道两旁，也许有200万之众。屋顶上也是黑压压的人……梯子、旗杆和灯柱上爬满了人。目力所及，三色旗下、阳光之中，尽是涌动的人潮。[60]

第二章 流亡

戴高乐的左边是比多,右边是帕罗蒂,两人奉命紧跟在他身后。在他们后面的是勒克莱尔、柯尼希、全国抵抗运动委员会的成员和其他显要人物。比多不时地挥手致意,但没人知道他是谁。参与游行的勒孔特-布瓦内说,人们在给他和其他人拍照,但他觉得给人群拍照会更有趣:"第一次见到他时,那些紧张的面孔显得异常激动。"的确,这个比别人身材高大的戴高乐正是人群想要看到并为之欢呼的人。来自伦敦的声音终于变得鲜活了。

来到协和广场时,由于人群拥挤无法前行,戴高乐登上一辆敞篷汽车,前往下一个目的地巴黎圣母院,参加庆祝弥撒。当他到达时,有枪声响起,这残酷地提醒巴黎人,战争尚未结束。人们不知道它们来自哪里。进入教堂后,枪声变得密集。一向无视个人安危的戴高乐——当然,他觉得自己必须是这副模样——依然挺直着身子,不动声色。枪声停止了,但弥撒活动被迫缩短。或许,就像差不多整整30年前那样,在迪南桥,戴高乐经历过与在巴黎圣母院同样的事情。戴高乐在回忆录中声称,是法国共产党人开的枪。但这并无证据,并且,他当时肯定不相信。他给妻子写信说,这只是为了"炫耀"一下:"在经历数天的战斗后,有人兴奋地端着枪无端地朝屋顶射击……这不会持久。"信的落款是"你那可怜的丈夫",同时,他要求朱安从阿尔及尔给他带些新衣服和几双新鞋子来。[61]

那天上午之后

第二天上午,戴高乐接见了在起义爆发和他到来之间的短暂过渡期里管理各部的"秘书长"。这些人不是法国共产党的煽动分子,而是法兰西民族解放委员会指定的优秀公务员或技术人员。然而,戴高乐在对待他们时态度极为冷淡,这对他来说很容易做到。经济学家勒内·库尔坦(René Courtin)写道:

> 我介绍自己说:"勒内·库尔坦,经济部秘书长。"那张脸依

十三 解放（1944年6—8月）

旧毫无表情……还是单单一个问题："你是谁？"抱着将军至少会对我有些好感的幻想，也为不浪费他的时间，我快速回答说："我是一名前抵抗积极分子，弗朗索瓦·德·芒东（法兰西民族解放委员会中的一名抵抗者）和安德烈·菲利普的朋友。"他仍然无动于衷。很明显，这些细节丝毫没有引起他的兴趣……他只是重复地问："可你是谁？"我想，或许他想听的是"蒙彼利埃大学教授"。这的确是他想要的答案，只有这一点让他感兴趣，接着，我站到了一边。[62]

当时在场的另一个人以类似的话语回忆说："我们每个人都受到了审问。我们就像是小学生，每个人回答问题时都战战兢兢……没有一句祝贺的话。"[63]每个人都被问到了那个同样的问题。这次接见的目的是让他们知道，他们最好是回到自己之前的岗位，把管理国家的任务交给戴高乐。

当晚，戴高乐在圣多米尼克街接见了全国抵抗运动委员会的成员。深感不安的他们在进门时被搜身了。勒孔特-布瓦内事后马上就在日记中记下了这次会面情形：

"阿尔及尔"带着明显的怀疑接见了"法兰西"……我们身处一座堡垒，外围是戴高乐主义的堡垒；这是一座不容我们的木马进入的特洛伊城……我们上到戴高乐正在那里等候着的二楼……他看上去有点紧张，但他的脸上似乎呈现出的是厌倦而非疲倦之情，是那种政府首脑不堪忍受他所厌恶的政治事务的表情……但他努力表现出友好姿态。他对我们讲了一番简短的话，这与其说是为了感谢我们，不如说是建议我们表现得克制和冷静一些，并且，这种建议更像是命令。天啊，他个头太高了！他的双眼似乎是在从很高的地方望着地平线，竭力想降到我们的高度……

我们的发言人比多非常害怕，他费力地解释说，我们很高兴受到接待，但是如果将军愿意参加我们的工作，我们会更高兴。

第二章 流亡

戴高乐沉默了一会儿。他抽着烟,缭绕的烟雾使他半闭着双眼,礼貌地回答说,他不太明白我们的"工作"如今有何用。

他问道,是否有人要问什么问题,终于敢于发声的吉洛(Gillot,全国抵抗运动委员会中的一名法国共产党人)问戴高乐是否已批准了那份"停火协议"。一开始脸上还挂着礼貌笑容的戴高乐在吉洛滔滔不绝地讲了20分钟后,不再掩饰自己的真实感情。我们不知道他是否会把我们全部赶出房间。将军顿了顿,然后带着令人不安的笑容说:"吉洛先生,你真的以为你所说的'停火协议'在法国历史上有如此重要的地位吗?"

勒孔特-布瓦内担心他的同事们未能让全国抵抗运动委员会给戴高乐留下最好的印象。同样的情况也出现在法国共产党人皮埃尔·维隆(Pierre Villon)问下一个问题时,他问道,莫里斯·多列士何时将获允回到法国,"这时,明显被激怒的将军站起身说:'希望不久后能再次见到你们。再见,先生们。'"[64]这是戴高乐和全国抵抗运动委员会之间的第一次,也是最后一次会晤。第二天,戴高乐以类似的方式接待了一批抵抗运动的领导人,其中包括军事行动委员会和内地军的领导人。在这之后,有个人说:"我知道人类的忘恩负义,但我从未想过它会达到这种程度。"同一天(8月28日),戴高乐宣布内地军总参谋部将被解散,并且,内地军的所有成员将被并入到正规军。[65]

9月1日,勒孔特-布瓦内单独去会见了戴高乐。这一次,他不是以全国抵抗运动委员会成员的身份,而是以公共工程部秘书长的身份去的。他告诉了戴高乐过去两周他一直在做什么:

从第一句话中我就看出这不是他想听的内容,他对所有这一切毫不在乎。我尝试了一种新的策略:"抵抗运动……"他打断我说:"我们已过了抵抗这个阶段。抵抗结束了。现在,抵抗运动必须融入国家。你必须明白,之前是抵抗,但如今是国家。"[66]

第三章

执政与下野（1944—1958年）

当然，我不会复辟第二帝国，因为我不是拿破仑的侄子，并且在我这把年纪是不可能当皇帝的。唯一的可能就是建立共和国。但是，必须结束多党制。

戴高乐，1949年9月19日
摘自乔治·蓬皮杜《恢复事实真相》，第89—90页

十四 执政（1944年8月—1945年5月）

秩序

在沿着香榭丽舍大街游行后的第二天，戴高乐向艾森豪威尔提出暂借美军的两个师，以便向巴黎人民展示自己的力量，艾森豪威尔拒绝了。不过，1944年8月29日，戴高乐却在美军奥马尔·布莱德雷（Omar Bradley）将军的陪同下，检阅了美军横穿巴黎的两个师——他们将要向东奔赴前线与德军鏖战。戴高乐在他的回忆录中没有提及这件事，也没有提及两天前他对艾森豪威尔的请求。但这些事都表现出他是多么渴望恢复秩序并维护自己的权威，即便这是以恳请美国人提供帮助为代价。

9月9日，戴高乐组建了新政府。新政府谨慎地在自由法国、抵抗者、前政客（前提是他们在维希政府统治时期没有污点）和公务员或专家之间实现了平衡。尽管仅仅几天前，全国抵抗运动委员会已商定其任何一位成员都将不会在新政府任职，然而，乔治·比多还是接受了戴高乐的邀请，出任法国外交部长一职。比多向他的同僚保证，这不是一场"个人绑架"。作为全国抵抗运动委员会的主席，比多的离去必将削弱这一组织的影响力，而这肯定是戴高乐的初衷所在。出于同样的原因，戴高乐还给全国抵抗运动委员会中最著名的法国共产党人皮埃尔·维隆安排了一个职位，但被后者拒绝了。有两名法国共产党人担任了内阁中无足轻重的两个部门的部长：夏尔·狄戎（Charles Tillon）任空军部长、弗朗索瓦·比尤任公共卫生部长。在各主要抵抗组织的领导人中，只有亨利·弗勒奈在新政府中任职，但这只是一个相对来说无关紧要的负责战俘遣返的职务。普莱文（负责帝国海外领地事务）、蒂克西埃（内务部长）、卡特鲁（掌管北非事务）等这些自由法国的早期成员，都在新政府中占有一席之地。

同一天，新成立的法国临时政府在巴黎马蒂翁宫召开了第一次会议。这可能是一个历史性时刻，然而戴高乐并没有发表热情洋溢的演讲以开启这一进程。他进来后就宣布："共和国政府，虽然在构成上出现了变化，但仍将继续履行职能。"在接下来的讲话中，戴高乐努力开创着另一个时刻：历史曾经在1940年中断，现在它将重启，而维希政府从未存在过。前抵抗战士、现任新闻部长皮埃尔−亨利·泰特让（Pierre-Henri Teitgen）被戴高乐身上那种天生的不可撼动的领袖气质深深吸引，他草草地给邻座的比多写了一张便条："他卓尔不凡。"比多也草草地回复说："路西法[1]曾是最美的天使。"1

尽管从理论上来说，巴黎如今有了一个政府，但它却几乎无法与全国其他地区进行有效联络——更不用说实施管辖了。卢瓦尔河和罗纳河上的桥梁已被战火摧毁殆尽；没有一个港口可以正常使用（德军在大西洋海岸仍占据着小块区域）；大部分电话线都被切断了；巴黎的电力仅能维持每天45分钟的供应。9月底，当身在巴黎的路易·若克斯第一次接到从图卢兹打来的电话时，他兴奋不已。

戴高乐的当务之急是通过对全国诸多地区的巡视来巩固自己的权威，9月14—18日，他先后访问了里昂、马赛、图卢兹和波尔多。每次地方上的访问都在重现戴高乐在香榭丽舍大街所享有的荣光。在他访问里昂之后，当地一家报纸称，人们已"在脑海中永远铭记了这位解放者的鲜活面容，还有他的声音"。9月26日，戴高乐在南希说："你们看到了我的容貌，听到了我的声音。"通过精心编辑的新闻短片，整个法国民众也都目睹了戴

---

[1] 路西法（Lucifer）为宗教传说中的人物，相传它曾经是上帝座前的天使之首，后来因骄傲自大，妄图与上帝平起平坐，率领部分天使背叛上帝，最终被赶出天国。——编者注

十四 执政（1944年8月—1945年5月）

高乐在访问期间的风采。[2]

戴高乐想通过这种大规模巡视与民众建立起直接联系，从而使各抵抗组织顺服。每到一处，他都以在回忆录中所称的"刻意的庄严"面貌示人。在马赛，当一群形形色色的抵抗战士在他面前游行时，他低声咆哮道："简直是一场假面舞会！"在有着微型"红色共和国"之称的图卢兹，当一帮抵抗战士和西班牙游击队员挑战政府专员皮埃尔·贝尔托（Pierre Bertaux）脆弱的权威时，他对此所表现出的蔑视较其他地方更为明显。[3]9月16日，戴高乐从马赛飞抵图卢兹。在驱车离开机场的路上，他出于安全考虑责备了贝尔托，因为这位政府专员无视他的教导，直接躺在了一辆敞篷车内。他们一行人刚进市区，戴高乐就甩开步伐，穿街走巷地来到了市政厅的阳台上，他的出现让民众欢呼不已。在与民众取得直接接触后，戴高乐接待了当地的内地军抵抗战士，并在其回忆录中以一种居高临下的语气描述他们有着"美如画般的队列"。每名战士都被问到了这个仪式感十足的问题："你是何时加入这个抵抗组织的？"——正确答案是1940年6月18日。当年24岁的抵抗战士赛尔日·拉瓦内尔（Serge Ravanel）回忆道：

> 我依然清晰地记得我们在警察局的庭院里排着整齐的队列，因为能够受到国家元首的接见而满怀自豪之情……戴高乐在干什么？他面无表情地走到每个人的面前，并问着同一个问题："你是什么军衔？"就好像这真的特别重要一样。职业军官对此倒无所谓，但它对于内地军的军官来说却是一种羞辱。

直面拉瓦内尔时，戴高乐开口就是："谁允许你佩戴解放勋章绶带的？"拉瓦内尔回答说，这是对他的嘉奖。戴高乐大声嚷道："你撒谎。"这次邂逅成了拉瓦内尔一生中挥之不去的梦魇，多年后他说："我总算认识到了，他最关心的是让我们顺服。并且，他要我们与之前学到的一切东西，以及所有塑造我们的抵抗运动特质的事物划清界限。"[4]对于这次接见，拉瓦内尔本人和抵抗运动的其他领导人怒不可遏，甚至有人密谋要把戴高乐绑架,并带他见识一下真正的马基游击队员。贝尔托努力劝说戴高乐再次接见抵抗运动的领导人,以抚慰他们受伤的自尊心。戴高乐断然否决:"为什么?他们只是在履行自己的职责而已。"为了捍卫内地军的尊严,贝尔托向戴高乐讲述了这群革命义士在热马普(Jemappes)和瓦尔米(Valmy)取得的光辉胜利。戴高乐说:"不用你教我法国军队的历史。法国只有一支军队,那就是法军。"拉库蒂尔恰如其分地评论说,此时的戴高乐听起来更像1942年的吉罗,而不是当年的他。[5]这与戴高乐痴迷于重塑国家权力,并绝不允许别人挑战它的——也是他的——权威密切相关。

在这次访问中,戴高乐还力图确立法国解放运动的性质。贝尔托因邀请一名英国特种行动执行局的代表乔治·斯塔尔(George Starr,也称希莱尔上校)——他曾在该地区组建了一支内地军小分队——共进午餐而受到戴高乐的责备。戴高乐在会见斯塔尔时愤怒不已,他认为一个外国人无权做出这种事情,"你把他们统统带走……他们是一群叛徒和佣兵"。10天后,斯塔尔离开了法国。当看到一支西班牙共和军列队通过时(由于没有自己的制服,有些士兵戴着漆成蓝色的德国钢盔),戴高乐对着拉瓦内尔诘问道:"这些西班牙人除了给我们添麻烦,还在这里干了什么?"[6](事实上,斯塔尔不久就受到了法国政府的表彰,而拉瓦内尔也获得了解放十字勋章。)

在访问的下一站波尔多,戴高乐表现得幽默感十足,因为这座城市的骚乱比较少。他在回忆录中得意地写道,在专员加斯东·居赞(Gaston Cusin)的组织下,大主教带领着"公务员、军官和各类代表团,排着常见的队列"来迎接他。[7]与在图卢兹和马赛遇到的那些衣衫褴褛的抵抗战士相比,戴高乐,这位1940年的抗争斗士,反而感觉同这些前维希政府的拥护者在一起时更为自在。这群出现在戴高乐面前的波尔多显要人物中,有一个名为莫里斯·帕蓬(Maurice Papon)的人。在维希政府统治时期,他曾出任专区区长,在任上时对于监督驱逐犹太人一事颇为卖力。不管戴高乐是否意识到了这一点,这件事在当时并没有引起任何人的注意。戴高乐不久将会看到,帕蓬是个极为高效的管理者,他可以像忠于维希政府一样忠于他。帕蓬被戴高乐任命为政府专员居赞的副手。

十四 执政（1944年8月—1945年5月）

接下来的几个星期，戴高乐又巡视了其他地区，包括在10月30日对他的出生地里尔的访问，而此时，巴黎的新政府已开始运作。由于法国领土尚未完全解放，100多万法国人还被关押在德国，因而根本无法开展议会选举。此时，协商会议已从阿尔及尔搬迁过来，并且其成员入选资格进一步放宽，不过，这很难有效制约戴高乐的权威。此时的戴高乐极为专横，用一个部长的话来说，这个政府更像一所学校（戴高乐就是校长），而不像一个商讨机构。有一次，社会党人樊尚·奥里奥尔（Vincent Auriol）在戴高乐发言时插话说，早在1936年他还是人民阵线政府一员时，已经讨论过了其中某一特殊议题。戴高乐冷冷地看了他一眼，然后像什么也没听到一样继续着自己的发言。奥里奥尔没有领会他的目光，又试了一次。这一次戴高乐爆发了："这是你第二次提到曾掌握政权的人民阵线，接下来你该向我们解释它是如何消亡的。"[8]

在戴高乐当前的随行人员中，作为他私人秘书处主任的帕莱夫斯基依然是个关键人物。他总是同戴高乐形影不离，这引发了他人的嫉妒之情，特别是从在阿尔及尔时就一直担任政府秘书长的路易·若克斯。若克斯住在马蒂尼翁宫，这里通常也是政府首脑所在地，而戴高乐还在圣多米尼克街的国防部办公。当戴高乐的妻子从阿尔及尔来到巴黎后，他们在巴黎郊外讷伊的一幢别墅（战时被纳粹头目戈林占有）安了家。到了这座富丽堂皇的住宅后，伊冯娜·戴高乐用颇符合她性格特点的话说："这里比我想象中的还要好。"[9]

战争期间，戴高乐对他的副官相当依赖，其中有一位名为克劳德·居伊的英俊潇洒的年轻中尉。居伊曾在自由法国空军部队服役，并在战斗中负过伤。他的母亲是美国人，因而能够讲一口流利的英语，这也给他带来了很大优势。1945年，居伊通过加斯东·德·博纳瓦尔（Gaston de Bonneval）的介绍加入戴高乐的副官行列。博纳瓦尔曾是抵抗运动的一名军官，被俘后被遣送到了毛特豪森集中营（Mauthausen），这个集中营被解放后，他又死里逃生地回到了法国。这两个人对戴高乐忠贞不渝。在戴高乐的随从中还有一位重要人物是外交官艾蒂恩·布林·德斯·罗兹尔（Etienne Burin des Roziers），他于1942年来到伦敦，并担任戴高乐的条例

373

官。如今，他在戴高乐的私人秘书处为外交事务出谋划策。[10]

10月底，觉得自己已经足够强大的戴高乐打算为使抵抗运动顺服做最后一击——解散难以驾驭的爱国民兵（Patriotic Militia）。这些武装抵抗团体的人数在巴黎解放后反倒急剧膨胀。在他们的人员构成中，既有拒不加入正规军的内地军战士，也有所谓的"九月抵抗者"（在德军占领期间明哲保身、等到危险过去后又趁机复出的机会主义者）。爱国民兵对那些被指称变节投敌的人肆意攻击。他们虽然没有被法国共产党或其他任何势力完全操控，但这些组织把他们看作是扩大自身影响的一次良机。

10月28日，政府正式宣布解散爱国民兵。全国抵抗运动委员会在如何回应这件事上产生了分歧，而法国共产党对此事的批评除了表现在对某些仪式发了点牢骚外，其他方面就缄默无声了。第二天，戴高乐对一个助手说：

> 如果他们反抗，我们就开火……有传言说。但他们没有反抗……如果某个不幸的警察被杀害，我会为他感到遗憾的，但这至少也提供了一个机会，它会让其余警察都站在正确的一边，要是有人站错队，就会显得面目可憎……在部长会议（在英国称为内阁会议）上，我对他们说："比尤、狄戎……政府必须这么做……政府也必将这么做。"……然而，他们对此没有反应，他们坐以待毙，从那一刻起，从两名法国共产党员宣称对这一决定负责的那一刻起，我们就取得了这场战斗的胜利……革命离不开革命者。法国只有一个革命者——那就是我。[11]

"你谈到了……涤荡罪恶……在我看来，最为重要的是，胜利的法国"

戴高乐主义的"秩序"使许多之前的抵抗战士对理想逐渐产生了幻灭感。这个在敌占期的暗夜曾给予他们希望的标志性人物，似乎与曾经想象

十四 执政（1944年8月—1945年5月）

的判若两人。一些标题为《抵抗运动被出卖了》或《我们是起义者》的书出现了（从标题的含义可以看出这是反对戴高乐的）。[12]但由于戴高乐仍然是大多数民众的崇拜对象，因而这些书对他的攻击效果并不大。它们的主题是保守和反动势力俘获了"我们的戴高乐"。早在1944年9月，一份抵抗运动的报纸就这么写道："旧政权的支持者、悔悟的维希政府拥护者、内心恐惧的富人统统环伺在抵抗运动首领（戴高乐）的周围。他们对他说的'秩序'，其首字母是大写的'O'，是资产阶级的资本主义秩序……我们想要的'秩序'，其首字母是小写的'o'，是民主秩序。"[13]

所有这些都没有对戴高乐构成严重威胁，因为抵抗运动的具体目标含糊不清——除了人们普遍感受到政府并没有对变节投敌者进行全力整肃。

戴高乐对他的同胞在敌占期的行为不抱幻想，他首先考虑的是国家统一。他总体上对人性所持的悲观态度，尤其有助于他不去报复别人。正如在阿尔及尔时所表现的那样，戴高乐认为，如果不让身负污点的人参与其中，法国就不可能重建。如果建立法庭审判变节投敌者的话，就难免要起用那些曾妥协于维希政府的法官，因为当年只有一个人拒绝向贝当宣誓效忠。戴高乐强烈谴责了分裂主义和诸多抵抗者的自吹自擂——这种姿态不久后被称作"抵抗主义"。1944年底，德高望重的政治家朱尔·让纳内——他在1940年任参议院议长——因在四年前奉承过贝当（和大多数人一样）而遭人诟病，戴高乐在议会为他辩护说："我为你作证，一个人在那个时候可以用多种方式为祖国和共和国效劳。"[14]

另一方面，戴高乐也承认整肃是不可避免的。没过多久，他写道："把如此多的罪恶和暴行一笔勾销"，会让"这个国家永远感染这一可怕的脓肿"。[15]他想终止"大众审判"并把整肃纳入法庭审判之下。他解散爱国民兵的借口就是他们干了一些草率地处决他人的事情。当夏尔·莫拉斯因曾支持维希政府而遭受一群暴民的私刑威胁时，戴高乐把他转移到了巴黎进行公正的审判，其结果是，他于1945年1月被判处终身监禁。[16]

阿尔及尔的法兰西民族解放委员会已花了几个月的时间讨论审判变节投敌者的法律机制。1944年6月，一条有关设立特别法庭的关键法令出台。

第三章 执政与下野

这种特别法庭类似法国传统的巡回法庭,不过不同的是,其陪审团必须从一群候选人中选出,而这些候选人的爱国凭证(民族情感证据)则要通过解放委员会相关部门的核实。《刑法》第七十五条规定了那些涉嫌变节投敌之人的罪行——"与敌人勾结"(intelligence)。较为轻微的不当行为被安上了一项新罪名——"侮辱国家罪",这一做法遭到许多法学家的批评,因为溯及既往的司法判决已成为抹黑维希政府的实例。不过,由于维希政府溯及既往的法令已导致许多人被处决,因而,对"侮辱国家罪"的惩罚往往是象征性的。

初期的审判并不令人满意,因为大多数变节投敌者的核心人物依然逍遥法外,他们早在1944年8月就逃到了德国。最先受审的是记者群体——他们的文章就是自身犯罪的证据,所以能够很容易地对其提出控告。只有被告被判处死刑时,戴高乐才会直接参与其中。作为临时国家元首,他有权将死刑减为终身监禁。这很快就引发了激烈的争论。当法国共产党力主对这类人严惩不贷时,受人尊敬的小说家弗朗索瓦·莫里亚克却大声呼吁要仁慈执法。由于莫里亚克在抵抗运动中声名卓著,因而他的言论不能被看作是片面辩护。

巴黎法院受理的第一个案件是记者乔治·苏亚雷斯(Georges Suarez)的案件,他曾在通敌的刊物上撰写文章谴责抵抗战士,并主张处死犹太人和法国共产党人,再加上他还接受过德国人的贿赂,这个案子就更容易判决了。苏亚雷斯于1944年10月受审,11月9日被处决。另一个一目了然的案件是保罗·沙克(Paul Chack)案,他是一个反犹主义蛊惑分子,曾煽动他的读者与德军在东线战场并肩作战对抗布尔什维克。1944年12月,他被判刑,于第二年1月9日遭处决。记者亨利·贝洛(Henri Béraud)的案件就没那么清晰了,尽管并未发现他与德国人接触的证据,他还是于1944年11月29日被判处了死刑。如果他是一个"变节投敌者",那只是因为他在敌占期依然在散布先前他就持有的极端仇英的观点。莫里亚克对于这些媒体人因言获罪而遭处决的做法越来越不安,这促使他不断地发文呼吁"仁慈"。正因为这样,他逐渐地被人称作是"巡回法庭的圣弗朗西斯"。文学新星阿尔贝·加缪则对此回应道:"正义"高于仁慈。

十四 执政（1944年8月—1945年5月）

出于多种原因，莫里亚克的吁请值得戴高乐引起重视。莫里亚克是法国最著名的"天主教徒"小说家——从天主教的意义上而言，他的所有小说都是以自己成长的波尔多地区的天主教资产阶级的罪行、过失、背叛和（有时候）救赎为主题的。1943年，戴高乐在前往阿尔及尔的飞机上聊到文学这个话题时说，在活着的作家中，他最崇拜莫里亚克，并对"他的所有作品"都爱不释手。20世纪30年代，莫里亚克谴责了西班牙内战中民族主义者的暴行，这导致了他与自己一直接触的保守势力和天主教环境疏远了。在敌占期，他几乎是法兰西学术院的极端贝当分子中支持抵抗运动的唯一成员。1944年8月25日这一天，巴黎的报刊四年来首次获得自由，莫里亚克在一篇题为"我们之中的第一人"的文章中用半宗教性的语言盛赞了戴高乐。他说，戴高乐"把他这个人作为礼物"（贝当曾广泛地用此短语来称谓自己）馈赠给了法国，通过烈士们的鲜血——"他们用鲜血为我们所有人施洗，其中，戴高乐是这场洗礼活生生的象征"——全体法国人都"感受到了他所经历的苦难"[17]。

9月1日，就在戴高乐重返巴黎仅一周之后，莫里亚克成为他正式接见的第一位作家，这就像之前他在抵达阿尔及尔仅10天后接见安德烈·纪德一样。紧随莫里亚克之后，戴高乐又相继接见了其他三位文学巨匠：保罗·瓦莱里（Paul Valéry）、乔治·杜哈美尔（Georges Duhamel）、保罗·克洛代尔（Paul Claudel）。这种接见其实就是一个仪式，戴高乐表达了对这些作家的尊敬之情，而自己也在享受着他们对他的崇拜。戴高乐需要的是将自己神圣化，而不是去听取他们的建议。多年后，当莫里亚克回忆起第一次和戴高乐会面的情景时难掩失望之情，因为将军只想谈论法兰西学术院，并对他的政治观点似乎漠不关心：

> 那天早上，我想知道的是，戴高乐将军是如何看待合并内地军和正规军，以及当我们所有的军事力量都在与德国人鏖战时，国内的秩序该如何维持等问题。难道法国要等到最后一刻才去思考它们吗？我是国民阵线（抵抗组织之一）中的一员，当时正在

法国共产党人设置的陷阱中苦苦挣扎。我本可以对国家大政方针出谋划策……但我无法那么做：戴高乐感兴趣的是安德烈·纪德和法兰西学术院。[18]

最终，莫里亚克承担了"戴高乐主义胜利仪式负责人"的角色。[19]10月30日，在法兰西喜剧院，他组织了一场纪念抵抗运动的诗歌晚会，戴高乐出席了这次活动。连接戴高乐和莫里亚克关系的另一条线是莫里亚克的儿子克劳德（Claude），他是一名记者，同时也是一名崭露头角的作家，在解放后立马加入戴高乐的随行人员中。他的任务是处理戴高乐的信件。克劳德·莫里亚克是戴高乐的副官克劳德·居伊的老朋友，不过，弗朗索瓦·莫里亚克的儿子这一身份，肯定对他能够加入戴高乐的随行人员有帮助。

无论莫里亚克主张宽容的吁请是否起到了作用，1945年1月6日，戴高乐在接见了贝洛的辩护律师后，为他作出了减刑决定。克劳德·莫里亚克说，戴高乐在综合考量了政治和情感因素后对这件事作出的处理，肯定会让他的父亲很高兴。戴高乐厉声反驳道："对于我来说，这既不是情感问题，也不是政治问题，而是关乎正义……与敌人勾结？我仔细核查了档案后发现，是沙克命令法国人加入德军的……我找不出贝洛通敌的任何证据。"[20]

另一个在庭审时备受关注的案件是罗贝尔·布拉西亚克（Robert Brasillach）案，此人是最为著名的知识分子之一，曾为通敌卖国行为摇旗呐喊。1945年1月19日，布拉西亚克被判处死刑。尽管布拉西亚克经常在报纸上羞辱莫里亚克，但后者还是打着基督教的仁慈心和作家权利的名义不断地发表意见为他辩护——无论这么做有多招人憎恶。在由57位作家和艺术家联名签署恳请戴高乐赦免布拉西亚克的请愿书中，莫里亚克还是最重要的签名者之一。除他之外，签名者还包括克洛代尔、瓦勒利（Valéry）、科莱特（Colette）和加缪（尽管他之前和莫里亚克不和）；而拒绝签名的有让-保罗·萨特、西蒙娜·德·波伏瓦（Simone de Beauvoir）、纪德、毕加索。莫里亚克甚至为此事亲自拜访了戴高乐，但最终发现这次经历和第一次会面一样，令人窘迫不安。虽然戴高乐"彬彬有礼"，但"他那不可遏制的轻蔑……骄傲和自我优越感"还是让他震惊不已。他告诉儿子说,这是一次不愉快的经历,他"和一个贪得无厌之徒待了半小时之久,这个人满嘴都是非分的诉求"[21]。

或许是因为莫里亚克没有提"非分的诉求",所以在离开时,他才会觉得戴高乐正准备赦免布拉西亚克。或许戴高乐在莫里亚克拜访时还没有查阅与此案相关的档案,直到后来接见了布拉西亚克的辩护律师雅克·伊索尔尼(Jacques Isorni)的那个夜晚之后才这么做。多年后,伊索尔尼很乐意向别人细述那个夜晚他去拜访戴高乐,向他递交祈求宽大处理的请愿书,并恳请他宽恕时发生的故事。根据他的叙述,戴高乐始终保持着毫不宽容的沉默。他仅开口问了一句话,作家艾贝尔·夏尔马(Abel Hermant)是否也在请愿书上签了名。由于夏尔马本人因通敌卖国已锒铛入狱,伊索尔尼觉得这是一个低劣的玩笑:

> 他拿起正抽着的雪茄,对我吐着烟雾。我问自己现在真的是抽雪茄的时候吗?我们之间相隔了大概有1米的距离——或许再稍远一些。他眯着双眼,似乎在凝视远处的什么东西,自始至终没有看我一眼……在一场两个人的会面中——此刻有人的生命已经危在旦夕——当其中一个人始终保持沉默时,另一个人得需要多大的勇气才能让会见持续下去啊。[22]

15分钟后,伊索尔尼问戴高乐是否还需要了解更多的信息,结果被告知"没必要再麻烦你了"。

伊索尔尼对这个案子投入了巨大热情,在他自己构建的叙事中,戴高乐被描绘得无情而又血腥。这次会见是他反戴高乐主义战斗生涯的开端。伊索尔尼对戴高乐的厌恶一直持续到生命结束的那一天。如果人们抛开伊索尔尼的个人情感因素,那么,将会发现他的叙述存在某种真实性,这听起来就像其他与戴高乐有接触的人所描述的那样。戴高乐似乎的确铁石心肠,但非嗜血残暴。据克劳德·居伊称,他曾一度害怕与负责处理赦免事宜的赦免委员会（Commission des Graces）主席莫里斯·帕廷（Maurice Patin）会面。曾担任戴高乐的司法部长的抵抗战士皮埃尔-亨利·泰特让在回忆处决沙克时，说戴高乐深感不安，虽然之后他对戴高乐没什么好说的。[23]戴高乐又系统地赦免了所有的未成年人和妇女；据统计，在1554例死刑判决中，他对998例作了减刑处理。事实上，戴高乐与他的继任者、温和的社会党人费利克斯·古安相比还是较为宽容的——尽管他在作出决定时所面临的现实是民众的肃反热情最为高昂。

在布拉西亚克一案中，戴高乐没有选择赦免。他在会见伊索尔尼的当天晚上就签署了执行死刑的命令。究竟是什么使他赦免了贝洛而不赦免布拉西亚克呢？一个广为流传的说法是，戴高乐在档案中发现了一张一群变节投敌者在东线战场参观德军的照片，在这群人中，包括穿着德军制服的雅克·多里奥（Jacques Doriot）。由于布拉西亚克和多里奥一样都戴着眼镜，因而有人说是戴高乐把两人弄混淆了。然而，人们后来在档案中并没有发现这张照片——除非有人把它拿走了。戴高乐对此事的唯一评论是："在文学领域，就像在其他领域一样，才华赋予了责任。"如果他真是这么认为的话，那么伊索尔尼和莫里亚克为营救布拉西亚克所提出的其中一项辩护内容——他独特的作家身份——在戴高乐看来，正是给他定罪的依据。[24]

为了审判维希政府里最为显赫的公仆——部长们和高级官员，政府于1945年初设立了一个特别的高等法院。第一个受审的是顿兹上将，他曾在叙利亚与自由法国作战。同年4月，他被判处死刑，但戴高乐很快就将其减刑为终身监禁。然而，大家都在等待审判贝当的那一刻。戴高乐曾设想在这位89岁的元帅缺席的情况下对其进行审判，因为他深知，对许多法国人来说，贝当依然是一位"受人尊敬或令人惋惜"的人物。4月初，随着盟军部队推进到巴伐利亚，位于锡格马林根的维希政府进入最后的岁月，其中上演着悲喜剧的各个演员都四处逃散。有的人成功地躲了起来；赖伐尔逃到了西班牙，不久后被引渡归国；贝当在德国人的护送下来到了瑞士边境。尽管戴高乐希望他留在瑞士，但他在4月25日出现在了法国边境。审判看来是不可避免的了。

对贝当的审判从1945年7月23日持续到8月15日。伊索尔尼是辩护团成员之一。贝当拒不认可法庭的权威,他一直保持着沉默,并且经常看起来似乎不知道自己周围发生了什么事。经过两周的法庭辩论,高等法院判处贝当死刑,但建议将其减刑为终身监禁。这正是戴高乐一直想要的结果。

在审判时,由于民众不可避免地显现出了极其高昂的热情,再加上所有事件都是新近发生的,所以这次审判并没有将真相公布于众。对于戴高乐来说,他认为现阶段集中对维希政府内部政策和罪行的检举起诉是次要的,他所考虑的核心问题是签署停战协定。在他看来,其他所有事情都要等这件事完成了再说。这正是他区别看待敌占期和抵抗运动时期的原因。戴高乐在一篇他最终没有收录到回忆录里的文章中,以近乎玩世不恭的惊人的直率,对此作了表述:

> 让我立即下定决心与敌人斗争并谴责维希政府的原因是,我不承认法国被击败、被占领、被奴役了——它仍有手段能够战斗。对于我来说,重要的是保卫独立,并分享胜利,这样的话,它就会重现,即便版图没有之前大,但至少它带着荣光。当然,我并非想要忽视围绕着这个争论所产生的各种意见和情感的洪流,就我而言,我并没有不去利用这些舆论。我也没有误解命运和激情——它们在战前就产生了,并被战争进一步激发——的存在及意义。相反,我把它们统统用上了,同时还反过来呼吁人们崇尚传统、民族自豪感、基督教的神秘性、自由观念、雅各宾派的愤怒、社会革命……我必须强调的是,在抵抗运动中出现或重现的各种政治集团并非以完全相同的方式看待事物的。在法国战败、维希政府建立的1940年,他们意识到了法国所遭受的耻辱并对此感到悲伤。但是,不管他们的爱国主义是什么,他们当中的大多数人感受最强烈的是他们思想意识的不幸命运、他们的团体所受到的迫害以及他们政治对手的胜利。[25]

第三章 执政与下野

戴高乐用更为简洁明了的方式向克劳德·莫里亚克表达了同样的思想，当他看到克劳德在给自己起草的一封信中包含有"法国涤荡了罪恶并重获光荣和自由"这句话时，他咆哮道："划掉'涤荡了罪恶'（purified）这个词。你谈到了自由、光荣和涤荡罪恶……那么，胜利在哪里呢？在我看来，最为重要的是，胜利的法国。"[26]

莫斯科之行

在战后世界，"胜利的法国"将处于怎样的地位呢？在戴高乐的叙述中，答案很简单。这是一场持续30年的战争，法国在这场冲突中既有胜利，也有失利：它在1914年9月取得了马恩河战役的胜利；在1940年5月的战斗中不幸失败；但它终将在1945年的决战中再次获胜。从这个角度来看，一旦战争结束，法国将恢复它作为大国之一的角色。然而，戴高乐深知，法国的伙伴们并不认可这种叙述。对世界上大多数国家而言，1940年法国的倾覆绝非一件小事。无论戴高乐多么渴望，单个人是无法代替整个民族的。正如罗斯福在7月的会议上所描绘的那样，戴高乐在1944年所面临的现实是一个由两个超级大国控制的世界，其中，英国可能会追随着美国，而法国则无可挽回地衰弱了。为了抗衡这种境况，并找到能够使法国发挥新影响的途径，戴高乐开始越来越多地谈论"欧洲"。他在1905年写下的青少年幻想中，把自己想象为将军，当时，"欧洲"向法国宣战；而现在，"欧洲"则似乎成了法国的救星。[27]

早在1943年秋天，法兰西民族解放委员会就已经开始讨论战后的国际秩序。在10月的一次晚宴上，戴高乐和莫内就战后欧洲的发展进行了一场精彩的交谈。莫内展望了一个囊括法国和德国的统一欧洲实体的图景。戴高乐对此持怀疑态度："你需要考虑传统。在这场战争之后，德国和法国永远不可能处在同一阵营。"相反，他设想了某种有可能包括莱茵兰（他不再把此地视为德国的一部分）和意大利的经济集团。它将会与苏联和英国保持密切联系，尽管英国可能不会参与其中——因为它"在欧洲和它的帝国之间……左右为难"[28]。1944年3月，在阿尔及尔的一次演讲中，戴高乐公开提出了一种不同的方案，即"某种形式的西方阵营"。这将是一个"战略和经济的联盟"，包括比利时、卢森堡、荷兰等国家，以及鲁尔和莱茵兰等地区，如果英国愿意的话，它也可以加入。英吉利海峡、莱茵河和地中海将成为这个阵营的"动脉"。马西格里受命研究这一方案的可行性。[29]这与之前戴高乐对莫内所阐述的构想有两个不同的地方：其一，它设想了英国的加入；其二，限定词"西方"表明了这一阵营将同苏联站在对立面。正因为此，戴高乐的发言受到了法国共产党和苏联的一致谴责。四个月之后，戴高乐在一张便条上勾勒了另一种未来："有步骤地对小国和中立国——甚至是意大利和西班牙——采取行动，在面对这些将来的问题时，努力构建一个环绕着我们的欧洲准则。"[30]

这些方案代表着戴高乐在经过不懈思考后，努力找寻使法国重回世界强国角色的不同途径。但它们都有一个共同点：摧毁被他称为"狂热好战的普鲁士化的德国"[31]。在戴高乐的敦促下，法兰西民族解放委员会在1943年秋天讨论"欧洲"未来的同时，也在谋划德国的未来。[32]对此，如果没有盟国的介入，任何具体的方案都不能出台，但很明显的一点是，戴高乐希望消除德国任何形式的中央集权体制，方法是把德国肢解成类似1870年之前的邦联制国家，将莱茵兰和萨尔地区并入法国，并通过某种方式将鲁尔工业区中立化。1943年10月，当马西格里在一份报告中表达了对肢解德国这个构想的忧虑时，戴高乐评注说："所有削弱德国的做法都可以使我们的力量得到加强。"1944年8月，马西格里在另一份论及莱茵兰未来的报告中说，1919年的时候克莱蒙梭曾想永久占领这一地区，戴高乐对此的评注是："事实证明他是对的。"[33]

让马西格里感到宽慰的是，他已不再担任外交部长的职务。如今，他成了法国驻英国大使，并希望借此缓和戴高乐对英国的敌意。新任外交部长乔治·比多发现，比起前任马西格里，他的工作更为吃力不讨好。有人戏谑地说，为了控制他的政府，戴高乐挑选了一位出国多年的人（阿德里安·蒂克西埃一直在华盛顿）担任内务部长，并挑选了一位几乎没有出过国的人（比多）担任外交部长。这种说法可能过于苛刻。比多担任外交部长的原因可以从多个角度理解。首先，他在战前是一名记者，撰写过多篇论述国际事务的文章，并因反对《慕尼黑协定》而赢得了广泛尊敬；其次，在领导全国抵抗运动委员会之前的敌占期——这一点对他也有利——他曾和穆兰在抵抗运动中密切合作。虽然他缺乏外交经验，但由于戴高乐对职业外交官寻求妥协的倾向并不认可，所以这个缺陷似乎也并非不利于他。真正有可能惹恼将军的是他那古怪的工作习惯和放荡不羁的生活方式，而戴高乐看重的恰恰是工作上的专业精神和有条不紊。比多经常穿着睡衣接待记者们。并且，更为糟糕的是，巴黎人很快就都知道比多经常酗酒。

　　比多遇到的难处主要在其他地方。当他正准备把戴高乐作为偶像进行崇拜的时候，却很快发现将军有意将外交政策全部掌握在自己手中。1945年9月，苏联外交部长莫洛托夫对比多说："我对法国的外交政策不是很清楚。"比多只好回答道："我也是。"[34]还有一次，戴高乐政府的一个部长给英国大使馆派去了一名助理，他这么做是想看看此举是否有助于了解法国的政策，因为"除了外交部长——有时他自己也不甚明了，内阁其他成员只能把法国媒体作为了解国家政策的向导"。[35]英国大使达夫·库珀向伦敦报告说，圣多米尼克街（戴高乐的办公室所在地）和奥赛码头（英国外交部所在地）之间几乎没有什么往来。"戴高乐将军是个一意孤行的人，他只相信一个人，那就是帕莱夫斯基，我称他为'我亲爱的朋友加斯东'，但我对此人了解得越多，就越不信任他，越不喜欢他。"[36]比多对戴高乐在对待自己时所表现出来的轻视越发感到沮丧。戴高乐在和外交部负责人肖韦尔谈起比多时，总称他为"你那可怜的部长"。像前任马西格里一样，比多也总想着辞职。

　　在重返法国的最初几周，戴高乐的首要任务是巩固自己在国内的地位。他只有等到盟国正式承认他的临时政府后，才能够着手制定外交政策。1944年10月23日，法国临时政府终于得到了盟国的承认。和以往一

十四 执政（1944年8月—1945年5月）

样，美国政府对此拖到了最后一刻，然后，它突然向英国人提出了一项几个星期以来伦敦政府一直提倡的政策。第二天，当戴高乐在新闻发布会上被问及他是如何看待临时政府被承认这件事时，他讥诮地说："很高兴临时政府如今终于有了自己的名字。"当天晚上，达夫·库珀在戴高乐的住处参加了晚宴：

> 他们派了一名接待员领着我们来到了他的乡间别墅，这个地方肯定很难寻觅，因为其他客人全部都迟到了……这是一场极其寒冷和沉闷的聚会——甚至比他通常招待我们的文娱活动更为糟糕。他根本没有提及那天下午临时政府被三个大国承认这件事。当我说我希望他能够为此事的结束而感到高兴时，他耸耸肩，说它永远也不会结束……比阿特丽斯·艾登（Beatrice Eden，安东尼妻子）说，一个人担心某件事时，一般最终结局比他想象的要好，但这一次，它却比想象的还糟。[37]

11月2日，法国终于获得了欧洲协商委员会（European Consultative Commission）的席位，该委员会的职责是讨论德国的未来。法国正慢慢恢复到"正常"状态。

丘吉尔打算在一战停战纪念日这天访问法国。戴高乐得知后抱怨他"想在11月11日这天抢我的戏"，不过这次访问还算比较圆满。作为东道主而非客人，戴高乐急于展示他在法国政坛的主导地位。就在四个月前，他还需要得到丘吉尔的许可才能在贝叶待一个下午。大量群众夹道欢迎两位领导人。随后，丘吉尔在市政厅接见了抵抗运动的首领们。人们拿出一面在战斗中俘获的纳粹党旗帜给他看。在回忆录中，戴高乐用尖酸刻薄，甚至是令他自己都感到吃惊的话说，丘吉尔会见"这些叛逆分子"可能是希望"在他们中间找到反对戴高乐的人"。[38]丘吉尔说，他们看上去似乎更像是工党党员，而非革命者，"这对公共秩序很有利，但从场面上就显得有些遗憾了"。事实上，丘吉尔感触很深，几乎整整一天，他的眼眶都是

第三章 执政与下野

湿润的。抵抗战士们也发现，与戴高乐相比，丘吉尔对于他们的抵抗壮举更为感动。

丘吉尔和戴高乐在这三天的会谈中诚意十足，却没有解决任何一项重要问题，比如盟国在重新武装法国军队一事上的迟缓动作、围绕叙利亚产生的摩擦、德国的未来等。戴高乐在回忆录中写道，他建议在两国之间建立一种特殊的伙伴关系，以抗衡苏联和美国。这个提议浮夸而又含糊，并且，戴高乐也深知丘吉尔最看重的是和罗斯福的密切关系，所以，人们可以推断他的这些话，即便不是编造的——它们并不见于英国的谈话记录——也是他在回忆录中的臆想，因此不能被视为严肃的建议。不过，戴高乐还是抓住了挑拨罗斯福与丘吉尔之间关系的机会。他问丘吉尔，罗斯福总统是否向他谈过美国建立海外军事基地的想法。"是在达喀尔吗？"丘吉尔反问道。"是的，还有新加坡。"戴高乐回答说。[39]

在丘吉尔出访前不久，戴高乐问波戈莫洛夫自己能否获邀访问苏联。对于戴高乐来说，这是一次以引人注目的方式步入国际外交世界的良机。当然，其中不乏更为实际的目的。戴高乐想要探明苏联是否比英国和美国更为支持法国对莱茵兰的占领诉求。11月24日，戴高乐出发前往苏联。由于东线战场战况激烈，苏联政府建议他从巴库（Baku）乘坐火车到莫斯科。这样一来，他得先经由开罗飞到德黑兰，然后从巴库登上火车。他这次离开法国要三个多星期。在国内局势尚不安定、法国领土尚未完全解放的情况下，他甘冒如此大的风险，这只能说明他高度重视这次访问。"希望不会爆发革命。"启程时他冷冷地说。[40]就在解散爱国民兵后不久，戴高乐宣布赦免多列士，此人于1939年出逃，战争期间一直待在莫斯科。这给他的莫斯科之行铺平了道路，或许他还有一个精明的打算，即多列士将会是法国政界的一支温和派力量。多列士离开前夕，斯大林接见了他，并给了严厉的指示："法国共产党还没有明白法国的局势已经变了。这一新的局势与以往不一样，它对戴高乐有利。法国共产党的力量还不足以对现任政府首脑构成威胁。"[41]

火车慢悠悠地用了五天时间才从巴库走到莫斯科，路上穿过了斯大林

十四 执政（1944年8月—1945年5月）

格勒附近无尽的废墟。在一个停靠站，他们参观了战争留下的骇人创伤，戴高乐对负责翻译事务的随行外交官让·拉卢瓦（Jean Laloy）惊叹道："多么伟大的人民啊！"——但他指的是德国人。12月2日，他们一行人抵达了莫斯科。在莫斯科逗留期间，戴高乐不安地发现，苏联民众对他不感兴趣，并且很少有人知道他是谁。就在当天晚上，他和斯大林首次会面了。当戴高乐提出自己对德国未来的看法，以此试探斯大林的反应时，后者并没吭声，几乎头也没抬。在与自己的盟友商谈之前，斯大林拒绝作出任何承诺。

在第二天晚上的官方招待会上，斯大林和戴高乐互相拿对方开涮。当斯大林说像法国这样一个不守规矩的国家一定很难治理时，戴高乐回击道："是的，并且我还不能以你为榜样，因为你是独一无二的。"当提到多列士时，斯大林开玩笑地说，他似乎是一个真正的法国爱国者，站在戴高乐的立场上，他不会把他投入监狱——"至少不会是马上"。[42]

在这次斗嘴之后，比多和他的对手莫洛托夫就一项法苏协定展开了谈判。这时，苏联人露出了他们的手段。他们只有在法国承认波兰"卢布林委员会"（Lublin Committee）——该委员会是莫斯科挑选出来的波兰未来政府候选人，充斥着苏联的傀儡，并排斥伦敦的波兰流亡政府——之后才会以此为交换签署协定。12月6日晚上，戴高乐与斯大林进行第二次会谈，强烈呼吁建立一个真正独立的波兰，并拒绝在卢布林委员会问题上作出让步。这时，又出现了另一个问题。苏联人声称，他们把会谈内容告诉了丘吉尔，伦敦方面建议这三个国家之间应该签订一份三方协定，而不是法苏双边协定。戴高乐对此怒不可遏。奥利弗·哈维报告说，戴高乐认为英国的"邪恶天性"旨在破坏法国的政策。[43]事实上，英国对于此事并非十分强硬，是斯大林在以此作为讨价还价的筹码——不过，不久后他就打算放弃了。

12月8日，为了表达愤怒之情，戴高乐拒绝离开大使馆，并拒绝参加苏联人强加给他们这些来访者的无聊的参观活动。就在这天晚上，他与斯大林进行了第三次会谈，后者放弃了他一直坚持的签署三方协定的想法。作为回报，戴高乐虽然并没有同意承认卢布林委员会，但答应在第二天会见其代表。他对自己的一名助手发表了罕见的反犹言论,称他们只是"一群拉比,一群缺乏民众支持的笨蛋(youpins)"[44]。

12月9日,当这群法国人获邀参加最后一场晚宴时,谈判仍在进行——这是这场旷日持久的"扑克牌游戏"的最后一轮。随着这场冗长的晚宴的进行——戴高乐闷闷不乐地坐在斯大林旁边——斯大林开始提议向他的将军和部长们祝酒,这让每个人都诚惶诚恐。他们在他的召唤下离开了自己的座位,急趋向前同他碰杯。吃过晚餐,外交官们要继续谈判,斯大林笑着对他们嚷道:要是还不能尽快达成协定,就把你们统统枪毙掉。与此同时,他又开始对着某些部长和官员讲了些威胁味儿十足的祝酒词:"这一杯敬给铁道部长,他的火车运行准时,帮了我们军队的大忙。要不是这样,他就得脑袋搬家。"另一个房间里,外交官们在咖啡和白兰地的招待下仍然谈判着,而斯大林也还在继续他的表演。他指着苏联谈判人员之一的布尔加宁(Bulganin)咆哮道:"带上机枪,把那些外交官统统干掉。"戴高乐加入了这场心理战。当发现坐在自己身边的是美国外交官艾夫里尔·哈里曼(Averell Harriman)时,他也指着布尔加宁,用足以让苏联翻译官听得到的嗓门大声说:"就是这个人逮捕了那么多的苏联将军吗?"[45]

晚宴后,客人们集中前往一间私人影院,被迫观看了一场冗长无聊的苏联抗德的宣传影片。这部影片播放完毕后,斯大林提议再看一些更为欢快的电影,其中包括一部关于唐老鸭在纳粹德国的影片。这时,戴高乐突然决定终止这场——用他在回忆录中的话说,其目的在于"让法国人深刻感受苏联的实力,以及斯大林对全局的掌控"——闹剧。他蓦然起身,草草地道了再见,并称自己将在第二天早上乘车归国。他留下了两名法国谈判人员继续进行会谈——不是比多,他已经喝醉了。对于戴高乐来说,在莫斯科待了一星期却没有签署任何协定就归国,是一件颇为丢面子的事情,不过,在此十分不利的危急关头,他打赌苏联最终会作出让步的。事实的确如此。凌晨两点,莫里斯·德让带来了一份新的条约草案,戴高乐作了几处最终的修正后,批准了该草案。凌晨四点,在莫洛托夫办公室,法苏条约正式签署,当时,斯大林对表现得紧张无比的莫洛托夫说,法国人可比你聪明。在又一轮觥筹交错后，戴高乐一行人在当天早上晚些时候启程归国了。

戴高乐把这次访问写进了他的回忆录中，他利用书中出色的叙述和一些稍微经过修改的文件，[46]把自己描绘成在出访苏联的一周中顶住斯大林的压力，拒不承认卢布林委员会的形象。然而，与之截然相反的是，在两个月后的雅尔塔会议上，罗斯福和丘吉尔实际上把东欧拱手让给了斯大林。由于戴高乐没有出席雅尔塔会议——他未获邀请——因而他可以声称自己对此是清白无瑕的。之后，他会屡次阐述自己的观点：雅尔塔会议向世界宣示了"法国当时的缺席与欧洲的新裂痕之间存在着关联"。事实上，雅尔塔会议是对世界权力现实——红军的承认。戴高乐在访问莫斯科期间也得屈服于同样的现实。当然，他在形式上是抵制的——他并未承认卢布林委员会——但他同意了卢布林委员会与法国临时政府之间互派代表，这就使斯大林得到了他想要的东西。在雅尔塔会议上，丘吉尔对斯大林抱怨说他对波兰缺乏足够的了解，斯大林答复道："戴高乐在卢布林委员会有一名代表，你为什么不也这么做呢？"[47]1945年6月，法国成为第一个正式承认波兰政府的西方国家。极有可能的是，如果在莫斯科谈判期间，斯大林愿意就德国问题作出更多让步，那么戴高乐将走得更远。两年后，他对克劳德·居伊表述的就是这个意思：

> 我去莫斯科的目的不仅仅是在一张纸上同斯大林交换签名……我想知道他对莱茵兰地区的真实想法是什么。在内心深处，我已准备好支持他对波兰、罗马尼亚等国的诉求，以便在我们夺取莱茵兰地区的战斗中，换取他同样的支持。[48]

总的来说，对于德国的西部边境问题，戴高乐未能从斯大林那里获取任何支持。条约规定签署国不仅要在德国侵略的情况下互相帮扶，还要在"即便采取了'所有必要举措以消除德国任何的新威胁'，仍然有一方'卷入'与德国的敌对行动"的情况下这么做。通俗地讲，这意味着法国可能会发现自己已陷入一场维护苏联在东欧利益的战争。这在某种程度上是一种假设，因为德国在未来多年内几乎不可能成为构成威胁的力量，像戴高乐这么一个对细节一丝不苟的人是不会对此掉以轻心的，然而他为什么又做好了给予这项承诺的准备呢？这只能说明，他迫切希望通过签署一个条约以昭示法国已重返大国外交的舞台。

戴高乐对他的莫斯科之行没有留下任何幻想。当火车离开这座城市时，他沮丧地对拉卢瓦说："这不是一个政党、一个阶层的统治，而是一个人的统治……未来100年内，他们将落入我们手中。"[49]然而，不管戴高乐对在苏联的见闻感到多么惊骇，他所精心雕琢的斯大林形象还是充满了某种吸引力，因为这位彰显着"阴郁魅力""在人性上孤独的领导人"，"以自己的方式爱着（苏联）"。斯大林是一个"操控一切的人，他多疑而顽固"[50]。这听起来就像是他对自己的评价。

虽然外交部对这个条约并不满意，但法国民众对它欣然接受，因为这是法国重返世界政治舞台的明证。不过，仅仅六周之后，斯大林就在雅尔塔会议上展示了他对法国是多么轻视——他是与会人员中最不在乎法国利益的领导人。在敦促罗斯福和丘吉尔承认卢布林委员会的同时，他还戏谑地说，民众对戴高乐的支持基础并不牢固。事实上，通过雅尔塔会议，法国在德国获取了一块占领区，成为新成立的联合国常任理事国之一，并在柏林的盟国内部控制委员会（Inter-Allied Control Commission）中也占有一个席位——尽管直到会议的最后一天斯大林和罗斯福还在对这项内容表示反对。法国的这些收获要归功于丘吉尔的竭力争取，以及罗斯福的特别顾问哈里·霍普金斯的支持。在这件事中，丘吉尔对戴高乐主义的恐惧被他的法国情结所压倒：英国需要法国强大起来以恢复欧洲的均势，并使之成为抗衡德国和苏联的力量。戴高乐自己也在回忆录中承认，雅尔塔会议让法国"收获良多"，但他对此仅是一笔带过。在他看来，这不足以弥补他未获邀与会这个事实所带来的遗憾。[51]之后的岁月里，他抓住每一个机会猛烈地抨击这一羞辱——尽管他深知法国在这次会议之外表现得极为出色。也许，这些年来他甚至开始相信自己所构建的雅尔塔神话了。

十四 执政（1944年8月—1945年5月）

戴高乐把没有获邀参加雅尔塔会议的怒气，发泄到了拒绝接受在归国途中的罗斯福发出的在阿尔及尔会面的邀请——这是一种毫无意义的冷落。更为严重的是，戴高乐拒不同意成为4月将在旧金山举行的讨论联合国成立问题的会议的四个获邀国之一。他不愿意把名字签署在一份自己并没有参与过起草工作的文件上。总之，对这个他怀疑可能是美国反殖民主义工具的组织，他非常小心谨慎。比多参加了在旧金山的讨论，但他受到戴高乐的严格约束，以至于法国在会上的影响力微乎其微。在戴高乐对比多的指示中有一个发人深省的想法，这也表明了在为法国寻找担当新的大国角色方面，他的思维是如何运转的。他告诉比多，他应该设法争取较小国家在这一组织结构中的潜在影响。这些"在过去是（我们）附庸的中小国家"可以"在将来再次为我们所用"。[52]

与盟国的冲突

戴高乐被雅尔塔会议拒之门外，几个月后他又在三巨头召开的波茨坦会议上吃了闭门羹。这让他坚信，法国只有靠自己才能捍卫自身利益。在他看来，法国进行讨价还价的主要筹码在于，它在结束这场战争方面能够作出多大的军事贡献。斯大林对赖伐尔所说的名言——"教皇有多少个师"——表达了戴高乐的权力哲学。大多数法国民众认为法国解放意味着战争的结束，戴高乐希望的则完全相反，他在回忆录中直言不讳地说：

> 战争仍在继续，考虑到我们法国人还要承受的损失、破坏和代价，无疑是令人痛苦的。但是，当从法国的最高利益着想时——这与法国的当前利益完全不同——我也就无所顾惜了。[53]

法国在最后几个月的战斗中贡献越大，它在最后的和平方案中发挥的影响力可能就越大。

9月初，法国约有56万武装部队。但是，扩充这一数额面临诸多困难。法国与盟国的一个主要冲突在于它对美国军事装备的绝对依赖。戴高乐不停地抱怨法军获取军备的速度实在是太慢了。还有一个问题是如何把内地军的抵抗战士们并入正规军。勒克莱尔告诉他说，在内地军中，超过四分之三的人可能是"无用的，甚至是有害的"[54]。除此之外，说服那些从一开始就追随戴高乐的军官与那些不曾追随过戴高乐的军官通力合作，也会遇到困难。巴黎光复后，勒克莱尔发现他的军队被并入德·拉特的第一军——这支军队于1944年8月在普罗旺斯登陆，之后沿着罗纳走廊（Rhône corridor）迅速向北推进。9月12日，两军在勃艮第会师。不过，勒克莱尔宁愿留在美军中。他对戴高乐说，他的部队更像是一支"十字军而不是一支常规军"，统领他们的应该是他这个提出"圣战标准"的将领，而不是那个曾为维希政府效劳过的将军——虽然他军衔更高。戴高乐讨厌处理部属间的争执，他答复了一句在这种情况下经常说的话："所有的夸大其词都毫无意义。"勒克莱尔反驳说："在过去追随着你的四年里，我们所做的一切伟大而有价值的事情都'被夸大了'。"[55]然而，勒克莱尔还是妥协了。

尽管如此，1944年冬天，法军还是在洛林和阿尔萨斯进行了顽强的战斗。11月21日，德·拉特的部队占领了米卢斯；两天后，勒克莱尔解放了斯特拉斯堡（尽管有命令称德·拉特应该享有解放该城市的荣誉，以便让他的这一胜利和朱安解放罗马、勒克莱尔解放巴黎相媲美）。斯特拉斯堡的解放是一个极具象征意义的时刻，它让勒克莱尔兑现了四年前在库夫拉许下的著名誓言。

几周后，这场胜利就受到了质疑。12月16日，希特勒孤注一掷地对阿登地区发起进攻，打了盟军一个措手不及。通过这次战术突袭，德军成功地在美军防线上撕开了一条约50千米长的口子。为了重新集结兵力进行反击，艾森豪威尔命令德·拉特必须从阿尔萨斯的占领区撤离并退守孚日山脉（Vosges mountains），这意味着斯特拉斯堡将被放弃。如此一来，除

十四 执政（1944年8月—1945年5月）

了法军的士气会受到打击外，斯特拉斯堡的市民很可能还会遭到德军的报复。当德·拉特在努力争取时间推迟执行命令时，时任法国总参谋长的朱安来到了艾森豪威尔的总指挥部，他向后者陈述了法国的立场。1945年1月2日，朱安向戴高乐报告说，美国人拒不让步，需要法国作出妥协。戴高乐断然拒绝，两个人接下来的谈话特色十足：

> 朱安：我知道你从来都是对的，但这次不一定。美国人绝不会允许德·拉特违抗命令。如果你置之不顾，他们将拒绝给我们提供补给、武器和汽油。
>
> 戴高乐：我们确实依赖他们，但反过来他们也依赖我们。如果他们这么做，我不会让他们使用我们的铁路和港口……我们要保卫斯特拉斯堡……即便巷战也在所不辞。我们会使之成为法国的斯大林格勒。[56]

戴高乐严厉地指示德·拉特，无论他收到什么样的命令，都绝不能放弃斯特拉斯堡。1月3日，德·拉特恳请戴高乐让盟军改变撤离命令，这样的话，他既能对"你这位我的政治和军事指挥官尽责"，也能服从盟军最高指挥部的"纪律要求"——戴高乐对此并不满意。[57]然而，戴高乐确实在同一时间向艾森豪威尔、罗斯福、丘吉尔呼吁重新考虑这项命令。1月3日下午，他在朱安的陪同下亲自来到了艾森豪威尔位于凡尔赛的总指挥部，出乎意料的是，丘吉尔也在场。戴高乐在回忆录中追述道，艾森豪威尔被他说服了——撤离斯特拉斯堡后军事损失也许能够避免，但其政治后果必然是灾难性的。[58]事实上，戴高乐到的时候，艾森豪威尔在丘吉尔的劝说下，已经放弃了撤离计划。[59]

从来不喜欢欠人情债的戴高乐，简单地叙述说，丘吉尔支持他的观点。让达夫·库珀感到震惊的是，帕莱夫斯基竟然起草了一份大意为"戴高乐召集了一次英国首相和艾森豪威尔获允出席的军事会议"的公报。[60]他们三人的会面结束后，丘吉尔和戴高乐又进行了一次谈话——前者尽力做

第三章 执政与下野

到和颜悦色,而后者则固执地沉默不语。朱安后来说,他本以为戴高乐至少会谢谢丘吉尔,"呸!"戴高乐表情阴郁地答道,很快,他就又回到自己的思绪中了。[61]两年后,在向一位美国历史学家谈起斯特拉斯堡危机时,戴高乐说:"我仍在问自己,丘吉尔在那天做了什么。"——尽管他实际上曾请求过丘吉尔的帮助。[62]

德军攻势放缓证明了戴高乐反对撤离斯特拉斯堡的意见在军事上是正确的。虽然他歪曲地叙述了这场危机的结局,但很难想象还有谁能够像他那样在过去三天中表现出同样的勇气。在这场战争的最后几个月中,他在与盟军的其他冲突中并没有取得成功。他的观点是,德国投降时法国占的领土越多,在将来谈判时就越能占据有利位置。4月21日,法军在德·拉特的指挥下攻占了斯图加特。出于军事行动的需要,盟军之前已约定这座城市应由美军占领。戴高乐命令德·拉特待在原地,这立即引起了他与美国新任总统哈里·杜鲁门的冲突——4月12日,罗斯福遽然离世后,杜鲁门继任总统。

杜鲁门发出了一份措辞严厉的电报,威胁说要以"彻底重组指挥系统"来报复戴高乐。5月4日,戴高乐在与美国大使杰弗逊·卡弗里(Jefferson Caffery)的会谈中坚持自己的立场,并以颇为符合他的性格特点的话语要挟说自己担心"苏联迟早会吞并整个欧洲",并坚称自己希望与美国建立良好的关系:"我宁愿与美国合作,也不愿与其他任何国家合作。这场战争之后,大英帝国会受到削弱,它的重要性将大不如前。如果我不与你合作,那么为了生存,我必将与苏联合作——尽管这只是暂时的,因为从长远来看,它会把我们吞并的。"这次会谈的氛围相对友好。戴高乐费力地展示着自己的魅力——他对于第一印象较差的会谈者常常表现得冷漠或是粗鲁。卡弗里在给华盛顿的电报中说:"虽然这么说听起来可能有点傻,不过他的确是这么做的。当我离开的时候,他不是像往常那样在门口跟我道别,而是陪着我走过几个房间,一直来到我之前放置衣帽的地方。"[63]戴高乐能够以最细微的姿态让他人感激不已。然而,在这件事中,无论是威胁还是魅力都没有起到作用,法军最终还是撤离了斯图加特。围绕这座城市产生的这场小危机损害了戴高乐与美国新总统的关系,与他的前任罗斯福不一样的是,杜鲁门其实根本不曾怀有反戴高乐主义的意图。

也许,因斯图加特而引发的这场危机给法国带来的唯一好处是,它迫使英国和美国就将来法国的占领区问题重新展开谈判。这似乎正是戴高乐采取边缘政策的真正目的。[64]然而,几周之后,围绕意大利边境瓦莱达奥斯塔(Val d'Aosta)的阿尔卑斯山地区一处弹丸之地,爆发了一场没有带来任何明显益处的危机。杜瓦扬(Doyen)将军率领法军在违抗盟军最高指挥部命令的情况下占领了这一区域。美国人怀疑法国有吞并野心。戴高乐对此的否认似乎被他那颇具威胁意味的话语给抹去了,他说,许多村庄的村民都是讲法语的,并且,他只是想在稍晚些时候同意大利政府"以他所希望的友好方式,就一些领土进行微小的调整"[65]。6月2日,戴高乐指示杜瓦扬"采取一切必要手段"继续占领这一地区。就这样,危机爆发了。[66]恼羞成怒的杜鲁门对此回应道,在诺曼底登陆将近一年后,"全副美式装备的法军"却发现自己要和一年前解放法国的美军作战,这也太异乎寻常了。他威胁说要切断对法军的一切军事供应。[67]6月8日,朱安被派往那不勒斯附近的盟军指挥官驻地卡塞塔(Caserta)就此事达成协定。他在陈述个人观点时说,戴高乐的做法是"不合情理的、冲动的",几乎整个政府成员都对此表示反对。[68]最终,戴高乐被迫撤出了法军。

在回忆录中,戴高乐把这件小事作为美国在英国的怂恿下"迷恋霸权"的明证。[69]与此同时,英法之间也爆发了这一时期内最为严重的危机,这使他更坚定了这一看法。与以往一样,英法危机起源于叙利亚。1944年初,当斯皮尔斯最终被召回伦敦时,戴高乐似乎赢得了胜利。但是,斯皮尔斯的离去并未解决这个潜在问题:法国曾在1941年承诺使其独立,但他们一直在尽一切力量拖延此事。还有,"独立"的具体含义究竟是什么?1944年秋,戴高乐重申了法国政策,即法国在这个地区的"传统地位"必须维持。这当然不是叙利亚人和黎巴嫩人所设想的独立。[70]戴高乐在1944年10月警告比多要提防"英国政策的真实性和两面性"[71]。和以往一样,英国在中东的政策与其说是两面性的,不如说是茫然无措的;还是同以往一样,英国既想和法国保持良好关系,又不愿疏离亲善友好的阿拉伯人,这让它左右为难。1945年2月,丘吉尔在同叙利亚总统会谈时坚称,英国认为法国应该获允在此地保持"特殊地位"。[72]

1944年底,法国当局与民众之间的冲突日益增多。1945年1月,大马士革爆发了暴力反法游行。法国派出坦克镇压,局势变得更为糟糕。4月,戴高乐抛开外交部的建议,派遣部队增援黎凡特。5月,反法罢工和暴力游行已波及所有主要城市。5月29日,法国的奥利瓦·罗格特(Oliva Roget)将军下令炮轰大马士革的公共建筑。他的士兵也向人群开枪射击,造成约1000人伤亡。虽然丘吉尔极不愿意卷入这场冲突,但他还是被迫在5月31日发出最后通牒,并警告说,除非法军撤回到自己的军营,否则英国驻中东指挥官佩吉特(Paget)将军将介入以恢复秩序。由于时差安排上的失误,这项声明是在戴高乐被告知的一个小时前在英国议会宣布的。6月4日,戴高乐在接见达夫·库珀时说,"要是宣战的话,他会更加强硬"。法国海军的"圣女贞德"号巡洋舰授命开赴贝鲁特,戴高乐指示法国士兵,如有必要可向英军开火。[73]

最终,戴高乐还是被迫让步了。他对库珀说:"我知道,我们现在还无法同你们开战。但是你们已经激怒了法国,并背叛了西方世界。这件事我是不会忘记的。"[74]10年后,戴高乐在回忆录中花了15页的篇幅来叙述这件事,可见他确是"没有忘记"。这一叙述充斥着他对英国人的"傲慢"和"侮辱",以及他们对法国"粗鲁干涉"而带来的"公开羞辱"的愤怒之情。初稿甚至更为尖刻:"这件事证明了,当英国强大时,它不会维持同盟,不会尊重条约,也不会在乎真相。"[75]戴高乐无视惨重的平民伤亡,用充满偏见的笔调辩称,正当法国已掌控局势时,英国却选择干涉,然而事实是,5月31日晚上,冲突仍在继续。戴高乐还宣称,他已于5月30日晚上发布停火命令,英国对此也非常了解,但法国驻英国大使马西格里在四天后给比多发电报说,他从未听说过这道命令。[76]

十四 执政（1944年8月—1945年5月）

帝国梦

叙利亚冲突是法兰西帝国所面临的众多危机中的一个。虽然对英国的猜忌导致戴高乐在处理中东问题时失去了判断力，但他还是意识到，如果不改革，法兰西帝国将难以维系。出于此种原因，1944年1月，法兰西民族解放委员会在布拉柴维尔召开了一次讨论撒哈拉以南非洲未来的重要会议。这件事后来为戴高乐赢得了"非殖民化先驱"的美誉，但事实比"布拉柴维尔神话"复杂得多。

这次会议对罗斯福的反殖民主义观点发出了先发制人的打击，是证明法国已认识到变革的必要性而进行的宣传活动。[77]但作为这次会议的组织者其中一员，亨利·洛朗蒂（Henri Laurentie）没有把它当作是一件装点门面的事情。洛朗蒂是一名殖民地官员，1940年8月当乍得支持戴高乐时，他是埃布埃的顾问。洛朗蒂以自己是第一批戴高乐主义者而感到自豪，他在殖民地官场中是一个特立独行的人。在业余时间，他是一名超现实主义的诗人；在殖民地官员中，他的独特之处在于他不用常见的"你"这个字来称呼黑人奴仆。在筹备布拉柴维尔会议时，他提出了一些大胆的建议：把法兰西帝国变成联邦结构，其中，法国位于这种等级体制的顶端，每一层级的演变将取决于它们对自治的准备程度。这种安排与英联邦不无相似之处。然而，这场由殖民统治者主导的会议最终否决了这种激进观念。会议明确地宣称："殖民地已完成的文明使命排斥了任何有关自治权的想法，以及脱离法国管控而发展的可能；它也排斥了在殖民地最终建立自治政府（self-government）的可能，即便是在遥远的将来。"[78]

我们已很难知晓戴高乐究竟是倾向于洛朗蒂的改革宏图，还是倾向于这次会议畏怯的官方结论。他唯一的直接贡献是作了一场浮夸而含糊的开场白。其中，他既赞扬了法国的"文明使命"，又提到了革新的必要性。不过，他的结论却是，在法国获得解放前，还无法对帝国事务作出任何明确的决定。10个月后，在1944年10月召开的一场新闻发布会上，戴高乐发表了一番似乎是倾向于改革的言论，这些话比他在布拉柴维尔会议上讲得

第三章 执政与下野

要更深入，但是，每当谈到实施具体的政策时，他的决定就和这番慷慨的言辞毫无关联了。[79]

最为迫切和严峻的挑战来自北非，1940年，法国的权威在此遭受了难以挽回的打击。这也是布拉柴维尔会议的组织者将决策范围限定在撒哈拉以南非洲的原因之一。1943年2月，温和的阿尔及利亚民族主义领袖费尔哈特·阿巴斯（Ferhat Abbas）起草了一份宣言，呼吁让阿尔及利亚的穆斯林和欧洲人享有同样的权利。它寻求与法国建立某种完全自治的联盟。1943年12月，戴高乐在阿尔及利亚的康斯坦丁举行的一场演讲中对此作了回应，它听起来慷慨大度，但在细节上又含糊不清。正如一个月之后他在布拉柴维尔的演讲一样，戴高乐的行事方式就是承认变革的必要性，却又不作任何实质性的让步。当法兰西民族解放委员会开始讨论改革的细节时，戴高乐转而倾向于更为保守的选择（这让卡特鲁和菲利普颇感遗憾）。[80]

其结果是，1944年3月颁布的法令仅赋予了6.5万名穆斯林完全公民权。这一改革对于阿巴斯来说是远远不够的，在失望之余，他转向了更为激进的立场：倡导完全独立。但在另一方面，欧洲人又觉得这种让步太大了。1945年欧洲胜利日这天，阿尔及利亚康斯坦丁地区的塞提夫和盖勒马爆发了大规模示威游行，结果遭到血腥镇压，大约有2万人被屠杀。阿尔及利亚民族主义者之后将这件事视为阿尔及利亚独立战争的开始。戴高乐在20世纪50年代中期撰写的回忆录中仅用一句话就把塞提夫大屠杀草草带过，他的叙述表明他既不懂这件事的重大含义，也不为此事感到特别的歉意："在阿尔及利亚的康斯坦丁地区出现了一场暴乱，它与叙利亚的五月骚乱是同时发生的，最后被总督镇压了。"戴高乐怀疑这件事与英国在叙利亚的阴谋活动存在关联，这其实完全是他的臆想，但这也反映了当时他是如何解读世界局势的。事实上，这场游行示威活动之所以爆发，是因为戴高乐政府在几周前逮捕了另一位民族主义领袖梅萨利·哈吉（Messali Hadj）。[81]

与此同时，法国在法属印度支那也面临着危机。1940年，维希政府的印度支那总督德古（Decoux）上将收到了日本政府的最后通牒。他被迫在交出军事、经济设施和面临入侵之间作出选择。德古无奈之下只得屈服，就这

十四 执政（1944年8月—1945年5月）

样，在之后四年，印度支那处在一个奇怪的和平泡沫中，其中，法国当局与日本合作，同时这一地区也免于被日军正式占领。

突然，这个脆弱的平衡在1945年3月9日被打破了，当时日本面临着即将被美国打败的危险，因而它决定占领印度支那。几乎一瞬间，法军在印度支那的武装力量就被消灭了。戴高乐发表演讲赞颂了法军对日军的坚决抵抗——尽管事实上抵抗几近为零。也正是在这个时刻，他使用了早些时候所引用的关于"创造事实"这个短语："就算只有两个法国士兵在该国北部作战，那么我们也有必要在自命不凡的美国人面前创造这个事实。"[82]几周后，新闻部长因没有充分宣传这些微弱的抵抗行为而受到了戴高乐的斥责："我非常重视这件事。法国必须一直保有印度支那，将来，我们还要把法国的力量和影响力扩及远东。"[83]

面对日军的入侵，戴高乐政府于1945年3月24日发表了一项庄严宣言，它建议印度支那地区（包括越南、柬埔寨、老挝）应该成为法国"共同体"的一部分。这个共同体将选举产生一个联邦议会，但权力由总督行使。问题是，这个宣言——法国的开局策略是抓回主动权——像是对日军入侵的仓促反应，而不是对帝国本质的真正反思。但一切都为时已晚了。几个月后，因日本投降而留下来的权力真空给越南民族主义领袖胡志明提供了机会，他宣布越南是一个独立的共和国。胡志明未能掌握实权，但其他人也是一样。戴高乐在3月24日发表的宣言很快就被历史遗忘了。

洛朗蒂很快就明白了这一点，1945年6月，他曾致信戴高乐，称法国正处于"全面殖民危机"的阵痛之中，对此必须拿出更具想象力的解决方案。[84]他的观点得到了卡特鲁的支持，但是殖民部的绝大多数官员、外交部和戴高乐本人都不认可。戴高乐首要目标是在盟军抵达前重建法国在这一地区的权势。在波茨坦会议上，盟国一致同意，出于接受日本投降的目的，印度支那应该以北纬16度线为界划分成两个区域：英国在南部受降、中国在北部受降。为了保卫法国的利益，戴高乐派出了一支由勒克莱尔统率的远征军，并且他还任命蒂埃里·达让利厄担任印度支那总督。这是个奇怪的决定，因为虽然两人都对戴高乐无比忠诚，但他们却彼此厌恶对方——这已不是什么秘密了。前骑兵军官勒克莱尔表面上看起来率直鲁钝，但在实践上却灵活务实；前牧师达让利厄表面上看起来圆滑、善辩，但在处理具体事务上却呆板、固执（他在新喀里多尼亚带来的灾难性后果就是明证）。我们不理解戴高乐为什么要把这两个性格迥异的人安排在一起——除了以他惯用的分而治之的用人策略去揣测之外，他认为这样的话，他们彼此会为了博取自己的赏识而竞相勤勉任事。[85]他给达让利厄的指示非常明确：在法国取得强势地位之前，不要向越南独立同盟会[1]作出任何承诺；同时，鉴于英国人"虚伪的态度"，"不要把秘密"透露给他们，否则他们很可能会像在叙利亚那样，在远东重施"卑鄙的伎俩"。[86]勒克莱尔被告知"在我们取得强势地位之前"，不要与叛军有任何接触。[87]

8月第三周，勒克莱尔抵达了印度支那。到1945年底，他已成功地在北纬16度以南地区重建了法国的权威。北方的大部分地区还在胡志明的控制之下。除非法国准备发起长期的军事斗争，否则他们就得寻找一项政治解决方案。但是，戴高乐的指示是，法国不能从3月24日宣言所持的保守立场上再作让步。[88]12月14日，戴高乐与阮福晃[2]举行了会谈，后者是越南阮朝的正统继承人，1916年，他在16岁时被法国废黜，此后一直流亡在外。不过，这次会谈没有带来任何成果，因为两周后阮福晃死于空难。之后，一些戴高乐主义者认为他们不幸地错失了良机。对此，我们不能苟同。扶植一个已几十年未曾踏上故土的人——无论他持有多么自由的理念——上台进行统治，他充其量只是法国的傀儡，这当然不会让越南独立同盟会满意。1945年底，在收到达让利厄关于印度支那现状的报告后，戴高乐说："我们重返印度支那，是因为我们是最强的。"[89]就印度支那和黎凡特来说，戴高乐还远不是一位非殖民化的先驱。

---

[1] 1941年5月10日，越共中央八次会议决定成立"越南独立同盟会"（Vietminh until），其目的是带领越南脱离法国的殖民统治及抵抗入侵的日军。——编者注
[2] Vĩnh San，原名阮福永珊。——译者注

十四 执政（1944年8月—1945年5月）

孤立

正当戴高乐为维持摇摇欲坠的法兰西帝国费尽心力时，法军在欧洲参加了对德国最后的胜利之战，而他应该会为此感到欣慰。5月7日，德国代表在艾森豪威尔将军指挥部所在的兰斯地区附近签署了投降书——第二天正式生效。苏联政府坚持在5月8日于柏林也举行一个受降仪式。对此，戴高乐在回忆录中得意地写道："当然，我事先已和盟国约定好，法国要参加这两次受降仪式。"[90]事实与之稍有出入。在兰斯举行的受降仪式上，法国的签字人赛维将军（General Sevez，他是远在美国的朱安的副手）在最后一刻才接到通知，他的名字被一台打字机草率地嵌在了投降书上，并且，他仅是一名见证人。德·拉特·德·塔西尼出席了5月8日在柏林举行的德国投降仪式，这让苏联人大感意外，以至于他们匆忙地用纳粹旗帜的碎布和一些工人的工装服临时拼凑了一面法国国旗。即便如此，在经历了1940年的耻辱之后，法国人能够出现在这两个重要的历史时刻都是一项了不起的成就，如果没有戴高乐的坚韧、顽强和政治技巧，这是无法想象的。[91]

然而，法国在胜利者当中的存在是象征性的，这并非意味着它完全地重新归入了大国行列。7月，戴高乐没有获邀参加波茨坦会议，而在这次会议上，三巨头讨论了迫在眉睫的战后安排。会议作出的另一个重要决定是同意在德国重新确立中央集权的原则，而这恰恰违背了戴高乐的意图——他称法国对此"不能接受"。[92]站在法国立场上来看，这次会议的一项积极成果是成立一个囊括法国在内的外交部长理事会以讨论德国的未来。在伦敦召开的外交部长理事会第一次会议上，比多提出了法国对德国的最高标准要求——割占莱茵兰、把鲁尔置于国际共管之下等——然而，他发现自己完全被孤立了。9月，戴高乐在给外交部的指示中，没有作出丝毫让步：

> 在当前形势下，最好的举措是在德国通过创设巴伐利亚州、巴登州、符腾堡州、黑森–达姆施塔特州、黑森–卡塞尔州、汉诺

威州等各州来组建其中央政府的管理……这么做了之后，我们要寻找机会让以上各州结成联邦——无论是在什么条件下。[93]

尽管此时的戴高乐似乎是一个"莫拉斯式的民族主义者"——正如他的传记作者埃里克·鲁塞尔所指出的那样，但实际上，他的观点更为微妙。7月，戴高乐领导的一个商讨德国未来的委员会召开了第一次会议，这次会议形成的结论较为自由开放："重建德国绝非意味着危险马上就会降临……'分区占领'的政策从目前来看似乎是弊大于利——考虑到德国的混乱状况更是如此……对于未来（ménager l'avenir），我们不能听天由命，我们需要执行一项灵活的政策。"[94]10月初，戴高乐对莱茵河左岸地区和巴登进行了为期三天的访问，他演讲的主题是重建及法德合作的必要性，这让许多人感到吃惊。[95]在这些演讲的鼓舞下，法国占领区的一名法国官员起草了一份要努力与德国人民建立友好关系的指示。当追随戴高乐最久的"同伴"之一的克劳德·埃捷·德·布瓦朗贝尔于10月被派往法国占领区担任司令官时，戴高乐对他说："你要记住，没有德国，人们就无法让欧洲重振雄风。"[96]

尽管有这些迹象，但戴高乐对此事还没有打定主意，目前来看，法国的外交政策似乎陷入了僵局。在斯图加特、瓦莱达奥斯塔、叙利亚和印度支那，戴高乐几乎激怒了所有人。一贯支持戴高乐主义的外交部官员奥利弗·哈维在叙利亚危机后评论道："戴高乐已表明了自己是不可企及的。对于这样一个人，我们不可能同他建立正常关系。"[97]1945年7月，法国驻美国大使馆发电报称，法国在几个月内就挥霍掉了"巨额的同情资本"，如今，美国人"对我们关注甚少"。[98]无条件忠诚于戴高乐的布林·德斯·罗兹尔在总结了这种情形后承认，法国正在经受"持久的外交孤立状况"[99]。正如拉库蒂尔所言："1940年的法国因为过于虚弱而向敌人屈服，1945年戴高乐因为不够强大而无法把自己的观点强加于人。"在向和平时期政府过渡的过程中，戴高乐似乎无法采纳他在流亡期间和战争期间成功地创造出来的做法，当时，他的首要目标是通过自己坚强的意志力来证明"法国"还存在着。他

十四 执政（1944年8月—1945年5月）

曾在给比多传授自己的外交哲学时说:"你要知道,当你说'不'的时候,别人会爬到你面前,把月亮送给你。"[100]由于他成了政府首脑,这些策略就适得其反了。

在现实中,戴高乐毫不妥协的态度总是在强烈的实用主义的影响下得以缓和。有好几次,他把自由法国推到了与盟国决裂的边缘,但接着他作出让步了。1940年之前,戴高乐在他的著述中对领导权的本质进行了极为理智和有意识的反思,对此,没有几个领导人能够做到。在大量吸收了古斯塔夫·勒庞的思想后,他所描绘的克里斯玛型领袖的形象由于增加了他对偶然性和"环境力量"的尊重而变得均衡。从这一点来看,我们有必要再次引用他曾经写过的关于旧制度的令人钦佩的话语:"要避免抽象、立足现实,宁愿实用而不求崇高,宁愿恰到好处而不要绚丽辉煌（retentissant）,为每一个特定问题寻求契合实际的解决方案,而不是完美的解决方案。"他对拿破仑的批评也是如此:"一旦目标与手段的平衡被打破,天才的策略就会付诸东流。"[101]但在解放后掌权的戴高乐似乎发现很难实现这种平衡。他曾因为在1940年时对战争未来走向的非凡直觉而受到人们的赞赏。他在1942年夏对当年秋季北非局势将如何演变的判断也是惊人的准确。在与吉罗和他的美国支持者斗争时,他迅速地意识到了这场冲突在意识形态上的特性,并充分地利用了这一点。但是,要是戴高乐经常称这个战场是一场伟大的革命的话,那么,从法国的国际地位、法兰西帝国的未来或是它与德国之间的关系来说,他似乎并没有把握这场革命的全貌。当然,他有可能——甚至也是合理的——逐渐地把握。布拉柴维尔演讲表明了他在某种程度上已认识法兰西帝国需要作出变革;他在德国的一些演讲在基调上则表明他很可能会放弃之前宣扬的摧毁统一德国的抱负。但就目前而言,他表现得最明显的似乎不是他那求真务实、实事求是的一面,而是他那戏剧化、追求浪漫效果、毫不妥协的一面。

1945年3月,戴高乐在议会发言时说,法国要在"衰落的甜蜜阴影或复兴的耀眼光芒"之间作出选择。然而,他的外交政策真的能带来复兴吗?这种如摩尼教教义般互为对立的情形是否有助于解读解放后法国所面临的形势呢？1945年底，法国人的生活状况依然非常艰难。当时，最基本的生活用品短缺，黑市交易猖獗，面包配给制重新实行，煤炭资源极其匮乏。在这种情况下，法国有限的金融资源该如何得到最有效的利用呢？当年年底，随着戴高乐和议会之间就1946年的军事预算发生冲突——社会党人提议缩减20%的预算，以便将宝贵的资金用于重建和现代化建设——人们对这个问题的争论达到了高潮。前抵抗战士、现任社会党议员克里斯蒂安·比诺在12月说："一项伟大的政策不需要像青蛙一样自吹自擂。"[102]

直到1944年底，戴高乐的外交政策在国内赢得了广泛支持——法国与苏联签订条约被视为巨大的成功，不过这种状况持续的时间不长。雅尔塔会议后，他对罗斯福的冷落并没有受到法国公共舆论的欢迎。同样，法国民众对于1945年5月他在叙利亚采取的行动也缺乏热情。在那次危机中，最让戴高乐感到气愤的是，协商会议并未支持他。他在回忆录中写道：

> 从他们的发言中可以看出……他们认为叙利亚发生的事情是我们一向坚持错误政策的结果……对于法国在叙利亚和黎巴嫩开展的文化传播事业，他们没有说过一句赞扬的话……议会认真地听着我的发言。当我走下讲坛时，他们照例为我鼓了掌。随后，它通过了一项软弱无力的决议，这实际上等于是表示放弃我们在此地享受的权利。[103]

戴高乐在国内政治方面的宏伟目标是要转变法国政治机构的性质，这么说来，他与法国政客们之间不断扩大的裂痕并不是个好兆头。

十五 从解放者到救世主（1945年5月—1946年12月）

"法兰西这个国家一直存在着"

1942年初，戴高乐在接连几周内给两位生活在美国的法国人写信，对1940年所发生事件的重要意义作出了截然相反的解读。1942年1月，他给雅克·马利丹写道：

> 和你一样，我相信我们的人民正在经历着一种道德沦丧的状况。我认为，要想从深渊中爬出来，当务之急就是要阻止人们沉沦于恶行和奴役……我觉得通过因民族自豪感而形成的民族团结（rassemblement），以及我们带领这个民族为了实现国家的崭新蓝图所作的抵抗，我们终将获益。[1]

2月，他给记者菲利普·巴雷斯（Philippe Barrès）[1]写道：

> 简单地说，这场惨败使我们的国家大为震惊，就像一个人因为踩到橘子皮而摔倒一样。不过，深入考究的话，这个"意外"

---

[1] 他是备受戴高乐崇拜的伟大文学家莫里斯·巴雷斯的儿子，也是1942年为戴高乐撰写第一部宣传传记的作家。

第三章 执政与下野

与它的真正价值并不相符。维希政府仅仅是一个不幸的插曲。维希政府没有根基，法国人民很快就会将它埋葬。²

这种截然不同的论断——把失败看作彻底的"道德沦丧"或"意外"——是戴高乐在与不同的谈话者交流时形成于脑海之中然后才写下来的，它们恰恰反映了他冲突的思绪：他真正害怕的是什么，他宁愿相信的是什么。它们也表现出了他在悲观失望和积极乐观之间摇摆不定，而这正是他一直以来的性格特征。

两年半后，戴高乐重返法国，在面临重建祖国的艰巨任务时，他悲观失望的情绪再次占据了上风。1944年10月，当戴高乐私人秘书处的一位成员在一张便笺上告诉他说，法国需要制定具有明确含义的政策时，戴高乐回复道：

> 总而言之，善良的法国人民等来的今天的法国已不再是它之前的样子了，也就是说，这个国家生了一场大病，它没有各种机构、没有行政管理、没有外交事务、没有统治集团……甚至整个政府也是空无一人。两个月之内，我或其他任何人都无法给它医治好。这是一项至少需要一代人付出长期而又艰巨的努力才能完成的事业。³

这个任务该如何下手呢？戴高乐的做法别具一格，这成了他与抵抗运动领导人的观点向来不同的又一个例证。这些抵抗运动领导人认为，在抵抗运动中形成的新精英阶层应当担负起复兴法国社会道德的重任。抵抗运动的精神也应以一种超越政治党派的崭新的运动形式，在解放后的法国——有可能是在戴高乐的领导下——传承下去。1944年8月24日，也就是戴高乐进入巴黎的前一天，他和敌占区一个抵抗运动组织的首领菲利普·维阿内（Philippe Viannay）进行了一次谈话，并对此种论调提出了质疑。年轻而满怀理想主义的维阿内激动地倾吐着他对未来的设想。他说自

十五 从解放者到救世主（1945年5月—1946年12月）

己坚信，如果戴高乐能驾驭抵抗运动的力量，那么，一切皆有可能。

> 他没有打断我……他抽着烟，烟雾从嘴角冒出后，缓缓地弥漫了他那半闭的双眼；他的双臂交叉着，只有他的头微微地动了一下，像是表明他在听一样。当我讲完后，他似是强调般简洁地说："法国不是重生了，它一直存在着。"[4]

事实上，当要把抵抗运动中关于道德和社会"革命"的言辞落到实处时，它们就变得模糊不清了。1944年3月，全国抵抗运动委员会制订了一项以普遍性社会福利和全面国有化为中心的计划。虽然这项计划是在法国共产党人启发下提出来的，但从意识形态上来看，它所蕴含的大量社会主义人道主义思想与抵抗运动所宣扬的思想不谋而合。解放前，戴高乐在阿尔及尔的演讲已经认可了解放后实行社会和经济改革的必要性，但他同样没有把它们落到实处。在这方面，戴高乐主义学说就是一张白纸，自由法国和抵抗运动的成员都想在上面书写自己的剧本。

把此事列为明确议程的是自由法国的成员乔治·鲍里斯。二战爆发前，鲍里斯是莱昂·布鲁姆的经济顾问，他也是法国最早阅读凯恩斯的《通论》（*General Theory*）一书的人之一。随着自身地位在自由法国内部的攀升，他看到了影响戴高乐未来临时政府经济政策的良机。在1944年7月的一份备忘录中，他指出戴高乐关于未来的设想似乎仅限于重塑法国的国家主权及恢复它昔日的荣光。由于"伟大复兴的概念过于模糊"，他准备借机"罗列出它应该包含些什么内容"。鲍里斯的抱负是让凯恩斯经济学为民主社会主义所用：政府接管银行和重工业，通过新设的国民经济部来制订经济发展计划。为了说服戴高乐，鲍里斯敏锐地把这一构想的意义以戴高乐主义的惯用语描述了出来："这项计划（首先是重建计划，三到五年后是发展计划）是着眼于重塑伟大法国的'戴高乐主义'政策的必备工具，也是任何戴高乐主义实验取得成功的必要条件。"[5]

鲍里斯得到了社会党人安德烈·菲利普[6]和才华横溢的年轻政治家皮

埃尔·孟戴斯·弗朗斯的支持。1932年，孟戴斯·弗朗斯是走中间路线的激进党的左翼分子，也是议会中最年轻的议员（députés）。与法国其他政界人士不同的是，他对经济很感兴趣。1938年，孟戴斯·弗朗斯在布鲁姆的第二任短命内阁中担任财政部副部长，也就是在此时，他和鲍里斯第一次碰面了。他们两人在阅读了凯恩斯的著作后大受鼓舞，并合作起草了一份发展经济的方案。1940年，为了继续战斗下去，孟戴斯·弗朗斯和一批议员一起，登上了开赴北非的"马西利亚"号船，但他被错认为是一名逃兵，并随即被逮捕入狱。1942年2月，他从监狱逃脱后来到了伦敦。一开始，他拒绝在自由法国中担任政治角色，这是因为作为一名犹太人，人们总是指控他临阵脱逃，这让他深受伤害。之后，他觉得有必要通过加入自由法国空军来宣示自己的爱国热忱。1943年11月，在戴高乐的劝说下，他加入了法兰西民族解放委员会，成为一名经济专员。[7]

孟戴斯担心解放会导致通货膨胀。最基本的生活用品似乎依然极其短缺，并且在敌占期，法国的货币供应增加了。他的解决方案是通过紧缩政策来抑制需求。表面看来，这像是一种"保守的"政策，但是，孟戴斯·弗朗斯的灵感源自凯恩斯主义和社会主义，这是一种政府主导经济发展计划的策略，由政府对重建和现代化进行直接投资。尽管他的这些观点是在没有和鲍里斯商讨的情况下形成的，但很快，两人就视彼此为盟友了。

在深感自己的观点得不到法兰西民族解放委员会大多数成员支持的情况下，1944年5月，孟戴斯·弗朗斯向戴高乐写了封辞职信。这种政治冲突是戴高乐在解放前夕最不愿意看到的事情，为了平息事态，他在协商会议上发表了讲话。在讲话中，他重申了解放后"就配给、价格、货币、信贷采取严格措施"的必要性。[8]这让孟戴斯·弗朗斯又恢复了信心，也让戴高乐在被迫作出承诺前有了一个喘息的时机。孟戴斯·弗朗斯写信给鲍里斯说："我觉得从长远来看，我们将会胜出。我确信如今在戴高乐将军的内心深处，他已经被说服了。但不幸的是，他的心思被无数个次要的日常政策给分散了，这导致他没办法集中精力去思考长远的规划。"[9]这意味着他认为仍有可能使戴高乐将军转变成一个原始社会主义者。

十五 从解放者到救世主（1945年5月—1946年12月）

在解放后的戴高乐政府中，孟戴斯·弗朗斯出任了向往已久的经济部长一职，同时，鲍里斯也成了他的首席顾问。他们构想了一项雄心勃勃的计划，其中涉及信贷和重工业的国有化。然而，他们受困于实权掌握在保守的财政部这一现实。在解放后的几个月中，戴高乐临时政府的确开展了一些国有化措施——例如将雷诺汽车厂和一些煤矿公司收归国有——但它这么做的动机与其说是为了实施某种连贯的经济结构改革策略，倒不如说是为了惩罚这些资本家的通敌卖国行为。1945年1月，孟戴斯·弗朗斯提出了一项激进的反通货膨胀的货币改革计划，其核心是纸币兑换和战时利润的清查——就像比利时所做的那样。他认为一旦黑市上的投机商被迫兑换新纸币，那么他们手中所聚敛的巨额资金就将流出。财政部长勒内·普莱文反对这个激进的计划，因为他觉得从选举方面考虑的话，这么做可能会有风险。在此情形下，孟戴斯·弗朗斯再一次向戴高乐递交了辞呈。他与普莱文之间的争论发生在因斯特拉斯堡的撤离问题而产生的危机期间，而戴高乐也再一次说服了孟戴斯·弗朗斯推迟作出任何决定。

1945年3月，孟戴斯和普莱文受邀来到戴高乐的面前向他陈述彼此之间的争论。戴高乐站到了普莱文的一边，最终，孟戴斯辞职了。其实，孟戴斯辞职的一个重要原因是他的改革构想受到了各方的明确反对——左翼的法国共产党人和社会党人反对工资限额和抑制需求；右翼的自由党人和保守派别不信任计划机制和结构性改革。后来，孟戴斯和普莱文之间的争论逐渐被神化，成了法国经济在陷入通货膨胀前遗憾错失避开通货膨胀的一次机会。不过，也有一些理性的论断支持普莱文的观点，认为孟戴斯所开的经济药方剂量太猛了。

孟戴斯·弗朗斯辞职后，国民经济部被并入——实际上是隶属于——财政部。鲍里斯继续用那种他希望能够引起戴高乐共鸣的话语来推动改革计划的实施，"这项计划是一种教义，也是一种信仰。这项计划的精髓或奥秘在于把战争精神——就此而言，它是最公平和高效的——应用于和平世界"。[10]事实上，即便戴高乐政府在1945年下半年开启了新一轮的国有化进程，但人们对此的争论还是越来越偏离上述论调了。当年年底，戴高

第三章 执政与下野

乐批准了让·莫内提出的一项完全不同的经济政策,这项政策与鲍里斯和孟戴斯·弗朗斯所构想的改革方案相比,唯一的相似之处在于,它包含有"计划"这个词。[11]

自1943年秋季以来,莫内一直待在美国,与美国政府商谈一套为解放后的法国提供救济的方案。这一举措帮助法国在解放后的最初几个月度过了危机,然而,一旦战争结束,美国的《租借法案》终止后,局势将如何演变,人们还不得而知。莫内希望说服美国政府继续给法国提供援助,为此,法国保证将这些援助资金用于重建,并且美国的援助也会有助于法国在战后自由化的经济世界中发挥作用。1945年8月,戴高乐把莫内写的一份备忘录交给了杜鲁门。在这份备忘录中,他承诺将向美国政府提交一项希望能够得到其批准的、有关法国现代化的方案——而就在这个非常时刻,戴高乐将军却和美国就各种其他问题发生着冲突。同时,莫内意识到,美国的援助将最终迫使法国降低对德国的诉求。[12]

为了获取美国的财政支持,莫内打算在重建期间成立一个所谓的规划署(Commissariat du Plan)以便合理调配资源。1945年12月4日,他在一份备忘录中把这个想法告诉了戴高乐。和鲍里斯一样,他也用可能引起戴高乐注意的措辞描述了法国所面临的抉择:"步入现代化"或"走向衰落"。他成功了,仅三周后,政府就批准成立了规划署。由于这个机构在未来的30年里在法国经济政策中扮演了重要角色,因而这项决策在后来蒙上了一层神秘的色彩——它既出自莫内的远见卓识,也有赖于戴高乐的恢宏气度。不过,当时的情况并非如此。莫内的初衷是把此举作为解决进一步获取美国援助这个迫切问题的临时办法。戴高乐身边的一名颇为支持社会主义学说的顾问路易·瓦隆(Louis Vallon)曾警告他说,莫内的方案依赖于从美国购买商品,它着眼于"生产合理化",而不是"一项关于法国经济的长远的系统规划"。鲍里斯对此也缺乏热情。[13]戴高乐之所以接受莫内的备忘录的方案,是因为他作出了一个无可奈何、小心谨慎的选择,这是一个"权宜之举",而非"长久之计"。

把戴高乐转变成某种原始社会主义者的努力失败了。考虑到在1940年

十五 从解放者到救世主（1945年5月—1946年12月）

至1942年间他的政治辞令发生过的巨大变化，这种努力并没有它看上去的那么牵强。但最终，他在1945年的经济抉择是在实用主义而非意识形态的指引下作出的，他的这种做法是忠于自身信奉的"环境"法则的表现。在戴高乐看来，法国所面临的根本问题在于政治和机构方面。经济抉择可能会随着环境的变化而改变，但是，对于他来说，任何政策想要取得成功的先决条件是建立一个有效的政治机构。

"法国的危机"

1943年11月，当哈罗德·麦克米伦与吉罗的冲突趋于白热化时，前者公布了自己同戴高乐之间那次令人印象深刻的会谈的内容。戴高乐告诉他，从历史的角度来看，这场冲突意义不大：

> 事实上，法国的危机始于1789年，并一直持续到战争爆发。在这期间，虽然充斥着各种不同的临时体制，但始终缺乏长久的解决办法。他的职责是让民族团结达到能够解决法国社会和经济问题的程度，既不要混乱无序，也不要出现极端政策。[14]

把自己描绘成解决自1789年以来法国所面临的历史问题的人物，这反映了戴高乐的伟大抱负。显然，戴高乐无意于把时光倒转到1789年，那么，他说这番话的意思是什么呢？什么是"法国的危机"？他的解决办法又是什么呢？

1789年大革命给予法国政治文化最重要的遗产是对行政权的质疑。[15]在法国共和主义者的世界观里，他们总是怀疑行政官员在想方设法地挫败通过单一的国民议会中表现出的人民主权原则。19世纪，这种疑惧心理由于第二共和国（1848—1852）的经历——它因为直选总统路易·拿破仑在攫取权力后自立为帝而寿终正寝——而得到了强化。在这种情况下，19世纪

第三章 执政与下野

60年代的共和主义者形成了这么一种观念:"个人权力"是敌人。共和主义者本能地对通过直接选举产生总统的做法怀有敌意,他们甚至反对另设一个上议院,因为两者都有可能妨碍人民主权原则。

第二帝国在1870年灭亡,在此之后建立的第三共和国并没有完全体现以上原则,这是因为它的宪法起草者不是"纯粹的"共和主义者。1871年选举产生的国民议会中包含了大量保皇派成员。然而,由于波旁皇族的王位觊觎人尚博尔公爵(Duc de Chambord)拒绝接受除了法国旧政权之外的任何旗帜,他们复辟君主制的迷梦破碎了。温和的保皇派"皈依"了大势所趋的共和国,企图在1875年的共和政体中掺入一些弱化共和主义原则的元素,其中包括一个间接选举产生的第二议院——参议院——来限制众议院不受约束的权力,以及一位经选举产生后可任职七年的总统——以期他可能成为君主。总统由参众两院选举而非普选产生的这一事实削弱了他独立于党派的正统性,但他有权解散议会。从纸面上来看,第三共和国宪法,再加上它的制约和平衡机制,更像是代表了开明的保皇派的理想,而非纯粹的共和主义者的理想。但在实践上,事实就并非如此了。1877年,第一任总统麦克马洪元帅(Marshal MacMahon)行使手中权力,解散了议会,因为他不能接受当前国民议会的政治局面是通过选举形成的。这一举措被共和主义者视为反对人民主权原则的政变。自此之后,再也没有一位第三共和国的总统胆敢解散议会了。总统逐渐成了虚职,而行政权落入所谓的部长会议主席(Président du Conseil)手中,这也是法国历史上最为接近总理的职位。不过,在这种情况下,政府总是轻易地就被议会推翻了。

尽管"共和主义"战胜了"个人权力",然而,第三共和国的政治家们逐渐地意识到他们缺乏进行有效统治的工具。这在第一次世界大战的最初阶段表现得最为明显,当时,政府发现自身竟然对军队缺乏足够的掌控力。在两次世界大战期间,接连不断的经济危机也给政府带来了诸多新的挑战。20世纪30年代,一些保守的政界人士,如安德烈·塔尔迪厄提议建立一种更接近"总统制"的体制,比如,让总统重获解散议会的权力、允许他不通过其他政要就可以发起全民公投等。对于共和主义的当权人物来

十五 从解放者到救世主(1945年5月—1946年12月)

说,这些提议太激进了,而其他一些对共和体制忠贞不贰的政治家,尽管不愿像塔尔迪厄那么激进,却开始思考在尊重"共和"模式的前提下,该采取哪些措施来提高政府的行政效率。这一合理化的构想导致了一系列技术革新的出现,如1935年为了给部长会议主席提供行政支持而设立了一个秘书处,同时,其办公地点也位于马蒂尼翁宫。此外,政府也开始越来越多地颁布紧急法令,这是它在议会的授权下为了解决特殊危机而在特定时间内采取的措施。

戴高乐对此会作何感想呢?首先,我们可以看出,在理智上,他赞同在两次世界大战期间广泛存在的要求政府建立"合理"组织的呼吁。他的第一本著作《敌人内部的倾轧》的弦外之音就是,政府必须控制自己的军队。1940年后,戴高乐发现他必须从零开始开创自己的统治风格。随着自由法国在最初的几个月内逐渐脱离了戴高乐一人唱独角戏的状况,它开始借鉴第三共和国的一些做法。例如,当戴高乐在1940年着手颁布"法令"(ordinances)时,法律上明确规定它们应当被看作是"1940年6月23日之前,法国的立法机构所制定的法令"的补充,尽管"法令"这个词带有君主政治的韵味。[16]到了阿尔及尔后,戴高乐恢复了相对来说成立不久的政府秘书处这一机构。正如我们所见,路易·若克斯被任命为秘书处的负责人,他向戴高乐进言,如果秘书处的秘书长能够出席法兰西民族解放委员会的各类会议,就像英国的内阁秘书长所做的那样,他就可以更加有效地履行自己的职责。如此一来,法兰西民族解放委员会逐渐成为一个更加精简和"合理"的政府的实验室。若克斯在追忆法兰西民族解放委员会时期——当时他是秘书处的秘书长——的往事时写道:"法兰西民族解放委员会的会议与战前的部长会议毫无相似之处,后者就像是一场野餐,每个人都带有自己的东西。"[17]

其次,在戴高乐看来,正如他在两次世界大战之间的著作中所阐述的那样,在法国历史上,最主要的对立不是出现在共和主义者和反共和主义者之间,而是出现在保卫国家的人与试图削弱国家的人之间——前者是大众利益的化身,后者代表的是特殊利益集团。因而,在戴高乐的头脑中,削弱法国中世纪王权的封建贵族，1648年给路易十四带来沉重打击的投石党人（frondeurs）[1]和现代世界利益集团的捍卫者，如政党、工会等，他们之间存在着连续性。戴高乐对祖国怀有近乎宗教般的崇敬。1946年1月，当他最终辞职时，若克斯想要追随他也选择离任，然而，戴高乐劝诫他说："你是为国家服务，不是为某个人服务的。"在1959年的一场演讲中，戴高乐将军把"为国效力"描述为"在世俗秩序中最为崇高和重要的行为"[18]。

戴高乐对1940年第三共和国的"覆灭"极为震惊，他认为这是一场关乎领导力和制度的危机。因而，他在1944年对勒布伦总统的角色所作的简短评论是这么说的："作为国家元首，他的不足之处在于，他不是一个领袖人物，并且，当时也根本没有国家可言。"[19]1943年11月，一名美国外交官公布了他与戴高乐的谈话内容："他坚信，法国绝不能让战前那种脆弱、腐败的政府管理体系重演……法国将会有一个奉行民主原则、共和原则的强大政府。他说，这是他的设想，但决定权在法国人民手中。"对于他是否打算当独裁者这个话题，"他笑着反问说，是不是任何一个了解法国人民的人都认为，他们可能会接纳一名独裁者"。[20]这就给人们留下了很大的想象空间。

就目前来说，戴高乐不愿受到约束。1945年1月，当戴高乐访问昂热时，当地的共和国专员米歇尔·德勃雷（Michel Debré）注意到了这一点。德勃雷试图让戴高乐明白，当务之急是决定法国的政治制度，然而将军似乎对此不感兴趣。[21]尽管这件事让德勃雷深感失望，不过不久后，他将在戴高乐宪政思想孕育的过程中起到关键作用。德勃雷出身于法国的一个犹太精英家庭，他的父亲是一名出色的医生，这些犹太家庭发自内心地拥护第三共和国，他们把自己在历史上取得的自立成就都归功于它（虽然德勃雷本人皈依了天主教）。20世纪30年代，作为一名前途光明的年轻公务员，德勃雷成了1938年担任财政部长的保罗·雷诺成立的智囊团的一员。进入权力核心的这次经历，以及法国战败给他内心带来的震动，使得德勃雷终身都致力于改革

---

[1] 17世纪中叶，法国发生了一场反对专制王权的政治运动。当时人们用投石器攻击当时实质上的统治者、红衣主教马萨林的拥护者的住宅，故这些人被称作"投石党人"，而"投石器"一词也含有反抗政府的意思。——编者注

十五 从解放者到救世主（1945年5月—1946年12月）

法国的政治体制——包括它的行政机器和政治制度。与此同时，他对自由民主原则也极为尊重，这一点他是从家族继承而来的。除了对改革事业怀有传教士般的热忱外，德勃雷称得上是一名完美的政府官员。他逐渐把英国的制度——或者至少是他所理解的这一制度——视为在自由主义与统治效率、自由与权威之间实现平衡的典范。在敌占期，一群抵抗者为了法国的解放而致力于宪法改革事业，德勃雷就是其中一员。

1944年8月22日，即巴黎获得解放的前几天，德勃雷与戴高乐在昂热首次会面，自此，他对戴高乐主义的崇奉便一发不可收。后来，他是这样描述这一时刻的："8月22日，我见到了戴高乐将军，这是一段美妙的时光……在32岁时，我的人生似乎得到了回报，也走向了圆满。"[22]尽管在五个月后的第二次会面中，德勃雷未能说服戴高乐解决迫在眉睫的宪法问题，但他仍于1945年3月应邀加入了将军的私人秘书处。这可能是出自帕莱夫斯基的引荐，因为他们曾在雷诺手下共事，帕莱夫斯基就是在那个时候认识德勃雷的。在官方简报中，德勃雷在秘书处中负责行政改革事宜，因而，他主持成立了旨在为法国高级行政官员提供培训的国立行政学校（Ecole Nationale d'Administration）。德勃雷的这一创举是对两次世界大战之间广泛存在的要求行政合理化的呼声的回应。戴高乐在回忆录中说，国立行政学院是"米歇尔·德勃雷劳心费神、不辞辛劳一手操办的"[23]。不过，作为一个精力充沛、信念坚定的人，德勃雷也是塑造戴高乐宪政思想的关键人物。

戴高乐曾直言不讳地对麦克米伦宣称，他打算解决近150年来法国历史上一直存在的问题，然而，他显然并不清楚到底该怎么做。有关他的这一时期的档案包含了大量由法学家和政治家提交的宪法草案。它们大多都带有"总体上已审阅"的字样，这让人无从得知将军究竟是怎么想的。[24]当时，戴高乐对一个助手说："我们处在一个前所未有的境地。在之前的革命中，也会出现一个政权准备建立的局面……如今，不只是一个政权崩溃了，而是两个。最好的解决办法是什么呢？"[25]

其实，关键问题不仅在于法国未来的宪法，还在于起草和批准它的程

415

第三章 执政与下野

序。1945年6月2日，在那场主要内容为谴责英国在叙利亚政策的冗长的新闻发布会结束后，戴高乐就此提出了三种可能：第一种，直接恢复1875年的《法兰西第三共和国宪法》；第二种，选举一个最高制宪议会，由它起草一部新宪法；第三种，把政府提交的宪法草案直接交给人民裁决（可能是通过全民公投进行）。在其他场合，当戴高乐以这种方式陈述以上三种可能时，他似乎常常是在为第三种方案作舆论准备。[26]在这件事上，他好像真的是不知道该怎么做。事实上，在之后的三个月，他似乎又倾向了第一种方案——对于一个四年来一直在谴责前政权软弱无能的人来说，这是一个出人意料的结果。

　　如果戴高乐的确是赞同恢复第三共和国宪法这一方案，那么，这也并非因为他放弃了改革的念头。第三共和国的法规允许两院联合起来成为单一的国民议会，并修改宪法。这可能是解决宪法改革问题的最简单的办法，因为国民议会可以把旧宪法中的某些最为糟糕的特征一举废除。戴高乐对第二种方案的担心在于，这么一个最高制宪议会也许会被法国共产党把持，可能会变得完全难以控制。他对大革命的记忆无法释怀，并对一名顾问抱怨说："你们的制宪议会将会变成另一个国民公会。"[27]然而，德勃雷提醒戴高乐，在旧宪法体制下选举产生的议会，也存在着被法国共产党把持的风险。他认为，政府必须保持对宪法起草的控制——就像戴高乐所提出的第三种方案那样。

　　在6月2日的新闻发布会召开后的一个月，形势变得极其复杂。戴高乐周围的许多人都认为，恢复《法兰西第三共和国宪法》将违背他在敌占期作出的允许法国人民选择一部新宪法的承诺。他自己政府中的社会党人和抵抗运动成员们也都竭力反对这一方案。6月中旬，要是还不能按照自己的意愿行事的话，戴高乐似乎准备辞职了——尽管他的一名顾问指出，戴高乐为了拯救第三共和国而采取的这个威胁之举将会是一件令人意想不到的事情。7月8日，克劳德·莫里亚克——此人并不知道机密，但他经常接触戴高乐身边的人——在日记中写道："戴高乐对于选举两个议院这一原则（恢复第三共和国宪法这种方案）的坚持，有可能是伪装出来的……尽管

十五 从解放者到救世主（1945年5月—1946年12月）

有帕莱夫斯基的解释，但我要承认，我对此事仍是一头雾水。"[28]对此充满疑惑的并非只有莫里亚克一人。如果这项方案是"伪装的"，那么，让人感到困惑的是，他的目标到底是什么呢？最有可能的解释是，戴高乐也在摸索前行。

当莫里亚克在日记中这么写的时候，戴高乐在他人劝说下已经放弃了恢复第三共和国宪法的方案。之后，德勃雷在戴高乐的指示下，起草了一份旨在限制制宪议会不受约束的权力的法令。[29]最终通过的方案比较复杂，并且，它也有违先例。具体内容如下：一个单一的议会将由选举产生。与此同时，选民将通过全民公投的方式回答两个问题。第一个问题是这个议会是否拥有制宪权，即制定宪法的权力。若答案为"否"，则意味着法国人民想恢复第三共和国宪法。在这种情况下，选举人要重新投票选举一个参议院。这样，两院就能够联合起来对宪法提出修正案。若答案为"是"，则意味着通过选举产生的这个议会拥有制宪权。在这种情况下，选民们还将被问及下一个问题：这个议会起草的宪法是否应该通过另一次的全民公投，交由人民进行裁决？这个方案太过了，它像路易·拿破仑时期的全民公投一样，会造就"群魔出洞"的局面。但对于戴高乐来说，它是限制制宪议会的最高权力以防其被法国共产党把持的办法。

整个夏天，戴高乐在一系列的演讲中都清晰地表达了自己的渴望，即他想要得到两个"肯定"的回答——第一个"肯定"指的是要建立一个新的共和国，第二个"肯定"指的是要限制制宪议会的最高权力。对于法国共产党人来说，他们对第一个问题想要得到"肯定"的回答，而对第二个问题却想要得到"否定"的回答。10月21日的投票结果显示，占绝对多数的、96%的选举人对第一个问题投了"肯定"票——他们反对恢复第三共和国宪法；占相对多数的、66%的选举人对第二个问题投了"肯定"票，这使得戴高乐成功地实现了限制制宪议会最高权力的意愿。

这些选举首次准确地反映了解放后的法国各种政治势力的影响力状况。法国共产党获得了500万张选票（占选票总数的26%，它在议会中占有158个席位），成为第一大党。紧随其后的是获得450万张选票的基督教民主党，即人民共和党（占选票总数的23%，它在议会中占有152个席位）。这是一个新成立的政党，它反映的是在抵抗运动中发挥重要作用的天主教徒的利益。它的成员有比多这样的抵抗战士，以及莫里斯·舒曼这样的自由法国成员。位列第三的是获得400万张选票的社会党（占选票总数的22%，它在议会中占有142个席位）。这三个政党在法国政坛取得了压倒性优势。由于人民共和党"效忠"于戴高乐，所以它作为一个重要政治派别的出现，让戴高乐备受鼓舞。新议会本可以像法国共产党希望的那样，组成一个纯粹的社会党-法国共产党联合政府，但是，社会党人担心，作为地位较低的合作伙伴，他们可能会被法国共产党人吞并。因此，社会党人主张建立一个包括人民共和党在内的三党联合政府。法国共产党人被迫同意了这项提议，因为他们还没有强大到能够独立组建政府的地步。

辞职

这是戴高乐第一次面对一个通过正规选举而产生的议会。11月13日，议会开会商讨是否选举戴高乐担任政府首脑。就在这一天，戴高乐邀请正在访问巴黎的丘吉尔——此行他是以普通公民身份前往的，因为他在7月的英国大选中被赶下了台——与他共进午餐。对此事一开始担心不已的达夫·库珀，却惊喜地发现：

> 戴高乐穿着一套深蓝色的西装，看上去比穿制服时好看多了。我从来都没有如此喜欢他、崇拜他。他面带微笑、彬彬有礼、魅力十足。在他的未来将开始处于危险的这一天、这一时刻，他不仅表现得极为平静，甚至看起来就像个住在巴黎远郊的乡下人呢。这里没有人打扰、没有电话铃声、没有人过来传达信息，也没有秘书们慌慌张张地进进出出，所以，根本没有任何迹象表明正在发生什么事情。丘吉尔一直待在这里谈论着往事，直

十五 从解放者到救世主（1945年5月—1946年12月）

到3点30分才离开，而议会在3点就开始开会了。[30]

对于戴高乐来说，保持放松姿态并非难事，因为这个结果简直是毫无疑问的。议会几乎一致地选举他为下一任政府首脑。然而，戴高乐在回忆录中以讽刺的笔调写道："我知道这次选举是对我以前的活动表示的敬意，而绝不是对我的未来作出担保的承诺。"[31]真正的冲突很快就发生了。在戴高乐着手组建政府的过程中，多列士提出，作为最大的政党，法国共产党人应该担任国防部、外交部、内务部这三个重要部门的部长。这其实是在阿尔及尔时戴高乐与法国共产党之间冲突的重演，但这一次，作为议会第一大党的法国共产党占据了上风。

戴高乐拒绝了。法国共产党人公开地向他发起了反击。11月17日，戴高乐向全国人民发表广播讲话，阐述了他的观点：尽管他希望组建一个"国民团结"的政府，但他不会允许法国共产党人——尽管他并没有点名是谁——掌控法国的外交和国防政策。戴高乐越过议会直接向全国人民发出呼吁的做法是违背"共和国"传统的，这让他的一些顾问都感到震惊不已。观察到这种做法的达夫·库珀表达了政治界人士的普遍看法："每个人都认为戴高乐在广播讲话中犯下了大错。固执、耿直，以及缺乏政治经验一直都是他的短处。"[32]事实上，戴高乐同时也在幕后与包括多列士在内的法国共产党领导人进行着谈判。过去，他曾多次以辞职要挟他的对手，迫使他们妥协。而这一次，他是认真的。他的助手开始准备搬走他的档案资料了。11月19日，他在深夜召见加拿大大使，并询问道，如果他真的无法组建政府，那么他是否有可能以普通公民的身份前往加拿大一段时间。[33]

最终，双方都妥协了。法国共产党人及时悬崖勒马。他们的人得到了国民经济部、工业生产部、劳工部这三个互相关联的经济部门的部长职务；除此之外，军备部从国防部拆分出来，允许一名法国共产党员在没有控制国防政策的情况下成为军备部长。多列士本人成了国务部长。在接下来的一个月，面对日益恶化的经济形势，戴高乐发现他与议会之间的摩擦越来越多了。正如我们所见，12月底，他与议会就国防预算问题发生了激烈冲突。最令他感到担心的是，在社会党人主导下，宪法起草委员会所拟订的宪法草案正朝着与第三共和国相比似乎更为削弱行政权的方向发展。德勃雷就这件事不断地对戴高乐讲着危言耸听的话。[34]其实，议会走上这条道路正是对敌占期刚刚经历的威权统治所作出的反应。

在意识到自己已失去对宪法内容的控制后，戴高乐想要辞职的念头越来越强烈。1946年1月1日，为了阐明自己所支持的国防预算方案的合理性，他在议会举行了演讲。在这篇演讲中，当时似乎没有人意识到（或相信）有这么一段话：

> 我是在为未来讲话。我们已经开启了重建共和国的进程。这项事业会在你们的手中继续下去。不管你们会怎么想，我将真诚地对你们说，并且毫无疑问，这也将是我最后一次在这幢半圆形的建筑中讲话……如果你们不吸取过去50年来我们的政治史，特别是1940年所发生事件的教训，如果你们无视政府对权威、尊严和责任的需要，那么我预测，总有一天，你们将处于这样一种境况——无比痛苦地后悔当初选择这条道路。[35]

1月6日，戴高乐离开巴黎，来到了昂蒂布的一所公寓，与他的妻子伊冯娜、妻舅雅克·旺德鲁（Jacques Vendroux）、哥哥皮埃尔等直系亲属度过了八天的闲暇时光。戴高乐不是一个天生的旅行者，并且奇怪的是，这个极为喜欢人群欢呼声的男人却讨厌成为路人好奇的对象。有一次，一个女孩向他索要了亲笔签名，事后他对助手克劳德·居伊说："聚集在一起的人群并不令人生厌。不过，我不喜欢人群中的单个个体及极小的团体（小型宴会）。别人盯着我并向我索要亲笔签名让我觉得很不自在。"[36]有一张戴高乐在昂蒂布登山的照片，当时，一个摄影师无意间发现了他，并拍下了这个瞬间，在这张照片中，他的表情看起来既吃惊又不悦。

待在这座公寓里的人把大部分时间都花在了讨论戴高乐接下来该怎么做这件事上。皮埃尔说，如果他辞职，那么公众就会因为他"舍弃"了他

十五 从解放者到救世主（1945年5月—1946年12月）

们而反对他。身为人民共和党议员的旺德鲁赞成戴高乐辞职，他认为应该通过此举给那些政客一个教训，好让他们明白要是没有戴高乐，他们根本无法进行统治。1月14日，戴高乐一行人乘火车返回巴黎，他们整个晚上还是在讨论有关戴高乐辞职的问题——旺德鲁称，"有时候非常激烈"。戴高乐抵达车站后，内务部长、社会党人朱尔·莫克（Jules Moch）出于礼节需要前来迎接他，直到此时，他才拿定了主意。在他们乘车前往圣多米尼克街的路上，他非常肯定地告诉莫克，他已决定辞职：

> 有关名誉受损的讨论使我确信，想要和多个党派共同治理国家根本不可能（他字字清晰地说）……我觉得自己并不是为了这种斗争而生的。我不想每天都受到那些醉心于法国小官小吏的人的攻击、批评和质疑。

莫克极力恳请戴高乐三思而行。他的理由是，将军本可以在法国解放后以他的使命已完成为理由顺理成章地作出放弃权力的决定，但是，既然他当初愿意承担责任而选择了留任，那么今天他就必须继续承担下去：

> 戴高乐怀着少有的耐心——甚至我认为是一定程度的宽容心——聆听着这番苛评。在我讲完后，他握住我的手，若有所思地低声对我说："也许你是对的，谁也无法想象一个结婚生子，并且——天晓得呢——继而被丈夫背叛的圣女贞德。"他的这些话让我震惊不已。[37]

他讲出这番谜一般的话语也许是为了表明莫克是对的：他应该早点辞职。在接下来的几天，戴高乐把这个决定告诉了几个亲密的助手，并接着履行了他作为政府首脑的职责。在他最后处理的一系列事务中，其中一件是把一封函件交给了国防部长，以提醒他提防英国人想要"盘踞"在北非地区法国领土上的野心。另一件事是，他给法国驻德国占领军现任指挥官

第三章 执政与下野

柯尼希发出了一项指示，开头的一句是"我反对"，并毫不讳言将来的德国应该是一个由诸多独立的邦国组成的联合体。[38]

1月17日，戴高乐主持召开了部长会议，没有任何迹象表明这将是他最后一次履行这一职责。比多在会上所作的法军从黎凡特撤离的报告成了他情绪爆发的一个信号：

> 每当英国人做出无耻之举时，他们的外交部就宣称：这不是我们的错，而恰好是他人的错。但是，这些所谓的"他人"却从来没有被更好的人替换或取代。
>
> 他们想待在中东地区的原因有两个：其一，这是他们同我们对抗的传统政策的延续；其二，他们想在任何地方都对苏联人保持警惕……出于这两个原因，我们绝不能撤离……我们必须坚守所签署的协定，如果不行的话就让他们撤离，让他们见鬼去吧（allez vous faire foutre）。[39]

1月18日，在看到马西格里就黎凡特问题发来的电报后，他在上面批注了"愚蠢"一词，并对英国外交部大加斥责——因其"继续奉行劳伦斯的政策"[40]。

1月19日，这一天是周六，国防委员会召开了一次会议。会上，军备部长、法国共产党人夏尔·狄戎就军队的后勤问题发表了一番评论，接着，戴高乐用足足一个小时的时间讲述了自旧制度起直至今日的法国军队的后勤史。晚上8点，他宣布会议结束，当时，与会人员中几乎没有谁能够预料到他将在第二天辞职。[41]

1月20日，周日中午，戴高乐突然召开政府特别会议，大多数部长都不明所以。他步入房间后，让各位部长不要围桌而坐，而是请他们聚拢在壁炉旁，紧接着，他发表了一份简短声明，宣布了他"不可改变的"辞职决定。说完，他与大家一一握手，之后就转身离开了房间，钻进了一辆在外面等着他的汽车并很快地扬长而去，留下了一众错愕无言的部长，他们开

十五 从解放者到救世主（1945年5月—1946年12月）

始思索接下来该怎么办才好。[42]他们推选出了温和宽厚的社会党政治家费利克斯·古安来接替他。

由于戴高乐在辞职前已对此思考了几周之久，因而他的辞职行为不应被称作是冲动之举。然而，他选择的辞职时间却令人不解。既然他辞职的主要原因是自己无法与各党派合作共事，以及对正在起草的宪法持反对意见，那么他本该在更早的时候辞职——比如说在1945年10月选举后，当时他可以宣称他已经完成使法国重建民主制的任务，并暂时地退居幕后——或者是晚点辞职——比如说当宪法起草工作完成后，这时他就可以宣称自己不同意宪法条文——或许会显得更为合乎情理。所以，从辞职时间可以看出，他在作出这一决定时情感多于理智。

戴高乐身心俱疲，他对那些有负于他这个解放者的政客满怀怨恨。如果说从昂蒂布归来后，他的辞职决心有所动摇的话，那么可以确定地说，1月16日在议会中发生的一个插曲又使他坚定了辞职的决心。这天，政府作出决议，批准了维希政府所作的把荣誉军团勋章授予1942年11月在北非同美军战斗时阵亡的法国士兵的决定。这一做法遭到了爱德华·赫里欧的批评——此人是一位资深政治家，1944年7月，赖伐尔曾主动与他有过接触，以便同他商讨建立一个过渡政府是否可行。戴高乐支持政府的决定，这是他在议会的最后一次露面：

> 赫里欧先生将会原谅我用极其简洁明了的话语来反驳他，因为自1940年后，我与维希政府的交往除了信件往来之外，还有交火……共和国政府不应该从阵亡士兵的棺材中，或者受伤士兵的怀抱中攫取他们在险恶的条件下——对此他们是无辜的——获得的勋章。[43]

如果说戴高乐辞职的时间令人不解的话，那么他辞职的方式更是如此。在辞职的第二天，他给继任者古安写信解释了他作出这一决定的原因。他的理由是，他已成功地使解放后的法国恢复了秩序，并且，国民经济也正在复苏,"尽管它仍存在着诸多问题"⁴⁴。不过,考虑到仅仅几周前的法郎贬值,以及再次实行的面包配给制,这种乐观思想事实上并没有得到广泛的认同。戴高乐的这番话可能会使人产生一种他怀有自满之情——其实并没有——或他要逃避责任的印象。库珀在发给伦敦的电报中是这样说的:"戴高乐将军并没有辞职,因为一切都毫无异样;但是也可以反过来说,一切都不太对劲。"⁴⁵戴高乐的一些随从认为,"这个因'6·18'讲话而名载史册的人"不能在"给了古安先生一封信"后就向历史告别,基于此,他们力劝他坦率地讲出自己辞职的真正原因。⁴⁶戴高乐似乎一开始打算在辞职之后要发表广播讲话,但是,当他收到了社会党人樊尚·奥里奥尔写给他的一封满怀忧虑之情的信件后就改变了主意——在这封信中,奥里奥尔恳请他不要加深法国的分裂,他还提醒道,在离任之后发表广播讲话似乎也不太合乎规矩。戴高乐向他保证说,自己从来没有想过要这么做——尽管事实上许多报纸已刊登了他将于1月21日发表广播讲话的消息。奥里奥尔担心戴高乐可能会策划一场政变,或是利用民众支持发起一场布朗热运动以使自身地位凌驾于各位政界要人之上。⁴⁷

虽然戴高乐把一副好牌打得稀烂,但他知道自己已没有一张能够使政变成为可能的牌了。接下来的几个星期,戴高乐花了大量的时间向来访者解释他辞职的原因,这令他不禁怀疑自己当初是否作出了正确的判断。他对克劳德·居伊及其他人说——这些人指责他在辞职一事上没有给出一个令人信服的公开解释——没有什么比沉默更有效的了,"一个人的行为必须别具一格……只有别具一格的事物才不会被人们遗忘。我要让这个秘密伴着我一同离去"⁴⁸。

在戴高乐的"全部剧目"中,"戏剧艺术"一直以来都是他的一件重要武器,但是,这一次它失灵了。他可能以为,因自己的辞职而带来的震动会引发一场抗议浪潮,这将迫使政客们按照他所提出来的条件接受他的回归。1月20日晚,他给小说家安德烈·马尔罗写信说,他将从位于讷伊的别墅中搬离出去,因为他想"避开可能会发生在自己周围的示威游行"⁴⁹。这是他一厢情愿的想法:根本就没有什么示威游行。负责监管公共舆论的

十五 从解放者到救世主（1945年5月—1946年12月）

地方行政长官们报告说，戴高乐的离去虽然出人意料，却并没有引起格外的关注——事实上，人们对他辞职的关注度还不如对去年11月时他与多列士之间的冲突的关注度高。[50]针对这种情况，法国共产党人马塞尔·卡山（Marcel Cachin）在戴高乐辞职当天准确地概述道："这是历史性的一天。我们在没有使民众受到惊吓的情况下就摆脱了戴高乐。"[51]

戴高乐担心他可能很快就会被边缘化。出于这个原因，他拒绝了政府要把他的"身份"作"标准化"处理的任何企图。4月时，政府打算补授他为五星上将，并同时把最高荣誉勋章"荣誉军团勋章"也授予他，然而，戴高乐礼貌地拒绝了。他在私下怒斥政府这么做是为了"将我束缚在一个框架内，'压制'住我……通过把我变成跟他人一样的人来贬低我——如果我接受的话……我孤身一人在异国他乡从一无所有中重新创造了法国……我不是一个常胜将军。我也不是一个给法国装点门面的人"[52]。

在辞职后的几周，戴高乐保持着沉默，并力图避免任何形式的公开露面。他甚至没有去格勒诺布尔参加弟弟雅克的葬礼——他已被病痛折磨了20年之久，终年53岁。辞职当天，戴高乐就从位于讷伊的别墅中搬出去了。但是，他无法回到科隆贝居住。1940年，政府没收了他的名为"拉布瓦瑟里"的住宅并挂牌出售。由于找不到买家，不久之后，德军就把它用作军营了。1944年时，这里已破败不堪，并且屋内的家具设施也被洗劫一空。在修缮工作进行的时候，戴高乐租赁了一幢建于17世纪的狩猎别墅，它坐落在距巴黎约25千米的马尔利公园内。这所房产归国家所有，它是路易十四时代所建造的城堡和公园的全部遗存。这座房屋尽管有着显赫的历史渊源，却狭小、阴冷、潮湿、陈旧。戴高乐搬进去的那天，克劳德·居伊发现戴高乐夫人在屋内四处寻找着陶器。让戴高乐对马尔利感兴趣的原因在于，这里与巴黎的政治世界是隔绝和分离的。在这个自我流放的过程中，戴高乐的两个副官克劳德·居伊和加斯东·德·博纳瓦尔继续在为他效劳。克劳德·莫里亚克仍在为他处理信件。戴高乐对他说，在回信时"不要给人留下我将永远离开的印象。作出不偏不倚的答复即可"。[53]

莫里亚克和居伊的日记是理解戴高乐的情绪在将来的几个月中出现反

第三章 执政与下野

复无常变化的宝贵资源。在马尔利"获得自由"的第一个晚上，戴高乐拿起安德烈·莫洛亚所著的迪斯雷利（Disraeli）的传记看了起来。看着看着，他突然用洋洋自得的腔调大声地读道："绝对不要在一场民众集会上为自己辩护，除非你要发起攻击；你的对手们会从这种新的攻击中得到快慰，这将使他们忘记他们曾对你发起的攻击。"——这段话是俾斯麦对格莱斯顿（Gladstone）讲的。[54]吃过晚饭，他又投入到了阅读之中，不过，此时的他时不时会冒出几句愤怒的话语："当一个人有能力击垮他人时，就应该马上采取行动。在击垮了米瑟利耶和其他像他这样的无名之辈后，我们也有必要把吉罗击垮。"几分钟后，他又开始对法国政客进行猛烈抨击："各个党派和现任政权将一天天地失去公共舆论的信任。果实就要成熟落地了……他们在看待我的时候——就像先是丘吉尔，接着是罗斯福看待我一样——都犯下了同样的心理错误。那两个人总是对我抱有偏见！他们认为我只不过是一介武夫。"[55]诸如此类的话，他还讲了好多。无论是写作还是阅读，戴高乐都在不停地思考。当接待来访者时，他就会把这种内心独白吐露出来；或者当他看到报纸上的某篇文章时，这也会刺激他把内心想法一股脑儿地宣泄出来。他谈论的主题从来就没有改变过：卑不足道的政客们卑鄙无耻（"可怜的老头古安""可怜的小比多"等），如果他们长期统治法国将出现的如世界末日般的灾难图景，与苏联交战的可能性，英国人的背信弃义，美国人的愚蠢无知。他常常滔滔不绝地讲述着自己的一生是如何经历了一连串的失败：没能让法军在1940年之前接受他的军事思想；没能劝服法国政府迁往北非；没能取得达喀尔战役的胜利等。

  3月17日，埃尔韦·阿尔方拜访了戴高乐，后者针对国际事务发表了一番长篇大论，并在最后预言："当苏联人进入巴黎的时候，英国人和美国人就会明白他们之前扶植德国而非法国的做法是大错特错的。"在这场"灾难性的谈话"结束之后，阿尔方有点恍恍惚惚地离开了："在乘车回巴黎的路上，我看着街上的行人……他们像是一群被判了死刑的人，但他们丝毫不知自己的命运早已注定了。"[56]弗朗索瓦·莫里亚克在2月16日拜访了戴高乐后也震惊不已："在他面前我觉得自己成了一个十足的傻瓜……他根本

就不看你。他的眼中几乎没有你这个实实在在的人。"⁵⁷

4月底,制宪议会完成了宪法的审核讨论工作。在法国共产党人和社会党人的影响下,它所制订的宪法草案与戴高乐的设想截然不同。比如说,实行一院制的议会掌握国家大权;共和国总统的地位甚至比1940年之前还要卑微。戴高乐依然保持着沉默。他希望人民共和党对该草案的反对能够使得全体选民也对其拒不接受。戴高乐对人民共和党的态度比较矛盾:一方面,如果他想在议会中成功地阻止宪法的通过需要取得它的支持;另一方面,他又因该党的部长们在1月时没有随着他一起辞职而对它心怀不满。3月的时候,他曾给莫里斯·舒曼——此人正试图对他伸出橄榄枝——写信说:"与我们刚刚完成的伟大事业相比——迟早有一天我们将再次投身于此,我抱有这么一种曲解:各个政党的重要性微乎其微,其中也包括你所在的政党——请原谅我这么说,我们像个囚犯一样置身其中是不值得的。"⁵⁸

5月5日,全民公投的结果显示,59%的选民对这部宪法投了反对票——它对法国共产党人是一种打击。这种情况在6月2日举行的新的制宪议会的选举中得到了证实。人民共和党获得了28%的选票成为最大政党;法国共产党和社会党分别获得了26%、24%的选票。在选举运动期间,戴高乐仍旧默不作声。5月26日,他搬回到了科隆贝,此时他准备发声了。

重返论战:从贝叶到埃比纳尔

6月16日这天,戴高乐在贝叶——差不多刚好两年前,他以法国解放者的身份踏上法国领土后,正是在这里首次发表讲话——的演讲拉开了他重返政坛的序幕。他在演讲中提醒听众,在不超过一个人生命的两倍时间里,法国就遭遇了七次入侵并颁布过13部宪法(当然,这两个事实在他看来是互相关联的)。接着,他给出了自己讲这番话的寓意,即法国需要建立一种以立法权和行政权明确分离为基础的政治制度:

第三章 执政与下野

> 行政权必须出自国家元首……国家元首的地位在各个政党之上，他由议员及其他成员构成的选举团选举产生……他的使命是任命部长和总理——他们必须指导政府政策和工作。颁布法律和条令是国家元首的职责……他还要主持政府会议并行使权力确保它们能够定时召开——后者对于一个国家的正常运转来说是不可或缺的。如果出现政治偶发事件，通常情况下，国家元首要通过部长会议来发挥仲裁者的作用，若是在危急时刻，他应该让国家通过投票来表达它的最高决定。如果祖国处于危险之中，他的责任就是捍卫民族独立。[59]

拉库蒂尔在提到这篇演讲时说，戴高乐"撰写了两个多月，讲完它花了27分钟，讲的还是自己10多年来一直宣扬，并在12年后才将之付诸实践的思想"。[60]这篇演讲被视为1958年第五共和国成立的前兆，就像布拉柴维尔演讲被视为非殖民化的前兆一样。事实上，只有从最广泛的意义上来讲，这篇语句稍显含糊的演讲才能被视为某一事物的模型。[61]从许多方面来看，第五共和国的宪政体制与他在这里宣扬的思想存在诸多差异。我们对贝叶讲话的起草过程知之甚少，但考虑到它已获得的极为传奇的地位，这就显得尤为异乎寻常。克劳德·居伊，这个对戴高乐此时所说的几乎每一句话都不会遗漏的虔诚的记录者，在1946年6月4日仅仅简单地记述了这么一句："整个早上他都在忙着他的演讲稿。它只剩下最后的润色了，因为在离开马尔利之前，他已经把它完成得差不多了。"[62]这给人们留下了很多未解的疑问。

在发表这场演讲之前，戴高乐向谁请教过？他阅读了哪些参考书？在演讲时，他只引用了梭伦这个大人物所说的话："希腊人曾问哲人梭伦：'什么样的法律才是最好的？'他回答：'你们先告诉我它将在什么时候应用于何人。'"戴高乐曾同德勃雷和法学家勒内·卡皮唐就演讲内容商讨了多次——后者自阿尔及尔时期以来一直都是戴高乐最为热诚的支持者之一。但是，我们不能高估他们的影响。德勃雷认为选举制度是确保任何政府获得稳定多数支持的关键所在，然而，戴高乐在贝叶的演讲中对此并没有提及；支持直接民主的卡皮唐认为，全民公投是使总统权力超过议会的重要手段，然而，戴高乐对此也没有提及。[63]将军在战争期间曾对美国宪法表现出了某种兴趣，但在得知总统无权解散国会时他感到十分震惊。[64]在贝叶发表的演讲中，他所主张的并非参照美国模式制定一部总统制宪法，因为他认为总统并不是行政首脑，而是一名"仲裁者"。戴高乐也曾参与20世纪30年代中期的宪法改革大论战。1946年，他又重温了安德烈·塔尔迪厄的言论——此人在当时持有的观点与他在贝叶发表的演讲中所表达的思想比较相似。[65]

戴高乐的宪政思想不存在关键要点。他在1946年时并不是一个法学家，就像1934年时他不是一个坦克专家一样。他在1946年时对宪政细节缺乏足够了解的情况，就像1934年时他对坦克的构造细节所知有限一样。他在构思这篇演讲时参阅了大量资料——此前他在写作《建立职业军》这本书时同样如此。他的作品源自他对参阅材料所作的升华，里面贯穿着他对法国历史的整体看法。戴高乐对分权概念——这是其中一个他认为比较重要的主题——的理解并不会得到孟德斯鸠或洛克的认可，因为这两人认为它是制约专制权力的一种手段。有时候，他的思想听起来和詹姆斯·麦迪逊（James Madison）在《联邦党人文集》一书中所表达的某些观点颇为相似（虽然他似乎没有读过麦迪逊的文章）——后者在这本书中谴责了政治派系的权势。在法学家看来，他在演讲中所说的行政权"出自"（procéder）国家元首这句话毫无意义。法语"procéder"一词是个神学用语，意为"生出"——比如，圣父和圣子共同生出了圣灵。同样含糊不清的是戴高乐建议国家元首可以"让国家通过投票来表达它的最高决定"。这意味的是举行一次全民公投还是国家元首有权解散议会并举行大选呢？抑或是两者兼而有之呢？这些都是戴高乐善于让人对他的含糊话语产生联想的经典事例。[66]

最终，与挑战了法国共和主义的整个政治文化这个事实相比，他的这些含糊话语在这篇演讲就显得不重要了。在共和主义传统下，共和国不只是一套制度，它更是法国大革命所确立的共和原则的象征，并且它还代表着人类追求民主进步的进程。戴高乐绝不是一个莫拉斯式的"反共和主义者"，然而，他也绝不是按照"拥护共和政体的"共和主义者的方式去"拥护共和政体的"。戴高乐出生在一个拥护君主制的家庭，长期以来他都认为，对于法国来说共和国只是国家所采取的形式之一。在贝叶讲话中，"国家"一词出现了11次，"共和国"一词却一次也没有被提及——除了在回顾第一、第二、第三共和国以及魏玛共和国、西班牙共和国这些失败先例的时候。不过，戴高乐的演讲并不仅仅是在对法国将来的宪法进行抽象的哲学探讨。他是在追求权力：他提出了一种能够允许他按照自己的意愿去执政的宪法。他为法国150年历史提供的解决方案，也是他对戴高乐将军问题的解决方案。

这无助于他为自己的理念赢得支持。忠心耿耿的莫里斯·舒曼在贝叶讲话的前几天写信给他，恳请他不要把自己对宪法改革的建议公布于众，而应该将这些建议通过某种方式告知人民共和党，以便让他们代替他提出来。舒曼说，法国的问题是如何"把戴高乐主义者的思想移植到人民共和党党员的脑海中"。这等于是暗示戴高乐并不是做这件事的最佳人选。[67] 法国共产党对此的消极反应是可以预见的。一名法国共产党人写道："我们知道是谁在支持戴高乐将军。像贝当元帅一样，他不谈共和国……只谈国家……这是一种国民投票的独裁统治……当权者的目标就是追逐第一执政的职位。"莱昂·布鲁姆的反应虽然温和一些，但这对于戴高乐来说也不怎么有利。布鲁姆颇有先见之明地指出，戴高乐的想法所包含的逻辑是，通过普选来选举总统——这一想法会唤起波拿巴主义的所有幽灵。[68]

要想把自己在演讲中提出的理念变成现实，戴高乐唯一的希望在于它们能够被制宪议会中的人民共和党采纳。但人民共和党在议会中并不占多数，并且，它的某些领导人对戴高乐的怀疑也不比社会党人对他的怀疑少；其他一些人，比如像舒曼这样的戴高乐主义者则认为，法国不可能永远处在宪法危机中，一个不完美的解决方案总比什么都没有好。发生在议会中的辩论表明，站在戴高乐的立场上看，新起草的宪法较之前的那部要好一些——总统将有权解散议会——但它还是没有满足戴高乐的全部要求。整个夏天，戴高乐接待了许多来访者，他们都力劝他妥协。没有谁比接连两次拜访科隆贝的德勃雷表现得更为迫切了。戴高乐依然固执己见：

> 听着，德勃雷，我在之前已遭受过多次打击。多个事例表明——这样的事例有很多，那些背叛我的人或是团体都因此而受到了重创……无论是米瑟利耶……还是吉罗，这些背叛我的人都很快地沦为了废人。人民共和党也会是同样的结局……再过几个月，再过两年，他们在议会中将只剩下一堆骨架——由30个废人组成的骨架。[69]

这个预言没错，就是在时间上有点乐观。

卡皮唐在贝叶讲话之后发起了一场名为"戴高乐主义联盟"的运动来为戴高乐的理念摇旗呐喊，尽管如此，戴高乐并没有给他任何鼓励。但在另一方面，戴高乐也没有公开地否定卡皮唐的做法——虽然他的一些追随者敦促他这么做。[70]卡皮唐也来到科隆贝拜访了他，但在离开的时候，他仍旧不明白将军是否支持自己的这种做法。[71]戴高乐大概是在等着看将会发生些什么：如果戴高乐主义联盟能够取得成果的话，就把它们据为己有；如果不能，就与它划清界限。

1946年9月18日，在人民共和党的支持下，议会通过了新的宪法草案。人民共和党的领导人认为，即便在宪法生效后，它仍然可以得到修改，同时，他们不希望同戴高乐彻底决裂。但是，当戴高乐于9月29日在埃比纳尔的演讲中宣布他的决定时，这个希望就破灭了。对于戴高乐来说，虽然新的宪法草案比之前的要好，但他仍不能接受。尽管在这篇演讲中"共和国"一词出现了12次——这个词在贝叶讲话中的缺失使有些人感到十分震惊，他现在这么做可能是对这些人作出的某种让步——但它仍旧是对人民共和党的公开宣战（而不像之前那样，在私下大声地责骂他们）。这标志着自此之后他将与人民共和党分道扬镳，同时，后者也无法吹嘘自己是一

第三章 执政与下野

支对戴高乐"效忠的政党"了。对于一些像比多这样的人来说，这不是什么令人遗憾的事情，因为他们在和戴高乐共事的过程中已饱尝了痛苦。而对于另一些像舒曼这样的人来说，他们要在戴高乐和与党保持一致、接受这部并不完美的宪法之间作出痛苦的选择。舒曼这个自称"追随戴高乐最久、对他最为忠诚的伙伴"，在秋季给他写了多封饱含痛苦之情的信件。他责备将军说，戴高乐的困境是他自己制造出来的，并接着声称，要是他在第一次全民公投前公然反对当时的宪法草案，那么就有可能增加"反对者"的人数。同时，这也将帮助人民共和党在接下来的选举中获取更多选票，"当前不完美的草案是你的沉默和不作为造成的"。这个分析相当正确，不过，戴高乐是以不友好的态度看待这种苛责的。[72]

此时，戴高乐仅存的希望是他对这部宪法的反对态度使得足够多的选民也对其拒不接受。但是，他对此不抱什么幻想。作为一个极其蔑视政党并在1946年制造出这样一场政治灾难的人，戴高乐有着敏锐的政治嗅觉。在全民公投前一周，他预测的结果是：800万张"赞成票"、700万张"反对票"、900万张"弃权票"。[73]这差不多是正确的。戴高乐在埃比纳尔的演讲中对当前宪法草案的谴责，却使得全体选民怀着一种冷漠和敌视的复杂态度接受了这个新成立的共和国——他们的这种态度还没有强烈到足以将它彻底扼杀的地步。

现在，全体选民要进行这一年中的第三次投票了：这一次是要选举出他们刚刚以冷漠的态度支持成立的第四共和国的第一届议会。同样是法国共产党、社会党、人民共和党这三个政党占据着主导地位，所不同的是法国共产党重回了第一大党的位置。卡皮唐组织的戴高乐主义联盟仅获得了60万张选票（占选票总数的3%）：没有戴高乐的戴高乐主义显然前景暗淡。

整个夏天和秋天，科隆贝成了一个繁忙之地，为了改变戴高乐对这部宪法顽固的敌视态度，那些政客和说客——如帕莱夫斯基、德勃雷、舒曼、卡皮唐等人，不断地从巴黎来到这个地方。现在，这座房屋里却寂静得可怕。12月18日，居伊写道：

将军正处于"休眠"状态。昨天下午是他回到科隆贝以来（9月29日从埃比纳尔归来）第一次走出花园的前门——他简短地探望了当地一位已瘫痪七年、卧床不起的农民。白天，他除了在花园转一圈之外，就待在书房撰写他的《战争回忆录》……昨天他让夫人去给他买一个笔记本，他想在上面详细地记下某个"想法"，并在读书的时候摘录一些引文……他不写信，也从不打电话。帕莱夫斯基已经有好几天没见过他了。他与政治仅有的接触是，他会在19点45分收听广播并阅读延迟24小时送达的晨报。[74]

这个秋天，身居科隆贝的戴高乐漫不经心地写着他的回忆录。这种类似禁锢的生活给他带来的挫败感，不时被短暂的欢愉情绪所打断——比如12月中旬时，议会中的各政党似乎在组建政府一事上无法达成共识，对此他说道："他们将会像一条挨过鞭打的狗一样向我跑来，我将以一种他们不会忘记的方式去欢迎他们。"[75]然而，他们并没有去找他，当富有政治经验的社会党人莱昂·布鲁姆同意组建一个清一色的社会党人看守政府时，巴黎的政治僵局暂时得以解决。这就为第二年1月议会选举同样富有政治经验的社会党人樊尚·奥里奥尔担任第四共和国的第一任总统铺平了道路。由于布鲁姆在建立政权的过程中已履行了他的职责，因而一个新的由社会党、人民共和党、法国共产党构成的三党联合政府，在另一名社会党人保罗·拉马迪埃（Paul Ramadier）的领导下成立了。远在科隆贝的戴高乐忧郁地看着这一切。

为了和家人一起过圣诞节，居伊离开了科隆贝几天。等他在新年回来的时候，他听说戴高乐夫妇和女儿安妮孤独、忧伤地度过了这个节日：

他一直指望他的儿子能在那里当副官……但是像任何一对老年夫妇一样，戴高乐将军和夫人徒劳地等着他们的儿子——他在12月27日才回来。伊丽莎白生病了，他根本来不了。戴高乐夫人向我讲述了这个圣诞节发生的一件令她难以忘怀的悲伤的事情，

第三章 执政与下野

> 戴高乐将军——这是自1940年以来第一次——想愉快地度过这个节日：他订了一份丰盛的圣诞午餐。
>
> 接着，还有一件悲伤之事，在他们做子夜弥撒的时候，一个摄影师开了闪光灯，这让他们的眼睛几乎什么也看不到了……这是一片令人悲伤的景象：仆人玛丽提着一盏防风灯照亮了通往教堂的路……回来后，只有他们两人用了夜餐，这些事情是她带着无限忧伤之情对我讲述的。[76]

自9月以来的几个星期，戴高乐陷入了一种周期性的、似末日来临般的悲观情绪之中——政客们对他的背叛、法国放弃了在德国攫取更多利益的野心、帝国的混乱等，都让他感到悲观。有一天，他深沉地说："这也许是法国的末日……当然，即使是一场核战争后也总会有一些法国人活下来……少数厨师和理发师。"又有一天，他对法国在世界上的地位咆哮道：

> 所有的社会主义者和煽动家在谈论法国在世界上的地位的时候，简直让人发笑……听着他们的谈话，你会以为在人类的眼中，法国在世界上的地位从1789年就开始变得举足轻重了……但恰恰相反，自1789年以来，法国从没有停止过衰落！1789年？呸！十七八世纪时的法国在知识和精神方面取得的声望是何其高啊……在雅典和罗马之后，还没有任何一支力量能与之匹敌。[77]

然而，我们不用认真看待这些忧郁的冥想。就在戴高乐预言法国的末日的时候，他也在策划下一步的行动。他意识到了自己在1946年时拙于运筹。正如这些天他在不同的场合所说的那样："我们将不得不再一次从头开始。"[78]

39.（上图）1947年，戴高乐在文森的爱国阵线集会上发表讲话

40.（左图）1949年，戴高乐访问里尔

41. （上图）1949年6月，戴高乐夫人在菲尼斯特雷（Finisterre）的莫尔加（Morgat）购物

42. （右图）1956年，科隆贝双教堂村的鸟瞰图

43. 1954年，戴高乐的《战争回忆录》（普隆出版社）初稿

44. 1958年6月5日，报纸《奥兰回声》（L'Echo d'Oran）刊登了戴高乐在阿尔及尔发表演讲，并对着人群说出"我理解你们"的报道

45.（上图）1961年4月29日，叛军的四个将军在阿尔及尔

46.（左图）1961年4月23日，戴高乐在电视上谴责阿尔及利亚政变

47.（上图）1958年，乔治·蓬皮杜

48.（左图）1959年，米歇尔·德勃雷

49. 1967年，莫里斯·顾夫·德姆维尔和戴高乐在波兰

50. (左图) 1962年,安德烈·马尔罗和戴高乐在巴黎举办的墨西哥艺术展上

51. (下图) 1967年,戴高乐送喀麦隆总统阿希乔离开爱丽舍宫,雅克·福卡尔在两人之间的背景里

52. 1964年6月18日，自由法国纪念碑前的戴高乐

53. 1964年12月，让·穆兰在巴黎的"先贤祠化"

54. 1961年，在南比利牛斯省（Midi-Pyrénées）的米洛（Millau），戴高乐和崇拜他的人群握手

55. 1965年选举期间，戴高乐在瓦兹省

56.（右图）1958年9月，戴高乐抵达科隆贝，向联邦德国总理康拉德·阿登纳致敬

57.（下图）1961年11月，戴高乐在苏塞克斯郡的白桦果园拜访麦克米伦夫妇

58. 1963年1月14日，戴高乐否决英国申请加入欧共体的讲话

59.（上图）1964年3月，戴高乐正式访问墨西哥

60.（右图）1966年，戴高乐正式访问莫斯科

61. 1966年8月,柬埔寨首都金边的奥林匹克体育场举行的阅兵仪式

62. 1967年7月,戴高乐正式访问加拿大魁北克省

63. 1968年5月,巴黎的街垒

64. 1968年5月,张贴在巴黎墙壁上的反戴高乐海报,画面为戴高乐扮演希特勒

65. 1968年5月,卡昂大学(Caen University)签发的"搜查令",标题为"通缉犯!"

66. 1968年5月29日,戴高乐从德国的巴登-巴登返回法国

67. 1968年5月30日,巴黎特罗卡德罗(Trocadéro)广场举行支持戴高乐的集会

68. （上图）1969年5月14日，戴高乐在爱尔兰凯里郡的凯里南海滩（Kerrynane beach）上

69. （右图）1970年11月10日，《法国晚报》（France Soir）宣布戴高乐去世

戴高乐将军

（下册）

［英］朱利安·杰克逊　著

朱明　徐海冰　译

文匯出版社

图书在版编目（CIP）数据

戴高乐将军 /（英）朱利安·杰克逊著；朱明，徐海冰译. -- 上海：文汇出版社，2020.10
ISBN 978-7-5496-3292-3

Ⅰ. ①戴… Ⅱ. ①朱… ②朱… ③徐… Ⅲ. ①戴高乐
(De Gaulle, Charles Andre Joseph Marie 1890-1970)
—传记 Ⅳ. ①K835.657=5

中国版本图书馆CIP数据核字(2020)第148550号

A Certain Idea of France: The Life of Charles de Gaulle by Julian Jackson
Copyright: © Julian Jackson, 2018
First published 2018
First published in Great Britain in the English language by Penguin Books Ltd.
All rights reserved

封底凡无企鹅防伪标识者均属未经授权之非法版本
中文版权：©2020 读客文化股份有限公司
经授权，读客文化股份有限公司拥有本书的中文（简体）版权
版权所有，不得翻印
图字：09-2020-792 号

戴高乐将军

作　者 /	（英）朱利安·杰克逊
译　者 /	朱　明　徐海冰
责任编辑 /	甘　棠
特邀编辑 /	徐　成　顾晨芸
封面装帧 /	王　晓
出版发行 /	文汇出版社 上海市威海路755号 （邮政编码 200041）
经　销 /	全国新华书店
印刷装订 /	天津联城印刷有限公司
版　次 /	2020年10月第1版
印　次 /	2020年10月第1次印刷
开　本 /	710mm×1000mm　1/16
字　数 /	892千字
印　张 /	63

ISBN 978-7-5496-3292-3
定　价 / 198.00元（全二册）

侵权必究
装订质量问题，请致电010-87681002（免费更换，邮寄到付）

下册目录

图片列表   I

第三章

执政与下野（1944—1958年）

十六 新的救世主（1947—1955年）   001

十七 置身"荒漠"（1955—1958年）   042

十八 戴高乐的"雾月政变"（1958年2—6月）   072

十九 内阁总理（1958年6—12月）   099

第四章

共和国的君主（1959—1965年）

二十 "我们为这件事耗尽心力，却仍旧一筹莫展"（1959—1962年）   133

二十一 转折点（1962年）   178

二十二 追逐伟大（1959—1963年）   198

二十三　走向世界（1963—1964年）	236
二十四　现代化的君主（1959—1964年）	258
二十五　中场时刻（1965年）	289

第五章
走向结束（1966—1970年）

二十六　制造麻烦（1966—1967年）	317
二十七　收益递减	343
二十八　革命（1968年）	361
二十九　落幕（1968年6月—1970年11月）	393
三十　神话、遗产和成就	419
人物简介	436
致　谢	478
注　释	480

图片列表

以下巴黎戴高乐档案馆的资料经戴高乐家人许可后使用。

图版目录

39. De Gaulle speaking at an RPF rally, Vincennes, 1947. *Gamma/ Keystone-France/Getty Images*
40. De Gaulle visiting Lille, 1949. *Maurice Zalewski/adoc photos*
41. Madame de Gaulle shopping in Morgat, Finisterre, June 1949. *Rex Shutterstock*
42. Aerial view of Colombey-les-deux-Eglises, 1956. *Ullsteinbild/Getty Images*
43. First draft in de Gaulle's hand of his Memoires de guerre. Text © Plon, 1954, reproduced by kind permission of the de Gaulle family. *Bibliothèque nationale de France, Paris.*
44. Front cover of L'Echo d'Oran, 5 June 1956. *Centre de documentation Historique sur l'Algérie, Maroc et Tunisie, Aix-en-Provence*
45. The four putschist generals, Algiers, 29 April 1961. *Hulton Archive/ Getty Images*
46. Television broadcast by de Gaulle condemning the coup in Algeria, 23 April 1961. *Hulton Archive/Getty Images*
47. Michel Debré, 1959. *Maurice Zalewski/adoc-photos*
48. Georges Pompidou, 1958. *AFP/Getty Images*
49. Maurice Couve de Murville with de Gaulle in Poland, 1967. © *Bruno Barbey/Magnum Photos*
50. André Malraux with de Gaulle at a Mexican art exhibition, Paris, 1962. *Paris Match Archive/ Getty Images*
51. President Ahmadou Ahidjo of Cameroon leaves the Elysée Palace, with Jacques Foccart in the background, 1967. *AFP/Getty Images*
52. De Gaulle at the monument to the Free French, Mont-Valérian, 18 June 1964. *Gamma-Rapho/Getty Images*
53. The 'Panthéonization' of Jean Moulin, Paris, December 1964. *Roger-Viollet/TopFoto*
54. De Gaulle with adoring crowds, Millau, Midi-Pyrénées, 1961. © *Henri Cartier-Bresson/Magnum Photos*
55. On the election trail, Seine-et-Oise, 1965. *Gamma-Rapho/Getty Images*
56. De Gaulle greeting Konrad Adenauer on his arrival at Colombey, September 1958. *Ullsteinbild/TopFoto*
57. The de Gaulles visiting the Macmillans at Birch Grove, East Sussex, November 1961. *Georges Menager/Paris Match Archive/Getty Images*

58. De Gaulle's speech vetoing Britain's application to the European Community, 14 January 1963. *adoc-photos*
59. Official visit to Mexico, March 1964. *Paul Slade/Paris Match Archive/ Getty Images*
60. Official visit to Moscow, 1966. *Rex Shutterstock*
61. Military parade at the Olympic Stadium, Pnom Penh, Cambodia, August 1966. *Georges Menager/Paris Match Archive/Getty Images*
62. Official visit to Quebec, Canada, July 1967. *Alain Nogues/Sygma/Getty Images*
63. Street barricades, Paris, May 1968. *Bettmann/Getty Images*
64. Salaires Legers, Chars Lourds, poster showing de Gaulle as Hitler, Paris, May 1968. *Gamma-Rapho/Getty Images*
65. Wanted! Big Charly, 'warrant' issued by Caen University, May 1968. *akg-images*
66. De Gaulle returns to France from Baden-Baden, Germany, 29 May 1968. *Henri Bureau/Sygma/Getty Images*
67. Rally in support of de Gaulle, Trocadéro Square, Paris, 30 May 1968. © *Bruno Barbey/Magnum Photos*
68. The de Gaulles on Kerrynane beach, County Kerry, Ireland, 14 May 1969. *Kennelly Archive, Ireland (www.kennellyarchive.com)*
69. *France Soir* announces de Gaulle's death, 10 November 1970. *Ullstein-bild*

插图目录

第017页	Poster of de Gaulle's Strasbourg speech, 7 April 1947, published by the RPF. *Alamy*
第025页	*A Bas la Fascisme. Vive la Republique.* Anti-gaullist poster by Fougeron issued by Le Parti Communiste Francais, 1951. *Rex Shutterstock*
第132页	De Gaulle, 1959. *Jean-Marie Marcel/Getty Images*
第260页	On engage au Palais, cartoon by Roland Moisan in *Le Canard enchaîné*, 28 February. Collection Jonas/Kharbine Tapabor, Paris. © ADAGP, Paris and DACS, London 2018
第267页	Conference de presse, cartoon by Roland Moisan in *Le Canard enchaîné*, 1968. Collection Jonas/Kharbine-Tapabor, Paris. © ADAGP, Paris and DACS, London 2018
第270页	*'Il me semble avoir entendu, au fond de la salle . . .',* cartoon by Jacques Faizant, 16 May 1961. © *Estate of Jacques Faizant*
第316页	De Gaulle, 1969. *Henri Bureau/Corbis/Getty Images*
第420页	Untitled drawing of Marianne and a fallen tree, by Jacques Faizant, 10 November 1970. © *Estate of Jacques Faizant*
第421页	Untitled drawing of the Croix de Lorraine, by Jacques Faizant, 12 November 1970. © *Estate of Jacques Faizant*

十六 新的救世主（1947—1955年）

"一个新的'6·18'"

1947年2月5日，戴高乐召集帕莱夫斯基、居伊、苏斯戴尔、德勃雷等几个亲密随从，在自己妻舅的位于巴黎莫扎特大道的公寓里举行了一次秘密会议。这是五个月来他第一次来到首都，他的情绪相当高昂，这不仅是因为他摆脱了科隆贝单调、枯燥的生活，更是因为他有了一个计划。在会上，他花了一刻钟的时间概述了自己的想法。既然法国人民怀着漠然之情选择的这部宪法会导致衰落、通货膨胀和帝国的灭亡，这样的话，他可以发起一场运动来捍卫自己的宪法理念。大多数听众都对它缺乏热情。[1]很多与会者都担心，他进入政坛后会使"6·18"的传奇光环变得暗淡。戴高乐没有退却。当时，他在心中认为法国依旧处于"6·18"讲话发表时的情形："法国正处在各党派的占领之下，这就像它之前被德国占领一样。两者之间没有区别。"[2]没有谁比他的妻子对此更怀疑了。当戴高乐思考着一个新的"6·18"时，她提出了一个罕见的政治观点："可怜的朋友，没有人会追随你的。"戴高乐答复道："闭嘴，伊冯娜，在我这把年纪，我知道自己想干什么！"[3]他要是听进去这句话就好了。

在接下来的两个月里，戴高乐在一系列经过精心挑选的公共事件中发起了他的运动。首先，3月30日，他出现在了诺曼底的布鲁纳瓦尔村举行的一场纪念仪式中——这是为了纪念一支盟军突击队在战争期间在此地发起的一场突击行动。表面上看，这是一场非政治性的纪念仪式，但是，戴高乐的讲话暗示，总有一天"无数法国人将会聚集在法兰西的名字周围"——也就是戴高乐的周围。[4]接着，4月7日，在斯特拉斯堡举行的一场大型集会上，戴高乐宣布他正在组建一个联盟（gathering）以拯救国家于危难之中。克劳德·莫里亚克虽然对此持怀疑态度，但他自己还是被征服了："我永远忘不了这种人山人海的场面……每次将军出现在阳台的时候，他们都欢呼若狂。"[5]最后，4月24日，脱掉制服、身穿西装的戴高乐举行了1945年10月以来的首次新闻发布会。他驳斥了有关他的目标是建立独裁统治的说法。法兰西人民联盟成立了。

政府惊慌不已。有关戴高乐要采取行动的说法在他于布鲁纳瓦尔发表讲话之前就已经流传开来了。同一天，总理拉马迪埃举行演讲，提醒人们不要受到"布朗热主义"的蛊惑。4月2日，内心极其焦虑不安的他历经长途跋涉在午夜时分来到了科隆贝，这让戴高乐十分惊讶。他此行的目的是警告戴高乐，除非他停止政治干预，否则政府不会在公众场合授予他任何官方荣誉。戴高乐拒绝作出任何这样的保证。他给了拉马迪埃一杯干邑白兰地（也有人说是给了他一杯淡咖啡），并挖苦他说，"衷心祝贺你的政府"，然后就把他打发走了。[6]法兰西人民联盟正式成立后，戴高乐就被禁止发表广播讲话了。

法兰西人民联盟是戴高乐的新起点。1943年，他采纳了穆兰的政策来复兴政党，而不是布罗索莱特所设想的以"戴高乐主义"为中心组建一支新的政治力量。1943—1944年，他拒绝了以他的名字来命名一个新的抵抗组织的提议。1945年，当普莱文、德勃雷、舒曼及其他人寻求他对他们政治前途的建议时，他劝告他们加入一支现有政党。戴高乐希望以他的个人魅力让各党派放弃它们之间的分歧并接受他的领导。他的想法有点类似第一次世界大战中法国出现的"神圣联合"，或是自由法国时期各政治派别所做的那样——在拯救法国这个更崇高的事业面前，同意先放下当前的政治分歧。当然，这两种情况都出现在战争这一特殊的历史时期。但是对于戴高乐来说，"拯救"法国是一场无休止的战斗。同时，他发自内心地

十六 新的救世主（1947—1955年）

厌恶与"派系"扯上关系。1946年秋，在犹豫下一步该怎么做时，戴高乐抵制住了自己组建一个政治组织的诱惑。一天下午，克劳德在科隆贝与戴高乐夫妇及他们的儿子喝茶时，目睹了关于这个问题的激烈争论。当菲利普·戴高乐极力恳请他的父亲创建自己的政党时，戴高乐夫人被激怒了，正在写信的她抬起头，用一个罕有的政治观点打断了他的话："为什么要把这一切搅乱呢？也许，事态发展会迫使他们（政客们）顺从于时势；他们可能会向你屈服，因为他们迫于舆论的压力……你会让局势恢复正常，可是紧接着，可怜的朋友，他们一有机会就将背叛你……至于组建自己的政党，15天之内它就会背叛你。"戴高乐对妻子和儿子生气地责骂道："你说话像个孩子，伊冯娜！你们的建议简直让人发笑。你们什么都不懂。"[7]戴高乐的愤怒反映了他真的不知道该怎么办，但是他肯定不想建立一个普通的政党。在这次谈话的一个月前，他对居伊预言："总有一天，一个像那样的组织会变成一个政党。你不可能只靠谈论帝国或是法国在世界上的地位来吸引大多数人……迟早要去满足人们的利益。"[8]

在一切尝试都失败后，戴高乐终于改变了主意，但是他起初仍然希望法兰西人民联盟能够凌驾于政党之上。它的成员无须脱离他们所属的任何党派。然而，其他政党迅速粉碎了"双重身份"的设想。显然，法国共产党和社会党绝不会允许这种情况出现。接着，人民共和党也很快地行动起来对此予以禁止。人民共和党的两个重要成员埃德蒙·米什莱（Edmond Michelet）和路易·泰勒努瓦尔（Louis Terrenoire）——他们都曾参加过抵抗运动，在加入了法兰西人民联盟后，就被人民共和党开除了。

尽管法兰西人民联盟拒绝称自己是一个政党，但它很快就开始表现得像个政党了。5月底，戴高乐宣布法兰西人民联盟将在秋季举行的市政选举中提名候选人。接着，他开始在法国进行巡回演讲，并先后去了波尔多（5月15日）、里尔（6月29日）、雷恩（7月27日）、里昂（9月20日）、万塞纳（10月5日）等地，每到一处，他的演讲都吸引了大量听众。他所有的演讲都是围绕着"灾难"这个主题开展的。他预言，在新制度缺失的情况下（并暗示他重新掌权后会对此负起责任），年轻的第四共和国将使法国走向经济崩溃，这会让一个强大的德国重新出现，进而威胁它的国家安全；同时，这也会导致帝国瓦解，进而危害它的国际地位。保卫法兰西帝国是戴高乐演讲的关键主题之一。1946年底，任何与胡志明在印度支那达成和解的尝试都失败了（部分是因为达让利厄的不妥协，这个人是之前被戴高乐安置在此的）。就这样，法国被卷进了一场全面的殖民战争。

冷战的爆发加剧了与帝国有关的诸多问题的争论，冷战把印度支那的冲突变成了国际社会反对共产主义斗争的战场。当戴高乐在酝酿成立法兰西人民联盟时，他几乎不认为法国共产党比其他党派更具威胁性。随着冷战开始影响法国国内政局，这种情况迅速发生了变化。1947年5月，就在戴高乐创建法兰西人民联盟不久后，法国共产党人——原本他们因拒绝支持拉马迪埃政府的经济政策而被草率地逐出了政府——成了越来越强硬的反对派。正如盟国之间的战时团结如今蜕化成美国与苏联之间的公开冲突一样，在法国，各抵抗组织之间的团结——法国共产党、社会党、人民共和党组成的脆弱的三党联合政府是它的体现——也最终不存在了。7月27日，戴高乐在雷恩发表演讲，他对法国共产党人进行了猛烈的抨击，称他们是"分裂主义者"，暗示他们已不再是民族共同体的一部分。他用威胁的话语警告道，苏联西部边界距离法国只有环法自行车赛两个赛段的距离了。反共成了法兰西人民联盟最主要的诉求之一。

消灭阶级斗争

法兰西人民联盟除了把法国共产党人当作内部敌人加以攻击之外，还发展出了一种独特的社会学说来积极地对抗马克思主义的阶级斗争理论。该学说可以被概括为雇主与工人、资本家与劳工之间的某种"联合"。这完全是戴高乐的主意。在1947年2月的一次会议上，他首次提出了这一思想，并向他的直接追随者阐述了其背后的意图。几个星期后，他不无挫折地称，无论自己在何时提及"联合"，人们要么是"缺乏好奇心、全然不

十六 新的救世主（1947—1955年）

关心、冷漠"，要么就是"真正的抵抗"。其实，他的遭遇源自人们的不理解，因为没有人知道这个词是什么意思。即便是最了解戴高乐的帕莱夫斯基也不明白，他担心戴高乐的建议具有一种"家长式作风的含义"。戴高乐对此没有作出任何解释；相反，他叮嘱这个小圈子里的人把这一想法变成切实可行的政策。[9]那些出席了为筹建法兰西人民联盟而召开的几次会议的人认为，"联合"可能是戴高乐脑海中的某种古怪想法，并且很快就会被遗忘。然而，他们错了。在戴高乐心中，这个想法不仅仅是对法国共产党的机会主义回应；它是他之后职业生涯中时不时会想到的事物。

有人在他的1940年之前的著作和信件中仅仅发现了一处有关社会问题的简单论述（在这方面他承认"我缺乏专业知识"）。1937年，戴高乐给朋友奥伯丁写信说：

> 如果什么东西能够使社会公众都恪守道德规范，那么资金问题（工资、利润、假期等）将迎刃而解。不得不承认，法西斯主义及希特勒主义已经做到了这一点，不过，我们怎么能够接受那种以牺牲自由为代价而换来的社会和谐呢？解决方案是什么？要知道，天主教有它的解决之道。但是，谁能够发现一个适用于我们这个时代的解决方案呢？[10]

戴高乐于两次世界大战之间完成的著作中，确实包含了许多关于机械化和工业文明将会给人类文明带来挑战的警告，他在《剑锋》和《建立职业军》这两本书中都有清晰的论述。1941年11月，戴高乐在牛津演讲时又提到了上述主题。这次演讲的表面目的是修复他与英国之间的关系——两个月前，他同丘吉尔发生了第一次争吵。此前，他曾将这场战争描述为一场与"德国永恒的扩张欲望"的斗争，现在他辩称，由于纳粹主义的本性，"西方文明的生死存亡"也处在微妙的平衡之中。他首次对纳粹主义作出了解释，认为纳粹主义是"机器改变了生活状况，人群变得越来越集中，由此导致的规模庞大的集体盲从"的结果，威胁着个人的自由：

第三章 执政与下野

> 人类的欢乐、利益和思想永远联结在一起了，从他们发现自己被他们的工作支配的那一刻起，从他们的居所、服饰、饮食逐渐变得相同的那一刻起，从他们在同一时间的同一份报纸上读着同样的文字并在任何地方都看着同一部电影的那一刻起……从他们乘坐同样的交通工具去往同样的办公室、工厂、餐厅、运动场、剧院的那一刻起……其结果是，在这种普遍存在的机械化中，个体肯定被摧毁了。

在两次世界大战之间的欧洲，许多文化评论家和知识分子都有这种担忧，这些担忧在卓别林的《摩登时代》、雷内·克莱尔（René Clair）的《自由属于我们》、弗里茨·朗（Fritz Lang）的《大都会》等电影中都有反映。比利时象征主义剧作家莫里斯·梅特林克（Maurice Maeterlinck）在他的畅销书作品中表达了这种忧虑。在这些书中，他以昆虫的社会习性来类比人类的社会习性，这些想法称为"文化昆虫学"（cultural entomology）。他于1926年完成的作品《白蚁的生活》（*Life of Termites*）其实是一个警世预言，他警告说，布尔什维主义统治下，个人自由的崩塌正在把人类降低到白蚁的水平。戴高乐阅读过梅特林克的著作，他经常把现代文明与"白蚁堆"作比较。他的听众中几乎没有人意识到这个类比是由梅特林克创造的。这也是天主教小说家、辩论家乔治·贝尔纳诺斯（Georges Bernanos，1888—1948）关注的一个主题，他在1947年出版的《法国反对机器人》（*France against the Robots*）中谴责"机器文明"（machinisme）正在摧毁人类精神。贝尔纳诺斯与戴高乐之间的密切关系值得我们注意，尽管戴高乐从未能够完全"驾驭"贝尔纳诺斯投身于自己的事业——用他的话来说这有点遗憾。作为戴高乐的父亲在圣灵感孕学院任职时的学生，贝尔纳诺斯最初是一个狂热的君主主义者和"法兰西行动"的支持者。1936年，他出版了著名小说《一个乡村教士的日记》（*Journal d'un curé de campagne*）。在这本书中，他讲述了法国北部一个小乡村中的一名天主教教士因受到身体疾病的摧残，以及不满教区居民对天主教的冷漠而陷入极度痛苦之中的故事。1938年，他发表了一篇措辞

十六 新的救世主（1947—1955年）

严厉的文章以谴责西班牙内战期间天主教会的暴行，这让那些自以为知道该如何在政治上定位贝尔纳诺斯的人震惊不已。1940年他在巴西过着自我流放的生活，他通过毫不迟疑地抨击维希政府把自己的"异端邪说"又向前发展了一步。之后，远在异乡的他成了自由法国的热情支持者，并经常在《马赛报》上发表文章，但他从未正式加入该组织。他认为自由法国运动不仅是一场涤荡丑恶、净化法国人心灵的十字军运动，也是一场反对极权主义的十字军运动——在他看来，极权主义是现代性最可怕的表现形式，甚至比自由民主主义或社会主义更为可怕；至于后两者，他也缺乏任何好感。作为一名浪漫的天主教无政府主义者，贝尔纳诺斯与他所处的时代格格不入，他总是梦想着那个早已逝去的充满圣人和英雄的文明时代。因而，没有人敢说他"影响"了戴高乐。虽然戴高乐作为20世纪30年代军队现代化和国家理性化的积极倡导者，从某种意义上来说似乎是贝尔纳诺斯的对立面，但贝尔纳诺斯对现代性的愤怒抨击和戴高乐对工业文明的思考，与他们都信仰天主教及他们在智识方面都受到了同样的影响有关（他们都是贝玑的崇拜者）。当戴高乐在科隆贝时，他的书房里摆放有《法国反对机器人》一书，并且他还多次宣称，《一个乡村教士的日记》是他在两次世界大战之间最欣赏的小说。[11]社会主义和资本主义是同一枚硬币的正反面这种思想——根植于工业文明的唯物主义——也是20世纪30年代戴高乐在埃米尔·梅耶组织的沙龙中所遇到那些"不随主流的"思想家所谈论的一个主题。

我们不清楚戴高乐是如何想到用"联合"这个办法来解决现代文明问题的，但可以确定的是，他受到了社会天主教主义的影响。19世纪末，随着诸多宣扬社会主义理论的政党在新兴的工人阶级中发展壮大，天主教会开始把主要精力放在追寻"社会和谐"方面（这个含糊不清的社会理想也曾在上文引用过，在戴高乐于1937年所写的信件中出现过）。1891年，为了应对上述挑战，教皇利奥十三世发布《新事通谕》，劝诫企业家要对他们的工人履行社会责任。《新事通谕》奠定了社会天主教主义的基石，它在法国北部信仰天主教的工业资本家中产生了不小的影响，戴高乐的外祖父母就生活在这种环境中。[12]同时，社会天主教主义也从天主教的社会理论家弗雷德里克·勒普莱（Frédéric Le Play，1806—1882）——他宣扬企业家和工程师的社会责任——那里汲取了灵感，后来，法国殖民地的利奥泰元帅以一种不同的形式接受了勒普莱的思想，他于1891年以"军官的社会角色"为主题发表了一篇著名的文章，鼓舞了一代又一代的法国军官。社会天主教主义思想借鉴了"社团主义"思想——把工人和雇主聚集在一起组成一个"公司"，让他们的利益得到协调。社团主义在两次世界大战之间兴起的法西斯运动中十分盛行，尽管法西斯政党一旦上台，他们就马上以意识形态为借口来镇压工会。这种学说也影响了维希政府的一些成员，就像它在总体上影响了社会天主教主义思想一样。在这种背景下，值得注意的是，戴高乐在此时开始撰写的回忆录中颇为不寻常地称赞了（他只这么做过一次）维希政府的社团立法，他称它"相当诱人"，不过，考虑到此政权是由于战败才建立的这个事实，它的效力受到了削弱，其结果是它"不仅不能吸引民众，反而使他们要求另找出路"。[13]

这让戴高乐的社会学说蒙上了一层极其保守的色彩，甚至有人说它是"法西斯主义"。然而，他的联合思想还有可能源自像是傅里叶（Fourier）、蒲鲁东等这些法国的前马克思主义社会主义者的著作——上述两人的社会学说是围绕着"合作"与社会和谐的理念，而非阶级斗争展开的。有时候，戴高乐自己把"联合"说成是"法国的一种古老思想"，有这么一类人在为这种思想辩护，"他们宽宏大量，有点不切实际，心怀善意，注重个人价值，并在1835年、1840年和1848年逐渐建构了一种在当时被称为法国式社会主义的思想"[14]。戴高乐本人似乎不太可能深入研究过这些人的著作——尽管他的祖母曾写过一本蒲鲁东的传记——但是，他有可能在法兰西人民联盟的成员之一、后来成为联合思想狂热支持者的路易·瓦隆的推荐下，而对它们多多少少有些了解。瓦隆在20世纪30年代时是工会的一名经济顾问，除此，他和那些"不墨守成规者"也有接触，也就是在这一时期，他在这些人与戴高乐的社会学说之间建立了直接的联系。1942年，他和其他几名社会党人在伦敦加入了戴高乐的自由法国。瓦隆不会承认法兰西人民联盟的社会学说是反动的或者它是"法西斯主义"

十六 新的救世主（1947—1955年）

等诸如此类的说法。他在1957年写道："1940年时多亏了戴高乐，法国才能够在历史上重获希望……所以我成了'戴高乐主义者'。从年轻的时候起我就是社会主义者，直到今天依然如此。"[15]那些对联合学说最为忠实的支持者开始称自己是"左翼戴高乐主义者"。

就戴高乐个人来说，他的社会学说也和他致力于团结的思想有关。就像他的宪政思想是要弥合大革命造成的冲突一样——或者，他有一次这么说的，"让左翼变得关注国家、让右翼变得关注国民"，他的社会学说是要弥合资本家与劳动者之间的冲突。这也是他为法兰西人民联盟提供更为强大的理论支撑的一种手段，并以此来驳斥批评者的非议——他们称，产生于1945年之后的戴高乐主义的目标，除了是要让戴高乐重新掌权并改革法国的制度之外，只不过是对国家"至上"的一种不合时宜的痴迷。鲍里斯和孟戴斯·弗朗斯在1944至1945年没能够把戴高乐变成一个社会主义者；抵抗运动的领导人也没能够让他认同他们所怀有的"法国的社会复兴是有可能的"这种信念，于是他们失望地离开了他。戴高乐的联合思想是对此作出的回应。

纵横捭阖，1948—1949年

导致法兰西人民联盟发展壮大的与其说是联合思想的吸引，不如说是对共产主义的恐惧。1947年下半年，由于生活费用急剧上涨，法国在这段时期出现了严重的社会冲突。煤矿业和铁路部门爆发了大规模的罢工活动，同时引发了罢工工人和警察之间的激烈对抗，多个城市都出现了骚乱。此外，这一年的12月，巴黎至图尔昆的铁路线遭到人为破坏，一列火车脱轨，16个人在这场事故中不幸丧生。右翼团体指责法国共产党人正在实施政治暴动的策略。总之，冷战已深刻地影响到了当时的法国政局。这种非比寻常的恐慌之情从以下事情中也可以看出来：当年10月，克劳德·居伊对伊冯娜建议说，为了防备袭击，她应该在科隆贝的公寓地下室里放一挺机枪。伊冯娜郑重地拒绝了他的建议，理由是戴高乐或许不知道如何使用这种武器。[16]

第三章 执政与下野

这一背景解释了为什么法兰西人民联盟能够在1947年10月举行的市政选举中取得胜利。它获得了40%的选票,对于一个刚刚成立半年的组织来说,这个结果令人震惊。并且,它还成功地控制了包括巴黎(戴高乐的哥哥皮埃尔成为议会议长)、波尔多(雅克·沙邦-戴尔马担任市长,此人在1944年时是戴高乐派驻巴黎的军事代表)、马赛、里尔和斯特拉斯堡在内的法国13个最大的城市。确信戴高乐能够掌权的美国驻法大使卡弗里与帕莱夫斯基及其他人保持着密切联系。[17]美国人如今视戴高乐为对抗共产主义最可靠的堡垒——尽管卡弗里对将军"法西斯"式的社会学说感到忧虑。

戴高乐也相信自己的时刻到来了。当他在科隆贝听到第一轮选举的结果时,他向克劳德·居伊欢呼道:"这个政权的死期已至。"在第二轮选举之前,他花了一周的时间来准备最终结果出来后,自己将要发表的宣言:"到了巴黎,我就会抓住麦克风宣布,我已经注意到了当前政治领导集团分崩离析的局面;到了巴黎,我就会发现巴黎已经空空如也了……在政府权力缺失的情况下,我将暂时领导政府以完成救国的必要任务。"接着,他若有所思地说,如果情况变得更加"复杂",他可能会被迫在布拉柴维尔或阿尔及尔发表讲话——就像在战争期间那样。在这周剩下的几天里,他还处在这样的心境之中,对此,他的妻子不时发出警告,试图让他平静下来。她对居伊说:"一切都将以糟糕的结局收场……将军总是在'抨击'资本家('taper'sur les bourgeois),然而他应该停止这么做,因为正是资本家造就了他。尽管他一再否认,但他自己其实就是其中一员。"[18]10月26日,当第二轮选举结果出来之后——它等于是确认了第一轮选举结果——戴高乐发表宣言,要求解散议会。这将为新的议会选举和全面修订宪法铺平道路。[19]一周后,他动身去巴黎举行新闻发布会。在这段时间里,他一直保持着令人吃惊的高昂情绪,一天晚上,他满怀眷恋地追忆了自己在战争期间与英国人和美国人发生的激烈争吵。11月17日,他在新闻发布会上称,法兰西人民联盟是一股不可阻挡的洪流:"浪潮汹涌澎湃。我对那些不明白这一点的人深表遗憾。如果他们要和这股洪流对抗……他们自己也将会被卷走。如果他们要待在岸上进行毫无意义的高谈阔论,那么他们的咒骂与对着大海喷口水并无二致。"[20]之后，他对自己的表现极其满意，特别是对着大海喷口水的比喻，他兴致勃勃地对居伊讲过好多次。[21]

事实上，戴高乐灾难性地高估了自己的力量。的确，要是举行议会选举的话，他有可能掌握政权。但问题是，仅仅因为法兰西人民联盟赢得了市政选举就这么做是缺乏宪法依据的。一切都取决于法国的政客们能否保持冷静。共和国总统樊尚·奥里奥尔表现得最为担忧，同时也最为坚决。奥里奥尔是社会党人中一名温和的元老级政治家，他与莱昂·布鲁姆的关系很亲密。战争期间，他曾和戴高乐联合。1947年初在当选为总统后，他也曾努力与戴高乐保持良好关系，以期后者会逐渐接受新生的共和国。在成为总统后不久，他就邀请戴高乐带上家人到爱丽舍宫参加他的"乔迁庆宴"，并希望他能够不失时机地给自己提一些建议。戴高乐以一种冷冰冰的礼貌态度拒绝了。奥里奥尔的这个想法——将军在爱丽舍宫优雅地品着茶，并给总统提一些无私的建议——有点令人难以置信。1947年2月，他收到了戴高乐的一封信，内容是他拒绝接受法国政府同时授予他和斯大林、丘吉尔、罗斯福（追授）的军事奖章，这让奥里奥尔开始觉得他失去了理智。戴高乐在信中说，他不能接受这项荣誉是因为在战争期间他是法国的"国家元首"，而"国家元首不能够给自己授予荣誉"[22]。他对这封信颇为自得，并在私下说道："一个人必须尽其所能地自娱自乐。"[23]

当戴高乐的野心越来越明显时，奥里奥尔忧心不已。他对戴高乐演讲中的煽动性话语——它们呼吁把现有的政治机构一扫而光——越来越感到震惊。他在日记中写道："他真是疯了；他是以第一人称复数的称呼发言的。"[24]奥里奥尔严肃地对待着共和国总统的职责。宪法也许并不完美，但它在当前是唯一的。虽然它赋予了他有限权力，但奥里奥尔决定在规则允许的范围内，在幕后做一名积极主动的总统。在1947年10月的市政选举后，他敦促各位政界要人要坚决抵制戴高乐。在他的鼓舞之下，社会党的一名领导人居伊·摩勒（Guy Mollet）号召所有真正的"共和派人士"团结起来保卫民主。这其实是呼吁中间党派（特别是人民共和党）和温和左派（社会党）要容忍彼此之间的争议来共同抗衡法国共产党和法兰西人民联盟这两个极端党派。摩勒的呼吁触动了人们的心弦，并使得类似第三共和国时期的那种民主处于危险之中的观念重现了——戴高乐挑拨性的言辞增加了这种观念的可信度。这就导致了将在未来三年统治法国的、所谓的"第三势力"联盟的诞生。

虽然人民共和党和社会党是构成第三势力的基石，但议会中的一些小的中间派别——就像在政治联盟经常出现的那样，它们的政治影响力与自身的实际人数完全不成比例——也在其中发挥着重要的影响。其中包括自第三共和国延续至今的、仍在议会中拥有少数议员的激进党，以及一个称作民主社会主义抵抗联盟（Union Democratique et Socialiste de la Résistance）的新政党——它寄托了一些人在解放后创建一个新的抵抗政党的希望。1947年11月之后的三年半时间里，法国至少出现了九届政府。然而，同样的面孔——罗贝尔·舒曼（Robert Schuman）[人民共和党]、勒内·普莱文（民主社会主义抵抗联盟）、乔治·比多（人民共和党）、亨利·克耶（激进党）——将一再重现，它使这种令人眼花缭乱的走马灯政治呈现了某种让人安心的稳定感。当然，这与戴高乐鼓吹和践行的克里斯玛式政治完全相反。

美国大使卡弗里认为，戴高乐在博取最高利益时——别的一概不论就要解散议会——错失了在1947年底掌权的机会。但是，即使戴高乐在选举后很快就误判了形势，他也不会荒唐地认为，要是他坚持自己的立场，事态就会朝着他预想的方向发展。他寄希望于两种可能有利的状况：第一，共产主义的威胁变得如此不可抗拒，以至于第三势力的政客觉得他们必须同他达成一致——甚至是在他所提出的条件下；第二，共产主义的威胁消退，并随之暴露出了第三势力各党派之间的意识形态分歧。换句话说，戴高乐的未来取决于政客对他的反对程度能否被他们对共产主义的恐惧，或他们彼此之间的不信任超过。这些变量的任何变化都有可能给戴高乐带来机会。

市政选举后的六个月，第一种状况似乎要实现了。人们普遍担心，欧洲的共产党人正准备发动革命。1948年2月，共产党人赢得了布拉格的政权；接着，所有人的目光都集中在意大利。在那里，共产党人很有可能赢得定于

4月举行的选举。在这样的国际背景下,戴高乐于3月7日在贡比涅发表了一篇演讲,并称,"在拯救的道路上联合在一起"变得至关重要。这是他向其他党派伸出的橄榄枝吗?勒内·普莱文是这样理解的。普莱文曾是自由法国的一员,他没有追随戴高乐加入法兰西人民联盟,反倒是加入了民主社会主义抵抗联盟。戴高乐不会轻易原谅这种背叛,不过,他对普莱文仍保有尊重,同意3月10日在科隆贝同他会面。虽然他很少作出让步,但他允许普莱文发表一份公开宣言,该宣言呼吁各党派有必要与戴高乐达成共识。[25]尽管其他党派领导人没有对此给予积极回应,然而,普莱文一直在幕后努力使将军和第三势力之间达成一项协定。他规劝戴高乐与人民共和党的领导人之一、现任总理罗贝尔·舒曼见上一面。[26]工作人员给舒曼安排了一项特别的行程,这样,在不为公众所知的情况下,他于4月4日驱车来到了科隆贝。这次会面同样无果而终。8月,将军和莫里斯·舒曼(与罗贝尔·舒曼不是同一人)又举行了一次秘密会见,后者在心理上一直没能从去年与戴高乐所闹的别扭中完全恢复过来。在得到戴高乐愿意接见他的消息后,他喜极而泣,不过,这次会见依然没有带来任何结果。[27]让那些政客长途跋涉到科隆贝来跟他相见,这是戴高乐证明自己不可或缺的一种方式。

当莫里斯·舒曼和戴高乐见面时,共产主义的威胁正在减弱。在1948年4月举行的意大利大选中,共产党人未能赢得绝对多数。这为戴高乐重新掌权打开了第二种可能局面:第三势力的瓦解——这是有充分理由可以期待的。构成第三势力的两个主要政党——社会党和人民共和党,在经济政策和宗教流派方面都存在着法国政坛里常见的分歧,并且它们主要是由于对共产主义的恐惧才联合在一起的。1948年6月,它们之间的争端演变为一场危机,社会党推翻了罗贝尔·舒曼的政府。为了努力组建一个新的联合政府,各党派在整个夏天举行了紧张忙碌的政治谈判。1948年9月,在中间派政治人物亨利·克耶——戴高乐在阿尔及尔时就认识此人——的拼凑下,一个新的第三势力政府成立了。戴高乐应该会记得克耶是一个精明的政治操作手,当年,他曾为法兰西民族解放委员会很好地效劳过。不过,戴高乐还是以一种惯有的蔑视自身对手的语气说道:"他已经老了(克耶仅比戴高乐大六岁），早在阿尔及尔的时候，他就经常被地毯绊倒。"[28]这名随和的前乡村医生能让这届政府团结多久呢？

1948年11月，法兰西人民联盟在参议院选举中——参议院议员通过间接选举产生——取得了不错的结果。人民共和党受到的打击最大，这使得它的领导人思考与社会党在第三势力中的联合是否逐渐变成了在选举时对它不利的一个因素，并导致原先支持自己的选民投奔了法兰西人民联盟。戴高乐发现了在第三势力的团结表面下存在嫌隙并可以加以利用的机会。12月12日，戴高乐主义者埃德蒙·米什莱——他同人民共和党中的前同事们还保持着良好关系——安排戴高乐和比多在巴黎的拉贝鲁斯饭店举行了一次秘密会见。紧张不已的比多为了给自己壮胆，提前喝了一大杯白兰地。事后证明，这根本没有必要。由于戴高乐想让人民共和党从第三势力中脱离出来，所以他的态度比较和善。他向比多保证，他不会因为1946年1月他没有和自己一起辞职而怨恨他——"真正的问题在于你批准了宪法"——为了打动他的心，他还提醒说，他们都是社会天主教主义的信仰者，"你一定要帮我……只有团结起来，我们才能解放工人阶级"。他力劝比多说服人民共和党的议员支持解散议会，举行新的选举。[29]这次会见没有取得任何成果。比多无法忘记1945年他担任外交部长时，戴高乐是如何对待自己的。无论如何，即便他想对法兰西人民联盟伸出援手，也无法保证人民共和党的议员会这么做——一旦他与戴高乐会面的消息走漏出去，这些人肯定会愤怒无比的。

尽管人民共和党摇摆不定，但克耶证明了他能有效地维持这个联盟的团结。他的施政原则是尽量推迟解决各种问题的时间，直到它们变得不再重要。他的政府存在了一年时间，这是第四共和国成立以来执政时间最长的一届政府。1948年秋，它成功应对了又一波严重的罢工浪潮的挑战。当时，内务部长、社会党人朱尔·莫克毫不犹豫地调派防暴警察恢复了秩序。如果克耶政府能够击退共产主义威胁的话，谁还需要戴高乐呢？同时，在美国"马歇尔计划"的援助下，法国经济呈现出了恢复的迹象。卡弗里——1948年初，他曾与戴高乐的随从们有着密切接触[30]——在当年年底的时候开始认为，既然第三势力已证明自己能够有效地遏制共产主义，那么戴高乐就是在制造问题而不是在提供解决问题的方案。当时,作为戴高乐失势的预兆,一名大使馆官员在提及他时说:"他谈论经济就像一个女人谈论化油器一样。他的顾问们庞杂、无能、自私、善变。"[31]

1949年10月,当克耶政府在失去了社会党人的支持并最终倒台的时候,戴高乐作了最后一次把人民共和党从第三势力中剥离出去的努力。通过米什莱,他给其领导人传达的信息是:他希望他们阻止新政府的建立,并向他们保证他已准备好"修复之前存在的裂痕"(renouer les chaînes du temps)。罗贝尔·舒曼不置可否地答复道,尽管戴高乐是"法国在必要的时候可以依赖的磐石",但在他看来现在还不是时候。[32]克耶政府的倒台与其说暴露出第四共和国的脆弱,倒不如说它表明戴高乐和法国共产党人的威胁性如今似乎已大大降低,以至于各党派敢冒政治危机的风险而免遭惩罚。

作为一个身处"体制"之外,并不停地咒骂着法国那些卑不足道的政客的人,戴高乐在这两年施展了很多手段。他曾秘密会见了普莱文、莫里斯·舒曼、罗贝尔·舒曼和比多,并同意了他人给出的一些提议。这与他的性格特点格格不入。每次会见后,他都对自己的随从们大发雷霆,指责他们诱使他参加了这些毫无结果的会见。其实,所有这些接触都注定要以失败收场,因为戴高乐并不是在寻求与各党派的和解。他只想强制举行选举,以便法兰西人民联盟能够组建政府——要是如愿以偿的话,这个政府采取的第一个举措就是制定一部新宪法。而此时,他只能对这个制度横加指责:

> 这个政权已经奄奄一息。它像大海上的软木塞一样漂浮在这个国家的表面。没有人信任它。它的存在仅是因为民众对它轻蔑而又漠不关心。事实上,一旦出现紧急事件它就会灰飞烟灭。但在此之前,它可以毫无意义地茫然度日。[33]

之后的三年,戴高乐经常会作出类似的预言。在私下,他为第四共和国的政客们起了一大堆无法翻译,甚至有时是低俗的绰号,例如"刻薄寡恩的难缠的家伙"和"有教养的小狗"(well-bred little puppy-dogs)。他将

第三章 执政与下野

第四共和国的政客统称为政犬。这一切都源于挫折。随着笼罩法国政坛两年之久的看似一触即发的灾难逐渐消散,戴高乐重新掌权的前景也变得暗淡起来。这个"制度"挺住了。戴高乐只能等待时机,等待将于1951年举行的议会选举,并让他的追随者们相信他们最终能够取得胜利。

"战友"

法兰西人民联盟并不是戴高乐一个人在唱独角戏。它有一个每周召开一次会议的小型执行委员会,一个大约由150人组成、每月召开一次会议的全国委员会,一个由区域代表组成、在戴高乐主席的召唤下定期齐聚巴黎的人际网络,以及一个每年召开一次的代表大会(它被称为"立法会议",这使人听起来法兰西人民联盟好像不是一个真正的政党)。除此,它还有一个名为"研究委员会"的政策智囊团、一份报纸和一些代表不同职业类别的特别组织群体(它们有自己的报纸)。

其中最重要的机构是执行委员会,它每周都会在位于巴黎索尔菲利诺街的法兰西人民联盟总部召开会议。在人员构成上,参加过自由法国的占大多数,参加过抵抗运动的占一小部分。虽然勒内·普莱文、莫里斯·舒曼以及安德烈·菲利普拒绝追随戴高乐踏上这段新的冒险旅程,但仍有许多自由法国的老兵们把法兰西人民联盟看作是战时斗争的继续。法兰西人民联盟的成员们被称作"战友"——就像法国共产党人互称"同志"一样——以此来突出它与自由法国的联系(就像解放勋章战友团一样)。

除了戴高乐之外,法兰西人民联盟中另外两个重要人物分别是负责组织工作的秘书长雅克·苏斯戴尔和负责宣传工作的安德烈·马尔罗。在战争期间,苏斯戴尔对于戴高乐来说是不可或缺的。他先是在拉丁美洲组建自由法国委员会,然后于1942年在伦敦扩大自由法国的影响,最后在阿尔及尔负责其情报机构。

十六 新的救世主（1947—1955年）

▲ 法兰西人民联盟在宣传时有意利用了它和自由法国的相似之处：在这张宣传画中，戴高乐在1940年的"呼唤"被置于他在1947年发出的新"号召"旁边，居于两者之间的是洛林十字架

　　为了维持法兰西人民联盟的运转，苏斯戴尔放弃了在大学做一名人类学家的优越工作。尽管他是一个极其高效的组织者，但他从未赢得法兰西人民联盟激进分子的心。他发现自己无法掩饰智力优越感，而且每当回顾那段时光时，法兰西人民联盟的激进分子就会习惯性地提及他当时那"冰冷的"外表。少数熟悉苏斯戴尔的人都知道，他那令人生畏的面孔下隐藏着一颗敏感而又痛苦的心——他渴望得到戴高乐的认可。戴高乐肆意地挥霍着苏斯戴尔的忠心，常常残酷无情地对待他。他之所以让苏斯戴尔坐上第二把交椅，并不仅仅是因为他的组织才干，而是因为他缺乏个人魅力，绝不会对自己构成威胁。

　　与苏斯戴尔不同的是，安德烈·马尔罗追随戴高乐的时间相对较晚。他

第三章 执政与下野

在20世纪20年代一跃成为文学明星，跻身欧洲最著名的作家行列。20世纪30年代，没有哪个法国知识分子比他更深入地参与了反法西斯斗争。在西班牙内战期间，他组织了一支空军中队支持西班牙的共和派，并随即以这次经历为题材创作了一本著作和一部电影。1943年，他化名贝尔热上校——他小说中一个人物的名字——加入了抵抗运动。对于马尔罗来说，艺术与生活、幻想与事实是难分难解的。在巴黎解放后，他并不是第一批受到戴高乐接见的作家，这可能是因为他在20世纪30年代时有着"共产主义同情者"的名声。

马尔罗对戴高乐主义的倾心仰慕可以追溯到1945年8月。当时，一辆汽车带着戴高乐的口信停在了他家门前，"将军以法国的名义问你是否愿意帮助他"。这次登门拜访是戴高乐的随从安排的，他们有理由认为马尔罗会接受这种吁请。几个月前，他在前抵抗运动组织"民族解放运动"（Movement of National Liberation）的大会上发表了一篇热情洋溢的演讲。马尔罗警告民族解放运动绝对不要与法国共产党人领导的抵抗组织国民阵线合并。这等于是向世界宣示，马尔罗已抛弃了他之前崇奉的共产主义，并准备另寻新路。戴高乐的召唤对马尔罗来说实在是太及时了。

有关马尔罗与戴高乐首次会面的情形，只有马尔罗渲染过的回忆可资利用。按照他的说法，他们在第一次谈话中讨论了尼采、斯大林、马克思、维克多·雨果、伏尔泰、法国大革命、罗马帝国的衰亡等诸多话题。戴高乐似乎一句话也插不上嘴。[34]这听起来像是真的，因为马尔罗以其海阔天空式的谈话风格而闻名，这令他的交谈对象往往感到头晕目眩，根本不清楚他到底在讲些什么——特别是再加上他在讲话时会因为图雷特综合症（Tourette's syndrome）而不时出现剧烈的神经抽动。[35]雷蒙·阿隆曾说马尔罗"三分之一是才子、三分之一是骗子、三分之一是疯子"[36]。或许，戴高乐在马尔罗身上第一次看到了有人在智识上大有赶超他的趋势；或许，他因为在智识上能够和这个令人目眩神迷的谈话对象平起平坐而甚感荣幸。不过，他一定是很快就意识到了他将有一个潜在的门徒。马尔罗对历史英雄人物怀有崇拜之情。早前，他的"万神殿"中供奉有拿破仑、T. E. 劳伦斯、圣茹斯特等人。如今，戴高乐取代了他们所有人。就戴高乐而言，

十六 新的救世主（1947—1955年）

他的确尊敬作家，但他想要他们明白自己的位置——弗朗索瓦·莫里亚克当年对于将军只和他谈论文学而不触及政治感到很失望。然而，马尔罗不同。他不是在提出见解，而是在全身心地奉献自己。

1945年8月的这次会面后没几天，马尔罗就进入了戴高乐的私人秘书处负责宣传事务。他是少数几个获悉将军要建立法兰西人民联盟这一计划的人物之一。戴高乐本希望马尔罗能够吸引左翼知识分子加入法兰西人民联盟，不过，这种情况未曾出现，因为20世纪30年代马尔罗的左派形象在他于40年代成了一名戴高乐主义者后就黯然失色了。[37]如此一来，他在法兰西人民联盟的工作变成了利用自己极具"魔性"的话语把平庸的日常政治美化成传奇和历史。正如他在评论自己之前的英雄T. E. 劳伦斯时说的："并非这个人创造了传奇，而是传奇创造了这个人。"

马尔罗和苏斯戴尔是法兰西人民联盟的核心和领袖，他们都在为戴高乐的利益摇旗呐喊。值得注意的是，尽管马尔罗参加抵抗运动的时间较晚，戴高乐却把解放勋章授给他，而从一开始就加入自由法国的苏斯戴尔未曾得到这个令人梦寐以求的荣誉。的确，戴高乐通常只把这项殊荣授予那些真正同自由法国战士并肩作战的人，或是那些在沦陷后的法国将生死置之度外而坚持战斗的人，然而，不属于这两类人的普莱文和卡森也都获得了解放勋章。戴高乐偏偏漏掉苏斯戴尔，说明了他在心中对每个人的定位是不一样的：苏斯戴尔是他的利用对象，马尔罗是他的崇拜对象。

法兰西人民联盟的第三个重要人物是加斯东·帕莱夫斯基（他同样获得了解放勋章），鉴于他和戴高乐的历史关系，人们本以为他会承担起苏斯戴尔的工作。戴高乐之所以更看好苏斯戴尔，是因为帕莱夫斯基的从容洒脱，以及对议会政治的熟悉使得他不适合领导一个基于对政党政治的不信任而成立的组织。当时，戴高乐在提到帕莱夫斯基时说："在我看来，对他危害最大的莫过于他那由于虚荣心作祟而想到处插手和表现自己的癖好。"[38]帕莱夫斯基被任命为研究委员会的负责人，主管从宪法改革到经济政策等政策文件的起草工作。这个委员会的成员包括专注于宪法改革的米歇尔·德勃雷和精通经济问题的雷蒙·阿隆。尽管在战争期间，阿隆曾是伦敦质疑戴高乐威权主义倾向的人员之一，但如今他由于反对共产主义而归附了他，自此以后，他再也不是一个坚定的反戴分子了。

在马尔罗、苏斯戴尔及帕莱夫斯基等人组成的核心圈子外，戴高乐还有他的私人秘书处。之前由帕莱夫斯基担任的私人秘书处主任这个角色现在落到了乔治·蓬皮杜的肩上，后者既没有参加过抵抗运动，也未曾加入过自由法国，他是在较晚时期才信奉戴高乐主义的。作为奥弗涅一个乡村教师的儿子，蓬皮杜是法国精英教育体系的杰出产物。二战期间，他在法国最负盛名的一所中学当文学教师，并编纂了一本法国诗歌选集。如果不是解放后他通过一名前大学同事的引荐进入戴高乐的私人秘书处，他可能会在学术上作出非凡成就。蓬皮杜很快就因其聪慧敏捷和沉着稳健而出人头地。当伊冯娜打算在战争结束后为那些有认知困难的孩子成立一个基金会时，戴高乐吩咐蓬皮杜负责相关事宜。没有什么比这件事情更能证明戴高乐对他的充分信任了。

蓬皮杜以一种超然的态度和揶揄的话语描述了这场人间喜剧。在谈到研究委员会时，他称德勃雷"总是在搞宪法草案"；称阿隆"很有远见地描述经济形势和货币情况，并极其自信地作出预测，但它们从未得到事实证实"。[39]尽管他在法兰西人民联盟中没有正式职位——他甚至还不是这个组织的忠实成员——但戴高乐已经离不开他了。不过即便是蓬皮杜，他有时也要通过戴高乐的两位极为忠诚的副官克劳德·居伊和加斯东·德·博纳瓦尔才能直接接触将军。

法兰西人民联盟的内部不可避免地存在着激烈的竞争。从事单调乏味的行政和组织工作的苏斯戴尔对神气活现的马尔罗颇为光火——后者把自己安置在了歌剧院附近的豪华办公室里，而不是塞纳河对岸索尔菲利诺街相当狭窄的法兰西人民联盟总部里。尽管帕莱夫斯基追随戴高乐的时间比上述两人都要长，但他还是被他们稍稍地排挤到了一边，这让他非常不满。蓬皮杜——他未曾参加过自由法国，他的地位完全源自戴高乐对他的信任——从未完全放弃在戴高乐主义者的内部圈子里成为一个享有特权的局外人的想法。旁人一直在提醒他最好忘掉这个念想。有一次，帕莱夫斯基撰文表达了自己对蓬皮杜所作贡献的感激之情,不过在文末他笔锋稍稍一转地写道:"我们的小团体在最初的时候是非常小的,大家为了欢迎你,又挤了挤才给你腾出一个位置。"[40]

蓬皮杜至少从未与维希政府有过什么接触,而法兰西人民联盟的另一位重要人物、前外交官莱昂·诺埃尔(Léon Noël)就不一样了,他曾于1940年时被维希政府短暂地任命为占领区的代表。战后,他很快地"改过自新",开始为戴高乐尽忠效劳,随后他在法兰西人民联盟中担任了一个高级职位。戴高乐很高兴看到这么一个曾经如此显赫的人物能够加入这个组织的行列中来,他知道,自己对他过去所犯错误的宽宥确保了他对自己的绝对忠诚。当诺埃尔获邀加入法兰西人民联盟全国委员会时,他写信感谢了戴高乐,同时恳请自己不应该被要求"低着头走后门进去,就像一个有罪之人被迫不去注意他的过错那样"。他这么做是出于对帕莱夫斯基"背信弃义行为"的挖苦——诺埃尔称,帕莱夫斯基抓住每一个机会提醒别人他与维希政府有过瓜葛。此外,帕莱夫斯基还说"这个人的血管里没有一滴法国人的血,这就使得他特别谦逊"(这句话是为了暗示诺埃尔与维希政府的交往是有迹可循的)。[41]

对于这类争吵,戴高乐一如既往地抱着一种蔑视和超脱的态度。有一次,他冲着居伊发泄道:

> 在伦敦时就是这样……事实上向来都是如此……最为烦人的是卡森!其次是普莱文和德让……还有他们所有人!他们之间总是因为电报问题而发生争端。一个人会抱怨另一个人背着自己截留了电报。要是他们当中有人没有看过哪怕是一块小碎纸片上的内容,他们就会立马焦躁不安地跑到我的办公室抱怨。[42]

然而,对于这种状况,戴高乐并非完全无责。在1940年离开伦敦前往达喀尔时,他把权力分给了米瑟利耶、安托万和帕西;1945年,他让勒克莱尔和达让利厄在印度支那互相牵制;在法兰西人民联盟时期,他仍然如此。蓬皮杜这个敏锐的观察家注意到，"围在像戴高乐这样的人身旁的那些人，他们免不了要搞阴谋诡计，拉帮结派，卖力争宠。并且，将军还挑拨离间，起到了推波助澜的作用"[43]。

戴高乐从来不是一个容易共事的人，特别是当他遇到挫折时，他会变得更加暴躁、刻薄。1948年12月，当时对戴高乐的这一特点尚不了解的德勃雷给他写信说："您是否有必要大肆抨击他人呢？有些时候您讲话的方式已伤害到了别人，是否有人对您讲过呢？我不相信戴高乐将军会如此刻薄。"[44]这个让戴高乐变得不像自己的请求，与1942年时布罗索莱特或是1943年时菲利普的类似请求一样，都收效甚微。戴高乐在收到这封信后对蓬皮杜说："可怜的德勃雷总是站在哭墙旁边。"[45]不过，即便是蓬皮杜也觉得戴高乐实在令人难以忍受："他拙于待人，总是羞辱他人，伤害他人的自尊。"[46]

法兰西人民联盟花了大量时间在讨论政策上，但戴高乐几乎从不参与细节的讨论。他恪守待时而动之道，不愿自己预先被束缚住。1947年11月，他给苏斯戴尔写信说："我再次重申，任何人不得就任何与我有关的事情向他人发表任何声明。我想什么、我干什么、我筹划什么，都是我自己的事。我说还是不说也由我决定。"[47]戴高乐的演讲仍旧重复着同样的内容：宪法改革、共产主义的威胁、资方与劳方的联合等。他对帝国所受到的威胁同样极为关注：即便在1950年底印度支那战争已呈现败绩的时候，他还警告蓬皮杜不要搞"亚洲慕尼黑"。[48]

尽管法兰西人民联盟的总体谋划在1951年时与1947年时相差无几，但戴高乐的外交政策思想在不断演变。1949年，法国顶着国内强烈的中立主义倾向——这种倾向认为法国应该独立于西方和苏联集团——签署了成立北约的《北大西洋条约》。戴高乐对中立主义观点比较感兴趣，但是阿隆劝诫他说，在共产主义的威胁之下，这种论调站不住脚。戴高乐对条约并不完全满意，不过他的立场是一个不完美的条约总比什么都没有要好。此时的他是一个坚定的大西洋主义者。然而，随着冷战紧张局势的缓和，他开始警告国人，法国对美国的军事依赖存在着危险。[49]到了1952年，他几乎把"美国的附庸"与"苏联的奴仆"摆在了同样的位置。[50]

与此同时，戴高乐对德国的看法也发生了变化。由于美国的反对，法国阻止德国建立中央集权体制、防止其重新崛起的希望破灭了。1949年，在冷战影响之下，德国被一分为二：东部建立了一个并未被西方集团承认的德意志民主共和国；西部建立了德意志联邦共和国。戴高乐意识到这种状况是不可逆转的，因而从1949年起他开始在演讲中提出是否有可能——正如他所称那样——在"高卢人和条顿人"之间达成某种协定，并暗示有必要重建因查理曼[1]之死而破裂的法德友好关系。[51] 1948年，他曾对蓬皮杜说：

> 无条件地支持美国并不好，万一欧洲出点事怎么办？在欧洲，高卢人和条顿人之间的关系向来不错。有些时候，我们需要寄希望于德国，期盼德国创造一个神秘的欧洲……我并不是说要让欧洲去抗衡美国、英国或苏联，但是，我们确实有必要创建一个欧洲。[52]

10年后，戴高乐在第五共和国执行的政策，就是从这方面出发的。

全国巡行

对于法兰西人民联盟的普通成员而言，这些政策变化并不重要。在他们看来，这场运动的本质在于他们通过群众集会与戴高乐建立起了集体交流。在法兰西人民联盟成立后的最初两年，这些精心策划的集会吸引了大量群众，其规模之大是其他政党无法比拟的——除了某几次由法国共产党人举行的集会。仅1947年一年，法兰西人民联盟就在巴黎冬季赛车场举行

---

[1] 即查理大帝（742—814），他建立了那囊括西欧大部分地区的查理曼帝国。查理曼死后不久，帝国一分为三，其中西法兰克王国即德国的雏形，东法兰克王国即法国的雏形。——编者注

了两场声势浩大的集会；1948年4月，戴高乐在马赛旧港发表演讲时几乎吸引了全体马赛市民。没有任何一场集会能够与1947年10月5日在巴黎郊外文森赛马场举行的集会相匹敌。正午时分，门打开了。下午晚些时候戴高乐伴着军乐声现身会场，此时，民众期待的呐喊声狂热至极。他独自一人登上了由绘有洛林十字架的巨幅三色旗装饰的舞台。当他高高举起呈"V"字形的双臂时，民众彻底疯狂了。他讲完第一句话后——"我们有50万人齐聚在这里"——民众的欢呼声变得更为热烈，其中还有人高喊着"戴高乐掌权"的口号。[53]演讲完毕，他走进人群之中，和他们打成了一片。1950年，在冬季赛车场举行的又一场集会结束后，就连《世界报》——这并不是一份支持戴高乐主义的报纸——的记者也被这种热烈的氛围感染了，"最后，冬季赛车场已汇聚起了一支庞大的军队，时刻准备着在那个仅用充满定数的语言向他们讲话的人的率领下向胜利进军"。[54]

当戴高乐不能与会时，马尔罗成了不二人选。他那充满诗意的、带有神秘色彩的演讲把将军变成了中世纪十字军战士圣贝尔纳（St Bernard）和大革命领袖圣茹斯特的结合体。然而，即便戴高乐有时候不能"身至"，他却总能做到"神至"。在冬季赛车场举行的一次集会上，当主持人向听众宣读了他带来的话语后，全场高唱起了《马赛曲》。之后，路易·瓦隆高呼："戴高乐的伙伴们，你们都感受到了他的存在——他就在我们中间……我确信他正在科隆贝孤独地凝视着整个法国，你们的呼声他肯定能听到。"[55]

法国共产党人将这些集会比作20世纪30年代的法西斯集会。奥里奥尔多次在日记中提到，他不会为"法西斯主义"开路。[56]有时，法国共产党会蓄意破坏法兰西人民联盟的集会，两党的激进分子为此爆发了多次冲突。1948年12月，在格勒诺布尔举行的一次集会上，一名反法兰西人民联盟的示威者被杀害。不过，这种规模的暴力事件比较罕见，并且它们通常是由法国共产党人挑起的。法兰西人民联盟并不崇奉暴力，在它的集会上也罕见象征军国主义的标志物，尽管戴高乐通常穿着制服现身。无论心荡神驰的激进分子抱有怎样的幻想，将军对民众起义毫无兴致。1947年的市政选

十六 新的救世主（1947—1955年）

举结束后，马尔罗称："戴高乐带我们进军至卢比孔河[1]，随后却让我们把钓鱼竿拿出来。"在更为迷狂的时刻，马尔罗幻想着发动一场民众起义来推翻议会，然而，他不无遗憾地对克劳德·莫里亚克说："将军并不是一个迷恋暴力的人。"[57]

▲ 1951年选举中的一幅海报：戴高乐是"法西斯分子"

---

[1] 卢比孔河（Rubicone）是意大利北部的一条约29千米长的河流。"卢比孔河"或"渡过卢比孔河"常被用来形容人们采取断然手段，破釜沉舟，投身于没有退路的危险境地的行为。——编者注

第三章 执政与下野

但是，法兰西人民联盟肯定与自19世纪以来法国政坛周期性出现的反自由主义的民族民粹主义运动——无论它是以何种形式出现，如波拿巴主义、布朗热主义或是20世纪30年代各类法西斯性质的"联盟"等——存在着相似之处。[58]戴高乐不认可拿破仑一世的诸多做法，他对拿破仑三世和布朗热心存蔑视，并且他从未加入过上述"联盟"，不过，他把自己当成了一个凌驾于党派之上、致力于社会和解和民族团结的救世主。法兰西人民联盟的行事风格让一些支持者惴惴不安。有一次，克劳德·莫里亚克说："我对于火十字团加入庆典仪式一事感到很不舒服，虽说它这么做激发了民众的热情，但我无动于衷。"[59]1948年12月，德勃雷在给戴高乐的信中提醒他提防法兰西人民联盟的"基层宗派主义"：

> 自戴高乐主义诞生的那一刻起，我就是一名戴高乐主义者……（但是）我有着对"共和体制的条件反射"，它是我的第二天性。在都兰的乡间，当看到法兰西人民联盟的宣传人员身着短夹克、戴着贝雷帽的样子时，我感到不寒而栗……在索尔菲利诺街的联盟总部里，我似乎不能畅所欲言，这让我感到很不自在……我并不担心英明正确、坚强有力的领导，我害怕的是独裁。您的领导的确是英明正确、坚强有力的，但是，在您身后，存在着太多的实施空洞独裁统治的派别。[60]

最终，德勃雷和莫里亚克保留了各自的看法。莫里亚克坚称："我定会终身追随戴高乐。除了忠诚，我别无他有。"[61]

也正是对戴高乐的"忠诚"才让法兰西人民联盟团结在了一起。这一组织由围绕在这个魅力四射的领袖和救世主周围的信仰者构成。法兰西人民联盟普通成员中的激进分子把自己看作是延续自由法国辉煌事业的又一个新的骑士团。他们中的许多人在当年由于太过年轻而未能加入自由法国，但是通过它，他们觉得自己正置身于另一场抵抗运动中。[62]三位激进分子回忆了他们与戴高乐之间的这种激动人心的关系。年龄最小的贝尔

十六 新的救世主（1947—1955年）

纳·马兰（Bernard Marin，1940年时9岁）于1944年8月25日在香榭丽舍大街目睹了戴高乐的风采后就"皈依"了他：

> 我觉得他伟大无比。任谁只须看他一眼就会相信人人都将服从他的领导，也会相信有了他法国的统一将确保无虞。我认为，当戴高乐走在香榭丽舍大街时，民众对他的热情超过他们对任何一位法国人的热情……我觉得那一天给我留下了不可磨灭的印象，我永远也不会停止寻找重新体验那种氛围的机会。

克劳德·吉布兰（Claude Guiblin，1940年时11岁）——他认为自己从父母的收音机上听到了戴高乐在6月18日发出的召唤——在战后加入了法兰西人民联盟，他说："就像人们信仰了某种宗教……我们只有一个信念，那就是毫不保留地献身于戴高乐和他的伙伴们所开展的事业。"第三位激进分子雅克·多埃（Jacques Dauer，1940年时14岁）写道："'伙伴'现象是戴高乐主义独有的，它代表着一种忠诚，以及类似'子忠于父'的观念……我与将军的关系相当于封臣与封君的关系。服从是第一要义，自由另当别论。"[63]

1949年后，法兰西人民联盟组织的大型集会逐渐减少了。这主要是因为大型集会组织起来花费高昂，并且，随着社会危机感的消逝，它很难再吸引大量民众参加了。然而，为了1951年的选举，戴高乐继续着他的全国巡行。1950年，戴高乐走访了70个省，仅在路上就度过了53天。通常，他会以参加某个纪念碑的揭幕式——为了纪念战争中的某一事件——为借口而来到某地。这涉及协议问题。政府曾裁定，戴高乐可以在纪念活动中享受这种官方认可的荣誉，但这种荣誉并非政治上的。也就是说地方行政长官能够邀请戴高乐参加揭幕式，然而，一旦他发表了演讲，他们自身有可能面临被撤职的风险。戴高乐利用了这种模糊的界定。在纪念活动中他总是穿着制服现身，以提醒公众历史"合法性"超越了碰巧掌权的"所谓的政府"（他喜欢这么讲）。

多数情况下，这些对地方上的访问规模都很小，戴高乐仅是带着妻子和一名"伙伴"孤独地乘着小汽车行驶在路上。有时，他们会停下来野餐。法兰西人民联盟全国执行委员会的一名成员还记得他在陪伴着戴高乐访问一个省的过程中，他与将军及其妻子在路边野餐的情形，当时，戴高乐用洪亮的声音喊道："再吃个煮鸡蛋，博梅尔（Baumel）？"[64]这样一个世界与两年前戴高乐看似就要夺取政权的那种令人振奋的氛围形成了鲜明的反差。这些访问的目的是让法兰西人民联盟的地方代表们始终保持高昂的士气，对于他们来说，与将军面对面接触的经历将成为他们余生中永远珍藏的回忆，尽管实际会面时的情形通常让双方都备受折磨。正如我们所了解到的那样，戴高乐与单个人相处时总是比他面对大量民众时显得更不自在。"为了避免让他出现羞怯之情，地方代表们的谈话是在试探中进行的。此时的将军——他肯定是在默默地诵念着自己将要发表的讲话——却一直默然无语地凝视着远方。"[65]

科隆贝的隐居岁月

戴高乐之所以置身于沉闷的全国巡行之中，部分原因是他想摆脱科隆贝的单调生活。1940年前，科隆贝仅是断断续续地发挥着作用；如今，这里就是他的家。他每周都会前往巴黎索尔菲利诺街的法兰西人民联盟总部，并总是住在星形广场附近的拉贝鲁斯饭店。有一次，他淡淡地说，这让他想起了之前在康诺特饭店的"流亡生活"。[66]

1946年，戴高乐趁着宅邸修缮的机会，扩建了一座六角形塔楼，随后他把塔楼底层布置成了书房。即便这样，拉布瓦瑟里仍旧是一个相对普通的居所。克劳德·居伊在日记中用令人心酸的话语描述了发生在这里的这样一个场景，当时，他和戴高乐手里拿着纸和笔，彻夜未眠地等待着收听1946年第一次全民公投的结果。一开始他们在餐厅里待着，但是这个地方收音机没有信号：

十六 新的救世主（1947—1955年）

所以我们上到了二楼。我们把安妮安顿在一间客房里，然后在她的卧室放了一台带有抗干扰屏蔽罩的收音机。我们在这里坐了下来，眼前是粉红色的家具、各式各样的玩偶和满是孩子气的图画。我们又从隔壁房间搬来了一张刚刚漆过的桌子。在搬这张桌子的时候，由于它太大了，我们只能斜着搬才行。突然，伴着一阵嘈杂的声响，所有的抽屉都掉了，刚好砸在我们脚上。[67]

在科隆贝，戴高乐过着低调的乡绅生活。他每周都去做弥撒，并经常邀请一位神父共进午餐。这位谦逊的乡村神父像是从19世纪的一本描述法国乡下生活的小说中走出来的人物，戴高乐格外尊重他——他把这种尊重也扩展到了教会中的其他人身上。[68]每位客人在拜访拉布瓦瑟里时，他们和戴高乐的交往过程是有固定程式的。午饭前，他们会应邀来到书房同戴高乐"谈论"世界状况。12点30分准时吃午饭，用餐时间很少超过35分钟。之后则是边喝咖啡边闲聊，专注于编织的戴高乐夫人也会在旁边坐着。戴高乐是一位彬彬有礼的旧式主人，他会亲自为客人斟茶倒水，甚至绝不劳烦任何一位客人向壁炉里添一根木柴。这就给这个忧郁的场景提供了画外音："让我自己来吧，这大概是我唯一剩下要做的事情了。"[69]

接着，戴高乐会带来访者绕着庭院漫步。他喜欢让他们顺着他的指引，观看远方那片无人居住的辽阔森林所呈现出来的荒凉景象。要是心情好的话，他会针对"亲爱的法兰西"是多么错误这个主题大发议论。在他看来，法国辽阔的疆域与它辉煌的历史交相辉映。有一次，克劳德·莫里亚克来访时，戴高乐变得更加忘乎所以："他把气候说得更为恶劣、把山川说得极为险峻、把河水说得汹涌澎湃，好像非如此就显示不了法国的伟大一样。"他还把这种景色与英国那种由"笼罩在绵绵（petite）细雨中、散落于偏僻乡村小道旁的简陋小屋"所构成的画面作了对比。[70]他曾对路易·若克斯说："这里的生活缺乏乐趣……一个人来到这里并不是为了找乐子（pour rigoler）。"[71]散完步，戴高乐会在来访者回巴黎之前给他们沏一杯茶，等他们走后，他又沉浸到了像是末日将要来临般的忧郁的冥想中。

描述科隆贝之行成了一种文学体裁。许多来访者完全融入了戴高乐的想象世界。有人写道，感觉自己立刻"受到了这种环境的影响，这里与戴高乐的性格极为契合"；它看起来像是"一座稍显古朴肃穆的'呼啸山庄'，目力所及，四周尽是辽阔的地平线"。[72]又有人写道："这个地方地势较高、与世隔绝、四季多风，和他的性格融为一体。孤独是他的宿命。"[73]每一个来访者在叙述中都没有提到过闪耀的阳光，却都提到了不停歇地吹着的风。

并非每个人都陶醉其中。从巴黎到科隆贝需要五个小时的行程，这妨碍了法兰西人民联盟的顺利运转。苏斯戴尔对这个"坐落于破败乡村中，交通不便、偏僻遥远的住所"——"人们给予了它莫大的荣誉，称它为'高卢森林'"——产生了恐惧感。他开始讨厌这种"充斥着无聊的氛围……戴高乐夫人的穿针引线声就像是雨点敲打在窗玻璃上……我敢保证，要是将军住得距巴黎近一些，就像倘若克娄巴特拉（cleopatra）的鼻子稍短一些，那么许多事情将会有不一样的结局"。[74]苏斯戴尔是在和戴高乐决裂后说出这些话的，不过，其他人也有同感。就连一向平和的蓬皮杜也对科隆贝"糟糕的'心理卫生'状况"感到不满，因为居住在那里的戴高乐只能通过收音机和零星的访客了解外部世界。不久后取代苏斯戴尔担任法兰西人民联盟秘书长的路易·泰勒努瓦尔注意到，戴高乐"孤独地坐在百叶窗紧闭的屋子里，他的愤怒通常是源自从收音机中听到的内容"[75]。由于将军不喜欢使用电话，再加上通往科隆贝的电话线路时常断线，就像当时法国绝大多数电话线路一样，所以他等于是被隔绝在科隆贝了。

无论科隆贝对戴高乐反复无常的情绪有何影响，它为关于他的神话增添了一缕新的色彩，尤其是1948年法兰西人民联盟发起"印花运动"（stamp campaign）后。[76]法兰西人民联盟号召民众购买绘有戴高乐肖像的印花并把它们邮寄到科隆贝。据说，这是为了避开政客们的阻挠而以戴高乐的名义进行的某种公民投票。当然，它也是解决法兰西人民联盟长期资金匮乏的一种手段。这项运动极其成功。当它在一个月后结束的时候，戴高乐收到了大约230万枚印花。虽然这项运动既没有推翻现政权，也没有从根本上

十六 新的救世主（1947—1955年）

解决法兰西人民联盟的财政困难，但它却给民众留下了这么一种深刻的印象：戴高乐简直是又一个克己奉公的辛辛纳图斯[1]——他在归隐田园后时刻准备着再次出山，拯救祖国。戴高乐在回忆录中用精彩的话语对此予以了回应，他写道，他曾在花园里徘徊过15 000次，从这里遥望"原野尽头的森林，它像是被海水拍打着的岬角"。他还写道："人世的喧嚣使我向往独处。现在，我安然享受着独处的乐趣。"[77]

这不是真的。我们从克劳德·居伊的日记中了解到的真相是，1946至1949年间，戴高乐在科隆贝的日常生活细节似乎是另一种状况，尽管由于居伊与伊冯娜——她讨厌那些不停劝说戴高乐重返政坛的人——的紧张关系导致他的叙述失之偏颇。伊冯娜自始至终对法兰西人民联盟的全部"冒险行为"持怀疑态度。在戴高乐提出创建法兰西人民联盟这个想法后没几天，她就对居伊说："我们已是行将就木之人。在我们这把年纪，最好是乖乖地待在家中。"接着，她追述了贝当不懂得急流勇退而身败名裂的先例，然后，她又对居伊，波兰的一位算命先生告诉过戴高乐，他将来会被绞死。要想不让预言成真，唯一的办法就是远离政坛。[78]居伊的描述呈现出来的是一幅戴高乐过着离群索居生活的单调画面，其中穿插着将军与妻子之间时不时的争吵及他对政客们的咒骂。在科隆贝时，戴高乐的情感支柱是女儿安妮。每次离开后归来，他的第一反应就是立马冲进她的房间看望她。

1948年2月6日，年仅20岁的安妮因支气管炎不幸病逝。虽然戴高乐一家人明白患有唐氏综合征的孩子会由于脆弱的免疫系统而极易受到感染，但安妮的离去对他们来说仍旧是一个沉重的打击。那位神父在日记中写道："我发现将军沉浸在极度的悲痛之中。他对我说：'我万念俱灰。你决定一切：时间和日期。按照科隆贝的葬礼仪式办就行。'"[79]戴高乐给当时远在非洲的另一个女儿伊丽莎白写信说：

---

[1] 辛辛纳图斯（Cincinnatus，前519—前430），罗马共和国时期的元老院成员，军事统领。公元前458年，当时已经退隐务农的辛辛纳图斯临危受命，担任罗马独裁官以保卫罗马。退敌16天后，他辞职返回农庄。——编者注

第三章 执政与下野

> 医生在最后时刻给安妮打急救针时,她在我的怀中停止了呼吸,你的妈妈和米希尼奥太太(她是一名护士,接替了之前的波泰尔女士)也在她的身边守着。神父赶来为她祝福……这个可怜的受苦受难的孩子,这个备受病痛折磨的小女孩,她的离去让我们悲痛万分。我知道,你也会有同样的感受。但愿小安妮的在天之灵保佑我们,并且首先是保佑你,我最亲爱的女儿伊丽莎白。[80]

他对居伊说:

> 她一生过着禁锢般的生活。这个小小的人儿身上有一种非常独特、非常感人的东西,我总觉得如果她不是现在的样子,她将会是一个相当优秀的人……要是真有上帝的话,他肯定已经让她的灵魂得到了解脱,并把她召唤到了自己身边。[81]

三个月后戴高乐再次给伊丽莎白写信说:"你妈妈和我特别孤独。小安妮,不管她身体状况如何,只要让我们看到她就好,她是我们关注和钟爱的对象。"[82]之后,伊冯娜把更多的精力投入到了那个为智障女孩而设立的基金会的工作中。在安妮的忌日,那位神父每年都来到戴高乐家中举行弥撒以悼念她。对于戴高乐夫妇来说,如今的科隆贝已成为伤心之地,他们迫不及待地要离开了。

等待选举,1950—1951年

戴高乐有一次兴致勃勃地对蓬皮杜说:"恐惧心和虚荣心是支配人类行动的两个动力。要么大难临头、心生恐惧;要么歌舞升平、心生虚荣。"[83]随着法兰西人民联盟初创时严峻的社会形势给人们带来的大难临头之感逐渐消退,许多选民当初在投票支持戴高乐时所怀有的恐惧心也渐渐不见了。戴高乐还指望着人们对当年大难临头之感的深刻印象能够使得法兰西人民联盟在1951年的议会选举中赢得多数席位。

尽管戴高乐认为法兰西人民联盟凌驾于左右两派之上,但由于它在诞生之初反对共产主义,这就使得它带有明显的保守色彩。法兰西人民联盟的支持者中有许多前贝当分子,他们因为在解放初期审判贝当而对戴高乐心怀憎恨。戴高乐准备通过公开表达对贝当——1945年获刑后他一直被囚禁在布列塔尼海岸的利勒迪厄岛监狱内——命运的同情来博取这些选举人的好感。如今年届九十的贝当通常被媒体称为"世上最老的囚徒"。戴高乐在多个场合宣称,人们不应该让这个耄耋老人在一个再也无法看到"林木、鲜花、朋友"的监狱内孤独终老,毕竟他曾为"法国作出莫大贡献",而且现在已毫无威胁、老态龙钟。[84]戴高乐说出这种话无异于走钢丝,因为这些话很可能无法取悦绝大多数的前贝当分子,却会深深地伤害前抵抗战士们。一位自称"在1940年时就成为戴高乐主义者"的前马基游击队员在给他的信中表达了自己的愤怒:"也就是说,我们为祖国流的热血、我们承受的巨大苦难、我们慷慨献出的无数生命、我们为祖国解放以及让你掌权所做的一切,都已不再重要了。"[85]

事实上,戴高乐不愿在民族和解的道路上走得太远——1950年,雷米上校就为此付出了代价。雷米是电影制片人吉尔贝·雷诺在参加抵抗运动后使用的化名,此人建立了一个与戴高乐主义者有密切合作的重要的抵抗网络。雷米从一开始就反对停战,但这并没有让他改变自己极端保守的思想。战后,他出版了一部多卷本的畅销回忆录,这使他在公众面前成为从事间谍活动的秘密特工的缩影。雷米还写了传记类畅销书《不为人知的戴高乐》(*The Unknown de Gaulle*)。身为法兰西人民联盟的一员,以及通过抵抗运动获取的知名度,再加上本身擅长写作,他成为撰写这本传记的最佳人选,不过从内容上看,该传记和胡编乱造的圣徒传记并无二致。雷米开篇就回忆了自己同戴高乐第一次会面时,如何被他那"充满善意"的目光所吸引(许多人从将军深陷的双目中看见的却是怀疑而非善意的目光)。并且,他在文末写道,身在科隆贝的戴高乐享受着"宁静的家庭生活",他不愿意再次投身于拯救法国的斗争中(尽管事实是,对于被迫离开政坛一事他的内心焦躁不安)。

雷米还在书中用一小段话回忆了这么一件事:戴高乐曾对他讲,法国需要两根弦让它的弓发挥效用——一根是贝当,一根是戴高乐。戴高乐对雷米的原稿进行了修改,增加了"前提是两人都为法国效劳"这句话。[86]或许是因为很少有人在意此类做作的宣传,这句话即便经戴高乐修改后也几乎完全被人们忽视了。[87]1950年4月,由于受到戴高乐对贝当作出的公开评论的鼓舞,雷米未经戴高乐的同意就在戴高乐主义者创办的《十字路口报》(Carrefour)上重申了上述言论。他在文末还呼吁戴高乐主义者向前贝当分子伸出和解之手。虽然雷米并没有放弃反对停战的立场,但如今的他似乎对解放后的过激行为甚为不安——这些行为"让我心生羞愧和厌恶之情"。第二天,戴高乐发布了一份简短声明,否认自己曾对他说过那样的话——尽管他极有可能说了。之后,雷米辞去了法兰西人民联盟执行委员的职务。此事让雷米试图在戴高乐的庇佑下创建一种贝当主义-戴高乐主义混合学说的努力以失败告终。

雷米事件反映了戴高乐对贝当抱有复杂的情感。1950年,他在追思往事时说:

> 贝当元帅这个伟人在1925年就"死"了。我目睹了他的"垂死挣扎"。也就是说,法国的历史并非始于1940年6月18日,它始于凡尔登战役。人们认为,不是贝当赢得了凡尔登战役的胜利,而是多亏贝当使用了新战术,法军才最终挺住……福煦没有使用新战术,贝当才是个战术家。这就是为什么他在1939年时预测法国会战败,但是,他没有认清世界形势。[88]

贝当最终于1951年7月去世。当蓬皮杜告诉戴高乐"贝当死了"时,他纠正道:"不对,是元帅死了。"接着,蓬皮杜又说:"这件事算是一了百了了。"戴高乐再次纠正道:"不对,这是一部伟大的历史剧,它永远也不

十六 新的救世主（1947—1955年）

会谢幕。"多年后成为总统的蓬皮杜将会发现，戴高乐的预言更为准确，他为自己当时的想法付出了代价。[89]然而，戴高乐对停战协定的总体看法始终没有改变。1953年，接替贝当跻身法兰西学术院的安德烈·弗朗索瓦-庞塞特（André François-Poncet）在演讲中重申贝当曾是戴高乐之剑的盾牌，戴高乐反驳说这面盾牌并没有阻止"法国被掠夺、法国人民被奴役、法国舰队被摧毁"。不过，他明白"这篇演讲反映了一大部分'知名人士'根深蒂固的想法"[90]，而法兰西人民联盟正需要这些人的支持。

1951年，第三势力联盟为了遏制法国共产党和法兰西人民联盟这两个极端政党的力量，颁布了一部新的选举法[1]。如此一来，法兰西人民联盟的选举前景已变得不容乐观。在新的选举法下，各党派有权实施联合名单竞选（apparentements），并且它规定，哪个党派的名单获绝对多数票，哪个党派就将自动得到全部席位。戴高乐的大多数顾问都和他的想法一样，不愿意放弃法兰西人民联盟的完整性，但最终，戴高乐在95个选区中的11个实行了联合名单竞选——这种做法一方面因为实施范围太小无法影响整体选举结果；另一方面却足以激怒那些纯粹派。[91]还有一个问题是戴高乐本人是否会参加竞选。对于这件事，他根本就没有考虑过。正如他对苏斯戴尔所说的那样："你能够想象我把帽子挂在波旁宫（议会大厦）衣帽间的小柜子上这种情形吗？"[92]

在选举期间，戴高乐在全国各地发表的演讲中又一次地提醒听众灾难即将降临，但如今，从现实和法国当前状况来看，这似乎是危言耸听。1951年1月，他在尼姆演讲时勾勒了一片末日景象：巴黎圣母院和罗马斗兽场在下一次世界大战的炮火中被统统炸毁。5月1日，他在另一篇演讲中称，"当民众发出自己的声音时，我将与他们同在。在哪里？就在香榭丽舍大街上"[93]。戴高乐这么说是为了鼓舞法兰西人民联盟中激进分子的士气，但他的对手们以此再次指责他是一个叛乱分子，甚至是一个"新法西斯分子"。

---

[1] 这是一套复杂的选举程序，它要求所有党派向各选区提交一份参加竞选的名单，每份名单都要按照席位数目列出全部候选人。——译者注

"背叛"

法兰西人民联盟在选举中脱颖而出成为议会最大政党，占有119个席位，但这与占议会绝对多数所需的200个席位还有一定差距。联合名单竞选制起作用了：法兰西人民联盟获得了22%的选票，但在议会中仅占有19%的席位。不过，即便没有这部选举法，法兰西人民联盟也只能在议会中占有143个席位。

新议会由规模大致相当的六个党派组成。从"左"至"右"分别为法国共产党、社会党、人民共和党、激进党、温和派（保守派）和法兰西人民联盟（他们讨厌被安排坐在最右边的位置上）。由于没有哪个党派愿意与法国共产党人合作，所以在这个"六边形"的议会中要想占据多数，有以下两种可能：奉行温和政策的第三势力（把保守派也纳入其中）继续联合；右翼（由保守派、中间派和法兰西人民联盟构成，不包括社会党）联合。前一种方案需要社会党和保守派克服他们之间的诸多政策分歧；后一种方案需要法兰西人民联盟参与到议会政治的游戏中来。选举结果公布后，戴高乐当即宣称：若想让他的议会代表们领导一个联合政府，追随他们的党派必须致力于宪法改革（以便让戴高乐有机会重新掌权）。由于它根本不可能实现，这让他的议员们有些手足无措——他们发现自己虽然占有最多席位，但掌权无望。

戴高乐陷入绝境之中。1947年，他在赢得那场时机错误的选举后，不得不等待着时机正确的选举的到来；1951年，他在这场时机正确的选举中落败后，一切都无法指望了。1952年1月，他向法兰西人民联盟的区域代表阐述了自己的立场：法兰西人民联盟在议会中的唯一作用体现在它是一支制约性力量，"在各类事件的压力下，议会中有可能会形成一个多数派别……我承认我根本不相信一个我无法有幸执政的政府有什么存在的价值"。[94]在此情况下，戴高乐意识到那些议员的忠诚度将面临巨大考验——他们中有许多人虽然加入了法兰西人民联盟的阵营，但没有全心全意地投身于联盟的事业。在选举前，他语带讥讽地对蓬皮杜说："在即将当选的

十六 新的救世主（1947—1955年）

200人中（当然，实际数目比这个少）……有180人都是奔着荣誉和虚名来的。"[95]共和国总统樊尚·奥里奥尔也在精明地盘算着同样的事情。由于他始终认为戴高乐对民主制是一种威胁，所以他决不让自己——正如他称的那样——成为法兰西第四共和国的"兴登堡"。1933年，正是此人在任职德国总统时任命希特勒为政府总理。[96]

1952年1月，奥里奥尔召集各议员团领袖（包括法兰西人民联盟的苏斯戴尔）商讨组阁事宜。[97]由于未获戴高乐批准，苏斯戴尔拒绝了组阁邀请，即便如此，戴高乐仍旧立即对他起了疑心。1月9日，当苏斯戴尔还在爱丽舍宫时，法兰西人民联盟执行委员会在索尔菲利诺街举行会议。戴高乐在会议一开始就怒气冲冲地讲道："当新任内阁总理正在着手组阁时，我们能先开会吗？我在想他会给我安排一份什么差事呢？……体育部长还是教育部长？"这只是开始。苏斯戴尔到会后，戴高乐继续着他的冷嘲热讽："啊，是政府首脑到了！那么，总理先生，你们的磋商有何结果？"这种公开羞辱让与会者感到极不自在。诸如此类的话还有很多，苏斯戴尔的眼泪都快要流出来了。[98]

事实上，苏斯戴尔礼貌地拒绝了奥里奥尔的提议。在总统所组织的磋商下建立的政府仅维持了两个月。3月初，总统再次召集各议员团领袖讨论组阁一事。已经吸取了教训的苏斯戴尔对此没有明确表态，并且，出于谨慎起见，这一次他建议奥里奥尔应该邀请戴高乐进行面谈——上一次他忘记了这回事。[99]但他也清楚，法兰西人民联盟议员团的成员们心情很沮丧，因为戴高乐的不合作策略使得他们无法施展手脚。苏斯戴尔再次受挫。当他给科隆贝打电话汇报相关谈话内容时，戴高乐在异常严厉的呵斥声中挂断了电话，以至于苏斯戴尔之后宣称自己病了，无法出席法兰西人民联盟议员团的预定会议。

蓬皮杜和路易·泰勒努瓦尔（苏斯戴尔担任法兰西人民联盟议员团主席后，他接替其成了联盟的秘书长）听闻此事后十分惊慌，3月3日，他们带着怀有抵触情绪的苏斯戴尔驱车来到了科隆贝。苏斯戴尔像个悔罪的学生一样——虽然他什么也没有做错——担心不已地来到校长面前。他说如果戴高乐认为他处事不当，他可以马上辞职。戴高乐拒绝了，并解释说："你的角色就是要承受来自双方的蹂躏和打击。你是以这种方式置身于影响到国家和我们每一个人所面临的严峻考验中的。"来访者走后，戴高乐似乎平静下来了，但在第二天，他又表现得像是他们从未来过一样。在索尔菲利诺街的联盟总部，戴高乐再一次公开羞辱了苏斯戴尔。德勃雷和帕莱夫斯基出面为他辩护，但收效甚微。[100]

1952年3月6日，法兰西人民联盟议员团的27名成员"背叛组织"，同时他们投票赞成保守派的安托万·比内（Antoine Pinay）担任内阁总理。奥里奥尔分裂法兰西人民联盟的计划取得了成功。出人意料的是，比内成了一个在整个国家都备受欢迎的人物——他是第四共和国少数几个有一定声望的政治家之一，因为他被认为是食利者的保护人。在接下来的几个月里，戴高乐束手无策。如果他允许他的议员们有一些回旋余地，那么他有可能维持联盟表面上的团结；如果他坚持严格的纪律，驱逐"背叛者"，那么他的联盟就有可能永远也无法恢复元气。在3月10日召开的新闻发布会上，戴高乐的表现并没有一些人担心的那么极端。当被问及他是否会加入一个不是以他为首脑的政府时，他回答道："这种情况估计会让其他部长感觉不舒服，我还是让他们免遭痛苦吧。"[101]蓬皮杜察觉到戴高乐情绪波动很大，6月时他"深陷痛苦之中……内心狂躁难安"，并且完全不知道该拿法兰西人民联盟怎么办。[102]

7月，戴高乐召集法兰西人民联盟全国委员会举行会议，讨论下一步行动。会议开始后，他在代表们的中间就座。苏斯戴尔首先发言，并以讨好性的话语宣称"没有戴高乐就没有戴高乐主义"。马尔罗也不甘示弱地说："如果你抛弃了那些议员中的一部分人，或者说如果他们抛弃了你，这都是……一个事件。如果你抛弃了信念，这就不再是一个事件，而是一场'自杀'了。"讨论很激烈，三名持不同立场的发言者遭到了全场的嘘声。讨论结束，戴高乐在总结发言时讲道："打着让戴高乐将军掌权的借口而抛弃他，这不是责任的一部分。"[103]会议作出决议，议员们在以后必须遵守党的纪律，否则就开除出党。至于上述27名议员，他们在辞职后立即被法兰西人民联盟开除。几个月后,又有一些人因步了他们的后尘而落得同样下场。

这似乎意味着法兰西人民联盟的末日到了,但戴高乐发现要同它决裂并非易事。1952年夏,蓬皮杜在休假期间给戴高乐写信,奉劝他不要放弃:"没有谁比我更想'致仕还家'、更想远离政坛了。然而,直觉告诉我,你无权抛弃法国,任由它堕落。"除此,他还劝勉戴高乐要对那些愿意为他效劳的人多一点信心:"如果你明确地告诉他们哪些事情可以做,他们肯定会圆满完成,或者至少是带着决心和忠诚努力地做好。"[104]蓬皮杜之所以会这么说,是因为他想到了可怜的苏斯戴尔——他曾给戴高乐写信恳请辞去法兰西人民联盟议员团主席的职务,可是面对苏斯戴尔的恳请,曾经极其粗暴地对待他的戴高乐,此时却挖空心思劝说他不要这么做。[105]

1952年12月,比内政府倒台。奥里奥尔开始了又一轮的磋商。他再一次对苏斯戴尔发出邀请。12月25日夜,苏斯戴尔踏上"再熟悉不过"的道路来到科隆贝,这时的戴高乐刚做完白内障手术,正在家中休养。苏斯戴尔以为他对奥里奥尔的谨慎回应已获得将军的默许。泰勒努瓦尔和其他人认为,苏斯戴尔处理这件事的方式堪称典范,他利用这个机会在没有付出任何代价的情况下就提升了法兰西人民联盟在议会中的地位。但是,他们都有理由担心"老板会怎么想"。[106]戴高乐的态度和去年如出一辙,他恼怒于苏斯戴尔对自己的"背叛"。正如几个月后他对蓬皮杜所讲的那样:"从苏斯戴尔步入爱丽舍宫考虑组阁那天起,他虽然在感情上向着我,但在政治上却总和我作对。"[107]最终,1953年1月,保守派的勒内·梅耶(René Mayer)取代比内成为内阁总理——前者同样成功地赢得了法兰西人民联盟议员们的支持,并且其人数比他的前任还要多。

人们越来越难以看清法兰西人民联盟存在的理由。戴高乐创立它时的意图肯定不是为了让自己操控——甚至同时也是摆脱——一个议员团。戴高乐有敏锐的政治权力意识,但他却不擅长,或者说是不愿意玩这种游戏。在为戴高乐效劳的过程中,不止苏斯戴尔一人觉得他越来越令人难以忍受。法兰西人民联盟的财务主管阿兰·博泽尔(Alain Bozel)有着同样的感受。博泽尔曾是戴高乐最为忠诚的追随者之一,他和戴高乐的交往甚至可以追溯到

第三章 执政与下野

1941年12月，当时他和185名战俘一起来到伦敦，极大地壮大了自由法国的力量——那时候自由法国与丘吉尔的关系正处于低谷。但到了1951年底，博泽尔再也受不了了。他的辞职信中包含了一些令人不快的事实：

> 尽管只有你才能解决法国的问题，但是你沿着这条路越走下去，追随你的人就会越少……时刻萦绕在你心头的这种可怕的不信任感，让你那些最为优秀的支持者惊恐不安。苏斯戴尔问我是否知道你为什么要到处跟别人说你不信任他……与此同时，你那蔑视一切的态度越发严重，多少人因为你的不近人情而对你敬而远之。[108]

几个月后，雷蒙·德罗纳（Raymond Dronne，他于1944年8月24日跟随勒克莱尔将军的坦克部队率先攻入巴黎，因此而声名远扬）——他也是从自由法国时期就开始效忠于戴高乐的，并且1951年选举后，他还是法兰西人民联盟议员团的其中一员——在给戴高乐的信中也用同样的话语提醒他要注意自己的言行举止："你越来越让人感到害怕了，甚至那些效忠于你的人也很怕你，你高高在上，对他们面冷言横……现在最要紧的是，你要逐一接待一部分议员，同他们交谈、倾听他们的心声、和他们建立良好的人际关系、鼓励他们树立信心……否则的话，法兰西人民联盟这艘航船将会沉没。"这一次戴高乐听从了劝导，收到来信后他立即邀请德罗纳举行私人会谈，并暂时地平复了自己的情绪。[109]但是，让他去抚慰自己那颗敏感的心与他的性格根本不符，因而这种情况难以持久。果然，他很快就旧态复萌，又陷入了自伤自怜的傲慢情绪中了。他对蓬皮杜说："没什么事情可做了……我还是写我的回忆录吧……我凭一己之力坚持着。要是没有我，那时就只会有几名法国飞行员加入英国皇家空军，国内也只会有几个阴谋家和几个垂涎于部长席位的家伙……精英分子早就完蛋了。"[110]

对于法兰西人民联盟来说，1953年4月的市政选举结果与六年前的那场胜利相比简直是一场灾难。它获得的席位数仅占1947年全盛时的一半。戴高

十六 新的救世主（1947—1955年）

乐再也无法忍受了。1953年5月6日，他发布声明，宣布1951年在他的旗号下选出的任何议员可以尽情享受"这个制度的弊病和乐趣"，但他们不能以法兰西人民联盟的名义这么做。[111]几个月后，针对这种状况，他向法兰西人民联盟的区域代表给出了自己的诊断：

> 只要戴高乐处在管辖与操持公共事务及致力于改变政体的状态中……这就意味着戴高乐在掌权。它就是这样的，否则它就毫无意义了。人们可以列出所有可能的组合。尽人皆知的事实是，戴高乐大权在握后就会改变政体。所以他有可能永远也无法真正掌权。这样的话，这个政体就不会变了。要是戴高乐没有进入巴黎，抵抗运动就不会取得胜利。现在的状况就是这样……我对此无能为力；我们不得不接受无法改变的事实。[112]

正是因为奥里奥尔清楚地知道让戴高乐组阁就等于是政体的变更，所以他绝不会迈出这一步。戴高乐对苏斯戴尔的愤怒使苏斯戴尔成了当前战术死胡同——其实是戴高乐让自己陷入了此种绝境——的替罪羊。法兰西人民联盟失败了。

十七 置身"荒漠"（1955—1958年）

最后的希望

在戴高乐发布公告让那些议员获得"自由"后，路易·泰勒努瓦尔说："戴高乐像是一只从陷阱中逃出来的兔子。"[1]几个月来，戴高乐再也不想和法兰西人民联盟发生什么牵连了。1953年访问非洲时，他的一名助手希望他接见一些当地的法兰西人民联盟激进分子，他顿时勃然大怒："你要气死我啊（vous commencez à m'emmerder）……再也不要对我提你们的法兰西人民联盟！"[2]访问归来时，泰勒努瓦尔注意到"他已越来越难以忍受与法兰西人民联盟有关的任何事物"。戴高乐第二天的行为也证实了这一点——他取消了下周将要召开的与它有关的一次会议。他还说道："它让我烦不胜烦，并且我也不知道该讲些什么……我不愿被束缚。1946年时我不愿被各政党束缚，如今我不愿被法兰西人民联盟束缚。"[3]但是，他无法让自己把这个组织彻底解散。最后的阶段就像是一场痛苦的离婚，他不断地挣扎着从悬崖边缘退回来。

尽管戴高乐最终在回忆录中仅用了12行文字来描述法兰西人民联盟，但是这段经历占据了他人生中七年的时间——比自由法国持续的时间还长。为什么当这项运动已明显失败的时候，他还拒绝将联盟解散？或许他不愿承认自己犯了错；或许他对那些不顾身家性命投身这项事业的同胞还抱有残存的责任感。其实，法兰西人民联盟之所以能够苟延残喘，其中

十七 置身"荒漠"(1955—1958年)

一个原因是戴高乐希望它能够在20世纪50年代中期他认为最紧迫的政治问题——欧洲防务共同体(European Defence Community)——上发挥作用。欧洲防务共同体的起源可以追溯到1950年朝鲜战争的爆发,当时,美国人发现自己正在卷入冷战的另一条战线。为此,美国政府敦促西欧各国在自身防务方面承担更大的责任。其中一个解决方案是允许联邦德国重建武装力量。但在二战刚结束不久就这么做肯定会在法国政界引起轩然大波。面对这种情况,法国政府提出可以把德国的武装力量融入一支"欧洲军"中——欧洲防务共同体(它源自善于动脑的让·莫内的构想)。1952年5月,《欧洲防务共同体条约》得以签署,不过它还有待法国议会的批准。虽然欧洲防务共同体最初仅是法国的一项提议,但两年来民众对它的关注度——用一个观察家的话来说——和58年前的德雷福斯事件不相上下。[4]

对于这种组建一支超国家的、由美国主导、英国在一旁襄助的"欧洲军"的构想,戴高乐深恶痛绝。在这个问题上,法兰西人民联盟发现自己和法国共产党人不约而同地站在了同一条阵线——法国共产党人出于其他原因也反对欧洲防务共同体。对于法兰西人民联盟中像勒内·卡皮唐这样的一些极左分子来说,戴高乐有机会成为法国的"铁托",在两大阵营之间保持中立;或者成为西方的"甘地",向欧洲军的士兵宣扬"非暴力不合作"说。[5]尽管他不会走得这么远,但他还是无法接受哪怕是让法国出让一丁点儿军事自主权的想法。如果法兰西人民联盟能够在议会中阻止批准《欧洲防务共同体条约》,那么他就不会将其彻底解散。1953年11月,他在一次新闻发布会上对这个条约极尽讽刺之能事:

> 美国政府软硬兼施迫使我们国家批准一个有损于我们自身实力的条约,这实在是太古怪了!古怪至极!其实,古怪的原因在于美国并没有加入这个条约。要是他们觉得法德合并有百利而无一害,那他们自己为什么不和墨西哥、巴西、阿根廷合并?……英国也不怀好意地要求我们加入所谓的"欧洲军",可它自己无论如何也不会加入其中。牺牲本国主权、任由他人摆布本国士

第三章 执政与下野

兵、丧失本国领土，这对巴黎有什么好处可言！对伦敦又有什么坏处可言！[6]

在1954年4月7日的新闻发布会上，他再次用更粗暴的言辞谈论了这个问题。同时，他还神秘地——也可以说是颇有威胁意味地——宣布，他将在5月8日，也就是停战纪念日这天，拜祭凯旋门下的无名烈士墓。这项奇怪的声明表明，他仍然怀有这样一种幻想，即一场群众运动有可能将他重新推上权力宝座。他知道，由于法国深陷印度支那战争，并且丝毫看不到胜利的希望，士兵们的不满情绪越发严重。军队领导人认为文官政府懦弱无能，因而才无法取得战争的胜利。4月4日，在凯旋门举行的一场典礼上，一些军官对现任总理及国防部长破口大骂。

戴高乐在前往凯旋门的前一周，给儿子写信说："军界局势紧张。一切充满变数……祭拜典礼的氛围会比较有意思。"[7]接着，5月7日，驻印度支那法军在奠边府经历持续几周的围困后，被一举消灭。这是自1940年以来法国遭遇的最严重的军事失利。一场重大的政治危机已迫在眉睫。戴高乐情绪高昂，他对泰勒努瓦尔说："我要重新掌权了。我将得偿所愿……明天会发生什么，让我们拭目以待吧。明天肯定会有很多人参加。几天后，我将就奠边府战役发布一项声明；要是出现内阁危机，我就会出手干预。"[8]第二天早上，他接见了总参谋长保罗·埃利（Paul Ely）将军。会谈刚结束，埃利就注意到戴高乐曾对他说："当国家面临紧张局势时，国人无不听他号令，但事后他们就将他一脚踢开。最终，只有军队才能应付此种局面。"埃利有些吃惊，他问将军这是否意味着将会发生军事政变。戴高乐将军的回答是：'不会。'但他所说的似乎与事实没有多大不同：军队领导人必须服从并听他指挥，一切才会好起来。"[9]

政府对戴高乐公开露面的潜在影响力甚为恐慌，因而在拜祭典礼现场增派了警察。这根本没有必要。下午4点，戴高乐乘着一辆敞篷车抵达凯旋门。他在无名烈士墓前庄严肃穆地鞠躬致意，但仅有1.5万人到场，这比上午时分想一睹共和国总统尊容的人数少多了。尽管人群中有零星的声音高

十七 置身"荒漠"（1955—1958年）

喊着"戴高乐掌权"的口号，不过这算不上什么群众运动。戴高乐沮丧地说："民众并未来到我身边。"接着，他同少数人握了握手，15分钟后就离开了。[10]

奠边府战役的确引发了一场重大的政治危机，但受益者不是戴高乐，而是他的老搭档皮埃尔·孟戴斯·弗朗斯。孟戴斯·弗朗斯自1945年从戴高乐政府辞职后，迄今未曾担任过部长职务，不过，他依然有着清廉公正的美誉，并且他还准确地预见了通货膨胀的危险。在第四共和国政界，他是个特立独行的人：作为奉行中间政策的激进党这个小党派的一名左翼分子，他是"体制"的一部分，但他对历届政府政策的批评使他成了一个异见人士。在印度支那战争中，他充任了卡珊德拉[1]的角色——谴责这场不可能取胜的战争吞噬了无数本可以用于经济现代化的资源。奠边府的惨败证实了他的预言。这届内阁倒台后，孟戴斯成了总理，他发誓要在百日之内通过谈判体面地结束印度支那战争。他还希求戴高乐能够为他"摇旗呐喊"。6月18日，在组阁这天，他托人给戴高乐带话说："在这个具有纪念意义的一天，我将要肩负起沉重的责任，在您的鼓舞下，我从您的手中接过了这项再次为国效劳、为民众谋福利的伟大事业。"

孟戴斯表现出的使命感与他的前任们形成了鲜明的对比。许多信奉戴高乐主义的议员都被他折服。在这些人中，59人对他投了赞成票，14人弃权，另有几人在政府中担任了要职。孟戴斯主义（mendésisme）的出台让戴高乐乱了阵脚。比尔哈肯姆之战的英雄、现任法兰西人民联盟议员的皮埃尔·柯尼希曾试探性地询问戴高乐是否允许自己加入本届内阁，戴高乐的回答模棱两可："柯尼希，我不想让你当部长，但我也不想不让你这么做。"[11]柯尼希把这句话当成了某种默许，不过，戴高乐的本意并非如此。6月22日，将军发布声明，明确地宣布他不会为孟戴斯·弗朗斯"摇旗呐喊"：

> 无论何人抱着何种信念，当前政权只会制造幻象，表现得

---

[1] Cassandra，希腊神话中的人物，具有预知未来的能力。——译者注

第三章 执政与下野

彷徨无措……我绝不会与它同流合污。只有当这个没有头脑、没有灵魂、卑鄙无耻、在胜利后建立起来的反对我的制度——它挥霍掉了法国最后的机会,并把那些本可以为它效劳的人拒之门外——瓦解后,民族复兴才有可能。[12]

在执政的前几个月,孟戴斯雷厉风行。在通过谈判使法国从印度支那脱身后,他又把注意力转到了把法国从突尼斯解救出来的事业上——反法的民族主义者在这里已经开展了好几年的斗争。戴高乐在私下不得不勉强承认孟戴斯干得很好。[13]1954年10月13日,他和孟戴斯在拉贝鲁斯饭店晤面。这本应是个秘密会面,但走漏了风声。戴高乐向泰勒努瓦尔透露了他们的谈话内容:

我对他说:政府可能会容许你解决印度支那问题、欧洲防务共同体问题、突尼斯问题等,也就是说让你为它减轻负担,但它不会容许你开展一项建设性政策,一项为祖国着想的政策……作为一个招人喜欢的新人,当你出现时,别人会时不时对你挥帽致意,然而,一旦你完全解决了让它深陷麻烦的所有问题,它就会把你踢开。[14]

这次会面让孟戴斯很失望。他发现戴高乐年老衰朽,并断定他已经"完蛋了"。[15]事实上,戴高乐也难掩沮丧之情:怎么会是他真正敬重的孟戴斯担负起了拯救法国的重任?戴高乐当然希望法国得到"拯救"——只不过这应该由他来完成。

事实证明,戴高乐对孟戴斯·弗朗斯所面临的政治困境的分析准确无误。作为内阁总理,他缺乏广泛的政党基础支持自己,1955年2月,议会通过投票推翻了孟戴斯政府。尽管它仅维持了八个月,但孟戴斯·弗朗斯"时刻"极为重要。孟戴斯·弗朗斯为法国政治注入了一种新的统治风格。其中一个亮点是,他每周都要通过广播直接向民众发表讲话,这让其他政客根本

十七 置身"荒漠"（1955—1958年）

无法理解。他的个人魅力导致了别人对他的崇拜，特别是那些对他的经济现代化号召作出积极回应的知识分子和公务员。[16]他的这种风格从某种意义上来说使他成为奉行左翼政策的"戴高乐"，而他的下野似乎进一步证明了这个"制度"已功能失调。诸多失意的"孟戴斯主义者"不久后将会为戴高乐效劳，就像一些失意的戴高乐主义者在1954年时为孟戴斯效劳一样。

在孟戴斯·弗朗斯的短暂任期内，议会最终否决了《欧洲防务共同体条约》——孟戴斯本人对此也不感兴趣。对于戴高乐来说，欧洲防务共同体的夭折意味着法兰西人民联盟已失去了存在的最后理由。1954年12月，他宣布这场运动就此结束。法兰西人民联盟在议会中的成员将自己重新命名为社会共和党人。为了不致引起混乱，1955年6月30日戴高乐召开新闻发布会，宣称他将不再谈论政治，也不会在下次选举中扮演任何角色。他的告别语为："一切迹象表明，我们将后会无期。"[17]

创造传奇

在过去的几年里，与其说戴高乐生活在令他失望的第四共和国的现实中，倒不如说他生活在令他心神激荡的战争回忆中。1946年辞职后不久——有可能已构思了很长时间——他就开始写作他的回忆录（出版后命名为《战争回忆录》）。1944年1月，他对达夫·库珀说，他尽量"每天抽出一点时间，想象着自己站在未来历史学家的角度，公正客观地回望历史事件"[18]。法兰西人民联盟成立初期，他很少有闲暇从事写作。当他对法兰西人民联盟失去信心后，回忆录又占据了他的全部身心。早在1951年10月，蓬皮杜就指出："他成了一个专注于写作自己回忆录的人。"[19]两年后，通常会一丝不苟地履行家庭职责的戴高乐没有参加旺德鲁一家组织的一年一度的摄影活动，而是沉浸在写作之中。对于科隆贝的来访者来说，大声地朗诵这部著作中的某些段落逐渐成为一种新的仪式。

戴高乐为撰写《战争回忆录》付出了艰辛的努力，由于他在写作上对自己要求很高，因而这并非如他所说的那样"一挥而就"。在经过无数次的删改和重写后，他的手稿在一些地方几乎难以辨认。他力图（没有取得成功）避免古典法语中某些显得突兀的用语习惯，如所谓的三元结构（俄国"观察、盘算、怀疑"；随着和平的到来，"同盟、激情、牺牲"不复存在，并开始出现"利益、偏见、对抗"；等等）。[20]与丘吉尔不一样的是——《第二次世界大战回忆录》（*The Second World War*）是团队合作的结果，尽管带有丘吉尔自己的风格——戴高乐独自在拉布瓦瑟里的书房里从事着写作，除了一名助手时不时地过来给他提供一些文件资料。他曾说："我想撰写一部著作。把丘吉尔写的东西称为著作根本名不副实，它们的内容尽是些有趣的评论和庞杂的文件……事情一件接着一件。"[21]1946年，戴高乐开始重读勒内·德·夏多布里昂的《墓畔回忆录》（*Mémoires d'outre-tombe*），并把它作为自己创作时的榜样和汲取灵感的源泉——1969年他在撰写第二部回忆录时也是这么做的。

戴高乐的《战争回忆录》的确是一部"著作"，这不仅是因为它文笔优美、结构严谨（共三卷，每卷覆盖两年时间），运用了法语古典修辞艺术，更是因为它不仅包含了戴高乐对"他的"战争的叙述，还是他的世界观和历史哲学的升华。从戴高乐对战争的叙述上看，贯穿这部三卷本著作的一条主线是，他为保卫法国的独立开展了不懈的斗争——与盟友和敌人。他以毫不留情的笔调一丝不苟地记述了他和英国人、美国人争吵的每一个细节，无怪乎读者可以从中得到一份他和英国人围绕黎凡特问题所爆发冲突的详细报告。甚至他在一些微不足道的小事上也不吝笔墨。其中一个例子是，戴高乐用了足足三页的篇幅来叙述所谓的迪富尔（Dufour）事件。1943年，居住在伦敦的法国人迪富尔称自己受到了中央情报行动局的残酷虐待。戴高乐的左翼敌人揪住这件事不放，并欣喜地发现可以把它作为中央情报行动局施展与"盖世太保"同样手段的证据。随后，迪富尔向帕西提起诉讼。这件案子迁延了数月之久，直到英国政府发现迪富尔其实是一个幻想狂——也有可能是一个诈骗犯，又或者两者兼而有之——才不了了之。但事实是，英国政府一开始的确相信，迪富尔事件是戴高乐身

十七 置身"荒漠"(1955—1958年)

上一个不可饶恕的污点。当一名客观的读者在阅读戴高乐的《战争回忆录时》,可能会情不自禁地说出戴高乐曾对法国共产党人吉洛——他试图就解放巴黎期间签订的停火协议而斥责戴高乐——说的话:"吉洛先生,你真的以为你所说的'停火协议'在法国历史上有如此重要的地位吗?"但对于戴高乐来说,英国人的任何一个不仁不义之举都极为重要,在叙述时容不得半点疏漏。[22]

尽管戴高乐在回忆录中罗列了与盟友的每一次冲突,但他的叙述也是在竭力呈现一种使人铭记在心、永不磨灭的客观事实,即这部史诗中的每个人物都应被赋予应有的地位,并得到后人恰当的纪念。这里有精心雕琢、令人敬仰的罗斯福和丘吉尔的肖像——戴高乐称他们是"伟大历史中的伟大艺术家"。从某种意义上说,他在叙述自己与他们之间的恩怨时并没有掺杂个人情感,因为在他看来,这些事情要由超越他们个性的历史法则来评判。在回忆与丘吉尔的一次争吵时,他说:"他的心中不自觉地沾染了皮特(Pitt)的某些想法。"[23]在描述1944年罗斯福对未来世界的展望时,戴高乐写道:"只有人类才会用理想蓝图来粉饰主宰世界的欲望。"[24]他接着说:"在国际事务中,公道和情感在实力面前显得无足轻重;最关键的是你能抓住、保住什么东西;法国要想恢复自身地位,只能依靠自己。"[25]

在这部著作中,戴高乐把国家间的斗争视为人类本性的一部分,他没有过多论述法西斯主义或纳粹主义。正因为此,当希特勒最终被打败时,戴高乐甚至让自己在这场迫使希特勒自杀、"令他黯然神伤的宏大战争"面前驻足片刻,并说了这样一句话:"正像为了避免被囚禁的命运而选择跳进深渊的普罗米修斯一样,他亲手结束了自己的生命。"除此,他还说道:"他善于笼络和谄媚。内心深受蛊惑的德国人民狂热地追随着自己的元首。他们自始至终恭顺地任他驱使,从来没有哪个民族肯为自己的领袖如此尽心竭力地奔波效劳。"[26]这简直让人们觉得他对希特勒怀有某种迷恋情绪,以及他是在借机表达对自身处境的不满。

在戴高乐看来,1940—1945年期间的法国历史只是这个永恒循环——

它不断地重复着"巅峰"和"深渊"、荣耀和失败——的一部分。他在《战争回忆录》的开篇（1954年）写道："上帝创造它（法国），不是让它功德圆满，就是让它遭逢惩戒性的大难。"这几乎承接了他在《法国和她的军队》中所说过的话："数百年来，可怜的民众毫不退缩地扛起了由苦难构成的最沉重的负担，他们已成为丰碑……"《战争回忆录》的结语（1959年）表明这种斗争还在继续："可怜的法兰西，它备受历史摧残，备受战争和革命蹂躏，在辉煌和衰败之间无休止地往来循环。"[27]

如果这种"法国观"构成了该著作的总体框架，那么每一卷也都有其独特的主线。第一卷涵盖的历史时期截至1942年，它的主题是历史上的传奇人物"戴高乐"——他在民众中脱颖而出，充任了历史的工具——闪亮登场。正是他扮演了"掌管"法国的角色。第一卷的标题"召唤"具有双重含义：戴高乐在"6·18"讲话中向民众发出的"召唤"；戴高乐回应了来自历史深处的"召唤"。[28]在第一、第二卷中，第三人称的"戴高乐"分别出现了约50次和100次，它首次出现于他叙述到1940年10月在杜阿拉所发生的事情的时候。与恺撒对高卢战役和托洛茨基对俄国革命历史的记叙不同，戴高乐并没有通篇使用第三人称写作。他是作为第一人称的叙述者——比如说，有时候他会使用"可怜的我"这个称谓——在观察历史上的"戴高乐"。他在书中有一处写道，他看见"那些未能和我并肩作战的人用目光追随着戴高乐将军"[29]。正如戴高乐在给一名上校——1916年时他是戴高乐的指挥官——的信中所说的那样："无论于我，还是于其他所有人，'6·18'讲话的意义都重大无比，因为我们所做的一切都是为了法兰西。"[30]第一卷的结语从表面上看指的是1941年末法国的处境，但它也是在提醒1954年的读者，在当前局面下，仍然可以指望戴高乐：

> 注视着坠入深渊的祖国，我，它的儿子，向它发出召唤，为它擎起火炬，给它指明拯救的道路。许多人已经和我并肩作战。我相信还有人正在前来。如今我能听到它对我的回应。它已经从深渊中站起身来，正在努力前行，攀爬陡坡。啊！祖国母亲，像

我们这样的人,正时刻准备着为您效劳。³¹

第二卷《统一》(1942—1944年)描述的是支离破碎的法国是如何围绕着传奇人物"戴高乐"逐步地重归统一的。在叙事方面,戴高乐几乎没有关注国内的抵抗运动,他关注的重点是他所统领的法国军队取得的每一项壮举:从自由法国在利比亚沙漠的第一次作战,到这支法国军队于1944—1945年期间在抗击意大利、德国时所发挥的作用。勒克莱尔出现在该卷第67页,就连1942年底依然效忠于维希政府的朱安也出现在第41页,但是,弗勒奈和达斯捷这两个抵抗运动领袖,每人却仅出现了10余次。一名评论家不无夸张地指出,分散在世界各地的自由法国的各种委员会比全部抵抗组织的数目都多。第二卷的高潮部分是戴高乐在香榭丽舍大街举行的凯旋盛典:

这个民族觉醒的奇迹、这个法国展现出的姿态,从多少个世纪以来,时常照耀着我们历史。在这个共同体中,只有一种思想、一种激情、一种呼喊,分歧消失了,个体也不存在了……啊,你们之间是何其相似!³²

第三卷《拯救》(1944—1946年)叙述的历史时期始于巴黎解放,终于戴高乐辞职。尽管本卷的标题积极乐观,但行文基调忧郁伤感。它讲述了戴高乐领导下的法国是如何在1945年5月跻身战胜国行列的,但同时,它也较多地着墨于戴高乐带给法国人民"辉煌",而"各党派"未能带领法国继续攀爬到"巅峰"。该卷一个不断重复的主题是,戴高乐与法国邂逅后形成的"共同的情感"、"默契的颤抖"及这种"交融"状态是如何一步步地被横插在救世主的化身与他的子民之间的"学会"、"精英分子"、"议会"和"党派"破坏的。这种幻灭感在1946年戴高乐辞职时臻于顶点。该卷的标题是"拯救",但随着国家陷入新一轮的堕落,拯救转瞬即逝。1959年第三卷出版时,戴高乐已经重新掌权。当他在结语中把自己称作"一个在黑暗中永不疲倦地仰望着希望之光的老人"时,读者们已经明白了这是个好消息:那个"老人"再一次被"召唤"了。[33]

这部包含着衰亡与拯救的救赎剧目——其中,戴高乐既是先知,又是救世主——的寓意是,法国亟须采用一种强有力的国家组织形式来对抗第一页中提到的"遍地的混乱"。统一与分裂、秩序与混乱、巅峰与深渊、辉煌与衰败构成了这部著作的中心思想。即便法国在看起来最统一的时候,分裂的危险也并未远去。在记述1944年8月戴高乐在香榭丽舍大街举行凯旋盛典的长篇文字中,有一段话写的是他凝视着这里的历史遗迹,往昔的光辉岁月不禁浮现心头:圣女贞德、圣路易、亨利四世[1]。他写道:"由这些砖石和广场承载的历史似乎在对着我们微笑。"然而,接下来,同样的历史遗迹却勾起了他对悲伤往事的回忆:街垒之战、圣巴塞罗缪大屠杀、投石党、路易十六被送上断头台。

由于戴高乐的《战争回忆录》旨在追求一种垂范后世的价值,所以书中几乎没有记述趣闻轶事——除了一些令人难忘的片段,如1944年12月他与斯大林的会谈。并且,书中也几乎没有述及他的家人。针对这种情况,马尔罗有一句精彩的评论:《战争回忆录》中看不到"夏尔"。从表面上看,似乎确实如此,但从另一方面来看,叙述者"我"(夏尔)的个人情感从前三页开始——法国不同时期的命运,让他有着不同的感受:"热情""悲伤""快乐""绝望""渴望光荣"——一直贯穿于整部著作。[34]在回忆录类的文学作品中,个人情感流露最明显的当属夏多布里昂的《墓畔回忆录》。戴高乐在开始撰述自己的回忆录时,重温了夏多布里昂的作品,其原因可以从1949年戴高乐写给夏多布里昂的曾侄孙女迪尔福(Durfort)伯爵的信件中找到。他在信中写道,她那声名显赫的先祖的作品"已让我迷恋了48年"——这意味着戴高乐在11岁时第一次接触到了他的作品。[35]关于夏多布里昂,有一次,他对克劳德·居伊说:"我和他在许多事情上看法一致。"[36]

---

[1] 亨利四世(1553—1610),法兰西波旁王朝的创建者。他结束了法国内部的长期混乱,重建了一个统一的法国。——编者注

十七 置身"荒漠"（1955—1958年）

要想弄明白戴高乐为什么对夏多布里昂有如此高的认同感并非难事，因为两人都出生在一个正统家庭，并深受所处时代的影响，夏多布里昂称自己"生活在两个世纪的交会处，就像是两条河流的交汇处一样"。年轻时期的夏多布里昂曾在路易十六的宫廷任职，1848年革命期间他与世长辞。戴高乐评论说："这个成长于布列塔尼庄园里的青少年（1789年），却要在垂暮之年思考欧洲共产主义的未来，这是怎样的命运啊！"[37]夏多布里昂在1830年退出政界，之后他的作品讨论了一个主题：如何把他的贵族价值观、对正统君主制的执着同法国大革命创造的世界调和到一起。他曾说："从内心和理论来看，我是一个怀抱梦想的人；但从行动和实践来看，我是一个立足现实的人。"戴高乐也曾写道："除了用梦想引领法兰西前进，我还做过什么？"作为一个多多少少梦想着成为一名作家的实干家，戴高乐从某种意义上来说就是夏多布里昂——一个梦想着成为实干家的作家——的影子。夏多布里昂最能让戴高乐产生共鸣的地方在于戴高乐所谓的他那"绝望的清醒"。他对克劳德·莫里亚克说："他是一个深陷绝望的人……但是他的绝望充满了……（他接着说）即使在绝望中他还是会直面它……在绝望中他用尽全力挺直自己的身躯。"[38]在第三卷末尾，戴高乐描述了他对科隆贝隐居生活的感悟："仰望星空，我深感人事的微不足道。"[39]他这么说让人想到了夏多布里昂。

不过，我们绝不能滥用这种比较。如果说夏多布里昂在1830年归隐田园后就专注于写作他的回忆录的话，那么在戴高乐看来，他的回忆录并不是一份"政治遗嘱"，而是法兰西人民联盟失败后他采取的一种新的行动策略。莫里亚克曾准确地预言，法兰西人民联盟将玷污"6·18"讲话的传奇色彩。因而，综观戴高乐的《战争回忆录》，他极力撇清自己同法兰西人民联盟失败之间的关系，并重塑他这个救世主的圣洁形象。1954年10月底，在第一卷就要出版之际，他给儿子写信说："让我们拭目以待它会带来什么吧，当然，我的意思是它对舆论的影响是什么。"[40]

对于一个宣称要过隐居生活的人来说，戴高乐在确保他的《战争回忆录》能否得到公众最大限度的关注方面还是颇为用心的。他接触了三家出版社：伽利玛（Gallimard）、拉枫（Laffont）和普隆（Plon）。最终他选了普隆。这是一个正确的决定。普隆出版社在社会上的声望是最高的，自19世纪末以来，它因出版过法国许多学界名流和将军元帅——包括贝当——的著作而声名远扬。1948年，它又取得了丘吉尔战争回忆录的翻译权。戴高乐把版税收入捐赠给了他和妻子在战后成立的安妮·戴高乐基金会。1954年10月出版的《巴黎竞赛》（Paris Match）杂志把戴高乐作为封面人物——他甚至允许摄影师来到家中进行拍摄。在内容方面，它除了撷取《战争回忆录》的部分段落外，整一期关注的都是这个"历史事件"。其中，有一篇文章是用戴高乐式的笔调写就的（就连用的比喻也是戴高乐钟爱的风暴比喻）："他知道，当闪电出现时还得让飞行员掌舵。所以他时刻保持着清醒。这位祖国当前的神父静待着不测的降临。"[41]

戴高乐把刊印出来的前四本书亲自赠予了教皇、觊觎王位的巴黎伯爵（Comte de Paris）、共和国总统和英国女王伊丽莎白二世。路易·泰勒努瓦尔指出："对于戴高乐来说，一切都包含在上述逻辑秩序中。"[42]谁也没有料到，这部《战争回忆录》出版后会取得如此巨大的成功。一个月之内，第一卷就销售了10万册，并且好评如潮。莫里亚克写道："像恺撒、拿破仑一样，戴高乐的行文风格与他的人生轨迹相一致。"人们还把他比作波舒哀（Bossuet）、塔西佗（Tacitus）、科尔内耶等人。只有法国共产党的《人道报》没有报道这件事。仅有的质疑声来自那些眷恋维希政府、心怀怨恨的反戴分子。魏刚将军——他对戴高乐的敌意并没有随着年龄的增长而消退——随后也出版了一本书，他在书中宣称这部《战争回忆录》在记述1940年的事件时存在诸多不实之处。[43]两年后，就在1956年6月18日这天，《战争回忆录》的第二卷出版，它同样获得了一致好评，除了一些前抵抗战士对于戴高乐弱化他们的作用而愤愤不平之外。弗勒奈在一篇评论文章中写道："在他看来……我们没有直截了当地臣服于他，这是一项重罪。"[44]

十七 置身"荒漠"(1955—1958年)

环球旅行者

　　自1953年始,戴高乐的另一项主要活动是对一系列法兰西帝国的海外领地进行访问。1953年3月,他在西非和赤道非洲待了25天。1953年10月,他又来到了东非(吉布提、马达加斯加)和印度洋(留尼汪)。1955年7月和8月,他飞赴加勒比,在那里访问了一些法属岛屿后,他经过漫长的航行抵达了太平洋(塔希提岛、新赫布里底群岛、新喀里多尼亚)。最后,1957年3月,他对撒哈拉进行了为期八天的访问。就像撰写《战争回忆录》一样,他这么做也是在重温过去——自由法国在非洲和太平洋地区的起源地。他想重新沐浴在自由法国的氛围中,以便忘掉法兰西人民联盟的这段往事。对于他来说,当国内人民对他似乎不理不睬的时候,接受帝国海外领地的民众的膜拜肯定是一剂良药——这让他想起了1940年他在杜阿拉首次接受民众欢呼时的情形。1945年后,在加蓬和刚果的某些地区甚至兴起了一种新教派——"恩高乐"(Ngol),其名称部分地取自戴高乐的名字,并杂糅了救世主信仰思想。

　　在对非洲访问的过程中,戴高乐潜意识里想让世界忆起另一个戴高乐神话——它建立在发表于1944年的含义模糊不清的《布拉柴维尔宣言》的基础之上。他的这些访问活动还有一个目的,那就是亲自了解一下帝国的情形。为此,他精心策划了自己的行程。在乍得,当他提出要前往距离首都拉密堡数百千米之遥、居该国东北角的阿巴齐时,这令一名助手惊讶不已。将军解释说,因为那里是伊斯兰教势力渗透非洲的最前线,所以他想去看看。有一次,他在归程中对泰勒努瓦尔说:"我不是去观光的,我是去了解人性的。"[45]陪着他在太平洋航行的唯一一名记者、弗朗索瓦·莫里亚克的小儿子让·莫里亚克在付出一番代价后才明白了这个道理。一天晚上,当他兴奋地邀请戴高乐走上甲板欣赏那轮优美无比的圆月时,戴高乐对他说:"让你那圆月见鬼去吧。"[46]就连伊冯娜也遭到过他的冷遇,当他们飞越非洲大陆时,她一手拉着丈夫的衣袖,一手指着地上的象群让他看,戴高乐生气地抬起头,轻声嘟囔道,"不要打扰我,伊冯娜",然后又埋头读起了康拉德的《吉姆爷》（*Lord Jim*）。[47]戴高乐天生就不是一个观光客。

在漫长的太平洋之行中途停靠的时间里，戴高乐不停地阅读着巴尔扎克、福楼拜和莫里亚克的作品。每天晚上他都会请大家一起用餐，并时常谈论以往的战争岁月。显然，戴高乐的身体素质极为出色。无论晴天、雨天，他似乎全不在意，并且，人们好像也从没见过他大汗淋漓的样子。在飞机上度过漫漫长夜时，每个人都很好奇他是什么时候睡的——要是他睡的话。戴高乐的身边仅有少数助手，他们负责处理复杂的礼仪问题。他是以普通公民的身份寻访各地的，当然，他绝不是一个像其他人那样的普通公民。按照规定，他不能享受国家元首的礼遇，但人们略施手段巧妙地克服了这种限制，并给予了这个曾代表着"法兰西"的人应有的尊敬。对于戴高乐来说，政府对这类不寻常的举动视而不见可能不是一个好信号，这显然意味着他已经是一个不再令法国的政客们感到恐惧的过时的人物了。

"荒漠"

随着戴高乐的"退隐"，戴高乐主义者也都四散而去。蓬皮杜加入了罗斯柴尔德银行；马尔罗又开始撰写他那部冗长的艺术史著作；帕莱夫斯基成了驻意大利大使。由于戴高乐已不再参加任何官方活动，戴高乐主义分裂成为零散的、各自以自己的方式追逐着这项事业的组织网络和群体。信奉戴高乐主义的议员——如今自称社会共和党人——也纷纷在政府中任职。[48]要让火焰持续燃烧的法兰西人民联盟基层激进分子对这些人嗤之以鼻。巴黎的印刷商雅克·多埃（Jacques Dauer）就是其中之一，他创办了一份名为《巴黎电讯报》（*Télegramme de Paris*）的报纸，致力于让戴高乐重新掌权。同时，他还希望这一天真的到来时，自己能够负责印制支持戴高乐的宣传海报。自由法国的老兵们相互之间的认同感也提供了扩大戴高乐主义社会影响力的另一种手段，比如说解放勋章就是这样。该勋章的获

十七 置身"荒漠"（1955—1958年）

得者大都在法国社会和政界担任重要职位。随着法兰西人民联盟的瓦解，"戴高乐主义者"已销声匿迹，但"潜在的戴高乐主义者"无处不在，他们随时准备在时机成熟时为他效劳。

在这些散落各地的潜在戴高乐主义者之中，有些人在戴高乐谨慎的鼓励下开展着活动，而另一些人则热切地等待着他的指示。这一时期，奥利维耶·吉夏尔（Olivier Guichard）和雅克·福卡尔是戴高乐核心圈子——大众熟知的"亲信"——里两个重要的人物。1951年，吉夏尔（1920年出生）接替蓬皮杜担任了戴高乐的私人秘书处主任。吉夏尔是拿破仑帝国时期一名男爵的后代，他出身于一个最初支持维希政府的保守的资产阶级家庭。他的父亲曾是达尔朗的亲密助手。1943年，23岁的他加入了抵抗组织。在民族解放过程中，他自称"并非真正的戴高乐主义者"，但是，他在法兰西人民联盟身上找到了实现自身理想的途径，因为他认为这是一场超越了左翼和右翼界限的运动。于是，他和戴高乐首次会面了。不久后，他写道，自己这一生获得过三次生命：第一次在1920年；第二次在1940年战败的时候；最后一次在1947年。关于最后一次，他说："认识将军后，我又重获新生。我共有三次生命、两个父亲。"[49]吉夏尔一开始是法兰西人民联盟的一名区域组织者，在得到蓬皮杜的赏识后，蓬皮杜把他招入麾下，并打算让他做自己的接班人。

这一时期另一名重要的戴高乐主义推手是雅克·福卡尔（1913年出生），此人在1940年前经营着进出口业务。在敌占期，他加入了一个隶属于中央情报行动局的抵抗团体。法国解放后，他飞至英国参加伞兵训练以便执行一项攻取德国的军事行动，但未成行战争就结束了。参加抵抗运动的经历对福卡尔的一生产生了重大的影响。比如说，他在50多岁时依旧热衷于跳伞。同时，他与之前他所在抵抗团体的诸多战友一直保持着联系，在这些人中，有的人供职于法国情报部门。福卡尔是个捐客，他人脉极广，消息灵通。1946年12月，他首次与戴高乐会面，并且从一开始就加入了法兰西人民联盟。鉴于他在开展商业活动时与非洲和法兰西帝国接触较多，所以他被任命为法兰西人民联盟海外分部——特别是主管非洲事

第三章 执政与下野

务——的负责人。尽管戴高乐在1954年时同法兰西人民联盟脱离了关系，但这个组织并未正式解散。同年，福卡尔接替泰勒努瓦尔担任了秘书长，他的职责是让联盟的地方激进分子保持昂扬的斗志以备不时之需。福卡尔与戴高乐的其他亲信存在很大不同：他既不是知识分子——甚至从未获得过学士学位——也不是公务人员。但是，他和吉夏尔两人对戴高乐都有着无可置疑的忠诚，同时，他们缺乏个人野心，并且能够读懂戴高乐多变的情绪和内心的想法。[50]

米歇尔·德勃雷是这个核心圈子的边缘人物，他和戴高乐的关系比在法兰西人民联盟成立初期亲密多了。虽然他是一名戴高乐主义者参议员——这并没有使他受到戴高乐的青睐——但与其他参议员不同的是，他拒绝在第四共和国的政府中任职。德勃雷对欧洲防务共同体的反对进一步拉近了他和戴高乐的关系。他以极其强硬的态度反对这个方案，甚至将莫内成立欧洲军的建议同赖伐尔与德国的合作相提并论。除他之外，戴高乐与议会中的其他戴高乐主义者——特别是担任部长职位的人——保持着距离。他对这些人所提的问题——他们想知道自己能否参加1956年的选举——不予回应。当泰勒努瓦尔试图从他那里获取关于此的指示时，别人告诉他说，雅克·旺德鲁已经问过了，得到的答复是：他不会阻止别人参加竞选，但他再也不想看到那些当选的人。这一答复至少是一种进步，因为它比去年传达给柯尼希的信息明确多了。

在戴高乐主义者神话中，这一时期被称作"荒漠"，尽管我们不知道这个颇具《圣经》风格的词汇是谁先提出来的。戴高乐在"荒漠"中的庇护所是科隆贝。他在那里的日常生活几乎一成不变。他从不早起，每天都是在看了来自巴黎的报纸后差不多10点才走出房间。接着，他会在拉布瓦瑟里的庭院中开始一天中的第一次散步。从10点30分到12点，他待在可以俯瞰四周森林的书房里看书写作。12点，他来到藏书室的桥牌桌前，一边听着新闻广播，一边耐心地打牌。他甚至在一张纸上详细地列出了自己输赢的次数。午餐开始于12点30分，用完餐后，他会在藏书室里喝点咖啡。然后，他通常绕着杜伊特森林或克莱尔沃森林继续散步，直到下午3点才回

十七 置身"荒漠"（1955—1958年）

到书房，他会在书房一直待到傍晚7点。接下来，在晚上8点用晚餐之前，他将再一次在庭院中散步（不知道他是否像打牌时那样有耐心记下绕着花园散步的圈数，总之他在回忆录中宣称自己在拉布瓦瑟里的庭院里走了15 000圈，这似乎是完全可信的）。星期天，他会和妻子前往科隆贝的小教堂参加弥撒，并总是在仪式开始前5分钟到场。如果预料到将有民众围观，他们通常在最后一刻从这一地区的另外几座教堂——里佐库尔、尤曾库尔、阿尔根托勒斯——中选择一处作为目的地。[51]

这一时期，前往科隆贝的访客比较少。除了已成为这个家庭的重要一部分的厨师和管家之外，戴高乐一家人在这里孤独地生活着。[52]其中一名在战后来到这里的管家奥古斯蒂娜·巴斯蒂德（Augustine Bastide）敢于和她那赫赫有名的雇主顶嘴。戴高乐饶有兴致地讲述了1946年的某天他们之间的一次交流。戴高乐在走廊里碰到她时，夸张地说："啊，我可怜的奥古斯蒂娜！政治，真是让人害怕啊！"她回应道："呸！政治！别给我扯这些，你根本离不开它。""那么，你认为我可以从中得到某些好处？""要是没有好处的话，你早就放弃了。"[53]

这个故事是将军讲给克劳德·居伊听的，1949年，在一件令人不快的事情发生后，他被迫离开了戴高乐。这件事的原委是：居伊有一次漫不经心地发牢骚说，他在给将军效劳期间常常需要自掏腰包，不过他并没有因此而冀求额外的酬劳。这些话不知道怎么传到了戴高乐的耳中。戴高乐听到他在背后的抱怨后，先是让居伊说清楚自己欠了他多少钱，然后就把他解雇了。在事关下属忠诚的问题上，戴高乐绝不会手下留情。不过，这一次他表现得还算客气，他给居伊写信说："你成熟了，你的个性已使你不需要过分依赖于我了。"[54]伊冯娜当然十分乐意看到这么一个总是助长戴高乐政治野心的助手——她还为此斥责过居伊——离开这里。居伊对戴高乐的忠诚近乎孝顺，并且还带着近乎宗教般的虔敬，自此之后，终其余生，他都生活在被抛弃的阴影中。

关于这几年在科隆贝的生活，戴高乐在《战争回忆录》的最后一卷中写道："在彻底辞职后的那段时间，我住在拉布瓦瑟里，家中只有家人

第三章 执政与下野

和偶尔上门的村民。我时不时会前往巴黎，但在那里我仅接见极少数来访者。"[55]这些话并非完全可信。事实上，过着归隐生活的戴高乐想方设法会见过许多人。他差不多每周三都会前往巴黎，在索尔菲利诺街的法兰西人民联盟总部接受"拜见"。早上7点，他就从科隆贝出发，因为这些会见将在11点开始。在拉贝鲁斯饭店度过一夜后，第二天他继续忙着接见来客，直到傍晚时分才启程返回科隆贝。

这段时间"拜见"戴高乐的相关事务由吉夏尔统筹安排。1955—1956年间，在将军的政治前途最为暗淡的时刻，吉夏尔为了排满这个接见日程表而费尽心思。[56]索尔菲利诺街已失去了往昔人头攒动的盛况。在一个拜访者看来，这里像是"一个牙科候诊室，里面坐着一群可怜的戴高乐主义者老病号"；又有一个拜访者说，这里像是"一个处于淡季时期的温泉小镇的手术候诊室"[57]。即便这样，从戴高乐的接见日程表中可以看出，这段时间他在索尔菲利诺街至少正式会见了550人，这还不算在拉贝鲁斯饭店举行的秘密会见。[58]在他接见的人中，有外交官、公务员、大使、知识分子、国内外记者，以及那些已自谋出路但随时可供他驱使并依然效忠于他的人。若弗鲁瓦·德·库赛尔（被接见13次）和蓬皮杜（20次）就属于最后一类人。然而，至于苏斯戴尔，戴高乐在1956年仅接见他两次，1957年三次。这些接见活动是戴高乐与外界保持联系的一种方式。1951年之前，他和第四共和国的绝大多数部长——他们无一例外地曾任职于他的战后政府，或是通过抵抗运动或自由法国崭露头角——私交甚笃。1952年后，由于政府人事变动，这种情况不复存在。

戴高乐可能是一个优秀的聆听者，但他的听众也个个是优秀的演员。他们看着他表达意见，展示自信，并把自己的名字镌刻在民众的头脑中。他的话语时而深奥，时而挑衅，时而戏谑，时而耸人听闻，时而自我贬抑。他的听众表现得或是茫然无措，或是深受诱惑，或是大为叹服，或是失望沮丧。正如一个拜访者所说："他在聆听……或是看似在聆听……他时不时低吼几声，像是对你的话表示赞同，这将鼓励你继续说下去，接着，当你不着边际地乱说时，他会当即喝止，让你猝不及防；有时候，谈

十七 置身"荒漠"（1955—1958年）

话最终会在他的回忆中结束。"[59]与戴高乐在1955年7月第一次会面的让-马里·多梅纳克——他是一名信奉天主教的前抵抗战士，也是天主教刊物《精神》的主编，这份持有中间偏左立场的杂志在社会上颇具影响力——事后回忆说："我从来没有如此害怕过。我想告诉他在这件事上我做错了，因为当我赞扬他这个我崇拜的偶像时，他竟然没有任何反应。"之后，多梅纳克换了一种策略，他问戴高乐为什么要离开政界，戴高乐回答说："我竭尽全力地拯救法国已有三次之多……我不想再和这件事纠缠在一起了。"多梅纳克继续回忆说："我觉得自己是在和一尊雕塑交谈。不过他挺有趣的，有时候几乎就像个小丑。"他们两人在深入地探讨了历史和政治问题后，戴高乐以一段忧郁的评论——这是针对巴雷斯认为人类的存在毫无意义而作出的——结束了此次谈话。[60]1955年的一天，戴高乐接见了历史学家兼记者罗贝尔·阿隆，由于后者刚出版了一部貌似为维希政府开脱的历史著作，所以他们一见面戴高乐开口就是："先生，尽管你忘了把你的新书送我一本，但那本书我还是看过了。"他的第二句话是："你的书写得非常客观，甚至客观得有点儿过头，反倒使它变得不那么客观了。"他们谈话的主题紧接着就转到了政治。曾是20世纪30年代"不墨守成规者"领头人物之一的罗贝尔·阿隆，希望戴高乐能够认同"法国的问题可追溯至20世纪30年代政治改革的失败"这个观点。但就像他在之前谈话过程中所提出的任何观点均遭到戴高乐驳斥一样，这一次同样如此。戴高乐回答说，法国的问题可追溯至16世纪，如果不是更早的话。[61]

1956年8月，即将奔赴华盛顿担任驻美大使一职的埃尔韦·阿尔方与即将开启太平洋之行的戴高乐举行了一次不寻常的会谈，在这次会谈中，戴高乐那种混杂着忧郁和傲慢的情感流露得最为明显。阿尔方在20世纪50年代对欧洲一体化进程持支持态度，并且与让·莫内过从甚密，这使得他与戴高乐之间的关系不怎么亲近。不过，从另一方面来讲，由于他曾是自由法国的重要一员，所以他与戴高乐之间也并未完全疏远，并且，戴高乐在见到他时似乎感到受宠若惊——他可能不曾料到这位高级外交官竟然如此看得起自己，以至于在履任新职前还会前来拜访以示敬意，并向自己寻求

建议。这是两人自1951年后的首次见面,阿尔方对戴高乐身上的变化之处和不变之处感到震惊:

> (他)身着一袭黑衣,像个西班牙国王。他如今戴着一副又大又厚的眼镜。令人奇怪的是,他的声音也变了,已不再像从前那样浑厚有力;这几乎像是一个垂垂老者的声音,无论他说的话、表达的思想多么有影响力,但听起来都有点儿苍白软弱。他的多疑情绪已发展到极致。我发现自己面对的是一个已放弃了斗争的人,这个人不仅厌恶他一直抨击的各种制度和想要伤害我们的"外国人",甚至还厌恶全体法国人民——他们没有按照他所希望的样子作出应有的举措。

就在他们这次会谈的几天之前,埃及总统纳赛尔突然宣布将苏伊士运河收归国有。阿尔方认为此事事态严重,并且,它刚好发生在他们两人都将离开欧洲的时候:

> 严重!严重!别逗我了!一切早有定论。它结束了(他发出巨大而夸张的笑声)。在苏伊士运河事件中,英国只要保住面子就会接受妥协……美国将坐视不管,你会发现只有我们法国将再一次承担采取行动的后果……当前局面下,如果在48小时内不采取行动,一切就完了。不过,戴高乐不在场的话,人们还能怎么做呢?[62]

这导致两人都发了一通他们对法国人民在1945年后的行为感到多么失望的牢骚。接着,他克制住自己说:

> 然而我对法国并未绝望。你可能还记得一个叫克洛维的"家伙"(type)。当他在世时,他的部落(baraque)四面受敌。我们当时身处谷底。但是在克洛维带领下我们开始发展壮大。他在

十七 置身"荒漠"（1955—1958年）

托尔比亚克（Tolbiac）打败蛮族，这为200年后法国的崛起和查理曼的登场打下了基础。或许，200年后人们将意识到，多亏了戴高乐，法国才再次走向辉煌。

当英法两国应对苏伊士运河危机的举措最终以失败收场后，戴高乐抓住机会，当着另一名来访者的面，对英国政府和采取此次行动的法国社会党政客们大肆嘲讽："只有社会党人才会相信英国的军事神话。不可否认，他们的确取得过滑铁卢战役的胜利，但他们的对手拿破仑当时已是强弩之末，要知道，他已在欧洲横行了15年之久。"[63]

戴高乐曾断断续续地与觊觎法国王位的巴黎伯爵碰过几次面，他那充满戏谑味道的话语令人难以捉摸，而后者却相信他的话，并为子孙后代记下了每次会面的情形。1954年，两人第一次会面，不过它是私下进行的。戴高乐当时所说的话，就像两人都是自己国家的流亡者一样："如果法国注定灭亡，那也是终结于共和国之手；如果法国命不该绝，那么君主制就有立足之地……人们一旦适应它并赋予它某种含义，它就会发挥作用。"他紧接着又对伯爵说了这么一句话："他（君主）肯定会在每件事上都指望我，在做每一件事时都依赖我。"在一年后的一次会面中，戴高乐"不失时机地告诉我，他是个君主主义者"；当他正准备离去时，他声称："伟人是由自身实力和时势创造的。"片刻之后，他停下车又走回来纠正说："我所说的伟人指的是王公显贵；你是永恒的存在，我仅是个匆匆过客。"[64]戴高乐与热罗姆·波拿巴（Jérôme Bonaparte）的曾孙拿破仑六世也有过三次会晤，不过我们不清楚他们都谈了些什么。

戴高乐是否还相信自己会重新掌权？他的情绪与往常一样波动得很厉害。我们无法通过他的言谈话语弄明白他的真实想法。随着时光的流逝，他因之而生的恐惧感也越来越强。20世纪50年代中期，来访者们注意到他苍老了许多。在《战争回忆录》的第一卷中，他对贝当的描述——就像"一艘饱经岁月侵蚀的破船"般衰朽不堪——给人留下了深刻的印象。1940年贝当掌权时已是84岁高龄，而戴高乐在写下上述话语的时候，却只有60多岁。但是，他总是说，贝当早在1925年69岁时就"死"了。戴高乐常常生活在衰老的阴影中。在1948年的一次谈话中，他哀叹道："衰老是一出比死亡更壮观的戏剧！……与忘掉世上一切事物的失忆相比，死亡显得微不足道。有生就有死……这非常公平，有死必有生。"[65]1953年，戴高乐在那本记载自己片段想法的笔记本中写道："我63岁了。从现在起，发生在我身上的一切事情都与死亡有关。"[66]在65岁生日之前没多久，他对博纳瓦尔说："我实在是太了解老年人统治法国的弊端了，所以在我这把年纪，我不想让自己扮演这个角色。"[67]

1955年，戴高乐的兄长、仅比他大两岁的沙维尔去世。总的来说，戴高乐的健康状况和身体素质还算不错。1947年，他在一名医生的警告下——抽烟会使嗓子发炎，有导致癌症的风险——戒了烟。由于他烟瘾很重，所以戒烟的过程很痛苦。不过，他对克劳德·居伊说："只有再次爆发战争，我才会重吸。"即便这样，他仍觉得自己会死于癌症。正如预料的那样，他在戒烟后体重有所增加，这让他看起来更像是一位慈祥的家长，而不是20世纪40年代时那个愤怒的战士。他的视力出现了问题。1952年12月和1955年3月，他先后接受了两次白内障手术。在第二次手术后，他给一个侄女——他无法参加她的婚礼——写信说："我是一个将要失明的老头。"[68]就在这次手术后没多久，他出现了令人担忧的严重的术后反应：心跳加快、血压升高。人们在半夜时分急忙把一名医生叫到他正在休养的诊所中，他对医生说他不停地想吐，他觉得自己就要死了。[69]这件事对外界完全保密。虽然经历了两次眼科手术，但如今的戴高乐仍旧高度近视。在公共场合他必须戴眼镜，尽管由于虚荣心作祟他不愿意这么做。

静待灾难降临

1953年5月，戴高乐在一篇"释放"戴派议员的宣言中说，"如果时机出现——唉，这一时机可能意味着大动荡的到来"——法兰西人民联盟

十七 置身"荒漠"（1955—1958年）

将"作为某种精神力量，时刻准备着发挥自己的作用"。[70]正是在蓬皮杜的提醒下，戴高乐才加上了"唉"这个词，但是，他要想重新掌权的话，无疑需要一场"大动荡"。他一直在寻找这种"苗头"。[71]1956年3月，他给儿子写信说："巴黎笼罩在阴郁的氛围中。人们感觉到局势正在发生变化。不过，我担心最后的结局只会是一场灾难（大概是非洲的叛乱）。"[72]戴高乐几年前就在宣称"灾难"将要降临，但是从1956年开始，有迹象表明非洲——特别是阿尔及利亚——将最终证实这一论断。

1954年11月，阿尔及利亚各地爆发了一系列有组织的武装袭击活动，之后，一个自称是"民族解放阵线"（National Liberation Front）的组织宣布对此负责。民族解放阵线成立于孟戴斯·弗朗斯同印度支那签署标志着法国战败的停战协定的前几天，它对阿尔及利亚民族解放运动先前所采取的温和策略失去了耐心。孟戴斯·弗朗斯听闻此事后当即明确表示阿尔及利亚不同于印度支那：阿尔及利亚就是"法兰西"。内务部长弗朗索瓦·密特朗（François Mitterrand）同样说道："阿尔及利亚是法兰西的一部分，在这件事上谈判是不可能的，战争是唯一的解决方式。"就这样，战争已不可避免。阿尔及利亚的情况之所以如此复杂，是因为自1830年法国人涉足此地开始，它在行政管理上并不是一块殖民地，而是法国的一部分。然而事实上，与其他法国公民相比，当地的900万穆斯林并没有享有平等的权利。试图引入民主改革的所有努力被那些通常被称作是"黑脚"（pieds noirs）[1]的欧洲人给扼杀了。"黑脚"形成了一个颇具规模的少数群体——在1000万总人口中占有100万人——他们中的许多人早在几代之前就一直生活在阿尔及利亚。他们觉得自己和法国本土公民的地位是一样的，并且还在议会中形成了一个强大的游说团体。

阿尔及利亚的暴力袭击活动在1955年愈演愈烈，但还没有上升到全面战争的规模。在这种局面下，孟戴斯·弗朗斯任命雅克·苏斯戴尔担任阿尔

---

[1] 指代居住在法属阿尔及利亚的法国或欧洲公民。虽然他们的脸部的肤色和白人相近，但双脚的肤色较深，因此得到了这个绰号。——编者注

及利亚总督，他希望后者能够开展一些自由主义改革以化解危机。苏斯戴尔上任后，"黑脚"抱着警惕和怀疑之心审视着他的一举一动。但是，苏斯戴尔在阿尔及利亚的经历却使他成了一个"阿尔及利亚属于法国"的热情倡导者。他在一年后离任时被当地的欧洲人视为英雄。阿尔及利亚使苏斯戴尔的人生重新焕发了光彩，它从心理上填补了由于戴高乐对他日益疏远而导致的情感空虚。他一如既往地致力于让戴高乐重新掌权，但对于他来说，戴高乐的当务之急是拯救"法国的阿尔及利亚"（Algérie française）。如果他曾面临着在这两者之间作出一个选择的话，我们不清楚他会把忠诚置于何方。

1956年，阿尔及利亚成了法国政治的焦点。在这一阶段，有少数人支持阿尔及利亚独立；也有一些人呼吁实行自由主义的改革政策以便赢得穆斯林的拥护；还有一些人则担心对民族解放阵线的任何妥协都将最终导致独立的出现。人们对阿尔及利亚危机的反应已超出了正常的党派界限，它已开始破坏政治体制的稳定性。大多数党派中既有自由主义分子，又有"法国的阿尔及利亚"的死忠支持者。1956年1月，法国举行议会选举，但并没有出现明显的多数派。法国共产党虽然成了最大政党，不过没有哪个党派愿意同它联合。第二大党是社会党，其领导人居伊·摩勒在中间派的支持下成为总理。针对阿尔及利亚问题，摩勒的解决方案可概括为"停火、选举、谈判"。他决定起用德高望重、经验丰富，并且素以开明著称的卡特鲁将军取代苏斯戴尔，这让"黑脚"大为惊慌。当1956年2月6日摩勒访问阿尔及利亚时，对他怀有敌意的"黑脚"纷纷向他投掷西红柿以泄愤。这些示威者并不是富有的移殖民（colons），而是普普通通的贫穷的欧洲人，他们与国内支持摩勒的社会党的选民们并无二致。之后，摩勒突然转变立场，他放弃了任命卡特鲁担任阿尔及利亚总督的决定，转而选择社会党人罗贝尔·拉科斯特（Robert Lacoste）担任这一职务，后者的使命是要不惜一切代价恢复阿尔及利亚的秩序。

对于第四共和国来说，1956年2月6日是具有转折意义的一天，正如1934年2月6日之于第三共和国也是具有转折意义的一天一样。平民都在这一天把自己的意志强加给了政府。1956年的示威活动让"黑脚"中的激进

十七 置身"荒漠"（1955—1958年）

分子相信他们可以让巴黎政府听命于己。摩勒和拉科斯特认为，一定要在举行谈判之前赢得战争的胜利。1956年10月，当法国政府在联合英国的情况下，积极地对埃及发起夺取苏伊士运河的军事行动时，它的动机是削弱支持民族解放阵线的埃及政府。在阿尔及利亚的法军被授予全权，他们可以采取一切措施以恢复秩序，并且他们开始摆脱巴黎政府自行开展行动。军官们把在阿尔及利亚的战斗看作是他们洗刷奠边府耻辱、重拾军人荣誉的机会。1956年10月，法军非法地控制了一架载有民族解放阵线部分领导人的摩洛哥飞机，并将这些人全部逮捕。巴黎政府并没有下令开展这种违背国际法的行动，但此时它不得不承担此事的责任。1957年，法军开始有计划地实施残酷手段以摧毁民族解放阵线。这一策略在短期内削弱了民族解放阵线在阿尔及尔的势力，但是国内的自由主义分子开始质疑这种政策的道德合法性。阿尔及利亚问题正在全面影响法国政局。

1957年5月，居伊·摩勒政府倒台。之后成立的莫里斯·布尔热–莫努里（Maurice Bourgès-Maunoury）政府仅维持了四个月，这届政府倒台后，又过了将近一个月，直到1957年10月，新一届政府才在年轻的中间派政治家费利克斯·加亚尔（Félix Gaillard）领导下成立。法国的政治危机日益严重；有关宪法改革的争论还在继续。对于阿尔及利亚问题纯粹是一场内部冲突这种宣传，法国政府也越来越难以自圆其说，因为它不断地受到来自联合国的指责。加亚尔在就职演讲中使用了"阿尔及利亚战争"一词，他是第一个这么做的政治家。

谜一样的人

戴高乐密切地关注着整个局势的发展，但他不置一词。1956年10月，当泰勒努瓦尔建议他说点什么的时候，戴高乐以他的话不会收到任何效果而拒绝了："但是如果阿尔及尔人占领了总督府，并拒不妥协，那就不一样了。"[73]当法国结束对苏伊士运河的军事行动后，戴高乐注意到了军队中酝酿的不满情绪。[74]正是在这两个因素的共同影响之下——"黑脚"的愤怒和军队的不满——第四共和国最终在1958年垮台了。但是,这显然并非有助于戴高乐施展自己的抱负。1943年时,阿尔及利亚是吉罗分子的天下,并且,大多数"黑脚"激进分子对这个1944年3月在阿尔及利亚推行过某些温和的民主改革的人没有任何好感。军队对戴高乐的态度取决于士兵们是否参加过自由法国或是他们是否仍然忠于贝当和吉罗。阿尔及尔伞兵部队的指挥官雅克·马絮（Jacques Massu）是戴高乐的忠实支持者。但是,驻阿尔及利亚法军的总司令萨朗（Salan）将军对他却比较冷淡。[75]

1956年初,戴高乐曾给法兰西人民联盟的一名前区域代表写信说:"我根本不知道如何控制局势。"[76]一年后,同样是在给这个人的信中,他较为乐观地说:"法兰西在未来一年将面临严峻考验。不过在我看来,法国人正在再次投身于法兰西的事业中。"根据"戴高乐的用语方式",这指的是他觉得自己再次博得了国人的关注。[77]1955年12月,一份民意调查显示,只有1%的调查对象觉得他会成为政府首脑;据说大多数年轻人都以为他已经死了,尽管他的《战争回忆录》极为畅销。在1956年4月、7月和9月接连举行的三次民意调查中,他的人气正在从这个最低点逐渐攀升——如果不是急剧攀升的话——认为他会掌权的人数分别占到5%、9%和11%。创刊于1954年的左翼期刊《快报》（*Express*）本来是为孟戴斯·弗朗斯摇旗呐喊,却在1956年6月将戴高乐评为了一周焦点人物。

沉默是戴高乐最具效力的武器。他用《战争回忆录》提醒人们——第一卷和第二卷在出版时间上相隔两年——在他们的眼前存在着一个救世主。他的沉默让每个人都能够以自己的方式去解读这位救世主。没有人知道他对当前最紧迫的问题是怎样想的:他就像一张白纸,法国人可以在上面描绘自己的希望和梦想。而这正是他想要的样子,他对泰勒努瓦尔说:"即便我有解决方案,我也会小心谨慎地不让别人知道它是什么。"[78]在1955年6月至1958年2月的32个月里,他唯一的一次公开干预是发表了一份独特的声明,宣称"在新闻报道中某些被认为是戴高乐将军所说的话其实是由他人臆造的"[79]。我们不清楚他想通过这个令人迷惑的声明来驳斥谁,

十七 置身"荒漠"(1955—1958年)

不过它的作用是使戴高乐获得了完全的自由。1958年5月,正如他在那场让他重新掌权的新闻发布会中所说的那样:"我是一个……不隶属于任何人的人,我还是一个……为所有人效劳的人。"

每一个试图说服戴高乐打破沉默的人所得到的答复都与朱安将军于1956年5月得到的答复一模一样:"当前,我只有保持沉默才能给人以最深刻的印象……如果哪天我开口了,那就意味着要采取行动。"[80]面对各色访客,戴高乐在述及阿尔及利亚问题时表现出令人费解的自信,但是他很少透露个中缘由。自由法国的英雄、解放战友帕里斯·德·拉·博拉迪埃(Pâris de la Bollardière)将军就有过这种遭遇。博拉迪埃自1956年7月开始在阿尔及利亚服役,由于不堪忍受这种折磨,他曾向政府递交过辞呈。在此背景下,戴高乐在索尔菲利诺街接见了他:

> 无论戴高乐以何面貌示人,我觉得有必要了解一下他对于我置身阿尔及利亚的这出人间悲剧持什么看法。他极其礼貌地接见了我。他言语不多,不过他向我保证不会反对我。但是,不知道是出于谨慎还是漠然,他对于军队暗中滥用酷刑这件事,没有作出任何表态。[81]

虽然戴高乐自己拒不发声,但他没有阻止散居各地的各色戴高乐主义者的各种活动。1957年11月,米歇尔·德勃雷创办了一份名为《愤怒的来鸿》(*Le Courrier de la colère*)的期刊,它所宣扬的主题是当前局面同1788年时一样严重:法国正处于悬崖边缘,除非现任政权垮台,戴高乐重新掌权,否则法国就将失去阿尔及利亚。与此同时,另一名戴高乐主义者雅克·沙邦-戴尔马则成了加亚尔政府——德勃雷每周都在用更为激烈的言辞抨击它——的国防部长。德勃雷有一次对担任过其他部长职务的沙邦-戴尔马嘲讽道:"在身处荒漠这段时期,他曾在多个绿洲旁驻足。"但事实上,这种驻足对他来说极其有用。[82]

法兰西人民联盟的一名小卒雅克·多埃联合自由法国的前成员们向共

第三章 执政与下野

和国总统勒内·科蒂（René Coty）发起了一场请愿和写信运动，敦促他让戴高乐重新掌权。科蒂收到了无数信件，这些信件宣扬戴高乐是天命所归之人。有一封信写道："要是圣女贞德再生，她必定会对你说，可怜可怜法兰西吧，你务必把那些恶棍从议会中赶走，让唯一能够拯救祖国的戴高乐将军重新掌权。"[83]历经了1953年底一系列复杂的投票取代奥里奥尔担任总统后，科蒂其实无需这些信件的提醒就深知戴高乐身上所拥有的卓越品质。他是一个谦逊、有着强烈责任感的传统政治家。在当选总统后第一次向议会致辞时，他特意向法兰西的"第一位抵抗者"表达了敬意，称"祖国会把那时团结一致的状况归功于他"。他多次暗示，他认为让戴高乐重新掌权无可非议。1956年1月，他在私下对德勃雷说："我觉得我的存在价值就是为戴高乐将军重新掌权铺平道路。"[84]

在"荒漠"期的这几年中，雅克·福卡尔力图让法兰西人民联盟的前积极分子认识到他们其实什么都没有失去，对于他来说，这是一项费力不讨好的任务。1958年初，他那种发自内心的乐观之情较以往更甚了。他给一名地方组织者写信说："正如你在新闻报道中注意到的那样，人们已开始再次关注将军。"[85]戴高乐依然默不作声，同样地，他没有阻止别人为他效劳。1958年1月，他给一名记者写信说："我对我们的国家并不绝望。我仅有的疑虑是，在当前局面下，是否有什么消息能够扭转事态。如果氛围变了，那么当然，就肯定需要采取行动。至于这种氛围，就让那些有能力这么做的人从现在开始着手创造吧。"然而，在过去的12年中，曾多次出现过这种虚幻的希望。[86]

1957年10月，戴高乐偕妻子和雅克·旺德鲁一起来到布列塔尼度假。戴高乐很少度假，因为他极其厌恶把私人生活暴露在公众关注之下。为了确保完全保密，这一行程经过了精心策划。在度假的这段时间，他们经常在路边野餐——就像在法兰西人民联盟时那样——以避免去餐馆就餐时被他人认出。一天，戴高乐在菲尼斯泰尔省仰望着巍峨的特雷韦泽勒岩（Roc'h Trevezel）时陷入了沉思——他喜欢这种荒凉的景色，他认为它的坚毅象征着法兰西的永恒，并且，他还拿这种坚毅与当前法国政局作了对

十七 置身"荒漠"（1955—1958年）

比："由于政客们的懦弱无能，我们的祖国已快要撑不下去了。人民的意志必将带领我们步出深渊……毋庸置疑，无数国人将被阿尔及利亚事件唤醒（sursaut）。"我们不知道他是否——或者说从什么时候开始——真的相信这种事情会发生。圣诞节时，旺德鲁夫妇和戴高乐夫妇计划去法国另一处荒凉的地区——塞文山脉的阿尔代什地区度假。

与此同时，阿尔及利亚危机似乎正在进入一个新阶段。1958年2月8日，法国空军轰炸了位于阿尔及利亚边境的突尼斯的沙希耶村，造成70人遇难。法军宣称这个村子藏匿有民族解放阵线武装分子，法国政府被迫再次接受这一既成事实。此次轰炸引发了国际社会的强烈谴责，美国政府迫使法国接受一支由外交官罗伯特·墨菲（1943年在北非时，他曾支持吉罗对抗戴高乐）率领的"斡旋"使团以解决由此导致的法国-突尼斯危机。突尼斯政府从巴黎撤走了驻法大使。这位大使在离开前提出，他要前往科隆贝和戴高乐会面。此后不久，戴高乐在2月10日发布了一份政治家式的、含糊其词的简短声明，宣称两人已经举行过会面。[87]这是两年半来他第一次进行公共干预，其目的在于提醒世人他依然存在着。

在这个时候，度假计划仍在继续。1958年3月，旺德鲁来到科隆贝以敲定度假细节。这两家人不停地翻阅着旅行指南，戴高乐叮嘱旺德鲁用匿名的方式来预订酒店。他们把这次出行定于1958年5月。[88]

十八 戴高乐的"雾月政变"（1958年2—6月）

戴高乐在科隆贝的书房中摆放着一本意大利作家库尔齐奥·马拉巴特（Curzio Malaparte）于1947年出版的小说《完蛋》（*Kaputt*）。但是，在这里找不到他那部最著名的作品——1931年用法语出版的《政变术》（*Technique of a Coup d'Etat*）。当时，曾支持过墨索里尼，但已经幻想破灭的马拉巴特流亡到了巴黎。他在《政变术》中通过研究列宁、墨索里尼、西班牙的普里莫·德里维拉（Primo de Rivera）、波兰的毕苏斯基等人的例子，考察了政变的机制。同时，他还将1920年发生在德国的失败的卡普政变（Kapp Putsch）列为反面教材。在马拉巴特看来，现代政变的典范是雾月政变，拿破仑通过它以第一执政（First Consul）的身份执掌了国家大权。[1]他认为雾月政变完美地"把革命暴力嫁接到了宪法合法性之上"。当然，在戴高乐的书房中找不到马拉巴特的《政变术》一书并不说明任何问题，因为在战争期间他的居所被洗劫一空，这使得他在战前的藏书都丢失不见了。不过，鉴于这本书的名气，他很有可能读过。

戴高乐肯定考虑过效仿雾月政变这个先例。在1946年辞职后的几周里，他经常谈到这件事："拿破仑一世之所以能够取得雾月政变的成功，那是因为当时全体国民都在支持他……我所面对的是一种完全相反的、在我脚下正在坍塌的公共舆论。"[2]1953年，当戴高乐与法兰西人民联盟一刀两断后，他在向他的区域代表们的一次讲话中回顾了1946年自己辞职时的情形：

十八 戴高乐的"雾月政变"（1958年2—6月）

还有其他办法可供我选择，比如说发动政变。可是这只会导致独裁。独裁是罗马人的发明，在某些历史时刻，它会以公共安全的名义强加于人……但是，解放后不能这么干，解放后的工作重心是使经济复苏，一切恢复正常，更多的人免于饥饿……建立独裁统治毫无意义。我不能以公共安全的名义把它强加于人，这就意味着只能通过人为手段建立一个独裁政权。也许人们会对此忍受一段时间，不过这也不一定。或许，从国际社会上来看，它会得到英国、美国，特别是苏联的支持。[3]

当时，戴高乐立足现实对发动政变持反对态度。1954年，当他出现在凯旋门时，他无疑是想把历史"推入"正确的方向。不过，他很快就意识到自己误判了形势。正如他在20世纪30年代所写的那样，军人的行动永远不足以导致政权更迭，除非"民意倾向于推翻现存统治秩序"[4]。然而，在1958年，我们有理由相信这一时刻近在咫尺。

在第四共和国，政局动荡的情况并不鲜见，但是，渐渐蔓延的不安感已达到了前所未有的程度。从1956年2月那个灾难性的一天——社会党总理居伊·摩勒在被愤怒的"黑脚"投掷西红柿，使他改变对阿尔及利亚政策的那天——开始，阿尔及利亚危机像毒药一样开始侵蚀整个法国政治的肌体。巴黎的政客们越来越无力控制阿尔及利亚的驻军；军方日益怀疑政客们正准备和阿尔及利亚的民族主义分子达成妥协。参加过抵抗运动的那一代人在1945年后满怀着改造法国政治的希望执掌了政权，但如今，他们发现自己正在实施和纵容各种高压手段——这正是他们在法国敌占期所抨击的行为。抵抗组织战斗的前领导人之一克劳德·布尔代（Claude Bourdet）在1955年2月写了一篇著名的文章谴责法国布置在"阿尔及利亚的盖世太保"。作为奉行自由主义的法国天主教的良心人物，弗朗索瓦·莫里亚克是一个直言不讳的知识分子，当皮埃尔·孟戴斯·弗朗斯因抗议在阿尔及利亚实施高压政策而于1956年5月从摩勒内阁辞职时，他也对发生在阿尔及利亚的各种残暴行为予以批评。在1957年6月，摩勒政府最终倒台后，莫里斯·布尔热-莫努里组建的第四共和国第十八届政府仅维持了五个月,继之掌权的加亚尔政府由于沙希耶危机的爆发也仅存在三个月就寿终正寝。1957年底,有人在持中间偏左立场的《精神》杂志上发表了一篇文章,称自己就像是在本国土地上的一名流亡者,并把它与1940年时的情形作了对比:"自1940年以来,人们首次低声地问道,法兰西还存在吗?"在同一期的《精神》中,还有一篇文章对诸多名为《政权危机》(Crisis of Regime)、《民族危机》(Crisis of the Nation)及类似的著作进行了评论。然而,在该评论末尾作者警告说,解决危机的办法不应是"单纯地向一个伟人求助"[5]。

解读将军,2—3月

沙希耶危机发生时,戴高乐仍旧每周都要前往巴黎。在两个月的时间里,他至少批准了40次"拜见"活动。有人觉得他认为自己将大权在握。3月3日,在接见路易·泰勒努瓦尔时,他说自己的《战争回忆录》几近完工,他将很快成为"自由人"。接着,他还说自己觉察到国内正在掀起一股拥护"戴高乐主义的浪潮",不过,他想知道国人是否充分明白他要是重新掌权的话,不仅要成立新一届政府,还要带来"全新的改变"。最后,他对墨菲谴责了一通,并称美国的实力正在衰退。[6]

第二天,戴高乐又接见了诸多来访者,其中有一个叫莱昂·德尔贝克(Léon Delbecque),他是自由法国的一名老兵,曾担任过法兰西人民联盟北部省区的区域组织者。作为一名激进的戴高乐主义者,他们这些人为了让戴高乐重新担任国家元首,赞成采取直接行动,甚至在必要时倾向于实施非法手段。出于商业利益的需要,德尔贝克经常要去阿尔及利亚,同时,他还曾在那里担任过后备军官。正因为此,当雅克·沙邦-戴尔马出任加亚尔政府的国防部长时,戴高乐任命德尔贝克为驻阿尔及利亚的半官方代表,以便绕开官方渠道随时向自己通报当地的事态发展。这是担任政府

十八 戴高乐的"雾月政变"（1958年2—6月）

职务的戴高乐主义者小心翼翼地为戴高乐奔走效劳的绝佳例证——尽管他表面上宣称不赞成他们与这个"制度"合作。[7]德尔贝克相当自由地在阿尔及利亚开展着他的任务，并且，他还着手在"黑脚"激进分子和军官中创建一个时刻准备着支持戴高乐的网络。

德尔贝克从来没有进入过法兰西人民联盟的核心圈子，不过，他在1958年3月4日所说的话显然引起了戴高乐的兴趣。通常情况下，每个拜访者的拜访时间被严格限定在半小时之内，但这一次不一样。德尔贝克事后回忆说："博纳瓦尔三次从门缝中探过头来，将军三次都对他挥手示意不要打扰我们。"德尔贝克当时极力让戴高乐相信，尽管阿尔及利亚曾是吉罗分子的天下，但如今他在那里拥有众多严阵以待的支持者。这次会面一开始，戴高乐像往常一样深陷于末日来临般的悲观情绪之中，然而他对德尔贝克的话越来越感兴趣。德尔贝克希望戴高乐能向自己保证他将始终奉行阿尔及利亚属于法国这一原则。戴高乐含糊不清地答复道："别这样，德尔贝克，戴高乐何曾是个轻言放弃的人？"在德尔贝克将要离开时，戴高乐又叮嘱他说："记得时时向福卡尔汇报情况……加油。不过你要当心，要千万当心。不要做得太过，否则你会锒铛入狱（gnouf）。"德尔贝克觉得，戴高乐尽管没有为他亮绿灯，但至少是亮了黄灯。在当局的怀疑目光下——虽然在阿尔及利亚他已是政府中一位部长的代表——他开始组建"治安委员会"（Vigilance Committee），以便在发生危机时代表戴高乐开展行动。[8]

3月5日，戴高乐在接见阿尔贝·加缪时显得更为令人费解——后者对阿尔及利亚的局势感到越来越痛苦，同时他在自己的"黑脚"背景和自由主义政治观之间左右为难。两人此前从未谋面过，在这次会面中，加缪对戴高乐表现出的冷漠和嘲讽之情迷惑不已。如果加缪的叙述可信的话，那么，戴高乐是用这么一句话消除了他对阿尔及利亚局势将沦为一场大屠杀的担忧："我今年67岁了，除了自己，我从未听说过国人会自相残杀。"[9]两周后的3月19日，戴高乐接见了总参谋长埃利将军的助手珀蒂（Petit）将军。珀蒂是戴高乐圈子中的一名重要成员，并且他对戴高乐极其忠诚。戴高乐以其特有的开

第三章 执政与下野

场白开始了此次会谈："要是让法兰西在戴高乐和弃权之间作出选择的话，她肯定会选择弃权。"接着，不善于察言观色的珀蒂似乎颇为认真地问道："这么说来，你要放弃重新掌权？"戴高乐马上纠正说："除非被人召唤或发生了革命，我才会重新出山。"珀蒂回答说："这个很容易办到。"珀蒂刚说完这句话，戴高乐就突然终止了会谈，这让珀蒂很担心自己是不是说错话了。为了弄清楚个中缘由，珀蒂在翌日找到了吉夏尔——后者仅是告诉他，尽管戴高乐从未透露他们之间谈话的内容，不过他曾明确地说，"每次和珀蒂将军会面，总让我觉得很开心"。像是在流沙中寻找坚实地面的珀蒂将军对此迷惑不解，在他看来，戴高乐尽管没有为他亮绿灯——或者也没有亮黄灯——但至少没有亮红灯。[10]

3月20日，戴高乐接见了议会中残留的戴派议员的领袖雷蒙·特里布莱（Raymond Triboulet）。特里布莱带来的消息是：如果加亚尔无力解决沙希耶危机，科蒂总统将同戴高乐接洽以促使他组阁。戴高乐对此设想泼了一桶冷水："你难道想看我被人征召到爱丽舍宫，接着被人试探，然后在议会中同他人辩论，最终却未能赢得多数席位？你难道想看戴高乐出演这部喜剧？"当特里布莱为他勾勒出一种可能的情形时，戴高乐的回应是"没有表示赞同，而是认为'也许如此'，或是在说'呸'！他紧接着又说了一句，'但你将看到，他们不会过来找我的'"。特里布莱认为这是朝正确方向迈出的一步，并把这一信息告知了科蒂。[11]

继特里布莱之后，下一位来访者是英国大使格拉德温·杰布（Gladwyn Jebb）。杰布在法国解放后与戴高乐的唯一一次会面发生于1957年1月，当时，将军在拉贝鲁斯饭店自己的卧室中接见了他。这一次是在索尔菲利诺街，杰布说"这里极为阴暗、杂乱"。"和蔼可亲，但明显比去年苍老了许多"的戴高乐以哀婉的语调读着他的《战争回忆录》最后一卷（当时尚未出版）中叙述1945年丘吉尔大选失败的段落：

> 这让他把自己的性格和遭遇同丘吉尔作了对比，并反思了各自的命运。这位英国领导人似乎不应该冀求重新掌权……而对于他来

说，当时机成熟时，他宁愿放弃权力也不愿被政治对手推翻。

然而，他对这种机会已不抱希望了："告诉你吧，大使先生，在这个政权垮台前，戴高乐极有可能早已死了！"就在杰布准备告辞时，将军站起身来，称赞英国是个伟大的国家，并且"他的双眼饱含着泪水"。杰布总结道：

> 将军要么是一个出色的演员，要么关注的是过去和未来而非现在。我当时不曾察觉到他想重新掌权的任何明显迹象……我一直认为，当别人授予他权力时，他当然不会拒绝，但是，他不会为了达到此目的而采取什么措施，更不会有意识地参与到推翻现政权的行动中来。

杰布能够确定的仅有一件事："无论是外表还是内心，将军都异于他人。"[12]将军确实是个出色的演员。

一周后（3月27日）当戴高乐再次来到巴黎时，让人捉摸不定的他对戴高乐主义者，同时也是一群退伍老兵的代言人亚历山大·圣圭内蒂（Alexandre Sanguinetti）说："在最终的灾难降临前，议会不可能对我发出召唤……当前局势也许还会维持三四十年……然而，在过去的两年中它似乎有了一些轻微的转变……如果的确如此，我将承担起自己的责任。"[13]

向将军施压，4月—5月14日

3月，自由法国的一名老兵、解放战友罗歇·巴伯罗主动给其他获得过解放勋章的人写信，试探他们是否会支持号召戴高乐重新掌权的相关运动。许多收信人都对此积极回应，但是，有一个人这样答复道："问题在于，戴高乐从圣女贞德变成了查理七世（这位前王太子在贞德的帮助下成了国王）！如今，他需要被说服接受加冕。"[14]如何才能说服他呢？为此，曾是法兰西人民联盟激进分子的雅克·多埃发起了一场为戴高乐呐喊助威的张贴海报运动。3月的某天，17.5万张支持戴高乐的海报在一夜之间就被张贴到了法国的大街小巷。

4月初，墨菲率领的美国"斡旋"使团发布报告，建议法国向突尼斯政府作出一系列让步。前不久法国通过谈判从美国获取了一大笔贷款，现在有传言称，法国以后向美国贷款将取决于它是否接受墨菲的调停。这让法国议会怒不可遏，加亚尔政府随之倒台，又一届短命内阁出现了。因沙西耶轰炸而导致的国际危机现在已演变成法国国内的政治危机。

为组建新一届政府，科蒂总统像往常一样开始进行磋商。阿尔及尔的欧洲人的情绪越发狂热，他们对任何可能会牺牲法国的阿尔及利亚利益的新政府都存有戒惧心。4月26日，德尔贝克组建的治安委员会准备发起一场鼓吹阿尔及利亚属于法国这种思想的示威活动。这是一次和平示威活动，但它让阿尔及利亚总督拉科斯特担心不已。他决定驱逐德尔贝克，并将其遣返回国。拉科斯特本人是一名"法国的阿尔及利亚"的支持者，然而他不想被人指控支持颠覆活动或街头暴力。德尔贝克回到巴黎后，开始物色人选顶替自己。这一重担落在了吕西安·诺伊维尔特（Lucien Neuwirth）的肩上，此人也曾是法兰西人民联盟的一名激进分子，并从敌占期开始就效忠于戴高乐。4月30日，诺伊维尔特在奔赴阿尔及尔前拜访了戴高乐。当戴高乐问他到了阿尔及尔后将如何行事时，诺伊维尔特答复道："我们将向你发出召唤。"戴高乐说："我会回应的。"诺伊维尔特将此视为一个"触发器"，并满怀兴奋地把这个消息报告给德尔贝克。[15]对戴高乐这种飘忽不定的态度已心生怒意的德尔贝克并不这样看。5月4日，他给戴高乐写信说，4月26日那场示威活动的成功表明他在阿尔及利亚不乏支持者："明摆着的事实是，那里的男男女女（上帝知道，他们的想法并非总是和你一致）都对你翘首以盼。"戴高乐认为这封信"挺有意思的"，同时，他还指出自己对"阿尔及尔的'戴高乐主义'"心存疑虑。[16]

5月5日，总统府卫队队长加内瓦尔（Ganeval）将军秘密接触戴高乐的

十八 戴高乐的"雾月政变"（1958年2—6月）

副官博纳瓦尔，他告诉后者，科蒂总统有意让人民共和党的皮埃尔·弗林姆兰（Pierre Pflimlin）组建新政府。科蒂并不指望弗林姆兰能够在议会中获得足够的支持。如果真是这样，他将推荐戴高乐组建新政府，并准备在议会拒绝这一解决方案时辞去总统职位。除此，科蒂还想知道戴高乐是否愿意秘密前来爱丽舍宫商讨具体细节。吉夏尔和博纳瓦尔认为这些信息非常重要，于是，他们在5月7日历经长途跋涉来到科隆贝，以便了解一下戴高乐对此会有什么反应。5月9日，爱丽舍宫收到了戴高乐的口头答复，他声称，如果依照正常程序邀请他组建政府，他就会作出正式答复。同时，要想让他组建政府就得进行宪法改革，并且他不会在议会露面，也不会让他的政府以常规方式行使职能。[17]意识到形势于己有利的戴高乐认为自己可以迫人就范。我们不清楚科蒂对这个答复持什么看法，就当时来说，他还在追逐着弗林姆兰。

弗林姆兰开始同本党的其他领导人进行磋商。由于议会在阿尔及利亚问题上存在严重分歧，因而他在议会中获得多数支持的希望比较渺茫。支持阿尔及利亚属于法国这种思想的人认为他是一个倾向于同民族解放阵线进行谈判的"自由主义者"。总督拉科斯特更是火上浇油，他公开宣称军方绝不会接受"外交上的奠边府"。为了设法说服拉科斯特和军方，几天前被驱逐出阿尔及尔的德尔贝克如今又飞了回来。尽管拉科斯特发表过挑衅性的声明，但他不愿公然同政府对抗，于是他宣布辞职并返回国内。德尔贝克在和军方接触时更为走运。他会见了五名高级将领，其中包括驻阿尔及利亚法军的总司令萨朗将军。萨朗给巴黎的法军总参谋长埃利发了一封电报，警告他说军方决不能容忍放弃阿尔及利亚。德尔贝克还成功赢取了阿兰·德·塞里尼（Alain de Sérigny）的支持，后者是阿尔及尔一份最有影响力的报刊的主编。作为一名前贝当分子，塞里尼对戴高乐并无好感，但他如今已相信唯有戴高乐才能拯救"法国的阿尔及利亚"。5月11日，他发表了一篇题为《呼唤将军》的社论。同时，他还宣布将于5月13日在阿尔及尔最大的战争纪念馆中举行另一场大型示威活动——这一主意是他和德尔贝克共同想出来的。表面上看，它是为了纪念被民族解放阵线杀害的三名法国士兵，但同时它也是警告弗林姆兰："黑脚"绝不会容忍一个存有"抛弃"阿尔及利亚之心的政府。戴高乐依然默不作声。

正在阿尔及尔酝酿的阴谋是如此之多，以至于德尔贝克开始担心他有可能无力控制当前局势。"黑脚"中的极端分子对戴高乐并不信任，他们想要彻底废除议会民主制。在此类人中，罗贝尔·马特尔（Robert Martel）坚信戴高乐是一名地道的犹太人，他在为罗斯柴尔德家族策划的一桩国际阴谋效劳。[18]德尔贝克需要消除这种由极端分子挑起的普通民众对戴高乐的愤怒之情。要达到这一目的，苏斯戴尔无疑是最佳人选，他既是忠实的戴高乐主义者，又是"黑脚"的崇拜偶像。苏斯戴尔对于选择留在巴黎的议会中投票反对弗林姆兰还是前往阿尔及尔挑事左右为难。然而，他不愿在没有戴高乐指示的情况下就前往阿尔及尔。5月12日，吉夏尔在一周之内第二次驱车前往科隆贝以获取戴高乐的裁决。他发现戴高乐情绪低落，并对人们不停地迫使他表态感到恼火。戴高乐极不情愿地给了苏斯戴尔一个模棱两可的答复——有人说他说的是"我无话可说"，也有人说是"他想干什么就干吧"。吉夏尔自作主张，对将军的话作了具有最少负面含义的阐释。在这场传话游戏中，苏斯戴尔让自己相信戴高乐对他前往阿尔及尔一事是持赞成态度的。[19]

德尔贝克本以为5月13日的示威活动会是一场和平的力量秀：既对法国议会发出警告，也对戴高乐施加压力促使他摊牌。下午，阿尔及尔的大批群众走上街头，而在巴黎，弗林姆兰正在出席国民议会会议。傍晚时分，千余名示威者涌上了从战争纪念馆通往总督府的台阶。一小撮"黑脚"激进分子在学生皮埃尔·拉加亚尔德（Pierre Lagaillarde，穿着他那套预备役伞兵制服）的带领下，拆毁了总督府周围的金属栅栏，随后，他们冲进大楼并开始四处劫掠。不久，马絮将军来到现场了解情况。为了安抚聚集在广场上的愤怒的群众，马絮站在阳台上宣布他正在建立一个公共安全委员会。科蒂总统很快就收到了这样一封电报：鉴于形势严峻，以及亟须维持秩序，避免流血冲突，我们呼吁在巴黎成立一个公共安全政府，这是唯一能够让阿尔及利亚成为法国本土不可分割的一部分的举措。

十八 戴高乐的"雾月政变"（1958年2—6月）

这时候，措手不及的德尔贝克抵达现场，并设法让自己当选为公共安全委员会的副主席。如此一来，戴高乐主义者等于是迈出了关键一步，德尔贝克开始努力说服委员会接受召唤戴高乐的提议。不久，巴黎又收到了一封电报，它宣称"军方坚信亟须呼吁一位能主持全国大局的人站出来，以组建一个能够平息阿尔及利亚舆论的公共安全政府"[20]。尽管戴高乐的名字没有被明确提及，但毋庸置疑，他就是那个能主持大局的人。当有关这些事件的消息在凌晨传到巴黎时，议会仍在讨论是否给弗林姆兰政府投信任票。为了在这种明显动荡的局势下捍卫民主，议会内部出现了一股团结的浪潮。若非如此，弗林姆兰可能就无法获得多数票——他发现自己以280票对126票的绝对优势当选为总理。马絮和德尔贝克再次来到阳台上，谴责这个"持抛弃立场的政府"。

事实上，即便社会党领导人居伊·摩勒出于保卫共和国与反对阿尔及利亚动乱的目的和这个政府站到了同一阵线，从而进一步巩固了弗林姆兰的政治地位，但是巴黎政府仍然无力控制阿尔及尔的局势。弗林姆兰为了争取时间，授予身在阿尔及尔的法军总司令萨朗将军处理危机的紧急权力。就这样，没有进行干预以防止动乱发生的军队总司令担任了政府的代表——而这场动乱则正是针对政府的。不过，它并非一个明显存在缺陷的政策，因为，萨朗并不是一名煽动者，并且，他还没有表明自己的立场。政府没有解雇他是在赌他可能仍是一个值得信赖的人。5月15日上午，萨朗站在总督府大楼的阳台上向聚集在广场上的民众发表了讲话。他向他们保证阿尔及利亚将仍然是法国的一部分，并在讲话结束时高呼："法兰西万岁！阿尔及利亚万岁！"在短暂的停顿后，他接着高呼："戴高乐将军万岁！"正是站在他身边的德尔贝克提醒他喊出了这一句具有重大意义的口号（有人叙述说当时他用手枪顶着萨朗的后背，事实并非如此）。但这并非意味着令人难以捉摸的萨朗已同政府决裂或是选择了戴高乐。他是在利用戴高乐的名字来排挤"黑脚"激进分子，同时也是给自己一个与政府讨价还价的筹码。萨朗的首要目的是维持军方的团结，并让阿尔及利亚留在法国人手中。[21]

第三章 执政与下野

将军发话了，5月15—27日

5月14日星期三，戴高乐像往常一样来到巴黎接见访客，其中有一位是前来商讨他的《战争回忆录》最后一卷出版事宜的出版商。尽管萨朗还没有喊出那句神奇的口号，但这绝对是一次稍显怪异的会面，因为两人似乎都在回避那个萦绕在每个人心头的问题。下午，戴高乐接见了他的心腹福卡尔和吉夏尔，但他仍旧没有打破沉默。从科隆贝来的时候，他似乎在口袋里揣着一份声明，不过现在他还没有决定发布。[22]第二天，在萨朗喊出戴高乐的名字几个小时后，戴高乐终于用一则简短的声明打破了沉默："此前，祖国在危急存亡关头（dans ses profondeurs）曾赋予我救亡图存的重任。今天，当祖国再次面临考验时，我要让人们知道我已做好了接掌共和国权力的准备。"[23]弗林姆兰私下评论说："讲得不算太糟嘛。"[24]

接下来的一天（5月16日，星期五），弗林姆兰要求议会授予他处理阿尔及尔危机的紧急权力。议会以多数票赞成的结果——这比他当初组建政府时所获得的票数还要多——授予了他此项权力。但是，当天的焦点不是弗林姆兰获得了多数赞成票，而是居伊·摩勒介入了此事。后者向戴高乐抛出三个问题：他会承认弗林姆兰政府的合法性吗？他会谴责在阿尔及利亚发生的事件吗？如果他来组建政府，他会尊重正常的议会程序吗？作为社会党领袖及政府一员，摩勒公开表露出戴高乐有可能重新掌权，代表着一个重大变化。他的干预其实是一把双刃剑：这既可以被解读为邀请戴高乐建立他的民主和法制秩序的凭据，也可以被解读为一种扑灭其叛乱野心的方式。[25]5月17日，星期六，戴高乐宣布他将于5月19日，即下周一召开新闻发布会。

5月17日和18日周末这两天，阿尔及尔和巴黎之间的裂痕扩大了。政府已经禁止苏斯戴尔离开巴黎，并且还派警察对其住宅进行监视。在这种情况下，苏斯戴尔躲在戴高乐主义者吉兰·德·贝努维尔所驾驶汽车的后座部位的一张毯子里面，成功地避开监视逃了出去。被送到布鲁塞尔后，苏斯戴尔登上一架前往阿尔及尔的班机，并于17日下午抵达目的地。萨朗对

十八 戴高乐的"雾月政变"（1958年2—6月）

事态发展极不满意，因为它威胁到了他在政府、反叛分子和戴高乐之间建立的微妙平衡。他试图保住苏斯戴尔前来阿尔及尔的秘密，但没多久诺伊维尔特和德尔贝克就将之公布于众。[26]别无选择的萨朗只得允许"黑脚"的宠儿和他一起来到总督府大楼的阳台上高呼"法国的阿尔及利亚万岁，戴高乐万岁"。萨朗已是身不由己。从现在开始，他也成了戴高乐的人。第二天（5月18日），罗贝尔·维塔斯（Robert Vitasse）少校和让-马里·拉穆利亚特（Jean-Marie Lamouliatte）上尉这两名军官从阿尔及利亚来到法国，他们此行肩负着双重使命：查明本土的军队是否愿意采取行动支持戴高乐；试探戴高乐对此将作何反应。

5月19日下午3点，戴高乐在奥赛宫一间宽敞的会议室里举行新闻发布会，到场的记者和摄影师有数百名之多。法国官方电视台被禁止报道这一事件，我们今天所看到的视频片段是外国电视台工作人员录制的。几百名警察站在街道两旁；头顶还有直升机在盘旋。这是戴高乐近三年来首次正式公开露面。当人们看到他老了和胖了很多时，都震惊不已，但这让他显得更令人放心了。人们很快还发现，他的思维一如既往的敏锐，正如他的戏剧感、巧于应答和演技也都没有发生变化一样。他先是解释了自己为什么决定打破沉默："这场极其严重的民族危机"可能是"一种复活的先兆"，这使得他有机会再次成为于国"有用之人"。他故意对阿尔及利亚的未来不作任何承诺，仅仅说他是一个不隶属于任何派别的囚徒。当人们要求他回答摩勒所提出的三个问题时，他开始极力奉承摩勒，并满怀深情地回忆了1944年时两人是如何并肩站在阿拉斯市政厅的阳台上。事实上，两人此前从未谋面。戴高乐对自己重掌权力的方式闪烁其词，只是说这必须是一种"特殊程序"。当被要求谴责军队时，他避开这个问题，指出是政府自己授予了萨朗全权。他同意军队的常规角色是一种"国家的工具"，但前提为"要有一个国家"。当人们问他是否会对自由构成威胁时，他同样避开这个问题，称正是他于1944年恢复了民主。他最后说："我已讲完了我要讲的话。现在我要回到家乡，等待祖国的差遣。"言毕，他在掌声中离开了。[27]出席新闻发布会的英国大使馆的两名工作人员说，尽管

第三章 执政与下野

戴高乐"声音微弱，脸色苍白"，但他的"状态非常好，确实是个能够掌控局势的人"。他们对此的解释是，尽管他似乎和叛乱分子毫无牵连，不过存在着后者可能会通过军事手段迫使他上台执政的危险。这样的话，法国"就将步'南美共和国'（South American Republic）[1]的后尘，或充其量成为佛朗哥治下的西班牙"[28]。

当福卡尔第一次与从阿尔及尔来到法国的两名军方特使之一的让-马里·拉穆利亚特上尉会面时，戴高乐已动身返回科隆贝。另一名特使维塔斯则飞赴图卢兹，拜访法国西南地区的高级军官米克尔（Miquel）将军。法国的伞兵团几乎都驻扎在图卢兹，如是没有他们的支持，任何军事行动都不会取得成功。5月19日晚，福卡尔在索尔菲利诺街接见了拉穆利亚特。在返回阿尔及尔前，后者携维塔斯再次来到索尔菲利诺街。[29]这两名军方特使的以上举措都仅仅是试探性的，但他们在离开时确信，如果一切手段都归于失败，戴高乐不排除会向军队发出召唤的可能。维塔斯在几周后撰写的报告中指出，他们在索尔菲利诺街和戴高乐的代表在相关问题上持有"完全一致的看法"。[30]由于政府通过窃听手段了解到了这些会谈的内容，因而它在制订任何重大方案之前，不得不考虑军事行动的威胁给当前局势带来的压力。[31]

第二周，戴高乐在科隆贝默不作声，静待局势趋于明朗。周三，他没有像往常一样前往巴黎接见访客。尽管他的新闻发布会给人以深刻印象，但这还不足以让政客们相信他是个值得信任的人。他曾开玩笑说："你们觉得我会在67岁时开启独裁者的生涯吗？"但许多人都记得贝当在84岁时还这样做了。左派对此并不放心。这场新闻发布会的直接后果是弗林姆兰在议会中的多数优势进一步扩大。皮埃尔·孟戴斯·弗朗斯在议会中道出了"永远铭记1940年'6·18'讲话"之人的悲痛心情，因为那个发出这一宣言的人如今"成了在祖国本土响应阿尔及尔动乱的人"。他满含泪水地对

---

[1] 泛指拉丁美洲国家。19世纪20年代至20世纪初，在获得独立的拉丁美洲国家中盛行军人独裁的考迪罗制度。戴高乐在此处表达了对法国出现军人独裁政权的担忧。——译者注

十八 戴高乐的"雾月政变"（1958年2—6月）

一个朋友说："在我生命中持续近20年的这一段重要时期就要终结了……戴高乐还是那个戴高乐。如今，他已和叛乱分子站在一起共同对抗共和国。一切都结束了。"[32]为了把戴高乐置于不利地位，政府开始起草一份宪法改革法案。弗林姆兰对此不抱幻想，但他仍然履行着总理的职责，尽管他无力控制阿尔及利亚局势。

抵制不住诱惑的戴高乐开始在科隆贝的家中接待来访者。5月22日，他接见了法国最令人敬重的保守派政治家比内。这次会面并没有出现什么实质性成果，但比内被戴高乐迷住了。他于次日向弗林姆兰报告称，戴高乐是"一个真正的绅士，一个伟大的法国人"。第二天（5月23日），乔治·鲍里斯来访，他是1940年时戴高乐的首批支持者之一。作为孟戴斯·弗朗斯最亲密的朋友，他本可以成为一名重要的戴高乐主义者。回到巴黎后，鲍里斯公布了他们这次会面的详情：

> 将军马上把我带到书房。他一开口就用亲切友好、不拘礼节的话语问道："鲍里斯，你不开心吗？"……整个谈话过程他平和宁静，既未挖苦，也未嘲讽。他对于自己被牵连到阿尔及利亚所发生的事件中来不以为意，认为自己无法阻止他人高呼"戴高乐万岁"。

当戴高乐"带着一种轻蔑态度"说出萨朗的名字时，鲍里斯震惊不已。另一方面，当他提及苏斯戴尔时，尽管鲍里斯感觉到了其中蕴含的某种"不舒服"的情感，但戴高乐并没有对其彻底否定。至于孟戴斯，"将军说：'我知道他带着情绪，可他为什么要这样攻击我呢？'我辩称，这不是攻击，而是他在表达一种深深的悲伤，其他人，包括我自己都能感受到"。[33]

这次会谈的任何内容都无法让孟戴斯·弗朗斯回心转意。然而，由于缺乏一支有影响力的党派的支持，因此孟戴斯在政治上孤掌难鸣。戴高乐最需要得到摩勒的支持，此人是议会中第一大党的领导人。他通过吉夏尔获悉，摩勒期待与自己进行秘密会面，因而，他有理由相信自己正在向目标迈进。第二天（5月24日），他给妻舅写信说："事情正朝着最好的方向发展。"³⁴戴高乐信心满怀的另一个迹象是，就在同一天，乔治·蓬皮杜来到科隆贝与他共进了午餐。自从法兰西人民联盟瓦解后，蓬皮杜就退出了政界，但他依然是戴高乐最为信任的人物之一。如今，他得到指示要开始为组建政府物色人选，并为戴高乐合法地重新掌权起草文件。³⁵

就在此时，形势发生急剧变化。5月24日，巴黎收到消息：在军队的支持下，另一个公共安全委员会在科西嘉夺取了政权。如今，动乱已蔓延到阿尔及利亚以外的地方。尽管无法明确谁应对科西嘉事件承担首要责任，但阿尔及尔激进的戴高乐主义者肯定与之有关。5月25日，无处不在的德尔贝克来到该岛。从一定程度上来说，科西嘉事件通过给政府施压有利于戴高乐实现目标。不过，它也恶化了戴高乐的处境——因为他面临着对在叛乱的道路上又迈出一步的军队进行谴责的压力。与此同时，在阿尔及尔，军方正准备实施登陆法国本土的行动。这次行动的代号是"复活"——源自戴高乐在新闻发布会中使用的一个词——并暂定将于5月30日执行。更让政府担心的是，法国西南部的几个城市中也都成立了公共安全委员会。

由于戴高乐没有谴责科西嘉事件，因而摩勒改变了同他进行秘密会面的主意。不过，他给戴高乐写了一封对其态度介于决裂和吁求之间的长信："一群疯子发布了一份反叛宣言（pronunciamento），而迄今你还没有谴责他们。法兰西有可能成为唯一一个爆发这种叛乱的国家；它的发起者宣称以你的名义行事，你却一言不发！这使我难以理解和无比痛苦。"5月26日上午，吉夏尔将这封信交给了身在科隆贝的戴高乐。戴高乐用温和的措辞答复道，他们应该举行会面。³⁶同一天，他还收到了萨朗的来信，后者呼吁他在军队采取行动前就要出手。

所有这些都促使戴高乐——正如他在回忆录中所写的那样——要让"事态朝着合理的方向加速发展"。接下来，他给弗林姆兰写信，建议两人举行秘密会面。双方约定，5月26日午夜在巴黎郊外的圣克鲁公园碰面。拿破仑正是在这个地方发动了雾月政变。戴高乐选择此地并不是因为上述背景，而是因为这里环境隐蔽，不引人注目，并且他还认识公园的警

十八 戴高乐的"雾月政变"（1958年2—6月）

卫——他们曾参加过抵抗运动。为了避开记者们的视线，弗林姆兰从马蒂尼翁宫的后门溜了出去，然后，他驾驶私家车前往圣克鲁公园。然而，汽车在路上抛锚了。一名刚好出现的警察过来帮忙，但他竟然没有认出来这个路人就是总理——这一事实似乎完美地表明法国的合法政府是多么没有存在感。戴高乐对阿尔及尔的叛乱分子（"一群无趣的人"）所表现出的轻蔑之情让之前与他素未谋面的弗林姆兰大为震惊。即便如此，戴高乐仍然拒绝公开地谴责军队：如果这么做了，他如何才能确信弗林姆兰会把权力交给他呢？弗林姆兰不久后写道："我觉得这一次我们触及了问题的关键。他在观察我的同时认真地估量我，他对我不信任，还有点鄙视，并且，他无疑在冷酷地算计着什么。"弗林姆兰说，如果戴高乐谴责军队，这届政府就会辞职并为他重新掌权铺平道路。戴高乐对此并不相信："通常来说，掌权的人都会竭力保住权力。"事实上，弗林姆兰极力想摆脱自己当前握有的有名无实的权力，但是他想要尊重礼节。[37]

这次会面没有解决任何问题，不过，戴高乐提出了一个方案：建议各主要政党的领导人也同自己进行秘密会面。这就是弗林姆兰于凌晨2点离开时觉得和对方达成的共识。因而，当他在上午（5月27日）晚些时候收到一份戴高乐宣称自己"已经开始采用必要的正常步骤来建立政府"的声明时大吃一惊。这是自危机爆发以来，戴高乐的第三次公开干预。

弗林姆兰决定不去反驳戴高乐对于他们这次会面所作的失之偏颇的解读，因为他以为将军这么做是为了在军方即将发起行动前先发制人。戴高乐在声明的最后宣称反对"任何一方做出威胁公共秩序的行动"，这似乎就是上述意图的反映。同样是5月27日上午，维塔斯来到索尔菲利诺街告诉吉夏尔、福卡尔、德勃雷以及另外一些人，"复活"行动蓄势待发。假定戴高乐已获悉此次会谈的内容——由于他还在科隆贝，这件事无法确定——那么他决定突然发布声明就可以被解释为他认为有必要以此来阻止一场即将执行的行动。即便没有被告知会谈内容，他或许也已经预料到政府会认为他之所以突然发布声明肯定有他的理由。无论他的声明是虚张声势还是以一种似诈实真的方式迷惑对手，总之它奏效了。5月28日凌晨，弗林姆兰辞职。

然而，弗林姆兰的辞职不一定就意味着戴高乐的成功。几个小时之前，议会中的社会党人几乎一致投票决定，他们"在任何情况下"都不会赞成戴高乐重新掌权。如果没有社会党人的支持，戴高乐就无法组建一个稳定的政府。

游戏结束，5月28日—6月2日

5月28日上午，戴高乐接见了萨朗的密使迪拉克（Dulac）将军，但他说的尽是模棱两可的话。戴高乐以其特有的开场白开始了这次会谈："他们不需要戴高乐，你打算怎么办？"接着，迪拉克向他透露了"复活"行动的细节。戴高乐在最后说："要是我能够通过正常步骤（processus）重新掌权的话，那真是再好不过了……我们必须拯救国家（sauver la baraque）！告诉萨朗将军，他所做的和将要做的一切都是为了法兰西的利益。"这是一些典型的简短晦涩的话语，但他并没有给对方亮起完全意义上的绿灯。[38]

下午，吉夏尔在索尔菲利诺街接见了另一位军方特使——这一次是来自图卢兹的米克尔将军。吉夏尔对他说："在筹谋确保将军合法掌权的步骤时的确存在一些困难。但是将军绝不会后退（aller jusqu'au bout），万一事态发展超出法律框架，他将视实际情形采取行动。"[39]这些话同样简短晦涩，与戴高乐对迪拉克所说的话并无二致。

在稳住军方为己所用的同时，戴高乐当天还给社会党的元老政治家、前总统樊尚·奥里奥尔写信以期赢得社会党人的支持。奥里奥尔之前发誓说，他不会成为兴登堡，而戴高乐也不会成为希特勒。如今，他得出结论，戴高乐是站在共和国和军事政变之间的关键人物。他曾给戴高乐写信希望他不要轻举妄动，此时，戴高乐答应了他。他告诉奥里奥尔说自己"只会从人民或人民代表那里接掌权力"。不这样做，其结果将会是无政府状态或内战："对于我来说，这将使我在苦痛中度过余生，直至死的那天。"[40]同一天下午，左翼党派和工会团体在共和国广场举行反对戴高乐的示威活动。示威者中包

十八 戴高乐的"雾月政变"(1958年2—6月)

括一些著名的左派人士,如在战争期间曾和戴高乐站在同一条阵线的孟戴斯·弗朗斯和社会党人安德烈·菲利普。尽管参与者众多,但这次示威活动的氛围比较沉重,与其说它是一场抗争,倒不如说它像一场葬礼,因为没有人相信他们能够阻止戴高乐。当他们走上街头表达抗议时,他们其实知道社会党领导人正在幕后为戴高乐的出山铺平道路。[41]

5月28日下午,当左翼分子上街游行的时候,戴高乐正在和爱丽舍宫的高级官员、总统府秘书长弗朗西斯·德·巴克(Francis de Baecque)在圣克鲁举行另一场秘密会谈——其目的在于商讨他重新掌权的条件。会谈结束后,此前与戴高乐素未谋面的巴克马上向科蒂报告说:"他态度冷淡却不失礼貌,他让我坐下后对我说'我在听'。我以第三人称和他说话,这使我自己感到惊讶。"在这次会谈中,一个棘手的问题是戴高乐能否前往议会以使他的政府接受常规的信任投票。戴高乐断然拒绝。巴克暗示说,他只须在议会露个面,宣读一下自己接受组阁的声明,然后就可以离开。"将军的愤怒之情显而易见,但他什么也没说。"整个会谈过程,蓬皮杜不时地从门缝中探过头来。这次会谈没有解决任何问题,但它并没有排除戴高乐合法地重新掌权的可能性。[42]晚上,戴高乐在圣克鲁继续同议会两院的议长加斯东·莫内维尔(Gaston Monnerville)和安德烈·勒特罗克埃(André Le Troquer)进行会谈。从宪法上来讲,在政府缺主人的情况下,他们两个就是国内握有最高权力的人。这次会谈是一场灾难。参议院议长莫内维尔倾向于和解,但他的同僚国民议会议长勒特罗克埃咄咄逼人,这恰恰激怒了吃软不吃硬的戴高乐。自认为充分占据主动权的戴高乐不但没有答应这些条件,反而宣称除了不会前往议会外,他还要求获得一年的全权以起草一部新宪法。勒特罗克埃咆哮道:"你有一个独裁者的灵魂。"勒特罗克埃可能是在故意破坏这次会谈从而迫使科蒂辞职。如果真是这样,身为议长的他就将理所当然地(ex officio)担任总统。凌晨1点,莫内维尔和勒特罗克埃向科蒂报告说他们的会谈以失败告终。

僵局再次出现。当天早上(5月29日),维塔斯偕同另一名军官尼科(Nicot)将军来到索尔菲利诺街与吉夏尔、福卡尔和同为戴高乐主义者的皮埃尔·勒弗朗（Pierre Lefranc）举行会谈。参与会谈的这些人后来对此事的回忆截然不同。两名军官宣称，他们收到了"复活"行动获得正式批准的指示；尼科说他在那里的时候他们曾给戴高乐打过电话；福卡尔甚至否认自己出席了这次会谈。勒弗朗和吉夏尔尽管承认出席了会谈，但他们郑重声明自己未曾从戴高乐那里收到过对任何事情表示同意的意见。关于打电话这件事似乎不可信，因为在这个月中，往来科隆贝的所有重要信息都不是通过电话传递的。[43]索尔菲利诺街的戴高乐主义者不如以往谨慎的另一个例证是，萨朗称吉夏尔那天早上给他打电话说："情况看似不妙，现在该你出手了。"[44]吉夏尔随后对此予以否认。

回过头来看，所有这些军方要人都喜欢夸大他们所得到的鼓动信息，而戴高乐的追随者则对此轻描淡写。事实可能介于两者之间。由于戴高乐通过合法途径重新掌权似乎趋于无望，因而他的追随者当时给军方传达了一些鼓励意味更为明显的信息，然而，迫不及待地发起"复活"行动的军官们却没有注意到这些鼓励信息所呈现出的含糊不明之意。从身居科隆贝的戴高乐在同一天给儿子写的信中可以看出，他对合法上台也感到绝望，"据我所知，一场自南向北的行动即将开展……已无力作出任何决定的（vouloir quoi que ce soit）现政权极有可能坐以待毙"。[45]

在这一天接下来的时间里（5月29日），有关"复活"行动是执行还是取消的命令在地中海上空往来纷飞。根据行动方案，5万名伞兵将从法国西南部和阿尔及尔空降巴黎，进而占领各个重要的、具有战略意义的政治据点。[46]在迪拉克结束与戴高乐的会见并从科隆贝回到阿尔及尔后，萨朗在5月29日凌晨给维塔斯发电报说："伟大的夏尔坚决要求我们暂时不要采取干预措施。"[47]然而，维塔斯于当天上午晚些时候结束在索尔菲利诺街的会谈后，向阿尔及尔发电报称"伟大的夏尔完全同意"这项行动按计划执行。[48]在萨朗的同意下，德尔贝克发出了触发这次行动的密码电报——"胡萝卜煮熟了"；接着，萨朗本人给米克尔发电报说，"在与伟大的夏尔进行私人接触后"，他将很快发出执行"复活"行动的指示。[49]下午，六架达科塔运输机从勒布尔热机场飞赴佩皮尼昂（Perpignan）——这里驻扎着一个整装待命、准备空降巴

十八 戴高乐的"雾月政变"（1958年2—6月）

黎的伞兵团。

当天上午晚些时候，加斯东·博纳瓦尔接到从爱丽舍宫打来的电话，他被告知科蒂计划在晚上发布一份公开声明。博纳瓦尔答复道："如果在15点之前没有发布这份声明，恐怕一切就都晚了，因为骰子已经掷出。"[50]15点，科蒂在议会宣读了他的声明："国家处在内战的边缘……我向那位最杰出的法国人、那位在我国历史上最黑暗的岁月里带领我们重获自由的领袖寻求帮助。"他呼吁戴高乐立即组建政府。如果这一政府无法成立，科蒂宣称他将辞职。消息传出后，萨朗再一次发布命令中止"复活"行动，飞赴佩皮尼昂的运输机当即返航。19点30分，戴高乐从科隆贝抵达爱丽舍宫——在它的入口处聚集着众多摄影记者。他现在稍稍地降低了自己的要求：同意在议会露面；同意拥有半年而非一年的全权。

由于戴高乐仍有可能在议会无法获得多数支持，因而"复活"行动并未彻底取消。毕竟，就在前一天，社会党人几乎一致投票反对他。现在的问题是，摩勒能否让他们转变态度。5月30日，摩勒来到拉布瓦瑟里。这是他第一次和戴高乐会面——后者对他施展出当自己需要这么做时所能够施展的一切魅力。不过，早在摩勒向社会党议员团报告这次会面的情况之前，就有迹象表明他的政党正在向戴高乐靠拢。因为在5月29日那天，戴高乐给奥里奥尔的回信被公之于众，这在社会党内部产生了非常积极的影响。从科隆贝回来后的当天晚上，摩勒向议会中的社会党人发表了讲话。他说："我认为这次会面，不论发生了什么，是我一生中最重要的时刻之一，戴高乐是一位伟大的绅士。我们的会面不是一场独角戏，而是一场对话。"社会党并没有因此而作出最后决定，但它同意了保罗·拉马迪埃和摩勒这两名党员出席戴高乐将于第二天上午在拉贝鲁斯饭店主持召开的会议——他邀请了议会中除法国共产党之外所有党派的领导人参加。戴高乐在这次会议上一如既往地极力消除他人的疑虑之情，并不断地施展着自己的魅力，他向各党派领导人承诺他定会依据民主原则行使权力。不过他也威胁说："明天我需要在议会获得绝对多数支持。如若未能达到目的，我将重返科隆贝，不再过问这一切。"[51]下午，摩勒再次向社会党议员团发表讲

第三章 执政与下野

话，恳请他们明白戴高乐是站在议会和军事政变之间的一个无法绕开的人物。之后，这一党团作出了一个几乎是史无前例的决定：允许其成员自由投票——第一次这么做是在1940年7月，当时，在面对是否同意授予贝当全权处理这个问题时，它作出了同样的决定。

6月1日，戴高乐来到议会——这是自1946年1月以来他首次步入议院。他对着静寂无声的会场以平淡的语调发表了一番讲话，在讲话中，他提出了以下要求：获得法令所规定的六个月的统治全权；议会在这期间休会；授权他的政府起草一部新宪法，并由全民公投决定其是否有效。戴高乐丝毫没有透露他将如何行使这些权力，讲完这番话后他转身离开。在接下来的辩论里，有九位发言人支持戴高乐，另有九位持反对态度。在反对者中，有一个名为雅克·伊索尔尼的右翼反戴高乐主义者，此人在1945年时曾是贝当的辩护律师。另一名右翼反戴高乐主义者的议员在第二天发表评论说，昨天的情形就像是国民议会在聆听路易十六的辩护律师发言。皮埃尔·孟戴斯·弗朗斯的发言最为有力，他称自己不能接受"以内战相要挟"这种做法。但是，他为未来伸出了橄榄枝：

> 如果有一天历史宣称：戴高乐消除了法西斯的威胁；他恢复并维护了自由；他在政府和军队中重建了秩序；他根除了祖国所遭受的耻辱性折磨（右翼发出抗议），总之，他巩固并净化了共和国。那么，这时，只有在这时，戴高乐将军才是合法性的化身。我在这里所说的不是通过多次投票和复杂程序而获取的一般意义上的合法性，而是一种深刻的合法性，这正是他在1940年时所援引的那种合法性。[52]

辩论是在下午3点进行的，六个小时之后议会开始投票，结果戴高乐获得329张赞成票、224张反对票。至于社会党内部，有49人投了反对票、42人投了赞成票，这几乎是一种平分秋色的状况。不过，在这次投票之后，第二天又出现了最后一道有关宪法起草程序的障碍。没有人会忘记

十八 戴高乐的"雾月政变"（1958年2—6月）

1940年7月当议会授予贝当全权制定新宪法后，结果却出现了维希政府。一个名为让-路易·蒂克西埃-维尼扬古（Jean-Louis Tixier-Vignancour）的议员兼极右分子——他曾在1940年投票支持贝当，如今在1958年勉强地投票支持戴高乐——带着某种欢愉之情回顾了那段痛苦的往事。许多议员对于自己无法参与新宪法的制定而心怀不满。如此一来，让他人尝到一些甜头就显得颇为必要。面对这种情况，有人提议成立一个宪法协商委员会（Consultative Constitutional Committee）——它由两院的部分议员共同构成，这让议会产生了一种自己也将参与到这一过程的错觉。

让人们吃惊的是，戴高乐本人在6月2日再次来到议会以捍卫自己之前提出的议案。昨天他在这里时表情僵硬、局促不安，今天则和蔼可亲、谈笑自如，然而，他坚决不允许议会对新宪法草案的条款进行讨论。他承诺这部宪法将承认"一个由普选产生的国民议会有存在的必要性"——他提供了一个"过去的例证"：自己在战后恢复了民主。他还说："今天我很荣幸能够成为你们中的一员。"事实上，这是戴高乐最后一次出现在议会的会议之中。"先是煽动叛乱，然后威逼利诱。"一名法国共产党议员这样评论道。[53]

在辩论结束后进行投票的时候，戴高乐端坐在自己的座位上。此时，议员们纷纷侧着身，穿过两排座位之间的空隙来同他握手，戴高乐仍旧端坐着，他只有在同资深政治家保罗·雷诺握手时才站起身来——1940年，后者使他首次担任了政府职务。当乔治·博内（Georges Bonnet）这位在20世纪30年代主张绥靖政策的议员同他握手时，据称，"戴高乐就像是触碰到了一只鼻涕虫一样，很快就把手抽了回来"[54]。在这一天快要结束的时候，有关新政府的议案获得通过。之后，戴高乐离开议院，并再也没有涉足此地。

这天晚上，莱昂·德尔贝克从侧门偷偷溜进了拉贝鲁斯饭店——自从三个月前他与戴高乐进行了那次极为重要的会面后，两人迄今还未曾见过面。他曾于5月29日晚上飞赴巴黎，并准备在"复活"行动中大显身手。孰料刚到巴黎，他就接到通知说"复活"行动已中止，并且，福卡尔告诉他，在戴高乐被正式授权之前不要露面——"除非需要阿尔及尔出手时"。6月2日，戴高乐在拉贝鲁斯饭店以一种表面恭维、内心漠然的态度迎接了他："太棒了！你干得很好，不过你得承认我干得也不错。"接着，戴高乐严厉地抨击了公共安全委员会，并称它们必须解散。当德尔贝克离开时，他看到戴高乐的行李正准备被搬往马蒂尼翁宫。在筹划这次政变的过程中发挥关键作用的德尔贝克此时意识到，自此之后他已失去了作用。[55]

剖析这次政变

戴高乐曾说："我需要一场非雾月政变式的雾月政变。"法国在1799年和1958年面临着同样的局面：国内的政治精英对现存政治体制已失去信心。他们认为必须进行变革，但是他们既不想让右翼恢复君主制，也不想让左翼恢复恐怖统治。这时，拿破仑应运而生，他提供了一条中间道路。不过，拿破仑掌权的过程并没有自己当初希望的那么顺利。雾月十八日[1]，议会两院中的其中一院支持他。第二天，另一院却反对他。于是，他命令军队驱散了议员。在1958年时，军队的威胁也相当大。

1958年，人们需要在右翼的军事政变和左翼联合法国共产党人组建起新的人民阵线之间作出选择。摩勒支持戴高乐的部分原因是，他对法国共产党人极其不信任，所以他宁愿"两害相权取其轻"。尽管政客们不确定戴高乐是否能够从军方手中拯救他们，以及军方不确定戴高乐是否能够从政客们手中拯救它，但对于双方来说，作出任何一种别的选择似乎要冒更大的风险。大多数成功的政变都包含一种合法性因素。墨索里尼之所以在1922年掌权，与其说是因为其实很容易就能够被阻止的"进军罗马"运动，倒不如说是因为国王任命了他为总理。意大利的精英分子已经对国家的政治体制失去了信心。1922年意大利的街头民众对本国政府的威胁似乎比1958年阿尔及利亚的军队对法国政府的威胁要小。围绕1958年事件的另一个先例

---

[1] 雾月是法国共和历中秋季第二个月的名字，时间上从公历10月22日至11月20日。因此雾月十八日即公历的11月9日。——编者注

十八 戴高乐的"雾月政变"（1958年2—6月）

是，1940年7月贝当通过"合法"投票获得了全权。虽然给贝当投票的一些人在事后宣称他们当时感受到了威胁的存在，但是，1958年阿尔及尔的军队肯定没有1940年的德军对法国的威胁大。无论戴高乐是否对莫内维尔和勒特罗克埃说过要让他们"和伞兵们争个高下"，对军队的恐惧始终萦绕在人们的心头。

戴高乐能够让他的政变"合法化"的原因是，法国的精英们对现有政权能够成功解决阿尔及利亚危机已不抱任何希望。议会第一大党的领导人摩勒和共和国总统科蒂是这样认为的；在这场危机中辞职的总参谋长埃利将军和声称无法对警察的忠诚负责的警务总监帕蓬也是这样认为的。戴高乐正在推开一扇虚掩的门。科蒂和摩勒竭尽所能地促成戴高乐重新掌权，但戴高乐并未让他们过得轻松自在。我们可以在脑海中勾勒出一幅不一样的画面：要是戴高乐公开谴责军方不服从政府命令，那么他将赢得更多政客（包括孟戴斯·弗朗斯）的支持。如果他以这种方式掌权，很难想象以后的军事政变会取得成功，因为军方没有其他合适人选来领导自身行动。如今，戴高乐重新掌权的过程给自己之后四年的地位带来了复杂的影响。虽然他没有创建一支强大的军队，但他开创了一个危险的先例：让军方进一步相信它能够让巴黎服从自己的意志。如果他准备承受这种风险，那是因为他投下了高额赌注。他要按照自己的条件出山：打破当前体制而非融入其中。正如他在3月对泰勒努瓦尔所说的那样，那些想让他出山的人必须明白，他要是掌权的话并不仅仅是成立新一届政府，而是要带来"全新的改变"。戴高乐所施展的手段是让阿尔及利亚危机就这样一直发酵着，从而迫使政客们接受他的条件——但也不能让它爆发——以确保他可以合法地重新掌权。

问题依然存在：戴高乐与阿尔及利亚叛乱之间究竟存在着多深的联系？虽然他没有直接参与其中，但这并不是问题的关键。正如1958年反对戴高乐的弗朗索瓦·密特朗所说的那样："与上帝创世不同，他没有直接参与这桩阴谋。"[56]身居科隆贝的戴高乐确保了自己能够以一种超然物外的姿态示人。在危机最严重的5月28日，戴高乐的一名支持者对格拉德温·杰布说将军身处偏僻的科隆贝是一个问题:"戴高乐坚持要在距离巴黎四小时车程的乡间别墅开展所有这些重要的政治活动。他不使用电话;身边除了几个可有可无、丝毫不受他信任的秘书外,没有别的工作人员。这几乎让人觉得他真的对追逐政治权力已失去任何兴致。"[57]这正是戴高乐想要的样子,事实上,他在巧妙地维护自身清白的同时,对一切都了如指掌。对于他来说,此时的科隆贝是一个绝佳之地。在这里,他能够对所发生的事件进行遥控指挥。政府曾派了一辆警车来跟踪在科隆贝和巴黎之间往来穿梭的戴高乐,然而,由于后者的座驾雪铁龙15CV比那辆标志203的警车快得多,所以这种监视他行踪的举措收效甚微。[58]

与阿尔及尔和巴黎的狂躁不安相比,科隆贝是一处超现实的静谧绿洲。5月23日,当乔治·鲍里斯来到这里时,他曾和戴高乐夫人单独相处了一会儿——陪他同来的吉夏尔已返回巴黎,而戴高乐则独自一人待在他处。他说:"她滔滔不绝地陪我聊着,先是谈到了庭院、寒冷的冬天,并在最后转到了花园中的鸟儿,'除了叽叽喳喳的鸟叫声之外,房间里一片宁静,没有人来人往的声音,也没有丁零的电话声'。"[59]戴高乐讨厌使用电话,因为电话线路一直处于被人监听状态,所以无法确保通话安全——除非他想故意把信息泄露出去。正是由于这些窃听装置,弗林姆兰才完全清楚在阿尔及尔酝酿的各色阴谋。5月14—31日,戴高乐只去过巴黎五次。其他时间,他通过吉夏尔和福卡尔获取信息。在危机期间,吉夏尔五次来到科隆贝,为将军传递消息。5月26日,当他带着戴高乐写给摩勒的信件前往巴黎时,在路上遇到了带着萨朗写给戴高乐的信件前往科隆贝的福卡尔。

迪拉克造访科隆贝是5月时戴高乐与军方的唯——次直接接触。戴高乐先前在三四月时对德尔别克、诺伊维尔特、珀蒂释放的信号含糊不明、似是而非。由于在5月时几乎没人能够直接接触到戴高乐,因而福卡尔和吉夏尔充任了"传话筒"。阿尔及利亚事件的关键人物德尔贝克仅和戴高乐见过两次面(在3月4日和6月2日),但他经常和福卡尔会面。福卡尔鼓励他继续干好自己的事情,并郑重地警告道:要时刻小心。他说:"最为重要的是不要'牵连'(mouiller)到将军,也不要到处说'这是将军对我说的'。"⁶⁰政府的电话窃听装置在5月15日截获了萨朗和戴高乐在巴黎的一个联络人之间的通话内容。当萨朗问自己该如何行事时,他被告知"高呼戴高乐万岁"。"这是他的主意吗?"萨朗反问道。当获悉"这是他的心腹的主意"时,萨朗说:"这是两码事。"⁶¹不过,这段通话到此就结束了。

福卡尔后来公布了5月19日戴高乐在新闻发布会结束后并且就要离开巴黎时对自己说的话:"'我马上就回科隆贝。我认为这一次事态已步入正轨。但是,你要听好了,'他接下来用极为严肃的语调强调说,'我希望你不要再插手任何事,不要再去见任何人。'"

对戴高乐极为了解的福卡尔知道这些话的含义是什么:

> 我要是服从他最后提的要求,那还不如回到老家吕萨什,拔掉电话线,去玩几局填字游戏。我太了解他了,我知道该如何解读他的指示。尽管他几乎从未给过我如此明确的指示,但即便如此,这次我还是觉得我必须按照他已确定的目标的方向行事,或者按照自己所理解的他想要的方向行事,虽然这么做意味着公然违背了他的话。⁶²

戴高乐的助手们在解读他的意图时给予了自己相当大的自由度,因为他们知道,一旦解读出现舛误,它们很快就会被否定。5月12日,福卡尔对身在巴黎的德尔贝克说,他在阿尔及尔开展的活动可以继续进行下去。不久,福卡尔又向德尔贝克坦言,他无权作出上述承诺。在危机即将爆发的5月29日和30日,没有人确切知道戴高乐说了什么,或是该如何解读他所说的话。维塔斯追忆了自己第一次与戴高乐的随从会面时,这些人给他留下的印象:"他们都是相当狡猾的人(pas des gars francs)。"⁶³军方需要简洁明了的指令;而戴高乐的随从则故意把含糊不明用到极致。更加使人迷惑的是,那些代表戴高乐行事的人有时候竟然各行其是。5月17日,德勃雷派一名特使去珀蒂将军那里探听消息,这位特使却意外地发现博纳瓦尔也正在做同样的事情。⁶⁴在这次危机期间由于坐骨神经痛而一直处于静养状态的

第三章 执政与下野

德勃雷所发出的信号要比吉夏尔和福卡尔的少一些含糊不明的意味，因为他与戴高乐私交甚笃。

如果戴高乐未在议会赢得多数支持，或"复活"行动已提前发起，那么用吉夏尔对米克尔说的话来讲，戴高乐可能会"视实际情形而采取行动"。5月13日无疑是戴高乐不愿回首的一天。四年后的1962年6月8日，他在演讲中轻蔑地称那天的游行示威是一场"源自阿尔及尔的篡权活动"[65]。对于戴高乐有关这一促成他重新掌权事件的此种表述，新闻部长阿兰·佩雷菲特感到十分惊讶。这时，戴高乐罔顾事实地说：

> 我是故意这样用词的。阿尔及尔的叛乱活动与我毫无关系。我对5月13日之前有关此事的所有筹划工作一无所知；我和所有人一样都是通过广播才知道发生了什么……关于那天的事件，我从未做出过任何煽风点火之举。当它在国内演变成为一场军事行动时，我甚至对此进行了阻止。

正如听闻此种表述的吉夏尔对佩雷菲特所说的那样："面对亢奋的阿尔及尔、恐慌的巴黎，以及渴望推翻第四共和国的法国人，他措置裕如。这一切是以出色的手段完成的；并且，他今天还谴责了我们。"[66]

十九 内阁总理（1958年6—12月）

"黑暗已成过去！光明将在今晚降临！"

1958年6月27日，在重新掌权一个月后，戴高乐向全国发表电视讲话："我呼吁团结！我向所有人发出这一召唤。黑暗已成过去！光明将在今晚降临！法兰西，法兰西人民，我需要你们的支持。"[1]

戴高乐在之后10年的演讲中反复宣扬的一个主题是：一夜之间，法国人民从黑暗迈入光明，从分裂走向团结，从"深渊"来到"峰顶"。他在主政初期访问某些地区时，有时候会对它们如此快速地从战争的灾难中恢复过来感到吃惊——仿佛1946至1958年之间的这段时光并不存在似的。为了让戴高乐于1958年拟订的宪法草案在全民公投中获得通过，新政府开展了诸多宣传活动，其中一件颇具威力的宣传武器是一部影片，描绘了在第四共和国无休止更迭的政坛和一群在爱丽舍宫轮番登场的寂寂无名的政客。它所传达的信息简单易懂：这一切已成过去，戴高乐要从他们的手中（再次）拯救法国。

戴高乐主义者通过宣扬的"光明"来反衬第四共和国的"黑暗"，在他们看来，它从未彻底摆脱这种"黑暗"。事实上，第四共和国的历届政府在极为困难的形势下，取得了极大的成就。相比于20世纪50年代从烟雨蒙蒙的科隆贝向窗外看到的景象，以今天的眼光来看，第四共和国存在着不少闪光点。

经济：经济学家让·富拉斯蒂耶（Jean Fourastié）在回顾1949至1979年的岁月时，称其为法国经济发展的"光辉三十年"——直到20世纪70年代的石油危机才戛然而止。这段"光辉"岁月的标志是快速增长的经济、高就业率和不断上涨的工资水平。马歇尔计划的援助拉开了法国经济增长的序幕,战后生产力的提高和基础设施的重建则为其提供了源源动力。1949至1959年间,法国国内生产总值的年均增速为4.5%。

人们在很久之后才意识到发生了什么。对于经历过这些的人来说,这段岁月乍看起来并不"辉煌"。约25%的选民还总是把选票投给仍在宣扬工人阶级正在变得"贫困"的法国共产党。无论法国共产党选民对此是否真的相信,事实上,经济发展没有迅速地转化为更高的生活水平。由于政府优先考虑重工业和基础设施的投资,因而住房供应极为短缺。1954年冬,住房危机成了法国政治的热门话题。高通货膨胀率和殖民战争造成的沉重经济负担掩盖了经济增长的现实。公共财政收支平衡的状况几乎很少出现。为此,第四共和国的历届政府出台了一个又一个金融稳定计划。然而,在经济增长的成果即将显现的时候,戴高乐幸运地重新掌权了。

宪法:第四共和国最大的不足在于政局动荡。不过,它的历任总统绝非无能之辈。奥里奥尔巧妙地施展手段不让戴高乐掌权;而他的继任者科蒂则巧妙地施展手段促成戴高乐掌权。尽管1958年似乎是法国制宪史上取得根本性突破的一年,但是自1950年中期,就有许多政治家已认识到有必要对当前宪法的部分内容作出修正以降低内阁的不稳定性,并限制议会对行政权的干预。1958年3月和5月,加亚尔政府和弗林姆兰政府分别制订了一套宪法改革方案,但它们在交由议会进行讨论前,这两届政府就纷纷倒台了。上述方案中所包含的旨在精简议会制度的思想,在戴高乐主持制定的1958年宪法中得到了体现。这是政界人士坦然接受宪法改革的原因之一。无论戴高乐是否重新掌权,法国的政治体制都将发生变化。[2]

帝国:从表面上来看,第四共和国在解决非殖民化问题时遭遇惨败。八年来,它在印度支那打了一场获胜无望、造成沉重经济负担并最终以奠边府战役的溃败而收场的战争——尽管这场冲突是由于1944至1945年间戴高乐临时政府贻害无穷的政策造成的。1954年,孟戴斯·弗朗斯成功地将法国从印度支那解放出来后,第四共和国的历届政府开始推行更加灵活的殖民政策。

十九 内阁总理（1958年6—12月）

孟戴斯·弗朗斯和他的继任者埃德加·福尔（Edgar Faure）分别为1955年突尼斯的独立和次年摩洛哥的独立铺平了道路。第四共和国还尽量满足撒哈拉以南非洲的民族主义领袖所提出的获得更大自治权的要求——如果这不是真正独立的话。1956年，摩勒政府通过了所谓的框架法（Loi Carde），根据这项法案，法属赤道非洲和西非地区的民选议会获得了相当大的自治权，而最为重要的防卫权、外交权和制定货币政策的权力则继续掌握在法国人手中。尽管框架法被认为是维持帝国存在的一种手段，但它也为撒哈拉以南非洲提供了一条通往后帝国时代的可能道路。这种状况与第四共和国未能成功地解决阿尔及利亚问题形成了鲜明对比。究其原因是，人们认为阿尔及利亚问题是法国内部问题而不是殖民地问题。然而，我们不能因为阿尔及利亚事件而忽视第四共和国在非殖民化方面取得的成功。同样地，戴高乐对此有所借鉴。

法国在世界上的地位：在1946年后的12年中，第四共和国采取了三项重要举措来保卫法国的安全并重塑其国际地位：第一，1949年签署《北大西洋公约》；第二，自1951年起启动法德和解及欧洲联合进程；第三，自1954年起开始研制核武器。这些政策在实施过程中并非一帆风顺，但综合来看，它们取得了很大成效。

站在法国的角度来看，北约组织并非完美无瑕。法国人不愿意成为英美的跟班，为了改变这种状况，他们不停地呼吁建立某种三国理事会来管理北约，并将自己所提出的"法国已成为一个世界强国"的主张制度化。[3]

法德和解的第一步是1951年罗贝尔·舒曼签署了建立欧洲煤钢共同体（ECSC）的条约——它出自让·莫内的构想。由于法国取得马歇尔计划援助的条件之一是它必须放弃削弱德国的企图，因而莫内的天才之处在于，他将欧洲煤钢共同体设计成了一个共同管理法国、德国、比利时、荷兰、卢森堡、意大利六国的煤炭和钢铁资源的超国家组织。在同德国和解的道路上，法国在建立欧洲防务共同体一事上遇到了挫折。正如第十七章所述，由于1954年法国议会拒绝批准《欧洲防务共同体条约》，因而它最终未能正式建立——尽管法国提出这一建议是将其视为向国人贩卖德国可以重建武装力量这种思想的一种途径。1957年3月，《罗马条约》的签订再次开启了欧洲联合及法德和解的进程。该条约的长远目的是"为欧洲各国人民之间建立更为紧密的团结关系奠定基础"。为了实现上述目的,第一步应采取的措施是创建共同市场——正式名称为"欧洲经济共同体"——在六个签约国之间建立关税同盟。按照约定,关税同盟的第一个阶段将于1959年1月正式实施。1956年的苏伊士运河危机——当时英法两国在美国的压力下被迫放弃对纳赛尔开展军事行动——加剧了法国对"欧洲"的热情。事后,英法两国从这场灾难中得出了不同的结论:英国政府决定巩固同美国的关系,法国政府则要加强同欧洲的关系。在苏伊士运河危机发展到顶峰的那天,联邦德国总理康拉德·阿登纳(Konrad Adenauer)正在巴黎与摩勒进行会谈,为第二年签署《罗马条约》扫清最后的障碍。他对摩勒说:"要想在世界上发挥关键作用,只有一条路可走。那就是,让欧洲联合起来……时光不等人:欧洲将为我们雪耻。"[4]

欧洲联合对法国的防御也产生了影响。越来越多的人开始质疑,1949年成立的跨大西洋联盟在10年后是否仍旧能够发挥有效作用。1949年8月,苏联第一枚原子弹试爆成功,美国自此失去核垄断权;1957年,苏联成为第一个成功发射人造地球卫星"斯普特尼克号"的国家。这让欧洲人担心苏联在技术上已领先于美国,同时,他们也担心美国是否愿意为了欧洲而甘冒核战争的风险。1957年,美国政府为了迎合英国,同意修订1946年颁布的禁止核技术扩散的《原子能法》(《麦克马洪法案》)。这是一场由于英国实施加强同美国关系的政策而带来的胜利,但它的长远影响是,英国对美国变得更为依赖——因为它在建立自己的核威慑力量时花费越来越大。为了减轻欧洲人对自身防御的担忧,美国政府建议在欧洲部署洲际弹道导弹。

尽管1945年戴高乐临时政府成立了一个原子能管理局,即原子能委员会,但这个机构最初只研究民用核能技术。奠边府惨败后,孟戴斯·弗朗斯政府于1954年12月决定将原子能委员会的研究范围拓展至军事领域。最终,1958年4月,加亚尔政府决定在两年内试爆法国首枚原子弹。[5]至于在与欧洲的关系越来越紧密的背景下,核研究项目最终是如何融入法国整体国防政策中的,还有待人们去考察。1957年11月和1958年4月,法国、德国和意大利政府签署秘密协定,探讨了共享军用和民用核技术的可能性。这是欧洲探索实施共同核政策的可能性的开端。[6]

因而,在戴高乐上台执政时,法国、欧洲和美国之间的关系正处在一个关键节点。1958年5月,由于法国议会拒不接受美国提出的解决因沙希耶轰炸引起的法国-突尼斯争端的方案——它被认为有损法国尊严——加亚尔政府倒台。1958年的法美危机是苏伊士运河危机后,法国重新评估对美关系的结果。[7]戴高乐以质疑法国加入大西洋联盟而闻名,但我们应该意识到,他的重新掌权既是这个联盟因出现危机而导致的一种后果,也是它爆发新危机的原因。

即便戴高乐没有重新掌权,他所提出的所有问题也都会显现出来。1957年11月,美国总统艾森豪威尔指出,法国政府似乎要做出"最糟糕的事情,比如说彻底瓦解大西洋联盟"[8]。一个月后,哈罗德·麦克米伦在日记中写道:"让人见怪不怪的各式各样的指责都在指向背信弃义的英国(perfide Albion)。我们和美国人被指控说(a)试图控制北约……(c)阻止法国成为核大国等。"[9]未来几年,英美两国对法国的这种忧虑之情会表露得越来越频繁。不过,1957年底法国的总理是费利克斯·加亚尔,而此时戴高乐仍蛰居在科隆贝。

新任领导集体

戴高乐将对这些问题持什么态度还不得而知。他已下野达12年之久,并且有三年时间是在静寂中度过的。他一直在谴责欧洲的超国家主义行为,其中最显著的事例是欧洲防务共同体。除此,他是否会撕毁《罗马条约》?同第四共和国的领导人一样,他讨厌法国在北约中处于跟班地位,但是,他会在多大程度上纠正这种局面呢?毫无疑问,他已放弃了肢解德国的政策,但是,他在和解的道路上会走多远呢?

在"荒漠"期,戴高乐每周通过他人的"拜见",以及利用散居各地且在政府任职的戴高乐主义者与外界保持联系。然而,他从失势到上台的

第三章 执政与下野

这个转变来得过于突然。仅仅是重新掌权的一个月前,他还在科隆贝过着忧愁沉思的生活,并打算去塞文山脉度假散心。法国驻英国大使对正在为弄清戴高乐的态度而焦躁不安的英国人说,将军"已有12年没有看过政府文件了,他的那次新闻发布会是一次重大行动",但是通过它,"官员们发现戴高乐比10年前显得温文尔雅得多"。[10]这只是刚开始的即兴表演。就在戴高乐上台的前几天,戴高乐主义者匆匆地向最高行政法院(conseiller d'état)的成员、即将在宪法起草过程中发挥关键作用的雷蒙·雅诺(Raymond Janot)发出征召。从这件事可以看出,当时形势发展得有多快。5月28日,雅诺在办公室收到了蓬皮杜打来的电话:

> 我对他说:"你再告诉我一下那天你对我说的关于修宪的事情。"他答复道:"好的,最简单的办法是你直接向将军解释该如何修宪;他正在(从科隆贝)来的路上,共和国总统要召见他。"接着,我们马上出发。两车在路上相遇后,互相闪灯致意,就都停了下来。蓬皮杜向将军走去,并把他向我作了介绍;将军带我坐到他的车里……"你要告诉我什么?"……我觉得他很乐意听。谈话结束后,将军在同我告别的时候说:"很好。如果一切顺利,你就在我的秘书处负责宪法问题。"[11]

戴高乐在拉贝鲁斯饭店的那间套房实在过于局促,雅诺发现自己只能在浴室工作。与此同时,6月2日,戴高乐的随从之一皮埃尔·勒弗朗来到马蒂尼翁宫打探情况:

> 没有一丝声音,一切寂静无声。给人的印象是,每扇门后面仿佛都有人在偷听,都有人透过钥匙孔在窥视。我是个不速之客。我是吃了小孩子还是偷了闹钟?弗林姆兰的一个助手朝我走来……他在一间办公室里接待了我,而这里不久就将成为我的办公室。我没发现任何文件,甚至连一片纸都没看到。[12]

十九 内阁总理（1958年6—12月）

在戴高乐担任第四共和国最后一任总理的六个月里，深得他信任的乔治·蓬皮杜成了他的私人秘书处主任。鉴于戴高乐有将近一个月的时间不在巴黎（他对非洲进行了一次长时间的访问，并六次出访阿尔及利亚），因而蓬皮杜在让政府顺利运行的过程中起到了重要作用。[13]他得到了多年来一直待在索尔菲利诺街的其他戴高乐主义者——吉夏尔、博纳瓦尔、福卡尔、皮埃尔·勒弗朗——的协助。尽管这些人以对戴高乐的效忠为基础建立起了亲密的关系，但如果把1958年5月发生的事情看作一群"外围"戴高乐主义者插手并接管了国家政权，那就错了。当时没有出现清除异己的情况：所有的驻外大使和地方行政长官都继续留任，其中包括巴黎警察局长莫里斯·帕蓬。也没有出现新晋的"圈内"戴高乐主义者在真正意义上排挤那些外围分子的情况（除了某些像吉夏尔和福卡尔这样的人）。1958年被戴高乐招募到自己秘书处的勒内·布鲁耶（René Brouillet）的经历完美地诠释了这种混杂着圈内–外围身份的情形。从某种意义上来说，它也表明戴高乐主义与为国服务的理念是融为一体的。布鲁耶是一名虔诚的天主教徒，二战爆发前，他在和基督教民主党接触的过程中结识了比多。在敌占期，布鲁耶作为一名年轻公务员在抵抗运动中发挥了关键作用，他是全国抵抗运动委员会主席比多——在穆兰死后继任——的助手。解放后，他成了帕莱夫斯基的副手，在戴高乐的私人秘书处工作。并且，正是在他的引荐下，他的挚友乔治·蓬皮杜才进入戴高乐主义者的核心圈子。1946年戴高乐辞职后，布鲁耶没有加入法兰西人民联盟，而是选择了在外交部门任职，但是，这丝毫不影响他是一名"戴高乐主义者"的身份——无论是在他自己看来，还是在戴高乐看来。1958年戴高乐重新掌权后，他把布鲁耶从驻梵蒂冈的外交职务上召回，让他在自己的秘书处负责处理当前最敏感的阿尔及利亚相关事务。接着，当戴高乐于1959年入主爱丽舍宫时，他把自己的秘书处连同在其中工作的布鲁耶都带到了这里。[14]

令阿尔及尔的激进分子失望的是，新政府在人员构成上没有出现大的变化。戴高乐的第一届政府包含第四共和国时期的政客、"专家"和戴高乐主义者等各方面的人。其中，弗林姆兰、摩勒、比内属于第一类；原驻联邦德国大使、新任外交部长莫里斯·顾夫·德姆维尔（早在1943年的阿尔及尔时，戴高乐就对此人比较了解），以及新任国防部长、曾担任法国原子能委员会主席的皮埃尔·吉约马（Pierre Guillaumat）属于第二类；司法部长德勃雷和没有明确职务的马尔罗属于第三类。

尽管戴高乐的新宪法将赋予总统更大的权力已是毫无秘密可言，但只要他还在当第四共和国的总理，权力就掌握在总理手中。科蒂总统在爱丽舍宫主持召开的部长会议只是走个过场。这种虚有其表的行为几乎不传递任何信息。先前，总统和总理在会上相向而坐；如今，他们并肩而坐。手里攥着一盒火柴的戴高乐虽然时刻准备为科蒂点燃手中的香烟，但他仅仅勉强同意让顾夫·德姆维尔在会上作一篇关于外交事务的简短报告。[15]真正的决定是由马蒂尼翁宫中戴高乐的那套人马作出的。

在戴高乐担任第四共和国最后一任总理的六个月中，新政府所展现出的使命感和精力与拿破仑在担任第一执政的前几个月极为相似。其结果是，它不仅起草了一部新宪法，实施了一套重要的财政方案，在外交政策方面进行了几处调整，还疯狂地颁布了300多项法案——它们涵盖的主题极为广泛，如刑罚改革、医疗改革、调整社会保障制度、推行影视行业新规等。除此，这届政府还在狩猎许可、小麦价格、监狱管理人员的地位、洪灾救济、未成年人犯罪、公路管理等方面出台了新举措。其中一些改革，比如说将离校年龄从14岁延长至16岁，给法国人的生活带来了重大影响。上述多项改革措施已在官员们的办公室中被搁置了多年（就像拿破仑在1799年后颁行的诸多法案一样），它们之所以能够在此时得以迅速执行，有可能是得益于这种没有议会且戴高乐拥有六个月无限统治权的独特环境。这些改革大多与戴高乐没有直接关系，但他有时候对细节的关注达到了令人吃惊的程度，特别是当涉及科学研究时更是如此。

"我了解你们"

6月4日，戴高乐飞赴阿尔及尔，那里的人们正在焦急万分地等待着

十九 内阁总理（1958年6—12月）

他。他们想从他的口中直接听到那两个具有魔性的词语：法国的阿尔及利亚。令"黑脚"激进分子和公共安全委员会的军官们深感失望的是：虽然戴高乐政府任用了第四共和国的许多政治家（包括他们的叛乱矛头所指的弗林姆兰），但唯独缺少他们的英雄苏斯戴尔（他在这场叛乱中发挥了关键作用）。在这次访问中，和戴高乐同行的有两位部长——这两人根本不受军方待见。当一辆汽车载着戴高乐离开机场时，他们却只能自己想办法前往阿尔及尔市中心。傍晚时分，就在戴高乐准备向阿尔及尔的民众发表讲话的时候，他们却被公共安全委员会的成员抓了起来，并关在柜子里。

下午晚些时候，戴高乐抵达总督府官邸。此时，总督府前聚集着无数民众。萨朗和苏斯戴尔来到阳台，简短地宣布说戴高乐已经来到了这里。在民众的期待热情达到最高潮时，戴高乐走上阳台，高举双臂作出"V"字形的姿态。等到人群的呼喊声暂时平息下来的时候，他开口说："我了解你们。"人群爆发出一阵欢呼。这几个字的含义是什么？站在另一侧阳台上目睹了这一场景的一名政府官员是这样解释的：

> 戴高乐发现自己面前的人群在怀着某种期待之情狂喊乱叫，他们根本不受控制，难以安静下来。他在仔细听了之后，很快意识到他们不是在欢迎他，而是在呼喊苏斯戴尔的名字……他来到阳台的右侧。这一幕我毕生难忘：他像往常那样高举双臂作出"V"字形的姿态，但人群并没有停止呼喊。他无法讲话……我在旁边的阳台上可以清楚地看到他。当时我的印象是，他被这群不让他讲话的人彻底激怒了……接着，像通常遇到的那样，人群中出现了几秒的安静。他马上抓住这个时机，对着麦克风喊出了那句招致众多解读的话语："我了解你们。"在我看来，它的意思是：好了，我听到你们在喊什么了。我听到了你们在喊苏斯戴尔。我明白了。现在闭上嘴巴，听我讲话。[16]

这个解释不同寻常，但并非完全不合情理。然而，大多数人认为，戴

第三章 执政与下野

高乐想用这几个含意极其不明以至于每名听众都可以按照自己的期望去理解的词语来博取人群的欢心。他在之后说的话同样模棱两可:

> 我知道这里发生过什么。我明白你们要干什么。我看到你们在阿尔及利亚开辟了一条革新和博爱的道路(掌声)。然而,由于你们相当明智地想从最初的地方开始,也就是说从我们的各项制度开始,因而我就来了(长时间鼓掌)。

正如一名观察者所言,一旦他的听众被"套住",接下来的话就不一定是他们想听的了。[17]戴高乐向那些拿起武器对抗法国的战士的"勇气"致敬,并原谅了他们的行为;他宣布这里的穆斯林和欧洲人都是不折不扣的法国人,他们的选票在选举中拥有同等分量。他在结束时说:"此时、此地,我才最深刻地意识到法兰西是多么美丽、多么伟大、多么富饶。"在场的一名英国记者对此评论说:"这是一场精彩的表演……长度适中、构思巧妙、风格优美、表达出众、结尾华丽。人们的欢呼声此起彼伏——但显然,他们一个字也没听懂。"[18]这番评论并非绝对准确。虽然赋予穆斯林和欧洲人平等的地位可以被解读为实现阿尔及利亚和法国之间完全"一体化"——它是"黑脚"激进分子的愿望——的开端,但这些人注意到,戴高乐并没有说出那两个具有"魔性"的词语:法国的阿尔及利亚。第二天,在阿尔及尔公共安全委员会召开的一次充满愤怒情绪的会议上,德尔贝克说:"我们没有渡过卢比孔河去钓鱼。我们将一路退到5月13日那天出发的地方。"

接下来的两天,戴高乐又去往多个地方,并发表了多篇演讲,但总是避开那两个非常重要的、人人都在企盼的词语——直到6月6日在穆斯塔加奈姆(Mostaganem)发表此行的最后一篇演讲时才说出来。他像往常一样在演讲结束时高呼道:"穆斯塔加奈姆万岁!阿尔及利亚万岁!共和国万岁!法兰西万岁!"接着,他准备移开话筒。这时,人群爆发出"法国的阿尔及利亚,法国的阿尔及利亚"的呼声。见此情形,戴高乐转过身、举起双臂,高声地喊道:"阿尔及利亚万岁!"停顿片刻后他补充道:"法国的。"军方的宣传部门迅即对录音内容进行改动以使其听起来没有任何停顿。他们播放的版本是这样的:"穆斯塔加奈姆万岁!法国的阿尔及利亚万岁!共和国万岁!法兰西万岁!"[19]

后来,这成了戴高乐的一件尴尬往事。他没有把它收录到自己的演讲录中。戴高乐去世后,他的儿子在出版这篇演讲时,删去了这几个令人不快的词语,但没有人否认他曾说过这些话。几年之后,当阿尔及利亚已获独立时,戴高乐假惺惺地对此解释说:"直到今天,我仍希望阿尔及利亚归属于法国,就像当年高卢归属于罗马帝国一样!我希望它能够得到我们的文化和语言的滋养、灌溉。"[20]但是,在1958年的时代背景下,正如戴高乐所知道的那样,他的话语会被赋予特定含义。也许他是一时冲动才这么说的;也许他当时是在巨大的心理压力的驱使下才这么说的;也许他早已决定用这些话来安抚军队——他需要它的效忠。

7月初,戴高乐再次来到阿尔及利亚,并待了五天。这一次,陪他前来的是内心忐忑不安的居伊·摩勒——自从两年前被人投掷西红柿后,他再也没有踏足此地。戴高乐走访了多个民族解放阵线获得广泛支持的地方。在奥雷斯(Aurès)地区的巴特纳(Batna),他无视自身安全,投身于一群穆斯林中间,这让大家都大吃一惊。在阿尔及尔,他拒绝接见公共安全委员会的成员。尽管他再也没有提及"一体化",但他宣称阿尔及利亚和法国之间的邮件将使用同一种邮票。这是一种悄悄进行的"一体化",还是仅仅说说而已呢?回到巴黎后,作为对军方和"黑脚"激进分子的让步,戴高乐任命苏斯戴尔为新闻部长。在乘飞机返回法国时,戴高乐当着一名记者的面发泄了自己对军方的愤怒:

> 将领们憎恨我。不过,我对他们同样如此。一群蠢货……这些白痴只知道升官、打扮、享受,其余一窍不通,并且永远也不会通。萨朗是个瘾君子……茹奥(Jouhaud)将军是个十足的傻瓜(un gros ahuri)……至于马絮!算是个好人,可惜不够聪明(n'a pas inventé l'eau chaude)。[21]

第三章 执政与下野

在这几个月里，戴高乐给萨朗写了多封满含怒气的信件，其内容与公共安全委员会的政治活动及必须恢复正常的统治秩序有关。[22]马絮——他被自己曾是一名幕后主宰者的短暂经历和如今作为阿尔及尔公共安全委员会主席继续开展各种活动的局面冲昏了头脑——收到了一条含义不那么隐晦的警告："你是一名战士。一名优秀的战士！你必须保持这个本色。正因为此，你才能够继续成为我的战友和朋友。但是，我的事你不能插手。"[23]然而，就目前而言，戴高乐缺乏足够的底气来推动事态进一步发展。他首先要做的是通过起草一部能够被民众接受的新宪法来巩固自己在法国的地位。

起草新宪法

关于新宪法起草委员会第一次会议的情形，皮埃尔·弗林姆兰写道："我以为将军会从口袋里掏出一部已经拟定好的宪法。其实根本不是这样的。"[24]对于这部新宪法，戴高乐仅是以贝叶讲话为蓝本提出了自己的一些看法，但由于这篇演讲的内容过于含糊，因而它无法提供太多指引，这就给人们留下了很大的想象空间。[25]尽管法兰西人民联盟曾花了多年时间研究宪法改革，但1958年宪法是仓促拟定的，并且带有妥协成分。

这部宪法的起草工作秘密地进行了六周，就连共和国总统科蒂都被蒙在鼓里。在此过程中，发挥关键作用的是米歇尔·德勃雷。他在戴高乐的指示下成立了一个"专家组"来拟定初步条款。德勃雷显然是个最佳人选，因为多年来他一直在撰写有关宪法改革的文章。作为英国议会制度的狂热崇拜者，他的理想是以威斯敏斯特模式（他是这样称呼的）为基础建立一种合理化的议会制度。虽然政府要对议会负责（不像美国的分权体制），但是要通过某些程序上的改变来削弱议会轻易地推翻政府的权力——像在第三、第四共和国中那样。

德勃雷团队把拟定的条款提交给一个由戴高乐担任主席的人数有限的内

十九 内阁总理（1958年6—12月）

阁委员会。这个委员会的成员中，有像摩勒和弗林姆兰这样的在第四共和国占有举足轻重地位的政治家。第五共和国的这部宪法至少从其来源形式上来看，是在前政权的主要政治家充分合作的情况下、通过集体讨论形成的。我们只有该委员会第一次会议的记录，之所以如此，是因为戴高乐对摩勒质疑其内容不准确的做法大为光火，于是他规定在之后开会时不许作记录。这么一来，我们只能通过该委员会成员们的回忆来了解他们的讨论内容。戴高乐表现得很积极，但他的观点并非总能得到认可。比如说，为了尊重分权原则，他要求部长必须放弃议员身份，从而避免任何选举压力，这一点被大家接受了。但是，当戴高乐还提出部长不得担任市长职务时——这有悖于法国政治家的惯常做法——以阿拉斯市市长身份为荣的摩勒对此提出抗议，面对这种情形，他憋着满腔怒火听完了对方的发言。会后，戴高乐开始猛烈抨击那些"政客"，他威胁说"要让他们自食其果……让他们去处理阿尔及利亚问题"[26]。当然，他不会真的这么做。最后的结果是，他极不情愿地放弃了这个提议。

然而，对于当国家处在紧急状况时总统可以行使全权的条款（最终被写进宪法第十六条），戴高乐拒绝作出任何妥协。有人担心这将开启一条专制独裁的道路，戴高乐反驳说，赋予总统拥有全权的授权书必须由参议院议长副署才能生效。他认为，要是1940年存在这样的条款，当时的共和国总统阿尔贝·勒布伦就可以推翻贝当，并把政府带到国外。一位部长打趣道，真是这样的话，戴高乐就没有用武之地了；另一位部长说，即便存在这个条款，也不能保证像勒布伦这样懦弱的人会行使这一权力。戴高乐回应道："一部宪法不可能涵盖所有可能发生的情况。但是，如果身在其位的那个人没有采取行动，就会有另一个戴高乐将军奔赴伦敦。"[27]

六周后，新宪法草案被提交给全体部长会议。在这场持续两天的会议上，戴高乐将77项条文逐一宣读了一遍。对此，德勃雷是这样评论的："一位先知在造物主威严而又警惕的目光中对法版（Tables of the Law）进行了解读。"[28]尽管这些条款的总体目标是加强行政权的，但令议会制度的捍卫者们感到宽慰的是这么一个条款——它规定，"决定国家政策"的是总理领导之下的政府，并且政府对议会负责。议会制约政府工作的权力受到了削弱,不过,鉴于第四共和国的遭遇,人们一致认为这种做法是可取的。虽然这部宪法没有确立总统制,但由于共和国总统不再由两院联合选举产生,而是由一个在人员构成上更为广泛、包括地方政府代表在内的选举团选举产生——它是戴高乐贝叶讲话中的一条重要建议——因而他被赋予了更大的民主合法性,意味着他可能拥有大的权力。除此,总统还有权解散议会,并且,他还可以通过全民公投直接向人民征求意见。

即便如此,总统的职权范围依然没有得到精准界定。戴高乐在起草委员会的第一次会议上说,他认为总统是一位仲裁者(arbitre/referee/arbitrator)。正如在贝叶讲话中所描述的那样。但摩勒指出,解散议会和事实上解散政府已超出了仲裁者的职权范围。雅诺早就向戴高乐指明了其中的矛盾之处,并建议说必须把这个问题讲"透彻"(lumineuse)。[29]然而,戴高乐恰恰不需要这种透彻。他告诉雅诺,宪法条文应该在一定程度上显得简短、含糊,这样的话,它就可以适用于不同环境。[30]他在后来说道,在足球比赛中裁判可以把球没收,并对它想做什么就做什么。[31]戴高乐主义者中的一名重要的宪法专家勒内·卡皮唐在看到这部充满模糊性的宪法草案时说,它是"我国历史上起草的一部最糟糕的宪法"[32]。作为直接民主的坚定信仰者,卡皮唐应该乐于看到全民公投在这部宪法中较之以往占有了更为重要的地位。不过,1958年时,他正在日本教书,因而没有参与起草工作。喜欢让事物展现出模糊性的戴高乐没有将他召回。

起草工作的最后一个步骤是将起草好的宪法提交给咨询委员会。该委员会由保罗·雷诺担任主席,并由一群重要人士组成。这是戴高乐对那些想将之付诸公开辩论的人所作出的不情愿的让步。咨询委员会对宪法草案中涉及法国与其非洲属地关系的那部分内容作出了重要修改。尽管这个问题随着不久之后非洲属地的纷纷独立而流于空谈,但在当时引发了极大的争论。争论的焦点是新宪法如何与1956年的框架法所确立的原则相吻合。一些非洲领导人希望新宪法能够使法国与其非洲属地之间逐渐建立起联邦制;另一些人则希望它成为两者之间走向松散邦联,并最终使后者获得独立的第一步。如果真正建立起联邦制,海外属地的民众将完全参与到影响法国的决策中来,这将成为一个问题。一名与会者在辩论中说,这样的话,法国终将被它的殖民地殖民。[33]

这场讨论几乎成了一场专业的法学研讨会,已超出多数人的理解范围。在7月23日举行的会议上,一名官员称,戴高乐以雄辩的口才让"一切显得简单明了"。随后,参与讨论的这名官员受命根据戴高乐的这种让"一切显得简单明了"的发言起草一份文本,但他马上就遇到了难题:"我们很快意识到,要想把将军的想法转化为法律条文绝非易事,因为他所展现出来的非凡才能回避了这个问题的复杂性,并使之隐藏着某种模糊特性。"[34]戴高乐拥有让事物暗含暧昧不明特性的天赋。他在7月13日的演讲中创造性地提出了"共同体"一词,从而解决了到底是采用"联邦"还是"邦联"的难题。这个词听起来显得他慷慨大度,但它缺乏确切的法律意义——甚至是毫无意义。事实上,新宪法给予这些非洲国家的权利还不如第四共和国的框架法给予的多。所有关键领域的主权——外交、防卫、金融——继续由法国行使;并且,各国还要使用法国国旗和国歌。这并没有满足大多数非洲领导人的期望。

推销新宪法

这部让法国总统成为"共同体"最高领导人的宪法,赋予了法国非洲属地的人民在决定其通过与否的全民公投中投票的权利。为了确保其顺利通过,戴高乐开启了五天的非洲之行,他希望利用自由法国运动及1944年的《布拉柴维尔宣言》为自己在此地博取的声望来实现这一目的。在马达加斯加的塔那那利佛(Tananarive)、科特迪瓦的阿比让(Abidjan)和法属赤道非洲的布拉柴维尔,他都受到了当地民众的狂热欢迎。非洲人可以在接受共同体——对新宪法投"赞成票"——和独立之间作出选择。选择独立意味着和法国中断一切关系。西非几内亚年轻的民族主义领导人艾哈迈德·塞古·杜尔(Ahmed Sékou Touré)并不喜欢这种含蓄的威胁。不过,他将在付出一番代价后发现,戴高乐不是在虚张声势。几内亚首都科纳克里(Conakry)是戴高乐此行的第四站。和戴高乐共同站在讲坛上的塞古·杜尔在人群的欢呼声中宣称,他的人民"宁愿要自由下的贫穷,也不要奴役下的富足"。在此之前,戴高乐已习惯于为非洲民众加油鼓劲。但这一次,怒气十足的他立即明确地回应说,法国"肯定会据此得出必要的结论"。当晚,他拒绝和"那个人"一起参加正式晚宴,而是让人把晚餐送到了自己的房间。戴高乐收回了此前作出的让塞古·杜尔搭乘自己的飞机顺道前往下一站达喀尔的提议。在机场同对方握手告别时,他说:"别了,几内亚。"最终,几内亚成了撒哈拉以南非洲地区唯一一个投票反对新宪法的国家。正如戴高乐所威胁的那样,他得出了那个"必要的结论":法国当即停止了对几内亚的所有援助。

法国本土民众比几内亚人更支持戴高乐。在全民公投日(9月28日)的前几周,法国陷入了狂轰滥炸的宣传攻势中,成千上万张海报分列在道路两旁,号召国人"为法国投赞成票"。这是一个很难被抹黑的宣传口号,因为反对者不可能将其改成"为法国投反对票"。在这场宣传运动中,安德烈·马尔罗在巴黎共和国广场举行的大型集会最为壮观。这次集会的时间和地点都具有象征意义——1870年的9月4日,第三共和国在这里宣布成立。作为戴派宣传专家,马尔罗使出了浑身解数。他让人在广场中心的雕塑后方悬挂起一面高达40米、印有"V"字图案的巨幅海报——这个"V"既代表"胜利",也代表"五"。马尔罗以一句彰显共和含义的常用的问候语——不是"男同胞们、女同胞们",而是"男性公民们、女性公民们"(Citoyens, citoyennes)——开始了他的讲话。接着,他提到了第一共和国、圣茹斯特及1793年革命军,并称是他们让"欧洲以自由之名起舞"。最后,他高呼:"这里是巴黎!光荣和祖国!你们如今要听从戴高乐将军的引领!"这明显是在让人们回忆起敌占时期自由法国的广播的开场白,只不过最前面的那句话是"这里是伦敦"。这时,帷幕被拉开,一辆雪铁龙驶入眼帘。戴高乐走下车,沿着台阶登上讲坛,把双臂高高举过头顶,摆出一个巨大的"V"字形姿势。在讲话的最后,他号召大家齐唱《马赛曲》,接着他来到人群中间,

十九 内阁总理（1958年6—12月）

同现场的10万民众进行亲密接触。记录这个重大时刻的官方影片并没有展现在广场四周的街道上，警察与反戴高乐的示威人群爆发激烈冲突的情形。

毫无疑问，法国共产党对这部宪法的反对声最高。孟戴斯·弗朗斯自始至终也一直在抨击它：他声称选民们被迫在投票中支持一个像拿破仑三世的人，他们根本不是在某个问题上接受他人真诚的咨询。但是，社会党的一名重量级人物、曾反对戴高乐重新掌权的马赛市市长加斯东·德费尔（Gaston Defferre）决定支持这部新宪法。社会党对它的正式支持导致了自身的分裂，一个持反对立场的新政党——自治社会党（Autonomous Socialist Party）诞生了。作为进步与自由舆论晴雨表的《世界报》则宣扬一种有条件的"赞成"。

投票结果超出了戴高乐主义者最乐观的预期。在法国本土，有85%的选民参与了投票，其中有79%的选民投了"赞成票"。这意味着几百万一向支持法国共产党的选民无视了法国共产党号召他们投"反对票"的建议。在海外领地，只有几内亚投票反对它。不过，我们不能据此认为大多数选民对这部他们投票支持的宪法有充分的了解。在全民公投前夕举行的一项民意调查显示，49%的受访人对新宪法连一个字都没看过；56%的受访人根本没有和家人、朋友或同事讨论过它。[35]选民们觉得，他们不是在为一部宪法投赞成或反对票，而是为一个人投赞成或反对票。曾与戴高乐主义纠缠不清的政治哲学家雷蒙·阿隆敏锐地发现了这种状况。1943年，他在伦敦写了一篇关于"波拿巴的阴魂"（大家都知道他说的是谁）的著名文章；1947年，他由于反对共产主义而加入了法兰西人民联盟；1958年，在戴高乐已重新掌权的局面下，他不情愿地支持了戴高乐——不过，没多久他就再次反对戴高乐。他认为全民公投对于"波拿巴分子"来说预示着重要时刻的到来："它有三个主要特征：国家处于危机之中、议会和政治家们威信扫地、某个人声名鹊起……无论是波拿巴、布朗热、贝当还是戴高乐，无论他们是一个冒险家、迟疑不决者、迟暮之人还是真正的伟人，都属于这种情况。"[36]

新宪法于10月4日正式颁布。议会选举定于下个月进行。虽然选举结果并非完全如戴高乐所愿，但对于他来说，这是又一场胜利。自法兰西人民联盟瓦解之后，已不存在正式的"戴派"政党。然而，吉夏尔、苏斯戴尔和沙

第三章 执政与下野

邦-戴尔马很快就创建了新共和联盟（Union pour la Nouvelle République）。这个政党向341个选区派出了候选人，不过，由于戴高乐已确保他们之中的任何人都不会反对自己政府中的任何一位部长，所以弗林姆兰、摩勒、比内和其他四人不会受到新共和联盟候选人的反对。大多数新共和联盟的候选人曾是法兰西人民联盟或其他准戴派组织的激进分子，并且许多人之前都担任过公职。戴高乐在此次选举中的目标是：既要避免议会中的党派力量过于分散，以至于无法形成稳定的多数——创建新共和联盟就是为此目标服务的；也要避免任何一个政党在议会中形成一枝独秀的局面，进而限制自己自由行动——据信，即便是像新共和联盟这样的政党，也是以戴高乐的名义行事的。为了避免第一种风险，他反对比例代表制，支持多数两轮投票制；为了避免第二种风险，他反对获胜者可以获得一个省全部席位的大选区制（scrutin de liste），转而支持像在第三共和国实行的那种单一选区两轮选举制。这种选举制度的高明之处在于，在第一轮投票中选举人把票投给他们支持的候选人，在第二轮投票中选举人把票投给他们最能勉强接受的那个人。从理论上来讲，第二轮投票起到了减震器的作用，它能够防止任何一个极端主义政党获得压倒性胜利。

虽然戴高乐明白新共和联盟成立的目的所在，但他同它保持距离。他在选举前宣布：

> 大家都知道我不愿意，也不能够直接介入这次选举。国家赋予我的使命使我不能向任何人提供支持。我不会为任何人美言，即便是那些总是通过各种方式向我表示友好和忠诚的人……为了做到公正无私，我不允许任何团体或候选人打着我的名号行事，哪怕将其以形容词格式使用也不行。[37]

这并没有阻止新共和联盟的候选人想方设法向外界表明他们是戴高乐的"真正"支持者。然而，除了法国共产党之外的其他党派的候选人也是这么做的。社会党提醒选民们不要忘了摩勒在帮助起草戴高乐的这部新宪

十九 内阁总理（1958年6—12月）

法的过程中所发挥的作用。它的言外之意是：投票支持社会党就是投票支持戴高乐。双方都乐意接受这种模糊性。社会党希望从戴高乐的名望中获益，戴高乐则希望社会党表现得好一些，从而避免使自己成为任何一个政党的俘虏——特别是某个政党，其领导人对阿尔及利亚问题的看法同苏斯戴尔一样固执。这些情况，让这次选举呈现出些许不真实的氛围：根据官方说法，"戴高乐主义者们"已销声匿迹，然而，戴高乐无处不在。

全民公投引发的热情消散后，公众对参与这次选举活动兴致不高。选民们显然以为，通过9月时对新宪法投"赞成票"已经表明了他们对戴高乐的支持。因此这次选举的弃权率高达23%，比第四共和国的任何一次选举都要高。全民公投中曾经出现的许多法国共产党选民背弃自己政党的现象，在第一轮选举中再次出现：法国共产党失去了160万张选票。自1945年以来，法国共产党的得票率从未低于25%，可这次下降到了19%。还让人感到吃惊的是，仅仅成立两个月的新共和联盟获得了17.6%的选票，一跃成为仅次于法国共产党的第二大党。在第四共和国坚定地奉行中间政策的社会党和人民共和党表现得相当好，它们的得票率分别是15.7%和10%。

第二轮选举的结果比第一轮更让人吃惊。新共和联盟的得票率升至28%，并最终在议会482个席位中占有189个。这使得"戴高乐主义者们"成为议会第一大党，不过，它并未取得绝对多数席位。社会党仅获得40个席位。这是一场令人震惊的政治地震：在选举产生的465名议员中，只有131名是上届议员。让法国的政党政治研究头号专家莫里斯·迪韦尔热（Maurice Duverger）"大吃一惊"的是，第二轮选举之后，各政党之间的得票差距非但没有缩小，反而扩大了，这种情况与他在论述政党政治方面的书中所提出来的原则是相悖的。[38]想要支持戴高乐的选民们认为，最合理的选择就是支持那个最令人信服地声称以他的名义行事的政党。此外，从某种意义上来说，选择新共和联盟就是选择中间立场、抛弃极端立场。

在谈到部长会议的选举结果时，戴高乐说要是能有更多的社会党人当选该有多好。他这么说可能是为了取悦摩勒和自己政府中的社会党人，但也有可能是他的真心话。一些政治评论家指出，这些选举导致戴高乐的

"无双议会"（Chambre introuvable）[1]中充斥着似乎比戴高乐更具戴高乐主义色彩的议员，或者说，至少他认为他们是这样的人。[39]

"高举旗帜"

在这紧张忙碌的五个月中，戴高乐除了对阿尔及利亚和非洲开展了一系列访问及从事宪法改革之外，他还在外交政策方面迅速施展了自己的影响。在重新掌权的三周内，他作出了两项没有立即公布于众的重大决定。第一项同他的前任们的政策相背离；第二项则相吻合。前者发生在6月17日国防委员会召开的第一次会议上，当时，他决定终止法国同德国和意大利共享核技术——这种共享始于1957年底。后者发生在前者发生后两天，在某部际委员会——其就外交政策问题而成立——召开的第一次会议上，他决定法国将遵守《罗马条约》的规定，并将从1959年1月1日起降低进口关税——尽管他对欧洲一体化不抱好感。

法国的盟友们对戴高乐的重新掌权抱有一种复杂的情感，既有惊讶、宽慰，也有忧虑。[40]直到最后一刻，几乎没有一个外国观察家认为这件事会发生。在惊讶过后，让他们感到宽慰的是，法国在经历了几个月的动荡之后，似乎将迎来一段政治稳定期。但是，戴高乐的反复无常、反美名声以及他对欧洲一体化的反对，又让他们感到忧虑。在6月25日见过戴高乐的格拉德温·杰布写道，他比之前"少了些忧郁之情……但也少了些想要取悦他人的魅力和欲望"。他对北约的看法似乎没有杰布担心得"那么糟糕"，并"认为完全没有必要假定一个伟大的反对派政治家在沮丧中产生的悲观思想会在他再次登上权力顶峰时出现"。[41]事实证明，这和杰布对戴高乐的大部分判断一样缺乏准确性。

---

[1] 1815年8月，法国波旁王朝根据《一八一四年宪章》选举出新一届众议院，其议员大多为反动的极端派王党分子，被路易十八称为"举世无双"，因此得名为"无双议会"。——编者注

十九 内阁总理（1958年6—12月）

凑巧的是，当时的美国总统艾森豪威尔和英国首相哈罗德·麦克米伦都同戴高乐在战争期间有过亲密接触。他们既尊重他又提防他。对战争期间的各种争吵记忆犹新的艾森豪威尔对国务卿约翰·福斯特·杜勒斯（John Foster Dulles）说，要"盯紧"戴高乐，因为他"会做出最异乎寻常的举动"，比如说，他曾于1944年时威胁说要让他的军队脱离盟军总司令的指挥。艾森豪威尔告诉杜勒斯，他是这样答复的：戴高乐可以做任何他想做的事情，只不过这样的话，法国有可能被胜利拒之门外，而对于这场胜利，无论法国是否在场，盟国都将尽情享受。不过，他还警告道："当然，在目前情况下，特别是考虑到戴高乐此时的地位，国务院不建议他这么做。它只是表明戴高乐有能力做出此种行动。"[42]戴高乐重新掌权的重要性可以从杜勒斯和麦克米伦马不停蹄地赶往巴黎探明他们的对手——如果戴高乐是他们的对手的话——的意图这件事中看出。戴高乐给每人上了一节历史哲学课。他对麦克米伦说，"逝去的俄国将埋葬当前政权"，并且，苏联的扩张更多地源自沙皇传统而非共产主义。[43]当杜勒斯发表了一篇关于国际共产主义威胁的演讲后，戴高乐对他说，苏联以"党"的名义为他们的政策正名与"你们以'国会'的名义这么做有点儿相像"，这让他震惊不已。[44]

除了这些泛泛的话语外，戴高乐还与每一位来访者讨论了某些具体问题。在6月29日的会谈中，麦克米伦想知道戴高乐对《罗马条约》持什么态度。英国没有参与《罗马条约》签署前的相关谈判，它认为这些会谈将无果而终。但是，当这六个国家决定成立欧洲经济共同体时，英国却想要通过谈判与其签署一个自由贸易的协定来保护自己的利益。这种谈判已举行多次，但都没有取得成果。由于戴高乐此前反对欧洲联合，因而麦克米伦希望他在这个问题上会比他的前任们更通融。不过正如我们所见，戴高乐让他失望了。戴高乐首先作出的决定就是承认这个条约。在共同市场初创之际，戴高乐在面对与英国签署一个自由贸易协定这件事时，坚持了本国以往的谈判代表们所采取的小心谨慎的态度。为了让戴高乐回心转意，麦克米伦极不明智地暗示，如果法国坚持强硬立场，英国将重新考虑他们防卫欧洲大陆的全部政策，并"从别处寻找我们的朋友"。戴高乐在回忆录

第三章 执政与下野

中对这件事夸张地描述道,英国人威胁他说要封锁欧洲大陆。虽然麦克米伦没有说过这样的话,但他的威胁性态度更加坚定了戴高乐接受《罗马条约》的决心——既然英国人如此执着地要破坏它,那么这个条约对他就更具吸引力了。[45]这次会谈没有解决任何问题。不过,令人惊讶的是,当麦克米伦离开时,他对戴高乐的新形象还挺满意的:

> 他表现得谦虚而又纯朴,令人耳目一新。一切旧有的自负和偏见似乎都不见了。人们可以像信任神父一样信任他。他显然对自己的新职责感到非常满意……他谈到了自己对英国的感情。他说他在战争期间之所以表现得如此令人厌烦,是因为那时的他代表的是一个残破、屈辱的国家。[46]

戴高乐同杜勒斯争论的焦点是核武器。他明确表示法国希望得到美国的帮助以发展核工业。杜勒斯答复道,由于美国准备把洲际导弹部署在北约成员国中,因而欧洲就不需要发展自己的核武器了。这些导弹通过一个所谓的"双键"启动系统由欧洲和美国共同控制。因为美国对此拥有最终的否决权,所以这并没有减轻欧洲人,尤其是法国人对美国是否愿意为其盟友甘冒战争风险的忧虑之情——尤其是当杜勒斯说"大规模报复"的原则需要重新考虑时。这次会谈表面上一团和气,但它其实是加剧了双方的分歧。

这个夏天发生的两场国际危机证实了戴高乐对其盟友的怀疑。第一场危机出现在中东,这些激烈冲突的根源在于二战期间英国在此地推行的政策。7月,巴格达发生了反对亲西方的国王费萨尔(Faisal)的政变。为了防止该地区出现类似多米诺骨牌般的连锁效应,英国和美国在没有征求法国意见的情况下就向约旦派兵。此后不久,另一场小型危机在远东爆发。为了保护蒋介石"政权",美国政府向台湾海峡派遣了舰队。由于此地不属于北约的管控范围,因此美国没有征求欧洲盟友们的意见。这些事件成了戴高乐在9月17日向艾森豪威尔和麦克米伦递交那份著名的备忘录的部分原因。他们之间的友好交流到此结束。

这份备忘录的起草过程持续了几个星期,戴高乐亲自对最后一稿进行了大量修改。[47]尽管它的内容最初是保密的,直到多年后才公开,但人们很快就获悉了它的大致内容。它强调了两个问题:第一,在地域上覆盖欧洲和美国的北约并没有考虑法国、英国和美国的全球利益;第二,北约最初的设想是由"美国垄断"核武器,因而美国"在实际上担负起"防卫问题是合乎逻辑的,不过这种情况"在现实中已不再合理"。简而言之,"因此,法国认为当前形态下的北约已无法满足自由世界的安全需要,尤其是其自身的安全需要"。为此,戴高乐提议一个由美、英、法三国组成的三方机构来支持和巩固这一联盟。

尽管这份备忘录只有500多字,却引起了极大轰动,并且,它还带有某种模糊性。英国人和美国人不知道是否该认真地看待它。当年年底,英国外交大臣塞尔温·劳埃德(Selwyn Lloyd)在北约的一次会议上会见戴高乐后得到的印象是:将军觉得"现在的北约很可能会瓦解,但它将在美、英、法三国的联合支持下焕发新颜"。然而,在同一次会议上,杜勒斯在会见法国外交部长顾夫·德姆维尔后更加坚定地认为:"戴高乐的所有顾问都不赞同他对英、美、法三国联合以及北约问题所持的极端看法。"[48]用他的话来说,戴高乐已"提出要求",但没有人知道他打算走多远。

科隆贝的两个老人

戴高乐的另一项重大外交政策倡议是直接针对联邦德国总理康拉德·阿登纳发出的。自1949年联邦德国成立至今,阿登纳一直是国家领导人。此前,他曾担任科隆市市长一职,希特勒上台后,他被撤职并坚决不向纳粹妥协。二战结束后,作为基督教民主党的领袖,他不声不响地致力于使德国重返国际社会,并抓住一切机会同法兰西第四共和国的外交部长们——其中有多人也是基督教民主党党员——搞好关系。阿登纳是一名坚定的反共产主义者,他对苏联及其在民主德国的傀儡政权深感恐惧,因而,当建立欧洲防务

第三章 执政与下野

共同体——他认为这是联邦德国重建军事力量的大好时机——失败后,他十分失望。不过,他从联邦德国加入北约这件事中得到了安慰。他的外交政策的两大基石分别是同美国结盟和让欧洲走向联合。

尽管阿登纳依赖美国,但他始终对美国将在多大程度上担负起对联邦德国的防卫责任感到忧虑。如今,戴高乐的上台又成了一件令他担忧的事情。1958年5月发生的一系列事件并没有使阿登纳认真看待戴高乐上台的前景。他在这场危机期间的日记中写道:"戴高乐先生的健康状况应该极其糟糕,他的一只眼睛几乎失明,并且体态臃肿了很多。"[49]当这个过于自信的判断被证明是错误时,阿登纳不得不重新思考自己的处境。他和戴高乐素未谋面,他仅仅将戴高乐视作一名有着令人担忧的亲苏倾向的传统法国民族主义者。1958年7月,他对美国大使说,过去10年里,世界上发生的一切事情"都不留任何痕迹地从戴高乐的身边掠过"[50]。

戴高乐在巴黎接见了麦克米伦和杜勒斯后,作出了一个不同寻常的决定:邀请阿登纳来到科隆贝度过一个夜晚。没有哪个外国领导人曾享受过这种待遇。9月14日,阿登纳抵达科隆贝,因为他先到了一个名为科隆贝-莱斯-贝勒斯的村庄,因此比预定时间晚了一些。他本来抱着最坏的打算,却惊喜地发现自己受到了一个彬彬有礼而又高贵的主人的热情接待——后者似乎渴望与其建立一种牢固的私人关系。这两个老人都是信奉天主教的传统主义者,他们有着诸多相同的价值观。在吃过一顿简单的午餐后,戴高乐建议两人都屏退各自的顾问,以便他们能够单独交谈。只有一名译员留了下来,不过,用得上他的时候并不多。再次让阿登纳感到惊讶的是戴高乐的德语讲得相当好。戴高乐的魅力攻势非常直接。他对比自己年长6岁的总理说:"你比我年轻多了,我没有你那样的精力和体力。"

他们的谈话内容很宽泛。戴高乐宣称,只有法德两国建立亲密关系才能"拯救西欧"。他还利用阿登纳的不安全感挑拨离间地说,英国人"不是真正的欧洲人";美国人"不值得信赖,根本不可靠,他们对欧洲历史一无所知"。最让阿登纳感到震惊的是戴高乐对自身角色的看法:

十九 内阁总理（1958年6—12月）

> 我所面临的最艰巨的任务是让法国的那些飘浮在民族主义云端的民族主义者回到地面，面对现实……法国人民已病了很久。他们是极其伟大的人民。最重要的是，他们以为自己特别伟大。他们把自己当作世界舞台上的明星。的确，他们之前曾多次成为这样的明星。然而，他们如今还没有认清现实。

阿登纳作为客人在这里过了一夜，他被那种旧式的热情款待和家庭氛围所吸引。戴高乐后来给女儿写信说："妈妈把一切安排得井井有条。或许在晚餐时（14人用餐）我们应该多帮帮她，但是妈妈坚持说一切照旧就行。"[51] 戴高乐把妻舅的妻子唤来帮忙。她是一个怀有强烈反德情绪的家庭主妇。当她回到加来时，她的反德情绪由于阿登纳的那种旧式的得体举止而缓和了很多。[52]阿登纳恍恍惚惚地回到了波恩。他给德国总统报告说："戴高乐生活在法国一个极其贫瘠、人口稀少的地区。他的宅邸非常普通，只有一楼的几个房间布置得还行，其他房间特别简陋……那里被森林环绕着，附近也没有村庄，一切都显得孤零零的。"阿登纳的结论是，他不得不"把自己从德国的报道中和同美国人的谈话中形成的对戴高乐的所有偏见统统抛掉"[53]。

两周后，当阿登纳获悉戴高乐交给麦克米伦和艾森豪威尔的那份备忘录的内容时，他回到了现实。戴高乐递交备忘录的时间是在这次历史性的科隆贝会晤的三天后。阿登纳不仅对它的内容感到气愤——戴高乐正在争取和英美两国建立一种特殊的伙伴关系；更让他感到气愤的是，戴高乐丝毫没有对他提起过自己的这种想法。当时，刚好同阿登纳举行会谈的麦克米伦提醒他说，自己早在1943年就认识了戴高乐，"他总是以这种古怪的拙劣举措和粗鄙无礼的态度来对待他的朋友，因为他是一个神神秘秘、以自我为中心的人"。麦克米伦对这些火上浇油的话语颇为得意，因为他看到了一个利用阿登纳的愤怒，以赢得他支持英国同欧洲经济共同体签署一个自由贸易协定的大好时机。在会谈结束后，他愉快地说道："阿登纳极为伤心和愤怒。我认为他再也不会信任戴高乐了。"[54]也许戴高乐真的不曾预料到阿登纳的愤怒；也许他在赌他的愤怒不会持续太久。如果是后者的话，他就赢了。虽然阿登纳的传记作者声称科隆贝会晤带来的蜜月期"仅维持了27天"，[55]但是它的魔力从未完全消失。

几周后，当一场重大的国际危机在柏林爆发时，戴高乐马上抓住机会重建了阿登纳对自己的信任。11月10日，苏联领导人赫鲁晓夫突然宣布，他将不再承认把柏林划分为四个区的《波茨坦协定》。他要让这座城市成为一座非军事化的自由城市，为此，所有盟国部队都应撤离。我们没有完全弄明白他挑起这场危机的原因。他可能是想通过这种方式来迫使西方国家承认德意志民主共和国——它一直未获西方国家的承认。虽然英美两国在公开场合断然拒绝了苏联的要求，但私下里并没有排除寻求折中解决方案的可能。然而，戴高乐采取了不妥协的立场。他坚定地认为赫鲁晓夫是在虚张声势，同时，这场危机也给了他一个向阿登纳灌输英美两国绝对不值得信赖这种思想的机会。他们的第二次会谈于11月26日在德国举行。在这次会谈上，戴高乐不仅重申他定会遵守《罗马条约》，还正式承诺法国将于1959年1月1日，也就是约定的最后期限开始削减关税。此前，各国都以为法国会提出推迟请求，直到其国际收支平衡有所改善再执行。[56]如此一来，戴高乐说服他的伙伴接受法国的立场——反对英国同欧洲经济共同体签署一个自由贸易协定——就容易多了。其实，早在11月15日，即戴高乐与阿登纳举行第二次会谈的10天前，法国就公开发布声明表明了自己的反对立场。尽管这项声明的内容并非完全出人意料，但其在宣布时所呈现的出人意料的突然，却标志着法国外交政策在风格上出现重大转变。杰布后来写道："在此之前，我们没有把法国当回事。现在我们逐渐认识到它可能不再是一个尽管难以相处，但从本质上说还算听话的伙伴。相反，它成了一个相当可怕的对手。"[57]

吕夫（Rueff）计划

承诺法国将在最后期限内履行《罗马条约》规定的义务而不选择退出该条约，是戴高乐在执政的前六个月中作出的最重要决定。考虑到法国经济一直处

十九 内阁总理（1958年6—12月）

在高关税壁垒的保护之下，并且还正在遭受高通货膨胀、财政赤字及巨额国际收支赤字的困扰，因此这是一个大胆的举措。如果缺乏行之有效的经济补救措施，这项决定可能会对法国货币和公共财政的稳定带来灾难性后果。[58]

戴高乐的财政部长、保守派安托万·比内通过发行一笔很快被认购的公债，避免了一场迫在眉睫的金融危机。但这只是权宜之计。戴高乐在整个夏天都在催促比内制订一项更为持久的财政计划。拖延了一段时日后，比内在9月对此作出回应：成立一个由雅克·吕夫担任主席的小型咨询委员会。吕夫是一名才华横溢但特立独行的经济学家，他毕生致力于消除通货膨胀，追求货币稳定。在20世纪30年代，他曾和凯恩斯在上述问题上发生激烈争论。吕夫委员会的成员包括经济学家、政府官员和银行家，但吕夫已拿定了主意。他提出了一个激进的改革计划，其中包括重建法国的信贷体系——其实是限制法国央行的货币发行量——以及增加税收和削减支出。曾接受过吕夫委员会咨询的大多数人都认为，这些极端措施除了会带来政治影响外，其造成的通货紧缩影响将扼杀经济发展。

吕夫委员会为此召开了39次会议，争分夺秒地开展着工作，因为根据法令，新政府所获得的特权将于次年的1月1日到期。这个时间也是法国根据《罗马条约》规定的开始削减关税的时间。11月初，吕夫无视他人的反对意见拟定了一份报告。11月18日，他把这些建议直接提交给了戴高乐、蓬皮杜、比内和法国央行行长。当戴高乐问法国央行行长威尔弗里德·鲍姆加特纳（Wilfrid Baumgartner）——他是吕夫的老对手，因为吕夫认为这位行长的货币政策过于宽松——对此有何看法时，他回答说："我有太多的话要讲。"戴高乐厉声地答复道："那就讲出来。"[59]在场的人当即明白了戴高乐是支持这项计划的。11月25日，为了深入地了解该计划，戴高乐单独召见了吕夫。口才出众的吕夫陈述了自己的观点，引起了戴高乐的强烈共鸣。在吕夫最初提交给比内的那份报告中，它的开头是这样写的："这项方案绝非某个团体或某个政党的方案，而是所有希望自己的祖国继续生存下去的法国人的方案。"[60]戴高乐虽然不是经济学家，但他懂得这种话语的含义。

圣诞节的那天晚上，即政府开会讨论吕夫计划的前一天，戴高乐召见

第三章 执政与下野

了罗歇·格策（Roger Goetze）——他是一名财政官员，也是戴高乐私人秘书处的成员——并直截了当地询问他的意见：

> 人人都反对这项计划。我问你一个问题，你可以在明天早上答复我：你能确保这项计划有三分之二的成功希望吗？我认为在政治中总有三分之一的不确定性和风险。后一部分留待我来考虑。然而，你是经济专家。你明天早上告诉我，你是否认为这项计划有三分之二的成功希望。要是有，我就同意。[61]

格策是1945年之后信奉凯恩斯主义的财政部官员的代表。对于像他这样的人来说，吕夫是来自另一个时代的信奉新自由主义的老古董。然而，在当时的情况下，这个问题与技术性而非意识形态有关。第二天，格策向戴高乐保证，法国经济足够强劲，可以服下这剂猛药。

政府针对这项计划而召开的讨论会开始于下午，结束于深夜。与会的吕夫不会忘记他从大多数部长的眼神中所看到的那种"悲观的情绪"和"深深的敌意"。[62]他的措施包括大幅削减关税，并立即让法郎贬值17.5%以促使法国恢复竞争力。货币改革减轻了货币贬值的心理影响：100旧法郎可以兑换1新法郎。税收将会增加，一系列国家补助金将会大幅削减。引起最大争议的措施是削减退伍军人的补助金和停止实行农产品价格指数化。疏远退伍军人和农民这两个在法国最有势力的游说团体是一项高风险的策略。然而，尽管作了一些微调，这个计划还是被全盘采纳了。会后，社会党领袖摩勒递交了辞呈。虽然根据法令他的辞职不会影响这项计划的推行，但它会对戴高乐自6月以来领导的联合政府构成打击。最终，摩勒在劝说下收回辞呈，并继续任职至1月8日，直到过渡到新共和国为止。维护了表面上的政治团结后，戴高乐于12月28日通过发表电视讲话宣布了经济改革方案。他把经济学的枯燥话语转化成了戴高乐主义的华丽辞藻："没有这些努力和牺牲，我们仍将是一个落后的国家，永远在伟大和平庸之间摇摆不定。相反，如果我们取得成功，这将是我们在通往巅峰的道路迈出的一大步。"

十九 内阁总理（1958年6—12月）

尽管这项计划通常被称为比内-吕夫计划，但由于戴高乐的密切参与，我们最好将之称为吕夫-戴高乐计划。比内对此缺乏热情。这是戴高乐在执政生涯中第二次果断地干预重大经济政策问题。第一次是在1945年，当时他拒绝了由孟戴斯·弗朗斯提出的同样激进的经济改革措施。虽然戴高乐出自本能地对吕夫坚持"稳健"货币的改革举措作出了回应，但他其实对经济问题没有固定的看法。格策说，戴高乐的经济观是"简单的就是好的，有点儿像农民一样"。[63] 在1958年时之所以能够通过这个如此大胆的经济改革计划——而1945年不能——是因为当时出现的一种几乎不可能被复制的、空前有利的政治环境。在正常情况下，吕夫计划的几乎每一条改革举措都足以搞垮第四共和国的任何一届政府。然而，三个月前，戴高乐在全民公投中获得了巨大胜利；接着，他在议会选举中取得了成功；几天前，他又根据法令规定掌握了立法权。现在，他可以做他想做的任何事情。格策提醒戴高乐说，这些改革措施可能会遇到很大阻力，他得到的答复是："这么说来，国人将会尖叫嘶吼……那又怎么样呢？"[64] 戴高乐可以满怀信心地采取行动，因为阿尔及利亚危机使他在政治阶层的眼中暂时不可或缺。六年后，当阿尔及利亚危机已经解决，戴高乐正面临着矿工罢工及工会的强烈反对时，时任总理的蓬皮杜讥讽地说："啊，1958年，那是一段多么美好的旧时光啊！所有人都在念叨着阿尔及利亚、阿尔及利亚，人们根本不用去理会工会。"[65]

重返阿尔及利亚

在戴高乐的那些含糊不明的话语所制造的烟幕背后，没有人确切知道他是如何看待阿尔及利亚问题的。上任伊始，戴高乐就通过阿尔及利亚温和的民族主义者阿卜杜勒-拉赫曼·法雷斯（Abderrahmane Farès）与民族解放阵线进行了秘密接触。从7月至9月，戴高乐与法雷斯一共举行过六次会谈。法雷斯先后四次前往瑞士拜会民族解放阵线的领导人费尔哈特·阿巴斯，并向他转达了戴高乐的口信：他愿意亲自同民族解放阵线的代表在法国领土上举行停火谈判。民族解放阵线的答复同以往一样：必须在中立国家而非法国举行谈判；必须承认民族解放阵线是阿尔及利亚的唯一正式代表。尽管戴高乐不能接受任何一个条件，但令人惊讶的是，这些接触一直存在着。[66]它们停留在非正式会谈的水平上，不过，戴高乐又向前迈了一步：他授权蓬皮杜以书面形式确认自己想要同民族解放阵线的代表举行停火谈判的意愿。[67]这种做法并不稀奇。居伊政府在1956年时曾做过同样的事情，不过，它在后来又采取了一种更为强硬的立场。

如果戴高乐指望自己的名声可以使他在摩勒失败的地方取得成功，那他就大错特错了。为了在戴高乐上台后重掌主动权，民族解放阵线于1958年8月对法国本土发起了第一波恐怖袭击，其中包括针对苏斯戴尔的暗杀行动。9月19日，民族解放阵线领导人在开罗宣布，他们已组建起一个由阿巴斯担任总统的临时政府（阿尔及利亚共和国临时政府，Gouvernement Provisoire de la République Algérienne）。

全民公投后，戴高乐于10月第三次访问阿尔及利亚。10月3日，他在君士坦丁（Constantine）宣布了一项大规模的五年投资计划以振兴阿尔及利亚经济，其中包括重新分配土地和为穆斯林进入政府机构提供便利。其实，在戴高乐重新掌权之前，君士坦丁计划就已经制订好了。然而，从他对其欣然接受这一事实可以看出，在某种程度上，他认为阿尔及利亚是法国的一部分——尽管他竭力避免提及阿尔及利亚的政治未来。[68]10月23日，戴高乐召开了上台后的第一次新闻发布会，并作出了一种看似华丽的姿态。在他擅长讲的那些引人注目的话语中，他提议和民族解放阵线实现一种"体面的和平"，并再次对他们的勇气表达了敬意。他保证，任何一位打算前来法国进行停战谈判的叛军领袖都将绝对安全——不过，这句话的效果却因为他不合时宜地提到当枪声停止时和平的使者将举起"白旗"而大打折扣。这听起来就像是他在要求他们投降。正如民族解放阵线的一名成员在私下所说的那样："戴高乐给了我们一些鼓励，但如果他同时谈到独立，我们宁愿他羞辱我们。"[69]

十九 内阁总理（1958年6—12月）

戴高乐肯定知道他的光鲜亮丽的倡议不会收到任何效果。他公开地提出了一些民族解放阵线早已在私下拒绝的建议。不过，他看重的是获取法国民众的支持，这方面他做到了。甚至《人道报》也称赞了这篇讲话的基调。阿尔及利亚共和国临时政府由于对其粗暴的拒绝而遭受普遍谴责。戴高乐在宣传上赢下了这一轮的较量。之后不久，他在给萨朗的一封信中透露了他的真实意图是多么隐蔽：

> 在可预料的某一天，费尔哈特·阿巴斯的组织会提出派"代表"到本土。如果真是这样，不要把这些"代表"带到巴黎。他们只能——在偏远省区——同军方代表会面。他们只能谈论"停火"问题，并且，这种"停火"必须包括将他们的武器移交给军事当局。[70]

对于戴高乐来说，尽管新宪法的全民公投在阿尔及利亚和法国本土似乎都取得了成功，但也表明他对军队的控制是多么弱。他曾明确地对萨朗讲，这次投票不是一次为了选出解决阿尔及利亚问题最优方案的公投，而是一次对自己的信任的投票。[71]军方忽略了这一点，认为这次全民公投是对一体化的投票。为了作出"正确"的选择，选民们承受着巨大的压力。这并不是戴高乐想要的。然而，这次全民公投赋予他的信任至少使他现在可以发布正式的命令——10月9日，他要求军方彻底退出公共安全委员会。[72]这与他在1944年所发布的解散爱国民兵的命令差不多。军方勉强同意了，但这并不足以确保它忠实地执行他的指示——正如在1958年11月举行议会选举前出现的情况那样。阿尔及利亚的穆斯林首次享有平等的投票权。戴高乐在给萨朗的指示中明确表示，必须在"绝对的自由和真实的情况下"举行选举，并且，最好出现一些相互竞争的候选人，"最糟糕是只有几个当局认可的候选人"。[73]戴高乐正在寻求持温和立场的穆斯林中间阶层的支持来削弱民族解放阵线。从这个方面来看，阿尔及利亚的选举就是一场灾难——为了确保只有坚定地支持彻底"一体化"的候选人胜出，军方完全

第三章 执政与下野

操控了它。

所有这些都促使戴高乐亟须作出撤换萨朗的决定：不久，萨朗被调离阿尔及尔，担任了一个新的荣誉职位（国防部监察总长）。11月25日，在告知萨朗这一决定后，戴高乐写道，他不仅视他为一名"极为优秀、忠诚的追随者（féal），还是我的伙伴和朋友"。为了避免表现得过于虚伪，萨朗答复道，这封信"是我从他这位人民、法兰西以及军队眼中祖国的救世主那里所得到的最可靠的保证"[74]。在对萨朗离开阿尔及利亚前发来的最后一篇报告所作的批注中，我们能够看出戴高乐对萨朗的真实看法——他在好几处都批注道"废话"。在这篇报告中，当萨朗谈到统治阿尔及利亚时需要做到"绝对公正"时，戴高乐潦草地批注道，"他总算意识到这一点了"；当萨朗在论及阿尔及利亚的经济发展时，戴高乐以同样的字迹批注道，"为了少数人的利益，多数人承受着痛苦"；当萨朗抱怨说他缺乏足够的军队去完成自己的任务时，戴高乐依旧潦草地批注道："在亚历山大征服世界、恺撒征服高卢、拿破仑征服欧洲时，他们所统率的部队比这都要少。"[75]

12月21日，戴高乐被一个依据新宪法成立的选举团选举为共和国总统——依据前两个共和国的惯例，任职七年。这个选举团的成员由约8万选举人构成，不但包括两院议员，还包括从省议会和市议会议员中选举产生的代表。在竞选总统时，还有其他候选人，不过，戴高乐以78%的得票率成功胜出。1959年1月8日，科蒂总统和戴高乐总统——也是两个共和国之间——的权力交接仪式在爱丽舍宫举行。简短的官方仪式结束后，接下来是午餐时间，用毕午餐，两人共乘一辆车前往凯旋门向无名烈士墓敬献花环。之后，戴高乐本应陪着科蒂回到自己的车上，然而，他在简短地说了句"再见，科蒂先生"后，就稍显唐突地扬长而去，并很快地就消失在人群中。这位有些郁郁寡欢的前总统只得独自一人乘车回到了自己默默无闻的家乡勒阿弗尔（Le Havre）。戴高乐坐在车上，穿行于香榭丽舍大街，这片景象就像是14年前的胜利游行一样。他的身边坐着乔治·蓬皮杜。也许没有几个人认识蓬皮杜，但戴高乐正是以这种方式来感谢他在自1958年5月以来重要的这六个月中所发挥的作用。

第四章

共和国的君主（1959—1965年）

在过去的30年中，为了回报祖国，人们遵循着法国王室千年的传统（les leçons millénaires de la maison de France）和目标，以及与它那显赫地位相称的追求和普世使命。如果在我的号召之下，通过我自身的行动所做的一切能够成为我们历史中新的前进道路的起点，那么，我将感谢在另一个世界赋予我这种命运的上帝。

戴高乐致巴黎伯爵，1969年5月5日
摘自《书信、摘要和笔记（1958—1970年）》，第1053页

二十 "我们为这件事耗尽心力，却仍旧一筹莫展"（1959—1962年）

1959年1月9日，第五共和国的第一届政府宣布成立。戴高乐任命米歇尔·德勃雷担任总理。由于总理极为忠诚地信仰戴高乐主义，在议会中赢得多数席位的政党又听命于他，再加上公共舆论的支持，因而戴高乐处在一种前所未有的稳固地位，并得以践行自己于1958年5月19日召开新闻发布会时所宣称的"复活"方案。他不仅想改革法国的政治体制，还想重塑法国在世界上的地位。在接下来的四年中，他在外交事务上花了大量时间。从1960年3月下旬到5月中旬这仅仅六周的时间里，他接待了前来法国进行长时间国事访问的赫鲁晓夫，访问了英国和美国，并在巴黎主持召开了一场多国首脑会议。他的目标是将法国的国防政策从依赖大西洋联盟转向建立独立的核威慑力量。

但在他执政的前四年中，令人痛苦的阿尔及利亚问题总是如影在侧，耗去了他太多精力——这些精力本可以用于处理其他事务。1960年11月，在两个月前接替杰布担任英国驻法国大使的皮尔逊·迪克逊（Pierson Dixon）在会见戴高乐后说：

> 他给人的印象是，他是一个必须作出努力才能把心思从阿尔及利亚问题上转移开的人，从爱丽舍宫每天收到和发出大量与之相关的信息这一情形中可以判断出，这个问题肯定占据了他日

第四章 共和国的君主

常工作的大部分时间……除非他能够在阿尔及利亚问题上取得进展，否则，我认为从某种程度上来说，我们可以在其他更广泛的问题上把他当作一名过客。[1]

考虑到戴高乐主义者在外交事务上采取的诸多令人眼花缭乱的新举措，因而把戴高乐视作"过客"是一个奇怪的判断。然而，阿尔及利亚问题的确时刻萦绕在他的心头。一年后，法国驻英国大使让·肖韦尔回到巴黎准备筹备一场英法两国首脑会议，但由于阿尔及利亚再次爆发动乱，他几乎没能见到戴高乐。[2]正因为此，尽管本书用了单独一节来叙述阿尔及利亚问题，却无法完全传达出那里所发生的一系列事件对于戴高乐执政前四年的影响，这种说法并不为过。正如1961年1月戴高乐在给儿子的信中所写的那样，对于阿尔及利亚问题，"我们为这件事耗尽心力，却仍旧一筹莫展"[3]。在这四年里，的确如此。

令人迷惑的君王

戴高乐重新掌权几周后，对阿尔及利亚问题持自由主义观点的人民共和党党员、内阁部长罗贝尔·比龙（Robert Buron）在日记中写道："戴高乐对阿尔及利亚问题有何看法？我不相信当前的任何一位部长对此能给出一个明确的答案。"14个月后，他还是困惑不解："这个令人迷惑的君王要带领我们去哪里？"一年后，这仍旧是个谜："如果我依然抱有希望，我知道的将会越来越少。"[4]50年后的历史学家们同样困惑不解。戴高乐在《剑锋》一书中指出，领导人应该运用神秘感和计谋来实现自己的目标。他在1958年之后对阿尔及利亚问题所持的态度似乎比任何时候都更加忠实地遵循这个原则。或者说，真相是他根本不知道该如何处理这些事件——他那看似表里不一、精于算计的做法其实是犹豫不决、仓促应付的表现？

戴高乐在回忆录中声称他对这个问题有着一贯的看法：

二十 "我们为这件事耗尽心力,却仍旧一筹莫展"(1959—1962年)

> 我认为,除了让阿尔及利亚有权决定自己的命运外,别无他法……这是我的战略。至于战术,我要小心翼翼地分阶段推进……我的目标从不曾发生变化,我必须巧施手段,直到理智的光芒最终穿透迷雾的那一刻。[5]

事实上,戴高乐制造的"迷雾"比谁都多。在1958年之前的四年里,他从来没有在公开场合谈论过阿尔及利亚问题。他在私下发表的评论故意使其显得模棱两可,以便迎合对话者的需要。对自由派他说的是这个,对强硬派他说的是那个。

在这团迷雾中,只有两件事可以确定:第一,戴高乐从来不认可"一体化",而它受到坚决拥护"阿尔及利亚属于法国"这一思想的人的欢迎。[6] "一体化"由苏斯戴尔于1955年提出。[7]此前,法国的政策是"同化":让穆斯林成为"法国人",以便有一天——尽管遥遥无期——他们能够成为正式公民。"一体化"与之不同,从理论上讲,它在尊重穆斯林和欧洲人之间的文化差异的同时,还建议把阿尔及利亚的各类机构并入法国的各类机构之中,并且,还要使穆斯林成为正式公民。尽管几十年来"黑脚"一直不同意赋予穆斯林任何权利,但如今他们将"一体化"视为保有自身权利的一种新途径:在阿尔及利亚占有多数人口的900万穆斯林一旦"并入"4500万法国选民这个更大的群体中,他们就将成为可控的少数派。

为了证明戴高乐背叛了"黑脚",苏斯戴尔后来引用了前者于1956年12月所写的一封信的内容——它似乎支持一体化。其实,这封信的典型特点就是含糊不明。它看似同意苏斯戴尔对阿尔及利亚问题的想法——不过并没有使用"一体化"这个词——但它同时指出,如果不改变政体,这些想法将无法实现。怪不得苏斯戴尔得出了戴高乐属于自己阵营这一结论。[8] 然而,当苏斯戴尔于1958年代表戴高乐游说阿兰·德·塞里尼时,他能够找到的最合适的话语是"戴高乐并未被说服接受一体化",但如果让戴高乐相信穆斯林支持它时,他可能就会接受。[9]在1958年5月爆发的支持戴高乐的示威活动中,据说欧洲人和穆斯林之间产生了"兄弟般的情谊",这让推崇"阿尔及利亚属于法国"这一思想的人大感欣慰。一名戴高乐主义者称这个"和解奇迹"是"我们历史上出现的最令人震惊的奇迹之一",它证明了穆斯林的确真诚地想要实现一体化。[10]为了推动戴高乐重新掌权,苏斯戴尔于1958年5月17日抵达阿尔及尔,之后他马上给戴高乐发了一封满怀激动之情的电报:"这里出现了一个至为重要的新事实,穆斯林'正在解冻'。他们之中有成千上万人和欧洲人一起示威游行。今晚我看到穆斯林妇女在总督府大楼前焚烧她们的面纱并和欧洲人拥抱。"[11]事实上,"兄弟般的情谊"是军方精心策划的,但一体化的支持者坚信戴高乐这个名字的魔力已经使阿尔及利亚的穆斯林皈依了法国。

戴高乐从来不认可一体化,也从来不支持它。1959年3月,新近当选的戴派议员阿兰·佩雷菲特在第一次会见戴高乐时震惊地得知,戴高乐认为支持一体化的人都是"蠢驴"(jean-foutre):

> 你见到过身穿长袍、裹着头巾的穆斯林吗?你一眼就能看出他们不是法国人。一体化就像是把油和醋融合在一起,你摇动瓶子后没多久,它们就再次分开了。阿拉伯人是阿拉伯人,法国人是法国人。你认为法国可以吸纳1000万穆斯林吗?这些人以后会增长到2000万,以后的以后还会增长到4000万。如果实施一体化,视阿尔及利亚所有的柏柏尔人和阿拉伯人为法国人,那么我们如何阻止他们来到生活水平更高的法国本土定居?这样的话,我的家乡将不会再被称为科隆贝双教堂村,而将改称为科隆贝双清真寺村。[12]

戴高乐在私下还说过类似的话。他对一体化持怀疑态度是因为他的信仰没有建立在进步传统上,而恰恰正是基于这一传统,即法国共和主义的普世价值观才创造出一个取代种族或民族认同的平等的公民社会。在阿尔及利亚,这种理想在遭到背弃时比它在得到遵守时具有更高的地位,不过,它使苏斯戴尔致力于整合根植于进步左派思想的意识形态。出于这个

二十 "我们为这件事耗尽心力,却仍旧一筹莫展"(1959—1962年)

原因,当戴高乐由于反对一体化而被苏斯戴尔斥为"种族主义者"时,我们不能说苏斯戴尔错了。[13]尽管戴高乐让宗教和政治互不干涉,但他认为,从历史上来看法国是欧洲基督教文明的一部分。1945年,他的临时政府制定了鼓励移民的政策,把它作为克服法国人口减少问题的一种途径。在当前的争论中,他站在控制移民的立场上,限制"地中海人和东方人的涌入",鼓励北欧人的到来。[14]诸多据说信奉这种种族无差别政策、拥有共和主义思想的政治家在潜意识里对此持有同样的看法。戴高乐的过人之处在于,他清楚地知道如果认真地实施一体化,它真正将意味着什么。具有讽刺意味的是,苏斯戴尔的进步共和主义思想使他不惜一切手段——包括酷刑——以达到阿尔及利亚属于法国这个目的,而戴高乐的务实保守主义思想使他最终承认了阿尔及利亚的独立。

然而,在戴高乐重新掌权时,独立还遥不可及。第二件与戴高乐有关的可以确定的事情是,1958年时他认为阿尔及利亚应该以某种形式留在"法国"。那些对此持反对意见的人能够为自己的观点找到证据——就像人们可以为与戴高乐有关的大多数事情找到证据一样——比如说,最先出现的证据是将军于1944年对安德烈·菲利普所说的话:"要知道,自治将最终导致独立。"但这句话恰恰是在戴高乐反对自治时说的,这是他致力于让阿尔及利亚归属于法国的标志。在20世纪50年代,他经常在私下谈到阿尔及利亚必然会走向独立,但它们都是他用劫数难逃论者的腔调——他预言如果第四共和国继续存在下去,法国将面临无数灾难——说出来嘲讽时局的话语。它们的含义是:如果让他重新掌权,这一局面将有可能改变。1958年时仅有极少数人支持阿尔及利亚独立。他们包括像让-保罗·萨特这样的极左知识分子和头脑清醒的保守派人士,其中最有名的是雷蒙·阿隆,他认为法国负担不起继续留住阿尔及利亚的经济代价。因而,戴高乐于1958年10月在君士坦丁公布的那项规模庞大的经济投资计划显然不是出自他的主意。

如果戴高乐既不认可一体化,又不认可独立,那他认可什么呢?这两个极端立场在1958年时似乎并不是仅有的选择。自阿尔及利亚战争爆发以来,为了让阿尔及利亚和法国联结起来,法国官员们制订了无数个联邦主

第四章 共和国的君主

义或多社群主义的方案。戴高乐留下来的档案材料中包含一份他在重新掌权后不久起草的、描绘阿尔及利亚未来蓝图的文件。这份文件至少考虑了15种介于独立和一体化这两个极端立场之间的其他可能方案。[15]上述方案大多以民族解放阵线和信奉"阿尔及利亚属于法国"这一思想的强硬派能够在阿尔及利亚举行谈判为前提。正因为此,戴高乐才真诚地希望1958年11月能够在阿尔及利亚实现公平选举。选举之前,他与苏斯戴尔进行了一次谈话,在谈话中,他概述了自己的想法:"把叛乱分子湮没在民主中"。第二天,苏斯戴尔给戴高乐写信说自己对这种策略持怀疑态度。他谈到了大多数穆斯林对法国的依恋,但实际上他知道这种依恋已不复存在:

> 如果他们把我们湮没在我们的民主中怎么办?换句话说,我担心狡猾而又残暴的人……利用他们通过选举谋求的职位……做群众的工作,并使他们脱离我们……如果穆斯林群众看到当选的候选人自由地宣扬反对法国的言论,难道他们不会逐渐心生叛意?在我看来要想避免这种危险……有必要重申驻阿尔及利亚法军的使命,让军队对穆斯林民众负起责任,并使他们对法国保有信心。

戴高乐在页边空白处用讥讽的话语写道:"这就是他的真实意图!"[16]苏斯戴尔的办法是依靠军队。这次选举被完全操控。但是戴高乐并未放弃寻找一个真正独立的穆斯林中间阶层的希望,他要利用他们来瓦解民族解放阵线。这成了未来两年贯穿于他的政策的一条主线。[17]贯穿于他的政策的另一条主线是赢得对民族解放阵线的战争,从而为政治解决方案提供必要前提。

为了实现这两个目标,他要结束自1958年5月那场危机起延续至今的一种反常现象,即萨朗既是阿尔及利亚的军队指挥官,又是政府的政治代表。取代萨朗的是一名忠诚的戴高乐主义者莫里斯·沙勒(Maurice Challe)将军,他被告知,他将获得赢得这场战争所需的资源,但他必须把政治事务交给戴高乐新任命的民事代表保罗·德卢弗里耶(Paul Delouvrier)。德卢弗里耶是一位毫无政治经验、才华横溢的左翼经济学

二十 "我们为这件事耗尽心力，却仍旧一筹莫展"（1959—1962年）

家，从这一任命中可以看出，戴高乐对阿尔及利亚经济发展的重视。这是他不打算放弃阿尔及利亚的又一表现。

"一个无法解决的难题"

1958年秋，在任命德卢弗里耶之前，戴高乐派他前往阿尔及利亚从事一项实地调查任务。在向戴高乐简要地汇报他的报告内容时，他决定直言不讳地陈述自己的观点：

> 我当即对他说："将军，我的结论是阿尔及利亚终将独立。"将军几乎没有反应，只是随口说了句："也许吧……但是要在20年之后。"我回答说："我知道即便你认为它明天就会独立，但你也不能说出来，不过，对于我来说，对于我继续向你汇报我的报告来说，你能够意识到这或许将在20年后发生就已经足够了。否则这将毫无意义。"[18]

他是基于"门是敞开的"这一认知——尽管戴高乐认为在短期内无法找到任何解决方案——才接受任命的。[19]戴高乐给德卢弗里耶的官方指示极其含糊不明："你在阿尔及利亚代表着法国……政府希望通过法国联合一致的行动使阿尔及利亚在吃到苦头后能够越来越多地呈现出它所处的深刻现实——尽管来得有些晚。"[20]当德卢弗里耶试图弄明白这些话语的真实含义时，戴高乐只给他了一条毫无用处的建议：千万不要说"法国的阿尔及利亚"。[21]

让局势变得复杂的是，戴高乐的总理米歇尔·德勃雷坚定地支持"法国的阿尔及利亚"——如果不是一体化的最激进的话。[22]当德卢弗里耶（同时也是德勃雷的崇拜者）对戴高乐说这将使他们两人难以相处时，戴高乐立即反驳说："那是我的事。"[23]并不仅仅是这些事情让局势变得复杂。德勃雷的私人秘书处主任皮埃尔·拉辛（Pierre Racine）对此所持的观点已

第四章 共和国的君主

不是什么秘密,即阿尔及利亚应该获得更大的自治权。戴高乐的军事办公室负责人博福尔(Beaufort)将军坚定地支持"法国的阿尔及利亚",但戴高乐把在阿尔及利亚问题上持自由主义观点的贝尔纳·特里科(Bernard Tricot)作为他在阿尔及利亚问题上的主要顾问之一。特里科曾在北非担任过政府职务,并因此而取得了丰富的经验。在同意担任这一职务前,特里科对戴高乐最初的那些似乎是倾向于一体化的决定表达了疑虑之情。戴高乐答复道:"当时的任何决定都与一体化无关。"[24]对于让特里科接受这一任命来说,这已经足够了。

这些相互矛盾观点的存在意味着德卢弗里耶经常不知道自己该做些什么:

> 每次前往爱丽舍宫,我都被夹在军事顾问和文职顾问中间……后者之中的总统府秘书长库赛尔(特里科有时会帮腔)对我说:"不要听秘书处那些军事顾问的话。关于戴高乐对阿尔及利亚问题内心最深处的想法,我们是他的唯一智囊团。"……然而博福尔将军站在他那一派的立场对我说:"关于戴高乐将军对阿尔及利亚问题的看法,我是他的唯一智囊。不要听库赛尔的话(他支持独立)。"[25]

这些对立冲突反映出法国的精英阶层在阿尔及利亚问题上的分歧,但它们也为戴高乐最大限度地自由行动提供了便利。1959年初,他给埃利将军写信说:

> 无论在阿尔及利亚问题上采取什么政策,那完全是我的事情,我只希望我的下属对其忠实地执行。也许有一天,一体化可能会到来。但是,这一天还没有到来,因为我们要每个月杀死1000名敌人才可以……我们必须认识到,一体化在当前阶段仅是一个空洞的词。[26]

二十 "我们为这件事耗尽心力,却仍旧一筹莫展"(1959—1962年)

此刻,戴高乐的策略是等待。正如1958年时他对一名官员所说的那样:"政治家最经常犯的错误是坚信在任何时候任何问题都有其解决之道。其实,有时候有些问题是没有解决办法的。"[27]几个月后,他在部长会议上说出了同样的话:"目前没有政治解决方案:阿尔及利亚需要改革,改革后就会出现解决方案。"[28]此时,戴高乐在公开场合最喜欢说的是,应该允许阿尔及利亚发展它那"勇敢的个性"(1958年10月13日)、它那"鲜活的个性"(1958年10月23日)、它那"崭新的个性"。1959年4月,他以戏谑的语气对一名记者说了一句试探各方反应的话语:"父辈的阿尔及利亚"已死。之后,爱丽舍宫立即联系这家媒体对这句话进行修正。修正后的版本是,未来的阿尔及利亚将有别于之前的阿尔及利亚,对于这句话,即便苏斯戴尔也会表示赞同——不过他的理解与戴高乐不同。

为了博取温和派穆斯林的舆论支持,戴高乐于1959年初释放了阿尔及利亚的7000名政治犯。并且,他还努力控制军队的暴虐行为。在听闻一个女孩在试图逃跑时被士兵杀害的事件后,他在给德勃雷的信中冷冷地说道:"我的第一反应是,我无法想象我们的军队在阻止一个年轻女孩逃跑时,除了对她开枪之外,居然没有其他好的办法。"[29]1959年4月的市政选举产生了大约1.2万名穆斯林地方议会议员。尽管他们之中的许多人是政府指定的"官方"候选人,但这是培育中间阶层的第一步。戴高乐的自由主义姿态使军方大为惊恐,不过,他也在全力支持沙勒的军事行动——事实证明,它取得了极大成功。此前,法军的策略是当民族解放阵线在某处发起进攻时,就立即予以还击。问题是,这种做法分散了法军的力量。与之相反,沙勒每次进攻只专注于一个区域,当把对手压制住以后,再派重型火力和直升机消灭他们。他还通过把平民"整编"到营帐中生活的方式来切断他们对民族解放阵线的支持。这种政策短期内取得了军事成效,但从长远来看,它破坏了阿尔及利亚农村地区公民社会的结构,而这将不利于培育一个可靠的穆斯林中间阶层。

第四章 共和国的君主

"我们必须采取行动，否则就会走向灭亡"

　　地面军事行动的胜利迹象使得戴高乐认为采取行动的时机已经到来。1959年8月12日，即暑假刚刚开始，他通知正在度假的各位部长，两周后将召开部长会议，并且，每个人都要对阿尔及利亚的未来发表意见，这让他们震惊不已。由于部长们很少有机会讨论阿尔及利亚问题——或者说，其实是在任何事情上——这表明戴高乐正在酝酿着什么计划。之后，戴高乐动身前往科隆贝"度假"，在此期间，他鼓足精神完成了出版商们正在热烈期盼的《战争回忆录》的最后一卷。

　　在等待这次政府会议召开的时候，贝尔纳·特里科制订了一项旨在瓦解民族解放阵线的方案。该方案提出，一旦恢复和平，阿尔及利亚人民将通过投票来决定自己的未来。[30]与此同时，德勃雷也带着自己的方案——赋予阿尔及利亚长达25年的、受到严格限制的自治权——前往科隆贝会见戴高乐。[31]当戴高乐把自己依据特里科的方案而起草的一份满是修改之处的讲话稿给他看了后，他大吃一惊。德勃雷担心这份讲话稿的内容"含糊不清"，并没有指明当下要做些什么。8月26日，部长们在会上各抒己见，马尔罗和司法部长埃德蒙·米什莱所持的立场最为"自由"，而苏斯戴尔则不出所料地最不愿意作出让步。戴高乐没有明确地提出自己的观点，他在最后说了一句令人费解的话："在当前局面下，我们必须采取行动，否则就会走向灭亡。我已选择采取行动，但这不排除灭亡的可能。"[32]

　　除了沙勒在战场上取得的军事胜利外，还有两个原因使得戴高乐认为采取行动的时机已经到来。第一，他担心阿尔及利亚战争对军队的影响。它除了曾被卷入政治事务之外（1958年5月，戴高乐因此而获益），还正在形成一种认知世界的狭隘眼界——透过阿尔及利亚这面镜子来看待一切事物。马絮将军后来写道："我对1960年的法国知之甚少，因为我离开那里有10年了。"[33]1959年秋，戴高乐向德勃雷陈述了自己的忧虑之情：

　　　　如果阿尔及利亚战争继续下去，我们的军队将脱离现代技

二十 "我们为这件事耗尽心力,却仍旧一筹莫展"(1959—1962年)

术,更重要的是,它将成为一支政治化的军队。不管愿意不愿意,正是因为我的干预才阻止了军队接管它本身没有能力行使的政府权力。否则,我们的民族利益将无法保障,国际地位将无法恢复……一旦阿尔及利亚战争结束,我们就要对军队进行深度改造。在此之前,我们必须"指挥"军队,禁止它插手政治事务……并时刻保证它的任何一个领导人都服从命令。[34]

"现代技术"这个词语反映出了戴高乐发展独立的核威慑力量、减少法国对大西洋联盟依赖的雄心。虽然我们不能说军队的高级军官完全反对建立核威慑,但的确有人担心这项政策将导致其他方面的军事开支受到缩减。1958年12月,空军参谋长茹奥将军写道:"在平息阿尔及利亚局势一事上,原子弹能给我们带来些什么?"[35]戴高乐还了解到,许多军队领导人对美国所主导的这个联盟十分忠诚,他们把阿尔及利亚战争视为国际"反共产主义"运动的一部分。[36]在他们看来,任何反大西洋主义的举措都将危及美国在阿尔及利亚战争中本着反共产主义的精神对法国进行援助的前景。这只能说明这些军队领导人生活在一个多么虚幻的世界中:真相是,渴望在阿拉伯世界获得更多支持的美国政府正面临着国际社会越来越大的、要求它支持阿尔及利亚独立事业的压力。

这种国际背景是戴高乐决定采取行动的第二个原因。[37]尽管民族解放阵线在阿尔及利亚的军事实力受到削弱,但它在国际舞台上取得了成功。阿尔及利亚共和国临时政府获得了所有阿拉伯国家的承认,它们开始通过联合国大会为它进行游说。1958年秋,大会首次对一项支持"阿尔及利亚人民有权独立"的议案进行辩论。在之后的三年中,对于阿尔及利亚的未来来说,联合国大会的秋季辩论成了一个重要战场。戴高乐假装无视这种在他看来是干涉法国内政的做法。1959年8月,他对澳大利亚外交部长说:"我不会接受由加纳来主宰法国对它的政策。"[38]尽管存在着这种虚张声势的行为,但他还是充分地意识到了联合国的重要性。令人惊讶的是,他在阿尔及利亚问题上的所有政策倡议——从1958年10月宣称"体面的和平"

第四章 共和国的君主

开始——都是在秋季提出来的。

美国政府在1958年12月的联合国大会辩论中投了弃权票，这一决定既没有使法国满意，也没有使阿拉伯国家满意。1959年9月，艾森豪威尔总统对法国进行了国事访问。戴高乐预先告知他说自己正在计划接管阿尔及利亚。他还让艾森豪威尔设想一下有4000万印第安人在加利福尼亚谋求独立的情况，试图通过这种方式来解释当前局势的复杂性。接着，他谈道，阿尔及利亚在130年前就落入法国人的手中，当法国人抵达时，这里还没有国家，只有一些"零星分布的居民"。尽管如此，他说他已打定主意，一旦民族解放阵线被击溃，他将允许阿尔及利亚决定自己的未来。不过，他绝对不会承认民族解放阵线有权为阿尔及利亚代言，因为它是一个"仅仅靠着机枪才存在下去的团伙"。如果说它确已掌权，那它也会通过"极权主义手段"进行统治。[39]戴高乐的保证帮助法国得到了美国政府的继续支持。然而，1959年12月，当联合国大会就阿尔及利亚问题进行投票时，美国再次选择了弃权。

1959年9月16日，戴高乐通过电视讲话公布了他对阿尔及利亚的新政策。他宣布，阿尔及利亚人民将获得决定自己未来的机会。在关于自决（self-determination）的全民公投中，他们将获邀从三种可能的解决方案中作出选择。第一种是独立，或者按照戴高乐的说法是"分离"（scission）。他用最黑暗的色彩对此进行了描绘，称它对阿尔及利亚和法国来说都会是一场灾难。第二种选择他称之为"法国化"（francisation），这是他选的一个新词汇，即他称呼"法国的阿尔及利亚"的支持者所说的"一体化"的方式。在这种情况下，阿尔及利亚将成为"从敦刻尔克到塔曼拉塞特（Tamanrasset）联合成一个整体的法国人民的一部分"。第三种选择是"在接受法国的援助及同法国保持紧密合作的前提下，由阿尔及利亚人治理阿尔及利亚"，并且，还要在阿尔及利亚内部建立一种联邦制度，从而使不同群体之间能够和平相处。[40]

许多历史学家将这次讲话视为戴高乐对阿尔及利亚政策的转折点。[41]新闻媒体也都一致地打破禁忌使用了"自决"这个词。[42]然而，对戴高乐的阿

二十 "我们为这件事耗尽心力,却仍旧一筹莫展"（1959—1962年）

尔及利亚政策有着深刻见解的同时代分析家雷蒙·阿隆一针见血地指出,这篇讲话缺乏新意。[43]戴高乐依然坚持在和平恢复之前不采取任何新举措,他依然拒绝同民族解放阵线谈判,也不认为关于自决的全民公投会在"几年之内"举行。[44]他在讲话中用可怕的警告来预防"分离"的出现。他说,如果出现"分离",法国将被迫采取必要的措施来保护那些仍然希望做法国人的人,并保护法国的石油利益。前者似乎意味着分裂,后者则意味着法国将在撒哈拉地区长期存在。戴高乐给阿尔及利亚人指出了一条前进的道路,但这要依照他的条件及他定下的速度前进。他在私下对妻舅说,他支持第三种解决方案——"联合",不过他不确定这对于避免"分离"是否还来得及。[45]尽管他冒险启动了一项他最终可能无法控制的进程,但他对阿尔及利亚未来所持的一厢情愿的想法并没有发生改变。

在戴高乐发表这篇讲话的两周后,阿尔及利亚临时共和国政府宣布愿意同法国讨论"实现停火的军事和政治条件"。戴高乐禁止政府对此作出任何回应,因为这么做将承认民族解放阵线或阿尔及利亚临时共和国政府是合法的谈判对象。[46]在11月10日召开的一场探讨"结束敌对行动的条件"的新闻发布会上,觉得自己如今已重获主动权的戴高乐列举了一长串数据以证明法国正在赢得地面战争。阿尔及利亚临时共和国政府的回应是:在未来的任何谈判中,它都将指定那些被法国囚禁的领导人作为自己的谈判代表。由于这是戴高乐无法接受的条件,因而局势似乎陷入了僵局。

狂乱的一周

在戴高乐发表这篇有关自决的讲话的几个星期后,沙勒和德卢弗里耶就阿尔及利亚问题同他交流了看法。从德卢弗里耶与他的谈话记录中可以看出,让戴高乐作出明确表态是不可能的。

我（德卢弗里耶）："对于你所说的话,沙勒和我进行了讨论。沙勒说你支持'法国化';我认为你支持'联合'。当然,你不支持'分离'。"

戴高乐:"我们要在那里举行全民公投,到那个时候再说吧。"沉默。他谈到了美丽的乡村风光……我又试了一次:"将军,这个问题极为重要。要是举行全民公投的话,军方将会认为它的职责是不要保持中立……如果他们支持'法国化',我现在该如何履行自己的职责呢?……当着你这个最高统帅、我的上司的面,我问你:究竟是'法国化'还是'联合'?你必须解决我们的分歧。"再次沉默。[47]

无论沙勒是否真的相信戴高乐支持"法国化","黑脚"越来越怀疑他的意图。[48]

1960年1月,马絮将军在接受德国一家报纸采访时,表露了自己对戴高乐的阿尔及利亚政策的忧虑之情。他哀叹道:"最令人失望的是戴高乐将军已成为一名左派分子。"不久,戴高乐将他召回巴黎,并解除了他在阿尔及利亚的一切职务。这正是"黑脚"激进分子一直等待的时机。曾于1956年组织反摩勒示威游行的咖啡馆老板约瑟夫·奥蒂斯(Joseph Ortiz)和曾在1958年5月的事件中发挥领导作用的学生鼓动者皮埃尔·拉加亚尔德抓住这个机会煽动民众。他们在1月24日星期日组织了一场声援马絮的示威活动。当天晚上,示威者不愿散去,并开始设置路障。警察在试图拆除这些路障时遭到射击,14名警察不幸遇难。

听到这个消息后,正在科隆贝过周末的戴高乐立刻动身离开。周一凌晨,他录制了一段简短的广播声明,命令叛乱分子散去。他的话语遭到无视,并且,这件事明显暴露出法国政府的无能。在上午晚些时候召开的内阁会议上,政府就如何应对此事出现分歧。戴高乐痛斥沙勒和德卢弗里耶没有采取更为坚决的措施恢复秩序。同情叛乱分子的苏斯戴尔讥讽地说,解决办法就是向阿尔及尔投掷一颗原子弹。[49]戴高乐勉强同意德勃雷飞赴阿尔及尔评估局势。对一些军官表露出的态度感到震惊的德勃雷于1月27日向

二十 "我们为这件事耗尽心力,却仍旧一筹莫展"(1959—1962年)

政府报告说,武力只会让局势变得更糟。戴高乐在电话中敦促德卢弗里耶采取更有力的行动:"法国人有时候需要流血牺牲。你或许认为我在达喀尔或叙利亚就喜欢这么做。但是某些时候,一定要让鲜血流出来。"德勃雷也收到了类似的指示,后来,他罕见地对戴高乐批评道:"这是我一生中唯一一次匆匆地烧掉将军写下的话语。我不想让他的形象被这种在我看来有可能避免的镇压手段玷污。"[50]

同样无视戴高乐指示的德卢弗里耶试图寻求谈判,从而以不流血的方式解决这场危机。军队中一群热衷政治活动的年轻上校要求沙勒将军支持起义,而德卢弗里耶则要求他忠于政府,在这种情况下,他患上了一种因心理压力而导致的足部疾病。接下来的一周,由于双脚裹着绷带,他只能卧床休息。虽然军队没有加入叛乱中,但它也没有拆除路障。在经过四天不成功的谈判后,德卢弗里耶决定他和沙勒必须离开阿尔及尔,从而使叛乱分子无法宣称他们得到了他的暗中支持。星期四晚上(1月28日),他在一篇冗长而又空洞的讲话中宣布了这个决定:

> 阿尔及尔的人们!……要是我被迫离开阿尔及尔,我会把一个男人所能给予的最为神圣的东西留给你们:我的妻子和孩子。照顾好我最小的儿子马蒂厄(Mathieu),我希望他长大后成为阿尔及利亚和法国之间牢不可破的纽带的象征……请拆除这些路障,我们梦想着在街道上彼此相拥,否则,我担心我们会自相残杀。[51]

远离阿尔及尔高度紧张氛围的巴黎听众以为德卢弗里耶疯了。事实上,就在一场暴雨即将浇灭叛乱分子的决心的时候,他的话语触动了阿尔及尔人的心弦。

在这种情况下,1月29日星期五,即这场危机爆发的五天之后,戴高乐发表了第二次电视讲话。戴高乐让德勃雷提前看了这篇讲稿,后者希望他对那些"自认为既不被理解又不被关爱"的"黑脚"多一些爱心。[52]但戴高乐没有理睬。他也让埃利提前看了这篇讲稿,后者希望他在发言中说"保卫阿尔及利亚就是保卫西方世界"。戴高乐同样没有理睬，仅是答复道："我不能说出'一体化'这个词。"⁵³他在这篇讲话中用的是命令语气，而不是规劝语气。他在第五共和国时期的任何一篇讲话都不如这一篇更频繁地使用第一人称，并表现出更多的专横色彩："我命令……""必须服从我……"等。⁵⁴为了增强画面效果，他以一身戎装出镜，并一开始就说道："我今天之所以穿着军装发表电视讲话，是为了表明我是作为戴高乐将军和国家元首发表讲话的。"在重申他决心让阿尔及利亚人民决定自己的未来后，他接下来的话是讲给阿尔及利亚的欧洲人听的。他向他们保证法国绝不会"抛弃阿尔及利亚、将它交给叛乱分子"。然后，他开始对军队讲话，他赞扬了军队在抗击民族解放阵线时取得的成就，不过他提醒道，它的职责是为国效劳："我是担负着国家命运的人。所有法国士兵都必须服从我。"最后，他把语气从专横转为父亲般的慈爱，对法国说："我亲爱的古老的祖国，现在我们再一次共同面临严峻的考验。"⁵⁵

戴高乐的这篇18分钟的讲话从时间上来看恰到好处，从修辞艺术上来看堪称一绝。路障很快被拆除；拉加亚尔德自首；奥蒂斯逃到了西班牙。这是戴高乐重新掌权以来所面临的最严重的危机。他在不久后给儿子写信说：

> 在我发表讲话前的那段时间……我明显感觉到自己周围的每个人对当时的状况都持放弃和妥协的态度……"绝对不要让人们流血""人们绝不会服从的"。事实上，只要通过无线电广播展现出意志力，人人都将恢复冷静，一切都将恢复秩序。⁵⁶

不管戴高乐想要的强力镇压会让危机提前结束，还是会导致军队全面介入叛乱而使局势变得更糟，在街垒暴乱周发生的一系列事件表明，尽管存在着戴高乐的新宪法，国家的权威依然岌岌可危。正如雷蒙·阿隆不久后所写的那样："在这五天里，一切都荡然无存，既不存在政权，也不存在宪法，更不存在犹豫不决、四分五裂的共和国；只剩下了一个人——一个

二十 "我们为这件事耗尽心力,却仍旧一筹莫展"(1959—1962年)

孤独的人。"[57]

街垒暴乱周过后,戴高乐决定通过成立一个新的、由他亲自主持的阿尔及利亚事务委员会,从而加强对阿尔及利亚政策的控制。德勃雷是该委员会的一员,不过,它的议程是由爱丽舍宫的特里科起草的。沙勒被解除了在阿尔及尔的职务,并在法国另任他职。戴高乐还想解雇德卢弗里耶,但在德勃雷的劝说下改变了主意——他使戴高乐相信德卢弗里耶的所作所为极其光明磊落。不过,戴高乐还是派遣自由法国时期他的老部下弗朗索瓦·库莱去协助德卢弗里耶——其实是监视他。这场危机结束后又过了几个星期,苏斯戴尔被召到爱丽舍宫,戴高乐告诉他说,他已被解雇。苏斯戴尔后来对这次会面的描述受到了他内心中对戴高乐的仇恨情绪的影响,这种仇恨情绪丝毫不亚于像雅克·伊索尔尼这种反戴高乐主义者对他怀有的仇恨之情。"我对他说:'很遗憾你没有等到6月18日这一天,这样的话,从我响应你的召唤那天算起刚好是20年。'他微微地挥了下手,就像是在驱赶一只讨厌的昆虫。"[58]

裂痕

街垒暴乱周过后,戴高乐在法国的民意支持率飙升至前所未有的高度。然而,他觉得自己还必须提振军队受挫的士气。因而,他在3月对阿尔及利亚进行了为期三天的访问,并向军官们发表了多篇即兴讲话。这次访问被称作"食堂之行",后来一直困扰着他。士兵们当然听到了他们想听的话,但是,戴高乐还说了许多可能在将来引起麻烦的话。他对一些军官说:"我绝不会和民族解放阵线打交道……民族解放阵线的旗帜绝不会飘扬在阿尔及尔上空……法国军队将一直驻守阿尔及利亚。"他对另一些军官宣称,绝不会在阿尔及利亚出现"外交上的奠边府"。[59]尽管戴高乐的这些话语没有被记录下来,但他肯定讲过。由于他经常说必须打败民族解放阵线,因而,严格来说这些话与他的现阶段政策并不矛盾。但是,军方的宣传机器把戴高乐的话语转化为自己的版本后才向媒体发布。回到巴黎后，戴高乐对于自己的言论以这样的方式被报道出来深感震惊。[60]他发表了一份更正性公报，重申阿尔及利亚可以决定自己的未来——并对六个月前他所提出的三种选择进行了微妙的修改。第一种解决方案"法国化"——此时被称作由法国"直接统治"——由于"不可能"而被排除掉；第二种解决方案"分离"仍被描述为将带来灾难；第三种解决方案"联合"——此时被称作是"可行的"——被包含在一个当时没有人注意到的新短语中："一个与法国有关联的、将不同群体团结在一起的阿尔及利亚人的阿尔及利亚"。[61]

接下来的两个月，戴高乐的时间被频繁的外交活动占去：先是接待对法国进行国事访问的赫鲁晓夫（3月23日—4月3日），然后是访问英国（4月5—8日）和美国（4月8日—5月4日）等。阿尔及利亚的法国当局发现了一些令他们感兴趣的信号：民族解放阵线的内部团结面临考验。此前，民族解放阵线已经把阿尔及利亚划分成了多个被称作"维拉亚"（Wilaya）的军区，它是以此为单位而开展行动的。1960年3月，维拉亚第四军区的一名领导人西·萨拉赫（Si Salah）向阿尔及利亚的法国当局传达了一条秘密信息：他愿意进行停火谈判。爱丽舍宫的贝尔纳·特里科得知消息后，又将之告知议会，议会对此进行了讨论。之后，维拉亚第四军区包括西·萨拉赫在内的三名领导人突然发现自己在极其保密的情况下坐上了前往巴黎的飞机，这似乎让他们备受鼓舞。6月9日晚，他们乘车从侧门进入爱丽舍宫，并被引见给戴高乐本人，这让他们大为震惊。这次异乎寻常的会面是整个冲突期间戴高乐与民族解放阵线的成员进行的唯一一次面对面交流。对于接下来发生的事情，当时在场的贝尔纳·特里科留下了现存的唯一一份记录。这是一次简短的会面。戴高乐拒绝了他们想要同被囚禁的民族主义领导人本·贝拉（Ben Bella）见上一面的请求。他告诉这三个人，他打算在几天之后再次向民族解放阵线发出公开呼吁。在会面结束时，他说同他们握手是不合适的，不过他表示希望和他们再次会面。[62]

6月14日，戴高乐又一次发表电视讲话。他比以往任何时候都更为严

二十 "我们为这件事耗尽心力，却仍旧一筹莫展"（1959—1962年）

肃地向叛军领袖发出呼吁，要求他们举行停火谈判。他还讲道，在这之后将于适当的时候就阿尔及利亚的未来——戴高乐现在的设想是"阿尔及利亚人的阿尔及利亚"与法国联合在一起——举行全民公投。四天后，阿尔及利亚共和国临时政府正式接受了这个提议。6月25日，三名阿尔及利亚代表抵达巴黎郊外的小镇默伦开始进行谈判。他们像囚徒一样被限制与外界接触，同他们会谈的法方代表是一位级别相对较低的官员，他收到的指示是：只能讨论停火条件，不能讨论政治问题。从戴高乐在会谈第一天的报告上所写的批注可以看出，法方的强硬立场直接源自他的命令：

对于阿尔及利亚人所提的应该允许他们同被法国扣押的"阿尔及利亚共和国临时政府的部长们"进行接触的请求，他写道："哪有什么'部长们'，他们是同我们作战、向我们发起攻击的人。"

对于他们所提的应该允许他们同突尼斯大使进行接触的请求，他写道："绝不允许他们同任何一位大使进行接触。"

他们抱怨说阿尔及利亚出现的大量小册子表明民族解放阵线已经作出让步，对此，他写道："只要民族解放阵线还在继续战斗，法军就会利用各种它认为的必要手段与之作战。"[63]

三天后，谈判破裂。对于戴高乐来说，这是一场公关灾难，其部分原因在于媒体对此给予了厚望。[64]民族解放阵线是唯一的受益者，因为它已向世界表明戴高乐在主动提出会谈时似乎缺乏诚意。有人把失败归咎于德勃雷，但是，坚持不妥协的是戴高乐。[65]取代苏斯戴尔担任新闻部长的是忠诚的戴高乐主义者路易·泰勒努瓦尔，他对戴高乐的态度迷惑不解："戴高乐就像是钓到一条大鱼的渔夫，在收线前他要让它挣扎到力竭。但是，这条鱼有可能在挣扎时把线扯断。"[66]戴高乐对待民族解放阵线的态度似乎还停留在两年前他提出的"体面的和平"这一阶段。或许，维拉亚第四军区出现的不同声音（戴高乐在回忆录中对此根本没有提及）使他高估了民族解放阵线内部的分歧。他在爱丽舍宫亲自接见三名叛军领袖的异乎寻常的举措表明,他对这件事很重视。或许,他希望在默伦会谈时,整个民族解放阵线给予他的东西将会同一个维拉亚的领导人向他提供的东西是一样的。或许,他还认为如果默伦会谈失败,他可以选择与维拉亚第四军区再次进行接触。如果是后者的话,他会感到失望的。默伦会谈失败后不久,民族解放阵线的领导层就清洗了维拉亚第四军区持不同政见的领导人。戴高乐已没有退路。

第二年,当戴高乐与西·萨拉赫秘密会面的消息传出后,驻阿尔及利亚法军的将领们认为这是他背信弃义的明证。在他们看来,戴高乐抛弃了同一个积极寻求和平,并打算与民族解放阵线领导层决裂的集团进行谈判的机会。这是一厢情愿的想法。维拉亚第四军区的领导人们并没有放弃独立的意图,他们的不同意见仅涉及战术问题。如果说关于维拉亚第四军区的神秘事件有什么重要意义的话,那就是它导致戴高乐高估了法国在默伦会谈期间的谈判实力。[67]

僵局

在默伦会谈失败的同时,解决阿尔及利亚问题的另一个可能方案也因后帝国时期的法兰西共同体——它于1958年随着新宪法的颁布而成立——的瓦解而夭折。由于戴高乐非常擅于隐藏自己的意图,并总是对政策变化发出虚假信号,因而我们很难弄明白他对这个共同体的看法。记者让·莫里亚克后来回忆了1958年8月自己同他就这个问题进行的一次谈话。当戴高乐询问莫里亚克对此的看法时,莫里亚克满怀热情地答复道,戴高乐是在建造一座世代相传的大厦。戴高乐当即反驳说:"你是这样看的!这个共同体毫无意义(foutaise),这些人一进来,脑子里就只有一个想法:出去。"[68] 对于这句玩笑话,我们不能只看表面。戴高乐本人对这个共同体投入的时间证明他对莫里亚克表露的那种悲观情绪是假的。

二十 "我们为这件事耗尽心力,却仍旧一筹莫展"(1959—1962年)

1959年,这个共同体的执行委员会至少召开了六次会议。非洲领导人在会上发泄着他们的不满,这肯定是令人厌烦的痛苦时刻,但戴高乐以非凡的忍耐力主持了这些会议。[69]1959年10月,他拒绝了外交部提出的与几内亚的塞古·杜尔建立沟通的桥梁的建议,其理由是这将"促成共同体的瓦解"。[70]一切都表明他希望这个共同体一直存在下去。然而,1959年底,苏丹、塞内加尔和马达加斯加都正式地提出独立要求。1960年3月,在这个共同体的委员会举行的最后一次会议上,戴高乐仍在威胁说,如果法国无法与它的前非洲殖民地之间建立一种令人满意的关系,那么它将重新考虑它们之间的全部关系。这是他企图阻止独立的最后一招。[71]戴高乐最终向不可避免的独立潮流屈服了。法国政府修订了共同体章程,以使其成员获得与独立相等的地位。到1960年7月底,法国在撒哈拉以南非洲的所有领地全部获得独立。这个最初由戴高乐构建的共同体未能抵挡住哈罗德·麦克米伦在几个月前所称的那股"非洲变革之风"。

戴高乐之所以努力使共同体保持团结,是因为他将此视为法国与阿尔及利亚关系的一种可能的模式或组织——阿尔及利亚在没有取得完全独立的情况下将加入其中。[72]从1960年夏开始,这条路走不通了。戴高乐已无计可施。

就当时对阿尔及利亚的政策而言,它们都是得到德勃雷默许的。德勃雷已接受戴高乐对阿尔及利亚许下的自决承诺,不过,他用更为严格的方式对此进行了解释。他设想了一个25年的过渡期,在这期间,法国政府将鼓励除民族解放阵线之外的其他穆斯林对话者的出现,同时,为阿尔及利亚和法国之间的永久联合奠定基础。戴高乐并没有否决这一政策,然而,当德勃雷提议应该资助某个与民族解放阵线抗衡的政治组织时,他对此的批注暴露出了他的多疑本性:"前提是该组织是由穆斯林而非我们创建的。"[73]1960年夏,随着四个所谓的议员委员会(commissions d'élus)的建立,寻找行踪难觅的中间阶层一事出现转机。议员委员会是通过选举产生的由穆斯林和欧洲代表组成的联合机构,其目的在于讨论阿尔及利亚经济发展问题,或不同社群之间的未来关系问题。当这些委员会开始对一种似乎越来越不可能的未来进行深入探讨时，这个情形犹如梦幻一般。有人让戴高乐澄清一下他在1959年9月的讲话中提出的三种可能方案是否应该优先于其他方案。[74]他似乎不用回答——因为，这样的问题被提出来本身就已经说明他的想法含糊不清。

  与此同时，有人警告戴高乐说，法国可能会在即将召开的联合国大会上遭受比以往更猛烈的攻击。[75]在9月5日的新闻发布会上，戴高乐列举了阿尔及利亚的穆斯林在过去的两年中在各方面取得的进步，并指责民族解放阵线阻碍了问题的解决。然而，除了他在讲话中悄悄插入了另一个令人迷惑不解的用于描述阿尔及利亚可能的未来色调的短语之外，他的话语毫无新意。之前他曾谈到过一种属于"阿尔及利亚的个性"，接着是"阿尔及利亚人的阿尔及利亚"，现在他又说出了"阿尔及利亚实体"这个概念。这让人想起在1941至1943年期间他逐渐地把自由法国变成——或者说自由法国把他变成——共和国的那种方式，但在这两种情况之下，我们都不清楚他是否知道自己旅途的终点，或者说，他到达的地方是否就是他想要到达的地方。[76]1960年10月，他给沙勒的继任者克雷潘（Crépin）将军写信说，他需要军事上的胜利作为政治手段解决阿尔及利亚问题的先决条件。这与他在1958年时所说的话并无二致。[77]

  戴高乐在1960年9月召开的新闻发布会引发了广泛不满。由于他没有指明一个令人信服的方向，因而这给了极端分子可乘之机。一些像苏斯戴尔这样的身在法国的"法国的阿尔及利亚"的支持者把自己组织起来以对舆论施加影响。已卸任的萨朗将军在流亡西班牙之前召开的那场谴责戴高乐政策的新闻发布会为他们赢得了公众的支持。11月，戴高乐的老战友朱安元帅宣布，他们之间"50年的友谊"已尽，他要和戴高乐绝交。另一方面，在阿尔及利亚问题导致的分裂中，雷蒙·阿隆此前一直谨慎地认为戴高乐是无辜的，但9月的那场新闻发布会使他深陷"绝望的愤怒"之中。他在一篇满怀愤怒之情的文章中指责戴高乐说，尽管他在阿尔及利亚问题上貌似持自由主义立场，但由于他拒绝与民族解放阵线——无论喜不喜欢，它都是"阿尔及利亚民族主义的化身"——举行谈判，因而他和"极端分

二十 "我们为这件事耗尽心力,却仍旧一筹莫展"(1959—1962年)

子"没什么不同。他总结说:"戴高乐将军的心理机制恐怕属于典型的法国式的……法国会给予他人恩惠,但它不允许他人从它那里偷走它们。"[78]《世界报》主编于贝尔·伯夫–梅里(Hubert Beuve-Méry)也批评说:"仲裁最终变成选择……世界上最具名望的领导人不会永远把自己禁锢在象牙塔中……用深奥难解的话语来搪塞那些心存疑惧的人。"[79]

9月,包括让–保罗·萨特在内的121位声名卓著的知识分子签署了一份宣言,呼吁被征召入伍的士兵逃离军队,不要在阿尔及利亚作战。政府查封了一些像《精神》、《新时代》(Temps modernes)等刊登了这份宣言的极左刊物。它还禁止学生联合会"法国学生联盟"在10月举行支持阿尔及利亚自决的示威活动。当这场示威活动最终还是举行时,游行队伍与警察发生了激烈冲突。一些左翼观察人士表示,这场示威活动支持的是一项据称是政府正在推行的政策,但政府禁止其举行,这真是奇怪。[80]其实,政府在如何应对方面存在分歧。想要对示威者进行严厉镇压的德勃雷对支持自由派的司法部长埃德蒙·米什莱进行了猛烈抨击,批评司法部门散漫懈怠。他在一封信中写道:"你昨天对我说:'没有把萨特逮捕起来,不是我的错'……昨天当我看到将军那么伤心时,我很生气你似乎没能理解他。"[81]米什莱和德勃雷都狂热地忠于戴高乐,对于两人的不和,戴高乐除了说了一句关于萨特的有名的玩笑话(可能是杜撰的)——"人们不能逮捕伏尔泰"——之外,并没有进行干预。他要让米什莱和德勃雷都相信自己才是真正的戴高乐主义者。

1960年秋,戴高乐几近绝望。德勃雷对他的精神状态极为担心,以至于他写了一封数易其稿的信件恳请他不要辞职。[82]甚至一向沉着冷静的蓬皮杜也焦虑不安。尽管蓬皮杜此时没有担任任何政府职务,但他仍和戴高乐保持着密切的联系。他在10月见过戴高乐后,给他写了封信,这封信的内容有意迎合他那种自以为负有天命的感觉:"如果伯利克里被放逐或被监禁,雅典人就会成为人们的指责对象;如果伯利克里在伯罗奔尼撒战争最激烈的时候抛弃了雅典,他们就会成为历史的指责对象。"蓬皮杜还趁机对德勃雷嘲讽了几句。他建议戴高乐对各种宣言上的签名不要太在意,并

第四章 共和国的君主

制止"德勃雷的自然反应……他在其他方面是一位模范总理"。他劝告戴高乐再次发表全国讲话:"我相信那些仰慕你、为了自身救赎而追随你的法国人,特别想再爱你一次。如果你向他们表明,你认识到了困难,但你准备克服它们,尽管这会很累,但你意志坚定,并且,你还要以一种宽容而非嘲弄的姿态示人,那么你将使他们再次团结在你的周围。"[83]

作为将军的资深观察家,德勃雷和蓬皮杜虽然认为他心情沮丧,但他们也应该记住,这种绝望之情是他性格中反复出现的一个特性,有时候是发自内心的,有时候则是刻意表现出来的,不过,它一直都是戴高乐突然恢复意志力的前奏。

"阿尔及利亚共和国将来有一天会存在"

德勃雷草拟了一封恳请戴高乐不要放弃的信。他写道:"你需要保持进攻态势。'戴高乐主义'的成功始终来自对民族弊病的正确剖析,以及竭力克服这些弊病的进取精神。"[84]不久,德勃雷的话就得到了应验,但并不是按照他设想的方式。11月4日,戴高乐再次就阿尔及利亚问题发表了电视讲话。像往常一样,他祝贺了军队取得的成功及穆斯林精英在地方政府的出现。接着,他拓展了自己对未来的设想:"一个获得解放的阿尔及利亚;一个阿尔及利亚人自己决定自身命运的阿尔及利亚;一个将有自己的政府、自己的体制和自己的法律的阿尔及利亚——如果阿尔及利亚人希望如此的话,当然我认为会这样。"之后,爆炸性的一幕出现了:戴高乐指出"阿尔及利亚共和国将来有一天会存在,但它至今还从来没有存在过"[85]。

德勃雷事先看过这篇讲话稿,但它没有包含有关"阿尔及利亚共和国"的语句。惊骇不已的德勃雷做出了一个不寻常的举动——给爱丽舍宫打电话;更为不寻常的是,明显尴尬无比的戴高乐同意了接听他的电话,并谎称自己是在最后一刻才突然想到这句话的。一个月前乞求戴高乐不要辞职的德勃雷如今自己却想要辞职。他在给戴高乐的一封长信中倾吐了自

二十 "我们为这件事耗尽心力，却仍旧一筹莫展"（1959—1962年）

己心中"深深的不安"。他写道："一名戴高乐主义者无权表现得比戴高乐更像戴高乐主义者。"但是在他看来，戴高乐主义是"一种主宰那些以维护法国影响力和权威为目标的事件的意志力"，它抗拒的是那种"在历史运动面前我们无能为力"的观念。[86]这是对戴高乐主义的一种阐释，不过戴高乐经常强调要顺应时势，并且，在制定政策时要认清现实。他答复道："我们必须完成非殖民化事业。这是我的责任……显而易见的是，'一厢情愿'（wishful thinking）的政策是最糟糕的政策。"[87]最终，德勃雷留了下来，就像戴高乐打赌他会留下来一样。一年前，将军把德勃雷的私人秘书处主任皮埃尔·拉辛拉到一边转弯抹角地问，在阿尔及利亚问题上，德勃雷是否会一直追随着他。拉辛回答说："我觉得他会，不论发生何事，我将履行自己的职责帮助他这么做。"[88]

真正辞职的是德卢弗里耶——不是因为他不赞成这项新政策，而是因为他对自己在突然之间才得知此事感到不满。这给了戴高乐一个可以更加严格控制阿尔及利亚政策的机会。他设立了一个新的阿尔及利亚事务部，由忠于自己的路易·若克斯负责。在11月4日发表了那篇关于阿尔及利亚共和国的讲话之后，过了几天，戴高乐宣布将举行一场全民公投来检验一下有多少国民支持他的阿尔及利亚政策。同时，他还草拟了在全民公投之后要做些什么的指示。在就最终解决方案进行谈判之前，政府将为阿尔及利亚设立一个临时行政机构作为过渡时期的权力机关。为了确保民族解放阵线同意谈判，戴高乐还准备宣布单方面停火。在决定了行动方案之后，如今他要以惊人的速度和专注度行动。[89]

1960年12月，戴高乐最后一次访问阿尔及利亚——这是他重新掌权后的第八次。这次访问与1958年6月的胜利巡行存在着天壤之别：欧洲人和穆斯林之间爆发了激烈冲突；"黑脚"激进分子与法国警察在街头发生了多次对抗；穆斯林在大街上挥舞着阿尔及利亚国旗。在阿尔及尔，有60人不幸丧生。戴高乐依然泰然自若地走进人群中，但他对君士坦丁的访问被迫取消，因为安全部队发现并阻止了一桩"黑脚"狂热分子针对他的暗杀阴谋。最终，戴高乐的访问时间被缩短了24个小时。"兄弟般的"阿尔及利

第四章 共和国的君主

亚已死。

在1961年1月8日举行的全民公投中，约75%的选民支持戴高乐的阿尔及利亚政策。这个结果并不意外，但它给了他前进所需的权力。全民公投前，他已授权一名瑞士外交官作为中间人同民族解放阵线进行接触。这为蓬皮杜和民族解放阵线的两名代表分别于2月和3月在瑞士举行的两场秘密会谈铺平了道路。戴高乐简明扼要而又不失认真地对蓬皮杜说："独立这个词对于我们来说无关紧要，因为在当前世界，它除了用于宣传，意义不大。因为任何一个国家在现实中都或多或少地与其他国家存在着联系，所以没有哪个国家是独立的。"（作为一个把全部外交政策都建立在法国独立理念之上的领导人，他说出这样的话真是一种讽刺。）蓬皮杜被告知有两条底线不能触碰：第一，石油储量丰富的撒哈拉不能被视为阿尔及利亚的一部分；第二，如果阿尔及利亚自决的结果是与法国彻底分离，那么法国要为"黑脚"的未来寻求保障。[90]

蓬皮杜报告说自己"任何时候都未曾偏离你给我的指示半步"。他发现民族解放阵线的谈判代表谨慎而多疑，"对默伦会谈的记忆挥之不去"，并习惯于说一些长篇大论的宣传性话语。[91]尽管如此，双方还是扫除了诸多障碍，宣布将于4月在靠近瑞士边界的埃维昂（Evian）举行正式会谈。法国的谈判代表团将由路易·若克斯率领。当若克斯宣布法国也准备与阿尔及利亚人民的其他可能代表，如较为温和的民族主义团体"阿尔及利亚民族运动"进行谈判时，最后一道障碍出现了。民族解放阵线以此为借口宣布，除非得到法国不会与"殖民主义走狗"进行谈判的保证，否则将取消埃维昂会谈。为了向民族解放阵线表明他已走了多远，在4月11日举行的又一场新闻发布会上，当戴高乐谈到阿尔及利亚时用的是一种不屑一顾、漠不关心的语调：

在当今世界，在我们生活的年代，法国对于使阿尔及利亚保持在它的法律之下或依附于它毫无兴趣……我们至少可以这样说：我们对阿尔及利亚的付出实际上大于它给我们带来的好

二十 "我们为这件事耗尽心力,却仍旧一筹莫展"(1959—1962年)

处……这就是为什么今天的法国会极其冷静地考虑一种使阿尔及利亚不再受法国支配的解决方案。"[92]

这种论调的话语引起的震动如何估计都不为过。坚定地支持阿尔及利亚独立,并狂热地崇拜戴高乐的小说家朱尔·罗伊(Jules Roy)在听到这些话后称自己"痛苦不堪、伤心欲绝"。不过,作为一个出生于阿尔及利亚的人,罗伊对欧洲人的困境也深有感触。他在日记中写道:"对于我来说,戴高乐将军在4月11日这天'死'了,取代他的是一个见利忘义的会计。"[93]如果这是一位对戴高乐怀有近乎宗教般崇拜之情的人的反应,那么不难想象阿尔及利亚的军队领导人会作何反应。

"迷失的士兵"

我们无须想象军方的反应。4月22日周六凌晨,精锐伞兵和外籍兵团占领了阿尔及尔的主要建筑。[94]该城居民醒来后听到了沙勒将军发布的声明:"军队已控制阿尔及利亚和撒哈拉……'法国的阿尔及利亚'并没有死……现在不会、将来也永远不会有一个独立的阿尔及利亚。"这次行动由包括沙勒在内的三位将军领导。第二天,从西班牙赶来的萨朗也加入其中。

凌晨2点30分,戴高乐被人叫醒,然后得知了这一消息。他立即命令若克斯和奥利耶将军飞赴阿尔及利亚并及时向他汇报情况。当天上午,巴黎警方逮捕了一批准备把叛乱扩散到本土的军官。在下午召开的内阁紧急会议上,大家一致认为当前局势极其严重,政府可以根据宪法第十六条行使紧急权力。尽管如此,戴高乐在表面上并没有表现得过于不安。那天早上,他对一名助手说:"令我震惊的是,像沙勒这么聪明的人竟然做出了如此愚蠢的事。"[95]

与此同时,若克斯和奥利耶来到了阿尔及利亚。他们避开被叛乱分子占据的阿尔及尔,直飞奥兰——这里的指挥官普伊(Pouilly)将军依然忠

159

第四章 共和国的君主

于戴高乐。接着,他们赶赴君士坦丁,就在这时,沙勒通过电话命令统领此地的将军逮捕他们,但被这位将军拒绝了。然而,他们刚踏上回国的旅途,这位将军就改变主意并加入了叛军。周日下午回到法国后,若克斯亲自向戴高乐汇报说局势仍然不稳。[96]晚上8点,戴高乐通过电视讲话宣布他将行使紧急权力。像街垒暴乱周时一样,他一身戎装。他用的是专断的命令式语气,包含着几乎压抑不住的愤怒:

> 反叛政权通过一纸军事公告宣布它已在阿尔及利亚建立……这个政权表面上是由一小撮(quarteron)[1]退役将军控制,实际上却掌握在一群狂热、野心勃勃,并抱有派系成见的军官的手中。这群人的才智平庸而有限,他们的疯狂性使他们只能歪曲地看待和理解这个国家与世界。他们的这种行径正在把国家引向灾难……现在,国家遭到愚弄,民族遭到蔑视,我们的政权变得不稳,我们的国际威望已然下降,我们在非洲的作用和地位受到损害。这是谁造成的呢?唉!唉!唉!是那些本应将其职责、荣誉和存在的理由用于服务和服从的人造成的。以法兰西的名义,我命令:务必采取一切手段,我说的是采取一切手段,布下天罗地网,直到把他们一网打尽。我禁止一切法国人,特别是士兵执行他们的任何命令……法兰西的男女同胞们!看一看法兰西面临的危险,把这和它正在取得的成就比较一下吧!法兰西的男女同胞们!请你们帮助我!

这篇戴高乐式讲话的全部韵味——包括接连发出的三声"唉"的悲叹——很难通过翻译表达出来。英文中的"一小撮"(handful)一词并没有传达出法语词汇"quarteron"所蕴含的那种极具讽刺性的蔑视之情。1942年,戴高乐曾在一篇谴责达尔朗的讲话中使用过这个含有轻蔑之意的绰号,

---

[1] 引申含义为拥有四分之一黑人血统的混血儿。——译者注

二十 "我们为这件事耗尽心力,却仍旧一筹莫展"(1959—1962年)

但是,英国广播公司拒绝他使用电台发表这篇讲话。这是一个古老的词汇,意为某物的四分之一或百分之二十五——或许用"一品脱将军"能表达出那层含义。

当天晚上,巴黎谣传阿尔及尔的士兵准备在法国登陆。戴高乐发表讲话后,过了几个小时,心烦意乱、连胡子都没刮的德勃雷也发表了电视讲话,他呼吁巴黎人民占领该城附近的飞机场:"当警报响起后,请徒步或乘车前往,要让士兵们相信他们已犯下严重罪行。"戴高乐未来的传记作家让·拉库蒂尔回忆说,他和另外一名记者曾一起前往奥利机场以一探究竟,结果发现那里一个人都没有。虽然德勃雷的讲话引发了一些嘲笑——某些评论家笑称,他在讲到"请徒步或乘车"时应该再加上"或骑马"——但它确实使公众情绪变得紧张起来了。周一下午,工会组织了一场为期一小时的总罢工,参加的工人有1000万名。德勃雷制造的这种恐慌之情也有助于使戴高乐向宪法第十六条求助的举措显得合乎情理。

戴高乐发表讲话后,包括诸多左翼知识分子在内的大批志愿者涌入内务部,准备保卫共和国。一些人拂去了在抵抗运动时曾使用过的那些武器上的灰尘。庭院中的人们则在听马尔罗滔滔不绝、绘声绘色地讲述自己在西班牙内战中的经历。警察总监讥讽地说:"巴黎一片安宁,但我不敢断言内务部同样如此。"[97]不久,戴高乐对内务部长罗歇·弗赖(Roger Frey)斥责道:"请向我解释一下,你为什么要在我的窗外组织这种荒谬的骚乱?"[98]事后发出嘲弄比较容易,但在当时恐慌感是切实存在的。为了随时执行戴高乐的指示,福卡尔在爱丽舍宫睡了四个晚上。他在巴黎郊外的一个机场准备了一架飞机,以便在爱丽舍宫遇袭时迅速离去。[99]当晚,戴高乐把自己的遗嘱装在一个密封的信封中交给了福卡尔。

政变要想取得成功,周日至周一晚上(4月23—24日)是个关键时段。但是,时机正在流逝。戴高乐的讲话振奋了人心。构成阿尔及利亚军队主体的成千上万被征召入伍的士兵从收音机上听到了这篇讲话。缺乏反叛者气质的沙勒在得知他们不会支持这场叛乱后,于4月25日周二这天自首。几天后,泽勒(Zeller)将军被捕。另外两名将军茹奥和萨朗躲了起来。这场未遂的政变就此结束。

尽管戴高乐掌握了紧急权力,但他私下里假装没有把这场叛乱太当回事。政变爆发时,身为内阁部长的罗贝尔·比龙刚好在阿尔及利亚并被叛军逮捕。当他回到法国迫不及待地向戴高乐讲述自己的可怕经历时,他发现后者对这些细节并不感兴趣。相反,戴高乐更喜欢用他那独一无二的方式进行哲学思考:"有一个因素他们没有考虑到,这可是一个使他们的阴谋诡计没有得逞的关键因素;这个因素就是戴高乐。我自己也总是弄不懂它……但我是它的俘虏。"[100]在政变最严重的时刻,他对一个来访者说,成功的革命需要米拉博(Mirabeau)、丹东、波拿巴、阿塔土尔克(Atatürk)和列宁,而不需要缺乏革命气概的沙勒——尽管他很聪明。[101]

这场叛乱从策划上看的确水平不高。不喜欢萨朗的沙勒是在最后一刻才同意入伙的,他被戴高乐在4月11日的新闻发布会上的讲话深深震惊。反叛者缺乏连贯一致的政治策略。他们之中拥有更显赫地位的人梦想着在巴黎登陆,但他们对此没有制订任何方案。沙勒本人不愿意夺取国家政权,他希望阿尔及利亚以某种形式暂时脱离法国——在此期间,军队将赢得对民族解放阵线的战争,并把军事胜利赠予戴高乐。他似乎相信自己将在三个月内赢得这场法军已打了六年的战争。进一步表明这些叛乱者生活在虚幻世界的一个例子是,沙勒甚至通过广播告诉阿尔及尔民众,他可以依靠"我们的美国朋友",然而事实上,美国支持阿尔及利亚独立。叛乱者大概想要重演1958年5月13日致使戴高乐重新掌权的那一幕。但是,时易世变。他们面对的不是弗林姆兰,而是戴高乐本人。戴高乐的身边缺乏那些他们可以拉拢的人。并且,1958年时戴高乐上台之前的那个政权已丧失公信力,而就在1961年4月这场未遂政变爆发的前几周,大多数法国民众刚刚表达了对戴高乐的阿尔及利亚政策的支持。

1961年11月23日是勒克莱尔解放斯特拉斯堡17周年纪念日,戴高乐在这天向军官们发表讲话时作出了自己对这场叛乱的解释:"从国家和民族已选定它们的道路的那一刻起,军人的职责也就从此确定了。离开这些职责,就会成为迷失的士兵。"[102]一些军方人士后来怀疑:戴高乐,这个最为狡诈

二十 "我们为这件事耗尽心力,却仍旧一筹莫展"（1959—1962年）

的人,事先已知悉叛乱计划,并放任它开展下去,从而将此视为最终瓦解军队抵抗的一种途径。[103]对此,我们并没有找到证据,然而,从某种程度上来说,这场政变的确使戴高乐达到了目的。他在不久后给儿子写信说:"它刺破了一个迟早需要清除的疖子……从这个方面来说,利用这件事,我将做更多的事。"[104]

谈判

5月20日,埃维昂会谈开始。戴高乐宣布法国将单方面停火一个月。从这个举措中可以看出自1958年以来——当时,他宣称举行任何谈判的前提都是民族解放阵线要接受停战协定——他已走了多远。尽管每天都会发布一份公报,但会谈是秘密进行的。很快,在这次会谈中出现了四个有争议的问题:[105]

1. 对于这个要负责组织阿尔及利亚自决的全民公投的临时行政机构,谁将成为其中的一员?并且,要过多久才会举行全民公投?
2. 阿尔及利亚独立之后,法国在阿尔及利亚的军事基地还能存在多久?
3. 欧洲人在独立后的阿尔及利亚享有哪些权利?
4. 阿尔及利亚的边界是否包括撒哈拉?

最后两个问题最为棘手。法国想要保护"黑脚"的权利。民族解放阵线的谈判代表对给予他们任何的特权,比如双重国籍,都持谨慎态度。自1956年发现石油后,撒哈拉成了一个具有重大经济意义的地区,并且,法国是在这里进行核试验的。

戴高乐与若克斯保持着密切联系。他似乎极其乐观地认为,一切问题都将在两周内解决。[106]但正如若克斯所愿,戴高乐拒绝在撒哈拉问题上作出

第四章 共和国的君主

让步,这使得实现上述乐观想法成为不可能。在经过12轮的深入会谈后,谈判陷入僵局。6月13日,令民族解放阵线感到吃惊的是,戴高乐中止了谈判,以便"花些时间用于思考"。7月,谈判重启并持续了一周,不过由于戴高乐仍然拒绝对法国的立场作出任何改变,这一次,民族解放阵线中止了谈判。就这样,双方互不相让,戴高乐随之宣布结束停火。

在制定关于阿尔及利亚问题的政策时,德勃雷原本几乎完全被晾在一边,此时他看到了再度推行自己中间路线想法的最后机会。在秘密谈判之前,戴高乐同意在阿尔及利亚建立一个由已于去年成立的议员委员会的代表组成的临时行政机构。[107]这一举措的表面目的是绕过民族解放阵线,为阿尔及利亚举行自决投票作准备。德勃雷仍然认为这是一种可行方案,但在戴高乐看来,它只是把民族解放阵线拉回谈判桌的一种策略。他对阿兰·佩雷菲特说:"民族解放阵线害怕和平。它害怕承担责任。它只知道干两件事:在突尼斯和摩洛哥训练军队,以及出于宣传攻势纠集尽可能多的国家反对我们……只有我们准备好另一种解决方案,谈判解决方案才会奏效。我们必须做好两手准备。"[108]戴高乐还在作第三手准备。在当年夏天发表的两篇讲话中,他提出了一个通过重组欧洲人口来分裂阿尔及利亚的想法。7月,他授意佩雷菲特按照这种思路写点什么。把这当成命令的佩雷菲特花了一个夏天的时间对此进行研究,并于9月在《世界报》上发表了四篇文章。这些文章引起了轰动,接着,爱丽舍宫给他发来指示说,他可以把自己的想法写成一本书。

与此同时,整个8月,特里科和若克斯都在为是否应该在撒哈拉问题上让步而争论不休。已察觉到危险的德勃雷在8月时一直努力让戴高乐保持坚定立场。[109]这没起丝毫作用。当月月底,戴高乐决定作出更多让步。他的新口号是,无论发生什么,法国必须"摆脱"阿尔及利亚。8月最后一天,他向内阁发言时说:

> 如果这些人准备同意那些我们也能够接受的东西,他们仍然可以这么做。如果他们不同意,我们就找其他人。如果他们都不

二十 "我们为这件事耗尽心力,却仍旧一筹莫展"(1959—1962年)

同意,我们无论如何也要摆脱此事……他们让我想起那些较早时期的画作,人们看到的是魔鬼把有罪的人拖入地狱的情形。那些有罪的人似乎并不在意,还朝着天使挥舞拳头。这样的话,就让魔鬼把他们带走吧。[110]

这为戴高乐于9月5日召开的新闻发布会作了铺垫,当时他公开宣称:"没有一个阿尔及利亚人不认为撒哈拉应当成为阿尔及利亚的组成部分,并且没有哪个阿尔及利亚政府——无论它同法国关系如何——会放弃对撒哈拉的主权。"[111]尽管在作出放弃撒哈拉的决定时,他还信誓旦旦地说,除了正式主权之外还可以通过其他途径来维护法国的利益,但它给人带来的震撼还是丝毫不亚于一年前当他提及"阿尔及利亚共和国"时带来的震撼。德勃雷再一次事先没有得到任何风声。当戴高乐宣布这种政策变化时,他极为惊骇。他在自己的回忆录中罕见地对戴高乐批评道:"给予对方什么东西已不再是谈判的目标。"蓬皮杜也深感震惊:"放弃撒哈拉!要是他早点说,我就能同布门杰勒(Boumendjel,民族解放阵线的谈判代表)达成协定了。但是当时他不允许我放弃。"[112]

德勃雷又写了一封数易其稿、饱含痛苦之情的辞职信,但戴高乐仍然没有批准。[113]在这个微妙时刻,总理辞职将会带来严重问题,并且,德勃雷另有他用。最初,他在为戴高乐在政治上的保守立场提供掩护,以抵御那些在议会中支持阿尔及利亚属于法国这一思想的戴高乐主义者的攻击。由于他承受了太多攻击,以至于这些顽固分子已对他毫无信任感,因而他无法再为此目的服务了。此时,他能够有效地为戴高乐在政治上的激进立场提供掩护。随着阿尔及利亚危机似乎迁延不决,戴高乐的崇拜者认为这是他的错。11月,莫里亚克写了一篇文章来分析他的英雄戴高乐为什么还没有把法国从阿尔及利亚解救出来,他的答案是总统被"他自己手下的一个人出卖了"——他说的这个人就是德勃雷。[114]

戴高乐召开的那场关于撒哈拉问题的新闻发布会,使得若克斯和阿尔及利亚共和国临时政府的代表在瑞士重启了秘密会谈。当德勃雷似乎再一次想要拖后腿时，戴高乐对他严厉地斥责道："我们绝不能让反对意见无休止地积聚。"[115]这同时意味着关于分裂的"这一手准备"已失去意义。12月初，佩雷菲特来到爱丽舍宫说，他的那本关于这一方面的书即将完成，此时，戴高乐表现出了一种即使以他自己的标准来衡量也令人吃惊的反复无常。他开口说："他们告诉我你在为阿尔及利亚的分裂而战。"此时，他已转变了看法：

> 你想要建立一个法国的以色列……你在地图上仅是把贫瘠的地区划给了民族解放阵线……看看以色列吧。整个阿拉伯世界都在反对它。然而，以色列人至少是在占领了这片土地后才为自身独立而战。"黑脚"不想独立：他们想要我们像以往那样成为他们的依赖对象……我们可以吸收那些来到这里的"黑脚"……我们不会让自己的民族命运受到"黑脚"的情绪的影响！如果我们遵循你的解决方案，我们将招致整个世界的反对。[116]

内战

回顾这段历史时，我们知道法国进入了彻底摆脱阿尔及利亚的倒计时，但在那个时代的人看来，这个国家似乎正在滑向内战。[117]失败了的叛乱分子创建了一个准备为保卫法国的阿尔及利亚而战斗到底的恐怖组织，即"秘密军队组织"（OAS）[1]。他们的敌人不是民族解放阵线，而是法国的"自由主义分子"和法国警察。这个创立于阿尔及利亚的秘密军队组织已将势力扩展至本土。在埃维昂会谈前夕，埃维昂市市长被暗杀。尽管秘密军队组织制造了多起暴力事件，但它从记者和政客——他们并未因失去阿尔及利亚而辞职——的相互勾结中获益匪浅。它的最终目标是戴高乐

---

[1] 原文Organisation d'Action Secrète应为Organisation de l'armée Secrète。——译者注

二十 "我们为这件事耗尽心力,却仍旧一筹莫展"(1959—1962年)

本人。1961年9月8日,当前往科隆贝的总统座驾在途经巴黎郊外的塞纳河桥(Pont-sur-Seine)时,埋在路边的一颗炸弹突然爆炸。司机加速冲过火海,奇迹般地无人受伤。在巴黎,汽车的喇叭声使1961年冬天笼罩在一种不祥氛围中,它们的节奏三短两长:Al-gé-rie fran-çaise[1]。

从9月初起,巴黎同时遭受了秘密军队组织的暴力袭击和民族解放阵线的新一轮攻击。在五个星期的时间里,巴黎有13名警察被杀害。民族解放阵线发起这次攻击的原因尚不明确。它有可能是该组织的巴黎分部为了自身利益而采取的行动;也有可能是在上级命令下将此作为向戴高乐持续施压的一种手段。巴黎警方采取了更为严厉的镇压措施对此予以回应。8月,德勃雷在取得戴高乐的同意后,撤换了自由派的司法部长米什莱。新任部长是一个比较容易被摆布的人,这等于是在向巴黎警察局长莫里斯·帕蓬发出信号,他可以采取任何一种他想使用的手段来对付民族解放阵线。帕蓬此前曾在阿尔及利亚担任地方行政长官,他把在那里对付民族解放阵线的方法移植到了对付巴黎的街头暴乱上。他的其中一项创新举措是建立一个由阿拉伯"土著"警察组成的准军事组织。巴黎开始出现有组织地实施残酷手段的现象。

这为自二战以来法国爆发的两起最为严重的警察暴行埋下了伏笔。第一起发生在10月17日,它的起因是帕蓬决定要对巴黎的阿尔及利亚人实施宵禁。为此,民族解放阵线的巴黎分部号召阿尔及利亚人举行和平示威活动。警察以肆无忌惮的野蛮手段镇压了这场示威活动。许多阿尔及利亚人遭到毒打,甚至被淹死在塞纳河。官方的说法是,警察对一场暴力和非法示威活动进行了干预,其中,三名示威者被打死。事实上,这是一场完全和平的示威活动,施暴者只出现在警察这一方,真实的死亡人数在50至300人之间。即便对死亡人数作较低的估计,对于一场和平时期发生在西方民主国家的示威活动来说,这个数字也是令人惊骇的。大屠杀当晚,电视新闻先报道了其他事件,然后才报道了民族解放阵线的"暴行"。

接下来的几天,媒体试图揭开真相。帕蓬在内务部长罗歇·弗赖的帮助

---

[1] 即"法国的阿尔及利亚"。——编者注

第四章 共和国的君主

下,成功地破坏了议会想要成立一个调查委员会的努力。戴高乐对此唯一有记录的反应是,当两名部长在第二次召开的内阁会议上提出他们的疑虑时,他说媒体夸大了这件事,从而以此作为攻击他的一种手段,"内务部长必须避免过激行为,不过,令人吃惊的是,死亡人数并不多"[118]。之后,他在私下对新闻部长泰勒努瓦尔说,问题的根源在于法国有40万阿尔及利亚人,"当阿尔及利亚局势以这样或那样的方式解决后,这个问题也需要解决。把这些人视为像其他人那样的法国人,这是不切实际的。他们其实是一个外来群体,我们必须认识到他们是生活在我们的土地上的这种情况"[119]。

政府成功地掩盖了事实真相。几十年后,这一事件的所有恐怖细节才大白于天下。第二起警察暴行的情况却并非如此——也许,原因在于这一次死伤的是法国人而非阿尔及利亚人。自1960年秋季以来,为了抗议警察未能实施更为严厉的手段镇压秘密军队组织,工会和学生团体一直在策划示威活动。尽管从表面上来看,这些示威活动是支持戴高乐的阿尔及利亚政策的,但它们遭到当局禁止。2月7日,秘密军队组织在巴黎的暴力活动达到顶峰,他们把炸弹袭击的目标指向了记者和政界人士。马尔罗就是受害人之一,一颗炸弹在他居住公寓的那栋建筑中爆炸,当时他恰巧不在,然而生活在这栋建筑中的一个四岁女孩却在爆炸中失去了右眼。这个孩子面部被毁的照片引起了一部分左翼团体的极大愤慨,他们呼吁在2月8日举行一场抗议示威活动。虽然遭到政府禁止,但这场游行活动仍然举行了。九名示威者被杀害。官方的说法是,这是一场不幸的事故,当示威者四散奔逃躲避警察追捕时,由于夏隆街的地铁站大门紧闭,因而发生了踩踏。真相是,一些受害者的脑袋被警察打得粉碎。[120]帕蓬手下的警察再次施展了肆无忌惮的暴力手段。2月13日,即为受害者举行葬礼的这一天,工会发起总罢工。在受害者的棺木前,法国民众举行了一场自20世纪30年代以来规模最大的集会。

面对这起事件,戴高乐表现出的冷酷无情同面对10月的那场屠杀时一样。2月17日,当政府讨论此事时,他说,尽管这场"事故""令人震惊",但罪魁祸首是组织此次示威活动的法国共产党。[121]他的不满针对的是宣传媒体,他指示媒体在报道参与罢工抗议的人数时,应该少报道一些,否则"从

二十 "我们为这件事耗尽心力,却仍旧一筹莫展"(1959—1962年)

我们的电视新闻中得知此事的那些优秀的'进步人士'就会四处宣扬这场罢工得到了广泛响应"[122]。研究夏隆示威活动的历史学家阿兰·德韦尔普(Alain Dewerpe)[1]说:"在戴高乐的笔下,关于这场大屠杀的唯一痕迹是,他命令要淡化处理与受害者的葬礼同一天发生的这场罢工抗议活动。"[123]

戴高乐的铁石心肠完全是性格使然。需要解释的是,为什么他最初以令人不解的不偏不倚姿态,同意镇压那些在阿尔及利亚问题上支持他的独立政策的示威者,从而制造了这一局面。或者引用他于1960年11月发表的一篇讲话中的几个词语来表述这个问题,即为什么他似乎是在同等对待两个"相互敌对的群体"(他曾用这个词来指代德雷福斯事件中的两个派别)——镇压"无益的保守分子"的同时,又镇压"主张庸俗的放弃政策的人"。当时流行的一种解释是,这是他同警察队伍达成的某种默契,因为这支队伍之中有许多"法国的阿尔及利亚"的支持者。同时,允许警察不受约束地镇压巴黎街头的"颠覆活动"可以使他们在政府对待"共产主义"不会心慈手软这件事上放心。或者,正如一位作家所作的精辟分析那样:"为了回馈在政变中给自己提供支持的警察,他送给了他们一场屠杀。"[124]这或许是正确的——尽管没有证据——但戴高乐对待这两个"群体"的态度也揭示了他的民主观念,以及应该如何行使权力的观念。在他看来,一旦人民在全民公投中支持了他,他们就应该允许他在不受干涉的情况下进行统治。1962年2月5日,在因为秘密军队组织袭击而引发的夏隆示威活动的几天前,戴高乐在一篇讲话中把自己比作船长:"这种(发生在阿尔及利亚的)改革不可避免地会遇到逆流。它会使船只摇晃,进而使意志薄弱的人晕船。但是只要舵掌得稳,船员们各司其职,乘客们留在自己的位置上并保持信心,那就没有翻船的危险。"[125]这几句话完美地概括出,在政治领导方面,戴高乐是一个杰出人物及超凡魅力人物统治论者。在船长掌舵的时候,如果一些乘客的头被撞烂了,那只能怪他们不守规矩。

---

[1] 他的母亲因参与该示威活动而被杀害,当时他只有10岁。

第四章 共和国的君主

倒计时

这个时候，戴高乐知道终点近在眼前。自去年秋季以来，若克斯与民族解放阵线的代表之间持续进行的秘密谈判已扫除了通往这个终点的障碍。在最后阶段，中间派政治家让·德·布罗伊（Jean de Broglie）和人民共和党党员、内阁部长罗贝尔·比龙也加入了谈判之中。比龙出发前，戴高乐对他明确指示："要么成功，要么失败，不要让谈判无限期地拖延下去……不要拘泥于细节。只有可能和不可能……因为撒哈拉问题不会让局势变复杂。"[126]

这一次的谈判是在滑雪胜地莱鲁斯的一栋木屋进行的，完全保密。会谈第一天，住在另一栋木屋的三名法国谈判代表带着滑雪装备，假装成游客早早地来到这里。他们很快就卸下伪装，决定最好先睡上一觉。在这栋味道越来越难闻、烟气越来越浓的令人燥热难耐的木屋中，他们几乎要累趴下了。戴高乐和德勃雷每天通过电话密切地关注着谈判进程。

一周后，一项协定似乎呼之欲出。这项始于将近四年前的事业——其标志是戴高乐于1958年6月4日在阿尔及尔总督府的阳台上向欢呼的人群所发表的讲话——在1962年2月19日早上随着三名法国谈判代表围坐在电话旁接受戴高乐的最后指示而趋于完成。比龙在日记中写道：

> 在为第五共和国作出最重要决定的那一刻，存在着两片截然不同的景象：在电话线的一端是端坐在办公桌前——想必是在爱丽舍宫金碧辉煌、宽敞明亮的房间中——显得沉默而又庄严的总统；而在另一端，则是三个身着皱巴巴衣服的男人——蜗居在一间8平方米、连床铺都没有收拾的卧室中。[127]

戴高乐依次和这三位同胞通话，每一次他都强调说德勃雷就在自己身边，并且他完全同意。电话交谈的文本记录表明，戴高乐急于不惜一切代价达成协定：

二十 "我们为这件事耗尽心力,却仍旧一筹莫展"(1959—1962年)

戴高乐(以下简称"戴"):你说军事问题还悬而未决(en cause)。

若克斯(以下简称"若"):你昨天给了我指示,我正在照办。

戴:但一切仍悬而未决?

若:怎么能说是悬而未决呢?他们今天下午就会答复。

戴:他们是会答复,但如果他们和你意见相左怎么办?

若:如果他们不同意,我会很震惊……

戴:好啦!你是说今天下午——因为我们说的就是今天下午——你就会达成协定,一个最终协定?

接着,比龙接过听筒:

戴:你怎么看?

比龙(以下简称"比"):哦,他们的想法和我们的很不一样。

戴:是的。

比:会谈总是偏离正常的"东方"轨道。

戴:好啦(这让人觉得戴高乐对此毫无兴趣)……你认为能达成一项协定吗?

比:或许除了军事问题,他们什么都会同意……

戴:好的……听了你们三个人的话之后,我会向若克斯口授一份最后指示,特别是关于军事问题的。

电话转给了布罗伊:

戴:你呢?

布罗伊(下文简称"布"):关于撒哈拉问题,已达成基本

第四章 共和国的君主

共识……

戴：其他呢？

布：其他问题也差不多解决了……

戴：这总的来说可信吗？[128]

在与布罗伊又简短地聊了几句后，戴高乐向若克斯口授了自己的最后指示：

> 关键是要达成一项包括停火，以及之后进行自决的协定。除此，在事关欧洲人的物质和政治利益、法国在阿尔及利亚的驻军、油气资源的开发等问题时，不要让这份协定给当前局面带来剧烈震荡……这就是目标，我再说一遍，这是你今天一定要实现的目标。[129]

讲完这些指示后，戴高乐问：

戴：明白吗，亲爱的朋友？

若：完全明白，将军。不过还有一件事。最重要的一点是，我们正在提供的援助项目在期限和数额上该如何处理，是一切照常吗？

戴：是的，在试行期不变……过了这个阶段后，如果他们表现得不好，我们肯定要收回我们的钱（billes）……如果他们表现得还行，我们很有可能会像当前这样继续给阿尔及利亚提供援助……不过一切视将来情况而定……所以我们现在所讲的这些原则并不太重要；它们仅仅是某种意向……对于米尔斯克比尔和撒哈拉来说，同样如此。

若：我完全明白，对于这些原则，我们保证会遵照执行……你解释得非常清楚，我们要区分试行期和其他时期。在为未来四

二十 "我们为这件事耗尽心力，却仍旧一筹莫展"（1959—1962年）

年作出承诺时，我们是否要坚持这种差别？

戴：最好不要过多地谈论具体的细节问题。

又聊了一会儿后，戴高乐回到他最关心的话题：

戴：今晚必须搞定。

若：好的，将军，这是我最大的心愿。我们在这里已待了五天。我们哪儿都没去。我们只有一个想法："出去"……

戴：今晚成功的话，你们明天回来？

若：我们今晚就回……

戴：要是今晚最终没有成功怎么办？

若：我们会成功的。

戴：如果没有呢？

若：如果没有，我们就说："这是我们给你们的最后机会。请于48小时内作出答复。"

戴：嗯。好的……不过，他们现在会发布一份公报吗……？

若：我从来没提过公报的事情，不过，我们可以发布一份……

戴：要知道，我们不能让人们心有疑虑。

若：我认为最好不要发布联合公报。

戴：那当然，我和德勃雷都是这样看的。

若：今晚我再给你打电话……晚饭之后打怎么样？

戴：你是说9点30分左右？

若：是的。要是我不打的话，你也不要担心……如果一切顺利，我就不打了。[130]

若克斯无须再打了。两天后，法国代表团回到巴黎，并于2月21日向政府作了汇报。按照特殊时刻的惯例，戴高乐请每位部长都发表一下看法。马尔罗作了一番声情并茂的发言，庆祝这是一场可与法国解放相媲美的胜利；德勃雷——他后来抱怨道，马尔罗的话让他感到很不舒服[131]——难掩失望地说："阿尔及利亚的生存依赖于法国。离开法国后，它真的能生存下去吗？这场痛苦的煎熬结束了，唉，这首先是一场对我们自己的胜利。"戴高乐轻巧地总结道："我们都是人，也许我们犯了错，就像我们的先辈也曾犯过错那样；不过，我们必须把法兰西从一场只能给它带来不幸的危机中解救出来。这份协定的确出乎意料……对于法兰西来说，它必须转向其他事务。"[132]后来，戴高乐在私下对德勃雷和泰勒努瓦尔说："事实上，我们能签署这份协定是个奇迹。想想看：130年来，'他们'一直被统治、被欺骗、被剥削、被羞辱。现在，他们仍然愿意和欧洲人生活在一起，这是个奇迹。"德勃雷指出，法国为这个国家也付出了许多；戴高乐勉强承认说，的确如此。[133]

如今，剩下的事情就是在埃维昂举行最后一轮会谈以批准之前达成的各项协议。这本来是一种形式，但是，察觉到了法国的迫切之情的民族解放阵线的谈判代表们知道，他们在时间上握有主动权。又过了12天，双方才签署一份协定。最终，法国放弃了九个月前他们在谈判中所坚持的几乎全部立场。过渡时期临时权力机构的存在时间被缩减至三个月，对此，德勃雷曾乐观地设想它可能维持25年。法国一开始要求租借米尔斯克比尔港99年，但最终被缩减至15年——到期后有可能延长。在欧洲人的权利这一棘手问题上，双方达成的妥协是，在决定是否成为阿尔及利亚正式公民之前，"黑脚"可以在三年时间内持有双重国籍。

后话

3月18日，戴高乐通过法国电视台宣布了签订《埃维昂协议》的消息。在4月举行的全民公投中，91%的选民对此投了赞成票。从理论上来讲，法国仍是阿尔及利亚的宗主国，同时，在一名法国高级专员的主持下，一个由三名法国人、八名阿尔及利亚人组成的执行委员会将筹备独立公投

二十 "我们为这件事耗尽心力,却仍旧一筹莫展"（1959—1962年）

事宜。7月1日,阿尔及利亚举行独立公投,这标志着它正式获得独立。在阿尔及利亚独立公投前的三个月,由于秘密军队组织实施"焦土政策"（scorched-earth strategy）,阿尔及利亚陷入了混乱之中。当欧洲人遭受报复性袭击时,戴高乐在5月4日的部长会议上坚决反对这么一项提议,即在阿尔及利亚正式宣布独立前,法军有义务保护他们。他很清楚:"法国的利益与'黑脚'的利益已不再搅和在一起……独立就是独立……在实现它时,总会有可怕的动荡……拿破仑曾说,在爱情的战场上,唯一的制胜法宝是逃跑。同样地,在非殖民化的战场上,唯一的获胜秘诀是撤离。"[134]

3月至6月间,政府就"黑脚"的"遣返"问题进行了多次讨论。至5月中旬,已有10万"黑脚"离开阿尔及利亚;到了年底,这一人数增至68万。他们抵达法国时一贫如洗,而他们离开的那个国家,对于他们之中的许多家庭来说,是世世代代生活的地方。当佩雷菲特试图提醒戴高乐这些居住在法国南部地区的临时帐篷中的难民——大多数人此前从未来过法国——过着怎样的困苦生活时,戴高乐并不在意:

> 要是秘密军队组织当初未能如鱼得水般在他们之中开展行动,这种事情怎会发生在他们身上……他们纵容了暴力,却没想到结果是搬起石头砸自己的脚。如今他们像羊群一样冲上船舶和飞机。不要试图让我同情他们!在我看来,我们这一页的历史对于任何人来说都是痛苦的。不过,我们已将它翻过去了。[135]

库莱曾对戴高乐说,他不应该把"黑脚"当作"少年犯",而应该将他们当作"智障儿"。[136]他发现这是不可能的。戴高乐表现最好的时候是1961年5月8日时他专门对"具有法国血统的阿尔及利亚人"的讲话:"我衷心地希望他们在胜利纪念日时——他们对这一胜利也作出了莫大贡献——放弃他们那过时的神话和荒谬的骚动。"支持戴高乐政策的皮埃尔·拉辛所说的话可能会引起许多人的共鸣:"我最大的遗憾是戴高乐将军……从来没说过一句触动法国血统的阿尔及利亚人心弦的话语……每当他发表讲话时,总理都会对他说:'将军,说一些抚慰阿尔及利亚的法国人的话吧!告诉他们无论发生什么,我们都将保护他们。'……然而,他从来没有这样说过,当他想说的时候,他知道该怎么说。"[137]

尽管他从没说过"这种话",但法国政府至少对"黑脚"尽了自己的最低义务——允许他们来到法国。然而,对于那些被征募或自愿成为雇佣军以帮助法军的阿尔及利亚穆斯林,即哈基斯(Harkis)来说,却是另外一回事。他们之中的大多数人在阿尔及利亚都面临着报复和几乎确定无疑的死亡。在为法国而战的30万人中,只有不足十分之一的人在法国找到了庇护所。在这一点上,戴高乐对待他们的态度比对待"黑脚"更为缺乏同情心,"显然,'遣返'一词不适用于穆斯林:他们并不是回到父辈们的土地上"[138]。戴高乐在部长会议上说出这番话后的第二天,亲自发布了一项明确指示:

> 我们需要对哈基斯问题作个了结。未经武装力量部长明确和正式的批准,绝对不允许任何哈基斯前来宗主国。无论哪个哈基斯,如果他在八天之内不接受提供给他的工作,必须将其送回阿尔及利亚。哈基斯在宗主国的实际人数绝对不可以增加……哈斯基过去是从穷困潦倒中被征募的,如今他们想以法国人为代价继续维持当前状况。这个拙劣的玩笑已开得够久了。[139]

或者,正如戴高乐一年后直截了当地说的那样:"我希望这里多一些法国新生人口,少一些移民。"[140]这使我们意识到了为什么他一开始就对一体化持反对态度。至少在这个方面,他是始终如一的。

戴高乐在"承认"阿尔及利亚独立的同时,又避免了法国爆发内战,这通常被人认为是他最大的功绩之一。这种论断有待商榷。他没有"承认"独立——它是被人从他手中夺走的;并且,他只是部分地避免了内战。其实,民族解放阵线是通过自身战斗和博取国际社会的支持才赢得独立的。尽管戴高乐逐渐接受了这一事实,但他极为不情愿——他当初的

二十 "我们为这件事耗尽心力,却仍旧一筹莫展"(1959—1962年)

所有期望在最后统统没有实现。与德勃雷相比,他是清醒的典范,但与贝尔纳·特里科、雷蒙·阿隆等其他人相比,他就不那么清醒了。他行动迟缓,希望按照自己的条件承认有限独立,但这使他陷入一系列突然性的战术撤退之中,以至于到最后他已拿不出什么东西来进行谈判。从1960年6月默伦会谈的失败到1961年5月第一轮埃维昂会谈的失败,一年的时间已被浪费;从1961年5月至9月,他又用了三个月的时间才放弃保有撒哈拉的立场。这时,法国已无牌可打。戴高乐的小心谨慎可以用他需要逐步地向军方和法国民众"贩卖"他的政策来解释,但事实是,这种不断撤退及政策上的波动和反复,却加剧了军方的反叛情绪,其结果是朝着他本想避免的内战又逼近了一些。戴高乐继承了一支过于强大的军队,或许没有人会比他做得更好,但也看不出来有谁会比他做得更差。第四共和国同阿尔及利亚斗争了四年之久;戴高乐带着他的所有威望和手中握有的全部权力,又同它斗争了四年。

因此,戴高乐的成就与其说是"承认"独立,倒不如说是他使人们相信这就是他所做的事情,使人们觉得他掌控了这一过程。并且,他还创造出一个令人信服的故事来解释阿尔及利亚脱离法国的原因,从而将此事转变为一种胜利而非一种失败。如今,法国必须向前看,"与属于它的世纪紧密相依"并拥抱未来。[141]或者,正如他于3月18日在批准《埃维昂协议》的部长会议上所说的那样:"现在,我们必须转向欧洲。各大洲有序共存的时代已取代殖民时代。"[142]

二十一 转折点（1962年）

1961年底，刚被任命为英国驻法国大使的皮尔逊·迪克逊公爵在年度报告中预言："我认为未来的历史学家将会指出，1961年是戴高乐将军的气运和权威开始衰退的一年。"迪克逊的判断是，随着阿尔及利亚几乎不受控制，"这个政权可能很快就会瓦解"，并且，戴高乐"将被无情地抛弃"[1]。此种观点得到广泛认同。这位大使只是报告了他从新闻媒体和他在巴黎的政治圈子中了解到的消息。

重新掌权后，戴高乐的政治地位一直比较尴尬。由于戴派政党（新共和联盟）在议会中没有占据多数席位，因而内阁要依赖其他党派的支持。大多数为戴高乐重新掌权提供支持的重要政治家已逐渐成为半反对派。1958年底，由于反对吕夫计划，居伊·摩勒领导下的社会党人离开了内阁。1960年1月，戴高乐的财政部长、保守派安托万·比内因不同意戴高乐的外交政策而选择了辞职。由于比内和孟戴斯·弗朗斯是第四共和国仅存的具有显著政治声望的人物，因而他的辞职具有某种威胁意味。然而，此事的影响很快就被街垒暴乱周事件冲淡。

这些年间，议会对戴高乐的诸多政策进行了大量抨击，但新宪法能够确保一个意志坚定的政府不受其影响。宪法第四十九条第三款的内容非常重要，它使得政府能够对任何议案的表决转化为信任问题。就某项法案来说，除非反对派提出不信任案动议——它需要获得全体议员的绝对多数赞成，并且，投弃权票按照赞成来对待——否则这项法案就将被视为通过。

1960年秋，在为致力于建立法国独立核威慑力量的五年防务计划进行辩论时，反对派曾三次提出不信任案动议，但它们都没有获得必需的多数赞成。事实上，只要阿尔及利亚危机悬而未决，戴高乐在议会中的反对派就会对彻底决裂心存犹豫。1962年4月，《埃维昂协议》经全民公投批准后，"正常"的政治秩序似乎才得以恢复。

1962年5月，曾为戴高乐重新掌权立下汗马功劳的居伊·摩勒出版了一本名为《1958年5月13日—1962年5月13日》的书。这本书为他于1958年5月时为何会作出支持戴高乐的决定进行了辩护，不过也指出了如今他反对他的原因。[2]大约在这个时候，摩勒在与皮埃尔·弗林姆兰会面时预测，这个政权将在六个月内崩溃，"问题是，要体面地对待戴高乐，毕竟，无论发生什么，我对他还有点依依不舍"。[3]戴高乐也许没有注意到这种屈尊俯就的关怀，但他知道政客们正在磨刀霍霍——而他也正准备同他们较量一番。1962年4月，戴高乐在向新任新闻部长的阿兰·佩雷菲特简要地介绍情况时说，新的一年将迎来一个"伟大的转折点"。当佩雷菲特离开时，他一头雾水，因为他并不知道戴高乐脑海中的"转折点"是什么。[4]

德勃雷离任

《埃维昂协议》获得批准后，最先到来的转折点是总理的更换。4月14日，米歇尔·德勃雷辞职。戴高乐早在几个月前就同意了他的辞职申请。在德勃雷担任总理的四年中，新宪法在它的主要起草人和它所服务的人之间偶尔的紧张关系中得到了考验。从一开始，戴高乐就确立起某些不受宪法约束的基本原则。比如，在第四共和国时期，政府定期举行的会议是总理主持召开的内阁会议，它与总统主持召开的部长会议不同：在戴高乐担任第四共和国最后一任总理的六个月中，内阁会议是由他主持召开的。成为戴高乐的总理后，德勃雷曾以为他也可以这样做，但是，戴高乐明确地告诉他，必须停止这种做法，除非在他的主持下，否则部长们不能集体开会。当戴高乐觉得自己的总统特权受到侵犯时，他会时不时地斥责德勃雷。[5]作为回应，德勃雷一直在努力维护自己的总理特权。1959年，当一位部长将被撤换时，德勃雷提醒戴高乐说："宪法明确规定：共和国总统基于总理提议任免政府部长。"还有一次，他对1960年的国防法案没有充分咨询自己的意见表示"惊讶"。[6]

德勃雷热衷于事事插手的性格加剧了他和戴高乐之间的紧张关系。作为一个工作狂，他想参与到每件事中，并不断地用恐吓的话语和命令对他的部长们进行狂轰滥炸。尽管在与戴高乐相处时他必须更为谨慎行事，但从非洲的未来到经济管理，从巴黎地区的重组到外交政策等，他并没有在每一个问题上都保留自己的意见。他常常在深夜给戴高乐写长信倾诉衷肠。这些信件会在早上出现在总统的办公桌上。虽然德勃雷对戴高乐怀有宗教般的虔敬，但同时他又对后者十分坦率。他会时而教戴高乐如何成为一个"真正的"戴高乐主义者，时而忏悔，时而寻求安慰。对于这种倾吐内心情感的话语会让对方多么厌烦，他有足够的自知之明，但他就是忍不住。其中一封信的结尾是这样的："请原谅我写了这封长信。你可能会对我休了几天假而感到遗憾！你知道的，有时我感到很疲倦，并想弄明白我是不是这个位置的最佳人选——或者说其他人不会做得比我更好。"[7]一个月后，他又写道："我不想再给你写一封新的'信'了。但是，我要让你知道我有话对你说。"[8]

导致德勃雷绝望的根本原因是阿尔及利亚问题。让他感到担忧的不仅有戴高乐所主张政策的内容，还有被这场危机改变了的总统与总理之间权力平衡的方式。鉴于戴高乐的人格魅力，权力从总理向总统倾斜是不可避免的。1959年秋，在新共和联盟举行的一次会议上，雅克·沙邦-戴尔马提出了这么一个概念，即制定某些政策的权力"专属于总统"——其中包括外交政策和对阿尔及利亚的政策，在这两个方面，应该让戴高乐自行决断。[9]这个概念缺乏宪法依据，并且，提出它的原因是应对新共和联盟中某些基层成员可能发起的叛乱——这些人对戴高乐的阿尔及利亚政策不满。戴高乐自己曾说过："我们知道宪法的价值所在。在过去的150年中，我们已颁布17部宪法。事物的本质比政客们起草的文本更重要。"[10]德勃雷是最直接的受害者，他发现想要维护宪法在理论上赋予自己的特权已越来越难。在街垒暴乱周之后，戴高乐决定解雇国防部长，并让忠诚的戴高乐主义者皮埃尔·梅斯梅尔（Pierre Messmer）接替他，梅斯梅尔在多年后回忆当时的情形时说："在提名我担任部长之前，戴高乐将军根本没有征询米歇尔·德勃雷的意见……他把我从阿尔及利亚召唤回来，并说道：'你现在是部长了，回你的办公室去吧，下午1点之前不要接电话。我要先给总理说一声。'"[11]戴高乐打算遵守宪法规定，但这只是做个样子而已。

阿尔及利亚危机的每一次升级都成了戴高乐利用新宪法赋予他的各种选择来扩大个人权力的借口。在街垒暴乱周之后，他使议会同意他可以在一年时间内按照法令进行统治（govern by ordinances）；在1961年4月政变未遂之后，他启用了有争议的宪法第十六条赋予他掌管一切的紧急权力——在街垒暴乱周之后他就想这么做。在实际操作中，他适度地运用了宪法第十六条赋予他的这种权力。然而，即便是德勃雷，对戴高乐在紧急状态过去很久后还继续执行宪法第十六条的规定感到不安。1961年9月，他给戴高乐写信说：

> 现在的我们实行的既不是议会民主制，也不是独裁专制。我们并没有完全实现民主，因为未经讨论的决定能够影响个人自由……然而我们并非独裁专制，因为新闻媒体是自由的，电台广播和议会活动也是自由的……每个人都反对政府，因为没有人能够长久地忍受它的行事方式。[12]

这是德勃雷对此所下的批评性论断，他一直希望自己帮助起草的新宪法能够为法国创造一种合理的议会民主制。1961年9月，戴高乐勉强承认紧急状态已经结束，并不再执行宪法第十六条的规定。

几个月后，即1962年1月，戴高乐与的德勃雷进行了一次谈话，从中可以看出，他们对他们所制定的宪法的性质存在严重分歧。德勃雷认为，一旦阿尔及利亚危机结束，就应该合乎逻辑地进行政府更替——包括更换总理，可能的话，还要进行议会选举。戴高乐同意更换总理，但他认为没有必要进行选举，因为这意味着政府是议会的产物。他对德勃雷说，他"不喜欢'政府更替'这种说法，因为它表明政府是独立于总统而存在的，但在他看来，它们是一体的"。德勃雷回答说，这"只是部分正确"——这句话是对戴高乐的说法完全违反宪法的一种委婉说法。在这次谈话中，德勃雷和戴高乐一致同意，需要尽快更换总理。在谈话最后，戴高乐在他的伤口上又撒了一把盐："我敢肯定你会因此而怨恨我。"德勃雷回答说他绝不会对戴高乐所做的任何事情心怀怨恨，但与此同时，他抓住这个机会倾吐了他遭受的一些屈辱：戴高乐没有征求他的意见就召见部长们；戴高乐的顾问们越过总理直接向部长们发布指示；戴高乐公开宣布的政策与他之前向德勃雷概述的大相径庭（比如说，在撒哈拉问题上就是这种情况）。[13]

引进蓬皮杜

在戴高乐看来，他的第一任总理是一个在个人忠诚的祭坛上愿意献祭自己并在阿尔及利亚问题上放弃自己立场的人。他已榨干他的价值，是时候继续前行了。戴高乐选择了曾多次在幕后为他出谋划策的乔治·蓬皮杜来接替德勃雷。蓬皮杜一点也不狂热，他和他的前任——焦躁而又认真，每天习惯于工作到深夜的德勃雷——截然不同。他过着舒适的生活，在巴黎的圣路易岛有一套雅致的公寓，在这里，他和妻子同令人轻松愉悦的艺术家们及来自娱乐界和时装界的人们愉快地交流着。1960年1月，他给戴高乐身边的一位密友写信说，如果德勃雷"能够缓和一下他锐意改革的性格"，情况可能会更好些，"他不应该试图插手一切，同时改变一切……我知道德勃雷性情急躁。我知道将军已不再年轻，他想在最短的时间内做尽可能多的事情。不过，请相信我，有时候一个人需要缓一口气，特别是当一个人想要建立永世功业的时候。"[14]这就是蓬皮杜的治国哲学。[15]

蓬皮杜对戴高乐的敬仰总是伴随着某种超然的讽刺。他几乎是唯一一个有时候允许自己谈论"戴高乐"而不是"将军"的人。1962年，他对一位美国外交官说："我不想当总理，但是我们生活在专制统治之下，每个人必须服从命令。"[16]德勃雷绝不会开此类玩笑。他不会说笑话，尤其是与戴高乐有关的笑话。在懒散的外表下，蓬皮杜其实是个精明圆滑的人，他对戴高乐有种敏锐的直觉。他知道自己需要扮演什么样的角色，并且乐意扮演这种角色（至少他是这么认为的）。在获得任命后，他在私下说，他不会让自己和总统之间出现最细微的意见分歧："这是这个政权的精神实质，也是我的职责所在。我和德勃雷不同：我没有自己的存在，我只是戴高乐的影子。我没有自己的政策，没有自己的选民，没有自己的派系。我有的只是将军的想法。"[17]他这么说，大概是希望戴高乐忙于国防和外交政策，而无暇插手日常的经济管理事务——蓬皮杜认为他在这方面是个专家。

戴高乐向阿兰·佩雷菲特简要地说明了该如何向媒体通报对蓬皮杜的任命，并阐述了自己对宪法非同寻常的（错误的）解读。他告诉佩雷菲特不要使用"政府更替"这个词，因为政府是更新而非更替。"我是政府首脑。总理是诸部长之首。"佩雷菲特还得到指示，在部长会议会后所发布的公报中，绝对不要说"戴高乐将军总结道"，而应该说"政府总结道"。理由是："当我对某个经过仔细商议后的问题作出结论时——不是讨论后的结论，因为部长会议是在反复思考而非仅仅讨论某个问题——政府是通过我的嘴在发声。政府在我之外是不存在的。它是通过我才存在的，只有在我的召集下，它才能举行会议。同时，我也要在场并按照我定的议程来进行。"[18]

任命一个从未经选举担任政府职位，且不为大众所知的人来做总理，这本身就是一项政治声明，更不用说它还是一种挑衅。蓬皮杜第一次在议会露面时，显得很不自在。首次上台讲话时，他走错了楼梯，因为他此前从未涉足过议院。尽管如此，任命蓬皮杜为总理是一个精明的选择。他或许缺乏议会经验，但他学得很快。后阿尔及利亚危机时代背景下需要建立

第四章 共和国的君主

一个拥有广泛基础的政府,蓬皮杜和蔼而坚定的性格使他成了合适的人选。这一点在他成功地说服包括弗林姆兰在内的持中间立场的人民共和党成员加入他的政府中来得到了体现。他似乎取得了不错的开局。

蓬皮杜上任仅一个月就遇到了一个难题,这个难题不是他经验不足造成的,而是戴高乐的难以捉摸造成的。1962年5月15日,戴高乐在新闻发布会上阐释了他的欧洲观,并对"混合在一起的"、超国家的欧洲进行了猛烈抨击:"但丁、歌德、夏多布里昂是属于整个欧洲的,那是因为他们分别是杰出的意大利人、德国人、法国人。如果他们没有国籍,或者他们是用某种'世界语'或'沃拉普克语'(Volapük)进行思考和写作的,那么他们对欧洲的贡献就不会这么大。"他接着嘲讽了那些相信统一的欧洲可以通过类似阿拉丁神灯的东西而被奇迹般地创造出来的人:"我们要把这项建设事业放在现实的基础上,当我们完成这项工作时,我们才可以用《一千零一夜》中的童话故事自娱。"[19]由于对欧洲统一的追求是人民共和党最根本的信仰,因而弗林姆兰把戴高乐的话看作是对他个人的侮辱,并决意辞职。忍不住在言语上对他人进行攻击的戴高乐真的没有预料到这些话的影响。尽管他很少打电话,也讨厌乞求别人,但他还是在午夜给弗林姆兰打了个电话。他花了30分钟的时间软硬兼施地恳求他留在政府,不过,弗林姆兰不为所动。[20]

蓬皮杜试图从哲学角度来看待这个问题,然而,让他感到苦恼的是,戴高乐在他上任仅一个月就破坏了他组建一个拥有广泛基础的政府的企图。他对佩雷菲特说,由于戴高乐的情绪起伏不定,因而他的部长们需要抑制他的冲动,"否则的话,他会让全世界与我们为敌……我们必须成为这只铁拳上的丝绒手套……不要成为像德勃雷那样的马毛手套"。[21]随着工作步入正轨,蓬皮杜把这上升成了一门统治艺术:"一个人在为将军效劳时,最好对他隐瞒一些事情。他需要的不是兴奋剂,而是镇静剂。"[22]但在这件事中,一切都太晚了。伤害已经造成。

二十一 转折点（1962年）

戴高乐受审

蓬皮杜希望缓和政治气氛，但仅仅几天之后，由于对萨朗将军的审判产生了意想不到的结果，他的希望又遭受了打击。戴高乐曾利用宪法第十六条赋予他的权力建立了一个特别法庭，专门用来审判那四名发动政变的将军。从法律上讲，这种做法存在问题，因为它违背了这么一项原则，即一个人不能由一个在其涉嫌犯罪时并不存在的法庭来审判。不过，没有人特别关注这种细节。沙勒和泽勒这两位将军在政变后很快被捕。他们于1961年5月受审。由于泽勒在四人之中地位最低，而沙勒则是一个不太坚定的反叛者，因而他们获得了较轻的量刑——15年监禁。

1962年3月，躲藏在阿尔及尔的另外两名将军均被逮捕。由于在这一年出现了秘密军队组织，因而审判他们时的社会背景与之前审判沙勒和泽勒时大为不同。这场半闹剧式的政变如今已被秘密军队组织的恐怖袭击活动所遮盖。在1962年5月的审判中，茹奥被判处死刑。茹奥是"黑脚"出身，曾密切关注法属阿尔及利亚的命运，由于他通常被视为一名忠诚的战士，因而大多数人希望戴高乐给他减刑。在对萨朗作出判决之前，这的确是戴高乐的想法。

萨朗是四名反叛者中的核心成员，也是他们之中最接近头目的人，对他的审判始于5月15日。在做完开庭陈述后，他就再也不说一句话了——就像1945年时的贝当那样。辩方传唤了一批著名证人——其中甚至包括勒克莱尔元帅[1]的遗孀和德·拉特——来为萨朗的动机辩解。贯穿于全部辩词的主题是背叛：法国对阿尔及利亚的法国公民（"黑脚"）的背叛，以及戴高乐对他曾对军队所许承诺的背叛。一位将军先是追忆了戴高乐于1959年3月对他说的话，"告诉你的人，我们绝不会谈判"。接着，他对实际情形表达了自己的怨恨之情："他以法兰西和法兰西国旗的荣誉要求我们……付

---

[1] 1947年11月，勒克莱尔因飞机意外坠毁而逝世。1952年8月23日，法国政府追晋勒克莱尔为法国元帅。——编者注

出的一切忍让、牺牲、忠诚,以及我们的战友、我们的军官、我们的同志所遭遇的大屠杀,都变得毫无意义。"[23]在审判最后,辩方律师出示了一封戴高乐于1958年10月写给萨朗的不为人知的信,其内容是戴高乐对后者的保证:无论发生什么,法国"不会放弃阿尔及利亚"[24]。没有参与政变的普伊将军的证词也很有感染力:"我走的是一条与萨朗将军全然不同的道路;我选择了服从。然而,在选择服从的同时,我也选择了与我的同胞们一起承受因放弃而带来的耻辱……历史或许会说,他们的罪行也许并没有我们的严重。"[25]

对于那些宣称军人——无论他们的个人信仰是什么——有责任服从政府的人来说,这场审判提供了这么一个机会,即它再现了戴高乐1958年重新掌权的情形。萨朗在开庭陈述中指出,他第一次开展非法行动是在1958年——为了戴高乐。莱昂·德尔贝克、吉兰·德·贝努维尔、米克尔将军,所有这些1958年事件的参与者,都追述了戴高乐重新掌权的情形。贝努维尔(此人于1958年5月偷偷地将苏斯戴尔带离他的公寓)说他在那一年的行动是"自1946年戴高乐下台以来我们一直所作努力的顶峰"[26]。随着审判进一步深挖过去,再也没有什么比辩方律师挖掘出米歇尔·德勃雷于1958年前所说的煽动性话语更令人难堪了。这些话的内容是,如果事实证明当前政权(第四共和国)无法保卫法国的阿尔及利亚,那么对其发起反叛则是正当的。他在1957年给塞里尼写信说:"为'法国的阿尔及利亚'进行的战斗是合法的战斗;为'法国的阿尔及利亚'发起的反叛是合法的反叛。"[27]有人甚至怀疑,德勃雷对反叛的支持已超出言辞范围。据传,他曾参与了(或者说,至少是事前知道)一个用火箭炮袭击萨朗将军的事件,而当时的人们认为他对"法国的阿尔及利亚"不感兴趣。尽管萨朗毫发无伤,但他的一名军官被杀害。在火箭炮袭击事件发生时担任司法部长的弗朗索瓦·密特朗也是辩方传唤的证人。他说:"今天,萨朗是一个反叛者,一个失败的反叛者。这两个罪行使得他永远也不会被击败他的人,被这个把自己当作国家的化身却从不尊重国家的人原谅。"尽管他刻意避免提及德勃雷的名字,但人人都明白他的意思。在密特朗看来,"1957年时的一伙人"——戴高乐主义者——反对"共和国制度"的叛乱在先,而秘密军队组织反对法国的叛乱在后。[28]正如塔列朗所言,叛乱是个时机问题。

这场审判的话题从"法国的阿尔及利亚"转移到了什么时候——或者说是否反叛一个合法政府是正当的这个问题上来,如此一来,它揭开了戴高乐自1940年以来整个职业生涯的核心问题。在政变发生后,戴高乐在私下评论说,这种问题可追溯至维希政府时期。[29]那段历史的确挥之不去。萨朗的律师蒂克西埃改革维尼扬古是一名极右翼激进分子,此人曾于1940年在贝当政府任职。在第二年对秘密军队组织的叛乱分子巴斯蒂安改革蒂尔里(Bastien-Thiry)上尉进行审判时,其中一名辩护律师是曾于1945年为布拉西亚克和贝当提供辩护的雅克·伊索尔尼。伊索尔尼称,从维希政府时期到阿尔及利亚问题,贯穿于戴高乐生平活动的主线是他对法国抱有的一种抽象"观念"而漠视法国人民的疾苦——无论是1940—1944年期间的法国本土人民还是1960—1962年期间的"黑脚"。[30]

在1962年,反对戴高乐的不仅仅是恋旧的贝当分子。在"法国的阿尔及利亚"的捍卫者中,有许多人曾加入过抵抗运动或自由法国。他们援引戴高乐的自身经历,来为自己被视为背叛法国利益、不服从政府的行为进行辩护。当一名前抵抗战士在审判中被要求就"合法反抗"的问题发表评论时,他说:"我认为1940年时发生的事情就是一个很好的例证。"[31]许多"法国的阿尔及利亚"的捍卫者指出,1962年的戴高乐背叛了自己在1940年时所体现出来的价值观。一个组织在1960年12月宣称(把戴高乐在1940年说的话反了过来):"法国赢得了一场战役,但它将输掉这场战争。"[32]曾于1943年担任全国抵抗运动委员会二把手的比多在1962年成立了一个新的全国抵抗运动委员会以进行一场新的"抵抗运动"。在一场针对秘密军队组织的审判中,其中一名被告在发言时首先概述了自己的生平经历:"抵抗运动、盖世太保、布痕瓦尔德集中营、三次在印度支那服役、阿尔及利亚、苏伊士、重返阿尔及利亚……人们可以对一名战士提出诸多要求,但人们不能要求他做背叛自己、撒谎、欺骗、违背自己誓言的事。"[33]

对萨朗的审判结束于5月23日周三这天。经过三个小时的认真讨论,法官们认定萨朗的所有罪名成立，但存在可以减轻罪责的情形。他被判入狱而非死刑。听到这个消息的当天晚上，戴高乐在爱丽舍宫召见了司法部长让·富瓦耶（Jean Foyer）。富瓦耶发现他处于一种无法遏制的愤怒之中，因为辩方似乎成功地把对萨朗的审判变成了对戴高乐的审判。法官的仁慈是对戴高乐的一种公开羞辱，也是对他自1940年以来所开展的大部分活动的一种负面评价。正是在这种背景下，他才在演讲中（见本书下册第98页）要极力撇清自己与1958年叛乱的关系。

周三晚上与富瓦耶会面后，戴高乐决定解散特别法庭，并对茹奥执行枪决。行刑时间定于周六拂晓。富瓦耶对这种纯粹出于报复的做法感到震惊，因为这意味着要让一个下属成为他上司的替罪羊。周四，他恳请戴高乐收回成命，但后者无动于衷。第二天，戴高乐给蓬皮杜写信说："富瓦耶在茹奥这件事上似乎失去了理智……我们必须撤换他。"[34]蓬皮杜对此事的想法和富瓦耶一样。判决结果公布后的第二天，蓬皮杜去见戴高乐，"我发现对于戴高乐来说这是糟糕的一天，他脸色苍白，双眼充满怒火。他的猎物逃脱了，他需要一个替代的牺牲品"[35]。蓬皮杜递交了辞职信，同时，在另一封信中，他反对对茹奥执行死刑：

> 我曾从人性方面和你谈过这个问题，在这里我不再赘述。
>
> 但是，我有责任用最严肃的话语提醒你它的政治影响。
>
> 枪毙茹（奥）与枪毙皮舍（1944年）不同。这就好比解放初期赦免皮埃尔·赖伐尔的死罪，而把比舍罗纳（Bichelonne，一位通敌的经济部长）作为替罪羊枪毙一样。
>
> 在阿尔及利亚局势渐趋好转并且它已接受《埃维昂协议》的时刻，枪毙茹（奥）会使某些想要重新发起恐怖和暴力行动的秘密军队组织的领导人把你当成应该为之负责的人。这种暴力活动将横扫一切。
>
> 虽然你拥有多份文件，但是枪毙茹（奥）会给每个"黑脚"、每个公民，也肯定会给他们之中最为温和的人带来最严厉

的打击。

你的行动是以和平为基础的,如果枪毙茹(奥),会给你带来不利。

"枪毙茹奥"的布告不是人民发布的。它出自既不在乎你的利益,也不在乎你的历史声望的法国共产党干部之手。

恕我直言,抛开其他一切考虑,我认为如果你这么做的话,一旦判决萨朗所带来的影响减弱,你将一举摧毁一切,并犯下严重错误。[36]

周五,即行刑的前一天,萨朗的辩护律师向富瓦耶提出司法复审的上诉,这让后者找到了赢得时间的办法。富瓦耶抓住这一点争辩道,作为司法部长,他在法律上有义务将这一请求转交上诉法院,即最高法院,然而他本人并没有宣布该请求是否予以受理。最高法院不可避免地会对它作出不予受理的裁定,但这需要几天时间。周五下午,富瓦耶携蓬皮杜和若克斯作为帮手再次去见戴高乐。尽管遭遇了"一生中最不愉快的一段时光",但富瓦耶成功地让戴高乐回心转意。[37]最终,最高法院驳回了上诉请求,不过,这时事情已发生变化。5月29日,萨朗和茹奥向秘密军队组织发出公开呼吁,要求他们停止在阿尔及利亚的暴力活动。茹奥的命保住了,然而,戴高乐在六个月后才极不情愿地正式发布了减刑公告。当吉兰·德·贝努维尔给戴高乐写信感谢他的这种仁慈之举时,他收到的答复是"见鬼去吧"[38]。

不管他是否被富瓦耶、蓬皮杜和其他人说服,戴高乐已选择了一条他们给他指出的道路,避免了一场严重的政治危机。如果对茹奥执行死刑,至少还有八位部长准备辞职。[39]危机结束后,戴高乐对蓬皮杜说:"两害相权,即在你的辞职和宽恕茹奥之间,我取其轻。"[40]蓬皮杜认为,他把戴高乐从一个像1804年拿破仑处决昂基安公爵(Duc d'Enghien)那样会给自身声誉造成持久损害的举动中拯救了出来。

然而,人们无法阻止戴高乐解散那个曾蔑视他的特别法庭。相反,他建立了一个新的军事法庭,以审判任何尚未投降的秘密军队组织的激进分子。

第四章 共和国的君主

为了控制这个法庭,他任命曾在1940年时投奔自己的首批战士中一员的拉米纳将军掌管此事。拉米纳支持戴高乐的阿尔及利亚政策,但他发现这个担子对于自己来说太过沉重。接到任命不久,他就因病入院,他给戴高乐写信解释说,"我已精神崩溃,我正忍受着抑郁症的折磨",无法"在身体上和精神上履行你赋予我的责任"[41]。几天后,他朝头部开枪自杀。这项任命并非导致拉米纳自杀的唯一原因,但它是一种促成因素——这深刻地表明阿尔及利亚事件甚至对完全忠于戴高乐的军官们也造成了悲剧性的良心冲突。[42]

秘密军队组织的狂热行动并未停止。8月22日周三这天,即暑假即将结束的时候,戴高乐在巴黎主持召开部长会议。他决定当晚返回科隆贝。自从1961年9月在塞纳河桥发生了那场未遂的暗杀事件后,他通常的行程是先乘车前往位于巴黎西南郊区的维拉库布莱(Villacoublay)机场,再飞赴距离科隆贝约一小时车程的圣迪济耶(Saint-Dizier)。20点15分,在他离开爱丽舍宫半小时后,他的座驾抵达巴黎南郊小克拉马尔(Petit-Clamart)的一处交叉路口。这里正埋伏着11名阴谋分子,他们分乘两辆车,其中一辆车里满载爆炸物。两名枪手朝着戴高乐的座驾开火,子弹击穿了车身和两个轮胎。这时,守在一条侧路上的另一辆车加速向戴高乐的座驾冲去,并进行更为猛烈的射击。一颗子弹射穿后窗玻璃,险些击中戴高乐和他的妻子——当时,坐在前排的他们的女婿阿兰·德·布瓦西厄(Alain de Boissieu)咆哮着让他们俯下身去。令人吃惊的是,最终无人受伤。此后,媒体立即报道了大量关于戴高乐家人镇定自如的故事。如果你相信一周后德·布瓦西厄在寄给德勃雷的信中所描述的内容,那么这些故事就不是凭空捏造的:

> 我的岳母是个极其勇敢的女人……她泰然自若……当我第二次吼着让他们把头低下去时,在将军这么做了之后,她才跟着做……他对我说……在必要时我能发出一种"权威之声",这种声音竟然能使我的岳母服从!将军依旧从容不迫,只是抱怨说我们没有进行还击……唉,(护卫总统的)第三辆车的防卫力量极为薄弱……想象一下,除了媒体所谈论的两伙人之外,我在N306

拐角还看到了第三伙人，不过，我们毫发无伤地逃脱了，这简直令人难以置信……第三伙人本可以给我们造成严重伤亡，因为在两个轮胎被击穿后，我们的车只能开到每小时60千米。最终，上帝保佑了将军。[43]

阴谋分子很快就遭到逮捕，并于1963年1月由新的军事法庭进行审判。四人被判处死刑，但仅有一人，即法国空军军官让·马克·巴斯蒂安–蒂尔里最后被处决。对巴斯蒂安–蒂尔里的审判是在阿尔及利亚战争的影响下进行的最后一场精心布置的重大审判。他曾直言不讳地宣称，这是一桩密谋暗杀戴高乐的夏洛特·科黛行动（Operation Charlotte Corday）——它指的是这名保皇分子在1793年把革命党人马拉（Marat）暗杀于浴缸之中。毫无悔意的巴斯蒂安–蒂尔里把自己比作是1944年暗杀希特勒的克劳斯·冯·施陶芬贝格（Claus von Stauffenberg），并声称，暗杀戴高乐的做法甚至更为合情合理，因为希特勒至少没有玷污军队的荣誉。极右的反戴高乐主义者们把巴斯蒂安–蒂尔里奉为一名因坚守信仰而牺牲的殉道者，他和布拉西亚克、皮舍都成了嗜血成性的戴高乐的牺牲品。

这并不是针对戴高乐的最后一次暗杀行动。在其中一次较为荒诞的行动中，有人在两条狗的身上绑满了炸药。最后一次令人担心的行动发生在1964年8月，当时，有人在法隆山（Mont Faron）纪念碑前——戴高乐来这里纪念1944年在普罗旺斯的登陆行动——的一个种着盆栽植物的花瓶里放置了一枚炸弹。这枚炸弹没有爆炸，不久后流传是因为一个富有责任心的园丁出于单纯的目的给这个花瓶里的植物浇了水，尽管原因可能并非如此。[44]

"永不止息的政变"

在小克拉马尔袭击事件发生后一周，戴高乐说它"来得太及时了"[45]。他看到的是一个利用这件事对公众情绪的影响以实施自己已筹划

第四章 共和国的君主

了几个月的宪法改革的机会。这就是他在几个月前同佩雷菲特谈话时萦绕在脑海中的"转折点"。正如我们所知，1958年宪法规定，总统由一个约8万人组成的选举团选举产生。鉴于戴高乐的个人权威及历史声望，这种有限选举并不妨碍他的权力，但这对于他的继任者来说未必如此。正因为此，戴高乐希望在以后总统由普选产生，尽管这种做法与法国自19世纪以来逐渐形成的共和传统背道而驰。共和派人士对"个人权力"深怀恐惧，并始终记得最后一个由普选产生，并在1848年上台的总统路易·拿破仑的事例。

1961年2月，戴高乐在与弗林姆兰的一次私人谈话中想弄明白君主制是不是法国最好的制度。在说出这种典型的挑衅性话语后，他接着暗示道，接下来最好的检验办法可能是让总统由普选产生。他在1961年4月的一场新闻发布会上作了同样的公开暗示。[46]在作出这种试探之后，他有一年时间没有就此再说些什么。在1962年5月的一场新闻发布会上，当有人问及此事时，他轻描淡写地说，"现在还不是这么做的时候"，但在6月的一篇广播讲话中他说，这种改革在"需要的时候"就会进行。[47]

问题不仅在于"什么时候进行"，还在于"如何进行"。宪法第八十九条在理论上明确地规定了修宪程序。任何修宪提案在交由全民公决前，首先要经过议会两院的讨论和批准。这一烦琐程序未必能保证某项提案获得通过，或者使戴高乐得到他想要的结果。1962年夏，他转而开始考虑利用宪法第十一条——该条款允许他不经过议会就可以通过全民公投直接征求选民意见。爱丽舍宫中他自己的法律顾问指出，通过这种方式修改宪法既违宪，又会引发争论。[48]戴高乐大概是还没有下定决心。6月，他对蓬皮杜说，他不会选择这一程序。[49]小克拉马尔袭击事件给他提供了一个利用宪法第十一条来采取攻势的机会。

三周后，戴高乐在部长会议上宣布了他的想法。他对部长们说，他们可以在一周后的下次会议上就此发表自己的看法。他还明确暗示，如果他们不同意就得辞职。在9月19日的会上，让·富瓦耶对戴高乐提议采用的程序持强烈的保留意见，但他并没有正式反对这种政策。当另一名部长宣称他也有类似"顾虑"时，戴高乐打断他说："司法部长虽有顾虑，但已将它们克服了。"包括蓬皮杜在内的几乎所有人都对此程序感到不安，但最终只有教育部长皮埃尔·叙德罗（Pierre Sudreau）辞职。

我们可以从最为忠诚的戴高乐主义者之一、前外交官莱昂·诺埃尔——他自法兰西人民联盟时期就对戴高乐崇拜不已——的"顾虑"中看出这个程序上的问题究竟有多严重。由于他是宪法委员会[1]的主席，因而在这件事中，他的意见比较重要。戴高乐在9月19日的部长会议召开之前召见了诺埃尔，后者说，利用宪法第十一条修订宪法并不违宪。当戴高乐第二天通过电视讲话宣布他打算这么做时，诺埃尔在日记中写道，这会"从长远上破坏"宪法，因为它似乎确立了一个只要总统能够在全民公投中获得支持就可以做任何事情的先例，"不得不承认，这一点与希特勒的法律观非常接近"。[50]在宪法委员会开会讨论公投提议前，蓬皮杜单独召见了它的几个成员。诺埃尔在事后质问蓬皮杜："要是在美国最高法院作出一项重要的裁决前，总统依次召见了它的每个成员，人们会怎么说呢？"[51]10月2日，宪法委员会几乎一致投票认为政府的做法违宪。如果该委员会决定进一步发挥其作用，正式宣布拒绝批准全民公投这一结果——这是宪法规定的它的职责——那么，一场真正的危机就会到来。诺埃尔恳求他的同僚不要越过这条"卢比孔河"，因为它可能"促使戴高乐发起某种政变"。[52]

如果连诺埃尔这样忠诚的戴高乐主义者在私下都将之比作"希特勒的法律"，并说出"某种政变"的话语，那么，那些不受对戴高乐个人忠诚约束的人公开发泄他们的愤怒就不足为奇了。其中，最引人注目的人物当属参议院议长加斯东·莫内维尔。莫内维尔对法国的共和民主传统具有坚定的信仰，但在内心深处，他并没有受到任何反戴高乐主义的驱使。1958年5月，在圣克鲁举行秘密会谈以讨论戴高乐重新掌权的条件时，他比他的同僚、国民议会议长勒特罗克埃表现得更为温和；1958年9月，他投票支持新共和国；

---

[1] 这是一个根据第五共和国宪法而新成立的独立机构，其职能是为拟议的法律是否符合宪法提供意见指导，它的裁决不具约束力。

1961年，他以参议院议长的身份授权戴高乐启用宪法第十六条；他在两次关于阿尔及利亚问题的全民公投中都投了"赞成票"。但他开始对戴高乐对待宪法和法律的随意态度越来越感到不安。在1962年4月举行关于《埃维昂协议》的全民公投时，民众需要对两个完全不同的问题作出一种回答：是否赞成该协定？是否允许政府根据法令采取它认为有必要的任何其他措施以使它们得到执行？这似乎让人想起了路易·拿破仑的全民公投：它与其说是赞成某个特定问题的投票，倒不如说是支持某个人的空头支票（正如一名记者所言，这就如同要求人们回答以下两个问题——"你饿吗？要不要来一只羊腿？"）。[53]为了阿尔及利亚的独立，莫内维尔忍住了他的疑虑，然而，他不准备沿着这条路继续往下走了。

10月1日，莫内维尔在激进党大会上发表讲话，谴责戴高乐决定利用宪法第十一条以修订宪法的做法是一种"渎职"（forfaiture）行为。根据法国刑法规定，这个词指的是"公职人员在行使职权时所犯下的罪行"。这个骇人听闻的指控激怒了戴高乐，毕竟它出自地位仅次于总统的国家二把手之口。几天后，莫内维尔在参议院再次对戴高乐提出批评（这次没有使用那个冒犯性的词语"渎职"）。参议院以绝对多数票通过以下决定：将他的讲话刊印出来，并配上以"宪法遭违背、人民遭冒犯"为开头的口号张贴到各个市政厅中。戴高乐和政治阶层之间的战争已经爆发。

10月3日，议会开会讨论拟议的全民公决议案。在共和国短暂的历史上，一项反对政府的不信任案动议首次获得通过。蓬皮杜辞职。10月10日，戴高乐解散议会，并决定在全民公投后举行新的选举。各主要政党的领导人组成所谓的"反对联盟"（Cartel of the Noes），敦促选民们投票反对戴高乐修改宪法的提议。这个联盟存在的问题是：它的绝大多数领导人都是一些像摩勒、弗林姆兰，甚至德高望重的保罗·雷诺这样的旧面孔。他们很容易被描绘成想要重返第四——甚至是第三——共和国那段已逝的糟糕岁月。还有一个问题是，它的成员们只有在反对戴高乐的提议时才是团结一致的。其中一些人彻底反对拟议的改革；另一些人仅是反对戴高乐所选择的实施这项改革的程序。

二十一 转折点（1962年）

在1958年的公投运动中，《世界报》的一名记者写道："自第二帝国以来，或许除了1877年选举，法国还从未出现过如此严密部署的官方宣传活动。"[54]这种说法对于1962年短暂的公投运动同样适用。反对派几乎没有机会接触电视。在电视台播放的关于议会辩论的节目中，摩勒和雷诺的发言被压缩到了仅剩两分钟，而蓬皮杜对这项事业所作的20分钟辩护却完整地保留了下来。戴高乐发表了四次电视讲话，呼吁民众投"赞成票"。他在10月26日，即投票前两天的最后一次电视讲话中明确表示，这是一次对他个人的信任投票，"如果法兰西民族……决定抛弃戴高乐，甚至或是仅赋予他一种模糊而不坚定的信任，他的历史任务就无法完成，因而，它将终结"[55]。戴高乐发出的万一失败可能出现灾难的威胁碰巧因为古巴导弹危机——当时，世界似乎处于核危机的边缘——而得以强化。

1962年10月28日，戴高乐的宪法改革最终以62.25%的赞成票获得通过。然而，23%的弃权率意味着他仅获得了47%的注册选民的支持，这是他第一次没有在这些选民中获得多数。全民公投后，莫内维尔向宪法委员会提出申请，要求它裁定这一结果是否符合宪法规定。该委员会以6票对4票的结果宣布它本身不具备这种裁决资格。戴高乐用威胁性的话语对佩雷菲特说，幸亏该委员会没有违背民族的意志，"它没干这件蠢事，否则，我们不会让它有好结果"。至于莫内维尔，他受到了异乎寻常的报复。尽管从规定上来说他是仅次于共和国总统的二把手，但他以后再也没有被邀请参加爱丽舍宫的任何官方活动。在当莫内维尔而非其副手主持参议院会议时，戴高乐仅允许政府的副部长而非正部长与会。[56]1964年，戴高乐做了一个前列腺手术，莫内维尔写信祝他身体健康。一向在这种事情上注重礼节的戴高乐没有给他回信。在他眼中，莫内维尔已不复存在。

尽管这次公投并没有产生戴高乐所希望的那种决定性结果，但是第五共和国已进入一个新时代。近两年后，即1964年1月，戴高乐在新闻发布会上通过对第五共和国宪法所作的特别解释强调了这一点：

> 宪法是一种精神、一种体制和一种实践……但是，我们也必

须认识到，选举总统的人民已经把国家不可分割的权力完全赋予总统，除了由总统授予并维护的权力之外，不存在任何其他的权力，包括内阁的权力、民事的权力、军事的权力、司法的权力。[57]

一位评论员在评论这篇讲话时说，自1958年以来，一部接着一部连续出现的三部宪法就像俄罗斯套娃一样，"在它坚硬的木制结构内部，分别是基于妥协的1958年宪法、1962年宪法和在1964年1月31日的新闻发布会上出现的宪法"[58]。

几个月后，弗朗索瓦·密特朗出版了一本名为《永不止息的政变》（*The Permant Coupd Etat*）的著作，引发了激烈的争议。它抨击戴高乐的政权是一种"独裁政权，由于它必然不断地加强个人权力，因而它最终将变成类似的模样"。密特朗还指出，当戴高乐在自己的宪法中所享有的一切自由都获得通过后，这位将军"在新闻发布会上随口"说了几句话就最终"把他的宪法扼杀了"。[59]就像密特朗其他引发争论的小册子一样，这本小册子也有些夸大其词——一个"独裁政权"是决不会允许这种抨击性言论出现的——但是，这些话也有一定的道理。

然而，很少有人注意到，宪法在实际运作上与戴高乐对它所作的描述并不一致。他渴望成为一个超越政治分歧的有魅力的领导人，但全民公投后议会选举的结果造就了一个不一样的局面。重新掌权后，戴高乐竭尽所能地同新共和联盟保持距离，而后者是为了支持他的理念而在1958年成立的。这是造成他与德勃雷关系紧张的原因之一，因为后者认为戴高乐总是无视忠诚的戴高乐主义者。1958年议会选举时，戴高乐不允许任何候选人打他的名号。但四年后，他已没有这样的顾虑。他在11月7日的一篇讲话中对那些反对他的旧党派进行了猛烈的抨击，并明确要求民众投票支持戴派政党。[60]

反对联盟领导人之一的摩勒加剧了这种对立态势。当被问及在第二轮选举中他会给选民们什么建议时，他引用一句老话说："第一轮时选择，第二轮时淘汰。"当在第二轮选举中面临着在一名法国共产党人和一名戴高乐主义者之间作出选择时,他建议选民们选择法国共产党人。这让人深感震惊。自1947年三党联合政府——它们曾共同参与抵抗运动——瓦解后,法国共产党人和社会党人一直是死敌。摩勒在1958年支持戴高乐的其中一个原因是,在这之外的另一种选择可能会组建一个包括法国共产党人在内的左翼政府。摩勒在1962年发表的言论让法国共产党人重新步入了令人尊敬的政治派别的行列,这让反对联盟中的中间派和保守派处在了一种尴尬境地。它使得第二轮的选举实际上成了戴高乐主义者和左翼分子之间的竞争,而中间派则受到排挤。在11月的选举中,法国共产党和社会党的席位都有所增加,但胜利归于戴高乐主义者。在法国民主政治的历史上,这是一个政党在议会中第一次以几票之差获得绝对多数席位。这个缺口很容易就被持中间偏右立场的少数独立的保守派人士填补了。

全民公投和议会选举使戴高乐在政治上完全占据了主导地位——但这是针对他作为一名政党领袖而言,而不是他所渴望的超越党派的领袖。蓬皮杜对这个结果感到满意,他很高兴戴高乐不得不放弃"他那一致同意的乌托邦"[61]。事实上,他并没有放弃。成为一名克里斯玛型领袖的梦想和作为一名未经正式宣布的政党领袖的现实,这两者之间的矛盾将伴随他的余生。不过,就目前而言,他的主导地位是毋庸置疑的。在对将军的未来作出悲观预测后一年,迪克逊大使不由得推断说,戴高乐是"法国的主人",他"貌似已取得成功,并且,他的权力已明显得到巩固"。使用"貌似"这个词是他想要从一年前的最初预测中挽回某些东西的一种做法。迪克逊依然相信,如果从"抛物线的角度"来看待戴高乐的事业,那么它现在处于"下滑曲线"上。[62]这是又一个压在未来的赌注。几周后,即1963年1月14日,戴高乐在他整个职业生涯中最为引人注目的一场新闻发布会上对英国进行了令人震惊的猛烈抨击,这让英国政府和迪克逊深感绝望。目前还不存在什么"下滑曲线"。

二十二 追逐伟大（1959—1963年）

对世界的"某种看法"

1960年初，哈罗德·麦克米伦给艾森豪威尔写信说："我不知道你是否看过他（戴高乐）的《战争回忆录》第三卷，它写得很好，描述的是他对这些重大事件所作的相当神秘的思考。"[1]麦克米伦的评论只抓住了一半真相。《战争回忆录》所展现的戴高乐既是一个"现实主义者"，又是一个"神秘主义者"。这种"神秘"和"现实"之间的矛盾从《战争回忆录》的第二句话开始就一直贯穿于这部三卷本的著作——他发现自己对法国的构想"是从感情和理智两方面产生的"。

就"理智"而言，戴高乐的出发点是民族国家，他认为这是统治人类社会的根本现实。我们在这里就这个主题作了一些引用——从还是一名年轻中尉时的戴高乐在1913年和应征入伍士兵的谈话，到他的职业生涯临近结束时发表的声明：

> 1913年：民族感情是所有民族和国家的天性。这种天性就像子女对长辈的爱或是家庭亲情一样……民族主义是利己主义的一种形式。[2]
>
> 1962年：民族不会发生变化。除非出现某些重大变故，否则它们不会消亡。它们保持着它们自己的特性、它们的集体气质、

二十二 追逐伟大（1959—1963年）

它们的灵魂。它们像橄榄树一样永世长存……一个民族要为自己感到骄傲。它需要拥有一种能够不断地说出以下话语的自豪感：我是这段历史独一无二的果实。³

对于戴高乐来说，历史和地理总是比意识形态重要。他曾在多个场合说，苏联"会像吸墨纸吸收墨水一样，沉浸于共产主义"⁴。在越南战争期间，他告诉一名美国来访者，越南将成为共产主义国家，不过"这将是一种亚洲式的共产主义……每个国家都有自己的共产主义"⁵。在戴高乐看来，国与国之间的冲突是永恒的历史法则。1960年，他在对法国人民发表电视讲话时说："就像所有的生命一样，国家的生命也是一场斗争。"⁶或者，正如他在其他场合所讲的那样："这就是古人所说的'命运'，波舒哀所说的'天命'，达尔文所说的'物种的法则'。"⁷既然斗争是一种永恒的现象，那么就没有理由为之感到遗憾。戴高乐并没有消极地看待它，他认为"无敌国外患者，国恒亡"⁸。他最喜欢引用的一句话——1927年他在给军官们发表讲话时曾用到过它——出自《哈姆雷特》："经历伟大的斗争才能走向伟大。"[1]由于生命是一场斗争，因而在人世间出现的和谐状况并非自然形成的，而是相互冲突的利益实现均衡的结果：

> 人类的"生命有限"，但"欲望无限"。世界上充满了对抗的力量。当然，人类的智慧有时候可以阻止这些竞争沦为血腥的冲突。然而，这种竞争行为是生命的常态……归根结底，还是那句话，只有各国的力量实现均衡，世界才会和平。⁹

这一切使得戴高乐对理想主义的国际主义者和欧洲的超国家主义者持怀疑态度。在他看来，他们要么是自欺欺人地看待历史本质，要么是用国际

---

[1] 这与莎士比亚的原话稍有出入："真正的伟大不是轻举妄动，而是在荣誉遭遇危险之时，即使为了一根稻秆之微，也要慷慨力争。"

主义的语言来掩盖民族野心。20世纪20年代的阿里斯蒂德·白里安和20世纪50年代的罗贝尔·舒曼就属于此类人物。国家是历史合法性的贮存处,通过"自己的灵魂,自己的历史,自己的语言,自己的苦难、荣耀和抱负"将一个民族联系在一起。人为创造出来的、缺乏此种合法性的社群无法获得其公民的忠诚。由此导致的结果是,人们容易受到野心勃勃的无国籍的技术官僚和国外势力的侵扰,"超国家组织拥有其技术价值,但没有,也不可能有政治权威,以及相应的政治效力"。对于戴高乐来说,一个民族国家存在的前提是它拥有发动战争的能力。[10]正因为如此,他对超国家组织的攻击比对"流产"的欧洲防务共同体的攻击更为猛烈。

如果我们抛开"理性",转向"感性",那么法国在戴高乐主义的国际关系观中居于什么位置呢?像其他国家一样,法国当然也被卷入生存斗争中,但是,"感性一面的"戴高乐似乎觉得法国不具有他认为是历史原动力的民族利己主义。他在1959年的一篇讲话中说:"法国的力量和伟大……是为了人类的福祉和友爱。"[11]或者,正如他在八年后所说的那样:"我们的行动旨在完成目标……由于它们是法国人的目标,因而符合全人类的利益。"[12]这不仅仅是公开的说辞。戴高乐在私下也说过同样的话:

> 法国的使命是为大众的利益奋斗。当一个人成为完全意义上的法国人的时候,他就近乎是一个欧洲人、近乎是一个胸怀世界的人……其他国家,当它们为自己谋利益时,其实是竭力使他人服从自己的利益;而法国,当它成功地为自己谋利益时,则是为所有人谋利益……世界上的每个人都能隐约地感觉到这一点;法国是世界之光,它的精神将照耀宇宙。[13]

戴高乐最著名的一句话出现在《战争回忆录》的第一段最后一行:"法兰西如果不伟大,就不称其为法兰西。""伟大"一词——人们对此已花了颇多笔墨——是个含义模糊的概念,戴高乐从未真正地对它下过定义。在《战争回忆录》的开篇,他用形象化的描述而非实际的事例对它进行了

二十二 追逐伟大（1959—1963年）

阐释：阳光下的凯旋门、黄昏中的圣母院、童话中的公主。伟大既是一种精神状况、一种雄心壮志，也是一个具体的目标，正如他在某个场合委婉地说的那样："这是一条超越自我的道路。"[14]努力和结果同等重要。由于戴高乐深信法国会持续不断地受到不团结的"恶魔"、分裂的"病菌"、旧"高卢人分裂和争吵"倾向的威胁，因而追求"伟大"的必要性还与他的这种观念存在着内在联系。为了克服分裂的危险，法国需要一个强大的政权，它能够实现国家的"理想"，使法国人超越自身分歧。

戴高乐在谈到"伟大"时，他会用到"行列"（rank）——"法兰西必须站在前列"——和"独立"这两个词。他对独立的痴迷可以从他自己的战争经历中得到解释，当时，他完全依赖英国，或者说在20世纪30年代时，法英两国的外交政策紧密相连。不过，"独立"这个词的概念，像"伟大"一样，比它初看上去要更难以捉摸。它并不意味着戴高乐认为法国依赖自己就可以实现它的目标。毕竟，正是戴高乐在1940年拒绝承认维希政府的"法国独立"的立场，并坚持与英国结盟。在他看来，结盟是必要的——只要人们铭记盟友也在追逐国家理想。这使我们回到理性。所有追求"伟大"的理想都要考虑现实。让戴高乐对旧政权的外交政策感到钦佩的是，它展示了"所追求目标与国家实力之间的合理比配"。他对拿破仑所作的最根本的批评就在于他未能做到这一点；在其处女作中分析德国1918年战败的原因时，他为法国古典花园是经典布置的典范的观点进行了辩护，这背后隐含的是同样的思想。在他看来，追求"伟大"——无论它意味着什么——至少在理论上需要现实主义和谨慎克制的制衡。尽管在实践上他自己并非总是成功地保持两者的平衡。

对于他那一代保守的民族主义者来说，戴高乐关于法国和世界的看法并不新颖。他的国家观与1882年欧内斯特·勒南在其著名的演讲《什么是国家》中阐述的思想相似。他那关于法国拥有一种特殊"使命"的看法与19世纪法国的历史学家、共和党人儒勒·米什莱的看法相似。他那关于法国人是唯一一个爱好争论的民族的看法从19世纪的任何一本历史著作中〔其最新的形象是《阿斯泰利克斯》（Astérix）系列连环漫画中好辩的高卢人〕都可以找到。他那关于只有一个强大政权和国家理想才能制止"分裂的骚动"的看法是"法兰西行动"历史学派的一贯主张——他那关于国际关系的"现实主义"观同样如此。戴高乐的过人之处在于他那要将它们付诸实践的想象力、专注力和意志力，而不在于他的创意。

在戴高乐看来，实现信仰需要顺应时势。柏格森曾教导他说，生命是一场无休止的运动；一切无常。1962年，他沉思道：

> 就像历史上经常出现的那样，每一天都有可能发生最异乎寻常的事件，出现不可思议的形势逆转。美国可能会因为恐怖主义、种族主义或其他什么原因而爆发危机，从而成为和平的威胁。苏联可能会因为共产主义的瓦解，因为本国人民开始出现的内部争论而爆发危机。这可能会再次成为他国的威胁。没有人能够预料威胁来自何方。[15]

在20世纪60年代初的特殊形势下，戴高乐是如何着手重塑法兰西的"伟大"和独立的呢？

在执政的前四年里，他的外交政策有两个核心：[16]一个是扩大法国在大西洋联盟的影响力，另一个是推动欧洲走向政治联合。第一点体现在1958年9月戴高乐向麦克米伦和艾森豪威尔提交的备忘录中。第二点包含在法国几乎同时向其五个欧洲伙伴（德国、意大利、比利时、荷兰、卢森堡）发出的照会中，"在避免一体化的同时……法国打算促进欧洲合作，并构建某种欧洲协调一致的机制"[17]。在1959年1月的一次国防委员会会议上，他解释说，法国必须"在两个方面发挥作用：一个是与另外两个西方世界的大国合作，另一个是与较小的国家合作"[18]。他的目标是在跻身英美"两强"俱乐部的同时，成为欧洲"六国"俱乐部的领袖。他认为这些目标相辅相成：成为六国领袖可以增强法国加入两强的说服力；跻身两强又能证明法国宣称有权领导六国是正确的。1962年8月，他对佩雷菲特说：

二十二 追逐伟大（1959—1963年）

> 欧洲的核心问题是什么？核心问题是每个国家不要受到苏联人或美国人的控制。作为六国集团，我们应该有能力做得和任何一个超级大国一样好。如果法国能够成为六国领袖——这是我们力所能及的——她就可以利用这一点作为阿基米德的杠杆，让他国跟着自己走。法国可以借助欧洲以重回自滑铁卢之战后已失去的世界第一大国的地位。[19]

尽管我们不必把最后一句虚张声势的话太当一回事，但是戴高乐对大西洋联盟现有结构的挑战必然导致他与美国的冲突。结果是，人们通常视他为一个"反美主义者"。不过，他是哪种类型的反美主义者呢？从某种程度上来说，戴高乐认为欧洲和美国的历史不同，因此它们不可能完全理解对方。1967年7月，他与从纽约的联合国会议上归来的苏联领导人阿列克谢·柯西金（Alexei Kosggin）举行了一次谈话。柯西金说他觉得纽约"糟糕至极、令人厌恶"。戴高乐说：

> 你千万不要忘记美国存在的时间不长。它由来自各个地方的人们构成……它的存在与苏联和法国不尽相同……它缺乏深度和根基……它从来没有遭遇过创痛，从来没有遭遇过入侵……它的反应表明它是一个不知道苦难是什么滋味的国家。[20]

即便如此，在戴高乐的心中，他也从未怀疑过法国必须成为西方联盟的一部分。然而在他看来，既要警惕敌人，也要警惕盟友。他无疑是个"反美主义者"，这是因为美国是一个具有入侵危险且构成威胁的盟友。1944年第一次访问美国时，他对美国巨大的能量和力量深感震惊。1963年，他对佩雷菲特说：

> 今天我们所目睹的几乎是一种物理现象，如同海啸或火山喷发，在某种程度上，它不受美国领导人自己的控制。美国的力量

如此强大，他们在尖端技术上如此先进，他们如此富有……他们的扩张有其内在原因。[21]

当他述及对英国和美国的不同看法时，他把同样的想法稍稍作了些改变：

英国是本能地反对法国，到处与法国作对，但有着某种限度。美国既不支持也不反对法国。它奉行自己的政策。对于它来说不存在什么限度。我曾对罗斯福说："美国意识到自己应起到一个大国的作用。法国已不再是一个大国，但它知道什么是一个大国。当一个国家成为大国时，它不允许别国反抗。"[22]

法国还存在另一种类型的反美主义：在文化和意识形态上反对美国，认为美国是自由放任式资本主义和灵魂缺失式物质主义的化身。这种观念源于法国的社会党左翼团体和信仰天主教的右翼团体。在戴高乐于20世纪30年代所接触的那些"不墨守成规者"中间，流传的也是这种思想。作为贝尔纳诺斯和贝玑的读者，戴高乐在思想上怀有这么一种观念：欧洲和法国的文明根植于天主教人文主义——这是介于共产主义和自由资本主义之间的第三条道路。然而，他对工业文明的警惕被他对法国现代化的迷恋所冲淡。最终，他可能是嫉妒美国的力量——他对佩雷菲特所说的"扩张的内在原因"——而不是对助长这种力量的价值观感到不安。从这个意义上来说，他的"反美主义"与其说是基于文化，倒不如说是基于现实。以往，法国的主要对手是英国或德国；如今，它成了美国，"这是一部永恒的历史。每个帝国都渴望称霸。这将一直持续到世界末日"[23]。

二十二 追逐伟大（1959—1963年）

戴高乐在行动

在负责将戴高乐对世界的看法转化为政策的外交部官员中，大多数人并不认可他的这种看法。20世纪50年代，他们之中的许多人被让·莫内所勾勒的欧洲联邦主义的图景所诱惑，许多人是天生的亲英派。20世纪60年代，英国驻法国大使皮尔逊·迪克逊在报告中经常提及"我们那些在外交部的朋友"——好像是为了让自己相信，在奉行戴高乐主义的法国，英国确实有朋友。当戴高乐重新掌权时，法国驻英国大使是对将军并不感兴趣的亲英派的让·肖韦尔；驻美国大使是曾参加过自由法国的埃尔韦·阿尔方，此人罕见地将对戴高乐的崇拜和对莫内的友谊结合在了一起，并且，他曾在20世纪50年代强烈地支持欧洲防务共同体。一名对戴高乐的反美主义倾向极为不满的外交部官员在1966年法国脱离北约时，秘密地为普莱文写了一篇演讲稿，借普莱文之口在议会谴责了这一决定。[24]然而，随着时间的推移，由于坚定的反对派被边缘化，外交部的"戴高乐主义"色彩变得越来越浓。[25]

无论他们对戴高乐持什么保留意见，所有在任大使都承认——即便这种承认出于不情愿——他是一位国际巨星。他们对戴高乐在对外访问时展现的身体和心智方面的活力惊讶不已，尤其是他完全凭记忆背诵自己写的长篇演讲稿的能力。作为经历过第二次世界大战并依然活跃于政治舞台的最后一位"巨头"，他的这种历史地位确保了他无论走到哪里，都有大批民众涌上街头为他欢呼。他的表演天赋显而易见。他最喜欢耍的花招是用他所访问国家的语言（除非是英语）发表演讲——或是在演讲中插入部分这样的话语。让他的警卫们感到恐惧的是，他会出乎意料地走入人群之中，同他们握手，从肢体上感受大众的激情庆贺。据说，1960年，他在对美国进行国事访问期间所受到的欢呼之热烈，只有1951年归国英雄麦克阿瑟将军受到的欢呼可以匹敌。埃尔韦·阿尔方也许是法国最有经验的外交官之一，但就连他也被这次访问期间人们所爆发的热情彻底征服，以至于几天后他在翻阅日记时，觉得里面记载的是"一个追星女店员"的心声。[26]对戴高乐的各项外交政策都深表不满的外交部官员让-马里·苏图（Jean-Marie Soutou）在目睹了戴高乐于1959年对意大利的国事访问后，禁不住对他表示出几分钦佩之情："他的演讲非常精彩。像我这样的人怎能不觉得像是呼吸了新鲜空气，有种精神焕发之感呢？在我看来，戴高乐的演讲风格介于西塞罗和夏多布里昂之间，他把两人的风格杂糅到了一起。我并非无条件地崇拜这种风格，然而它扣人心弦，暗含有某种哲学、思想和事实。"[27]1962年9月，在戴高乐访问联邦德国期间，民众的热情空前高涨。一向对他持批评态度的《世界报》在报道这次访问时首先严肃地说，波恩人民给予了他"善意的欢迎"。两天后，它谈到，"人群冲过障碍，他们释放的热情让组织者大吃一惊"。最后，它报道说，此次访问"声势巨大，即便考虑到戴高乐将军的个性所散发的吸引力，它还是给人一种不真实的（fabuleux）感觉"。[28]

戴高乐在重新掌权后并没有对大使们进行清洗。唯一新任命的大使是驻联邦德国大使，因为原任大使莫里斯·顾夫·德姆维尔已被任命为外交部长。当时，外交官罗兰·德·马尔热里害怕与戴高乐会面。1940年，此人接受维希政府的任命，出任驻中国领事，这让戴高乐对他深感失望。1941年，戴高乐再次呼吁马尔热里加入他的行列，但后者没有响应。1958年5月戴高乐重新掌权时，马尔热里正担任驻梵蒂冈大使。三个月后，他见到了戴高乐，这是自1940年夏他离开伦敦以来两人的首次会面。从他对这次会面的叙述中可以看出，他心怀愧疚，而戴高乐则毫不宽容："'这些年来，我一直欠你一个解释，今天我就解释给你听。'从桌子那头传来对最后一句话作出的冰冷的回答：'我没让你解释什么。'"尽管如此，马尔热里还是滔滔不绝地把这个他已思考十余年的解释讲了出来。最后，戴高乐的态度缓和了一些："大使先生……不，我说的是罗兰·德·马尔热里，我确实在1941年联系过你……你在答复中对我讲了你的责任观。你的责任不是由你来判定的，而是由我来判定的……我信任你，你辜负了我，这是你的错。"[29]最终，两人冰释前嫌。戴高乐在让马尔热里感到羞愧难当后，又宽宥了他。这件事再也没有被论及，他们把谈话内容转到了梵蒂冈，这时，戴高乐展示了自己在教廷政治方面所拥有的渊博知识。不久，马尔热

二十二 追逐伟大（1959—1963年）

里升任要职，成为驻联邦德国大使。

尽管戴高乐对外交官这个群体缺乏信任，但他尊重外交人员的专业素养。他认为，如果给予大使们严格的指引，他们就能履行自己的职责。需要提供这种指引的人是戴高乐的外交部长顾夫·德姆维尔。顾夫与戴高乐相识于1943年，当时，他以一名吉罗分子的身份来到了阿尔及尔。他是一个令人敬畏的谈判者，对技术细节展现出无与伦比的精通，他镇定、谨慎、冷漠，是法国新教徒的缩影。没人知道他对戴高乐的那些颇为不切实际的想法有何深刻见地。他在诱导之下说出的最富批判性的评论是"将军是个冲动之人"。作为低调行事的艺术大师，顾夫成功地掩盖了戴高乐的一些相当戏剧化的姿态所带来的影响。他在部长会议上所作的关于外交事务的报告令人昏昏欲睡，使他的同事们觉得他们是在听普鲁斯特笔下的德·诺尔普瓦（de Norpois）的那套陈词滥调。在这波澜不惊的外表之下，顾夫展现了法国行政思想最令人恐惧的效力。

顾夫当了10年的外交部长，这使得他成为继路易十六治下的韦尔热纳（Vergennes）伯爵之后，担任这一职位时间最长的人。他是戴高乐亲手制定的各项政策的忠实执行者。不过，戴高乐也亲自参与了诸多外交活动。他定期接见他的大使们，并总是以历史讲座的形式给予他们各种指示。他的开场白通常是"你的意大利人/德国人/等等，现在在干什么？"——就好像任何一个大使本应具备的职业素养就是融入当地人之中。他还经常接见外国大使，并和外国领导人之间有着大量的通信往来。

从表面上看，戴高乐如今的性格已不像战争时期那般激烈、易怒。20世纪60年代，他在来访者面前呈现的是谨守旧式礼仪的慈父形象。这是他力图展示自信和伟大的一部分。外国领导人通常被安置在宏伟壮观的朗布耶城堡，正如戴高乐在回忆录中所写的那样，这里"坐落着几个我国的许多国王曾居住过的中世纪塔楼，穿过瓦卢瓦王室和波旁王室生活过的房间……我们的客人感受到了东道主亲切友好（bonhomie）背后的高贵和饱经沧桑背后的永恒"。[30]对于这位共和国君主来说，再也找不到比这里更好的地方来接待来访者了。在朗布耶，出于惯例，外国大使和领导人还会被邀请参加秋季狩猎。哈罗德·麦克米伦称这是一种"非凡而奇特的旧式礼仪",有点像"英王爱德华时代的狩猎"。戴高乐从来不参加,但是,他总在最后一轮现身,并跟随在离自己最近的一名猎手的背后——无论中招的是谁,这都是一次令人不安的经历。这时,他们通常会放慢步伐,戴高乐则安慰道:"我觉得你打不中。"[31]欢迎外国领导人的招待会是在凡尔赛宫举行的。戴高乐还斥巨资对凡尔赛宫附近的大特里亚农宫进行了修缮,从而使它能够以符合法国伟大特性的风格出现在外国领导人面前。他对谁能获邀来到凡尔赛宫十分谨慎。[32]当别人问他为什么要把这项荣誉授予卢森堡女大公,而不授予摩洛哥国王时,戴高乐回答说:"我在凡尔赛宫只接见古代王朝的君主。"[33]这是他对礼仪细节极其关注及尊重君主制原则的一个表现。

在庄严、温和的外表下,戴高乐始终是个多疑而警觉的法国利益守护者。此前经常对戴高乐作出误判的皮尔逊·迪克逊逐渐成了一个老练的观察家。在经历过惨痛的教训后,他于1962年11月给英国外交大臣写信说:

> 他就是法国政府。我和我的工作人员必须花时间收集和分析有关他心理状态的信息。大众、记者、官员及部长给我们提供了各种各样的解释。他们和我们必须凭直觉去猜他要干什么或他在想什么。他是无数故事、笑话和谈话的主题。那是他所希望的。他相信神秘。甚至有些引文可能是虚构的……他不具备基督教的怜悯和谦卑的美德。他缺乏宽容、不讲道德、报复心强、心胸狭隘、忘恩负义,但是,身边有一批诚实能干的人以极大的忠诚为他效劳。当他选择的时候,他会展现出一种非凡的魅力。他的部分魅力在于他知道如何以一种欺骗的方式来利用他古怪的举止和外表。他有一种无可挑剔的气派……他在作出决断时冷酷无情。[34]

两年后,当新任外交大臣帕特里克·戈登·沃克(Patrick Gordon Walker)上任时,迪克逊补充了自己的分析:

二十二 追逐伟大（1959—1963年）

人们必须小心翼翼地接近他，同时要认识到，他总是试图利用他人来为自己谋利，并且他常常是以高超的技巧来做这件事的……毋庸置疑，将军才智不凡，并对世界问题有深刻洞见……想要说服戴高乐将军做那些他不想做的事，或是不要做那些他已决定要做的事是徒劳无益的。人们最多能做到的是让他觉得：若改变主意将对他有利。正是由于这个原因，同他讨论某事比较费力，除非你只对他的观点感兴趣。然而，让事情变得更复杂的是，他通常不是想什么说什么，而是说一些让别人觉得适合他说的话，或是说一些他希望别人传出去的话（他认为自己对别人说的任何话都会传出去，因而把最深的秘密留给自己）。对于向不同的人说不同的话这种事，他一点也不担心……坦率地讲，他常常不说真话……然而，在他面前，你几乎不可能想到他或许是在试图欺骗你。特别是当他试图这么做时，他的魅力特别大——虽然有点古怪和老套。只要你不同他发生过多争论，和他谈话还是非常愉快的……他常常把惊人的坦率和他那精心谋划的欺骗行为混在一起……在他看来，国际关系是一场规模巨大的比赛，而他则是其中的一名优秀选手。[35]

戴高乐的外交风格之所以如此令人困惑，原因在于他把公开透明和秘而不宣混杂在了一起。在他每年固定举行的两次新闻发布会上，他会就国际政治和历史讲一些令人深刻印象的话，并抛出几个挑衅性的词汇以取得引人注目的效果（比如说，1962年他嘲讽性地提到了欧洲的沃拉普克语和世界语）。然而，他会实施何种政策则常常笼罩在神秘之中。世界上没有哪个领导人会比他花更多的时间公开地阐释其对世界的看法，但也没有哪个领导人的看法比他的更难理解。当法国与美国的关系特别低迷的时候，一名白宫官员宣称"在戴高乐主义盛行的法国所处的工作状况与在苏联没什么不同，我们都必须通过一些象征性的细微动作辨别出政策上的重大转变"。据说，中央情报局在戴高乐的亲密顾问中安插了一个线人，然而，由于他最亲密的顾

第四章 共和国的君主

问也常常对他的计划一无所知,因而,这个线人几乎没起到什么作用。[36]迪克逊的前任——对戴高乐的多重面目有所了解的格拉德温·杰布在1958年9月对这个问题巧妙地总结道:"在过去,将军似乎粗鲁无礼、尖酸刻薄;如今,他彬彬有礼,和蔼可亲,并完全让人捉摸不透。"[37]

"越来越惹人厌烦"

人们对1958年9月的备忘录读得越多——正如他后来所说,戴高乐已在其中"提出要求"——似乎越会觉得它"完全让人捉摸不透"。就像经常在戴高乐身上发生的那样,看似清澈的东西越被仔细审视就变得越浑浊。[38]这意味着只有他才能判断自己的要求是否已得到满足。在这份简短的文件中,他曾多次提到"北约"和"大西洋联盟",但它们并非完全相同。人们常说,他在备忘录中提议建立一个大西洋"理事会"(directory),但在这份文件中根本没出现"理事会"这个词,而提到了"有组织的磋商"。这种"有组织的磋商"是要独立于北约的现有框架,还是要与之相配合以创建一个双层级组织呢?无论戴高乐真正想要的是什么,到1958年底,没有任何实质性举措博得他的欢心。杜勒斯说,他变得"越来越惹人厌烦"[39]。

我们可以用"越来越惹人厌烦"来形容戴高乐未来三年的行为——不过,仅是"惹人厌烦"而已。法美关系一度很紧张,但从未接近破裂。即便如此,人们也不可能对担任驻美国大使的阿尔方心生艳羡,因为他要"不断地前往国务院,或是传达我们的抱怨,或是听取他们的抱怨"[40]。在1959年5月和10月的两封长信中,戴高乐提醒艾森豪威尔,他在备忘录中提出的问题——一方面是北约的有限职权,另一方面是法国和英美两国之间的不平等待遇——仍未解决。[41]美国政府的回应可以被称作是一种"中庸之道":在能接受的范围内,设法让戴高乐满意;若不能接受,就避而不谈相关问题。[42]美国人的建议是,定期举行大使级别的三方会谈,并像伦敦和华盛顿之间那样,在巴黎和华盛顿之间也建立起专线联系。这是一个开始，每当戴高乐认为他人未征询自己的意见时，他依然很容易动怒，就像1960年8月刚果爆发内战时那样。[43]

1960年9月，艾森豪威尔在会见麦克米伦时称，自己"困惑"于戴高乐真正想要什么，因为当提及具体问题时，他"只是沉默不语"。他想知道戴高乐的顾问们是否建议他不要把自己的想法写在纸上，"这将使局势无法挽回，因为戴高乐会发现在这种情况下很难作出妥协"[44]。如果说艾森豪威尔自称"困惑"，那是因为问题的核心不在于"理事会"，也不在于"磋商"。戴高乐真正关心的是北约一体化军事指挥体系，以及法国拥有自己的核威慑力量的雄心。1958年，在杜勒斯与戴高乐举行首次会面之前，有人提醒杜勒斯说："特别难以作出解释的是，我们为什么不向法国提供和我们打算提供给英国的同样多的核资料。"[45]这是美国不愿多谈的一个话题。

1960年4月，法国第一颗原子弹爆炸。随后，法国又进行了多次核试验。这是建立一种能充分发挥作用的核威慑力量的第一步。当年秋季，政府推动议会通过了一项发展核武器及其运载工具的五年计划。法国当然可以从美国在导弹运载系统或弹头技术等方面提供的援助中获益，尽管戴高乐在官方层面从未乞求得到这种援助，但他不会拒绝美国主动给予的援助。然而，美国政府以《麦克马洪法案》为挡箭牌，不愿提供援助——该法案限制核领域的合作，但自1957年起英国却被区别对待。在与艾森豪威尔的一次会谈中，戴高乐忍不住说道："这个《麦克马洪法案》！……你说让我知道某些事情是危险的，但苏联的无数下士都已经知道了这些事情。"[46]

在那份备忘录发布后的三年，局面没有发生什么大的变化。当时，戴高乐没有推动事态进一步发展。他的双手仍被阿尔及利亚危机和围绕柏林地位而引发的冷战紧张局势所束缚。同时，他还要冒这样的风险：过于公开地挑战美国，可能会让他的欧洲盟友感到不安。而此时他正试图说服他们接受他的计划，即让法国领导一个在政治上组织严密的欧洲。

第四章 共和国的君主

政治上的欧洲

戴高乐对欧洲的态度比表面上看起来要复杂得多。尽管他反对超国家主义，但在接受《罗马条约》后，他就决心要使之为法国服务。该条约曾设想成立一个名为"共同农业政策"（Common Agricultural Policy）的组织进一步松动工业方面关税的壁垒。这一举措意味着欧洲农民有望迎来一个受保护的农产品出口市场，鉴于法国的农业部门规模庞大但效率低下，因而它对法国具有特殊意义。这一点与德国发生了冲突，因为德国是一个粮食进口国，它青睐于较低的农产品价格。《罗马条约》假定过渡到共同农业政策的时间不会早于1970年。戴高乐决定加快步伐。该条约的一项条款规定，第二阶段降低工业关税壁垒的举措必须得到成员国的一致同意才能推行。戴高乐威胁说，除非各成员国就共同农业政策也达成某项协定，否则他不会同意实施上述举措。当为建立共同农业政策的谈判在布鲁塞尔紧张进行时，法国出于实际需要站在了欧共体委员会（European Commission）的一边，而后者正是超国家主义——据称，戴高乐对此强烈反对——的缩影。该委员会热切希望采取一切措施来推动欧洲的统一大业；法国则乐意接受能增强该委员会权力的政策——只要它可以扩大法国的利益。[47]

在尽可能地从欧洲榨取经济利益的同时，戴高乐也提出了他对欧洲政治的构想。1959年，他在访问意大利期间，首次谈到了这个话题。[48]第二年，他决定利用自己与阿登纳的亲密关系。自从使出1958年邀请阿登纳前来科隆贝的妙招后，戴高乐一直在孜孜不倦地取悦这位联邦德国总理。持续不断的柏林危机帮了他的忙。他认为，苏联人是在虚张声势，他们无意为柏林开战，西方世界不应被吓倒。[49]这与力图缓和紧张局势的美国人和英国人的立场形成了鲜明对比。1959年3月，麦克米伦甚至亲自去了莫斯科一趟。尽管他声称这是履行一项"侦察"使命而非"谈判"使命，但阿登纳对此深感震惊。事实证明，戴高乐关于赫鲁晓夫将会让步的预测是正确的，他的坚定立场为他赢得了阿登纳的信任。由于一旦爆发冲突，美国会

二十二 追逐伟大（1959—1963年）

最先站出来，因而他不用为自己的强硬姿态付出任何代价。法国和德国这一方在私下嘀咕说，英国正准备搞一场针对柏林的"慕尼黑阴谋"。戴高乐在这方面表现得游刃有余。

戴高乐与阿登纳的关系并非一直很好。在融洽的表象下，阿登纳对这位法国领导人渐渐起了疑心。1959年3月25日，戴高乐在新闻发布会上宣布支持德国的最终统一，这让阿登纳深感欣慰。由于德国统一前景渺茫，因而戴高乐不用为此付出什么代价，几个月后，他在私下对艾森豪威尔说，他"不急于"看到它实现。[50]让阿登纳不太高兴的是，戴高乐同时表示，统一的前提是需要尊重德国"当前"的边界线，也就是说，1945年之后所划定的德国与波兰的边界线奥德河-尼斯河线（Oder-Neisse Line）维持不变（但德国从未正式承认过这条线）。与其他欧洲领导人一样，他对戴高乐在1958年那份著名的（据说是秘密的）备忘录中所提出的构想——法国有权享有一种世界特权地位，而德国则与此无缘——也感到愤愤不平。法国的第一颗原子弹爆炸后，阿登纳问法国大使赛杜（Seydoux）："我想知道你们要拿原子弹对付谁。"[51]同样让这位联邦德国总理感到气愤的还有米歇尔·德勃雷于1960年春在议会的发言，后者宣称，只有有核国家才在世界事务中享有发言权，其他国家实际上都是卫星国。德国属于哪一类是显而易见的。1960年7月，他将与戴高乐在朗布耶举行会晤，在此之前，阿登纳已陷入对他的极度不信任之中。

戴高乐竭尽所能地想重塑在科隆贝形成的友好氛围，他甚至在朗布耶抛出了这种观点，即德国有朝一日可拥有自己的核武器。一些历史学家以严肃的态度来看待这种话语，不过更有可能的是，它是戴高乐在口头上作出的一种华而不实的承诺，他无须为此承担任何责任。他在上台后采取的第一个举措就是终止与德国和意大利在核能合作方面的对话。[52]当阿登纳的忧虑之情在朗布耶得以稍稍缓解后，戴高乐向他提交了一份关于组织欧洲的九点备忘录。它建议欧洲各国政府定期举行会议，由各国专家组成的联合委员会负责筹备。从长远来看，它设想由各国议会的代表组成一个咨询议会。这是戴高乐为绕开布鲁塞尔的超国家主义机构而建立一个"政治

第四章 共和国的君主

上"的欧洲所作的最雄心勃勃的尝试。其中第四点最具争议:

> 我们要终止当前大西洋联盟所包含的那种美国的"一体化",它与因自身个性和观点而据有某种国际地位的欧洲的现状是相悖的。大西洋联盟必须建立在新的基础上,而欧洲应该就这种新的基础之上提出建议。[53]

"个性"这个词是戴高乐主义中那些含义模糊的术语之一,它可以指任何东西。但在两个月前的一次演讲中,戴高乐同样提到了建立欧洲防御体系的想法。这才是他的野心所在。[54]

由于朗布耶会谈进行得很顺利,因而戴高乐第二天鼓励顾夫要"趁热打铁"。[55]似乎已接受戴高乐关于将来建立"政治上"的欧洲这一观点的阿登纳在回到波恩后,迅速改变了主意。[56]问题在于,联邦德国的外交部和德国公众对戴高乐的看法比他本人更为谨慎。在这种情况下,戴高乐令人不安的魔力失去了效力。我们还必须记住,如果戴高乐是在利用阿登纳从而使欧洲摆脱美国控制,那么狡猾的阿登纳也在一定程度上利用戴高乐的威胁来迫使美国在保卫欧洲、反对苏联方面作出更大的承诺。[57]

在提出"趁热打铁"的想法后,戴高乐于几周后对德勃雷说,我们需要"缓一缓",不要"火上浇油":

> 目前,我们要让局面处在这种文火慢炖的状态中,而不是试图再添一把火……我后悔自己对阿登纳总理讲了过于坦率的话。我以为他比实际上更像一个欧洲人。同时我们也要减少对宣扬超国家主义的组织团体的反对……如果我们成功地创造出一个基于各国合作的欧洲,那么此类团体事实上就会被晾在一边。[58]

为了让阿登纳继续支持自己,戴高乐准备退让。他向这位总理保证,根本不存在"使美国远离欧洲防务"的问题。[59]1961年2月,在与阿登纳

二十二 追逐伟大（1959—1963年）

再次举行会谈时，他嘲笑了对方对美国的怀疑情绪，并转弯抹角地说，虽然美国人现在似乎很关心欧洲，但鉴于他们在世界其他地方所需承担的义务，也许总有一天它会"在他们眼中显得陌生"。[60]

1961年2月，六国代表似乎取得了足够的共识，他们同意成立一个由戴高乐主义者克里斯蒂安·富歇（Christian Fouchet）担任主席的委员会，以制定走向政治联盟的具体建议。戴高乐想的是建立一种制度化的国家"协调"机制，以便定期举行会议讨论外交政策和防务问题。[61]尽管较小的国家——特别是荷兰——对任何类似法德两国控制的事物，或对大西洋联盟构成威胁的事物都表示怀疑，但在1961年底，一项协定似乎趋于达成。1962年1月13日，法国外交部在1961年会谈的基础上为富歇委员会制订了一项方案。该方案建议六国在文化、外交政策和国防方面进行制度化的合作，并保证这不会威胁到大西洋联盟的主导作用。当戴高乐于1月17日拿到这份草案时，他作了几处最后的修改——删掉与大西洋联盟有关的所有语句及对北约所有承诺。由于外交部的这份文件代表着戴高乐的伙伴们所能接受的上限，因而戴高乐的修正案使人大为惊愕。为了避免被正式拒绝，富歇中止了会谈。

人们只能猜测，为什么戴高乐似乎搞砸了他声称想要的政治联盟。或许，外交部的草案作出了太多他不能接受的让步；或许，仅仅在三天前签署的一份关于共同农业政策的协议让戴高乐觉得他不必再小心翼翼地对待他的伙伴们了；[62]或许，法国在共同农业政策问题上取得的成功使戴高乐觉得他可以对他们予取予求。还有一种可能是，这是法方内部相互误解的结果：外交部的官员们不相信他们可以对戴高乐的修正案提出挑战，然而，意识到这份修正案可能会使谈判破裂的顾夫·德姆维尔却以为外交部会把自己的反对意见告知总统府。[63]一名参与谈判的法国外交官（反戴高乐主义者）曾提醒富歇说这份修正案可能无法通过，结果他声称自己碰了一鼻子灰——富歇回复他说，这只是"细微的改动……它们直接出自将军对法语纯洁的关心，在这方面，他是最杰出的大师之一"[64]。

戴高乐搞砸自己的计划的原因是他的失策，而非他有意为之，这从之后两个月发生的事情上可以看出：在会见阿登纳和意大利总理范范尼

第四章 共和国的君主

（Fanfani）时，戴高乐拼命想挽回他的干预带来的灾难性后果。他告诉阿登纳，自己准备再拟定一份包含"超国家主义"和大西洋联盟的文本。[65] 法国最终提交的草案与戴高乐此前修改的草案并无太大差别。一切为时已晚。戴高乐已失去他的伙伴们的信任。他那份最初的修正案暴露出了太多他反对大西洋主义的意图（这从来不是隐秘的意图）。1962年4月17日，荷兰和比利时政府否决了新修订的富歇计划。从此，戴高乐似乎对之已失去兴趣。在接下来的那个月，他发表了一番挑衅性的言论，谴责了讲沃拉普克语或世界语的欧洲。7月，当意大利政府表露出想要重提"建立一个政治上的欧洲"这种理念的迹象时，戴高乐兴致索然，"从战术上讲，对此表现出急切的盼望之情是不好的。我们必须抑制贝拉尔先生（法国驻意大利大使）愿意不惜一切代价进行谈判和达成协议的倾向，这种倾向是他从当今掌权的另一伙人那里学来的"——这是一种针对外交部的典型的饱含戴高乐主义色彩的抨击。[66]

"宏伟计划"

到目前为止，戴高乐还没有实现他那加入两强俱乐部或管理六国俱乐部的企图。然而，他在迫使他的伙伴们去重新思考他们的战略和承担的责任。尽管出于私利，但他对1949年成立的那个联盟是否依然适用表示疑问是合乎情理的。那个时候，美国在世界事务中享有几乎是历史上独一无二的主导地位。不过，当戴高乐重新掌权时，美国的霸权正变得不那么绝对：苏联如今已拥有核武器；经历过战争劫难的欧洲正在恢复实力和信心；美国正遭受着严重的国际收支困难——这在一定程度上是帝国的过度扩张造成的。自20世纪40年代后期以来，美国人视国际关系为一种"伙伴关系"，在这种关系中，某个伙伴实际上是至高无上的主宰者。戴高乐借鉴的是一种基于平衡和均衡理念的国际关系模式。用亨利·基辛格——他当时是哈佛大学教授，其处女作研究的是梅特涅时代的欧洲外交——的话

二十二 追逐伟大（1959—1963年）

来说，戴高乐对美国的挑战"提出了大西洋合作性质的哲学问题，从某种意义上来看，这一哲学问题演变成了对欧洲领导权的争夺，对于美国来讲，它演变成了对欧洲外交历史风格的重新认识"[67]。

为了应对这些问题——以及戴高乐这个麻烦人物——英美两国政府制订了他们的"宏伟计划"（Grand Designs）来同戴高乐的计划相抗衡。"宏伟计划"是麦克米伦于1961年1月起草的一份著名文件的标题。他认为，未能从外部削弱欧洲共同体的英国需要加入其中。为了得到戴高乐的支持，他准备向美国政府求情，使其为法国提供核援助。一旦进入欧洲，他的计划是英国将努力对抗法国的反美倾向。1961年7月，英国宣布有意加入欧洲共同体。

在美国，1961年1月上台的总统约翰·肯尼迪促使国务院起草了一份"对法新方针"的文件。这份文件的首要思想是对核扩散的担忧：如果允许法国拥有核威慑力量，未来将很难阻止欧洲其他国家，特别是德国，也拥有自己的核威慑力量。为了应对这种危险，美国政府提议创建北约的多边核力量（艾森豪威尔担任总统时就已在酝酿）。然而，由于美国将保留对使用这种武器的最终否决权，因而多边核力量计划并未使欧洲国家获得平等地位。肯尼迪计划的第二个要点是抛弃所谓的"大规模报复"政策——苏联对欧洲的攻击将引发美国对苏联的攻击——赞成"逐步地"或"灵活地"作出回应，包括首先派出常规部队。它的第三个要点是通过支持英国加入欧洲共同体的申请来鼓励欧洲进一步走向联合。它认为，一个更为协调一致的欧洲能够成为新型"大西洋伙伴关系"中的平等伙伴，并承担更大的防务重任。

美国和英国的"宏伟计划"并非完全互补。麦克米伦看到的是，加入欧洲共同体是使英国成为欧洲和美国之间享有特权的伙伴——也就是"桥梁"——的一种方式；美国人看到的是，与欧洲的伙伴关系将使英国不再享有特权。多边核力量计划的逻辑是，英国最终要以其独立核力量来换取合并后的多边核力量成员资格。这是英国不能接受的，并且，它有悖于麦克米伦和法国做核交易的初衷。至于美国人有关同欧洲建立新型"大西洋伙伴关系"的说辞,它很难掩盖这样一个事实,即这依然是一种不平等的伙伴关系,因为美国保留了对使用核武器的最终否决权。这些矛盾为戴高乐施展手段提供了充足的机会。

戴高乐确定新组建的肯尼迪政府已注意到了他于1958年9月发出的那份备忘录。[68]鉴于肯尼迪执政时期美国的政策更具活力,因此法美关系不可避免地会比艾森豪威尔执政时期更加紧张。艾森豪威尔总是对戴高乐怀有一丝敬畏之情——他经常在谈话中回忆起1944年戴高乐拒绝撤离斯特拉斯堡时的那个重大时刻——并对他的核野心怀有一种隐秘的同情。1959年,他对驻欧美军总司令劳瑞斯·诺斯塔德(Lauris Norstad)说:"为戴高乐说句公道话,要是情况完全相反,我们会作出和他一样的反应。"或者,正如他在另一个场合所说的那样:"这就像我们一开始是用弓箭作战的,后来我们得到了手枪。不过,我们不愿意把手枪送给盟友,尽管我们共同的敌人已经有了它。"[69]

存在着英雄崇拜倾向的肯尼迪对戴高乐着迷的原因是,他是这个世纪杰出的政治家之一——在将军赢得1962年选举后,他甚至询问美国驻法大使馆的工作人员,在这次选举中是否有经验可供他自己参考。[70]然而,实际上他是把戴高乐当作旧时代的人物来崇拜的。他的团队由一群聪明的、心怀理想主义的年轻顾问构成,他们相信自己正在让世界变得更美好、更光明。肯尼迪的欧洲事务顾问乔治·鲍尔(George Ball)极为崇拜莫内并敌视戴高乐。鲍尔后来在回忆录中写道,他认为戴高乐既是一个"出色的演员",留下的"只是一些传说和转瞬即逝的剧目";又是"20世纪的堂·吉诃德,力图维护旧风俗和恢复旧传统"[71]。鲍尔在反戴高乐主义时会走向极端,不过总的来说,肯尼迪政府对戴高乐表现出强烈的不耐烦,与艾森豪威尔表现出的那种令人不解的疲惫感形成了鲜明对比。

在肯尼迪首次访问欧洲前,戴高乐和阿登纳讨论了他会是一个什么样的人。他们一致认为,似乎"在他的政府中有许多自命不凡的家伙"[72]。在肯尼迪出发前,关于戴高乐的情况,麦克米伦给了他一些慈父般的忠告:"与戴高乐将军的谈话很难进行。他有着非凡的语言能力,不过由于他不

二十二 追逐伟大（1959—1963年）

喜欢被直接回绝，所以有时候他会把他的想法以一种相当隐晦的形式表达出来。然而，他很快就能领会别人的意思。"[73]作为一场公共关系活动，肯尼迪在1961年6月的访问取得了极大成功——他那会讲法语的妻子杰奎琳的魅力对此起到了帮助作用。戴高乐在回忆录中称他们是"一对极富魅力的夫妇"。他对肯尼迪作出的较为深思熟虑又略显傲慢的评价是，他的"理想主义驱使他开展了一些不够深谋远虑的干预行动。不过，作为一个政治家，他的经验无疑会逐渐抑制理想主义者的冲动"[74]。这就是1961年6月戴高乐在巴黎遇到的"理想主义者"。不出所料，双方争论的焦点是多边核力量计划和"灵活反应"理念。戴高乐对肯尼迪说，后一种政策的逻辑是"西欧和中欧将分别被苏联和美国的战术核武器毁灭，而苏联和美国则毫发无伤"。肯尼迪说，由于西欧和北美的安全密不可分，因而美国提供的安全保障是值得信赖的。戴高乐答复道：

> 既然你这样说，总统先生，我信任你，不过，还有一个问题是，美国将在什么时候考虑使用核武器呢？有人说美国将打算提高使用核武器的门槛。这极有可能意味着美国已决定在任何情况下都不会使用核武器。那么，什么时候使用它们呢？

在肯尼迪看来，对法国的核力量也可以说出同样的话，戴高乐说："莱茵河比大西洋窄得太多，因而，法国认为自己与德国防务的关系比与美国防务的关系更紧密。"[75]在两人随后的通信中，肯尼迪说出了自己反对法国拥有核威慑力量的其中一个原因——"我们可能无法应对因德国人要求平等对待而出现的某种沉重压力。不过，不让德国拥有自己的核武器是很有必要的，原因在于，记忆太深刻，恐惧太真实"[76]——这更是激怒了戴高乐。他用刻薄的言辞答复道：

> 我觉得像你们这样的拥有此类手段的大国不愿意把这种秘密与他国甚至盟友分享是完全自然的。然而，无须讨论你告诉我的对此

第四章 共和国的君主

拒绝的理由——当你们向法国提供这方面的援助时，没办法拒绝德国也要获得这种援助的请求——我认为，站在法国的立场上看，考虑到过去50年发生的事情，你们不会有同样"深刻的记忆"和同样的"恐惧"——它们足以使你们最终拒绝向德国人提供援助的。[77]

美国对欧洲的新方针为戴高乐和阿登纳之间关系的发展提供了有利条件。多边核力量计划对德国很有吸引力，因为这为它提供了进入核大门的机会，但"灵活反应"战略理论似乎是朝着另外的、远离美国对欧洲防务承诺的方向迈出的一步。阿登纳还对美国对1961年8月柏林危机再度升级——当时，苏联人修建了一堵墙以阻止难民大批涌入西方——的反应感到担忧。肯尼迪政府表现出了一种令人忧虑的、希望通过谈判就柏林问题达成一项协议的迹象，这为戴高乐利用阿登纳的不安全感提供了又一个机会。

如果说戴高乐如此轻易地就接受了富歇计划的失败，那是因为他一直认为加强同德国的双边合作是一种退路。[78]1962年7月，阿登纳对法国进行了为期六天的正式访问。没有哪个外国访客前往戴高乐治下的法国时受到过如此隆重的接待。戴高乐亲自来到奥利机场迎接他，这是一种通常只有国家元首才能享受的荣誉。凡尔赛宫和巴黎市政厅举行了盛大的招待会，巴黎歌剧院也举行了盛大演出。最具象征意义的事件是两人出席了在兰斯大教堂——它在一战中曾遭到过严重的破坏——举行的弥撒。在经历了科隆贝的私下示好后，这次更像是一场公开约会。唯一让这次访问蒙上阴影的是，街道上几乎空无一人，法国民众对此似乎漠不关心。在会谈中，两人一致认为，在目前阶段六国政治联盟似乎难以实现的情况下，法国和德国将通过签署一项双边协议以推动这一进程。

在接受阿登纳的访问之后，戴高乐于9月对联邦德国进行了一次极为成功的回访。《明镜周刊》（Der Spiegel）评论道："戴高乐以法国总统的身份来到德国，又以欧洲皇帝的身份回去。"[79]回到法国后，戴高乐给他的姐姐写信说："从民众的拥护和热情来看，这令人难以置信。人们将长时间地谈论这种轰动的情形。"[80]他并没有夸张。他用德语发表了许多演讲来取悦民众。他在波恩宣称"Sie sind ein grosses Volk"（你们是伟大的民族）；戴高乐在发表于汉堡军事学院的演讲中表达了对德国军事实力的敬意，鉴于他本人以往的历史，这引起了特殊的共鸣。戴高乐似乎是在把他的宽恕给予德国人。阿登纳的传记作者称，在希特勒之后，还没有人像这样对德国人发表过演讲；阿登纳自己也在想，戴高乐有点像是一个"元首式"的人物。[81]当一名英国记者向顾夫表达同样的观点时，他认为这没什么问题："德国人应该迷恋某个像戴高乐这样的人，这是一件好事，就像他们迷恋希特勒是一件坏事一样。如果德国人迷恋戴高乐，法国能把这种迷恋引向正确的方向。"[82]

"吉卜林的英国已死"

在戴高乐竭力讨好阿登纳时，关于英国申请加入共同市场的谈判已经开始。各成员国代表在布鲁塞尔花了超过18个月的时间来探讨谈判的技术性方面的问题。但在同一时期，戴高乐和麦克米伦也举行了四次长时间的会谈，其中英国的申请是讨论的中心议题。这两个于1943年在阿尔及尔相识的日益年迈的政治家有诸多相同之处。两人都曾在第一次世界大战的战壕中战斗并负过伤；两人都喜欢用宏大的历史思辨来粉饰自己的政策。

麦克米伦似乎认为，1943年在阿尔及尔的六个月，他不仅赢得了戴高乐的友谊，而且对他的心理有了特别的了解。1959年，面对艾森豪威尔表现出的挫折感，麦克米伦以一种屈尊的无奈语气——他把他们都看作是戴高乐的资深观察家——对艾森豪威尔说："根据以往的经验，你我都知道，他在一种情绪下多难以相处，而在另一种情绪下又多和蔼可亲。"[83]1960年3月，他与戴高乐在朗布耶举行了长时间的会晤。会后，他在日记中写道，他们的谈话"亲密无间，并且至少在我看来是亲切友好的"，"恢复了我们往日的情谊"。如果他能够把"至少在我看来"这一限定前提铭记心头，那将是一个明智之举。麦克米伦正确的判断是：1943年，他将英国方面能提供的最大的帮助给予了戴高乐；但他错误地以为，这在戴高乐看来将会有所不同。感恩——尤其是事关国家关系之间的感恩——不是戴高乐的专长。他很可能享受自他们首次会谈后所发生的那种角色转变：施惠者麦克米伦成了乞求者麦克米伦。尽管麦克米伦总体上持有乐观情绪，但在3月于朗布耶举行的会谈中，他也注意到了一些警示信号：

> 我刚好看完了最后一卷回忆录，就问戴（高乐），为什么他不断地重复着盎格鲁–撒克逊人的主题。除了总体上觉得他被排挤出盎格鲁–撒克逊人的会谈，以及嫉妒我与那位非凡的总统的亲密关系外，显然，一切源于战争……他再次回到了——在他顽固的头脑中——叙利亚、诺曼底登陆、法军在战争最后阶段的地位、雅尔塔，以及欧洲和其他地区的背叛等问题带来的所有纷争中。[84]

麦克米伦说得对，尽管戴高乐在国际事务中装腔作势地摆出一副权力政治的架势，但一丁点儿小事就能激起他对战争中所受屈辱的愤恨。理性的一面，他认为国家就是这样运作的，但感性的一面，他仍因这种记忆而饱受痛苦。他曾开玩笑地说，英国人把他安置在卡尔顿花园是因为这里是条"死胡同，只有穿过滑铁卢广场才能出去"[85]。戴高乐对英国怀有的敏感情绪被法国驻英国大使肖韦尔注意到了（绝非一个友好的见证者）。1958年，肖韦尔向将军建议——在他重新掌权后不久——他应该前往英国礼貌性地拜访一下麦克米伦（就像麦克米伦前来法国对他所做的那样），但这一建议遭到了拒绝：一旦当上总统，戴高乐将"威严地"前往伦敦。对于把麦克米伦邀请到科隆贝的这个建议，他笑着答复道，这所房子太不舒服了，不适合接待客人——尽管对于接待阿登纳来说，它似乎挺舒服的。1960年3月，在筹备这次国事访问的过程中（这是自1944年6月后，戴高乐第一次踏足英国），他比以往更加注重礼仪细节。英国人建议说，鉴于天气变化多端，他最好乘船而不是乘飞机来访，但这被他断然拒绝。他太在乎这次访问了，他对英国人保证说天气不会有问题的，一名官员对此评论道:"我只能这样假定,在他当前握有的特殊权力中,还包括对天气的控制权。"[86]肖韦尔建议戴高乐去拜访一下病中的丘吉尔,这起初遭到了他的拒绝,直到有人向他提出,这将以"戴高乐将军拜访温斯顿·丘吉尔"的形式进行,他才答应。肖韦尔费尽心力才说服戴高乐去参观卡尔顿花园,以此来表达他对英国人在战争中所提供的帮助的感激之情,然而,他坚决不肯去汉普斯特德——1942年他曾在那里待过。所有这些关于流亡生活的回忆都是不幸的。

同往常一样,这次访问赢得了大众的欢迎。大批民众涌上街头为这位归来的将军欢呼。他被授予了一项同时向议会两院发表演说的罕有荣誉。在讲话中他表达了对威斯敏斯特民主传统的崇敬之情,这是戴高乐式雄辩演说的杰作,众人对此钦佩不已。同时,让人感到惊讶的是,他居然能够凭借记忆发表一篇如此长和精巧的演说——与他提供给他人的文稿没有丝毫出入:

尽管自1940年以来,你们经历了最艰难的历史变迁,但这四位政治家,我的朋友温斯顿·丘吉尔爵士、艾德礼勋爵(他们见过面吗?)、安东尼·艾登爵士、麦克米伦先生,在这段不平凡的岁月里领导了你们的事业。因而,虽然你们缺乏精密制定的宪法条文,但凭借毋庸置疑的普遍同意,你们找到了确保民主时刻能够有效运作的手段,这既未招致野心勃勃者的过分批评,也未招致纯粹主义者的苛刻指责。[87]

戴高乐花了18分钟的时间探视了几乎完全昏迷的丘吉尔,他说,丘吉尔在临别时刻说的是"法兰西万岁"。由于他在《希望回忆录》的初期版本中记述的是"友谊万岁",因而我们无法确定哪个版本是真的。[88]在这次访问中,只有一个人的名字没有出现在获邀与戴高乐会面的名单中,这个人就是他的旧恩人兼对手斯皮尔斯。在戴高乐回到法国后,斯皮尔斯"在那张你开启个人事业——它使你又回到这里——的桌子上"写了封信,他在信中说由于没有收到邀请,他感到非常"难过"。戴高乐的秘书处起草了一封友好的回信,戴高乐将其毙掉了——原因在于他要删除所有的客套话("我亲爱的将军"成了简短无礼的"将军")。他在修改后的回信的结尾写道:"对于你和斯皮尔斯夫人,我在我的回忆录中写下了我认为适当和公正的话语。"[89]

在整个访问过程中,王室的影响显而易见。戴高乐回忆说,在与女王的私人会晤中,当女王就如何处理世界面临的问题征求他的意见时,他回答道:"在上帝给您安排的位置上,做真正的自己,夫人。我的意思是,要做这样一个人:有了她,由于您的合法性统治,您的王国将井然有序;有了她,您的子民就看到了祖国,并且,由于她的存在和高尚的品德,您的国家得以保持团结统一。"[90]不管这是否是他当时说的原话,这种语调流露的是他对英国君主制传统延续至今而怀有一种掺杂着羡慕、遗憾和嫉妒的情感。他认为,在漫长的历史中,英国是法国的世仇和历史上的重要竞争对手,然而,这种记忆被最近的一段记忆所覆盖:在他看来,英国已失去民族进取心,它成了美国的卫星国,这令人感到困惑。正如他在这一时期对佩雷菲特所说的那样:"1942年之前的丘吉尔是个伟人。之后,他似乎因付出太多而精疲力竭,他把火炬传递给了美国人,并在他们面前俯首帖耳。"戴高乐在谈话中总是会忆起这个情形:1944年6月4日,怒不可遏的丘吉尔咆哮道,在"欧洲和外海"之间需要作出选择时,他什么时候都会选择后者。[91]这就是戴高乐与麦克米伦进行一系列的会谈时,他所背负的精神包袱。

尽管麦克米伦在他的"宏伟计划"中设想核共享或许会成为针对戴高乐的诱饵,但这个问题在他们的双边会谈中最终没有起到什么作用。[92]1960年3月,在麦克米伦编订"宏伟计划"前,核共享问题首次在朗布耶的会谈中被提出。根据英国的记述,戴高乐曾问,鉴于美国拒绝在核武器方面提供任何援助,英国是否有可能"仅就运载工具提供帮助"。麦克米伦答复说,这会出现"一些复杂状况",虽然英国成功地使美国在《麦克马洪法案》的规定方面作出了让步,但未获得将此扩展到其他国家的许可。英国的会议记录写道:"戴高乐将军对此表示理解。"[93]戴高乐也许理解,但他肯定不满意,并且令人奇怪的是,在法国对这次会谈的记录中,没有提及这段对话。⁹⁴在麦克米伦看来，由于英国在发展核技术方面取得的"实质性进步"，它获得了《麦克马洪法案》的豁免权；麦克米伦或许希望说服肯尼迪把同样的豁免权赋予法国，因为它很快也会取得核技术的进步。这样一来，事态就有可能出现转机。但这一想法遭到肯尼迪的拒绝，他在1961年5月告诉麦克米伦，不能向法国提供任何核援助。由于麦克米伦在这方面无可施与，因而他在与戴高乐的四次会晤中所采取的策略是，强调英国对欧洲政治联合理念的支持，同时强调英国对戴高乐所反对的超国家主义的支持。戴高乐对此的回应是，把话题从政治问题转移到英国加入共同市场所面临的经济障碍上来。两人在一团和气中各说各的，随着希望似乎越来越渺茫，麦克米伦的语气变得越来越绝望。

1961年1月，当他们再次在朗布耶举行会谈时，面临的仍旧是这个局面。⁹⁵麦克米伦概述了他们对欧洲所持的共同看法，但戴高乐礼貌地浇灭了他的热情："如果我们让英国的农产品和英联邦的所有产出都进入共同市场，那么共同市场会被挤爆的。"麦克米伦尽力以某种方式说服自己，谈判进行得很顺利，"我认为我们取得了良好的进展，戴（高乐）放松、友好，似乎真的被我的话题吸引住了"。⁹⁶然而，很难看出麦克米伦在戴高乐最后的总结中看到了什么鼓舞人心的闪光点：

> 英国已决定向欧洲靠拢。他们准备翻开新的篇章……他认识到英国为第二次世界大战的胜利作出了重大贡献，并且美国的参战起到了决定作用。当时，权力已转移到美国人手中，英国极为明智地决定要和美国结盟，并认为这是影响美国政策的最佳方式。他清楚地看到英国并未彻底放弃这种政策……英国对欧洲的经济协定并不热心……他会建议英国等等看、慢慢来。

由于麦克米伦很着急，因而这不是他想听的内容。

接下来的会谈在1961年11月举行，地点是麦克米伦那幢位于苏塞克斯郡白桦果园的乡间别墅。戴高乐的来访给这个家庭招致了一阵骚动。由于时刻面临暗杀威胁,因而他去哪里都要带着血浆,并且还必须将它存放在一台特殊的冰箱中;大批警察把庭院围了起来,麦克米伦开心地注意到他们的一条狗"冲上去咬了《每日邮报》(Daily Mail)的一名记者的屁股"。除此之外,在这次会谈中就没什么令他开心的事情了。尽管戴高乐宣称自己对麦克米伦的欧洲主义宣言"印象深刻",但他还是重提了所有的技术难题——特别是关于英联邦的。他担心英国会带着"一群随从"陪着自己。[97]麦克米伦在这次会谈时比上一次要灰心丧气得多。他说顾夫是个"冷酷无情的新教徒",是一个只会按命令行事的"官员";德勃雷通情达理,但他是"忠诚的化身"。一切都取决于戴高乐:

> 这位法国皇帝……比我上次见他时更老、更爱说教,特别是更显高贵了……尽管他极为尊贵并极富魅力,但他对仆人和孩子以及其他人都很好……他显然听不进不同意见……他一遍遍地重复着自己之前说过的话……他说的是欧洲,但指的是法国……可悲的是,我们几乎在所有的事情上都同意戴高乐的观点。我们赞成欧洲政治联合……这是戴高乐所赞成的。我们是反联邦主义者,他也是。我们担心德国崛起,不愿意看到一个强大的德国,这些也是戴高乐的想法……但他的傲慢,他从法国的历史继承下来的对英国的仇恨……他对上次战争的痛苦回忆,最重要的是,他对法国怀有的极大的虚荣心……这些使他带着一种奇怪的"爱恨交织"之情——既欢迎我们,又讨厌我们。有时候当我和他在一起时,我觉得自己不再受这种情感的影响。然而,他又表露出那种厌恶和反感之情,就像狗改不了吃屎一样。[98]

几天后,戴高乐对阿登纳说,麦克米伦在表达想要加入欧洲的愿望时,不过是制造了一个"颇为感人的场景"而已。[99]麦克米伦不会从这种冷漠轻蔑的话语中发现什么鼓舞人心的东西。当时,比白桦果园会谈更重要的一件事是,戴高乐正在推动他的伙伴们就共同农业政策达成一项协定。

二十二 追逐伟大（1959—1963年）

他在会后告诉麦克米伦，他希望英国"有一天"可以像其他成员国那样依照"同等条件"加入共同市场——就在他正在努力通过共同农业政策使这些条件对英国来说变得不那么容易达到的时候。[100]

1962年6月，麦克米伦和戴高乐举行了第四次会谈，会谈地点是巴黎郊外的尚镇城堡，这座城堡的主人曾是蓬帕杜尔（Pompadour）夫人，自1935年以来归法国政府所有。[101]外交部在会前准备时对此制定的原则是，"拖延时间，并且，要让我们的真实意图产生一种令人担忧的不确定性"[102]。"令人担忧的不确定性"（worrying uncertainty）这两个词极富戴高乐主义色彩，尽管这条原则不是戴高乐制定的。麦克米伦——他称戴高乐正扮演着"一个庄严的君主的角色，他对这个曾经是敌手、如今是朋友的国家的代表们的态度和缓了一些"[103]——尽自己最大的努力要让戴高乐相信，英国变了："与成长于吉卜林[1]时代的老一辈人相比"（法国的会议记录将此翻译为"吉卜林的英国已死"），年青一代觉得自己"更像是欧洲人"；英国不"愿意成为美国的卫星国"。这些话似乎确实给戴高乐留下了一些印象，并肯定使他产生了稍稍的动摇之心，但他没有让步：

> 你们依然怀有强烈的成为一个岛国的情绪（sentiment insulaire）。英国面朝大海，有着更宽阔的眼界。它在语言、习惯和某些协议上与美国保持着密切的联系。你们在制定政策时会自然而然地寻求美国人的同意，因为你是个"世界人"……你们的加入将会改变一切。

麦克米伦仍存的希望是，如果就英国加入共同市场的技术性问题而举行的布鲁塞尔谈判取得成功，戴高乐将无法站出来反对他的欧洲伙伴们。要是他知道戴高乐在尚镇城堡会谈后主持召开了一场小型会议，那么他就不会这

---

[1] 吉卜林（Kipling，1865—1936），英国作家，1907年获得诺贝尔文学奖。其代表作为《丛林之书》《老虎！老虎！》。——编者注

第四章 共和国的君主

么乐观了。这次会议的目的是讨论法国要在布鲁塞尔谈判中采取什么立场。蓬皮杜的观点是，"英国在这件事上失败的话，于我们有利……由我们对谈判破裂负责是不可取的。最好让它陷入僵局"。戴高乐表示同意，但他担心英国最终可能会接受对他们提出的条件，"那就太让人恼火了"。[104]事实上，英国在国内农业游说团体和英联邦的压力下，无法采取妥协态度接受这些条件。当年秋天，布鲁塞尔谈判正如法国希望的那样陷入了僵局。[105]

结局

尽管核问题在麦克米伦和戴高乐之间的会谈中几乎没有起到任何作用，却给他们于1962年12月在朗布耶举行的最后一次会谈蒙上了阴影。六个星期前，当美国情报机构发现苏联在古巴领土部署的导弹后，世界已处于核灾难的边缘。10月22日，在苏联船只驶向古巴水域时，肯尼迪宣布对这里实施海上封锁。就在发布这项声明前，他走形式地和他的盟友商量了一下。老牌政治家迪安·艾奇逊（Dean Acheson）在肯尼迪发表讲话前六个小时抵达爱丽舍宫，与戴高乐举行了一次绝密会议。艾奇逊坦言，他是来通知而非商量此事的。但是，他说"盟友们"可就这项决定"广提看法"。戴高乐完美地扮演了模范盟友的角色。当艾奇逊提出要展示导弹发射基地的照片时，戴高乐起初拒绝观看，并表示"像你们这样的大国，如果缺乏确凿无疑的证据是不会采取行动的"。在看了这一证据后，他欣然表示全力支持。后来，当有人告诉艾奇逊他给人留下了很好的印象时，他说这"是路易十四对奥斯曼帝国苏丹的大使说的一句好听话"。美国人绝不会指责戴高乐的反应。[106]

危机结束后，令许多欧洲人感到不安的是，他们的安全——以及世界的安全——曾受制于苏联在加勒比海的一座岛屿上部署的导弹。要是危机出现在柏林的话，他们能相信美国人会像处理古巴危机时表现得那么坚决吗？麦克米伦对美国在作出决定前不同自己商量，而是在之后进行通知的做法感到很生气；戴高乐对此假装很生气，但暗自感到开心，因为他那关

二十二 追逐伟大（1959—1963年）

于这个联盟是一边倒的看法得到了证实。他语带威胁地对阿登纳说，这场危机应该会"为欧洲当前的政治运作和战略方针带来影响"[107]。

1962年12月中旬，戴高乐与麦克米伦在朗布耶举行了第四次，也是最后一次的会谈。核问题在会上被提及，但并非仅仅是因为古巴导弹危机。[108]在这次会谈后不久，麦克米伦将飞赴巴哈马与肯尼迪讨论英国核威慑力量的未来。因为，英国当前的核威慑力量即将沦为摆设。它早先已同美国签署了一份购买对方新型导弹"天空闪电"的协定。1962年11月，由于造价原因，美国突然宣布取消"天空闪电"的出售计划。这对英国来说是一个打击，它甚至危及了政府的生存。因此，麦克米伦计划与肯尼迪举行会谈以讨论英国可否购买美国的"北极星"导弹作为一种保底的选择。在朗布耶会谈时，麦克米伦将此事简要地告知了戴高乐。他同意戴高乐的观点，即每个国家都应该由自己控制本国的武器，但他同时承认，部署"北极星"导弹或许会使英国更加依赖美国。戴高乐肯定对英国面临的困境感到某种快慰。他比之前任何时候都更为直言不讳地说："我认为英国较以往变得更加欧洲化了。但是，从目前情况来看，我注意到英国还没有做好加入共同市场的准备。"接着，他再次追忆了1944年6月与丘吉尔会面时的情形。麦克米伦称戴高乐的这些话让自己"深感震惊，并深受伤害"。他在日记中写道，这是一次"极为令人沮丧的经历，当然，这个残酷的事实被在这次访问中无处不在的彬彬有礼的举止巧妙地掩盖了"[109]。据说，当麦克米伦向英国大使馆简要介绍会谈情况时，他的泪水在眼眶里打转。我们并不了解戴高乐是否知道这件事，但在接下来举行的部长会议上，当谈到麦克米伦时，他态度倨傲，"除了把伊迪丝·琵雅芙（Edith Piaf）的《别哭，老爷》这首歌送给他之外，我还能做些什么？"——他还允许佩雷菲特把这句话通报给媒体。这肯定是他故意说出的轻蔑话语。与此同时，戴高乐让佩雷菲特宣布1月14日他要举行新闻发布会。佩雷菲特问他是否已想好要说的话：

> 我当然想好了……首先我要一劳永逸地（vider）解决英国加

入共同市场这个问题。一劳永逸地！你懂我的意思吗？……这个问题已拖得太久。如果在某些时候一个人没有勇气说"不"，那他就会陷入困境……我们要找点乐子。"[110]

戴高乐下定决心要把事情说清楚有以下几个原因：首先，在赢得宪法公投和获得议会的多数席位后，他在国内的政治地位已无可撼动；其次，这是他和阿登纳的关系最好的时期，因而后者不太可能反对他拒绝英国加入共同市场的决定，不过时间紧迫，因为阿登纳已明确宣布他很快就会下台；最后，戴高乐担心英国会在当前举行的布鲁塞尔谈判中作出更多让步以达成协定，真是这样的话，就很难再拒绝它加入了。他总是怀疑谈判者有寻求妥协的倾向。在这种情况下，他就无须对此担心了。在听了布鲁塞尔谈判的英国首席谈判代表爱德华·希思（Edward Heath）的汇报后，麦克米伦于12月初在日记中写道："法国人在不惜一切手段、不分青红皂白地反对我们。他们冷酷无情。出于某种原因，六国集团对他们感到害怕……关键时刻将于1月或2月到来。这将是一场勇气和毅力的考验。"[111]他说得对——没有人比戴高乐更具勇气和毅力。

在1962年12月的朗布耶会谈和1963年1月戴高乐举行新闻发布会中间这段时间，麦克米伦在拿骚会见了肯尼迪。这是一次令人心怀忧虑的会面。尽管肯尼迪愿意将"北极星"导弹作为北约多国武装力量的一部分提供给英国，但麦克米伦担心这是一个诡计，目的是消除英国的独立威慑力，并将其纳入美国控制的多边核力量计划之中。麦克米伦只能把英美关系的公开破裂作为讨价还价的唯一筹码。肯尼迪最后同意，虽然"北极星"导弹将归北约所有，但如果英国的"最高国家利益"受到威胁，它就可以独立使用。两人一致同意，要向戴高乐提出同样的建议。

美英两国的大使向戴高乐通报了肯尼迪的提议。历史学家尚不清楚这项提议的具体内容是什么。到底是多国武装力量还是多边武装力量？造成这种混乱的部分原因是美国政府本身存在的分歧。1963年1月10日，乔治·鲍尔在巴黎对这项提议作了比最初看来更为多样化的解释。一些历史

二十二　追逐伟大（1959—1963年）

学家认为，戴高乐可能会接受这项提议，但这遭到了鲍尔的破坏；其他人则认为戴高乐错过了弄明白这些含糊不清的话语是何意思的机会；还有一些人认为，无论对这项提议作何解释，戴高乐都不可能接受。[112]最后的这个看法是最为可信的。除了戴高乐不可能接受背着他达成的任何协议之外，法国正在研制的核弹头类型——不像英国的那样——与"北极星"导弹并不匹配。就连从拿骚回来的麦克米伦都有点儿怀疑自己在接受多边核力量计划方面中了肯尼迪的"诡计"，[113]戴高乐对此更为怀疑也就不足为奇了。1月3日，他在部长会议上说：

> 像英国人一样，我们没有选择的余地。我们要搞出自己的东西……英国人认为自己保留了自主权，因为文本中有"如果最高利益受损"这句话。这就是一句空话。这是障眼法……防御系统是一种复杂、集中相互且关联的机制，它不是人们想撤销就能撤销的。[114]

戴高乐本可以让有关提供"北极星"导弹的讨论持续进行下去，但这为他正准备召开的关于英国申请加入欧洲经济共同体问题的新闻发布会提供了一件致命武器。即便以戴高乐的标准来衡量，1963年1月14日的这场新闻发布会也堪称一个精彩的剧目。它的部分效果出人意料。几天前，他向迪克逊保证说他在发言时会"谨慎小心"，但他并没有信守承诺。迪克逊对戴高乐的讲话中那种"不留任何余地的负面"基调深感震惊。他在后来向伦敦报告说，这就像生活在"卡夫卡的世界里……我们被自己的好朋友欺骗了"[115]。戴高乐的部长们同样震惊不已。对即将在巴黎发生的事情一无所知的法国农业部长埃德加·皮萨尼（Edgard Pisani），那天下午正在布鲁塞尔谈论"新西兰的黄油、冻肉和澳大利亚的野兔"，这时，他从一位外国同行那里听到了戴高乐正在巴黎讲的话，他对此将信将疑。[116]

戴高乐在新闻发布会上等于是说了两个"不"——一个是对英国加入欧洲经济共同体，另一个是对肯尼迪在拿骚会谈上的提议。除了戴高乐列

第四章 共和国的君主

举出的所有导致英国暂时无法加入其中的经济原因外——它的经济结构、与英联邦的联系等——《拿骚协定》还给了他一个把居于欧洲的英国描绘成美国的特洛伊木马的完美托词：

> 英国的加入将完全改变六国间已达成的全部安排、共识、补偿机制和规则，因为所有这些国家，像英国一样，都有着很重要的特性。如果英国加入进来，人们要考虑建立的就是另一个共同市场，并且，扩大后的共同市场还要面临同一群其他国家的经济关系问题，首先是同美国……可以预料，所有成员之间的团结……不会维持太久，并且它有可能会成为一个依附美国，并在美国领导之下的庞大的大西洋共同体。这绝不是法国所希望的，也不是它正要达到的目标，法国的着眼点完全在于建设欧洲。[117]

正如戴高乐曾对佩雷菲特说的那样，他找到了很多"乐子"。在两天后召开的部长会议上，他甚至没有提及这场新闻发布会，只是顺口说了句："先生们，这是一个奇怪的时代，在这个时代，人们只要说'英国是个岛国''美国不是个欧洲国家'就能引发巨大争议（hourvari）。"[118]

戴高乐所做的最后一件令人刮目相看的事情是，新闻发布会结束后的一个星期，他同访问巴黎的阿登纳签署了一份正式的法德条约。这标志着他与阿登纳之间自去年夏季开始的和解已完全实现。这份正式条约是在最后一刻才签订的——它甚至在一个月前为筹备此次访问而举行的会谈中并未被提及[119]——以至于德国人没有准备好把条约文本包起来时所需的那种特制的蓝色封皮纸或皮套（德国代表团的一名成员不得不前往巴黎的爱马仕店寻找这种东西）。鉴于阿登纳事先对那场新闻发布会一无所知，因而该条约呈现出潜在的反美色彩。当让·莫内抵达巴黎时，他急匆匆地来到德国大使馆，敦促阿登纳不要急于签订这份条约，而要视在布鲁塞尔同英国继续举行的谈判的情况而定，但这被后者拒绝了。

这份条约内容的象征意义大于实质意义。它规定两国政治领导人和官员要定期举行会谈,以讨论文化和教育合作问题。阿登纳和戴高乐在会谈时,还一致同意要继续探讨建立一种共同的防御政策,但并未作出具体的决定。

后话

在戴高乐于1月14日举行新闻发布会后,麦克米伦在日记中绝望地写道:"我们的所有政策……都破产了。"英国外交部常务次官则更为尖刻地说:"我们可以毫不费力地背负起洛林十字,但我发现,这种欺诈让人难以忍受。"[120]阿尔方在从华盛顿发回的报告中说:"美国人觉得,他们在外交政策方面构筑的大厦正在坍塌。"[121]这种话说得太早了。在下一轮的较量中,取胜的将是美国人。

戴高乐和阿登纳抱着不同的目的签署了这份条约。在戴高乐看来,这是向联合防御战略迈出的一步;在阿登纳看来,这标志着德国已重返国际大家庭,并且,它也是向美国施压的一种手段。[122]1月14日,就在戴高乐举行新闻发布会的那天,阿登纳对乔治·鲍尔说德国打算加入多边核力量计划。两天后,阿登纳向肯尼迪确认了这一点。这可能是他在国内打压对手的一种方式,不过它还表明,如果他能从美国榨取更多利益,他并不会让自己受到戴高乐关于欧洲防务理念的束缚。和美国人一样,为了破坏这份条约,让·莫内积极游说他在德国结交的那些人。因此,当德国联邦议院在5月批准该条约时还插入了一篇序言,重申了同美国"密切合作"的承诺,以及对"在大西洋联盟框架内实施共同防御"的承诺。承认失败并不是戴高乐的风格。7月2日在访问波恩时,他假装对此并不在乎,"条约就像年轻姑娘或玫瑰花:它们能维持多久就让它们维持多久。如果法德条约落不到实处,这在历史上也不是第一次"。

最终,戴高乐既没有达到改组大西洋联盟的目的,也没有达到建立一个基于共同防务政策的欧洲政治组织的目的。他把英国拒于欧洲的门外,然而,美国人掏空了法德同盟的内核。所有不同的"宏伟计划"都已相互抵消。"感性一面的"戴高乐似乎忽视了这么一个事实：尽管法国的伙伴们遵循"现实主义的"戴高乐所信奉的那种民族利己主义原则，但它们也许并不认为法国是在无私地为全人类，或者说是全欧洲谋利益。如果法国憎恶美国的主宰，那么荷兰、比利时或意大利很可能对法国也会有同种感觉。戴高乐曾试图要在两个舞台上表现自己——一个是大国舞台，一个是欧洲舞台。然而，就第一个舞台来说，法国还羽翼未丰；就第二个舞台来说，法国又显得专横跋扈。

我们不应该据此得出结论，认为到了1963年中的戴高乐已"失败"。当然，他失望于自己未能为欧洲防务政策打下根基，从而使欧洲摆脱对美国的依赖。但是，在他看来，国际关系处在不断的变动中，没有什么是一成不变的。运动代表着生命，静止意味着死亡，从事国际交往的目的不在于要实现具体的目标，而在于要有一种"伟大的民族进取心"以"承受一场伟大的斗争"——这一点值得注意。从这方面来看，他显然成功了。拿骚会谈后，一项由肯尼迪授意的调查表明，"戴高乐位于所有问题的中心"。[123]迪安·腊斯克（Dean Rusk）说："和戴高乐谈话就像跪着爬山，爬到山顶打开上面的一个小入口，然后等待神谕出现。"[124]戴高乐若是听到这些话，可能会觉得它们像音乐般悦耳动听。1963年夏，肯尼迪出访欧洲，但没有去法国。此行的高潮出现在访问柏林期间，他在那里发表了一篇著名的演讲，宣称"我是柏林人"。这是他对一年前戴高乐那次成功的德国之行的回应。肯尼迪归国后，一名顾问告诉他，一项针对此次出访结果的民意调查显示，"你在德国的一场势均力敌的选举中打败了戴高乐"。[125]如果戴高乐知道美国人把他当作参照标准来检验他们的成功，那么他理所当然地会认为这是一种胜利。这是几十年来法国第一次不再被人无视。

1966年12月，戴高乐接见了《纽约时报》的亲戴高乐主义记者赛勒斯·苏兹贝格（Cyrus Sulzberger）——他通常每年接见此人一次。当苏兹贝格问完了提前准备好的所有问题后，戴高乐似乎谈兴正浓。苏兹贝格很快又提出了一些新问题。他问谁对将军的影响最大。戴高乐不假思索地回答道："我的父亲……他是一名普通教师，也是一位很杰出的人。"苏兹贝

二十二 追逐伟大（1959—1963年）

格不得已又提出了一个问题：戴高乐最大的失败和成功是什么？这让戴高乐一时措手不及，他想了一会儿说：

> 你是如何定义成功和失败的？只有历史本身才能对这两个词作出解释。在现实中，生活和行动总是由一系列成功和失败构成。人生是一场战争，因而每个阶段都包含有成功和失败。你不能说哪件事是成功的，哪件事是失败的。成功之中蕴含着失败的种子，反之亦然。[126]

这就是戴高乐的人生哲学，斗争仍在继续。

二十三 走向世界（1963—1964年）

欧洲的僵局

不清楚戴高乐下一步要采取什么行动的麦克米伦沉思说，这让人"心怀恐惧地想起了20世纪30年代德国人侍奉希特勒的情形"[1]。这句奇怪的话语更多是在告诉我们，戴高乐主义政权而非戴高乐本人实施统治的这五年对英国首相的影响。到处都是关于戴高乐是个疯子的议论。在被戴高乐拒绝后，肯尼迪和麦克米伦在电话中一致认为这个法国总统"已经疯了……彻底疯了"[2]。迪克逊与戴高乐在1963年7月会面后，发现他"和蔼可亲"，尽管"对世界政治的基本看法要比以往更为疯狂"。然而，迪克逊这种新闻报道般"奇怪的"语气让外交部怀疑是不是"大使也疯了"。[3]在与戴高乐再次会面后，迪克逊说："尽管演技精湛，我还是不由自主地想起阿里斯托芬戏剧中那位高傲地行走在空中审视太阳的古怪哲学家。"[4]1963年2月，外交部的一名官员甚至报告说，伦敦医学界正在"认真研究"这件事：战争期间将军在伦敦染上了梅毒，现在已是晚期。尼采和莫泊桑也都曾表现出类似的症状。[5]

英国人安慰自己说，戴高乐不会永远执政。外交大臣亚历克·道格拉斯-霍姆（Alec Douglas-Home）坚持认为，"在戴高乐下台后，这场风暴应该会逐渐平息"[6]。美国人持有同样的立场，他们竭力避免公开冲突。在戴高乐举行那场新闻发布会结束后不久，肯尼迪的顾问亚瑟·施莱辛格

（Arthur Schlesinger）表示："痛斥一场龙卷风毫无意义。"[7]他接着说：

> 英美人对戴高乐的普遍印象是，他是一个不屈不挠、专横跋扈的像弥赛亚一样的人物，他无视策略，可以一直等到世界其他国家接受他的观点为止。没有比这更糟的了。事实表明，戴高乐是20世纪最精明、最灵活、最富技巧的政治家之一。一个人只有具备戴高乐的那种敏锐的时机感和自主意识才能在战争期间对付罗斯福和丘吉尔，并做到全身而退。他总是知道，在不激怒盎格鲁–撒克逊人剥夺他的权力并逮捕他的情况下，他能在多大程度上维护法国的利益。

在评论戴高乐最近对阿尔及利亚危机的处理时，他说：

> 戴高乐这位政治家曾一度把自己的意图隐藏在一堆含糊不清的措辞、模棱两可的声明和技术方案的烟幕后面。在这两个事件中，他都冷静、聪明、坚持不懈地朝自己选定的目标奋斗。就像有人在论及马丁·范布伦（Martin Van Buren）时说的那样："他划着消音桨向目的地驶去。"[8]

戴高乐的桨绝不是消音桨，但是，这个分析要比那些倾向于把将军视为疯子的人所作的分析高明得多。不过，他并没有就如何对付戴高乐提供多少具体的指导。1964年，美国驻法大使查尔斯·波伦（Charles Bohlen）感慨地说：

> 说戴高乐不应该做什么总是比说他应该做什么更容易。戴高乐不可能再执政数年，我们应该对此铭记心头，目前的迹象是，法国当前政策中很大一部分令人反感的特点将随着他的下台而消失。[9]

第四章 共和国的君主

1963年11月肯尼迪遇刺后,他的继任者林登·约翰逊采纳了这种等待策略。肯尼迪曾对戴高乐感到愤怒,但在理智上被他迷住了。他的政府在不断地研究"戴高乐问题"。不那么聪明睿智的约翰逊也有这种愤怒,却没有这份痴迷。据说,他认为戴高乐是"参议院委员会中一名桀骜不驯的大亨,暂时还无法控制他,因而没有理由为他费心"[10]。约翰逊政府放弃了对戴高乐的公开攻击,他本人用棒球比赛举例,概括了自己对付戴高乐的办法——"当击球手发来快球时,接球手就用手套接住它"——新任法国驻美国大使夏尔·吕塞(Charles Lucet)对此懂个大概,但从未完全理解。[11]戴高乐和约翰逊只在一起待过30分钟。他们是在肯尼迪的葬礼上相遇的,当时,戴高乐高大的身材及他所承载的历史,使他成了一个显眼的人物。他是第一个被多少有些不安的约翰逊接见的外国领导人,约翰逊认为这次会面进行得很顺利。然而,自此之后,除了1967年在阿登纳的葬礼上曾握手致意之外,他们再也没有见过面。

在肯尼迪的葬礼之后,约翰逊无意之中做出了一个失礼行为:他真诚地宣布戴高乐可以按照原定计划继续访问美国。但将军认为这项计划随着肯尼迪的去世已经失效,约翰逊应该先访问法国。戴高乐对"盎格鲁-撒克逊人"怀有敌意的一个明显表现是——尽管这是件小事——他拒绝参加计划于1964年6月举行的庆祝诺曼底登陆20周年纪念活动。当在私下被问及这种怠慢是否明智时,戴高乐对自己在1944年6月4日那天所遭受的屈辱进行了猛烈的抨击。他说,法国当时"像是个受气包"[12]。只要涉及战争的任何问题,在情感和理智之间摇摆不定的戴高乐总会偏向于前者。

在这些表面的争端背后,真正的问题依然是核问题。虽然法国原子能计划的基础是由第四共和国政府小心翼翼地奠定的,但推动建立一种完全独立的核威慑力量的决定性动力来自戴高乐。在政府的五年防务计划——其中包括用于建立核威慑的开支计划——于1960年秋最终获得通过前,反对派曾三次提出不信任案动议。1960年2月,当第一颗原子弹爆炸时,戴高乐公开宣称"为法国欢呼"。但是,成功试爆原子弹仅是建立实战型核威慑的第一步。1963年8月,美国、苏联、英国签署了一项禁止核试验条约,

二十三 走向世界（1963—1964年）

戴高乐拒绝在上面签字。他的理由是，这是一个有核国家组成的俱乐部，其目的在于阻止无核国家发展核武器。尽管戴高乐建立独立核威慑力量的决心在法国遭到广泛反对，但就连对戴高乐的多项外交政策表示不满的亲大西洋主义者雷蒙·阿隆也告诫美国人，任何法国公民都会憎恶这一观点：原子弹越过英吉利海峡就会成为问题。他警告说，美国人在这个问题上的态度"足以激怒一个不像戴高乐将军那般容易动怒的人"[13]。戴高乐在作为法国"地位"象征的原子武器上投入了大量感情。1967年，他在穆罗拉（Murora）目睹了法国一颗原子弹爆炸的情形，这时，陪同他的佩雷菲特发现他处在一种前所未有的兴奋状态中。他称这是一种"复兴"——是"我们所有努力的最终成果"[14]。

但是，原子弹有何用呢？法国的军事战略家多年来一直在探究这么一个问题：多大威力的原子武器/核武器才能够形成有效威慑。[15]对此最直言不讳的专家之一是皮埃尔·加卢瓦（Pierre Gallois）将军。1956年4月的一个晚上，他设法与戴高乐在拉贝鲁斯饭店举行了一次会谈。当时，后者仍是个反对派。戴高乐此前对这个问题不太感兴趣，加卢瓦是来说服他的。加卢瓦来时带着一堆文件，做了长达一小时的情况介绍；接着，戴高乐发表了一番长篇大论，"就好像他需要把我的话语和他们给他提的建议镌刻在他的记忆里"[16]。加卢瓦的理论是建立在"比例威慑"的基础上的：即使是小型核武器，如果其破坏效果能够使侵略的潜在代价足够高，也能够起到遏制作用。这种观点戴高乐曾向肯尼迪提出过："当遏制建立后，人们怎么才能认识到破坏力的大小呢？即使敌人拥有一种能把他想攻击的人杀死10次的武器，但事实上只要他拥有一种能杀死敌人一次，或者甚至是能使敌人失去一只手臂的武器，这就足以使他三思而后行。"[17]法国的另一位理论家安德烈·博弗尔（André Beaufre）将军为法国这样的国家提出了另一种核武器防御理念：在必要时，法国的小规模威慑可以起到类似绊网的作用，迫使盟国介入。法国的夏尔·阿耶雷（Charles Ailleret）将军还提出了一种深得戴高乐支持的理念，即臭名昭著的全方位（tous azimuts）战略。这是一个炮兵术语，它表达的是这么一种观念：由于核武器系统的设计寿

第四章 共和国的君主

命很长，并且无法确定20年后的对手是谁，因而应该建立一种有可能对世界上任何地方进行打击的核力量。1967年，阿耶雷在一篇文章中正式提出了全方位战略，但是，这与戴高乐1959年在圣西尔发表的演讲中所表达的思想没什么不同——"从理论上讲，法国有可能遭受来自世界上任何地方的打击，所有我们的力量必须能够向地球的任何角落发起还击"[18]。戴高乐最终没有固守任何特定的立场。当博弗尔把他的一本著作送给戴高乐后，他收到了一个含糊不清的答复。[19]就在答复博弗尔的同一天，戴高乐给阿隆——他曾把自己就这个主题写的论著送给了他——写信说："我看了《大辩论》，就像我经常看你就同一主题写的其他文章一样……一切都可归结为一个问题：'法兰西还要成为法兰西吗，要还是不要？'这个问题曾在抵抗运动期间出现过。你知道我的选择，但是我还知道，空谈的理论家们不会停止大发议论。"[20]

戴高乐对核问题方面的"空谈"基本不感兴趣。他在根本上对历史不可预测性所持的悲观主义看法及他对一个大国需要拥有独立行动手段的信仰，都支撑着他那建立法国核威慑的雄心。从这个意义上来说，拉库蒂尔准确地写道，独立核威慑与20世纪60年代的"国家戴高乐主义是一体的"。[21]就像1930年戴高乐为建立一支强大的军队所作的辩护那样，他担心的不是细节问题，而是原则问题。从中期来看，对于他来说，法国原子弹是使欧洲摆脱对美国依赖的必要和先决条件——通过最终为法国的伙伴们提供核保护伞的方式。因此，1963至1964年，多边核力量计划是他与美国人争论的最大焦点。以下这件事充分证实了他对美国动机的怀疑。1963年1月，肯尼迪对他的安全顾问说："正是通过多边概念，我们才能增加欧洲国家对美国的依赖，并使这些国家与我们更为紧密地联系在一起。"[22]这恰恰是戴高乐反对它的原因。美国人还希望利用多边核力量计划在法国和德国之间制造隔阂。在签订法德条约时，阿登纳曾对美国人说他支持多边核力量计划。1963年接替阿登纳成为联邦德国总理的路德维希·埃哈德（Ludwig Erhard）对此更为热心。作为一名天生的大西洋主义和自由主义经济学家，埃哈德是那些相信阿登纳被戴高乐蛊惑了的德国政客之一。埃哈德从未有幸获邀前往科隆贝，但是，1964

年12月,他戴着牛仔帽在得克萨斯州的约翰逊的农场待了两天——这是德国将要改换门庭的象征。

在关于多边核力量计划的争论中,戴高乐有多张牌可打。英国人对这个威胁自身独立威慑的计划不感兴趣。德国人的担心是,美国政府在用多边核力量计划引诱他们的同时,还在重新考虑其核武器政策——提高触发核干预的门槛以鼓励欧洲人发展常规军备力量。这让戴高乐有理由称,如果苏联对他们进行核报复,美国人宁愿欧洲成为战场,"因此,美国和欧洲在战略层面上存在根本分歧。这并不妨碍他们的'联盟',但这让'一体化'变得不合理"[23]。他在私下一针见血地说:"多边核力量计划是一种让欧洲人相信他们能够握有核按钮的策略。但是,美国人还控制着另一个按钮,不按动这个按钮,谁都无法发射,所以一切都还是老样子。"[24]

1964年7月,在与埃哈德举行会晤时,戴高乐利用德国人的焦虑情绪,发表了一番即兴讲话:德国人或许有一天会和法国的威慑力量联系在一起。由于翻译的原因,他究竟说的是什么已无法确定,并且,他的话似乎被过分解读了。[25]当德国人出于试探目的问道,他们能否获邀参观法国的核试验时,戴高乐明确地回答说:

> 只要法德条约像现在这样无法落到实处……那么关于我们在核武器领域所做的事情,我们绝不能给德国人提供丝毫信息。既然他们信任美国,他们就应该向华盛顿当局表明他们想知道什么,并让它来告诉他们。[26]

法德两国关系降至戴高乐重新掌权以来的最低点。他对德国人越来越失望,而他的德国政策的模糊性也变得更加明显:他给出的似乎是伙伴关系,而非平等关系。冷战还在继续,如果德国人放弃美国人的保护(或许并非完全可靠,但肯定效果很好)而转向寻求法国人的保护(同样令人心怀疑虑,并且相对来说效果没那么好),会给他们带来什么好处呢?

1964年底,戴高乐明确地告诉德国政府,多边核力量计划与法德条约不兼容。这对多边核力量计划来说是致命一击,没有人为它的失败感到遗憾。对于戴高乐来说,推翻这项计划是一种成功,但在其他方面,他的欧洲政策依然处在死胡同中。正如几个月前他在部长会议上所说的那样:"意大利并不重要,所以可以当它不存在。英国已衰落,但它安慰自己说他们在和美国人共享霸权。德国是分裂的。"[27]就目前而言,他对欧洲、美国或英国已不抱什么指望了。戴高乐现在转而把目光投向了更广阔的天地。1963年底,他在对法国人发表的电视讲话中宣称,法国现在需要推行"一种全球政策"[28]。如果不是有什么想法,他是绝对不会说出这种话的。

"重返亚洲"

1964年1月27日,巴黎和北京同时发布了一份简短公报:法国承认1949年成立的中华人民共和国。当时,中国已获得了多个国家——包括英国——的承认,但法国进一步宣布两国将互派大使。在三天后的新闻发布会上,戴高乐展示了他在地缘政治学方面的渊博知识。他带领听众领略了中国千年的历史,就像他在圣西尔的教室中讲课一样。[29]

戴高乐多年来一直在考虑承认中国。1962年6月,他沉思着对佩雷菲特说:

> 总有一天,同他们交流、同他们相处……让他们从墙后走出来,是符合世界利益的。封锁政策只会导致一种结果:使另一边的国家变得更危险;这些国家的领导人通过谴责资本主义及帝国主义的阴谋,来转移他们面临的困境……我们不应该坐视中国人自食其果。否则他们将变得满怀恶意。[30]

戴高乐在准备采取行动时,避开了外交部。1963年秋,他派第四共和国时期的政治家埃德加·福尔秘密访华。之所以选中福尔,是因为他曾去过中国几次，并且还出版了一本有关中国的书籍。在他访问之后，这件事进展得很迅速。[31]

1964年1月8日，当戴高乐告诉部长们他很快就要承认中国时，他们极为惊讶。他允许他们对此进行"讨论"——虽然只是走个形式。之后，他总结说："中国就在那里。总有一天——或许这一天比人们想象的会更早到来——中国将成为一个伟大的政治、经济甚至军事实体。"[32]反对承认中国的主要理由是，这将惹怒美国，但在戴高乐看来，绝对不能因为这个理由而裹足不前。这种可预料的美国政府的抗议甚至让他感到高兴。[33]阿尔方大使"对如此大胆的行为感到震惊和忧虑"，他在华盛顿请求戴高乐发来一封私人函件，他说："我会将它转交给不幸的约翰逊，此人对我们十分友好，但他受到了伤害。"但他什么也没收到。[34]

对美国政府来说，鉴于越南的局势，法国承认中国尤其不合时宜。1954年，孟戴斯·弗朗斯在日内瓦通过谈判签署了一份协议，该协议结束了法国在印度支那的统治，并以北纬17度线为界将越南一分为二。按照计划，这条线的南北双方要通过选举来决定越南的未来，然而，这种情况并未出现。南越和共产主义北越之间的紧张局势逐渐升级为公开冲突。美国人开始派遣"顾问"到南越以帮助其自卫。接着，美国人又派出了士兵，渐渐地，美国人被卷入一场他们认为是冷战重要战场的冲突。

在八年后撰写的《希望回忆录》中，戴高乐以后见之明的口吻追述了1961年6月他对肯尼迪说的话："我预测，不管投入多少人力和物力，你终将一步步陷入一个深不见底的军事和政治泥潭中。"从当时法国和美国所作的记录来看，戴高乐实际上说的话虽然没有那么肯定，但意思差不多。[35]戴高乐还告诉肯尼迪，如果美国觉得有必要进行干预，他不会加以阻挠。然而，1963年8月，随着美国的干预不断升级，戴高乐决定公开发布一份庄严的公报，宣称有必要建立一个统一、独立和中立的越南。与此同时，他启动了六个月后的承认中国的进程，这并非巧合。正如他后来对佩雷菲特所说的那样："这是法国重返亚洲的标志……我们将翻过去殖民时代这一页。"[36]

在接下来的两年里，戴高乐对美国介入越南战争的批评变得更加严厉。[37]他提出的解决越南问题的方案带有典型的含糊不清性。他最喜欢使用"中立化"这个词，但我们不清楚它是否同时适用于南北双方。细节并不重要，重要的是戴高乐将法国与该地区的历史联系视为一个在这场他确信美国人赢不了的冲突中发挥调停作用的机会。约翰逊不断地派遣特使到巴黎，他们向法国人解释说，美国人正在越南同国际共产主义进行着一场必要的战争。但是，法国人用不变的话语让他们统统碰了一鼻子灰。1964年6月，乔治·鲍尔被告知："尽管你们拥有更多的飞机、大炮和各式各样的武器，但我不相信你们能在当前局面下取胜……我并不是说所有的越南人都在反对你们，但是，他们认为美国是一股外国势力，一股强大的外国势力。"[38]一年后，美国参议员亚瑟·戈德堡（Arthur Goldberg）被告知："胡志明是一个共产主义者，但也是一个民族主义者。他曾驱逐了法国人，并会对美国人做出同样的行动。这就是他利用共产主义的目的。过去，他用它来反对我们；现在，他用它来反对你们；或许将来，他会用它来反对中国。"[39]

戴高乐在私下说的话更为不留情面。1965年，他对佩雷菲特说，美国目前可以承受这场冲突的压力，但是"当他们开始派遣数千名青年上战场时，这将引起人们的注意。当棺材被抬回来的时候，人们就会思考。一旦这与他们的种族问题和财政问题结合起来，人们就会产生不满情绪，这种不满情绪会随着他们这场肮脏的战争的继续而越发严重"[40]。当戴高乐在为法国"重返亚洲"作准备时，他的先见之明中夹杂着强烈的幸灾乐祸和自私自利之心。

"一名优秀的男高音歌唱家"

戴高乐在1964年开展的另一项重要的"全球性"举措是对南美洲进行的一次长时间的访问。[41]他在出发前对德勃雷说："我这次去拉丁美洲并没有任何特别明确的外交方案，某种程度上出自本能。或许这很重要，或许这正是时候。"[42]他也许没有某种方案，但他的动机很简单，"拉丁美洲是一张很重要的牌……拉丁美洲憎恶美国人，它热切地渴望摆脱美国的霸权，然而，它也不愿受到苏联的主宰"[43]。戴高乐希望利用二战期间自由法国在拉丁美洲的声望。自由法国在世界范围内设立了大约400个各类委员会，其中有300个设在拉丁美洲。

在戴高乐开启南美之行前，他先在3月访问了美国的后院墨西哥。在他出访前，法国向墨西哥归还了它在1862至1864年进行的那场注定失败的远征——其目的是在墨西哥扶植一个法国的傀儡皇帝（马克西米连，Maximilian）——中夺取的三面旗帜。3月5日，这三面旗帜被送抵墨西哥，当它们从飞机上被拿下来时，该国总统跪下亲吻了它们。这为戴高乐在3月16—19日之间的访问奠定了基调，在此期间，他充分施展了自己的演技。第一天，身着制服的戴高乐坐着敞篷车来到了街道上。当天晚些时候，他站在国家宫殿的露台上（他是唯一一位被授予这种特权的外国领导人）用西班牙语（一如既往地全凭记忆）向拥挤的人群发表了一番讲话。第二天，他换上西装，在墨西哥议会发表了一篇演讲。第三天，他参观了大学。无数民众慕名而来，以至于他无法乘车前行，因此，在这次行程的最后阶段，他只得下车步行。美国一家报纸画了一幅漫画：马特奥斯（Mateos）总统的头上有一个话框，话框中他一边看着戴高乐，一边想着"马克西米连"。或许他还真是，但这并不妨碍戴高乐在此次访问受到民众无比热烈的欢迎。

从戴高乐在秋季的南美之行中可以看出，他依然有着非凡的身体恢复力。1964年4月，这位看似身体健康的七旬老人因前列腺手术住院。四个月后，在三周的时间里，他访问了10个国家、14座城市（有些城市海拔很高），并凭记忆——有时候用西班牙语——发表了将近100篇演讲。在乌拉圭的首都蒙得维的亚，即便整个访问期间都下着瓢泼大雨，但依然有大量民众走出来为他欢呼喝彩。民众的崇拜让他兴奋不已，这种兴奋情绪展现出了它的魔力。在他回来后，皮尔逊·迪克逊稍显不快地说，戴高乐看起来比以往任何时候都健康，并且，"在访问后期，他显然比刚开始时感觉

第四章 共和国的君主

好多了"[44]。

这次访问或许振奋了戴高乐的精神,但它真正取得的成就并不明显。他在拉丁美洲发表的演讲贯穿着两个主题:[45]第一,他谴责了他所谓的"霸权竞争"。人人都知道这是什么意思,但为了尊重敏感的东道主——它们都与美国有着密切的关系——他没有进一步展开。第二个主题是他提出的"拉丁人"的概念——法国和南美同属拉丁语系,都信仰天主教。这是又一个他有意传递的反美信息。但是,即便在民众对他欢呼的时候,这一点却并不总是受人待见。在玻利维亚和秘鲁这样有着大量印第安人的国家,强调拉丁性不合时宜。哥伦比亚总统吉列尔莫·巴伦西亚(Guillermo Valencia)似乎对戴高乐的这种信息作出了回应,但智利总统亚历山德里(Alessandri)却不感兴趣——如果他在之后对一个朋友说的话可信的话:

> 将军到达智利后,我去瓦尔帕莱索迎接他,然后我们一起乘车回圣地亚哥……戴高乐在两个小时的行程中,对美国发起了猛烈抨击,这让我深感震惊和诧异。他把美国描绘成一只剥削拉美国家的章鱼……他要我把智利从美国的掌控下解放出来……尽管我感到窘迫和震惊,但还是答复他说,我们和美国的关系一点都不坏。[46]

这次访问还产生了一些意想不到的后果。在阿根廷,戴高乐的访问为庇隆主义支持者提供了一个公开展示自己并扰乱官方仪式的机会。自1955年起,前民粹主义领导人胡安·庇隆(Juan Perón)一直流亡在外。这些庇隆主义支持者认为戴高乐反对两大集团的理念是庇隆所提出的"第三立场"口号的翻版。在戴高乐访问的下一站巴拉圭,情况颠倒了过来。他发现自己在这里不是被反对派利用,而是被现政权利用了。专制的军事独裁者、遭到国际社会唾弃的斯特罗斯纳(Stroessner)将军希望利用这次访问来提升自己的声望。戴高乐的来访是以一位将军总统访问另一位将军总统的形式呈现出来的。当局发行了一套两位将军身着制服并肩而立的邮票。

戴高乐似乎很乐意扮演考迪罗[1]这个角色。在这件事上，尽管他宣扬自由主义和反美主义思想，但他无意中起到了帮助这个严重依赖美国的反共产主义政权挽回声誉的作用。[47]

约翰逊政府假装对这次访问漠不关心。美国大使报告说，尽管戴高乐吸引了大量民众，但与1961年肯尼迪的访问相比，他并没有充分地调动起他们的热情。他们的总体结论是，虽然这次访问展现了戴高乐"非凡的身体素质"，但只有在法国将来提供实际援助的情况下，它才有意义，"人们可能会问，这次出访收到的效果与在时间和精力上的巨大付出是否匹配"。这是一个正确的评估。效果确实微乎其微。法国获得了建造墨西哥地铁的合同，还有一些文化项目，比如在布宜诺斯艾利斯建立一所法国中学，但除此之外几乎就没有什么了。在戴高乐的南美之行后，他曾访问过的大多数国家在经济上对美国的依赖有增无减，在政治上变得更加专制。四年后，戴高乐的主要批评者、外交部官员让-马里·苏图也访问了这片大陆，他被告知"在一个流行歌剧的国家"，当时的这一切"都非常感人、非常美妙，戴高乐是一名优秀的男高音歌唱家，但是，这什么也改变不了"。[48]

重新争夺非洲

如果戴高乐想给欧洲以外的其他地方带来持久的影响，那么他在非洲取得成功的机会似乎更大一些。尽管非洲在战争中所起的作用会使人们认为他与这片大陆有着感情上的联系，但是，他的态度却是出于实用目的的功利主义。1961年，他对法兰西共同体最初的瓦解感到很失望，这让他一度怀疑"使非洲人'效忠'的幻想"将来是否能够实现。[49]德勃雷驳斥了这

---

[1] "考迪罗"是西班牙语"Caudillo"的音译，原意为"首领"，后指拉丁美洲夺取政权的军事独裁者及军队支持的独裁者。——编者注

第四章 共和国的君主

种打算放弃非洲的念头，他认为，非洲大陆给法国提供了"一批难缠、善变及靠不住的附庸，但最重要的是，其他大国羡慕我们拥有这些附庸"[50]。肯尼迪的决定——任命著名的民主党政治家门嫩·威廉姆斯（Mennen Williams）担任负责非洲事务的副国务卿——证实了这个观点，表明美国正在把增进与新近独立的非洲国家的关系作为首要任务。威廉姆斯成了戴高乐的眼中钉。他对威廉姆斯的态度包含在1962年7月的一张便笺中："我极为关注外交部和美国人（威廉姆斯）就非洲问题正在进行的'谈判'。为什么要搞这些谈判呢？这就好像我们自己在把美国人带到……我们的非洲事务中来。"[51] "我们的"这个词特别能说明问题。

戴高乐不仅仅对"我们的"非洲事务感兴趣。任何一个记性好的法国人都会记得，在19世纪后期瓜分非洲的时候，比利时战胜法国，在刚果占有了一大片殖民地。相比之下，法属刚果小得多。1960年，当比属刚果的未来变得岌岌可危时，戴高乐想"以一种友好的方式"提醒比利时政府：如果比利时国王放弃对刚果的主权，那么根据1908年的一份条约，法国拥有对刚果的优先占领权。如果要"全面瓜分"（remembrement）非洲，法国希望它的权利得到尊重。[52]这项令人吃惊的指示——它来自一个很快就会把自己塑造成富有远见的非殖民化先锋的人——并未得到执行，因为几个月后，是刚果人自己而非法国人接管了他们的国家。当莫伊兹·冲伯（Moïse Tshombe）试图将矿藏丰富的加丹加省（Katanga）分离出去时，新近独立的刚果立即遭受了一场血腥内战的蹂躏。美国人通过联合国采取行动要保护这个新生政权的统一，但法国雇佣军却在为支持冲伯而战。戴高乐并没有直接参与其中，但他肯定知道所发生的事情。[53]在他看来，刚果的悲剧不在于这场毁灭性的内战，而在于这个国家可能成为美国在非洲的桥头堡，并由此给法国带来危险。最终，刚果的统一得以维护，法国放弃了冲伯。

前法属非洲为戴高乐提供了最好的机会。当法兰西共同体已明显瓦解时，戴高乐于1960年12月宣布："法国正在把旧的殖民制度转变为富有成效的、亲切友好的合作制度。"[54] "合作"成了他的新口号。被拿来用作展

二十三 走向世界（1963—1964年）

示这种合作的是阿尔及利亚。戴高乐把结束阿尔及利亚战争的《埃维昂协议》作为法国"照亮世界"的例证，他视阿尔及利亚为"西方与欠发达世界之间关系的典范"。[55]在一次非正式的情况通报中，他向阿尔及利亚在独立后法国派驻的第一任大使、经济学家让–马塞尔·让纳内（Jean-Marcel Jeanneney）透露了这些豪言壮语背后的含义：[56]

> 人们之前总是喜欢相信神话，然而现在，更深刻的现实已经呈现出来：法国人和阿尔及利亚人之间的互不相容是我所说的撤离（dégagement）的理由，并且，这是个正当理由。当法国人拥有武力且迫使阿尔及利亚人成为他们的奴隶、劳工并为他们擦鞋时，这种互不相容被掩盖了……当我们不再压榨（écrabouiller）他们，对他们说"现在你们自己看着办吧"时……我们能为他们做的最有效的事情是教育和引导他们……这样的话，我们就能在法国人和阿尔及利亚人之间建立一种完全不同于以往的亲密关系……至于阿尔及利亚移民，"已经够多了"……至于经济援助，我们必须继续进行下去，但是，只要他们让我们感到失望，就立刻终止。

用阿尔及利亚来展示这种合作存在的问题是：民族解放阵线的领导人在《埃维昂协议》签订后不久采取了一种更为激进的立场，他们谴责"合作"是用"新殖民主义的形式"维护"殖民主义统治"。[57]几乎在阿尔及利亚独立后就掌权的本·贝拉并未参与埃维昂谈判。1963年，阿尔及利亚政府没收了法国在阿尔及利亚的大部分剩余资产。1964年3月，本·贝拉和戴高乐在尚镇城堡举行会晤——这是一件了不起的事情，因为此时距离战争结束只有两年时间——以修复两国之间的关系。但次年，本·贝拉又被更为激进的胡阿里·布迈丁（Houari Boumédiène）赶下了台。

然而，法国和阿尔及利亚之间的关系并未破裂，尽管当前的"合作"完全是一方的志愿。如果说戴高乐表现出如此不寻常的宽容，那是因为他在两国关系上下了太多的赌注。1964年，负责阿尔及利亚事务的部长让·德·布罗伊说:"阿尔及利亚是我们进入第三世界的大门。法国与北非任何其他国家之间的争吵只是一个导致双方关系变得紧张的小问题。与阿尔及利亚的争吵将超出法阿关系的范围,它有可能破坏我们在全世界的外交努力。"[58]在这种情况下,戴高乐做好了放长线钓大鱼的准备。1963年,当布迈丁崭露头角时,戴高乐说:"革命分为三个阶段……第一个阶段是丹东,接着是罗伯斯庇尔,然后是取代罗伯斯庇尔的热月党人。本·贝拉是丹东,布迈丁是罗伯斯庇尔,这时会有一段恐怖时期。热月党人的时代会到来的。"[59]

戴高乐对阿尔及利亚的宽容与他毫不留情地拒绝宽恕几内亚的塞古·杜尔形成了鲜明对比。由于戴高乐虚构了一个是他授予了阿尔及利亚独立的假象,因而他觉得对它表现出慷慨大度并非难事。但几内亚就不一样了,1958年8月,他曾遭到塞古·杜尔的公开蔑视,并且,它的独立是从他那里夺取而来的。在几内亚对法兰西共同体说"不"后不久,法国终止了和它的所有合作,冻结了对它的财政援助,停发了2万名退伍军人的抚恤金,并竭力阻止它加入联合国。法国人使出各种卑鄙伎俩来反对这个政权:他们秘密地支持试图推翻政府的雇佣军;向该国输入大量假钞以使其货币贬值。甚至还有这样的阴谋:在塞古的袜子上戳洞使他在祈祷时出丑。[60]

此项政策背后的逻辑是防止共同体的其他成员感染这种独立病。随着共同体的瓦解,这项政策失去了存在的理由。剩下的就只是报复了。这项适得其反的政策使塞古·杜尔成了第三世界的英雄。在《埃维昂协议》签署后,塞古·杜尔向戴高乐传达了一条友好的信息,希望两国之间建立正常关系。他得到的是最无礼的答复。戴高乐顶住了顾问们要求他转变立场的所有压力。1965年,两国的外交关系中断。[61]1967年,当有人提议说改变这项政策可能符合法国的商业利益时,戴高乐痛斥了这种"追求几内亚人的不幸倾向"——他将此归咎于外交部。[62]他从未原谅1958年8月塞古·杜尔在科纳克里对他所表现的傲慢。

理论上,法国与其撒哈拉以南非洲地区其他前殖民地之间的关系是由一个新设立的合作部负责的。这个部经常与设有非洲司的外交部发生摩

二十三 走向世界（1963—1964年）

擦。然而，外交部和合作部都必须同戴高乐的非洲事务首席顾问雅克·福卡尔展开周旋。由于福卡尔早在法兰西人民联盟时期就在非洲建立有联络网，因而他被任命为共同体秘书长。共同体瓦解后，福卡尔成了直接对戴高乐负责的非洲和马达加斯加事务秘书长。尽管他的名字鲜见于戴高乐的回忆录，但在第五共和国很少有人拥有像他那样的影响力。人们视他为一个潜伏在暗处的阴险的幕后操纵者——这种印象又因他那不伦不类的、像是介于省级银行经理和阿尔弗雷德·希区柯克（Alfred Hitchcock）之间的个人形象而得到强化。当福卡尔与戴高乐合影时，他总是站在侧边或后边，像是要避开闪光灯。

福卡尔每周主持一次合作部和外交部非洲司的代表们之间的会议。当他们之间发生争论时，他手中的王牌是和戴高乐的亲密关系。他的一篇日记记录了他的影响力是如何发挥出来的：

> 涉及与非洲的关系时，政府的结构极其复杂……那天晚上，我不得不打电话告诉顾夫，将军就中非问题说了些什么及我认为该对此作何解读，接着，我又给布罗伊、沙博内尔（Charbonnel）、朱尼亚克（Journiac）打了电话。[63]

一旦说出"将军说的是……"这句带有魔力的话，争论就平息了。福卡尔之所以知道将军说的是什么，是因为每天晚上——除非他或戴高乐不在巴黎——他们都会举行私人会面。福卡尔的非洲秘书处设在与爱丽舍宫隔塞纳河相望的一座宅邸中，但他在爱丽舍宫也有秘书处。他与戴高乐的会谈开始于晚上7点10分，这通常是将军一天中最后的一项正式安排。会谈持续半个小时，如果戴高乐心情好的话，时间有时会延长一点。

福卡尔认为，他的使命是通过建立一个可靠的非洲附属国网络——让这些附庸国的领导人捍卫法国的利益，排斥任何诸如美国、苏联或是第三世界的理论家们等竞争对手——维持法国对其非洲的前殖民地的影响力。福卡尔把撒哈拉以南的非洲地区视为法国的后院，他巧妙地施展着"胡萝卜加大棒"的手段对其予以控制。在法国的前殖民地获得独立时，它们通常还同法国签订有秘密协议：给予法国获得原材料的特权以换取它的财政援助以及军事援助——如果有必要的话。陶醉于秘密特工世界的福卡尔在法国情报机构和自己的特工网络中人缘很好，这里面的许多人是他在抵抗运动期间认识的。福卡尔的另一个有利条件是他和非洲领导人有着亲密的私人关系——他甚至是某些人的孩子的教父。这些非洲领导人可以在白天或晚上的任何时候给他打电话。他们在访问法国时会被慷慨地安置在尚镇城堡中，并且，巴黎的克里翁酒店还有一间特意为他们准备的套房。访问结束后，他们还会被邀请至位于吕扎尔舍的福卡尔的乡间别墅。[64]最重要的事情是与将军本人会面。

最狂热的亲法非洲领导人几乎不需要劝说就能够共同支持福卡尔的世界观。刚果总统富尔贝尔·尤卢（Fulbert Youlou）曾想继续将《马赛曲》作为国歌，直到有人告诉他这不太合适，他才改变主意；加蓬总统姆巴（M'ba）曾希望，即使在独立后，他的国家仍然能够作为法国的一个省。威胁法国利益的并非新近独立的国家的领导人，而是挑战这些领导人地位的国内政治对手——比如说，1963年8月尤卢在一场政变中被推翻。福卡尔认为这是一个令人担忧的先例，因为如果非洲领导人对法国的保护失去信心，他们可能会另寻保护人。因而，1964年2月，当加蓬爆发反对姆巴的政变时——用一位外交官的话来说，加蓬的矿产储量使其成为"世界上最值钱的土地"之一——福卡尔在戴高乐的同意下迅速行动起来。[65]驻扎在塞内加尔和中非共和国的法军对此进行了干预，其代价是，15名加蓬人和2名法国人丧生。姆巴得以重新掌权。由于当时无法联系到副总统让他对法国的干预提出正式申请，因而事后出现了一封落款日期在实际日期之前的信件。在这之后，福卡尔确保他们写好这种不注明日期的信件，以便做好随时应对此类不测事件的准备。

法国的军事干预只能作为最后的手段，因为福卡尔想要避免被人指责说这是新殖民主义。他通常更愿意寻找与新政权进行务实合作的办法。1966年1月，当博卡萨（Bokassa）将军夺取了中非共和国的政权后，福卡尔很快意识到他对法国没有威胁。一位法国武官报告说，"只要他保持理智"，让博卡

二十三 走向世界（1963—1964年）

萨掌权符合法国的利益。[66]至于尤卢在加蓬[1]的继任者，法国人对他容忍了几年之久，直到戴高乐认为他的政策过于反法。1966年，他对福卡尔说："让我们结束这场闹剧，停止对他的扶植。"两年后，政变发生了。[67]

在福卡尔看来，外交部的外交官们缺乏恰当的心态来扮演他想要他们扮演的角色。他更喜欢与前殖民政府官员或忠诚的戴高乐主义者共事。这往往也是非洲领导人的偏好。姆巴在重新掌权后，他本人对新任大使并不满意，他认为此人是一名极其圆滑的外交部外交官。他让福卡尔"给我派一名殖民政府官员"。福卡尔当着姆巴的面对这位刚被任命为大使的官员说，他要"尊重独立的形式"，但要毫不犹豫地以一名"充满活力的（殖民政府）专员"的方式行事。[68]

福卡尔在日记中详细地记下了——每个周日由他口述——他每天和戴高乐会面的情形。大多数戴高乐的研究者都记录了他的独白和他对历史富有远见的看法。但是，福卡尔的日记更是一份直言不讳的文件，他在这里面和将军一样是个重要人物。他每晚都带着大量卷宗和对自己所想要达到目标的清晰认识来和戴高乐会面。他的有利条件是他对非洲状况无与伦比的了解、他超群的记忆力和广泛的人际交往。他会向戴高乐简要说明应该邀请哪位领导人来巴黎及安排何种规格的接待；应该给哪位领导人发去祝贺信及给哪位发去专用照片；哪位法国大使干得很好及哪位干得很糟。他们的谈话会触及最细微的细节。1967年10月的一天晚上，他们就即将抵达的贝宁总统索格洛（Soglo）要在法兰西喜剧院观看什么剧目发生了争论。福卡尔认为费多（Feydeau）的作品没什么观赏价值，但是，戴高乐出于某种原因否决了莫里哀的《无病呻吟》。妥协的结果是，他们选定了《西拉诺》。[69]

福卡尔对戴高乐情绪上的细微变化有一种直觉，他知道他什么时候是疲倦的，什么时候是放松的，什么时候是在专注地想别的事情，什么时候适合向他问一个特别的问题，以及什么时候最好等一等再说。有时候，当他对形势作出错误的解读时，他会遭到严厉的斥责，并放弃自己的立场。第二天，

---

[1] 此处应为刚果。——译者注

第四章 共和国的君主

戴高乐——尽管他绝不会道歉（他认为这种事情几乎根本不可能发生）——通常会一反常态地变得满怀热情，以弥补他前一天晚上所发的脾气。福卡尔这时会旧事重提，通常情况下，他的意见就会被接受。他还知道如何利用戴高乐对外交部一贯的不信任。如果这招不管用，他会使出杀手锏：用美国人试图染指非洲矿产资源作为威胁。[70]一提到美国，最微小的事情也会引起戴高乐的注意。当听说一些美国科学家要求获准进入波利尼西亚观测日食时，他马上对他们的真正动机起了怀疑，"不要立刻给予美国人任何东西，对他们的一切要求都要拒绝，哪怕他们是在向我们要一盒火柴"。[71]这种突如其来的暴风骤雨很快就会过去，就像战争期间他对英国人的猛烈抨击一样，但它们持续的时间还是足够使福卡尔实现他的直接目的。来自美国的威胁纯粹是子虚乌有，除非法国人有时候不经意地将它们创造出来。天真而又心怀善意的美国驻加蓬大使查尔斯·达林顿（Charles Darlington）对法国没有任何敌意，却发现自己被认为和现政权的反对派——他们反对法国所扶植的那位腐败、实施威权主义统治、狂妄自大的总统——存在关联。这让法国人怀疑他参与了反对姆巴的那场政变，而事实上，他对此一无所知。达林顿在回忆录中将关于此事的这一章愤怒地命名为"伟大的阴暗面"。[72]

戴高乐不愿意与闻福卡尔所作所为的每一个细节。他知道福卡尔实施的是非传统手段，这背后的含义是，如果事情搞砸了福卡尔要承担后果。在对加蓬进行干预后，福卡尔对佩雷菲特说："决不能让戴高乐站在这种强硬行动的前列。我们必须在不告诉他的情况下对付他们。我们要以他的名义行事，并在事后通知他。当此事结束后，他肯定会说自己与我们无涉。"[73]对于福卡尔报告的事情，戴高乐有时在听了后会皱皱眉。比如说，当福卡尔向他汇报喀麦隆的选举结果时就是这样。福卡尔说："将军认为99.8%的支持率有点太高了。"[74]在听到针对塞古·杜尔的阴谋失败时，戴高乐装出一副生气的样子说："很遗憾你没有得手。"[75]1965年3月，遭到废黜的总统尤卢通过福卡尔组织的秘密行动成功越狱。事后，福卡尔对戴高乐作了简单汇报，"他应该对我了解如此多的细节而感到很惊讶……但他甚至懒得装出惊讶的样子。他只说了句'知道了'"。[76]

二十三 走向世界（1963—1964年）

有时候，必须让戴高乐提前知道某些事情。1965年1月，福卡尔告诉他姆巴病了。"'你真行啊，似乎无所不知。'我说这全凭运气，姆巴的医生和我的医生认识……将军笑了笑，我希望他真的相信我，因为事实就是如此。"[77]现在的问题是要为姆巴寻找一位接班人。在福卡尔的授意下，加蓬修改了宪法，从而使最后的权力交接不违背正式的法律条文。他把目光落在了姆巴年轻的私人秘书处主任阿尔贝·邦戈（Albert Bongo）的身上，他认为可以对他适当地加以培养。邦戈随后被召唤至巴黎接受戴高乐的教导，并检验一下他是否能够胜任此职。[78]姆巴去世后，权力交接进行得很顺利。邦戈统治了加蓬长达40余年（直到本书出版的2018年，他的儿子仍在统治加蓬）。

福卡尔在戴高乐和来访的非洲领导人之间组织了无数次会议，将军在他们面前像是个家长，他为他们出谋划策，并向他们施与恩惠。在戴高乐于1965年9月会见贝宁总统阿皮蒂（Apithy）后，福卡尔说："将军是以非常直接的方式对待这些非洲国家元首的，这种方式近乎粗暴无礼。他的威望是如此之高……以至于他们有时从他办公室出来时显得有点局促不安，除了他之外，他们不会接受任何人以这种方式对待自己。"[79]1965年3月，戴高乐会见了乍得总统托姆巴巴耶（Tombalbaye）。在这之后，他对福卡尔说，他取得了"很大的进步，他把工作干得很好，我们应该支持他"[80]。喀麦隆总统阿希乔（Ahidjo）在会见戴高乐时说话总是结结巴巴，当福卡尔告诉戴高乐，阿希乔平常讲话很流利时，他感到十分惊讶。

福卡尔的影响力让外交部感到很气恼。在被撤职前担任非洲司司长的让-马里·苏图于1968年对英国大使说：

> 在说法语的非洲国家频繁发生的所有危机中，法国大使都会敦促本国政府进行干预以支持那里的现政权。在行动前，人们必须征求戴高乐的意见并总得向他解释一番。他常说一些深奥难解的话语，当行动遇挫时，人们就会激烈争论他当时说的话是什么意思。[81]

第四章 共和国的君主

这段话与事实相去不远，不过，它还少了一点：如果向戴高乐解释后，福卡尔却不在他身边，那么没人知道该怎么办——1963年当发生反对尤卢的政变时，情况就是如此。刚果首都于8月中旬爆发骚乱时，正值法国暑假期间。当躲在总统府的尤卢给巴黎打电话时，蓬皮杜正在外面度假，福卡尔则由于去钓鱼了而联系不上。爱丽舍宫的值班官员在这种特殊情况下把电话转到了科隆贝，当戴高乐（正在看他的两个孙子打网球）被叫去接电话时他感到很吃惊。他讨厌在科隆贝被人打扰。这次交谈的文字记录如下：

尤卢：总统府被包围了……我想再过几分钟我就得下令开枪。我不能确定。我希望你给法军下达明确的命令，从而不要让国际共产主义接管政权。

戴高乐：请你再说一遍好吗？

这件事情完全出乎戴高乐的意料，很明显他也不知道该作出什么指示，于是他让尤卢把电话交给站在他旁边的法国大使。这位大使的意见是，法国进行干预的话肯定会出现重大伤亡，并且不能保证成功。戴高乐对尤卢说，他无能为力。

戴高乐：为了你的人身安全，你除了把自己交给我们的军队之外，别无选择。

尤卢：我还在总统府，将军。

戴高乐：我看不出来这对你有何帮助。

尤卢：我命令装甲车不要向人群开火，把他们驱散就行。

戴高乐：好的，不过据我所知，不开火就无法驱散，并且，法国在政治上不会对此负责。[82]

尤卢最终被迫下台。福卡尔在钓鱼归来后，他对别人给戴高乐出的主意极为光火——在他看来，这是外交部软弱无能的典型例证——并且，他坚信尤卢本可以不必下台的。

外交部的官员们认为福卡尔是戴高乐的恶魔，"一滴一滴地滴着他的毒药"，并"在追求一种与戴高乐所宣布的崇高合作目标相悖的反动政策时"，犯下了"操纵一位老人（用苏图的话来说）"的罪行。但是他们错了。[83]戴高乐对非殖民化不抱什么幻想。1962年，他在私下说：

> 我知道非殖民化是一种灾难。大多数非洲人的生活状况几乎还没有发展到我们的中世纪阶段。他们像扑向灯泡的蚊虫一样被城市吸引，然而，荒野仍将回归它那野性的一面。他们将再次经历部落战争、巫术、食人陋习。如果我们能够再多统治他们15年，他们就能实现农业现代化，改善基础设施，彻底根除麻风病……可是，我对此还能做些什么呢？美国人和苏联人认为解放被殖民的人民是他们的天职，并且，他们在争相做这件事。这是他们仅有的共同之处。这两个超级大国宣称要成为两个反对帝国主义的国家，而事实上，他们才是最后的两个帝国主义国家。[84]

和同时代的其他法国人一样，戴高乐的"法绍达情结"显而易见。他对1966年掌管合作部的让·沙博内尔说："多亏了非洲，法国才没有沦为英国外交部的附属机构。"[85]福卡尔是执行这项政策的工具；他是在为戴高乐效劳，而不是在操纵他。福卡尔崇拜戴高乐；戴高乐信任福卡尔。这种融洽的关系源自他们最终是在追求同样的目标。戴高乐用花言巧语对福卡尔的阴谋诡计进行了美化，但是，就像兰佩杜萨（Lampedusa）的《豹》这篇小说中愤世嫉俗的保守派主角一样，他们在本质问题上一致认为：在非洲，只有让一切发生改变才能让一切维持原样。

二十四 现代化的君主（1959—1964年）

"一种大众君主制"

在当选共和国总统一个月后，戴高乐对法国西南部进行了为期四天（1959年2月14—17日）的视察；两个月后，他在勃艮第停留了四天（4月16—19日）；又过了不到一个月，他视察了法国中部的四个省（5月7—15日）。这种频繁的地方视察是他在解放后开启的传统的延续，成了他在任职总统期间的一项例行公事。第三、第四共和国的总统们也会进行此类视察——毕竟他们没有多少其他事情可做——但不会如此频繁。戴高乐的两位前任——科蒂和奥里奥尔——每次视察时通常会去七个地方，而戴高乐平均会去40个地方。到1962年6月，他已开展了19次巡视，并视察了67个省；在1969年卸任时，他每一个省都已经视察过，并开展了31次地方巡视。[1]

这些视察有着固定不变的程序。每到一个城市，在市长的问候之后，戴高乐都会用几句亲切的话语对他所到地方的美好之处表示敬意。他通常以老套的方式结束讲话："我想对某某（地名）说，在我对某某短暂的访问中，我对这个国家的团结和命运充满了信心，这是多么令人欣慰的回忆啊！某某万岁！共和国万岁！法兰西万岁！"演讲越乏味，掌声越热烈。[2]戴高乐是这类空谈的大师。他的其中一些话非常有名："我要向费康（Fecamp）致敬，这是一个想继续成为海港，并将继续成为海港的海港。"戴高乐时常会在讲话中加入个人的感触。他在敦刻尔克说："当我是

二十四 现代化的君主（1959—1964年）

个孩子时，我经常来附近的圣埃卢瓦教堂做弥撒。为了买票进去，我会掏出一苏，并被找回二生丁。"他在维希说："我禁不住认为，鉴于你们将会了解过去发生的事情，我出现在这里具有一种颇为特殊的意义。"在大城市，他的演讲会长一些，他还会借此机会透露些即将宣布的政策的风声。[3]

戴高乐在进行地方视察时，他的风格与其前任们截然不同。第三、第四共和国的总统通常会接见当地的显贵，然后再被正式介绍给一些具有代表性的人，如某个工人、领养老金的人、农民等。不过，他们与公众保持着距离。戴高乐却不一样，他会深入人群中，同他们握手、亲吻、拥抱——并让他们抚摸、亲吻、拥抱他。一名花了多年时间研究戴高乐的《世界报》记者写了一篇关于这种簇拥人群的有趣文章：

> 说他和人群混在一起有点轻描淡写。他一头扎进人群并在其中打滚。人们之所以能够找到他，并不是因为他个子高，而是因为他实际上是旋风的中心。他在那里消失后，突然在这里出现，片刻之后，他又消失在视线中。他像潜水员一样在水下游动着，一直到街道的另一侧才浮出水面……当人们看到他时，他的三个纽扣不见了，制服也破了，两只手上还有抓痕……但他眼中闪耀着喜悦的光芒，看起来很庆幸于自己还活着。[4]

戴高乐将此视为他与法国进行交流的具体表现，并且这也提供了一个使"人民"围聚在他们"领路人"周围的机会。当然，那些出来为他欢呼的人怀抱着不同的动机，从崇拜到单纯的好奇都有。但是，对于每个地方来说，这些视察活动是它们历史上的重要时刻。在他于1969年辞职后，爱丽舍宫收到了成千上万封信件，其中有一封是杜埃市的一个市民寄来的，他写道，那个人"在视察这里期间，曾和当时10岁的我握过手"[5]。1959年11月，戴高乐视察了上莱茵省，该省省长后来给爱丽舍宫写信说，人群"近乎疯狂的热情"实在"罕见"，它"远远超出了最初的预期"。[6]这是政府希望听到的话。就连总是鼓动它的读者远离这些场合的法国共产党刊

第四章 共和国的君主

物,也不由自主地对这些考察的成功致敬:

> 无论城市还是农村,在这种时候组织起的集会中,最引人注目的是那些具有个人特质和准神秘色彩的仪式。戴高乐将军不是以共和国总统的身份巡行法国的。他是个国王,接见臣属,接受他们所给予的崇敬并向他们赐福……这是大众幼稚化的运用。[7]

▲ 法国的讽刺类周刊《鸭鸣报》以圣西门的笔调定期发表专栏文章,将戴高乐描绘成太阳王的化身,插图标题为"人们应召入宫"

把戴高乐比作君主是由那些对他没有敌意的人提出来的。在一次视察时,陪同他前往的一位部长永远也忘不了"这幅画面:一个妇女把自己的孩子举过人群的头顶,乞求将军去触摸他;或许,她是在重拾那种法国国王被

二十四 现代化的君主（1959—1964年）

赐予有治愈疾病的力量的传统"[8]。佩雷菲特经常以新闻部长的身份陪同戴高乐视察，他多次听到人群中爆发出"他触摸了我""他看了我一眼"之类的呼喊，这让他十分震惊。佩雷菲特也看到了君主制的影子，"或许他的视察活动之所以能够取得成功源自这么一个事实：戴高乐代表了已逝的合法性，消除了法国人因破坏旧制度的合法性而产生的模糊的负罪感"[9]。

戴高乐的脑海中经常萦绕着法国君主制的往事。他在重新掌权后依然时不时地接见巴黎伯爵。1961年2月两人会面时，戴高乐说："我认为法国正在缓慢地回归古老而传统的君主制，如果它无法实现这个目标，它将被共产主义统治，那么一切就完了。"一年后，他说，由于他"年老""疲惫"，无法再次参加竞选，因而伯爵要做好接替他的准备。四年后的1966年1月，戴高乐克服他的"疲惫"再次当选为总统，但他此时说的话就没有那么鼓舞人心了："就我个人而言，我倾向于君主制，你知道我对此的看法。你来当国王……然而，我认为这是不可能的。"[10]尽管他喜欢奉承和戏弄这位轻信于人的谈话对象，但这个插曲带有些许真正浪漫的恋旧情结和一丝遗憾。试图弄清戴高乐对这位觊觎王位之人究竟作何感想的佩雷菲特被告知，"他把缔造法国的40位国王的品质融于一身"，但即便如此戴高乐还是认为"他已经和这个时代脱节"。[11]1961年，戴高乐给儿子菲利普写信说，他自己创造出了"一种大众君主制，这是唯一一种与我们所处时代的特点和危机相适应的制度"[12]。

戴高乐认为"大众君主制……建立了一种新的合法性，它与被大革命打断的合法性联系起来"[13]。就这样，他实现了1943年时对麦克米伦许下的抱负。对于戴高乐来说，"合法性"是一个核心概念。尽管他认为它源自"至高无上的人民"，但就他自己的情况而言，它也源自他的历史角色。在街垒暴乱周期间，他在发表讲话时说："这20年来，我是合法性的化身。"这句话的特殊含义是：不仅贝当政府绝对不是合法的，就连1946至1958年间的历届政府也不是合法的。无论执政还是下野，无论是当选还是落选，戴高乐是法国唯一的"合法"领袖。[14]

戴高乐在"荒漠"期把这种错觉写进了自己的回忆录里。一旦掌权，他开始在新共和国的官方日程上将其呈现出来。他的其中一个做法是每年在6月18日这天举行盛大的纪念活动。在戴高乐于1946年辞职后，政府曾邀请他参加当年在凯旋门举行的"6·18"纪念活动，但戴高乐断然拒绝。相反，他只身来到巴黎以西几千米处的瓦莱利山要塞，凭吊了千余名在敌占期被德国人杀害于此的抵抗战士。1945年11月11日，即一战停战纪念日这天，戴高乐的临时政府就是在瓦莱利山举行了一场纪念那场战争的活动。当时，为了有意回应1920年在凯旋门下建造的无名烈士墓，15具法国战士的遗骸被庄严地迁葬至瓦莱利山。他们包括在1940年进行战斗的士兵、在殖民地进行战斗和参加了解放战争的自由法国成员，以及两名抵抗战士。从本质上来看，这里是与在敌占期国内的抵抗运动联系在一起的，但如此一来，它被赋予了一种鲜明的戴高乐主义的色彩。这种行为通过弱化抵抗运动的特殊性支持了戴高乐的以下观点：1940至1944年间发生的事情应该被视为对德30年战争的最后阶段。戴高乐于1946年抵制在凯旋门举行的"6·18"官方纪念活动，而是前往瓦莱利山开展自己的私人纪念活动，这个决定可以被看作是戴高乐主义在进一步地侵占那个地方。在之后的岁月里，在看不到戴高乐身影的情况下，在凯旋门举行"6·18"纪念活动似乎越来越显得有问题，这一天渐渐失去了它的光环。相反，在解放战友的组织下，自由法国的忠诚支持者会于6月18日这天亲密地聚在瓦莱利山举行纪念活动。对于戴高乐主义的忠实支持者来说，这是对当权政府的无声抗议，但是，除他们之外，没有人真正地意识到这一点。[15]

戴高乐重新掌权后，所有这一切都发生了变化。1959年，电视台对在瓦莱利山举行的纪念活动进行了现场直播。地方行政长官得到的指示是，政府希望这件事能获得"最大限度的影响力和庄严性"。戴高乐还下令在瓦莱利山为自由法国建造一座纪念碑用于取代解放后在这里临时修造的烈士墓。就这样，这片抵抗战士殉难的地方完全成了纪念自由法国的地方。1960年，新纪念碑——矗立在烈士墓甬道上的一个巨型洛林十字——的揭幕式在"6·18"讲话发表20周年纪念日这天举行。现在，这一天已成为法国的一个重要纪念日，尽管戴高乐没有听从马尔罗的建议将其设为全国性节日。即便如此，"6·18"纪念活动依然带有些许混杂的特性：它不是由政府组织的，而是由解放战友组织的。它每次持续的时间很短。戴高乐会一个人来到烈士墓这里检阅在场的老兵们，然后默默离开。这种庄重肃穆的行为赋予了这个场合一种近乎神圣的色彩。[16]

1964年1月，让·穆兰的骨灰被庄严地安放在先贤祠，这成了将戴高乐在战争中所起作用神化的高潮之举。尽管穆兰在抵抗运动中作出过重大贡献，但1945年后，他却出乎意料地被人遗忘了，其部分原因在于抵抗运动的许多领导人对他曾为戴高乐效劳耿耿于怀。穆兰已无法站在他的立场上讲述故事了。戴高乐在回忆录中淡化了抵抗运动的作用，却让穆兰扮演了主角。如今，通过颂扬穆兰，他再一次地实现了贬低抵抗运动的目的。选择"先贤祠化"（Panthéonization）这种做法在当时还承载着一种政治信息。先贤祠最初是一座教堂，在大革命期间，它变成了一座安葬俗世名人的陵墓。由于与法国共和国的历史存在着联系，因而它逐渐成为一处带有些许纪念意义的幽静角落，并且，自1952年路易·布莱叶（Louis Braille）的遗体被"安放在先贤祠"后，还没有人被迁葬至此。在左翼指责戴高乐不是一个真正的共和主义者的时候，让先贤祠重新回到法国人的心中，并使之与自己关联起来，这不会损害他的声誉。

这个仪式是由文化部长安德烈·马尔罗主持的。马尔罗曾对自己在1958年后没有获得任何重要的部长职务而深感失望。戴高乐为了安慰他，让他当上了新成立的文化部的部长，并且在戴高乐执政的10年间一直担任此职。在部长会议上，他享有直接坐在将军右侧的特权。戴高乐在回忆录中写道："在我右侧的是，并一直是安德烈·马尔罗。多亏有这位天才朋友在我身边……我知道，在辩论中遇到严重问题的时候，他那闪光般的判断总能帮助我驱散疑虑。"1970年，当读到戴高乐写给他的这些深思熟虑的话语后，他欣喜若狂。[17]鉴于马尔罗曾发布过诸多以含义含糊不明而著称的公告，因而这可能是个狡黠的玩笑。但另一方面，马尔罗是个极其能干的部长。他对巴黎的许多历史遗迹进行了清理，并组织人手对大特里亚农宫进行了精心修复。同时，为了把法国的高雅文化带到各个省，他还在地方上建立了"文化之家"。马尔罗还是戴高乐在世界范围内的流动文化大使——作为一种文化打击力量——他在没有使戴高乐作出任何承诺的情况下，催眠并迷惑了他的交谈对象。

马尔罗的另一个角色是第五共和国的波舒哀，即这个政权的发言人。他曾大力赞颂圣女贞德等历史人物，并曾在乔治·布拉克（Georges Braque）和勒·柯布西耶（Le Corbusier）等名人的葬礼上致辞。他为让·穆兰所作的悼词最为著名。在一个寒冷的冬日，当着戴高乐和全体政府人员的面，穆兰的骨灰被转移到了先贤祠。这个仪式的高潮出现在马尔罗站在巨大的灵柩台的下方用颤抖的声音发表讲话的时候。他在最后部分说的那些话"魔性"十足，伴着共和国卫队有节奏的鼓声，尤其令人难以忘怀：

> 让·穆兰，带着你那可怕的幽灵队伍进来吧……这是骨灰的葬礼进行曲。这里有创建1793年革命军的卡诺、创作《悲惨世界》的维克多·雨果和被正义守护的饶勒斯，让他们和他们那长长的不辨容貌的幽灵队伍在这些人的身旁安息吧。今天，法国的年轻人，缅怀这个人吧！要是你曾在他活着的最后一天抚摸过他那张可怜的脸，他伤痕累累，双唇紧闭已无法开口讲话的脸，那么你要知道，就在那一天，这张脸代表着法兰西的容颜。

马尔罗的这些华丽辞藻还包含着一些历史元素。他在讲话中认为，穆兰把一盘散沙的抵抗力量锻造成了一支军队。因而，这里提到了1793年创建革命军的卡诺（它也是对那些攻击戴高乐，称他是波拿巴分子的人的谴责）。在马尔罗看来，穆兰最大的功绩"或许是拥护后来被称为戴高乐主义的东西。这肯定是为了宣告法兰西还活着"。这是一个简单的推论：没有戴高乐——借助于穆兰的行动——就没有抵抗运动；既然抵抗运动等同于戴高乐主义，戴高乐主义等同于法国，因而没有戴高乐，就没有法国。几乎没有抵抗战士会同意这一点，但是，他们没有发言权。[18]

二十四 现代化的君主（1959—1964年）

电视明星

电视台对穆兰的"先贤祠化"进行了现场直播，这是电视在巩固戴高乐权力方面的一个突出例证。[19]1958年之前，电视在法国政治中几乎没有什么作用。通过电视转播受到法国公众关注的首个事件是1953年6月伊丽莎白二世的加冕礼。尽管很少有人拥有电视机，但这件事几乎引起了法国人和英国人同样的兴趣，因为法国人没有自己的国王。不过，法国的发射机太少，只有巴黎和里尔地区才能接收到转播信号。由于德国的发射机相对较多，因而一些阿尔萨斯人为了接收这些转播信号就购买了德国的电视机。法国首个通过电视转播的政治事件是同年12月举行的科蒂竞选总统一事。但竞选过程其实是一场漫长的闹剧。六天后，电视转播被取消，因为它使人们对法国政治产生了一种极其糟糕的印象。

戴高乐上台时，法国的电视机拥有率正处于即将大幅攀升的阶段。1958年，只有7%的家庭拥有电视机。到1964年，这一数据已增长至39%；1968年时达到62%。戴高乐异常迅速地抓住了电视的潜在影响力。1940至1944年间的广播成就了他，而1958年后，他是通过电视实施统治的。他说，一旦阿尔及利亚危机结束，政客们就会把他踢开，就像解放后他们所做的那样，但是，"1946年时我没有电视"。用一位历史学家的话说，他是世界上第一个将电视完全融入其沟通策略的政治家。[20]

1958年6月13日，戴高乐的第一次电视讲话并不成功。他拒绝化妆，脸上的皱纹和斑点清晰可见。他低着头透过厚厚的镜片念着发言稿，根本没有看镜头。前自由法国成员、传媒大亨马塞尔·布勒斯坦-布朗谢（Marcel Bleustein-Blanchet）带着震惊和怀疑之情观看了这场表演。在向爱丽舍宫反映了他的顾虑后，他意外地接到了戴高乐亲自发来的召唤。两人一见面，戴高乐就开门见山地说："我在电视上似乎显得很糟糕。"他回答道："糟糕至极，将军。"[21]戴高乐很快吸取了教训。6月27日，在第二次出镜时，他已知道该怎么做。他卸下了眼镜，双眼直视着镜头。他还开始向法兰西喜剧院的一名演员学习，并聘请了法国著名化妆师夏尔·库贝塞里安（此人还受雇于碧姬·芭铎）。[22]

戴高乐成了一名出色的演员。1958至1962年阿尔及利亚战争期间，他发表了31次全国电视讲话。从某种意义上来说，法国人通过观看电视上的戴高乐度过了这场冲突。他最引人注目的两次出镜是在街垒暴乱周和1961年4月的未遂政变期间。当时，他发表的富有表演性、充斥着华丽辞藻的讲话堪称典范。他最有效的修辞技巧之一是把每一次讲话都变成他自己与国人之间的当面交流："法兰西的男女同胞们，请你们帮助我""你们能够明白我要求你们每一个人投的'赞成票'的重要性""我们再次相聚在这里……"1961年1月，在一篇简短讲话的末尾，他呼吁公众在就阿尔及利亚问题举行的全民公投中投"赞成票"："我想要——是的，我想要知道你们的所思所想是什么。这就是我要越过所有中间人和你们直接对话的原因。事实上，这个问题是你们每一个人和我本人之间的问题，谁会不知道这一点呢？"[23]

戴高乐还是一个用简单方式来表达思想的大师。在他于1960年6月14日发表讲话之前，顾问们为他准备了大量关于经济问题的复杂数据。[24]但戴高乐在这篇讲话的开头是这样说的："它曾经是一个富有经验、非常谨慎的古老国家。在过去，它在世界舞台上是一个人口最多、最富有、最强大的国家；历经多次不幸后，它退守到它自己的事务中了。"戴高乐很清楚在这些讲话中他想要表达什么，"你需要像个孩子一样和他们交流，但同时你必须把事情说清楚"。[25]这两点显而易见：他有一种化繁为简的天赋（当他没有发挥另一种含糊其词的天赋时），同时他总是有话要说。正像他发表的战时讲话一样，戴高乐的言语中一直包含有论点和对理性的呼吁。

阿尔及利亚战争结束后，戴高乐发表电视讲话的次数相对减少——1963至1969年共计22次——并且在措辞方面已没有那么引人注目。但是，戴高乐时刻准备着提醒法国人，如果他们不追随他向"顶峰"攀爬，那么就有坠入"深渊"的危险。他还喜欢用的一个比喻是：面对波涛汹涌的大海，法国人需要一个"领路人"和"船长"把他们带到安全水域。他那一些更为虚夸和生硬的叙述风格显得滑稽可笑，有鉴于此，一位反戴高乐主义的记者在1959

二十四 现代化的君主（1959—1964年）

年写了一本嘲讽"将军的风格"的精彩小册子。[26]并不是每个人都能写出以下的语句，但戴高乐做到了：道路坎坷而美丽！目标艰巨而宏伟！让我们即刻启程！出发的号角已经吹响！[27]戴高乐不仅是一位伟大的修辞学家，也是一位出色的视觉表演者。他会捶桌子、指镜头、伸双臂、耸双肩，还会摆出一系列迷人的面部表情。但他曾仔细思考过表演的艺术，自己无须表现得矫揉造作，"对于这个独自坐在桌子后面，并在强光照射下的70岁老人来说，他必须显得精神焕发、神态自若，才能引起人们的注意，但又不能使用过多的手势和不恰当的面部表情"[28]。

▲ 《鸭鸣报》眼中的电视表演者戴高乐

戴高乐对电视的痴迷不仅在于他是一名表演者，还在于他是一名观众。他与福卡尔在晚上的会谈通常于8点之前结束，这样的话他就可以赶回寓所观看当晚的新闻节目。他也观看其他节目，并还会不断地对佩雷菲特讲怎样才能让电视节目变得更生动（他认为应该少播出一些时尚节目）。这种对电视的兴趣使戴高乐成了一个走在时代前列的政治家。德勃雷几乎不看电视，并且，他认为在这个小屏幕上说话会显得太傲慢，从而导致效果不佳。蓬皮杜当上总理时，甚至连电视都没有，他是通过广播收听戴高乐的讲话的。[29]

戴高乐对电视的主宰得益于缺乏竞争。法国的电视台受到严格管控——1964年之前只有一个频道——反对派政治家很少出现在电视上。对于戴高乐来说，这是一次痛快的复仇，因为在1946年后他被禁止发表广播讲话。由于当时处于这种新媒介发展的初期阶段，因而如何确立广播公司与政府之间的关系就落到了戴高乐政府的肩上。1963年，佩雷菲特在政府代表和接受"指导"的电视新闻节目制作人之间建立了一种每天举行碰头会的机制。戴高乐的所有省际之旅都得到了详尽的报道，并且，摄像机总能把人山人海的画面呈现出来——即便在人数稀少的情况下。1959年2月，戴高乐视察了图卢兹，在第二天时长25分钟的新闻简报中，有20分钟都是在报道这件事，其中还配有旁观者面带狂喜之情的特写镜头。[30]反对派报刊嘲讽了这类报道，但戴高乐不以为意。他把视察活动的影响转变成了自己的惯用语："预期的效果达到了，因为人们已经抬起头，注视着顶峰。"[31]我们不应夸大国家控制的程度。法国不是苏联，它的电视台曾深入报道了1963年一场旷日持久的矿工罢工。[32]

佩雷菲特认为更开明的做法会更有时效，对此，戴高乐毫不留情地说："开明、开明，你所说的开明的人是放弃自己的权力并让他人替自己行使的人……你的职责不是放松对权力的控制，而是加强对它的控制。"[33]戴高乐还有一种根深蒂固的观念：报刊，尤其是《世界报》——他喜欢用绰号"屎界报"（The Filth）来称呼它——向来对他怀有敌意，这是他一直与之斗争的"封建流毒"之一。中立的观察家认为电视是政府谄媚的工具，但戴高乐写给佩雷菲特无数怒气冲冲的便条的内容却是批评"你的广播和电视"出现的负面报道。在他看来，电视中总是出现了太多的雨水、太多的罢工、太多关于人们抱怨的报道。[34]他给他的一个新闻顾问写信说："我不允许任何一位评论家、作家、政客在未经我同意下的情况下，就以戴高乐为话题在广播电视中大发议论。"[35]有时候，电视台记者试图反抗紧紧地捆着他们的绳索。在1962年10月的全民公投的两天之前，一名电视台记者的报道被上级篡改。他的同事们举行罢工以示抗议，当天晚上的电视新闻节目播放的是：在音乐的伴奏声中，一个点缀着睡莲的池塘的图片。这似

二十四 现代化的君主（1959—1964年）

乎并没有影响投票的结果。

戴高乐除了用电视发表全国讲话、报道省际之旅外，还用它完整地转播自己每年举行两次、每次可能长达两小时的新闻发布会。戴高乐在战争期间磨炼了新闻发布会的艺术，在法兰西人民联盟存在期间，他仍然经常举行新闻发布会。1947年，他向克劳德·盖伊概述了自己对这些场合的看法：

> 如果记者们每次都来，那是因为他们知道会发生什么（à quoi s'en tenir）。他们知道会有"乐子"……这一切最大的"乐趣"……人们可以提前猜到他们要问什么问题，重要的是弄出一份综合了我想要的答案的文稿。然后，当他们问我这些问题时，我就据此回答；如果他们没有问，我就把谈话引到我事先选定的话题上来。或者当他们问到我不想作答的问题时，我就答非所问。最重要的是准备一些凌厉的回答来击倒发难者，并冷却他们想要再次发难的欲望。[36]

戴高乐当上总统后，他对这些场合的控制力更强了，受众也更多了。首次进行电视转播的新闻发布会是艾森豪威尔于1958年1月举行的新闻发布会。但戴高乐的新闻发布会——被人戏称为面向媒体的"conférences（这个法语单词意为'演讲'）"——与艾森豪威尔的那种显得轻松随意的新闻发布会在风格上有着天壤之别。它们是在爱丽舍宫中宽敞的宴会大厅举行的。在明亮的电视灯光的照射下，约800名记者和诸多外国外交官挤在面向舞台的一排排座位上。[37]舞台上只摆放着一张桌子，桌子后面是戴高乐的座位。在他露面前的几分钟，部长们鱼贯而入，并尽职尽责地坐在舞台的左边；在另一侧坐着的是总统府的顾问们。下午3点整，戴高乐从帷幕后走上舞台，这时，所有人都会站起来。他总是先进行一番开场白，然后回答问题，在回答任何一个问题之前，他会将它们分成几个主题。这纯粹是一种正式的练习，因为他清楚地知道自己打算说些什么。新闻发布会的整个过程完全是按剧本来的。1966年，《世界报》的雅克·福韦评论说，在场的记者们是戴高乐自问自答的见证人。[38]

— Il me semble avoir entendu, au fond de la salle, quelqu'un ne pas me poser la question à laquelle je vais répondre maintenant.

▲ 《费加罗报》上的一幅漫画生动地说明了这一点：戴高乐望着远处说，"后面的人所问的问题中，并没有我正准备回答的问题"

戴高乐会关起门来花几天的时间来准备新闻发布会。他把长达两个多小时的发言稿背了下来。由于他不是直接念稿子，因而他能够极为潇洒地进行表演，他的声音时而高亢，时而低沉，他还会做出捶桌子、伸双臂、耸双肩等动作。他的喜剧天赋取之不尽。有时候，戴高乐的部长们首次了解到某项政策并不是在用于宣布政策的场合，而是在他表述自己对世界看法的演讲中，例如1964年1月关于中国历史的长篇报告，1965年2月关于国际货币体系的长篇讲话。雷蒙·阿隆称它们是"政治历史上的走钢丝行为……一种技巧，飞在半空的演讲者边回忆过去，边向未来投下几束光"[39]。尽管新闻发布会是按剧本来的，但偶尔会有提问者偏离剧本，这使戴高乐得以施展他那令人印象深刻的机敏应答的本领。一名记者问戴高乐为什么在处理那桩引起

二十四 现代化的君主（1959—1964年）

媒体关注的政治丑闻（见本书下册第346页）时动作缓慢，他得到的回答是："那是因为我经验不足。"这顿时让提问的记者哑口无言。

戴高乐通过多种形式——在地方视察期间的讲话、电视讲话以及召开新闻发布会——进行公共干预，风格也各有差异，但它们都是按照他的方式进行的他与国人之间的单向对话。他解释了他想解释的东西，留下了他想保持神秘的话语。保密是戴高乐执政风格的一部分，也是他健谈的一部分。雷蒙·阿隆在戴高乐的一次新闻发布会后说："一些读者问我对戴高乐将军上次新闻发布会的看法……我将努力对他们的好奇心作出回应，但我首先要提醒他们，国家元首的讲话必须以某种规则来解读，这些规则就像解读古代手稿所需要的规则一样微妙。"[40]在以新闻部长的身份参加了第一次内阁会议后，佩雷菲特为媒体撰写了一份公报，戴高乐随即将其毙掉，并告诉他，"要让他人尽可能少地了解我们的想法"。经他修改后，佩雷菲特的公报开头部分是："外交部长就国际形势发言；阿尔及利亚部长就阿尔及利亚问题发言；等等。"[41]在又经历了一些类似情况后，佩雷菲特试图说服戴高乐过度保密会适得其反，向媒体提供一些信息将更有益。戴高乐不会作过多让步。他对"领袖"和人民之间关系的看法一如既往，仍然是赤裸裸的精英主义观。在法兰西人民联盟期间，他曾用最纯粹的古斯塔夫·勒庞的口吻对莫里亚克说："人民的心思很难捉摸，也很难管理他们……他们想要被领导，却又排斥那些想要领导他们的人。他们想要被主宰，却又不愿屈服。"[42]

戴高乐的统治风格和实施的政策都触怒了左派。让–雅克·塞尔旺–施赖伯（Jean-Jacques Servan-Schreiber）是持中间偏左立场的颇具影响力的《快报》杂志的主编，从他撰写的有些言辞激烈的反戴高乐主义的社论中可以看出这一点：

> 1959年3月26日：我们沦落到了解读斯芬克斯的地步。一个人要为自己在政治上沦为虫豸这种东西感到羞耻。
>
> 1959年10月：在我们每个人看来，这个人都是一个谜。我们的所有讨论、对话、分析、预测最终都是围绕着法国政治这个唯

一而独特的主题展开的:戴高乐会怎么想?戴高乐会怎么做?

1960年6月2日:我们都是戴高乐主义者,也就是说旁观者。戴高乐的讲话是我们的一切指南,我们讨论或思考的主题是他的名言警句……不管我们承认与否,这一基本形象决定了我们的命运:戴高乐就是法国……我们被迫观看这位无与伦比的演员的演出,然后在我们中间无休止地评论他的表演。

1962年9月27日:如果说波拿巴是第一次现代政变的发明者,那么戴高乐则是电子政变的第一个制造者……通过电视,戴高乐和他的决定一下子渗入了我们的家庭和思想,摧毁了我们的信念,粉碎了我们的咖啡馆讨论。[43]

塞尔旺-施赖伯的反戴高乐主义情绪比较极端,但这使他的评论更能说明问题。它们是对戴高乐的催眠力量和他成功地占领法国政治的整个空间的反向颂扬。另一位左翼知识分子、年轻的历史学家米歇尔·维诺克(Michel Winock)尽管对戴高乐的敌意不及塞尔旺-施赖伯深,但在思考于1962年10月的全民公投中该如何投票时,表达了同样的两难困境:

投"反对票"就是投票让这个魔术师离开;选择未知、选择困难,或许是最糟的,但我们能确定吗?最糟糕的是大众的这种冷漠,他们把一切都交给了这位抱残守缺的将军。我的"反对票"意味着无政府主义,我对此心知肚明……但我不能听任这个浮夸的魔术师的摆布。[44]

戴高乐之所以能取得支配地位,不仅在于他出色的沟通能力和对电视的控制,还在于第四共和国的政治精英们名誉扫地,以及自1945年后主宰法国政治的各党派之间的纷争。只有法国共产党没有受到这种混乱的影响,但它的许多党员在戴高乐举行的全民公投中投了"赞成票"。这种情况引发了20世纪60年代初关于法国社会"去政治化"的诸多评论。[45]政治学家和记者认为这是一种令人担忧的状况，不过，戴高乐主义者并不这么看。米歇尔·德勃雷与戴高乐在政治理念方面有不少差异，当他以总理的身份第一次出现在议会时就接受了"去政治化"的概念：

> 人们想过平常生活，他们被个人问题和家庭问题所困扰……这是一种好现象……普通公民，一个真正的民主主义者，在沉默中为自己构建了对国家政府的判断。当定期征求他的意见时，比如说选举议员，他会表达同意或不同意。在这之后，通常情况下，他又忙自己关心的事情去了。[46]

"去政治化"这个词用在因阿尔及利亚问题而引发激烈冲突的这个历史时期似乎有点怪异。但是，除了双方积极参与其中的少数人之外，多数人当时对政治怀有明显的厌恶情绪。当出现甚至和1958年5月的危机同样重大的事件时，人们似乎对其漠不关心。他们那时候更关注一个月后的世界杯——在这届世界杯上，法国队首次杀入半决赛。"法国的阿尔及利亚"的坚定支持者抱怨说，戴高乐没有让法国人投入保卫阿尔及利亚的伟大事业中，他背叛了自己勾勒的宏伟愿景：英雄主义文明正在被冰箱文明所取代。[47]这句话说得有点道理。大多数法国人被战争搞得精疲力竭。他们对第四共和国的走马灯政治心生厌恶，并渴望从经济增长带来的物质利益中获益。至少在目前，他们准备享受冰箱、电视、洗衣机和假期带来的舒适生活。同时，他们准备通过戴高乐间接地体验英雄主义，并允许他随心所欲地实施统治。

工作中的戴高乐

戴高乐领导下的权力中心位于爱丽舍宫，这里自1871年以来一直是法国总统的官邸。18世纪时，它最初是蓬帕杜尔夫人的府邸，拿破仑在百日政变期间就住在这里，他还在此签署了最后的退位诏书。在流行的民间

第四章 共和国的君主

故事中，爱丽舍宫因1899年菲利克斯·福尔（Félix Faure）总统在这里死于情人的怀抱中而闻名，对此，官方公报称，"他在充分地履行自己的职责"。戴高乐对这些与之相关的历史掌故评论说："人们或许本希望有更好的事情出现。"[48]至于爱丽舍宫在巴黎所处的区域，他对其同样缺乏好感，"那里有钱、繁华，有奢侈品店，但没有什么能勾起人们对伟大荣耀和伟大人物的回忆"。这里与戴高乐成长的巴黎第七区所呈现出的庄严宏伟的面貌大不相同。他曾想把总统府搬到巴黎东部的文森堡，但在他人劝说下，很快就放弃了这个不切实际的想法。[49]

戴高乐无奈地接受了爱丽舍宫，就像是一名士兵被派往了一座要塞。这里绝不是他的家。樊尚·奥里奥尔曾聘请著名的室内设计师安德烈·阿尔比斯（André Arbus）和朱尔·勒勒（Jules Leleu）将爱丽舍宫装饰一新，但节俭的戴高乐乐于把国家的钱花在大特里亚农宫以便给外国政要留下深刻的印象，却尤其不喜欢把公共资金花在自己身上。[50]几年后，当副官博纳瓦尔看到将军办公室那把"破旧"的扶手椅时深感震惊，他介入此事，坚持要订购一套新的路易十五或督政府时期风格的家具。[51]由于总统的角色变得更加重要，因而爱丽舍宫的工作人员大幅增加，这意味着原先供总统使用的私人房间变少了。奥里奥尔的餐厅成了部长会议的会场。其余的是一些小的私人房间，如一间卧室、两个简朴的起居室和一个小餐厅，戴高乐除了装上一台电视机和一个单独的电表以便自己掏腰包付电费之外，没有作任何改变。他还（自己掏钱）恢复了一个被奥里奥尔改造成办公室的小教堂，这样一来，即使周末待在巴黎，他也可以私下参加弥撒。1974年，当新任总统瓦莱里·吉斯卡尔·德斯坦决定也要住进这座宫殿时（戴高乐的继任者蓬皮杜没有选择这里），这里寒酸的陈设让他的夫人大为吃惊。[52]

戴高乐的办公室在二楼，从那里可以俯瞰花园。他每天起得都不早，大约9点，他才从自己的房间来到办公室。像人生中的其他时刻一样，他一丝不苟地遵循着不变的程式，他先是阅览法国报刊，这肯定会使他勃然大怒；然后他还会浏览《每日电讯报》《法兰克福汇报》及《纽约先驱报》。[53]上午剩下的时间他用来处理外交电报、地方行政长官的报告，并准

二十四 现代化的君主（1959—1964年）

备下午会议的提要。大多数文件他都是用那难以辨认的手迹批注的。除非迫不得已，否则他不会使用电话。当林登·约翰逊建议两国总统应定期通电话时，戴高乐回答道："人们可以写信，也可以打电话，但你觉得打电话能带来你所说的那种人与人之间的沟通吗？"[54]除非有官方招待会，他都是和少数顾问或特邀嘉宾在爱丽舍宫用午餐的。戴高乐特别看重准时，无论是谁，哪怕是迟到一分钟，都会被他拒之门外。官方会见安排在下午。

戴高乐的办公室与他的私人秘书处主任和总统府秘书长的办公室直接相连。前者负责将军与"国民"的关系，如安排他的国内视察活动或他人对他的"拜见"；后者全权负责他与"政府"的关系，即与总理（其官邸是塞纳河对岸的马蒂尼翁宫）和其他所有政府部长的关系。加上他的军事办公室主任和非洲事务秘书长（福卡尔），这几个人被称作是"四巨头"。他们每个人在一天要结束的时候都会与戴高乐进行20分钟的会面。其中，最为重要的会面者是福卡尔（如前文所述）和总统府秘书长。后者经常去见戴高乐，有时候一天要见好几次。

1958至1962年间担任总统府秘书长的是若弗鲁瓦·德·库赛尔；1962至1967年间是艾蒂恩·布林·德斯·罗兹尔。他们在战争期间就追随着戴高乐。这使得他们成为"老牌"戴高乐主义者，尽管两人都未曾加入法兰西人民联盟，不过将军并未因此而疏远他们。但如果认为戴高乐身边只有昔日的"伙伴"，那就大错特错了。其他老牌戴高乐主义者如吉夏尔和勒弗朗也都谋得了差事，然而，随着时间的推移，在爱丽舍宫任职的戴高乐主义者的比例逐渐下降。1967年担任总统府秘书长的贝尔纳·特里科在过去就不是一名戴高乐主义者。他之所以得到这项任命，是因为戴高乐在阿尔及利亚战争期间曾让他担任了自己的顾问，并从那时候开始对他的能力和判断力大为赏识。

秘书处和办公室的工作人员还包括负责专门领域（经济、教育、外交、新闻）的"技术顾问"（conseillers techniques）和特使。这些顾问中的大多数人会在任职约四年后另谋高就。这一群体通常被称作"随从"，但戴高乐更喜欢称他们为"身边的人"（Household）。科蒂总统有约10名"身边的人"；戴高乐通常有约45名。他们大多是曾毕业于某所高等专业学校的年轻公务员。这些年来,毕业于国立行政学院的人越来越多(1959年占比11%,1966年为20%),这是戴高乐政府在解放后不久设立的一所为公务员提供培训的学校。在这些顾问之中,几乎没有人和戴高乐主义有过瓜葛,他们都是因为个人的技术能力而被聘用的。由于前两位总统府秘书长都来自法国外交部门,因而整个总统府拥有一种同质性文化。它的指导精神是为国家服务,正如我们所见,戴高乐把这一原则几乎提升到了神圣的地位。尽管对法国行政精英的随大溜作风持怀疑态度,但将军同时对他们怀有某种崇敬之情。他对那些为他服务的人的政治背景并不关心。他选人的标准是专业、忠诚、判断力:戴高乐政府(Compagnonage)绝不在政治上任人唯亲。

尽管总统府的顾问总是由戴高乐当面任命——他通常会快速地问几个问题以检验他们能否胜任——但他们很少能见到他,除非他们得到召唤需要就某个特殊问题亲自向他作简单汇报。其他时候,他们的职责是起草常用的公文和各种文件,并且,其内容最好不超过两页。接着,它们被送到总统府秘书长的手中,由他来挑选哪些应该转交给戴高乐。一般情况下,这些顾问不知道自己的努力有何成果,除非有时候某份公文被送回他们手中时上面写有"将军已阅"这几个字或盖着一个小小的洛林十字的印章。或者,要是他们幸运或倒霉的话,上面会有一些手写的关于语法和句型的批注,有时甚至是一个玩笑。一名经济顾问曾在一份公文中写道,戴高乐"面临被人质问的风险……",当这份公文回到他手中时,页面的空白处写着这么一条忠告:"要知道(双下划线)戴高乐将军绝不做有风险之事,也绝不会让自己被人质问。"[55]这至少说明戴高乐看了这份文件。反之,正如一名顾问所说,他们"同时尝到了他们举足轻重和无足轻重的滋味"[56]。戴高乐在回忆录中称,在总统府的工作"远离一切喧嚣、有条不紊"。[57]总统府的一名顾问在回忆起总统府"冷冰冰的世界"时,用稍显消极的口吻表达了同样的观点:"这是一个有点儿与日常生活隔绝的世界……我能做的最有益的事情是……尽可能多地接待来自民间社会的代表……然后把得到的信息以短笺的形式传递给将军,从而使他免于与真实的世界隔绝。"[58]戴高乐肯定认为他的地方性视察活动使他接触到了"真实的"世界,然而,这是一个他透过厚厚的镜片看到

二十四 现代化的君主（1959—1964年）

的已变得模糊的世界——他想看的正是这样的世界。

尽管他的"随从"心生挫折感，但无论他们是否是"戴高乐主义者"，他们都对那个身处二楼、神色冷峻，并且他们几乎见不到面的领袖产生了忠诚甚至是爱戴之情。他们知道自己是在为戴高乐，并只为戴高乐工作，如果他们忘了这一点，戴高乐会严厉地提醒他们。当特里科告诉戴高乐他向总理提交了一份特别文件时，他遭到了一番猛烈的抨击："我和总理之间不需要任何中间人。你的职责是辅佐我，而不是去和总理交涉。"[59]

戴高乐通常一周和总理见一次面以举行非公开会谈，并且，他们在每周的部长会议召开之前也会进行短暂的会晤。除此之外，鉴于戴高乐对电话的憎恶，他们之间是通过书信交流的。部长们不会被告知太多东西。当佩雷菲特告诉蓬皮杜他已预感到戴高乐将在1963年1月的新闻发布会上拒绝英国加入共同市场，蓬皮杜"惊讶得双眼圆瞪"。[60]戴高乐一个星期召见一次外交部长，一个月召见一次国防部长，召见其他部长的频率更低。尽管将军对他自己的宪法满不在乎，但在其他方面，他却一丝不苟地遵循着某些礼节。他从不背着总理向部长下达指示，若未能及时告知，则在事后通知他。然而，不可避免的是，马蒂尼翁宫和爱丽舍宫之间的关系并不融洽。蓬皮杜曾在给布林·德斯·罗兹尔的信中抱怨说，爱丽舍宫的顾问越过他直接和他自己的部长们联系，"我请求你让你的那些合作伙伴收敛一下年轻气盛的姿态，并希望你能理解将军的总理有着怎样的艰难处境"[61]。

每周三举行的部长会议只是走个过场，并且氛围也很压抑。除了某些特殊时刻，几乎没什么讨论。每位部长只需要汇报自己所负责领域的情况。1960年1月，当财政部长比内就戴高乐的外交政策提出某种看法后，正如他在第四共和国可能会做的那样，戴高乐呵斥他说："什么时候轮到财政部长对外交政策发表意见？"比内不久后就离开了政府。负责外交事务的是顾夫，他是他主子的代言人。通常，顾夫会用一种几乎听不到的单调语调讲一些任何一位部长从《世界报》上就能了解到的内容。他的发言使人昏昏欲睡，有一次戴高乐打断他说："虽然用不着吼叫，但能不能请外交部长大点儿声讲。"只有马尔罗一人得到了戴高乐的纵容。他不常发言，但当他发言时，他的话

第四章 共和国的君主

令人眼花缭乱、晦涩难懂，并用历史作装饰，会议氛围因之而变得活跃。当他们在讨论对纳赛尔的埃及应该采取何种政策时，马尔罗以此为契机，绘制了一幅追溯至法老时代的历史壁画，并在之后分析了为什么纳赛尔革命更像1788年的法国革命而不像1917年的俄国革命。[62]这时，戴高乐露出和蔼的笑容，温和地把讨论拉回现实——从法老时代到当前时代。

在戴高乐治下，部长会议的职责不是讨论政策，而是批准已决定的政策。真正发挥作用的是提前举行的小规模的部际会议（conseils restreints），戴高乐召集这种会议讨论的是某个困扰他的问题，或是他认为政府在采取行动时缺乏力度的问题。它们由戴高乐亲自主持，参加人员有相关部长、总理，有时还会有爱丽舍宫的一名顾问。在这类委员会中，戴高乐表现得和部长会议上那种庄严肃穆的专制君主形象截然不同。会议记录表明，他是一个专注、开明的主持人，他倾听、发问，把事情弄明白，然后干脆利落地下结论。

戴高乐的机敏、快速的综合能力及智力上的接受力让那些之前从未近距离接触过他的人，或是只见过他公众形象的人深感震惊。在阿尔及尔任职几周后，德卢弗里耶向驻阿尔及尔的英国领事表达了他对戴高乐"非凡的记忆力和专注力"的惊讶之情：

> （德卢弗里耶）告诉我，他在初次微服出访阿尔及利亚后，向将军作了个口头报告。他把自己的看法整理成几个主题，然后逐点进行论述，讲了25分钟。将军听的时候没有丝毫反应，"你可以想象，这是一次难熬的经历"。然而，他刚讲完，将军就按照他讲的先后顺序，把这些要点一一地列举了出来，并提出了自己的意见和想法，他不间断地讲了40分钟……他接着说，在与戴高乐谈话时根本不会出现任何讨论。与他的交谈最好被称作是将军通过一系列言语上的短兵相接以观察来访者将作何回应的方式。将军希望得到一种聪明、独立的回应，如果他未能得到，他就对来访者失去了兴趣。[63]

二十四 现代化的君主（1959—1964年）

戴高乐的这一面——在伦敦为他效劳过的那些人对此已非常熟悉——与他威严而又孤独地进行统治的形象形成了鲜明的对比。另一名像德卢弗里耶那样表达出同样惊讶之情的亲历者是让·马梅尔（Jean Mamert），此人当时30岁，是一名具备法律专业知识的公务员，在1958年起草宪法时，他曾被召去给戴高乐提供技术性建议。不可避免的是，当这名下层官员被带到将军的面前时，他感到战战兢兢：

> 当我们的第一次会面结束时，令我吃惊的是我发现将军与我想象的完全不同……非常朴实、非常放松，对我几乎是尊重……听我讲完后，当他对我说的内容发表看法时，他逐字逐句地把我的话准确地复述了一遍，几乎一字不漏！他有着非凡的记忆力……他的倾听能力是超一流的。这一点总是让我感到吃惊。[64]

爱丽舍宫的一名经济顾问记得在他们第一次见面时，戴高乐透过厚厚的镜片，目不转睛地盯着他，这让他"得到的印象是：自己正在被极为专注地倾听着，这种专注度是我之前未曾遇到过的"[65]。尽管如此，在和戴高乐交流时，人们仍需要坚强的神经来面对他。正如特里科回忆时说的："好好地选择时机和地形非常有必要，人们还必须掘壕固守。有时候，我觉得自己有必要抓住某样东西不放。"[66]即使戴高乐的回答常常是"不"，但几天后，某个他曾拒绝的建议又以他的名义被重新提出来。这是每一个在伦敦为戴高乐效劳的人都经历过的事情。

爱丽舍宫顾问的职责是为戴高乐提供他挑战自己的政府所需的技术知识。1963年政府推出的金融稳定计划就是这方面的一个例子。法国经济在1958年吕夫计划严厉的经济政策下得以迅速恢复。由于《罗马条约》削减关税所带来的刺激，法国经济开始了惊人的增长，并在增长率方面首次超越德国。与此同时，物价也开始攀升。

吕夫曾两次直接给戴高乐写信表达自己的忧虑之情，他认为必须采取措施抑制通货膨胀。这与吕夫毕生致力于稳定物价的奋斗目标是一致的，同时，这也是他个人对法国央行行长怀有敌意的结果——他觉得后者在推行一种宽松的信贷政策。[67]但并非只有吕夫一人对此感到担心。爱丽舍宫的经济顾问马克西姆·莱韦克（Maxime Lévêque）在1962至1963年间不断地给戴高乐写信，提醒他注意他所称的"普遍的通胀趋势"和"政府过度的'扩张'政策"。[68]蓬皮杜和财政部长瓦莱里·吉斯卡尔·德斯坦对这种局面并不在意，他们担心更严格的政策会影响经济发展。

戴高乐决定进行干预。1963年春，他召开了四次部际会议以讨论这个问题，并制定了一系列应对通货膨胀的措施。在莱韦克进一步的鼓动下，戴高乐觉得这些措施还远远不够。在秋天时，他就这个问题又召开了三次部际会议，并制订了一项更为严厉的稳定计划。[69]戴高乐用最严肃的措辞写信给蓬皮杜，坚称必须根除"导致通货膨胀的深层和不变的原因"："我认为这是一个非常重要的问题。"[70]蓬皮杜对此极为恼火，他本以为戴高乐不会干预经济运转。他告诉佩雷菲特："将军生气了，因为戴高乐夫人对他说：'夏尔，物价在攀升。'"他痛斥了戴高乐的"那些神秘的、挑拨他反对我和我的政府的技术顾问"；他还抱怨道："将军不应该插手此事。我觉得吕夫是幕后推手，他利用了将军在这方面的无知，并使得他像是闯入瓷器店的一头犀牛。"[71]吕夫的影响不应被夸大。戴高乐对改革信贷体系的一个委员会说："我们不会为了遵从吕夫的忠告而去推翻某项制度。"[72]或许爱丽舍宫顾问的影响更加重要。

稳定计划因包含过多的紧缩性财政政策而遭到媒体的广泛批评。这项计划带来的危害或许不大，但这件事让人们对戴高乐领导下的政府如何运转有了有趣的了解。无论"那些神秘的顾问"是否在煽动他，正如蓬皮杜怀疑的那样，他们无疑为戴高乐提供了将他的意志强加于政府所需的论据。他们的真正影响取决于将军是否已完全决定要解决某件事。这里还有一个稳定计划的反面例子。爱丽舍宫的教育顾问雅克·纳尔博纳（Jacques Narbonne）由于担心法国大学生数量的快速增长难以为继，因而给戴高乐写了多封越来越危言耸听的信件，宣称必须制定一项更为严格的大学招生政策。戴高乐接受了这种观点，但最终没有强行解决这一问题。蓬皮杜和同样对"那些神秘顾问"颇有怨言的教育部长对此坚决反对。作为巴黎高等师范学院的毕业生,蓬皮杜认为自己是高等教育方面的专家。他坚持的原则是,任何一个获得学士学位的学生都有自动接受高等教育的权利。戴高乐觉得无法有力地——或者说对自己的立场没有足够的把握——反驳这种观点。除了由戴高乐完全主宰的国防政策和外交政策外,其他政策的实施是总理府和总统府之间实现力量平衡的结果。[73]

戴高乐主义的现代化

戴高乐常常讲自己对经济不感兴趣,但他对于经济果断地进行个人干预,实施金融稳定计划的做法证明这话是假的。他确实时不时地为之着迷。他总是否认自己曾说过那句广为流传的"供给列车会自行运转"(l'intendance suivra)。但这句话的确符合他的那种"领袖的职责并非参与政策执行细节"的观念,即便有时候人们会发现他插手的事情从牛奶、肉类的价格到煤炭工业的重组都有。[74]由于他最直接的两项个人干预措施是1958年的吕夫计划和1963年的稳定计划,因而似乎他在直觉上倾向于物价稳定而非攀升,倾向于财政方面的传统政策而非扩张政策。现实情况更为复杂。

戴高乐对国家的神圣化使他不可能被归为像吕夫那样的自由主义者。他曾对佩雷菲特说:"国家必须监管市场。"[75]作为一名前银行家,蓬皮杜本能地拥护自由放任政策,他抱怨道,戴高乐"是一个唯意志论者,他不能容忍经济活动不服从他的意志或计划的想法"[76]。这句话说得有道理。戴高乐自重新掌权后,痴迷于提高计划在法国经济政策中的地位。由戴高乐于1945年几乎不假思索地建立的计划总署被保留了下来。第一计划(1946—1952)优先考虑战后重建期间的投资。投资目标是官员、企业和工会根据"指示性"计划的模式,通过协商确立的。这个计划在分配重建资源方面发挥了重要作用。第二计划(1954—1957)涉及学校和医院的建设。如此一来,为解决战后具体危机而设立的计划总署已成为法国经济政策的一个永久组成部分。然而，它的地位有点不同寻常，并且充满争议。计划总署的官员从第四共和国缺乏稳定的政治局面中获益良多：他们的计划具有连续性。即便如此，"计划者们"认为自己在某种程度上处于法国政府的边缘，因为他们几乎是在不自觉的情况下实现目标的。本来还应该存在一个由总理主持的高级计划委员会，但它被弃置了，并且自1953年后再也没有举行过会议。

戴高乐决定改变这种局面。1961年，当计划总署着手起草新的计划时，他决定重建高级计划委员会并亲自主持它。[77]他对此非常热心，以至于提议说该计划委员会的建议应该是强制性的，并具有法律效力。由于这在自由的市场经济中根本不可能，因而戴高乐的经济顾问和德勃雷变得警觉起来。在最后时刻，他们成功地说服他在1961年就这个主题发表讲话时作出了改变。[78]最终，他采用了一种比较模糊的说法，呼吁该计划委员会承担一项"热诚的责任"，这是典型的充满模棱两可色彩的戴高乐主义风格。他想要创造出"该计划委员会的神秘性"，但被制止了。[79]

所有这一切都使戴高乐的经济思想让人难以捉摸：他把唯意志论的情感和直觉上对通货膨胀的恐惧——作为一名年轻战士，他在波兰首次目睹了它带来的影响——糅合在了一起。那段经历给他留下了深刻的印象，他不止一次地回忆说："太可怕了……由于担心价格上涨，家庭主妇们不得不凌晨4点就排队买面包……哪里都是彻底的绝望。"[80]"戴高乐主义"的经济内容还没有最后确定。这为对法国经济实现"现代化"的必要性有着清晰认识且充满活力的宣传员、经理、经济学家和公务员（fonctionnaires）等人群打开了一扇门。戴高乐给了他们机会，正是他们在这一时期撰写了"戴高乐主义"的剧本。

自路易十四的大臣科尔伯特（Colbert）以来，法国人对据称是无私地为国家服务的公仆有一种崇拜感。围绕着由精英分子和谐地治理社会的思想，19世纪的社会主义思想家圣西门建立了一整套哲学体系。法语词汇"fonctionnair"带有一种近乎神圣的光环，被翻译成"公务员"时，它的这层含义没有被完全地表达出来。1945年后，这种为国服务的精神体现在一批高级公务员身上，他们大多30岁出头，热切渴望克服经济上的缺

二十四 现代化的君主（1959—1964年）

陷——他们将1940年的失败归咎于此。这些改革者在战争期间有着不同的经历，有的加入了抵抗运动，有的加入了自由法国，有的加入了维希政府，但他们对于经济复兴都怀有传教士般的热情。他们的灵感是凯恩斯主义；他们的口号是"现代化"；他们的工具是计划。他们的眼中钉是像雅克·吕夫这样的"自由主义"经济学家和像比内这样的保守派政治家，在他们看来，这些人是在为守旧的农民和食利者的利益服务。[81]他们之中有的供职于计划总署，有的供职于欧洲的各个机构，有的供职于财政部。因此，称他们为局外人并非特别准确，不过，他们基于法国的精英分子并没有完全地信奉经济增长和现代化的信条而形成了群体认同。他们视财政部为保卫狭隘、传统的货币政策的敌方堡垒，并将其塑造成"现代化的阴谋分子"的形象。[82]然而，他们是极为公开的阴谋分子，他们通过在国立行政学院发表演讲或是在像《快报》这样的报刊上发表文章的方式把自己的思想传播给下一批的公务员。一个具有象征意义的人物是经济学家让·富拉斯蒂耶。他是凯恩斯国民经济核算体系的先驱，曾在计划总署任职，并在之后因提出"光辉三十年"的概念而为人熟知。富拉斯蒂耶在其所著的畅销书中宣称，利用技术推动经济增长可以改变世界。

这一批公务员在政治立场上普遍偏左，但是，他们更愿意视自己是在为大众谋福利，与政治无涉。那些拥有较多自由主义和国际主义思想的人认为可通过"欧洲"这条道路实现现代化，而那些中央经济统制论者则喜欢把"计划"摆在首位。前者视莫内为他们的灵感来源；后者则视孟戴斯·弗朗斯——第四共和国唯一一个让他们喜欢的政治家——为他们的灵感来源。在孟戴斯·弗朗斯主政的短暂时期，他们之中的许多人都是他的智囊团和内阁成员。他对他们的吸引力不仅在于他说着同种类型的话语，还在于他决心扫除阻碍经济增长和经济现代化的既得利益集团。他们并非天生的戴高乐主义者，尽管很多人对戴高乐在战争期间的表现感到钦佩。他的"豪言壮语"似乎不合时宜，并且他在1958年重新掌权的方式也令人生疑。然而，人们很快就会清楚地看到，他的重新掌权给他们创造了机会。

戴高乐第一届政府的一个特点是，在他的政府中，相对于民选政治家,非政治性专家和公务员的人数比较多。1959年1月,有8名"专家"、20名民选政治家;一年后,两者的比例几乎持平。[83]当比内辞职后,接替他的不是一名民选政治家,而是前央行行长威尔弗里德·鲍姆加特纳。这一特殊举措似乎是象征性地为"现代化主义者"报仇。当比内在1952年担任总理时,他把最具魅力的现代化主义者代表人物、公务员弗朗索瓦·布洛赫-莱内(François Bloch-Lainé)降了职,因为在他看来布洛赫-莱内过于强调统制经济。[84]为了表明世事已经变迁,戴高乐试图诱使布洛赫-莱内担任他的财政部长。布洛赫-莱内是个坚定的左翼分子,并且对戴高乐重新掌权的方式深感震惊,他不愿意跨过这条特殊的卢比孔河。然而,他对戴高乐仍抱有谨慎的支持态度,并且戴高乐没有把布洛赫-莱内的拒绝看作是反对他。他宣称他是"我们之中的一员",这意思是说,他们对国家实施经济改革的可能性持有同样的信念。

戴高乐重新掌权后没多久,社会党人安德烈·菲利普(他曾是自由法国的成员)在一篇文章中警告说:

> 戴高乐总统的危险之处在于,国家在朝着独裁的技术专家型社会主义的方向迈进。他冒险把高效而独裁的专家和高级行政人员聚集在自己周围,结果发现自己被用作一种宣传形式,在这种情况下,大众要接受由那些懂得最多的人作出的决定。[85]

虽然"独裁的技术专家型社会主义"并不是对所发生的事情的真实描述,但他的专家将发挥重要作用的论断是准确的。戴高乐政府的一个显著特点是设立了诸多特别委员会或准政治组织。它们在传统行政管理的官僚程序之外运作,有的负责科学研究(戴高乐对此极为痴迷),有的负责区域发展[1]。这就为现代化主义者提供了职位和机会。最开始供职于计划总署的保罗·德卢弗里耶在被戴高乐委以新职来到阿尔及利亚后,从来没有享

---

[1] 即国土整治和区域行动评议会(DATAR)。——译者注

二十四 现代化的君主（1959—1964年）

受过一天彻底放松的日子。不过，20世纪60年代中期他又在一个负责监督巴黎地区发展的准政府组织中找到了新职位。在这个职位上，德卢弗里耶成了城市化规划——它使得巴黎周边建造了多座新城市——的设计师。现代化主义者近乎救世主般的热情可以从爱丽舍宫中戴高乐的顾问、热衷于改革法国零售分销结构的让·梅奥（Jean Méo）所使用的那种话语中看出来。此人首先想把规模庞大、别具特色但效率低下的雷阿勒菜市场搬离巴黎市中心。在他看来，雷阿勒是"一切封建糟粕的集中体现……一个位于首都中心的巨大脓疮"。在戴高乐的支持下，他觉得自己正在"和经济上的巴士底狱展开较量"，切除"这个国家最引人注目的肿瘤"[86]。

所有这些似乎都不是1958年之前存在的"戴高乐主义"的组成部分，但不难看出戴高乐为何会接受这些影响。从20世纪20年代开始，他就对现代事物，如泰勒主义、机器等着迷，他认为这既是机遇，又是挑战。这和他与驻阿尔及利亚军队之间的冲突——戴高乐将之框定为有远见的现代化主义者同守旧的、正在打一场与时代脱节的战争的士兵之间的冲突——相吻合。[87]戴高乐在演讲中和新闻发布会上再三称赞科学进步、经济和社会改革，以及军队现代化。1962年的第四计划在导言中提出的目标为：军队现代化，以及"给研究工作提供充足的物质力量以确保法国精神充分参与本世纪伟大的科学和技术事业"[88]。或者，用戴高乐在1960年的一次演讲中更为简洁的话说，法国需要"拥抱它的时代"[89]。同现代化主义者一样，将军也厌恶他称之为"封建势力"的既得利益集团，它们阻碍了需要国家来解放的社会和经济力量。当时经常用来描述这些动态社会因素的一个短语是"生命力"（vital forces），这是个模糊的概念，不太容易被翻译成英语，指的是与社会寄生因素相对的生产力。正是现代化主义者、生命力和戴高乐之间的这种融合塑造了20世纪60年代的戴高乐主义。[90]没有什么比20世纪60年代在法国乡村发生的静悄悄的革命更能说明这一点了。

第四章 共和国的君主

农民阶层的终结

法兰西人民联盟从未过多地关注农业问题。戴高乐除了想为法国农民在欧洲尽可能地争得最大利益外，似乎对此并没有特别的看法。在吕夫计划中，最具政治风险的措施之一是结束农产品价格指数化。在正常情况下，当仍有约20%的人口以农业为生时，这可能意味着选举失败。在1959和1960年，农村经常发生反对政府的抗议活动。农民的代表机构全国农业工会联合会（Fédération Nationale des Syndicats d'Exploitants Agricoles）希望通过提高农产品价格来遏制农村人口的减少。这场农村的投石党运动得到了议会中普通的戴高乐主义者的支持。1960年3月，多数议员签署一项动议，呼吁议会召开特别会议讨论农业危机。根据宪法规定，政府必须同意这一请求，但戴高乐无意这么做。[91]他曾在私下喃喃地说："农民就没有幸福过。要么洪涝，要么干旱，要么严寒……我们总为他们感到遗憾。"[92]每当农业组织鼓动提高价格时，戴高乐都会告诫德勃雷要坚定立场。[93]人们最初指责戴高乐主义被不人道的技术官僚主义所劫持，其根源就在于政府对农民的苦难漠不关心。

并非所有的农业代表机构都抵制变革。20世纪50年代中期，新一代的年轻农民开始向全国农业工会联合会发起挑战。在来自中央高原富有魅力的年轻农民米歇尔·德巴蒂斯（Michel Debatisse）的领导下，他们创立了一个名为"国家青年农民中心"（Centre National des Jeunes Agriculteurs）的组织与之竞争。它认为与其抵制农村人口外流，保护生产效率低下的农民，还不如使法国农业走向现代化。这些农民自称是经营企业、保持农业生命力的"企业家"，而不是保持着一种生活方式的"农民"。爱丽舍宫的一名顾问抓住了这个机会。1960年，他对戴高乐说："法国农业的革新不能仅靠反对政府的农民来完成，也不能仅靠不与农民合作的国家来完成。"[94]他甚至说服了戴高乐接见德巴蒂斯，尽管将军不喜欢会见各个派系的代表。正如另一名顾问后来所说的："我们对自己说，把膏药涂在木腿上毫无意义，我们要找到问题的症结所在。如果不利用这个机会解决这些问

二十四 现代化的君主（1959—1964年）

题，那么总有好运相伴的戴高乐为什么要出现在那里呢？"[95]与此同时，国家青年农民中心的领导人也很快意识到，在第五共和国，"获得两个身居要职的公务员的支持要比获得25个议员的支持更管用"[96]。

其结果是一项大胆的农业"导向法案"的出台，国家青年农民中心支持该法案，而全国农业工会联合会则反对。据此设立的区域机构（土地治理和乡村建设组织）将在土地进入市场时尽可能多地将其买下，然后再出售或租赁给那些有资格的农民，从而用经济上更为可行的单元取代现有的零星小块土地。4月，当议会讨论这项法案时，正在对美国进行国事访问的戴高乐觉得此事至关重要，于是他给德勃雷写信强调说，对于该法案，他可以在"形式方面通融，但在内容方面不能让步"[97]。

第二年，农村爆发了更多的骚乱。农民用拖拉机阻塞道路，并切断电线；在布列塔尼，他们甚至占领了副省会莫尔莱。这是法国20世纪最严重的农村抗议活动之一。但值得注意的是，示威者之所以抗议并不是因为他们反对致力于农村现代化的新法，而是因为新法推行得不够快，当时并非所有人都意识到了这一点。1961年8月，这位无能的农业部长被撤职，取而代之的是一位属于戴高乐所赏识的办事高效的行政人员。这个人就是埃德加·皮萨尼，他在抵抗运动中所发挥的作用使其在1944年成为法国最年轻的省长。皮萨尼在决定从政之前，一直在地方政府任职。他在政治上属于中间偏左派别，并且，他最初并不认为自己是个戴高乐主义者——他曾于1960年在议会中投票反对五年防务计划——但是，他从戴高乐身上看到了机会。在接受这一职位后，皮萨尼很快就从戴高乐的一次简短讲话中了解到了他该如何看待自己的角色，"你是农业部长，不是农民（faemers）部长"。

1962年，皮萨尼颁布了第二部农业法，它推动了第一部农业法所开启的改革进程，同时，法国农村开始发生翻天覆地的变化。1958至1968年间，法国的务农人数每年减少约15万人。这种递减趋势始于第四共和国，并且无论戴高乐是否掌权，它都将持续下去。但是，第五共和国加速了这个过程，戴高乐对此欣然接受。在回顾这件事时，他在回忆录中写道：

第四章 共和国的君主

> 像我这样的人,在看到农村的衰落时,怎能不受触动,不感到忧虑?由传统构建的农村生活未曾发生过变化。这个国家有永恒不变的村庄、古老的教堂和绵延数代的家族,还有年复一年的耕作、播种和收获;这个国家有祖先留下来的传说、歌曲和舞蹈,还有地方方言、地域风俗和本地市场;这个古老法国的天性、行为和精神难道使它在本质上成了个农村?

这首对于田园生活的挽歌,在贝当元帅的讲话中似乎并不会显得不合时宜,听起来更像是一种文学创作,而不是内心真实情感的表达。然而,他在接下来的一段里谈到了变革的必要性:

> 依靠农业生存的时代已经结束了。在那个时代,农民在自己的小块土地上种植着不变的农作物,他们耕种的主要是那些仅是为了维持自己和家人生活的农产品……机器改变了这一切,它打破了旧的平衡、提高了产出、积累了盈余、创造了新产品,并激发了新欲望……因而,是市场在主宰农业法则,这些法则是:专业化、选择、销售。[98]

无论戴高乐如何悲叹农村中"祖先留下来的传说",他的根在城市。当他购置了一幢坐落在一片荒凉土地上的乡村住宅后,他喜欢对来访者说,这里没有人烟,也看不到农田。戴高乐那无情的存在主义式的民族主义思想不允许他对法国农村的过去有什么怀旧之情。正如1960年7月他在一篇关于必须接受在阿尔及利亚所出现变革的演讲中所说的那样:"对帝国的怀念完全正常,就像人们会对油灯的柔和光线和帆船的辉煌过往感到惋惜一样……但是,罔顾现实的政策毫无价值。"[99]

二十五 中场时刻（1965年）

解读戴高乐主义

截至1965年，戴高乐已执政七个年头，但评论家、记者和政界人士依然对"戴高乐主义"的性质及他所创建的政权感到迷惑不解。即便是通常对一切都有把握的法国共产党，情况也是如此。1958年5月，该党宣称戴高乐是个"法西斯分子"。莫里斯·多列士已制订出为躲避逮捕而逃往国外的应急计划。一旦事实证明戴高乐无意于取缔政党或逮捕对手，法国共产党人所持的那种"法西斯分子"的论断就站不住脚了。他们转而谴责这个"为法西斯主义开辟道路"并且"推崇个人权力的政权"。这同样不能使人信服，毕竟法国还存在新闻自由。于是，他们最后认定戴高乐主义是"垄断资本主义"（蓬皮杜此前在银行任职的经历在这里被派上了用场）的反动工具。其他马克思主义者试图提出一种更成熟的解释，他们认为戴高乐主义代表了法国资本主义的活力元素，它反对守旧的贸易保护主义者并限制依附阿尔及利亚的食利者的利益。[1]法国共产党视这种理论为异端邪说，因为它表明戴高乐主义有进步的一面。

并非只有法国共产党人把它与法西斯主义相提并论。创刊于1958年5月危机期间、存在时间非常短的评论杂志《7月14日》也持有这种主题。它发表了包括安德烈·布勒东（André Breton）、玛格丽特·杜拉斯（Marguerite Duras）、莫里斯·布朗肖（Maurice Blanchot）在内的一群杰出法国知识分子的作品。它的第一期社论宣称:"我们无法预测当前政权彻底沦为法西斯统治的过程有多快。但是,从今天起,我们可以准确无误地指出,在当代法国,建立戴高乐政权是建立法西斯主义的必要步骤。"[2]在1958年9月批准新共和国宪法的全民公投结果公布之后,第二期的社论说的是同样危言耸听的话语:"我们宣布戴高乐政府是一个非法的篡权政府。我们不承认全民公投的结果……我们与伪第五共和国的关系同当年某些法国人与贝当元帅政府的关系完全相似:反抗压迫。"[3]

评论杂志《7月14日》发出的末日预言被证明是毫无根据的,因而它仅出版三期就停刊了。但这并没有使人们进一步弄明白戴高乐重新掌权究竟意味着什么。当时最著名的政治评论家写了无数文章来分析这个超出他们分析范畴或与任何先例都完全不符的政权。在不同时期,人们分别将它比作拿破仑的执政府、19世纪30年代的奥尔良王朝、19世纪60年代的议会制帝国。有人将戴高乐主义视为一种现代化的技治主义,也有人将它视为莫拉斯主义的翻版。后一种观念是雷蒙·阿隆于1964年在《费加罗报》上发表的一篇饱受争议的文章中提出来的。他指出了戴高乐和莫拉斯之间的相似之处:对国家和民族独立的痴迷。他还把戴高乐反复讲的话——"真正"的法国团结在他身后,而只有由政客们主宰的表面上的法国才反对他——与莫拉斯的那个关于法律上的国家和真正的国家之间存在差异的著名论断作了对比。对于一个像阿隆这样的保守自由派人士来说,拿他和莫拉斯作对比传递的是负面信息。《世界报》的一名前莫拉斯主义者吉尔贝·孔特(Gilbert Comte)也恶作剧般地玩起了这种比较,他赞许地指出:"自我们的主子莫拉斯以来,还没有人对共和国造成过如此严重的打击。"[4]他最有名的话是把戴高乐主义比作波拿巴主义:一种结合了人民主权、克里斯玛型领袖和威权主义的统治形式;一种将民族主义与进步主义言论结合起来的外交政策;一种宣称跨越了左右两派分歧,取悦"人民"而非精英的意识形态。

法国两个最多产的政治评论家,法学家乔治·韦德尔(Georges Vedel)和政治学家莫里斯·迪韦尔热对此观点不一。两人都不想回到第四共和国,并都主张建立某种程度上与美国类似的总统制。问题是第五共和国的宪法不伦不类，它是总统制和议会制的混合体，与政治学教科书和系列讲座中提到的模式都不相符。[5]两人达成的唯一共识是：戴高乐发明了某种其性质只有在他离开后才会变得明晰的东西。迪韦尔热将他的其中一篇文章的标题定为《一个人已取代国家》。[6]另一位评论家将戴高乐比作"苍老的普洛斯彼罗"，他"驱散了周围所有肉眼看不见的幽灵"，但他的离去或许会留下"巨大的制度空白，风暴的幽灵将乘虚而入"。[7]

只有极右派在对戴高乐的看法方面不存在任何疑惑。前维希政府的拥护者和"法国的阿尔及利亚"的顽固支持者——通常是一类人——在那些仅是出于对戴高乐的仇恨而存在的出版物上发泄着自己的愤怒。他们生活在一个充满怨恨、仇恨和阴谋的平行世界，一再重温戴高乐1940年的"叛国罪行"、1944年的"大屠杀"和对阿尔及利亚的"背叛"。另一方面，许多钦佩他1940年的"反抗行动"、支持1944年的"大清洗"并欢迎阿尔及利亚"独立"的左派人士同样激烈地反对他。比如说，让-保罗·萨特创办的刊物《摩登时代》就属于这种情况，虽然这份杂志支持阿尔及利亚独立，但这并没有使它对戴高乐多一点宽容之情。萨特写道："鲱鱼桶总会有鱼腥味；无论是何种表现形式的戴高乐主义政权都将散发出恶臭，直到造就它的专断和暴力结束为止。"[8]他从未改变这一观点。

作为法国乃至世界上最为著名的知识分子，萨特有着激烈的反戴高乐主义思想，但他的看法在左派中并不罕见。《世界报》主编于贝尔·伯夫-梅里善于思考，是反映进步观点的晴雨表。为了保持自身独立性，他明确指出绝不会参加戴高乐的新闻发布会，但他每次都会在这之后发表长篇社论。身为法国最受推崇的报刊的主编，清廉而严肃的伯夫-梅里在这些文章中对那位令人难以捉摸的法国总统的行为进行了评论。[9]与萨特不同的是，伯夫-梅里曾谨慎地支持戴高乐重新掌权。他还主张在宪法公投中投"赞成票"，尽管其他编辑对此议论纷纷。虽然戴高乐让他着迷，但他对戴高乐的批评越来越多：他那令人难以理解且反复无常的阿尔及利亚政策，他那拥有过高抱负的外交政策，以及他的统治风格。在1962年的宪法改革公投后，伯夫-梅里的分析充满了悲观色彩："迷失方向的民众如一盘散沙，还有陷入瘫痪的各种机构……这里成了'一片焦土'，只剩下各个派系在这块失去自由的墓地上互相争斗。"[10]到了1965年，他的敌意变得越来越强烈："人民与其领袖之间的单独接触难道不符合著名的"一个民族、一个元首"（Volk, ein Fübrer）的原则吗？而这正是极权民族主义奉行的原则。"[11]

唯一支持戴高乐的知名知识分子是弗朗索瓦·莫里亚克。自解放以来，莫里亚克成了法国进步人士的偶像，这不仅因为他在抵抗运动中发挥的作用，还因为他反对法国殖民主义的滥用。通过每周在《快报》上发表的专栏文章，他赢得了超出其小说读者群体的另一部分读者。他成了天主教左派人士的良心，并受到那些对于自己的政党在20世纪50年代参与发生在阿尔及利亚的酷刑感到厌恶的社会党人的崇拜。在犹豫片刻之后，1958年5月，莫里亚克站到了戴高乐这一边。他很快就从谨慎支持变成无条件奉承。这让他对为《快报》写专栏一事感到越来越不安，因为塞尔旺-施赖伯在这份报刊上发表的每一篇社论都是反戴高乐主义的谩骂。莫里亚克最终于1961年与《快报》分道扬镳，并把他的专栏搬到了宣扬资产阶级保守派观点的《费加罗报》。在这里，同之前在《快报》一样，他的戴高乐主义也无法安稳立足，因为这份报纸的读者对戴高乐有自己的保留意见：大多数人怀念"法国的阿尔及利亚"；许多人反对戴高乐的反美主义，因为他们反对共产主义；并且，还有一些人对贝当怀有残留的崇敬之情。莫里亚克回应了那些指责他盲目崇拜戴高乐的批评者，他提醒他们说，在法兰西人民联盟时期，他曾反对戴高乐，但随着他口中的戴高乐主义变得近乎神秘，他的这种辩解已逐渐失去作用。当戴高乐在街垒暴乱周期间发表讲话后，他写道："作为一名天主教徒，我坚定不移地认为：夏尔·戴高乐并不是个应运而生的人，他是一个被神眷顾的人（homme de la grâce）。"[12]1964年，莫里亚克出版了一部戴高乐的传记，这部几乎把戴高乐神圣化的著作让他的崇拜者都感到尴尬。在这一点上，莫里亚克的戴高乐主义只会使他在那些尊敬他的进步人士的眼中蒙羞。就像几年前的马尔罗那样，莫里亚克从一个站在戴高乐这一边的左翼知识分子变成了一个不能再被视为左翼知识分子的戴高乐主义者。[13]

尽管大多数左翼知识分子反对戴高乐，但有些人开始发现，要想把他归类并不像他们最初认为的那么容易。其中一位是广受尊敬的记者让·达尼埃尔（Jean Daniel），他是《快报》的明星记者，并于1964年创办了自己的期刊《新观察家》。尽管达尼埃尔是"黑脚"出身，但他致力于阿尔及利亚独立，他（像他的朋友阿尔贝·加缪一样）对阿尔及利亚问题的敏感性要超过他的一些同事。达尼埃尔与第三世界也存在诸多联系。这使他于1964年在《世界报》上发表了一篇引起争议的文章，对以下矛盾现象进行了探讨：遭到法国左派鄙视的戴高乐由于愿意对抗美国而正在成为第三世界的英雄。他写道："在赢得拉美年轻人欢迎方面，菲德尔·卡斯特罗唯一的竞争对手是戴高乐。"[14]另一位是让-马里·多梅纳克，此人也是天主教的左派刊物《精神》的主编，他对自己所处环境中的人们会下意识地产生反戴高乐主义感到不安。1958年，多梅纳克曾想加入一个新的马基游击队组织以阻止戴高乐重新掌权，但他逐渐改变了主意。戴高乐的阿尔及利亚政策、他对与第三世界"合作"的支持、他与美国的疏远都使多梅纳克心有戚戚焉。但对于他来说，问题在于"戴高乐从未理解自己的命运"，拒绝与他的阶层和政治根源彻底决裂。[15]

在对戴高乐作出回应这个问题上，让·穆兰俱乐部的演变可以被视为一个征兆。这是1958年5月危机期间一群前抵抗战士创立的一个组织。它的创始人之一、艺术品交易商达尼埃尔·科尔迪耶曾于1942年7月被空降到法国担任让·穆兰的助手。另一位创始人、公务员斯特凡·埃塞尔（Stéphane Hessel）曾供职于中央情报行动局。他们在战争期间都是戴高乐主义者，但因为反对法兰西人民联盟，他们在20世纪50年代成了孟戴斯分子。1958年，他们准备发起一场新的"抵抗运动"，以便同新的戴高乐主义式的"法西斯主义"战斗，即便他们发现自己很难获得充足的武器。当事实证明法国不会出现法西斯统治后，这个俱乐部变成了一个思考如何在抗拒第五共和国总统式威权主义的同时维护民主和共和价值观的智库。[16]他们对戴高乐主义的批评变得越来越微妙。其中一名成员乔治·祖费特（George Suffert）写道："如果说戴高乐主义不仅仅是一种保守主义现象，那是因为它在政治层面上以自己的方式反映了法国政治的一些变化。"[17]或者，正如他在自己的回忆录中诙谐地写的那样："矛盾之处在于，我们在戴高乐政权下生活得很好，并且随着时间的推移，我们已不知道自己想要改变它的原因是什么了。"[18]

即便是无条件地反对戴高乐的塞尔旺-施赖伯，在戴高乐的宪法改革于1962年得到大众的认可后，也意识到左派将不得不改变自己的立场。1965年，当戴高乐七年的总统任期即将结束时，无论喜欢与否，法国都将通过普选选举总统。这是左派必须接受的挑战。正如《快报》所言："我们要走在戴高乐主义前面，而不是后面。"出于这个目的，1963年9月，《快报》发起了一场寻找"X先生"的运动——"X先生"是一位这样的总统候选人：无论是戴高乐或者别的戴高乐主义者参加竞选，他都是最有把握把他们打败的人。显而易见，最合适的候选人当属皮埃尔·孟戴斯·弗朗斯，但他拒绝与戴高乐的制度达成任何妥协。在孟戴斯短暂执政期间，从他的统治风格中可以看出戴高乐的某些统治风格，不过，他仍然坚持议会共和主义的传统原则。一位历史学家巧妙地指出，孟戴斯·弗朗斯与戴高乐之间的相似之处比他们愿意承认的要多，并且两人之间的对立几乎是对称的：戴高乐的独裁主义气质受制于共和主义的超我；孟戴斯·弗朗斯的共和主义气质受制于独裁主义的超我。[19]

几个月后，《快报》将悬念揭晓：受人尊敬的社会党人政治家加斯东·德费尔将成为"X先生"。这么做的目的在于，举起德费尔的名号可能会同时赢得社会党人和赞成欧洲国家联合的天主教中间派的选票。当时还没有人知道戴高乐是否会再次参加竞选。在1964年9月的新闻发布会上，当有人问及他的健康状况时——五个月之前他动了一次前列腺手术——他冷冷地说："好得很，不过别担心，总有一天我会死的。"[20]

一切如常

当选举年到来时，戴高乐对自己的意图只字不提。眼下一切如常。按照惯例，他在元旦这天接见了一些重要官员（corps constitués）和显要人物，并向他们致以新年祝福。在第四共和国，这种仪式会持续好几天，以便给总统找点儿事来消磨时间，但戴高乐喜欢用一天时间把这件事搞定。他在早上8点半首先接见的是那些刚参加完新年狂欢活动就被残酷地召集起来的、睡眼惺忪的部长。接着是参众两院议长。参议院议长加斯东·莫内维尔因为1962年的大不敬之举——谴责戴高乐所谓的渎职行为——而一直未获原谅，一位副手代表他来到了这里。最后，在这天快要结束的时候，戴高乐接见了外交使团。

1月19日和20日，戴高乐与埃哈德在朗布耶举行会晤。晚上，他们观看了一部将军于1962年成功访问德国的影片。在他们的谈话中，戴高乐像以往那样大肆抨击多边核力量计划，不过由于这一计划已被悄悄地搁置，因而埃哈德没说什么。尽管这次会晤没有涉及新的领域，但氛围比两人上次会面时要亲切得多。[21]三天后，戴高乐向皮尔逊·迪克逊透露了他当时对德国人的真实想法。即将离任的迪克逊是来辞行的。一直以来都在预测戴高乐要下台的他却改变了论调。如今，他认为戴高乐处于一种"不容挑战的地位"："过去两年里在缺乏强大的军事和经济实力的情况下，这个人通过巧妙地将外交姿态、威胁和否决权结合在一起，在改变西方政策平衡方面做得比任何人都多。"[22]

在他们的告别会上，戴高乐似乎表现得很真诚，尽管迪克逊警告伦敦要提防他正在设下圈套的可能性。当迪克逊暗示说，将军关于民族独立的主张可能会蔓延开来，并唤醒德国民族主义的恶魔时，戴高乐回避了这一点："将法国关注的民族独立与德国式的民族主义进行明确区分是正确的。法国不曾威胁任何人。德国的民族主义截然不同，它充满危险，当然需要受到严密监视。"鉴于仅仅是在德法两国就如何同苏联谈判来解决德国问题这个方面，两国都很难达成一致，因而戴高乐对六国之间政治合作的可能性感到悲观,"将军笑着说,要是德国人同意法国的方案那就太好了……但是他对于他们这样做没有信心"。戴高乐继续"嘲弄"任何关于建立共同防御政策的想法。只有法国才能发展核武器,德国"绝不能获允拥有……在核问题上任何真正的话语权"。当提及莫内关于建立一体化的欧洲的设想时,戴高乐对他这个"理论家"和"空想家"嗤之以鼻。欧洲经济共同体是个"实用的商业组织",他不担心它的各项制度"会在超国家的道路上呈现发展势头"。然而,如果出现了多数表决机制,并且法国被以多数票击败,那么,"它将退出共同体,这样的话,共同体就将走向终结"。一名英国官员在获悉这些话语后,在会议记录中写道:"他认为德国人还能忍多久呢?"[23]

当月月底,戴高乐在科隆贝隐居了一周以准备下一场新闻发布会,不过,在这期间,他还去伦敦参加了温斯顿·丘吉尔的葬礼。在2月4日的新闻发布会上,戴高乐对1944年《布雷顿森林协定》所建立的国际货币体系进行了抨击。《布雷顿森林协定》规定美元为储备货币,并且是唯一与黄金挂钩的货币。美国政府知道它的债权人随时会准备持有美元,这使得其得以与世界其他国家维持国际收支逆差。由于海外军事开支的刺激,美国的国际收支赤字不断扩大,外国央行持有的美元超过美国黄金储备的那一天已经迫近。这个体系依赖于美国盟友以美元作为其外汇储备的意愿,如果他们觉得美元不再"像黄金那么好",他们可能不会继续持有美元。

这种情况给了美国人相当大的金融影响力。持有大量美元的美国债权人把这些钱又借给了美国。事实上,美国债权人是在为美国资本渗透进其经济领域提供资金。1963年,克莱斯勒公司收购了法国西姆卡汽车公司的控股权,这成为法国公众关注的话题。第二年,一家专门生产办公计算器的法国公司(它的名字"布尔"听起来不像法语)陷入资金危机,这时,美国通用电气公司提出收购其20%的股份。法国政府试图阻止这项交易,但交易还是发生了。由于布尔公司是IBM公司在法国唯一能与之竞争的对手,因而这被视为是对法国独立性的打击。

这些都是戴高乐在新闻发布会上提出的问题。他对国际金融体系的

二十五 中场时刻（1965年）

担忧得到了广泛认同。耶鲁大学经济学家罗伯特·蒂芬（Robert Tiffin）在1960年就已经为国际货币体系的恢复力敲响了警钟。但蒂芬肯定不支持戴高乐提出的解决方案：回归金本位制。在提出这个建议时，戴高乐显然受到了从20世纪30年代开始就一直兜售这个想法的吕夫的影响。在吕夫看来，美国人通过印刷美元向世界输出通货膨胀是一个经济问题，但戴高乐认为这是一个政治问题：美国人在利用它的金融力量向海外扩张其影响力。很少有经济学家认真看待回归金本位制的想法，戴高乐也遭到了广泛的嘲笑。在他对国际金融体系结构性问题所作的分析中，合理的部分被他的反美冲动——正是这一点激发了他的分析——所掩盖。在新闻发布会召开前不久，法国政府宣布要把部分美元储备兑换成黄金。[24]戏剧化的是，戴高乐拒绝让美国人将新兑换的黄金转移到联邦储备银行金库，相反，他派了一架法国航空公司的专机去纽约接货。

对美元的攻击触动了美国的神经，与戴高乐之前所有的反美言论相比，它引发了美国人更强烈的愤怒。美国的大众媒体呼吁人们抵制法国货和"法式炸薯条"。即将不再担任大使的阿尔方指出："公众认为邪恶的将军想采用邪恶的方法使他们破财。没有什么比美元更重要。我们最要好、最亲法的朋友……在这场争论中抛弃了我们。"[25]这没有使戴高乐感到丝毫不安。5月初，在接见阿尔方时他似乎颇为自得："这时候担任法国驻美国大使并不轻松啊！"[26]他在新闻发布会后的第二天对福卡尔说：

> 我告诉你一件事。戴高乐的新闻发布会引起了全世界的关注……你想说什么就说什么，约翰逊、威尔逊、萨拉盖特[1]等，他们也可以想说什么就说什么。即便是柯西金举行新闻发布会，或许也不会有太大影响，而我的发言则会引起关注。我敢向你保证，国际社会的每个人都在听我讲话。[27]

---

[1] 朱塞佩·萨拉盖特（Giuseppe Saragat, 1898—1988），意大利政治家，1964—1971年期间任意大利总统，曾长期任意大利社会民主党书记。——编者注

如果说戴高乐关于美元的言论在大西洋的彼岸引发了恐慌的话,那么,让德国政府感到担忧的是他在新闻发布会上说的另外一些话。在雅尔塔会议整整20年后,戴高乐在这个周年纪念日上抛出了一些关于德国的令人忧虑的言论。他说,分裂的德国是欧洲历史中一个长期令人不安的因素,但这是欧洲人需要自己解决的问题。他接着说:"欧洲,现代文明之母,必须从大西洋到乌拉尔整个地建设自己,她要在有意识地开发自身巨大资源的情况下,生活在和谐和合作的状态中,从而和她的女儿美国一起,在20亿迫切需要她帮助的人面前,发挥她应有的作用。"[28]这并不是戴高乐第一次使用"从大西洋到乌拉尔的欧洲"(Europe from the Atlantic to the Urals)这个短语,并且,没有人确切地知道他这么说是什么意思。但如果说这句话有什么含义的话,那就是戴高乐正在考虑与苏联修好,并将此作为解决德国问题的第一步。还有其他迹象表明,这正是他的想法。3月23日,他为在巴黎任职已久,即将离开的苏联大使维诺格拉多夫(Vinogradov)举行了一场招待会。戴高乐在祝酒词中称赞两国之间"百余年来意气相投,有一种自然的亲近感"[29]。4月末,苏联外交部长葛罗米柯(Gromyko)与戴高乐在巴黎举行了亲切会晤。

这一切使德国人惊慌失措。6月,戴高乐与埃哈德在波恩进行了为期两天的充满紧张气氛的会谈。在为89岁高龄的阿登纳举行的晚宴上,戴高乐即席讲了一番话,这番话满含着他极为擅长的华丽修辞:"我们欧洲人是大教堂的建造师……我们今天正在建造的大教堂,我是说在西欧,有着这样的基础,这个基础就是德国和法国的和解。"[30]但他最近说的话听起来是另一种调子。就连阿登纳对此也感到担忧,当他向戴高乐提出这个问题时,他得到了一种深奥难解的保证:法国对苏联的试探"仅是某个未来的序曲,从某种程度上来说,这个未来是存在的"[31]。

非洲事务依然耗去了戴高乐的大部分精力。在上半年,他抽时间接见了中非共和国总统三次,同时还有尼日尔、上伏塔、乍得、马达加斯加、多哥、加蓬、科特迪瓦、喀麦隆等国的总统。福卡尔总是事先向戴高乐通报情况,事后再向他汇报情况。福卡尔在1965年主要忙于前比属刚果的事务。这个国家独立不久后爆发了内战，此时正在从内战造成的影响中恢复。[32]1964年，刚果总统本着民族和解的精神，邀请此前实施分裂活动的领导人冲伯组建政府。由于在内战中冲伯曾得到法国支持，因而福卡尔看到了一个将刚果纳入法国轨道并打击美国和比利时的机会。外交部怀疑冲伯是否能站稳脚跟，但福卡尔心意已决。

5月28日，冲伯来到巴黎与戴高乐举行会谈。会谈结束后，福卡尔竭尽全力试图说服将军去对抗外交部。戴高乐问福卡尔对法国驻刚果大使的看法，他回答道："他是个聪明人，但不是我们的朋友，他起初没有打冲伯这张牌。他没有这么做是因为这也不是外交部的牌，他只是服从命令而已。"[33]这话在戴高乐听来极为悦耳。他马上当着福卡尔的面给蓬皮杜打了个电话："我已向福卡尔说明了一切（事实上，情况似乎刚好相反）……他会告诉你我的想法。总的来说，我们必须援助冲伯，这是很有必要的。我们必须打破一切沉默。"接着，顾夫也接到了包含同样信息的电话："你必须结束比利时人和美国人组织的那些在不知不觉中得到我们这一方（外交部）响应的对抗举措。"福卡尔在日记中心满意足地写道："我觉得顾夫不太高兴。"[34]对于福卡尔来说，这只是一场得不偿失的胜利。几个月后，冲伯被赶下台。11月，蒙博托（Mobutu）将军夺取政权，冲伯再次逃往国外。戴高乐对福卡尔说："这是比利时人的报复手段。让我们等到冲伯回来的那一天。"然而，他始终没有回来。[35]

福卡尔和戴高乐还花时间讨论了法国国内政治。除了负责非洲事务，福卡尔的另一项职责是监督新共和联盟（戴高乐在对待它的议员时，就像他对待非洲国家元首那样，有着同样的威严）。计划于3月举行的市政选举对政府的受欢迎程度提出了考验。尽管戴高乐假装置身于纷争之外，但他对选举政治的细节表现出了极大的兴趣。在法兰西人民联盟存在时期，克劳德·莫里亚克对戴高乐像最老练的政治家那样"对最细微的组织细节都了如指掌"而感到震惊，甚至是有点失望。[36]戴高乐当总统时也是如此。福卡尔在一次会谈后注意到："他总是装出一副完全不感兴趣的样子，但事实上，他对这个问题极为关注。"一天晚上，他们对马赛的一个选区进行了详细的讨论，直到戴高乐突然意识到自己变得过于忘乎所以才戛然而止：
"这与我无关；这不关我的事。"[37]他一如既往地在蓬皮杜所称的"统一乌托邦"和通过政党实施统治的现实之间左右为难。他的梦想是在人民和领路人之间进行富有魅力的交流，但这没有为政党提供立足之地。

第一轮市政选举令人失望。当结果公布时，戴高乐怒不可遏，"我被深深地牵连了。你们一点一点地把我拖进这件事中……你们都在担心选举问题，只想着政党。但这不是未来；未来是总统的权威"[38]。这是一个戴高乐主义背信弃义的典型例子，福卡尔必须渡过这个难关。

这些都未能给福卡尔提供弄明白戴高乐本人对年底的总统选举有何打算的任何线索。没有人比蓬皮杜对这个问题更感到焦虑不安了，因为如果戴高乐决定不参加竞选，他显然就是戴派候选人。蓬皮杜曾在前一年对佩雷菲特说，他认为戴高乐"渴望再次参加竞选"，但是"由于人们无法确定有关他的任何一件事，因而必须为其他可能发生的事情做好准备"。[39]1965年5月，一部显然得到其传主授权的圣徒传记《蓬皮杜传》出版了。蓬皮杜的处境很微妙，他知道，过于赤裸裸地展示自己的野心或许是促使戴高乐参加竞选的最好方式。他只能等待和希望。

如果说蓬皮杜可能暗自希望戴高乐不要参加竞选，那么出于某些完全不同的原因，伊冯娜·戴高乐可能也会有这种希望。她讨厌生活在爱丽舍宫这座金碧辉煌的"监狱"，并向往科隆贝的家庭生活。在搬进这座宫殿后不久，她给一个朋友写信说："这座房屋缺少乐趣！但毕竟这只是我们住过的第23个地方。"[40]有时她会环顾四周并半带歉意地对来访者说："你知道，这些东西都不是我们的。"[41]她告诉一个侄女，为了保持正常的假象，她有时会在盥洗盆里洗戴高乐的袜子。[42]作为"第一夫人"，伊冯娜·戴高乐极力保护自己的隐私。她从未在公共场合讲过话，并且令人吃惊的是，根本不存在她讲话的录音。她尽职尽责地，也可以说不胜热情地扮演着自己的角色。1965年，在75次官方宴会或聚餐中，她出席了52次。她最喜欢谈论的话题是孩子（在举行晚宴时，她会提前拿到一张卡片，其内容是坐在她旁边的人的家庭细节）、鲜花和旅行。[43]除此之外，她对自己的角色有着极简主义式的看法。当乔治·蓬皮杜成为总统后，伊冯娜·戴高乐给他夫人的唯一忠告是："戴顶帽子。"[44]这个角色中她最喜欢的部分是出国旅行。如果可能的话，她还会尽量去参观某个为认知困难的孩子们建立的机构。否则，她那强烈的羞怯感使她成了一个难以取悦的客人。当戴高乐夫妇做客白桦果园时，桃乐茜·麦克米伦为难于找到款待伊冯娜的方式而犯难，"她不去打猎，不去残疾人工艺学校，甚至还不去……布莱顿博物馆"[45]。

伊冯娜·戴高乐珍惜在科隆贝的时光，戴高乐本人也同样如此。拉布瓦瑟里是他们拥有的唯一一处房产。他在回忆录中简洁地写道："这里是我的家。"[46]战前，当他没有被派驻国外而是待在巴黎的时候，他住的是各类租来的房子；战后直至1959年入主爱丽舍宫前这段时间，当他来到巴黎时，他都住在拉贝鲁斯饭店。购置于1934年的拉布瓦瑟里是他一生中仅有的稳定居所。在成为总统后，他和妻子通常至少每隔一个周末就在那里度过，8月的暑假也是如此。他们不再长途驾车，而是乘直升机过来，当飞机降落在圣迪济耶后，还要乘车约40分钟回到家中。戴高乐需要一名副官相伴，并且他要像家庭成员那样和戴高乐家人住在一起。但戴高乐夫妇逐渐觉得这过于打扰他们的生活，于是，从1960年起，这名助手被安置在了附近的肖蒙，他只在周日举行弥撒和午餐时才和戴高乐家人待在一起。

拉布瓦瑟里与爱丽舍宫之间主要是通过电话联系的。20世纪50年代，一部电话被安装在了入口楼梯下的橱柜里。戴高乐和妻子都不喜欢在不必要的情况下使用电话。起初，这是戴高乐与爱丽舍宫之间唯一的交流方式，他的私人秘书处主任受命在每天12点30分准时给他打电话，除了特别紧急的情况，如1961年[1]1月阿尔及尔的街垒暴乱周期间及1963年8月刚果爆发政变时，否则绝对不能打扰他。由于电话线路是开放和不受保护的，因而1961年戴高乐不得不接受在房间中装一部供副官使用的编码电传打字机。

当戴高乐夫妇住在这里时，很难逃脱潜伏在此地的记者和摄影师

---

[1] 这里应为1960年。——译者注

的目光。厨师和女管家得到最严厉的指示：绝不能和任何记者接触。当伊冯娜·戴高乐得知在她家当了三年厨师并且已经辞职的奥古斯蒂娜（Augustine）接受了一家杂志的采访后极为愤慨。她的继任者奥诺里娜·曼佐尼（Honorine Manzoni）一直等到1997年才在出版的回忆录中向世人透露，戴高乐特别喜欢蔬菜牛肉汤和兔肉。

拉布瓦瑟里首先是戴高乐家族——五个孙子、众多侄子和侄女——的领地。他那两个还活着的孩子菲利普和伊丽莎白经常带着他们的家人来这里。戴高乐的妻舅雅克·旺德鲁及其家人，再加上戴高乐的兄弟姐妹中唯一在世的姐姐玛丽–阿涅丝也都是这里的常客。玛丽–阿涅丝是个爱唠叨的话匣子，对什么事情都要发表看法。这让伊冯娜·戴高乐很不开心，她认为不应该在家庭中谈论政治。戴高乐当然不认为女人应该持有政治观点，他总是粗暴地对待他的姐姐。最重要的是，他是个和蔼可亲的祖父，并且在众多侄子和侄女中，他与热纳维耶芙（他弟弟雅克的女儿）和侄子弗朗索瓦（雅克的儿子）的关系尤其亲密，其中，后者是一位在非洲传教的牧师。热纳维耶芙曾因参加抵抗运动而被放逐至拉文斯布吕克集中营，1945年4月当她从那里回来后，戴高乐同她建立了密切的关系。在戴高乐担任临时政府首脑期间，她和戴高乐夫妇在讷伊别墅住了一个月。他们就她在集中营的经历进行了长时间的亲密谈话，她发现同她叔叔谈论这件事比同她父亲谈论这件事更容易。[47]

伊冯娜·戴高乐一直渴望逃离爱丽舍宫这座金碧辉煌的牢笼。1965年4月，她找到福卡尔说了一通反对她的丈夫再次参加竞选的话："人们需要知道如何放弃，国家元首和艺术家一样需要知道。你在慢慢地变老，但你没有意识到，也没有人告诉你……你完成得并不好；你完成得很糟。我不希望那件事发生在将军身上。"[48]一周后，她对佩雷菲特讲了同样的话。佩雷菲特不比任何人更了解戴高乐的意图。[49]他注意到将军似乎常常设想自己在1965年后的未来，这让他觉得好笑。[50]这一切成了无尽的猜测和流言的来源。

二十五 中场时刻（1965年）

欧洲共同体危机

1965年夏，戴高乐挑起了一场重大的欧洲共同体危机，这是一场可能会使法国农民疏远他的危机，而他们的选票对于总统选举颇为重要。尽管他偶尔会公开或私下发表长篇讲话激烈地攻击欧洲共同体的超国家性，但他确保了法国通过共同农业政策从欧洲榨取一切可能的经济利益。法国和德国的利益在这个方面一直存在分歧。作为一个农业生产大国，法国希望有一个受保护的欧洲市场；作为一个农业进口国，德国希望在价格较低的世界市场购买农产品。共同农业政策对来自共同体以外的进口产品设定价格并征收关税，从而保证共同体内的每一个生产者都能削弱外部竞争。这些关税收入被支付给一个欧洲基金，之后，该基金被重新分配以补贴农民。由于德国是最大的粮食进口国，它支付的进口税份额最大。换句话说，德国对进口食品交税是在补贴法国农业。

1963年12月，六国在布鲁塞尔对85%的农产品的价格和关税水平达成了协议。谷物价格仍有待决定。戴高乐没有直接参与这些讨论，但他通过偶尔的公开威胁在不断施压。1964年10月，他对此发出了一项正式的最后通牒："如果共同农业市场不像之前商定的那样组织起来，法国将退出欧洲经济共同体。"[51]他在私下告诉佩雷菲特："在没有共同市场的情况下，我们已经生活了数百年。退出共同市场，我们还能生活几百年。"[52]最终，在布鲁塞尔经过马拉松式的谈判后，1964年12月，一项关于谷物价格的协定得以签署。在这些谈判中，法国再次得到了欧共体委员会的支持，而它则是戴高乐理应痛恨的超国家机构之一。这导致一些历史学家认为，戴高乐反对超国家主义只是故作姿态，法国经济利益的现实胜过民族独立的说辞。[53]这种说法过于武断。戴高乐肯定不会对法国的经济利益漠不关心——他需要粮食和伟大——他曾认为欧洲共同体会于此有帮助。但他并没有完全理解，法国在成功保护它的农业方面所带来的一个副产品是欧共体委员会逐步增加的野心。这一点从欧共体委员会主席、德国人华特·哈尔斯坦（Walter Hallstein）在1965年春所做出的过火行为中可以清晰地看出来。

第四章 共和国的君主

为了让共同农业政策充分发挥作用，它还需要确定其金融机制将如何运作。欧共体委员会于1965年3月建议，进口税的收入应直接列入共同体预算。它在提出这项建议的同时，还提出了一项《罗马条约》的修正案。该修正案将修改欧洲共同体部长理事会的投票规则，从而使成员国更难对欧共体委员会所作的预算决定提出质疑。这将以损害各国政府利益为代价而大大增加欧共体委员会的权力。这一大胆举动可能是由这样一种判断所推动的，即一旦法国完全实现了其关于共同农业政策的所有目标，它将很难再次对这个问题施压。欧共体委员会的建议激起了戴高乐对欧洲共同体所有潜在的怀疑。从技术上讲，各成员国就共同农业政策的财政安排达成协议的正式最后期限是6月30日。出乎意料的是，顾夫·德姆维尔把赌注提高了，他向戴高乐提议说，法国应该威胁抵制共同体的各个机构，直到它在农业问题方面取得满意的结果为止。[54]

顾夫很可能以为这一次像以往那样在最后一刻会达成妥协。但是，6月30日的最后期限过后，没有达成任何协议。这并不是说法国的欧洲伙伴们对欧共体委员会提出的方案充满热情，而是因为每个国家抱有不利于实现当前妥协的目的。自去年以来变得极为紧张的法德关系也不会对此起到帮助作用。戴高乐没有从埃哈德那里得到任何善意。在6月的最后期限过去后，将军宣布，在另行通知以前，法国将抵制共同体的各个机构。法国在布鲁塞尔的常驻代表被召回巴黎。这是"空椅子"政策（empty chair policy）的开始，它让共同体陷入了其短暂历史上最严重的危机。尽管欧共体委员会作出了部分让步，但是戴高乐决定进一步抓住机会利用这次危机挑战《罗马条约》的这么一项条款：从1966年1月起，部长理事会将根据多数票规则作出决定。无论戴高乐是否会在时机成熟时挑战这一条款，欧共体委员会都给了他一个采取行动的借口。

这正是戴高乐喜欢的那种危机。他指责佩雷菲特在7月的法国部长会议后发表了一份温和的公报，"你让人们以为事情会得到解决。不要使用这种语气。相反，要让人们感到害怕。这是使我们的敌人就范的最好办法"。在第二次会议后，他告诉佩雷菲特保持"可怕的沉默"[55]。就像戴高

304

乐经常做的那样，这些威胁包含着一定程度的虚张声势。尽管他从布鲁塞尔召回了法国代表，但仍有一名副手留任；尽管法国政府宣布它不准备批准欧洲共同体1966年的预算。但这是在顾夫向戴高乐保证说有一个紧急程序允许在最后时刻商定一个新的预算之后宣布的；尽管戴高乐公开表示，他希望对《罗马条约》进行重新谈判，但他发出的信号是，他准备同意召开欧洲外交部长会议以寻求解决方案。[56]

最终，1966年1月，它们在卢森堡举行的外交部长会议上达成了妥协。根据所谓的"卢森堡妥协案"，如果任何会员国声称其国家利益受到威胁，部长理事会的多数成员就不能作出任何决定。在这种情况下，其他会员国需要在合理的时间内找到一个可以接受的解决办法。这种所谓的妥协实际上是一种敷衍，因为如果不能达成妥协，人们不清楚将会发生什么。但这是对欧洲一体化进程的严重阻碍。戴高乐得到了粮食和伟大。

就法国国内政治而言，如果戴高乐打算参加总统大选，"空椅子"危机是一种高风险策略。此举激怒了法国农民，他们认为他是在牺牲一项有利的农业协定以实现其更大的反对西欧国家联合的目标。但仍然没有人知道他是否打算参选。

电视竞选

1965年夏，过早宣布参选的候选人加斯东·德费尔已经失势。社会党人和天主教中间派计划联合推选一名候选人，这其实是第四共和国第三势力的复兴，但由于社会党人和天主教徒就宗教在教育体系中的地位这个历史问题产生了分歧而失败。德费尔放弃了候选人资格。这是9月9日弗朗索瓦·密特朗宣布他将作为左派的候选人参加竞选的信号。

密特朗一直是戴高乐最坚定的反对者之一。他的反戴高乐主义可以追溯到1943年12月两人在阿尔及尔举行的第一次灾难性会面。密特朗称，戴高乐的开场白是谴责他乘英国飞机抵达这里。[57]这种冷淡还有更深层次的

第四章 共和国的君主

原因。密特朗最初曾与维希政府关系暧昧——到了被授予勋章的地步——1942年,他加入抵抗运动,组建了一个由越狱战俘组成的重要的抵抗组织。但是,作为前维希政府拥护者的一员,他曾试图通过支持吉罗而非戴高乐来使他以前的忠诚与他的新忠诚保持一致。其中还有一个原因是,当时还存在另一个由米歇尔·卡约(Michel Cailliau)领导、越狱战俘组成的抵抗组织。卡约是戴高乐的侄子,从未因支持维希政府而连累自己,他告诫戴高乐,密特朗曾经是一个维希政府支持者,最近才改过自新,他不值得信任。带着这么多不利因素,戴高乐和密特朗的第一次会面并不成功也就不足为奇了。

在第四共和国,密特朗是中间派的民主社会主义抵抗联盟的重要人物。他曾在好几届政府中担任部长,要是这个政权在1958年时没有覆灭,他可能马上就会担任总理。1958年5月5日,科蒂总统曾间接地与戴高乐接触,以试探他对如果被邀请组织政府的态度。科蒂之所以这么做,是因为他担心唯一的人选可能是他不信任的密特朗。所以,戴高乐的重新掌权直接堵住了密特朗的道路。[58]5月31日,戴高乐在拉贝鲁斯饭店会见了各政党领导人,向他们保证民主在他手中是安全的,在那次会议上,密特朗是唯一拒绝支持他的人。他不久后写道:"我看见他们都在他面前点头哈腰……戴高乐扮演的是会议主持人……给他们这个那个……夹杂着冷漠和轻蔑。"与他人不一样的是,密特朗站起来说:"我们有可能重蹈南美共和国的覆辙,将不断出现叛军发布的声明……在将军们之后,将会是上校们的统治……毕竟,将军,你终有一死。"戴高乐愤怒地答复道:"这么说你想让我死。"第二天,密特朗在议会公开了他的立场:"1944年9月10日,当戴高乐将军出现在由内外抵抗斗争产生的国民议会面前时,他有两个同伴:荣誉和祖国。今天,他的同伴却是政变和叛乱——即便这不是他选择的。"

在之后的两年,密特朗的事业因"天文台事件"而陷入低谷。在这次事件中,他本来是一次暗杀企图的受害者,通过翻越卢森堡公园的围墙才得以逃脱。然而几天后,人们发现原来密特朗早就知道这件事,甚至还有可能帮助策划了它。这件事本来可以被人忘记,但米歇尔·德勃雷不依不

二十五 中场时刻（1965年）

饶，他要求剥夺密特朗的议员豁免权并差点在政治上毁掉他。挺过这场风暴的密特朗成了戴高乐在议会中最凶猛的对手，他不断宣称戴高乐是奉行新波拿巴主义的独裁者。这就是1964年他那本臭名远扬的小册子的主题：谴责第五共和国是一场"永不止息的政变"。除了之前就有的反戴高乐主义思想，几乎没什么固定政治信念的密特朗还是一个坚定地支持西欧国家联合和崇奉大西洋主义的人。简而言之，他的身上几乎凝聚了每一股反戴高乐主义的力量。他对戴高乐有一种发自内心的敌意。他是一个在政治上雄心勃勃、才华横溢的孤独者，绝不会接受在别人阴影下的政治生涯。他要按自己的条件取得成功，否则宁可一无所得。就像他几年后说的那样："无数人都能够用'戴高乐和我'来总结他们30年的人生。我不会落入这个陷阱。在不需要任何人的情况下，我见到过、感受过法兰西。"[59]

密特朗作为辩论家的才华为他赢得了众多的崇拜者，正如他阴暗的过去和公然的野心为他赢得了敌人一样。虽然在第四共和国他没有被视为左派人物，但他在第五共和国重新获得了政治上的纯洁。因此，社会党和法国共产党一致同意支持他。立足于左派而获得候选人资格的密特朗提供了一个不同于德费尔所寻求的第三势力中间派联盟的政治格局。这为那个几乎不为人知的年轻天主教政治家让·勒卡吕埃（Jean Lecanuet）宣布他将代表中间派也参加竞选铺平了道路。还有其他三位宣布参选的候选人，其中包括一位代表极右势力的律师让-路易·蒂克西埃-维尼扬古。蒂克西埃-维尼扬古曾在维希政府成立初期担任低级职位，并在20世纪60年代为秘密军队组织的几个成员提供过辩护。自1848年以来，第一次普选总统的舞台已经搭建好。

戴高乐仍未表露自己的想法，这让蓬皮杜越来越沮丧，他在10月13日对佩雷菲特说，他"在这个问题上对我所表现出的沉默正变得越来越无理"[60]。最沮丧的是福卡尔，因为他要为竞选做准备工作，但他首先得知道候选人的名字。10月19日，他向戴高乐赠送了两张可能的竞选海报，但戴高乐不愿意看，并只是说把它们交给"将要参加竞选的戴高乐主义者"。一周后，10月27日，戴高乐在部长会议上说，他将于下周正式宣布他的决定。一半部长认为他打算放弃参选,一半部长认为恰恰相反。[61]11月4日下午6点,只有少数人——包括佩雷菲特和福卡尔,但没有蓬皮杜——来到了戴高乐录制电视讲话的现场。房间的百叶窗被拉下,以防出席人员通过窗户把戴高乐的意图透露出去。直到这篇讲话将在电视上播放的前5分钟,他们才得以离开房间。佩雷菲特立即冲向马蒂尼翁宫,蓬皮杜的团队正在这里紧张而又安静地看着电视。当它结束后,蓬皮杜一言不发地站起来走了。概括地说,这篇讲话的主题是如果没有戴高乐,法国将陷入动乱和灾难之中。它的含意既侮辱了蓬皮杜作为总理所取得的成就,也侮辱了他要是当上总统可能取得的成就。

为了让对手措手不及并迫使他们提前亮出底牌,戴高乐的策略是等到最后一刻才出手。然而,由于担心年老"体衰",并总是心情忧郁,在他的历史地位似乎已经确定的时候,他真的不知道自己是否应该放弃。几乎就在一年前,他曾对佩雷菲特说:"早离开五年总比晚离开一分钟好。"[62]但那一分钟什么时候会到来呢?最终,戴高乐对权力的渴望及他对自己是不可缺少的救世主的信念战胜了他的怀疑。

为期一个月的总统竞选活动是法国历史上首次运用现代营销手段的竞选活动。[63]1964年,一位曾研究过1960年肯尼迪竞选手段的年轻广告经理米歇尔·邦格朗(Michel Bongrand)曾找过福卡尔。他认为那种技术可以应用于法国,于是送给了福卡尔一份100页的建议书。我们不知道福卡尔是否把它转交给了戴高乐。由于邦格朗是靠在法国推出詹姆斯·邦德品牌而出名的,因而戴高乐似乎不太可能接受他的建议。相反,邦格朗得到了勒卡吕埃的雇用。他开始把勒卡吕埃包装成法国的肯尼迪。在支持勒卡吕埃的集会上,一部竞选宣传片在大屏幕上放映着,同时,这里还在出售勒卡吕埃的同款围巾。勒卡吕埃的年轻、他在镜头上的笑容以及他相对来说默默无闻的事实成了人们的谈资。当首次出现在电视上时,勒卡吕埃开口说道:"我叫让·勒卡吕埃,我今年45岁。"然后,他介绍了自己的背景和家庭:"我不是传说中的英雄,而是一个像他人那样有着你们所关心的事情和忧虑的人。"破译这些话没什么难度。

二十五 中场时刻（1965年）

竞选活动被电视所主导。每位候选人都有两个小时在电视上亮相的时间。虽然正如我们所见，戴高乐是利用电视的先驱，但他未能估计它对选举的巨大影响。他相信公众很快就会厌倦每晚聆听政治演讲。其他候选人花时间磨炼了他们的电视讲话技能，因为他们以前从来没有机会出现在媒体上。更习惯于法庭辩护的蒂克西埃-维尼扬古得到了另一位右翼政客让-马里·勒庞的指导。密特朗起初显得动作僵硬、局促不安，并且他那狼一般的笑容让一些观众心生反感，但他的开场白引起了共鸣："将军提出的问题与我们的父辈有关，而我提出的问题将会与我们的孩子有关。"密特朗变得更加放松，并尝试了一种新的形式，即由一名女记者问他一些简单的问题。最后，对于戴高乐的反对者来说，重要的不是他们表演的质量，而是他们在电视上露脸的事实。《世界报》的一位记者评论说，电视台好像被一群反叛分子接管了。在电视上出镜的价格在飙升。

戴高乐仍然拒绝抛头露面。鉴于国人对他非常了解，他只打算在选举前夕发表一次演讲。就像他对佩雷菲特说的那样："你大概不会让我在镜头前说'我叫戴高乐'吧。"由于民意调查的结果令人担忧，戴高乐勉强被说服在11月30日，即投票前六天，也发表一次电视讲话。即便是忠诚的福卡尔也认为这是一场灾难。戴高乐看上去呆板而笨拙，他的西装似乎皱巴巴的。他专注于过去，没有给出任何理由说明为什么法国人应该选他为未来总统。他显得老态龙钟，以至于一些忧心忡忡的选民打电话到爱丽舍宫询问他的健康情况。戴高乐没有指名道姓地提到他的任何对手，而是把他们贬为代表"旧党派"的"抱残守缺之徒"。他传达的意思是只有他有能力解决这个"艰难而危险的世界"的各种问题，但他并没有说自己打算怎么做。他在投票前夕第二次电视讲话的表现只是稍稍好了一点点。这次讲话实在无聊，即便是今天也要耐着性子来观看。这就像是戴高乐，这个技艺非凡的表演者，不明白他为什么需要证明一个不言而喻的事实：其他任何人都无法确保法国得到拯救。

周日投票的那个晚上，戴高乐在科隆贝。结果正如民意测验所预测的那样糟糕。尽管戴高乐获得最多的选票，但他的得票率仅为44.6%，远不是绝对多数。他将被迫与排名第二的候选人弗朗索瓦·密特朗（31.7%）进行决胜选举。令人吃惊的是，先前默默无闻的勒卡吕埃得到15.5%的选票；蒂克西埃–维尼扬古以5.2%的得票率排名第四。当晚，蓬皮杜、佩雷菲特、若克斯紧张地聚集在马蒂尼翁宫以决定该如何应对戴高乐面临的局面。蓬皮杜当着另外两人的面给戴高乐打了个电话。他对选举结果作出了让戴高乐放心的解释，但电话那头一片寂静。蓬皮杜只能焦急地问：“你还在线吗？你能听到吗？”最后，他把听筒递给了佩雷菲特，佩雷菲特至少让戴高乐开口讲话了，但他不能确保他不会退出竞选，"我看不出今天没有投票给我的56%的人在两周内会改变主意"。佩雷菲特煞费苦心地试图向他解释这一制度的逻辑："第一轮时人们用选举法，第二轮时用排除法。"通话结束后，他们不知道戴高乐将作何打算。当天晚些时候，布林·德斯·罗兹尔打电话说，戴高乐似乎"心情抑郁到了无法想象的地步"[64]。

在科隆贝又待了一天后，戴高乐于12月7日星期二回到巴黎，他决定继续战斗。似乎不可思议的是，他曾真的考虑过别的想法。周一，当他的妻舅拜访科隆贝时，他发现他"闷闷不乐"，但显然已不像周日晚上那般情绪低落。[65]他的顾问们开始劝说他务必改变自己的做法，要表现得不那么脱离法国人通常关注的问题。戴高乐最初表示反对："这么说你们想让我穿着睡衣和法国人说话。"[66]最后，他同意尝试一种新的电视表现形式，即由亲戴高乐主义的记者米歇尔·德鲁瓦（Michel Droit）对他进行三次采访。第一次采访录制得非常顺利，戴高乐要求马上进行后两次采访的录制。这三次采访录像在电视上连续播放了三个晚上。在他的顾问们的建议下，唯一删掉的采访内容是他对勒卡吕埃的选民们使用的一句嘲讽性话语，他说他们是"偷圣餐酒的唱诗班男孩"。戴高乐也认为，拿天主教中间派开玩笑并不明智，因为他在第二轮选举中需要他们的支持。

这些播放内容取得了巨大的成功。戴高乐坐在德鲁瓦对面的扶手椅上，而不是单独坐在一张桌子后面，这让公众看起来他显得较为放松。德鲁瓦成功地把戴高乐从他喜欢待着的"顶峰"拉了下来，并让他谈一些法国人关心的普通问题。戴高乐大肆谈论着洗衣机、冰箱和吸尘器，这就像

二十五 中场时刻（1965年）

他穿着睡衣侃侃而谈一样令人吃惊。和往常一样，将军也有一些戏剧性的举动，比如说，当论及他不是一个好的欧洲人时，他气得从椅子上跳了起来，"你需要接受现实，因为政治必须以现实为基础。当然，你可以像山羊（cabri）那样从椅子上跳起来高呼'欧洲、欧洲、欧洲'，但这不会有任何结果，也毫无意义"。[67]这是戴高乐演讲中偶尔出现的古语之一。大多数人不知道他为什么要把自己比作一只跳起来的山羊；记者们急忙查字典，想找出这个术语的出处。[68]令人奇怪的是，试图摆出总统架势的密特朗竭力装作自己是在爱丽舍宫发表讲话，这反而让戴高乐看起来似乎是他的挑战者。

各色知名人士和知识分子——其中多数是前抵抗战士——在《世界报》的专栏中宣布了他们打算如何投票。作为在战后鼓吹共产主义的一名记者，埃马纽埃尔·达思捷·德·拉·维热里宣称他将投票支持戴高乐从而对抗"美国的霸权"；另一名前左翼抵抗战士、小说家安德烈·尚松（André Chamson）为自己投票支持戴高乐辩护说，这是为了忠于"共和国价值观"和自己当年作为人民阵线的年轻支持者所捍卫的理想。同样是一名前抵抗战士和前人民阵线支持者的作家让·盖埃诺（Jean Guéhenno）却持有相反的观点，他认为戴高乐主义是"贝当主义的变体"，它追求的是一种"只有法国实行"的"自负且过时"的莫拉斯主义政策。曾和阿涅丝·安贝尔——此人在1940年时对戴高乐的反应拉开了本书的序幕——处在同一个抵抗组织中的艺术史学家让·卡苏（Jean Cassou）反对戴高乐的原因是他认为戴高乐主义是波拿巴主义的翻版。曾与让-保罗·萨特过从甚密的记者让·科（Jean Cau）说他投票支持戴高乐是因为其对手们代表的是害怕民族独立思想的"前贝当分子资产阶级"精神，他说："他不是左派……他不是那种我们生来就想看到的左派，但他是一个能够使我们一劳永逸地埋葬旧左派的人。"君主主义者兼前贝当分子皮埃尔·布唐（Pierre Boutang）宣称，他将"出于好奇"投票支持戴高乐，尽管他背叛了阿尔及利亚，但他代表了贝当主义精神。与莫内关系密切的经济学家皮埃尔·于里（Pierre Uri）警告说，不要被戴高乐那虚伪的第三世界进步主义所欺

第四章 共和国的君主

骗，它的动机是反美主义，而不是任何解决发展中国家真正问题的真诚渴望。左翼社会学家埃德加·莫兰（Edgar Morin）称他将投弃权票。他不会支持站在密特朗身后的形形色色的利益集团，但他认为一张支持"戴高乐的"选票中潜在的进步因素可能会与戴高乐主义的保守主义相抵触。他说："我不能把戴高乐的个性与戴高乐主义的现实完全割裂开来。"[69]

这一系列立场显示了"戴高乐的个性"在多大程度上继续无视分类——超越正常的政治界限。然而，选举结果最终呈现出与"戴高乐主义的现实"相反的状况。戴高乐曾以为自己与法国人之间存在着一种神秘的、横跨左派和右派的联系，但这是对他的这一观念的又一次打击。在民族危急时刻，他的这种观念是正确的，但在正常情况下，第五共和国的逻辑是政治上两极分化的加剧。在第二轮选举中，戴高乐获得54.9%的选票，密特朗则获得45.1%的选票。无论戴高乐与米歇尔·德鲁瓦的表演多么成功，密特朗的得票数都可以从第一轮选举的结果中统计出来。他得到了曾支持极右翼的蒂克西埃的那些人的支持。他们宁愿把选票投给卡利古拉（Caligula）的马[1]也不愿意投给戴高乐；并且，密特朗曾是维希政府拥护者的过去也没有给他带来不利影响。由于密特朗得到了左派的支持，大多数勒卡吕埃的中间派选民最终把选票投给了戴高乐。尽管这次选举的背景是欧洲的"空椅子"危机，但似乎没有证据表明，它对选举结果产生了多大影响，虽然它使戴高乐失去了农村的部分选票。

戴高乐应对被迫进行决胜选举这一耻辱的高傲方式是假装对此漠不关心。在回复祝贺信时，他总是在提到他的"当选"时加引号表示，就好像他被选上与他担任总统的原因之间毫无关系。他给姐姐玛丽-阿涅丝写信说，问题是法国人在当下无所畏惧。结果，他们再次受到"分散和天赋"的诱惑。[70]1965年时，戴高乐的死敌弗朗索瓦·密特朗在其著名的反戴高乐主义辩论文章——他将第五共和国比作一场永不止息的政变——中

---

[1] 卡利古拉是罗马帝国儒略克劳狄王朝第三位皇帝，罗马帝国早期的著名暴君。在位时期（公元37—41年），他建立恐怖统治，神化皇权，行事荒唐、暴虐。相传他封自己的马为执政官，让马参加宴会。

曾写道，戴高乐是那些"只有在不幸和灾难中才能得势"的人物之一。[71]这项指控并非毫无根据。戴高乐非凡事业的第一阶段之所以成为可能是因为1940年的灾难，而它的第二阶段则得益于阿尔及利亚危机。1958年他的重新掌权与自1799年拿破仑现身拯救大革命——或者说埋葬，取决于个人观点——以来法国政坛反复出现的那种向天佑的救世主求助的模式不谋而合。[72]1848至1851年拿破仑的侄子成功地援引了这个惯例；19世纪80年代布朗热将军在这方面未能取得成功；1940年贝当元帅的例子在20世纪最为引人注目。尽管求助于天佑的领袖似乎与法国共和传统对强势领导人的怀疑背道而驰，但有些时候，信奉共和的政治家自己也会屈从于此，并将它视为一种使自己摆脱那种民主制度似乎无力解决的危机的方式。其中一个这样的时刻是1917年共和主义者对克莱蒙梭的狂热崇拜；另一个是1926年他们呼吁雷蒙·普安卡雷（Raymond Poincaré）拯救法郎。在某种程度上，1954年皮埃尔·孟戴斯·弗朗斯短暂的受欢迎也符合同样的传统。

然而一旦危机结束，这位天佑的救世主就会变得多余。戴高乐解决这一问题的方法是运用他那似摩尼教修辞学般无穷无尽的讲话技巧警告说危机从未远去：法兰西的地位（rang）和伟大总是受到堕落和平庸的威胁；它的独立受到奴役的威胁；它的雄心壮志受到轻言放弃的威胁；顶峰受到深渊的威胁；秩序和凝聚力受到纷争和分裂的威胁；团结和联合受到拉帮结派的威胁。但是，这种危言耸听的话语在20世纪60年代中期繁荣的法国却越来越不受欢迎。它也有损于戴高乐自己所作的以下论断：自大革命以来他第一次为法国建立起稳定而有效的制度。1965年，戴高乐成了自己成功的牺牲品。

第五章

走向结束（1966—1970年）

  荣耀看不上老年人！……我真心相信众神让年轻人死亡是出于善意和爱戴。他们使年轻人选择了阿喀琉斯的命运……圣西门公爵在述及欧仁亲王时说："伟大的人往往活得太久。"

戴高乐致皮埃尔–亨利·里克斯，1948年
摘自皮埃尔–亨利·里克斯《穿过拉布瓦瑟里之门》，第101页

二十六 制造麻烦（1966—1967年）

匆忙的老人

戴高乐再次当选总统时已经75岁零1个月了。这时的他比1925年时的贝当还要大四岁，而据他的说法，贝当在那一年已经"死了"。1959年12月，戴高乐最小的弟弟皮埃尔在拜访爱丽舍宫时突发中风去世。两年后，戴高乐给同样是弟弟刚刚去世的政治家路易·雅基诺（Louis Jacquinot）写信说："失去一个兄弟，不仅是失去了一个所爱的人，还意味着失去了一些属于我们青春的东西，那是一个人自己的东西。"[1]皮埃尔去世后，在亨利·戴高乐与让娜·戴高乐所生的五个子女中，就只有夏尔和他的姐姐玛丽-阿涅斯还活着了。1967年的一天，戴高乐列出了一份在晚年仍取得了成就的名人名单。这份名单包括：在80岁时写作《浮士德》的歌德、在85岁时创作《赞美颂》的威尔第、在90岁时写作《俄狄浦斯王》的索福克勒斯、在90岁时占领君士坦丁堡的威尼斯总督丹多洛（Dandolo）。其他人还有提香、莫奈、夏多布里昂、雨果、托尔斯泰、萧伯纳、康德、伏尔泰。戴高乐在这份名单的最后写道："这些都是在年龄问题上可供人们安慰自己的例子。"[2]然而，戴高乐并没有因此而放心。他总是觉得自己时日无多。这给他连任后的政策增添了几分狂热的色彩，似乎这位匆忙的老人急于留下不可磨灭的印记，以免为时过晚。

最引人注目的举措是他于1966年3月7日宣布法国将要退出北约，并立即退出北约一体化指挥机构。在随后写给北约其他成员国的信中，戴高乐明确表示，法国在德国的军队将不再归属于北约，并且所有外国部队必须在1967年4月之前撤出法国。几周后，在爱丽舍宫的一次招待会上，戴高乐与昔日自由法国的同伴勒内·普莱文进行了交谈。普莱文在1947年时同戴高乐决裂，并成为第四共和国政坛的一位重要人物，自那时起，两人几乎不再来往。在他们的简短谈话中，普莱文告诉戴高乐，与其说他反对戴高乐在北约问题上的决定，倒不如说他反对戴高乐以这种粗暴而突然的方式宣布这一决定。戴高乐并不后悔：

> 当一个人想要做某事时，首先必须制造麻烦（bousculer le pot de fleurs / kick the flowerpot over），否则人们只会说："这是可以协商的；你不能那样做。"如果你用力踢一脚，问题就会出现，并必须将它解决。[3]

普莱文不应该对此感到惊讶。在战争期间，他曾经在叙利亚、圣皮埃尔和密克隆群岛的问题上见识过类似的戴高乐主义式的处理方法。问题是，随着戴高乐的伙伴们认识到最有效的应对措施是不要上钩，这种策略的效力正在逐渐减弱。尽管迪安·腊斯克曾用讽刺的口吻问，从法国领土上撤离的士兵中是否包括那些为解放法国而牺牲的、埋在法国的美军将士，但约翰逊拒绝参加一场——用他的话来说——只会"让戴高乐变强大"的"令人作呕的比赛"。另一位美国官员则用更为优雅的话语表达了同样的观点："戴高乐就像一个轻量级的柔术大师。他所有的优势都来自我们用力过度。"[4]为了产生像以往一样的影响，戴高乐发现自己不得不更用力制造更多的麻烦。

戴高乐退出北约的决定所带来的震撼首先来自他宣布这一决定的时机和方式。就在两周前，法国驻美大使夏尔·吕塞还向美国国务院保证说，北约问题"并不紧迫"。[5]戴高乐到底是从一开始就打算退出北约，还是因为他对1958年9月的备忘录所得到的回应感到失望才退出北约，这一点尚

二十六 制造麻烦（1966—1967年）

不确定。1963年，他在谈到那份著名的文件时说："我当时正在寻求一种退出北约、重获自由的方式……所以，我是异想天开。"[6]这可能是真的，但也可能不是。讨厌承认失败的戴高乐或许已不知道自己当初的意图是什么了。如果说他从未认真对待过这份备忘录的话，那么令人吃惊的是，在1958年至1962年间他竟然如此频繁地提到它。[7]在那之后，他似乎已经把它放弃了，并且，他的目标显然是在某个阶段退出北约。

"退出北约"的意思是什么？起初，戴高乐似乎只反对一体化军事指挥体系，而非大西洋联盟本身。但在1965年的多个场合，他提出了法国可能完全退出这个联盟的想法。在那种情况下，法国可以用与其伙伴之间一系列的双边协定来取代1949年成立的多边联盟。[8]没有人知道他打算在退出北约的路上走多远及什么时候退出北约。1966年1月，在与北约秘书长曼利奥·布罗西奥（Manlio Brosio）会谈时，他说法国计划可能在年内离开1949年成立的大西洋联盟。这番话引起了恐慌，外交部官员随后发出一系列更正性说明，"澄清"了戴高乐所说的话——这些话没有人完全赞同。[9]接着，戴高乐对美国大使说了与他两周前似乎对布罗西奥说过的完全相反的话：法国不会退出这个联盟，只会退出北约的一体化军事指挥体系，并且这不会很快发生。[10]

外交部准备应对各种情况，但它对戴高乐的意图并不比任何其他人知道得更多。一名官员给吕塞写信说："我已尽力告知你一切，但我所知不多。让我们等待那场新闻发布会吧。"[11]2月21日举行的新闻发布会并没有使问题变得更清楚。戴高乐宣称，"在不放弃大西洋联盟成员资格的情况下"，法国将"继续不断地改变其当前立场"。[12]这似乎表明，这是一个逐步分离的过程，而不是突然中断。正是基于此，吕塞才真诚地向美国国务院保证，没有什么事情会马上发生。

这些猫戏老鼠的策略是戴高乐的惯用手段。他是如此喜欢——或者说假装喜欢——玩弄权术，以至于他可能都不太清楚自己打算做什么。戴高乐对布罗西奥所说的关于退出北约的话，是否意在引起这样的恐慌，以至于当他收回这种极端举措时，他的盟友们将对此松一口气？当他意识到这将使法国失去在德国领土上驻军的正当理由时，他是否重新考虑了退出北约的问题？[13]他是否仍在考虑适时退出北约，但更愿意一步一步地来？没有人知道这些问题的答案。戴高乐选择的时机很可能与他接受了在这一年的晚些时候访问苏联的邀请有关。与北约军事指挥体系的决裂，向苏联政府证明了戴高乐退出北约的意图不仅仅是说说而已。[14]当然，戴高乐的决定是外交政策大调整的一部分，下一步他就将访问莫斯科。

遏制德国

戴高乐一直认为把世界分为两个意识形态集团的做法有悖于历史法则。地缘政治总是胜过意识形态。1959年12月，他在冷战极度紧张的时刻告诉麦克米伦：

> 我知道你不喜欢长远计划，但我想总有一天我们会和俄国人达成协议的。他们将变得不那么共产主义，而更加资产阶级化……尽管仍然信奉布尔什维主义，但波兰人仍将是波兰人，捷克人仍将是捷克人，罗马尼亚人仍将是罗马尼亚人，普鲁士人仍将是普鲁士人（这是一个发人深省的揭露）。总有一天，如果战争不爆发，这一切将朝着和平的方向发展……或者如果发生战争，一切都会结束。[15]

受到20世纪30年代那些"不墨守成规者"的思想影响，戴高乐认为资本主义和社会主义互为镜像，它们都是工业化大生产社会的产物。1960年，他对赫鲁晓夫说：

> 你谈到了社会主义和资本主义阵营。我确实知道这两个体系之间的巨大差异。尽管如此，我必须告诉你，我不太重视它。我

二十六 制造麻烦（1966—1967年）

们都非常依赖技术。我们的工厂和你们的没什么不同。我们的工人的工作条件和你们的工人的工作条件可能相差不大。世界各地的物质文明都在发展……将来会发生什么？我不知道……但我认为，随着时间的推移，资本主义和社会主义之间的差异将逐渐缩小。生活的经历告诉我，资本主义已经发生了巨大的变化。在我年轻的时候，有很大一部分资产阶级以股息为生。今天，最重要的实业家以他们的工厂为生。我认为社会主义也在发展。[16]

在戴高乐看来，结束世界被分为两个集团的局面不仅势在必行，而且相当值得。只有多极化的世界才能允许欧洲——进而法国——再次成为世界政治的参与者。正如他在1966年10月的一次讲话中所说的，两个集团"令人窒息的严密控制……使世界其他地区变得瘫痪而没有生机，并使之处于一种毁灭性的霸权之下"[17]。但在1959—1962年，柏林问题使得冷战局势越来越紧张，阻碍了法国对苏联采取开放政策。在那些年的西方阵营中，要数戴高乐最不愿意向莫斯科妥协——这帮他赢得了阿登纳的信任。

1962年，使世界濒临战争边缘的古巴问题得到解决后，由超级大国之间的对抗造成的国际紧张局势有所缓和。但这并非完全如戴高乐所愿。美国和苏联越过欧洲国家达成的任何和解都会勾起他的"雅尔塔情结"。他想缓和，但这种缓和应该是通过欧洲人实现的，而不是大国强加给他们的。1963年，他在给阿登纳的信中说，法国和德国需要对"我们的盎格鲁-撒克逊盟友倾向于与东方建立直接关系"保持"高度警惕"。[18]

1964年，罗马尼亚总理扬·毛雷尔（Ion Maurer）表示有兴趣访问巴黎。他7月的这次出访是罗马尼亚共产党领导人首次来到西方国家首都。戴高乐对此的解释是，要么是苏联放松了对东欧卫星国的控制，要么是苏联不再完全有能力控制这些卫星国，尽管他知道毛雷尔在来到巴黎前曾前往莫斯科征得对这次访问的同意。在毛雷尔访问后，戴高乐开始收到更多的苏联对与法国改善关系感兴趣的信号。他谨慎地接受了，不过，1965年初他对阿尔方说："他们必须把自己的想法说清楚……总有一天会达成某些协

第五章　走向结束

议的,这并非不可能。但俄国人必须拿出新的、明显的证据来证明他们对缓和与谅解的渴望。"[19]

经济协定为走向外交和解的道路做了准备。1964年是对彩色电视——未来这将是一个利润丰厚的市场——应该采用什么技术进行国际谈判的一年。1954年,美国政府批准了自己的制式[1]——国家电视制式委员会(National Television System Committee)。两年后,一名法国工程师为另一种名为"塞康制"[2]的制式申请了专利。德国也正在研究自己的制式。几个月来,法国和德国的实业家一直在讨论如何将两种制式结合起来,创建一种统一的欧洲制式。但在1965年初,苏联表示有兴趣购买塞康制。希望能够抢在美国人和德国人之前卖出制式的戴高乐怀着极大的兴趣关注着这个问题。他派遣佩雷菲特和两名部长前往莫斯科,对法国制式的优点大加赞扬。1965年3月,两国签订了一项协议。这是法国在技术-外交领域的一场小政变,它在德国引起了一些不满。一般的看法是,法国的制式使用起来效果最差。苏联领导人柯西金暗示说,苏联决定采用塞康制是出于政治原因。[20]这为戴高乐接受于1966年对苏联进行访问的正式邀请铺平了道路,同时,这也使他避免了事先对可能出现的情况作出任何承诺。[21]正如他对佩雷菲特开玩笑说的那样:"我们不会用彩色电视换取对民主德国的承认。"[22]

然而,戴高乐对苏联采取开放政策与德国问题密切相关。如果说戴高乐享有法德和解缔造者的其中一员这个名正言顺的声誉的话,那么人们还必须记住,他对德国的怀疑从来都没有掩藏得太深。尽管他偶尔会在德国人面前提出德国与法国建立核伙伴关系的可能性,但他的假设是法国将控制这一切。当德国人明确表示不会破坏与美国的关系时,戴高乐开始沉迷于这样一种想法:通过多边核力量计划,德国正在努力一步步地朝着核大国的地位迈进。这是不能被允许的。[23]他对佩雷菲特说:"对于这个好战的

---

[1] 一个国家或地区播放节目时所采用的特定制度和技术标准。——编者注
[2] 全称为"Séquentiel couleur à mémoire",意为"顺序传送彩色与存储制"。美国人不久后给它起了个外号"Supreme Effort Contra America",意为"反美的最大努力"。——译者注

二十六 制造麻烦（1966—1967年）

民族，这将是一个可怕的诱惑。"他接着说，这比1936年时允许他们占领莱茵兰更加危险。[24]1966年2月初，戴高乐在一篇政府文件中概括了他对德国的看法：

> 它已不再是那个为了赢得征服者的好感而表现得礼貌又诚实的失败者了。德国人能够感觉到自然力量正在重生，他们被新的野心所激励……他们正在为拥有核武器而寻找借口。他们想在西方的核系统，也就是美国的核系统中占有一席之地……为了我们的利益，也为了他们的利益，我们将反对这种做法。对于他们来说，这个借口与他们的根本目标（统一）背道而驰。我们很清楚德国军事力量的复兴意味着什么。[25]

当人们看到戴高乐在几个月后开始担忧欧洲共同体和奥地利之间未来的经济联系可能导致的"德奥合并"时，就能明白——加上他提到的重新占领莱茵兰——他当时是以多么怀疑的眼光来看待德国的。[26]

转向苏联是戴高乐解决德国"问题"的长期战略的一部分。他的最终目标是：作为美国撤出欧洲的交换条件，苏联将放松对其东欧卫星国的控制，放弃对民主德国的支持，并允许德国统一。作为回报，德国将接受在战争期间出现的东部边境线——奥德河-尼斯河线，并放弃发展核技术的野心。保障这种欧洲新秩序的将是欧洲大陆的两个核大国：苏联和法国。戴高乐把自己描绘成了一个富有远见的盼望冷战结束的人，但是这一图景与1914年的欧洲极为相似。当时，法俄联盟发挥了制衡这个位于欧洲中心的"好战民族"的作用；现在，核武器为他们提供了额外的保障。1965年，当阿尔方问戴高乐是否担心德国统一时，他回答说：

> 如果东西方之间能达成某项协定使德国遵守其义务，那我就不会担心。1936年时不存在这样的协定（这里又是对20世纪30年代的回忆）。并且，核武器也使这个问题发生了变化。我们不会

帮助德国成为一个核大国,也不允许它成为一个核大国。[27]

戴高乐的这个通过法苏间的协定来实现德国统一,进而解决德国问题的想法显然是一个长远的抱负。正如他在1968年对一位美国参议员所说的那样:"我们希望有一天能够实现统一,但就像1800年来犹太人常说的那样,'明年在耶路撒冷见'。这会拖很长时间。"[28]同时,在一定程度上,他对德国的统一是认真的,他设想德国应该以某种联邦制的形式实现统一,而不是重建一个单一制国家。[29]

戴高乐把他的苏联之行看作一场试探行动。在出发前,他对政府说,他想"弄明白苏联人要去哪里及他们准备同意什么,或者至少弄明白他们不去哪里及他们不准备同意什么"。[30]他对苏联的访问持续了11天,这是他担任总统期间持续时间最长的一次对外访问。他受到苏联领导人的特别礼遇,走访了伏尔加格勒、基辅和列宁格勒,并在莫斯科逗留了三天。在归国前一天,他向苏联人民发表了电视讲话。尽管受到了热烈欢迎,但在谈到自己与勃列日涅夫(Brezhnev)和柯西金的三次长时间会谈时,戴高乐说:"我说我的,他们说他们的。"[31]从第一次会谈开始,戴高乐就态度坚决地表示自己绝不会承认德意志民主共和国,"它是你们创造的,是个冒牌国家"。他的谈话对象用惯常的言辞回应说,德意志联邦共和国是一个"法西斯"国家。他们排除了在任何情况下德国统一的可能性。这次访问唯一的实质性成果是成立一个讨论两国之间经济合作的委员会,并在爱丽舍宫和克里姆林宫之间设立一条直接的电话热线。

戴高乐对苏联的个人印象是负面的:

> 烹饪缺乏想象力,总是一成不变。香槟也极其普通。西伯利亚是完全孤立的,与欧洲没有联系。大学里有很多黑人学生,但他们个个闷闷不乐,并且不与俄国人来往。我在列宁格勒参加了弥撒,那里有一位立陶宛牧师,一位非常优秀的牧师,但教堂里空无一人。话虽如此,但他们并没有让我去参观反宗教博物馆。[32]

二十六 制造麻烦（1966—1967年）

当向政府汇报这次出访时，他用了一种较为乐观的语调：

> 这个政权幸存了下来，但正在发生变化。它正变得不那么注重意识形态，而更注重技术。这个国家的领导人是工程师，而不是宣传者……对德国的意见有分歧，但没有对此坚持。坦率地讲，俄国人并没有给人一种渴望战争的印象。但是人们绝不能得罪他们。他们对美国的好战感到疑虑和担忧。因而，他们既心平气和，又忧心忡忡。[33]

当年秋季，戴高乐对法属太平洋岛屿——自从失去撒哈拉的核试验基地后，法国是在这里开展核试验的——进行了为期三周的访问，并抓住机会进一步拉开自己与美国之间的距离。在访问期间，他来到了柬埔寨的首都金边。9月1日，在这座城市的体育馆中，他当着10万人的面，发表了他最为激烈的一次谴责美国干涉亚洲事务言论——"国境线的那一边就是越南"（just across the border from Vietnam）。他称这场战争是一场大胆地重写历史的"民族抵抗"运动，并把美国的行为与法国的行为作了对比。他说，当时在他的领导下，法国"有意地"作出决定，结束了它对阿尔及利亚132年的统治，尽管它的力量"居于无可争议的主导地位"。[34]

这似乎是戴高乐对越南战争所作批评的一次彻底升级。但事情并非完全像看上去的那样。金边讲话不仅仅是为了制造麻烦。戴高乐曾提前告知美国人他打算发表讲话。夏天的时候，他还派了一名特使前往亚洲会见胡志明。这并没有惹恼美国人，因为他们想开通与北越接触的秘密通道。约翰逊小心谨慎地不让自己对戴高乐的金边讲话表现出大惊小怪之情。这使戴高乐轻松地赢得了第三世界的喝彩，同时也让法国在调停争端、促成和平方面能够发挥出可能的作用。[35]

戴高乐享受着他那自封的道德优越感，但同时也在担心越南战争会成为他试图在欧洲推行的缓和政策的障碍。回到法国后，他在年底接待了来访的柯西金。同在莫斯科的时候一样，双方还是各说各的。事实是，苏联人仍然

第五章 走向结束

用冷战的眼光看待世界。他们认为法国可能是西方集团中的一个薄弱环节，却并非真的有兴趣超越界限以实现缓和或就德国问题达成某项协议。[36]

奇怪的是，戴高乐的缓和政策用在德国人身上比用在苏联人身上更成功。正如他对佩雷菲特所说的："推动德国与俄国恢复友好关系是至关重要的。我们必须消除它们彼此之间的敌意。这是我们的事情，也是我们唯一的事情。"[37]亲美的路德维希·埃哈德——戴高乐一直未能与他建立起友好关系——于1966年底下台。接替他的是基督教民主党的库尔特·基辛格（Kurt Kiesinger），他领导着一个包括社会民主党人在内的联合政府。新任外交部长是西柏林前市长、社会民主党的维利·勃兰特（Willy Brandt），他比他的所有前任都更能接受缓和的思想，并在后来提出了东方政策[1]。因此，1967年1月，戴高乐与德国新一届领导人的会晤是近两年来他所经历过的最亲切友好的一次。出现在眼前的唯一阴云是英国和欧洲经济共同体。1966年11月，工党领袖哈罗德·威尔逊（Harold Wilson）表达了想知道英国再次提出加入欧共体申请的可能。戴高乐知道德国人或许会比他更喜欢这一点，所以在与基辛格的会谈中，他明确地摊牌了：

> 英国与美国有着永久的联系，如果美国人抛弃他们，英镑将和英联邦一起崩溃。如果英国加入共同体，共同体就会崩溃，因为英国将离间我们……当然我们不能对他们说"绝不可能"，但我们可以说"或许有一天"。无论如何，如果我们的共同体的伙伴们执意要接纳英国，我们就将退出共同体。[38]

1967年初，威尔逊和外交大臣乔治·布朗（George Brown）开始了对欧洲各国首都的访问，从而试探六国领导人对此的态度，他们首先来到的是巴黎。戴高乐的态度让人沮丧，但英国人没有被吓倒，并于5月提出正式

---

[1] 全称为"新东方政策"（Neue Ostpolitik）。在该政策指导下，从1969年开始，德意志联邦共和国与德意志民主共和国及其他东欧社会主义国家的关系逐渐正常化。——编者注

申请。英国人之所以不管怎样都要申请，是因为他们相信自己已经从之前的错误中吸取了教训。这一次，他们的申请没有附加任何先决条件，并宣布他们准备接受《罗马条约》的全部条款。戴高乐的官员们建议他把这件事扼杀在萌芽状态，而不是长时间地讨论它。戴高乐接受了这一建议，并在1967年5月的新闻发布会上宣布，英国尚未做好准备。但英国政府拒绝接受这一暗示，同时也没有撤回申请。1967年6月，哈罗德·威尔逊成为首位被正式安置在修葺一新的大特里亚农宫的外国领导人。在招待他的官方午宴上，有龙虾、布雷斯鸡、1959年的拉菲红酒及汝纳特香槟。[39]尽管周围环境雄伟壮观，法国厨师厨艺精湛，但威尔逊对约翰逊说，他发现戴高乐处于"忧郁的、似末日来临般的情绪中"，并且，他看上去是"一个因一种真正的无能为力感而相信宿命论的老人"。[40]几周前爆发的中东危机部分地解释了他的这种忧郁情绪，并且，戴高乐常常受到这种情绪的影响，不过，威尔逊得出的结论是，法国的力量可能正在衰退，英国不应该放弃加入欧共体的努力。在接下来的几个月里，法国人的策略是说服他们的欧洲伙伴，英国还没有准备好遵守规则；为了孤立法国，英国人的策略是坚称自己已做好准备。[41]最终，这次申请以失败收场，就像1963年时一样，戴高乐出于同样的商业、经济以及政治原因，根本不想让它取得成功，不过，他更愿意避免再次采用一种可能会惹恼法国的欧洲伙伴们的否决方式。

"以色列人做得过火了"

尽管到目前为止，与莫斯科的和解收效甚微，但戴高乐看到了一个积极的结果："他们认为与西方的接触应该通过法国进行。"[42]然而，6月爆发的以色列与其阿拉伯邻国之间的中东危机证明了他的这种想法大错特错。

戴高乐最初相当同情以色列。1947年，他在与克劳德·盖伊谈话时说：

> 在巴勒斯坦问题上，我倾向于支持犹太人。阿拉伯人不配得

到帮助：他们太容易激动了。1930年，当我第一次来到巴勒斯坦时，我记得看到阿拉伯人种植的橘子树凋零枯萎，结的果实又苦又小，而犹太人种植的橘子树却枝繁叶茂。这些狂热的个人主义者，这些曾在波兰和德国经商的人，已经准备好了在这片土地上从事最艰辛的劳作。他们无疑是这种人，因为他们自认为这里是自己出生的土地。战争期间，当我回到巴勒斯坦时，犹太人取得的成就令人惊讶无比。这就是我们需要帮助犹太人的原因，并且我们要抓紧时间，因为反犹主义将以其恶毒的形式再次出现。[43]

戴高乐对以色列的第一任总理、经常与他通信的戴维-古里安（David Ben-Gurion）有着异乎寻常的敬意。1960年6月，本-古里安访问了巴黎，戴高乐在向他敬酒时称他是"本世纪最伟大的政治家"，是"以色列取得非凡的复兴、新生、荣耀和繁荣"的原因——这是一种超越常规礼仪的做法。[44]

但感情仅仅到此为止。我们必须把戴高乐对1967年危机的反应置于他试图使法国摆脱与以色列之间不健康的亲密关系的背景中来理解，这种亲密关系是前些年在阿尔及利亚战争的影响下，第四共和国同它建立起来的。[45]法以两国在1956年苏伊士运河危机期间的勾结是这种状况最明显的标志。尽管这场危机使法英两国蒙羞受辱，但法国政府加强了同以色列的军事合作，甚至同意开展核合作。戴高乐重新掌权后，立即终止了同其他国家的所有军用核合作。但由于法以两国的军事人员之间的联系是如此根深蒂固，以至于一年后他感到有必要重申这项指令。[46]

戴高乐在上台几个月后将他的政策界定为："与以色列保持良好关系，但不要做过头，从而安抚阿拉伯人。"[47]他拒绝了访问以色列的邀请，但又明确表示欢迎本-古里安来访。1960年7月，在这次访问的愉快氛围中，本-古里安并不认为事情已经发生变化。会谈结束后，德勃雷向戴高乐报告说，本-古里安曾对他说，他对听到的情况——特别是关于核合作方面的内容——"深感悲伤和忧虑"。[48]尽管如此，法国仍然是以色列的主要军火供

二十六 制造麻烦（1966—1967年）

应国，1961年戴高乐批准向以色列出售72架战斗机。

与此同时，阿尔及利亚战争一结束，戴高乐就着手重建与阿拉伯国家之间的沟通桥梁。他开始在巴黎接见阿拉伯国家的领导人：1963年9月接见约旦国王侯赛因（Hussein）；1964年11月接见叙利亚副总统。在竭力制止以色列与其阿拉伯邻国之间冲突的同时，他发自内心地担心以色列怀有扩张领土的野心。他在回忆录中说，在1960年那次会谈的间隙，本-古里安告诉他，他希望以色列的人口翻一番，从200万增长至400万，并"透露说只要时机一到他就打算拓展疆土"。[49]官方记录并没有记载这次交谈内容。本-古里安后来回忆说，他说的是与之完全相反的话：他最大的两个愿望是与邻国保持和平，并在他认为的以色列现有疆域所能容纳的范围内增加人口。当时在场的以色列未来总理西蒙·佩雷斯（Simon Peres）在提及本-古里安的讲话内容时，说的是同样的话语。[50]

不管戴高乐是有意还是无意地误解了这一点，他已经说服自己，以色列人本质上是扩张主义者——本-古里安之前实施的大多数政策强化了他的这种观念。每当本-古里安和他的继任者写信给戴高乐表达自己对以色列安全的担忧时，戴高乐的反应总是警告他们不要采取任何武装行动。[51]他在私下说得更直率。1965年6月，他告诉埃哈德："我们对以色列人持谨慎态度。我们正在安抚他们，并告诉他们不要做出过火行为（exagérer）……以色列人非常狡猾、非常会耍手段，他们会抓住最细微的事情进行宣传，其内容都是与阿拉伯人有关，人们千万不要被他们欺骗。"[52]戴高乐一旦在某件事情上说服了自己，就很难再改变主意。他那关于以色列人爱做出过火行为的看法经常被他提起。

即便考虑到这一切，戴高乐对1967年战争的反应仍是一颗重磅炸弹。[53]5月23日，当纳赛尔宣布禁止以色列船舶通过蒂朗（Tiran）海峡后，以色列和埃及之间的冲突升级。对于以色列来说，这相当于一种战争行为。法国政府之前对此也持有同样的观点。1957年3月，纳赛尔曾宣布，如果存在任何侵犯以色列船舶在蒂朗海峡航行自由的行为，那么以色列对其强制抵抗将是一种合法的防卫行动。但是，在纳赛尔发布上述声明后的第二天，戴高乐对他

第五章 走向结束

的政府说:"总之,法国依然承受着苏伊士运河远征所带来的不幸的创伤,它总是盲目地支持以色列的事业。自那之后,事情已经发生变化。"[54]同一天,戴高乐接见了以色列外交部长阿巴·埃班(Abba Eban),他正在前往华盛顿的途中以便寻求美国的支持。用埃班的话说,戴高乐"一脸严肃但又不失礼貌"地接待了他。还没等埃班坐下,他就对他说:"不要发动战争(ne faites pas la guerre)。"会谈结束时,他陪着他走到门口,又郑重地重复道:"总之,不要发起攻击。否则,你们将为此承担后果。"[55]戴高乐没有把封锁蒂朗海峡当作宣战的正当理由——尽管美国对此的反应大同小异——使埃班深感震惊。这次会谈表明,戴高乐已经加快了远离以色列的步伐。与此同时,他敦促阿拉伯国家保持谨慎。6月1日,一名叙利亚代表被告知:

> 你们阿拉伯人很多,并且你们团结一心。不过,你们还缺很多东西……如果你们想摧毁以色列,那么你们的情况会更糟……以色列是个民族。我们法国人并没有使它成为一个国家,是美国人、英国人和苏联人使它成为国家的。但现在它已经存在了。它使自身组织了起来,并已开始运转。我们不赞成它的所有极端行径,也不赞成它对你们的袭击……耐心会让你获得一切。你们正在多个领域取得巨大进步,但如果你们发动战争,你们将毁掉这其中的大部分成果……然而我们必须谈判,找到办法,找到解决方案……美国人对你们抱有偏见,苏联人对你们抱有偏爱,但不要指望他们会为你们而开战。[56]

沙特阿拉伯国王费萨尔(Faisal)被告知:"我们不会支持任何一方,既不支持阿拉伯人,也不支持以色列人。我们认为每个国家都有生存的权利。"[57]

戴高乐认为解决危机的最好办法是四大国举行会谈,通过谈判达成解决方案。这个提议遭到了苏联的否决,这等于是在煽动纳赛尔不要放弃。6月2日,随着紧张局势的升级,法国政府发表了一份由戴高乐亲自起

二十六 制造麻烦（1966—1967年）

草的公报，宣布法国反对任何国家发起敌对行动。第二天，他宣布禁止向该地区的所有国家运送武器。由于法国是以色列的主要军火供应国，因而这不是一项真正公平的举措。就在敌对行动爆发前，戴高乐对福卡尔说："他们将要发动战争……我认为阿拉伯人也忍受不了了，我认为阿拉伯人正在构成威胁，并且以色列人感到喘不过气……（但是）以色列人将取得胜利，在这之后，一切都会变样。"[58]这个预言十分准确。

6月5日，以色列空军对埃及机场发动了一系列空袭，并在一天之内摧毁了埃及空军。尽管以色列政府尽其所能地将冲突限制在其与埃及之间，但约旦和叙利亚政府还是决定加入其中，因为它们都相信了埃及的宣传：以色列即将被击败。戴高乐虽然曾对武器禁运发布过公开声明，然而，6月7日，他却谨慎地授权把以色列已经支付的战争物资交付给它，其中包括幻影战斗机（Mirage jets）的备用配件。所以，在短暂的冲突中，以色列实际上并不缺少其空军所需的配件。

六天后（6月11日），一项停火协定得以签署。阿拉伯国家在战争中受到了羞辱，以色列占领了约旦、叙利亚，以及埃及在西奈半岛、戈兰高地、加沙地带和约旦河西岸的领土。以色列政府认为法国背叛了它，但战争一结束，戴高乐的官方反应是拒绝偏袒任何一方。6月14日，法国对苏联在联合国安理会提出的谴责以色列侵略行为的决议投了反对票，但它接受了苏联提出的把这个问题交由联合国大会讨论的建议。在6月和7月间，当外国政治家来到巴黎后，戴高乐向他们传达的信息大体相似，只是略有出入而已。

6月8日，戴高乐在与美国前副总统理查德·尼克松（Richard Nixon）会晤时说：

> 像你一样，我认为有必要达成一项温和的解决方案……会做出过火行为的是以色列人，正如你所言，他们不应该这么做，因为从长远来看，他们无法对抗所有的阿拉伯人。但以色列人总爱做出过火行为，他们已做出过无数次这样的行为，你只要读一读《诗篇》就会知道。阿拉伯人也好不到哪儿去。所以，对于爱做

出过火行为的人,各大国有必要让他们听从理性。这就需要俄国人;否则,什么也做不了。[59]

一周后,戴高乐给柯西金传达的信息与之略有不同:

> 你对我说侵略者必须受到惩罚,而侵略者就是以色列。以色列是第一个拿起武器的国家,这是事实,但是,有许多人会说,他们这样做是迫不得已,他们受到了威胁,他们是一个被阿拉伯国家包围的小国……然而,我不认为我们应该让以色列做出过火行为,让他们占有征服成果。经过长时间的、无比困难的谈判,在中东达成一项合理的安排……是可能的。如果事情真是这样,我的意思是,一个以色列和阿拉伯人都接受的解决方案……以色列将失去它占有的一部分东西,并保有某些东西。[60]

两天后,戴高乐告诉哈罗德·威尔逊:"以色列是由美国、英国和苏联创造的;法国承认了它,它已落地生根并繁荣发展。"但如今,法国正努力改善它与阿拉伯国家的关系,"法国政府——它也向英国作出了这样的暗示——没有理由仅仅因为公众舆论对以色列这个有着不幸历史的小国产生了某些肤浅的同情,就破坏它与阿拉伯国家的关系"。[61]

戴高乐发现自己在西方盟友中越孤立,他就越生气,并且他在私下说的话就越激烈:以色列是"帝国主义"国家,从事的是"殖民战争"。[62]7月在与库尔特·基辛格会晤时,他再次回忆了自己和本-古里安的谈话,其内容是关于以色列想拓展疆土的愿望:"他们正在寻找机会,阿拉伯人愚蠢地给了他们机会。"[63]

历史学家对以色列在"六日战争"(Six Day War)[1]中应负什么责任

---

[1] 由于以色列与阿拉伯国家之间的军事冲突发生在1967年6月5日至6月10日这六天时间,因此也被称为"六日战争"。——编者注

二十六 制造麻烦（1966—1967年）

看法不一。即便是极力抨击以色列外交政策的阿维·施莱姆（Avi Shlaim）也不认为以色列计划或想发动这场战争。但是对这场战争起源的最新研究描绘出了一番以色列军方鹰派人物当权的图景，这与戴高乐的怀疑相差无几。[64]无论真相如何，什么也撼动不了戴高乐对以色列人爱做出过火行为的信念。并且，使他更加恼火的事实是，他们没有听他的，这似乎是对他个人的一种蔑视。尽管他一开始希望扮演调停角色——以色列认为这本身就是一种背叛——但他正在向阿拉伯的立场靠拢。在7月4日的联合国大会辩论中，法国支持南斯拉夫提出的一项要求以色列从其所占领土上撤出的动议。除此以外，这项动议仅得到了苏联及其卫星国和阿拉伯国家的支持。

中东危机暴露出法国有限的影响力。危机爆发前，戴高乐要求举行四国会谈的呼吁被人无视；危机爆发后，他也没有取得更多的成功。战争期间，戴高乐和柯西金通过他在访问苏联后设立的特别热线保持联系。[65]这只是做做样子。苏联领导人更愿意直接与美国人做真实的交易。约翰逊和柯西金于6月23日和25日在新泽西州的葛拉斯堡罗就这个问题举行了两次会谈，这表明苏联政府对法国的不重视。[66]在战争爆发前，阿巴·埃班曾向约翰逊提及戴高乐的那个举行四国会谈以解决危机的想法，约翰逊当时的反应是："四大国？那两个该死的大国在哪里？"[67]

"自由魁北克万岁"

中东危机期间，包括政府重要成员在内的许多戴高乐主义者对戴高乐所采取的立场非常不满。这项政策是戴高乐独自一人制定的。戴高乐曾在一次会议上告诉他的部长们，封锁蒂朗海峡不应被视为一个宣战的理由，而就在这次会议召开前，蓬皮杜对一名记者说，他对政府——这理应是他的政府——将要采取什么政策一无所知。[68]两个月后，由戴高乐对魁北克的访问所引发的另一场危机同样使人惊愕不已。

1960年以前，戴高乐对加拿大法语区不感兴趣。1940年8月，从伦敦向法裔加拿大人播放的广播几乎没有收到任何反应。与戴高乐相比,保守的、信奉天主教的魁北克人更喜欢贝当,因而,戴高乐觉得对法裔加拿大人没有感情上的亏欠。1960年,在对加拿大进行国事访问期间,戴高乐开始看到加拿大法语区的潜力。他兴奋地从加拿大写信给德勃雷说,"加拿大的这个地区……和前祖国之间依然存在着感情纽带,这种纽带所展现出的活力"让他深感震惊。[69]回国后,他告诉他的妻舅雅克·旺德鲁:"从人们的潜意识中冒出的是他们对法国的世代相传的爱。"[70]戴高乐在魁北克的政治中获得了一种真正崭新的心情。1960年,在经历了几十年的沉闷的政府后,魁北克选出了一个由让·勒萨热(Jean Lesage)领导的自由党新政府。接下来的10年,伴随着逐渐增长的政治自信,魁北克进入了一个经济快速增长的时期。这场后人所谓的"静悄悄的革命"也见证了一场激进的独立运动的兴起,尽管其规模很小。值得注意的是,戴高乐如此迅速地抓住了这些发展所带来的各种可能性。

1961年初,戴高乐对魁北克省在巴黎建立一个办事处的建议表示欢迎。他给库赛尔写信说:"渥太华政府可能不太喜欢这些关系,但这一简单事实不应妨碍我们把它们建立起来。"[71]10月,当勒萨热来到巴黎参加这个办事处的揭幕式时,他享受的是国家元首的礼遇。两年后,戴高乐给布林·德斯·罗兹尔写信说,他准备会见加拿大总理莱斯特·皮尔逊(Lester Pearson),但更为重要的是要与加拿大法语区——它"必然会成为一个国家,我们正是本着这一点采取行动的"——建立特别合作。[72]1966年12月,他写道:"毫无疑问,我们要向加拿大的百年诞辰表示祝贺。我们不应该祝贺加拿大人……创建了一个建立在我们国家过去的失败基础上的,以及一部分法国人融入了英国人大家庭的基础上的'国家'。此外,这个大家庭非常不稳固。"[73]

这是戴高乐重新把自己塑造成第三世界英雄的时刻,而这一姿态影响了他对加拿大局势的解读。1963年,他对佩雷菲特说:"我们已把自决权交给阿尔及利亚人,那么,为什么英国人不能对加拿大的法国人做同样的事情呢?"[74]他经常在私下抱怨道,法裔加拿大人正生活在英美两国的"殖民"压迫之下。[75]当然,外交部对此种言论不感兴趣,但这绝不会成为戴高乐的障碍——甚至恰恰相反。一小撮被称为"魁北克游说团"的议会议员和官员——包括戴高乐的爱丽舍宫顾问勒内·圣-勒吉耶(René Saint-Légier)——鼓励将军沿着这条路走下去。尽管戴高乐的目标很明确,但正如他在1963年10月所说的,他需要找到"展露出我们的炮群"的时机。[76]

这一刻出现于1967年在蒙特利尔举办的、作为魁北克新活力象征的国际展览会开幕式上。戴高乐应位于渥太华的加拿大联邦政府和魁北克省政府的邀请来参观这场展览会。联邦政府为戴高乐拟订了为期五天的访问计划,但这被他自己决定的行程安排所取代:从魁北克开始,结束于联邦首都渥太华。在乘坐科尔伯特号巡洋舰横渡大西洋前往这次访问的目的地时,他先是满怀激情且象征性地访问了圣皮埃尔和密克隆群岛。戴高乐在七天的航行中撰写了他的演讲稿,并抽时间阅读了马尔罗最近出版的《反回忆录》(Antimémoires)一书。

7月23日,戴高乐抵达魁北克。他在第一篇演讲中盛赞了"我们的部分人民"对威胁其凝聚力的势力进行的"消极抵抗",这其实已经为之后的事情敲响了警钟。[77]第二天,他乘坐一辆敞篷汽车行驶在圣劳伦斯河北岸那条280公里长的公路上,这条路是第一批法国移民献给法国国王的,它被称作"国王之路"。一路上都是欢呼的人群,戴高乐停留了六次,并向人们发表讲话。蒙特利尔是他这次行程的最后一站。官方的日程安排是他在市政厅的阳台上露个面即可,不必发表讲话。戴高乐另有打算。他来到阳台上,高举双臂,开始发表讲话。他谈论的是他在魁北克的第一次演讲中提到的抵抗主题,他的开场白为:"我要告诉一个你们不会泄露出去的秘密。今天晚上,以及整个行程中,我觉得我处在一种类似于解放运动的那种氛围中。"但引起轰动的是讲话的结尾部分:"蒙特利尔万岁,魁北克万岁(长时间的停顿后,他又刻意一字一句地说),自由魁北克万岁,法裔加拿大人万岁,法兰西万岁。"人群一时惊呆了,他们以为自己听错了,但接着就爆发出欢呼声和"戴高乐万岁"的吼声。

鉴于那么多的讲英语的加拿大人,以及那么少的法裔加拿大人在解放法国时牺牲,戴高乐援引解放的类比至少是不合时宜的。加拿大联邦政府对此公开表示不满。戴高乐取消了原定的渥太华之行,他缩短了行程并于7月27日飞回巴黎。人们一直在猜测,他说出"自由魁北克万岁"这句连累到自己的话语是出于深思熟虑,还是出于一时冲动。答案毫无疑问。戴高乐于出访前在私下说:"我要是去的话,我不是去旅行的。我是去那里创造历史的。"[78]在横渡大西洋的漫长旅途中,他曾对一名工作人员说:"我要是说'自由魁北克万岁'会怎么样呢?"对方的回应是:"你肯定不会这样说的吧?"戴高乐说:"我也觉得,这要视情况而定。"结果,那种"情况"出现了。[79]这篇讲话是因戴高乐过去两天所讲的,以及过去五年所想的那些东西而顺理成章地出现的。

归国后,戴高乐并不后悔。当接到法国驻加拿大大使馆发来的一封担心加拿大联邦政府的创伤需要时间才能愈合的电报时,戴高乐既愤怒又潦草地回复道:"问题不在于皮尔逊先生的'创伤'是否能愈合,而在于法裔加拿大人是否有权决定自己的命运。"[80]他一回来就召见了阿兰·佩雷菲特,并得意地对他说:"我已制造出麻烦。"然后,他又用了一个军事比喻:"我们已取得突破性进展。现在我们要占领有利地形……时机可能稍纵即逝。我们要发起强势进攻,让一切变得不可逆转。"[81]他让佩雷菲特前往加拿大法语区开始就合作协定展开谈判,并仿照法德条约的规定与魁北克的代表建立起定期会晤机制。这要背着外交部来完成。佩雷菲特指出魁北克不是一个主权国家,但戴高乐不会仅仅因为魁北克是由英国人及其法国"合作者"共同统治的而容忍任何反对意见。[82]福卡尔从魁北克回来后不久,戴高乐在一天晚上与他会谈时,倾吐了他内心的所有愤怒:

> 你以为我在乎去渥太华吗?……都是在为英国女王祝酒!我宁死也不会去加拿大给英国女王祝酒……当他们给我提供离开的借口时,我如释重负……所有这些都将给匍匐在美国人、以色列人以及其他人脚下的那些一无是处、懦弱无能的媒体提供无数新闻素材。[83]

二十六 制造麻烦（1966—1967年）

僵局

尽管戴高乐佯装自信，但时任外交部长的埃尔韦·阿尔方于1967年环顾世界时，他发现无论自己把目光投向哪里，比如中东、越南、东欧、苏联，"一切已陷入僵局"。[84]戴高乐对东欧采取的开放政策收效甚微，这一事实在他于1967年9月访问波兰期间得到了证实。1966年的1月，他曾会见波兰外交部长阿达姆·拉帕茨基（Adam Rapacki），并以一种雄辩的方式恳求双方缓和关系：

> 我们担心德国的未来，这就是我们接触而非抛弃他们并同德国人达成协议的实际原因。抛弃他们意味着鼓励他们去冒险……在欧洲中部出现这种问题是糟糕的。我们需要找到前进的道路，尽管过程是漫长而艰难的。这条道路将对欧洲事务作出的安排，一项关于德国的协议，它将是一项德国必须参与的协议。至于德国的统一，这将不会以帝国的形式出现，我们和你们一样都不喜欢这种形式，这将是一种和解、一种联合，或许有一天是一个联邦……我知道如果你们对自己的领土范围不放心是不会对此接受的……但当他们表现出良好的意愿时，你们可以多鼓励他们一点……这将持续很长一段时间。[85]

1967年9月，当戴高乐抵达波兰后，他对外交部长哥穆尔卡（Gomułka）说的是同一件事："在世界这种分裂局面下，像我们这样的国家很难维护独立，像你们这样的国家很难拥有独立。"[86]所有这一切都没有受到重视。

由于苏联在中东问题上拒绝与他合作，因而在这次访问期间，他不愿再顾及苏联的感受。他的演讲没有提到苏联，而是用隐晦的语言煽动波兰人忠于自己的民族传统。作为回应，波兰当局采取了一切可能的措施来减弱戴高乐访问的影响。他曾准备了一篇将向克拉科夫的雅盖隆大学（Jagiellonian University）的学生发表的演讲，这其中含有一些挑拨性话

第五章 走向结束

语:"在所有外国人的占领下,雅盖隆大学仍然是波兰文化和普世文化的象征、守护者和家园。"但没有一个学生有机会听到这些话。陪同戴高乐的佩雷菲特讲述了当时发生的事情:

> 官方一行人突然冲进了一条小巷子,它通往的不是大学校园的现在,而是过去……这条空无一人的巷子的两头设置有阻挡人群的路障。路障打开后,我们艰难地穿过试图追随我们却被警察粗暴地制止的满怀热情的人群。我们把车停在这所中世纪大学的外面,这里如今是一座博物馆,除了我们进来之外,其他人都被拒之门外……出现在我们面前的是六位身着礼服的教授:校长和五个学院的院长。没有别的教授了。在后面还潜伏着约30个穿着华达呢雨衣的模糊的人影。将军在这座空荡荡的大厅里提高嗓门开始演讲,就好像他是在对1万名学生演讲……之后,我们沿着那条来时经过的空无一人的巷子往回走。路障再次打开。这一边的学生比那一边还要多。他们对将军的演讲及翻译一个字都没听到,但他们都在对他鼓掌。[87]

归国后,戴高乐在部长会议上报告说:"他们几乎不敢想波兰是处在欧洲的……它不是一个国家政府,而是一个依附于苏联的政权。"[88]之后,他扮出一副勇敢的面孔对佩雷菲特说:"我知道这些是极权主义政权。但我正在播撒的种子,也许二三十年后会开花。我将看不到这些花朵……今天的波兰年轻人将摆脱苏联的枷锁。这是命中注定的。"[89]

如果说戴高乐的缓和政策取得了任何成功,那也不是他所乐见的。就在法国官员为法国退出北约一体化指挥机构的细节问题进行谈判时,它的北约伙伴们正在讨论如何应对戴高乐提出的挑战。对此,比利时外交部长皮埃尔·哈梅尔(Pierre Harmel)起草了一份看似并无冒犯之意的名为《联盟未来任务》的报告。它的主旨思想为:北约这个因对抗苏联而成立的联盟应该着手探索与东方缓和关系的途径,但这项讨论不应由个别成员

二十六 制造麻烦（1966—1967年）

国进行，而应由整个联盟进行。这是重振北约的一种方式，也是缓和戴高乐所希望的将北约"欧洲化"的想法，并将其"大西洋化"的一种方式。[90] 虽然法国已经不是北约一体化指挥机构的成员，但它仍然是大西洋联盟的成员，因此它的代表参加了这项讨论。他们成功地淡化了该文件的影响，但他们没有在1967年11月阻止它获得通过。其中的一个原因是，戴高乐在1967年11月27日的记者招待会上否决了英国第二次提出的加入欧共体的申请。由于英国在几天前被迫让英镑贬值，他的任务变得更加容易，这为他声称英国目前还没有做好准备提供了一个简单的借口。但是戴高乐的欧洲伙伴对这项否决并不满意。就连戴高乐自己也觉得他只能在有限的战线上作战。在这种情况下，他付出的代价是哈梅尔报告的通过。

甚至在非洲这个用来展示戴高乐"合作"政策的舞台，人们从福卡尔的日记中也可感觉到，将军开始觉得他的政策已陷入僵局。福卡尔一直致力于让戴高乐关注非洲事务，但他的日记中出现了越来越多这样的记述："目前他对非洲问题不太感兴趣""这个问题似乎没有引起将军的多大兴趣""将军对此不太关注"。[91] 在福卡尔再次要求他会见另一位非洲国家元首后，戴高乐勃然大怒：

> 我受够你的那些黑人了。我对他们一点兴趣都没有！让你的那些黑人不要来烦我；你要明白，在这两个月我一个也不想见。这两个月一个也不见。尽管这不会占用我太多时间，但这太烦人了，并且，这也不会给外界树立好印象，这会让人觉得爱丽舍宫只接见黑人。所以我对你说，我对此毫无兴趣。[92]

1966年，外交部终于结束了合作部的独立性。福卡尔想打一场翻身仗，他提醒戴高乐要提防外交部的外交官，因为他们"参加各种鸡尾酒会……并从其他大使那里打听小道消息。这根本不是合作"[93]。但福卡尔未能打赢这场战斗。

问题是非洲的局势从来没有稳定下来。福卡尔的庇护体系本身就不稳定。1966年1月中非共和国发生政变后,福卡尔说:"我觉得将军已经受够了非洲接连不断的政变。"[94]在这件事上,福卡尔没有干预,因为他正确地判断出新总统博卡萨——这位戴高乐的狂热崇拜者以及前自由法国的战士——是完全可靠的。戴高乐说:"是的,但他也是个白痴(couilon),我们不可能和他一起干成什么事情。"[95]两年后,他的看法没有变:"我无能为力,他是个疯子。"[96]戴高乐对这种情况采取了听之任之的态度,尽管他未能制止博卡萨称他为"爸爸"。福卡尔认为,博卡萨可能是个疯子,但他至少是个为法国效劳的疯子。

最不稳定的是达荷美共和国[1],它曾于1963年和1965年发生过两次政变。1967年11月,当福卡尔试图说服戴高乐接见其时任总统索格洛(Soglo)并授予他一枚勋章时,戴高乐再次勃然大怒:"我们授予他们勋章,接着他们就发动革命,然后他们过来进行官方访问,我们不得不再次授予他们勋章!这太离谱了……终将轮到索格洛自己被推翻……他的继任者必定会出现,一切都将再次开始。"[97]他的预言准确无误。一个月后,索格洛被推翻。事情发生的时候,他们联系不上福卡尔,因为他正在外面打猎(1963年刚果总统尤卢被赶下台时他在钓鱼),在这种情况下,法国没有作出干预的决定。当福卡尔回来后下令干预时,戴高乐愤怒地撤销了这项命令:"这里谁说了算?是你还是我?……不要让这些事情来烦我。如果他们没有能力实施统治,那只能说太糟糕了。"[98]几个月后,多哥总统埃亚德马(Eyadéma)来到巴黎,福卡尔想让戴高乐接见他。戴高乐说:"我不会再和他共进午餐了!他们什么时候都在这里……我曾说一个人'要忠于自己的总统,不要发动政变',结果,他在归国后干了什么呢?发动政变。"福卡尔只好辩解说,他至少是等了六个月才发动政变的。这一次戴高乐屈服了,他忍住气又和他一起吃了顿晚餐。[99]

在出现对抗英国人或美国人的情况时,这仍有可能触发戴高乐的法绍达情结。随着尼日利亚爆发内战,这种情况出现了。当时,尼日利亚最具

---

[1] 贝宁共和国的旧称。——编者注

二十六 制造麻烦（1966—1967年）

经济活力的地区、东部省份比夫拉（Biafra）试图脱离联邦。英国支持尼日利亚政府。法国宣布禁止向任何一方出售武器，同时，它在1967年7月31日发表的公报中打着人民享有自决权的旗号，支持比夫拉的事业。根据官方的说法，法国对比夫拉的援助仅限于人道主义方面，但是，它以此为掩护向比夫拉输送武器。法国从未承认比夫拉独立，并且，它的官方政策是支持通过谈判解决这个问题。[100]然而，从戴高乐在私下对福卡尔说的话中可以看出，他极为明白实施这种政策的原因："我们必须拆毁由英国构建的这些规模庞大的建筑，比如说尼日利亚。"[101]年底时，福卡尔对从外交部传来的关于叛方已失去势头的信息未予重视。他向戴高乐保证，事实恰恰相反。[102]戴高乐认为任何一方都不会赢，但是，法国应该"谨慎地"帮助比夫拉。当福卡尔说，他准备接见一些比夫拉的代表时，戴高乐并不赞同："这会把我暴露出去的。"[103]

截至1967年底，指引戴高乐外交政策的原则似乎只剩下了神圣的利己主义。在尼日利亚和加拿大，戴高乐并不以干涉他国内政为耻；与此同时，法国拒绝加入联合国对在南非实施种族隔离的政权进行谴责的行列中，因为它认为这是对他国内政的干涉，但真正的原因是法国需要得到该国的铀和黄金。基于同样的不干涉原则，但更有可能是为了让英国人难堪，法国在联合国制裁南罗得西亚（Rhodesia）[1]——它于1965年11月宣布独立——的表决中投了弃权票。由于少数白人所采取的行动阻碍了占人口多数的黑人建立起统治，因而这与戴高乐宣扬的法国是非殖民化和捍卫第三世界权利的先驱的说法格格不入。[104]

戴高乐在私下谈到外交政策时说的话越来越肆无忌惮。一天晚上，他对福卡尔咆哮道，法国最终应该夺回"英国从我们手中夺走的所有这些地区……总有一天我们必须夺回海峡群岛"。[105]1968年初，他对一名美国记者说："直到今天，加拿大的法国人仍然还生活在外族的欺压之下。"美国驻

---

[1] 南罗得西亚是英国在非洲南部的一个殖民地，1965年该地自治政府宣布独立建国，而后成立罗得西亚共和国，并在1980年更名为津巴布韦共和国。——编者注

法大使查尔斯·波伦（Charles Bohlen）在听到这句话后大为震惊，他说："这个老男孩真是要疯了。"[106]波伦认为，尽管戴高乐让人难以捉摸，但他"始终具有一种判断力、时机感、方位感和妥当感"；如今，他怀疑他是否"已失去这种时机感和妥当感……他的公开讲话和实际行动更多地带有一种纯粹的任性和个人性格的色彩"。[107]戴高乐的许多部长持有同样的看法。在魁北克问题引起国际社会的强烈抗议后，蓬皮杜曾给内阁成员下达紧急指令，要求他们前往机场迎接即将归国的戴高乐。一位部长找了个借口没有去，其他人在等待期间窃窃私语："他疯了（cinglé）！""这一次他做得太过分了。"[108]蓬皮杜自己在私下也严厉地批评了这种"没来由的疯狂行为"，他说这像是"一个小孩在躲着大人玩火柴"。顾夫的看法与此没什么不同，尽管他是用自己特有的低沉语调说出来的："将军对魁北克的热情不会带来任何好处。我们的责任是阻止他沿着这个斜坡走下去。"[109]这种情况还能持续多久呢？

二十七 收益递减

戴高乐和蓬皮杜

1964年8月2日,戴高乐发表全国讲话,纪念第一次世界大战爆发50周年。人们可以从多个方面来记住这场战争,并从中吸取许多教训。戴高乐吸取的教训很简单:"顷刻之间,这个国家的政治、社会、宗教等多方面的纷争和分裂就烟消云散了。"[1]戴高乐一生都梦想着这样的民族团结时刻。他追求的那种他所谓的伟大有着同样的国内目标:克服他所认为的法国内部分裂的倾向。正如他在《战争回忆录》的第一页所写的那样:"只有宏大的事业才能制止它的人民所带来的分裂的骚动。"到目前为止,这项政策是极为成功的。尽管总统选举的结果令人失望,但在1966年下半年,戴高乐的支持率仅次于阿尔及利亚战争最激烈时期的支持率。超过65%的民众在这一时期支持他,这对于一个掌权七年以上的人来说是非常了不起的。人们尤其支持他的外交政策,比如退出北约及对美国的批评。[2]

对于支持西欧国家联合和大西洋主义的左派和中间派来说,戴高乐的政策是彻底的倒退。密特朗在议会中一针见血地指出,这是一种"地球上的布热德主义"(planetary Poujadism)[1]。[3]在与北约决裂后,反对派提

---

[1] 皮埃尔·布热德(Pierre Poujade,1920—2003),第四共和国时期的民粹政治运动家,主张维护商贩与手工业者的权益。1956年,他揭起了一场以小商人、手工业者为主体的右翼运动,后来被称为布热德主义运动。——编者注

第五章 走向结束

出的不信任案动议仅获得了136票,这远远低于构成多数所需的票数。事实上,戴高乐的外交政策让左派措手不及。政治学家莫里斯·迪韦尔热在《世界报》上对此说道:

> 在政治中,结果比意图更重要……将军的那些目的在于实现他对"法国的某种看法",其动机源自纯粹的民族主义思想,这一点无关紧要……戴高乐追求的是一个多多少少有些神秘的伟大梦想,或者甚至可以说他是在试图发泄他个人对美国的仇恨——如果他通过这种方式能够削弱世界上最强大的国家对其盟友(如今已是卫星国)的控制的话……将军的做法有点像是人们在非殖民化的第一阶段所采取的那种试图让一个沉睡的民族觉醒却孤立无援的恐怖主义行动。要想把欧洲从依附于美国的麻木状况中唤醒,这种类型的引人注目的举措或许是必需的。[4]

可以预见的是,戴高乐的反美立场赢得了法国共产党的支持,但他对左派的吸引力超出了他对法国共产党人的吸引力。1966年5月,29位著名的左翼记者和知识分子签署了一份支持戴高乐的外交政策的宣言。这些人中包括近年来一直在向戴高乐靠拢的《精神》杂志的主编多梅纳克、社会党人安德烈·菲利普和前托洛茨基分子戴维·鲁塞(David Rousset)。他们宣称这么做是为了"向左派表明,一个人可以成为不受良心谴责的戴高乐主义者,同时,他还可以给戴高乐主义者安上左翼的良心"。[5]

1966年的前几个月,发生在1965年选举运动期间的一桩不光彩事件的余波对戴高乐的声誉构成了严重威胁。那件事在仅仅几个月后就演变成了全面性的政治丑闻。一切要从1965年10月29日那天说起。当时,反对摩洛哥政权政策的迈赫迪·本·巴尔卡(Mehdi Ben Barka)——自1963年被驱逐出摩洛哥后,他一直过着流亡生活——在巴黎市中心的一家餐馆外被绑架。人们后来发现,他被带到了巴黎郊外的一所房屋,受到摩洛哥情报部门的审讯并可能被其杀害。他的尸体一直没被找到。人们还发现,在本·巴尔卡失踪当天,臭名昭著的摩洛哥内政大臣穆罕默德·乌弗基尔(Muhammad Oufkir)曾在巴黎露面。一名广受尊敬的第三世界积极分子竟然在法国国土上被外国的特工绑架,这本身就令人震惊。然而法国情报部门的无赖分子被曝曾参与此事,把这种卑鄙的报复行动变成了一桩法国丑闻。在这些人中,一个名叫乔治·费根(Georges Figon)的人声称目睹了乌弗基尔对本·巴尔卡的施虐过程。1966年1月,费根被发现已经死亡,据说是自杀。一场重大政治间谍活动丑闻的所有要素都已聚齐。英国大使馆在报告中说,"詹姆斯·邦德的故事突然在现实中出现了"[6]。接连几周,这件事都是头条新闻。通过《世界报》连篇累牍的报道,越来越多骇人听闻的细节被暴露出来。

没有人声称戴高乐与此事有关,但本·巴尔卡被绑架事件似乎表明,那些指责某些令人生厌的戴高乐主义者喜欢采取见不得人的秘密行动的人是正确的。战时的中央情报行动局曾受到过这种指控,该指控再次出现于阿尔及利亚战争期间,当时,一些戴派激进分子意识到警方和情报部门没有积极制止秘密军队组织的行动。因此他们组织了一批类似的情报人员,这些人通常被称为"胡子密探"(the "bearded"),他们利用自己的秘密手段来对抗秘密军队组织。他们实施的其中一项重大行动是于1963年3月绑架了在德国避难的安托万·阿尔古(Antoine Argoud),他是秘密军队组织最狂热的领导人之一。阿尔古在慕尼黑遭到逮捕后,四肢被绑,嘴巴也被塞住,然后被关在了巴黎警察局外面一辆汽车的后备厢里。这些事件给戴高乐主义的形象蒙上了一层爱施展阴谋诡计的色彩。福卡尔被许多人视为戴高乐主义阴暗面的缩影,有传言说他卷入了本·巴尔卡事件,不过这很可能是错误的。这或许是戴高乐在这个时候对福卡尔偶尔表现出不耐烦的原因之一。福卡尔向戴高乐作了解释,戴高乐似乎相信了他的话,同时,他还劝福卡尔不要沉湎于跳伞,因为这可能给诋毁他的人增加这种说法的可信度。

尽管戴高乐接受了胡子密探的非常规做法,将其视为阿尔及利亚战争期间因法国政府懦弱无能而带来的不幸后果,但在他的国家权威观中,这种情报部门可以在政府轨道之外平行运作的想法是不允许存在的。他下令法国法院起诉参与该事件的乌弗基尔,并趁机对法国情报部门进行改组。在这些方面,戴高乐对这一事件的反应无可指责。但他低估了道义上的愤慨,这种愤慨之情甚至在弗朗索瓦·莫里亚克和几乎有着神秘身份的戴派记者莫里斯·克拉韦尔(Maurice Clavel)这样的支持者中也产生了,并且,后者因此与戴高乐公开决裂。在受到批评时,戴高乐总是直面抨击。在1966年2月的新闻发布会上,他轻蔑地将此事斥为"庸俗而又微不足道"的事情。就是在这个场合,他用"那是因为我经验不足"这句话击垮了那名问他为什么花了那么长的时间才采取全面措施应对这桩丑闻的记者。这句话引得人们哄堂大笑,但它也表明戴高乐一开始没有完全理解这件事所带来的震动。然而,最终,即便戴高乐处理不当,但本·巴尔卡事件几乎没有影响他的总体支持率。这是记者们所钟爱的丑闻之一,但由于它过于复杂,以至于大多数普通人很快就深深地陷入这桩阴谋的迷雾中。

除了偶尔的干预——如1963年出台的价格稳定计划——之外,戴高乐通常会把国内政策的日常运作交给乔治·蓬皮杜负责。蓬皮杜的权力不断增强的一个标志是,他在总统选举后的1966年坚持改组政府。他的主要目标是罢免充满危险而又野心勃勃的财政部长瓦莱里·吉斯卡尔·德斯坦,为此,他甚至甘冒把一个可能的对手变成可能的敌人的风险。作为独立共和党(Independent Republicans)——这是议会中一个持中间偏右立场的小党派,它虽然支持戴高乐主义者,但在组织上仍保持着鲜明的立场——的领袖,吉斯卡尔之所以能够在政府立足,要得益于他的技术才华、对金融问题无与伦比的理解力及无可匹敌的口才。他在36岁时就被提拔为财政部长。一向对智力非凡的人怀有深刻印象的戴高乐对这个自负的年轻技术官僚存在着某种偏爱之情。但当蓬皮杜想罢免他时,他却不太愿意进行干涉。米歇尔·德勃雷取代了吉斯卡尔,时隔四年后再次进入内阁。

戴高乐依然赏识蓬皮杜的实用主义、高效率和超强能力。在蓬皮杜和善的外表下,隐藏着一颗钢铁般冷酷的心,他总是嘴里叼着香烟,用半闭的双眼审视着这个世界。尽管享受着巴黎上流社会的生活,但来自奥弗涅的他仍保留有那种农民的精明,而非他的家乡康塔尔省的那句习语所说"人们会把病牛卖给他"的那种人。尽管蓬皮杜担心戴高乐的"疯狂之举",但他认识到这些举动和戴高乐的独特天赋密不可分。就像他常说的那样:"将军卓尔不群。"

尽管如此,从戴高乐把蓬皮杜从稍显默默无闻的状况中拉出来担任法国总理的那一天起,两人的关系就发生了微妙的变化。与那些被戴高乐的人格力量所击垮的人不同的是,蓬皮杜对戴高乐非凡品质的认知中总是带有一些含讽刺意味的距离感。他天生不是一个崇拜英雄的人。1965年后,一颗毒害蓬皮杜对将军看法的怨恨的种子被播下。戴高乐在犹豫着——或者说假装犹豫着——是否参加总统竞选时对他表现出的粗暴无礼使他深受伤害。他在心理上摆脱了原本作为他们之间关系特征的那种义务的束缚,建立起了自己的圈子,圈内人的首要忠诚对象就是他。这些人与战时的戴高乐主义及法兰西人民联盟毫无关系,他们把蓬皮杜作为自己的未来。蓬皮杜自己也摆脱了因缺乏抵抗运动的经历而产生的自卑感。当贝尔纳·特里科于1967年担任总统府秘书长时,他的自信心更强了。前两个担任这一要职的人与蓬皮杜相比是老牌戴高乐主义者,但特里科作为戴高乐主义者的时间比他短。蓬皮杜曾对特里科说:"将军的主要合作者是我,总统府秘书长不能有自己的想法。"[7]很难想象蓬皮杜会对布林·德斯·罗兹尔和库赛尔说出这样直率的话语。

比戴高乐小21岁的蓬皮杜显然是他的继承人。1967年9月蓬皮杜在私下对一名记者说:"当人们问是否有一天我会成为共和国总统时,我回答说'我不知道,我是总理',我说的是真心话……至于为成为国家元首做准备,从某种意义上说,我在过去五年里一直在这么做,但我不能做得太出格,因为这对将军来说是不恰当和不礼貌的,显然,他也不会喜欢我这种做法。"[8]站在戴高乐的立场上来看,存在继承人这个事实是在提醒他,他总有一天会死的,并且,这使他对蓬皮杜的看法带着谨慎的怀疑。这为一个自称是"左派戴高乐主义者"的奇怪团体提供了机会。

第五章 走向结束

戴高乐主义的孤儿

左派戴高乐主义者处境尴尬，他们既不被左派信任，也不被戴高乐主义者信任。他们每个人曾有过一段在不同时刻追随戴高乐的人生轨迹。有些人是在战争期间追随他的；有些人是在法兰西人民联盟时期追随他的，他们曾被其模糊不清的社会教义所吸引；有些人之前是孟戴斯分子，他们在1958年后把寄托在弗朗斯·孟戴斯身上的希望转嫁到了戴高乐身上。让他们团结在一起的是这么一种信念：他们认为在1958年快速组织起来的支持戴高乐的戴高乐主义运动，如新共和联盟，其参与者都是机会主义者和保守分子，这些人并不是"真正"的戴高乐主义者。左派戴高乐主义者大多支持对阿尔及利亚采取"自由主义"政策，并且，他们想要避免戴高乐沦为军队或新共和联盟的俘虏。

1959年4月，左派戴高乐主义者建立了一个名为"劳工民主联盟"（Union Démocratique du Travail）的组织。他们还创办了一份名为《我们的共和国》的报刊，这给了他们一个与其微不足道的人数不相称的平台。为这个组织作出最突出贡献的是法学家勒内·卡皮唐和经济学家路易·瓦隆。阿尔及利亚战争结束后，他们提出的中心主题是需要通过赋予戴高乐主义一种社会性内容来完成它的"使命"。在他们对历史的解读中，戴高乐实施了非殖民化举措，改革了法国的制度，确保了民族独立，然而，仍需要在资本主义和社会主义之间找到那条不易找到的第三条道路，这是法兰西人民联盟在"联合"政策中曾许下的承诺。左派戴高乐主义者得以存在的原因是爱丽舍宫给了他们谨慎的鼓励和资金支持。在阿尔及利亚战争期间，戴高乐曾将他们视为在议会中对抗那些追随苏斯戴尔支持阿尔及利亚属于法国的新共和联盟议员的有效武器。1959年《快报》上的一幅漫画描述的就是这一点：戴高乐的上衣口袋里露出了三个微缩版的左派戴高乐主义者。这幅漫画上还写着这么一句话："当心！否则我就把我的左派戴高乐主义者放出来。"[9]

阿尔及利亚战争结束后，左派戴高乐主义者不必再为此目的服务了，不过，在1962年的选举中还需要他们——戴高乐认为可以利用他们在议会中与吉斯卡尔的独立共和党抗衡。他进行了干预，以确保在一些选区中新共和联盟的选举人不会反对劳工民主联盟的候选人。14名劳工民主联盟的代表当选，并且，新共和联盟现在被正式命名为"新共和联盟-民主劳工联盟"。左派戴高乐主义者一直希望戴高乐能够进一步地朝着他们的方向前进，而不是无视他们正在被利用这个事实。其中一个人把他们与戴高乐的关系用一种幽默的方式写进了《戴高乐主义的孤儿》中：

> 将军尽量不放弃他手中的任何一张牌……让我们假设……你决定成立一个"戴高乐式的共产党"，从而把第三国际的目标和法国雇主联合会的目标结合在一起。假设，为了达到目的，你要求与将军见上一面，并且，你做梦也想不到自己获得了这个机会。你来到总统面前，他显得和蔼可亲，但让你感到遗憾的是他很少看你，并且他的时间也很少。你概述了你的计划，发现你的谈话对象以一种稍显屈尊的态度听着，并对此表现出些许兴趣，但最终他同意了，还说了一些极为鼓舞人心的话语。会谈是以最令人满意的方式结束的，他让你与他的办公室保持联系，并把你的计划进展情况告诉他，因为"他不会忘掉"这项"关乎国家利益"的计划。[10]

由于左派戴高乐主义者缺乏深厚的选举根基，因而他们只有在戴高乐准备支持他们的时候才会凸显自身价值。1966年之后，他似乎终于准备把他们从他的上衣口袋里掏出来了。

实现阶级和解的梦想是戴高乐最坚定的信念之一。1962年前，他的精力都被阿尔及利亚问题占去了，然而战争结束后，他马上发出了他没有忘记"联合"政策的暗示。1962年7月，他对佩雷菲特说："资本主义带来的社会后果是无法让人接受的。它会摧毁弱者。它会把人变成狼……集体主义也好不到哪里去，它会消磨人们的斗志，把他们变成羊。我们需要的是介于狼和

第五章 走向结束

羊之间的第三条道路。"[11]1962年成功举行议会选举后,戴高乐在政府首次召开的会议上阐述了他的一些抱负。其中之一是他所称的工人们的"结合",他说:"法国决不能再出现社会问题。我并不是说人们将不会总为自己的利益着想。这将永远存在。但是,有关社会阶级的任何问题决不能再存在。"[12]在蓬皮杜看来,戴高乐主义是一种非意识形态化的进步主义和现代化的保守主义,他没有时间去理会这种乌托邦主义。有一次,他说道:"卡皮唐、瓦隆和其他人……在将军的头脑中塞满了他们的无稽之谈……左派戴高乐主义者就像闯入瓷器店的大象那样把经济搞得一团糟。"[13]

1963年初发生了一场规模庞大的矿工罢工活动,政府的应对举措严重失当。戴高乐的声望因此而遭受了——虽然是暂时的——重大打击。他得出的结论是,长远的解决办法并非只是提高矿工的工资,而是要改变工人和雇主之间的整个关系。在法兰西人民联盟时期,当佩雷菲特问他是否在思考所谓的"资本-劳工的联合"时,他回答说:"我们需要走得再远一些。"[14]如今,用以取代"联合"的这个新词是"参与"(participation),蓬皮杜嘲笑地称之为戴高乐的新"口头禅"。[15]然而,由于蓬皮杜显然对这件事缺乏热情,因而它暂时没有取得进展。

如果说戴高乐在1966年初开始更有力地推行这一理念,那是因为他觉得他在总统选举中受到了挫折。他在寻找一种重振戴高乐主义的方式,因为"现代化"似乎不是一个能够充分调动国内力量的主题。蓬皮杜对戴高乐社会思想的怀疑现在被将军视为加快步伐的理由,而非畏缩不前的理由:"参与"为他对蓬皮杜的心理不满提供了一个意识形态上的借口。这让他在心里把总统选举中出现的让他失望的结果归咎于蓬皮杜。他那推崇"参与"的决定既是他们之间关系日益疏远的结果,也是其原因。

但如何将一种模糊的愿望转化为切实可行的政策呢?1965年,在议会关于预算的辩论中,路易·瓦隆成功地插入了一条修正案(第三十三条),它要求政府采取措施承认工人享有分享其公司经济增长成果的权利。[16]内阁通过了这条修正案,并且没有人把这件事过于放在心上。在看到一篇阐述"泛资本主义"理论的文章之前,瓦隆自己似乎也并非完全确定下一步该做什么。这篇文章的作者是马塞尔·卢瓦绍（Marcel Loichot），他是那些工程师神秘主义者（engineer mystics）之一，这些人一半是怪人，一半是圣哲，他们在法国政坛时不时会出现。卢瓦绍很高兴自己的思想能够得到他人的认同，他出版了一部通篇讨论"泛资本主义"的著作，并成立了"泛资本主义联盟"——该联盟的野心不亚于要实现"全世界人民国家内部和国家之间的统一"。尽管卢瓦绍用图表和难以理解的代数来包装他那技术层面上的神秘主义，但其中心思想相当温和：公司利润的一部分应该以股份的形式重新分配给工人。1966年1月，卢瓦绍的思想被刊登在了《新共和报》（Nouvelle République）的各个版面。戴高乐读了卢瓦绍的著作，并写信给他说这本书给自己留下了"极为深刻"的印象："或许你知道我一直在寻找——尽管现在仍处于摸索前行（à tâtons）阶段———种切实可行的办法来改变工人的状况，而非他们的生活状况。"[17]

1966年初，当政府讨论如何实施瓦隆所提的修正案时，蓬皮杜建议成立一个研讨该想法的委员会。戴高乐问蓬皮杜，卢瓦绍能否成为其中一员，蓬皮杜回答说卢瓦绍将获邀提出自己的看法。戴高乐警告道，这个委员会不应该"将此弃若敝屣"（ne noyez pas le poisson），但它恰恰就是这么做的。[18]该委员会商议了几个月，听取了专家证人的意见，发现工会和雇主对此都不感兴趣，又过了几个月，它提交了一份报告，该报告称这个想法不切实际无法实施。仍在"摸索前行"的戴高乐缺乏足够的信心继续推动这件事向前发展。蓬皮杜在首轮较量中取胜，但戴高乐没有放弃。在1966年10月的新闻发布会上，他提到了关于卢瓦绍的问题，并对"参与"进行了长篇辩护。他承诺——或者说是威胁——政府将在1967年3月的议会选举（上次选举是在1962年）之后重新讨论这个问题。

随着选举的临近，戴高乐对此的态度呈现出一贯的"精神分裂症状"：一方面是他那被蓬皮杜轻蔑称呼的"一致同意的乌托邦"；另一方面是他的通过在议会获得多数席位来运作的政府。他在私下向佩雷菲特反思了20世纪30年代的教训：

第五章 走向结束

政府首脑跪求选票的时代已成为过去。我们会让各党派知道谁是老大。要是议员们通过了对政府的不信任案,他们将被赶回去向选民们解释自己为什么会这么做……如果我们在议会中没有获得多数席位,这没关系。这部宪法就是让我们在没有获得多数席位的情况下执政的。我会招募那些在政治斗争中毫不妥协,却因其能力而备受尊敬的新人、技术人员、专家……最后,我将乐于获得施展宪法所赋予我的那些手段的机会。[19]

佩雷菲特对这番言论感到不安,他担心戴高乐正在考虑援引宪法第十六条的规定。戴高乐回答说,宪法第十六条的规定适用于真正的危机,它不适用于这种情况。基于这一点,佩雷菲特公开暗示,尽管戴高乐在议会选举中出现不利情形时不会辞职——因为行政权源于他而非议会——但他绝不会仅仅由于面对充满敌意的议会就启用宪法第十六条。戴高乐斥责他说:"人们决不能把自己的炮群暴露出来,更不必说埋下的地雷了。启用不启用宪法第十六条是我自己的事情……人们必须让不确定性笼罩着他人。人们必须保持一种令人害怕的沉默……让他人处在痛苦的不确定性中。"[20]在怀有这种惊人想法的同时,戴高乐不止一次地表示,他需要在议会中获得多数票从而让自己的行动得到支持。否则的话,法国将"再次陷入旧的政党政权的动荡之中,而这次将比以往任何时候都更严重"。[21]关于第五共和国彻底解决了法国政治问题的说法已不必再提!在竞选期间,戴高乐在电视上呼吁,议会中要出现一个"齐心合力的、稳定的多数派",并且,他向蓬皮杜详细说明了哪些部长应该在电视上发言及他们应该说些什么。[22]总统是个置身于纷争之外的"仲裁者"的说法也已不必再提!

除此之外,戴高乐把关于竞选的日常事务交给了蓬皮杜。如今他们面临着来自左派的严峻挑战。在1965年的成功浪潮中顺势而上的密特朗成功地使法国共产党和社会党达成了一项协定。在第二轮选举中,在每一个选区,左派候选人中居于弱势的一方将退出以支持对方。这是一种进一步将法国共产党从选举的不利境况中拉出来的举措,多年来,法国共产党一直深陷其中无法脱身——尽管存在着这么一个悖论：它对外交政策的看法更接近戴高乐对此看法，而非社会党人对此的看法。为了对抗来自左派的威胁，蓬皮杜开始努力与另一派协商来达成统一。他创建了一个第五共和国行动委员会，通过给新共和联盟的盟友们，比如说吉斯卡尔的独立共和党，保留一些席位的做法来避免保守派投票时发生分裂。[23]

尽管戴高乐假装不参与这些卑鄙的选举政治交易，但在他每晚与福卡尔的谈话中，这个话题经常出现。至于福卡尔，他没有被戴高乐假装的漠不关心所欺骗，让他一直感到震惊的是，戴高乐对每一个选区的详细情况都十分了解，就像是第三共和国那种精明能干的老政客。戴高乐假装鄙视政治，但他一直对政治着迷。一天晚上，福卡尔因在坎佩尔市的候选人问题上作出"荒谬"的选择而受到了戴高乐的斥责："你忘了一件事，那就是他离婚了……他先是娶了一个富有的巴西女人，然后为了一个银行家的女儿和她离婚，你想把他送去坎佩尔，可那里是牧师掌控的地盘……我不否认他的价值，然而考虑到他的家庭情况，把他送去坎佩尔荒唐至极。"[24]蓬皮杜设立的委员会起草了候选人名单，但每一个名字都必须由戴高乐亲自批准。

选举结果令人大失所望。戴派失去了43个席位，即使加上吉斯卡尔的一小群中间派，他们也只能勉强在新议会中获得多数席位。导致这种状况的原因有以下几个。1963年的金融稳定计划使经济增长率略有下降，同时也使失业率增加了。并且，结果表明戴派失去了"黑脚"聚居地区的一些席位。这些被遣返归国的"黑脚"无法原谅发生在阿尔及利亚的"背叛"。但在左派戴高乐主义者看来，罪魁祸首是蓬皮杜，因为他破坏了他们的经济计划。卡皮唐公开呼吁需要任命一位新总理。戴高乐打算在大选后用顾夫·德姆维尔——尽管他对这些社会问题不感兴趣，但他更为顺从——取代蓬皮杜是一个公开的秘密。然而在选举的时候，从未参加过选举的顾夫在他所在的巴黎被击败了，同样是从未参加过选举的蓬皮杜反而轻易地在他的家乡康塔尔赢得了一个席位。戴高乐最终放弃了用刚刚输掉选举的人取代刚刚赢得选举的人来担任总理的这种挑衅性举措。所以，蓬皮杜继续留任，顾夫则仍然待在外交部。

第五章 走向结束

为了克服其微弱多数的问题,蓬皮杜政府要求议会授予它三个月的通过条例形式立法的权力(根据宪法第三十八条的规定)。其借口是这将允许政府按照《罗马条约》的规定采取最后一系列经济措施。但戴高乐也看到了重提"参与"问题的机会。戴高乐的观点听起来越来越像是19世纪信仰基督教社会主义的思想家拉图·杜·潘(La Tour du Pin)的观点,他认为,选举凸显了解决工人阶级状况的必要性。他对他的政府说:"我们需要一种清晰而有吸引力的学说。工人阶级的状况比薪酬水平更重要。"甚至是无比忠诚的德勃雷也不由得说他不明白这是什么意思。戴高乐毫不掩饰地说:"工人的状况?这在很大程度上关乎工人阶级的尊严。当他们的尊严得到尊重时……工人们的状况就改善了。工人阶级的问题同核裁军一样,是我们这个时代的重大问题之一。"[25]这确实把标准定得够高。会议桌前的人们露出的怀疑之情让人想起了在法兰西人民联盟举行首次会议时,戴高乐的那一小群充满困惑的追随者听到他说出联合的想法后露出的表情。

爱丽舍宫在筹备一项新法时与卢瓦绍保持着密切的关系。[26]当蓬皮杜拿出一项草案后,戴高乐因它过于软弱而很不开心:"所以我让你对它进行审核,换句话说,不要让我在周二所说的和所认为的重要的东西到了周三就多多少少地变成了另一副样子。"[27]尽管蓬皮杜受到了斥责,但最终出台的仍是一部相当温和的关于利润共享的法律。戴高乐再次受挫。

整个秋天,福卡尔经常听到戴高乐长篇大论地抨击蓬皮杜。这让他感到很尴尬。尽管他忠于戴高乐,但他与蓬皮杜关系很好,他希望蓬皮杜在接管政权时,他们仍能保持这种友好关系。一天晚上,戴高乐由于沉浸在对蓬皮杜的怒气中而忘了赶在晚间电视新闻开始前离开。在这种情况下,戴高乐把怒火投向了没有通过他的一项提案的议会身上。他抱怨蓬皮杜未能足够有力地掌控议会局面。令福卡尔恐慌的是,他在考虑启用宪法第十六条——这肯定将导致宪政危机——或是举行新的议会选举(他几乎肯定会失败),他说:"我要援引宪法第十六条的规定,我们再也不必担心议会了……我不想被这些人惹恼……蓬皮杜完蛋了。我要解雇他,我要撤换他……他总是在做交易,他谈判这个谈判那个,他是个和事佬……他毫无本事……我不需要他了。"[28]一个月后,他又回到了蓬皮杜"过于软弱(mollasson)"的老路上。[29]我们不需要对这些话太当真。戴高乐总是这样说话,但他对蓬皮杜感到日益失望是真实的。

蓬皮杜从这次选举中得出的结论是,当务之急是把新共和联盟改造成一个现代政党,而不是一群除了支持戴高乐外之没有任何身份特征、缺乏真实的选举根基的议员。他是在为这么一种未来做准备,即在没有戴高乐的情况下戴高乐主义仍能存在。为此目的,他于1967年11月在里尔组织了一次大会以便将戴高乐主义政党置于一个新的基础上。这在左派戴高乐主义者中引起了一阵骚动,他们怀疑蓬皮杜正在把戴高乐主义变成他未来野心的工具。瓦隆和卡皮唐宣称他们"不会去里尔"。[30]然而,最终,大多数左派戴高乐主义者参加了这次大会,这使得该政党的结构发生了彻底变化,并且,它还有了一个新名称。蓬皮杜曾在里尔宣称,这次大会与"后戴高乐主义"(après-Gaullisme)无关,但人人都知道事实恰恰相反。《世界报》记者正确地指出,这次大会标志着那项"仅是由于与一个人的关系而存在的……旧运动在情感上和政治上"的灭亡。新的格言不再是"忠诚",而是"效率"。[31]

"这一切都无法再勾起我的兴趣"

在1967年秋季举行的一场新闻发布会上,戴高乐在结束发言时对那些在他仍活着的时候就筹备"后戴高乐主义"的人进行了猛烈抨击。但是,这番对蓬皮杜的含蓄谴责被新闻发布会的其余内容引发的愤怒所掩盖,事实证明,这是戴高乐职业生涯中最具争议的新闻发布会之一。戴高乐发现自己正在各条战线作战:一边对那篇关于自由魁北克的演讲进行毫无歉意的辩护;另一边宣布正式否决英国加入共同市场。但与他为自己的中东政策所作的辩护而引发的愤怒相比,这都不算什么。戴高乐在谈到这一话题时,首先称犹太民族是一个"精英民族,自信满怀而又专横跋扈(peuple d'élite, sûr de lui-même et dominateur）"。这句话引起的骚动盖过了下面这段话，这段话现在看来与其说是令人震惊，不如说是颇具预言性：

> 在它现在占领的土地上，以色列正在组织一场征服活动，伴随而来的将是压迫、镇压和驱逐，如今正在兴起一场反对它的抵抗运动，而它将被称为恐怖主义活动……很明显，冲突还未结束，除了国际协商，不可能有别的解决办法。[32]

雷蒙·阿隆对戴高乐的话感到非常愤怒，以至于他出版了一本名为《戴高乐、以色列和犹太人》的小册子，他在其中指责戴高乐"有意且主动地开启了犹太人历史的新纪元，或许还开启了反犹主义的新纪元。一切再次变得充满可能"。然而，雷蒙·阿隆并没有指责戴高乐本人是个反犹主义者。他和所有人都知道，戴高乐在整个职业生涯中，一直没有受到他那一代人中大多数法国保守派文化所包含的那种漫不经心的，或不那么漫不经心的反犹太主义的影响。从乔治·鲍里斯、勒内·卡森、孟戴斯·弗朗斯，以及雷蒙·阿隆本人的经历中可以明显看出，戴高乐对乐于支持他的那些人的信仰和出身漠不关心。然而，还有一个事实是，在他对那场战争的看法中，犹太人在大屠杀中遭受的苦难从来不是他关注的中心——他那一代的大多数人同样如此。用这样的语言来描述犹太民族——它在欧洲历史上受人迫害的经历肯定多于"支配他人"的经历——是在重提（无论是有意还是无意）19世纪末法国反犹话语中经常出现的那种关于犹太人的陈词滥调。

戴高乐这么做的原因可能在于他对一些知名的法国犹太人扮演了批评他的中东政策的角色而感到愤怒。法国犹太人可能认为自己对另一个国家有着特殊的忠诚，但戴高乐的爱国主义观与这种想法水火不容。他对著名的左派戴高乐主义者、犹太人莱奥·哈莫（Léo Hamon）说：

> 我的话并不是说给像你这样的人听的，不过既然它伤害了你

和你周围的人，我会尽快找机会……修复我给人造成的印象。然而像你这个不信教的犹太人怎会受到伤害呢……使我感到震惊的是一些法国犹太人，特别是罗斯柴尔德家族发表的言论。[33]

戴高乐意识到他的那番话遭到了严厉抨击。他装模作样地说，关于"精英"和"专横跋扈"民族的说法并非贬义的，他觉得他可以对法国人说出同样的话（但谁会把自己被称作"专横跋扈"当成一种赞美呢？）。[34]在与首席拉比雅各布·卡普兰（Jacob Kaplan）的会谈，以及写给本-古里安的长信中，戴高乐坚称他并非有意冒犯——这非常接近他所能够作出的道歉。[35]

所有这些都表明戴高乐正在失去他的影响力。他在外交政策上所持的立场招致的异议多于支持；他那含糊不清的关于"参与"的想法也未能给戴高乐主义注入新活力。在那篇关于自由魁北克的演讲发表后，逐渐疏远戴高乐的吉斯卡尔谴责他"在行使权力时一意孤行"。戴高乐主义的魔力似乎正在消失。早在1966年，英国大使馆的一名观察员在谈到戴高乐于当年举行的第二场新闻发布会时就说道：

> 我想未来我们会认为新闻发布会的全盛期是由戴高乐主义的那种巧妙手段带来的……表演正在失去新意……卡在老式留声机唱片纹道的唱针逐渐变钝了……这种场合呈现出的极为矫揉造作的行为使它变得越来越不真实。观众对那位老演员的姿态已感到不耐烦。我想我察觉到了一种夹杂着厌烦和恼怒的氛围。[36]

无比忠诚的德勃雷在提及1967年5月的那场新闻发布会时说，有两名部长差点睡着了。他将此归咎于天气太热。在1967年的那场引人注目的新闻发布会——这是当年举行的第二场新闻发布会——过后，福卡尔坦言："即便是我们这些用心倾听的人也禁不住会产生睡意。"他委婉地向戴高乐指出，或许新闻发布会有时候"很难引起普通人的关注"。[37]戴高乐的电视讲话也开始显得呆板和过时。1965年总统竞选的一个结果是它给法国电视台的沉闷局面带来了一股清新空气。一档名为《面对面》（Face à face）的节目（改编自美国一档名为《与媒体见面》的节目）邀请了一名政治家来回答一组记者的提问。还有一档名为《变焦》（Zoom）的节目以杂志的形式讨论了种族主义、毒品和性等社会问题。与之相反的是，戴高乐的表演技巧失去了新意。戴高乐的新闻顾问吉尔贝·佩罗尔（Gilbert Pérol）试图说服他大型新闻发布会已经失去意义，但并未成功。佩罗尔的结论是，戴高乐继续开展这一仪式只是为了向自己证明，他仍然像进入爱丽舍宫那天一样有着敏捷的思维。对一个70多岁的人来说——对任何年龄的人来说都是如此——他在这些场合的确展现出了非凡持久的智力（intellectual stamina），并且没有任何迹象表明他的心智能力在衰退。然而，特里科于1967年成为总统府秘书长后写道，戴高乐与几年前相比"不太一样了"，他很容易疲惫，并且他有时会在一天结束的时候出现注意力涣散的情况。[38]

1968年初，路易·若克斯向新任英国大使帕特里克·赖利（Patrick Reilly）吐露了心声：

> 若克斯详细地谈到了将军。他说他的身体状况仍然很好，只是变老了。他公开露面的成功基于他那众所周知的技巧。他对许多事情变得越来越冷漠，和他交谈越来越困难。若克斯不知道谁能真正和他谈得来，也不知道谁能对他施加影响。他对整个局势有一种毁灭性的影响，这阻断了法国底层与顶峰之间的正常交流。戴高乐并不是有意要成为一个全能的独裁者的。这只是因为他就在那里，具有压倒一切的气场。若克斯的那一代人都成了牺牲品。那些他们本可以拥有实权的岁月，由于他们无力做到这一点而悄然流逝。顾夫只是一个执行者。若克斯说："我们都是执行者，我们干着我们的工作，但我们没有机会在重大问题上进行独立思考。"[39]

戴高乐本人似乎越来越容易受到那种在他一生中不时折磨他的忧郁情绪的影响。一天晚上，他向福卡尔倾诉了自己的悲伤：

事实上，我们是站在剧院的舞台上的，自1940年以来，我一直在那里保持着这种幻觉。我在努力使法国看上去成为一个坚实、坚定、自信和不断发展的国家，但它是个萎靡不振的（avachie）国家，只想着享受，不愿看到任何问题出现，它不愿战斗，不愿招惹任何人，无论是美国人还是英国人。一切都是一种永恒的幻觉。我是站在剧院的舞台上的，我假装相信这是真的；我让人们相信，或者说我认为我相信，法国是一个伟大的国家，法国是一个坚定而团结的国家，但事实并非如此。法国萎靡不振，它天生懒散而非斗志昂扬。事情就是这样，我无能为力……我在尽我所能让这座剧院继续运转下去，然后，在我之后，毋庸置疑，一切将恢复原样。[40]

戴高乐时不时会说出这种话，并且，这些话中总包含有一种表演性元素。它们出现的频率越来越高。1968年的前几个月，他在许多场合向来访者表达了他的倦怠感，他讲述的时候用的是一种超然和实事求是的方式，而不是那种动不动就预言灾难即将来临的做作方式。1968年4月，他给最近加入左派戴高乐主义者行列的前托洛茨基分子戴维·鲁塞留下的就是这种印象。戴高乐对他说：

当涉及制度时，这是我熟悉的领域。当涉及提出某项政策的概念时，我指的是概念，我觉得轻松自如。当涉及构想及完整表述这个概念，直至践行它时，我就会感到不安……无法看清楚……要实现某项社会政策，我需要大众的支持。我没有得到支持……我是战略家，马蒂尼翁宫负责战术。蓬皮杜和德勃雷深陷于眼前的问题之中，所以他们在宏大的社会政策方面踟蹰不前……资本主义和资本主义社会都需受到谴责，奉行极权主义的共产主义同样如此。[41]

让-马里·多梅纳克在几周前同戴高乐会面后，也有这种类似的印象。他告诉戴高乐，法国的年轻人对南美的革命事件比对法国发生的任何事情都更感兴趣。戴高乐感伤地说："我知道，我知道，他们做得对，这的确不会让人感兴趣。"多梅纳克极力恳请戴高乐解决法国当下面临的诸多社会问题，但戴高乐表示他已无力这么做。多梅纳克说："我离开的时候有点难过。我看到的是一个和善、谦逊的人，这与他之前的形象截然不同。谁会相信这一点呢？他看起来疲惫不堪，像是处于一种封闭体系中的囚徒。"[42]

所有这些都可以用戴高乐于1968年4月对他的副官弗洛伊克（Flohic）海军上将说的话来概括："这一切都无法再勾起我的兴趣，再也没有什么艰险的，或重大的事情可做。"[43]

三周后，法国爆发了……

二十八 革命（1968年）

年老的人，年轻人的国

1963年播出的法国纪录片《希特勒？从没听说过》（*Hitler? Never Heard of Him*）引起了人们的热议。这部影片通过对青少年的采访揭示出他们对历史有多无知。战后的婴儿潮一代在20世纪60年代时已成长为青少年和年轻的成年人，他们并未沉湎于过去。对于那些在1968年时刚满18岁的青年来说：阿尔及利亚冲突是他们童年生活的社会背景；第四共和国已几乎不存在于记忆之中；敌占期已成为一段遥远的历史。反观戴高乐——有人曾听到他在一次会议后小声地说"我已讲了无数遍了"——他把法国历史看作一个过去和现在不可分割的统一体。1964—1966年，在与第一次世界大战有关的不同纪念日上，他几次发表演说来纪念这场战争，然而，与这场遥远的战争相比，法国青少年更感兴趣的是1963年在法国国家广场举行的那场预示着流行音乐即将来到法国［它以"耶耶摇滚乐"（yé-yé）的形式出现在法国］的盛大音乐会。在他们看来，戴高乐是另一个时代的幸存者。斯大林、罗斯福、丘吉尔均已去世；艾森豪威尔于1960年让位于肯尼迪；阿登纳于1963年让位于埃哈德；麦克米伦于1964年让位于威尔逊；赫鲁晓夫于1964年让位于柯西金。在20世纪60年代的欧洲，与戴高乐同时代的人只剩下了西班牙的独裁者佛朗哥（1892年出生）及葡萄牙的独裁者萨拉查（1889年出生）。

讽刺类报纸《鸭鸣报》——它在每周纪事中因嘲讽戴高乐的爱丽舍宫为旧制度时期的宫廷而闻名——在1966年的新年特刊上刊登了一幅漫画,这幅漫画以一种夹杂着喜爱和傲慢的态度概括了戴高乐在人们眼中的形象。它描绘了戴高乐骑着驴子步入"加利利";衣着暴露的碧姬·芭铎淫荡地躺在沙滩上;在她旁边的伊冯娜·戴高乐穿着扣子一直扣到脖子的衣服,正在跪地祈祷。在20世纪60年代的法国,"伊冯娜大婶"是芭铎的对立面:一方代表着资产阶级天主教中最守旧、最狭隘的事物;另一方象征着性挑逗、原始女权主义和青春。不乏幽默感的伊冯娜·戴高乐很在意自己的形象。有一次,在爱丽舍宫看电影时,贝尔纳·特里科发现她坐在自己身边。他漫不经心地抬头看了一眼天花板,却看到丘比特的私处被薄纱遮住了。当伊冯娜·戴高乐注意到他在盯着自己看时,她说:"不管你怎么想,不是我把薄纱放在那里的。"[1]然而,漫画中的伊冯娜的形象是真的。有一天,当佩雷菲特在电视上发表了一些关于女孩在男女混合学校穿迷你裙——在20世纪60年代的法国,这个问题引起了人们的诸多争论——的言论后,她兴奋地来到他的面前问:"这么说,你真的要禁止女生穿迷你裙了?"佩雷菲特不得不承认这是不可能的,并"看到她露出了深深的失望之情"。[2]

尽管关于伊冯娜·戴高乐曾出面干预阻止离过婚的人担任政府部长的传言纯属无稽之谈(安德烈·马尔罗就曾离过婚,帕莱夫斯基也并非对婚姻忠诚的典范),但戴高乐夫妇的确通常会在爱丽舍宫与每一位新来的顾问共进一次午餐。那些经历过这种可怕仪式的人有这么一种印象:他们在道德和其他方面都受到了评判。戴高乐和妻子有着极为相似的传统的社会价值观,但戴高乐的思想更为开放。克劳德·盖伊的日记记述了他们夫妇之间一次发人深省的对话,这次对话发生在戴高乐下野后他们隐居科隆贝的漫长岁月期间。伊冯娜·戴高乐对教皇竟然接见像埃娃·庇隆(Eva Perón)这样的"罪人"而感到愤怒。戴高乐对此并不在意:"教会对人们的过错总是持一种超然的态度。它是从超验的层面来看待所有事物的。教会关心的是带领信徒走向救赎。这就是它对凡尘俗世漠不关心的原因。"伊冯娜·戴高乐并不买账:

二十八 革命（1968年）

伊冯娜（以下简称"伊"）：你想说什么就说什么，但是我认为人们对这种女人太感兴趣了！……以夏多布里昂为例……以他的"朋友"为例……你知道那个生病的人。

戴高乐（以下简称"戴"）：（一瞬间）博蒙夫人？……（不耐烦）关她什么事？

伊：教皇曾向夏多布里昂打听那个女人的消息。

戴：我认为这是出色的政治活动。

伊：不管你说什么我都认为这是不对的……她不是一个值得尊敬的女人。还有贝当夫人，当元帅前往罗马时，教皇接见了她。

戴：那又怎么样？他们在教堂举行过婚礼。她的第一任丈夫，也就是那个雕塑家早死了。

伊：这不能改变他们曾在罪恶中生活过的事实。所以我说他们本不应在教堂结婚。

戴：伊冯娜，你为什么总想让有罪的人去死呢？我知道什么？或许他们已经悔改了。毕竟，你应给他们一个机会！³

戴高乐对第二次梵蒂冈大公会议提出的改革举措并不热心。尽管他同意教会有必要结束"对现代世界的排斥"，但他担心教皇约翰二十三世受那个想彻底改革一切的梵蒂冈团体的影响太深了：

那些走得太快的人会毁掉一切的……我不敢保证教会禁止"圣灵流出说"（the processions）和拉丁宗教仪式是否正确。给人留下一种否定自己和羞于成为自己的印象是大错特错的。如果你不相信自己，那你怎么能指望别人会相信你呢？⁴

1965年总统竞选期间，密特朗曾提议避孕药应该合法化。当有人向戴高乐提出这个建议时——如果议会提出类似的议案，他或许至少不会反对——他对此并不赞成："人们决不能让女性沦为性爱的机器！这与女性最宝贵的生育功能背道而驰。女性天生就是生孩子的！如果人们容忍这种药片的存在，那么一切将变得不可控！性会入侵一切……支持妇女解放固然是好，但不应支持她们放荡。"[5]对于一个有着像戴高乐这种身世背景的人来说，这种观点并不会让人感到吃惊，然而两年后，在政府的压力下，戴高乐还是同意了避孕用品合法化。不过，当有人提出购买它们的费用是否应由国家给予补偿时，他给出了自己的底线："我们什么时候也不会为性买单！这还不如给买车的人提供补偿。"[6]

20世纪50年代末60年代初是法国文化和知识异常活跃的时期。这是文学领域的"新小说"派和电影领域的"新浪潮"运动发展的全盛时期，也是涌现出一批像罗兰·巴特（Roland Barthes）、米歇尔·福柯（Michel Foucault）、雅克·拉康（Jacques Lacan）这样的思想家的辉煌时代。戴高乐在担任总统期间，每周读两三本书——通常是历史、小说或诗歌——并在紧跟当代文学的步伐方面作了大胆尝试。他总是阅读那些获得过主要文学奖的作品。1963年12月，他给年仅23岁的让-马里·勒·克莱齐奥（Jean-Marie Le Clézio）写了一封信，后者当时刚出版了自己的第一本小说《诉讼笔录》（*Le procès-verbal*）。这部小说中健忘的年轻主人公亚当与这个世界保持着距离，他不知道自己是谁：或许是军队的逃兵，或许是从精神病院逃出来的人。戴高乐在给勒·克莱齐奥的信中说：

> 你的书把我带到了另一个世界，也许它就是真实的世界，我可以像亚当那样在其中曲折地穿行。对于你来说一切才刚刚开始，如果你在旅程中收获满满，那就更好了！因为你很有天赋。对我这个行将就木之人，你写道："权力和信仰使人谦逊"。对你这个刚刚经过路旁第一棵榆树的人，我要说的是天赋也会使人谦逊。[7]

很难想象其他国家的领导人会给一名年轻的作家写这样的信。

尽管戴高乐努力跟上潮流，但即使在年轻的时候，他的品位也是保守的而非前卫的，比如他喜欢罗斯唐而非普鲁斯特。有一天，戴高乐用赞赏

二十八 革命（1968年）

的口吻说马尔热里的女儿通过其父与罗斯唐有了亲戚关系，但由于他没有注意到她嫁给的那个远房表亲与普鲁斯特也有亲戚关系，因而人脉极广的大使罗兰·德·马尔热里在听到这句话后笑了出来。[8]戴高乐对儿子说他不喜欢普鲁斯特那种"矫揉造作和扭曲的风格，以及他那生活于社交晚宴的虚假环境"。[9]瑞士作家乔治·卡托伊（Georges Cattaui）是将军最欣赏的早期传记作家之一，也是普鲁斯特的崇拜者和传记作家——这是一种不寻常的偶像组合。当卡托伊把他写的关于普鲁斯特的作品寄给戴高乐后，将军的回复相当隐晦，以至于我们不清楚他是否读过普鲁斯特的著作。

1914年以前，戴高乐对左拉（Zola）的自然主义学派没什么兴趣。他热情地崇拜魏尔伦，但似乎对兰波（Rimbaud）漠然视之。当他视察法国北部时，沙勒维尔市市长把出生于此的兰波的一尊半身像赠送给了他；在同一次视察活动中，赫泰勒市市长又把曾在此任教的魏尔伦的一尊半身像赠送给了他。戴高乐私下开玩笑说，他会把这两尊雕像摆在同一个壁炉台上，"毕竟，对于同性恋者（pédérastes）来说，上帝也是存在的"[10]。在两次世界大战之间的那些年里，戴高乐阅读了贝尔纳诺斯、莫里亚克、马尔罗等作家的现代经典作品，但他似乎没有读过安德烈·纪德创办的思想前卫的《新法兰西评论》杂志。纪德不是一个他看重的作家，相反，他对纪德的看法令人吃惊。戴高乐在他的笔记本中记述了纪德在研究陀思妥耶夫斯基时的一句话：他的"所有作品都有魔鬼的参与"。戴高乐对此补充说："（他的）行动同样如此。"[11]

在战后的文学明星中，戴高乐似乎没有评价过萨特："我对他的作品知之甚少。我读了一点后没办法再读下去了。我不是说他没有天赋，但是……"[12]然而，他极为欣赏玛格丽特·尤瑟纳尔（Marguerite Yourcenar）的《哈德良回忆录》。20世纪60年代中期，当他在科隆贝清理书房时，他决定仍旧把这本书摆在书架上。[13]戴高乐读的大部分书都是由崇拜他的作家寄来的，这些作家通常会在之后收到一封文字经过精心雕琢的回信，信中除了已经上升为艺术形式的引经据典的雄辩外，等于什么也没说。异于往常的是，1966年，雅克·拉康把他的文集——上面写有表达拉康的仰慕之情的献词——寄给戴高乐，之后他没有收到回信。究其原因，或许连戴高乐也未能透彻地理解这部作品，以至于他无法给出一个恰当的回复；又或许他根本不知道拉康是谁。戴高乐给诗人皮埃尔·让·茹弗（Pierre Jean Jouve）写的77封信是晦涩难懂的典范，它们就像茹弗的诗歌一样充满神秘色彩。更难懂的是戴高乐写给马尔罗的信，1967年7月，他在穿越大西洋前往加拿大的航程中阅读了马尔罗的《反回忆录》，当时，他声称自己发现"这本书在三个方面让人敬佩"。[14]戴高乐与20世纪60年代文化潮流之间的关系让人想起了象征主义诗人马拉美（Mallarmé）那句神秘的、令人难以忘怀的诗句："平静的大厦在某种未知的灾难中轰然坍塌。"[1]他尚未准备好去理解那场即将在法国爆发的非比寻常的动乱在思想文化方面的起源。

革命背景

1967年底，戴高乐给儿子写信说："从政治、经济和社会方面来说，这一年将在平静中度过。"[15]事后看来，这似乎是一种极其自满的表现，然而，几乎人人都有这种自满之情。即便是由年轻的共产主义者构成的极左团体革命共产主义青年会（Jeunesse Communiste Révolutionnaire）也认为，未来几个月不可能发生任何严重的政治动荡。[16]对于戴高乐来说，1968年5月似乎是一个值得庆祝的时刻。当北越在年初发动春季攻势后，美国政府最终接受了谈判，以寻求结束越南战争的方法。由于戴高乐在战争期间的立场为他赢得了北越人民的信任，因而巴黎被选作会谈地点。这对法国的外交来说是一个显著的成功，尤其是在经历了1967年的种种挫折之后。会谈于5月13日在巴黎的宏伟酒店（Hotel Majestic）开幕，但这一重要事件并没有引起人们太多的注意，因为就在同一天，法国爆发了革命。

青年暴动是20世纪60年代末西欧历史的一部分，但戴高乐主义的法

---

[1] 这句话的原文是：Calme bloc ici‑bas chu d'un désastre obscur.

二十八 革命（1968年）

国似乎对此免疫。1966年，戴高乐自鸣得意地对埃哈德说，如果说"英国有那么多蓄着长发的游手好闲之徒，那是因为这个国家已放弃太多的责任"[17]。但正如戴高乐深知的那样，问题比这更为复杂。他多次在演讲中赞颂20世纪60年代的经济现代化给传统文化价值观带来了挑战。正如1965年第二轮总统选举期间，他在电视上与米歇尔·德鲁瓦谈话时所说的那样："法国就像个大家庭。家庭主妇想要冰箱、洗衣机，甚至有可能的话还想要辆汽车。这是变革。但同时，她不想让丈夫外出寻欢作乐（bambocher），不想让儿子把脚伸到桌子上，不想让女儿想什么时候回家就什么时候回家。这是秩序。家庭主妇想要进步，但她不想要混乱（pagaille）。对于法国来说同样如此。它想要进步而非混乱。"——或者说，这也是他所希望的。[18]

除了这些新的社会紧张和代际关系紧张之外，由于20世纪60年代学生人数激增——从1960年的约21.5万人增加到1968年的约50万人——带来的资源压力，再加上战后婴儿潮和高等教育民主化的共同影响，法国的大学体系也处于危机之中。曾在圣西尔军事学院接受过教育的戴高乐并不熟悉大学世界，他是以一种恭敬和谨慎的态度来看待这个问题的。[19]1959年1月他当选为总统，之后不久发生的一件事给他留下了创伤。1959年2月21日，按照源自第三共和国的惯例，戴高乐以新任总统的身份去参加巴黎高等师范学院的年度舞会。学生们排着队迎接他。当他向第一个学生伸出手时，却被拒绝了，他继续沿着队列向前走，但每位学生都拒绝了他，其中一人说："我不赞成你的政策。"这是一个精心策划的噱头，目的是表达对六个月前戴高乐在军队支持下重新掌权的反对。他一句话没说就离开了，甚至私下里也再没有提过这件丢脸的事情。他也不再冒险去参观法国的教育机构。

在担任总统的头几年，戴高乐由于在阿尔及利亚独立问题上动作迟缓，遭到了"法国学生联盟"这个学生联合会的反对。在这些年，当私下谈到学生时，他多次表现得不屑一顾。1963年11月，在一场关于大学改革的讨论结束之后，他大声地说："为什么要让那些无所事事的学生涌入大学？他们正在堵塞大学体系。除了从纳税人给予他们的诸多好处中获益，并逃避积极生活的责任，他们根本不知道自己想要什么。他们不愿离开青春期。"[20]

尽管戴高乐对一个他感到陌生的世界发出了这些愤怒，但为了促进经济发展，他致力于推动高等教育民主化，不过前提是这个进程要受到严格管控。在教育顾问雅克·纳尔博纳的影响下，他于1963年和1964年召开了几次限制性部长会议来讨论这个问题。在其中一次会议召开前，他给蓬皮杜讲了自己的目标："一项建立在中等教育民主化原则之上的政策……一项建立在持续不断的培训和选拔原则之上的政策，引导学生接受符合其能力和满足国民经济需要的教育。"[21]或者，用他对纳尔博纳讲得更为直白的话来说："我们必须敞开大门，但只能对那些配得上的人敞开。"[22]在他看来，教育工作者的作用是带领学生朝着正确的方向迈进；经济的需要必须压倒学生的愿望。很难想象在20世纪60年代还有什么观点比这更能招致法国学生的抵触情绪。

正如我们所见，戴高乐的这些想法未能落到实处，这主要是由于蓬皮杜的反对。作为巴黎高等师范学院的毕业生，蓬皮杜认为教育事务是他的专属领域（他没有多少这样的领域）。[23]1967年，当新闻部长阿兰·佩雷菲特（同样是巴黎高等师范学院的毕业生）转任教育部长后，蓬皮杜要求他每月拜访自己一次。佩雷菲特明白蓬皮杜想监视他。蓬皮杜对他说："对于教育体系，我知道人们该做什么和不该做什么。这不是将军的世界。事实上，他明白这一点。"1968年上半年，选拔问题再次被提上日程，但蓬皮杜明确对佩雷菲特表示，他仍然像以往那样对此持反对态度。他说那是纳尔博纳的"口头禅"："这是一个微妙的问题。我是自由主义者。我是不会把法国青年投入兵营的。"[24]政府计划引入选拔措施是导致学生于1968年初出现不满情绪的其中一个因素。

尽管当代评论人士认为大多数法国年轻人对政治并不关心，但学生们的心里憋着怨恨。这种怨恨虽然不是以往那种"政治上的"怨恨，不过它很快就变成了那种怨恨。怨恨的其中一个来源是禁止男女生在晚上进入对方宿舍。这项禁令在几所大学引发了零星的抗议。当时还存在着一小部分因阿尔及利亚战争而变得激进和高度政治化的学生领袖，他们的年龄比一般学生大

二十八 革命（1968年）

一些。这些激进分子仍记得1960—1962年间警察所犯下的暴行，在这些暴行中，最臭名昭著的例子是夏隆谋杀案。1968年，一条广为流传的谴责法国防暴警察的标语——"法国保安部队=纳粹党卫军"——让人们想起了阿尔及利亚战争期间他们在发起抗议活动时所经历的那些黑暗日子（事实上，这条标语首次出现于1947年的罢工暴动中）。

如果说大学体系就像一个随时可能爆炸的高压锅，那么再也没有哪里比新成立的位于巴黎郊外的南泰尔大学更接近这种情况。该校还正在建设中，无法容纳大批新生。南泰尔大学也有一小撮极端激进的学生，其中包括口齿伶俐且好斗的社会学系学生、法德混血儿达尼埃尔·科恩-邦迪（Daniel Cohn-Bendit）。1968年1月，戴高乐的青年和体育部长弗朗索瓦·米索夫（François Missoffe）曾来到该校参加体育馆和游泳池的落成典礼。他遭到了一群学生的嘲讽。科恩-邦迪大声质问米索夫，为什么他在最近所作的关于青年问题的报告中对性方面的问题闭口不谈。米索夫回击道，要是他有性方面问题的话，可以先跳进新建的游泳池里降降温。科恩-邦迪又还击说，米索夫是个法西斯分子，因为修建体育馆让人想起了希特勒青年团。[25]这是科恩-邦迪这个名字第一次引起公众注意。

4月底，南泰尔校园断断续续出现的骚乱使这所大学陷入停顿。校方决定关闭学校。这一举措带来了致命后果。5月3日，大批激进学生把他们的抗议活动带到了位于巴黎拉丁区中心的索邦大学。警方被派到索邦大学驱赶示威学生，并将其关闭。原本只是旁观者的学生发现自己被卷入了抗议活动。拉丁区经历了第一夜暴乱。以此为起点，这些"事件"很快地传播开来，并因此获得了发展的动力。之后的每一次示威都在抗议警察的暴行，要求政府释放被逮捕学生并重新开放索邦大学，但结果是造成了更多警察的暴行，而这又为下一次示威提供了借口。

当时的巴黎警察局局长是莫里斯·格里莫（Maurice Grimaud），他在1967年取代了莫里斯·帕蓬。格里莫与他那奉行权力主义的前任截然不同，在1961年10月的流血事件期间和1962年2月的夏隆游行期间，掌权的就是帕蓬。曾希望成为一名诗人而不是警察的格里莫是个同情自由主义者的人,他对抗议者满怀同情心。他不顾一切地避免警察的暴力行为失控。[26]在他看来,"法国保安部队=纳粹党卫军"这个口号极为贴切。然而,巴黎普通警察在帕蓬的领导下已养成了职业惯性,他们在应对第一次示威活动时实施的暴力手段成为5月前两周抗议活动的主要推动力。[27]

发生在5月6日星期一的第二次示威活动受到了警察格外严厉的镇压。第二天,2.5万名学生越过塞纳河涌向香榭丽舍大街,接着,拉丁区又发生了一夜的暴乱。1968年的五月革命正在进行中。

第一幕:街上的学生,5月2日—13日

5月2日,也就是第一夜暴乱的前一天,蓬皮杜离开法国前往阿富汗和伊朗进行为期10天的正式访问。司法部长路易·若克斯在蓬皮杜离开期间代理了他的职务,但他无法自如行动,因为他扮演的仅是一个临时角色。他甚至不认为自己有权在这期间搬进马蒂尼翁宫。在危机爆发的第一周,另外两个关键人物是自1967年担任教育部长的阿兰·佩雷菲特和内务部长克里斯蒂安·富歇。其中,前者既是一名自由法国的老将,又是极为忠诚的戴高乐主义者。像格里莫一样,若克斯决心不惜一切代价避免出现死亡状况。他在第一周快结束时对佩雷菲特说:"确定无疑的是,在阿尔及尔时,我没有对'黑脚'开枪;在巴黎时,我也不会对学生开枪。"[28]至于富歇,尽管作为一名自由法国的老兵,他有着严厉的外表,但他也与若克斯持同样的观点。戴高乐一方面认为少数学生的骚动微不足道,不需要他的干预;另一方面又对政府没有采取更积极的行动感到愤怒。结果,政府在和解和镇压之间不幸地摇摆不定,而学生领袖们则以高超的技巧推行他们的挑衅和使事态升级的策略。[29]

5月7日,即示威的第三天,戴高乐在与福卡尔的每晚谈话中假装没有把这场危机放在心上。但他已经表现得相当担心,因为他在上个周末没有回科隆贝,并在周日(5月5日)早上召集富歇、若克斯、佩雷菲特来到

爱丽舍宫开会。他采取了一种强硬的态度:"当小孩子闹脾气并逾越界限时,让他冷静下来的最好办法是给他一巴掌。"若克斯说,问题是这些示威者"既不是小孩子也不是成年人"。[30]两天后,包括戴高乐主义者弗朗索瓦·莫里亚克在内的五位诺贝尔奖得主签署了一份抗议警察暴行的请愿书。愤怒的戴高乐朝着富歇和若克斯咆哮道:"你们似乎被这些小孩子吓住了。别忘了,在必要情况下,内务部长必须知道该如何下达开火命令……政府有打倒那些想推翻它的人的特权。"若克斯和富歇都没有把这当回事儿。在他们离开房间时,若克斯说:"他根本不是这个意思……他只是想坚定我们的决心。但他非常清楚,这是抨击我们并使这个政权屈服的最佳方式。"[31]戴高乐并未提到这一点,但他确实阻止了他的部长们伸出任何橄榄枝,比如说重新开放索邦大学。

这一周的事件在5月10日周五的晚上发展到高潮。在这一天,示威活动一直进行到傍晚,学生们仍然拒绝解散,除非他们的两个主要诉求得到满足:释放在此前的示威活动中被捕的学生;重新开放索邦大学。学生领袖和索邦大学校长之间的艰难谈判一直持续到深夜。与此同时,示威者开始在拉丁区的街道上构筑街垒。福卡尔急忙跑到内务部和富歇一起关注事态发展。陪在他们身边的还有德勃雷、若克斯、特里科。福卡尔和德勃雷希望警察马上干预;若克斯和格里莫认为只要谈判有一丝成功的可能,就应该再等一等。凌晨两点,警方接到命令要清除这些街垒,这时候,街垒的数量大约有50个。随后发生的激战由私营的欧洲1号电台和卢森堡电台进行了通宵直播。早晨,醒来后的巴黎人看到的是一片狼藉的景象:被烧毁的汽车、被砍倒的树木、被粉碎的铺路石。

戴高乐在第一道街垒构筑起来之前就已经上床睡觉了。清晨5点,特里科叫醒了他,这样他就不至于通过广播才了解到这个消息。6点,戴高乐召见了若克斯、福卡尔和国防部长皮埃尔·梅斯梅尔。他问梅斯梅尔是否应该调军队过去,对方回答说军队没有受到过应对这种情况的训练。听到若克斯说出"谢天谢地,没有人死亡"这句话后,戴高乐什么也没说。[32]白天,戴高乐又单独召见了若克斯、富歇和格里莫。他们都支持通过重新开放索邦大学的方式来化解这场危机。戴高乐不同意。下午晚些时候，他接见了佩雷菲特，后者提议采取一种不是无条件投降的战术性撤退措施：重新开放索邦大学，但作为交换，学生领袖应该保证不再举行示威活动，并对进入索邦大学实施适当的管控。佩雷菲特离开时感觉到戴高乐犹豫不定。一切问题都在等待着即将归国的蓬皮杜来解决。

整个这一周，蓬皮杜通过他的私人秘书处主任米歇尔·若贝尔（Michel Jobert）密切关注着这一事件。在"街垒之夜"，蓬皮杜给若克斯打电话敦促他采取强硬立场："妥协的时刻还未到来。"若克斯怀疑蓬皮杜在回来后想要担任调停人的角色。[33]不管是不是这样，蓬皮杜在归国的飞机上准备了一篇提议妥协的讲话。5月11日夜抵达奥利机场后，他驱车径直前往马蒂尼翁宫，到了之后，他对若克斯、富歇、佩雷菲特和梅斯梅尔说，他决定重新开放索邦大学。鉴于当天早些时候戴高乐的反应，他们一致认为他决不会接受这一点。蓬皮杜说："戴高乐将军已不存在。现在，我才是你们要追随的人。"[34]佩雷菲特担心，如果不计任何回报地答应学生的要求，有可能会"引发雪崩"。[35]更让他们吃惊的是，就在午夜前，他们从广播中听到蓬皮杜宣布说重新开放索邦大学，释放被捕学生。

我们不知道戴高乐为何会改变主意。蓬皮杜仅是告诉我们，当他正要去戴高乐的办公室时，特里科告诉他将军的态度"起了变化"；这次谈话很"简短"；戴高乐"当即"表示赞同。[36]一些人事后认为，这是一个灾难性的决定，它导致了佩雷菲特所预测的"雪崩"。戴高乐本人也开始相信这种论断。他后来告诉富歇，这是一个可怕的错误："那不是戴高乐，而是贝当。"[37]当整个事件结束后，戴高乐对佩雷菲特说，蓬皮杜以辞职要挟他同意那项决定。[38]没有其他证据可以证明这一点。或许戴高乐是在试图与他后来认为的错误决定之间保持距离。对于他的态度转变最有可能的解释是，他被总理的雄辩和信念折服了——精神饱满的总理与那三位连续数晚睡不好觉、精疲力竭的部长形成了鲜明的对比。

蓬皮杜认为重新开放索邦大学将结束这场运动，但他错了。5月13日星期一，工会号召举行为期一天的声援学生的罢工。全国各地都出现了工人和学生的联合示威活动。在巴黎举行的那场规模庞大的示威活动临近结束时,学生们涌进了索邦大学,以至于它日日夜夜都"被占领着"。那天晚上,福卡尔为戴高乐的核心圈子人物举办了一场小型晚宴,庆祝戴高乐重新掌权——他是于1958年5月13日这天重新掌权的——10周年。在外面的街道上,示威者高呼"10年足够了""把戴高乐送进博物馆"。福卡尔怅然地说:"最终,我们更多的是在谈论现在而非追忆过去……我把我的小晶体管收音机放在桌子上,我们收听着新闻……怀着与10年前相同的兴趣,但不同的心情。"[39]

第二幕:身在罗马尼亚的戴高乐,5月14日—18日

在这个事件爆发的第一周,总理去了阿富汗;在第二周,总统去了罗马尼亚。这次访问作为戴高乐缓和战略的一部分已筹划良久。罗马尼亚是东欧集团中最常表现出想与苏联保持距离的国家。鉴于巴黎发生的事件,戴高乐在是否应该离开的问题上犹豫不决。蓬皮杜希望他去,理由是这将向世界传递出危机已得到控制的信号;富歇恳请他留下,并认为蓬皮杜乐于看到戴高乐离开。戴高乐一直犹豫到最后一刻。在出发前,他对部长们说,他将于归来后的5月24日发表全国讲话。

蓬皮杜和他的班子如今掌握了全部指挥权,爱丽舍宫被完全晾在了一边。[40]尽管富歇在理论上仍是内务部长,但他在叙述这段时期时仅仅说道:"在我看来,1968年的五月事件已到此结束。"佩雷菲特递交了辞呈,不过蓬皮杜暂时没有批准,尽管如此,佩雷菲特已不再扮演任何重要角色。另一方面,哪里都有蓬皮杜的身影。5月14日,戴高乐出发后,他在议会发表了一篇自信满满的演讲,这为他赢得了许多掌声,但事实上,抗议浪潮才刚刚开始。

在5月13日那场工会为声援学生而发起的罢工过了两天后,南特附近的南方飞机制造厂的工人举行罢工,并占领了工厂。第二天,位于诺曼

底区克里昂的雷诺工厂也上演了同样一幕,到了周末,至少有100家工厂被工人占领。由于有些工厂的工人开始返回工作岗位,而又有一些工厂的工人正加入到罢工行列,因而罢工总人数很难统计。但这无疑是法国历史上规模最大的一次社会运动。5月25日它发展到高潮,此时,罢工的工人有数百万。如果说一些观察人士早就意识到了大学里正在酝酿的危机,那么包括工会在内的所有人都未曾预料到工人会掀起这种非同寻常的社会运动。这些罢工活动——政府在应对学生抗议时表现出的那种优柔寡断的态度刺激了它们的发生——在一定程度上反映了20世纪60年代成千上万的壮大了法国劳动力的半熟练工人突然登上了政治舞台的现象。在这些人中,有许多人是移民或来自农村的年轻男女,他们与组成工会普通成员的传统工人阶级没有什么共同之处。他们住着破败不堪的房屋,没日没夜地干着工作,并且还得不到工会的保护,他们使戴高乐主义的经济现代化成为可能,此时却是这种现代化的受害者,而非获益者。这些罢工活动表明,他们不仅想获得更好的工作条件,还想让他人听到自己的呼声并引起他人的关注。[41]

这改变了这场危机的性质。正如爱丽舍宫中戴高乐的一名顾问在多年后回顾这场危机时所说:

> 工人运动是不可避免的,但人们不能让学生运动与之同时发生。人们必须不惜一切代价地让它们错开,而不是让它们同时出现。在1968年的那场重大事件中,它们是同时到来并联合在一起的,我们无力阻止这股浪潮。[42]

这股社会浪潮从工厂迅速蔓延到法国几乎所有的机构和专业团体:作家、足球运动员、医生、电影制作人、建筑师和律师。为了挑战权威和等级制度,各种草根行动委员会如雨后春笋般涌现。全国各地的学生都占领了他们的教学楼。学生们甚至占领了备受中产阶级推崇的巴黎政治学院,他们还在校园中拉起了一条横幅,上面写着"打倒戴高乐主义独裁政

二十八 革命（1968年）

权"。距离已被占领的索邦大学不远的巴黎奥德翁剧院也落到了学生之手。索邦大学的主报告厅和奥德翁剧院的舞台成了全天候的空谈场所。参与这些辩论的人在一种怪异且弥漫着浪漫主义的抒情氛围中——教条式的马克思主义和自由论者的无政府主义共存于其中——不断地改造着世界。

法国到处都是标语、宣传册、辩论、演讲和宣言。没有什么比层层叠叠、无处不在的涂鸦和每面墙壁上张贴的标语更能说明这是一个充满光怪陆离景象的5月了，在这些标语中，有的写着"禁止禁止"，有的则写着"把欲望带入现实"。突然之间，这个国家的每一个人都渴望发言、渴望被人倾听，而似乎在过去的10年里，这里仅有的一种声音是爱丽舍宫中那个年迈的君主发出的声音。戴高乐政权在之前把政治变成了戏剧表演，而如今，它面临的是一场把戏剧表演变成政治的运动。1968年时最著名的一条标语是"权力就在街头"，但是，话语也在街头，而在戴高乐主义的法国，话语就是权力。这种变化的一个显著标志是晶体管收音机在这些事件的发展过程中所起到的作用。在1961年的那场未遂政变中，阿尔及尔的士兵被戴高乐的广播讲话征服了；在1968年的街垒之夜，巴黎民众通过收音机时刻关注着事件进展，但这一次他们没有收听到戴高乐的讲话，因为他正在熟睡。[43]

正当法国似乎陷入混乱之中而无法自拔之际，戴高乐正在布加勒斯特进行国事访问。他在讲话中重复了他经常提到的观点，即欧洲国家要确保自己独立于那两个超级大国。罗马尼亚的共产党领袖齐奥塞斯库（CeaueȘscu）在与戴高乐会谈时坚称，他的政体不是苏联强加的，戴高乐说：

> 我说的不是这种政体。说到政体，我是个决定论者，决定它的有环境、人民、事件和战争等。我认为当一个国家在很长时间内都是某种政体时，这意味着它很难再实行别的政体了……对于罗马尼亚来说，像你们这样的政体有好的一面。它很管用，但这种政体在法国和英国行不通。

这次会谈没有取得什么具体成果。正如戴高乐所言："我们对对方的想法知之不多。"⁴⁴和往常一样，这次访问受到了热烈欢迎。5月18日，法国电视新闻把戴高乐访问罗马尼亚摆在了头条，接着法国的"麻烦"只是被简单提及，随后是一篇关于法国工业实力的长篇报道，这多多少少给人一种不真实的感觉。⁴⁵三天后，国有广播公司和法国广播电视管理局举行罢工，因为它们的新闻记者已不愿再扮演政府走狗的角色。

第三幕：爱丽舍宫的囚徒，5月19日—28日

戴高乐的沉着只是表象。每天晚上，爱丽舍宫的工作人员都会给他打电话汇报情况，这让他深感忧虑，甚至夜不能寐。随着情况变得越来越糟，他临时把访问罗马尼亚的行程缩短了一天，并于5月18日晚返回法国。内阁成员们成群结队地到机场迎接他。戴高乐热情地向他们讲述了他的这次访问——"罗马尼亚人实行了选拔制度，他们与学生相处融洽"——并说，必须结束法国的这种胡闹状态（chienlit）。"改革可以，胡闹不行"成了他的新口号。"chienlit"一词的字面意思是"在床上拉屎"，这又是一个在戴高乐使用之前大多数人从未听过的生动形象的古语。在1968年的五月事件中，涂鸦艺术家在戴高乐的海报上写上这么一行字用以回应："他是个胡闹者。"在第二天的部长会议上，戴高乐对这场混乱大发雷霆，并含蓄地指责了蓬皮杜，同时他还坚持要求警方动用武力疏散占领索邦大学和奥德翁剧院的学生。格里莫在回忆录中记述了同一天富歇和戴高乐在爱丽舍宫的对话：

富歇：将军，你必须意识到警察受到了心理创伤。

戴高乐：心理创伤？这是什么意思？你得给他们喝点烈酒（gnôle），人们对战壕中的士兵就经常这么做。⁴⁶

二十八 革命（1968年）

尽管讲了这种气势汹汹的话，但戴高乐还是被说服放弃了让警察在索邦大学动用武力的想法，但他重复了这条命令：必须在24小时内疏散占领奥德翁剧院的学生。[47]乐于看到学生在奥德翁剧院空谈而非在街头闹事的格里莫并不赞同这个决定。最终，戴高乐同意让蓬皮杜和格里莫去决定行动时间，但他们谨慎地搁置了这一行动。自危机爆发以来，这是总理和总统首次同时待在国内，并且，掌权的显然是前者。当戴高乐试图撤掉在他看来无法胜任这项工作的新闻部长乔治·戈尔斯（Georges Gorse）时，这一点暴露无遗。5月21日，戴高乐在爱丽舍宫秘密召见忠诚的戴高乐主义者亚历山大·桑吉内蒂（Alexandre Sanguinetti），他向对方透露自己打算提名他为新闻部长。当蓬皮杜从福卡尔那里听说这件事后，他对戴高乐瞒着自己试图推举一位部长的做法愤怒不已。接下来的三天，桑吉内蒂一直不确定他是否会被提名。这些都没有增加政府的方向感。最终，桑吉内蒂没有获得任命，这是权力从戴高乐手中转移到蓬皮杜手中的又一个迹象。[48]

自戴高乐从罗马尼亚归来后，他收到了爱丽舍宫的顾问们呈上来的关于如何解决这场危机的厚厚一沓文件。[49]他们似乎不确定哪种方法行得通。有人提议启用宪法第十六条，但这被否决了，因为这可能会进一步刺激舆论："当前人们释放的力量是如此之大，想要通过拧紧盖子来控制住它那是不可能的。"也有人提议举行一场关于大学体系改革的全民公投，这同样被否决了，因为它不太可能引起公众兴趣或平息这场社会运动。还有人提议对政府进行改组，撤换掌管社会事务部、教育部，特别是新闻部的部长，其理由是"法国广播电视管理局之于第五共和国就像巴士底狱之于路易十六"。也有人认为应该对宪法进行全民公投，这也被否决了："我们不想让人们认为，由学生和工会发起的首场骚动威胁到了政权体制。"如果要举行全民公投，那么它的主题必须满足"国人想要从中央政府的权威之下获取更多自主权的那种杂乱但深刻的愿望"。这一切都非常含糊。在一份文件中出现的"国人渴望戴高乐创造某种奇迹"的想法，本身就表明了1968年五月事件中的抗议者所持的挑战心态。

戴高乐已想好了他那能创造"奇迹的"解决方案。在计划于5月24日发

第五章 走向结束

表的讲话中,他打算宣布举行全民公投。在发表讲话前夕,他在部长会议上给出了自己对局势的判断。在他看来,这些麻烦是由从未经历过真正的苦难,但深受"机器和技术文明"(戴高乐经常提起的主题)影响的一代人造成的。尽管这是一种全球性现象,但它至少是受欢迎的,并且"法国一如既往地走在前面"(典型的戴高乐风格)。他的判断是,抗议者都有"参与的普遍愿望",不过他们不希望革命:"人人都想'参加'、想被人'征询意见'、想'参与'。"工人想参加工厂的管理,选民想参加地方的管理。这将是全民公投的主题。如果投票结果为"赞成",那么政府将实施这方面的措施;反之,"我的任务就结束了"。戴高乐重新唤起了他对"参与"的热情,并使之与危机相适应。尽管围桌而坐的人对此似乎都不认同,但蓬皮杜在结束讨论时说:"亲爱的将军,我们对您是忠诚的,并将一直保持忠诚。"[50]

虽然戴高乐有自己解决危机的方案,但他还授权蓬皮杜与工会展开谈判以结束罢工。与此同时,这10天以来,福卡尔一直在用自己的方式解决危机。他开始动员前法兰西人民联盟的激进分子在法国各地建立了"保卫共和国委员会"(Committees for the Defence of the Republic)。福卡尔还联系了前秘密军队组织的激进分子,这些人对蓄着长发的无政府主义者的痛恨甚至超过对戴高乐的痛恨。他的计划是把这些身份不同的人集中起来举行一场支持戴高乐的示威活动,这场活动的日期暂定于5月30日。福卡尔在与戴高乐的每晚谈话中把这些做法告诉了他,但没有告诉蓬皮杜。戴高乐对此并未阻止。因而,存在着三种致力于结束危机的戴高乐主义策略:戴高乐的全民公投、蓬皮杜的谈判、福卡尔对戴高乐主义群体的动员。

在这三种策略中,戴高乐的策略一下子就失败了。他在5月24日发表讲话,宣布要举行一场关于"参与"的全民公投,结果这场讲话甚至令他最忠诚的支持者都深感失望。蓬皮杜和助手在马蒂尼翁宫听到这篇讲话后,只说了一句话:"没有比这更糟的了。"[51]戴高乐显得苍老而疲惫,他那关于"参与"的想法似乎模糊不清。具有讽刺意味的是:"参与"——或至少是人们希望更多地主宰自己的生活——是1968年精神的一个重要组成

二十八 革命（1968年）

部分，他在这方面没有错；然而，鉴于戴高乐的统治风格显示出对中介组织——它们是开展实际"参与"的必要渠道——的蔑视，谁会相信他是执行这一政策的人呢？尽管他使用了"参与"这个词，但他和抗议者之间存在着文化鸿沟：抗议者对个人主义、个人自由和自我表达的颂扬，与他那朴素的爱国主义背道而驰。在他看来，个人主义应融入为国效劳之中。导致五月事件的原因有很多种，但在某种程度上来说，这些原因的背后是抗议者对戴高乐统治风格和他在个人与公共生活中所代表的价值观的反抗。

在戴高乐发表讲话当晚，巴黎又发生了大规模示威活动。参与者用晶体管收音机收听了他的讲话，并对之报以嘲讽性的呼喊："再见，戴高乐。"后来，示威活动演变成自街垒之夜以来最严重的骚乱。塞纳河右岸首次爆发暴力冲突。有人犹豫着要烧毁证券交易所，街垒再次被构筑起来，一名示威者被警察施放的催泪弹弹片炸死。戴高乐的讲话似乎让局面变得更糟了。事实上，这次暴力事件针对的是政府而非戴高乐，因为政府拒绝达尼埃尔·科恩-邦迪（他是德国公民）在出国发表巡回演讲后重返法国。戴高乐似乎已无关紧要，他甚至不再是抗议者主要的愤怒对象。

与此同时，蓬皮杜正在实施他的方案，即通过谈判与工会和商界领袖达成一项协议。他的主要目标是满足工会的物质需求以便把他们和学生分割开来。5月24日晚的暴乱发生后，原本支持学生的公共舆论转而反对他们。同一天晚上，在里昂爆发的示威活动中，一名警察被汽车撞死。这是警察队伍中的首起死亡事件，它引发了震动。意识到事态可能会很快有利于政府的蓬皮杜坚持认为，由于德勃雷脾气暴躁，他不应参加与工会的谈判。戴高乐别无选择只得同意。福卡尔发现德勃雷处于一种"完全无法形容的愤怒"之中，但他设法说服德勃雷不要辞职。[52]蓬皮杜与工会领导人的这场马拉松般的谈判从5月25日周六下午开始，一直持续到5月27日周一早上7点。双方同意将最低工资标准提高35%，并将平均工资增加10%。但当法国最大工会——法国共产党领导的法国总工会——的领导人乔治·塞居伊（Georges Séguy）来到位于巴黎郊区城市比扬古（Billancourt）的规模庞大的雷诺工厂告知工人这项共识时，他被轰下了台。这一令人震惊的事态发展表明，工会已无法再控制普通工人。

在那天下午的部长会议上，蓬皮杜依然乐观地认为只要作出更多让步，他就能与工会达成协议。心情糟糕的戴高乐似乎有点游离于讨论之外。在蓬皮杜做完报告后，他只说了这么几句话："你已经尽你所能地进行了谈判，你被授权继续谈判，直到达成协议为止。"蓬皮杜在回到马蒂尼翁宫后痛苦地对他的班子说："没有一句感谢的话。"[53]尽管戴高乐知道他的讲话是一场灾难，但他依然执着于全民公投，并将它定在6月16日举行。他宣读了草案，但与会者的怀疑之情显而易见。梅斯梅尔大胆地指出，鉴于整个印刷业和公共交通业都在举行罢工，因为不确定能否举行全民公投。[54]戴高乐实施的另一项，也是最后一项干预举措是对政府授权法国学生联盟这个学生联合会在巴黎南部的夏莱蒂体育场举行集会进行了猛烈抨击。戴高乐想制止此事，但格里莫和蓬皮杜都认为这是不必要的挑衅之举。戴高乐被迫再次作出让步。

夏莱蒂集会于5月27日晚顺利结束。这次集会最重要的时刻是皮埃尔·孟戴斯·弗朗斯的出现，尽管他没有发言，但受到了人群的欢呼。1968年五月事件中的学生没有时间与政界人士打交道，不过，孟戴斯稍显例外。他似乎没有受到第五共和国的连累，并仍然保留着源自第四共和国的传奇光环。他现身夏莱蒂，表明肇始于大学进而蔓延到工厂的五月事件如今正进入一个更传统的政治阶段。5月28日星期二，意识到戴高乐时日无多的弗朗索瓦·密特朗，为了避免被孟戴斯·弗朗斯战胜，在新闻发布会上宣布，他打算建立一个过渡性的临时政府，并由孟戴斯·弗朗斯担任他的总理。

所有这些变化使得法国共产党领导的法国总工会宣布在5月29日举行一场呼吁成立"人民政府"的大规模示威活动。整个5月，法国共产党人在这些事件中都处于边缘地位。学生们鄙视他们，认为他们是一股倒退的力量，和戴高乐一样脱离现实。当工厂中爆发罢工时，法国共产党大吃一惊，并且，在蓬皮杜与工会谈判时，没有哪个工会比法国共产党领导的法国总工会表现得更通融。5月初，法国共产党领导人瓦尔德克·罗歇

二十八 革命（1968年）

（Waldeck Rochet）在议会中把戴高乐的妻舅雅克·旺德鲁拉到一边，请求他确保戴高乐继续掌权。[55]法国共产党无意于革命，5月29日的示威活动目的在于宣示力量，以便在戴高乐下台时，自己能够占据一席之地。这个政权将要终结的感觉萦绕在人们心头。

在5月24日发表讲话后的紧张日子里，戴高乐除了闷闷不乐地在爱丽舍宫的走廊上徘徊外，几乎没什么事情可做。他的顾问们越来越喜欢说一些耸人听闻的话。福卡尔听到了多个谣言：索邦大学藏有炸药；有人计划袭击爱丽舍宫；这些事件是美国中央情报局和以色列特勤局策划的阴谋，其目的是报复戴高乐的外交政策。这些骇人听闻的谵言妄语使爱丽舍宫笼罩在一种不安情绪中。正如在1961年的军事政变中所做的那样，福卡尔准备了一架直升机，万一爱丽舍宫遭到袭击，戴高乐将凭此脱身。[56]戴高乐继续在筹划一场不被其他任何人相信的全民公投。5月27日晚，记者米歇尔·德鲁瓦被秘密召到爱丽舍宫。在1965年第一轮选举后，正是与德鲁瓦的电视访谈才帮助戴高乐实现强势反弹的。现在，他想故技重施，向法国人民兜售他的公投理念。他要求德鲁瓦在第二天带着某些想法过来。[57]

5月28日，所有拜访戴高乐的人都发现他处在一种末日来临般的绝望之中。戴高乐军事办公室的负责人拉兰德（Lalande）将军刚刚见过戴高乐，他告诉福卡尔，他很担心戴高乐的精神状况。熟知戴高乐情绪的福卡尔向拉兰德保证，戴高乐的那种做作的绝望没什么特别之处。但当福卡尔见到戴高乐后，他就不那么肯定了。戴高乐仔细思考了1940年5月和1968年5月的相似之处，他认为，在这两个时刻法国的精英们都背叛了他。1940年时他风华正茂，但如今老态龙钟："我无法与整个民族的那种让一切消失的冷漠和愿望作斗争。"会面结束后，福卡尔被伊冯娜·戴高乐拦了下来，后者情绪激动，因为当天下午她受到了一个开着雪铁龙DS的人的羞辱："你能想象吗，福卡尔先生，是一个开着雪铁龙DS的人，而不是别人。"福卡尔担心，这几乎不可能让戴高乐的心情变得好起来。[58]那天晚上，伊冯娜·戴高乐在吃晚餐时情绪失控，戴高乐于是让人把晚餐从餐厅搬到了他卧室旁边的客厅。[59]

当德鲁瓦回来与戴高乐讨论该如何录制电视节目时，戴高乐似乎对此已不再感兴趣。相反,他旁若无人地自言自语了很久:"法国从未从滑铁卢战役和色当战役的惨败中恢复过来。我未曾遭遇滑铁卢战役和色当战役的惨败,但这似乎已不再起到任何作用。"当德鲁瓦离开时,弗洛伊克一把把他推到侧门,因为蓬皮杜要来了。他被告知:"绝不能让蓬皮杜看到你。"蓬皮杜和戴高乐会面时间很短。戴高乐问:"你睡得好吗?"蓬皮杜回答道:"还行,只要有时间。"戴高乐说:"你运气不错。"蓬皮杜觉得他快和工会达成协议了。戴高乐指责他在整个危机期间过于乐观。最后一位拜访者是克里斯蒂安·富歇,进来之前特里科提醒他说"戴高乐今天心情不好"。迎接富歇的是这么一句话:"富歇,你知道吗,有时我觉得我会放弃一切。"当他告诉富歇街上催泪弹的爆炸声让他无法入睡时,富歇表示他可以采纳1848年时梯也尔(Thiers)给路易-菲利普(Louis-Philippe)的建议:搬到凡尔赛宫。将军回答说:"我不是路易-菲利普。"[60]富歇走后,戴高乐又度过了一个不眠之夜。

所有这些拜访者都不知道的是,戴高乐曾在当晚早些时候给他的女婿、部队驻扎在米卢斯的阿兰·德·布瓦西厄打过电话。布瓦西厄被告知第二天一早要前来爱丽舍宫。伊冯娜·戴高乐也给她的兄长打了电话,问他能否把他们在爱丽舍宫的女仆送回乡下。她已获准休假几天,但伊冯娜·戴高乐不能告诉她原因是什么。尽管戴高乐带着末日来临般的情绪说了很多话,但他显然是在做着什么,即便他不确定这将会是什么。

戴高乐出逃:5月29日

1968年5月29日星期三是戴高乐一生中最不平凡的一天。大多数亲历者——他们认为自己经历了历史性的一天——在不久后就写下了回忆文字。这意味着即使我们无法确定戴高乐脑子里在想什么,但至少可以详细地重现他的行动。

上午7点30分:戴高乐对他的私人秘书处主任沙维尔·德·拉·舍瓦莱

里（Xavier de La Chevalerie）说他感到很累，想回科隆贝休息一天。本应于下午召开的部长会议推迟到第二天召开。

8点30分：戴高乐召见拉兰德将军，后者在前一天晚上对他极为担心。拉兰德受命飞赴德国的巴登-巴登（Baden-Baden）与马絮将军会面。尽管戴高乐和马絮曾在阿尔及利亚问题上发生过矛盾，并在1960年1月解雇了马絮，但马絮对戴高乐仍旧极为忠诚——这可以追溯到他在自由法国的经历（他获得过解放勋章）——他没有追随其他军官公开反对戴高乐。他们的关系已经恢复，并且，马絮在1966年被任命为驻德法军的指挥官，这是一个重要的职位，因为在法国退出北约后，法国最高统帅部正在重新谈判它与德国和美国军方的关系。戴高乐派拉兰德会见马絮是想知道万一需要采取军事行动时，军队是否值得依靠。在这之后，拉兰德受命前往梅茨和南锡拜访那里的军队首领，并同他们探讨同样的问题。戴高乐还指示拉兰德要带着菲利普·戴高乐及其家人一起前往巴登-巴登。他补充说，他将在科隆贝休息一下，并于第二天返回。

9点：戴高乐告诉特里科通知蓬皮杜部长会议将推迟到第二天召开。当蓬皮杜听到这些话后，他非常担心在他的谈判即将取得成果的时候，戴高乐打算放弃权力并使政府倒台。他给特里科打了几次电话，坚称"我一定要见将军"，但未能如愿。不管戴高乐那天在做什么，他的目标之一是摆脱蓬皮杜。

9点30分：戴高乐召见他的副官弗洛伊克，告诉他收拾好东西准备马上离开。他还得到指示要穿上制服。这或许提醒了弗洛伊克他们的目的地不是科隆贝，或者说至少不仅仅是科隆贝，在科隆贝时，戴高乐的副官是穿便服的。[61]

10点15分：由于大雾天气影响，布瓦西厄从梅茨来到这里的时刻比预定时间晚了些。[62]戴高乐在迎接他时仍然带着那种忧郁之情。布瓦西厄以立正姿势站着，他好像不是在同他的岳父讲话，而以一名军官的身份在同他的指挥官讲话，布瓦西厄告诉戴高乐，他不能放弃。他向戴高乐保证军队忠诚可靠。这大概就是起初戴高乐要把布瓦西厄召来的原因。戴高乐说，他需要亲自让自己在这方面得到保证。为了确保完全保密，他们制订了这么一项计划：布瓦西厄将前往科隆贝，并通知那里的人戴高乐晚上不回去了。布瓦西厄将从那里给马絮打电话，让他到斯特拉斯堡和戴高乐会面。戴高乐当天晚上将待在米卢斯或斯特拉斯堡，并于第二天前往科隆贝。有一种说法是他将在科隆贝、斯特拉斯堡或米卢斯发表全国讲话。不管怎样，当法国总工会开展那场计划好的示威活动时，他不会出现在巴黎，"攻击一座空荡荡的宫殿毫无意义"。戴高乐还交给了布瓦西厄一封信，让他在自己万一无法履行总统职责时把它转交给蓬皮杜。布瓦西厄拒绝考虑这个想法，把信退了回去。

约11点：布瓦西厄与戴高乐会面后不久，就遇到了福卡尔。在听到部长会议推迟的消息后，对前一天晚上的会面情形已感到担心的福卡尔连忙来到了爱丽舍宫。布瓦西厄接到的严格指示是，他要对别人说，包括福卡尔在内，戴高乐将去科隆贝。

约11点20分：戴高乐最终同意和蓬皮杜通电话。用蓬皮杜的话来说，这次交谈"简短而奇怪"。将军告诉他不要担心。他需要在科隆贝休息一下，但第二天就会回来。"奇怪"的部分是他最后讲的话："我老了，你还年轻，未来是你的。再见，我拥抱你。"在蓬皮杜看来，这不是戴高乐的风格。这听上去更像是"永别"而不是"再见"。不久后，当沙邦-戴尔马得知这些话时，他说："当将军'拥抱'你时，你就完蛋（baisé）了。"[63]

11点30分：戴高乐在妻子和弗洛伊克的陪同下驱车离开爱丽舍宫。由于汽油短缺，交通不太拥挤，他们在15分钟后就到了伊西机场，这里有直升机在等着他们。登机花了一点时间，因为他们带的行李比平时去科隆贝要多。[64]第一架直升机上载着两名飞行员和弗洛伊克，还有坐在他们身后的戴高乐夫妇。当他们向东飞行时，戴高乐夫人对下面那些飘扬着红旗的被占领的工厂指指点点。这不可能让他们振作起来。

12点15分：媒体获悉戴高乐已取消部长会议。

约12点30分：布瓦西厄抵达科隆贝。由于电话局发生罢工，他无法联系到马絮，他把电话打到了圣迪济耶，因为戴高乐在向东飞行时要在这里

二十八 革命（1968年）

加油。他留下了一句暗语："告诉那位贵宾,我联系不上他的客户。"

约12点45分:戴高乐降落到圣迪济耶加油。他没有收到布瓦西厄发出的那个神秘信息。由于没有得到信息,戴高乐在直升机升空后交给了弗洛伊克一张字迹潦草的字条——飞机的噪声太大,他们无法交谈——上面写着"让飞行员飞往巴登-巴登"。[65]

约13点:当人们得知戴高乐没有到达科隆贝时,爱丽舍宫一片惊慌。蓬皮杜几乎要对特里科动粗了,因为他认为后者没有告诉他真相。事实上,同其他人一样,特里科也不知道戴高乐的行踪。他试图找到拉兰德将军,却发现他也神秘地消失了。当布瓦西厄从科隆贝给福卡尔打电话说将军不是要去科隆贝,而是要去一个他不被允许说出的地方时,爱丽舍宫的气氛并没有得到改善。福卡尔要告诉蓬皮杜的是,"现在该他表演了",并且一位"使者"将带着指示前来。

14点40分:戴高乐的直升机降落在巴登-巴登军用机场。弗洛伊克给正在睡午觉的马絮打电话说,他们将乘直升机很快抵达他的司令部,这让他大吃一惊。就在这时,两架小型飞机降落在机场。从飞机上走下来的是拉兰德将军、菲利普·戴高乐夫妇及其孩子。拉兰德看到弗洛伊克和戴高乐时极为惊讶,正如弗洛伊克看到拉兰德和菲利普·戴高乐时极为惊讶一样。拉兰德走到戴高乐乘坐的直升机前向他致意。戴高乐对他说:"我要去见马絮,我们到那里聊。我会交给你一封写给蓬皮杜的信。"[66]

约15点:他们乘坐直升机抵达马絮的驻地。戴高乐和妻子自离开伊西机场后第一次走下飞机。马絮对戴高乐表示欢迎,他立即把戴高乐带到自己的办公室,两人在办公室单独聊了约50分钟。我们只有马絮对这次谈话的记录。戴高乐开口就说:"一切都完了（Tout est foutu）。"接着,他又说了一通满怀绝望之情的话。马絮自始至终认为,在戴高乐将要放弃的时刻,完全是自己才使他采取行动的。这也许是真的,或者是戴高乐在演戏从而考验马絮的忠诚。[67]当餐点被送进来后,他们的谈话中断了约30分钟。在这个休息间隙,马絮从办公室走了出来。拉兰德称,他说:"我告诉想在德国避难的将军,这是不可能的。这太疯狂了,他不能这么做。"[68]当戴高乐和马絮在交谈时，弗洛伊克和拉兰德同马絮夫人和伊冯娜·戴高乐坐在一起。拉兰德说，戴高乐夫人倾吐了她的悲伤："一个月来，我的丈夫都睡不好觉，他听着收音机，这种情况不能再继续下去了。"[69]马絮夫人对这个在1960年时解雇她丈夫的人不抱好感，她忘恩负义地说："一个人在78岁时不可能让'6·18'的历史重演。"这句话惹恼了弗洛伊克。[70]在与马絮交谈的休息间隙，戴高乐指示说，应该让联邦德国政府驻法国部队的代表知道他已来到德国。由于这位官员不在，戴高乐于是让弗洛伊克联系法国驻联邦德国大使馆。[71]

16点：与此同时，在巴黎，法国政府终于发现了戴高乐的下落。法国总工会组织的示威活动已和平地结束。戴高乐与马絮会谈后决定不留在巴登-巴登。他犹豫着接下来该去哪里，并仍在考虑去斯特拉斯堡发表全国讲话。最终，他决定直接回科隆贝。

约16点30分：戴高乐夫妇走进直升机，两小时后，他们抵达科隆贝。戴高乐立即给特里科打了个电话，并对他说了一句令人费解的话：他曾需要"与其后见之明妥协"。特里科对此的理解是，他一直想留下来，但需要有人说服他这是最好的办法。他的语气表明，前一天晚上以来他的那种忧郁之情此时已一扫而光。戴高乐还给蓬皮杜打电话说，第二天将举行政府会议。蓬皮杜留意到了戴高乐的这种新的坚定语气，他既感到如释重负，又感到愤怒不已，还感到深受伤害。他草拟了一封辞职信，并决定在第二天提交。那天晚上，身在科隆贝的戴高乐心情很好。晚饭时，他吟诵了几句诗歌，他说这是他自己写的。他告诉弗洛伊克他曾想待在德国："接着，我会去爱尔兰，那是我的母系祖先麦卡坦家族生活的土地，然后，我还会去更远的地方。不管怎样，我不会待在法国。"[72]

这就是我们尽可能准确地勾勒出的1968年5月29日所发生的事情。一些细节依然模糊不清。多亏布瓦西厄，我们才知道戴高乐去巴登-巴登的决定是在最后一刻作出的。但戴高乐是什么时候决定亲自去见马絮的呢？鉴于那天他曾作出决定让拉兰德去会见马絮，那他为什么还要亲自去呢（事实上，按照他最初的决定把马絮召到斯特拉斯堡，拉兰德是不可能见到他的)?这一决定是戴高乐在见到布瓦西厄后才作出的吗?他当初真的打算去科隆贝吗?要是这样的话,戴高乐为什么在见布瓦西厄之前就让弗洛伊克穿上制服?

比重构这些事件更难的是解释它们的含义。这是戴高乐的"瓦雷纳日"(day of Varennes)吗?当时,路易十六逃离了巴黎前往法国边境,并想同忠诚的部队取得联系。这是戴高乐在为新的"6·18"——向法国人民发表讲话,号召他们奋起抵抗——做准备吗?这是1946年戴高乐放弃权力的那一幕的重演吗?在串联这些事件的过程中,我们用到了特里科、拉兰德、布瓦西厄、弗洛伊克和马絮的叙述,这些人都曾在那天的某个时候和戴高乐见过面。布瓦西厄的叙述意在表明,在经过短暂的游移不定后,戴高乐策划了整起事件。他甚至声称,那天早上他们见面时,戴高乐对他说:"我想让国人和政府陷到疑惧不安之中,这样的话我将重新掌控局面。"马絮把英雄的角色授予了自己,他说是他让绝望的将军不要放弃。但他们都是在那天的某个时刻见到戴高乐的——布瓦西厄在上午,马絮在下午——他们的叙述只能反映他们在见到他时,他是何种心情。当疲惫不堪、饥肠辘辘的戴高乐抵达巴登-巴登时,他的心情很可能与四小时前和布瓦西厄分别时截然不同。拉兰德将军的冷静叙述——几乎是在这些事件发生后不久就作出的,而且似乎没有任何恶意——在很大程度上支持了马絮的说法。

有三个问题引发了激烈争论。第一个问题:戴高乐坚持让联邦德国政府知道他来到了巴登-巴登。这是否意味着他打算留下来?更有可能的解释是,戴高乐想遵守某种礼节,无论他逗留的时间有多么短暂。[73]第二个问题:行李问题。马絮声称,要来回好几趟才能把那些行李箱搬到他的住所。另一方面,菲利普·戴高乐指出,马絮的妻子和四个孩子打算在国外待上一段时间,马絮可能把他带的六个箱子与戴高乐带的行李混淆在一起了,这种说法较为可信。经常陪着戴高乐往返科隆贝的弗洛伊克说,这次带的行李比通常旅行时带的多(但没有马絮声称的那么多),女仆让娜在那天早上对戴高乐的妻舅雅克·旺德鲁也是这么说的。考虑到戴高乐可能打算在斯特拉斯堡或梅茨过夜，这并不一定意味着他计划出国。

第三个问题是戴高乐写给蓬皮杜的信。在6月6日布瓦西厄写给蓬皮杜的信中，他说他曾拿走了戴高乐写给蓬皮杜的信；在10月他给福卡尔打电话时，他说他已把它交给戴高乐了。另一方面，拉兰德指出戴高乐还带有一封写给蓬皮杜的信。如果这是真的，戴高乐一整天都带着他的辞职信。

事实可能如戴高乐本人在第二天的演讲中所说的那样："在过去的24小时，我在考虑着种种可能性。"[74]他前往巴登-巴登可能是为了检验军队的忠诚，在抵达时他或许已决定放弃这种想法。但最重要的是，他想逃离爱丽舍宫，摆脱总理的控制，并让自己在被边缘化了几天之后成为一个核心人物，即便他仍不确定自己打算做什么。

戴高乐归来：5月30日

5月30日上午，戴高乐返抵爱丽舍宫。福卡尔急匆匆地赶来见他，发现他与两天前相比完全变了样。戴高乐说他将于当晚向法国人民发表讲话。福卡尔提议，他最好在下午的戴派示威活动——由福卡尔策划——举行之前发表讲话，他表示赞同。接着，他接见了蓬皮杜，后者也被戴高乐表现出的那种新的使命感所打动。蓬皮杜暂时决定不提交自己的辞职信。戴高乐在向蓬皮杜宣读了他的讲话稿后，蓬皮杜坚持要作出一处改动：戴高乐应该宣布他将解散议会，并举行新的选举。戴高乐对此持怀疑态度，但由于蓬皮杜以辞职相威胁，他同意了。

这篇讲话发表于下午4点30分。戴高乐是通过广播而非电视发表这篇讲话的。他的意图是让听众下意识地回想起战争时期的戴高乐，而不是一周前他们在电视上看到的那个疲惫的老人。这篇讲话只有四分钟，戴高乐坚决果断的话语与5月24日那天让人不知所云的猜测性话语形成了鲜明对比。他宣布全民公投将推迟举行，并解散议会。如果有人企图阻止选举，他威胁说要采取宪法允许的任何措施（含蓄地威胁启用宪法第十六条）。他谴

二十八 革命（1968年）

责了一个从事"极权主义事业"的党派所实施的"恐吓、毒害和暴政"。这指的是法国共产党。戴高乐很清楚它既缺乏革命的愿望，也缺乏革命的能力。但戴高乐最有效的手段莫过于他发现了一个敌人。

戴高乐在危机期间曾说，局势让人难以捉摸，它不可能得到控制，就像是沙子从指缝中流出那样。权力似乎正在瓦解，但找不到明确的敌人。从罗马尼亚归来后，戴高乐从随从那里收到了一张便条，其内容是向他报告说，尽管在街垒之夜后，有少数学生高呼"到爱丽舍宫去"，但这个口号没有得到人们的响应，"最经常被人谈到的主题是，爱丽舍宫只是一座不关心学生的博物馆，对他们漠然视之"。[75]戴高乐曾对布瓦西厄说，没有人会攻击一座空荡荡的宫殿，但到目前为止，也没有人对这座有人居住的宫殿表现出多大兴趣。在政客们于5月27日加入这场纷争，以及共产党人于5月29日发起示威活动后，戴高乐终于找到了一个目标。这篇演讲发表的时机恰到好处。公众舆论已开始反对学生；蓬皮杜已冷静克制地找到了一条通过谈判来解决问题的道路；工会急于达成协议；5月30日举行戴派示威活动的计划正在进行。还有一个新元素是蓬皮杜关于解散议会的想法，这意味着由于这场混乱而受到创伤的保守派获得了一个通过投票箱来表达自己观点的机会。鉴于所有这些原因，这场危机可能已接近解决。戴高乐逃往巴登-巴登的重要性在于，他要让自己重新回到舞台中心，并为已失去势头的危机增添一点儿戏剧性。

在戴高乐发表讲话之前，人群已经聚集在协和广场。他的话令人振奋，在接下来的两个小时里，又有成千上万的人加入了示威活动，他们可能在他讲话之前就已经出发了。在这场示威活动的高潮时刻，游行队伍挤满了从埃菲尔铁塔到协和广场的整条香榭丽舍大街。尽管人们常说参加这次游行的人数有100万，但实际上约有40万。这仍比五月事件期间其他任何一次示威活动的参与人数要多。选择香榭丽舍大街是让人们下意识里回忆起1944年8月26日的解放游行，但它也是一种表达净化和重新占领的仪式。据说，5月7日学生在香榭丽舍大街游行时，有些示威者玷污了凯旋门下的那团纪念性火焰——他们朝着它撒尿。

走在游行队伍前列的是戴派的许多显要人物，他们是德勃雷、马尔罗、若克斯、佩雷菲特，以及体弱多病的弗朗索瓦·莫里亚克。中非共和国总统博卡萨曾在当天早上发布的一项声明中称，为了"拯救人类和维护世界和平"，他将飞赴法国，为戴高乐提供帮助。当他正要动身前往巴黎时，示威活动成功的消息使他打消了这个念头。[76]

尽管在蓬皮杜的坚持下，戴高乐屈从了他提出的进行议会选举的建议，但第二天，他迫使蓬皮杜接受了政府的重大改组。最让蓬皮杜感到不快的是任命他的头号敌人、"参与"思想的信徒勒内·卡皮唐担任司法部长。和其他许多左派戴高乐主义者一样，卡皮唐也被五月事件弄得心神不宁。5月19日，当反对派提出一项针对蓬皮杜政府的不信任案动议后，他宣称，作为一名戴高乐主义者，他将不得不把票投给反对派。最终，他没有这么做，反而退出了戴派议员团。一些年轻的左派戴高乐主义者甚至曾加入构筑街垒的行动之中，在5月30日的示威活动中，他们中的一小撮人朝着与游行队伍相反的方向前进，从而表明自己对"革命者"戴高乐的效忠。[77] 戴高乐将卡皮唐招入政府是在用这种方式表明，恢复秩序未必意味着恢复原状。他向右派发出的信号更为引人注目。在6月18日这个具有象征意义的日子，同时也是选举开始的前一周，政府宣布所有仍关在监狱的秘密军队组织的军官将被处死。正如一家报纸评论的那样："如果巴黎和萨朗都称得上一股巨大的政治力量，那么萨朗本人就值几十万张选票。"[78]

尽管1968年五月事件对法国政坛的影响持续了数年乃至数十年，但表面上的正常状况很快就恢复了。在这个过程中，还爆发了零星的暴力事件，其严重程度超过了5月期间任何一起事件。5月31日，政府采取强制措施驱散了加油站的示威者，人们又可以随时买到汽油了。6月1日——这一天是圣灵降临节，恰逢周末——由于巴黎市民外出度假，出现了交通拥堵的状况。到了6月第一周的周末，巴黎的公共交通已恢复正常。6月10日至11日，巴黎城外发生的警察与罢工者之间的暴力冲突导致三人死亡。在这种情况下，首都见证了第三次，也是最后一次街垒之夜。这引起了福卡尔的警觉，他想鼓动共和国国防委员会采取措施，但戴高乐自信地称这是五

二十八 革命（1968年）

月事件的回光返照，而不是一场新的动乱的信号，事实证明他是正确的。他告诉福卡尔，现在应该由警察来处理这些事情。6月13日，占领索邦大学的学生被驱逐，第二天，警察赶走了奥德翁剧院的最后一批占领者。

短暂的竞选活动波澜不惊地进行着。6月7日，当戴高乐再次接受米歇尔·德鲁瓦的采访时，他似乎已恢复良好状态。他谈论了两个主题。第一，他反复提及法国共产党所从事的那种"极权主义事业"所带来的威胁，而这也是他在5月30日发表的那篇讲话的主题。他清楚地知道这完全是子虚乌有的，但这是他用于团结在过去的一个月中，因秩序崩塌而受到创伤的保守派的手段。第二个主题是他很熟悉的一个主题，即信奉技术统治论的现代文明对人类造成的威胁，以及通过"参与"对此加以补救的必要性。利用这种方式，戴高乐希望避免被五月事件逼入纯粹的反动保守主义的境地："如果一场革命从根本上改变了现存事物，并以一种特殊的方式让工人阶级变得有尊严，改善他们的生活条件……对于被人称作那种意义上的革命者，我完全不会感到难过。"此外，他还列举了他人生中的所有革命行为：从反对维希政府到"法裔加拿大人开始走向解放"。[79]

像往常那样，戴高乐密切关注着议员候选人的选择和竞选活动的开展。他犹豫着在竞选期间是否应该让马尔罗——通常，他是一个充满激情的演说家——派上用场，他对福卡尔说："他最近这段时间似乎非常累，有时我觉得他像是吸毒了（他的感觉完全正确）。"[80]作为一种特殊的恩典，6月18日那天，戴高乐邀请福卡尔和他同乘一辆车前往瓦莱利山参加纪念活动。在路上，他把自己预测的选举结果告诉了福卡尔，这显示出他的政治触角和过去一样敏锐（以及他那毫无根据的疑心依然很重）：

> 我们一定会赢得多数席位，反对派将被其他党派吞没，共产党将遭受损失，但它仍能占据一席之地。至于中间派，天晓得他们会怎么做。他们背后有人在施展手段，这些人首先是雇主和我们的宿敌，这很正常，但还有犹太人，我敢肯定也有美国人。[82]

第五章 走向结束

最终,这是一场压倒性的胜利,这是戴高乐和其他任何人都没有预料到的。一些重要人物如孟戴斯·弗朗斯和密特朗由于在五月危机期间的表现而遭受了惩罚,他们失去了很多席位。在第二轮选举后,戴派政党——已更名为保卫共和联盟——赢得了293个席位,占据了绝对多数席位,在法国民主制的历史上,从未有哪个党派曾取得过这种成就。但这是谁的胜利呢?

二十九 落幕（1968年6月—1970年11月）

似是而非的胜利

在蓬皮杜对1968年五月事件的苦涩回忆中，他追述了这么一件事：当第一轮选举结束后，戴高乐说："蓬皮杜，你能解释一下为什么我们会在取得这样的胜利后感到如此失落吗？"[1]这不难解释。站在戴高乐的立场来看，他知道议会选举的胜利与其说是属于他的，倒不如说是属于蓬皮杜的；站在蓬皮杜的立场来看，他知道戴高乐已意识到了这一点，并对此感到不满。

被五月事件弄得精疲力竭的蓬皮杜已无意于继续担任总理。他想离职的理由有很多个。其中之一是戴高乐依然痴迷于"参与"理念，而五月事件又强化了他的这种思想。选举结束两天后，戴高乐沉思着对心怀疑虑的福卡尔说，他想把"参与"落到实处："现在我们必须这么做，这是我一定要完成的一件大事，也是我能为国家作出的最大贡献。"[2]在那天晚上晚些时候，戴高乐直截了当地问蓬皮杜，他现在是否已准备好实施"参与"政策。蓬皮杜说："如果我知道什么是'参与'，我就可以作出回答。"[3]在这个问题上继续采用游击战做法的前景并不诱人。

蓬皮杜也想制造一些距离，并利用自己在五月事件中建立的声誉，做好随时接替戴高乐的准备。这是一个合理的策略，但前提是戴高乐不要执政过久。从理论上讲，戴高乐的任期将于1972年结束，不过许多戴高乐主义者认为他将决定提前离任。这当然是伊冯娜·戴高乐所希望的。五月事件后不久，她可怜地请求福卡尔要让戴高乐马上辞职：

第五章 走向结束

将军真的特别疲惫。福卡尔先生,即便在你看来,他仍站在舞台上的,但我审视他的角度与其他任何人都不一样……除了我,他的儿子、女儿,包括女婿、儿媳,甚至孙子等这些人都看到他站在舞台上。但就连他的孙子此刻也能看出来他是多么疲惫。这种情况绝不能再延续下去了。[4]

选举结束后的那一周,蓬皮杜与戴高乐见了三次面,他明确向戴高乐表示,他觉得自己任职的时间已经够久了。在每次交谈后,蓬皮杜都不知道戴高乐是怎么想的。戴高乐既没有极力挽留他,也没有要他离职。事实上,戴高乐对蓬皮杜满怀愤恨之情。选举期间,他在一天晚上气呼呼地对福卡尔说:"蓬皮杜在电视讲话中根本没有提到我的名字,就当我不存在似的"[5]——6月7日在接受米歇尔·德鲁瓦的长篇电视访谈时,他虽然详细地谈论了五月事件,却一次也没有提到蓬皮杜的名字。选举结束后的那一周,福卡尔从与戴高乐的每晚会谈中得到的印象是,尽管戴高乐急于撤换总理,但他希望蓬皮杜先提出正式辞职。另一方面,蓬皮杜的许多随从,就连福卡尔本人,都在力劝他留任。

周五晚上(7月5日),蓬皮杜一夜未眠,他决定留任。但这为时已晚。同一天晚上,戴高乐秘密地把顾夫·德姆维尔召进爱丽舍宫,并把总理职位送给了他。周六上午,当蓬皮杜给爱丽舍宫打电话说他最终准备留任时,他被告知顾夫已得到了那个职位。那天,蓬皮杜对福卡尔大吐苦水,说自己被戴高乐戏耍、被顾夫暗算。特里科将两人之间的关系描述为一部类似于马里沃[1]剧作风格的失恋喜剧。[6]蓬皮杜将以什么样的方式离任仍有待决定。戴高乐希望从蓬皮杜那里收到一封正式信函,说他已决定辞职;反过来,戴高乐将写一封正式回信,感谢他所作的贡献并预祝他有个美好未来。蓬皮杜不乐意扮演牺牲品的角色。他痛苦地说,德勃雷曾收到一封信向他保证"有重要

---

[1] 马里沃(Marivaux,1688—1763),18世纪著名的法国古典喜剧作家。马里沃戏剧中的对白简短而紧凑,对戏双方的台词一句句地相互追逐、扣连,两人激烈地你来我往。——编者注

二十九 落幕（1968年6月—1970年11月）

的任务等着他完成"，结果，他在政治荒野中度过了四年。福卡尔发现，戴高乐对蓬皮杜的辞职动机起了疑心：

> "我想知道蓬皮杜的角色是不是真的很无趣，或者他是不是在演戏，又或者这是不是一种为将来做打算的策略……为未来做足准备，让自己处在更舒适的位置。因为这是我不允许的。策略可以存在，人们必须施展它们，但这要由我来干，而不是由他来选择。这就是我认为正在发生的事情。"将军怀疑地看着我，好像我在某种程度上卷入了他所谴责的策略。[7]

最终，蓬皮杜递交了辞呈，并且戴高乐的回信也使他的自尊心得到了满足："我希望你随时准备完成将来国家可能交给你的任何使命，并承担可能授予你的任何委托。"双方都挽回了颜面，然而，即便是最细微的一件事都会让蓬皮杜产生一种戴高乐对他极其忘恩负义的感觉。

戴高乐对蓬皮杜动机的怀疑没有错。蓬皮杜曾直言不讳地对福卡尔说，他急于离职的一个原因是，在五月事件中为收买工会而付出的代价将带来严重的经济后果。尽管选举取得了惊人的成功，但政府在接下来的几个月过得并不轻松。对于蓬皮杜来说，选择退守从而避免与一段注定将动荡不安的岁月联系起来是明智的。事实上，新政府面临的第一个严峻挑战与经济无关，而是与戴高乐外交政策的支柱之一有关：同苏联重修于好。

外交政策方面的失望

无论访问波兰和罗马尼亚让戴高乐感到多么失望，他仍旧乐观地认为他的缓和政策具有长期正确性。有一次，他对弗洛伊克说："我对自己的政策所引发的不安一点也不担心。小协约国正在重新生成。这会让俄国人不高兴。然而一旦他们决定扮演好人（gracieux），他们对此就无能为力了。"⁸在两次世界大战之间，南斯拉夫、罗马尼亚和捷克斯洛伐克结成的联盟被称作"小协约国"，法国政府对此持鼓励态度，并将之作为抗衡德国的堡垒和孤立苏联的一种方式。自20世纪50年代以来，南斯拉夫一直坚持与苏联集团保持距离；20世纪60年代，罗马尼亚表现出想追求更加独立的外交政策的迹象。但在1968年，对苏联的权威构成真正威胁的是捷克斯洛伐克。苏联人的反应表明，如果他们的利益受到威胁，他们不一定准备扮演"好人"的角色。

当法国正陷入那场奇怪的、如梦幻般的革命之中时，在铁幕的另一边，捷克斯洛伐克也正在经历自己的革命之春。当年1月，改革派的亚历山大·杜布切克（Alexander Dubček）被任命为总书记。杜布切克实施了一系列自由化举措，随着"布拉格之春"的深入推进，苏联领导层开始担心它有蔓延到东方集团其他国家的危险。这些做法令西方国家兴奋不已。记者让–马里·多梅纳克赶赴布拉格想目睹这一切。回来后，他试图拜会戴高乐，却未能如愿。我们后来得知他收到了一张字条："他们走得太快、太远。苏联人将会干预。接着，像往常那样，捷克人不会抵抗，夜幕将再次笼罩布拉格。只会有少数学生准备自杀。"⁹如果戴高乐真的说了这些话，那它也是一种他经常讲的预言式的冷嘲热讽之语。但当8月20日至21日晚苏联坦克开进布拉格时，他和其他人一样感到十分震惊。

顾夫·德姆维尔和德勃雷——他已取代顾夫在新政府中担任外交部长——连同戴高乐在科隆贝起草了一份谴责这次入侵行动的公报。两天后，在答复苏联驻法大使的口头沟通时，戴高乐又起草了一份声明，谴责"这种侵犯国家独立及不干涉他国内政原则的行动"。他仍然希望将来能够实施一种"缓和、谅解并能够与欧洲合作的政策"，但前提是苏联军队撤离捷克斯洛伐克。¹⁰埃尔韦·阿尔方在入侵发生三天后说："或许，这种超越意识形态、想将两个世界重新联合起来的巨大努力白费了。英国媒体在取笑戴高乐的宏伟计划如今已不管用。但除了冷战，还有什么选择呢？"¹¹入侵发生两周后，戴高乐在9月召开的新闻发布会上除了把眼光放长远之外，显得别无他法："在捷克斯洛伐克发生的事，我指的是该国人民争取解放的

二十九 落幕（1968年6月—1970年11月）

热情（élan）……表明，尽管我们的政策暂时受挫，却符合欧洲深层次的现实……考虑到实现进步与和平的普遍愿望，企图把欧洲分裂成两个对立集团已为时太晚。"他重申，法国不会放弃它那致力于"各国人民独立和人类自由……致力于缓和、谅解与合作，也就是和平"的政策。[12]这将是戴高乐在自己的最后一场新闻发布会上说的最后一句话，虽然他对此并不知道。

这是一些虚张声势的话语，其实，在苏联入侵布拉格后，戴高乐对局势发展深感悲观。9月底，他在分别会见两名美国人时，提出了这样的观点：必须把苏联对布拉格的占领放在更广阔的背景下来看待，即苏联对其地缘政治形势感到不安。他认为，随着苏联对未来与中国发生冲突的担忧日益加剧，他们正试图确保西线的安全，"因为如果有一天他们与中国发生战争，他们担心德国人也许会扑向他们；这有可能是真的"。在他看来，对捷克斯洛伐克的行动可能是对德国的某种行动的前奏，"也许，你们想听一些宽慰人的、让人愉悦的话；但我们的世界充满艰难险阻"。[13]

戴高乐在9月与德国总理基辛格会晤时表达了同样的观点，但同时，他似乎在指责德国人引发了苏联的恐慌："造成这一切的原因是，法德合作没有发挥作用，并且德国想奉行自己的政策。很明显，今天出现的情况其实与俄国和联邦共和国有关。俄国人的行动是一种极其自然的反应，因为他们想控制他们的帝国。"戴高乐的意思似乎是，苏联的不满合乎情理，因为德国人仍然没有接受1945年后的奥得河-尼斯河线，并仍然抱有核野心（至少他是这么说服自己的）。戴高乐解释缓和策略——这是过去三年他的外交政策的核心——失败的方式，就是将布拉格发生的一切归咎于德国。但这主要是在揭示他对德国摇摆不定的看法，而不是在揭示苏联采取行动的真实原因。苏联档案中没有任何东西能证实他的猜测，即莫斯科采取行动是出于对德国的怀疑。[14]

美国驻法国大使馆称，苏联对布拉格采取行动的一个后果是，法美关系得以明显"改善"："我们认为，出现这种状况不是因为他（戴高乐）发自内心地要作出改变，而是因为他认识到，随着苏联走上战争道路，现在还不是与美国结怨的时候。"[15]如果戴高乐曾考虑过在1969年让法国完全脱离大西洋联盟的可能性，那么现在他已不再考虑这件事了。也有迹象表明，他一直在设法与英国建立起新的沟通桥梁，直到这项政策在3月发生的所谓的"索姆斯（Soames）事件"中产生了惊人的适得其反的结果为止。

索姆斯事件的起因是新任的英国驻法国大使克里斯托弗·索姆斯（丘吉尔的女婿）想与戴高乐举行私人会晤以探讨改善两国关系的途径。戴高乐的新任外交部长德勃雷鼓动他接受这个请求。德勃雷本能地比他的前任更亲英，他支持英国加入欧共体，尤其是因为他认为英国将成为反对超国家主义的盟友。法国人还对英国人如今正在对欧共体的其他五个成员国持续施加的压力——其目的在于绕过法国对英国加入的否决——感到担忧。[16] 同索姆斯会晤提供了一种减少这种担心的方式。

1969年2月4日，戴高乐邀请索姆斯在爱丽舍宫参加了一次私人的非正式午宴。戴高乐发表了一番即兴讲话，法国对此没有留下官方记录。戴高乐推测，或许有一天可以对《罗马条约》作出修订，使之成为一个超国家主义色彩没有那么强的组织，这样的话，英国就能更容易地加入其中。他还建议道，可以把在政治和防务问题上的合作——目前不在欧共体职权范围内——放在欧洲四个大国的定期会议上进行讨论。当索姆斯问及这该如何与北约兼容时，戴高乐说总有一天欧洲需要掌控自己的防务。第二种观点对戴高乐来说并不新鲜；第一种观点则相当模糊。戴高乐提议举行进一步的会谈以探讨这种观点。

英国外交部的反应及其对戴高乐实际所说内容的不同解读把这次平淡无奇的会晤变成了一场外交事件。新任英国外交大臣迈克尔·斯图尔特（Michael Stewart）并不像他的前任乔治·布朗那样支持西欧国家联合。和大多数外交大臣一样，他对戴高乐有一种近乎病态的怀疑——考虑到过去几年发生的事情，这种怀疑不无道理。他怀疑戴高乐设下了一个圈套。除此之外，英国人很自然地认为，在背着欧洲其他国家领导人时，同一个从未给过他们任何好处的领导人——他也不会长时间地背着他们——举行双边会谈的意义不大，并且欧洲其他国家的领导人一向更倾向于英国的立场。

2月10日，哈罗德·威尔逊会见了库尔特·基辛格，他必须决定是否要

二十九 落幕（1968年6月—1970年11月）

把那次谈话的内容简要地告知对方。由于英国人在申请加入欧共体时曾告诉其他国家，他们愿意接受欧共体的所有规则，因此，如果法国人首先泄露与索姆斯会谈的消息，其他国家可能会认为英国人在耍两面派，这是很危险的。英国人害怕掉进这个陷阱。最终，威尔逊决定把那次谈话的内容告诉基辛格。这已经惹恼了法国人，而2月21日，英国外交部采取了一个非比寻常的举动，更是将此事变成了一场全面危机。它把那次谈话的全部内容泄露给了《泰晤士报》，并且，还加上了一篇评论性文章，这使得法国的反美和反对西欧国家联合的色彩超过了其原本的立场和态度。法国政府对英国外交部的做法极为愤怒，法英关系跌入了新的低谷。

法国人是真的非常不满。一位当时在大使馆工作的英国外交官写道，英国历史上从未有过政府向媒体泄露秘密和非正式谈话内容的先例。但戴高乐并没有像法国抗议者宣称的那样清白无辜，或者至少没有那么谨慎小心。顾夫·德姆维尔后来回忆说："他在与索姆斯会晤后，马上给我打了电话。这是自1959年以来他从未干过的事情。他似乎有点局促不安。"[17]

政治问题

自5月以来，法国国际经济地位的削弱限制了戴高乐在外交政策上的行动自由。工资和政府开支的增加导致了金融市场上对法郎的投机。德国政府不同意马克升值，因为这将有利于法国摆脱困境。随着法郎不断升值，法国政府在两种可能的应对举措之间左右为难：一种是适度贬值10%，并削减政府开支；另一种是大幅贬值，从而一劳永逸地遏制投机。顾夫支持前一种，但问题是这可能不足以制止投机；德勃雷支持后一种，但问题是这将对世界货币体系造成冲击。

在11月13日的部长会议后，政府发布的一份公报称，戴高乐已宣布货币贬值是"荒谬的"。这一否认表明，这个问题已被讨论过，并且，它激起了更多的猜测。在接下来的一周，危机达到了将要爆发的程度。在私下对德国投机者责骂不已的戴高乐告诉福卡尔，货币贬值不可避免。11月23日周六的下午，政府开了四个小时的会来讨论法郎危机问题。《世界报》语气肯定地宣称，法郎将在当天收盘前贬值10%。当会议结束后，在场的部长们都不知道戴高乐的决定是什么。

当全世界都在等待法郎的贬值率将会是多少时，爱丽舍宫发表了一份简短公报，宣布"法郎将维持目前的平价"。戴高乐在作出这个决定时，得到了经济学家、社会事务部长让-马塞尔·让纳内的鼓励。让纳内请来了法国经济学家、欧共体委员会副主席雷蒙·巴尔（Raymond Barre），此人向戴高乐保证，即便法国决定不让法郎贬值，一笔计划中的国际贷款——这对支撑法郎至关重要——仍将到位。由于这笔一揽子贷款中的大部分资金是由急于避免任何破坏国际货币体系情况出现的美国政府提供的，因而，具有讽刺意味的是，只有在美国的帮助下，戴高乐才有可能蔑视市场，这或许是这一时期他淡化了反美言论的又一个原因。[18]

戴高乐在电视讲话中宣布了维持法郎平价的决定，并在结尾以其特有的风格说道："关于我们的货币所发生的一切再次证明，生活是一场战斗，成功需要努力，救赎需要胜利。"[19]有关货币贬值的争论是技术性的——这显然是一项必要的措施，不可能无限期地推迟——但戴高乐把它变成了对领袖地位的考验。[20]这是他的一种典型反应，也反映他正在尝试解决自6月戴派取得大规模胜利以来一直弥漫在法国政坛的那种难以言喻的问题。

选举是在社会恐慌和保守派反对的氛围中进行的。许多新当选的戴派议员把蓬皮杜视为拯救局势的人。戴高乐私下里不断地提到蓬皮杜在1968年时过于"软弱"。与蓬皮杜不同，他对待1968年五月事件的态度很认真，或者至少是他认为，这证明了他长期以来所宣扬的有必要进行社会改革的思想是正确的。他在选举结束后说："现在的议会是一个由法国社会党控制的议会（指的是20世纪30年代的右翼联盟），我将制定一种统一社会党的政策（统一社会党是一个小型且独立的社会党，它体现了1968年的诸多思想）。"[21]这个分析有其正确性。议会中有许多人反对新任教育部长埃德加·福尔提出的给予大学更大自主权和自治权的改革意见。戴高乐本人对福尔的这种激进主

二十九 落幕（1968年6月—1970年11月）

义的建议感到不安，他认为这破坏了大学要服从权威的原则。[22]但他并没有阻拦福尔。戴高乐反以色列政策的进一步升级也引发了议会的不满。在圣诞节，作为对从黎巴嫩境内发起袭击的游击队的报复，以色列人对贝鲁特机场进行了空袭。戴高乐宣布全面禁止向以色列出售军用飞机。这甚至让德勃雷这样忠诚的戴高乐主义者都感到震惊。

作为一名看上去毫无生气的官员，顾夫·德姆维尔缺乏安抚议会中戴派普通议员不满的政治技巧。他们的"水上之王"（king over the water）是蓬皮杜。6月，当蓬皮杜第一次出现在议院时，他受到了热烈的欢迎。五月事件不仅加深了戴高乐和蓬皮杜之间的裂痕，还催生了作为一种独特政治情感的"蓬皮杜主义"。这反映在戴高乐自己的选举吸引力和戴派政党的选举吸引力之间的差别上。在1965年的总统竞选中，戴高乐在传统的保守派选民，如妇女和老人中表现良好，工人阶级选民也对他大力支持，但他在农民和专业人士选民中表现较差。在1967年的议会选举中，戴派得到的社会支持比两年前戴高乐得到的社会支持更局限：他们得到的更多是专业人士和商人选民的支持，而不是工人阶级选民的支持。1968年戴派获胜的那场选举与1965年的总统选举在选民的社会构成方面甚至有着更大的差异。

蓬皮杜和戴高乐之间这出持续上演的心理剧在1968年秋出现了一种奇怪的新情况。10月1日，有人在巴黎郊外的一处垃圾堆里发现了电影明星阿兰·德隆（Alain Delon）的前保镖斯蒂芬·马科维奇（Stephan Marcović）的尸体。警方一直未能找到凶手，但他们通过调查发现，马科维奇有在德隆举办的派对上进行偷拍的习惯，其目的或许是敲诈当事人。在参加过这些派对的名流中，据说有蓬皮杜的妻子克劳德。当戴高乐得知这事后，他授意顾夫把它告诉蓬皮杜。顾夫拖延着没有去，最终，蓬皮杜从其他渠道首次得知了这些指控。令他感到愤懑的是，内阁成员几天前就知道了这些卑鄙的谣言，却对他只字不提。对于这种情况，没有人比福卡尔更感到尴尬，因为他一直不想让戴高乐和蓬皮杜知道这件事。从福卡尔的叙述来看，当顾夫看到他的前任（也有可能是未来的竞争对手）陷入困境时，他似乎并未感到不快。

戴高乐认为，蓬皮杜夫妇虽然无过，但行事轻率。蓬皮杜夫妇的确喜欢和巴黎上流社会——这是一个离过着简朴生活的戴高乐夫妇很远的世界——的人物搅在一起。戴高乐告诉福卡尔：

> 她（克劳德·蓬皮杜）就是一只蠢鹅（bécasse）。当她看到艺术家时，她就会被他们所吸引，但她根本不知道他们过着怎样的生活。这些人通常非常危险，因为总会有一些品行不端的人围绕在他们身边。你很容易就会喜欢上艺术家组织的聚会。接着，不体面的事情就发生了，而这一幕会被他人拍下来。[23]

戴高乐同意会见蓬皮杜，蓬皮杜在会晤结束后对戴高乐的态度有几分放心，尽管他后来写道："在向我告别时，将军似乎对自己的做法不太满意。"[24] 几周后，当他们再次会面时，蓬皮杜带着一沓文件来驳斥对他的指控。戴高乐安慰他说，政治家的命运就是受人诋毁。蓬皮杜回答说，这是发生在他妻子身上的事，而不是发生在他身上的事。

几周后，蓬皮杜对马科维奇事件越来越在意。试图充当调停者的福卡尔只能警惕地看着这一切，因为他所有的和解努力似乎只会让事情变得更糟。当戴高乐在计划邀请哪些人参加12月在朗布耶举行的狩猎活动时，他把蓬皮杜的名字从名单中删掉了，因为"他已去过一次，这就够了"。福卡尔写道："我必须说，这让我感到很痛苦，并让我对未来很担心。"[25] 有流言称，蓬皮杜有一个黑色的小笔记本，上面记着那些曾背叛过他的人的名字。

马科维奇事件造成的心理隔阂助长了蓬皮杜在政治上的胆量。1969年1月17日访问罗马期间，他对一名记者作了一番即兴发言，确认自己会在未来的总统竞选中成为候选人。尽管蓬皮杜竭力装出一副说漏了嘴的样子，但戴高乐依然怒不可遏。他向福卡尔发泄了自己的愤怒：

> 他失态了……他本应该回答说这个问题不可能发生……如果采访者坚持，他应该说："没有人接替戴高乐将军。"当然，在戴高乐将军之后会有共和国总统的选举，但人们不是接替戴高乐：

二十九 落幕(1968年6月—1970年11月)

人们是在戴高乐之后被选为共和国总统的。[26]

戴高乐加大了赌注,他要求部长会议发布一份简短公报,其内容是,他打算继续履行自己的职责,直到期满。这使得蓬皮杜在1969年2月13日访问日内瓦期间再次做出了更为严重的触怒君威(lèse-majesté)的举措,当时,他说他期待有一天能够掌握"国家的命运"。戴高乐主义似乎由于封建贵族之间征战不休而趋于瓦解。这不是发起戴高乐期待已久的全民公投的理想氛围:当那些想投"否决票"的戴高乐主义者知道将有一个戴派候选人准备登场时,他们或许真的会这么做。

全民公投

全民公投失败及戴高乐下台后,马尔罗曾经问他:"你为什么要因为一个像地区改革这样不重要的问题而辞职?"戴高乐回答说:"因为它的荒谬。"考虑到马尔罗与历史真相的特殊关系,我们无法知道戴高乐是否真的说过这句话。但它强化了人们普遍持有的一种观点,即戴高乐将全民公投作为一种优雅的下台方式。没有什么比这更不符合事实了。最初,将军相信公投,并希望赢得公投。正如他告诉福卡尔的那样,他需要"感觉到这个国家是和我站在一起的"。[27]但是,如果认为公投只是重建这位领导人和他的人民之间神秘纽带的借口,那就错了。戴高乐曾真诚地说服自己,把"参与"引入法国社会是他的使命,尽管事实是,他行使权力的方式同参与式统治背道而驰。

"参与"的问题在于,就像"伟大"一样,它的内容是模糊的。与其说这是一种政策,不如说是一种姿态,而这是戴高乐在任何时候都希望看到的。在竞选期间接受米歇尔·德鲁瓦采访时,他多次回到自己最喜欢的主题:工业文明及让工人"参与"的必要性。但是根据宪法规定,劳资关系不属于可以由公民投票处理的问题的范围。因此,戴高乐提出了另外两项他极为关注的改革。第一项是参议院的重组,他曾在1946年的贝叶讲话中首次提出这种想法。其内容是,参议院将不再是一个主要由地方知名人士和杰出的前议员组成的第二立法机构,而是一个代表经济和社会力量的协商机构。这种观念源自两次世界大战期间在欧洲十分流行的社团主义思想。但这也与20世纪60年代进步的社会学家和经济学家的想法相契合,这些人希望关于经济政策的决策能够以一种更一致、更少中央集权的方式作出——法国计划总署的"指示性计划"就是一个范例。戴高乐曾想在1958年的宪法中引入这类改革,但遭到了德勃雷等人的劝阻。1965年大选后,当他想给国内政策重新注入活力时,曾多次提议就这一问题举行全民公投。[28]

戴高乐对地方改革也曾考虑过一段时间。五月事件爆发前,在1968年3月发表的一篇讲话中,他宣称"为了实现和维持法国统一所需的持续了数个世纪的加强中央集权的努力……已无必要"[29]。在1968年五月事件中,爱丽舍宫的顾问们提议,这两套改革可以结合起来,并在"参与"的总标题下加以包装。[30]但这造就了一项缺乏条理、混乱不堪的法案,没有人对此满意,并且,它与戴高乐先前所阐释的"参与"关系不大。事实上,尽管拟议中的改革设想建立具有经济投资权和基础设施建设权的地区议会,但这并没有放松对地方财源的控制。对于那些想实现真正区域化的人来说,这一改革力度太小;而对于参议员这些既得利益者来说,对参议院的改革力度太大。

1969年2月18日,政府宣布将于4月24日举行全民公投。戴高乐几乎马上就对自己是否作出了正确的决定进行了反思,或者说,他宣称要重新考虑此事。仅仅两天后,他告诉福卡尔:"法国人只有在感到害怕时才会采取行动;或者只有当他们要保卫某些东西时,他们才会有激情。但区域化于他们毫无意义;至于参议院,他们根本不在乎。"[31]三天后,他要求推迟公投。对此一向不热心的福卡尔觉得,现在回头已经太迟了:

戴高乐:这是一个陷阱,我不该掉进去。

福卡尔:将军,要是当初没有设下这个陷阱就好了,但如今它已设下……

二十九 落幕（1968年6月—1970年11月）

戴高乐：跳进去并被抓住，这毫无道理。[32]

2月26日，戴派"贵族"在共进午餐时，对这种退却的想法大为吃惊，尽管没有人相信这次公投。沙邦-戴尔马曾是一名具有国际水准的橄榄球球员，他作了个比喻：

> 如果我们退却，那将是戴高乐主义的终结。戴高乐主义就是坚定自己的立场。老父亲戴高乐已选择了他要做的"事情"，如今他不能放弃……这就像举行橄榄球赛时，当观众（选民）已坐上看台，我们把球夹在腋下来到球场上后，突然有人问："我们要比赛吗？"[33]

人们永远无法确定，在选定公投日仅仅两天后，戴高乐表现出的疑虑之情究竟是真的，还是只是一个他喜欢玩的用以考验他助手的把戏。无论真相如何，一周后，他承认没有回头路了：他进了自己设下的陷阱。不久，民意调查显示，戴高乐或许会输得很惨。4月初，他已经接受了这种可能性，并决定抓住这个机会优雅地离开。随着时间一分一秒地流逝，他又例行公事般当了一个月的总统。

倒计时

3月1日至2日，戴高乐接见了新当选的美国总统理查德·尼克松。这次会面极为亲切友好。这得益于苏联入侵布拉格后法美关系的改善，但尼克松一直是把戴高乐当作现实政治的最有力鼓吹者来崇拜的。他在接受戴高乐的建议时，几乎就像是一名小学生在接受大师的点拨。戴高乐对世界局势的分析已为人熟知，但这次是以一种告别的语气说出来的：

第五章 走向结束

  在伦敦、布鲁塞尔、波恩、柏林和罗马,你看不到欧洲。或许它终将存在,但今天还不存在。欧洲国家在不同程度上被战争摧毁,其中两个战败,两个在遭受巨大损失和破坏后和你们一起取得胜利,它们是英国和法国。还有像比利时和荷兰这样的小国,它们受人尊敬,但无足轻重。至于英国、法国、德国和意大利,它们向来就卓尔不群,今天更是这样:因为它们的语言和它们数百年的传统。英国是为贸易而生的,它向海洋敞开了怀抱;法国和德国是大陆国家,它们也向大海敞开了怀抱,但不是以英国那种有机的方式……德国的情况非常特殊:它被一分为二,俄国及其卫星国,特别是波兰,用怀疑的眼光监视着它。它已被削弱,不是经济上,而是政治上。它不再是一个独立的国家。事实上,它想生活在你们的保护之下,不然它无法生存……没有你们的保护,英国本可以生存下去,但自丘吉尔以来,在政治、货币和经济领域,英国更愿意遵循你们的政策,并希望从中获益。它是有意把自己置于你们的大方向之下的。

在越南问题上,他建议尼克松尽快脱身:

  如果我对你讲得很直白,那是因为我曾处在类似的情形中(在阿尔及利亚),我没有说相同,因为没有哪两种情况是完全相同的。我作出了一个极其痛苦的决定,最终,这个决定是正确的……那里有100万法国人……你们的情况是不一样的:越南没有100万美国人,它也不在你们的家门口。我们在阿尔及利亚待了130年,并且,我们对这个国家实施着直接统治,你们在越南不是这样的。你们的国家如此强大,解决这个地区问题不会真的给你们带来这样的麻烦……你应该摆脱这种不会给你带来任何好处的状况,可怕且毫无出路。当你从中脱身后,它将给你带来这样的优势:使你能够与苏联建立良好关系,并看一看为更好的关系和

二十九 落幕（1968年6月—1970年11月）

合作还能做些什么……当然，共产党人和共产主义制度不会在越南被摧毁。但或许共产主义制度会通过与捍卫民族独立联系在一起而在世界上获得发展。[34]

在这次访问中，陪同尼克松的是他主要的外交政策顾问亨利·基辛格。基辛格第一次也是唯一一次有机会见到戴高乐。当基辛格还是个学者时，曾对其作出颇有见地的分析：

> 我有点儿肃然起敬地走近那个高大的身影。见到我后，他屏退左右，没说一句寒暄的话……接着开口就问我："你们为什么不从越南脱身？"我有些犹豫地回答说，单方面撤军会损害美国的信誉。戴高乐对此不以为然，并问这种信誉的丧失可能出现在哪里。当我提到中东时，他的冷漠变成了忧郁，他说："多么奇怪啊，我认为恰恰是在中东，你们的敌人才出现了信誉问题。"

在戴高乐向尼克松概述了他对欧洲的设想后，基辛格问戴高乐将如何阻止德国控制他刚才描述的欧洲，他回答说："用战争。"[35]

3月13日，戴高乐接见了德国总理库尔特·基辛格。与他们之前不愉快的会面相比，这次会面的气氛要好一些。两人谈论了制造空中客车这个重要的联合航空项目。自1960年以来，英法两国一直在酝酿该项目，1967年德国也加入进来。由于成本上涨，英国政府于1968年退出，但法德两国决定坚持下去。戴高乐在这次会谈中发表了一些关于英国背信弃义的言论；他们一致认为，决不能把欧洲视为"一道大烩菜"。[36]

像以往那样，在公投前的几个星期，非洲事务占据了戴高乐的大部分时间。其中有关于行为越来越乖戾的博卡萨总统的问题，还有关于法国被迫向乍得派兵以支持托姆巴巴耶总统的政府的问题。比夫拉分离主义者日益受到围攻，福卡尔和戴高乐安慰自己说，胜利或许还需10年。他们视英国为真正的问题。戴高乐说："他们总是这样，这种状况已持续了1000年。"[37]3月27

日，戴高乐接见了最后一位国家首脑蒙博托总统。戴高乐曾希望法国控制前比属刚果，但这似乎已无可能。蒙博托给他留下了深刻的印象，但他告诉福卡尔，当蒙博托否认自己"受到美国控制"时，他并不相信。[38]

3月17日，戴高乐邀请蓬皮杜前来爱丽舍宫参加私人晚宴，这是他并非真心实意地想要同蓬皮杜重修旧好的最后尝试。本应出席晚宴的福卡尔由于身患流感取消了这项安排；但同样身患流感的德勃雷来了。戴高乐事后对福卡尔说："蓬皮杜夫人看起来情绪非常低落。她深受这些卑鄙流言的困扰。他状态很好，就是有点紧张……这不太好。"蓬皮杜则说，那天晚上的气氛很"压抑"，没有"一句真心话"；德勃雷发现，这是一个"糟糕的"时刻，不时会出现长时间的沉默，并且，戴高乐还半心半意地试图让蓬皮杜收回他曾发表的表示自己已准备好成为戴派未来候选人的公开声明。[39]

4月10日，戴高乐在接受米歇尔·德鲁瓦的最后一次电视采访时对公投进行了辩护，但这仅仅是走走过场罢了。在最后他明确表示，如果结果是不赞成，他将辞职。但是，正如前文所述，这种"选择我还是选择混乱"的论断由于准备登场的蓬皮杜的出现，已不如之前令人信服。为了使自己免于受到曾破坏戴高乐的机会的指控，蓬皮杜也对公投进行了辩护，但这同样只是走走过场。4月14日，吉斯卡尔·德斯坦宣称自己将投"反对票"。

戴高乐已在计划公投结束后他将做些什么。他将于周日晚上在科隆贝聆听公投结果，如果结果正如之前所料，他打算决不会再次踏进爱丽舍宫。他对福卡尔说："这是一条坦途，如果国人不想听我的，那么，我就沿这条路走下去，不久后人们就会发现，我是正确的。"[40]没有人比伊冯娜·戴高乐更热切地期待戴高乐下台，这不仅是由于那个她一直渴望摆脱爱丽舍宫束缚的一般原因，还有一个特殊原因是：这样的话，她将不必被迫接见宪法委员会主席加斯东·帕莱夫斯基及其新婚妻子。在其职业生涯中，帕莱夫斯基既是个势利眼又是个私生活混乱的人，1969年3月，时年69岁的帕莱夫斯基迎娶了萨冈女公爵维奥莱特·德·塔列朗–佩里戈尔（Violette de Talleyrand-Périgord）。一向对帕莱夫斯基这个花花公子不抱好感的伊冯娜·戴高乐如今不高兴地发现，她需要向这场她和丈夫都认为

二十九 落幕（1968年6月—1970年11月）

荒唐的婚姻送上祝福。[41]公投前一周，戴高乐指示爱丽舍宫的工作人员开始准备搬运他的档案。福卡尔担心，如果这一消息为公众所知，它将给胜利的前景带来最后的打击。4月25日星期五，戴高乐发表了他最后一次电视讲话，重申他将在投票结果为反对的情况下卸任总统一职。在动身前往科隆贝的那天晚上，他确信自己再也不会回来了。

4月27日周日上午，为避开围观人群，戴高乐在拉布瓦瑟里的客厅，而不是在教堂举行了弥撒。下午，他投出了自己的一票。晚上，投票结果公布，"反对票"占比为52.4%。午夜，爱丽舍宫发表了戴高乐几天前写的一份公报："我将不再履行共和国总统的职责。这项决定自今天中午生效。"这是他最后的公开言辞。

让传奇尽善尽美

第二天上午，戴高乐的妻舅雅克·旺德鲁第一个来到拉布瓦瑟里。他发现戴高乐坐在桌边耐心地玩着游戏，戴高乐夫人则在他身边织着毛线。戴高乐破天荒地拥抱了旺德鲁，而旺德鲁也在这50年中第一次拥抱了他的姐姐。两天后，他对福卡尔说："我们这个家庭彼此之间都不拥抱。"[42]立即宣布要当候选人的蓬皮杜给戴高乐写了一封措辞谨慎的信以寻求他的祝福。4月28日，戴高乐在回信中给了他想要的东西："你站出来是非常自然和正常的。"但是，其中也有指责和威胁："如果你在几周前没有宣布这一点，那就更好了。这使一些人没有投'赞成票'，还将使你失去部分选票，最重要的是，如果你当选，这可能会给你带来麻烦。"他强调，他们之间的书信往来是保密的，并在最后写道，"不用说"，他不会干预竞选。[43]这是蓬皮杜所能想到的最好的结果；无疑，一切本可能会更糟。

戴高乐把不干预誓言履行到了极致，他在竞选期间离开了法国。5月10日，在完全保密的情况下，他和妻子飞赴之前他从未去过的爱尔兰。[44]在公投前，他已为这次旅行筹划了几个星期。为什么是爱尔兰呢？或许是

第五章 走向结束

出于对家族历史的好奇心，因为从戴高乐的曾外祖母这一边看，他具有爱尔兰血统；又或许是参观这个英国的宿敌对他很有吸引力。但最重要的是，戴高乐想追寻孤独和远方。他的一名助手——被派去寻找一个合适落脚地——对法国驻爱尔兰大使说，戴高乐想找个"荒芜、远离人烟，并挨着荒凉海滩的地方。如果旁边有一片可供散步的森林，那就更好了"[45]。最后被选定的地点是爱尔兰西海岸的肯梅尔（Kenmare），这里完全符合要求。他们这对夫妇住在了斯尼姆村附近的一家名为"苍鹭湾"的普通酒店。戴高乐的行踪不可能做到绝对保密，有好几次，摄影师们成功地躲过了那些努力保护戴高乐以免他被人窥视的警察的警惕目光。在戴瑞内恩（Derrynane）多风的海滩上，摄影师们拍下来几张关于戴高乐的著名照片，照片中，身穿大衣的他在妻子、助手弗洛伊克和司机的陪同下，正沿着海岸大步前行。戴高乐对这种侵扰很不满，但这些著名的照片为这个神话增添了另一抹色彩——让世人看到戴高乐是一个李尔王式的人物：他离开了他那忘恩负义的王国而流亡在外。

法国驻爱尔兰大使埃马纽埃尔·达尔古（Emmanuel d'Harcourt）是自由法国的一名老兵。他此前和戴高乐接触不多，在这次访问期间，他们见过几次面。每次会面后，他所写的笔记都表现了将军典型的波动的情绪。在迎接戴高乐到来时，他发现他沮丧而痛苦，一直在念叨着公投的失败。在苍鹭湾度过的两个星期，戴高乐夫妇参观了丹尼尔·奥康内尔的出生地戴瑞内恩老屋，在这里，戴高乐对奥康内尔生平的了解让每个人都感到吃惊。他的祖母曾写过一本此人的传记，戴高乐于1920年在笔记本上写道："这个人的心里装着整个民族。"[46]戴高乐和妻子会在斯尼姆的教堂参加弥撒，然后再驱车四处走走，但大部分时间他们都待在拥有宽阔院落的宾馆里。戴高乐随身带着夏多布里昂的《墓畔回忆录》和拉·卡斯（Las Cases）的《圣赫勒拿岛回忆录》，以作为他马上就要开始创作的新回忆录的灵感源泉。

清新宜人的气候，充满野性气息的景色，最重要的是他再次活跃起来撰写回忆录的事实，都促使他变得精神振奋。戴高乐的忧郁之情开始消散。5月23日，他搬到了位于西海岸康尼马拉的卡谢尔湾的另一个住处，当达尔

二十九 落幕（1968年6月—1970年11月）

古再次见到戴高乐时，他发现戴高乐比上次见面时"好了很多"，"精神放松，不怎么悲伤，不怎么心事重重"。戴高乐情绪高昂，开始像往常那样发表长篇大论："我一生的憾事是未能建立君主制，因为没有君主制所需要的王室成员。事实上，我当了10年的君主。"他越讲越起劲，还说道，共同市场不是建立一个真正欧洲的途径，"要创建欧洲，就需要一个像查理曼、拿破仑这样建立起——或者是像希特勒这样试图建立起——联合的人。接着，或许还需要一场把不同元素拼接在一起的战争。如果法国有1亿人口，也许它可以扮演这个角色。"在说了这些令人震惊的呓语后，他又对"空想家"（fumiste）莫内和"德国鬼子"罗贝尔·舒曼——他对他们要走的欧洲道路持谴责态度——进行了一番冷嘲热讽。对戴高乐的这种挑衅话语感到不习惯的达尔古不知道该如何接受这一切："和蔼可亲、极其放松……另一个时代的礼节，同时也抛出了很多粗俗话语（mots rudes）。这个人依然让人难以捉摸。"[47]戴高乐夫妇最后搬到了凯里郡的一处私人宅院。达尔古发现戴高乐的情绪越来越高昂，当提到英国，他戏谑地说："自路易十五以来，我们就一直在世界范围内和他们斗争……要是我还掌权的话，我会支持瓦隆人、汝拉人、加尔文派、瓦勒度派。"[48]达尔古还使戴高乐笼统地谈到了法国历史。有一次，他们聊到了路易十四，达尔古大胆地批评了他的政府管理方式。戴高乐反驳说："正是通过这些政府管理方式，他奠定了现代法国的基础，为它赢得了世界其他国家的尊重，这是一种稳固的内部结构，它宏伟壮观。"达尔古进一步指出，路易十四最终留下了一片空白。戴高乐说："这是他的继任者路易十五的错，不是他的错。"[49]这显然是在影射当下。

6月15日，蓬皮杜当选为共和国总统。戴高乐给他的贺词只有一行字，他在私下表示，法国选择了一条"平庸"之路。戴高乐把不是他作出的选择都定义为平庸。他给姐姐写信说："今天的法国人还不是一个足够伟大的民族，他们中的大多数人，无法维持那种我以他们的名义已实行了30年的对法国的鼓励性肯定。"[50]

在归国前，戴高乐访问了都柏林，他的爱尔兰之行进入官方性质阶段。他得到了85岁高龄、双目几乎失明的埃蒙·德·瓦勒拉（Eamon de

第五章 走向结束

Valera）的接见。戴高乐先是用英语讲了几句话，然后说道："现在，总统先生，我想请你给我解释一下什么是爱尔兰。"[51]这让对方措手不及。第二天，即具有象征意义的6月18日这天，戴高乐接见了他的先祖麦卡坦家族的后裔，之后达尔古在法国大使馆为他举办了午宴。离开前，戴高乐在来宾留言簿上写了三条箴言。第一条出自《罗兰之歌》："苦难使人成长。"[1]第二条出自尼采："一切都毫无意义，一切都未发生，一切都已发生，但这对我来说无关紧要。"第三条出自圣奥古斯丁："通过此书知道我的人，请为我祈祷。"第二天，戴高乐出席了爱尔兰总理杰克·林奇（Jack Lynch）为他举办的午宴。在祝酒词的最后，戴高乐举起酒杯说，向"作为整体的爱尔兰"（Irlande toute entière）致敬。虽然它并不像祝酒词"统一的爱尔兰"那样有挑衅性，但这几个词还是从有关这件事的官方记录中删掉了。

戴高乐在蓬皮杜当选为总统后推迟从爱尔兰回国的原因是，他不想在法国度过"6·18"纪念日。他发誓再也不会在法国庆祝这个纪念日，他的行动是经过精心策划的，以便使他的传奇变得尽善尽美，并给继任者带来最大难堪。他将是个不在场的幽灵，他不在场会比他在场更让人感到不安。由于在瓦莱利山举行的纪念仪式是由解放战友正式组织的，而戴高乐是第一个也是唯一一个领袖级的勋章获得者，因而他的缺席在礼仪上造成了一些问题。每一年都是他单独进入地下墓室的。解放勋章的"总理"，即二号人物，是埃捷·德·布瓦朗贝尔，他是1940年首批追随戴高乐的人之一。戴高乐告诉布瓦朗贝尔，尽管他不在场，但这个仪式应该照常举行。由于蓬皮杜仅是一个尚未就职的新当选总统，因而他的身份仍是普通公民，这让1969年的情况变得很复杂。依据职权，临时总统是参议院议长阿兰·波埃。戴高乐明确表示，他不想让波埃参加这个仪式。布瓦朗贝尔担心他可能试图参加，于是派警察给他传递了错误指示，以防总统座驾出现在路上。

第二年的6月18日这天，在礼仪方面出现的棘手问题是，当时执政的蓬皮杜应该在仪式中扮演什么角色。最终，蓬皮杜选择了尽可能谨慎行

---

[1] 原文为：Moult a appris qui bien conut ahan.

二十九 落幕（1968年6月—1970年11月）

事。他来到了瓦莱利山，但没有和布瓦朗贝尔一起进入地下墓室，因为正如他告诉对方的那样："只有戴高乐是领袖级的勋章获得者。我只是蓬皮杜先生。"[52]在戴高乐辞职后的第二个"6·18"纪念日，他决定访问西班牙，并渴望同佛朗哥将军会面。1970年6月3日，他从加利西亚开启了这次访问，因为他的妻子想去孔波斯特拉。6月8日，他们抵达马德里，略显老态的佛朗哥在私邸同戴高乐进行了一个小时的会面。下午，戴高乐在普拉多博物馆逛了半小时，他说："只要看看戈雅（Goyas）和维拉斯开兹（Velázquez）的作品就够了。"戴高乐夫妇在安达卢西亚的两家不同的帕拉多酒店度过了余下的假期，除了参观当地景点外，戴高乐大部分时间都在撰写回忆录。他要拜访佛朗哥的决定让莫里亚克和马尔罗大吃一惊，这两人在20世纪30年代都曾致力于保卫西班牙共和国。这在某种程度上说明，他们对戴高乐的了解是多么少。向来对一国政体的性质完全不在乎的他，从来没有以这样或那样的方式关心过西班牙共和国的命运，除非它影响到法国。1968年，他在同齐奥塞斯库谈话时对罗马尼亚政权的性质表现出的漠不关心可能同样适用于佛朗哥的西班牙，以及他计划于1971年6月访问的中国。毛泽东是20世纪他素未谋面的为数不多的巨人之一。

除了这两次出国访问，戴高乐的所有时间都待在科隆贝。戴高乐夫妇的生活，同任何一对退休夫妇的生活是一样的。戴高乐经常在晚上看电视，并特别喜欢看科幻电影。他还喜欢看有法国队参与的体育比赛，但伊冯娜·戴高乐只有在法国队将要获胜时才会把他叫到房间里，反之的话，她担心影响他的健康。他们进行了几次完全私人性质的出行，其中一次是去勒阿弗尔附近祭拜他的双亲，还有一次是11月11日前往凡尔登战役旧址。戴高乐总是想避开公众的视线。在前往凡尔登时，他们没有在餐馆就餐，而是像多年前在法兰西人民联盟时期所做的那样在路边野餐。戴高乐再也没有踏足巴黎，除了在他的孙女安妮第一次领圣餐时，他悄无声息地去过一次之外。

家庭是戴高乐在科隆贝生活的中心。他那酷爱阅读的孙子伊夫（Yves，生于1951年）还记得1970年暑假期间他们长时间地谈论了文学。这些谈话表明戴高乐在文学领域涉猎甚广，以及他具有令人吃惊的折中主义思想。尽管

第五章 走向结束

不是左拉的书迷,但他建议伊夫读一些他不太出名的小说,如《金钱》《作品》《穆雷教士的过错》等;他还向他推荐了雨果的那部不太出名的著作《海上劳工》。普鲁斯特和塞利纳(Céline)这两位在今天被认为是20世纪法国最伟大的小说家,从未在他们的谈话中被提到过。正如我们所见,普鲁斯特并不是戴高乐(如果他读过他的作品的话)喜欢的作家。塞利纳没有被提及很可能是因为他的写作风格,而不是因为他战时的通敌行为,因为戴高乐向孙子表达了自己对罗贝尔·布拉西亚克和保罗·莫朗(Paul Morand)的作品的赞赏之情。其中,布拉西亚克因通敌行为而在1945年被判处死刑,并且戴高乐拒绝对其减刑;至于莫朗,他是两次世界大战期间的著名作家,后来依附维希政府,并在1945年后成为一名彻头彻尾的反戴高乐主义者。在非法国籍作家中,戴高乐颂扬了约瑟夫·罗特(Joseph Roth)、斯蒂芬·茨威格(Stefan Zweig)、阿尔图尔·施尼茨勒(Arthur Schnitzler)、恩斯特·荣格(Ernst Jünger)。他对布尔加科夫(Bulgakov)的《大师与玛格丽特》和安德烈·别雷(Andrei Bely)于1931年创作的小说《彼得堡》称赞有加,并认为后者就像乔伊斯的《尤利西斯》和多斯·帕索斯(Dos Passos)的《曼哈顿中转站》一样,是一部关于一座城市的优秀著作。在谈到托马斯·曼(Thomas Mann)的《魔山》时,戴高乐追忆了一个铭刻在心间的片段:"汉斯·卡斯托普(Hans Castorp)正在享受着山的宁静,这时,一场突如其来的暴风雪把他吓了一跳。他几乎不能呼吸,他确定他已无法感知自己的存在。时间似乎停止了、消散了,所有这一切都是用一种卓越的抒情语气叙述出来的,然后,他恢复了知觉,得以死里逃生。"[53]

除了家庭成员外,戴高乐还接见了少数访客,如顾夫·德姆维尔、特里科、让纳内、梅斯梅尔等,但他们都没有在蓬皮杜的手下担任正式职位。这就排除了那些继续为戴高乐的继任者效劳的、像德勃雷和福卡尔这样的极为忠诚的戴高乐主义者来访的可能性。戴高乐当时的口头禅是,"他们(当前政府)与我毫无关系"。在戴高乐接见的少数访客中,没有谁比1969年11月11日来访的马尔罗所留下的痕迹更重要,因为在将军死后,马尔罗发表了一部能够唤起人们回忆的名为《倒下的橡树》的小小杰作。这本书的标题出自

二十九 落幕（1968年6月—1970年11月）

维克多·雨果的那个关于橡树被砍倒以作为赫拉克勒斯火葬柴堆的对句，马尔罗声称要在书中讲述他与戴高乐的最后一场谈话。他呈现出的是君王与诗人的谈话，这就好比是伏尔泰把自己同腓特烈大帝的谈话或狄德罗把自己同叶卡捷琳娜女皇的谈话记录了下来。《倒下的橡树》读起来有时像是一部马尔罗模仿自己写作风格的作品。两人就历史、法国和世界交换了隐晦而忧郁的看法，但我们无法弄清楚说话的是谁。马尔罗记述的从戴高乐口中说出的话听上去更像是马尔罗在说话，反之亦然。如果马尔罗的叙述是"真的"，那么它仅是体现在诗意方面。他们之间40分钟的谈话从内容上看不可能使他写出一部250页的回忆录。马尔罗曾一度让戴高乐仰望星空，并发出"人事的微不足道"（《战争回忆录》中的一句话）之感，但由于马尔罗是在下午3点离开科隆贝的，因而他们都不可能看到星星。

然而，这本书挽歌式的基调、深沉的忧郁感很符合事实，并和戴高乐辞职后其他叙述与其会面情形的作品产生了共鸣。他一天又一天地品尝着旺德鲁所称的"忘恩负义的辛酸"。[54]在同马尔罗交谈时，他的开场白是："我和法国之间有一份契约……这份契约如今已被撕毁……法国人已不再具有任何民族野心……我曾用旗帜来愉悦他们。"过了一会儿，他说："我是《老人与海》中的英雄，我只带来了一具骨架。"[55]人们可以在戴高乐人生中的诸多时刻发现类似的沉思话语，但不同的是，这一次结局已注定到来。由于他把自己完全当成是法国，拒绝戴高乐就是拒绝法国；由于戴高乐最根本的信仰是法国，因而这种拒绝使他深陷绝望之中。他的妻子在他去世的那天说："你知道的，这两年他多么痛苦。"

戴高乐之所以没有屈服于这种令人难以承受的忧愁，是因为他相信自己还有最后一项使命要完成：再写一部叙述自己总统生涯的回忆录。他把这看作是他的政治遗嘱——就像黎塞留的回忆录那样——它将激励后人。他对前来讨论出版事宜的米歇尔·德鲁瓦说："与我如果由于任期已满这个平庸原因而离开相比，我对法国的意义将更大。"[56]他此时着手写作回忆录的速度之快，以及他从事这项工作的狂热程度，使他像着了魔一样。

戴高乐在爱尔兰时就开始了写作。他很快就确定了全书的框架，并将之命名为《希望回忆录》。因为他对古典三分法很着迷,所以就像《战争回忆录》那样,这部回忆录也分为三卷。第一卷是《复兴》(1958年5月—1962年6月),第二卷是《努力》(1962年7月—1965年12月),第三卷是《结局》(1966年1月—1969年4月)。他最初希望一年写一卷,并在1970年秋出版第一卷。1970年1月,戴高乐在给他的一个侄子写信时,似乎觉得写作进度会稍微慢一些:"上帝需要给我五年时间才能完成。"[57]与此同时,他还编订了一部五卷本的演讲集,并在1970年4月至9月每月出版一卷。1970年春天,在审阅校样时,他表现出了对细节过分关注的习惯。他对逗号的位置特别重视,因此,他又系统地替换了文本中经编辑更正的逗号位置。这占用了写回忆录的宝贵时间。[58]

戴高乐通常一天写作五个小时:上午9点至12点,下午4点至6点。[59]尽管他的记忆力依然特别好,但他还得依靠几个前助手提供必要的文件资料。其中,最重要的是他的最后一位爱丽舍宫新闻秘书、外交官皮埃尔-路易·勃朗(Pierre-Louis Blanc),他在戴高乐生命的最后18个月中经常前来科隆贝。除了上文已提到的人,戴高乐同意接见的大多数访客都与写作回忆录有关。其他人的到来,除了他挚爱的家人,都不利于这场他与时间进行的赛跑。第一卷完成于1970年5月。在西班牙时,他已在审阅校样。出版前一天,勃朗是在科隆贝度过的,戴高乐则在300本书上写下了赠言。每一句献词都是深思熟虑后的结果,以便细微地表现出他的爱或恨——从献给对其忠诚不渝之人最暖心的"作为我忠诚友谊的见证",到献给像孟戴斯·弗朗斯这种对其忠诚有始无终之人较为草率的"作为纪念"。

戴高乐这个表演者还有一个绝招。据宣布,《希望回忆录》的第一卷将于11月底面世,但真正的日期是10月7日。这个欺骗策略被谋划得像是一场军事行动:成千上万册复印本被秘密地分发到了法国各地,以便读者在出版的那天早晨就能在书店里买到。这部著作取得了极大的成功,但评论界对它的热情没有对《战争回忆录》那么高。部分原因在于,戴高乐所叙述的事件并不像战争期间所发生的事件那样具有史诗性。麦克米伦、艾森豪威尔和赫鲁晓夫也并不像丘吉尔、罗斯福和斯大林那样能够激发人们的

二十九 落幕（1968年6月—1970年11月）

想象力。但阿尔及利亚战争并非缺乏戏剧性的事件，如果戴高乐对它的叙述与前几卷相比稍显平淡的话，那是因为他故意要淡化迂回曲折——把叛乱仅是称作一场"令人悲伤的阴谋"——从而讲述一个具有远见卓识和慈悲心肠的法国以那种在历史上一直激励着自己前进的永恒价值观的名义，赋予其独立的堪称典范的故事。[60]马尔罗评论了戴高乐这种"罗马人的对事件的简化处理"，但与此同时，严峻的紧张局势正在变得缓和。我们不知道戴高乐将如何处理1962年后的事件，因为他只完成了第二卷的前两章，而在第二卷的结尾，颇为诱人的是，戴高乐打算论述法国历史上从圣女贞德到拿破仑等重要人物，然而关于这方面的内容没有任何手稿留下来。

尽管评论界对第一卷缺乏兴趣，但戴高乐——他总是假装看不起那种由"小集团和蹩脚文人"构成的联盟，他认为这些人总在反对他——更在乎的是：巨大的销量表明他未被人们遗忘。这本书出版两天后，当勃朗来到科隆贝为下一卷提供帮助时，他听到了一种他起初无法辨别的声音，因为他此前从未听过：戴高乐心满意足地低声吹着口哨。[61]

科隆贝的生活平静地继续着。与像他这个年龄的大多数人一样，戴高乐被生和死包围着。1969年12月，92岁的乔治·卡特鲁去世，戴高乐和他初次见面时两人都是战俘，后来他成了自由法国的重要一员，他的风格与戴高乐本人的风格互为补充。给戴高乐带来更大震动的是1970年9月弗朗索瓦·莫里亚克的去世，此人是他最崇拜的20世纪法国作家。尽管莫里亚克由于1958年后对戴高乐有着近乎宗教般的忠诚而屡屡遭人嘲笑，但他们之间的关系并不如戴高乐和马尔罗之间那般顺滑。莫里亚克曾反对法兰西人民联盟，尽管戴高乐通常并不会因之而看轻他人，但就莫里亚克的情况来说，这意味着思想的独立：表明他并非完全靠得住。莫里亚克从未获邀前往科隆贝，他曾苦笑着说，他被邀请到爱丽舍宫只是为了接待大主教和枢机主教。在戴高乐写给莫里亚克遗孀的那封饱含感情的信件中，他打破了沉默。莫里亚克的戴派儿子让悲叹道，要是在莫里亚克活着时戴高乐说出这些话该有多好。[62]对于戴高乐来说，11月常常是心理上的煎熬期。多年来，他的助手们总能发现，他在这个月时情绪很低落。或许，他会不由自主地回忆起1918年11月那个悲伤时刻，当时，他像一个"活着的幽灵"从囚禁中归来，未能在法国的胜利中充分发挥自己的作用。或许，这是因为他的生日是11月22日，这会提醒他时光在流逝。

1970年的11月到来时，一切波澜不惊。11月2日万圣节这天，戴高乐和妻子来到女儿安妮的墓前，寄托他们的哀思。离开墓地时，戴高乐低声说："门太窄了。我在这里时或许会来一些访客，有必要在墙上打个洞，再开一道门。"[63]11月6日，他给姐姐写信说："这一周，和你一样，我在想那些已离我们而去的人，并在为他们祈祷……这里一切都很平静。我仍在劳心费神地忙活着。"同一天，他给嫂嫂写信说："务请为我从事的艰巨任务许愿和祈祷，这一任务不仅是为了我们的同代人，也是为了我们的后代。"[64]

11月9日周一这天，除了像往常那样绕着拉布瓦瑟里的庭院长时间地散了两次步之外，戴高乐一整天都在做事。下午，他接见了一个拥有附近土地的年轻农民。戴高乐想同他讨论一下自己的计划：让他在新获得的一片土地上种树。5点，他和妻子用了下午茶，接着，他们又各忙各的。戴高乐写了几封家书，并给自己草草地写了一个便条："在1958年至富歇担任教育部长期间，依次担任过这一职位的还有哪些人？他当了几年部长？"然后，他开始耐心地玩游戏。突然，快到7点时，他疼得大叫一声，瘫倒在桌子上。伊冯娜赶紧给医生和本堂神父打电话，当医生到来时，一切都太晚了。戴高乐从神父那里接受了临终圣礼，几分钟后，7点25分，他溘然长逝。戴高乐死于动脉瘤破裂，他的弟弟皮埃尔和他们的父亲亨利也正是因之而去世的。

伊冯娜把戴高乐的遗体摆放在房间正中，并给他换上制服，盖上一面三色旗。桌子旁边有两支蜡烛、一个十字架和一杯圣水。伊冯娜把教皇约翰二十三世送给他的念珠放在他的手中。整个晚上，她独自坐在那里，默默地守着遗体。第二天一大早，家人们陆续赶来。1970年11月10日上午9点刚过，法国人民一醒来就听到了戴高乐逝世的消息。

三十 神话、遗产和成就

"在30年中……"

戴高乐做事从不留任何漏洞。早在1952年他就已经写好关于自己葬礼的详细指示。他把这份文件分别交给了他的儿子和乔治·蓬皮杜——这是当时两人关系极为亲密的明证。戴高乐要求将自己安葬在科隆贝,"不要举行任何公祭"。他说:"我的坟墓要位于我女儿安葬的地方,日后我的妻子也要安息在这里。墓碑上只写:'夏尔·戴高乐,1890—'。其他什么都不要写。"他强调不要举行公祭:不要在教堂或其他地方发表演讲。获允参加葬礼的只有他的家人、解放战友,以及科隆贝市议会成员。法国人民可以陪送他的遗体至"最后安息之地",但要保持静默。他不接受授予他的任何荣誉,所有违反这项禁令的行为都将被视为"违背我的最后愿望"。

当戴高乐起草这份文件时,他重新掌权的希望极为渺茫。他的目的是避免自己的传奇被第四共和国吞并。1952年1月,人们在荣军院为德·拉特·德·塔西尼举行国葬,当时,共和国的所有显要人物都沐浴在这种来自塔西尼的光荣中,第二天,戴高乐完成了自己的遗嘱。尽管传奇被吞并的危险在1958年戴高乐重新掌权后已不复存在,但他还是多次向儿子证实,他的愿望没有变。20世纪60年代末,新的危险是蓬皮杜盗用了人们对戴高乐的回忆。在戴高乐去世后的第二天,戴高乐家人和爱丽舍宫之间发生了一场不体面的争斗。当晚,当戴高乐的儿子菲利普从电话中得知父亲

第五章 走向结束

去世的消息时,他正驻扎在布雷斯特海军基地。在前往科隆贝途中,当路过巴黎时,他于11月10日上午9点给爱丽舍宫打了个电话,但未能联系上蓬皮杜总统。当天晚些时候,戴高乐的忠实助手皮埃尔·勒弗朗代表菲利普在给爱丽舍宫打电话时坚称,应由戴高乐家人公布其遗嘱。对方要求他让戴高乐家人不要这么做,直到蓬皮杜在部长会议上宣读了这份遗嘱为止。但戴高乐家人拒绝任何拖延,结果这份文件几乎是在同一时间由爱丽舍宫和戴高乐家人发布的,这让后者极为生气,他们认为蓬皮杜是在利用这个机会向世界表明他是戴高乐的合法继承人。

在戴高乐的指示中,典型的严苛之处在于他表示自己不属于任何派别或政党,而是属于整个法国和历史。他的遗愿并未得到完全尊重,因为11月12日上午,政府在巴黎圣母院组织了一场安魂弥撒,到场的有数千名国内显贵和80多位国外元首。但戴高乐的遗体并不在这里,真正的葬礼是同一天下午在科隆贝的小教堂举行的。

戴高乐的逝世是法国近代史上最能触动集体情感的时刻之一。《费加罗报》刊登了一幅著名的漫画,画的是哭泣的玛丽安趴在一棵被连根拔起的巨大橡树上。

成千上万封信件涌入科隆贝。葬礼当晚,几十万巴黎民众冒着瓢泼大雨来到香榭丽舍大街,在凯旋门前献花致意。在无数的表达哀痛之情的证

三十 神话、遗产和成就

言中，我们引用了克劳德·朗兹曼（Claude Lanzmann）的证言，多年后他回忆起听到戴高乐去世消息时的感受："戴高乐的离去对我的打击比我想象的要大得多，就好像我生命中的一整面墙同他一起消失了……戴高乐和我们是同体的，现在他走了，我们的生命同时受到了历史空虚和存在空虚的影响。"[1]让这篇证言尤显沉痛的是它并非出自一名戴高乐主义者，而是出自一名敌人，他是让-保罗·萨特和西蒙娜·德·波伏瓦的挚友，并成了他们创办的杂志《新时代》的编辑，至于这份杂志，自1945年创刊以来就激烈而又毫不妥协地反对戴高乐。然而，无论他是崇拜者还是敌人，戴高乐都在法国人民的头脑中生活了30年。那天晚上来到香榭丽舍大街的其中一人在日记中写道："尽管我反对他所建政权中的一切（在他举行的全民公投中，我投过一次'赞成票'吗？），但在内心深处的某个地方，我重新发现了我感受到的那种情感，即当我即将走出青春期、作为一个青少年在阅读《召唤》（《战争回忆录》的第一卷）时生出的深深的敬佩之情。这个人让我们所有人变得更强大。"[2]

12 novembre 1970

第五章 走向结束

在这场举国哀痛的浪潮中，除了极右翼之外，几乎没有人发出不同声音。在政治光谱的另一端，极左的讽刺杂志《切腹》（*Hari-Kiri*）在封面上刊登出这样的标题："科隆贝的悲剧舞会：一人死亡"（它指的是当月一家舞厅发生火灾并造成146人死亡这件事）。由于这种无礼行径，政府查封了该杂志，不过它随即更名为《查理周刊》（*Charlie Hebdo*）。

悲痛过后，生活恢复正常。在作出那个决定——出于一时冲动把星形广场改名为夏尔·戴高乐广场——几天后，许多市议员后悔自己投了赞成票。12月，当为这个广场的新名字举行揭幕式时，出现了反戴高乐主义的示威活动，同时，为了防止这块牌匾被毁，警方不得不把它保护起来。[3] 戴高乐的信徒们立即着手点燃戴高乐主义的回忆火焰。在戴高乐去世后几个月，马尔罗的《倒下的橡树》面世。1971年，皮埃尔·勒弗朗创建了一个忠诚缅怀戴高乐将军的全国性协会。同一年，解放战友组织了一场前往科隆贝的"朝圣活动"。有人发起了一场公众募捐活动，从而在科隆贝以西的一座山顶上建造一个巨型的洛林十字架。1972年6月18日，蓬皮杜主持了这座纪念碑的揭幕式，尽管一些无法原谅1969年"背叛行为"的戴高乐主义者对此持保留意见。据说伊冯娜·戴高乐在这件事上对蓬皮杜态度冷淡，媒体对此进行了大肆渲染。

尽管伊冯娜·戴高乐参加了这项纪念活动，但她在其他方面都保持着警惕，并努力防止围绕着纪念她丈夫而形成的某种宗教崇拜。在戴高乐死后不久，她几乎烧掉了他所有的私人物品，包括衣服和床垫，并且拒绝为他的脸和手制作模型。在儿子的劝说下，她仅保留了他的两顶军帽（Képis）和两套制服以作为他官方身份，而非他本人的象征。除此之外，她的口头禅是"不留任何遗物"。在他的葬礼到她自己去世前这九年间，她以官方身份公开露面的次数只有三次，参加1972年6月18日的纪念活动是其中一次。1975年，当她的女婿阿兰·德·布瓦西厄荣获荣誉军团大十字勋章时，她谨慎地来到了现场。她同样谨慎地会见了国家图书馆馆长，把戴高乐的《战争回忆录》手稿交给了他。除此之外，她一直在科隆贝过着完全隐居的生活，直到1978年9月她住进位于巴黎的卢尔德圣母无染原罪修女院。1979年11月7日，她在那里死于癌症，这件事几乎未能引起人们注意，她也几乎为人所遗忘。[4]

与之对应的是，将军的声望面临着同样的情况。官方预计将有4万人参加1972年的洛林十字揭幕式，但实际人数不足2.5万人。这似乎证明戴高乐在他与马尔罗的最后一场著名谈话中提出的悲观预言是准确的："他们会在最高的一座山峰上竖起一个巨型洛林十字，人人都能看到它。但由于那里没有人，因而无人看它。它将会激起兔子们的抵抗。"无论戴高乐是否真的这么说过，可以肯定的是他当时的忧郁情绪在作怪。他的实际想法或许是辞职前夕他对一名政府部长说的话："法国人不再想要戴高乐了。但是这个神话，你将看到这个神话的发展……在30年后。"[5]

尤其令人惊讶的是，左派对戴高乐的追忆是如此之快。1968年4月，在与左派戴高乐主义者戴维·鲁塞的谈话中，戴高乐也对此作出过预测："左派不会原谅我，因为我实施了本应由它实施，但它又无力实施的政策……它只会在我死后原谅我。在我死后，它会把我找回来。它将声称遵循我的政策。但这只有在我死后才会发生。"[6]他是正确的。最先露出这种迹象的是法国共产党，法国共产党曾在20世纪60年代坚决反对戴高乐，这种反对态度总是因它对其外交政策的某些方面勉强赞同而有所缓和。20世纪70年代，随着戴高乐的继承人——先是蓬皮杜，接着是吉斯卡尔，后者甚至表现得更明显——走上较为倾向大西洋主义和支持西欧国家联合政策的道路，法国共产党人开始看到戴高乐身上更多的优点，并对他们曾反对的他的某些国内政策视而不见。[7]我们可以通过考察法国共产党人对待1940年事件的态度来看出这种重新评价——在他们的历史上，这是一段尴尬时期。戴高乐主义者和法国共产党人都将他们的政治合法性建立在自己在抵抗运动中所扮演角色的基础上，并且，他们在争夺这份遗产。因而，法国共产党人一直无视"6·18"这个纪念日，而是在每年7月10日举行庆祝活动，这是因为法国共产党据说在1940年这天发出了自己的抵抗号召。这件事在很大程度上是虚构出来的，但法国共产党人需要它来应对那个令人尴尬的事实，即由于《苏德互不侵犯条

第五章 走向结束

约》的存在，他们在1940年没有发起抵抗运动。1976年，法国共产党的报纸《人道报》破天荒地刊登了一篇追忆"6·18"（以及7月10日）的文章："戴高乐将军所扮演的角色是法国民族遗产的一部分。"尽管一路上还有许多曲折——该党花了很长一段时间才把7月10日完全忘掉——但1990年法国疯狂地庆祝"6·18"讲话发布50周年时，法国共产党的报纸用15页的篇幅对"戴高乐和我们"这个主题进行了报道。10年后，他们已把7月10日彻底忘掉。[8]

非共产党的左派向戴高乐靠拢得稍微晚一些。1981年，弗朗索瓦·密特朗当选为总统。仇视戴高乐是他曲折的政治轨迹中唯一始终不变的主线。成为总统后，他的第一个举动是在先贤祠组织了一个公开仪式，并在包括让·穆兰在内的三个人的墓前分别放置一朵玫瑰花。这是密特朗为左派重新夺回穆兰的一个明显尝试，也是他对戴高乐在17年前将穆兰"先贤祠化"的回应。除此之外，密特朗通过在每年的6月18日前往瓦莱利山参加纪念活动来履行他身为总统所担负的"戴高乐主义"职责。不过，当纪念诺曼底登陆40周年时，他设法避免了提及戴高乐的名字——这一忽略是一种明显的反戴高乐主义的做法。[9]

20世纪80年代中期，当雅克·希拉克（Jacques Chirac）领导的戴派反对派似乎有望利用经济自由主义——受到罗纳德·里根（Ronald Reagan）和玛格丽特·撒切尔（Margaret Thatcher）的启发——的纲领赢得议会选举时，法国社会党人的态度发生了转变。这时他们通过把戴高乐团结法国的雄心与宣称是他的继承人的那些造成社会分裂的政策进行对比，从而使戴高乐起死回生。1984至1986年，让·拉库蒂尔出版的三卷本《戴高乐传》是左派重新认识戴高乐的一个重要里程碑。

左派向戴高乐靠拢的最后阶段发生在几年之后，这一次并非为了保卫密特朗、对抗希拉克，而是为了发泄对密特朗任职总统期间出现的失败和腐败的不满。这方面最显著的例子是左翼知识分子雷吉斯·德布雷（Regis Debray）人生轨迹的变化。德布雷没有参与1968年的五月事件，这是因为他曾与切·格瓦拉并肩作战，当时仍被囚禁在玻利维亚的一所监狱中。

424

1981年密特朗赢得选举后，德布雷成为他的外交事务顾问之一。10年后，他已经对密特朗彻底失望，他采取的秋后算账的方式是于1990年出版了一本名为《明日戴高乐》（Tomorrow de Gaulle）的著作。他进一步地说："在我的想象中，我与路易十一、列宁、爱迪生、林肯都非常熟。但在戴高乐面前我感到很害怕。他是个别样的伟人，完全无法接近……拿破仑是19世纪伟大的政治神话；戴高乐是20世纪伟大的政治神话。这种超凡出众之人在法国似乎一个世纪才出现一个。"密特朗曾用梅特涅和俾斯麦的口吻称戴高乐是"19世纪最后一位伟人"，但德布雷却宣称密特朗是属于19世纪的，而戴高乐是"21世纪第一个真正的伟人"。德布雷抨击了散发着腐败气息的密特朗政府，与之形成鲜明对比的是，他颂扬了戴高乐的罗马式朴素："想到他还活在我们中间，实在令人欣慰至极。在未来很长一段时间里，单是他的名字就将成为一块擦除平庸的巨大橡皮。"[10]1990年，有人写道："如今，人们已不再讨论戴高乐，人们像是在思考一块迷失的大陆一样思考着他的传奇，也就是说，人们做梦也想不到会有这样的传奇。"克劳德·莫里亚克在戴高乐去世后不久对马尔罗说，戴高乐的伟大似乎在前反戴高乐主义者中间得到了最广泛的承认，马尔罗回答道："创造圣女贞德的不是保皇派，而是共和派。"[11]

从这一点来看，戴高乐的神话被越来越多的人接受。1990年既是戴高乐去世20周年，也是他发出召唤50周年，还是他诞辰100周年，这三重庆典集于一年。在这一年，夏尔·戴高乐基金会组织了一场百年会议，会后出版的研究成果有七卷，厚达4000页。20年后的2010年6月18日，三家电视台对这次周年庆典进行了数小时的现场直播。这一年晚些时候，为纪念戴高乐逝世，又爆发了一场狂热崇拜戴高乐的运动，包括萨科齐总统在内的许多政界人士前往科隆贝的戴高乐墓地朝拜。2010年11月，一位领导人在《世界报》撰文称，法国人仍然是"戴高乐的遗孤"。

第五章 走向结束

崇拜戴高乐的人和戴高乐主义者

具有讽刺意味的是,在戴高乐的神话开始流传的同时,他对法国历史的叙述以及他在其中所扮演的角色却在逐渐瓦解。这首先与戴高乐围绕二战构建的传奇有关。1945年后,他曾创造一个必要的神话:法国是一个(在他周围)团结起来进行抵抗的国家,而通敌卖国者(用他的话来说)只是"一小撮卑鄙无耻之人"。1968年后,这个神话受到了年青一代的挑战。马塞尔·奥菲尔斯(Marcel Ophuls)拍摄的著名纪录片《悲哀和怜悯》是这方面一个引人注目的例子。尽管正如人们常说的那样,这部影片并非完全真实,但它突然改变了法国的形象,把它从一个由抵抗者构成的国家变为由通敌卖国者构成的国家。它呈现了一幅关于敌占期的空前黑暗的画面:在那个时期,英雄和恶棍都只占少数,而大多数人则是懦弱的观望主义者。在这部长达四个小时的影片中,戴高乐几乎没有被提及。由于这部影片太过于反传统,因而政府不允许它在电视上播放。

伴随《悲哀和怜悯》而来的是,公众对这场战争的回忆越来越集中于维希政府对"最终解决"(Final Solution)[1]的参与。犹太激进分子呼吁法国政府作出正式道歉。这些要求在密特朗的第二次总统任期内(1988—1994)变得十分强烈。但他拒绝道歉,理由是维希政府不是一个合法政府,它不代表法国。具有讽刺意味的是,密特朗这个历史上的反戴高乐主义者发现自己是在变相地支持戴高乐主义的官方信条,即二战期间真正的"法国"在伦敦。第五共和国首个由于当时年龄太小而未参加二战的总统雅克·希拉克最终打破了这个禁忌。1995年,希拉克在一份庄严声明中宣称,接受"法国"对犹太人命运应负的责任。因而一个名义上的戴派总统——尽管他是蓬皮杜"旗下的人"——破坏了戴高乐主义对法国战时历史解释的基础。

---

[1] 第二次世界大战期间,纳粹德国针对欧洲犹太人进行系统化种族灭绝的计划的代号。——编者注

与此同时，另一个戴高乐主义神话开始变得越来越缺乏说服力。戴高乐的成就之一是把法国在阿尔及利亚的失败变成某种胜利。除了"黑脚"之外，法国人似乎乐于买这个账。戴高乐的说法是，法国尽管取得了军事胜利，但根据它在历史上对人权作出的承诺，最终给予了阿尔及利亚独立的机会。他让法国与殖民历史划清了界限，并为它提供了一个光明的现代化未来。这种说法在之后的20年里一直很成功，直到人们对阿尔及利亚战争的追忆开始以不可预知的方式浮现。左派人士逐渐把1961年10月发生在巴黎的对阿尔及利亚人的屠杀视为战后法国最骇人的国家罪行之一。哈基斯的命运引起了越来越多的关注，2016年9月奥朗德总统正式承认，"法国政府（戴高乐政府）负有抛弃哈基斯的责任"。[12]

从政治光谱的另一端来看，法国人对移民后果及大量穆斯林社区出现的日益关注，使人们看待阿尔及利亚冲突的方式显得合乎情理，而这种方式与戴高乐的叙述完全相悖。2015年，新当选为贝济耶市市长的极右翼分子罗贝尔·梅纳德（Robert Ménard），废除了"1962.5.19大街"这个名称——它的命名与《埃维昂协议》的签署日期有关——而代之以"埃利·德努瓦·德·圣马克（Hélie Denoix de Saint Marc）司令大街"，此人是参与1961年反戴高乐军事政变的一员。这是一种明显的反戴高乐主义姿态，但其他自称效忠于戴高乐的人也以自己的方式重新解读了阿尔及利亚战争。20世纪80年代中期，一名戴高乐主义者写道，戴高乐的成就之一是他正确地预料到"法国的阿尔及利亚"将导致"非欧洲人、柏柏尔-阿拉伯人、穆斯林逐步侵入法国本土"[13]。2015年，一名右翼政客称法国在历史上是个"白人和基督教徒的国家"，她声称自己这么说是在引用戴高乐的话。[14]因而，对于一些保守派人士来说，戴高乐在阿尔及利亚问题上取得的成就已从一项非殖民化的崇高事业转变为一个对多元文化主义——更不用说种族主义——的危害颇有预见性的预言。在这种情况下，这一新的见解至少可能更接近戴高乐的真实想法，而不是他公开宣称的那种想法。

随着法国人越来越"崇拜戴高乐"，他们似乎越来越不像"戴高乐主义者"。但如果戴高乐的神话并没有真正受到戴高乐主义"叙事"瓦解的影响，那是因为这个神话超越了戴高乐本人，并与对逝去的光辉30年——这是法国经济似乎以不可阻挡之势走下坡路之前的黄金年代——的怀念有着模糊的关联。20世纪60年代这10年，法国无论在经济还是文化上都取得了成功，用戴高乐的话来说，它确实称得上"伟大"。[15]法国知识分子和艺术家向世界发出了自己的声音，戴高乐的形象沐浴在那段记忆的光辉之中。"戴高乐的法国"是拥有快帆客机（Caravelle）、雪铁龙DS、让-保罗·萨特、克劳德·列维-斯特劳斯（Claude Lévi-Strauss）、碧姬·芭铎、让-吕克·戈达尔（Jean-Luc Godard）的法国。2016年，右翼记者埃里克·泽穆尔（Eric Zemmour）写了一部名为《法国的自杀》（*French Suicide*）的畅销书，这个书名会让人想到将有灾祸降临。它在开篇具有象征意义地提到了1970年11月12日戴高乐的葬礼。在泽穆尔令人深感不适的叙述中，戴高乐之死打开了当代法国所有弊病（在他看来）——国家衰落、女权主义、同性恋、大规模移民——的闸门。

"最后一位伟大的法国人"

随着法国的衰退，戴高乐的影响力似乎在增长。戴高乐如今被广泛视为"最后一位伟大的法国人"，如果是这样的话，那么他的伟大之处在哪里呢？他是否如许多人认为的那样是一个伟大的富有远见的人吗？作为众多发自内心地仇视戴高乐的左翼知识分子的一员，弗朗索瓦·福雷（François Furet）在1963年写道："戴高乐身上的特性不在于他具备预测未来的能力，而在于他具备在被历史欺骗时依然可以适应它的非凡能力。使他成为一个伟大政治家的不是他的战略，而是他的战术。"[16]另一位批判戴高乐的自由主义者让-弗朗索瓦·雷韦尔（Jean-François Revel）也说过类似的话，1959年，他在一本批判性的小册子中通过对戴高乐浮夸言辞的讽刺性剖析来打击戴高乐主义的必胜主义。30年后（1989年），这时戴高乐已去世多年，雷韦尔重新发行了这本小册子，并在引言中稍稍地表达出悔悟之情。他如今打算接受这样的事实：作为一个实干家，戴高乐是法国历史上不世英才（他含蓄地把戴高乐比作拖延不决的密特朗）。但与常见的圣徒传记式叙述不同的是，他仍然坚持认为，戴高乐"尽管以超前于时代而闻名，但他并不特别理解他所处时代的重大问题"。雷韦尔视他是一个19世纪末的人，痴迷于民族国家，低估了意识形态的重要性。[17]回头来看，这些话似乎是个具有讽刺意味的押在未来的赌注，因为一年后苏联集团分崩离析，冷战成为历史。戴高乐似乎比雷韦尔更成功地发出了这一特别呼吁。

这是否使戴高乐成为一个有远见卓识的人呢？人们有时候评价戴高乐说，他们从未彻底弄清楚他究竟是个昨日之人还是个明日之人。[18]在德布雷于1990年出版的著作中，戴高乐无疑属于后者。确实令人感到震惊的是，事实多次证明戴高乐是正确的。20世纪30年代，他对法国未来走向的预测比法国最高统帅部的预测更为准确。1940年6月之后，他所做的一切都是基于这个正确判断，即法兰西战役只是轴心国终将被击败的一场世界大战的开端。20世纪60年代，当他预测布雷顿森林体系将要崩溃时，评论家们对此嗤之以鼻，但几年后这一预言成为现实。尽管他针对以色列发表的言论不够好听，但他对以色列占领巴勒斯坦领土将给其带来破坏性后果的预测似乎颇具预见性。他对越南战争的看法——美国无法赢得这场战争，对亚洲将来会出现不同类型的"共产主义"的看法，以及对中国和越南将爆发冲突的看法都是正确的。

我们还可以找到戴高乐对未来具有惊人洞察力的其他事例。比如，1964年，他在同佩雷菲特谈话时预测南斯拉夫不会持久存在："对此需要一个南斯拉夫民族，可是没有。有的只是用一根绳子串起的碎木片。铁托就是那根绳子。一旦他不存在，这些碎木片就会四散纷飞。"[19]同年，在另一场谈话中，他对伊拉克未来的预测同样具有预见性："逊尼派、什叶派和库尔德人，这样的国家注定会分裂，因为它们包含了有着不同信仰、不同历史的不同民族。"[20]人们可能还会提及他在肯尼迪遇刺后所作出的具有惊人准确性的预言：他的遗孀杰奎琳将与一位希腊船主结婚而终老余生。当马尔罗在他们的最后"谈话"中提及此事时，戴高乐说——或者说这是马尔罗说的——"我

第五章 走向结束

真的那样说过吗？我宁愿认为她可能会嫁给萨特，或者你"。[21]

但戴高乐出错的地方也很多。他那关于阶级和解及工业文明会带来挑战的社会思想——至今仍被一些"左派"戴高乐主义者誉为他最重要的遗产之一——既不成熟也不大度：他在20世纪40年代的"联合"和20世纪60年代的"参与"这两个同样模糊的概念之间摇摆不定。他对这些问题的思考源自他那一代的诸多信仰基督教社会主义的人和20世纪30年代的一些知识分子的思想。但没有任何迹象表明他对20世纪60年代影响法国经济的重大结构性变化有任何了解。他对国际关系的预测通常也是错的。1946—1947年，他不断地说世界大战一触即发；1945—1948年，他迟迟没有看到法德和解的可能性，对德国未来的想象停留在过去（尽管不像人们宣称的那么多）；他没有预料到帝国的终结，直到1950年他仍相信法国将赢得印度支那战争。但从错误中吸取教训后，戴高乐显示出务实的适应能力。他不会执着于不可能之事。在阿尔及利亚问题上，最令人震惊的不是他在1958年预料到了1962年将会发生什么，而是他一旦决定采取行动，就一心一意、冷酷无情地追求自己的目标。

正是戴高乐对环境的适应能力应该让我们对以下问题作出判断，即他对法国世界地位的期望是否被荒谬地夸大了。许多评论家赞同格拉德温勋爵的论断："毫无疑问，将军的最大败笔——从长远来看，这是不幸的——是要让他的国家扮演一个它力不能及的角色。"[22]戴高乐对他的国家的期望，即这种宏伟的幻想是否适合20世纪的法国？正如我们所见，在戴高乐的人生历程中，人们经常指责他"疯了"。对于这个经常用第三人称称呼自己，或是说出（尽管是半开玩笑地）"我已说了一千年"这种话的人，人们很容易把让·科克托（Jean Cocteau）对维克多·雨果说的俏皮话——他是个"自以为是维克多·雨果的疯子"——用在戴高乐身上。但戴高乐通常比批评他的人领先一步，他们所说的关于他的期望不可能实现的任何话语，他自己已经说过了。他最喜欢说的一句话是"我总表现得好像……"——好像1940年6月之后法国还在作战，好像法国在20世纪60年代可以扮演一个世界大国的角色。

20世纪60年代，戴高乐鼓励法国人相信他们有个"伟大"的国家，但伟大是一种姿态，而不是一个具体目标。正如戴高乐在《战争回忆录》中的那句名言："无论现实多么残酷，或许我仍能掌握它。引用夏多布里昂的话来说，'通过梦想来引领法国人奔向目标'。"[23]戴高乐对法国国力的衰落不抱什么幻想。他曾对马尔罗说："西班牙人当然很钦佩我，他们喜欢堂·吉诃德！"或者，当马尔罗问他会把自己比作哪个历史人物，是圣女贞德、拿破仑还是路易十四时，戴高乐回答道："唯有丁丁（Tintin）[1]能与我匹敌！我们都是不允许让自己受到大人物欺骗的小人物。只是，由于我的个头，没有人注意到这种相似性。"[24]（几年后他可能会选择阿斯泰利克斯，因为这是个法国人，而不是比利时人，这让此人更具优势。）戴高乐曾把他在战争期间的政策描述为"虚张声势"：通过向盟国的眼里撒沙子让他们盲目地以为法国很伟大。这意味着伟大并不仅仅是一种姿态：它只是个运用智慧，就像丁丁一样，让手中的牌发挥出最大效用的问题。戴高乐并未握有拿破仑掌控的资源，这对世界来说或许是件好事。

　　克制与狂妄、理智与情感、古典主义与浪漫主义、算计与挑衅、狡猾与作秀、政治与神秘（用贝玑的话来说）、科尔内耶与夏多布里昂、笛卡儿和柏格森之间的冲突，是戴高乐人生历程中永恒的主题。或者正如亨利·基辛格曾说过的那样："戴高乐的民族主义承袭了马志尼[2]的思想……他的外交风格是俾斯麦式的。"[25]他那不时出现的悲观忧郁反映了他性格中存在两种对立的因素：受古典超我控制的浪漫本我，理智的悲观和意志的乐观。尽管戴高乐做出过很多挑衅行为——从1941年占领圣皮埃尔和密克隆群岛到1967年"自由魁北克万岁"的演讲——但他通常知道什么时候要悬崖勒马，无论是战争期间与英国的决裂还是20世纪60年代末退出大西洋联盟。他谴责欧洲的超国家主义，却很好地利用它来扩大法国的经济利益。阿隆的观察有些道理："我个人的观点是，戴高乐对自己说过的话连一

---

[1] 比利时漫画家乔治·勒米（George Remi）的漫画作品《丁丁历险记》中的主角。丁丁虽然身材瘦小，却富于正义感和冒险精神，敢于同恶势力进行斗争。
[2] 马志尼（Mazzini，1805—1872），意大利革命家，民族解放运动领袖，为意大利的独立和统一事业奉献了一生。

半都不重视,并且,他对自己所引发的论战感到窃喜。"26

但是,如果把戴高乐的干预行为归结为纯粹的作秀,那就错了。他没有成功地结束冷战,没有成功地重塑世界秩序,也没有成功地创建一个政治上的欧洲,但他提出的许多问题和他试图解决的问题——如何创建"欧洲"、欧洲防务问题、如何规划后冷战时代的秩序——都是真实存在的问题。的确,他对欧洲未来的设想看起来更像是1914年的欧洲,而不是今天我们所生活的欧洲,但他的直觉,即由技术官僚建立的欧洲联合将难以创造一种持久的共同命运感和集体认同感,在今天看来比30年前更令人信服。

戴高乐或许的确高估了法国在世界上可以真正发挥的作用,但他对此的回应可能是在这个方向上犯错比在另一个方向上犯错要好。"创造事件"是重点的一部分,最重要的是要有雄心壮志。尽管有格拉德温的评论,但戴高乐在20世纪60年代的世界舞台上仍是一个非凡的存在。这是30年后英国著名外交官尼古拉斯·亨德森(Nicholas Henderson)回顾历史时的观点:

> 在那个时期,若隐若现的戴高乐对整个欧洲,特别是对英国有着极强的威慑力,这种情况再怎么夸大也不为过……他只需低声谈论谷物价格就会让德国颤抖,只需低声谈论多边核力量计划就会让大西洋联盟退让……他可以用最小的威胁使他们跟着他的节奏舞动。在西方世界,没有人看起来像在反对他。27

当然,这在某种程度上是一个短暂的成就,尽管戴高乐的某些政策在当时备受争议,如今在法国却已被广泛接受,例如建立独立的法国核威慑力量。2009年法国重返北约,但对戴高乐主义"远大抱负"的回忆已留在人们心中,比如说,2003年法国外交部长多米尼克·德维尔潘(Dominique de Villepin)在联合国发表的那篇著名演讲中宣布,法国不会参与伊拉克战争。这像是戴高乐从坟墓中发出的声音。

然而,戴高乐最持久的成就与其说是体现在外交政策方面,不如说是他在1958年创建的第五共和国宪法。尽管这部宪法已被多次修订,并于实施过程中在多个方面有悖于戴高乐的意图，但从本质上讲，它仍然是那种他在1958年至1969年期间通过行使权力创建的统治制度。当然，这部宪法存在诸多功能失调的特点，并且，就像第四共和国的政局不稳那样，权力集中在总统手中可能会产生同样的不良影响。但是，所有的政治体制都有缺陷，戴高乐主义的成就与其说是制定了这部较为完美的宪法，不如说是它使人们围绕法国政治制度的性质达成了共识，这是150年来首次出现的情况——尽管也有人常说有必要建立第六共和国。[28]1990年的一项民意调查显示，在戴高乐采取的所有行动中，建立总统普选制最受人们支持，支持率高达88%。[29]戴高乐主义成功地成为法国政治传统的综合体，或者用戴高乐的话来说，让左派考虑国家，让右派考虑国民；让激进分子服从权威，让保守分子服从民主。关于戴高乐是否是一个波拿巴分子的旧话题，如今已失去讨论价值。戴高乐不是独裁者，尽管他的统治风格很专制，但他的确是在1969年自愿放弃权力的。不过从某种意义上来说，他是个"波拿巴分子"，他追求的是波拿巴主义未能追求到手的东西——他要调和大革命成果和君主制之间的矛盾，这就是1943年戴高乐向麦克米伦透露的自己的抱负所在。

戴高乐之所以能够实现这个目标，用他最喜欢的词来说是因为"合法性"，这种"合法性"是他在战争中获取的。他在1940年至1944年期间扮演的角色使他凌驾于一般意义上的左派和右派之上。他永远是那个"发出'6·18'召唤的人"。2010年的一项民意调查表明，戴高乐是法国人最崇拜的历史人物，人们铭记最深的是战争中的戴高乐：44%的人把他和"6·18"召唤联系在一起，20%的人把他和建立第五共和国联系在一起，只有4%的人把他和非殖民化联系在一起。

关于戴高乐在战争中所扮演的角色，有两个时刻存留在法国人的集体想象中：第一个时刻的画面是，1940年6月一个孤独的人凝视着英国广播公司的麦克风，就好像他凝视着的是法国；第二个时刻的画面是，1944年8月这位解放者在约100万人的注视下走在香榭丽舍大街上。就第一幅画面而言，戴高乐不仅仅是电台里的一种声音。如果把戴高乐贬低为只是那个发出"6·18"讲话的人，他会非常生气。1946年辞职后不久的一天，他在吃

第五章 走向结束

午餐时大声地对普莱文说：

> 他们说的"6·18"召唤让我发笑……每个人似乎都忽略了那个令人难以置信的由耐心、缓慢发展、顽强的创造力、欺骗性问题构成的混合体，忽略了我们为完成自身事业而不得不经受的一系列令人头晕目眩的谋划、谈判、冲突、磕绊。仅以勒克莱尔为例：他们好像觉得他登陆诺曼底、解放斯特拉斯堡和巴黎是很自然的事。似乎没有人问："他是从哪里找到的人员和物资？他是如何做到刚好在正确的时间出现在巴黎的门口，然后又能够扑向阿尔萨斯的呢？"[30]

戴高乐的愤怒可以理解。他在1940年至1944年的成就不仅体现在从伦敦发表的讲话中，还体现在为防止自己被盟友同化而对他们发起的日常消耗战中。他那较为极端的干预措施可能在短期内对他没有任何好处，但总体而言，它们有助于实现这样的战略目的：通过狡猾的战术性技巧和战略性眼光，他利用自己微不足道的资源以确保法国在战胜国中占有一席之地。

我们再来看第二幅画面：1944年8月走在香榭丽舍大街上的戴高乐。反戴高乐主义者、维希政府的辩护者及其他人辩称，戴高乐对战争进程毫无影响：没有戴高乐，法国仍会在1944年被盟国解放。事实上，维希政府或许比戴高乐更好地服务了盟国的事业，它使北非没有落入德国之手，从而使1942年美国的登陆成为可能。这是维希政府的政策所导致的一个完全出人意料的后果，但除了这个事实之外，它忽略了这一点：戴高乐的目的不是为了帮助盟国赢得战争——他决不会拿着他那薄弱的资源去做这种事——而是确保"法国"成为那场胜利中一个公认的盟友，甚至是使它在德国获得一个占领区并成为联合国安理会的常任理事国。

当然，即便没有戴高乐，英国出于自身战略原因或许会推动法国成为安理会的常任理事国以及在德国获得一个占领区。在雅尔塔会议上，温斯顿·丘吉尔是法国利益最热心的捍卫者。但对戴高乐成就的评估不能沦为

三十 神话、遗产和成就

这样一种资产负债表,它还包含有道德维度。这是在美国和法国最著名的两个流亡者安托万·德·圣-埃克苏佩里和雅克·马利丹——他们都对戴高乐持保留意见——之间所发生的一场争论的主题。圣-埃克苏佩里是寓言故事书《小王子》的作者,今天的人们主要是因此而记住他的,当时,他是身在美国的法国最著名作家。1940年时他是一名战斗机飞行员,那场失败使他深陷绝望之中。他反对戴高乐是出于对1940年法国人态度的厌恶,以及他从一开始就拒绝接受戴高乐正努力创造的神话。正如有一次他简单地说的那样:"说实话,将军,我们输掉了战争。我们的盟友将取胜。"[31]

1942年11月,美国人在北非登陆,这结束了圣-埃克苏佩里的信心危机,对于他来说,责任之路如今已变得明确。当月,身在北非的达尔朗在《纽约时报》发表了一封《致全法国的公开信》。他要表达的主旨是,如今法国人的责任是抛开党派纷争,服从他们的军事领导人达尔朗和吉罗,团结一致,争取胜利。这种对法国局势的非政治性解读引发了马利丹的回应,他写了一篇名为《有时有必要作出判断》的长文。正如我们所见,马利丹在1940年至1942年期间对戴高乐的做法没有发表过个人意见,并且,他绝不是一个十足的戴高乐主义者。但在1942年11月,他毫不怀疑责任在哪里,以及人们为什么必须选择戴高乐而不是达尔朗或吉罗:

> 有些人自停战之日起站在了盟国的一边以继续从事这场战争,他们已承受了最严峻的考验——我说的是自由法国的战士们……他们的领袖从第一天起就在反对敌人;这种行为是不能被抹杀的。一种英勇的骑士精神给法国人带来了希望。[32]

如今,维希政府辩护者的那些令人作呕的观点早已成为过去,每个法国公民都承认马利丹说的是事实,并且,由于戴高乐在1940年至1944年期间取得的成就,他们理所当然地为自己的国家更加感到自豪。戴高乐拯救了法国的荣誉。

人物简介

解放勋章共计颁发1061枚，星号*表示此人是解放勋章获得者，星号之后是其被授予该勋章的时间。

Adenauer, Konrad 康拉德·阿登纳（1876—1967）。1949年担任联邦德国首任总理。他利用与第四共和国政治家的密切关系，在使联邦德国重新加入国际社会方面发挥了关键作用。一开始在1958年5月时他对戴高乐持怀疑态度，但1958年9月获邀在科隆贝留宿后——他是唯一获此待遇的外国领导人——他很快就和戴高乐建立起亲密的私人关系。两人见过15次面，写过40封信。在他离任前不久，《法德条约》签署（1963年1月），两人关系发展到顶峰。戴高乐没有和其他外国领导人建立更亲密的关系，他们两人之间的这种关系为法德和解提供了前所未有的象征性力量。

Alphand, Hervé 埃尔韦·阿尔方（1907—1994）。一位大使的儿子。1940—1941年担任法国驻美大使馆商务参赞。1941年9月来到伦敦，先后在法国民族委员会和法兰西民族解放委员会中负责经济事务。1945年后，开始肩负重要的外交工作。1952—1954年，代表法国参加北约常设理事会。戴高乐重新掌权后担任法国驻美大使，一直任职至法美关系进入艰难时刻的1965年。1965—1972年，担任外交部长。他的慷慨招待有助于缓和他所运用的政治手腕。他对戴高乐和莫内都很崇拜。

人物简介

Antoine, Jules Aristide 朱尔·阿里斯蒂德·安托万（1891—1969）。巴黎综合理工学院的毕业生，之后成为企业管理人。1940年6月20日追随戴高乐，并被任命为其办公室负责人。1940年9—12月，在戴高乐前往非洲期间，他是受命管理自由法国的三个人物之一。但由于处事不够老练、他的右翼观点和威权作风，他越来越不受欢迎。他很快就在自由法国中变得无足轻重。

Argenlieu, Georges Thierry d' 乔治·蒂埃里·达让利厄（1889—1964）（*1941年1月29日）。出身于布雷斯特一个海军家庭。第一次世界大战期间曾在海军服役。1920年加入加尔默罗修会。1938年征召入伍，随后被俘并逃走。1940年6月，来到伦敦追随戴高乐。在达喀尔远征中身负重伤。之后被任命为太平洋事务高级专员，负责保护法国在该地区的主权不受美国侵犯。1943年1月、1944年6月14日、1944年8月25日，戴高乐分别来到安法、贝叶、巴黎时，他都是随员之一。后又被戴高乐任命为驻印度支那高级专员以恢复法国主权。他对民族主义者的高压政策使任何达成协议的机会都化为泡影。戴高乐要求他不要辞职，并最终在1947年3月被解职。他全身心地投入到解放战友头领的工作中，直到1958年因身体不佳被迫重回修道院。他是最早的戴高乐主义者，通常比戴高乐更像戴高乐主义者。

Aron, Raymond 雷蒙·阿隆（1905—1983）。他和让-保罗·萨特在巴黎高等师范学院时是同学（也曾是密友），他在他那一年的哲学学科教师资格会考中名列前茅。战时，他在伦敦是《自由法兰西》的主要撰稿人。尽管他不像其他撰稿人那样是反戴高乐主义者，但他在1943年8月写过一篇关于"波拿巴的阴魂"的文章。战后成为优秀的大学教授，并发表大量文章为过时的自由主义和大西洋主义辩护。出于反共产主义加入法兰西人民联盟。1953年出版《知识分子的鸦片》一书，抨击法国知识分子，同情共产主义。尽管他是法国主要的自由保守派评论员，但他自1956年起支持阿尔及利亚独立，而当时大多数左派人士都不会这么做。1958年时支持戴高乐重掌政权，但对他反美主义的批评越来越多。他对1968年的抗议分子进行了猛烈抨击。后来他自嘲地说,当他本应是戴高乐主义者时,他却是反戴高乐主义者;当他本应是反戴高乐主义者时,他却是戴高乐主义者。

Astier de la Vigerie, Emmanuel d' 埃马纽埃尔·达斯捷·德·拉·维热里(1900—1969)(*1943年3月23日)。古老贵族家庭的八个孩子之一。一开始加入海军,之后在20世纪30年代成为一名文学家和记者,并染上鸦片瘾。战败的打击使他几乎一夜之间从一个半吊子成为领导人。创建抵抗组织解放南方,该组织成为南部地区最重要的抵抗组织之一。他是从法国南部地区来到伦敦(1943年5月)的第一个抵抗运动领袖,并受到了戴高乐的接见(他总是不敬地称戴高乐是"那个象征")。之后他又来过伦敦两次。1943年11月,被任命为法兰西民族解放委员会的内务委员。1944年1月,在马拉喀什与丘吉尔会面时,他说服丘吉尔为抵抗组织提供武器。在20世纪60年代早期之前,他一直以共产主义同情者的身份展开战后政治生涯。1965年支持戴高乐竞选总统。他后来成了著名的电视记者。他是那些戴高乐对之有些宽容的显要人物之一,并且,戴高乐和他们在一起时或许也感到了某种社会亲和力。

Auriol, Vincent 樊尚·奥里奥尔(1884—1966)。在两次世界大战之间,他是一名社会党政治家,与莱昂·布鲁姆关系密切,1936年时曾担任其政府的财政部长。在被投入监狱一段时间后,1943年秋来到伦敦。作为共和国总统(1946—1953),他对戴高乐抱有怀疑态度,并在幕后努力避免使其掌权。但1958年时,他坚信戴高乐是站在共和国和军事政变之间的关键人物,这一信念在说服社会党支持戴高乐方面发挥了重要作用。他很快又开始反对戴高乐,作为宪法委员会的一名当然成员,他拒绝就职,这引起了一场小小的骚动,但他已不再重要。

Bainville, Jacques 雅克·班维尔(1879—1936)。杰出的记者,法兰西行动派的保皇派历史学家,畅销书作家。他对《凡尔赛和约》的著名评价是,"在彰显温和特性时,它过于严厉;而在严厉方面,它过于温和"。

他和莫拉斯一样反对浪漫主义、自由主义、民主、国际主义和法国大革命,并对德国持怀疑态度,但他似乎没有反犹主义思想。从某种程度上来说,戴高乐与法兰西行动存在一定的密切关系,这个组织更像是班维尔的,而非莫拉斯的。

Barrès, Maurice 莫里斯·巴雷斯(1862—1923)。法国小说家,其作品从19世纪80年代起吸引了包括戴高乐在内的几代法国读者。他是19世纪末法国民族主义的主要思想源泉,并且还是坚定的反德雷福斯派。他那包容的法国历史观比莫拉斯狭隘的主张君主政体的民族主义更能引起戴高乐的共鸣。巴雷斯的儿子菲利普是一名记者,他为戴高乐写了第一部宣传传记(1941年出版于蒙特利尔),这非常合适。

Beuve-Méry, Hubert 于贝尔·伯夫–梅里(1902—1989)。左派天主教徒,20世纪30年代是著名报纸《时代报》驻布拉格记者。慕尼黑会议后辞职。1945年成为新创办的《世界报》主编(《时代报》在敌占期名誉扫地)。虽然并不是戴高乐主义者,但他在20世纪50年代支持中立主义的外交政策立场,这与戴高乐的观点相去不远。1958年"有条件地、暂时地同意"戴高乐重新掌权,在阿尔及利亚独立前,对他的支持热情越来越低。之后他成为戴高乐国内和国际政策的坚决反对者。这位立场坚定的人物定期发表评论,对戴高乐的电视干预和新闻发布会作出回应,几乎和戴高乐自己的表演一样,它们受到人们的热切期待。戴高乐辞职后,他退出了《世界报》——就好像他失去了一个离不开的知己。

Bidault, Georges 乔治·比多(1899—1983)(*1944年8月27日)。1925年参加历史学科教师资格会考并名列前茅。在20世纪30年代成为一名左翼天主教徒和反绥靖主义记者之前,他曾教授历史。他是与让·穆兰合作最密切的抵抗运动领导人之一,在穆兰牺牲后,被抵抗组织推选为全国抵抗运动委员会主席。出人意料的是,1944—1946年,他在戴高乐政府中担任外交部长。作为人民共和党的主要成员，1947—1953年，他在多届第三势力政府中任职，通常担任外交部长，并在法德和解过程中发挥了关键作用。他对法国殖民地日益强硬的诉求使他在党内处于边缘地位，1953年后不再任职。1958年，他是最早支持戴高乐的政治家之一，当时他认为戴高乐将拯救"法国的阿尔及利亚"。1959年9月戴高乐发表赋予阿尔及利亚自治的演说，之后，他与戴高乐决裂并成为其坚决反对者。1962年3月流亡国外，担任那个新成立的、荒唐的全国抵抗运动委员会的主席——这一次是反对"放弃"阿尔及利亚。1968年5月，他和其他支持阿尔及利亚属于法国的极端分子得到赦免，回到法国。

Billotte, Pierre 皮埃尔·比约特（1906—1992）（*1944年11月8日）。他是在法国之战中牺牲的一名将军的儿子，也是1941年9月来到伦敦的185名出逃战俘之一。之后他加入戴高乐的军事办公室，并从1942年5月起担任负责人。在戴高乐的顾问中，他是最坚定的反美主义者之一。1944年在诺曼底与勒克莱尔的第二装甲师并肩作战。1946—1950年，担任法国驻联合国军事代表团团长，但在1950年从法兰西人民联盟退出，因为他反对政府的大西洋主义。1952年当选为法兰西人民联盟议员，但他是1952年支持比内的那些叛逆分子之一。尽管他的这次"背叛行为"在1958年后得到了戴高乐的原谅，并在1962年当选为劳工民主联盟-新共和联盟议员，但他再也没有担任重要的部长职位。

Bingen, Jacques 雅克·宾根（1908—1944）（*1944年3月31日）。出身于一个富有的犹太家庭的土木工程师（他是安德烈·雪铁龙的妹夫）。1940年6月来到伦敦。尽管最初对戴高乐持保留态度，但他为自由法国的商船队工作。他渴望发挥更积极的作用，因而加入中央情报与军事行动局。1943年8月[1]被派往法国协助穆兰，但他发现自己不得不充当在穆兰位置上

---

[1] 在正文中，这里的时间是6月。——译者注

的戴高乐的临时代表。1944年5月被捕，为避免在酷刑下吐露秘密，吞下氰化物而死。他的遗体一直没有被找到。

Bogomolov, Alexander 亚历山大·波戈莫洛夫（1900—1968）。苏联外交官。先后担任苏联政府驻自由法国和法兰西民族解放委员会的官方代表。缺乏苏联驻英国大使麦斯基的那种魅力。

Boissieu, Alain de 阿兰·德·布瓦西厄（1914—2006）（*1946年1月18日）。职业军人，20世纪30年代的坦克专家。1941年9月来到伦敦的185名出逃战俘之一。曾追随自由法国军队在突尼斯、诺曼底和阿尔萨斯作战。1946年1月与戴高乐的女儿伊丽莎白结婚，并成为戴高乐的心腹之一。1962年被任命为准将。1962年8月，戴高乐乘坐的雪铁龙DS在小克拉马尔遭到秘密军队组织的袭击时，他也在车上。作为驻米卢斯的法军指挥官，戴高乐通知他1968年5月29日早上过来同自己会面。1975年，他被任命为荣誉军团大臣，但在1981年辞职，以避免将大十字勋章授予新当选的总统弗朗索瓦·密特朗。

Bonneval, Gaston de 加斯东·德·博纳瓦尔（1911—1998）。职业军人，出身于一个笃信天主教的没落贵族家庭。因参加抵抗运动而被投入毛特豪森集中营。他历经九死一生，1945年10月被任命为戴高乐的副官，一干就是20年。1958年5月，在爱丽舍宫和戴高乐之间充当中间人。在1965年致仕之前，一直谨慎地出现在戴高乐旁边。有这样一个故事（可能是杜撰的）：在爱丽舍宫的一次招待会上——博纳瓦尔在戴高乐身边向他介绍客人们的情况——当电影制片人雅克·塔蒂出现时，他低声对戴高乐说，塔蒂的最新电影是《我的舅舅》，将军感谢了塔蒂对法国文化所作的贡献，并表示很高兴见到德·博纳瓦尔的舅舅。在与戴高乐共事的人中，他是少有的没写回忆录的人。

Boris, Georges 乔治·鲍里斯（1888—1960）。20世纪30年代是左翼记

者、经济学家。他曾给其朋友莱昂·布鲁姆在经济方面出谋划策。1940年6月18日来到伦敦,是首批追随戴高乐的人之一。由于他是个犹太人并持左派观点,因而最初不受重用。从1942年起,作为法国自由宣传工作的组织者,他变得越来越重要。由于他的作用,布鲁姆站到了戴高乐的一边。解放后,他试图把戴高乐的经济思想推向更为社会主义的方向,但未能成功。20世纪50年代成为皮埃尔·孟戴斯·弗朗斯的主要顾问。尽管他在1958年反对戴高乐重新掌权,但他对1940年的戴高乐始终抱有崇拜之情。

Bouchinet-Serreulles, Claude 克劳德·布奇内–塞勒尔(1912—2000)(*1944年3月30日)。一名实业家的儿子,1940年7月来到伦敦,布奇内(在抵抗运动期间叫塞勒尔)是由其同学德·库赛尔介绍给戴高乐的。1940年7月至1942年底担任副官和总务长。1943年6月,他被派往法国帮助陷入困境的穆兰,并在后来(与宾根一起)临时接替了穆兰的职位,他有效地维护了法兰西民族解放委员会对抵抗运动的权威,而后者则试图夺回自身自治权。由于一次安全漏洞,他受到了中央情报行动局竞争对手的不公平指责,在这之后,他于1944年3月被召回伦敦。1945年后,他先后从事外交和商业活动。虽然他已和戴高乐主义无涉,但终其一生,他都是个谨慎的"左派"戴高乐主义者。

Brosset, Diego 迭戈·布罗塞(1898—1944)(*1944年11月20日)。职业军人,1940年6月26日这天听说了戴高乐的广播讲话,从南美给他发了封表示支持的电报。1941年1月来到伦敦。在戴高乐的总参谋部任职六个月后,他和被派驻到叙利亚的自由法国军队来到叙利亚。1943年,在突尼斯指挥第二自由法国师作战。1944年3月,加入在意大利的法国远征军。1944年8月,在"铁砧行动"(登陆法国南部的行动)中指挥第一自由法国师。1944年11月20日死于一场吉普车事故。他是自由法国的军事英雄之一,最近出版的他的日记表明,他对戴高乐的错误有着清醒的认识,对其美德不吝赞美之词。

Brossolette, Pierre 皮埃尔·布罗索莱特（1903—1944）（*1942年10月17日）。获得历史学科教师资格，巴黎高等师范学院毕业生。20世纪30年代是社会党积极分子和记者。反对《慕尼黑协定》。从1941年3月起，加入过多个抵抗组织。1942年4月至5月，待在伦敦。他主张把各个派别的政治人物带到伦敦，以增强戴高乐的合法性。1942年6月至9月，前往法国执行任务，组织社会党人菲利普和右翼分子夏尔·瓦兰来到伦敦。1942年9月他在一篇文章中呼吁所有政治派别的政治家消除各自分歧追随戴高乐，一些社会党人认为这是在为法西斯主义张目，还有一些人认为这提出了未来戴高乐主义政党的政治愿景。或许，这两种看法都不正确。他是中央情报行动局中最具权势的人物之一。1943年3月，他与帕西一起前往法国，协调北部地区的抵抗运动，但与穆兰发生了冲突。1944年2月至3月，再一次来到法国执行任务时被捕，为避免在酷刑下吐露秘密而自杀。他是自由法国人——他们无法忍受胡来的人——中最强有力、最富争议的人物之一。

Burin des Roziers, Etienne 艾蒂恩·布林·德斯·罗兹尔（1913—2012）。来自奥弗涅的一个贵族家庭。20世纪30年代担任公职。他是法国驻美国大使馆的一名官员，1942年4月加入自由法国。1943年成为戴高乐的副官，之后在外交事务上为他出谋划策。1946年后从事外交工作。当戴高乐重新掌权后担任驻捷克斯洛伐克大使。1962—1967年，被任命为总统府秘书长。虽然他不是最早追随戴高乐的那批人之一，也不曾加入法兰西人民联盟，但他谨慎、高效、忠诚，以及致力于公共服务，这使他成为戴高乐最信任的人之一。

Capitant, René 勒内·卡皮唐（1901—1970）。追随其父的脚步成了一名杰出的在高校任职的法学家。1941年加入抵抗组织"战斗"，这个组织的领导人弗勒奈曾是他的学生。1941年被调到阿尔及尔大学，他在那里建立了一个小规模的战斗小组，这几乎是北非唯一的抵抗力量。在美国人登陆后，他致力于将信奉贝当主义的阿尔及利亚公共舆论转向支持戴高乐。

在法兰西民族解放委员会中主管教育事务。1945—1946年,影响了戴高乐宪政思想的形成。强烈支持全民公投和直接民主。1946年被选入议会,试图在其中组织一个"戴高乐主义联盟"。在法兰西人民联盟中,他是所谓的左派戴高乐主义者之一,支持"联合"政策。戴高乐重新掌权时,他在东京任教。1960年回到法国,并成为反对蓬皮杜的主要的左派戴高乐主义者之一。1962年被选入议会。1968年5月,为避免对蓬皮杜政府投信任票,他辞去了议员职务。五月事件后,戴高乐把他招入政府,从而给其政府加入左派色彩。戴高乐心平气和地纵容着他,但很少听从他的意见。

Cassin, René 勒内·卡森(1880—1976)(*1941年8月1日)。一名受人尊敬的法学家,在一战中身负重伤。他曾是国际联盟的法国代表,还是一个重要的带有"左"倾性质的老兵组织的主席。1940年6月24日,他从圣让德吕兹乘船至普利茅斯,这使他成为最早追随戴高乐的人之一。他参与了1940年8月7日戴高乐与英国之间签署的那份协议的谈判技术细节。总是试图把戴高乐推向更为民主和共和的方向。先后是帝国防卫委员会和民族委员会的成员。他在法兰西民族解放委员会中为重建法国解放后共和政体的合法性发挥了重要作用。1948年,协助起草联合国《世界人权宣言》。尽管有一些疑虑,但在1958年他支持戴高乐重新掌权。不过作为犹太人,1967年时他反对戴高乐在以色列问题上的立场。1968年获诺贝尔和平奖。1987年葬于先贤祠。

Catroux, Georges 乔治·卡特鲁(1877—1969)(*1941年6月23日)。出身于利摩日一个信奉共和主义的军人家庭。主要在殖民地开展军事活动。他被维希政府撤去了印度支那总督的职务。1940年9月来到伦敦。作为追随戴高乐的最高级别官员(他是五星上将,戴高乐当时是二星准将),他决定接受戴高乐的权威具有重要的象征意义。1941—1942年,他是戴高乐在中东的主要代表。1943年,他帮助撮合了吉罗和戴高乐之间的协定。加入了法兰西人民联盟,但在1952年退出,因为他发现在殖民地问题上,法兰西人民联盟的看法过于保守。他善于交际、老于世故、魅力十足,是自由法国的重要人物。戴高乐反对他妥协的倾向,而卡特鲁则反对戴高乐挑起事端的倾向。卡特鲁野心勃勃的妻子加剧了这种紧张局面。

Chaban-Delmas, Jacques 雅克·沙邦–戴尔马(1915—2000)(*1945年8月7日)。毕业于巴黎政治学院。法国战败后未能去到伦敦,1942年12月与法国北部的抵抗网络和中央情报与军事行动局取得联系。进入法国行政机构为抵抗运动收集信息。1944年夏成为法兰西民族解放委员会在巴黎的军事代表(化名沙邦),他在调和巴黎抵抗运动的不耐烦与伦敦和阿尔及尔的谨慎之间发挥了关键作用。加入了法兰西人民联盟,并在1947年10月当选波尔多市长。作为加亚尔政府的国防部长,他在幕后为戴高乐工作。1958年戴高乐重新掌权后,他击败戴高乐自己的候选人,当选为国民议会议长,但他在议会中忠心耿耿地为戴高乐的利益服务了十年。1969年被蓬皮杜任命为总理,但他的自由主义观点导致他在1972年被撤换。乔治·蓬皮杜去世后,1974年他作为戴派候选人参加总统竞选,但遭遇了灾难性失败。这位英俊的戴高乐主义大红人——在电影《巴黎战火》中,阿兰·德龙饰演他——还是一名具有国际水准的网球运动员,但他从未摆脱人们对他缺乏政治影响力的怀疑。

Challe, Maurice 莫里斯·沙勒(1905—1979)。圣西尔军事学院的毕业生。1925年加入空军。1942年11月参加抵抗运动。1958年12月,戴高乐任命他接替萨朗成为驻阿尔及利亚的军队指挥官。在街垒暴乱周之后,由于戴高乐认为他表现得不够坚决,他被明升暗降成了北约驻中欧部队指挥官。他对戴高乐的阿尔及利亚政策和反大西洋主义越来越不满,于1961年1月提前退休。1961年4月,他不太情愿地成为反对戴高乐的政变的领导人。1961年5月自首,被判15年监禁。1966年12月获释;1968年得到赦免。

Chauvel, Jean 让·肖韦尔(1897—1979)。职业外交官。1944年3月来到阿尔及尔追随戴高乐。1946年被任命为外交部秘书长(负责人)。1958

年戴高乐重新掌权时，他担任驻英国大使，直到1962年卸任。尽管他的职业生涯几乎没有受到他是后来才支持戴高乐的这种情形的影响，但他感到自己没有得到戴高乐的赏识，并对他的外交风格（无外交策略的风格）和对英国的敌意感到颇有怨言。他是一名职业外交官，他为戴高乐效劳却又得不到他的信任，因此在回忆录中对戴高乐进行了报复。

Cooper, Alfred Duff 阿尔弗雷德·达夫·库珀（1890—1954）。外交官出身的英国政治家，为抗议慕尼黑会议而从张伯伦政府辞职。作为新闻大臣，他是戴高乐在威斯敏斯特的支持者之一。1943年12月，丘吉尔任命他为法兰西民族解放委员会的英国政府代表，用戴高乐的话说，"在丘吉尔和我之间，他承担了吸收冲击的角色"。他在这一折磨人的任务中取得的成功使他于1945年被任命为英国驻法国大使。他是一个亲法派，曾出版过一本塔列朗的传记，戴高乐尊重和欣赏他的魅力和修养，除他之外，戴高乐不曾完全尊重和欣赏任何一个英国人的品质。

Cot, Pierre 皮埃尔·科特（1895—1972）。两次世界大战之间，激进党的左翼成员。人民阵线政府中有争议的航空部长，他的飞机工业国有化政策让右翼对他很不满。出于这个原因，1940年戴高乐拒绝了他的效劳，并派他到美国为自由法国服务。在这个过程中，他越来越怀疑戴高乐有法西斯主义倾向。作为共产主义的同情者，他一直是第四共和国的议员。1958年戴高乐重新掌权后失去议员席位。1961年访问莫斯科时，他宣称法国处于"半军事独裁统治之下"。他是左翼传统的缩影，罔顾事实地认为戴高乐是法西斯分子。

Coty, René 勒内·科蒂（1882—1962）。律师，温和的持中间偏右立场的政治家。1923年当选勒阿弗尔市议员。尽管1940年投票支持贝当，但拒绝加入维希政府。经过13轮投票，1953年当选第四共和国总统。由于担心第四共和国不稳定，1958年之前，他已经希望戴高乐合法地重新掌权。1958年5月

29日他在议会发表的讲话成为解除危机并使戴高乐合法地重新掌权成为可能的关键。在1959年1月新共和国成立之前，继续正式担任总统，戴高乐则是总理。不支持戴高乐1962年的宪法改革，在改革通过几周后去世。

Coulet, François 弗朗索瓦·库莱（1906—1984）。来自蒙彼利埃的新教徒。1936年进入外交部门。被派往中东后，他立即追随了戴高乐，并于1941年进入其办公室。受戴高乐委托执行了许多重要任务：1943年9月被派往科西嘉，以维护法兰西民族解放委员会在科西嘉的权威；1944年6月16日陪同戴高乐来到贝叶，并作为共和国专员留在了这里。1945年后从事外交工作（驻伊朗和南斯拉夫大使）。1960年他被戴高乐派去监视保罗·德卢弗里耶，因为街垒暴乱周之后戴高乐对此人已不再信任。他骄傲地称自己是个"狂热"的戴高乐主义者。

Courcel, Geoffroy Chodron de 若弗鲁瓦·肖德龙·德·库赛尔（1912—1992）（*1943年7月18日）。其父是名军官，祖父是名外交官。进入外交部门。毕业于精英中学斯坦尼斯拉斯高中。1937—1938年，在法国驻波兰大使馆工作。1940年6月7日被任命为戴高乐办公室成员，是10天后唯一陪同将军前往伦敦的人。1941年12月跟随自由法国军队前往北非作战前，是戴高乐在伦敦的亲密助手。自1943年7月起，在阿尔及尔担任戴高乐办公室副主任。1945年后再次进入外交部门，并未加入法兰西人民联盟。1959—1962年，担任戴高乐的第一任总统府秘书长。1962—1972年，担任法国驻英国大使。从某种意义上说，他是首位"戴高乐主义者"，但他始终是一个谨慎的人：既和蔼可亲又镇定自若。

Couve de Murville, Maurice 莫里斯·顾夫·德姆维尔（1909—1999）。尽管20世纪20年代在名字中加入"德姆维尔"，但他出身于一个中产阶级新教徒家庭。他毫不费力地进入了法国精英教育机构，1930年以全班第一名的成绩通过财务稽查考核。1940—1942年，在维希政府的财政部担任高级官员。美军在北非登陆后逃到阿尔及尔。他最初打算为吉罗效劳,但很快站到了戴高乐这一边并成为法兰西民族解放委员会的财政专员。1945年后从事外交工作(先后担任驻埃及、美国、联邦德国大使)。1958年戴高乐将其从驻联邦德国大使的职位上调任为外交部长,他在新职位上一干就是10年,成为自18世纪以来任职时间最长的外交部长。1968年6月,取代蓬皮杜担任总理。在戴高乐1969年4月辞职后,再也没有担任部长职务。他因忠诚、过人的才智、对技术细节的把握以及高超的谈判技巧而受到戴高乐的赏识。他很少摘下新教徒的面具表露他对戴高乐不切实际举措的精细观察。他那未泄露秘密的回忆录让这副面具保持得很完整。

Darlan, François 弗朗索瓦·达尔朗(1881—1942)。1940年任法国海军司令。他在确定法国舰队不会被移交给德国人后,接受了停战协定。在英军攻击米尔斯克比尔港后,变得更加仇英。虽然之前与右翼政治无涉,但出于实际考虑,他逐渐认为有必要实行合作政策。1941年2月至1942年4月担任贝当的副手。1941年5月11日[1]与希特勒在贝希特斯加登会面,将合作政策推向新高度。1942年11月来到阿尔及尔,转变立场的他同美国人签了停战协定,并被他们任命为北非的法国领导人。1942年12月24日被暗杀。由于暗杀他符合各方利益,因而我们无法知道幕后黑手是谁。他是个机会主义者,并不像他想象的那么聪明,他完全是通过法国海军这个让事物变得扭曲的镜头来看世界的。

Debré, Michel 米歇尔·德勃雷(1912—1997)。来自一个显赫的信奉自由保守主义的犹太家庭(不过米歇尔改信了天主教)。在巴黎政治学院学习后于1934年进入行政法院。1938年进入保罗·雷诺内阁。第三共和国的软弱使他成为国家改革的热情倡导者。抵抗运动时期,他在挑选解放后代表法兰西民族解放委员会治理法国的人选方面发挥了重要作用。1945年4

---

[1] 在正文中,这里的时间是15日。——译者注

月，被选入戴高乐办公室，他是国立行政学院的创办人，这是一所旨在培训法国未来公务员的院校。加入了法兰西人民联盟，他对欧洲超国家主义的极端仇视和对第四共和国的反对使他进入了戴高乐的核心圈子。戴高乐重新掌权后，他在起草新宪法方面起了关键作用。自1958[1]年1月至1962年3月，担任戴高乐的第一任总理，尽管他被迫实行一种他不赞成的阿尔及利亚政策。离开政府一段时间后，1966年担任财政部长，1968—1969年担任外交部长。1974年戴派候选人沙邦-戴尔马竞选失败后，他成了戴派的卡珊德拉。与卡珊德拉一样，没有人听信他的话，在1981年的总统选举中，他只获得了1.6%的选票。他是一名优秀的公仆，永远生活在愤怒状态中，即便是永远愤怒着的戴高乐也受不了这种情形，但戴高乐却在无情地利用他的忠诚。

Dejean, Maurice 莫里斯·德让（1899—1982）。20世纪30年代在法国驻德国大使馆新闻处工作。1941年1月来到伦敦，成为首批追随戴高乐的外交官之一。对戴高乐的政治观点稍稍持怀疑态度，但没有参与米瑟利耶反对他的阴谋。1941年9月担任对外事务专员，但1942年9月被解雇，因为在叙利亚问题上他不支持戴高乐的反英立场。尽管曾一度受到吉罗主义的诱惑，但他还是回到了戴高乐在阿尔及尔的随从队伍中，当时他属于亲苏阵营的一员。1945年后从事外交工作，在戴高乐重掌政权后担任驻苏联大使。在中了克格勃的美人计之前，他一直担任这个职务。据说，在1964年1月被召回巴黎时，戴高乐对他说："那么，德让，你和她上床了吗？"（Alors, Dejean, on couche?）

de Lattre de Tassigny, Jean 让·德·拉特·德·塔西尼（1889—1952）（*1944年11月20日）。在圣西尔军事学院比戴高乐（和朱安）高一届。他接受了停战协定，但在1942年11月11日，他试图阻止德国人越过分界线，结果

---

[1] 在正文中，这里的时间是1959年。——译者注

被维希政府监禁。逃脱后来到阿尔及尔为戴高乐效劳。1944年8月指挥法国第一军登陆普罗旺斯，1945年开赴德国。受到那批最早追随戴高乐的军官如拉米纳、柯尼希的憎恶。1945年5月8日，被戴高乐派往柏林接受德国投降。他派头十足、爱慕虚荣，绰号"国王·让"，由于没有被戴高乐任命为德国占领军司令而心怀怨恨。1945年后投身军队，并最终被任命为法军在印度支那的指挥官，他在那里取得了巨大的成功。1951年5月他的军官儿子在印度支那阵亡，这使他深受打击，不久后死于癌症。1952年，戴高乐给他们同一代人朱安写信说："德·拉特死了。作为一名法国人，一名士兵，这让我非常难过。我们都很清楚他的缺点。但总的来说，他的行动对法国极为有利。"葬礼当天，他被提拔为元帅。

Delbecque, Léon 莱昂·德尔贝克（1919—1991）。出身于图尔昆的工人阶级家庭。15岁开始在纺织厂工作。在敌占期，他为特种行动执行局的巴克马斯特组织网络执行破坏行动并搜集情报，是法兰西人民联盟北部省区的区域组织者。1957年，国防部长、戴高乐主义者沙邦-戴尔马派他去执行一项为戴高乐造势的非官方任务。在1958年5月的危机中，他帮助引导街道示威活动支持戴高乐。1958年当选新共和联盟议员。作为"法国的阿尔及利亚"的热心支持者，戴高乐的阿尔及利亚政策很快使他大失所望。他退出了新共和联盟，1962年失去议员席位。1962年审判萨朗时为辩方作证。后来弃政从商，但他仍与雅克·索斯特尔关系密切，后来创办了一份捍卫种族隔离的报纸。

Delestraint, Charles 夏尔·德莱斯特兰（1879—1945）（*1945年11月17日）。职业军人，坦克战专家。1936年被任命为准将。作为第三坦克旅的指挥官，1937—1939年在梅茨时，他是戴高乐的上级。两人在坦克战问题上看法一致，并就此进行过多次交流。1940年退休后，与抵抗组织取得联系，但并未在其中扮演积极角色。1942年，被戴高乐和穆兰选作抵抗运动组织"秘密军"的指挥官。1943年2月随穆兰来到伦敦。1943年6月9日在巴黎被捕，12

天后穆兰被捕。1945年4月19日，在美军到达前10天，在达豪集中营被处死。

Delouvrier, Paul 保罗·德卢弗里耶（1914—1995）。他是那一代公务员中经济学家的领军人物，他们在经历了战败的创伤后，渴望实现法国的现代化。1946年以后，在规划经济发展的过程中，与莫内密切合作。尽管缺乏政治经验，他却出人意料地被戴高乐任命为他在阿尔及尔的民事代表。1960年11月在听到戴高乐发表提及"阿尔及利亚共和国"的讲话后辞职，这不是因为他对此不同意，而是因为他对自己没有提前得到通知而心怀怨恨。他是政府针对巴黎地区的首席规划师，并主持了一个大规模的城市改造计划（为成千上万的人建造新的卫星城）。作为一名现代化主义者，德卢弗里耶的道路和戴高乐的交叉在了一起，尽管他真正的偶像是莫内。

Diethelm, André 安德烈·迪耶特尔姆（1896—1954）。1940年在乔治·曼德尔办公室中任财务监察。1940年6月13日首次见到戴高乐，当时曼德尔在劝说戴高乐不要辞职，尽管他对雷诺政府日益增长的失败主义情绪感到愤怒。1941年8月来到伦敦，他那杰出的行政能力对法国民族委员会（担任内务专员）和法兰西民族解放委员会（先后担任财政专员和战争专员）来说是无价的，尽管他稍微缺乏政治技巧。他成为法兰西人民联盟的领头人物，如果不是过早去世，他肯定会在第五共和国发挥重要作用。戴高乐身着军装走出"荒漠"向他的棺椁敬礼，这表明了他对他的敬意。

Dixon, Pierson 皮尔逊·迪克逊（1904—1965）。英国外交官，1960—1964年担任英国驻法国大使，其中在1961—1963年，还肩负使英国加入布鲁塞尔的欧洲共同体的谈判工作——对于一个人来说，这两副担子过于沉重。对戴高乐既着迷又生气。业余时间撰写历史小说，1964年写了一部关于波利娜·波拿巴的传记。

Domenach, Jean-Marie 让-马里·多梅纳克（1922—1997）。他是颇具

影响力的左翼刊物《精神》的主要撰稿人,并从1957年起担任主编。他是这么一群左翼知识分子之一:他们总是既怀念抵抗运动的戴高乐,又反对第五共和国的戴高乐,并对其外交政策着迷,最终,着迷胜过怀疑。他是1966年在支持戴高乐外交政策的一份宣言上签字的29个左派人士之一。

Eboué, Félix 费利克斯·埃布埃(1884—1944)(*1941年1月29日)。圭亚那人,被人民阵线政府任命为瓜德罗普岛总督,成为法国领土上的第一位黑人总督。1940年7月,身为乍得总督的他是唯一一位宣布愿意支持戴高乐的帝国总督。1940年8月26日,乍得归顺戴高乐。他是自由法兰西帝国防卫委员会的成员,并在1944年布拉柴维尔会议的筹备工作中发挥了作用,但这次会议的成果未能如他所愿。他是个在历史上有名的戴高乐主义者,是首批获得解放勋章的人之一。

Erhard, Ludwig 路德维希·埃哈德(1897—1977)。阿登纳的继任者,1963—1966年担任联邦德国总理。他信奉自由经济,与美国关系密切,他对戴高乐一开始冷淡,后来发展到厌恶。

Foccart, Jacques 雅克·福卡尔(1913—1997)。父亲经营香蕉生意,他几乎没有受过正规教育。战前创办了自己的进出口公司。在抵抗运动中,他运营着一个与中央情报行动局相关联的网络。1944年首次见到戴高乐。他在法兰西人民联盟中发挥着越来越重要的作用,先是组织了其海外分支机构,然后从1954年起担任其秘书长,以使火焰在"荒漠"中燃烧。从此时至戴高乐去世,他是戴派随从中最重要的人物之一。从1961年担任非洲事务秘书长起,他几乎每天晚上都与戴高乐会面。他还负责戴派的选举事务,为此他创建了臭名昭著的"公民行动服务"(SAC),对手认为这是一种肮脏的伎俩。由于这个原因,以及他作为新殖民主义法非特殊关系的创造者而享有的名声,他成为流言和媒体攻击的目标。在蓬皮杜手下继续负责非洲事务,后来被蓬皮杜的继任者吉斯卡尔解雇。1995年希拉克将已退休的他奉为特别顾问,但他处理非洲事务的方法已过时。然而,在他最得势时,没有人比他更受戴高乐的信任,他作为幕后操纵者的名声几乎没有被夸大。

Frenay, Henri 亨利·弗勒奈(1903—1988)(*1943年3月24日)。一名军官,他领导的抵抗组织"战斗"是南部地区最重要的抵抗组织。自1942年中期起,他勉强接受了戴高乐对抵抗运动的象征性权威,但为争取其自治权进行着努力抗争。1943年11月,当戴高乐将他招入法兰西民族解放委员会,他才最终放弃这一努力。1945年后,他成为一名热情的欧洲联邦主义者,这为他对戴高乐的怀疑提供了更多的论据。他在1958年支持戴高乐,但在1965年的选举中呼吁投票反对他。他勇敢、粗暴,有点缺乏魅力,从未与戴高乐真正融洽相处过,完美地体现了许多抵抗运动领导人对戴高乐的怀疑之情。

Giraud, Henri 亨利·吉罗(1879—1949)。1900年毕业于圣西尔军事学院。1930年被提拔为将军。作为梅茨的地方长官和第三军司令,他在1938年第一次见到(也不喜欢)戴高乐,当时吉罗是他的上司。1940年担任第七军司令。1940年5月18日被监禁,1942年4月逃脱,这使他成为爱国英雄。作为维希政府保守政策的支持者,他成为戴高乐之外的另一个具有号召力的人物。达尔朗死后,在美国人安排下,他成为北非的掌权人。1943年5月30日,他不情愿地同意与戴高乐共同担任法兰西民族解放委员会主席,但在1943年11月被迫退出该委员会。继续担任北非法军名义上的总司令,1944年4月,他连这个职位也没保住。他是一名英勇而保守的军人,缺乏担任政治领袖的能力,他的军事思想同样缺乏想象力。

Giscard d'Estaing, Valéry 瓦莱里·吉斯卡尔·德斯坦(1926—)。一个有权势的自由保守派家庭的后裔。毕业于国立行政学院并成为财务稽查。作为比内中间偏右派别的一员进入议会。1959—1961年,担任德勃雷政府的财政国务秘书；1962—1966年担任财政部长，他被任命为财政部长时年仅36岁。自始至终支持"法国的阿尔及利亚"。创建了独立共和党议员团，与戴高乐主义者不同的是，他们是构成"总统多数派"的年轻成员。1966年，他离开政府，并与戴高乐距离越来越远。在戴高乐的魁北克演讲后，8月17日他谴责了戴高乐"在行使权力时的一意孤行"。1969年拒绝支持戴高乐的全民公投。1969—1974年蓬皮杜担任总统时，再次担任财政部长。1974年当选总统。在戴高乐对其野心起疑之前，曾一度被他的才华和雄辩所吸引。

Gouin, Félix 费利克斯·古安（1884—1977）。1940年拒绝投票授予贝当全权的社会党议员之一。在里永审判中担任布鲁姆的辩护律师。1942年8月来到伦敦。尽管对戴高乐有些怀疑，但他没有接受伦敦其他法国社会党人的反戴高乐主义思想。当选为阿尔及尔的协商会议主席，在这里，他在议会中学到的技能被证明很管用。1946年1月至6月，成为戴高乐的继任者，担任临时政府首脑。曾在第四共和国的好几届政府中任职。1958年未能成功地反对戴高乐重新掌权，从此退出政坛。

Guichard, Olivier 奥利维耶·吉夏尔（1920—2003）。他的父亲是海军军官和外交官，曾在达尔朗上将的办公室工作。战时在巴黎念书，1943年加入抵抗运动，解放时随内地军作战。1947年见到戴高乐，成为西南地区法兰西人民联盟的区域组织者。1951年接替蓬皮杜成为戴高乐办公室主任。在"荒漠"期，他（和福卡尔）是最经常见到戴高乐的人，并使之与政界保持联系。1958年五月危机时扮演幕后角色。奇怪的是，在戴高乐成为总统后，他没有担任重要职位。1963—1967年，领导半官方机构（国土整治和区域行动评议会）监督地方发展、城市规划和经济"现代化"。1967年当选议员后，他重新扮演了更多的政治角色。1976—1978年，担任工业部长。在蓬皮杜政府中一直担任部长，并经常被人说成是未来的总理。对后期戴高乐主义运动的浪潮越来越失望。他是战后戴高乐主义历史上的一位"大人物"(这个词可能源自他是帝国时期一名男爵的后裔)。

Guy, Claude 克劳德·居伊(1915—1992)。母亲是美国人。战争爆发时,正在巴黎学习法律。1940年入狱。逃脱后经由美国来到伦敦。加入自由法国空军,直至身负重伤。1944年6月成为戴高乐的副官。在法兰西人民联盟成立之初,他与戴高乐关系密切,但1949年因行事轻率而离开戴高乐,之后大部分时间在外交部任职。他对戴高乐忠心耿耿,他在1944—1949年期间所写的日记是我们了解那一时期戴高乐在科隆贝生活状况的宝贵资料。

Harvey, Oliver 奥利弗·哈维(1893—1968)。英国外交官。尽管斯皮尔斯称他"面色苍白、举止得体,明显出身于大法官法庭",但作为安东尼·艾登的私人秘书,在二战期间,他事实上是戴高乐在外交部最为热情(即使程度相对较低)的支持者之一。1948—1954年,担任英国驻法国大使。

Hauck, Henry 亨利·豪克(1902—1967)。1940年前是历史教师、社会党积极分子。1940年6月时在法国驻英国大使馆工作(妻子是威尔士人),他是少数支持戴高乐的大使馆工作人员之一。曾在卡尔顿花园担任工会问题顾问。尽管有时感觉自己成了自由法国的左翼人质,但他与伦敦的反戴高乐主义的社会党人保持着距离。1942年时曾帮助推动戴高乐向左偏转。战后服务于国际劳工组织。

Isorni, Jacques 雅克·伊索尔尼(1911—1995)。1931年获得律师资格。尽管崇拜莫拉斯,但他在1946年前未涉足政治,甚至曾为维希政府逮捕的共产党人和抵抗战士做过辩护。1945年,他因担任布拉西亚克的辩护律师而一举成名,之后又成为贝当辩护律师团队的一员。这些经历使他成为一个发自本能的反戴高乐主义者。1951年当选议员。1958年投票反对戴

455

高乐重掌政权,理由是"路易十六的保卫者不能投票给罗伯斯庇尔"。他支持"法国的阿尔及利亚",并为巴斯蒂安-蒂尔里提供了辩护,后者是1962年试图暗杀戴高乐的主谋。他是萨拉查的崇拜者。1965年,他呼吁为密特朗投票:任何人都比戴高乐好。

Jebb, Gladwyn 格拉德温·杰布(1900—1946)。英国外交官,1940年6月首次见到戴高乐,当时职位相对较低的他通知戴高乐说,政府希望他的一篇广播讲话在措辞上变得和缓一些。1954—1960年,担任英国驻法国大使。1960年获封格拉德温勋爵,并加入自由党,他是欧洲联邦主义的热情支持者。出于这个和其他原因,他在对戴高乐大加赞赏的同时,也对他持批评态度。他是戴高乐非常尊敬的英国外交部的要人。他对戴高乐的所有预测几乎都被证明是错误的:从1958年时认为戴高乐无意于重新掌权的这个预测开始。

Joxe, Louis 路易·若克斯(1901—1991)。获得历史学科教师资格,1940年10月起在阿尔及尔一所中学担任历史教师。是阿尔及尔支持戴高乐的少数人之一。由于他对阿尔及尔的了解,戴高乐于1943年6月任命他为法兰西民族解放委员会秘书长。1944年8月起在巴黎戴高乐临时政府担任同样职务。没有加入法兰西人民联盟。1947—1958年,从事重要的外交工作(先后担任法国驻苏联、联邦德国大使和外交部秘书长)。1959—1969年,在戴高乐政府担任部长。他在与民族解放阵线谈判阿尔及利亚独立的过程中发挥了关键作用。1968年五月风暴期间,由于蓬皮杜出访伊朗,他于6月[1]4日至10日担任临时总理。他是担负要职的戴高乐主义者的缩影。

Juin, Alphonse 阿尔方斯·朱安(1888—1967)。父亲是崩尼(阿尔及利亚)的一名宪兵。他和戴高乐同一年(1910年)以优异成绩毕业于圣西尔

---

[1] 在正文中,这里的时间是5月。——译者注

军事学院。1938年被提拔为将军。他是法国军队中冉冉升起的新星之一。忠诚地为维希政府效劳，火炬行动后，过了一段时间才站到美国人这一边。由于他很可能会赢得之前忠于维希政府的正规军的敬重，因而戴高乐于1943年8月任命他为意大利远征军（CEF）司令。取得了加里利亚诺之战的胜利。1944—1947年担任总参谋长。他对戴高乐阿尔及利亚政策的公开反对导致他在1962年4月被迫致仕。1952年成为法国元帅，但不是解放勋章的获得者。作为戴高乐的同代人，他是少数几个能以"你"来称呼戴高乐的人之一。他绝非坚定的"戴高乐主义者"，但1967年戴高乐为他举行了国葬。

Kérillis, Henri de 亨利·德·克里利斯（1889—1958）。20世纪30年代支持戴高乐坦克思想的保守派议员兼记者。1938年9月，他是唯一一位投票反对《慕尼黑协定》的保守派议员。来到伦敦后想加入自由法国空军，但最终又去了美国。自1942年1月起，他是总部设在美国的亲戴高乐报纸《为了胜利》的主要记者。1942年11月后，戴高乐与罗斯福发生冲突，他逐渐反对戴高乐。1943年3月与戴高乐公开决裂，他的反戴高乐主义情绪越来越强烈，其高潮是1945年他像是在精神半失常的状况下写下小册子《戴高乐是个独裁者》。

Koenig, Pierre 皮埃尔·柯尼希（1898—1970）（*1942年6月25日）。职业军人。1940年在挪威作战，并被遣送至伦敦，在那里他站到了戴高乐这一边。参加了达喀尔远征。1941年7月被提拔为准将。1942年6月，在比尔哈肯姆之战中，他指挥的第一自由法国旅同隆美尔鏖战了好几天，这是当时为止自由法国最著名的战斗壮举。1944年春被任命为法兰西民族解放委员会驻伦敦的军事代表和内地军总司令。1951年当选法兰西人民联盟议员。他不是法兰西人民联盟中投票支持比内的背叛分子之一，却在第四共和国的两届政府中任职（包括孟戴斯·弗朗斯政府）。出于戴高乐主义正统信仰，他从这两届政府中辞职，但最终不被任何人信任，1958年之后再未担任任何重要职务。

Labarthe, André 安德烈·拉巴尔特（1902—1970）。受过科学方面的教育。人民阵线政府中的反法西斯积极分子，与皮埃尔·科特关系密切。1940年7月负责自由法国军备，并承担招募科学家和工程师的任务。两个月后被解职，因为他与戴高乐的其他工作人员发生了争吵。1941年创办《自由法兰西》。不断走向更为尖刻的反戴高乐主义立场：1941—1942年先是和米瑟利耶站到一边，之后1943年又和吉罗站到一边。1943年7月来到美国，并继续攻击戴高乐，直至战争结束。1945年后成为一名记者和科普工作者。他反复无常、极富才智、不可信赖，是个阴谋家，有可能是苏联间谍。

Larminat, Edgard de 埃德加·德·拉米纳（1895—1962）（*1941年8月1日）。职业军官，1940年6月在中东担任中校。因试图说服一伙士兵反对停战协定而遭到逮捕。6月30日逃脱，并在巴勒斯坦加入自由法国。在赢得刚果–布拉柴维尔对戴高乐的支持中发挥了关键作用。被戴高乐任命为驻赤道非洲法军总司令。1941年7月被提拔为将军。参与了在西部沙漠和突尼斯进行的大多数战斗。他最初持极右信仰，后来逐渐接受了战时戴高乐主义的革命论调。1943年强烈支持清除军中的吉罗分子。他性格倔强，爱发脾气——他的回忆录名为《不恭者记事》——他是那些极端忠诚的戴高乐主义者之一，随时准备支持其偶像。1945年后担任各种军职。1952年，他是唯一一个支持欧洲防务共同体的戴高乐主义者。1958年，他拒绝在一份要求戴高乐重新掌权的呼吁书上签名。他被任命为军事法庭主席，审判那些反叛的法国军官。1962年7月1日自杀。

Leahy, William 威廉·莱希（1875—1959）。一名反动的美国海军高级指挥官。1941年1月至1942年5月，罗斯福任命他为美国驻维希法国政府的大使。在这个职位上，他助长了罗斯福的反戴高乐主义偏见，同时高估了该政权与德国保持距离的意愿。1939年9月至1940年11月，他在担任波多黎各总督时较为成功。

人物简介

Leclerc, Philippe 菲利普·勒克莱尔（1902—1947）（*1941年3月6日）。他使用这个假名是为了保护待在法国的家人，真名叫菲利普·德·奥特克洛克，出身于一个古老贵族家庭。他是自由法国中最著名的战士。1924年毕业于圣西尔军事学院。1940年受伤被俘，但之后逃脱并在当年7月来到伦敦。1940年8月受戴高乐之命去让喀麦隆归顺。1941年3月占领意大利在利比亚的库夫拉要塞。1942—1943年在费赞沙漠和突尼斯作战。作为第二装甲师指挥官，1944年8月参加了解放巴黎的行动。1944年11月解放斯特拉斯堡。1945年8月被派往印度支那重树法国权威。1947年11月28日死于空难。他和穆兰一样，是戴高乐在其回忆录中热情讴歌的人物。战争之初他是名上尉，战争结束时是名将军，死后被追授为元帅。

Lefranc, Pierre 皮埃尔·勒弗朗（1922—2012）。1940年停战纪念日这天，他因在巴黎参加学生反德游行而被捕。六个月后被释放，加入抵抗组织"自由"。在佛朗哥主义者的监狱中被关押一段时间后，经由西班牙来到北非。1943年5月30日在阿尔及利亚首次见到戴高乐，之后成为一名终身的戴高乐主义者。加入了法兰西人民联盟。在"荒漠"期，是戴派忠诚分子核心圈子中的一员。1958年5月，成立"支持戴高乐将军行动协会"。1958年5月至12月，进入马蒂尼翁宫，在戴高乐办公室工作。在1968年5月的"事件"中，他帮助创建了保卫共和国委员会以支持戴高乐。戴高乐去世后，1971年，他创立了夏尔·戴高乐学院（后来成为基金会）以纪念戴高乐。他是一名极端戴高乐主义者，晚年时特别像他的偶像。

Leger, Alexis 亚力克西·莱热（1887—1975）。1940年时担任外交部长。1940年6月在伦敦时拒绝支持戴高乐，因为他怀疑戴高乐有政治野心。他是那些在华盛顿强化了美国人对戴高乐怀疑的法国流亡者之一。1944年7月，戴高乐访美时拒绝与他会面。战后留在了美国（会对法国进行长时间访问），以圣琼·佩斯的名字从事诗歌创作。1960年获得诺贝尔文学奖，戴高乐没有给他写祝贺信。当戴高乐对阿尔方说佩斯的诗晦涩难懂时，阿尔方刻薄地说，他能理解，因为他看的是英文译本。

Malraux, André 安德烈·马尔罗（1901—1976）（*1945年11月17日）。国际知名的小说家和冒险家，20世纪30年代是最积极投身反法西斯政治活动的知识分子之一，这使他与共产党关系密切。在敌占期，退隐到私人生活中，直至1943年加入抵抗运动。尽管他之前并未表露出对戴高乐主义的好感，但在1945年8月见到戴高乐后，开始无条件地支持戴高乐。这种欣赏是相互的。他是法兰西人民联盟的重要人物之一，负责宣传事务。1958年在戴高乐手下曾短暂地担任新闻部长，之后10年担任新设立的文化部长一职。尽管他是一位卓有成效的部长，但他对更广泛政策的影响有限。他是戴高乐主义及其动作指导的装饰品。他和戴高乐之间的相互迷恋很难让人理解——有些戴高乐主义者认为这是个形而上学的问题——但无论人们视他为骗子还是才子，或者两者兼而有之，他在戴高乐去世后不久出版的那本书是标志着戴高乐主义神话达到巅峰的作品之一。这本书中的每句话都有可能是虚构的，但它具有诗意的真实性。戴高乐夫人看不惯他混乱的（异性间的）私生活。

Mandel, Georges 乔治·曼德尔（1885—1944）。第一次世界大战时是克莱蒙梭的得力助手。两次世界大战之间是一名保守派官员。作为雷诺政府的内务部长，他是最激烈反对停战协定的人之一。乘坐"马西利亚号"来到摩洛哥继续开展战斗，并在那里被维希政府逮捕。1942年8月20日，他在狱中给戴高乐写了一封宝贵的支持信。1944年7月7日，遭到维希民兵团杀害。作为一个坚定的反德犹太人，他代表了极端通敌卖国分子最痛恨的一切。

Margerie, Roland de 罗兰·德·马尔热里（1899—1990）。大使之子，剧作家爱德蒙·罗斯丹的外甥。进入外交部后先后被派往柏林（1922—1933）和伦敦（1933—1939）任职。反对绥靖政策。1940年在雷诺内阁中属于反对停战协定的阵营，这使他与戴高乐走得很近。想把他支开的维希政府任命其为驻上海领事。经由伦敦赴任时，他出于责任感决定接受这个职务。1942年他拒绝了戴高乐发出的直接召唤，但他并未做过使自身名声受损的事情，解放后他的仕途没有受到影响。戴高乐重新掌权时担任驻梵蒂冈大使。后来戴高乐宽宥了他，1962—1965年担任驻联邦德国大使这一要职。他对1940年的"错误"决定一直难以释怀。

Massigli, René 勒内·马西格里（1888—1988）。法国高级外交官。1933年在外交部担任政治副主任。由于反对绥靖政策而受到排挤。1940年8月被维希政府解职。与抵抗运动存在接触，但由于戴高乐对维希政府的坚决反对而趑趄不前，1943年1月最终毅然来到伦敦。被戴高乐任命为对外事务专员，他在这个职位上一直干到解放。他是个亲英分子，对苏联有疑心，不被极端戴高乐主义者信任。1944年9月担任驻英国大使，直至1955年1月卸任。他对戴高乐的支持是一件大事。戴高乐欣赏他的专业知识和专业精神，但又对他有疑心，因为他是戴高乐所厌恶的职业外交官的缩影。

Massu, Jacques 雅克·马絮（1908—2002）（*1941年7月14日）。当停战协定签署时，他是驻非洲的职业军人。很快就加入自由法国，并先后在非洲、诺曼底、德国作战。1945年后在印度支那任职，参与了苏伊士运河行动。1957年1月被派往阿尔及尔，指挥第十空降师。在"阿尔及尔之战"中，他用有组织的严酷手段击败了民族解放阵线。作为阿尔及尔公共安全委员会主席，他在引导1958年5月的"黑脚"起义支持戴高乐方面发挥了关键作用。1960年1月他在接受一家报纸采访时因谴责戴高乐的民族自决声明而遭到解雇。但他从未参与任何反戴高乐主义阴谋，后来得到了戴高乐的原谅，并在1965年被任命为驻德法军总司令。1968年5月29日，在1968年事件的高潮阶段，戴高乐飞赴马絮在巴登-巴登的司令部。马絮后来一直认为是自己说服戴高乐不要辞职的。他是个典型的自由法国老兵，对戴高乐的忠诚总是胜过和他的分歧。

Mauriac, Claude 克劳德·莫里亚克（1914—1996）。作为弗朗索瓦的儿子，他很早就被介绍到了整个巴黎的文学圈子中。妻子是马塞尔·普鲁斯特的侄女。以记者、小说家、影评人的身份树立了自己的文学地位。通过朋友居伊，于1944年开始为戴高乐效劳，负责处理其信件。尽管对法兰西人民联盟持怀疑态度，但他担任了《思想自由报》的主编，该报试图赢得知识分子的支持。1958年支持戴高乐重新掌权，但1968年五月事件把他推向了左派，并在20世纪70年代参与多项左派事业。1981年支持密特朗。成为弗朗索瓦的儿子既是一种幸运，也是一种不幸，这使他渴望偶像，在不同时期这些人是他的父亲、普鲁斯特（他不认识普鲁斯特）、马尔罗、热内、福柯、萨特和戴高乐。他最伟大的文学成就是他的10卷日记，其中一卷记述的是1944—1948年期间他和戴高乐关系密切时期发生的事情。

Mauriac, François 弗朗索瓦·莫里亚克（1885—1970）。法国最著名的天主教小说家。在西班牙内战中，他与保守派决裂，反对民族主义。在敌占期，他是加入抵抗运动的最重要的知识分子之一。1945年后成为一名才华横溢、热衷于论战的记者，他抨击殖民主义的弊端，体现出了天主教左派的良知。作为解放运动中戴高乐的支持者，他没有支持法兰西人民联盟。1958年后他站到了戴高乐这一边，并成为戴高乐的狂热崇拜者，这导致他以前的左派支持者对他进行了许多粗俗的嘲讽。但与马尔罗不同，他不是戴高乐的密友。

Mauriac, Jean 让·莫里亚克（1924—）。弗朗索瓦的小儿子，法新社的一名记者。忠于戴高乐，获得一种特别的新闻工作者的地位，在陪同戴高乐出访的过程中，他得到了戴高乐的认可。与他的父亲和兄长不同，没有什么能削弱他对戴高乐全心全意的忠诚。

Maurras, Charles 夏尔·莫拉斯（1868—1952）。双耳失聪的极端保守的思想家。出生于马蒂格（普罗旺斯），他的主要思想是法国是古典地中海文明的继承者。他在德雷福斯事件中声名鹊起,因为他辩称,那位通过伪造文件以给德雷福斯定罪的上尉的行为是爱国的。他创办的极具影响力的报纸和政治组织"法兰西行动"无情地抨击共和民主制度,主张恢复君主制,并谴责犹太人在法国的影响。尽管终身厌恶德国,但他对民主和社会主义的反对使他支持维希政府。他把贝当掌权描述为一个"天赐惊喜"。1945年,他被判终身监禁,他称这是"德雷福斯的报复"。

Mayer, Emile 埃米尔·马耶尔(1851—1938)。出身于南锡的一个被同化的犹太家庭。既在军队中担任一个前途无量的职位,又是一名写作军事新闻的记者。19世纪90年代他发表了一些文章,对人们普遍信仰的进攻战提出质疑,这使得他自己被边缘化了。由于写了三篇(匿名)为德雷福斯的清白进行辩护的文章,他的军旅生涯就此中断。当德雷福斯被复职后,他重新进入军队,但当审查人员在搜到一封他对战争持异端观点的信后,他于1916年再次被逐出军队。在两次世界大战之间,他主持的一个沙龙吸引了知识分子、政治家和记者的参加。戴高乐是其中的常客。这个沙龙使戴高乐接触到了那些年轻的、不随主流的知识分子和政治家。马耶尔和戴高乐的观点并不总是一致,但他是戴高乐遇到的最接近导师的人。

Mendès France 皮埃尔·孟戴斯·弗朗斯(1907—1982)。1932年当选为最年轻的议员。他属于中间派激进党的左翼。不接受停战协定,1940年6月登上了"马西利亚"号,在摩洛哥被维希当局当作逃兵逮捕。作为一个左翼的犹太政治家,他代表了维希政府痛恨的一切。1941年6月从监狱逃脱,1942年2月来到伦敦,加入了自由法国空军,之后在1943年11月成为法兰西民族解放委员会的经济专员。1945年1月从戴高乐政府辞职,因为戴高乐不认同他关于货币政策的看法。在第四共和国,他越来越多地抨击印度支那战争在经济方面造成的浪费。奠边府战役后担任总理,并通过谈判结束了这场战争。对于第四共和国的官员们来说,他太强势了,九个月后,他的政府倒台。1958年反对戴高乐重新掌权,他不接受以新共和国为代表的权力个人化。他依然是许多左派分子的偶像,但他的拒不妥协使他无法发挥更大的政治影响力。他的口号"执政就是选择"极富戴高乐主义色彩,但他缺乏成为一个高效政治家所必需的机会主义、犬儒主义,只剩下政治美德的空洞慰藉。

Michelet, Edmond 埃德蒙·米什莱(1899—1970)。战前活跃于基督教民主党的圈子。1940年6月17日,他以贝玑的名义发表了一篇号召抵抗的小册子。1941年成为抵抗组织"战斗"的地区组织者。遭到逮捕后被遣送至达豪集中营。人民共和党的创始人之一,但在1947年转投法兰西人民联盟。他是一个天生的和事佬,试图在他的基督教民主党前同僚和戴高乐之间建立起桥梁。1959年1月起担任戴高乐的司法部长,在如何处理反对戴高乐政策的街头抗议问题上,他与立场更为强硬的德勃雷发生了冲突。为了安抚德勃雷,戴高乐于1961年8月解除了他的职务。1967—1968年,再次担任部长。他把戴高乐主义当作一种宗教信仰,认为它们有着共同的社会-基督教传统。

Mitterrand, François 弗朗索瓦·密特朗(1916—1996)。出身于一个20世纪30年代信奉极右政治思想的保守中产阶级家庭。他一开始为维希政府(曾授予他勋章)效劳,之后加入抵抗运动。1943年至1945年期间,他与戴高乐的三次会面情形都非常冷淡。在第四共和国是个中间派政治家。1958年反对戴高乐重新掌权。1964年,他对戴高乐的"永不止息的政变"进行了激进的抨击。他在1965年的总统选举中是戴高乐的对手,并迫使他进到第二轮的选举中。在1968年五月事件发展到高潮时,他建议成立一个临时政府取代戴高乐。这暂时阻碍了他的政治生涯,但他在1971年东山再起,接管了社会党,并于1981年当选总统。他是一个肆无忌惮的政治冒险家,引领他政治生涯的原则只有一条:对戴高乐主义的憎恨。

Mollet, Guy 居伊·摩勒(1905—1975)。教师兼工团主义者。加入抵抗组织OCM,作为一名社会党人,1945年当选阿拉斯市市长。1945—1969年,担任社会党总书记。在第四共和国，他是避免使戴高乐掌权的第三势力联盟的关键人物。1956—1957年担任总理，他对阿尔及利亚的残忍暴行的宽恕导致了诸多社会党人对他的憎恨。1958年，他在促使社会党人支持戴高乐重新掌权方面起到了重要作用。他错误地认为戴高乐重掌政权是个插曲。1962年，他反对戴高乐的宪法改革，并开始推动社会党重新与共产党结盟。1969年他放弃了几乎奄奄一息的社会党的领导权，但继续担任阿拉斯市市长直至去世。或许，这是他最在意的职位，也是他遭遇最少失败的职位。

Monnet, Jean 让·莫内（1888—1976）。来自夏朗德的干邑白兰地销售商的儿子。在两次世界大战之间是一名银行家，并在多届政府担任财政顾问。1938年10月，通过谈判为法国空军购买了500架美国飞机。1939—1940年，帮助协调法英两国从美国采购物资。他是1940年6月法英联盟提案的提出人之一。不信任戴高乐的雄心壮志，更愿意在美国为盟国取得战争胜利尽一份力。和罗斯福政府中的许多成员过从甚密。1943年，罗斯福派他去巩固吉罗的地位对抗戴高乐主义者。在接受了戴高乐不可替代后，1943年9月至1944年期间，他被戴高乐派往华盛顿为法兰西民族解放委员会争取美国贷款。1946年1月，说服戴高乐建立经济规划署。作为法国规划署的奠基人，他是欧洲第一个超国家机构的缔造者和灵感来源。作为一名坚定的欧洲联邦主义者，他对欧洲的看法与戴高乐截然不同。有一次，当艾森豪威尔对戴高乐称赞莫内时，戴高乐说："他酿的干邑白兰地不错。不幸的是，这还不足以让他忙得不可开交！"

Morton, Desmond 德斯蒙德·莫顿（1891—1971）。1920年时在秘密情报局工作，负责反布尔什维主义事务。20世纪30年代，作为绥靖政策的反对者，他把德国的情报泄露给了丘吉尔（他住的地方距离查特韦尔庄园只有几英里远）。1940年，他被任命为丘吉尔在唐宁街10号的私人助理。他与丘吉尔的私人关系引起了白厅的不满，随着更为正常的官僚程序取代了丘吉尔喜欢与亲信共事的习惯，他的影响力逐渐减弱。但莫顿保留了与流亡的外国政府打交道的职责，在这一职务上，他与戴高乐有过许多交往（尽管从严格意义上讲，他代表的并不是政府）。他倾向于挑起丘吉尔对戴高乐的怀疑。

Moulin, Jean 让·穆兰（1899—1943）（*1942年10月17日）。来自一个在政府中迅速崛起、强烈支持共和政体的家庭，是法国最年轻的省长。人民阵线政府时期，在皮埃尔·科特办公室任职，曾帮助把武器装备秘密运到西班牙。1940年在沙特尔担任省长一职，当德国人要求他签署一份有损法国黑人军队声誉的文件时，他断然拒绝，并试图自杀。1940年12月被维希政府撤职。1941年10月带着关于抵抗运动的情报来到伦敦。1942年1月2日至1943年2月14日，作为戴高乐在抵抗运动中的代表被派往法国，他推动了抵抗运动协调自身活动，并使其接受戴高乐的权威。之后他返回伦敦并待了五周，3月20日，作为戴高乐在占领区和自由区的代表再次来到法国，他得到的指示是，建立一个包含各党派代表在内的全国抵抗运动委员会（CNR）。1943年5月27日，全国抵抗运动委员会召开首次会议，穆兰担任主席。6月21日被捕，7月初死于严刑拷打。

Muselier, Emile 埃米尔·米瑟利耶（1882—1965）（*1941年8月1日）。法国海军中将，1939年因与达兰发生争执而被迫致仕。在1940年6月底来到伦敦，追随戴高乐的人当中，他是最高级的军官。由于觉得没有得到一个与自身军衔——比戴高乐的高——相称的地位，他成了两场反对戴高乐的阴谋的头目，第一场阴谋发生在1941年9月，第二场发生在1942年3月，之后他被驱逐出自由法国。他暴躁的个性、野心和对阴谋的偏爱，不应掩盖他白手起家，在建设自由法国海军中起到的重要作用。

Noël, Léon 莱昂·诺埃尔（1888—1987）。来自一个中产阶级家庭的法学家和外交官。1935—1940年担任驻波兰大使。是那些被贝当派去谈判停战协定的人之一，之后被维希政府任命为其在占领区的代表。1940年8月辞职，但这次短暂的与维希政府的亲密接触给他后来的职业生涯带来极大影响。得到戴高乐的宽恕后，进入法兰西人民联盟的核心圈子，尽管其他戴高乐主义者对此持反对态度。1959年，他被任命为新成立的宪法委员会的首任主席，并不得不克服戴高乐的1962年全民公投是否符合宪法而带来的信任危机。他是个极度自负和保守的人，迎合了戴高乐性格中较为传统的一面。

Noguès, Charles 夏尔·诺盖斯（1876—1971）。1940年6月任法国驻北非部队指挥官。虽然他最初似乎反对签署停战协定，但他仍然忠于贝当，并拒绝了戴高乐直接向他发出的召唤。1942年他下令法军向美国入侵者开火。1943年逃到葡萄牙避难。1947年，被缺席判处20年苦役并被剥夺公民权。

Palewski, Gaston 加斯东·帕莱夫斯基（1901—1984）（*1946年1月17日）。来自一个19世纪移居法国的中产阶级波兰人家庭。索邦大学学生，并在牛津大学读过一年书。1928—1939年担任保罗·雷诺的助手，1934年以这一身份首次与戴高乐会面。1940年8月来到伦敦。1941年2月至1942年9月，追随自由法国军队在北非作战。1942年被召回伦敦，担任戴高乐民事办公室主任。是戴高乐最亲密的助手之一。在法兰西人民联盟中扮演重要角色。1951—1956年成为法兰西人民联盟议员。1957—1959年担任法国驻意大利大使。1962—1965年在蓬皮杜政府负责科学研究。1965年担任宪法委员会主席。他的热衷社交活动和无数爱情纠葛——包括与南希·米特福德的风流韵事——没有阻止他成为一名狂热的戴高乐主义者。

Parodi, Alexandre 亚历山大·帕罗蒂（1901—1979）（*1944年8月27日）。一名公务员，1940年9月被从劳工部撤职。他和弟弟一起加入了抵抗运动，他的弟弟作为抵抗组织"解放北方"的成员牺牲了。1944年3月被任命为戴高乐在抵抗运动中的代表——这一职位之前由穆兰担任——这使他成为巴黎解放期间的一位重要人物。作为解放时劳工部的一名高级官员，他是战后社会保障体系的缔造者之一。1947年后从事外交工作。

Passy 帕西（1911—1998）（*1943年5月20日）。真名安德烈·德瓦弗兰。1940年时是一名上尉，参加纳尔维克远征后，撤退至伦敦。他决定追随戴高乐，并被赋予了管理其情报部门的角色，尽管他之前没有这方面的专业知识。他是个卓越的组织者。他把它——之后被命名为中央情报行动局——建成了自由法国最重要的机构之一，控制着法国的情报网。有关他属于战前极右翼恐怖组织"蒙头斗篷"的毫无根据的谣言之所以会出现，是因为他的显赫地位使他成为那些想攻击戴高乐的人的下手目标。1944年8月他被空降至法国，随同布列塔尼的抵抗组织作战。1946年被捕，原因是他被指控侵占了前中央情报行动局的一笔资金，而这笔资金本应是万一发生共产党叛乱时为戴高乐所用的。由于找不到任何证据，几个月后他被释放。但他的事业从此一蹶不振，他转而从事商业活动。他痛恨戴高乐在这桩不光彩的事件中没有做任何帮助他的事情。

Peyrefitte, Alain 阿兰·佩雷菲特（1925—1999）。毕业于巴黎高等师范学院，一开始在外交部任职，1958年11月当选戴派（新共和联盟）议员进入政界。作为一名较为聪颖和年轻的戴高乐主义者而引起戴高乐的注意。1962年，戴高乐利用他提出了分割阿尔及利亚的想法，但他可能从未打算要这样做。1962—1966年，担任新闻部长，一位英国外交官称他是"这个政权的戈培尔"，这是不公平的，因为他试图让戴高乐接受一种国家应对信息实施较少管制的观念。1968年担任教育部长时，在遭到蓬皮杜排挤之前，他站在五月事件的第一线。20世纪90年代，他出版了三卷戴高乐的谈话和独白，这是研究第五共和国的重要资料。

Pflimlin, Pierre 皮埃尔·弗林姆兰（1907—2000）。律师。1945年当选人民共和党（基督教民主党）议员。自1947年起，曾在第四共和国的好几届政府中任职。在阿尔及利亚问题上持自由主义观点。1958年5月，他在试图组建政府时引发了阿尔及尔的暴乱，这场暴乱使得戴高乐得以重新掌权。5月26日辞职从而为戴高乐让位。一直在戴高乐政府中任职，在戴高乐举行过那场抨击欧洲超国家主义的新闻发布会后,他于1962年5月辞职。之后担任斯特拉斯堡市市长,并全身心地投入其中。他在回忆录中写道:"自1958年起,我的一切重大决定都与戴高乐将军有关,他是我政治生涯中遇到的唯一一位伟大的政治家。让我深感遗憾的是……在本质问题上的分歧使我和他分道扬镳。"

Philip, André 安德烈·菲利普(1902—1970)。学者,社会党人经济学家。1936年当选议员。是1940年7月投票反对授予贝当全权的80名议员之一。加入了社会党人的抵抗团体。1942年7月来到伦敦,当时,许多社会党人已追随戴高乐。他的到来大大提高了戴高乐的声望,被任命为内务委员会的负责人。1942年11月,他被派到罗斯福那里执行任务,但以惨败告终。解放前一直在为戴高乐服务,但由于他的聪明才智无法弥补他那出了名的低效率,因此他未能留在临时政府。他没有加入法兰西人民联盟,因为他反对戴高乐的宪法思想,并支持欧洲一体化。1958年反对戴高乐重新掌权。由于支持非殖民化和戴高乐的外交政策,逐渐回归戴高乐主义信仰。他是1966年在一份支持戴高乐的请愿书上签名的29名左翼知识分子之一。他的政治生涯转了一个圈。

Pinay, Antoine 安托万·比内(1891—1994)。一名帽子制造商的儿子。最开始经营一家小型制革企业。1929年当选圣沙蒙市(卢瓦尔省)市长。尽管他曾谨慎地支持维希政府,但1945年后,他很快再次步入政界。1952年3月,多亏27名法兰西人民联盟议员倒戈,身为保守派的他成为总理,这使得戴高乐愤恨地说:"我拯救法兰西不是为了把它交给比内先生。"在九个月的任期中,作为食利者的保护人,他享有盛名。1958年危机期间,在前往科隆贝(5月22日)拜访了戴高乐后,他站到了戴高乐这一边。他在保守派中的声望对戴高乐很有帮助,戴高乐在自己的第一届政府中任命他为财政部长,尽管以其名字命名的著名稳定计划实际上是雅克·吕夫想出来的。由于越来越不认同新共和国的统治风格和戴高乐的反大西洋主义思想,1960年1月他被解职。之后再也没有在全国性政治机构中任职,但他仍担任圣沙蒙市市长,直至1977年。并且,90多岁时,他依然很好地扮演着保守派圣哲的角色。

Pineau, Christian 克里斯蒂安·比诺(1904—1995)(*1945年10月16日)。剧作家让·季洛杜的女婿。20世纪30年代在参与工会活动的同时,还在法国央行任职。通过这些社会交往,1940年11月他建立起一个抵抗组织,这是北方最主要的抵抗组织之一。1942年3月,他是首个来到伦敦的重要的抵抗运动领导人,在回去时带了一份致抵抗运动的重要宣言(1942年6月)。后来遭到逮捕并于1943年5月被遣送到布痕瓦尔德集中营。回到法国后,在戴高乐的临时政府担任部长。在第四共和国的几届政府中都担任过部长,其中包括在苏伊士运河危机时担任外交部长。他不承认第五共和国,1958年后仅在地方上任职。

Pleven, René 勒内·普莱文(1901—1993)(*1943年5月20日)。来自保守的布列塔尼的一个共和党人家庭。20世纪30年代在英国-加拿大电话公司从事商业活动。与让·莫内关系密切,1939年,莫内把他召入设在伦敦的法英采购委员会。与莫内不同的是,他决定留在伦敦追随戴高乐。他的行政能力、良好的人际关系和流利的英语使他成为戴高乐身边不可或缺的人物。1940年8月被派去执行使乍得归附戴高乐的任务。1941年6月至12月,被派去执行改善与美国关系的重要任务。自1941年秋起,先后负责自由法国的经济事务和殖民地事务。是1944年布拉柴维尔会议的发起人之一。在戴高乐的临时政府担任国民经济部长时,与皮埃尔·孟戴斯·弗朗斯发生冲突,不同意孟戴斯·弗朗斯的货币改革方案。拒绝追随戴高乐加入法兰西人民联盟。在第四共和国期间(作为民主社会主义抵抗联盟的一员),多次出任部长并两次出任总理,他支持欧洲防务共同体。戴高乐重新掌权后,不再担任部长职务。戴高乐卸任后,曾于1972年短暂地担任司法部长。1945年后他和戴高乐分道扬镳,没有哪个昔日"伙伴"的疏远比他更让戴高乐感到不快。

人物简介

Pompidou, Georges 乔治·蓬皮杜（1911—1974）。出身于一个小学教员家庭，进入了法国教育体系的最高学府巴黎高等师范学院。在敌占期担任教师，并编纂法国诗歌选集。尽管没有参加抵抗运动，但在1944年9月被招入戴高乐办公室，他因才思异常敏捷而博得大名。自1948年起，成为戴高乐最信任的合作者，并担任其公办室主任。在法兰西人民联盟正式解散后，成为罗斯柴尔德银行一名成功的银行家，同时与戴高乐保持着联系。1958年5月[1]至12月在戴高乐担任总理的六个月期间，作为戴高乐的办公室主任，无论从哪点来看，蓬皮杜都在掌管着政府。尽管后来他重回银行任职，但戴高乐继续任用他执行机密任务，比如说与民族解放阵线谈判。虽然从未担任过民选职务，但1962年4月他被任命为总理。他在这个职位上干了六年，他逐渐树立了自己的政治认同，并吸引了一批自己的追随者，这是他与戴高乐关系逐渐变得紧张的必然源泉。在1968年五月事件中，他在维持政府运转方面发挥了至关重要的作用，但戴高乐并不喜欢他。1968年6月被解职。此后，他越来越多地发出信号，认为自己是戴高乐的继任者。1969年6月当选第五共和国的第二任总统。尽管有一段时期他是戴高乐最信任的人，但他的"戴高乐主义"——非意识形态的进步主义，现代化的保守主义——比戴高乐的狭隘，这使一位主要的戴高乐主义者称他是个"反戴高乐"的人。

Queuille, Henri 亨利·克耶（1884—1970）。一名乡村医生。1940年前13次出任农业部长。1943年4月来到伦敦。在法兰西民族解放委员会担任要职，尽管他对戴高乐的赞赏之情被对其民主信念真实性的怀疑冲淡了。1946年后重返政界，成为阻止戴高乐掌权的第三势力联盟的主要人物。1948—1949年间，曾担任过13个月的总理，在此期间他信奉的原则是"没有解决不了的问题"。1958年投票支持戴高乐，之后退出政坛。

---

[1] 在正文中，这里的时间是6月。——译者注

Rémy 雷米（在抵抗运动中的化名，真名是吉尔贝·雷诺）（1904—1984）（*1943年3月13日）。法兰西行动的支持者，他建立了最有效的抵抗网络之一：圣母院团（Confrérie Notre-Dame）。他总是擅自采取政治行动，这最终激怒了中央情报行动局。1943年1月，陪同共产党领袖费尔南·格勒尼耶来到伦敦，之后被禁止返回法国。战后，他的畅销回忆录使他成为风度翩翩的特工的缩影（他叙述说，有一次回到伦敦时他给戴高乐的妻子带了一枝杜鹃花）。他是法兰西人民联盟的重要人物，1950年4月，在一篇文章中为贝当之"盾"和戴高乐之"剑"对法兰西同等重要这种观点辩护，他因之而惹祸上身。他的思想观念逐渐向右翼偏转，1958年后，戴高乐和他再无联系。

Reynaud, Paul 保罗·雷诺（1878—1966）。在两次世界大战之间，是重要的保守派政治家。1934年12月同戴高乐会面，在坦克战方面，接受了他的改革思想。反对慕尼黑会议。1940年3月成为总理，比他的前任达拉第更积极地作战。1940年6月5日任命戴高乐为国防部副部长。尽管在6月时反对签署停战协定，但他选择了辞职以给贝当让位，而不是将政府带往国外。因而他未能成为1940年的克莱蒙梭，也错失了成为戴高乐的机会。在敌占期曾被捕，1945年后在第四共和国重新开始了政治生涯，1958年支持戴高乐重新掌权，并主持了审查新宪法起草工作的咨询委员会。由于拥护代议制政体，他在1962年反对戴高乐的宪法公投，并在选举中失去了议员席位。他著书抨击戴高乐的反美外交政策，并在1965年的总统大选中支持勒卡吕埃。雷诺曾给戴高乐写了一封信，反对他否决英国加入欧洲经济共同体，戴高乐给他寄了一个空信封，上面写着："如果外出，就去比利时的滑铁卢。"

Rueff, Jacques 雅克·吕夫（1896—1978）。公务员兼经济学家，在维希政府时期失去官职。自由经济学的狂热支持者。1931年，他写了一篇著名的文章，谴责失业救济是失业的原因之一。他对通货膨胀的恐惧导致他在20世纪30年代与凯恩斯发生激烈争论。谴责布雷顿森林协定，是金本位制的终身拥护者。他的思想从未改变。1958年，他是年底推出的金融稳定计划的主要灵感来源。他之前从未与戴高乐有过任何接触，但他们都对金融不稳定怀有深深的恐惧。吕夫也是1965年戴高乐呼吁回归金本位制的著名新闻发布会的幕后推手。但由于戴高乐也支持规划，他并没有采纳吕夫的所有观点。

Salan, Raoul 拉乌尔·萨朗（1899—1984）。法军中获得勋章最多的军人。一开始效忠于维希政府，但后来与德·拉特在法国南部并肩作战直至战争结束。之后担任驻印度支那法军总司令。1956年起担任驻阿尔及利亚法军总司令。是个神秘而沉默寡言的人，不被任何人信任。尽管他在1957年1月成为极右翼分子的暗杀目标——他们怀疑他对阿尔及利亚属于法国的承诺——但他在1958年5月促使军队支持戴高乐方面发挥了关键作用。1958年底，被戴高乐解除驻阿法军总司令职务。1960年6月，在未担任任何职务的情况下重回阿尔及利亚，但他对戴高乐的反对愈加强烈。是1961年4月政变的领导人之一。1962年4月以叛国罪被判处终身监禁。1968年6月获释。

Schumann, Maurice 莫里斯·舒曼（1911—1998）（*1945年7月13日）。一名皈依天主教的犹太人，1930年曾参与左翼天主教的新闻事业。反对慕尼黑会议。他是少数收听到"6·18"讲话的人之一，并立即追随了戴高乐。他的广播天赋使他成为BBC电台最为人熟知的自由法国的声音。1945年后，他是人民共和党的创建人之一，并且，尽管经历了一番良心折磨，但他还是决定不加入戴高乐的法兰西人民联盟。1958年支持戴高乐重新掌权，但他仅在进入其政府三个月后就于1962年5月辞职，因为他不能接受戴高乐对欧洲的嘲讽。不过，1962年11月，他在戴高乐发起的全民公投中投了"赞成票"，并在1967年再次出任部长。他不停地在自己的欧洲信念和对戴高乐的忠诚之间摇摆不定，用一位评论家的话来说，他似乎总是"亲自背负着一个真正的十字架——洛林十字架"。然而，直到戴高乐辞职，更亲欧的蓬皮杜于1969年当选，他才得到梦寐以求的外交部长一职。

Soustelle, Jacques 雅克·苏斯戴尔（1912—1990）。来自蒙彼利埃的一个新教家庭。1929年以优异成绩毕业于巴黎高等师范学院。1934年成为人类博物馆副馆长。20世纪30年代是反法西斯知识分子的组织者。1940年7月在墨西哥支持戴高乐，当时作为人类学家的他正在那里开展工作。1940—1942年，在中美洲和拉丁美洲组织了自由法国的各种委员会。1942年5月，在伦敦接管了自由法国的宣传事务。1943年11月，受命负责前往阿尔及尔将戴派和吉罗派的情报机构合并起来。自1947年起，他放下了身为人类学家的学术事业，担任法兰西人民联盟的秘书长。1951—1958年，担任罗纳省的法兰西人民联盟议员。1955年被任命为阿尔及利亚总督，并成为阿尔及利亚属于法国的热情支持者。1958年在德勃雷政府担任部长职务，1960年2月被撤职，因为他反对戴高乐的阿尔及利亚政策。在1961年4月的反戴高乐政变失败后，流亡国外。1968年得到赦免并回到法国。1984年，在一开始遭到戴高乐主义者不成功的阻挠后，当选法兰西学术院院士。1940年时他是个狂热的戴高乐主义者，自1960年起，他成为狂热的反戴高乐主义者。从那之后，他的仇恨之情再也没有减弱。

Spears, Edward Louis 爱德华·路易·斯皮尔斯（1886—1974）。出生在巴黎，父母是英国人。1918年，他把名字从施皮尔斯（Spiers）改为听起来更像英国人的斯皮尔斯（Spears），他总是（错误地）否认自己是犹太人。1906年参军。1914—1918年，先后担任法军和英军之间的联络人，以及英国和法国战争办公室之间的联络人。认识大多数法国重要官员和将军，包括贝当。1919年，辞去该职务，进入商界和政界。1931年，当选卡莱尔的保守党议员。之后成为丘吉尔的朋友，强烈反对绥靖政策。1940年5月22日至6月17日，担任丘吉尔和法国政府之间的联络人。6月17日和戴高乐一起回到伦敦。在自由法国初期，一开始是戴高乐在伦敦最热情的支持者。1941年7月因中东问题和戴高乐发生争吵，并成为戴高乐在伦敦的最大敌人。1942—1944年，作为英国驻叙利亚和黎巴嫩大臣，与自由法国发生了冲突并支持阿拉伯民族主义者。在1945年大选中失败，之后在非洲开展商业活动。写过关于两次世界大战的精彩回忆录。他是一个特立独行的人，从来没有被法国人或英国人完全信任过。反犹太主义可能在这两种情况下都起了作用。

Tardieu, André 安德烈·塔尔迪厄（1876—1945）。在两次世界大战之间，是个优秀的保守派政治家，20世纪30年代提出了宪法改革（全民公投，总统拥有更大权力）的主张，虽然当时遭到了拒绝，但在之后对戴高乐产生了影响。

Terrenoire, Louis 路易·泰勒努瓦尔（1908—1992）。1940年前是一位天主教记者，曾参加抵抗运动，之后遭到逮捕，并被遣送至达豪集中营。人民共和党的创建人，当被迫在人民共和党和法兰西人民联盟之间作出选择时，他选择了法兰西人民联盟。1951年担任法兰西人民联盟总书记。1960年担任新闻部长，并在新共和联盟中扮演关键角色。

Thorez, Maurice 莫里斯·多列士（1900—1964）。1930—1964年担任法国共产党领导人。1940年逃离兵营，战争期间待在苏联。1944年11月，戴高乐允许他回国，在贯彻斯大林的政策方面——共产党的责任是在短期内同戴高乐合作——他发挥了关键作用。1944年11月21日至1945年1月20日，在戴高乐政府担任国务部长。戴高乐后来写道，他曾为公众利益服务："他这么做是出于政治战术上的原因吗？这不是我该说的。对我来说，他为法国效劳就足够了。"

Tixier, Adrien 阿德里安·蒂克西埃（1893—1946）。来自利穆赞的一名小学教师。在一战中失去一只手臂。先后在日内瓦和华盛顿担任法国驻国际劳工组织的代表。尽管他是一名坚定的社会党人，但他还是同意担任华盛顿自由法国代表团的团长。他脾气暴躁，由于在战争中所受的伤，使他更易动怒，不是个完美的外交官。在法兰西民族解放委员会担任劳工部长,并在戴高乐的临时政府担任内务部长(他是塞提夫大屠杀的主使者)。1945年11月当选社会党议员,但仅仅两个月后就去世了。

Tricot, Bernard 贝尔纳·特里科(1920—2000)。一名牙医的儿子。1958年之前并非戴高乐主义者,而是个公务员。通过担任弗朗斯·孟戴斯政府的突尼斯问题顾问,他深信非殖民化是必要的。1959年在爱丽舍宫担任阿尔及利亚事务顾问,他毫不掩饰自己的自由主义观点。在塑造戴高乐的阿尔及利亚政策方面,他扮演着越来越重要的角色——虽然并不引人注意。在西·萨拉赫事件中起了关键作用。1967年成为戴高乐的第三任也是最后一任总统府秘书长,并在戴高乐身边度过了1968年。戴高乐辞职后,他仕途受挫,因为蓬皮杜认为他在马科维奇事件中没有支持自己。他是谨慎而坚毅的法国公务员的缩影,他从一个理性的戴高乐主义者成了一个发自内心的戴高乐主义者。

Vallon, Louis 路易·瓦隆(1908—1981)。父亲是一名小学教师。社会党人。毕业于巴黎综合理工学院。20世纪30年代是社会党人经济专家。1941年加入左翼抵抗组织"解放北方"。1942年7月来到伦敦,供职于中央情报行动局。1945—1946年,在戴高乐办公室工作。加入了法兰西人民联盟,他是"联合"政策的坚定支持者。1958年后,是一名重要的左派戴高乐主义者。1962年当选议员。极为反对蓬皮杜,他认为蓬皮杜背叛了戴高乐主义的社会政策。他是个特立独行的戴高乐主义者,戴高乐对他表现出一种疲惫的纵容。

Viénot, Pierre 皮埃尔·维耶诺(1897—1944)(*1944年10月23日)。一个乡下律师的儿子。20世纪20年代为法德和解和欧洲联合工作。1929年,同卢森堡的实业家、支持欧洲联合的埃米尔·梅里什的女儿结婚。1932年当选独立社会党议员。1936—1937年,在莱昂·布鲁姆政府担任负责外交事务的副国务秘书。加入了社会党在占领区的抵抗组织。两次被捕。1943年4月来到伦敦。戴高乐和马西格里前往阿尔及尔后,他成为阿尔及尔的法兰西民族解放委员会驻英国政府的伦敦代表。诺曼底登陆前,在戴高乐和丘吉尔发生激烈争吵期间,他在两人之间往来穿梭,并遭到两人的斥责。在此压力下,他的健康状况变得更为糟糕,并于1944年7月20日死于心脏病。死后被授予解放勋章。20世纪60年代戴高乐评价他说:"他是我最好的'伙伴'……一个有点天真、有点傻的社会党人……他信奉的是19世纪的那些伟大思想,以大写H开头的博爱,以大写P开头的进步,以大写L开头的劳工。"

Weygand, Maxime 马克西姆·魏刚(1867—1965)。出身不明的优秀骑兵军官。一战中任福煦的参谋长。1931—1935年任法军总参谋长。1940年5月17日,在紧急状况下,被雷诺任命为法军总司令以挽救时局,但他很快认识到有必要签署停战协定。他的政治观点极端反动,完全支持维希政府的对内政策,但想把"合作"限制在严格遵守停战条款的范围内。他被任命为维希政府驻北非的代表,英国人和美国人一直希望他能改变立场,把军队交给他们。尽管他从未这样做过,但1941年11月德国人坚持要求将他召回法国。1942年12月,他被逮捕,并被监禁在德国。戴高乐永远无法原谅他对停战协定所负有的责任,并在1965年拒绝为他在荣军院举行国葬——这个报复性举措甚至让一些左派人士都感到震惊。

致 谢

本书的研究和大部分写作得益于为期三年的利弗休姆重大研究奖学金，对此我深表感谢。利弗休姆信托基金会对处于职业生涯各个阶段的学者的慷慨资助，是英国学术界的可取之处之一。玛丽皇后学院给我放了一年的假，让我完成了手稿。

在巴黎的国家档案馆，我要感谢妮科尔·埃旺，她对戴高乐担任总统期间的档案进行了编目。卡罗琳·皮凯蒂的善意和帮助也让我在国家档案馆受益匪浅。15年前，菲利普·乌尔蒙在夏尔·戴高乐基金会迎接了我，向我提供帮助和建议。他从该基金会退休后，仍一如既往地这么做。同样是该基金会一员的克劳德·马尔莫向我分享了她所知道的戴高乐家族的历史，并让我查阅了戴高乐的弟弟雅克在第一次世界大战期间写给他父母的未公开信件。她提供的这些信息无人能及。

在为撰写本书提供帮助的朋友和同事中，有两位尤为值得感谢。在玛丽皇后学院，詹姆斯·埃利森和我分享了来自国家档案馆和美国档案馆的大量文件的副本，这些文件曾被他用于自己的工作。他的慷慨行为使我节省了几周的工作时间。他还热心地阅读了戴高乐主义外交政策的章节，他针对这一主题所作的论述极具权威。在巴黎，我首先要感谢莫里斯·韦斯，他无私地编辑了法国外交文件，这些文件对研究这一时期的所有历史学家都是一种重要资源。除此之外，他的善意和帮助也是无价的。

企鹅出版社的罗伯特·吉尔德审阅了全部手稿，也提出了诸多有益的建议。

在那些为我答疑解惑或以其他方式对本书写作提供帮助的人中，我要特别感谢格雷·安德森、克莱尔·安德里厄、彼得·卡特罗尔、洛朗·杜祖、伊夫·戴高乐、夏洛特·富谢、马丁·弗兰普顿、加布里埃尔·戈罗杰茨基、苏迪·哈扎里辛格、彼得·轩尼诗、帕特里克·希金斯、斯坦利·霍夫曼（已故）、科林·琼斯、罗德·基德沃德、安迪·纳普、尚塔尔·莫雷勒、迈克尔·莫里亚蒂、罗伯特·帕克斯顿、纪尧姆·皮凯蒂、多米尼克·帕尔科莱、罗伯特·瑟维斯、托德·谢泼德、伊恩·斯图尔特、勒内·波兹南斯基、爱德华·斯托顿、罗伯特·图姆斯、戴维德·瓦朗斯、奥利维尔·威菲奥卡。

我的代理人安德鲁·戈登一直在支持我。他热心地读完了整本书的草稿，并提出了许多富有洞察力的建议。企鹅出版社的团队不负盛名。彼得·詹姆斯是一位眼光犀利的文字编辑，使我避免了诸多文法错误。塞西莉亚·麦凯则是一位杰出的、足智多谋的图片研究员。理查德·杜吉德、丽贝卡·李、本·辛纳尔以极强的专业性将此书付梓。斯图尔特·普罗菲特果然不负盛名：与我共事过的编辑中，没有谁比他更关心稿件了。

最后，我要向道格拉斯表示最衷心的感谢，他容忍了戴高乐"侵入"我们的生活，并渗透到方方面面。一个爱整洁的室内设计师和一个邋遢的学者生活在一起并非易事。我希望向他保证，我们现在已经完全脱离了戴高乐。

朱利安·杰克逊
2018年2月

注 释

缩略语

AN 3AG1: *Archives de Gaulle* 1940–1944 (Archives Nationales)
AN 3AG4: *Archives Gouvernement Provisoire de la République française 1944-1946* (Archives Nationales)
AN 5AG1: *Archives de Gaulle (Présidence de la Cinquième République)* (Archives Nationales)
AN 72AJ: Archives of the Comité de la deuxième guerre mondiale
AN AP: Archives Nationales, Archives Privées
AP: Alain Peyrefitte, *C'était de Gaulle* (Gallimard, 2000)
CCC: Churchill College, Cambridge
DDF: *Documents diplomatiques français*. The references give the year followed by the volume for each year in brackets and finally the document number De Gaulle, *Fil : Le fil de l'épée et autres écrits* (Omnibus Plon, 1990) [This volume contains in chronological order the four books written by de Gaulle before 1940 as well as other prewar writings: DE = *Discorde chez l'ennemi*; FE = *Fil de l'épée*; AM = *Vers l'armée de métier*; FA = *France et son armée*]
DGESS: *De Gaulle en son siécle. Actes des journées internationales tenues à UNESCO Paris*, 7 vols (Documentation française, 1991–1992)
DGM: Charles de Gaulle, *Mémoires* (Gallimard, 2000)
DMI: Charles de Gaulle, *Discours et messages. Pendant la Guerre (1940–1946)* (Plon Poche, 1970)
DMII: Charles de Gaulle, *Discours et messages. Dans l'attente (1946–1958)* (Plon Poche, 1970)
DMIII: Charles de Gaulle, *Discours et messages. Avec le renouveau (1958–1962)* (Plon Poche, 1970)
DMIV: Charles de Gaulle, *Discours et messages. Pour l'effort (1962–1965)* (Plon Poche, 1970)
DMV: Charles de Gaulle, *Discours et messages. Vers le terme (1966–1969)* (Plon Poche, 1970)
FI: Jacques Foccart, *Tous les soirs avec de Gaulle. Journal de l'Elysée I (1965–1967)* (Fayard/Jeune Afrique, 1997)
FII: Jacques Foccart, *Le Géneral en mai. Journal de l'Elysée II (1968–1969)* (Fayard/Jeune Afrique, 1998)
FDG: Fondation Charles de Gaulle
FNSP: Fondation Nationale des Sciences Politiques
FRUS: *Foreign Relations of the United States*
LNCI: Charles de Gaulle, *Lettres, notes et carnets 1901–1941* (Robert Laffont, 2010)
LNCII: Charles de Gaulle, *Lettres, notes et carnets 1941–1958* (Robert Laffont, 2010)
LNCIII: Charles de Gaulle, *Lettres, notes et carnets 1958–1970* (Robert Laffont, 2010)
MAE: Ministère des Affaires étrangères
MGD: Charles de Gaulle, *Mémoires de Guerre. Documents*, 3 vols (Plon, 1970)
RHA: *Revue historique des armées*
TNA: The National Archives

引言

1. Philippe Oulmont, 'Les voies "de Gaulle" en France. Le Général dans l'espace et la mémoire des communes', *Cahiers de la Fondation Charles de Gaulle* 17 (2009).
2. TNS Soffres (https://www.tns-sofres.com/publications/de-gaulle-40-ans-apres-samort): 'De Gaulle, 40 ans après sa mort', 10/10.
3. Bernard Fauconnier, *L'être et le géant* (Régine Deforges, 1989); Benoît Duteurtre, *Le retour du Général* (Fayard, 2010); Jean-Yves Ferri, *De Gaulle à la plage* (Dargaud, 2007); Michel Tauriac, *Dictionnaire amoureux de De Gaulle* (Plon, 2010).
4. André Rossfelder, *Le onzième commandement* (Gallimard, 2000), 617, 621.
5. Gaston Palewski, 'De Gaulle et Malraux', *Revue des deux mondes* (12/74), 514.
6. DMII (10/3/52), 536.
7. Jean-Denis Bredin, *La Nef* 24–5 (10–12/65), 200.
8. Alain Decaux and Alain Peyrefitte, 1940–1945. *De Gaulle. Celui qui a dit non* (TF1/Perrin, 1999), 12.
9. Pierre Nora, 'Gaullistes et Communistes', in Nora (ed.), *Les Lieux de mémoire*, vol. III: Les France, 1: Conflits et partages (Gallimard, 1992), 348–93 (357).
10. André Passeron, DGESSV 89.
11. Philippe de Gaulle, *De Gaulle mon père. Entretiens avec Michel Tauriac*, vol. I (Plon, 2003), 492–3.
12. Jean Lacouture, *De Gaulle* (Seuil, 1965); DGESSI 509.
13. Jean Lacouture, *De Gaulle*, vol. I: Le rebelle (Seuil, 1984), 122-3.
14. DGESSI 532.
15. Lacouture, *Rebelle*, 364.
16. Ibid., 833.
17. Paul-Marie de La Gorce, 'Un journaliste "engagé et libre"', *Espoir* 142 (3/05) (the whole issue is devoted to de La Gorce).
18. Paul-Marie de La Gorce, *De Gaulle* (Perrin, 1999).
19. DGESSVI 11. Or see De La Gorce, *De Gaulle*, 1146. De La Gorce把戴高乐的法国和独立的阿尔及利亚之间确立的这种安排，描述为"决心改革本国经济，使其摆脱发展不足状态的其他国家的榜样"。
20. Louis Vallon, *L'anti-De Gaulle* (Seuil, 1969).
21. Eric Roussel, *De Gaulle* (Gallimard, 2002), 528–9.
22. Ibid., 84–5.
23. See the critique of Lacouture by Brigitte Gaïti, 'Jean Lacouture biographe', *Politix* 27 (1994), 76–93.
24. Odile Rudelle, *Mai 1958: De Gaulle et la République* (Plon, 1988). Rudelle's many articles which develop the same theme are collected in Rudelle, *République d'une jour, République de toujours* (Riveneuve, 2016), 354–637.
25. Stanley Hoffmann, 'De Gaulle as Political Artist: The Will to Grandeur', in Hoffman, *Decline or Renewal? France since the 1930s* (Viking, New York, 1974), 216.
26. Archives Groupe Jean Jaurès, Office Universitaire de Recherche Socialiste (OURS), 94PO3 (Henry Hauck, 16/6/42).
27. Jean-Marie Domenach, *Beaucoup de gueule et peu de pouvoir. Journal d'un réfractaire 1944–1977* (Seuil, 2001), 157.
28. Bernard Bruneteau, *Les paysans dans l'état. Le Gaullisme et le syndicalisme agricole sous la Vème République* (L'Harmattan, 1994), 43.
29. 关于第五共和国起源的表述，参见Brigitte Gaïti, *De Gaulle, prophète de la cinquième République (1946–1962)* (FNSP, 1998); 关于1958年之后戴高乐和军队的表述，参见Grey Anderson, 'The Civil War in France, 1958–1962' (unpublished PhD thesis, Yale University, 2016)。

第一章 "戴高乐"之前的戴高乐（1890—1940年）

一 开端（1890—1908年）

1. DMI 3-4 (18/6/40).
2. Claude Guiblin, *La passion d'agir* (Pensée universelle, 1993), 36.
3. Léon Werth, *Déposition* (V. Hamy, 1992), 688.
4. *Le Monde* 20/6/1980.
5. Roger Langeron, Paris, *juin 1940* (Flammarion, 1946), 72 .
6. Agnès Humbert, *Notre guerre* (Tallandier, 2004), 7–8.
7. Ibid., 20–1.
8. Léon Werth, *Déposition*, 356.
9. Claude Mauriac, *Un autre de Gaulle* (Hachette, 1970), 9.
10. 1940年11月11日参加反占领游行的Pierre Lefranc认为这肯定是个化名（interview, 11/10）。
11. Romain Gary, *La promesse de l'aube* (Gallimard, 1960), 31–2.
12. Sudhir Hazereesingh, *Le mythe gaullien* (Gallimard, 2010), 35–6.
13. Maurice Garçon, *Journal 1939–1945* (Les Belles Lettres, 2015), 129. 在最早追随戴高乐的军官之一的迭戈·布罗塞的日记中，这个名字一开始总是被拼错，参见Guillaume Piketty, *Français en Résistance. Carnets de guerre, correspondance, journaux personnels* (Robert Laffont, 2009), 142 (29/6/40)。
14. LNCIII 649 (2/6/64).
15. 菲利普·戴高乐对家族历史有详细叙述，参见*Mémoires accessoires, vol. I: 1921–1946* (Plon, 1997), 9–42。
16. Jean-Raymond Tournoux, *Jamais dit* (Plon, 1971), 384–401.
17. LNCII 911 (12/3/49).
18. TNA CAB 66/26/25 ('Views of General de Gaulle').
19. AP 163 (19/5/62).
20. Claude Guy, *En écoutant de Gaulle. Journal 1946–1949* (Grasset, 1996), 213. See also Edward Spears, *Two Men Who Saved France: Pétain and de Gaulle* (Eyre & Spottiswoode, 1966), 186. Edward Spears在其中回忆，1940年9月戴高乐告诉他说戴高乐家族是巴黎第二古老的家族。
21. LNCIII 1171 (9/11/70).
22. Michel Marcq, 'La famille', in FDG, *Charles de Gaulle. La jeunesse et la guerre 1890–1920* (Plon, 2001), 21–8.
23. LNCI 53 (3/1/09).
24. Pierre Pierrard, 'Le Nord et Lille dans la vie de Charles de Gaulle', in FDG, *De Gaulle. Jeunesse*, 18.
25. LNCI 100 (3/10/14).
26. Jean-Claude Bonnal, *Charles de Gaulle en Périgord* (Editions du Roc de Burzac, Bayac, 1990).
27. Jacques Vendroux, *Ces grandes années que j'ai vécues 1958–1970* (Plon, 1975), 98.
28. 1892—1908年，他们居住在杜肯大街，1908年后居住在圣弗朗索瓦泽维尔广场（今天的安德烈·塔尔迪厄·米图阿尔广场）。
29. 'Le Maréchal Foch', in LNCI 712–13.
30. DGM 5.
31. Guy, *En écoutant*, 70.
32. François Coulet, *Vertu des temps difficiles* (Plon, 1967), 165–6.
33. Guy, *En écoutant*, 168.
34. LNCIII 1150 (7/7/70).
35. 她把这事讲给了保罗·雷诺，当时他们俩都是战时身在德国的俘虏。Paul Reynaud, *Carnets de captivité 1941–1945* (Fayard, 1997), 367.

36. See Rudelle, *République d'une jour, République de toujours*, 354–637.
37. Jean-Marie Mayeur, 'Charles de Gaulle et le catholicisme social', in Mayeur, *Catholicisme social et démocratie chrétienne* (Cerf, 1986), 255–6.
38. Jean Pouget, *Un certain capitaine de Gaulle* (Fayard, 1973), 28; Gérard Bardy, *Charles le Catholique. De Gaulle et l'Eglise* (Plon, 2011), 37.
39. Duclert in FDG, *De Gaulle. Jeunesse*, 107–18; Marcel Thomas, 'Une certaine idée de "l'Affaire"...' in ibid., 148–66.
40. De Gaulle, Fil (FA), 461–2.
41. Tournoux, *Jamais dit*, 394.
42. 参见1917年4月8日雅克·戴高乐写给其母亲的未公开信件，由FDG的Claude Marmot提供给我。
43. Marie-Agnès Cailliau de Gaulle, *Souvenirs personnels* (Paroles et Silence, 2006), 23–5.
44. De Gaulle, *Fil* (FE), 185.
45. Emmanuel d'Astier de la Vigerie, *Sept fois sept jours* (Gallimard, 1961), 137.
46. LNCI 15 (30/11/17).
47. Charles Péguy, *Oeuvres en prose complètes*, vol. II (Gallimard, 1988), 59; Eric Thiers, 'La révélation du 6 juin 1905', *Mil neuf cent* 19 (2001), 43–52.
48. LNCI 13.
49. Jean-Jacques Becker introduction to Henri Massis and Alfred de Tarde (Agathon), *Les jeunes gens d'aujourd'hui* (Imprimerie nationale, 1995), 38; Becker, '1905. Un Tournant', in Stéphane Audoin-Rouzeau and Becker (eds.), *Encyclopédie de la grande guerre 1914–1918* (Fayard, 2004), 151–6.
50. LNCI 826 (9/12/36), 918 (11/2/40); on Psichari see Frédérique Neau-Dufour, *Ernest Psichari. L'ordre et l'errance* (Cerf, 2001).
51. AP 784 (9/9/84). See also Alain Larcan, *De Gaulle inventaire. La culture, l'esprit, la foi* (Bartillat, 2010 edn), 368–94; Jean Bastaire, 'Péguy et de Gaulle', *Cahiers de l'Herne* (1973), 246–51.
52. Charles Péguy, *Oeuvres en prose complètes*, vol. III (Gallimard, 1992), 935.
53. Ibid., 929.
54. Ibid., II, 142.
55. De Gaulle, *Fil* (FA), 469–70.
56. Ibid., 470.
57. This was frst pointed out by Alain Peyreftte: AP 289 (n. 1). It came from Barrès's Cahier of 1920: '*donner de la France une certaine idée, c'est nous permettre de jouer un certain rôle*'. On Barrès and de Gaulle see Pierre Bernard, 'Un de Gaulle barrèsien ou un Barrès gaullien?' *Espoir* 72 (9/90), 5–8.
58. LNCII 1173 (23/12/54).
59. Lucy Shepard Crawford, *The Philosophy of Emile Boutroux* (Longmans, New York, 1924).
60. LNCI 279–80.
61. Cyrus Sulzberger, *The Last of the Giants* (Macmillan, 1970), 85–6.
62. LNCI 14 (31/8/07).
63. LNCI 44 (23/6/08).
64. 对戴高乐和宗教最出色的论述，参见FDG, *Charles de Gaulle. Chrétien, homme d'état* (Cerf, 2011)。See also Jean-Marie Mayeur, 'De Gaulle et l'Eglise catholique', DGESSI 436–41; Michel Brisacier, *La foi du général* (Nouvelle Cité, Montrouge, 1998); Laurent de Gaulle, *Une vie sous le regard de Dieu. La foi du général de Gaulle* (Toucan, 2009)。
65. Jean Mauriac, *Le Général et le journaliste* (Fayard, 2008), 132 ('*toujours un peu absent: visage impassible*'); Mauriac, Un autre de Gaulle, 3/9/44 ('*correction un peu ennuyé*'); Jean d'Escrienne, *Le Général m'a dit 1966–1970* (Plon, 1973), 26.
66. 帕莱夫斯基、马尔罗和蓬皮杜在1951年曾经讨论过这个问题，但没有人知道戴高乐相信什么，参见Georges Pompidou, *Lettres, notes et portraits 1928–1974* (Robert Laffont, 2012), 225。

67. Jacques Prévotat, 'De Gaulle croyant et pratiquant', in FDG, *Charles de Gaulle. Chrétien*, 40–64.
68. Jean-Marie Mayeur, 'De Gaulle as Politician and Christian', in Hugh Gough and John Horne (eds.), *De Gaulle and Twentieth-Century France* (Edward Arnold, 1994), 99.
69. Guy, *En écoutant*, 166–7.
70. LNCI 710.
71. Pierre Lance, *Charles de Gaulle, ce chrétien nietzschéen* (Septième aurore, 1965).
72. DMI 332 (14/7/43).
73. David Schoenbrun, *The Three Lives of Charles de Gaulle* (Hamish Hamilton, 1966); Bardy, *Charles le Catholique*, 9.
74. DMII (3/11/43).
75. Maurice Agulhon, *De Gaulle. Histoire, symbole, mythe* (Plon, 2000), 30–34.
76. De Gaulle, Fil (FA),165.
77. Larcan, *De Gaulle inventaire*, 196.
78. DMII 360 (11/2/50).
79. DMI 327 (27/6/43).
80. DGM 88.
81. LNCI 51; LNCIII 1185.

二 "一个绝不会离开我的遗憾"（1908—1918年）

1. 关于这一时期的戴高乐和德国，参见Pierre Maillard, *De Gaulle et l'Allemagne. Le rêve inachevé* (Plon, 1990), 17–24; Jean-Paul Bled, 'L'image de l'Allemagne chez Charles de Gaulle avant juin 1940', *Etudes gaulliennes* 17 (1977)。
2. LNCI 45 (23/6/08).
3. Coulet, *Vertu*, 108.
4. Louis Joxe, *Victoires sur la nuit. Mémoires* (Flammarion, 1981), 144.
5. DGM 573.
6. Claude Roy, *Nous* (Gallimard, 1972), 65.
7. Jules Maurin, 'De Gaulle saint cyrien', in FDG, *De Gaulle. Jeunesse*, 187–92.
8. DGM 6.
9. LNCI 522.
10. 'Du patriotisme', LNCI 70–77.
11. DGM 6.
12. 'Notes d'un carnet personnel', LNCI 79.
13. Ibid.
14. 关于戴高乐的战争，主要参见FDG and Historial de la Grande Guerre, *De Gaulle soldat 1914–1918* (Martelle éditions, 1999); Frédérique Neau-Dufour, *La première guerre de Charles de Gaulle 1914–1918* (Tallandier, 2013); 另外可以参见Charles de Gaulle, Jacques Vendroux and Gérard Boud'hors, La génération du feu (Plon, 1983); Jean d'Escrienne, *Charles de Gaulle, officier* (Addim, 1991)。
15. LNCI 83–7.
16. 'Le Baptême', LNCI 93–100.
17. De Gaulle, *Fil* (FA), 481.
18. 'Aux nouvelles recrues', LNCI 68.
19. 雅克·戴高乐写给其母亲的未公开信件，时间为1914年10月23日（由Claude Marmot 提供）。
20. 'Notes', LNCI 118 (11/12/14).
21. LNCI 115 (7/12/14).
22. 'Consignes', LNCI (17/1/15).
23. Neau-Dufour, *Première guerre*, 113.
24. 'Au 33 régiment', LNCI 153 (20/2/15).

25. 'De la guerre', LNCI 341–2.
26. LNCI 231 (23/12/15).
27. LNCI 116 (7/12/14).
28. LNCI 203 (23/11/15).
29. LNCI 231 (23/12/15). 1915年12月31日，他谴责了"我们共和国议会制度的无可救药的劣根性"，参见LNCI 237。
30. LNCI 199 (18/11/15).
31. LNCI 247 (15/1/16).
32. LNCI 158 (2/5/15).
33. LNCI 258 (14/2/16).
34. LNCI 442 (8/12/18).
35. Gérard Boud'hors, 'Le Capitaine de Gaulle et le 33 R.I. à Douaumont (fin février–début mars 1916)', RHA 179 (1990), 6–15.
36. Frédérique Neau-Dufour, *Geneviève de Gaulle-Anthonioz* (Cerf, 2004), 118.
37. LNCI 374.
38. LNCI 345.
39. Cédric Marty, 'Le corps au corps au prisme des indentités sociales', in François Bouloc, Rémy Cazals and André Loez (eds.), *Identités troublées 1914–1918* (Privat, 2011), 73–6.
40. In general see François Cochet, 'Le capitaine de Gaulle et l'expérience de la captivité', in FDG, *De Gaulle. Jeunesse*, 222–38.
41. LNCI 327 (21/3/17).
42. LNCI 329 (22/4/17).
43. LNCI 327 (21/3/17).
44. Fernand Plessy, 'J'ai connu de Gaulle captif', in *De Gaulle soldat*, 187.
45. LNCI 279.
46. LNCI 328 (8/4/17).
47. LNCI 337 (19/12/17).
48. Quoted in *En ce temps là. De Gaulle* 15 (n.d.) (BNF ref: 4-LN27-90026).
49. Some of these are reproduced in the catalogue, Musée de l'Armée, *Churchill/De Gaulle* (Editions de la Matinière, 2015), 88–9.
50. LNCI 266.
51. LNCI 279.
52. LNCI 334 (8/9/17).
53. LNCI 325.
54. LNCI 400–401.
55. LNCI 384.
56. LNCI 422 (1/9/18).
57. LNCI 418 (1/8/18).
58. LNCI 424 (4/10/18).
59. De Gaulle, *Fil* (DE), 137.
60. Lacouture, Rebelle, 97. 其中有他在路德维希港的Anilinfabrik化工厂短暂做工的记载，但并未提供出处。由于战俘军官被免除了在敌方领土做工的要求，这似乎是不可能的，参见Neau-Dufour, *Première guerre*, 295。
61. LNCI 437 (1/12/18).
62. Lacouture, *Rebelle*, 97.
63. Bruno Cabanès, *La victoire endeuillée. La sortie de guerre des soldats français (1918–1920)* (Seuil, 2004).
64. LNCI 673–85 (31/1/27).
65. LNCI 427 (8/12/18).

三 重新开始一份职业（1919—1932年）

1. LNCI 421 (1/9/18).
2. LNCI 447 (25/1/19).
3. LNCI 449 (29/1/19).
4. LNCI 455 (26/4/19).
5. 'L'alliance franco-polonaise', LNCI 487.
6. LNCI 456 (26/4/19).
7. LNCI 462–3 (25/6/19).
8. LNCI 460 (7/6/20).
9. LNCI 467 (5/8/1919).
10. LNCI 479.
11. *En ce temps là. De Gaulle* 22 (n.d.), 89. 关于戴高乐在波兰的经历，参见Yves Faury, 'Le Capitaine de Gaulle en mission en Pologne 1919–1920', RHA 179 (1990), 16–25；Frédéric Guelton, 'Le Capitaine de Gaulle et la Pologne (1919–21)', in FDG, *De Gaulle. Jeunesse*, 242–60。
12. LNCI 472 (18/11/19).
13. This comes from de Gaulle's anonymous account 'La Bataille de la Vistule', published in the *Revue de Paris* in 1920 and republished in de Gaulle, *Fil*, 568–83 (570).
14. 'Rapport sur l'organisation', LNCI 502–8.
15. LNCI 500 (24/8/20).
16. LNCI 597 (16/1/597).
17. AP 1503 (6/9/67).
18. LNCI 499 (3/7/19).
19. LNCI 464 (17/7/19).
20. Guy, *En écoutant*, 224.
21. LNCI 276.
22. De La Gorce, *De Gaulle*, 50.
23. Guy, *En écoutant*, 95.
24. LNCII 42–3 (9/3/42).
25. LNCI 326 (18/3/17). Neau-Dufour指出，"M-L"指的是Marie-Lucie，即戴高乐舅舅朱尔·马约的大女儿。但是她在遭到占领的里尔死于脑膜炎。不过他确实还有一个表妹名叫Anne-Marie，她在1917年11月17日死于轰炸，参见Neau-Dufour, *Première guerre*, 241, 296。
26. In general see Frédérique Dufour, 'L'officier dans sa vie privée', in FDG, *Charles de Gaulle. Du militaire au politique 1920–1940* (Plon, 2004), 252–85.
27. LNCI 464–5 (17/7/19).
28. LNCI 492 (27/1/20).
29. Philippe de Gaulle, *Mémoires* I, 78.
30. Philippe de Gaulle, *De Gaulle mon père* I, 318–19.
31. For this paragraph, see Frédérique Neau-Dufour, *Yvonne de Gaulle* (Fayard, 2010), 99–105.
32. Ibid., 105.
33. 关于这种思想的详细阐述，参见'La fatale querelle d'un chancelier et un militaire', *Revue militaire générale* 15/5/23, 15/6/23；'L'envers d'un décor', *Revue militaire générale* 15/11/23, 15/12/23。
34. De Gaulle, Fil (DCE), 12–13.
35. Ibid., 126.
36. Ibid.
37. Ibid.
38. De Gaulle, 'La défaite, question morale', in ibid., 645.
39. Georges Loustaunau-Lacau, *Mémoires d'un Français rebelle (1914–1948)* (J. et D. Editions, Biarritz, 1994 edn), 60–61.

40. Jean-Raymond Tournoux, *Pétain et de Gaulle* (Plon, 1964), 382–91, reproduces all de Gaulle's mark sheets from the Ecole.
41. LNCI 604 (13/9/24).
42. 'Doctrine a priori ou doctrine des circonstances', *Revue militaire française* 45 (1/3/1925), 306–28. 《世界报》在1925年3月31日的一篇名为《军队中的教条主义》的文章中提及了它。1924年11月7日《法国军事评论》收到了这份稿件，贝当私人秘书处的洛尔上校对它进行了研读，并且，贝当称这篇文章"写得很好"，参见*En ce temps là. De Gaulle* 27 (n.d.), 110。戴高乐对这一问题的思考受到了旧制度下军事理论家吉贝尔伯爵的著作的影响，后者是腓特烈大帝的崇拜者和"真实主义"的推崇者。
43. LNCI 686 (3/3/27); note the scepticism of Claude Carré, 'Charles de Gaulle, professeur et conférencier', in FDG, *Du militaire*, 203–16.
44. Jean-Raymond Tournoux, *Le tourment et la fatalité* (Plon, 1974), 21.
45. Jacques Schapira and Henri Lerner, Emile Mayer. *Un prophète baillonné* (Editions Michalon, 1995); Vincent Duclert (ed.), *Le Colonel Mayer de l'Affaire Dreyfus à de Gaulle. Un visionnaire en République* (Armand Colin, 2008).
46. Jean Auburtin, *Le Colonel de Gaulle* (Plon, 1965), 9.
47. LNCI 779 (de Gaulle to Halévy, 5/6/35).
48. LNCI 702 (16/1/28). 保罗·布尔热是当时极为成功的小说家。
49. LNCI 704 (23/1/28).
50. 关于本书中贝当的所有信件，参见'La Correspondance de Gaulle–Pétain 1925–1938', *En ce temps là. De Gaulle* 15 (n.d.) (fifteen-page insert)。
51. LNCI 708 (20/6/29).
52. 'Allocutions', LNCI 722.
53. LNCI 690 (24/12/27).
54. Joël Coignard, 'Le commandment du 19e BCP', in FDG, *Du militaire*, 33–42.
55. Jacques Vendroux, *Cette chance que j'ai eu 1920–1957* (Plon, 1974), 48–52.
56. Neau-Dufour, *Yvonne*, 113–29.
57. LNCI 703 (18/1/28).
58. Lacouture, *Rebelle*, 181–2.
59. Chanoine Bourgeon in *En ce temps là. De Gaulle* 13 (n.d.), 31.
60. LNCI 837 (10/2/48).
61. Philippe de Gaulle, *Mémoires* I, 89.
62. Neau-Dufour, *Yvonne*, 166.
63. Ibid., 168.
64. Philippe de Gaulle, *De Gaulle mon père* I, 510.
65. LNCI 265 (6/9/16).
66. LNCI 492 (27/1/20).
67. LNCI 725 (26/11/29).
68. J.-M. Marill, 'Le chef du bataillon de Gaulle au Levant (1929–1931)', RHA 179 (June 1990), 38–43; Pierre Fournié, 'Le séjour du commandant de Gaulle dans les Etats du Levant 1929–1931', in FDG, *Du militaire*, 42–59; Alexandre Najjar, *De Gaulle et le Liban. Vers l'orient compliqué*, vol. I: 1929–1931 (Ed. Terres du Liban, 2002); Isabelle Dasque, 'Le Commandant de Gaulle au Levant', in Clotilde de Fouchécour and Karim Emile Bitar (eds.), *Le cèdre et le chêne. De Gaulle et le Liban. Les Libanais et de Gaulle* (Guethner, 2015), 65–88.
69. LNCI 727 (24/4/30).
70. LNCI 726 (11/12/29).
71. LNCI 725 (11/12/29).
72. LNCI 732 (2/1/31).
73. LNCI 730 (7/7/30).
74. LNCI 726 (11/12/29).
75. LNCI 728 (30/6/30).
76. De Gaulle, *Fil* (FE), 154, 184–5.

77. LNCI (2/11/29).
78. LNCI 374.
79. LNCI 432.
80. LNCI 706 (21/12/28).
81. Philippe de Gaulle, *De Gaulle mon père* I, 54.
82. De Gaulle, *Fil* (FE), 146.
83. LNCI 708 (20/6/29).
84. 未公开信件，16/5/32。

四 扬名立万（1932—1939年）

1. LNCI 672 (21/1/27).
2. LNCI 731 (7/9/30).
3. Pétain to de Gaulle, 5/3/31, 12/3/31, in 'La Correspondance de Gaulle–Pétain 1925–1938'.
4. Frédéric Guelton, 'Charles de Gaulle au Secrétariat général du conseil supérieur de la défense nationale 1931–1937', in FDG, *Du militaire*, 62–71.
5. DGM 7.
6. 这项计划的草案，参见AN 3AG1/299 (7–10)。
7. 'Projet de Loi d'Organisation de la nation pour le temps de guerre', LNCI 817. 8. Cpt. Gilbert Bodinier, 'De Gaulle, rédacteur au SGDN, commenté et corrigé par ses chefs hiérarchiques', RHA 1 (1980), 239–54; 2 (1981), 167–80.
9. LNCI 743 (24/11/32).
10. LNCI 747 (29/12/33).
11. 关于戴高乐的军事思想概述，参见Alain Larcan and Pierre Messmer, *Les écrits militaires de Charles de Gaulle* (PUF, 1985)。
12. LNCI 773 (17/4/35); 826 (9/12/36).
13. See also LNCI 734 (1/10/31).
14. 'Vers l'armée du métier', *Revue politique et parlementaire* 10/4/33, 10/5/33; *Etudes* (12/33); 'Forgeons une armée de métier', *Revue des vivants* 13/1/34. See dossier of press cuttings in AN 3 AG1/299 Dr. 4.
15. Jean-Nicolas Pasquay, 'Vers l'armée de métier et l'armée allemande avant la seconde guerre mondiale', in FCG, *Du militaire*, 144–70.
16. Christopher S. Thompson, 'Prologue to Conflict: De Gaulle and the United States, from First Impressions through 1940', in Robert Paxton and Nicholas Wahl (eds.), *De Gaulle and the United States* (Berg, Oxford, 1994), 14–24.
17. LNCI 774 (17/4/35). 在其《战争回忆录》第15页，他承认受到了利德尔·哈特、富勒和塞克特的影响。
18. De Gaulle, 'Rôle historique des places françaises', reprinted in de Gaulle, *Trois études* (Plon, 1973), 73–120.
19. De Gaulle, 'Forgeons une armée de métier' (13/1/34), reprinted in *Articles et écrits* (Plon, 1975), 309.
20. 这些话事实上来自其在1929年的文章"Philosophie du recrutement"，并再版于《剑锋》中（第647—658页），但它们契合《建立职业军》的精神。
21. De Gaulle, *Fil* (AM), 325–6.
22. LNCI 781 (28/6/35).
23. LNCI 806 (27/10/36).
24. Jean-Michel Royer, 'Le style, c'est l'homme', in *En ce temps là*. De Gaulle 16 (n.d.), 279–83. 这期还载有更正的复本。
25. Stéphane Giocanti, Maurras. *Le chaos et l'ordre* (Flammarion, 2006), 370.
26. François-Georges Dreyfus, 'Aux sources de la pensée du Général', *Espoir* 56 (9/86), 6–19.
27. Robert Aron, *Charles de Gaulle* (Librairie académique Perrin, 1965), 40–41. 这次会面发生在丹尼尔·哈勒维的沙龙。

28. LNCI 884 (10/9/35).
29. LNCI 760 (8/6/34).
30. LNCI 319, 323.
31. Nicolas Roussellier, La force de gouverner (Gallimard, 2015), 414–29.
32. De Gaulle, Fil (AM), 326. 在《剑锋》中，戴高乐提到了"泰勒系统"的世纪，参见 Fil (FE), 188；他在1933年关于"职业军"的文章中提到了"泰勒化"，参见 Fil, 788。
33. LNCI 449 (11/2/19).
34. De Gaulle, *Fil* (AM), 363.
35. De Gaulle, *Fil* (FE), 188.
36. Jean-Pierre Guichard, 'Charles de Gaulle et Gustave le Bon', *Espoir* 113 (12/97), 31–41; Jean-Baptiste Decherf, 'De Gaulle et le jeu divin du héros. Une théorie de l'action', *Raisons politiques* 26 (5/2007), 217–34.
37. LNCI 279.
38. De Gaulle, *Fil* (FE), 146, 180, 181, 185.
39. LNCI 665.
40. DGM
41. Loustaunau-Lacau, *Mémoires*, 118.
42. *Journal Officiel* 1935, 1040–42.
43. Ibid., 1037; 1025.
44. LNCI 779 (31/5/35).
45. LNCI 775 (6/5/35).
46. LNCI 800 (5/8/36).
47. LNCI 795 (25/6/36).
48. LNCI 802 (22/9/36).
49. LNCI 863 (11/9/38).
50. DGM 25.
51. LNCI 836 (27/8/37).
52. LNCI 828 (20/12/36).
53. 'L'alliance franco-polonaise', LNCI 491.
54. LNCI 866 (1/10/38).
55. LNCI 866 (6/10/38).
56. LNCI 850(24/3/38).
57. Vendroux, *Cette chance*, 357.
58. LNCI 846 (12/1/38). See also the letter to his son, LNCI 852 (30/4/38).
59. LNCI 608 (5/25).
60. LNCI 786 (16/12/35); Roussel, *De Gaulle*, 66.
61. LNCI 827 (14/12/36).
62. Francois Cochet, 'La société miltaire en France: réalité et perception par Charles de Gaulle (1919–1940)', in FDG, *Du militaire*, 18–31.
63. LNCI 739 (23/5/32).
64. LNCI 799 (5/8/36).
65. LNCI 858–9 (18/8/38).
66. LNCI 868 (7/10/38).
67. 对此的精彩分析参见Philippe Ratte, 'De Gaulle historien', in FDG, *Du militaire*, 222–37。
68. 最后两段的所有引用，参见de Gaulle, *Fil* (FA), 331, 342–3, 384, 359, 421, 412, 422, 497–8。
69. Joël Chambre, 'Le Colonel de Gaulle et son régiment. De la théorie à la pratique', *Cahiers de la* FCDG 11 (2002).
70. AN 3AG1/2792 (21) (Dossiers Militaires).
71. Neau-Dufour, *Yvonne*, 166.
72. LNCI 840 (13/11/37).
73. LNCI 866 (1/10/38), 874 (26/12/38).
74. LNCI 838 (15/10/38).

75. Chambre, 'Le Colonel de Gaulle', 162–3, 211–12.
76. LNCI 772 (29/3/35).
77. LNCI 849 (17/3/38).
78. LNCI 690 (24/12/27).
79. LNCI 872 (24/11/38).

五 法兰西战役（1939年9月—1940年6月）

1. LNCI 864 (n.d.).
2. LNCI 897 (12/10/39).
3. Paul Gaujac, 'Le Colonel de Gaulle, commandant des chars de la Vème armée (septembre–mai 1940)', RHA 179 (June 1990), 57–71.
4. LNCI 899 (22/10/39).
5. LNCI 918 (11/2/40).
6. LNCI 896 (8/9/39).
7. In addition to Gaujac, "Le Colonel", see Bruno Chaix, 'Charles de Gaulle et le débat doctrinal du début des années trente', in FDG, *Du militaire*, 91–101; de Gaulle's notes are in LNCI 893–6, 901–8.
8. Gaujac, 'Le Colonel', 64
9. 'Note au sujet de l'emploi et de la constitution des unités des chars' (17/12/39), AN 3AG1/299 (2).
10. De Gaulle, *Trois études*, 58–60.
11. 'Note', LNCI 911–13 (12/1/40).
12. LNCI 923 (21/2/40).
13. AN 5AG1/1153 (letter from Rops, 11/9/44, reminding de Gaulle of this).
14. LNCI 925 (14/4/39).
15. 1940年4月7日的这封信于2018年1月出版，并收录于Autographe des Siècles, Lyons (une page ½ in-4°)。
16. Roland de Margerie, *Journal 1939–1940* (Grasset, 2010), 163; Paul de Villelume, *Journal d'un défaite* (Fayard, 1976), 305–6.
17. LNCI 927 (3/5/40).
18. TNA CAB 21/1323.
19. François Bédarida, *La stratégie secrète du 'Drôle de guerre': le conseil suprême interallié* (FNSP, 1980), 482.
20. LNCI 928 (8/5/40).
21. 戴高乐担任重型装甲师指挥官的概况，参见Gérard Saint-Martin, 'Les combats de la 4e division cuirassée', in FDG, *Du militaire*, 181–97。
22. LNCI 930 (15/5/40).
23. LNCI 929 (15/5/40).
24. DGM 36–7.
25. Paul Huard, *Le Colonel de Gaulle et ses blindés. Laôn 15–20 mai 1940* (Plon, 1990).
26. LNCI 930 (21/5/40).
27. LNCI 932 (24/5/40).
28. LNCI 932–3 (27/5/40).
29. On Abbeville, Henri de Wailly, *De Gaulle sous le casque. Abbeville 1940* (Perrin, 1990).
30. LNCI 935 (2/6/40).
31. Roussel, *De Gaulle*, 80.
32. Ibid., 83.
33. Huard, *Le Colonel de Gaulle*, 296–8.
34. Jean-Pierre Guichard, *Paul Reynaud. Un homme d'état dans la tourmente. Septembre 1939–juin 1940* (L'Harmattan, 2008).
35. LNCI 936 (2/6/40).

36. LNCI 938 (3/6/40).
37. LNCI 939 (5/5/40).
38. E. L. Spears, *Assignment to Catastrophe*, vol. II (Heinemann, 1954), 195.
39. *The Times* 7/6/40; *Le Populaire* 8/6/40; *Action Française* 10/6/40.
40. Villelume, *Journal*, 393.
41. *The Private Diaries of Paul Baudouin* (Eyre & Spottiswoode, 1948), 130; Spears, *Assignment* II, 85.
42. LNCI 939–40 (7/6/40).
43. Villelume, *Journal*, 399.
44. Martin Gilbert, *Finest Hour. Winston Churchill 1939–1941* (Heinemann, 1983), 486–7; Spears, *Assignment* II, 120, was told the same; the French version does not report this: DDF 1940(1) 388 (Visite du Général de Gaulle à Londres).
45. Gilbert, *Finest Hour*, 487. 丘吉尔对戴高乐的高度评价由法国武官勒隆传达给了他，参见AN3AG1/329 (Lelong dossier, 11/6/40)。
46. DGM 54.
47. DGM 55–6; Bernard Destremau, *Weygand* (Perrin, 1989), 503–4.
48. Spears, *Assignment* II, 139, 145.
49. Gilbert, *Finest Hour*, 499–512.
50. Earl of Avon, *The Eden Memoirs. The Reckoning* (Cassell, 1965), 116.
51. Baudouin, *Diaries*, 152.
52. Guy, *En écoutant*, 488–9.
53. Jules Jeanneney, *Journal politique* (Armand Colin, 1972), 67.
54. *The Diplomatic Diaries of Oliver Harvey 1937–1940* (Collins, 1970), 387.
55. Guy, *En écoutant*, 88.
56. DDF 1940(1), *Les Armistices de juin*, 6.
57. LNCI 941 (14/6/40). 由于这封信的日期是6月14日，所以它的起草时间大概是凌晨。
58. DGM 64.
59. Philippe de Gaulle, *De Gaulle mon père* I, 182
60. Winston Churchill, *The Second World War*, vol. II: *Their Finest Hour* (Cassell, 1949), 184.
61. John Colville, *The Fringes of Power: Downing Street Diaries 1939–1945* (Hodder, 1985), 160.
62. DGM 69.
63. DGM 71. In a similar vein he wrote to Robert Aron that the departure was 'without mystery... even without risk', LNCIII 624 (9/2/64).
64. Spears, Assignment II, 311–22.
65. CCC SPRS 8/13 (Spears Diary).
66. CCC SPRS 8/20 (letter to Churchill, 24/11/48).
67. AN 3AG1/320; CCC SPRS 8/13 (Spears Diary).
68. Spears, Assignment II, 323.
69. DGM 71, 73.
70. LNCI 304.
71. Jacques Soustelle, *Envers et contre tout*, vol. I: *De Londres à Alger (1940–1942)* (Laffont, 1947), 19–20.
72. Jean-Michel Royer, 'Le style, c'est l'homme'.
73. TNA CAB 65/7/66 (Peake. 14/7/42); 1941年4月他对斯皮尔斯说了同样的话，参见St Antony's College, *Oxford, Spears Papers*, Box 1, File 5 (23/4/41)。
74. Philippe de Gaulle, *De Gaulle mon père* I, 182–3.
75. DGM 69–70; and LNCII 349 (17/5/43).
76. De Gaulle, *Fil* (FE), 158.
77. Ibid., 171–2.
78. Ibid., 170.
79. LNCI 376.

第二章 流亡（1940—1944年）

六 反抗（1940年）

1. DGM 73.
2. Gille Ragache, *Les Appels du 18 juin* (Larousse, 2010); François Delpla, *L'Appel du 18 juin 1940* (Grasset, 2000); Jean-Louis Crémieux-Brilhac, *L'Appel du 18 juin* (Armand Colin, 2010).
3. AN 5AG1/1556.
4. AN 3AG1/251 (110) (de Gaulle to Corbin, 17/6/40); LNCI 942 (de Gaulle to Colson, 17/6/40).
5. Jean Monnet, *Mémoires* (Fayard, 1976), 22.
6. Colville, *Fringes*, 164.
7. Ibid., 165.
8. 关于这篇讲话的具体细节，至今仍有一些不确定的地方。有人说，由于没有录音留存下来，所以它是现场直播的。但我们知道那是录播，因为戴高乐声称他在下午6点到达以发表讲话，而讲话是在晚上10点播出，所以我们必须假设它是被录下的。如果没有录音留存下来，原因只能是当时英国广播公司没有人意识到保存这份录音的重要性。
9. 在CCC SPRS 1/134（1940年6—7月电报）中似乎有一个更早的草稿。
10. 菲利普·戴高乐在其回忆录（*Mémoires* I, 139）中无视所有证据，坚称戴高乐在那天发表了广播讲话，甚至声称他记得戴高乐当晚从英国广播公司回来，但由于他自己承认他是第二天才到伦敦的（*Mémoires* I, 180），所以这并无可能。戴高乐本来要发表的讲话可能是收录在1940年7月2日的TNA FO 371/24349这一篇（"只要法国政府仍在战斗……职责就是与它并肩作战"）。他在这里说"明天星期四"他将再次讲话，而1940年6月19日是星期三。
11. Alexander Cadogan, *The Diaries of Sir Alexander Cadogan* (Cassel, 1971), 304–5.
12. TNA FO 371/24349 (Strang minute, 19/6/40).
13. CCC SPRS 1/136/2; SPRS 1/131/1 (memo to Churchill, 20/6/40).
14. *Cadogan Diaries*, 305.
15. AN 3AG1/251 (114) (20/4/40 1 p.m. to Lelong); AN 3AG1/251 (116); Delpla, *Appel*, 238–9; Destremau, *Weygand*, 581, quoting a report from Lelong in the defence archive of the Service Historique des Armées (SHAT).
16. André Weil-Curiel, *Le temps de la honte* (Editions du Myrte, 1945), 225–8.
17. Philippe de Gaulle, *De Gaulle mon père* I, 181–90.
18. CCC SPRS 1/134/1 (memo to Churchill, 20/6/40).
19. LNCI 943 (23/6/40).
20. TNA FO 371/24349.
21. Cadogan, *Diaries*, 306.
22. AN 3AG1/257 (101); TNA PREM 3/174/2.
23. CCC SPRS 1/134 (Churchill to Ismay, 24/6/40).
24. Llewellyn Woodward, *British Foreign Policy in the Second World War*, vol. I (HMSO, 1970), 325–6.
25. DGM 271–2; LNCI 944–5 (24/6/40).
26. Cadogan, *Diaries*, 307 (25/6/40).
27. Lord Gladwyn, *The Memoirs of Lord Gladwyn* (Weidenfeld & Nicolson, 1972), 99–100.
28. DGM 273–4; AN 3AG1/257(106).
29. LNCI 947–8 (27/6/40).
30. René Cassin, *Les hommes partis de rien. Le reveil de la France abattue (1940–1941)* (Plon, 1975), 76.
31. DDF 1940(1) 428 (Cambon to Baudouin, 29/6/40).
32. MGDI 277–83.

33. Bernard Ledwidge, *De Gaulle* (Weidenfeld & Nicolson, 1982), 76.
34. DGM 83.
35. Nicholas Atkin, *The Forgotten French* (Manchester University Press, 2003).
36. Edward Spears, *Two Men Who Saved France: Pétain and de Gaulle* (Eyre & Spottiswoode, 1966), 165. See also Max Egremont, *Under Two Flags: The Life of Major-General Sir Edward Spears* (Weidenfeld & Nicolson, 1997), 198; CCC SPRS 1/135/1 (Spears to Churchill, 5/7/40).
37. AP 160 (19/5/62).
38. CCC SPRS 1/135.
39. Spears, *Two Men*, 158–9.
40. Daniel Cordier, *Alias Caracalla* (Gallimard, 2009), 107–8.
41. CCC SPRS 1/134 (Oswald Hotz to Churchill, July 1940).
42. Colonel Passy, *Mémoires du chef des services secrets de la France libre* (Odile Jacob, 2001), 61–2. 这本书的原版于1947—1948年分两卷出版，新版增加了Jean-Louis Crémieux-Brilhac作的序。
43. AN 72AJ/220 (8) (Maurice Schumann Témoignage).
44. Georges Boris, *Servir la République* (René Julliard, 1963), 295–6.
45. Robert Mengin, *De Gaulle à Londres vu par un Français libre* (Table Ronde, 1965), 61.
46. *Pierre Bourdan vous parle* (Editions Magnard, 1990), 29–30; see also Emile Delavenay, *Témoignage 1905–1991* (Edisud, 1992), 179.
47. CCC SPRS 134/2 (Colin Coote, 1/7/40).
48. Paul-Louis Bret, *Au feu des évenéments. Mémoires d'un journaliste. Londres, Alger 1929–1944* (Plon, 1959), 147.
49. Jean-François Muracciole, *Les Français libres. L'autre résistance* (Tallandier, 2010).
50. Claude Hettier de Boislambert, *Les fers de l'espoir* (Plon, 1978), 178.
51. Margerie, *Journal 1939–1940*, 375–94.
52. MGDI 270–71 (23/6/40); LNCI 946 (24/6/40).
53. Guillaume Piketty (ed.), *Français en Résistance. Carnets de guerre, correspondance, journaux personnels* (Robert Laffont, 2009), 934–7.
54. Cassin, *Hommes partis*, 88–116.
55. AN 3AG1/330 (Muselier dossier) (Spears to de Gaulle, 4/8/40); TNA FO 371/24349 (Committee on French Resistance, 8/7/40). 米瑟利耶海军履历的信息可参见Jean-Luc Barré, *Devenir de Gaulle 1939–1943* (Perrin, 2009), 166–72。
56. Hugh Dalton, *The Second World War Diary of Hugh Dalton 1940–1945* (Cape, 1986), 60.
57. CCC SPRS 1/134/1.
58. TNA FO 371/24340 (C8391/7328/17).
59. Charlotte Fau-cher, 'The "French Intellectual Consulate to Great Britain"? The Institut Français du Royaume-Uni, 1910–1959' (unpublished PhD thesis, Queen Mary University of London, 2016) is the definitive study of the French Institute in this period. See also Martyn Cornick, 'The First Bastion of the Resistance: The Free French in London, 1940–1', in Debra Kelly and Martyn Cornick (eds.), *A History of the French in London: Liberty, Equality, Opportunity* (Institute of Historical Research, 2013), 343–72.
60. DGM 100–102.
61. LNCI 1006 (19/8/40).
62. See the report in AN 3AG1251 (112), partly reproduced by Barré, *Devenir*, 132–4, who attributes it to Boislambert, but Patrick Girard, *De Gaulle, le mystère de Dakar* (Calmann-Lévy, 2010), 92–4, is probably correct to say that it was written by a British officer.
63. See Arthur Marder, *Operation 'Menace' and the Dudley North Affair* (Oxford University Press, 1976). 作为戴高乐此行联络员的英国官员对此有生动叙述，参见Duncan Grinnell-Milne, The Triumph of Integrity: A Portrait of Charles de Gaulle (Bodley Head, 1961)。
64. CCC SPRS 5/36 ('Dakar Diary', 11/9/40).
65. Spears, *Two Men*, 189.

66. CCC SPRS 5/36 ('Dakar Diary', 19/9/40).
67. Gilbert, *Finest Hour*, 790.
68. AN 3AG1/251 (128) (notes by Courcel).
69. 'Carnets de route du Capitaine Desjardins (Michel Bréal) 1896–1977: Avec de Gaulle devant Dakar', *Espoir* 49 (12/84), 7–15; 51 (3/85), 14–27.
70. Marder, *Operation*, 137.
71. Michel Tauriac, *Vivre avec de Gaulle. Les derniers témoins racontent l'homme* (Plon, 2008), 138.
72. Amiral Thierry d'Argenlieu, *Souvenirs de guerre. Juin 1940–janvier 1941* (Plon, 1973), 182.
73. CCC SPRS 5/36 ('Dakar Diary', 24/9/40).
74. LNCI 1045–6 (28/9/40).
75. LNCI 1049–50 (1/10/40).
76. Martin Thomas, *The French Empire at War 1940–1945* (Manchester University Press, 1998); Eric Jennings, *La France libre fut africaine* (Perrin, 2014); on India see Akhila Yechury, '"La République Continue, Comme par le Passé": The Myths and Realities of the Resistance in French India', *Outre-Mers, Revue d'Histoire*, 103/388–9 (2015), 97–116.
77. LNCI 1044 (27/9/40), 1054 (9/10/40).
78. AN 3AG1 (162).
79. Coulet, *Vertu*, 88.
80. Lacouture, *Rebelle*, 447.
81. LNCI 1004 (17/8/40).
82. Colville, *Fringes*, 244; Cadogan, *Diaries*, 327 (17/9/40). See also CCC SPRS 1/134/3 (Spears to Morton, 23/8/40, on how to deal with Catroux).
83. Cassin, *Hommes partis*, 173–6.
84. LNCI 1022 (29/8/40), 1035 (18/9/40).
85. CCC SPRS 5/36 ('Dakar Diary', 19/9/40); LNCI 1039–40 (22/9/40).
86. Henri Lerner, *Catroux* (Albin Michel, 1990), 153–8.
87. Catroux, DGM 116. AP 331: '*Catroux s'est incliné devant mes deux étoiles, lui qui en avait cinq.*'
88. TNA PREM 11/4230.
89. MGDI 297–300.
90. LNCI 1065 (25/10/40).
91. TNA FO 371/24335 (Strang, 27/10/40).
92. Cadogan, *Diaries*, 335 (8/11/40).
93. 想到采用洛林十字作为自由法国象征的人似乎是米瑟利耶。关于解放勋章的历史，参见 *Cinquantenaire de l'Ordre de la Libération* (Musée de l'Ordre de la Libération, Paris, 1990)。
94. AN 3AG 1/251 (61).
95. MGDI 309–10 (2/11/40).
96. AN 3AG1/257 (197); Gilbert, *Finest Hour*, 865–7.
97. Schoenbrun, *The Three Lives of Charles de Gaulle*, 94–5.
98. LNCI 1063 (22/10/40).
99. LNCI 1062 (21/10/40).
100. Aurélie Luneau, *Je vous écris de France* (L'Iconoclaste, 2014); AN 3AG1/320 (1–42).
101. Robert Gildea, *Fighters in the Shadows: A New History of the French Resistance* (Faber & Faber, 2015), 63.
102. Alain Monchablon, 'La manifestation étudiante à l'Etoile du 11 novembre 1940', Vingtième siècle 110 (4–6/11), 67–81.
103. Christian Delporte, *La France dans les yeux. Une histoire de la communication politique de 1930 à nos jours* (Fayard, 2007).
104. Garçon, *Journal*, 564.
105. Philippe Foro, *L'antigaullisme. Réalités e représentations* (Honoré Champion, 2003), 158–61.
106. Aurélie Luneau, *Radio Londres 1940–1944. Les voix de la liberté* (Perrin, 2005), 90–94.

七 生存（1941年）

1. Claude Bouchinet-Serreulles, *Nous étions faits pour être libres. La Résistance avec de Gaulle et Jean Moulin* (Grasset, 2000), 123.
2. AN 3AG1/330 (Passy dossier, 24/10/40); AN 3AG1/251 (48) (61).
3. LNCI 1060 (20/10/40); Passy, *Mémoires*, 93–8.
4. Colville, *Fringes*, 326 (27/10/40); AN 3AG1/257 (182) (Somerville-Smith to Spears).
5. Gaston Palewski, *Mémoires d'action 1924–1974* (Plon, 1988), 137–78.
6. TNA FO 371/24344 (Conversation with Palewski, 12/11/40).
7. AN 72AJ/220 (Legentilhomme interview, 4/2/49).
8. Hervé Alphand, *L'étonnement d'être. Journal 1939–1973* (Fayard, 1977), 89.
9. Coulet, Vertu, 111; AN 72AJ/2320 (Bouchinet to Pleven, 21/8/41): '*De quelle carence d'individus nous souffrons*'.
10. Soustelle, *Envers et contre tout* I, 204.
11. De Gaulle, Fil (FE),184.
12. Boislambert, *Les feux*, 186; Bouchinet-Serreulles, *Nous étions*, 165.
13. Passy, *Mémoires*, 352.
14. Joseph Zimet, 'Jacques Bingen, un condottiere pour la France libre?', in FDG, *De Gaulle chef de guerre. De l'Appel de Londres à la libération de Paris 1940–1944* (Plon, 2008), 276–99.
15. Sébastien Albertelli, *Les services secrets du Général de Gaulle. Le BCRA 1940–1944* (Perrin, 2009), 50.
16. Ibid., 32–5.
17. AN 3AG1/329 (Larminat dossier, 14/2/41).
18. AN 3AG1/327 (Catroux dossier, 23/2/41).
19. LNCI 1152 (17/2/41).
20. Neau-Dufour, *Yvonne*, 209.
21. Colville, *Fringes*, 388; Albertelli, *Services secrets*, 35–8.
22. Albertelli, *Service secrets*, 72, 209–17.
23. AN 3AG1/258 (609).
24. Jules Moch, *Rencontres avec...de Gaulle* (Plon, 1971), 65.
25. Boislambert, *Les feux*, 186.
26. "难以相处"这个评论引自Susan Raven就戴高乐在伦敦时所写的一篇证据充分的文章，参见'Our Guest and One-Time Friend', *Sunday Times Magazine* 5/5/68。关于自由法国在伦敦的社交活动，参见Debra Kelly, 'Mapping Free French London: Spaces, Places, Traces', in Kelly and Cornick (eds.), *A History*, 303–41, and André Gillois, *Histoire secrète des Français à Londres de 1940 à 1944* (Hachette, 1973). Gillois是Maurice Diamant Berger的化名，此人在战时供职于自由法国电台。
27. Leo Amery, *The Empire at Bay: The Leo Amery Diaries 1929–1945* (Hutchinson, 1988), 672 (16/1/41), 674 (13/2/41).
28. James Stourton, *Kenneth Clark: Life, Art and Civilisation* (William Collins, 2016), 173.
29. *The Second World War Diary of Hugh Dalton 1940–1945* (Cape, 1986), 59. 121, 342.
30. Harold Nicolson, *Diaries and Letters 1939–1945* (Collins, 1967), 138,147
31. Colville, *Fringes*, 159 (16/6/40). On Morton, Gill Bennett, *Churchill's Man of Mystery: Desmond Morton and the World of Intelligence* (Routledge, 2007).
32. LNCI 1142–4 (3/2/41).
33. AN 3AG1/275 (229).
34. TNA FO 371/28419 (12/2/41).
35. MGDI 344–8.
36. MGDI 371–2 (301/41).
37. Paul Reynaud, *La France a sauvé l'Europe* (Flammarion, 1947), vol. II, 458–9; TNA FO 371/24336 (Catroux to Noguès and Weygand, 2/11 and 8/11/40).
38. MGDI 375; TNA PREM 3/120/10a (Colville to Hopkinson, 1/3/42); TNA FO 371/24336.

39. Cassin, *Hommes partis*, 246.
40. Jean-Louis Crémieux-Brilhac, *La France libre. De l'appel du 18 juin à la libération* (Gallimard, 1996), 181–4.
41. LNCI 1100 (note, 11/12/41).
42. Sophie Davieau-Pousset, 'Maurice Dejean, diplomate atypique (1899–1982)' (unpublished PhD thesis, Ecole des Sciences Politiques, 2013); Albertelli, *Services secrets*, 93–6.
43. AN 72AJ/220/III (Bouchinet interview); Bouchinet-Serreulles, *Nous étions*, 242–3.
44. LNCI 1083 (17/11/40). 关于英国的反应，参见TNA FO 371/24336 (13/11/40)。
45. Jean-Christophe Notin, *Leclerc* (Perrin, 2005), 130–31.
46. LNCI 1194 (29/4/41).
47. 两本不可或缺的著作是：A. B. Gaunson, *The Anglo-French Clash in Lebanon and Syria 1940–1945* (Macmillan, 1986)和Aviel Roshwald, *Estranged Bedfellows: Britain and France in the Middle East during the Second World War* (Oxford University Press, 1990)。
48. MAE, *Guerre 1939–1945*, 36 (Service Politiques to Catroux, 24/3/41); Gaunson, *Anglo-French Clash*, 16–19.
49. AN 3AG1/263 (135) (31/3/41).
50. DGM 149.
51. AN 3AG1/263 (147) (25/4/41).
52. St. Antony's College, Oxford, Killearn Papers, Box 4 (14/4/41).
53. LNCI 1201 (10/5/41).
54. Edward Spears, *The Fulfilment of a Mission: The Spears Mission to Syria and the Levant 1941–1944* (Cooper, 1977), 49–50.
55. TNA FO 954/8a/165 (14/5/41).
56. MGDI 408.
57. AN 3AG1/266 (199) (24/5/41).
58. MAE, Guerre 1939–1945, 36 (Catroux to de Gaulle, 4/4/41).
59. DGM 160.
60. DGM 161; LNCI 1201 (10/5/41).
61. Gaunson, *Anglo-French Clash*, 44.
62. DGM 165.
63. Georges Catroux, *Dans la bataille de la méditerranée 1940–1944* (Julliard, 1949), 150–54.
64. DGM 165.
65. Catroux, Dans la bataille, 164.
66. TNA PREM 3/422/6 (note, 15/7/41).
67. MGDI 442 (15/7/40).
68. MGDI 442–4.
69. Spears, Fulfilment, 127.
70. DGM 166–9; MGDI 447 (21/7/41).
71. Oliver Lyttelton, *The Memoirs of Lord Chandos* (Bodley Head, 1962), 247–8; St Antony's College, Spears Papers, Box 1, File 5 (21/7/41); Spears, *Fulfilment*, 133–6.
72. St. Antony's College, Spears Papers, Box 1, File 5 (21/7/41); St Antony's College, Killearn Papers, Box 4 (21/7/41); TNA PREM 3/422/6.
73. Gaunson, *Anglo-French Clash*,61.
74. DGMI 453 (24/7/41).
75. Gaunson, *Anglo-French Clash*, 72.
76. DGM 159, 176–7.
77. Gaunson, *Anglo-French Clash*, 54; Roshwald, *Estranged Bedfellows*, 78–9.
78. MGDI 468 (12/8/41).
79. AN 72AJ/220 (Legentilhomme interview, 4/2/49).
80. Piketty, *Français en résistance*, 213.
81. St Antony's College, Spears Papers, Box 2, File 6 (Somerville-Smith, 23/5/41).
82. Spears, *Fulfilment*,121.
83. St Antony's College, Killearn Papers, Box 4 (23/7/41).

84. MGDI 454–5 (25/7/41), 467 (10/8/41).
85. MGDI 468–9 (13/8/41).
86. TNA HS 6/311 (29/8/41).
87. St. Antony's College, Spears Papers, Box 2a, File 1 (Somerville-Smith to Spears, 11/8/41).
88. AN 72AJ/2321 (28/8/41).
89. Bouchinet-Serreulles, *Nous étions*, 159.
90. TNA PREM 3/120/10b (31/8/41).
91. TNA FO 371/28584 (2/9/41).
92. TNA FO 371/28545 L7769 (3/9/40).
93. Jean-Louis Crémieux-Brilhac, *Prisonniers de la liberté. L'odysée des 218 évadés par l'URSS* (Gallimard, 2004).
94. Alphand, *Etonnement*, 88
95. TNA FO 371/2858 (Somerville-Smith, 24/89/41).
96. John Colville, *Footprints in Time* (Collins, 1976), 114–15. 不得不说的是，这一切都没有出现在科尔维尔记述当时事件的日记中，所以人们可以假定这是某种诗意的夸大。
97. TNA FO 371/29545 (19/9/410); AN 3AG1/257 (266–8). For the British minute, TNA CAB 66/18/44; for the French one, LNCI 1290–93.
98. TNA FO 371/28214 (Mack to Law, 17/9/41).
99. François Kersaudy, *Churchill and de Gaulle* (Fontana Press, 1990), 163–9, is the best account of the crisis.
100. TNA FO 371/28545.
101. LNCI 1299–1307.
102. TNA FO 371/28584; Oliver Harvey, *The War Diaries of Oliver Harvey* (Collins, 1978), 46 (25/9/41).
103. Kersaudy, *Churchill and de Gaulle*, 166.

八 发明戴高乐主义

1. AN AP382/31 (Cassin Papers, 14/7/41).
2. AN 72AJ/2321 (Bingen Journal, 13/7/41).
3. LNCI 993.
4. LNCI 1169–70.
5. DGM 86.
6. AN AP382/31 (Cassin Papers, Cassin to Pleven, 9/7/41); Maritain wrote the same to Pleven, AN AP560/25Dr 2(a) (Pleven Papers, 26/8/41).
7. Jay Winter and Antoine Prost, *René Cassin* (Fayard, 2011), 153.
8. Weil-Curiel, *Le temps*, 318.
9. Philippe Oulmont, 'Le haut-commissaire de l'Afrique française libre (1940–1941)', in Philippe Oulmont (ed.), *Larminat. Un fidèle hors série* (Editions LBM, 2008), 102.
10. LNCI 459 (27/5/19).
11. 为完整起见，我们还应该提到1942年他写给军事办公室负责人的一个便条："我们必须立即阻止以色列人源源不断地从里斯本过来。打电话给里斯本，告诉他们我们将对每一个案件进行单独调查，同时在没有我个人授权的情况下拒绝他们。"我们对这张便条的语境一无所知，它可能是由太多犹太人加入自由法国的抱怨引发的。参见Eric Roussel, *Pierre Mendès France* (Gallimard, 2007), 141 (source AN 3AG1/372 Dr. 6)。
12. 'Bataille de la Vistule', reprinted in de Gaulle, *Fil*, 568.
13. Winter and Prost, *René Cassin*, 153; see also an unsigned note, 'Antisémitisme au Quartier Général' (30/12/41), AN AP382/30 (Cassin Papers).
14. Weil-Curiel, *Le temps*, 331.
15. AN 72AJ/2321 (13/7/41).
16. Coulet, *Vertu*, 80.

17. Albertelli, *Services secrets*, 91; Daniel Cordier, *Jean Moulin. L'inconnu du Panthéon*, vol. III (J.-C. Lattès, 1993), 671–2, provides other examples of Rémy's views.
18. Jean-Louis Crémieu-x-Brilhac, *Georges Boris. Trente ans d'influence. Blum, de Gaulle, Mendès France* (Gallimard, 2010), 140.
19. AN 3AG1/251 (53), 'Note sur les conditions nécessaires à la formation d'un gouvernement de la France Libre susceptible d'être reconnu par les gouvernements britanniques et américains' (22/10/40).
20. TNA FO 371/24344 (27/10/40).
21. AN 3AG1/278 (224).
22. Albertelli, *Services secrets*, 98.
23. LNCI 1161 (2/3/41).
24. LNCI 1248 (8/7/41).
25. Colville, *Fringes*, 370 (13/12/40).
26. DMI 77.
27. TNA FO 371/28214.
28. AN AP560/16 (Pleven Papers, note, 18/9/41; letter to Pleven, 13/9/41).
29. DMI 144–7.
30. DMI 153 (25/11/41).
31. AN 72AJ/2321 Bingen (8/5/41).
32. LNCI 979 (25/7/40); Raoul Aglion, *Roosevelt and de Gaulle: Allies in Conflict: A Personal Memoir* (Free Press, New York, 1988), 26.
33. AN AJ72/220 (8) (Schumann interview).
34. DMI 131.
35. AN 3AG1/266 (132) (4/9/41).
36. 马利丹的信收录于Cahiers Jacques Maritain 16–17 (4/88), 62–3 (21/11/41), 68–9 (21/3/42); de Gaulle's replies, LNCII 3–4 (7/1/42), 62 (24/4/42)。
37. Bouchinet-Serreulles, *Nous étions*, 194.
38. AN 72AJ/520 (12/3/42).
39. Alphand, *Etonnement*, 111.
40. TNA HS 6/311; AN 3AG1/257 (492).
41. 该报告完整地收录于Cordier, *L'inconnu du Panthéon* III, 1218–26。
42. Tournoux, *Jamais dit*, 98; Gilberte Brossolette, *Il s'appelait Pierre Brossolette* (Albin Michel, 1976), 144. 对于这种记录, Jacques Baynac在*Présumé Jean Moulin* (1940–1943) (Grasset, 2007)中对穆兰的戴高乐主义的"话语"持怀疑态度, 但他的叙述需要谨慎对待。
43. Cordier, *L'inconnu du Panthéon* III, 1267–9.
44. TNA PREM 3/184/9 (30/10/41).
45. Cordier, *L'inconnu du Panthéon* III, 1268.
46. Ibid., 859–61.
47. Christian Pineau, *La simple vérité* (Julliard, 1961), 157–9.
48. Ibid., 185–9.
49. DMI 189–90.
50. Crémieux-Brilhac, *Georges Boris*, 138; Oulmont, 'Le haut-commissaire', 105–6.
51. LNCI 89 (6/6/42).
52. AN 3AG1/329 (Larminat dossier, 3/10/41).
53. Oulmont, 'Le haut-commissaire', 105–6.

九 在世界舞台上（1941年9月—1942年6月）

1. MGDI 543–4 (2/8/41).
2. François Lévêque, 'Les relations franco-soviétiques pendant la seconde guerre mondiale' (unpublished PhD thesis, University of Paris-I, 1992), 594.
3. Ibid., 597.

4. DGM 194.
5. Lévêque, 'Relations franco-soviétiques', 593.
6. DGM 196–7, 252–5; MGDI 620–25, 638, 639; AN 3AG1/3 (328) (Ismay dossier).
7. AN 3AG1/328 (Ismay dossier); DGM 254–5; LNCI 1363 (31/12/41).
8. TNA FO 371/32001 (Peake to Mack, 26/3/42).
9. Passy, *Mémoires*, 196.
10. Pierre Billotte, *Le temps des armes* (Plon, 1972), 189.
11. LNCI 1359 (24/12/41).
12. LNCI 960 (11/7/40), 978–80 (25/7/40), 996–8 (12/8/40).
13. LNCI 1066–8 (26/10/40).
14. St Antony's College, Spears Papers, Box 2, File 1 (Parr to Eden, 26/7/41).
15. FRUS 1941 II 130 (18/3/41).
16. AN 3AG1/329 (Kérillis dossier, 17/6/41).
17. LNCI 1217 (28/5/41).
18. LNCI 1335–56 (28/11/41).
19. MGDI 501–3 (27/12/41).
20. Richard Sinding, 'Le ralliement de Saint-Pierre-et-Miquelon à la France libre en 1941', *Guerres mondiales et conflits contemporains* 194 (1999), 162–72.
21. TNA FO 371/31873 ('St Pierre et Miquelon, a Diary of Events').
22. LNCI 1360 (24/12/41).
23. Mauriac, *Un autre de Gaulle*, 112.
24. MGDI 523 (29/1/42).
25. TNA FO 371/38173 (Z766); there is also a minute of this meeting in AN 3AG1/341 which differs from the British one and the version that de Gaulle sent to Muselier (LNCII 15–17).
26. TNA FO 371/31873 (6/1/42).
27. TNA FO 371/31873 Z643.
28. TNA FO 371/31959 这份文件记述了整个事件。
29. MGDI 659 (18/3/42).
30. LNCII 51 (19/3/42).
31. Bouchinet-Serreulles, *Nous étions*, 190.
32. TNA FO 892/133 (Peake to Eden, 23/3/42).
33. TNA FO 371/32001/Z1743 (Peake to Mack, 27/3/42).
34. TNA FO 371/31948; TNA PREM 3/120/10A.
35. TNA ADM 199/616A (Peake to FO, 30/5/42).
36. Peter Mangold, *Britain and the Defeated French: From Occupation to Liberation 1940–1944* (I. B. Tauris, 2012), 160.
37. Martin Gilbert, *Road to Victory: Winston S. Churchill 1941–1945* (Guild Publishing, 1986), 248–9.
38. Charles Robet, *Souvenirs d'un médecin de la France libre* (Sides, 1994), 85–7.
39. 关于这次危机，参见Kim Munholland, 'The Trials of the Free French in New Caledonia, 1940–1942', *French Historical Studies* 14/4 (1986), 547–79; Kim Munholland, *Rock of Contention: Free French and Americans at War in New Caledonia 1940–1945* (Berghahn, Oxford/New York, 2005); Thomas Vaisset, 'Maintenir et défendre la France libre aux Antipodes', in Sylvain Cornil-Frerrot and Philippe Oulmont (eds.), *Les Français libres et le monde* (Nouveau Monde, 2015), 74–88。
40. AN 3AG1/295 (de Gaulle to Tixier, 1/2/42).
41. AN 3AG1/298 (de Gaulle to d'Argenlieu, 7/3/42).
42. Roussy de Sales, *L'Amérique en guerre* (Journal d'un Français aux Etats-Unis) (La Jeune Parque, 1948), 269.
43. Roussel, *De Gaulle*, 299–302.
44. Martin Thomas, 'Imperial Backwater or Strategic Outpost? The British Takeover of Vichy Madagascar, 1942', *Historical Journal* 394 (12/96), 1049–74.
45. AN 3AG1/328 (Churchill dossier, 16/12/41, 19/2/42); LNCII 25 (11/2/42).

46. Bouchinet-Serreulles, *Nous étions*, 204; Pleven in Piketty, *Français en résistance*, 1023 ('Jamais l'avenir ne m'est apparu plus obscur').
47. MGDI 595–7.
48. Crémieux-Brilhac, *France libre*, 305–6.
49. Harvey, *War Diaries*, 125, 133 (18/6/42).
50. TNA PREM 3/1/120/7.
51. LNCII 78–9 (16/5/42).
52. Lévêque, 'Relations franco-soviétiques', 626–7.
53. Ibid., 645–6.
54. MGDI 602–3.
55. TNA PREM 3/120/10B (27/4/42).
56. TNA PREM 3/120/10B (23/4/42).
57. TNA FO 371/32009 5/6 (Peake to Eden).
58. TNA PREM 3/120/10a (Cairo to FO, 10/6/42).
59. TNA FO 371/32009.
60. Bouchinet-Serreulles, *Nous étions*, 192, 240.
61. TNA FO 371/32001 (Mack 22/1/42).
62. AN 72AJ/220 (Schumann interview).
63. Amery, *The Empire*, 748.
64. Neau-Dufour, *Yvonne*, 196–222; see http://www.itnsource.com/shotlist/BHC_RTV/1941/01/01/BGX408060358/?v=0&a=1.
65. AN 72AJ 220/13.
66. Annette Pleven (12/7/42) in Piketty, *Français en résistance*, 1026–7.
67. Bouchinet-Serreulles, *Nous étions*, 183.
68. Guillaume Piketty, *Pierre Brossolette. Un héros de la Résistance* (Odile Jacob, 1998), 218–19.
69. Pineau, *Simple vérité*, 159
70. Pierre-Henri Teitgen, '*Faites entrer le témoin suivant*'. *1945–1958. De la Résistance à la Ve République* (Ouest-France, Rennes, 1988), 159.
71. Alphand, *Etonnement*, 114.
72. Piketty, *Français en résistance*, 1026.
73. TNA ADM 199/616A (Peake, 20/3/42).
74. Nicolson, *Diaries*, 269.
75. Coulet, *Vertu*, 107–13.
76. AN 72AJ 220 (34) (interview with Madeleine Gex Le Verrier).
77. Bouchinet-Serreulles, *Nous étions*, 253.
78. Passy, *Mémoires*, 122.
79. TNA FO 371/36064 (27/10/42).
80. TNA FO 371/36013 (2/3/43).
81. TNA FO 371/3207 (25/7/42).
82. Mary Borden, *Journey Down a Dark Alley* (Hutchinson, 1946), 113–15.
83. TNA PREM 3/182/6 (Macmillan memorandum, 3/1/44).
84. Philippe Oulmont, '*Les Free French et Albion*', in Cornil-Frerrot and Oulmont, *Français libres*, 19–38.
85. AN 72AJ 2320 (Bouchinet-Serreulles to Jacques Maritain, 8/4/41).
86. AN 5AG1/1293 (André Weil-Curiel to de Gaulle, 27/12/47).
87. FDG Papiers Barberot F26/46 ('Mes interminables ruminations sur de Gaulle').
88. Jean-Louis Crémieux-Brilhac, 'Pour Combattre avec de Gaulle', *La Marseillaise* 31/1/43.
89. AN 3AG1/328 (14/9/41).
90. Coulet, Vertu, 194.
91. Piketty, *Français en résistance*, 1031 (29/8/42).

十 战斗法国（1942年7—10月）

1. AN 72AJ2320 (Bouchinet-Serreulles to Garreau, 28/7/42).
2. AN AP560/25 Dr. 2 (B) (Rauzan to Pleven, 10/9/41).
3. Pineau, *Simple vérité*, 156–7.
4. Maurice Chevance-Bertin, *Vingt mille heures d'angoisse* (Robert Laffont, 1990), 71–2; Jean-Pierre Lévy, *Mémoires d'un franc-tireur. Itinéraire d'un résistant* (Complexe, Brussels, 1998), 75.
5. Madeleine Gex Le Verrier quoted in Julien Blanc, *Au commencement de La Résistance. Du côté du Musée de l'Homme 1940–1941* (Seuil, 2010), 366. For Gex Le Verrier's full account, see her *Une Française dans la tourmente* (Editions Emile-Paul Frères, 1945).
6. Johanna Barasz, 'Un Vichyiste en Résistance, le Général de La Laurencie', Vingtième siècle 94 (4/6/2007), 167–81; Daniel Cordier, La République des catacombes (Gallimard, 1999), 162–3. 引自这次会议唯一一份当时的文件。
7. Albertelli, *Services secrets*, 194.
8. AN 3AG1/327 (Giraud dossier, 14/8/42).
9. Piketty, *Pierre Brossolette*, 183–90. 他5月8日的这篇报告收录于Passy, *Mémoires*, 246–7。
10. D'Astier de la Vigerie, *Sept fois sept jours*, 83, 86.
11. TNA PREM 3/184/9 ('Report on Opinion in France', 9/6/42).
12. TNA PREM 3/184/9 (15/6/42).
13. LNCII 107 (30/6/42).
14. AN 3AG1/329 (Mandel dossier, 20/8/42).
15. *L'oeuvre de Léon Blum* (1940–1945) (Albin Michel, 1955), 357–61 (5/4/42, 15/8/42).
16. AN 72AJ220 (3c) (22/6/42). Reprinted in Boris, *Servir*, 298–303.
17. *Cahiers Jacques Maritain*, 16–17 (4/88), 87–8.
18. Thomas Rabino, *Le Réseau Carte. Histoire d'un réseau de la résistance antiallemand, antigaulliste, anticommuniste et anticollaborationiste* (Perrin, 2008).
19. TNA HS 6/311 (10/7/42). Letter of de Gaulle to Eden, MGDII 341–2, TNA HS 6/311; Albertelli, *Services secrets*, 216, 222.
20. TNA CAB 66/26 WP(42)285; CAB 66/27/29 WP(42)349.
21. Harvey, *War Diaries*, 137–8 (4/7/42).
22. Ibid., 166 (2/10/42).
23. TNA FO 371/32027/Z5974 (reproduced in Cornil-Frerrot and Oulmont, Français libres, plates II–IV).
24. Aglion, *Roosevelt and de Gaulle*, 116.
25. Robert W. Hamblin, 'The Curious Case of Faulkner's "The De Gaulle Story"', *Faulkner Journal* 16/1 and 2 (Fall 2000/Spring 2001), 79–86; for the full scenario see Louis Daniel Brodsky and Robert W. Hamblin, *De Gaulle. Scénario William Faulkner* (Gallimard, 1989).
26. TNA FO 954/8a/256; CAB 66/26 WP(42)285.
27. MGDII 340–41.
28. MGDII 343–5; Mark Clark, *Calculated Risk* (Harrap, 1951), 44–5; Ed Cray, *General of the Army: George C. Marshall, Soldier and Statesman* (Norton, New York, 1990), 334–5.
29. 在场的两位助手是库莱（参见FDG FAA20, Fonds Coulet）和比约特（参见Guillaume Piketty, 'Les voies douloureuses de la reconquête', in Cornil-Frerrot and Oulmont, *Français libres*, 63）。
30. MGDII 347 (de Gaulle to Tixier, 31/742).
31. TNA FO 371/3207 (Peake to Mack, 25/7/42).
32. TNA PREM 3/120/7 (Eden to Peake, 28/7/42); FO 954/8a/2828; LNCII 128–9 has minutes of this meeting.
33. Averell Harriman, *Special Envoy to Churchill and Stalin 1941–1946* (Random House, 1975), 149–50; DGM 277.

34. Meir Zamir, 'An Intimate Alliance: The Joint Struggle of General Edward Spears and Riad al-Sulh to Oust France from the Lebanon', *Middle East Studies* 41/6 (2005), 811–32.
35. Gaunson, *Anglo-French Clash*, 147.
36. LNCII 64 (4/5/42).
37. AN 3AG1/263 (16); Lord Casey, *Personal Experience 1939–1946* (Constable, 1962).
38. Brosset journal in Piketty, *Français en résistance*, 237–8.
39. Roshwald, *Estranged Bedfellows*, 111–17; Gaunson, *Anglo-French Clash*, 97–9; AN 3AG1/263 (17) (meeting de Gaulle–Wilkie, 10/9/42).
40. Bouchinet-Serreulles, *Nous étions*, 228.
41. MGDII 525 (5/2/42); LNCII 143 (28/8/43), 146–7 (1/9/42).
42. Bouchinet-Serreulles, *Nous étions*, 232–3.
43. LNCII 154–5 (5/9/42).
44. MGDII 360–61 (27/8/42).
45. LNCII 174 (19/9/42).
46. DGM 296.
47. Harvey, *War Diaries*, 156 (14/9/42).
48. LNCII 182–8; TNA PREM 3/120/6.
49. TNA FO 371/31950 (6/10/42).
50. Harvey, *War Diaries*, 164 (1/10/42).
51. TNA PREM 3/120/6 (Peake to Strang, 10/10/42).
52. AN 74AJ429 (de Gaulle to Catroux, 5/10/42).
53. 'Renouveau politique en France', *La Marseillaise* 27/9/42.
54. Archives of Groupe Jean Jaurès, Office Universitaire de Recherches Socialistes (OURS), 94APO3 (meetings of 26/9/42, 3/10/42). For Vallin's defence of his position see his article 'La dissidence est à Vichy', *La Marseillaise* 4/10/42.
55. LNCII 131 (29/7/42).
56. AN 3AG1/269 (194) (de Gaulle to Guerin, 7/10/42).
57. Alphand, *Etonnement*, 124.
58. LNCII 189–94 (6/10/42); FRUS 1942 II (Europe) 541–8.
59. FRUS 1942 II (Europe) 544 (26/10/42).

十一 权力斗争（1942年11月—1943年11月）

1. DMI 207–15.
2. Billotte, *Le temps*, 239.
3. TNA FO 371/31950.
4. MGDII 392.
5. Gilbert, *Road to Victory*, 252.
6. Soustelle, *Envers et contre tout* I, 454; Bouchinet-Serreulles, *Nous étions*, 251.
7. TNA FO 371/31951 (Peake, 15/11/42).
8. Bouchinet-Serreulles, *Nous étions*, 255; LNCII 210–11 (14/11/42).
9. William I. Hitchcock, 'Pierre Boisson, French West Africa, and the Postwar *Epuration*: A Case from the Aix Files', *French Historical Studies* 24/2 (Spring 2001), 305–41.
10. Jean-Christophe Notin, *Leclerc* (Perrin, 2005), 233.
11. Harvey, *War Diaries*, 191 (22/11).
12. MGDII 403–5; LNCII 216–17.
13. MGDII 412–13 (de Gaulle to Tixier, 21/11/42).
14. Warren F. Kimball (ed.), *Churchill and Roosevelt: The Complete Correspondence*, vol. II: *Alliance Forged, November 1942–February 1944* (Princeton University Press, 1984), 7 (19/11/42). Gilbert, *Road to Victory*, 277.

15. FRUS 1942 II (Memorandum of conversation by Undersecretary of State 20/11/42) 546–7. 事实上第一段被从官方记录中删除了，参见G. E. Maguire, Anglo-American Policy towards the Free French (Macmillan, Basingstoke, 1995), 164; MGDII 408–12。
16. Robert Sherwood, *The White House Papers of Harry L. Hopkins*, vol. II (Eyre & Spottiswoode, 1949), 647.
17. TNA FO 954/8A/2885.
18. AN 3AG1/263 (27); Roussel, *De Gaulle*, 326.
19. Kimball, Churchill and Roosevelt II, 22. 斯大林告诉罗斯福他完全同意，参见*My Dear Mr Stalin: The Complete Correspondence between Franklin D. Roosevelt and Joseph V. Stalin* (Yale University Press, New Haven/London, 2005), 103–4 (14/12/42)。
20. LNCII (14/12/42).
21. Christine Levisse-Touzé, *L'Afrique du Nord dans la guerre 1939–1945* (Albin Michel, 1998), 276–7; AN 72AJ/210/2 (interview François d'Astier de la Vigerie).
22. TNA FO 371/36047 (26/11/42).
23. TNA FO 317/31954 (Peake to Eden, 21/12/42).
24. Cadogan, *Diaries*, 498–9 (8/12/42).
25. Albertelli, *Services secrets*, 247–8.
26. Barré, *Devenir de Gaulle*, 373–83, speculates on this possibility.
27. Cadogan, *Diaries*, 500 (27/12/42).
28. Alphand, *Etonnement*, 133.
29. LNCII 257–8 (11/1/43).
30. Cadogan, *Diaries*, 504.
31. Ibid., 505 (19/1/43).
32. Harold Macmillan, *War Diaries: Politics and War in the Mediterranean, January 1943 to May 1945* (Macmillan, 1984), 8–9; Robert Murphy, *Diplomat among Warriors* (Doubleday, 1966) 165–6.
33. FRUS The Conferences at Washington and Casablanca, 1941–1942 (President to Secretary of State 18/1/43) 816.
34. 关于这次会议，参见DGMI 338–48; AN 72AJ/429 (memorandum drafted by Palewski, 29/1/43); Boislambert, *Les feux*, 379–86。
35. Sherwood, *Harry L. Hopkins*, 682–3.
36. FRUS, *The Conferences at Washington and Casablanca, 1941–1942* (Roosevelt–de Gaulle conversation) 694–5.
37. MGDII 441 (28/1/43). Boislambert称戴高乐说他见到的是一位"政治家"，并得到了他的赞赏，参见Boislambert, *Les feux*, 383。
38. Gilbert, *Road to Victory*, 305.
39. LNCII 266–8. 另参见离开前戴高乐留给普莱文的信，LNCII 264 (22/1/43)。
40. Harvey, *War Diaries*, 210.
41. Lord Moran, *Winston Churchill: The Struggle for Survival* (Constable, 1966), 82.
42. MGDII 440 (26/1/43); AN 3AG1/251 (388).
43. Moran, *Winston Churchill*, 81–2.
44. Arthur Funk, 'The Anfa Memorandum: An Incident of the Anfa Conference', *Journal of Modern History* 26/3 (9/54), 246–54.
45. AN 3AG1/327 (Capitant dossier, 9/2/43).
46. LNCII 267 (23/1/43).
47. AN 3AG/251 (600).
48. AN 72AJ/220 (Billotte interview).
49. AN 3AG1/251 (601); in a similar vein Bingen AN 3AG1/251 (603).
50. Raphaël Ulrich-Pier, *René Massigli (1888–1988). Une vie de diplomate* (Peter Lang, Brussels, 2006), vol. I, 731.
51. Henri Queuille, *Journal de Guerre, Londres–Alger, avril 1943–juillet 1944* (Plon, 1995), 14, 19.
52. Pierre Laroque, *Au service de l'homme et du droit. Souvenirs et reflexions* (Association pour l'étude de l'histoire de la securité sociale, 1993), 136–9.

53. Jacques Beauce, 'Le 8 juin n'est pas une date complaisante', *La Marseillaise* 13/6/43.
54. René Vérard, *Jean Pierre-Bloch. Un Français du monde entier* (Corsaire éditions, 1997), 154–5.
55. Reprinted in Raymond Aron, *Chroniques de guerre* (Gallimard, 1990), 763–76.
56. Cordier, *République*, 243–54.
57. AN 72AJ/520 Gouin Papers, 'Rapport de Bremond [Boyer]' (21/1/43).
58. LNCII 273 (10/2/43).
59. Cordier, *République*, 286–313.
60. Passy, *Mémoires*, 363. The encounter is also reported by Frenay. 弗勒奈也记述了这次会面，但日期不详，参见 Cordier, *République*, 211, dates it to 16/11 ('la veille de son départ'). 帕西称这发生在他来到后不久。
61. LNCII 288–9 (10/3/43); AN 3AG1/329 (Churchill dossier).
62. AN 3AG1/279 (18) ('Bernard' and 'Lenoir' to de Gaulle, 19/5/43); in general see Robert Belot, *La Résistance sans de Gaulle. Politique et gaullisme de guerre* (Fayard, 2006), 329–52.
63. Francis-Louis Closon, *Le temps des passions. De Jean Moulin à la Libération 1943–1944* (Félin, 1998), 72–96, reproduces the entire report.
64. AN 72AJ/2321 ('Cléante' to Philip, 5/2/44). Cordier讨论了这个问题，参见Cordier, *République*, 411–15。他还引用了宾根1943年5月4日写给菲利普的一封类似的信，表明他接受了这个观点，参见 AN 3AG1/279 (17) (note of Philip, 5/5/43)。
65. Cordier, *République*, 413.
66. MGDII 477–9; see François-Yves Guillin, *Le Général Delestraint. Premier chef de l'armée secrète* (Plon, 1995), 200.
67. Catroux, *Dans la bataille*, 343–9.
68. TNA FO 954/8B/369 (conversation between Catroux and Eden, 29/1/43).
69. TNA FO 371/36047 (24/2/43).
70. Macmillan, *War Diaries*, 113. Peter Mangold, *The Almost Impossible Ally: Harold Macmillan and Charles de Gaulle* (I. B. Tauris, 1996). 这是对这两个人之间关系的一个很好的概述。
71. André Kaspi, *La mission de Jean Monnet à Alger* (Sorbonne, 1971).
72. Henri Giraud, *Un seul but, la victoire. Alger 1942–1944* (Julliard, 1949), 121–2.
73. AN 72AJ/429 (Catroux to de Gaulle, 19/3/43; de Gaulle to Catroux, 20/3/43).
74. LNCII 297–8 (19/3/43).
75. AN 3AG1/251 (691) (Marchal to de Gaulle, 29/3/43); MAE, *Guerre 1939–1945*, 1456 (23/3/43).
76. TNA FO 371/36047.
77. LNCII 314–19 (2/4/43).
78. Girard de la Charbonnières, *Le duel Giraud–de Gaulle* (Plon,1984) (Charbonnières was on Catroux's team); Macmillan, *War Diaries*, 57–8.
79. Charbonnières, *Le duel*, 100–101, 122–6.
80. TNA FO 954/8B/2950 (13/4/43).
81. René Bouscat, *De Gaulle–Giraud. Dossier d'une mission* (Argus, 1967), 93 (20/4/43).
82. Ibid., 116 (27/4/43).
83. LNCII 334 (26/4/43); *Albertelli, Services secrets*, 252; AN 3AG1/327 (Capitant dossier, 17/5/43).
84. MAE, *Guerre 1939–1945*, 1457 (Catroux to de Gaulle, 11/5/43); Eric Roussel, *Jean Monnet* (Fayard, 1996), 338.
85. TNA FO 371/36174. 布瓦朗贝尔也向普莱文报告了这一谣言，参见AN AP560/26。
86. Macmillan, *War Diaries*, 74.
87. Ibid., 68.
88. 'Extraits des notes du journal personnel de Léon Teyssot', in *Espoir* 59 (6/87), 34.
89. Macmillan, *War Diaries*, 84.
90. Ulrich-Pier, *René Massigli*, 768–9; AN 3AG1/329 (Massigli dossier, 4/5/43).
91. DMI 304–5 (4/5/43).
92. Soustelle, *Envers et contre tout*, vol. II: *D'Alger à Paris (1942–1944)* (Robert Laffont, 1950), 241.

93. AN 72AJ/429 (12/5/43).
94. Roussel, *Monnet*, 334–5.
95. MGDII 471–3 (6/5/43).
96. TNA FO 371/36039 (note, 18/1/43). 战后，法国一直控制着费赞地区，直到1951年利比亚独立。
97. TNA PREM 3/442/19; Charbonnières, *Le duel*, 178–9.
98. Roussel, *De Gaulle*, 360.
99. TNA PREM 3/184/9 (21/5/43).
100. TNA FO 371/36047 (23/5/43).
101. Claude Paillat, *L'echiquier d'Alger*, vol. II: *De Gaulle joue et gagne* (Robert Laffont, 1967), 251. 消息一向灵通的记者Claude Paillat得来了这段对话，不过原话已不可考。
102. DGM 366.
103. TNA FO 371/36178.
104. Macmillan, *War Diaries*, 97.
105. Ibid., 97–101; Catroux, *Dans la bataille*, 365–6.
106. Macmillan, *War Diaries*, 100–101.
107. AN 3AG1/252 (3); MGDII 488–9.
108. LNCII 355–6 (2/6/43); Charbonnières, *Le duel*, 212–13.
109. Macmillan, *War Diaries*, 107; Catroux, *Dans la bataille*, 369.
110. Kimball, *Churchill and Roosevelt* II, 231 (6/6/43).
111. LNCII 361 (9/6/43).
112. TNA FO 660/50 (11/6/43).
113. Macmillan, *War Diaries*, 122; TNA FO 371/36178 (14/6/43).
114. LNCII 364 (14/6/43).
115. Harvey, *War Diaries*, 268; Kimball, *Churchill and Roosevelt* II, 255–7 (17/6/43).
116. Macmillan, *War Diaries*, 128; AN 3AG1/263 (33); 3AG1/275 (190) (Eisenhower to de Gaulle).
117. TNA PREM 3/184/6 (24/6/43).
118. LNCII 368–70 (3/7/43); MGDII 505–6.
119. LNCII 367 (24/6/43).
120. André Gide, *Journal*, vol. II: 1926–1950 (Gallimard, 1997), 965.
121. Charbonniéres, *Le duel*, 204.
122. De Gaulle, *Fil* (FE), 183.
123. Macmillan, *War Diaries*, 136.
124. Roussel, *De Gaulle*, 370.
125. Ibid., 380
126. DMI 330–31.
127. LNCI 380 (3/8/40).
128. FRUS 1943 II 179–81 (31/7/43).
129. AN 3AG1/279 (340) (Coulet to de Gaulle, 22/9/43).
130. Queuille, *Journal*, gives a vote of 7:6; Crémieux-Brilhac, *La France libre*, 578–9, basing himself on the unpublished carnet of Georges, gives 6:3. 勒尚蒂罗姆将军在第二天写给戴高乐的信中称他只得到5票，参见AN 3AG1/251 (122)。
131. DGM 409.
132. Macmillan, *War Diaries*, 230.
133. AN 3AG1/251 (130).
134. AN 3AG1/252 (9/11/43).
135. Queuille, *Journal*, 105–6; AN 3AG1/251 (158–6); Macmillan, *War Diaries*, 288–9.
136. TNA PREM 3/182/6 (memorandum on recognition, 3/1/44).
137. Alphand, *Etonnement*, 156.

十二 建立流亡政府（1943年7月—1944年5月）

1. Kimball, *Churchill and Roosevelt* II, 334–5.
2. Cordell Hull, *The Memoirs of Cordell Hull*, vol. II (Hodder & Stoughton, 1948), 1241.
3. FRUS 1943 II 173 (WSC to FDR, 21/7/43).
4. Arthur Layton Funk, *Charles de Gaulle: The Crucial Years 1943–1944* (University of Oklahoma Press, 1959), 148–76.
5. Macmillan, *War Diaries*, 211
6. DGM 402
7. Soustelle, *Envers et contre tout* II, 265–6; Joxe, *Victoires*, 123–4.
8. Philippe de Gaulle, *De Gaulle mon père* II, 530.
9. John Julius Norwich (ed.), *The Duff Cooper Diaries* (Weidenfeld & Nicolson, 2005), 292.
10. Neau-Dufour, *Yvonne*, 222–6; René Cerf-Ferrière, *Assemblée* Consultative vue de mon banc (Editions réunies, 1974), 189–90.
11. Philippe de Gaulle, *De Gaulle mon père* I, 292.
12. Pierre Guillain de Bénouville, *Avant que la nuit ne vienne* (Le Grand Livre du Mois, 2002), 207.
13. Chantal Morelle, *Louise Joxe. Diplomate dans l'âme* (André Versaille, 2008).
14. Joxe, *Victoires*, 117; Armand Bérard, *Un ambassadeur se souvient. Au temps du danger allemand* (Plon, 1976), 491.
15. Colette Barbier, *Henri Hoppenot* (25 octobre 1891–10 août 1977), *diplomate* (Ministère des affaires étrangères, 1999).
16. Soustelle, *Envers et contre tout* II, 273–4; Ulrich-Pier, *René Massigli*, 865–71; MAE, *Guerre 1939–1945*, 1480 (Massigli to Vienot, 7/8/43).
17. AN 72AJ/220 (3) (Boris interview).
18. Joxe, *Victoires*, 152.
19. Jean Chauvel, *Commentaire. D'Alger à Berne (1944–1952)* (Fayard, 1972), 13–14.
20. General de Monsabert, *Notes de Guerre* (Editions Jean Curutchet, 1999), 134, 174.
21. AN 3AG1/328 (Juin dossier, 3/6/43).
22. Yves Maxin Danan, *La vie politique à Alger de 1940–1944* (Paris, 1963), 264–5; Cerf-Ferrière, *Assemblée*, 183–4.
23. Christian Girard, *Journal de guerre 1939–1945. Témoignage de l'aide de camp du général Leclerc de Hauteclocque* (L'Harmattan, 2000), 79, 112.
24. TNA PREM 3/120/10A (28/7/43).
25. Christian Chevandier and Gilles Morin (eds.), *André Philip* (IGPDE, 2005), 437–48.
26. Queuille, *Journal*, 86.
27. LNCII 421.
28. MGDII 600; Ulrich-Pier, *René Massigli*, 814.
29. Raphaëlle Ulrich-Pier, *Correspondance Pierre Viénot–René Massigli. Londres–Alger, 1943–1944* (Armand Colin, 2012), 98 (16/11/44).
30. TNA FO 660/37; Ulrich-Pier, *Correspondance*, 99–102.
31. Queuille, *Journal*, 94, 108, 115, 130.
32. Passy, *Mémoires*, 677.
33. Charbonnières, *Le duel*, 277–9.
34. TNA PREM 3/120/10A (16/10/43).
35. Loïc Philip, *André Philip* (Beauchesne, 1988), 170–73.
36. Chauvel, *Commentaire*, 21–2.
37. AN 3AG1/279 (42) (The author was 'Sermoy', pseudonym of Jacques-Henri Simon of OCM.)
38. Piketty, *Français en résistance*, 325–7.
39. AN 72AJ/520 Dossier 2 (6/43); LNCII 364 (15/5/43).
40. DMI327–31.
41. AN 72AJ/220 (3) (Boris interview).

42. DMI 355–6, 411.
43. Macmillan, *War Memoirs*, 281–2. Note also favourable references to Beveridge in *La Marseillaise* : Alain Chambery, 'Réforme sociale et production' 9/8/42 and 'Affranchir l'homme du besoin' 22/11/42.
44. LNCII 381–2.
45. Kimball, *Churchill and Roosevelt* II, 625–6.
46. Roussel, *De Gaulle*, 411.
47. AN 3AG1/279 (84) (Rapport mensuel Cléante, 4/44); AN 3AG1/279 (32).
48. Laurent Ducerf, 'François de Menthon au Service du Général', in FDG, *De Gaulle chef de guerre*, 98–115.
49. TNA FO 371/36178 (7/6/43).
50. Philippe Buton, 'Les discussions entre de Gaulle et le Parti communiste français à l'automne 1943', in FDG, *De Gaulle chef de guerre*, 216–24.
51. Robert Belot, *Aux frontières de la liberté* (Fayard, 1998), 232.
52. Charles-Louis Foulon, *Le pouvoir en province. Les commissaires de la République* (Armand Colin, 1975), 57–8.
53. Closon, *Le temps des passions*, 150–52 (他每月的报告参见AN 72AJ/1970) .
54. Jean-Louis Crémieux-Brilhac, 'De Gaulle et la mort de Moulin', in J. P. Azéma, *Jean Moulin face à l'histoire* (Flammarion, 2004), 195–207.
55. Cordier, *République*, 562.
56. Ibid., 497; Piketty, *Français en résistance*, 448–52.
57. AN 3AG1/279 (21, 27, 28).
58. LNCII 403 (1/10/43).
59. AN 3AG1/279 (340).
60. AN 3AG1/279 (68) (Luizet report, 23/10/43).
61. MGDII 591–2.
62. FRUS 1943 *Conferences at Cairo and Tehran* #238 (Minute of Meeting, 19/11/43).
63. Christian Valensi, *Un témoin sur l'autre rive. Washington 1943–1949* (Comité pour l'histoire économique et financière de la France, 1994), 48–57; Roussel, *Monnet*, 407–8.
64. AN AG3/1/262 (151–2).
65. MAE, *Guerre 1939–1945*, 1488/159 (27/12/43).
66. Ulrich-Pier, *René Massigli*, 875.
67. AN 3AG1/260 (444) (22/9/43).
68. Lévêque, 'Relations franco-soviétiques', 781–803; AN 3AG1260 (450) (Dejean, 3/11/43).
69. TNA FO 954/8B/3084 (11/10/43).
70. Kersaudy, *Churchill and de Gaulle*, 297.
71. Harriman, *Special Envoy*, 231.
72. Julie Le Gac, *Vaincre sans gloire. Le corps expéditionnaire français en Italie* (novembre 1942–juillet 1944) (Les Belles-Lettres/Ministère de la Défense-DMPA, 2013).
73. AN 3AG1/275 (205, 210) (Larminat to de Gaulle).
74. Harry C. Butcher, *My Three Years with Eisenhower: The Personal Diary of Captain Harry C. Butcher* (New York, 1946), 473; MGDII 67–76; TNA FO 660/188; AN 3AG1/328 (Eisenhower dossier, 29/12/44).
75. Cooper, *Diaries*, 290; TNA PREM 3/181/3; Gilbert, *Road to Victory*, 644–7; Woodward, *British Foreign Policy*, vol. III (HMSO, 1971), 8–9.
76. Gilbert, *Road to Victory*, 646.
77. TNA FO 371/36036 Macmillan (21/10/43); Alphand, *Etonnement*, 175; TNA FO 371/41879.
78. Queuille, *Journal*, 128 (14/2/44).
79. AN AP450/2 (Lecompte-Boinet Papers, 14/11/43).
80. AN 3AG1/266 (198) (Philip to de Gaulle, 5/10/43); (227) (Passy to de Gaulle, 9/11/43).
81. Soustelle, *Envers et contre tout* II, 293.
82. LNCII mission 488–9 (4/44).

83. DMI 406.
84. AN 3AG1/275 (215).
85. AN 3AG/1 (217–18) (7/3/44).
86. Claire Miot, 'Sortir l'armée des ombres. Soldats de l'Empire, combattants de la Libération, armée de la Nation: la première armée française, du débarquement en Provence à la capitulation allemande (1944–1945)' (unpublished PhD thesis, ENS Cachan, 2016), 61–5.
87. MAE, *Guerre 1939–1945*, 1464, 260–66 (Viénot to Massigli).
88. TNA FO 371/41879 (9/5/44).
89. Hillary Footitt and John Simmonds, *France 1943–1944* (Holmes & Meier, 1988), 19–28.
90. AN 3AG1/258 (469); MAE, *Guerre 1939–1945*, 1480 (4/4/44); Ulrich-Pier, *Correspondance*, 156–7.
91. AN 3AG1/258 (480); Roussel, *Monnet*, 418–19.
92. MAE, *Guerre 1939–1945*, 1481 (10/10/43, 19/5/44).
93. Lévêque, 'Relations franco-soviétiques', 914–16.
94. Alfred D. Chandler (ed.), *The Papers of Dwight D. Eisenhower: The War Years* III (Johns Hopkins University Press, Baltimore and London, 1970), 1691.
95. Kimball, *Churchill and Roosevelt* II, 145.
96. Woodward, *British Foreign Policy* III, 49.
97. Crémieux-Brilhac, *France libre*, 816–17.
98. Cooper, *Diaries*, 307.
99. Chandler, *Papers of Eisenhower* III, 1904.

十三 解放（1944年6—8月）

1. MGDII 640.
2. Avon, *Reckoning*, 453.
3. Kimball, *Churchill and Roosevelt*, vol. III: *Alliance Declining, February 1944–April 1945* (Princeton University Press, 1984), 156 (1/6/44).
4. DGM 487–8. 英国的记录，参见 Kersaudy, *Churchill and de Gaulle*, 341–2；关于伪造的货币这句话，参见Antoine Béthouart, *Cinq années d'espérance. Mémoires de guerre 1939–1945* (Plon, 1968), 242–3。
5. DGM 489.
6. Chandler, *Papers of Eisenhower* III, 1907.
7. Cadogan, *Diaries*, 635.
8. Harvey, *War Diaries*, 343 (9/6/44).
9. Cadogan, *Diaries*, 635.
10. R. Bruce Lockhart, *Comes the Reckoning* (Putman, 1947), 303–4.
11. DMI 431–2.
12. Kimball, *Churchill and Roosevelt* III, 171 (7/6/44).
13. Avon, *Reckoning*, 455–6; TNA FO 371/41879 (7/6/44).
14. MGDII 643.
15. Kimball, *Churchill and Roosevelt* III, 181 (12/6/44).
16. TNA FO 954/9a/206; 954/9a/3269.
17. MGDII 642–3.
18. Cadogan, *Diaries*, 635.
19. Guy, *En écoutant*, 398.
20. Ulrich-Pier, *Correspondance*, 158–60 (16/6/44).
21. TNA FO 954/18A/162; TNA CAB 120/867; Woodward, *British Foreign Policy* III, 61–2.
22. Henry L. Stimson and McGeorge Bundy, *On Active Service in Peace and War* (Harper & Brothers, New York, 1947), 549 (14/6/44).
23. René Hostache, 'Bayeux, 14 juin 1944: étape décisive sur la voie d'Alger', in FDG, *Le rétablissement de la légalité républicaine* (Complexe, Brussels, 1996), 231–4.

24. Harvey, *War Diaries*, 345 (14/6/44).
25. Boislambert, *Les feux*, 442.
26. Béthouart, *Cinq années*, 249.
27. LNCII 517.
28. Laroque, *Au service*, 184.
29. Coulet, *Vertu*, 230.
30. DGMI 494.
31. 观影网址为http://www.ina.fr/video/AFE99000037。
32. TNA CAB 867 (15/6/44).
33. Coulet, *Vertu*, 227–51; see Coulet's letters to Boris and de Courcel in AN 3AG1/277 (272) and 3AG1/328 (Courcel dossier).
34. TNA FO 371/41880 (28/6/44).
35. DGM 496–8. The comment comes from Alexander Werth, *De Gaulle: A Political Biography* (Penguin, 1965), 165.
36. Aglion, *Roosevelt and de Gaulle*, 175; Francis Biddle, *In Brief Authority* (Doubleday, New York, 1962), 181–2.
37. DGM 498–504.
38. Kimball, *Churchill and Roosevelt* III, 369.
39. FRUS 1944 III (10/7/44) 724–5.
40. 皮埃尔·孟戴斯·弗朗斯的报告，参见Crémieux-Brilhac, *France libre*, 852。
41. Aglion, *Roosevelt and de Gaulle*, 180.
42. Woodward, *British Foreign Policy in the Second World War* III, 72–6.
43. Roussel, *De Gaulle*, 438–9.
44. AN 3AG1/252 (220); see also 3AG1/251 (214).
45. François Rachline, *L.R. Les silences d'un résistant* (Albin Michel, 2015), 226, 259–61.
46. Jean-Louis Crémieux-Brilhac, 'Quelle stratégie militaire pour quelle libération?', in Crémieux-Brilhac, *De Gaulle, la République et la France libre 1940–1945* (Perrin, 2014), 401–4.
47. Miot, 'Sortir l'armée', 74–7.
48. LNCII 538–9.
49. Matthew Cobb, *Eleven Days in August: The Liberation of Paris in 1944* (Simon & Schuster, 2013), 36.
50. AN 72AJ/1902 (17/8/44).
51. TNA FO 954/9a/335; CCC (Cooper Archives) DUFC 15/1/31 (17/8/44).
52. DGM 559.
53. MGDII 703–5.
54. DGM 568.
55. DMI 467.
56. AN AP450 (25/8/44).
57. Charles Rist, *Une saison gâtée. Journal de guerre et de l'occupation* (Fayard, 1984), 432.
58. Cobb, *Eleven Days*, 318–26.
59. Berthe Auroy, *Jours de guerre* (Bayard, Montrouge, 2008), 335.
60. DGM 573.
61. LNCII 554 (27/8/44).
62. René Courtin, *De la clandestinité au pouvoir. Journal de la Libération de Paris* (Editions de Paris, 1994), 48–9.
63. Pasteur Vallery-Radot, *Mémoires d'un non-conformiste 1886–1966* (Grasset, 1966), 291.
64. AN AP450/2 (27/8/44).
65. Pierre Villon, *Résistant de la première heure* (Editions sociales, 1983), 116; also Maurice Kriegel-Valrimont, *La Libération. Les archives du COMAC* (Editions du Minuit, 1964), 228–9.
66. AN AP450/2 (Lecompte-Boinet Papers, 1/9/44).

第三章 执政与下野（1944—1958年）

十四 执政（1944年8月—1945年5月）

1. Teitgen, *'Faites entrer'*, 162.
2. Laurent Douzou and Dominique Veillon, 'Les déplacements du General de Gaulle à travers la France', in FDG, *Rétablissement*, 656–7.
3. Pierre Bertaux, *La libération de Toulouse et de sa région* (Hachette, 1973), 87–93.
4. Serge Ravanel, *L'esprit de résistance* (Seuil, 1995). See also Ravanel, *Les valeurs de la résistance. Entretien avec Serge Ravanel* (Privat, Toulouse, 2004), 88–9.
5. Lacouture, *De Gaulle, vol. II: Le politique* (Seuil, 1985), 49.
6. Gildea, *Fighters in the Shadows*, 411–12.
7. DGM 597, 600, 602.
8. Teitgen, *'Faites entrer'*, 170.
9. Mauriac, *Un autre de Gaulle*, 45.
10. Bernard Lachaise, 'L'entourage de Charles de Gaulle, président du GPRF à Paris (25 août 1944–21 janvier 1946), *Histoire@Politique* 8 (2009/2).
11. Mauriac, *Un autre de Gaulle*, 60.
12. Indomitus, *Nous sommes les rebelles* (Collection Défense de la France, 1945); Pierre Hervé, *La Libération trahie* (Grasset, 1945).
13. Franc-Tireur 24/9/44.
14. LNCII 363; DGM 690–91.
15. DGM 692–3.
16. Mauriac, *Un autre de Gaulle*, 52.
17. Jean-Luc Barré, *François Mauriac. Biographie intime*, vol. II: *1940–1970* (Fayard, 2010), 81–2.
18. François Mauriac, *De Gaulle* (Grasset, 1964), 17–18.
19. Lacouture, *De Gaulle II*, 19.
20. Mauriac, *Un autre de Gaulle*, 77–8.
21. Ibid., 97–9.
22. Jacques Isorni, *Mémoires*, vol. I: *1911–1945* (Robert Laffont, 1984), 314–15.
23. Mauriac, Un autre de Gaulle, 75.
24. 最完整的叙述参见Alice Kaplan, The Collaborator: The Trial and Execution of Robert Brasillach (University of Chicago Press, 2000)。Alice Kaplan查阅了赦免档案，在戴高乐档案开放之前就写了。根据那些档案的目录，还有一份名为"Notes sur l'affaire Brasillach, AN 3AG4/49 Dr. 13"的档案，但这份档案已丢失。
25. DGM 1325.
26. Mauriac, *Un autre de Gaulle*, 51.
27. 对1944—1946年戴高乐外交政策最好的概述参见Pierre Gerbet and Jean Laloy, Le relèvement: 1944–1949 (Imprimerie nationale, 1991)，尽管文章对戴高乐的外交政策多有抨击。
28. Alphand, *Etonnement*, 168–9; also a note by him in AN 3AG1/262 (307); Roussel, *Monnet*, 394–6.
29. DMI 410 (18/3/44); Alphand note on western bloc, AN 3AG 1/262 (316).
30. LNCII 546 (10/8/44).
31. DMI 410 (18/3/44).
32. Raymond Poidevin, 'La politique allemande de la France en 1945', in Maurice Vaïsse (ed.), *8 mai 1945. La victoire en Europe* (Complexe, Brussels, 1985), 221–38.
33. Ulrich-Pier, *René Massigli*, 894; AN 3AG1/254 (424).
34. Jean-Rémy Bézias, *Georges Bidault et la politique étrangère de la France (1944–1948)* (L'Harmattan, 2006), 179.
35. Roshwald, *Estranged Bedfellows*, 199.

36. CCC DUFC 4/5 (21/5/45).
37. Cooper, *Diaries*, 330.
38. DGM 637.
39. DGM638–9. 这些谈话的官方记录参见CCC DUFC 4/14。
40. MGDIII 643–66; Lévêque, 'Relations franco-soviétiques', 1008–53; Georges Soutou, 'Le Général de Gaulle et l'URSS, 1943–1945: idéologie ou équilibre européen', *Revue d'histoire diplomatique* 4 (1994), 303–55; Jean Laloy, 'A Moscou: entre Staline et de Gaulle. Decembre 1944', *Revue des études slaves* 54/1–2 (1982), 137–52; see also the 'Dossier: comment a-t-on perçu le Traité franco-soviétique de décembre 1944?', in Maurice Vaïsse (ed.), *De Gaulle et la Russie* (CNRS Editions, 2006), 83–96; Roussel, *De Gaulle*, 465–78.
41. Philippe Buton, 'L'entretien entre Maurice Thorez et Joseph Stalin du 19 novembre 1944', Communisme 45/46 (1996), 7–29.
42. DGM, 650.
43. Harvey, War Diaries, 368.
44. AN AP549 (Jouve Papers, draft for memoirs).
45. Harriman, *Special Envoy*, 377. 同样在场的英国外交官John Balfour记得戴高乐大声说:"你认为战后我们能与这些人和睦相处吗?"这名外交官用外交辞令回答了他的问题,但戴高乐一直盯着曾经和自己交谈过的政治局委员马林科夫,然后补充道:"当我看到我今晚邀请的这些未来俄国领导人的表情时,我对此非常怀疑。"Balfour给英国外交官Bernard Ledwidge提供的个人证词,参见Ledwidge, *De Gaulle*,191。
46. Soutou, 'Le Général de Gaulle', 338–40, compares the documents reproduced by de Gaulle with other French documents; and Lévêque, 'Relations francosoviétiques', 1048–9, compares them with the Soviet ones.
47. Jean Laloy, *Yalta: Yesterday, Today*, Tomorrow (Harper & Row, New York, 1988), 57.
48. Guy, *En écoutant*, 141.
49. Ibid.
50. DGM 647.
51. DGM 674.
52. LNCII 644 (25/4/45).
53. DGM 614; see also 725.
54. MGDII 710–11
55. Piketty, *Français en résistance*, 693–5 (4/12/44, 10/1/45).
56. Frank Gurley, 'Politique contre stratégie: la défense de Strasbourg en décembre 1944', *Guerres mondiales et conflits contemporains*, 166 (1992), 89–114.
57. AN 3AG4/74 (Dossier 'Operation I Armée Française 1/45–4/5).
58. DGM 732–6.
59. Lord Alanbrooke, *War Diaries 1939–1945* (Weidenfeld & Nicolson, 2001), 642.
60. CCC DUFC 15/1/34.
61. Kersaudy, *Churchill and de Gaulle*, 390–91.
62. Guy, *En écoutant*, 217.
63. FRUS 1945 IV #669.
64. Miot, 'Sortir l'armée', 606–10.
65. FRUS 1945 IV #698.
66. LNCII 675 (2/6/45).
67. FRUS 1945 IV #699.
68. FRUS 1945 IV #702.
69. DGM 767–8.
70. LNCII 581–4 (note of 12/10/44 prepared by Bidault but annotated by de Gaulle).
71. LNCII 586 (19/10/44).
72. François Kersaudy, 'Levant', in Institut du Temps Présent, *De Gaulle et la nation face aux problèmes de la défense (1945–1946)* (Plon, 1983), 251–2; also Kersaudy, Churchill and de Gaulle, 397–405.

73. Cooper, *Diaries*, 371.
74. DGM 780.
75. DGM 1342.
76. Ker-Saudy, 'Levant', 258.
77. AN 3AG1/279 (540).
78. Institut Charles de Gaulle的 *Brazzaville. Janvier–février 1944* (Plon, 1988) 是最早的研究，但需要修正，参见Martin Shipway, 'Brazzaville, entre mythe et non-dit', in FDG, *De Gaulle chef de guerre*, 392–404; Shipway, 'Les Français libres, la politique dite de "Brazzaville" et les perspectives d'avenir de l'union française vue de 1944–1946', in Cornil-Frerrot and Oulmont, *Français libres*, 231–45; and the first chapter of Shipway, The Road to War: France and Vietnam 1944–1947 (Berghahn, Oxford, 1996)。
79. DMI 492 (25/10/44).
80. Crémieux-Brilhac, *France libre*, 660–73.
81. Jean-Pierre Peyroulou, 'La politique algérienne du Général de Gaulle 1943–1946', in Maurice Vaïsse (ed.), *De Gaulle et l'Algérie 1943–1969* (Armand Colin, 2006), 28–37; and Roger Benmebarek, 'Le Général de Gaulle et les événements de mai 1945 dans le Constantinois', in ibid., 38–47.
82. Mauriac, *Un autre de Gaulle*, 112.
83. LNCII 656 (1/5/45).
84. Frédéric Turpin, *De Gaulle, les Gaullistes et l'Indochine* (Indes Savantes, 2005), 107; Shipway, *The Road to War*, 76–7. 这两部研究著作取代了 Institut Charles de Gaulle, *De Gaulle et l'Indochine* (Plon, 1982)，后者不令人信服地试图为戴高乐的印度支那政策提出宽容的论点。
85. Turpin, *De Gaulle*, 125–8.
86. LNCII 712–13 (16/9/45).
87. LNCII729 (27/10/45).
88. LNCII 29/9/45.
89. Turpin, *De Gaulle*, 190 n.97.
90. DGM 762–3.
91. Maurice Vaïsse, 'Remarques sur la capitulation à Reims (7 mai 1945)', in Vaïsse, 8 *Mai* 1945, 43–65.
92. LNCII 691 (2/8/45).
93. Roussel, *De Gaulle*, 511.
94. 这份文件由Rainer Hudemann公布，参见Henri Ménudier (ed.), *L'Allemagne occupée 1945–1949* (Institut d'Allemande, 1989), 169–75。See also Hudemann, 'Revanche ou partenariat? A propos des nouvelles orientations de la recherche sur la politique française à l'égard de l'Allemagne après 1945', in Gilbert Krebs and Gérard Schneilin (eds.), L'Allemagne 1945–1955. *De la capitulation à la division* (Institut d'Allemand, 1996), 127–52.
95. LNCII 719–24.
96. Rainer Hudemann, 'Le Général de Gaulle et la politique de reconstruction en zone française d'occupation en Allemagne après 1945', in DGESSV 313–24.
97. Harvey, *War Diaries*, 383.
98. DDF 1945(2)59.
99. DDF 1945(2)23.
100. Chauvel, *Commentaire*, 113–14.
101. De Gaulle, *Fil* (FA), 399.
102. René Girault, 'La France est-elle une grande puissance en 1945?', in Vaïsse, *8 mai* 1945, 195–218; Robert Frank, *La hantise du déclin. La France de 1914 à 2014* (Belin, 2014), 96–104.
103. DGM 782–3.

十五 从解放者到救世主（1945年5月—1946年12月）

1. LNCII 3 (7/1/42).
2. LNCII 23 (4/2/42).
3. LNCII 588 (annotation of a note by Pompidou, 23/10/44).
4. Philippe Viannay, *Du bon usage de la France. Résistance, journalism, Glénans* (Ramsay, 1988), 152.
5. AN 3AG1/276 (56).
6. AN 3AG1/276 (48) ('Rapport sur l'elaboration d'un programme du Comité de Libération Nationale').
7. Roussel, *Mendès France*, 141–55.
8. Pierre Mendès France, *Oeuvres complètes*, vol. II: *Une politique de l'économie 1943–1954* (Gallimard, 1985), 33–4; DMII 406–7 (18/3/44).
9. Mendès France, *Oeuvres* II, 48–9; AN 3AG1/268 (54).
10. AN 3AG4/1 Dossier 5 (3/3/45).
11. Crémieux-Brilhac, *Georges Boris*, 308–35.
12. Philippe Mioche, *Le Plan Monnet. Genèse et élaboration 1941–1947* (Publications de la Sorbonne, 1987), 82–4. 关于莫内得到戴高乐支持的技巧，参见Luc-André Brunet, *Forging Europe: Industrial Organisation in France 1940–1952* (Palgrave, 2017), 189–97。
13. AN 4AG/1 Dossier 5 (Vallon notes, 10/12/45, 19/12/45).
14. Macmillan, *War Diaries*, 289.
15. Roussellier, *La force de gouverner*, 26–68.
16. Ibid., 494.
17. Joxe, *Victoires*, 126.
18. DMIII 158 (17/11/59).
19. DGM 609.
20. FRUS 1943 II #148.
21. Michel Debré, *Mémoires. Trois républiques pour une France*, vol. I: *Combattre* (Albin Michel, 1984), 340–41.
22. Ibid., 314.
23. DGM 861
24. AN 3AG4/2.
25. Roussel, *De Gaulle*, 518.
26. 一个典型例子是1959年9月他关于阿尔及利亚问题的演讲（参见注释27）。
27. Roussel, *De Gaulle*, 518.
28. Mauriac, *Un autre de Gaulle*, 130.
29. Jérôme Perrier, *Entre administration et politique. Michel Debré (1912–1948)* (Institut Université Varenne, 2013), 669–80; Debré, *Mémoires* I, 392–403.
30. Cooper, *Diaries*, 393.
31. DGM 859.
32. Cooper, *Diaries*, 395.
33. Roussel, *De Gaulle*, 522.
34. Perrier, *Entre administration et politique*, 687–8.
35. LNCII 771.
36. Guy, *En écoutant*, 57.
37. Moch, *Rencontres*, 124–6.
38. LNCII 778 (15/1/46), 783 (18/1/46). 他在1月18日主持的关于德国问题的一个委员会的会议上也说了同样的话，参见Moch, *Rencontres*, 116–18。
39. Moch, Rencontres, 110–12.
40. Georgette Elgey, *La République des illusions 1945–1951* (Fayard, 1965), 85–6.
41. CCC DUFC 4/6 9 (letter to Eden, 2/2/46).
42. 最可信的叙述是Jean Charlot在几个小时后说的话，参见Jean Charlot, *Le Gaullisme d'opposition 1946–1958* (Fayard, 1983), 18–27。

43. LNCII 779–80 (16/1/46).
44. LNCII 784 (21/1/46).
45. TNA FO 371/59956 (21/1/46).
46. LNCII 783 (21/1/45); Guy, *En écoutant*, 35.
47. AN 3AG4/1 Dr. 7 (20/1/46).
48. Guy, *En écoutant*, 42.
49. AN 3AG4/1 Dr. 7 (20/1/46).
50. Archives of Ministry of the Interior, AN F1a/3201.
51. Marcel Cachin, *Carnets 1906–1947*, vol. IV: 1935–1947 (CRNS Editions, 1997), 894.
52. AN 3AG4/98 (11/4/46); Guy, *En écoutant*, 55.
53. Mauriac, *Un autre de Gaulle*, 164.
54. Guy, *En écoutant*, 36.
55. Ibid., 38–9.
56. Alphand, *Etonnement*, 193–4.
57. Mauriac, *Un autre de Gaulle*, 167.
58. LNCII 791 (14/3/46).
59. DMII 10 (16/6/46).
60. Lacouture, *Politique*, 269.
61. 关于对这种思想的批评，参见Gaïti, *De Gaulle*, prophète de la cinquième République, passim。
62. Guy, *En écoutant*, 79.
63. Gérard Conac, 'René Capitant et le référendum', in FDG, Le discours d'Epinal. 'Rebâtir la République' (Economica, 1997),203–16.
64. Cassin, *Hommes partis*, 132–3; LNCII 854 (14/5/48).
65. Guy, *En écoutant*, 136.
66. F. Decaumont (ed.), *Le discours de Bayeux. Hier et aujourd'hui* (Economica, 1990).
67. AN 5AG1/1267 (Schumann, 12/6/46).
68. Odile Rudelle, 'L'accueil du discours dans l'opinion', in Decaumont, *Discours*, 65–86.
69. Guy, *En écoutant*, 146.
70. LNCII 800 (8/7/46); AN 5AG1/1247 (Pleven, 2/8/46, 8/10/46).
71. Bernard Lachaise, 'L'Union gaulliste en 1946', in Gilles Richard and Jacqueline Sainclivier, *La recomposition des droites* (Presses Universitaires de Rennes, 2004); on Capitant's visit Guy, *En écoutant*, 137–41.
72. AN 5AG1/1267 (Schumann dossier, 26/8/46).
73. Mauriac, *Un autre de Gaulle*, 237.
74. Guy, *En écoutant*, 186–7.
75. Ibid., 186.
76. Ibid., 201.
77. Ibid., 143, 195.
78. Ibid., 241–2.

十六 新的救世主（1947—1955年）

1. Guy, *En écoutant*, 242–8.
2. Mauriac, *Un autre de Gaulle*, 266.
3. Guy, *En écoutant*, 117.
4. DMII 48 (30/3/47).
5. Mauriac, *Un autre de Gaulle*, 272.
6. Vendroux, *Cette chance*, 208; Vincent Auriol, *Journal du Septennat 1947–1954*, vol. I: *1947* (Armand Colin, 1970), 178; Jean-Raymond Tournoux, *La tragédie du Général* (Plon, 1967), 38.
7. Guy, *En écoutant*, 156–7; 菲利普·戴高乐在*De Gaulle mon père* I, 458也回忆了这次谈话。
8. Guy, En écoutant, 115.
9. Ibid., 259–62.

10. LNCI 840 (13/11/37).
11. Larcan, *Inventaire*, 487–91; Jean Serroy, *De Gaulle et les écrivains* (Presses Universitaires de Grenoble, 1991), 69–97; Philippe Barthelet, 'Bernanos et de Gaulle', *Espoir* 72 (9/90), 19–21; Georges Bernanos, *Français, si vous saviez (1945–1948)* (Gallimard, 1950).
12. Patrick Guiol, *L'impasse sociale du gaullisme. Le RPF et l'action sociale* (FNSP, 1985); Jean-François Sirinelli, Marc Sadoun and Robert Vandenbussche, *La politique sociale du Général de Gaulle* (University Charles de Gaulle, Villeneuve d'Ascq, 1990).
13. DGM 681.
14. LNCII 877 (31/8/48).
15. Louis Vallon, *L'histoire s'avance masquée* (René Julliard, 1957),
16. Guy, *En écoutant*, 345.
17. Irwin Wall, *The United States and the Making of Postwar France 1944–1954* (Cambridge University Press, 1991), 80–4.
18. Guy, *En écoutant*, 329, 337.
19. DMII 143–5 (27/10/47).
20. DMII 147 (12/11/47).
21. Guy, *En écoutant*, 355.
22. Auriol, *Journal* I, 29; LNCII 810 (1/47).
23. Mauriac, *Un autre de Gaulle*, 252.
24. Vincent Auriol, *Journal du Septennat 1947–1954*, vol. II: 1948 (Armand Colin, 1974), 369.
25. Olivier Duhamel, ' "La Trace et le sillon": l'UDSR et le RPF', in FDG, *De Gaulle et le Rassemblement du peuple français* (Armand Colin, 1998), 633–52.
26. AN 5AG1/1247 (Pleven dossier); AN AP560/16 (Pleven to de Gaulle, 21/3/48); Yves Beauvois, *Léon Noël. De Laval à de Gaulle via Pétain (1888–1987)* (Presses Universitaires du Septentrion, 2001), 276.
27. AN 5AG1/1267 (Maurice Schumann, 19/8/48).
28. Claude Michelet, *Mon père Edmond Michelet* (Presses de la Cité, 1971), 186.
29. Louis Terrenoire, *De Gaulle 1947–1954. Pourquoi l'échec. Du RPF à la traversée du desert* (Plon, 1981), 65–8; Michelet, *Mon père*, 189–90.
30. FRUS 1948 III 374 (14/1/48), 392 (17/3/48), 397 (8/5/48).
31. FRUS 1948 III 419 (12/10/48).
32. Terrenoire, *Pourquoi*, 84–5; Michelet, *Mon père*, 208–9.
33. LNCII 856 (15/5/48).
34. André Malraux, *Antimémoires* (Gallimard, 1967)125–33. In general see Janine Mossuz, *André Malraux et la Gaullisme* (Armand Colin, 1970); Alexandre Duval-Stalla, *André Malraux–Charles de Gaulle, une histoire, deux légendes. Biographie croisée* (Gallimard, 2008).
35. 这是由Olivier Todd在*André Malraux. Une vie* (Gallimard, 2001)中得出的诊断。
36. 这句话是对Todd说的，参见前注第17页。
37. 参见1948年10月发行的《精神》杂志上名为"Interrogation à Malraux"的文章。
38. Georges Pompidou, *Pour rétablir une vérité* (Flammarion, 1982), 86.
39. Ibid., 51.
40. Charlot, *Gaullisme*, 153.
41. AN 5AG1/1235 (Noël to de Gaulle, 8/7/48).
42. Guy, *En écoutant*, 318.
43. Pompidou, *Pour rétablir*, 88.
44. Ibid., 102–3（这封信是从后来的版本中截取的）。
45. Pompidou, Pour rétablir, 69.
46. Claude Mauriac, *Le temps immobile*, vol. II: *Les espaces imaginaires* (Grasset, 1975), 251 (5/6/52). 蓬皮杜说："夏尔过分的严厉使我有点疲惫不堪。怎样才能告诉他，对别人太严厉会使自己变成孤家寡人呢？"参见 Pompidou, *Lettres*, 214 (2/7/50)。
47. LNCII 826 (10/11/47). 或者就像戴高乐在几年后说的那样："一个计划？绝不可能！政治是关于现实的。现实总是在变化的。人们需要的是原则和目标，而不是计划"，参见AP 446。

48. Turpin, *De Gaulle*, 417.
49. DMII 356 (11/2/50).
50. DMII 521 (23/252), 616(7/6/53).
51. DMII 324 (25/9/49); 366 (6/3/50); 424 (7/1/51); 367 (16/3/51).
52. Pompidou, *Pour rétablir*, 77.
53. Christian Delporte, 'Les grands rassemblements', in FDG, *De Gaulle et le Rassemblement*, 146–63.
54. Jean Garrigues, *Les hommes providentiels. Histoire d'un fascination française* (Seuil, 2012), 163–4.
55. Delporte, 'Les grands rassemblements', 157.
56. Vincent Auriol, *Journal du Septennat 1947–1954*, vol. VI: *1952* (Armand Colin, 1978),46.
57. Jean Galtier-Boissière, *Mon journal dans la grande pagaïe* (La Jeune Parque, 1950), 258.
58. Pierre Debray, 'Bonpartisme, boulangisme et néo-gaullisme', *Esprit* (11/47), 889–97.
59. Mauriac, Un autre de Gaulle, 196.
60. 这是在注释40所引用的内容中提到的1948年12月5日的那封信，参见Perrier, *Entre administration et politique*, 756–60。
61. Mauriac, *Un autre de Gaulle*, 271.
62. François Audigier, 'L'héritage de la Résistance pour les cadets gaullistes de la IVe République', in Bernard Lachaise (ed.), *Résistance et politique sous la IVe République* (Presses Universitaires de Bordeaux, 2004), 59–75.
63. Bernard Marin, *De Gaulle de ma jeunesse* (Cercle d'Or, Sables d'Olonne, 1984), 20; Guiblin, *Passion d'agir*, 15,36; Jacques Dauer, *Le hussard du Général* (Table Ronde, 1994), 155.
64. Jacques Baumel, *De Gaulle. L'exil intérieur* (Albin Michel, 2001), 182–3; Colonel F. Soulet, 'Témoignage', *Espoir 18* (3/77), 50–52 has the story of a picnic under a tree in 1952.
65. Charlot, *Gaullisme*, 179.
66. Guy, *En écoutant*, 256.
67. Ibid., 76.
68. Neau-Dufour, *Yvonne*, 260–62.
69. Baumel, *Exil*, 93.
70. Mauriac, *Un autre de Gaulle*, 201; see also letter to Paul Guth, LNCIII 1003 (18/11/68): 'On comprend que la France est une terrible contrée. Mais à tout prendre, n'est-ce pas satisfaisant?'
71. Guy, *En écoutant*, 207 (16/1/47).
72. Terrenoire, *Pourquoi*, 126.
73. André Astoux, *L'oubli* (J. C. Lattès, 1974), 388.
74. Jacques Soustelle, *Vingt-huit ans de Gaullisme* (Table Ronde, 1968), 45–6.
75. Terrenoire, *Pourquoi*, 163, 214.
76. Frédérique Dufour, 'Colombey et la gaullisme sous la IVe République', in François Audigier and Frédéric Schwindt (eds.), *Gaullisme et Gaullistes dans la France de l'est sous la IVe République* (Presses Universitaires de Rennes, 2009), 353–71.
77. DGM 873.
78. Guy, *En écoutant*, 249–50.
79. Neau-Dufour, *Yvonne*, 310–14.
80. LNCII 837 (10/2/48).
81. Guy, *En écoutant*, 392.
82. LNCII, 855–6 (15/5/48).
83. Pompidou, *Pour rétablir*, 132.
84. DMII 293–4 (29/3/49), 372 (29/3/50).
85. Sudhir Hazareesingh, *Le mythe gaullien* (Gallimard, 2010),96.
86. Rémy, *De Gaulle cet inconnu* (Raoul Solar, 1947), 30; Guy, *En écoutant*, 359. Rémy, *Dix ans avec de Gaulle (1940–1950)* (Editions France-Empire, 1971) gives his account.
87. Except by Domenach in *Esprit* (8/48), 224–7.
88. Pompidou, *Lettres*, 211–12.
89. Ibid., 221–2.

90. LNCII 1106 (26/1/53); Pompidou, *Pour rétablir*, 135.
91. Charlot, *Gaullisme*, 207–17.
92. Soustelle, *Vingt ans*, 68.
93. DMII 447.
94. Astoux, *L'Oubli*, 277–8.
95. Pompidou, *Pour rétablir*, 128.
96. Auriol, *Journal* VI, 17 (7/1/52). 几个月前他说了同样的话，参见*Auriol, Journal du Septennat 1947–1954*, vol. V: *1951* (Armand Colin, 1975), 476 (25/9/51)。
97. Auriol, *Journal* VI, 49–50.
98. Charlot, *Gaullisme*, 259; Pompidou, *Lettres*, 230–32.
99. Auriol, *Journal* VI, 160–61.
100. Terrenoire, *Pourquoi*, 163–6.
101. DMII 537.
102. Pompidou, *Lettres*, 234–5.
103. LNCII 1075–9 (6/7/52).
104. Pompidou, *Lettres*, 235–6 (1/9/52).
105. AN 5AG1/1272 (Soustelle to de Gaulle, 11/5/52, 30/9/52).
106. Terrenoire, *Pourquoi*, 185–6; Frédéric Turpin, *Jacques Foccart. Dans l'ombre du pouvoir* (CRNS Editions, 2015),81.
107. Pompidou, *Pour rétablir*, 137.
108. AN 5AG1/1131 (Bozel to de Gaulle, 12/11/51). 博泽尔的真名是Jean Richemond，他几乎是个被遗忘的戴高乐主义者。他的一些回忆参见Jean-Louis Crémieux-Brilhac, *L'étrange victoire. De la défense de la République à la libération de la France* (Gallimard, 2016), 108–15。
109. AN 5AG1/1161 (Dronne to de Gaulle, 5/6/52, 10/6/52).
110. Pompidou, *Pour rétablir*, 137 (9/5/53).
111. DMII 609.
112. LNCII 1116–22 (13/6/53).

十七 置身"荒漠"（1955—1958年）

1. Terrenoire, *Pourquoi*, 201.
2. *Foccart parle. Entretiens avec Philippe Gaillard*, vol. I (Fayard Jeune Afrique, 1995), 103.
3. Terrenoire, *Pourquoi*, 234–5.
4. Philippe Buton, 'La CED, l'Affaire Dreyfus de la Quatrième République?', *Vingtième siècle* 84/4 (2004), 43–59.
5. Terrenoire, *Pourquoi*, 219, 229.
6. DMII 622–3 (12/11/53).
7. LNCII 1156 (30/4/54).
8. Terrenoire, *Pourquoi*, 269.
9. Georgette Elgey and Jean-Marie Colombani, *La Cinquième ou la République des phratries* (Fayard, 1999), 29–30.
10. Frédéric Turpin, 'Printemps 1954. Echec à de Gaulle: un retour au pouvoir manqué', *Revue historique* 303/4 (10–12/01), 913–27; Terrenoire, *Pourquoi*, 270–71.
11. Astoux, *L'oubli*, 384.
12. DMII 647.
13. Terrenoire, *Pourquoi*, 284.
14. 这是首次公布的回忆记录，参见Ibid., 300–302；Tournoux, *Tragédie*, 178–9。孟戴斯·弗朗斯从未对此发表过评论，不过1966年的一份私人文件显示，他不同意戴高乐对此事的解释，参见Roussel, *Mendès France*, 339。
15. Odille Rudelle, *Mai*, 76.
16. Garrigues, *Hommes providentiels*, 284–97.

17. DMII 662.
18. Cooper, *Diaries*, 292.
19. Pompidou, *Lettres*, 226.
20. Adrien Le Bihan, *De Gaulle écrivain* (Pluriel, 2010); Alan Pedley, *As Mighty as the Sword: A Study of the Writings of Charles de Gaulle* (Elm Bank, Exeter, 1996); Marius-François Guyard, 'Un écrivain nommé Charles de Gaulle', in DGM, lxv–xcii.
21. Terrenoire, *Pourquoi*, 198; Sulzberger, *Last of Giants*, 8.
22. 关于这件事的背景，参见DGM 479–83；Crémieux-Brilhac, *France libre,* 730–33。
23. DGM 790.
24. DGM 502.
25. DGM 504.
26. DGM 759–60.
27. DGM 875.
28. DGM 583.
29. DGM 152.
30. LNCII 975 (27/6/50).
31. DGM 262.
32. DGM 573.
33. DGM 875.
34. Hazareesingh, *Mythe*, 53–76.
35. LNCII 929 (6/8/49).
36. Guy, *En écoutant*, 335.
37. Bernard Tricot, *Mémoires* (Quai Voltaire, 1994), 366.
38. Guy, *En écoutant*, 335; Mauriac, *Un autre de Gaulle*, 253; Larcan, *Inventaire*, 234–53.
39. DGM 874.
40. LNCII 1166 (12/10/54).
41. Garrigues, *Hommes providentiels*, 170.
42. AN AP449 (Terrenoire unpublished journal, 9/1/55).
43. Maxime Weygand, *En lisant les mémoires du Général de Gaulle* (Flammarion, 1955).
44. Frenay, 'De Gaulle et la Résistance', Preuves 70 (12/56), 78–84.
45. AN AP449 (Terrenoire unpublished journal, 18/10/55).
46. Jean Mauriac, *Le Général et le journaliste* (Fayard, 2008), 129.
47. Olivier Guichard, *Mon Général* (Grasset, 1990), 313.
48. David Valence, 'Les cabinets des ministres Républicains sociaux (1953–1958)', *Espoir* 153 (12/2007), 119–27.
49. Olivier Guichard, *Vingt ans en 1940* (Fayard, 1999), 11.
50. See Turpin, *Jacques Foccart*.
51. Philippe de Gaulle, *Mémoires accessoires*, vol. II: *1947–1979* (Plon, 2000).
52. 有人可能还会提到他们的宠物。戴高乐夫人非常喜欢一只叫普西的猫，但他们的狗就没那么幸运了。这是一条阿尔萨斯犬，1945年自由法国士兵攻占希特勒在贝希特斯加登的休养所时，发现了当时还是条小狗的它，之后它被当作礼物送给了戴高乐。但希特勒的这条被戴高乐称为温卡姆的小狗，越长越野性十足，最后不得已被丢弃。参见Guy, *En écoutant*, 328。
53. Ibid., 118.
54. Ibid.,17.
55. DGM 892.
56. Mauriac, *Le Général*, 120.
57. Georgette Elgey, *Histoire de la IVe République. La République des tourmentes 1954–1959*, vol. III: La fin (Fayard, 2008), 602; Robert Aron, *De Gaulle*, 44. 这两人是一起拜访的。
58. Bernard Lachaise, 'Les visiteurs du Général de Gaulle au 5 rue de Solférino au temps de la "traversée du désert", septembre 1955–mai 1958', *Espoir* 131 (6/2002), 25–30.
59. Robert Buron, *Carnets politiques de la guerre d'Algérie* (Plon, 1965, reprint 2002), 70.
60. Domenach, *Beaucoup de gueule*, 101.

61. Aron, *De Gaulle*, 46–7.
62. Alphand, *Etonnement*, 281–3.
63. 聆听这些话的人是路易·泰勒努瓦尔，参见Roussel, *De Gaulle*, 572。其他人也听到了同样的话，参见Tournoux, Tragédie, 209,326。
64. Comte de Paris and Général de Gaulle, *Dialogue sur la France. Correspondance et entretiens 1953–1970* (Fayard, 1994), 51, 55–6,69.
65. Pierre-Henry Rix, *Par le portillon de La Boisserie* (Nouvelles Editions Latines, 1974), 101–2.
66. LNCII 1180.
67. AN AP449 (Terrenoire unpublished journal, 15/10/55).
68. LNCII 1183.
69. Alain Larcan (ed.), *De Gaulle et la médecine* (Plon, 1995), 235–49.
70. DMII 609–10.
71. Terrenoire, *Pourquoi*, 202.
72. LNCII 1206 (16/3/56).
73. AN AP449 (Terrenoire unpublished journal, 18/10/56).
74. LNCII 1231 (18/10/56).
75. 有关军方对戴高乐的复杂态度，参见Paul Ely, *Mémoires*, vol. II: Suez...le 13 mai (Plon, 1968), 307–13。
76. LNCII 1200 (12/1/56).
77. LNCII 1238 (9/1/57).
78. AN AP449 (Terrenoire unpublished journal, 19/6/57).
79. DMII 682 (12/9/57).
80. LNCII 1209 (5/5/56), 1252 (9/7/57).
81. FDG, *Baberot Papers* F26/46 (Bollardière dossier).
82. Pierre Bas, Secrets, manoeuvres, *chocs et volte-face de Charles de Gaulle à Nicolas Sarkozy* (Editions Alexandre de Saint-Prix, 2012), 50.
83. Garrigues, Hommes providentiels,113.
84. AN AP449 (Terrenoire unpublished journal, 19/1/56); Elgey, *La fin*, 615–
85. Bernard Lachaise, 'L'état d'esprit des gaullistes de 1955 à 1958', in Jean-Paul Thomas, Gilles Le Béguec and Bernard Lachaise (eds.), *Mai 1958. Le retour du général de Gaulle* (Presses Universitaires de Rennes, 2010), 91–9 (98).
86. LNCII 1266 (1/1/58).
87. LNCII 1270 (10/2/58).
88. Vendroux, *Ces grandes années*, 14.

十八 戴高乐的"雾月政变"（1958年2—6月）

1. Patrice Gueniffey, *Le dix-huit Brumaire. L'épilogue de la Révolution française* (Gallimard, 2008).
2. Guy, E*n écoutant*, 46.
3. LNCII 1116–17.
4. LNCI 806 (27/10/36).
5. George Suffert, 'L'exil', *Esprit* (12/57), 625–38, 877.
6. Roussel, *De Gaulle*, 581–2.
7. Maurice Vaïsse, 'Jacques Chaban-Delmas, ministre de la Défense nationale (novembre 1957– mai 1958)', in Bernard Lachaise, Gilles Le Béguec and Jean-François Sirinelli (eds.), *Jacques Chaban-Delmas en politique* (PUF, 2007).
8. Archives of Fondation Nationale Sciences Politiques (FNSP), interview with Delbecque. 这是Rudelle开展的一系列访谈中的一次，她这么做是为了其关于1958年五月事件的重要著作，它们是当月及之后事件的主要资料。另参见Rudelle, *Mai 1958*, 107–9。

9. Albert Camus, *Carnets*, vol. III: *Mars 1951–décembre 1959* (Gallimard, 1989), 216. 根据加缪口头汇报的另一份会谈记录，当作者提议赋予所有阿尔及利亚人投票权时，戴高乐说："但这会让50个'bougnoles'（对土生土长的阿尔及利亚人的贬称）进入议会。"参见Thierry Jacques Laurent, *Camus et de Gaulle* (L'Harmattan, 2012), 64–6。
10. Elgey, *La fin*, 732 (这次会面仅几个月后，Elgey采访了珀蒂)。
11. Raymond Triboulet, *Un Gaulliste de la IVe* (Plon, 1985), 300–301.
12. TNA PREM 11/2339.
13. Elgey, *La fin*, 732–3.
14. FDG, *Barberot Papers* F26/6 (Jean Fournier, 26/3/58).
15. Rudelle, *Mai*, 141.
16. AN 5AG1/1156 (Delbecque to de Gaulle, 4/5/58).
17. AN 3AG4/98 Dossier 1; *Foccart parle* I, 135; Olivier Guichard, *Un chemin tranquille* (Flammarion, 1975), 32–3.
18. Anderson, 'Civil War in France', 124 n.63.
19. Christophe Nick, *Résurrection. Naissance de la Vème République, un coup d'état démocratique* (Fayard, 1998), 362–3.
20. Ibid., 439, 452–4.
21. Delbecque, FNSP interview 4, 11–15; Rudelle, *Mai*, 185–6.
22. Rudelle, *Mai*, 170.
23. DMIII 3–4.
24. Michel Poniatowski, *Mémoires* (Plon, Le Rocher, 1997), 308.
25. AN 5AG1/1281 (Triboulet dossier: letter to de Gaulle, 15/5/58).
26. Delbecque, FNSP interview 4, 17–19.
27. DMIII 4–11.
28. TNA PREM 11/2339 (19/5/58).
29. 关于这次任务的维塔斯的完整报告，参见Nick, *Résurrection*, 756–810。
30. Ibid., Vitasse report 7.
31. Poniatowski, *Mémoires*, 325.
32. Elgey, *La fin*, 800.
33. Crémieux-Brilhac, *Georges Boris*, 416–19.
34. LNCII 1278 (23/5/58).
35. Elgey, *La fin*, 808.
36. LNCII 1279 (26/5/58).
37. 弗林姆兰随后向Poniatowski说了这件事，参见*Mémoires*, 344–5；另外参见Pierre Pflimlin, *Mémoires d'un européen de la IVe à la Ve République* (Fayard, 1991), 132–3。
38. 对此最出色的分析参见Jean-Paul Thomas, 'De Léon Delbecque, acteur et témoin, au général Dulac: les "les feux verts" en question', in Thomas, Le Béguec and Lachaise, *Mai 1958. Le retour*, 121–42。
39. Roger Miquel, *Opération Résurrection* (le 13 mai en métropole) (Editions France-Empire, 1975), 113–14.
40. LNCII 1281 (28/5/58).
41. Domenach, *Beaucoup de gueule*, 145–62, gives a good account of the mood, and in his 'Journal d'un debacle', *Esprit* (6/58), 126–9.
42. Francis de Baecque, *René Coty, tel qu'en luimême* (Editions STH, Nancy, 1990), 258–9.
43. Nick, *Résurrection*, 723–9; Nicot's testimony is in Edmond Jouhaud, *Serons nous enfin compris?* (Albin Michel, 1983), 60–61; Lefranc refuted this accusation in Le Monde 18/6/84; *Foccart parle* I, 148–9; General Rancourt, cited by Roussel, *De Gaulle*, 599, also confirms what Nicot said.
44. Raoul Salan, *Mémoires*, vol. III: *Fin d'un empire. Algérie française* (Presses de la Cité, 1972), 354; Nick, *Résurrection*, 724–5.
45. LMCII 1282 (29/5/58).

46. François Pernot, 'Mai 1958: l'armée de l'Air et l'opération Résurrection', RHA 2 (1998), 109–22.
47. Nick, Résurrection, 722; Jacques Massu, *Le Torrent et la digue* (Plon, 1972), 143.
48. See p. 32 of the Vitasse report in the Annex to Nick, Résurrection, and also Nick, 723 n.1.
49. Vitasse report in Nick, *Résurrection*, 36 (Vitasse seems to have wrongly dated this telegram in his report).
50. Elgey, De Gaulle, 29 (这一信息来自Elgey接触到的加斯东·德·博纳瓦尔的日记).
51. Georgette Elgey, *Histoire de la 4e République. La République des tourmentes 1954–1959*, vol. IV: *De Gaulle à Matignon* (Fayard, 2012), 45.
52. Pierre Mendès France, *Oeuvres complètes*, vol. IV: *Pour une république moderne* (Gallimard, 1987), 424.
53. Or as Bidault put it: 'today chamber music, tomorrow military music': Edgar Faure, *Mémoires*, vol. II: *Si tel doit être mon destin ce soir* (Plon, 1984), 687.
54. Alexander Werth, *The De Gaulle Revolution* (Robert Hale, 1960), 173.
55. FNSP (Delbecque interview, 27/6/86).
56. Olivier Duhamel, *La gauche et la Ve République* (PUF, 1980), 44.
57. TNA PREM 11/2339 (28/5/58).
58. Moch, *Rencontres*, 287.
59. Crémieux-Brilhac, *Georges Boris*, 416–21.
60. FNSP (Delbecque interview, 28/5/78).
61. Poniatowski, *Mémoires*, 306.
62. Foccart parle I, 140–41.
63. Nick, *Résurrection*, 592.
64. Ibid., 516–17.
65. DMIII 450.
66. AP 198–200 (8/6/62).

十九 内阁总理（1958年6—12月）

1. DMIII 21–3.
2. 关于这些先例，参见Didier Maus, 'De la IVe à la Ve République, ruptures et continuités', in Maus, *Etudes sur la constitution de la Ve République* (Editions STH, 1990), 16–54。
3. Wall, *The United States*, 133, 193。
4. Keith Kyle, *Suez* (I. B. Tauris, 2001 edn), 466–7.
5. Colette Barbier, 'The French Decision to Develop a Military Nuclear Programme in the 1950s', *Diplomacy and Statecraft* 4/1 (1993), 105–13; Bertrand Goldschmidt, 'La genèse et l'héritage', in Institut Charles de Gaulle, *L'aventure de la Bombe. De Gaulle et la dissuasion nucléai re (1958–1969)* (Plon, 1985), 24–37.
6. Georges-Henri Soutou, 'Les accords de 1957 and 1958: vers une communauté stratégique nucléaire entre la France, l'Allemagne et l'Italie', *Matériaux pour l'histoire de notre temps* 31/1 (1993), 1–12.
7. Maurice Vaïsse, Conclusion to Vaïsse (ed.), *La France et l'opération de Suez de 1956* (Addim, 1997), 331–2.
8. Sebastien Reyn, 'Atlantis Lost. The American Experience with De Gaulle 1958–1969' (unpublished PhD thesis, Leyden University, 2008), 199.
9. Harold Macmillan, *The Macmillan Diaries: Prime Minister and After 1957–1966* (Macmillan, 2011), 74 (1/12/58).
10. TNA PREM 11/2339 (Selwyn Lloyd to Jebb, 11/6/58).
11. Bastien François, *Naissance d'une constitution. La cinquième république 1958–1962* (Presses de Sciences Po, 1996), 28–9. Janot gave another version in Didier Maus and Olivier

Passelecq, *Témoignages sur l'écriture de la constitution de 1958* (Documentation Française, 1997), 11–12.
12. Pierre Lefranc, *Avec qui vous savez. Vingt-cinq ans avec de Gaulle* (Plon, 1979), 125.
13. Bernard Lachaise, Gilles Le Béguec and Frédéric Turpin (eds.), Georges Pompidou, *directeur de cabinet du général de Gaulle. Juin 1958–Janvier 1959* (Peter Lang, Brussels, 2006).
14. Jean-Yves Perrot, 'L'entourage du général de Gaulle: Une figure exemplaire: René Brouillet', in Isabelle Chave and Nicole Even (eds.), *Charles de Gaulle. Archives et histoire* (Publications des Archives Nationales, 2016), 1–16.
15. Elgey, *De Gaulle*, 104–5.
16. FNSP Rudelle interview with the préfet Jean Lenoir (15/5/81).
17. Jean El Mouhoub Amrouche, *Journal 1928–1962* (Non Lieu, 2009), 316–19.
18. Michael Kettle, *De Gaulle and Algeria 1940–1960* (Quartet Books, 1993), 239.
19. Elgey, *De Gaulle*, 171–3.
20. AP 1032.
21. Pierre Viansson-Ponté, *Lettre ouverte aux hommes politiques* (Albin Michel, 1976), 18.
22. LNCIII 7 (6/6/58), 9 (11/6/58), 13 (19/6/58), 16 (21/6/58), 28 (22/7/58), 50 (13/9/58).
23. LNCIII 42 (11/8/58).
24. Pflimlin, *Mémoires*, 147.
25. *Documents pour servir à l'histoire de l'élaboration de la constitution du 4 octobre 1958* (Documentation Française, 1987), I, 245–9.
26. Roger Belin, *Lorsqu'une république chasse l'autre (1958–1962)* (Michalon, 1999), 59.
27. Pflimlin, *Mémoires*, 149; see also Documents pour servir II, 301 (Comité consultative constitutionnel séance du 8 août).
28. Jérôme Perrier, *Michel Debré* (Ellipses, 2010), 211.
29. Didier Maus, 'Guy Mollet et l'élaboration de la constitution 1958', in Bernard Ménager et al. (eds.), *Guy Mollet. Un camarade en république* (Presses Universitaires de Lille, 1987), 359–65; Janot, 'Note pour le Général de Gaulle, 16 June 1958', in *Documents pour servir* I, 257–8. On arbitration see Didier Maus, 'L'institution présidentielle dans l'écriture de la constitution de 1958', in Maus, Louis Favoreu and Jean-Luc Parodi, *L'écriture de la constitution de 1958* (Economica, 1992), 262–76.
30. Gaetano Quagliariello, *La religion gaulliste* (Perrin, 2006), 345.
31. Elgey, *De Gaulle*, 104.
32. Preface to Léo Hamon, *De Gaulle dans la République* (Plon, 1958), xl.
33. Documents pour servir I, 449.
34. Belin, *Lorsqu'une république*, 64–5.
35. François, *Naissance*, 19.
36. Raymond Aron, 'La Vème République, ou l'Empire parlementaire', *Preuves* 93 (10/58), 3–11.
37. DMIII 56 (23/10/58).
38. Bernard Lachaise, Gilles Le Béguec and Frédéric Turpin (eds.), *Les élections législatives de novembre 1958: une rupture?* (Presses Universitaires de Bordeaux, 2011),15. 这是对选举的最近的研究，它淡化了它们代表重大分裂的观点。
39. Raymond Aron, 'Charles de Gaulle et la chambre introuvable', *Preuves* 95 (1/59), 3–12; see Mauriac on the danger of this *chambre introuvable* trying to be 'more Gaullist than de Gaulle': François Mauriac, *Bloc-notes*, vol. II: 1958–1960 (Seuil, 1993), 168–72 (24/11, 30/11/58).
40. For the best overview see Maurice Vaïsse, ' "Hisser les couleurs": rupture et continuité dans la politique étrangère de la France en 1958', in FDG, *L'avènement de la Vème république. Entre nouveauté et tradition* (Armand Colin, 1999). For the reactions of the British and Americans see in the same volume Charles Cogan, 222–35, and Anne Deighton, 265–76.

41. Kettle, *De Gaulle*, 254.
42. FRUS 1958–60 VII 145.
43. DDF 1958(1) 459.
44. DDF 1958(2) 16 (5/7/58); FRUS 1958–60 VII (Pt 2)58.
45. Raymond Poidevin,'De Gaulle et Europe en 1958', in DGESSV 79–87.
46. Kettle, *De Gaulle*, 256–7.
47. LNCIII 53–4.
48. FRUS 1958 VII #177 (18/12/58).
49. Klaus-JürgenMüller, *Adenauer and de Gaulle* (Oxford, 1992). (Tagesbruche: 20/5/58: 287–9.)
50. Hans-Peter Schwarz, 'La République fédérale allemande et la crise de mai à septembre 1958 en France', in FDG, *Avènement*, 245–64.
51. LNCIII 57 (17/9/58).
52. Vendroux, *Ces grandes années*, 26.
53. 关于这次谈话的阶段性总结，参见DDF 1958(2) 155。Roussel, *De Gaulle*, 616–18, publishes an account written by Adenauer immediately after it; Hans-Peter Schwarz, *Konrad Adenauer: A German Politician and Statesman in a Period of War, Revolution and Reconstruction*, vol. II: *The Statesman 1952–1967* (Berghahn, Oxford, 1991), 365–6记录了阿登纳致总统的报告摘录。
54. Macmillan, *Diaries*, 164.
55. Schwarz, *Konrad Adenauer*, 369
56. DDF 1958(2) 370 (26/11/58).
57. Gladwyn, *Memoirs*, 316.
58. Institut Charles de Gaulle, 1958. *La faillite ou le miracle. Le plan de Gaulle–Rueff* (Economica, 1986); Elgey, *De Gaulle*, 327–44.
59. Elgey, *De Gaulle*, 337.
60. Jacques Rueff, *Combats pour un ordre financier* (Plon, 1972), 153–4.
61. Jean Méo, 'Témoignage sur les questions économiques et financières', in *Lachaise*, Le Béguec and Turpin, *Georges Pompidou*, 115.
62. Jacques Rueff, *De l'aube au crépuscule. Autobiographie* (Plon, 1977), 234. *Rivoli. 1937–1958* (Comité pour l'histoire économique et financière de la France, 1997), 342.
64. Ibid.,351.
65. Jean Aubry, 'Témoignage sur les questions économiques et sociales', in Lachaise, Le Béguec and Turpin, *Georges Pompidou*, 125.
66. Gilbert Meynier, Histoire intérieure du FLN 1954–1962 (Fayard, 2002), 616–18. 关于这些谈判，参见Elgey, *De Gaulle*, 184–7, 212–15。参与谈判的阿尔及利亚作家Jean Amrouche著有'Note sur les contacts de Gaulle–FLN', Amrouche, *Journal*, 381–9。
67. AN 5AG1/1712 (19/9/58).
68. Herrick Chapman, *France's Long Reconstruction: In Search of the Modern Republic* (Harvard University Press, 2018), 278–88.
69. Matthew Connelly, *A Diplomatic Revolution: Algeria's Fight for Independence and the Origins of the Post-Cold War Era* (Oxford University Press, 2002), 182.
70. LNCIII 78 (24/10/58).
71. LNCIII 58 (de Gaulle to Salan, 18/9/58).
72. LNCIII 67 (de Gaulle to Salan, 9/10/58).
73. LNCIII 66–7 (9/10/58).
74. LNCIII92.
75. AN 5AG1/1713 ('Reflexions sur l'Algérie', 13/12/58).

第四章 共和国的君主（1959—1965年）

二十 "我们为这件事耗尽心力，却仍旧一筹莫展"（1959—1962年）

1. TNA FO 371/153916/WF1052/35G (18/11/1960).
2. TNA PREM 11/3338 (Shuckburgh).
3. LNCIII 319 (22/1/61).
4. Buron, *Carnets politiques*, 100 (22/6/58), 119 (10/3/60), 129 (10/2/61).
5. DGM 917–19.
6. 唯一无法令人信服地提出相反观点的历史学家是Irwin Wall，参见France, *the United States and the Algerian War* (University of California Press, 2001)。
7. Stephen Tyre, 'From Algérie française to France musulmane: Jacques Soustelle and the Realities and Myths of "Integration", 1955–1962', *French History* 20/3 (9/06), 276–96.
8. Jacques Soustelle, L'espérance trahie (1958–1961) (Paris, 1962), 31–2. 1958年，在塞里尼与戴高乐的两次会面中，他都没能从戴高乐那里得到一句支持一体化的话，参见Alain de Sérigny, *Echos d'Alger* II (Presse de la Cité, 1974), 298–9, 331–39: Alain de Sérigny, *La révolution du 13 mai* (Plon, 1958), 9。
10. Raymond Dronne, *La révolution d'Alger* (Editions France-Empire, 1958), 229. 对此事较为冷静的分析，参见Malika Rahal, 'Les manifestations de mai 1958 en Algérie', in Thomas, Le Béguec and Lachaise, *Mai 1958*, 39–58。
11. AN 5AG1/1272 (Soustelle to de Gaulle, 17/5/58).
12. AP 65–6. 这种想法在戴高乐对戴派议员德罗纳说的话中表现得更为粗鲁："你想成为bougnoulisés。" 参见Tournoux, *Tragédie*, 307–8. Tournoux从未指出这句话源自何处，但他通常消息灵通。
13. Soustelle, *L'espérance*, 22–3.
14. Patrick Weil, *Qu'est-ce qu'un Français? Histoire de la nationalité française depuis la Révolution* (Gallimard, 2004), 220–21.
15. AN 5AG1/1700.
16. AN 5AG1/1272 (Soustelle to de Gaulle, 16/10/58).
17. Jacques Frémeaux, 'De Gaulle, l'Algérie et les élites impossibles', in Serge Berstein, Pierre Birnbaum and Jean-Pierre Rioux (eds.), *De Gaulle et les élites* (La Découverte, 2008), 145–69.
18. FNSP interview (26/6/80).
19. AN 5AG1/1157 *Delouvrier file* (22/12/58).
20. LNCIII 101 (18/12/58).
21. FNSP interview (21/1/81).
22. 关于德勃雷的立场，参见Chantal Morelle, 'Michel Debré et l'Algérie. Quelle Algérie française?', in Serge Berstein and Jean-François Sirinelli (eds.), *Michel Debré, Premier Ministre (1959–1962)* (PUF, 2005), 449–67。
23. FNSP interview (26/6/80).
24. Bernard Tricot, *Les sentiers de la paix. Algérie 1958–1962* (Plon, 1972), 29–32.
25. FNSP interview (undated).
26. LNCIII 120 (17/1/59).
27. Roussel, *De Gaulle*, 625.
28. Belin, *Lorsqu'une république*, 84.
29. LNCIII 142 (24/4/59); also LNCIII (1/7/59).
30. Tricot, *Sentiers*, 104–6.
31. Michel Debré, *Entretiens avec le Général de Gaulle. 1961–1969* (Albin Michel, 1993), 18–19.
32. Belin, *Lorsqu'une république*, 85–6.

33. Maurice Vaïsse, Comment de Gaulle fit échouer le putsch d'Alger (André Versaille, 2011), 134.
34. FNSP, Archives Debré 2DE/12 ('Crise dans l'armée', 26/9/59).
35. Samy Cohen, La défaite des généraux. Le pouvoir politique et l'armée sous la Ve République (Fayard, 1994), 84. 关于军方立场最佳的探讨，参见 Anderson, 'Civil War in France', 40–109.
36. André Bach, 'Une armée en fronde', in FDG, Avènement, 105–18.
37. 关于对国际背景的卓越分析，参见Connelly, *Diplomatic Revolution*.
38. DDF 1959(2) 79 (21/8/59).
39. DDF 1959(2) 108 (2/9/59).
40. DMIII 128–34.
41. Most recently Benjamin Stora, *De Gaulle et l'Algérie* (Fayard, 2010).
42. Jean-Marie Domenach, 'Une barrière a sauté', *Esprit* (10/59), 392–4; Claude Bourdet, 'Le bon engrenage', *France observateur* 24/9/59.
43. Raymond Aron, 'De la politique de grandeur', *Preuves* 105 (11/59), 3–12.
44. LNCIII 184–5 (26/10/59).
45. Vendroux, *Ces grandes années*, 59.
46. LNCIII 171–2 (30/9/59).
47. Roselyne Chenu, *Paul Delouvrier ou la passion d'agir. Entretiens* (Seuil, 1994), 208–9.
48. FNSP, Delouvrier Papers F2DV3 DR 1 sdr a (Synthèse hebdomadaire de renseignements).
49. Belin, *Lorsqu'une république*, 88–91; Soustelle, *L'espérance*, 142; LNCIII 212 (25/1/60).
50. Michel Debré, *Mémoires. Trois républiques pour une France*, vol. III: *Gouverner* (Albin Michel, 1988), 235.
51. Merry and Serge Bromberger, Georgette Elgey and Jean-François Chauvel, Barricades et colonels, 24 janvier 1960 (Fayard, 1960), 360–68.
52. FNSP, Archives Debré 2DE29 Dr. 2 (note, 28/1/60).
53. General Ely, unpublished 'Journal de Marche', 28/1/60 (由Maurice Vaïsse提供给我)。
54. Riccardo Brizzi, De Gaulle et les médias. L'homme du petite écran (Presses Universitaires de Rennes, 2014), 154–7. 约45%的内容使用第一人称。
55. DMIII 176–80.
56. LNCIII 218–19 (14/2/60).
57. Raymond Aron, 'Un seul homme, un homme seul', *Preuves* 109 (3/60), 3–12.
58. Soustelle, L'espérance, 160.
59. *Paroles d'officers. 1950–1990. Des Saint-Cyriens témoignent* (Promotion Extrême-Orient, 1991); Vaïsse, *Comment de Gaulle fit échouer le putsch*, 127–8, 公布了来自新闻专员到陆军部长的文件。
60. Louis Terrenoire, *De Gaulle et l'Algérie* (Fayard, 1964), 178–9; Tricot, *Sentiers*, 159–63.
61. LNCIII 222–3 (7/3/60).
62. Tricot, *Sentiers*, 174–7.
63. FNSP, Archives Debré 2DE ('Discussion avec l'émissaire (MB) des dirigeants de l'organisation extérieure de la rébellion', 25/6/60).
64. 这是皮埃尔·拉辛在Le Malentendu de Melun中持的观点，收录于Rheda Malek, *L'Algérie à Evian. Histoire des négociations secrètes 1956–1962* (Seuil, 1995), 387–93。
65. Debré, *Entretiens*, 19–20.
66. Roussel, *De Gaulle*, 665.
67. 关于概述，参见Guy Pervillé, 'L'Affaire Si Salah (1960): histoire et mémoire', in Vaïsse, *De Gaulle et l'Algérie*, 146–62。
68. Mauriac, Le Journaliste, 161.
69. Paul Isoart, 'Le conseil exécutif de la Communauté', in Charles-Robert Ageron and Marc Michel (eds.), *L'Afrique noire française. L'heure des indépendances* (CNRS Editions, 2010), 237–68.
70. Frédéric Turpin, *De Gaulle, Pompidou et Afrique (1958–1974). Coloniser et coopérer* (Indes Savantes, 2010), 42.

71. Ibid., 49.
72. Alphand, *Etonnement*, 308.
73. FNSP, Archives Debré 2DE 29 (26/9/59).
74. AN 5AG1/1731 (note for de Gaulle, 14/9/60). 关于这些委员会的工作，参见5AG 1/1731–2。
75. AN 5AG 1/1781 (note, 25/8/60).
76. DMIII 256–8(5/9/60).
77. LNCIII 269 (14/10/60).
78. Raymond Aron, 'La Presomption', *Preuves* 117 (11/60), 3–10.
79. Le Monde 29/9/60: 'Ce règne avait deux ans'. See also Jean-Jacques Servan-Schreiber, 'Sérenité', and Pierre Mendès France, 'De Gaulle Immobile', both in *Express* 8/9/60; Domenach, 'La nature des choses', *Esprit* (10/60).
80. Domenach, 'Prisonnier sur parole', *Express* 27/10/60; Jean-Michel Bloch, 'Le moral de la nation', *Esprit* (8/60).
81. Cited in Dominique Borne, 'Michel Debré et la Justice', in Association des Amis de Michel Debré (ed.), *Michel Debré et l'Algérie* (Editions Champs Elysées, 2007), 222.
82. FNSP, Archives Debré 2DE/29 (26/9/60).
83. Pompidou, *Lettres*, 308–12.
84. FNSP, Archives Debré 2DE29 (26/9/60).
85. DMIII 277–8.
86. FNSP, Archives Debré 2DE29 (20/11/60).
87. LNCIII 276.
88. FNSP, Racine interview with Rudelle 11/77.
89. LNCIII 279–81 (5/12/60).
90. LNCIII 333 (18/2/61).
91. Pompidou, *Lettres*, 319–38, 341–2.
92. DMII 309.
93. Jules Roy, *Les années de déchirement. Journal 1925–1965* (Albin Michel, 1998), 385, 388.
94. Maurice Vaïsse, *Comment de Gaulle fit échouer le putsch* is the most up-to-date account.
95. Belin, *Lorsqu'une république*, 110.
96. Morelle, *Joxe*, 620–25.
97. Constantin Melnik, *De Gaulle, les services secrets et l'Algérie* (Nouveau Monde, 2010), 75–7.
98. Pierre Viansson-Ponté, *Histoire de la République gaullienne*, vol. I: *La fin d'une époque* (Fayard, 1970),356.
99. *Foccart parle* I, 352.
100. Buron, Carnets, 159.
101. Léon Noël, De Gaulle et les débuts de la Ve République (Plon, 1976), 143.
102. DMIII 392–6.
103. Vaïsse, Comment de Gaulle fit échouer le putsch, 296.
104. LNCIII, 357 (27/4/61).
105. On Evian, see Maurice Vaïsse, *Vers la paix en Algérie. Les négociations d'Evian dans les archives diplomatiques françaises. 15 janvier 1961–29 juin 1962* (Bruylant, Brussels, 2003); Chantal Morelle, *Comment de Gaulle et la FLN ont mis fin à la guerre d'Algérie* (André Versaille, 2012), 123–49.
106. Morelle, *Comment de Gaulle*, 123.
107. Jean Morin, *De Gaulle et l'Algérie. Mon témoignage, 1960–1962* (Albin Michel, 1999), 179–86.
108. AP 92.
109. FNSP, Archives Debré 2DE30 Dr 2 (2/8/61, 21/8/61).
110. Belin, *Lorsqu'une république*, 125. 被记录但略有不同的话语，参见Terrenoire, reported in Roussel, *De Gaulle*, 693。
111. DMIII 365 (5/9/61).
112. Debré, Mémoires III, 297.

113. FNSP, Archives Debré 2DE20 (11–16/9/61).
114. François Mauriac, Bloc-notes, vol. III: 1961–1964 (Seuil, 1993), 83 (18/11/61). 德勃雷就此向戴高乐写了一封愤怒的抗议信，参见FNSP, Archives Debré 2DE30 (27/11/61)。
115. LNCIII 423 (3/11/61).
116. AP 99–103 (8/1/2/61).
117. 'Appel à la nation', *Esprit* (11/61), 607–10.
118. Belin, *Lorsqu'une république*, 129; Debré was no more sentimental: see his note to de Gaulle on 3/11/61, FNSP, Archives Debré 2DE30.
119. Roussel, *De Gaulle*, 697.
120. The best account is Alain Dewerpe, *Charonne 8 février 1962. Anthropologie historique d'un massacre d'état* (Gallimard, 2006).
121. Belin, *Lorsqu'une république*, 37; Roussel, *De Gaulle*, 703.
122. LNCIII 457 (13/2/62).
123. Dewerpe, *Charonne*, 260–61.
124. Ibid., 280–81.
125. DMIII 409.
126. Buron, *Carnets*, 187.
127. Ibid., 228–9.
128. AN 5AG1/1795.
129. LNCIII 461–2 (18/2/62).
130. AN 5AG1/1795.
131. Bernard Lefort, *Souvenirs et secrets des années gaulliennes* (Albin Michel, 1999),69.
132. Belin, *Lorsqu'une république*, 139–40; Buron, *Carnets*, 244–5.
133. Roussel, *De Gaulle*, 705.
134. 同样的话可参见AP 141；Pflimlin, *Mémoires*, 204–5，但日期是4月24日。
135. AP 268 (23/11/62).
136. Gilbert Pilleul (ed.), *'L'entourage' et de Gaulle* (Plon, 1979),309.
137. Vaïsse, Comment de Gaulle fit échouer le putsch, 258.
138. AP 209 (25/7/62).
139. AN 5AG1/511 (26/7/62).
140. AP 1035 (7/5/63).
141. LNCIII221.
142. Tournoux, *Tragédie*, 402.

二十一 转折点（1962年）

1. TNA FO 371/163845.
2. Guy Mollet, *13 mai 1958–13 mai 1962* (Plon, 1962).
3. Pflimlin, *Mémoires*, 220.
4. AP 116.
5. LNCI III 236 (13/5/60); FNSP, Archives Debré 2DE29 (20/10/59).
6. FNSP, Archives Debré 2DE29 (3/8/59); 2DE29 (7/5/60).
7. FNSP, Archives Debré 2DE30 (13/8/61).
8. FNSP, Archives Debré 2DE30 (30/9/61).
9. Jean Charlot, *L'Union pour la nouvelle république* (Armand Colin, 1967), 85–91.
10. DMIII 264 (5/9/60).
11. Anderson, 'Civil War in France', 322 n. 158.
12. FNSP, Archives Debré 2DE30 (30/9/61).
13. Debré, *Entretiens*, 48–61 (9/1/62).
14. Pompidou, *Lettres*, 302–3 (16/1/60).
15. In general see J.-P. Cointet et al. (ed.), *Une politique. Georges Pompidou* (PUF, 2001).
16. Roussel, *De Gaulle*, 713.

17. AP 117.
18. AP 131–3.
19. DMIV 435–7.
20. Pflimlin, *Mémoires*, 213–14.
21. AP 188.
22. AP 716.
23. *Le procès de Raoul Salan. Compte rendu sténographique* (Editions Albin Michel, 1962),189.
24. LNCIII 78 (24/10/58).
25. *Procès*, 224.
26. Ibid., 179.
27. Ibid.,286.
28. Ibid., 230–33.
29. Pflimlin, *Mémoires*, 189–93.
30. Jacques Isorni, *Lui qui les juge* (Flammarion, 1961).
31. Procès, 184.
32. Anne-Marie Duranton-Crabol, *L'OAS. La peur et la violence* (André Versaille, 2012), 80; P. Heduy, 'Nous avons choisi la Résistance', *Esprit publique* (1/62).
33. Vaïsse, *Comment de Gaulle fit échouer le putsch*, 310–12
34. Pompidou, *Lettres*, 355.
35. Ibid., 476–7.
36. Ibid., 356–7.
37. AP 185.
38. AN 5AG1/1120 (20/12/62).
39. Jean Foyer, 'La justice face aux activistes de l'OAS', in Alain Larcan (ed.), *Charles de Gaulle et la justice* (Editions Cujas, 2003), 230.
40. Pompidou, *Lettres*, 476–7.
41. AN 5AG1/1204 (Larminat to de Gaulle, 30/6/62).
42. Alain Larcan, 'Interrogations sur un suicide. Essai de patho-biographie', in Oulmont (ed.), *Larminat. Un fidèle*, 292–308.
43. AN 98AJ/4 (non coté).
44. On Petit-Clamart, Jean-Noël Jeanneney, *Un attentat. Petit-Clamart, 22 août 1962* (Seuil, 2016).
45. AP 225.
46. Pflimlin, *Mémoires*, 188; DMIII 323–4; see also LNCIII 371 (4/6/61).
47. DMIII 445–6.
48. AN 5AG1/1686.
49. Noël, *De Gaulle et les débuts*, 206–7.
50. Yves Beauvois, *Léon Noël. De Laval à de Gaulle via Pétain (1888–1987)* (Presses Universitaires du Septentrion, 2001), 396.
51. Ibid., 339.
52. Ibid., 402–3.
53. Todd Shepard, *The Invention of Decolonization: The Algerian War and the Remaking of France* (Cornell University Press, Ithaca, 2006), 112.
54. Viansson-Ponté, *République gaullienne* I,71.
55. DMIV40.
56. LNCIII 680.
57. DMIV 172.
58. Pierre Viansson-Ponté, *Histoire de la République gaullienne*, vol. II: *Les temps des orphelins* (Fayard, 1971), 115–16.
59. François Mitterrand, *Le coup d'état permanent* (Plon, 1964), 86, 122.
60. DMIV 43–6 (7/11/62).
61. AP 277–8.
62. TNA FO 371/169107.

二十二 追逐伟大（1959—1963年）

1. FRUS 1958–60 VII (Part 2) #160 (14/3/60).
2. See above p. 30.
3. AP 296 (23/4/63)
4. AP 306 (10/9/62).
5. DDF 1966 (2) 364 (31/12/65).
6. DMIII 238 (31/5/60).
7. LNCIII 1005 (29/11/68). On law of the species DMIII 140 (31/5/60), 233 (3/11/59).
8. AP 496 (23/5/62).
9. DMIII 233–7 (31/3/60)
10. DMIII 262 (5/9/60).
11. DMIII 106 (18/6/59).
12. DMV 274 (31/12/67).
13. AP 293 (13/2/63).
14. AP 683 (22/3/64).
15. AP 300 (9/5/62).
16. 根本出发点参见Maurice Vaïsse, *La grandeur. Politique étrangère du général de Gaulle* (CRNS Editions, 2013)。
17. Carolyne Davidson, 'Dealing with de Gaulle: The United States and France', in Christian Nuenlist, Anna Locher and Garret Martin (eds.), *Globalizing de Gaulle. International Perspectives on French Foreign Policies 1958–1969* (Lexington Books, Plymouth, 2010), 115; LNCIII 43 (13/8/58); DDF 1958(2) 5, 56.
18. Georges-Henri Soutou, *L'alliance incertaine. Les rapports politico-stratégiques franco-allemands 1954–1996* (Fayard, 1996), 126–30.
19. AP 173 (22/8/62).
20. DDF 1967(1) 347.
21. AP 375 (23/1/63).
22. Pompidou, *Pour rétablir*, 63.
23. AP 292 (24/1/63).
24. Henri Froment-Meurice, *Vu du Quai. Mémoires 1945–1983* (Fayard, 1998), 290.
25. 他们是苏图、弗罗芒-默里斯和让·拉卢瓦。
26. Alphand, *Etonnement*, 328.
27. Jean-Marie Soutou, *Un diplomate engagé. Mémoires 1930–1979* (Fallois, 2011), 217–18.
28. Etienne Burin des Roziers, *Retour aux sources. 1962. L'année décisive* (Plon, 1986), 140–41.
29. Roland de Margerie, *Mémoires inédites. Tous mes adieux sont faits*, vol. V (McNally Jackson, New York, 2013), 47–9.
30. DGM 1064–5.
31. 麦克米伦在他未公开的日记中描述了一次射猎会的情形(Bodleian Library), 15/12/62; there are others in FII 391; Vendroux, *Ces grandes années*, 81。
32. Karine McGrath, *Un président chez le roi. De Gaulle à Trianon* (Gallimard/Château de Versailles, 2016).
33. Vaïsse, *Grandeur*, 304.
34. TNA PREM 11/4811 (19/12/62).
35. TNA FO 371/177875/RF1051/34 (19/10/64).
36. Reyn, 'Atlantis Lost', 18 n.4.
37. Mangold, *Almost Impossible Ally*, 89.
38. Frédéric Bozo, *Deux stratégies pour l'Europe. De Gaulle, les Etats-Unis et l'Alliance Atlantique 1958–1969* (Plon, 1996), 37–40.
39. FRUS 1958–60 VII(2) #79 (12/12/58).
40. Alphand, *Etonnement*, 316.
41. LNCIII 148–50 (25/5/59), 173 (6/10/59).
42. FRUS 1958–60 VII(2) #111 (5/5/59).

43. LNCIII 259–60 (9/8/60).
44. FRUS 1958–60 VII(2) # 200 (27/9/60).
45. FRUS 1958–1960 VII(2) #27 (26/6/58).
46. Vernon A. Walters, *Silent Missions* (Doubleday, 1978), 490.
47. Piers Ludlow, 'From Words to Actions', in Nuenlist, Locher and Martin, *Globalizing de Gaulle*, 68–9.
48. Vaïsse, *Grandeur*, 176–8; DDF 1959(1) 174, 371.
49. LNCIII 134–5 (11/3/59), 143 (25/4/59), 418–19 (21/10/61).
50. FRUS 1958–60 VII(2) #131 (2/9/59): 255; see also DDF 1959(2) 108.
51. François Seydoux, Mémoires d'outre-Rhin (Grasset, 1975), 225.
52. Marc Trachtenberg, *A Constructed Peace: The Making of the European Settlement 1945–1963* (Princeton University Press, 1999), 336–7, argues that at least in the period 1959–61 he did; Vaïsse, Grandeur, 238–9, is sceptical, as is Maillard, *De Gaulle et l'Allemagne*, 192.
53. LNCIII 255–6 (30/7/60).
54. DMIII 236–7 (31/5/60).
55. LNCIII 256–7 (1/8/60).
56. Schwarz, *Adenauer*, 466–70.
57. Soutou, *Alliance*, 209–24.
58. LNCIII 267 (30/9/60).
59. LNCIII 265 (29/9/60).
60. DDF 1961(1) 59 (entretien de Gaulle–Adenauer, 9/2/61).
61. LNCIII 358 (27/4/61), 381 (17/7/61).
62. Vaïsse, *Grandeur*, 184.
63. Soutou, *Alliance*, 192.
64. Soutou, Un diplomate, 228. In general see Jeffrey Glen Giauque, *Grand Designs and Visions of Unity: The Atlantic Powers and the Reorganization of Western Europe 1955–1963* (University of North Carolina Press, Chapel Hill, 2002), 127–57; Jean-Marie Soutou, 'Le Général de Gaulle et le Plan Fouchet d'union politique européenne: un projet stratégique', in Anne Deighton and Alan S. Milward (eds.), *Widening, Deepening and Acceleration: The European Economic Community 1957–1963* (Bruylant, Brussels, 1999), 55–7.
65. LNCIII 457–8 (16/2/62).
66. LNCIII 493 (26/7/62).
67. Henry Kissinger, *Diplomacy* (Simon & Schuster, New York, 1994), 602. Kissinger put this argument at the time in 'The Illusionist: Why We Misread de Gaulle', Harper's Magazine 230/1378 (3/65), 69–77.
68. LNCIII 321–5 (1/61).
69. Reyn, 'Atlantis Lost', 162–3, 236.
70. Frank Costigliola, 'Kennedy, de Gaulle and the Challenge of Consultation', in Paxton and Wahl, *De Gaulle*, 170.
71. George W. Ball, *The Past Has Another Pattern: Memoirs* (Norton, New York, 1982),96.
72. DDF 1961(1) 59 (entretien Adenauer–de Gaulle, 9/2/61). 73. TNA PREM 11/3319 (28/4/61).
74. DGM 1103–4.
75. FRUS 1961–3 XIII #107 (1/6/61).
76. AN 5AG1/723 (2/1/62).
77. LNCIII 445–56 (11/1/62).
78. LNCIII 256 (1/8/60); see also letter to Adenauer, 341 (9/3/61).
79. Vaïsse, *Grandeur*, 252.
80. LNCIII 498–9 (10/9/62).
81. Schwarz, *Adenauer*, 625.
82. FNSP, *Archives Couve de Murville MCM7* (note on conversation with Charles Hargroves, 10/9/62).
83. FRUS 1958–60 VII(2) #194.
84. Macmillan, *Diaries*, 277–9.

85. Walters, *Silent Missions*, 83.
86. Mangold, *Impossible Ally*, 93.
87. DMIV 195 (7/4/60).
88. DGM 1093, 1391.
89. AN 5AG1/1273 Spears dr.
90. DGM 1087.
91. AP 377–8.
92. 关于约定的核交易，参见Vaïsse, 'De Gaulle et l'élargissement du marché commun, 1961–1963', in Deighton and Milward, *Widening, Deepening and Acceleration*, 199–209。
93. Peter Hennessy, *Having it So Good: Britain in the Fifties* (Penguin, 2007), 607, from TNA PREM 11/2998 ('Points discussed with General de Gaulle').
94. DDF 1961(1) 109, 它记录说这是一场"严格的私人谈话"，而不是任何形式的"谈判"。
95. DDF 1961(1) 42; TNA PREM 11/3325.
96. Macmillan, unpublished diaries, 29/1/61.
97. TNA PREM 11/3338; DDF 1961(2) 192.
98. Macmillan, unpublished diaries, 29/11/61.
99. DDF 1961(2) 211 (9/12/61).
100. LNCIII 433 (12/12/61).
101. DDF 1962(1) 172 (2/6/62); TNA PREM 11/3775.
102. DDF 1962(1) 168 (note, 1/6/62).
103. Harold Macmillan, *At the End of the Day 1961–1963* (Macmillan, 1973), 120.
104. AN 5AG1/647.
105. Piers Ludlow, *Dealing with Britain: The Six and the First UK Application to the EEC* (Cambridge University Press, 1997).
106. Douglas Brinkley, *Dean Acheson: The Cold War Years 1953–71* (Yale University Press, New Haven/London, 1992), 164–8. In general, Maurice Vaïsse, 'Une hirondelle ne fait pas le printemps', in Vaïsse, *L'Europe et la crise de Cuba* (Armand Colin, 1998), 89–109; DDF 1962(2) 112.
107. LNCIII 505 (26/10/62).
108. DDF 1962(2) 201; TNA PREM 11/4230.
109. Macmillan, *Diaries*, 526.
110. AP 342–4 (19/12/62).
111. Macmillan, *Diaries*, 521.
112. Respectively Trachtenberg, *A Constructed Peace*, 360–69; Soutou, *Alliance*, 236–7; Vaïsse, *Grandeur*, 154–7. Trachtenberg认为历史学家过于信任戴高乐对佩雷菲特说的话，而对外交文件则缺乏足够信任。但佩雷菲特就此事的言论并非出于即兴，而是戴高乐在部长会议上说的话。它们的可信度肯定不亚于他允许其外交官留下错误痕迹的文件。
113. Macmillan, *Diaries*, 527.
114. AP 348–9 (3/1/63).
115. TNA FO 371/177864 (12/3/64).
116. Edgard Pisani, *Le général indivis* (Albin Michel, 1974), 99–110.
117. DMIV 70 (14/1/63).
118. AP 360.
119. DDF 1962(2) 201 (meeting at the Quai d'Orsay, 16–17/12/62).
120. James Ellison, *The United States, Britain and the Transatlantic Crisis: Rising to the Gaullist Challenge* (Palgrave, 2007),13.
121. DDF 1963(1)41.
122. Vaïsse, *Grandeur*, 255–61.
123. Frank Costigliola, 'Kennedy, de Gaulle', 186.
124. Dean Rusk, *As I Saw It: A Secretary of State's Memoirs* (I. B. Tauris, 1991), 240.
125. Costigliola, 'Kennedy, de Gaulle', 191.

126. C.L.Sulzberger, *An Age of Mediocrity: Memoirs and Diaries 1963–1972* (Macmillan, New York, 1973), 301–8.

二十三 走向世界（1963—1964年）

1. Macmillan, unpublished diaries, 4/2/63.
2. Ellison, *The United States*, 13.
3. TNA PREM 11/4811 (Dixon to Home, 17/7/63).
4. TNA PREM 11/4811 (Pierson Dixon to FO, 19/9/63).
5. TNA FO 371/169108/CF1012/2 (1/2/63).
6. James Ellison, 'Britain, de Gaulle's NATO Polices, and Anglo-French Rivalry, 1963–1967', in Nuenlist, Locher and Martin, *Globalizing de Gaulle*, 138 (12/5/64).
7. Ellison, *The United States*, 14.
8. Memorandum for the President, 29 January 1963, JFK Library, Papers of President Kennedy, President's Office Files, Countries, Box 116A（感谢詹姆斯·埃里森向我提供这份文件）.
9. FRUS 1964–8 XII #27 (3/64).
10. Reyn, 'Atlantis Lost',69.
11. FNSP, Archives Couve de Murville MCM8 (17/12/65).
12. AP 674–9.
13. Raymond Aron, *La Coexistence (mars 1955–février 1965)* (Fallois, 1993), 1036–9 ('Le Grand Débat', 27/5/62).
14. AP 1353–9.
15. 关于概述，参见Bruno Tertrais, ' "Destruction assuré": The Origins and Development of French Nuclear Strategy 1945–1981', in Henry mSokolski (ed.), *Getting MAD: Nuclear Mutual Assured Destruction, its Origins and Practice* (Strategic Studies Institute, Carlisle, PA, 2004), 51–122。
16. Pierre Gallois, *Le sablier du siècle* (L'Age d'Homme, 1999), 372–3.
17. LNCIII 444 (11/1/62).
18. DMIII 139 (3/11/59).
19. LNCIII 604 (9/12/63).
20. LNCIII 603 (9/12/63).
21. Jean Lacouture, *De Gaulle*, vol. III: *Le souverain* (Seuil, 1986), 452.
22. FRUS 1961–3 VIII #125 (22/1/63).
23. LNCIII 589 (27/10/63).
24. AP 342.
25. 对这件事有不同的解释，参见Soutou, *Alliance*, 272–5, and Vaïsse, *Grandeur*, 573–4。
26. LNCIII 657 (13/7/64).
27. AP 622 (21/8/63).
28. DMIV 159 (31/12/63).
29. DMIV 183–7 (31/1/64).
30. AP 323 (6/6/62).
31. Cahiers de la Fondation Charles de Gaulle (1995), 'L'établissement de relations diplomatiques entre la France et la Chine populaire'.
32. AP 1088 (8/1/64).
33. DDF 1964(1) 26 (15/1/64), 35 (18/1/64).
34. Alphand, *Etonnement*, 422 (3/2/64).
35. DGM 1105. 美国的记录比这更不明确："他认为东南亚在军事上、政治上和心理上都不适合打仗。"参见FRUS 1961–3 XIII #230。另外参见DDF 1961(1) 265。
36. AP 1075 (29/8/63), 1993 (22/1/64).
37. Pierre Journoud, *De Gaulle et le Vietnam 1945–1969. La réconciliation* (Taillandier, 2011).
38. FRUS 1964–8(1) #202 (6/6/64).
39. DDF 1966(2) 363 (31/12/65).

40. AP 1104 (28/4/65).
41. In general see Maurice Vaïsse (ed.), *De Gaulle et l'Amérique latine* (Presses Universitaires de Rennes, 2014).
42. LNCIII 665 (18/9/64).
43. AP 1/63.
44. TNA FO 371/177874 (23/10/64).
45. Matthieu Trouvé, 'L'ambition et les contraintes', in Vaïsse, *De Gaulle et l'Amérique latine*, 115–29.
46. Roussel, *De Gaulle*, 766.
47. Luc Capdevila, 'Les aléas d'une captation d'image', in Vaïsse, *De Gaulle et l'Amérique latine*, 129–45.
48. Soutou, *Un diplomate*, 400.
49. Turpin, *De Gaulle, Pompidou*, 62.
50. FNSP, Archives Debré 2DE30 (13/8/61).
51. *Foccart parle* I, 479 (note, 5/7/61). Also note to Alphand, LNCIII 323–4.
52. LNCIII 216 (2/2/60).
53. Pierre-Michel Durand, *L'Afrique et les relations franco-américaines des années soixante. Aux orgines de l'obsession américaine* (L'Harmattan, 2007), 113–31.
54. DMIII 283 (20/12/60).
55. DMIII 424 (26/3/62); AP 405 (30/1/63).
56. Anne Liskenne, *L'Algérie indépendante. L'ambassade de Jean Marcel Jeanneney* (juillet 1962–janvier 1963) (Armand Colin, 2015), 50–51.
57. JeffreyByrne, ' "*Je ne vous ai pas compris*": De Gaulle's Decade of Negotiation with the Algerian FLN, 1958–1969', in Nuenlist, Locher and Martin, *Globalizing de Gaulle*, 225–49 (226); Byrne, 'Négociation perpetuelle', in Vaïsse, *De Gaulle et l'Algérie*, 299–312.
58. Charles-Robert Ageron, 'La politique française de coopération avec l'Algérie', in DGESSVI 216 n.4.
59. AP 1306 (29/5/63). 说这些话的时间为1963年5月,即布迈丁成为该政权二号人物时。两年后,他掌握了全权。
60. Jean-Pierre Bat, *Le syndrome Foccart. La politique française en Afrique de 1959 à nos jours* (Gallimard, 2012), 162–4.
61. LNCIII 471 (2/4/62); FI 552 (10/2/67). In general see André Lewin, 'La decolonisation de la Guinée, un échec', in Philippe Oulmont and Maurice Vaïsse (eds.), *De Gaulle et la décolonisation de l'Afrique subsaharienne* (Karthala, 2014), 119–53.
62. FI 552 (10/2/67).
63. FI 359 (11/2/66).
64. In general see Bat, *Syndrome Foccart*, 83–150.
65. LNCIII 626 (18/2/64).
66. Bat, *Syndrome Foccart*, 244.
67. FII 231.
68. Foccart parle I, 276–7.
69. FI 727 (3/10/67).
70. FI 425 (26/5/66).
71. FI 90 (4/3/65).
72. Durand, *Afrique*, 229–62; Charles and Alice Darlington, *African Betrayal* (David McKay, New York, 1968).
73. AP 1071; *Foccart parle* I, 213.
74. FI 105(25/3/65).
75. *Foccart parle* I, 214; FI 106.
76. FI 106 (26/3/65).
77. FI 48(18/1/65).
78. Omar Bongo, *Blanc comme nègre* (Grasset, 2001), 67.
79. FI 221 (21/9/65).

80. FI 105 (26/3/65).
81. Bodleian Library, Reilly Papers MS.Eng. c6925 (Draft Memoirs), 138–40 (my thanks to James Ellison for passing on this source).
82. Jean-Pierre Bat, *La fabrique des 'Barbouzes'. Histoire des réseaux Foccart en Afrique* (Nouveau Monde, 2015), 342–50.
83. Soutou, *Un diplomate*, 341–9.
84. AP 1056 (23/7/62).
85. Durand, *Afrique*, 443–4.

二十四 现代化的君主（1959—1964年）

1. Nicolas Mariot, *Bains de foule. Les voyages présidentiels en province, 1888–2002* (Belin, 2006), 42–3.
2. AP 155–6 (19/5/62).
3. André Passeron, *De Gaulle parle* (Plon, 1962), 550–58; AP 510–15.
4. Pierre Viansson-Ponté, *The King and his Court* (Houghton Mifflin, 1965), 38.
5. Hazareesingh, *Mythe*, 127.
6. AN 5AG1/177.
7. Jean-Paul Ollivier, *Le Tour de France du Général* (Julliard, 1985), 141.
8. Pisani, Le général indivis, 117.
9. AP 513.
10. Comte de Paris and de Gaulle, *Dialogue sur la France*, 137–8, 200–201.
11. AP 202, 1137.
12. LNCIII 371 (4/6/61).
13. AP 1137.
14. 一个很能说明问题的细节是：自1879年以来，所有新当选的共和国总统都有一枚纪念章，一面是他们的肖像，另一面是共和国的雕像。然而，戴高乐在纪念章的背面选择了一个洛林十字。
15. Gérard Namer, *Batailles pour mémoire. La commémoration en France de 1945 à nos jours* (Papyrus, 1983); Danielle Tartakowsky, 'Des 18 juin de souveraineté quand même 1945–1957', in Philippe Oulmont (ed.), *Les 18 juin. Combats et commémorations* (André Versaille, 2011), 156–74.
16. Sudhir Hazareesingh, 'Les 18 juin sous la Vème République', in Oulmont, *Les 18 juin*, 183–207.
17. DGM 1119.
18. Henry Rousso, *Le syndrome de Vichy* (Seuil, 1987), 95–110.
19. See Jérôme Bourdon, Histoire de la télévision sous de Gaulle (Anthropos/INA, 1990); Aude Vassallo, *La télévision sous de Gaulle. Le contrôle gouvernemental de l'information (1958/1969)* (De Boeck, Brussels, 2005); Brizzi, De Gaulle et les médias.关于一名忠诚的戴高乐主义者所记述的法国广播电视公司新闻主管控制下的这一体系的运转，参见 Edouard Sablier, *La télé du Général* (Editions du Rocher, 2001)。
20. Christian Delporte, *La France dans les yeux. Une histoire de la communication politique de 1930 à nos jours* (Fayard, 2007), 86–7.
21. Marcel Bleustein-Blanchet, *Mémoires d'un lion* (Perrin, 1988), 218–19. 在他的回忆录中，他夸大了现实，错误地宣称戴高乐穿着制服，戴着头巾。
22. Brizzi, De Gaulle, 125–6.
23. DMIII 295–6.
24. AN 5AG1/1555.
25. AP 510 (5/62).
26. Jean-François Revel, *Le style du Général. Essai sur Charles de Gaulle* (mai 1958–juin 1959) (Julliard, 1959).
27. DMIII (13/6/58).

28. DGM 1133.
29. AP 223, 518,573.
30. Delporte, *La France dans les yeux*, 102.
31. DGM 1134.
32. Vassallo, *La télévision*, 263–7.
33. AP 501; also 496–501, 768–78.
34. LNCIII 539 (18/2/63), 541 (3/3/63), 546 (3/4/63), 579 (2/9/63).
35. LNCIII 649 (29/5/64).
36. Guy, *En écoutant*, 354–5.
37. Brizzi, *De Gaulle*, 128–31.
38. Fauvet, 'Pour un régime d'opinion', *Le Monde* 24/2/66.
39. Raymond Aron, 'Le secret du général' (25/1/63), in Aron, *La Coexistence*, 1135.
40. Ibid.
41. AP 131–3 (18/4/62); also 472 (14/4/63).
42. Mauriac, *Un autre de Gaulle*, 201.
43. 'De Gaulle 44, de Gaulle 59', *L'Express* 26/3/59; 'Charles de Gaulle', *L'Express* 29/10/59; 'Notre haute cour', *L'Express* 2/6/60; 'Technique du coup d'état', *L'Express* 27/9/62.
44. Michel Winock, *Journal politique. La république gaullienne 1958–1981* (Thierry Marchaisse, 2015),103.
45. Georges Vedel (ed.), *La dépolitisation. Mythe ou réalité* (Armand Colin, 1962).
46. Ibid., 29,51.
47. For example Philippe Ariès's article 'Une ville "ennemie" ' (10/5/61), reprinted in Ariès, *Le présent quotidien 1955–1966* (Seuil, 1997), 222–3.
48. AP 320.
49. AP 85; *Foccart parle* I, 411.
50. See articles 'Elysée' and 'Vie quotidienne à l'Elysée' in Claire Andrieu, Philippe Braude and Guillaume Piketty (eds.), *Dictionnaire Charles de Gaulle* (Robert Laffont, 2006), 427–9, 1156–7.
51. AN AP569/53 (Lefranc Papers), 'Notes aux membres du cabinet'.
52. Neau-Dufour, *Yvvonne*, 361–2.
53. Pierre-Louis Blanc, *De Gaulle au soir de sovie* (Fayard, 1990), 155.
54. Vaïsse, *Grandeur*, 290.
55. Jean Méo, *Une fidélité gaulliste à l'épreuve du pouvoir. De Chirac à de Gaulle* (Lavauzelle, 2008),149.
56. FDG, *De Gaulle et le service de l'état. Des collaborateurs du général témoignent* (Plon, 1977), 95.
57. DGM 1139.
58. Méo, *Une fidélité*, 115–16.
59. FDG, *De Gaulle et le service*, 112–13; Jacques Narbonne, de Gaulle's education adviser, was reprimanded for the same: Narbonne, *De Gaulle et l'éducation nationale. Un rencontre manqué* (Denoël, 1994), 128.
60. AP 345–6 (20/12/62).
61. Pompidou, *Lettres*, 377–8 (17/5/65).
62. AP 1488 (13/4/66).
63. Kettle, *De Gaulle and Algeria*, 307.
64. Archives Constitutionnelles de la Ve république, vol. V: Témoignages 1958–1995 (Documentation Française, 2011), 124–5.
65. Jean-Maxime Lévêque, *En première ligne* (Albin Michel, 1986), 72.
66. Bernard Tricot, *Mémoires* (Quai Voltaire, 1994), 216.
67. AN 5AG 1/2366.
68. AN 5AG1/2394.
69. The minutes are in AN 5AG1/2346.
70. LNCIII 591 (5/11/63). Or see LNCIII (30/10/63).
71. AP 521 (28/8/62), 529 (9/1/63), 538 (28/2/63).
72. AN 5AG1/2346 (7/12/63).

73. This is the theme of Narbonne, *De Gaulle et l'éducation*.
74. LNCIII 546 (26/3/63, 6/4/63), 818 (4/5/66), 731 (24/7/65), 776 (31/1/66).
75. AP 527.
76. AP 932.
77. AN 5AG1/2359.
78. Lévêque, *Enpremière ligne*, 87.
79. AP 528–31.
80. Guy, *En écoutant*, 161.
81. On this generation see Gaïti, *De Gaulle prophète*, 263–309; Delphine Dulong, *Moderniser la politique. Aux origines de la Vème République* (L'Harmattan,1997).
82. Pierre Grémion, *Modernisation et progressisme. Fin d'une époque 1968–1981* (Editions Esprit, 2005), 239.
83. David Valence, ' "Une prise en main rigoureuse de l'appareil d'état?" Le pouvoir gaulliste face aux hauts fonctionnaires (1958–1962)', *Histoire@Politique* 12 (2010/3); Luc Rouban, 'Le Gaullisme des haut fonctionnaires (1958–1974)', *Vingtième siécle* 116 (10–12/12).
84. On the complex relationship between the proponents of these ideas and the Finance Ministry see Laure Quennouëlle-Corre, *La direction du Trésor 1947–1967. L'état-banquier et la croissance* (Comité pour l'histoire économique et financière de la France, 2000).
85. Marc Olivier Baruch, 'Les élites d'état dans la modernisation', in Berstein, *Birnbaum and Rioux, De Gaulle et les élites*, 102–3.
86. Méo, *Une fidelité gaulliste*, 158.
87. Anderson, 'Civil War in France', 40–109.
88. Ibid., 46.
89. DMIII 242 (14/6/60); also slightly differently LNCIII 220–21 (2/60).
90. Brigitte Gaïti, ' "Syndicat des anciens" contre "forces vives" de la nation. Le renouvellement politique de 1958', in Michel Offerlé, *La profession politique XIX–XXè siècles* (Belin, 1999), 279–306.
91. LNCIII 225–6 (18/3/60).
92. AP 954 (27/3/63).
93. LNCIII 623 (6/2/64); 665 (19/9/64).
94. AN 5AG1/2424 (Méo note, 3/60).
95. Bruneteau, *Les paysans*, 43.
96. Gordon Wright, *Rural Revolution in France: The Peasantry in the Twentieth Century* (Stanford University Press, 1964), 162.
97. LNCIII 234 (30/4/60).
98. DGM 1016–17.
99. DMIII 241–6 (14/6/60).

二十五 中场时刻（1965年）

1. Serge Mallet, *Gaullisme et la gauche* (Seuil, 1965).
2. 'Résistance', *14 juillet 1* (1958).
3. 这是一期特刊，名称为 "avant le n.2"。
4. Gilbert Comte, 'De Gaulle et la République', *Le Monde* 2–3/12/62.
5. Georges Vedel, 'Haute et basse politique dans la Constitution de 1958', *Preuves* 107 (1/60), 17–22; 'De l'arbitrage à la mystique', *Preuves* 112 (6/60), 16–24.
6. 'Un homme a remplacé l'état', Le Nef (5/59).
7. François Fontaine, 'Le vide politique et le mythe du vieux chef', *Preuves* 97 (5/59), 49–53.
8. 'La constitution du mépris', *L'Express* 11/9/58, reprinted in Jean-Paul Sartre, *Situations*, vol. V (Gallimard, 1965), 113–14.
9. Jean-Noël Jeanneney and Jacques Julliard, *Le monde de Beuve-Méry ou le métier d'Alceste* (Seuil, 1979).
10. Beuve-Méry, *Onze ans de règne 1958–1969* (Flammarion, 1974), 71–3 (26/10/62).

11. Ibid., 111–13 (18/12/65).
12. François Mauriac, *Bloc-notes*, vol. II: *1958–1960* (Seuil, 1993), 378 (30/1/60).
13. Michel Winock, 'Mauriac politique', *Esprit* (12/67), 1004–14.
14. Daniel, 'Le mythe gaulliste dans le tiers monde', *Le Monde* 5/2/64.
15. Jean-Marie Domenach, 'C'est toujours Munich', *Témoignage chrétien* 1/6/62; Domenach, 'Donnons congé aux fantômes', *Témoignage chrétien* 3/10/63.
16. Claire Andrieu, *Pour l'amour de la république. Le Club Jean Moulin 1958–1970* (Fayard, 2002).
17. Dulong, *Moderniser*, 229.
18. Georges Suffert, *Mémoires d'un ours* (Ed. de Fallois, 1995), 129.
19. Alain Slama in Robert Frank and Eric Roussel, *Deux passions françaises. Pierre Mendès France et Charles deGaulle* (CRNS Editions, 2014), 33.
20. 戴高乐没有把它收录于其发表的讲话中，但从这场新闻发布会的录音中可听到这句话，参见http://www.ina.fr/video/I00012523。
21. DDF 1965(1) 35 (21/1/65).
22. TNA FO 371/182932 (1/1/65); FO 371/182937 (5/2/65).
23. TNA FO 371/182949 (29/1/65).
24. LNCIII 689–90 (6/1/65).
25. Alphand, *Etonnement*, 447; DDF 1965(1) 185 (22/4/65).
26. Ibid., 451.
27. FI 63 (5/2/65).
28. DMIV 355.
29. DMIV 363 (23/3/6).
30. LNCIII 723.
31. DDF 1965(1) 275 (entretien de Gaulle–Adenauer).
32. Durand, *L'Afrique*, 266–331; Bat, *Syndrome Foccart*, 281–9.
33. FI 159 (28/5/58).
34. FI 159–61 (28/5/58).
35. *Foccart parle* I, 311.
36. Mauriac, *Un autre de Gaulle*, 310. Examples in LNCII 1001 (1/2/51), 1011 (25/4/51).
37. FI 85 (26/65).
38. FI 96 (16/3/65).
39. AP 1162–3 (12/1164).
40. Neau-Dufour, *Yvonne*, 358.
41. François Bloch-Lainé, *Ce que je crois* (Grasset, 1995), 113.
42. Neau-Dufour, *Yvonne*, 358–9.
43. Ibid., 364–73.
44. Ibid., 399.
45. Mangold, *Impossible Ally*, 163.
46. DGM 873.
47. Neau-Dufour, *Geneviève de Gaulle*, 114–19.
48. FI 116–17 (3/4/64).
49. AP 1155–6 (13/6/64).
50. AP 742 (17/6/64), 1146 (8/2/64), 1167 (11/2/65).
51. Vaïsse, *Grandeur*, 552.
52. AP 863 (28/10/64).
53. Andrew Moravcsik, 'De Gaulle between Grain and Grandeur: The Political Economy of FrenchEC Policy, 1958–1970', *Journal of Cold War Studies* 2/2 (Spring 2000), 3–43, and 2/3 (Fall 2000), 4–68.
54. Vaïsse, *Grandeur*, 555.
55. AP 889 (13/7/65), 891 (21/7/65).
56. Ludlow, 'From Words to Actions', 93. 对这场危机最出色的叙述参见Piers Ludlow, *The European Community and the Crises of the 1960s: Negotiating the Gaullist Challenge* (Routledge, 2006)。

57. François Mitterrand, *Ma part de verité. De la rupture à l'unité* (Fayard, 1969),22.
58. AN 5AG1/1174 (Ganeval), Report of meeting between Ganeval and Foccart.
59. François Mitterrand, *La paille et le grain* (Flammarion, 1975),26.
60. AP 1181 (13/10/65).
61. AP 1184 (20/10/65).
62. AP 1166 (14/11/64).
63. François Audigier, 'De Gaulle victime puis acteur de la modernisation de la communication politique', *Espoir* 150 (3/07), 25–51; Delporte, *La France dans les yeux*, 121–61.
64. AP 1205 (5/12/65).
65. Vendroux, *Ces grandes années*, 242.
66. AP 1208 (8/12/65).
67. DMIV 446 (14/12/65).
68. Lefort, *Souvenirs*, 135.
69. All articles from *Le Monde*: Astier de la Vigerie, 'Pour de Gaulle', 2/12/65; André Chamson, 'Pour défendre la république', 19–20/12/65; Jean Guehénno, 'Une certaine idée de la France', 19–20/12/65; Jean Cassou, 'Contre le Bonapartisme', 18/12/65; Jean Cau, 'Le seul choix d'avenir', 9/12/65; Pierre Boutang, 'Par curiosité', 17/12/65; Pierre Uri, 'Eclaircissements', 17/12/65; Edgard Morin, 'La contradiction', 19–20/12/65.
70. LNCIII 760 (29/12/65).
71. Mitterrand, *Coup d'état*, 36.
72. Garrigues, *Les hommes providentiels*.

第五章 走向结束（1966—1970年）

二十六 制造麻烦（1966—1967年）

1. LNCIII 404 (19/9/61).
2. LNCIII 1184.
3. FI 424 (25/5/66).
4. Garrett Martin, *General de Gaulle's Cold War: Challenging American Hegemony 1963–1968* (Berghahn, New York/Oxford, 2013), 117.
5. FRUS 1964–8 XII #53.
6. AP 360 (14/1/63).
7. Soutou认为这是认真的，参见Soutou, *Alliance*, 129–30。
8. 它包含一份关于和美国拟定一项双边协定以取代北约的记录，参见Alphand, *Etonnement*, 452; LNCIII 697。
9. DDF 1966(1) 49 (21/1/66), 58 (25/2/66), 60 (26/1/66).
10. FRUS 1964–8 XIII (7/3/66).
11. Frédéric Bozo,'Chronique d'une décision annoncée: le retrait de l'organisation militaire (1965–1967)', in Maurice Vaïsse, Pierre Mélandri and Frédéric Bozo (eds.), *La France et l'OTAN 1949–1996* (Complexe, Brussels, 1996), 331–58 (338).
12. DMV 21.
13. Soutou, Alliance, 291–2.
14. Mikhail Narinsky, 'Le retrait de la France de l'organisation militaire de l'OTAN, vu de Moscou', in Vaïsse, *De Gaulle et la Russie*, 163–70 (166).
15. DDF 1959(2) 295 (VIII 21/12/59).
16. Roussel, *De Gaulle*, 663.
17. DMIV 113 (28/10/66).

18. LNCIII 575 (23/8/63).
19. Alphand, *Etonnement*, 445.
20. AP 983–5; Olivier Chantiaux, *De Gaulle et la diplomatie par l'image* (INA Editions, Bry-sur Marne, 2010).
21. DDF 1966(1) 279 (29/4/66).
22. AP 912.
23. DDF 1965(2) 117 (de Gaulle to Ball, 1/8/65); LNCIII 657 (13/7/64).
24. AP 1356.
25. LNCIII 778–9 (4/2/66).
26. LNCIII 842 (18/11/66).
27. Alphand, *Etonnement*, 445.
28. DDF 1968(1) 390 (19/11/68).
29. AP 1416 (5/12/66). DDF 1967(1) 47 (27/1/67) ('Ce sera un rapprochement, une conjonction, peut-être un jour une confédération').
30. AP 1405 (15/6/66).
31. Lefort, *Souvenirs*, 152.
32. Roussel, *De Gaulle*, 801.
33. AP 1407.
34. DMV 81–2.
35. Journoud, *De Gaulle et le Vietnam*, 246–60.
36. Narinsky, 'Le retrait', 170.
37. AP 1416 (5/12/66).
38. DDF 1967(1) 19 (13/1/67).
39. McGrath, *De Gaulle à Trianon*, 78–9.
40. Ellison, *The United States*, 165.
41. Helen Parr, 'Saving the Community: The French Response to Britain's Second EEC Application in 1967', *Cold War History* 6/4 (2006), 425–54.
42. AP 1407.
43. Guy, *En écoutant*, 254.
44. Vaïsse, *Grandeur*, 619. 它指出，本-古里安的一位传记作者引用的这些话其实在法国会议记录中并没有出现。
45. 最完整的叙述参见Samy Cohen, *De Gaulle, les Gaullistes et Israël* (Alain Moreau, 1974); 最新的叙述参见Vaïsse, *Grandeur*, 615–47。
46. LNCIII (31/7/59); AN 5AG1/511 (note, 24/5/63).
47. DDF 1959(1) 106.
48. AN 5AG1/788 (Debré note, 15/6/60).
49. DGM 1114.
50. Barnavi DGESSVI, 417–29; Cohen, *De Gaulle, les Gaullistes et Israel*, 86–7, quotes from the diary of Peres.
51. LNCIII 557 (11/6/63); LNCIII 716 (14/5/65).
52. DDF 1965(1) 274 (12/6/65).
53. For an overview see Jean-Pierre Filiu, 'France and the June 1967 War', in Roger Louis and Avi Shlaim, *The 1967 Arab–Israeli War: Origins and Consequences* (Cambridge University Press, 2012), 247–63.
54. AP 1489 (24/5/67); LNCII 896 (4/6/67).
55. Abba Eban, *An Autobiography* (Weidenfeld & Nicolson, 1977), 341–4.
56. DDF 1967(1) 238 (1/6/67).
57. DDF 1967(1) 243 (2/6/67).
58. FI 649 (5/6/67).
59. DDF 1967(1) 275 (8/6/67).
60. DDF 1967(1) 312 (16/6/67).
61. TNA FCO 17/28 (18/6/67).
62. LNCIII 910 (7/8/67); 661 (18/6/67).

63. DDF 1967(2) 27 (12/7/67).
64. Avi Shlaim, *The Iron Wall: Israel and the Arab World* (Allen Lane, 2000), 236–4; Avi Shlaim, 'Israel: Poor Little Samson', in Roger Louis and Avi Shlaim, *The 1967 Arab–Israeli War: Origins and Consequences* (Cambridge University Press, 2012), reiterates this position. 关于最近的分析，更多是对以色列的批评，参见Guy Laron, *The Six Day War: The Breaking of the Middle East* (Yale University Press, New Haven/London, 2017)。
65. DDF 1967(1) 258 (5/6/67), 267 (6/6/67).
66. DDF 1967(1) 334, 335(Lucet to Couve, 26/6/67). See Maurice Vaïsse, 'Les crises de Cuba et du Prochain Orient', in Vaïsse, *De Gaulle et la Russie*, 151–63.
67. Eban, *Autobiography*, 437–8.
68. Sulzberger, *Age of Mediocrity*, 344–5.
69. FNSP, Archives Debré 2DE29.
70. Vendroux, *Ces grandes années*, 93.
71. LNCIII 318 (21/1/61).
72. LNCIII 579 (4/9/63).
73. LNCIII 845 (9/12/66).
74. AP 1518 (24/4/63).
75. AP 1521, 1528.
76. AP 1530.
77. DMV 202–4.
78. AP 1543.
79. AP 1551.
80. LNCIII 908 (28/7/67).
81. AP 1552–3.
82. AP 1568
83. FI 686.
84. Alphand, *Etonnement*, 494.
85. DDF 1967(1) 47 (27/1/67).
86. DDF 1967(2) 111 (11/9/67).
87. AP 60–61.
88. AP 1510.
89. AP 61.
90. Martin, *General de Gaulle's Cold War*, 159–67; Ellison, *The United States*, 174–83.
91. FI 304 (13/12/65), 547 (27/1/67).
92. FII 427 (8/11/68).
93. FI 502 (4/11/66).
94. FI 314 (1/1/66).
95. FI 323 (10/1/66).
96. FII 14 (5/1/68).
97. FI 765–6 (10/11/67).
98. FI 790–91 (19/12/67).
99. FII 67–8 (18/4/68).
100. Vaïsse, *Grandeur*, 496–500.
101. FI 694 (28/8/67); also 664 (20/6/67).
102. FI 787 (14/12/67).
103. FII 25 (23/1/68), 53 (2/4/68).
104. Vaïsse, 'L'ONU, une tribune pour la politique gaullienne?', in *8e Conférence internationale des éditeurs de documents diplomatiques* (Ministère des Affaires étrangères, 2008), 169–75; Joanna Warson, 'A Transnational Decolonisation: Britain, France and the Rhodesian Problem', in Tony Chafer and Alexander Keese (ed.), *Francophone Africa at Fifty* (Manchester University Press, 2013), 171–85.
105. FII 92 (6/5/68).
106. Sulzberger, Age of Mediocrity, 404 (23/1/68).

107. FRUS 1964–8 XII 74 (27/7/67).
108. Alphand, *Etonnement*, 493.
109. AP 1538 (10/11/65), 1562 (31/8/67).

二十七 收益递减

1. DMIV 246.
2. Jean Charlot, *Les Français et de Gaulle* (Plon, 1971), 45–6.
3. Quoted in Le Monde 19/4/66.
4. Maurice Duverger, 'La gauche et l'OTAN', *Le Monde* 31/3/66.
5. Le Monde 11/5/66; Domenach, 'A propos d'un manifeste sur la politique éxterieure', *Esprit* (5/66), 1234–7.
6. TNA FO 371/189100 (17/1/66).
7. Eric Chiaradia, *L'entourage du Général de Gaulle, juin 1958–avril 1969* (Publibook, 2011), 449.
8. Lefort, *Souvenirs*, 209.
9. L'Express 23/4/59.
10. Jacques Dauer and Michel Rodet, *Les orphelins du gaullisme* (Julliard, 1962), 202–3.
11. AP 524 (11/7/62).
12. AP 446 (12/12/62).
13. AP 448 (13/12/62).
14. AP 1000 (30/4/63).
15. AP 1002 (20/8/63).
16. Jean-Claude Casanova, 'L'amendement Vallon', *Revue française de science politique* 17/1 (1967), 97–109.
17. LNCIII 809 (11/4/66).
18. AP 1291–4.
19. AP 1300–302 (10/9/66).
20. AP 1307 (19/2/67).
21. DMIV 126 (28/10/66).
22. DMIV 153 (9/2/67), 159 (4/3/67); LNCIII 869–70 (12/2/67).
23. Jean-Paul Cointet, Bernard Lachaise and Sabrina Tricaud, *Georges Pompidou et les élections (1962–1974)* (PIE Peter Lang, Brussels, 2008), 65–117.
24. FI 511 (16/11/66).
25. AP 1434.
26. AN 5AG1/2760.
27. LNCIII 893 (13/5/67).
28. FI 734–40 (13/10/67).
29. FI (9/11/67).
30. 'Nous n'irons pas à Lille', *Notre République* 10/11/67.
31. *Le Monde* 28/11/67.
32. DMV 252–4 (27/11/67).
33. Roussel, *De Gaulle*, 847.
34. Jean d'Escrienne, *Le général m'a dit 1966–1970* (Plon, 1973), 148.
35. LNCIII 942–5 (30/12/67); Daniel Amson, *De Gaulle et Israel* (PUF, 1991), 111–13; Tournoux, *Le Tourment*, 205–9. 他与戴高乐主义者路易·哈蒙的交流，参见AN5AG1/1185。
36. TNA FO 371/189100.
37. FI 636 (16/5/67), 746–7 (20/10/67), 778 (27/11/67).
38. Tricot, *Mémoires*, 253.
39. Bodleian Library, Reilly Papers MS.Eng.c6926, 'Unpublished memoirs', 165–6.
40. FI 690 (23/8/67).
41. Bibliothèque de Documentation Internationale Contemporaine (BDIC), Fonds Rousset, Delta 1880/112/5 (25/4/68).

42. Domenach, *Beaucoup de gueule*, 266.
43. François Flohic, *Souvenirs d'Outre-Gaulle* (Plon, 1979), 172 (28/4/68); similar comment in Lefort, *Souvenirs*, 234.

二十八 革命（1968年）

1. Tricot, *Mémoires*, 227.
2. AP 1458 (6/9/62).
3. Guy, *En écoutant*, 364–5.
4. AP 7994–6 (5/6/63).
5. AP 1198–9 (24/11/65).
6. AP 1458 (6/9/67)
7. LNCIII 602 (9/12/63).
8. Margerie, *Mémoires inédites* V, 179.
9. Philippe de Gaulle, *De Gaulle mon père* I, 363.
10. AP 514.
11. LNCIII 1177.
12. Rix, *Par le portillon*, 145.
13. Information provided by Yves de Gaulle (interview 16/12/15).
14. LNCIII 908 (18/7/67).
15. LNCIII 939 (17/12/67).
16. Ludivine Bantigny, *1968. De grands soirs en petits matins* (Seuil, 2018), 38. This is the most recent, and now the best book on 1968.
17. DDF 1966(2) 157.
18. DMIV 455 (14/12/65).
19. Didier Fischer, 'De Gaulle et la jeunesse étudiante de l'UNEF dans les années soixante', in FDG, *Charles de Gaulle et la jeunesse* (Plon, 2005), 324–42.
20. AP 15966 (20/11/63).
21. LNCIII 630 (3/3/64).
22. LNCIII 649 (5/6/64).
23. Sabrina Tricaud, 'L'éducation, un "domaine réservé" pour Georges Pompidou 1962–1968', in Bruno Poucet and David Valence (eds.), *La Loi Edgar Faure. Réformer l'université après 1968* (Presses Universitaires de Rennes, 2016), 51–8.
24. AP 1604 (21/4/67).
25. Hervé Hamon and Patrick Rotman, *Génération*, vol. I: *Les années de rêve* (Seuil, 1987), 40. On Missoffe, Laurent Besse, 'Un ministre et les jeunes: François Missoffe, 1966–1968', *Histoire@Politique* 4 (2008/1), 11–11.
26. Philippe Nivet, 'Maurice Grimaud et Mai 1968', *Histoire@Politique* 27 (2015/3), 18–32.
27. Bantigny, 1968, 153–79.
28. AP 1707 (9/5/68).
29. Mathias Bernard, 'L'état en mai 68', in Xavier Vigna and Jean Vigreux (eds), *Mai–juin 1968. Huit semaines qui ébranlèrent la France* (Editions Universitaires de Dijon, Dijon, 2010), 131–44.
30. AP 1680–82 (5/5/68).
31. AP 1693 (8/5/68).
32. AP 1711 (11/5/68).
33. Ibid.
34. Jean Mauriac, *L'après de Gaulle. Notes confidentielles 1968–1989* (Fayard, 2006), 384. 在这次交谈的另一个版本中，若克斯称他说的是："将军已不存在，戴高乐死了。"引自Roussel, *De Gaulle*, 863。
35. AP 1719 (11/5/68).
36. Pompidou, *Pour rétablir*, 180.
37. Christian Fouchet, *Mémoires d'hier et de demain*, vol. II: *Les lauriers sont coupés* (Plon, 1973),44.

38. AP 1783 (2/6/68).
39. FII 106.
40. In general, see Bernard Lachaise and Sabrina Tricaud (eds.), *Georges Pompidou et Mai 1968* (Peter Lang, Brussels, 2009).
41. Xavier Vigna, *L'insubordination ouvrière dans les années 68. Essai d'histoire politique des usines* (Presses Universitaires de Rennes, 2011).
42. Bernard Ducamin quoted in Bantigny, 1968, 181–12.
43. Emmanuel Laurentin, 'Le transistor', in Michelle Zancarini-Fournel and Philippe Artières (eds.), *68. Une histoire collective (1962–1981)* (La Découverte, 2008), 285–90.
44. DDF 1968(1) 295, 330.
45. Michel Droit, *Les feux du crépuscule. Journal 1968–1970* (Plon, 1977), 27.
46. Maurice Grimaud, *En mai fais ce qu'il te plaît* (Stock, 1977), 210.
47. LNCIII 977.
48. FII 130–32.
49. AN 5AG1/2227 ('Documents de réflexion pour M. Tricot pour son retour de Roumanie. 18/5/68 au soir').
50. AP 1743–51; Jean-Raymond Tournoux, *Le mois du mai du général* (Plon, 1969), 117–37.
51. Edouard Balladur, *L'arbre de mai* (Marcel Jullian, 1979), 224.
52. FII 131.
53. Balladur, *Arbre*, 291.
54. AP 1756–61 (27/5/68).
55. Vendroux, *Ces grandes années*, 316–17.
56. FII 134–5.
57. Droit, *Les feux*, 33–8.
58. Lalande quoted in Roussel, *De Gaulle*, 870–71; *FII* 141–4.
59. Lacouture, *Souverain*, 696.
60. Droit, *Les feux*, 40–41; Pompidou, *Pour rétablir*, 186–7; Fouchet, *Lauriers*, 19–27.
61. Flohic, Souvenirs, 176.
62. Boissieu gave many versions: Alain de Boissieu, *Pour servir le Général 1946–1970* (Plon, 1982), 176–94; to Foccart in FPII 173–7, 397–401 (5/6/68, 22/10/68); in a memorandum for Pompidou (6/6/68), reproduced in *Espoir* 115 (4/98), 73–85; and an interview in the same issue of *Espoir*, 69–72; a letter to Pompidou (23/7/68).
63. Pompidou, *Pour rétablir*, 189; Claude Mauriac, *Les espaces imaginaires* (Grasset, 1973), 262–3.
64. Flohic, *Souvenirs*, 176.
65. Ibid., 177–8.
66. Roussel, *De Gaulle*, 875.
67. Jacques Massu, *Baden*.
68. Souvenirs d'une fidelité gaulliste (Plon, 1983).
68. Roussel, *De Gaulle*, 876.
69. Ibid.
70. Flohic, *Souvenirs*, 181.
71. Massu, *Baden*, 89; Flohic, *Souvenirs*, 181.
72. Flohic, *Souvenirs*, 182.
73. The latter is the view of François Goguel, 'Charles de Gaulle du 24 au 29 mai 1968', *Espoir* 115 (4/98), 87–105, which argues forcibly for the Boissieu line.
74. DMV 319.
75. AN 5AG1/2101 (18/5/68).
76. Jacques Belle, *Le 30 mai 1968. La guerre civile n'aura pas lieu* (Economica, 2012), 45–64; Frank Georgi, ' "Le pouvoir est dans la rue". 30 mai. La "manifestation gaulliste" des Champs Elysées', *Vingtième siècle* 48 (1995), 4660.
77. DDF 1968(2) 320, 322.

78. François Audigier, 'Les gaullistes de gauche en mai–juin 1968: la fin d'une certaine ambiguïté?', in Bruno Benoit et al., A chacun son mai? Le tour de France de mai–juin 1968 (Presses Universitaires de Rennes, 2011), 327–41; Audigier, 'Le malaise des jeunes gaullistes en mai 1968', *Vingtième siècle* 70 (2001), 71–88. 关于一位左派戴高乐主义者在1968年的回忆录，参见Olivier Germain-Thomas, *Les rats capitaines* (Hallier, 1978)。
79. Anderson, 'Civil War in France', 8.
80. DMV 324–36.
81. FII 205 (18/6/68).
82. FII 207 (18/6/68).

二十九 落幕（1968年6月—1970年11月）

1. Pompidou, *Pour rétablir*, 199.
2. FII 250.
3. Pompidou, *Pour rétablir*, 200.
4. FII 263.
5. FII 169 (4/6/68).
6. Lachaise and Tricaud, *Pompidou et Mai 1968*, 184–6; Pompidou, *Pour rétablir*, 199–204; FII 245–95.
7. FII 275.
8. Flohic, Souvenirs, 146
9. Lacouture, Souverain, 547.
10. LNCIII 991 (24/8/68).
11. Alphand, Etonnement, 513.
12. DMV 364–5 (9/9/68).
13. DDF 1968(2) 230 (20/9/68); also DDF 1968(2) 236 (23/9/68).
14. MAE, 'Secrétariat général Entretiens et Messages', 1956–71, 231QO/34. 我要把对苏联档案的这一论断归功于Robert Service教授。
15. FRUS 1964–6 XII 83 (10/10/68).
16. DDF 1969(1) 97 (3/3/69).
17. 关于顾夫·德姆维尔的话，参见Roussel, *De Gaulle*, 904；顾夫类似的话，参见Vaïsse, *Grandeur*, 612；Vaïsse对这次危机作了不偏不倚的叙述，参见Vaïsse, *Grandeur*, 607–12; Ledwidge, *De Gaulle*, 363–7。这部著作很有意思，因为作者当时供职于大使馆。
18. Reyn, 'Atlantic Lost', 653–60.
19. DMV 387 (24/11/68).
20. Brigitte Gaïti, 'La décision à l'épreuve du pouvoir. Le Général de Gaulle entre mai 1968 et avril 1969', *Politix* 82 (2008), 39–67.
21. F. Bon, 'Le référendum du 27 avril: suicide politique ou nécessité stratégique?', *Revue française de science politique* 20/2 (1970), 209.
22. FII 358; in general see Poucet and Valence, *La Loi Edgar Faure*.
23. FII 414.
24. Pompidou, *Pour rétablir*, 256.
25. FII 466.
26. FII 555–6.
27. Fouchet, *Lauriers*, 48.
28. DMV 33 (23/4/66).
29. DMV 294 (24/3/68).
30. AN 5AG1/1691 (15/5/68).
31. FII 610.
32. FII 617.

33. FII 621.
34. DDF 1969(1) 181–4.
35. Kissinger, Diplomacy, 604.
36. AN 5AG1/164 (13–14/3/69).
37. FII 674.
38. FII 664.
39. FII 650; Pompidou,Pour rétablir, 268; Debré, Entretiens, 181.
40. FII 679.
41. FII 685, 715.
42. Vendroux, Ces grandes années, 344; FII 755.
43. Pompidou, Pour rétablir, 282–3.
44. The fullest account is by Flohic, 'With de Gaulle in Ireland', in Pierre Joannon (ed.), De Gaulle and Ireland (Institute of Public Administration, Dublin, 1991), 98–117.
45. Harcourt quoted in Roussel, De Gaulle, 910.
46. LNCI 497.
47. Roussel, De Gaullle, 915.
48. Ibid., 916.
49. Jean Mauriac, Mort du Général de Gaulle (Grasset, 1972), 63–4.
50. LNCIII 1060.
51. Roussel, De Gaulle, 916.
52. Mauriac, Après de Gaulle,55.
53. Yves de Gaulle, Un autre regard sur mon grand-père, Charles de Gaulle (Plon, 2016); conversation with Yves de Gaulle (16/12/15). 值得一提的是，在一封收信人无法确定，只知其姓为"安托万"的未公开的信中（1939年9月27日），戴高乐提到了塞利纳，他在信中哀叹道，在市郊文学俱乐部就塞利纳的反犹作品展开的一场辩论中，人们关注的是这位作家的风格，而不是他的意识形态(in catalogue of the Lyons bookshop Autographes des Siècles, August 2015)。同样值得一提的是，他对莫朗文章的欣赏还不足以不去使他在1968年阻止莫朗进入法兰西学术院，接着，当莫朗于1969年入选后，他打破了总统接见新入选院士的传统。1963年他对佩雷菲特说，莫朗在战时的行为"不可原谅"，参见AP 779。
54. Vendroux, Ces grandes années, 20.
55. André Malraux, Les chênes qu'on abat (Gallimard, 1971),79.
56. Droit, Les feux, 127.
57. LNCIII 1115 (9/1/70).
58. Pierre-Louis Blanc, De Gaulle au soir de sa vie (Fayard, 1990), 265–6.
59. Droit, Les feux, 188.
60. 'Stanley Hoffmann, 'Last Strains and Last Will: De Gaulle's Memoirs of Hope', in Hoffman, Decline or Renewal?, 254–80.
61. Blanc, De Gaulle au soir, 309.
62. LNCIII 1157 (1/9/70).
63. Mauriac, Mort du Général, 144.
64. LNCIII 1170.

三十 神话、遗产和成就

1. Temps Modernes 661 (11–12/2010).
2. Winock, Journal politique, 240–41.
3. Hazareesingh, Mythe, 152–3.
4. Neau-Dufour, Yvonne, 440–507.
5. To Jean de Lipowski, quoted by Lacouture, Souverain, 755.
6. BDIC, Fonds Rousset, Delta 1880/112/5.

7. Francois Hincker, 'Le courant gaulliste dans la nation française', *Cahiers du Communisme* 12 (12/74), 60–69.
8. Stéphane Courtois and Marc Lazar (cds.), *50 ans d'un passion française* (Balland, 1991).
9. Julian Jackson, 'Les 18 juin de Pompidou à Sarkozy', in Oulmont, *Les 18 juin*, 208–31.
10. Régis Debray, Charles de Gaulle, *Futurist of the Nation* (Verso, 1994), 4, 13, 52,87.
11. Claude Mauriac, *Et comme l'espérance est violente* (Grasset, 1976).
12. Le Monde 27/9/2016.
13. Guiblin, Passion d'agir, 181.
14. Nadine Morano, http://www. lemonde.fr/les-decodeurs/article/2015/10/01/les-races-morano-et-de-gaulle-pour-clore-la-polemique_4780347_4355770.html.
15. Marcel Gauchet, *Comprendre le malheur français* (Stock, 2016), 65–99.
16. François Furet, 'Le "cinéma" du Général' (21/2/63) in *Penser le XXe siècle* (Bouquins, 2007), 50–53. On Furet's antigaullism see Christophe Prochasson, *Les chemins de la mélancolie. François Furet* (Stock, 2013), 370–87.
17. Jean-François Revel, *Le style du Général* (Complexe, Brussels, 1988), 54–6.
18. 人们似乎无法确定是谁发明了这个短语，它经常以各种变体出现，参见http://www.jeuneafrique.com/58398/archives-thematique/de-gaulle-le-visionnaire。传记作家Jonathan Fenby在其作品中将之归于马尔罗，参见The General: Charles de Gaulle and the France He Saved (Simon & Schuster, 2010), 3。但我并未在马尔罗的著作中找到这句话，即便他的确曾说过。
19. AP 805 (1/7/64).
20. AP 411–12.
21. Malraux, *Chênes*, 119.
22. Quoted in *Espoir* (6/83),18.
23. DGM 120. 这是对夏多布里昂作品一个有细微差错的引用，原文为：Je voulais moi, occuper les Français à la gloire, les attacher en haut, essayer de les mener à la realité par des songes。
24. Malraux, *Chênes*, 36.
25. Kissinger, 'The Illusionist',73.
26. Aron, 'Le secret du général', in Aron, *La Coexistence*, 1136.
27. Nicholas Henderson, *The Private Office* (Weidenfeld & Nicholson, 1987), 94–5.
28. Bastien François, *La 6eme République. Pourquoi, comment?* (Les Petits Matins, 2015).
29. DGESS-VIII,73.
30. Guy, *En écoutant*, 85–6 (26/6/46).
31. Antoine de Saint-Exupéry, *Ecrits de guerre 1939–1944* (Gallimard, 1982), 259.
32. 1942年12月12日，马利丹的答复发表于报纸 Pour la victoire上，并被转载在前注第275—281页中。